FUDAN UNIVERSITY ALMANAC • 2012

复旦大学年鉴 2012

复旦大学年鉴编纂委员会

4月29日，复旦大学保密学院、国家保密教育培训基地上海分基地揭牌成立。

5月26日，举行纪念陈望道先生诞辰120周年座谈会。

5月27日，复旦大学全球环境变化研究所成立仪式在复旦大学江湾新校区举行。

5月28日，"上海论坛2011"在西郊宾馆开幕。图为与会专家作主旨演讲。

6月30日，纪念中国共产党成立九十周年大会在校举行。

9月7日，计算机与技术学院完成院长全球招聘工作，聘任美国佛蒙特大学（University of Vermont）计算机系Dorothean 讲席教授王晓阳为院长。

9月13日，学校召开教师干部大会，宣布中共中央决定，任命朱之文（右）为复旦大学党委书记。

8—11月，复旦大学各单位先后完成上海市区县人大代表选举工作。

11月12日，复旦大学附属肿瘤医院举行建院八十周年庆典大会。

11月起，复旦大学在全校开展“深入基层大走访大调研”活动。图为11月2日下午，学校召开干部大会，部署开展“深入基层大走访大调研”活动。

12月9日，复旦大学附属中山医院教授葛均波（上）、信息科学与工程学院教授金亚秋（下）当选中国科学院院士。

6月，复旦大学完成第六届学术委员会换届工作。图为7月6日，第六届学术委员会举行第一次全体会议。

9月29日，复旦大学成立上海医学院学术委员会，并召开第一次会议。

复旦大学获"十一五"国家级规划教材精品教材。国际关系与公共事务学院颜声毅《当代中国外交》（第二版），经济学院华民《国际经济学》，计算机科学技术学院施伯乐《数据结构教程》，历史学系姜义华《史学导论》，物理学系贾起民、陈暨耀《电磁学》（第三版），化学系吴性良、孔继烈《分析化学原理》（第二版），化学系范康年《谱学导论》（第二版）。

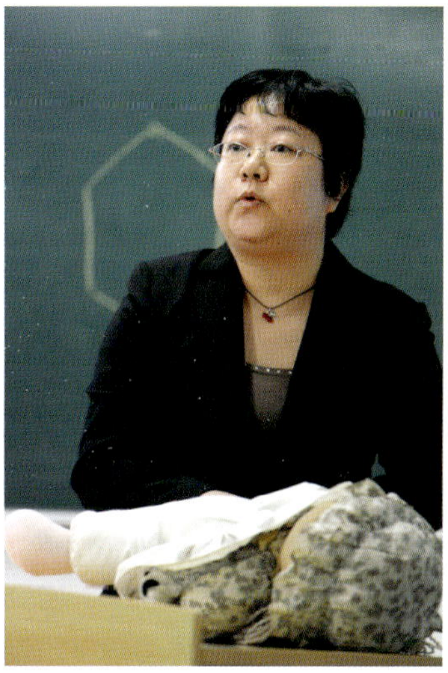

9月，复旦大学举行首届青年教师教学比赛，最终有6人获一等奖，8人获二等奖，18人获三等奖。获一等奖的分别为：微电子研究院蒋玉龙的《半导体器件原理》（左上一），信息与工程技术学院尹建君的《模拟电子学基础》（左上二），体育教学部张晨的《健美操》（右上），上海医学院石虹的《诊断学A》（左下一），管理学院胥正川的《电子商务》（左下二），生命科学学院吴燕华的《遗传学》（右下）。

9月8日，哲学学院俞吾金获得第六届高等学校教学名师称号。

10月15—16日，复旦大学承办第36届ACM国际大学生程序设计竞赛亚洲区预选赛上海赛区。

复旦大学高分子科学系江明研究团队项目“大分子自组装的新线路及其运用”获得国家科学技术奖自然科学奖二等奖（左上），信息与工程学院金亚秋研究团队项目“极化电磁散射传输与空间微波遥感对地观测信息理论”获得国家科学技术奖自然科学奖二等奖（右上），复旦大学附属中山医院葛均波研究团队项目“新型可降解涂层冠脉药物洗脱支架的研制”获得国家科学技术奖技术发明奖二等奖（左下）。

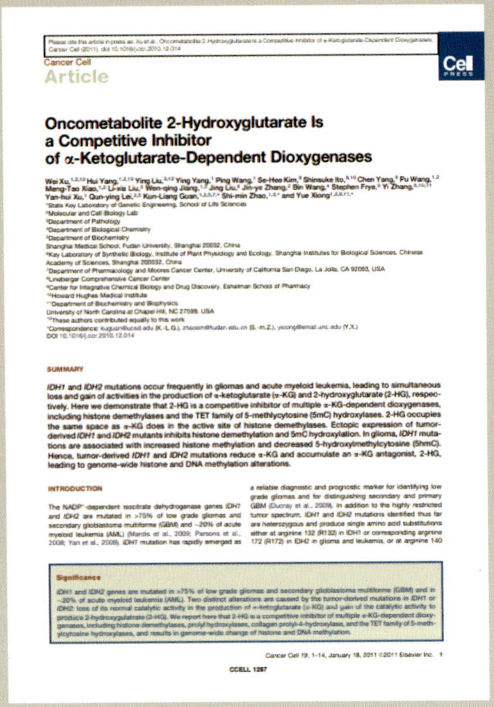
Cancer Cell
Article

Oncometabolite 2-Hydroxyglutarate Is a Competitive Inhibitor of α-Ketoglutarate-Dependent Dioxygenases

1月18日，生物医学研究院博士研究生徐薇和杨辉的研究成果作为封面文章在《癌细胞杂志》（*Cancer Cell*）上发表。

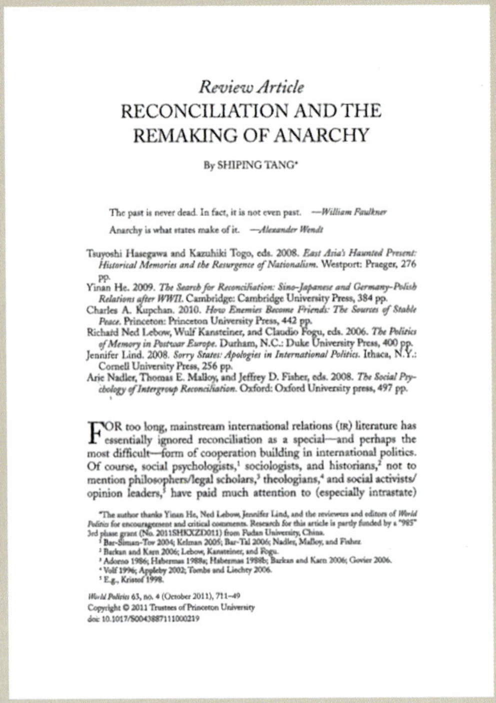
Review Article
RECONCILIATION AND THE REMAKING OF ANARCHY

By SHIPING TANG*

The past is never dead. In fact, it is not even past. —*William Faulkner*

Anarchy is what states make of it. —*Alexander Wendt*

10月20日，国际关系与公共事务学院教授唐世平的综述性论文《和解与无政府状态的再造》在《世界政治》（*World Politics*）上发表。

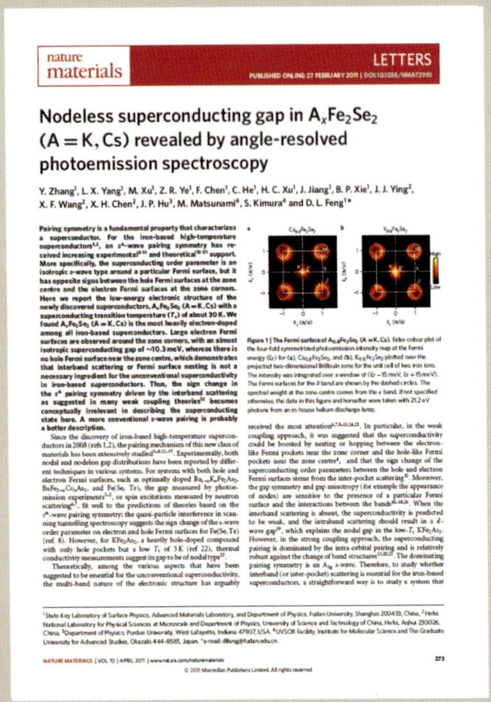
nature materials
LETTERS

Nodeless superconducting gap in $A_xFe_2Se_2$ (A = K, Cs) revealed by angle-resolved photoemission spectroscopy

2月27日，物理系应用表面物理国家重点实验室及先进材料实验室封东来课题组文章在《自然材料学》杂志（*Nature Materials*）发表。

ATMOSPHERIC ENVIRONMENT

The ion chemistry, seasonal cycle, and sources of $PM_{2.5}$ and TSP aerosol in Shanghai

Ying Wang, Guoshun Zhuang, Xingying Zhang, Kan Huang, Chang Xu, Aohan Tang, Jianmin Chen, Zhisheng An

11月15日，环境科学与工程系教授庄国顺课题组的论文入选大气环境领域国际著名杂志《大气环境（*Atmospheric Environment*）》前五年引用率最高的10篇论文之一。

3月，复旦大学古籍所所长、教授章培恒，中文系教授骆玉明主编的三卷本《中国文学史新著》（增订本）日译本第一卷在日本出版，这是1949年以来大型中国文学史著作首次被译介到国外。

8月8日，《韩国汉文燕行文献选编》新书发布会在学校举行。该书是复旦大学文史研究院与韩国成均馆大学东亚学术院合作编纂的大型史料文献丛书，由复旦大学出版社出版发行。

3月22日，世界银行前首席经济学家、巴黎经济学院院长弗朗索瓦·布吉尼翁到校参加“上海论坛2011”活动，并作演讲。

9月20日，1995年诺贝尔化学奖得主、美国加州圣地亚哥大学教授Mario Molina到访，并作学术报告。

9月21日下午，2005年诺贝尔生理学或医学奖得主巴里·马歇尔到访，并作演讲。

9月，复旦大学附属肿瘤医院名誉教授劳伦佐·考恩获白玉兰荣誉奖。图为上海市市长韩正为劳伦佐·考恩颁奖。

10月21日，美国北卡罗来纳州州长裴铎丽到访，并作演讲。

5月7日，在美国华盛顿举办复旦大学第十二届世界校友联谊会。

11月4日，复旦大学第五届校董就职典礼在香港举行。

11月23日，“复旦管理学基础贡献奖”颁奖典礼在北京举行。图为第十届全国政协副主席、复旦管理学奖励基金会理事长徐匡迪（左起第三位），第九届、第十届全国人大常委会副委员长蒋正华（右起第一位），第九届、第十届全国人大常委会副委员长、基金会副理事长成思危（左起第一位）与两位获奖者清华大学公共管理学院院长薛澜（右起第二位）、西安交通大学公共政策与管理学院人口与发展研究所所长李树茁（左起第二位）合影。

11月28日，校长杨玉良、前校长王生洪代表学校向老校友李达三颁授名誉博士学位。

12月9日，党委书记朱之文代表学校向世界银行副行长、校友朱民颁授荣誉校董证书。

1月8日，复旦大学爱心公益站组织各院系学生义工共315名参加“蓝天下的至爱”爱心全天大放送活动。

4月11日，复旦大学附属中山医院、附属儿科医院组建“国家医疗队”，赴内蒙古、新疆、云南、青海等18个省（区、市）的“老、少、边、穷”地区开展医疗救助。图为“国家医疗队”云南省怒江分队。

10月15日，复旦大学附属肿瘤医院在外滩陈毅广场举行喜迎院庆八十载的大型义诊活动。

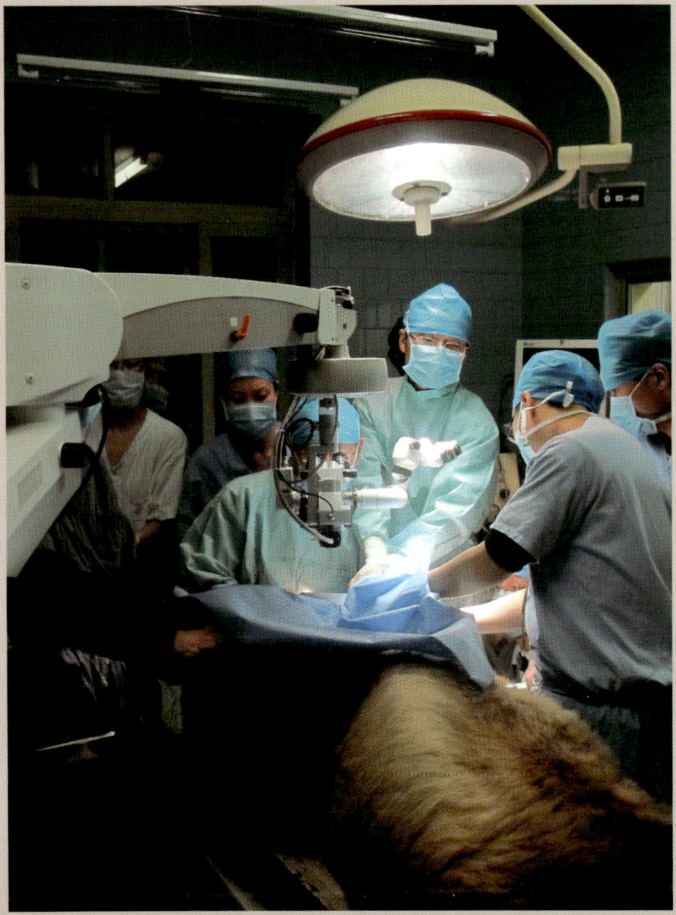

11月10日，复旦大学附属眼耳鼻喉科医院为白内障大熊猫除眼疾。

2011年，复旦大学被教育部评为“对口支援西部高校工作10周年典型经验集体”，环境与科学技术系王德耀（上）、上海医学院钟翠平（下）被评为“突出贡献个人”。

11月29日，复旦大学男子排球队晋级全国男排甲A联赛。

复旦大学上海医学院2009级本科生潘天岳发起的“崇明岛野生鸟类保护调研、反盗猎研究以及当地居民野生鸟类保护认知程度调研——以堡镇和陈家镇为例”项目获得2011年上海市大学生暑期社会实践最佳项目。图为学生解救被捕的白腹姬鹟。

4月8—20日，复旦大学学生艺术团的学生组成赴德演出代表团，分别在法兰克福、汉堡、莱比锡和特里尔的孔子学院演出4场。

4月24日—5月10日，第十一届复旦大学戏剧节举办。图为戏剧节海报。

6月16日，信息学院电子工程系5023寝室4位学生获“2010年度中国大学生年度人物”。

7月2日，复旦大学2011届本专科生毕业典礼和研究生毕业典礼在校举行。图为研究生毕业典礼暨学位授予仪式上，院士们与导师代表为博士生授证拨穗。

9月2日，复旦大学2011级新生开学典礼在校举行。图为典礼上全体新生注目国旗，唱国歌。

9月8—11日，在安徽合肥举行的全国田径锦标赛暨奥运会达标赛中，复旦大学新闻学院2011级研究生赵婧以2分03秒93的成绩获得女子800米冠军。

9月15日，第八届复旦大学“校长奖”颁奖大会在校举行。共有13位教师、2个教师团队、1名学生、1个学生团体和1位校友获奖。

12月20日，复旦大学举行“扬帆起航——复旦大学2010—2011学年奖学金颁奖典礼”，来自全校各院系的900余名中外获奖学生参加典礼。

3月22日，在江湾校区举行廖凯原法学楼揭牌仪式。

7月12日，在江湾校区举行“智华楼”揭牌仪式。

6月7日，著名文史学家、教育部社会科学委员会副主任、教育部全国高校古籍整理研究工作委员会副主任委员、复旦大学古籍整理研究所所长、复旦大学杰出教授章培恒先生逝世，享年77岁。

9月14日，中国共产党党员、著名新闻教育家、新闻史学家、教育部社会科学委员会委员、国务院学位委员会第四届学科评议组成员、新闻学院前院长、首席教授、博士生导师丁淦林同志逝世，享年79岁。

11月8日，著名统计学家、管理教育家，第十一届全国政协常委，九三学社第十二届中央委员会常委、第十五届上海市委员会副主任委员，上海市人民政府参事室主任、上海市人民政府参事，复旦大学原副校长、复旦大学管理学院原院长、教授郑祖康先生逝世，享年65岁。

复旦大学年鉴编纂委员会

主　　任：杨玉良　朱之文

副 主 任：陈晓漫　陈立民　刘建中　王小林　蔡达峰
桂永浩　许　征　金　力　冯晓源　陆　昉
林尚立

委　　员：（按姓氏笔画排序）
丁光宏　刘承功　李粤江　杨志刚　周亚明　贺圣遂
秦莉萍　栗建华　顾云深　殷南根　萧思健

主　　编：刘承功

副 主 编：周　虎

编辑部主任：甄炜旎

编　　辑：（按姓氏笔画排序）
王安华　冯　幸　李建萍　张树剑　张　耐　张晓清
陈长城　邰　田　林丙南　季穗穗　赵　昕　奕丽萍
彭　丽　谭　嵩

责任编辑：胡春丽

摄　　影：刘　畅　杨光亮等

凡　例

一、《复旦大学年鉴》是全面记载复旦大学年度工作和发展成就的资料工具书，由《复旦大学年鉴》编纂委员会主持编纂，复旦大学各部（处）、各院系等有关单位供稿，复旦大学出版社出版。

二、本年鉴以马列主义、毛泽东思想、邓小平理论和“三个代表”重要思想为指导，落实科学发展观，贯彻科教兴国主战略，真实、客观、全面、准确地记载复旦大学的年度历史进程和重大事项。

三、本年鉴收编事项起自2011年1月，讫于2011年12月。为方便查检并求得内容的完整，部分内容在时间上略有延伸。

四、本年鉴在卷首设专文、学校综述。其后共分12个栏目记录学校2011年度工作，采用栏目—分目—子目—条目四级结构层次。卷末有复旦大学文件、人物、表彰与奖励、大事记、统计数据和索引。

五、本年鉴各分目之首设“概况”条目，集中记述各单位、各领域的总体情况，便于各年度间的延续和相互比较。各单位以概况、条目、附录顺序编写。

六、本年鉴“人物”栏目，主要包括“新增院士介绍”、“教授名录”和“逝世人员名录”等分目。“院士介绍”以姓氏笔画为序排列，“教授名录”以所在单位为序排列，“逝世人员名录”收录正高级职务（含离休）逝世人员，以逝世先后为序排列。

七、“表彰与奖励”栏目刊录获局级以上（含局级）表彰与奖励的集体和个人名单。

八、本年鉴所刊内容由复旦大学各单位确定专人负责提供，并经本单位领导审定。

九、本年鉴有关全校的综合统计数据，由复旦大学办公室提供；各职能部门统计数据由各部处提供、审定。统计数据截至日：按学年统计者，截至2011年9月30日；按自然年统计者，截至2011年12月31日，具体见统计表下注释。有少数数据，由于统计口径不一致，数值也不尽相同。

十、本年鉴的索引，主要采用主题分析索引的方法，按主题词首字汉语拼音字母顺序排列。同时，附表亦有辅助索引。索引使用方法，详见索引说明。

目　录

五、人事工作

六、对外交流与合作

·特 载·

开展深入基层大走访大调研活动

【综述】 根据中央和教育部党组关于进一步推进创先争优活动的要求，复旦大学党委结合学校实际，在全校组织开展深入基层大走访大调研活动。11月2日下午，学校召开干部大会，部署开展“深入基层大走访大调研”活动。校党委书记朱之文作动员讲话，校长杨玉良主持会议，校党委副书记王小林介绍校领导调研工作方案。11月7日，“深入基层大走访大调研”活动正式开始，校党政领导分成3组，分别带领有关职能部门的同志到相关基层单位走访调研，通过听取介绍、实地查看、与基层干部群众座谈、个别访谈、补充开展专题调研等形式，深入了解基层情况，广泛听取师生员工的意见，查找学校工作中的突出问题。在1个多月的时间里，走访基层单位59家，举行各类座谈会65场，直接听取意见1 098人次。同时，在校园网开设意见反馈专栏，收集留言204条，共计3.7万多字。经过全面梳理和适当归并，共列出具体意见727条。在走访调研的基础上，学校领导班子召开专题会议，分析研究问题，提出解决思路和办法，并采取适当形式进行公布，接受全校师生监督。

深入基层调研　解决突出问题　加快科学发展

——在“深入基层大走访大调研”活动动员部署会议上的讲话

（2011年11月2日）

党委书记　朱之文

同志们：

经校党委研究决定，从今年11月到明年1月，在全校开展“深入基层大走访大调研”活动。这是校党委根据中央有关深入开展创先争优活动的最新要求，从学校实际情况出发，组织开展的一次重要活动。活动的目的是，组织动员广大党员干部深入基层走访调研，集中力量查找和解决一批制约学校发展的突出问题以及师生员工反映强烈的问题，进一步密切党群干群关系，进一步增强发展合力，进一步推动学校又好又快发展。

今天，我们在这里召开“深入基层大走访大调研”活动动员部署会议。下面，我讲几点意见。

一、充分认识开展“深入基层大走访大调研”活动的重要性和紧迫性

（一）开展“深入基层大走访大调研”活动，是深入推进创先争优活动的重要内容

去年7月，学校党委在全校部署开展了创先争优活动。一年多来，全校各级党组织围绕“抓基层、打基础，争先进、作表率，促发展、创一流”的主题，以创建学习型党组织和庆祝建党90周年为重点，结合实际开展了大量主题鲜明、形式丰富的活动，涌现出了一大批先进基层党组织和优秀共产党员，活动取得了良好成效。

今年7月以来，中央对创先争优活动又作出了新的部署，提出了新的要求。胡锦涛总书记在庆祝建党90周年大会上的重要讲话中指出，各级党政机关和干部要坚持工作重心下移，经常深入实际、深入基层、深入群众，做到知民情、解民忧、暖民心。中央创先争优活动领导小组在部署窗口单位和服务行业“为民服务创先争优”活动时强调，各级党政机关和干部要深入基层为民服务，认真倾听群众意见，切实解决群众反映强烈的热点难点问题，转变干部作风，真心为群众服务。校党委决定开展“深入基层大走访大调研”活动，就是为了贯彻落实胡锦涛总书记“七一”重要讲话精神和中央关于创先争优活动的最新部署。通过开展“深入基层大走访大调研”活动，组织动员各级党员干部深入基层一线，开展调查研究，解决突出问题，服务师生员工，促进校园和谐，推动科学发展。可以说，“深入基层大走访大调研”活动，为创先争优活动注入了新的内容，开辟了新的渠道，提出了新的要求，为各级党组织和广大党员干部深入开展创先争优活动提供了更加广阔的空间。

（二）开展“深入基层大走访大调研”活动，是加快创建世界一流大学的重大举措

当前是加快发展高等教育的大好时机。从国际上看，国际金融危机发生后，当前的国际经济形势有利于我们从发达国家引进高层次人才，有利于我们同国外高校开展科技创新和人才培养合作。从国内来看，我国经济持续快速发展，特别是着力转变发展方式、调整经济结构、加快发展战略性新兴产业；国家持续加大对教育发展、科学研究、技术创新的投入；中央先后召开科技、教育、人才三个工作会议，颁布三个中长期规划纲要，这些为高等教育发展提供了前所未有的重大机遇，也指明了前进的方向。

面对这样的形势，全国高校尤其是国家重点大学呈现出抢抓机遇、加快发展的竞争态势。我们的发展既面临重大的机遇，也面临严峻的挑战。从内部来说，进入新世纪这十年的大发展，为我们建设世界一流大学奠定了坚实的基础；但是，在加快发展的过程中，我们也存在一些亟待解决的问题，比如，校区的战略定位和学科布局还不够明确，部分院系发展空间不足、比较分散，办学上还存在体制不顺、机制不活、效率不高的问题，中青年教师住房比较困难，等等。这些问题不解决，势必影响和制约我们下一步的发展。从外部来看，我们面临“前有标兵、后有追兵”的发展态势。在我们面前只有两种选择，一种是离标兵越来越近，追兵离我们越来越远；一种是我们离标兵越来越远，追兵离我们越来越近。我们只能作出第一种选择。我们等不起，我们慢不得！开展“深入基层大走访大调研”活动，就是要在深入调查研究、广泛听取意见的基础上，积极有效地解决前进中的问题，深入谋划“十二五”和未来的发展，加快推进建设世界一流大学的步伐。

（三）开展“深入基层大走访大调研”活动，是切实改进干部工作作风的重要抓手

领导干部是学校各项工作的组织者、推动者、实践者。干部队伍的素质如何、能力如何、作风如何，直接关系着学校事业发展，关系着校园和谐稳定。当前，学校干部队伍的总体状况是好的，与学校事业发展基本是相适应的。许多干部忠于职守，辛勤工作，乐于奉献，与广大师生员工一起，为学校事业的发展做出了重要贡献。但是，我们也要清醒地看到，在我们的干部队伍中还存在一些突出问题，比如，有的干部宗旨意识不强，服务意识薄弱；有的干部深入基层一线不够，对实际情况不摸底不了解；有的干部素质能力不强，适应不了新形势的要求，等等。这些问题不解决，必然会妨碍学校事业发展，影响世界一流大学建设。开展“深入基层大走访大调研”活动，就是要让干部在深入一线、深入实际中转变作风，在虚心求教、听取意见中接受教育，在化解矛盾、破解难题中增强服务意识，在谋划发展、推动落实中提升工作能力，真正做到校情民意在一线掌握、矛盾问题在一线解决、干部作风在一线转变、党的政策在一线落实、科学发展在一线体现。

二、准确把握“深入基层大走访大调研”活动的指导思想和主要任务

开展“深入基层大走访大调研”活动的指导思想是：高举中国特色社会主义伟大旗帜，以邓小平理论和“三个代表”重要思想为指导，深入贯彻落实科学发展观，按照中央和教育部党组关于在创先争优活动中深入基层、为民服务的要求，以“全面提高教育质量，加快建设世界一流大学”为主题，以查找和解决制约学校科学发展的突出问题和广大师生员工反映强烈的问题为重点，以转变领导干部和机关部处工作作风为着力点，以提高师生员工满意度为标准，深入基层走访调研，广泛了解校情民意，着力破解发展难题，全力推动科学发展，凝聚人心，振奋精神，齐心协力推进“十二五”期间学校各项事业再上新台阶，促进创先争优活动成为群众满意工程。

这里要强调几个问题。*一是要明确走访调研的主题*。这个主题就是“全面提高教育质量，加快建设世界一流大学”。这既是教育规划纲要提出的核心任务，又是中央赋予我们的目标定位和神圣使命，是全体复旦人的共同愿望和要求。我们这次大走访大调研活动，就是要围绕这样一个主题来展开，围绕这样一个主题来推进，围绕这样一个主题来落实，坚定地走“中国特色、世界一流、复旦风格”的发展之路，为全面提高教育质量、加快建设世界一流大学而奋斗。*二是要明确走访调研的重点*。这个重点就是查找和解决制约学校科学发展的突出问题与广大师生员工反映强烈的问题。这既是学校发展的迫切需要，又是广大师生员工的强烈愿望。我们这次大走访大调研活动，就是要深入基层、深入一线，了解实际情况，查找突出问题，特别是要集中力量解决几个影响和制约学校发展的突出问题，办几件与群众利益密切相关、群众期盼的实事好事，以此来调动师生员工的积极性，为加快发展创造良好条件、营造和谐氛围。*三是要明确走访调研的着力点*。这个着力点就是转变领导干部和机关部处工作作风。这既是建设世界一流大学的客观需要，也是师生员工的现实要求。我们要把转变作风贯穿大走访大调研活动和今后工作的全过程，要通过领导干部带头深入基层走访调研，带动全校各级干部切实转变领导作风和工作作风，建立一支素质、能力、作风与建设世界一流大学的要求相适应的干部队伍；带动机关部处牢固树立服务意识，大力提高服务质量，切实增强服务实效，整体提升学校的服务水平、管理水平和运作水平。*四是要明确走访调研的标准*。这个标准就是提高师生员工的满意度，这既是实现解决问题承诺的要求，也是自觉接受师生员工监督的需要。我们这次大走访大调研活动效果如何，有没有达到预期目标，最终是看师生员工是否满意，包括对走访调研的情况是否满意，对转变作风的情况是否满意，对解决问题的情况是否满意，等等。要让大家实实在在地感受到创先争优活动和大走访大调研带来的新气象、新变化、新成效，让广大师生员工看得见、摸得着、体会得到。

深入基层大走访大调研的*主要内容*包括5个方面：一是“十二五”期间各单位事业发展的重点、亮点以及目前存在的主要问题和困难；二是当前各级领导干部和机关作风方面存在的突出问题；三是学校在人才培养、科学研究、社会服务、文化传承创新和队伍建设等工作中存在的突出问

题;四是师生员工普遍关切的民生问题;五是其他方面的突出问题。围绕这些问题,校领导班子成员将分成3组,并带领相关职能部门的负责人,分别深入人文社科、理工和医科进行走访和调研。

“深入基层大走访大调研”活动的主要任务有四项。

第一,深入走访调研。

深入基层大走访大调研,是这次活动的基本形式。基层就是一线,深入基层就是要到一线去。走访,就要到实地去看、去听、去问、去体验、去感悟。调研,就是既要调查了解情况,又要研究解决问题。强调“大走访”、“大调研”,就是要求走访要有广度,调研要有深度。大走访、大调研,既相互联系,又相互补充,是辩证地统一,它既是工作方法问题,又是工作作风问题。

一是要深入群众。到基层走访调研,我们的领导干部要明白,当今社会,技术再发达、通讯再畅通、网络再便捷、简报再频繁,也代替不了干部直接深入基层走访调研,代替不了干部与群众面对面交流。只有到基层去、到群众中去,真正地走下去、沉下去,与基层干部群众“零距离”接触,才能了解到一线的情况,掌握到第一手材料,体会到基层群众的感受。

二是要依靠群众。到基层走访调研,我们的领导干部要牢记“群众是真正的英雄”,要甘当学生,拜广大基层干部和一线师生员工为师,诚恳地向他们征询意见,虚心向他们求教,共同查找问题,探讨解决办法,依靠他们解决问题,推动工作落实。

三是要为了群众。到基层走访调研,我们的领导干部要想群众之所想、急群众之所急,一切为了群众、为发展服务。要高度重视群众反映的民生和发展方面的问题,要十分关注师生员工个人的发展需求,千方百计为他们排忧解难,创造良好的学习、工作和生活条件;要十分注重学校和各单位事业的发展前景,千方百计破解难题,为全面提高教育质量创造条件。

第二,梳理突出问题。

在深入走访调研的基础上,我们要集中一段时间对问题进行汇总和梳理,认真研究解决思路和办法。

一是要认真查找问题。各调研组对走访调研中群众反映的问题要分门别类进行梳理,分析哪些是影响和牵涉全局的大事,哪些是需要学校层面集中推动解决的难题,哪些是当前最为紧迫的问题。特别是要将影响和制约学校科学发展的瓶颈问题、与广大师生切身利益密切相关的民生问题、领导干部和机关作风方面存在的突出问题列为查找的重点。

二是要深入分析原因。本着实事求是的原则,对问题产生的原因进行客观的分析,哪些是快速发展中积累的老问题,哪些是形势任务发生变化后凸显的新问题,哪些是受外部原因影响而形成的问题,哪些是因为体制机制不适应产生的问题,等等。深入分析原因,要坚持从大局出发、团结一致向前看,不纠缠历史旧账,重在分析问题、重在总结经验、重在明确方向。

三是要研究解决办法。对存在的突出问题,要按照问题的类别、性质,提出不同的解决办法。比如,体制机制存在的问题,要用改革创新的办法来解决;比如,发展空间不足的问题,要用加快发展的办法来解决;比如,创新大平台偏少的问题,要用整合力量的办法来解决;比如,资金资源不足的问题,要靠科学运作的办法来解决,等等。同时,要按照轻重缓急和难易程度,统筹兼顾,明确时间节点,分步组织实施。对已经具备整改条件的问题,要明确具体的工作要求,采取实实在在的举措,立即着手解决;对需要较长时间才能解决的问题,要理清工作思路,明确努力方向,列出大体的时间表,积极争取解决。

四是要公布解决方案。通过走访调研了解的问题和解决问题的方案应采用一定的形式向师生员工公布,回应群众的期待,让大家知道通过这次走访调研,学校查找了哪些问题,这些问题能否解决,怎么解决,何时解决,等等。把这些情况实事求是地告诉广大师生员工,积极争取师生员工的支持,凝聚发展共识,推动问题解决,接受群众监督。

第三,推动整改落实。

对确定的整改项目,要根据领导干部分工情况,进一步明确工作的责任人和责任部门,细化工作措施、工作目标和时限要求,加强监督检查,狠抓工作落实。

一是要在破解难题中推动落实。随着改革和发展的不断推进,一些深层次的矛盾和问题会凸显出来,一些影响和制约学校发展的难题亟待破解。破解难题要有攻坚克难的勇气,敢于直面难题,敢于直面矛盾,敢于直面利益调整;要有勇于担当的精神,敢抓敢管,遇事不推诿、不退缩、不回避;要有化解矛盾的本领,善于抓住主要矛盾,把握关键环节,寻求切入点和突破点,找到解决问题的方法。只要我们直面现实,正视矛盾,不避艰险,团结一心,我们就能够在破解难题中推动工作的落实。

二是要在改革创新中推动落实。改革创新是推动发展的强大动力,在推动落实中要以改革求突破、以创新促发展。要用改革创新的思路引领落实,坚持解放思想、实事求是、与时俱进、开拓创新,善于把握高等教育规律和科技发展规律,善于根据外部条件的变化,结合自身实际提出新的发展思路;要用改革创新的办法推进落实,善于向实践学习、向群众学习、向兄弟院校学习,把创新的思路转化为创新的办法、创新的举措,出新招、出实招;要用改革创新的机制保障落实,善于把一些好的思路、好的举措、好的经验通过完善机制固定下来,着力构建充满活力、富有效率、更加开放、更加有利于科学发展的体制机制,促进工作的落实。

三是要在转变作风中推动落实。推动整改落实工作,必须要有好的作风来保障。各级干部要带头弘扬求真务实、真抓实干的作风,要重实际、说实话、办实事,定下来的事情要雷厉风行、抓紧实施,部署了的工作要一抓到底、抓出成效;要带头弘扬顾全大局、团结协作的作风,相互支持,相互补台,维护全局,形成合力,共同推进学校事业发展;要带头弘扬讲求效率、注重实效的作风,抓任何工作都要明确具体,一具体就深入,一具体就突破,一具体就落实,要以高度的执行力确保工作的时效,确保工作的落实。

第四,制定发展规划。

从更长远的角度考虑,在大走访大调研活动的基础上,我们要进一步把握办学规律,创新发展理念,对学校科学发展的重大问题进行再认识、形成新共识,完善和制定新的发展规划,推动学校在新的更高的起点上朝着建设世界一流大学的目标加快迈进。

一是要完善《复旦大学"十二五"发展规划纲要》和相关专项规划。特别是要把走访调研和分析梳理后形成的新思路、新举措充实进"十二五"规划中,进一步突出重点、凸显亮点,增强指导性和可操作性。

二是要研究制定《复旦大学关于加快建设世界一流大学、全面提高教育质量的若干意见》。要按照中央关于全面提高高等教育质量的要求,落实教育部即将出台的相关文件,提出我校的实施意见,以此作为落实教育规划纲要和"十二五"规划的重要抓手,着力提升人才培养水平,着力增强科学研究能力,着力服务经济社会发展,着力推进文化传承创新,着力加强师资队伍建设,着力推进体制机制改革,切实提高办学质量和办学水平。

三是要研究制定《复旦大学服务上海发展行动计划》。复旦大学地处上海,这是得天独厚的发展优势。我们要牢固树立"争创世界一流大学"的意识、"顶天立地"的意识、"服务上海"的意识,抓住机遇、提高站位、主动融入、完善政策,切实把复旦的优势和上海的需求结合起来,拿出一些实实在在的举措,做几件有影响、树形象、有利于学校和学科发展、合作双方互利共赢的实事。

四是要着手制定中长期发展战略规划纲要。要认真学习国家教育、科技、人才等三个中长期规划纲要,充分考虑复旦的实际,在进一步理清发展思路的基础上,着手制定我校的中长期发展战略规划纲要,进一步明确办学目标、理念、战略和行动方向等,坚定建设世界一流大学的信心和决心。

三、扎实推进"深入基层大走访大调研"活动取得实效

这次深入基层大走访大调研活动,时间紧、任务重、要求高。各级党组织和广大党员干部一定要高度重视,精心组织,明确责任,抓好落实,确保实效。

(一)强化领导带头作用

搞好走访调研活动,关键在领导。各级领导干部首先是校领导要切实发挥带头表率作用。第一,要带头贯彻群众路线。牢固树立党的群众观点,从讲政治、讲大局、讲责任的高度认识深入基层走访调研的重要意义,怀着对群众的深厚感情开展走访调研,虚心听取群众意见,诚心诚意拜群众为师。第二,要带头组织实施调研。要带领调研组在《活动意见》和《总体调研方案》的基础上,进一步细化调研路线,确定调研方式,明确调研要求。要以身作则,身体力行,集中时间,集中精力,全程参与走访调研,全程参与问题研讨,全力推动问题解决。第三,要带头转变工作作风。在调研中要注意工作方法,不搞形式,不走过场,不给基层和群众增添负担,不影响各单位正常工作秩序,轻车简从,减少陪同,厉行节约,讲求实效,以优良的作风保证调研顺利进行。第四,要带头研究解决问题。要边走、边听、边看、边思考,和基层干部群众、相关职能部门一道,共同查找主要问题,共同探讨解决方案,共同推动整改落实。

(二)明确单位部门责任

各院系、直属单位和附属医院在这次活动中主要有两方面的任务。第一,要积极主动配合校领导做好走访调研工作,帮助学校找准存在的主要问题。第二,要根据学校《活动意见》的精神,结合本单位实际开展调查研究,认真倾听一线师生员工意见,查找梳理本单位工作中存在的问题,着力解决影响事业发展的突出问题和民生问题,进一步修改完善本单位"十二五"规划和相关专项规划,努力营造团结和谐、积极进取、加快发展的文化氛围。

校部机关、后勤和公共服务单位要在活动中切实转变工作作风,牢固树立服务意识,虚心听取服务对象意见,从方便基层和师生出发,优化服务流程,简化办事程序,创新服务举措,建立完善制度,大力提高服务质量和管理水平。同时,有关部处还要协助校领导做好走访调研工作,在参与调研中听取基层意见,在梳理问题中明确工作思路,在整改落实中提升服务水平。

(三)发挥基层组织作用

基层组织是党的全部工作和战斗力的基础。没有基层党组织特别是党支部以及广大党员的积极参与,大走访大调研活动就没有深厚的基础,活动的成效也会大打折扣。各党支部要把积极参与"深入基层大走访大调研"活动作为党支部和党员立足本职岗位创先争优的具体行动,动员组织广大党员关心学校发展、积极建言献策,切实发挥党支部战斗堡垒作用和党员先锋模范作用。院系、研究机构和附属医院的党员要立足岗位职责,全力做好工作,服务事业发展,在立德树人、教书育人、科技创新以及医疗卫生系统开展的"三好一满意"活动中创先争优。机关、后勤和公共服务单位的党员要主动了解基层一线、了解教学科研,在转变工作作风、提升工作能力、提高服务实效中创先争优。

(四)营造良好活动氛围

在走访调研过程中,要鼓励基层干部和师生员工知无不言、言无不尽,积极建言、坦诚献策。工青妇等各类群众组织要发挥自身优势,调动师生员工参与积极性。各调研组和各职能部门要及时收集汇总基层和群众意见,加强联系沟通,及时研究改进工作。要结合党务公开、校务公开,做好群众意见反馈,回应师生员工期待。要探索建立长效机制,畅通师生员工反映意见建议的渠道,构建常态化的联系基层、联系群众的工作机制。宣传部门要充分发挥新闻媒体的作用,及时报道活动进展情况,形成团结鼓劲、创先争优、和谐发展的良好氛围。

同志们,深入基层大走访大调研,是学校各级党组织当前的一项中心任务,关系到学校的科学发展、和谐发展和长远发展,关系到"十二五"各项目标任务的落实。让我们积极行动起来,以高度的责任感、使命感和奋发有为的精神状态投入到活动中去,确保活动取得实效,为推进学校又好又快发展而努力奋斗!

关于开展“深入基层大走访大调研”活动的意见

（2011年11月2日）

为贯彻落实中央和教育部党组关于开展“为民服务创先争优”活动以及进一步推动各级党政机关和干部深入基层为民服务的指导意见，动员各级党组织和广大党员干部围绕“抓基层、打基础，争先进、作表率，促发展、创一流”的要求，深入一线，深入群众，促进创先争优活动成为群众满意工程，校党委决定于2011年11月至2012年1月，在全校各级党组织和广大党员干部中开展“深入基层大走访大调研”活动。现就活动的实施提出如下意见。

一、开展“深入基层大走访大调研”活动的重要意义

党员干部深入一线、深入群众，是我们党在长期革命和建设中探索出来的动员群众、组织群众、服务群众的一种好传统、好办法。在全校各级党组织和广大党员干部中开展“深入基层大走访大调研”活动，是学习贯彻胡锦涛同志“七一”重要讲话精神、深入推进“为民服务创先争优”活动的重要举措，是坚持党的群众路线、改进领导干部工作作风的必然要求，是实施《教育规划纲要》、推动“十二五”发展、全面提高教育质量的现实需要，对于密切党群干群关系、促进校园和谐、加快建设世界一流大学步伐，具有十分重要的意义。

当前，学校的发展进入了一个关键时期。经过十多年来全校上下的共同奋斗，学校各项事业取得了快速发展，为建设世界一流大学奠定了坚实的基础。但伴随着事业的快速发展、各项改革的不断深化，体制机制、配套政策和学校管理工作跟不上事业发展要求的矛盾凸显出来，我们在前进中还面临不少困难和问题，一些影响和制约学校进一步发展的难题亟待破解，一些深化改革、推进发展的举措亟待落实，一些师生员工反映比较强烈的问题亟待解决。各级党组织和广大党员干部要充分认识开展“深入基层大走访大调研”活动的重要意义，把这项活动作为坚持以人为本、加强和改进群众工作的具体行动，作为深入推进创先争优活动的重要内容，大兴调查研究之风，大兴求真务实之风，精心组织，狠抓落实，确保活动扎实开展、取得实效。

二、开展“深入基层大走访大调研”活动的指导思想和主要内容

开展“深入基层大走访大调研”活动的**指导思想**是：高举中国特色社会主义伟大旗帜，以邓小平理论和“三个代表”重要思想为指导，深入贯彻落实科学发展观，按照中央和教育部党组关于在创先争优活动中深入基层、为民服务的要求，以“全面提高教育质量，加快建设世界一流大学”为主题，以查找和解决制约学校科学发展的突出问题和广大师生员工反映强烈的问题为重点，以转变领导干部和机关部处工作作风为着力点，以提高师生员工满意度为标准，深入基层走访调研，广泛了解校情民意，着力破解发展难题，全力推动科学发展，凝聚人心，振奋精神，齐心协力推进“十二五”期间学校各项事业再上新台阶，促进创先争优活动成为群众满意工程。

开展“深入基层大走访大调研”活动，要通过走访基层与座谈交流相结合、广泛征求意见与专题调研相结合的形式，深入了解基层单位的实际情况，积极鼓励师生员工建言献策，虚心听取大家对学校工作的意见和建议。**主要内容**包括：(1)“十二五”期间各单位事业发展的重点、亮点以及目前存在的主要问题和困难；(2)当前各级领导干部和机关作风方面存在的突出问题；(3)学校在人才培养、科学研究、社会服务、文化传承创新和队伍建设等工作中存在的突出问题；(4)师生员工普遍关切的民生问题；(5)其他方面的突出问题。在分析和梳理问题的基础上，着手解决突出问题。

三、开展“深入基层大走访大调研”活动的方法步骤和基本要求

1. **深入基层走访调研**。党员领导干部特别是党员校领导和机关部门的党员负责人要深入到基层、一线和师生中去，到工作比较薄弱、矛盾和困难比较多、师生反映问题比较集中的地方和单位去，努力做到校情民意在一线掌握、矛盾问题在一线解决、干部作风在一线转变、党的政策在一线落实、科学发展在一线体现。

2. **广泛听取群众意见**。通过召开各类人员座谈会、进行个别访谈、开展专题调研等各种形式，广泛听取基层干部、一线教职工和学生的意见，虚心向他们求教，准确掌握师生员工所思、所忧、所盼。要带着问题去调研，也要注重在调研中发现问题。

3. **汇总梳理主要问题**。在广泛听取意见的基础上，要对师生员工反映的主要问题进行汇总。召开专题会议，进行调研情况交流，梳理出当前制约学校科学发展的突出问题以及涉及师生员工切身利益的问题。

4. **认真研究解决办法**。按照轻重缓急和难易程度，研究提出解决问题的措施和办法。对群众反映强烈、具备整改条件的问题，要提出明确具体的工作步骤和实实在在的工作举措；对需要进一步调研、需要较长一段时间才能解决的问题，要理清工作思路，明确努力方向，列出大体的时间表，回应师生员工的期待。整改的思路和措施要向师生员工公布，接受群众监督。

5. **积极推动整改落实**。对确定的整改项目，要根据领导干部分工情况，进一步明确工作的责任人和责任部门，细化工作措施、工作目标和时限要求，加强监督检查，狠抓工作落实。在适当时候做好“回头看”工作，将整改落实的情况纳入对部门、单位和干部的考核，确保活动取得实效。

6. *着手制定战略规划*。在大走访大调研活动的基础上，进一步把握办学规律，创新发展理念，对学校科学发展的重大问题进行再认识、形成新共识。落实中央和教育部关于全面提高高等教育质量的要求，研究制定《复旦大学关于加快建设世界一流大学、全面提高教育质量的若干意见》、《复旦大学服务上海发展行动计划》。进一步完善"十二五"规划和相关专项规划，着手制定中长期发展战略规划纲要。

四、加强对"深入基层大走访大调研"活动的组织领导

开展"深入基层大走访大调研"是近期我校创先争优活动的重点。各级党组织要高度重视，加强领导，结合本单位、本部门实际，认真组织实施，确保取得实效。

校级领导班子和领导干部要切实发挥带头作用。一是要带头走访基层群众。11月上旬起，校领导班子成员分成若干个调研组，利用1个月左右的时间深入基层走访调研。要与干部群众"零距离"接触，坚持走到、访到、看到、听到、体验到，了解基层实际，掌握第一手材料。*二是要带头组织专题调研*。细化调研方案，明确调研要求，通过各种形式广泛征求干部群众意见和建议，鼓励大家围绕学校发展积极建言献策，做到态度诚恳、虚心求教。*三是要带头弘扬优良作风*。在调研中要注意工作方法，不搞形式，不走过场，不给基层和群众增添负担，不影响各单位正常工作秩序，轻车简从，减少陪同，厉行节约，讲求实效。*四是要带头解决突出问题*。在调研的基础上，校领导班子召开专题会议，分析研究主要问题，提出改进的思路和办法。特别是要关注影响和制约学校科学发展、基层和群众反映强烈、经过努力近期能够解决的问题，关注教学科研设施的建设和改造、青年教师住房、教职工待遇、学生就业和住宿条件改善等与师生员工利益密切相关的实际问题，关注领导干部和机关部处工作作风方面存在的问题，集中力量推动解决。*五是要带头狠抓工作落实*。对已经确定的整改项目、已经向群众作出的承诺，要细化工作方案和措施，在狠抓落实上下工夫，以高度的执行力和工作成效取信于师生员工。

校部机关、后勤和公共服务单位党组织和党员要积极转变作风，提升服务水平，提高工作实效。一是要虚心听取基层和师生的意见。牢固树立"为教学科研服务、为基层服务、为师生服务"的意识，党员干部要带头深入一线，通过各种形式听取基层和服务对象的意见建议，诚心诚意接受监督。同时，相关部门还要配合校领导做好专题调研工作。*二是要认真梳理管理制度*。各部门在以往梳理制度的基础上，要对照学校发展的新要求和师生员工的新期待，进一步梳理本部门的规章制度和工作流程，对已经过时的要及时废止，对不适应现有情况的要抓紧完善，对目前缺失的要着手制定。各部门清理完善制度的情况要向师生员工公开。*三是要努力提高服务实效*。各党支部要召开一次专题组织生活会，对照师生提出的意见和基层单位反映突出的问题，提出本部门转变作风、创先争优的具体措施，推出一些方便基层、服务师生的举措。特别是要公开有关政策法规和办事指南，优化工作流程，简化办事程序，承诺办结时限，推行首问责任制、一站式服务、深入基层和一线开展服务、建立共享数据库等服务方式，切实增强服务意识，改进服务作风，提升服务水平，提高工作实效。*四是要广泛开展"三亮"、"三比"、"三评"活动*。在机关、后勤和公共服务部门特别是窗口岗位的党员中开展"亮标准、亮身份、亮承诺"、"比技能、比作风、比业绩"、"群众评议、党员互评、领导点评"活动，引导广大党员立足本职岗位积极创先争优。

各院系、附属医院、直属单位领导班子和领导干部要结合本单位实际开展调查研究工作。要根据学校党委的总体要求，细化本单位开展"深入基层大走访大调研"活动的方案，提出具体的工作措施和工作要求。*一是要倾听一线师生员工意见*。各单位领导干部要深入学科点、实验室、教室、临床科室、学生寝室等，认真听取本单位教职工、医护人员和广大学生的意见，真诚相待，用心沟通，准确把握师生员工的诉求，营造团结和谐、积极进取的氛围。*二是要梳理本单位的突出问题*。在广泛征求意见基础上，梳理出影响和制约本单位发展的突出问题，特别是要对照深入学习实践科学发展观活动整改方案，检查还有哪些措施没有落实，认真查找原因。*三是要着力解决突出问题*。对师生员工反映的主要问题进行认真研究，属于本单位自身存在的问题，要提出解决问题的措施和办法，积极推动落实，努力将问题解决在一线；属于需要学校协调解决的问题，要加强沟通，积极配合学校推动问题的解决。*四是要完善落实发展规划*。各单位要认真查找自身在学科发展中的不足，根据本单位学科特色、发展定位、战略重点，进一步修改完善学科发展和人才队伍建设规划，明确"十二五"的发展目标，在推动"十二五"规划落实上下工夫，并着手制定本单位中长期发展规划。

各单位在开展活动中要注重统筹兼顾，把"深入基层大走访大调研"与岁末年初的各项工作有机结合。2011年底各单位领导班子开民主生活会时，党员干部要对开展调查研究、查找突出问题的情况进行交流，提出改进工作的思路和举措，并列入下一年度的工作计划，狠抓落实。要着力营造良好氛围，推动党员干部深入基层走访调研，调动师生员工的积极性。要探索建立长效机制，畅通师生员工反映意见建议的渠道，构建常态化的联系基层、联系师生的工作机制。

各单位开展活动的有关情况请及时报学校创先争优领导小组办公室。

深入基层大走访大调研活动中师生反映强烈的突出问题及其解决的基本思路

校党委常委会和党政联席会议对大走访大调研活动中搜集、整理的意见进行认真研究，提炼出需要校领导班子着力推动解决的11个方面的突出问题。2012年1月，校领导班子务虚会集中研讨了解决这些问题的基本思路。2月，校党委常委会进一步研究和确定了解决思路。3月，校党政联席会议对整改任务进行了分工，明确由负责的校领导带领相关部处研究制订实施方案，在提交校领导班子会议审议通过后抓紧落实整改。

一、校区功能定位与办学空间问题

各校区的功能定位和学科布局不够明确，部分学科和院系的空间过于分散。枫林、邯郸校区办学空间紧缺问题十分突出，校区大部分单位的学科建设、重点实验室建设、重大科研项目开展和人才引进受到严重制约。

解决这些问题的基本思路是：

（1）*明确校区的功能定位和学科布局*。邯郸校区以本科生教育和人文社会学科为主，江湾校区以理科基础学科为主，枫林校区以医学学科为主，张江校区以应用学科为主。

（2）*实施枫林校区改扩建工程*。修订完善校区改扩建规划。充分利用校区有限的土地资源，争取提高建筑容积率和总建筑面积。进一步明确功能分区，东园以行政办公和科研活动为主，西园以教学活动和学生生活为主。合理安排建设时序，有序推进改扩建工程。

（3）*加快江湾校区开发建设*。调整校区建设规划，适当提高建筑容积率，增加规划的总建筑面积。数学、物理、化学、生态环境等大楼争取年内开工建设。生命科学大楼抓紧竣工验收，尽早投入使用。

（4）*适时调整邯郸校区规划*。邯郸校区和江湾校区作为一个整体进行统筹考虑。在江湾校区规划明确后，适时进行邯郸校区规划的调整。

二、学科建设问题

学科发展的层次不够清晰，重点不够突出，方向不够明确。学科分布存在"碎片化"现象，有的学科分散在多个单位，难以形成整体合力。人财物等资源的配置与学科发展的需求结合得不够紧密，资源配置机制不够完善。学科评估体系还不能比较准确全面地反映学科发展状况。

解决这些问题的基本思路是：

（1）*加强学科建设的规划*。从建设世界一流大学的目标定位出发，根据科技和学科的发展趋势，加强学科发展的谋划，在学校层面进一步明确学科建设的层次、重点和方向，确保若干学科率先达到世界一流水平。

（2）*加强以大学科为基础的学院建设*。按照学科发展的规律，把学科建设和平台建设有机结合起来，强化学院的主体地位，使学院成为名副其实的办学实体，更好地促进学科的交流融合。

（3）*完善学科发展的投入和保障机制*。在明确学科建设规划的基础上，按照学科发展的层次、重点和方向，科学合理地配置学科建设资源，加强中期评估，强化建设监管，提高资源投入的成效。

（4）*建立复旦特色的学科评价体系*。总结国内外学科建设的经验，建立符合学校实际、具有自身特色的学科评价体系，定期评价各学科建设的成效，有效推动重点学科的建设。

三、创新平台建设问题

对现有平台的支持和服务不够到位。国家级创新平台数量在"985"主要高校中明显偏少。对国家级平台的谋划和培育不够。跨学科平台建设的思路和方向不够明确。

解决这些问题的基本思路是：

（1）*加强现有平台的建设*。明确目标要求，加大投入力度，强化服务保障，着力支持国家和部市级重点实验室、工程研究中心、人文社会科学重点研究基地的建设和发展。

（2）*积极谋划新的国家级平台*。抓住"十二五"有利时机，瞄准国家的战略需求，立足学科基础和优势，重视学科的交叉融合，加强文理医科平台的谋划运作，培育一批以冲击国家级平台为目标的重点研究平台。

（3）*完善平台建设的思路举措*。进一步完善跨学科平台建设的体制机制，积极探索与政府、企业、医院等合作建设平台的路径和办法。

四、本科教育质量问题

通识教育尚未贯穿本科教育的全过程，不同学科大类缺乏个性化的通识教育方案。通识教育课程体系、课程标准和选课机制不够完善。本科教育培养方案、教学内容、教学方法需要进一步改革，教育教学质量有待进一步提高。本科教育管理的体制机制需要进一步理顺。

解决这些问题的基本思路是：

（1）*修订完善本科教育培养方案*。根据学校人才培养目标和经济社会发展要求，构建复旦特色的本科教育体系，修订本科教育培养方案。把通识教育理念贯穿本科教育的全过程，按学科大类设计通识教育方案，合理安排核心课程和专业课程。适度减少教学时数，着力加强实践育人，促进学生全面发展。

（2）*加强通识教育课程建设*。完善课程体系，明确课程标准，落实课程准入、评估和退出机制，保证课程质量。按照本科教育培养方案，完善学生选课机制。

（3）*提高教育教学质量*。根据经济社会发展和科学研究进展，更新教学内容，改进教学方法，大力倡导自主性学习、探究性学习。进一步推动教授为本科生上课，特别是基础课程和核心课程。深化教学评价改革，创新评价的思路和方法，探索引入第三方评价机制。

(4) 理顺本科教育管理体制。研究制定本科教育管理体制改革整体方案，进一步理顺教务处、复旦学院、专业院系之间的关系。加强书院建设，进一步发挥书院作为促进学生自主学习、自我管理、全面发展的育人平台的作用。

五、师资队伍建设问题

专任教师和专职科研人员队伍规模偏小，教学科研支撑人员队伍比较薄弱。高层次人才数量不多，优秀年轻人才储备不足，部分学科队伍青黄不接。人才引进标准单一，程序和周期过长，造成人才引进困难和中途流失。职称晋升标准相对简单划一，评价体系不够合理，还不能体现不同学科大类的特点。

解决这些问题的基本思路是：

(1) 进一步落实人才强校战略。调整人才工作领导小组，加强对人才工作的统筹协调。制定学校加强人才队伍建设的指导性意见。把人才队伍建设情况作为考核院系党政领导班子和主要负责人的重要内容。

(2) 科学制定人力资源规划。按照学科建设规划的要求，制定校院两级人力资源规划。适当扩大师资队伍规模，着力引进和培养学科领军人物、高层次优秀人才、有较大潜力的青年人才，大力加强专职科研人员、实验技术人员和科研助理队伍建设，逐步形成规模适中、结构合理的师资队伍。

(3) 加大人才引进力度。创新工作机制，进一步拓宽人才引进的途径和办法。建立全球范围内各学科领域领军人物和高层次优秀人才的信息库。结合校院两级人事管理制度改革，完善人才引进工作机制，简化流程，提高效率。

(4) 完善人才的培养扶持政策。完善职称晋升机制，合理设置岗位体系。建立更加体现质量导向、符合学科特点的学术评价标准，完善各学科大类的学术评价体系。加强对新引进人才和新入校教师的关心指导，帮助他们解决实际问题，使他们尽快融入新的环境。

六、校院管理体制问题

二级单位的设置不够规范，校院两级的职责比较模糊，权责不够统一。学校管理权限过于集中，二级单位办学活力不足，管理能力有待进一步增强。

解决这些问题的基本思路是：

(1) 制定系统的实施方案。研究制定学校关于推进校院两级管理体制改革的实施意见，明确校院两级的权责，明确改革的目标、方法和步骤，充分发挥校院两级的积极性，有效增强二级单位的办学活力。

(2) 加强二级单位的规范设置和能力建设。总结二级单位设置的经验，以学科为基础，逐步规范学院等二级单位的设置。完善学院的党政联席会议、学术委员会、教职工代表大会等基本治理制度，健全学院的行政运行机构，充实学院的党政管理人员队伍，着力提高人员的素质和能力。

(3) 在试点基础上稳步推进。选取若干个设置较为合理、管理基础较好的学院进行试点，加强对试点工作的指导，及时总结试点工作经验。在此基础上，完善总体方案，逐步推广实施。

七、医学教育管理问题

上海医学院的具体权责不够清晰，医学口五个办公室和学校职能部门的关系亟待理顺，医学口内部的管理体制还不明确。医学生招生的方式、数量和结构还不适应医学事业发展的需要。

解决这些问题的基本思路是：

(1) 理顺学校与上海医学院的关系。制定学校医学管理体制调整的实施意见，确立上海医学院框架下的医学学科管理体制和相对独立的管理职权。医学管理部门是学校职能部处在上海医学院的延伸。

(2) 理顺医学口内部的管理体制。在学校的统一领导下，充分发挥上海医学院统筹、协调和管理医学教育的功能，加强医学学科整体建设，理顺医学口各学院、科研平台和附属医院的关系，实现统筹发展与资源共享。

(3) 着力突破医学学科发展的瓶颈。改进医学生招生工作，增加招生人数，优化招生结构，完善招生方式，提高生源质量。抓紧引进和培养学科领军人物、高层次优秀人才、有较大潜力的青年人才，壮大医学人才队伍。推动落实附属医院部市共建机制。

(4) 促进医学与其他学科交叉融合。总结学校以往经验，借鉴国内外高校的成功做法，大力促进医学学科与其他学科交叉融合，进一步完善跨学科人才培养与合作研究机制，积极培育和布局学科交叉的新增长点。

八、校区管理体制问题

校区管理体制不够明确，校区管委会与机关部处的职责分工比较模糊。机关部处向校区的职能延伸不够到位，师生办事很不方便。条块协调不够顺畅，管理服务效率不高。

解决这些问题的基本思路是：

(1) 明确校区管理的体制。校区管理实行“条块结合、以块为主，纵向到底、横向到边”的体制，制定学校校区管理条例，对校区管理的重要事项作出明确规定。

(2) 加强机关部处的职能延伸。相关部处的职能向各校区延伸，派出部门负责人和工作人员进驻校区。各部处派驻人员实行集中办公，有效提供服务，方便师生员工。

(3) 加强校区管委会的职能。校区管委会代表学校统筹、协调和管理校区相关事务，统一领导机关部处派驻在校区的负责人和工作人员，保障校区正常运行。

九、中青年教师住房问题

教师周转性住房总量紧缺，校区分布和户型结构不够合理，无法有效满足中青年教师租住需求。商品房租售价格过高，许多中青年教师无力租住和购买。住房问题已成为稳定队伍、引进人才的重要制约因素。

解决这些问题的基本思路是：

(1) 积极争取政府的政策支持。充分利用政府的保障性住房政策，出台相关配套措施，鼓励教师租住政府提供的公共租赁房和其他形式保障性住房，有效改善中青年教师和引进人才的住房条件。

（2）*努力改善周转房租住条件*。千方百计增加学校周转房数量，特别是成套房数量。完善周转房租赁政策，严格周转房租住管理，改善周转房居住条件，进一步满足中青年教师的租住需求。

十、教职工收入待遇问题

教职工的收入待遇有待进一步提高，不同单位教职工的收入差距较大。引进高层次人才的收入待遇标准缺乏竞争力，整体薪酬制度需要进一步完善。

解决这些问题的基本思路是：

（1）*稳步增加教职工收入*。积极开源节流，增强学校财力，逐年提高教职工的收入待遇。调整完善整体薪酬制度，增强吸引人才的竞争力。

（2）*完善收入分配机制*。适当调整收入分配政策，逐步缩小校内收入分配差距。在普遍增加教职工收入的同时，注重向收入偏低的群体适度倾斜。

十一、机关干部作风问题

机关部处主动服务、主动协调的意识不够强，推动落实的能力和执行力有待提高。部门职能划分不够清晰。干部的素质和能力离建设一流大学的要求还有差距。机关工作的考评和激励机制不够完善。

解决这些问题的基本思路是：

（1）*加强队伍建设*。完善机关进人用人机制，健全学习培训制度，强化激励和淘汰机制，拓宽干部成长空间，畅通校院两级党政管理人员双向流动渠道。制定绩效考评办法，将师生和院系的评价作为机关考核的重要组成部分。

（2）*加强机构建设*。顺应校院两级管理体制改革趋势，明确机关职能，适度精简机构，规范科室设置，核定岗位编制，加强学习型、服务型机关建设。

（3）*加强效能建设*。优化服务流程，加强部门协调，积极推行集成化服务。提高管理服务的信息化水平，在机关部处实现数据资源共享。完善规章制度，简化审批程序，狠抓工作落实，提高工作效率。

（4）*加强作风建设*。进一步明确转变机关作风、加强机关建设的要求。推动机关部处建立联系基层、深入一线的长效机制，提出方便师生、改进作风的具体措施，切实提高服务质量。

校党政领导班子成员明确了以下分工：

（一）校区功能定位及校区管理体制（含办学空间）问题，由朱之文、陈晓漫、陈立民、王小林、许征负责。

（二）学科、创新平台、基地建设问题，由杨玉良、金力、林尚立、桂永浩、陈晓漫负责。

（三）本科教育质量问题，由杨玉良、陆昉、蔡达峰、陈立民、林尚立负责。

（四）师资队伍建设（含教师住房、教职工收入）问题，由杨玉良、陈晓漫、王小林、刘建中、许征负责。

（五）医学教育管理问题，由朱之文、桂永浩、王小林、冯晓源负责。

（六）校院管理体制（含机关干部作风）问题，由朱之文、刘建中、王小林、陈晓漫、许征负责。

·专 文·

改革高校内部治理结构 推进学校各项事业发展

——2011 新年献词

（2011 年 1 月 1 日）

校长 杨玉良

21 世纪的第一个十年，在机遇和挑战交织中匆匆而过。在这辞旧迎新之际，请允许我代表学校，向各位同学、全体教职员工及家属，向世界各地的校友和广大的离退休人员，向长期关心、支持复旦的社会各界人士，表示最衷心的新年祝福！

在过去的一年里，学校继续坚定不移走内涵发展道路。我们稳步实施"211 工程"三期建设，发动专家学者认真编制"985 工程"三期规划，全面启动学校"十二五"规划编制工作；我们积极筹建本科生院，循序渐进、逐步推进通识教育改革，启动医学学科管理体制改革，推动医学学科在相对独立和完整的管理架构下整体运作；我们继续推动部分院系试点学科国际评估，在人力资源管理、研究生培养体制等领域深入推进二级管理改革。谷超豪院士荣获国家最高科学技术奖，成为全校师生学习的楷模；广大学生积极参与世博志愿服务，向世界展示了复旦学子的风采。

展望未来，我们的征程充满挑战，我们的工作任重道远。在新的一年里，我们必须坚持"学术为魂、育人为本、依法治校、民主决策"，全面、深入、协调、有序地实施各项改革，推进学校整体发展。

我们将继续推进内部管理体制改革，完善依法治校和民主管理的各项制度，建立科学民主的决策机制，健全大学的学术治理制度；逐步完善二级管理架构，建立学校宏观调控、院系自我管理的运行机制；探索制订复旦大学章程，彰扬大学理念，努力形成与世界一流大学水平相适应的现代大学管理制度。

我们将根据"985"三期建设的总体要求，充分支持医学学科建设，尊重医学学科发展规律和医学人才的选拔和培养规律，调动积极性，提高整体性，提升整个医学学科科学发展的综合竞争力；努力振兴人文社会学科，集聚优势领域，推动国际对话，扩大复旦大学在世界的学术影响力；大力发展理科和技术学科；支撑世界一流学科的形成和突破，提升学校整体学科实力。

我们将继续深化本科教育改革，以本科生院筹建为核心，深入研究和贯彻通识教育理念，完善各类课程体系，建设兼具文化意涵和教育功能的现代大学书院，积极探索贯通本科教育全过程的通识教育新模式；深化自主招生改革，推进按大类招生，切实加强本科教学质量责任体系和评估体系；认真实施基础学科拔尖学生培养试验计划；努力培养具有高度社会责任感、引领社会进步、担当未来中国经济社会发展与世界和谐发展重任的栋梁之才。

我们还将继续加强师资队伍建设，推进研究生培养体制改革，实施国际化战略。在科学发展观的统领下，坚定不移走内涵发展道路，坚守大学使命，坚持求真务实，弘扬复旦人"服务、牺牲、团结"和"服务人群"的传统和精神，共同奋斗，为把复旦大学建成具有世界一流水平的社会主义综合性大学，跻身世界一流大学行列，为国家发展，为人类知识、智慧和世界文明进步作出我们应有的贡献。

一百年前，上世纪第二个十年开始的时候，复旦吴淞校舍被占，不得不栖身李公祠勉力维持。接下来的十年时间，复旦不仅遭遇财政的危机，校舍也几乎不保。但同样是在这十年之间，复旦不仅在江湾建设起了永久性的校园，逐步发展成为一所多科性的私立大学，更为重要的是，"学术独立、思想自由"的复旦精神和"博学而笃志、切问而近思"的复旦校训成为我们永远的财富。在 21 世纪第二个十年开始之际，追思先贤，展望将来，我们每一个复旦人都理应发愤图强，全力以赴，团结起来，共同建设一个更加美好的新复旦！

在教育部巡视组与校领导班子见面会上的发言

（2011年4月7日）

党委书记　秦绍德

今天，以李延保同志为组长的教育部巡视组正式进驻我校，开展为期三周的巡视工作。首先，我代表学校，对教育部巡视组的到来表示热烈的欢迎！开展巡视工作，是加强领导班子思想政治建设、健全党内监督机制的重要举措，也是我们总结经验、寻找差距、改进工作的重要契机。我们一定全力支持和配合巡视组开展工作，诚心诚意地接受巡视组的检查和指导。

下面，我代表学校党委，就学校的基本情况和近年来的主要工作向巡视组作一个汇报。

学校基本情况

复旦大学创建于1905年，是中国人通过民间集资自主创办的第一所高等学校。"复旦"二字由创始人马相伯先生选自《尚书大传·虞夏传》中"日月光华，旦复旦兮"的名句，本义是追求光明，寓含复兴中华之意。复旦的校训是"博学而笃志，切问而近思"，选自《论语》，前一句讲立身之本，后一句讲治学之道。

从学科布局上看，复旦是一所以文理医为基础的综合性研究型大学。学校现有28个直属院系，70个学士学位专业，29个一级学科博士点，29个博士后科研流动站，在最近一轮重点学科评估中，学校一级学科国家重点学科11个，二级学科国家重点学科19个，总共52个二级学科被评为国家重点学科。全校有超过60%的本科专业、85%的硕士点和90%的博士点设在国家重点学科。

从教师队伍和学生规模上看，学校现有教职工总数5 642人(不含附属医院)，其中专任教师2 346人，高级职称1 538人，两院院士35人(含双聘)，长江学者92人，杰出青年基金获得者72人，"973"首席科学家20人，国务院学科评议组成员33人。现有全日制学生29 752人。其中本专科生13 195人，研究生13 851人(含博士生4 520人、硕士生9 331人)。

从校园布局上看，学校现有邯郸、枫林、江湾、张江四个校区，呈现"一体两翼"的态势。此外，还拥有10家附属医院。

从办学特色来讲，我们自己分析，可能有这样几点是比较突出的。一是学科门类多，综合性强，这有利于进行学科交叉、科研合作，也有利于培养复合型人才；二是基础扎实，这里既指学校的文理医基础学科实力比较雄厚，也是指学校的人才培养理念中非常注重让学生打好基础；三是国际学术交流活跃，我们同近200所大学签订了合作协议，2010年在校学生中有1 868人有海外交流的经历，全年接收外国留学生6 000余人(其中学位生2 706人，占在校学生总数的10%)。

从办学目标来讲，党的两任总书记都为我们指出了努力的方向。1995年建校90周年之际，江泽民同志在为我校的题词中首先提出了"面向新世纪，把复旦大学建设成为具有世界一流水平的社会主义综合性大学"的目标。2005百年校庆之际，胡锦涛同志在贺信中再次为我们明确了这样的目标，勉励复旦师生为全面建设小康社会、实现中华民族的伟大复兴作出新的更大的贡献。

《高等教育法》和《高校基层组织工作条例》规定，国家举办的高等学校实行党委领导下的校长负责制。党委是一个领导集体。作为一级党委，我们感到，一方面，要坚持总揽全局、协调各方，把握办学方向，抓好事关学校改革发展的重大事项；另一方面，要坚持党要管党、从严治党，加强领导班子和干部队伍建设，加强基层党组织和党员队伍建设，为学校科学发展提供坚强组织保证。从这样的认识出发，近几年来，学校党委重点关注和推动的是几个方面的工作。

一、贯彻落实科学发展观，推进学校改革发展

科学发展观是针对我国经济社会发展提出的重大战略思想，也是推进高校事业发展必须坚持的指导方针。在编制"十一五"规划的时候，学校党委学习科学发展观，从学校实际出发，就提出了"坚定不移地走内涵发展的道路"，着眼于增强学校的综合实力，这是我们最近几年来一直坚持的一条重要指导原则。

1. 凝聚共识，把握发展方向

多年来，校党委形成了一个很好的传统，每年召开两次务虚会、一次全委扩大会，就学校发展改革中的一些重大问题理清思路、统一思想。2008年，适逢改革开放30周年，我们把"解放思想、深化改革"确定为学校贯彻十七大精神、落实全年工作的着力点，全面回顾总结了我校近10年的改革历程，具体讨论了本科教育教学、研究生教育、人事、科研体制、学生思想政治教育、后勤社会化等6项改革的成败得失，提出通过深化改革解决发展中的若干难题。

2009年，我校作为第二批单位开展深入学习实践科学发展观活动。经过多次讨论，校党委凝练出"抓住根本育人才，坚持特色上水平，深化改革创一流"为实践载体，得到了干部群众的广泛认同。通过学习实践活动，全校上下深化了对科学发展观的认识和理解，深入分析了学校发展面临的形势，对办学目标、定位和特色有了进一步认识，不少院系单位深入开展学科调研分析，增强了紧迫感，为制定新的学科与队伍建设规划提供了依据，学校初步明确了下一步推进事业发展的思路和举措，调动了广大党员干部和师生员工推进学校事业发展的积极性。

2010年是“十一五”规划的最后一年，也是全面实施“985”三期的第一年。全国人才工作会议、全国教育工作会议先后召开，《国家中长期人才发展规划纲要》、《国家中长期教育改革与发展规划纲要》相继颁布。校党委贯彻落实中央精神，正确分析形势，研讨了学校“十二五”规划的指导思想、战略目标和重大举措，学校在学术管理和行政管理方面存在的问题和改进措施，以及本科培养体制改革等问题，希望校内尽可能在一些主要问题上取得共识，把握住发展的机遇，并在此基础上着手编制“十二五”规划。党委初步提出，在“十二五”期间，要坚定创建世界一流大学的目标不动摇，要正确处理改革和发展的关系，要坚持统筹兼顾，实行民主办学，建设和谐校园。

2. 抓住重点，坚定不移深化改革

发展和改革是连在一起的。发展是第一要义，不发展没有出路；遇到发展的瓶颈口，就要坚持改革，通过改革来破解发展中的难题。在现阶段，如何通过深化改革，建立起一套富有活力的体制机制，是我们党政领导班子重点考虑的问题。

《国家中长期教育改革与发展规划纲要》颁布后，学校向教育部申请了三项改革试点，一项是“完善教学质量标准，探索通识教育新模式”，一项是“基础学科拔尖学生培养试验计划”，一项是“推动建立健全大学章程，完善高等学校内部治理结构”。对一所大学而言，这些都是重大系统性的改革。我们主要从五个方面确保改革的稳步顺利推进：第一，要明确改革的目的，确定正确的目标；第二，要做好顶层设计，在此前提下分阶段、有计划、有步骤地推进；第三，要以科学的理念引导全校解放思想、转变观念，发动全校师生员工投入改革；第四，在实施过程中要认真倾听各方面的意见，哪怕是反对的意见；第五，决策要一致，实施要谨慎、细致。

关于学校内部管理体制改革，近两年我们着力推进的工作有三项。

一是调整完善医科管理架构。原复旦和原上医2000年合并后，学校对医科的发展高度重视、倾力支持，对医科的投入大幅度增加，医学学科和附属医院取得长足发展。特别是，广大医学生受益于学科综合优势和通识教育体系，接受了更为全面的人文、社会和自然科学的基础训练，综合素质明显提高。同时，围绕如何在综合性大学的框架下加快医科发展，我们与国内许多高校一样，一直在进行积极的思考和摸索，也在仔细地观察和比较国内外高校管理医科的不同模式。这两年，学校党政班子经过多次研究后认为，为了加强医科内部的联系和协调，更好地发挥医学学科的整体优势，有必要赋予医学学科比以往更加相对独立和完整的管理权限。因此，决定授权上海医学院领导和协调医学教育的学术管理工作，管理范围包括所有的医学院系、附属医院，以及与医学相关的科技平台和重点实验室。同时，建立健全医学学术治理组织，全面指导医学学科建设、科研和教学工作。目前，这一方案正在逐步实施到位。

二是完善校、院（系）两级管理体制。我们认为，推进两级管理改革的核心是，围绕增强院系的办学积极性和活力，改进办学资源的配置和使用方式，转变机关部处的管理职能，逐步形成学校宏观调控、院系自主办学的运行机制，提高学校整体的办学效益和办学水平。落实两级管理改革，关键是下放人事权和财务权。在下放人事权方面，前几年开始，我们选择了部分院系自主制定5年学科建设规划与人力资源规划，赋予他们在岗位设置、人才引进、高级职务聘任等方面的自主管理权限。现在我们正在做的是下放财务权。具体做法是，对校、院系预决算管理体系进行改革，改变目前的以职能部门为主、按“条”分配资金的经费预决算管理模式，而是把各类资金尽可能整合成“块”直接下达给院系，由院系在制度允许的范围内自主统筹使用，以最大限度地增强院系的办学自主权和办学活力，从而形成以“微观激活，宏观调控”为特征的校、院系两级管理体制。

三是完善学术治理机制，进一步发挥专家学者的作用。我们认为，大学作为一个学术机构，组织是体，学术是魂。组织和学术都面临一个治理的问题。教师、学生和专职科研人员，既是大学学术活动的基本主体，也是大学的基本成员。因此，在大学治理中，必须充分发挥好他们的作用。这里包括两个方面。一方面，要完善学术治理机制，保障学术人员完全按照学术自身的规律和要求开展学术活动；另一方面，要完善大学的组织治理机制，让全体组织成员依法、民主、有序地参与组织治理，并且注重发挥专家学者的主体作用和专业特长。从这样的思路出发，我们正在做以下四个方面的工作。第一，修订学术委员会章程，充实和扩大委员会的职权，让委员会在校内学术事务中拥有最高的话语权。第二，健全学位委员会、本科教学指导委员会、学术规范委员会等学术治理组织的运行机制，让它们切实发挥作用。第三，学校层面成立发展与规划工作委员会、预决算工作委员会，让更多的教师参与学校管理的各项事务。第四，完善校院系教职工代表大会和院系教授委员会制度，切实保障公共管理得到依法、民主、有序的实施。

二、牢牢把握社会主义办学方向，将人才培养作为学校的根本使命

复旦大学一直具有重视人才培养的传统。近30年来围绕人才培养进行了很多改革，不断推陈出新，一些举措比如文理交叉、学分制、通识教育等，在国内起步都比较早。我们始终认为，人才培养是大学的核心功能、根本使命，大学是因为培养人才而存在的。大学对于社会的最大贡献，不在于它能拉动GDP几个百分点，也不在于它能生产多少篇SCI文章，而是为社会源源不断地培养能够推动社会进步的人才。像复旦这样的国家重点建设的高校，更应该为社会培养栋梁之才。因此我们有责任通过持续地改革和完善培养体系，让学生接受最好的教育。在历次校领导班子务虚会、党委扩大会上，人才培养问题是讨论次数最多、最深入的问题，也是达成共识最多的问题。在深入学习实践科学发展观活动中，我们把实践载体概括为三句话，第一句就是“抓住根本育人才”，这在高校中也是颇具特色的。

1. 把握人才培养的方向

"学校教育、育人为本,德智体美、德育为先。"大学人才培养质量一个重要的评判标准就是看它培养的人才是否为人类的进步、为国家和民族的发展作出了贡献。作为一所社会主义大学,党委始终把"培养什么人"、"如何培养人"这一重大课题摆在重要位置,对意识形态领域的斗争保持清醒认识,重视加强学生的思想政治教育,引导学生树立正确的政治方向,坚定中国特色社会主义的信念。

近年来,我们先后制定了《关于进一步加强和改进大学生思想政治教育的实施意见》和《复旦大学关于加强辅导员、导师队伍建设的实施意见》,在学校各项工作中始终把大学生思想政治教育摆在重要地位,融入教育教学的全过程。我们着力把思想政治理论课建成一流人才思想政治素质教育的主阵地,把辅导员队伍作为教师队伍的重要组成部分加以培养。我们以改革开放30周年、新中国成立60周年、中国共产党成立90周年为契机,对学生进行爱党、爱国的主题教育,引导他们学习党的历史和共和国历史,鼓励他们到国家重点单位、到基层和西部、到祖国和人民需要的地方建功立业。

2. 营造全员育人的氛围

教师是人才培养的主体,不论是"育人为本",还是"德育为先",最后都要落实到全体教师的肩上。近年来,学校大力倡导以学生的成长成才为中心的理念,并逐步从体制机制上保证更多的教师在人才培养特别是本科生教学上有更多的投入。

学校坚持开展本科毕业生"我心目中的好老师"和"研究生心目中的好导师"评选和宣传活动,在教师节之际举行"劳模事迹报告会",弘扬劳模个人和集体为人、为学、为师的先进事迹,进一步增强广大教师教书育人的使命意识,提高能力水平。我们开展了教育思想大讨论,发动全体教师参加,通过讨论提高认识,更新观念。在学习实践活动中,校党委专门把2003年作出的《关于教书育人的决定》列为重要学习资料,请各单位认真组织学习落实。

为了进一步强化教师的育人职责,我们对教师行为做了刚性规定,比如,院系在考核教师工作时必须充分考虑人才培养工作的分量;规定导师在研究生思想政治教育中负有首要责任;坚持请名师给本科生上课,而且上基础课;加强对新教师的上岗培训,培养青年教师的责任心和良好的师德师风。不久前,学校利用新一轮岗位津贴改革的契机,将岗位津贴中基础岗位津贴的50%与教师承担的教学工作量挂钩。一名教师只有达到学校教师平均课时数的要求,才能拿到足额的基础岗位津贴,鼓励教师在人才培养工作中投入更多的精力。

3. 不断推进本科生培养体制改革

2005年,我校成立了复旦学院,围绕实施通识教育,展开了新一轮本科教育教学改革。我们推行的通识教育,不是一般的文理交叉,而是一种全面素质教育,目的是让学生成为一个完整的人,有利于学生个性的成长和健全人格的养成,有利于他们的终身发展。

推进通识教育,有两个着力点,就是核心课程建设和学生管理体制改革。2006年,通识教育核心课程建设正式启动,分为文化传承、批判性思维、世界视野、科学精神、生命关怀和审美体验等六大板块。经过几年的持续建设,目前已有核心课程153门,每个学生在本科期间至少修读12个学分的核心课程。在学生管理体制方面,所有本科生入校后先在复旦学院学习一年(少数学生是两年),然后回到专业院系。复旦学院借鉴国外大学住宿学院和中国古代书院的做法,创建了四大书院,将不同专业的学生混合编班,混合安排宿舍,以增加不同专业学生相互接触的机会,加深学生对通识教育的理解。

经过几年的探索,包括经过2007年开展的全校通识教育大讨论,通识教育理念已经得到广大师生的高度认可。下一步,我们将探索把通识教育贯穿到本科教育的全过程,让每个本科生在复旦学院接受四年一贯制的通识教育,并且把通识教育的思想贯穿到专业教育中去。相比于按照专业院系组织教学和管理的传统培养模式,这是一次根本的变革。为了加强组织保障,经校领导班子多次讨论,我们将成立本科生院,负责统揽全校的本科生培养事务,招生、教学管理、学生工作都纳入其中。同时,在本科生院的框架下,加强书院建设,把书院建设成为本科生在第二课堂接受通识教育的重要载体,以及本科生管理的重心所在。相比于传统的学生寝室,书院要更加突出文化意涵和教育功能,要将中国传统书院的教育精神融入其中。每个书院都设立党团组织和学工队伍,发挥学生的自主管理作用,并且让更多教师参与书院的活动,把书院建设成为师生紧密联系的纽带。

三、加强党的自身建设,提高学校党建工作科学化水平

近年来,在党的建设方面,学校党委始终围绕中心、服务大局,落实党建工作责任制,认真抓好各级领导班子和干部队伍建设,重视做好抓基层、打基础的工作,着力加强基层党组织和党员队伍建设。

1. 以坚持和完善党委领导下的校长负责制为根本,加强学校领导班子建设

党委领导下的校长负责制是高等学校的基本制度。如何在实践中更好地坚持和完善这一制度,是我们一直在思考和探索的问题。我们重点做了两方面工作。**一是健全民主集中制,前几年修订了领导班子议事决策规则**,明确党委常委会、校长办公会、党政联席会等几个会议的职责,以制度建设来保证重大问题都经集体讨论,促进领导班子听取意见更全面、酝酿讨论更充分、决策决定更科学。最近,我们还准备对领导班子议事决策规则作进一步的修订完善,并作为学习贯彻《高校基层组织工作条例》的一项措施。**二是健全领导班子内外的民主监督机制**,强化对领导班子和领导干部的监督。班子内,开展谈心活动,注重开好民主生活会,进行严肃认真的批评与自我批评。班子外,强化群众监督,利用教代会、校务公开、公示制度、设立举报电话、来信来访、述职评议等多种方式,接受群众的监督。

2. *以完善党政联席会议制度为抓手，加强基层单位领导班子建设*

为了加强院系领导班子建设，2007年校党委制定《关于加强院系党政领导班子建设的意见》。在这个文件中，我们明确了院系领导班子的主要职责、重大问题决策机制、加强民主集中制建设的要求等，特别是强调了院系要建立和完善党政联席会议制度，并第一次以党委文件的形式，对基层党政联席会议讨论的主要内容和议事规则、决策程序作出了明确规定。这是我们多年实践经验的总结。我们感到，实行重大问题交党政联席会议讨论，本质是加强在重大问题上的集体讨论、集体决策，核心是坚持民主集中制。从一定意义上说，这一制度为院系分党委参与讨论和决定院系重大问题，履行监督保证职责提供了制度保障。新修订的《高校基层组织工作条例》中首次写入了建立"院系党政联席会议制度"的要求，这是对高校实践探索的肯定，也对我们提出了更高的要求。今后我们还要进一步落实和完善这一制度。

3. *以健全干部选拔任用工作机制为突破口，加强学校干部队伍建设*

最近几年，学校干部的新老交替任务很重。在配齐配强党政正职干部的同时，校党委也积极探索适应高校特点的干部选拔任用工作机制。在传统的干部选任方法基础上，近两年，我们探索采用了海内外招聘、竞聘上岗以及公开选拔等多种形式，拓宽干部选拔任用的渠道。例如，2009年，学校党委通过海内外招聘的形式产生了信息学院院长和环境系主任；2010年，尝试推进院长系主任选拔任用方式改革，让竞聘者有表达意愿和任期目标、思路的机会，也让教职工有更多的知情权、参与权、选择权、监督权。在医学管理机构干部配备中，15个岗位全部采取公开选拔的方式产生。

在后备干部培养工作中，校党委开展了专题调研，进一步摸清后备干部队伍建设的现状，分析存在的问题，研究制定加强和改进学校干部教育培养工作的措施，统筹做好干部的培养、选拔、使用、挂职锻炼和轮岗交流等工作，特别是加强了干部教育培训工作，通过加大力度、丰富内容、创新形式，着力增强干部培训的针对性和实效性。

4. *狠抓基础工作，切实提高基层党建工作科学化水平*

一是完善基层党组织设置。按照"党组织全覆盖、党建工作全覆盖"的要求，我们对基层组织设置进行了完善和优化组织设置，在院系组建了学生党总支，着力加强学生党建工作，并以此带动学生思想政治教育工作。在党支部设置上，我们在继续坚持把学生党支部建在班上的同时，积极探索更加灵活有效的学生党支部设置方式，在学生公寓楼、实验室、课题组、专业方向、学科团队以及研究生支教服务团中建立党支部。*二是加强党内组织生活*。校党委制定了《关于加强和改进基层党组织生活的意见》，把党的组织生活特别是"三会一课"作为党员经常性教育的主要手段，着力在规范制度、丰富内容、创新形式、提高质量上下工夫。为了加强学生党建工作，增强学生党组织生活的思想性、生动性、有效性，这些年我们进行了许多探索，逐渐形成了本科生"党员成长计划"和研究生"示范党支部"建设的做法。*三是认真做好发展党员工作*。我们坚持把优秀青年学生和工作第一线的优秀中青年骨干作为发展党员工作的重点，准确把握培养和发展、数量和质量的关系，把工作着力点放在培养和壮大入党积极分子队伍、加强入党积极分子和新党员教育上。以2010年为例，学校全年共发展新党员1 620名，其中教职工党员87名。全年共培训入党积极分子1 988名，预备党员1 294人。今年，学校党委将进一步加强这方面工作，并对继续做好发展大学生党员工作提出指导意见。*四是培训基层党建工作的骨干力量*。按照《高校基层组织工作条例》的要求，学校党委应将党务工作者队伍纳入学校人才队伍整体规划。从去年起，我们启动实施了教职工党支部书记轮训计划，力争用两年左右的时间对全校教职工党支部书记普遍进行一次轮训。为提高轮训质量，学校还专门编制了《复旦大学党支部书记工作手册》。在学生党支部方面，针对学生支部书记流动性强的特点，学校每年都要举行一次集中培训活动，其中，"红帆训练营"已经成为我校研究生支部书记培训的品牌。

5. *以开展创先争优活动为契机，充分激发基层党建工作活力*

我们将"抓基层、打基础"作为我校创先争优活动的一项重要内容，以此为契机，着力加强基层党组织建设特别是党支部建设。在开展活动的过程中，我们十分重视联系实际，搞好结合，增强针对性和实效性。*一是与中心工作相结合*，引导党组织和党员立足本职岗位创先争优。各单位在制订活动计划时，都注意围绕本单位中心工作，在突出"特"和"实"上下工夫。*二是与创建学习型党组织相结合*，党委确定活动第一阶段以创建学习型党组织为重点，着力营造崇尚学习、重视学习、坚持学习的浓厚氛围。*三是与创新基层党组织活动相结合*，党委鼓励各单位设计生动具体的活动载体，积极开展有特色的党建活动，着力增强基层党建的生机与活力。*四是与理论研讨相结合*，我校承担了创先争优理论研讨任务，组建了由相关学科专家学者组成的创先争优理论研讨课题组，积极开展专题研究，为推进党建理论创新作贡献。今年上半年，我们将重点围绕迎接建党90周年开展创先争优活动，校党委对支部每月的组织生活提出了指导意见。

6. *推进党内民主，增强党员主体作用和基层党组织创新活力*

从学校实际出发，我们在积极探索推进基层党内民主，实行基层党务公开的途径。*一是充分发挥党代表作用*。校党委制定了《党代表任期制实施办法(试行)》，就党代表的权利和职责、党代表开展工作的方式、党代表履行职责的保障机制等问题提出了具体意见，着力探索我校党代表任期制的实现形式。*二是完善党委全委会工作机制*。校党委制定了《党委全体会议工作规则(试行)》，进一步明确了党委全委会的主要职责、党委委员履行职责的方式、全委会会议制度等方面内容，发挥全委会在重大问题决策中的作用。三是尊重党员主体地位，推进党务公开。我们要求各级党组织要在党内营造民主讨论的氛围，发挥党员的主体作用，鼓励党员为学校和本单位发展建言献策，同时也通过网站、文件、简报、会议等形式，及时通报党建工作动态和党内重要情况，拓展党务公开渠道。

7. 以制度建设为重点，加强党风廉政建设

近年来，学校认真贯彻落实中央纪委、教育部、监察部《关于加强高等学校反腐倡廉建设工作的意见》，学校"三重一大"有关事项严格执行"集体领导、民主集中、个别酝酿、会议决定"的原则。近年来，学校将制度建设作为工作重点，对学校现有制度进行梳理，已过时的予以废止，有缺陷的加以修订，需要细化和制定配套制度的抓紧制定。党委还提出，制度制定要和学校事业的发展相适应，和改革的措施相配套；从实际出发，向第一线调查；各种制度协调、配套、形成一个有效的体系。我们抓了党风廉政建设责任制的任务分解和监督检查，对全校 27 个基层单位进行巡查，并探索对机关职能部门落实责任制的监督检查办法。我们加强了对工程建设、招生办学，财务预决算等重点领域关键环节的监督制约，加强了反腐倡廉宣传教育，加大了办信查案力度，深入推进惩治和预防腐败体系建设，为学校改革发展提供保证。

四、做好群众工作，建设和谐校园

做好群众工作，充分调动师生员工的积极性，是高校党委的一项重要职责，也是党委协调各方的一个重要方面。长期以来，我们党在群众工作中形成了很多优良传统，如从群众中来，到群众中去；相信群众、依靠群众等，这既是一种干部作风，也是一种工作方法。我们实行民主办学，实质就是相信只有依靠群众，发动群众，才能办好一所大学。

1. 民主办学，发挥群众的积极性和创造性

我们一直强调，创建世界一流大学，一定要充分发挥全校师生员工投身学校发展改革的积极性、主动性、创造性。近年来，我们始终坚持民主办学、依法治校，发挥教职工代表大会的作用，发挥校务委员会、学术委员会、学位委员会的作用，发挥各民主党派、无党派人士和工青妇等群众团体的作用，坚持多种形式推进校务公开。我们始终坚持"凡是重大决策一定要经过调查研究，凡是重大部署一定要发动群众"的原则，建立了校领导定点联系基层单位和定期下基层调研的制度，党委每年选择一两个带有全局性的重大课题，由校领导班子成员亲自带领有关职能部门负责人深入基层开展调研，了解情况，倾听意见。

2. 关心群众的切身利益

随着学校规模越来越大，各群体的利益诉求越来越多样。我们始终在解决师生最关心、最直接、最现实的问题上下工夫。如青年教师最关心的就是"住房加机会"，近年来学校积极行动，多方呼吁，目前已经筹措了 1 500 套周转房，分布在邯郸、江湾，租给青年教师，缓解住房问题。在岗位津贴调整时，重点向青年教师、低收入群体倾斜。有关部门推出了专门针对青年教师的"复旦大学卓越人才计划"，为他们的成长创造好的氛围，改善他们的工作生活条件。

又如离退休同志。近年来随着国力的增强，人民生活水平的提高，离退休同志的经济保障水平也有所提高。但是社会最低保障线在提高，特别是物价逐年上涨，他们的保障水平又显得不够高了。去年学校召开了复旦历史上第一次离退休工作会议，总结过去十年的工作，部署今后一个时期的工作，出台了《关于进一步加强我校离退休工作的若干意见》，随着学校财力的不断改善，逐年增加离退休同志的共享费，让老同志能够共享到改革开放和学校发展的成果，安度晚年，益寿延年。

3. 统筹兼顾，建设和谐校园

发展改革肯定会产生矛盾，有了矛盾就要妥善处理，保持校园的和谐、稳定。近年来，学校在开展具体工作时，注意及时把矛盾化解在萌芽状态，不要让各种矛盾积压起来。我们在制定分配制度和各项政策、规定时，前期都会经过充分的调研和听取意见，兼顾各种群体，照顾各种利益诉求，协调处理不同群体的关系，在创建一流大学的总目标下把大家团结起来，实现校园的和谐，促进事业的发展。

总结过去几年的工作，我们感到取得了一定成绩，但也存在不少困难和问题。比如创建世界一流大学的战略步骤不够具体和清晰，坚持育人这一根本使命的措施不够有力，学科建设和科研上缺少重大的突破，制约学校发展的体制机制问题有待解决。就党的建设而言，我们感到，各级领导班子的建设还有许多不足，在抓大事、推动全局方面还不够有力，后备干部队伍建设跟不上事业发展的需要；基层组织和干部队伍建设需要进一步加强，党员的先锋模范作用还要进一步发挥；蕴藏在师生员工中的积极性、创造性尚未充分发挥出来。这些问题关系重大，影响深远，必须引起我们的重视，并在今后认真解决。

展望未来，我们将进一步以科学发展观统领各项工作，增强紧迫感和责任感，振奋精神，扎实工作，开拓进取，知难而进，带领全校不断开创学校事业发展的新局面。

坚持和完善党委领导下的校长负责制的几点体会

——在校党委中心组集体学习时的发言

(2011 年 4 月 29 日)

党委书记 秦绍德

包括我在内的许多人原以为,《高等教育法》颁布了 13 年了,实行党委领导下的校长负责制主要是实践问题。现在看来,不仅有实践上进一步完善的问题,也还有思想上进一步明确的问题。因为不断有新干部加入到领导班子中来。包括我们这样在高校领导岗位上工作多年的同志,也有一个不断学习,加深认识的问题。我在党委书记的岗位上已工作了 12 年,也就是说在这一领导体制下已工作了 12 年。现在遇到了许多新问题,新挑战,值得重新学习,总结经验教训。该坚持的要坚持,该改善的要改善,该提醒的要提醒。

所以我谈的第一点体会是:

一、在高校,为什么要坚持和完善党委领导下的校长负责制

高校实行党委领导下的校长负责制这一领导体制,是具有中国特色的,外国没有。其目的简单说来是为了加强党对高校的领导。

(一) 从法理上说,高校的这一领导体制,或者说根本制度,是不容置疑的

我国宪法规定,中国共产党是中国特色社会主义事业的领导核心。党的领导必须贯彻落实到社会的各个领域和各个方面,党在各种组织如政府、企业、学校中的领导地位,都需要一定的形式加以落实。国家机关实行的是党委统一领导,人大、政府、政协设立党组,向各级党委负责;国有企业有完整的治理结构,但明确了党组织是政治核心,发挥监督保障作用。1998 年 8 月 29 日第九届全国人大常委会第四次会议通过的《中华人民共和国高等教育法》第三十九条规定:"国家举办的高等学校实行中国共产党高等学校基层委员会领导下的校长负责制。"这就以法律的形式规定了高校的领导体制。去年 8 月颁布的修订后的《中国共产党普通高等学校基层组织工作条例》是以党内法规的形式,确定了党在高校的领导形式,保证高教法的实施。实质上,实行这一领导体制是中国共产党在高校的执政方式,是党领导高校的制度保证。

所以,从中央到地方各级领导,针对前一阵子在社会上、在高校出现的对这一领导体制的质疑,表达了明确的意见。去年 7 月,锦涛同志在全国教育工作会议上指出"推动教育事业科学发展,加强和改善党的领导是关键",重申要"坚持和完善公办高等学校党委领导下的校长负责制。"去年 12 月,在第十九次全国高校党建工作会议上,习近平同志又重申了同样的内容。刘延东同志则具体阐述了意见,她说:"党委领导下的校长负责制是中国特色现代大学制度的核心内容,是高校坚持社会主义办学方向的重要保证,是党对高校领导的根本制度。""这次《条例》修订,中央特别强调必须坚持和完善党委领导下的校长负责制。""实践证明,党委领导下的校长负责制符合我国国情,有利于党的路线方针政策在高校的贯彻落实,有利于促进高校改革发展稳定,必须毫不动摇、长期坚持并不断完善。"今年 3 月 31 日,来我校调研的教育部副部长杜玉波强调,"党委领导下的校长负责制,这个体制,不要动摇,不要怀疑,不要否定。"在今年 2 月 19 日上海高校党政负责干部大会上,市委副书记殷一璀同志也说,这个体制是"符合当前中国国情的,必须长期坚持,不能动摇。""一定要坚定,一定要坚持,先讲坚持再讲改善,先讲坚定,再来讨论具体问题。"

领导同志们三番五次地强调这个问题,当然不是无的放矢的。我们作为高校的领导干部,尤其是党员领导干部,头脑一定要清醒,不能跟着社会上的错误思潮走,言行不能越过底线。

当然,从认识上讲还是要弄明白,发自内心的拥护、维护这一体制。

(二) 从实践上看,坚持和改善党委领导下的校长负责制,是坚持社会主义办学方向的要求

大学是个特殊的学术机构。它担负着为未来社会培养人才的职责,也担负着为经济和社会发展提供创新驱动动力的任务,因此存在着办学方向的问题。大学如何把握办学方向不能指望一两个明智者,必须依靠大学内整个党的组织及其领导机构。

在中国,我们这一类学校的举办者是国家。因此我们办学必须体现国家意志。国家制定了教育方针,教育方针的最新表述是:"坚持教育为社会主义现代化建设服务,为人民服务,与生产劳动和社会实践相结合,培养德智体美全面发展的社会主义建设者和接班人。"

坚持社会主义办学方向,体现在三个方面:

首先要把握育人的方向。这是大学最重要的社会责任,也是大学党组织的首要责任。我们所培养的学生能不能担当起振兴中华的重任,能不能坚定地走中国特色社会主义道路,能不能具备领导者和建设者的素养能力,全在于我们的工作。根据复旦的实际,我觉得把握育人的方向有三个问题要解决:一是坚决地把育人放到学校工作的中心。这一条全校共识程度高,领导班子思想统一,已经采取了措施。但真正要做到全员育人,环境育人,特别让教师花更多的精力投入到学生培养上还有很多事要做。二是切实做到以德为先,把党和国家要求的政治教育,思想

教育,道德教育等贯穿在教学和课外生活中,需要坚定不移,坚韧不拔,潜心研究,不断改进。三是倡导、鼓励广大教师以健康正确的价值观,良好的师德师风教育、熏陶学生。教师对学生影响很大,有什么样的教师,就会教出什么样的学生。教师的世界观、人生观、价值观是多样化的。党委的任务就是发扬教师中呕心沥血为学生,以健康积极的价值观教育学生的先进事迹,抵制校内和外来消极因素影响学生,营造积极向上的育人氛围。

第二,要把握改革发展的方向。高等教育发展改革的方向和目标是党和国家制定的。因此把握改革发展的方向,首先就是要坚决贯彻落实好中央的战略部署。过去十多年,我们按照中央的要求扩招、并校、创一流,推行各项改革,抓住了历史机遇,获得了较快发展。去年通过的《国家中长期教育改革和发展规划纲要》中关于高等教育的部分,向我们提出了 2020 年之前的目标任务,胡锦涛总书记今年 4 月 24 日在庆祝清华大学建校 100 周年的大会上指出,我国高等学校要把提高质量作为教育改革发展最核心最紧迫的任务。事实上,百年校庆以后,我们就提出了坚持走以内涵发展为主的道路,努力提高办学质量。我们今后的发展改革要紧紧围绕中央的要求和《纲要》来做。

把握发展改革的正确方向,就是要走中国特色社会主义大学办学之路。高等教育的发展改革历来有不同的意见,我们要认准国家给我们设定的奋斗目标,树立正确的科学的办学理念,遵循党的路线、方针、政策,按照社会主义大学的本质要求,切合国情、民情、校情,来设计我们的发展和改革。特别是涉及大学内部的管理,无论是章程制定,制度设计,还是治理结构的确立,都不能照搬照抄国外的东西,在这个世界上,没有超越国界、普世适用的现代大学制度,我们说的现代大学制度就是有中国特色的现代大学制度。关于这一点,习近平同志今年 4 月 6 日视察清华大学时也非常明确地指出,建设世界一流大学的目标是"中国特色,世界一流",世界一流大学有一些世界公认的标准,我们应当引为参考;同时我们建设世界一流大学必须有"中国特色",最主要的是坚持党的教育方针,以服务中国特色社会主义事业为办学的根本宗旨,以培育社会主义建设者和接班人为办学的根本目标。

在这里,我还要谈谈关于**教授治学和教授治校的问题**。大学是以知识为中心的学术机构,专家教授是从事各类学术活动的主体,最清楚学术事务运行的情况,最理解学术和学科发展的规律,因此,理应在学术活动及其管理中发挥专家教授的主体作用。这是大学作为一个学术机构与政府组织、企业组织和军事组织的重要区别。学术评判应以教授(教师)的共同意见最后决定,学术事务应该由教授(教师)们协商决定,这就是"教授治学"。但是,提出"教授治校",显然是不对的。《国家中长期教育改革和发展规划纲要》的提法是"探索教授治学的有效途径,充分发挥教授在教学、学术研究和学校管理中的作用"。今天的大学管理是一项很复杂、越来越专门化的工作,任何一个教授,哪怕是学术造诣很高的教授,都不可能天然成为一个好的管理者。教授们的主要精力应该在学术活动中,在治学中,不应该让他们花很大精力介入行政管理。今日之大学存在着许多利益群体,包括教授这个群体。只有协调好各种利益关系,保持一个和谐的环境,才能使学校各项事业顺利推进。而担负这一任务,能协调好各方的,只有学校各级党的组织,党发挥着核心领导作用。所以不能脱离党的领导来讲"教授治校"。在实践中,我们要通过各种形式发挥专家教授在学术运行和管理中的作用,进一步完善校院系两级学术治理结构,特别是要建立健全学术委员会、学位委员会、教学指导委员会或教授委员会;还要通过各种形式,让全校的骨干教师能够更多地关心学校的发展,参与学校的重大事务,把民主办学的理念落到实处。与此同时,我们还要加强管理服务人员队伍建设,教育他们转变工作作风,增强服务意识,提高服务能力,使得行政管理工作更好地为学术活动服务、为基层和师生服务。

根据复旦的经验,把握改革发展的方向,还要把握好重大发展举措、重大改革方案,把握好发展和改革的关系,把握好改革的目标、步骤和方法,把握好发动群众和集中领导的关系,等等。总之,大学的许多发展改革,都具有方向性和长远性,因此宏观把握和顶层设计特别要紧。

第三,要把握意识形态的主导权。谈到意识形态问题,高校知识分子有种种疑虑。有的以为,这是谈政治,是泛意识形态化。事实上,意识形态是无处不在的,马克思告诉我们,人出生之后,不仅呼吸物质的空气,而且也呼吸着精神的空气,这种精神的空气也就是通过教化而接受的意识形态。在现实生活中,在意识形态领域里,敌对势力和我们的斗争特别尖锐。大学是兵家必争之地,各种社会思潮以知识为载体通过大学传播到社会,各种社会力量和政治力量也通常会利用大学向社会施加影响,国际反华势力没有一刻停止过向大学进行意识形态渗透。复旦历来处于风雨的最前沿,各种社会思潮在校内都有反映,并顽强地影响着教师和学生。

我们一定要认识到,高校党委所维护的意识形态领域的安全是最大的国家安全,高校意识形态工作竞争对手来自全世界,意识形态工作的对象大部分是知识群体,意识形态工作往往是学术性和政治性交叉,非常复杂。在高校做好意识形态工作,是我们党的工作非常重要的一个内容。所以习近平同志讲,高校的意识形态工作,只能加强,不能削弱,只能改革创新,不能止步不前。

在高校把握意识形态的主导权,不是一件容易的事。一是如何敏锐地觉察一些思潮和动向,防微杜渐;二是如何把握好引领意识形态和维护学术自由、争鸣的关系;三是通过广大教师和管理人员,用主流意识形态影响广大学生。做到这一条,必须紧紧依靠各级党的组织,党的制度,依靠我们的优秀党员。

从以上几个方面看,坚持社会主义办学方向,并不是一句空洞的口号,而有着非常具体的指向;并不是一项简单的工作,而是难度很高的系统工作。它考验着高校党委的执政能力和水平。要把握好社会主义办学方向,高校党委必须依托党委领导下的校长负责制。

(三) 从历史经验看,坚持和完善党委领导下的校长负

责制是维护高校和谐稳定的重要保证

党委领导下的校长负责制，不是任何人主观决定的，是我国高校领导体制经过长期探索的历史选择。我国大学的领导体制先后实行过“校务委员会制”、“校(院)长负责制”、“党委领导下的校务委员会负责制”、“党委领导下的校长为首的校务委员会负责制”、“党委领导下的校长分工负责制”等。20世纪80年代后期，部分高校也曾短暂地实行过“校(院)长负责制”，其消极作用很快在八十年代末期的政治风波中显现了出来。高教法中写入“党委领导下的校长负责制”，也经过了谨慎的调查、讨论和论证。可以说，党和国家是在多年探索，汲取历史经验教训的基础上，最终将党委领导下的校长负责制确定为国家举办的高校的领导体制。实践证明，这是一种适合我国国情、符合高校实际的领导体制。正如刘延东同志在19次高校党建会议上所指出的，“20多年来，高校之所以能够持续保持稳定，实现跨越式发展，根本的一条就是我们始终不渝地坚持了党委领导下的校长负责制。”高校稳定，是因为有党的坚强领导。党中央号令明确，高校党委执行坚决，稳定工作队伍忠诚得力。我们不能因为近几年高校没出影响全国稳定的大事，就忘记了稳定的这一制度保证。谁忘了，是一定要出大事，吃大亏的。

我是党委书记，总有做得不到位，不规范的地方，不能因为对我个人有意见，就降低了对这一制度重要性的认识。个人是渺小的，制度是长存的。

二、对于党委领导下的校长负责制核心内容的理解

任何一项制度设计，都有它的核心内容和精神实质。加深对于核心内容的理解，有助于总体上把握如何正确地执行。

我的理解，党委领导下的校长负责制的核心内容是两句话，八个字。一叫统一领导，二叫集体领导。

(一)《条例》在总则中规定，高校党委“统一领导学校工作”，在第10条又明确，党委“发挥领导核心作用”。这实际上规定了党委在高校内部的地位和作用。

很明确，党委在高校中的地位是领导地位。高校是一个庞大的组织，内部有教学、科研组织，行政机构，公共服务机构，还有相关企业和附属机构，师生、干部、员工人数众多，党委在和校内所有组织和个人的关系上，是领导和被领导的关系。《条例》中多处强调了高校党的委员会对校内组织的领导关系，如第10条，高等学校党的委员会“领导学校的工会、共青团、学生会等群众组织和教职工代表大会”，“对学校内民主党派的基层组织实行政治领导”；第16条，“高等学校党的纪律检查委员会在同级党的委员会和上级纪律检查委员会领导下进行工作”。

领导不等于直接管理，不是包揽一起，包办一切，包括学术事务管理、行政事务管理和其他管理；领导是指在重大事务上有最终决定权。

领导前加上“统一”二字，是强调了领导的集中性和归一性。(“统一”一词本有集中、归总之意)一是党委领导要覆盖到各个领域各个方面，二是党委领导要体现在思想上、政治上、组织上和制度上。

强调这一点并不容易，领导就意味着责任，统一领导就意味着全面负责。在中国的高校，党委要向举办者国家负责。责任是很大的：办学是不是符合党的教育方针、社会主义方向、合乎法律规定，发展改革的重要决策是否正确，事业发展是否健康，学校是否稳定和谐，党委都要负领导责任。没有一个组织，没有任何个人可以替代党委所负的责任。

党委的统一领导和校长负责是什么关系？这是高校领导制度的特殊性。地方党委和政府的关系是十分明确的，党委领导，政府负责执行。高校和政府不同，高校是一个学术机构。学校的行政机构担负着组织管理教学、科研等具体学术活动事务，调配资源为学术活动服务的行政事务。作为行政系统首长的校长，有着高教法所规定的各项职责，还受举办者委任，担任高校的法人代表，履行相关义务责任。这种特殊性使得我们在党委领导和校长负责的关系上有着许多可以探讨的问题。

首先，党委统一领导体现在党委和校长领导和被领导的关系上。一般理解，党委领导重在决策，校长负责重在组织实施；党委领导更多在宏观决策上，校长工作更多在具体执行上。我们对照《高教法》和《条例》中关于党委和校长的职责分工，在同一件工作上，党委更多地承担决策职责，校长和行政更多地承担实施任务。如：党委“审议确定学校的基本管理制度，讨论决定学校改革发展稳定及教学科研行政管理中的重大事项”；校长“拟订发展规划，制定具体规章制度和年度工作计划并组织实施”，“组织教学活动、科学研究和思想品德教育”；党委“讨论决定内部组织机构的设置及其负责人人选，按照干部管理权限，负责干部的选拔、教育、培养、考核和监督，加强领导班子建设、干部队伍建设和人才队伍建设”；校长“拟订内部组织机构的设置方案，推荐副校长人选，任免内部组织机构的负责人”，等等。

第二，校长并不是被排斥在重大决策之外的。如果校长是党员、党委委员、常委，那就要参加党委集体决策；如果校长是党外人士，党委就要通过各种方式征求校长的意见反映到重大决策上去。

第三，党委作出了决策，校长是要执行的。这是集体领导和个人负责的关系。党委集体则支持校长在职权范围内独立负责地执行。如何支持，也是党委的职责。

第四，说到底，党委领导和校长负责在高校工作的许多方面实际上是分不开的。这是因为目标一致，都是为了完成使命，发展事业，还因为决策和执行总是紧密联系，相互补充的。

在以往的讨论中，有人认为，党委领导下的校长负责制是“领导的不负责，负责的不领导”，这是不对的。如前所述，党委统一领导，实际上是全面负责，特别在事关方向的大事上。校长负责，实际上也参加领导决策，而且在职权范围内要领导实施许多具体工作。

因为党委在高校内处于统一领导地位，因此党委在高校中发挥的作用就应当是领导核心作用。领导核心，我理解主要是决策核心，同时也是行动总指挥部。党委发挥领

导核心作用体现在四个方面：

一是把握方向。《条例》第10条规定，高校党委的第一条职责是"宣传和执行党的路线方针政策，宣传和执行党中央、上级组织和本级组织的决议，坚持社会主义办学方向，依法治校，依靠全校师生员工推动学校科学发展，培养德智体美全面发展的中国特色社会主义事业合格建设者和可靠接班人。"把握哪些方向，前面我已详细叙述，这里就不重复了。

二是决定大事。《条例》第10条规定的高校党委第二条职责是"审议确定学校基本管理制度，讨论决定学校改革发展稳定以及教学、科研、行政管理的重大事项"。《高教法》中也有党委"讨论决定学校的改革、发展和基本管理制度等重大事项"的内容。也就是说，凡是涉及学校基本管理制度的，涉及学校工作中重大事项的，应该由学校党委集体讨论并作出决定。

根据学校的实际情况，"大事"主要是指事关方向的问题、影响全局的问题、涉及大多数群众利益的问题，影响未来发展的问题等。大约有以下若干方面。一是学校的办学方向、办学理念、办学指导思想；二是学校的基本管理制度，如学校章程，学术治理结构的顶层设计，权力的运行和制约等；三是学校总体发展规划，如"十二五"规划、中长期发展规划等；四是重大改革的指导思想、目标和步骤；五是学校内部组织机构的设置及其负责人人选，这里既包括院系、医院、部处，也包括校内一些重要的委员会；六是涉及师生员工根本利益的重大举措，可能影响学校和谐稳定的重大事项；七是党的自身建设的重大问题和党委各条线的重要工作。

总体上看，党委主要是从宏观上进行把握，要抓大放小，多管目标、管方向、管大事，而不要过多地管过程、管细节、管具体事务；要多出主意、多出思路，不代替行政去插手操作。

三是管好干部。党管干部原则，是坚持党的领导的一条重要原则，不能有任何动摇。怎么理解"党管干部"原则的基本内涵呢？中共中央《关于加强党的建设的通知》(1989)中进行了明确，这就是："党要加强对干部工作的领导，制定干部工作的方针、政策，推荐和管理好重要干部，指导干部人事制度的改革，做好对干部人事工作的宏观管理和监督。"联系学校实际，贯彻党管干部原则，应该体现在以下几个方面。第一，党委决定干部工作的方针、政策，干部选拔任用的条件、程序等。第二，党委决定学校内部组织机构的设置及其负责人人选，由党委集体讨论决定。在这一过程中，校长可以根据《高教法》赋予的职权，拟订内部组织机构的设置方案，推荐相关人选；在常委会讨论决定以后，校长按照行政程序的规定，签署任免文件。第三，推进干部人事制度改革，必须坚持党的领导，无论是采取民主推荐、公开选拔、竞聘上岗、海内外招聘中的哪种形式，目的都是为了充分发扬民主，扩大选人用人的视野，选出适合某一个岗位的人选，但最终都要由学校党委集体研究讨论作出决定，并按照有关程序进行考察、公示、票决等。第四，党管干部，不仅要管干部的选拔任用，还要管干部的教育、培养、管理、考核和监督，要使这一基本原则体现在干部工作的全过程。第五，党委对学校党政干部实行统一管理，也就是说，其范围不仅是中共干部，还包括非中共干部，党外干部也是党的干部；不仅要管理带有行政级别的干部，对不带行政级别、实行聘任制的干部也应该进行统一管理。即使将来高校干部取消行政级别了，党管干部这条原则也不应该动摇。

与党管干部相适应的，**还有一条重要原则就是党管人才**。《条例》第26条是根据全国人才工作会议精神和《国家中长期人才发展规划纲要》新增的内容。我体会，在高校强调党管人才，最根本的是要坚持人才队伍建设的方向，保证人才强国战略在高校的实施，营造有利于发挥人才作用的良好环境。党委管人才工作，不是代替行政去做具体的人事工作，也不是代替学术机构对人才的学术能力、学术水平、学术规范进行评价。中央对党管人才原则有一句概括，叫"管宏观、管政策、管协调、管服务"。具体到高校而言，我想，一是要把握人才队伍建设的宏观规划，特别是重大的政策；二是要通过开展思想政治工作、健全激励机制、加强党的建设等，营造人才辈出、人尽其才，鼓励创新、宽容失败，各类人才都能发挥作用的良好氛围；三是加强对人才的教育引导，坚持德才兼备、以德为先的原则，提高各类人才的思想政治素质和业务素质；四是加强对重要人才，特别是重要学术骨干、有潜力的中青年学者的关心，帮助他们更好地成长。

四是协调各方。高校是个小社会，存在着不同的利益群体，也存在着不同的政治观点、价值取向和审美情趣，校内外、国内外交流频繁。如何协调各方关系，保持全校的和谐稳定发展是高校党委的职责。从某种意义上讲，这是党的群众工作在高校的具体化。

首先，要和校内民主党派基层组织及其成员进行合作协商，通过合作实现政治领导。支持他们依法依章开展活动，为国家和学校的事业发展献策出力，积极贡献。

其次，要领导工会、共青团、妇委会、学生会、教职工代表大会以及各类群众组织，发挥他们在诉求和维护群众利益，参与学校民主管理，进行自我教育等方面的作用。

第三，要关心群众疾苦，兼顾好各种利益群体的利益，妥善处理涉及群众利益的发展改革中的问题。妥善处理群众利益诉求行为。

第四，要把握好和谐稳定的大局。和谐稳定既是高校改革发展的前提，更是社会稳定的基础。影响高校和谐稳定的内外因素非常复杂。党委要经常审时度势，既要抓好平时的稳定安全基础工作，又要做好应对突发事件的准备。关键是抓好一支思想好、作风硬、拉得出、能工作的队伍。

协调各方的目的是调动各个方面，各种人的积极性，营造一个有利于发展和改革的和谐稳定的环境。这是对党委号召力、凝聚力的检验。

(二)党委领导下的校长负责制的核心内容的第二句话是"集体领导"，其实现方式是民主集中制。《条例》第3条第二段就写这个问题，并列入总则，可见其重要。

集体领导是中国共产党的领导方式，也是执政方式。

这也可以说是中国特色。

集体领导是一条原则。我们每一位领导进入领导岗位，担负一定职务的同志对此都要有足够的认识。为什么进行集体领导？这是因为中国共产党人坚持唯物史观，坚信“群众，只有群众才是创造历史的动力”，而个人只能在历史上发挥一定的作用。

这还因为集体领导，是科学决策、民主决策的重要保证。集体领导可以集中群体的智慧，避免大的决策失误。

强调集体领导，一定反对个人专断。个人专断不仅是不科学的，会增大决策的风险，而且也是不民主的，杜绝言路，抑制领导班子其他成员的积极性。我们书记校长作为学校主要领导要特别防止自己个人专断，维护集体领导。

集体领导，是领导形式，也是组织纪律。坚持集体领导就意味着个人无权决定应由集体讨论决定的问题，无权改变集体决定。任何重大问题，不管是书记和校长个人，都无权随便表态。常委会成员对常委会决议如有不同意见，在坚决执行的前提下，可以在会议上或向党的组织提出或保留，并且可以把自己的意见向上级组织反映，但绝不能公开发表与决定相反的意见。

有的同志误以为党委领导是集体领导，校长负责是个人决定，这也是不对的。我们现在的高校大而复杂，学科迥异，事务种类繁多，内外关系错综。相比之下，我们每位校领导的学科背景、经历经验、禀赋能力都有局限，集体领导是弥补局限不足的好办法，集体领导还要与广泛联系群众，深入了解下情结合起来。所以校长负责也应该是通过校长所领导的行政班子集体领导实现的。

集体领导的方式是民主集中制，集体领导是通过民主集中制来实现的。民主集中制是我们党创造的一个党内基本制度，积累了丰富的实践经验。党章规定了民主集中制的四条原则，这就是：个人服从组织，少数服从多数，下级服从上级，全党服从中央。

集体领导的决策过程如何贯彻民主集中制，江泽民同志做了生动而经典的总结，归纳为四句话：集体领导、民主集中、个别酝酿、会议决定。我的理解，第一句是原则，第二、三句既是指导思想，也是方式方法，最后一句是集体决策的形式，是通过会议，而不是通过传阅批文或电子邮件。

通过贯彻民主集中制来实现集体领导，有两个关系要处理好。

一是民主和集中的关系。集体领导，发扬民主是前提，让每个领导成员都感到自己是集体领导的一员，积极参与，踊跃发表意见，让每个成员的意见得到尊重。当然作为领导成员，要有全局意识，关心全局工作，发表意见要尽可能了解实情，言之有据，言之有理。在发扬民主的基础上一定要有集中，集中正确的意见，集中共识，否则意见分散，久议不决，就达不到集体决策的目的。个别酝酿是发扬民主，会议决定是集中决策。会议要能作出集体决策，个别酝酿特别重要；个别酝酿中书记和校长交换意见是首要的，个别酝酿不充分，会议很难作出决定。

一般情况下不适合票决的问题，尽可能不采取票决，还是通过个别酝酿，争取达成共识，主要的原因是维护校领导班子的团结和统一。所以民主集中制的集中，是民主基础上的集中，民主是集中指导下的民主。

党委书记在集体领导中的作用，《党内政治生活若干准则》作了详细的解释，“在党委会内，决定问题要严格遵守少数服从多数的原则。书记和委员不是上下级关系，书记是党的委员会中平等的一员。书记或第一书记要善于集中大家的意见”。但同时，“在分工负责中，书记或第一书记担负着组织党委的活动和处理日常工作的主要责任。不应借口集体领导而降低和抹杀书记或第一书记在党委会中的重要作用。”

二是集体领导和个人负责的关系。集体领导是指运用集体的智慧来决策，执行决策的具体工作总要靠领导成员分工负责来实现。集体领导不能代替个人负责。集体领导和个人负责结合得越好，工作就推进得越顺利。现实情况往往是强调了集体领导，个人就不勇于负责。大事小事都拿到会上讨论就是明证。集体领导要创造一种让个人敢于负责的和谐环境。这就是毛泽东在《党委会的工作方法》一文中说的，委员之间的“谅解和支援和友谊，比什么都重要”。

三、坚持和完善党委领导下的校长负责制

1. 在坚持和完善的关系上，先讲坚持，再讲完善

在坚持的前提下完善，在完善的基础上坚持。如果对这一根本制度动摇了，完善从何谈起，或者完善成为否定的借口。

所以要通过宣传、教育、实践，不仅让领导班子成员，而且让党员干部、师生群众都对高校实行这一体制的必要性、重要性有所认识。

2. 从修订领导班子议事规则入手，让党委领导下的校长负责制有一系列制度保证

2000 年 12 月，我们制定了复旦大学党政会议议事规则，明确了党委全委会、党委常委会、校长办公会、书记办公会、党政联席会等几个会议的规则，前几年又作了修订。最近，我们还要作进一步的修订完善。比如，要完善议题的提出规则，党委常委会每位成员都有权提出议事内容，但是否放到会上，也要有酝酿的过程，议题由党委书记与相关方面沟通后确定。议题和材料还要事先发给大家，有酝酿的时间等。会议决定之前，还是要在个别酝酿上下工夫，只有酝酿充分了，会议决定时候大家才能畅所欲言地发表意见。个别酝酿不充分，会议决定肯定会出毛病，拖延会议时间，或者做不了决议。这方面书记校长负的责任更多一些。关于常委会讨论实行票决的问题，新修订的《基层组织工作条例》规定，学校中层干部的任免，“设立常务委员会的学校，可以实行常务委员会票决制”。关于这点我们坚持得比较好，常委会讨论干部任免一直进行无记名投票。最近李源潮同志在讲话中也提出，不少地方在探索把票决制扩大运用到全委会和常委会对重要干部任免、重大项目安排和大额资金使用等重大决策上。对这个问题我们可能也要仔细研究，积极稳妥地推进。

除此而外，如何落实《条例》规定的党委八条职责，还有许多制度要建立，规则要制定。

3. 制度制定了，如何落实执行，关键还在于人

为了更好地理解和实行党委领导下的校长负责制，要进一步加强领导班子自身的思想理论建设和政治建设，使大家认识在高校加强党的领导的必要性，认识社会主义办学之路，认识有中国特色的大学治理。只有认识深化了，才能通过实践，不断改善这一制度。

为青年教师的成长创造优越的人文环境

——从"复旦大学人文基金"谈起

（2011年5月16日）

校长　杨玉良

为了支持人文学科的发展，复旦在去年与台湾润泰集团合作设立"复旦大学人文基金"。这个基金明确将资助青年学者放在突出位置。在该基金首期资助的50名中青年学者中，"70后"占50%，最年轻的只有28岁，他们平均每人每年得到6万元资助。复旦之所以要设立这个基金，是因为我们感到复旦有责任通过对青年人文学者的呵护、养育，改善目前人文学科经费短缺、资助渠道狭窄的状况，支持人文学科的健康持续发展，从而为国家的文化发展和整体实力的崛起作出贡献。作为校长，有那么一批青年教师的经济条件得到改善固然让我感到欣慰，但更令我高兴的是，复旦所形成的重视青年教师、支持他们潜心于学术的氛围，正让复旦成为对越来越多的青年人才更具有吸引力的学术殿堂。

讲到青年教师，现在经常听到的是讲青年教师待遇比较低。的确，青年教师薪酬相对较低，尤其是人文和基础学科的青年教师，而他们又处于成家立业的年龄段，上海的房价居高不下，其生活压力可想而知。同时，青年教师刚刚走上教学科研岗位，教学经验比较有限，研究方向尚不稳定，学术成果尚无积累，仅凭自己的实力还很难争取到比较大的科研项目，由于受到经费等条件的限制，参与国内外学术交流的机会也比较少。总之，他们正处于事业的起步期，更需要关心和支持。相对于物质生活的需求，青年教师在职业成长和自我实现上的需求恐怕是更为根本的。我们可以设身处地地想一下，对青年教师来说，物质上的清贫、工作上的艰辛也许暂时还可以忍受，而如果看不到前途、缺乏发展的现实机会和良好环境，那才是更加令人沮丧的。

所以，我们对青年教师的关心、支持应该是综合性的。要关心、了解青年教师的发展状况和需求，立足长远，为他们的成长切实提供更多的机会、更好的环境。

一方面，我们要尽可能地给予青年教师更好的待遇，让他们能够安心于教学与学术研究。

在复旦，像"人文基金"那样向青年教师倾斜，不是个例。学校从今年起逐步提高教师的岗位津贴，有一条原则就是"向年轻人倾斜"。越是年轻、收入越低的教师，岗位津贴的提高幅度越大，最高的增幅超过100%。为解决困扰青年教师的住房问题，学校不仅提高了青年教师的住房补贴，而且为缓解青年教师公寓房源紧张状况，改善住房条件，还决定建设一批新的青年教师公寓。如果学校在这方面能得到政府和社会更多的理解和支持，那么就一定能为青年教师的安居乐业创造更好的物质条件。

另外，我们对学校现有的青年人才资助计划进行了梳理，使之系统化。对于新进校的青年教师，实施"新进校青年教师事业起步支持计划"，不仅给予他们科研启动支持，而且在他们工作的前3年内提供每月1千元的综合支持。对于崭露头角的优秀青年教师，实施"复旦大学卓越人才发展计划"，为他们提供个性化的和长期稳定的支持，为他们创造较好的工作、生活环境，如提供专项人才津贴，资助创办工作室、组建科研创新团队、配置科研助手等。

另一方面，对青年教师的关心、支持不仅仅是物质上的。不能一讲到关心、支持青年教师，只看到"钱"，只讲"钱"或"硬"的条件。对于青年教师，除了必要的物质上的支持和激励外，更重要的是精神上的和价值导向上的激励。"人文基金"的例子恰好说明，作为一所以文理医基础学科见长的大学，复旦对青年教师的关心、支持，更主要地应体现于营造更为宽松、自由、宁静的治学氛围，通过优越的人文环境来支持青年学者的成长。

在人力资源管理上，有一个著名的综合激励模型，是由美国行为科学家 Edward Lawler 和 Lyman Porter 提出的。他们认为，一个人经过努力后的工作绩效既取决于个人能力、环境因素等，也取决于个人对工作的认识。我回复旦担任校长后，与一些教授交流，有人告诉我，现在有部分青年教师对工作缺乏一种激情，也有人更明确地说是缺少理想主义。我想，这恐怕就与青年教师对学术工作的认识有关。这里面既有社会的原因，也有大学内部的原因，与大学在精神、文化和管理上存在的种种问题直接相关。针对这些问题，至少可以在三方面加以改进：

一是提升大学文化内涵，引领青年教师的成长。

大学文化应该是人文精神和科学精神的统一，应该具有一种高尚性和超越性。只有坚守这种精神，大学才能保持宁静和清醒，才能够排除纷繁躁动的社会干扰，潜心钻研学问。然而，我们今天的大学校园往往过分喧闹，不利于教师和学生心无旁骛地专注于学术。我们要建设世界一流大学，最大的困难是什么？不只是物质条件，甚至也不是教师的业务能力，最大的困难在理念和观念上。我一直认为，有多大的胸怀才能做多大的事情。学校里俗气和

官气的东西多了，离一流大学就远了。如果我们的大学文化是这样的话，就不能让青年教师得到滋养，更不能引导他们健康地成长。所以，复旦精神的重塑、大学文化的提升十分重要。只有坚守“探究学术、追求理想”的大学精神，才能使青年教师充满崇高的责任感和使命感，进而激发他们更大的创造力。

二是完善学术评价体系，给青年教师以正确的发展导向。

这些年来有一种不好的现象，就是全国上下都习惯于用完全定量的方法对无法定量的“创造性”和“创新性”进行定量评价，真可谓“一片白云遮谷口，几多飞鸟尽迷巢”。令人担忧的是，过于注重科研以及量化的考核评价办法正在对青年教师的成长带来不良的影响，在一定程度上滋长了教学松散和治学浮躁之风。有些青年教师既无心教学也不能潜心治学，对教学工作敷衍了事，对学术研究也是急功近利，只求数量不重质量，把科研成果“化整为零”，零敲碎打，低水平重复，学术不端行为也时有发生。所以，必须抓紧完善学术评价体系，为青年教师的发展树立正确的导向。复旦的“十二五”规划提出“质量驱动、内涵发展”的指导思想，明确提出取消对所有论文进行奖励的政策，坚决摒弃单纯以数量指标为主导的科研和学术评价导向。比如在人文学科，就实行代表作评价制度，让真正优秀的青年人才能够不拘一格，脱颖而出。我们还要求宣传、人事部门以及各院系，对那些关心学生、认真教学、潜心治学的青年教师给予大力的宣传和表彰，使他们成为所有青年教师的楷模。

三是给予青年教师更多的人文关怀，让他们有更多的发展机会。

在青年教师的培养上，特别要注意体现以人为本，也就是要把学校、学科的发展与青年教师自身的发展有机地统一起来。学校的各级领导首先要给予青年教师更多的人文关怀，经常与他们交流互动，倾听他们的心声，关心他们的成长。复旦文科的青年教师自发成立了“思想史研究中心”、“政策与发展研究中心”，经常组织读书会、研讨会，形成了很好的学术氛围。作为校长，我十分乐意参加他们的学术研讨活动，而且我认为像这样由青年学者自发组织的学术平台和团队理应得到学校更多的关注和扶持。此外，年长的教师也应给予青年教师更多的人文关怀。有人说，培养青年教师的最佳途径就是替他们选一位好的“老板”。这话不无道理。一位甘为人梯的名师，对青年教师的成长，的确能起到十分重要的作用。现在，上上下下经常讲师德师风建设，其实，对青年人才的关怀、扶植和提携，就是不可或缺的师德！在“人文基金”遴选的过程中，一些不到50岁有条件提出申请的学者，为了将更多的机会让给年轻人，放弃了申请。这种精神正是我们所要鼓励和发扬的。

可以相信，优越的人文环境一定会更加有利于青年教师的成长。青年教师是学校可持续发展的重要人力资源，他们的健康成长一定会使复旦在建设世界一流大学的进程中赢得更加辉煌的未来。

在纪念陈望道先生诞辰120周年座谈会上的讲话

（2011年5月26日）

党委书记　秦绍德

各位来宾，同志们，同学们：

在中国共产党成立90周年前夕，在复旦大学建校106周年之际，我们相聚在这里，怀着崇敬的心情纪念陈望道先生诞辰120周年，共同缅怀他的光辉业绩，发扬他崇高的精神。

陈望道先生是复旦历史上德高望重的先贤。我是1965级的学生，记得刚刚入学的时候，好几次在校园里看到一位面目清癯的老人，穿着深藏青的呢中山装，腰板挺得笔直，走向四幢楼，步履很快。有高年级同学悄悄告诉我，这就是陈望道校长。

陈望道先生是我国著名的马克思主义传播者和中国共产党的早期活动家。他是中国共产党最早的党员之一，是中国共产党上海地方组织的第一任书记。他在险恶的政治环境和极其艰苦的条件下，在义乌的柴屋中完成了《共产党宣言》的翻译工作，第一次将这部经典著作完整地介绍到中国。在中国共产党建党的历史上，这部译著有里程碑式的意义，划时代的作用。中国共产党是一个有信仰、有理论指导的政党，可以说，没有马克思主义的传播就没有中国共产党。在茫茫的黑夜中，一批先进的知识分子找到了真理的光辉，但因为语言的障碍，很多人必须通过中译本来接触和学习马克思主义，望老的这部译著启迪了整整一代革命者，对马克思主义在中国的传播，对促进先进知识分子接受共产主义产生了巨大影响；为中国共产党的建立作了思想上、理论上的准备，为动员群众投身反帝反封建的斗争起到了重要的思想启蒙作用。毛泽东同志曾回忆说，他第二次到北京时读了许多关于俄国情况和共产主义的书，有三本书特别铭刻在他的心中，其中之一就是陈望道先生翻译的《共产党宣言》。对后人来讲，我们尤其要学习这种追求真理、坚持真理、传播真理的精神。

陈望道先生是一位伟大的爱国主义者和杰出的社会活动家。1927年大革命失败后，在风雨如磐的日子里，他组织发起“大众语”运动，主编《太白》杂志，抵制文言文复辟的逆流，给反动思潮以有力打击；他支持进步学生运动，多次冒着极大的风险营救地下党员和进步学生。由于历史的原因他曾经离开过党,但他是不挂名的共产主义战士,为党做了很多工作。30年代党领导下的上海左翼文化运动在中国文化史上写下了光辉的一页。在很多活动中都可以看到望老的身影,在左翼文化阵地《申报·自由谈》上,经常有望老的文章。这一时期,陈望道先生和鲁迅先生一起冲锋陷阵,并肩战斗,为发展革命文化立下了汗马功劳。胡愈之先生说:"鲁迅是这个文化新军最伟大最英勇的旗手,而陈望道同志则是鲁迅的亲密战友和合作者。和鲁迅一样,他的骨头是最硬的,没有丝毫的奴颜和媚骨。"

对这样的评价,陈望道先生是当之无愧的。在民族危亡的关头,陈望道先生和鲁迅、茅盾、叶圣陶以及许多文化界著名人士一起,冒着生命危险,投身抗日救亡运动;抗战胜利后,他在地下党的领导下参与到反内战、反饥饿、反迫害的斗争中;在国民党行将覆灭而对进步人士、革命志士进行疯狂迫害、杀戮之际,他毫不畏惧,坚持斗争,表现出凛然正气。解放后,陈望道先生长期担任民盟上海市委的领导职务,历任全国政协常委,全国人大常委。他始终以高度的责任感、使命感参与国是,为党的统一战线事业作出了重要贡献。他的真知灼见,受到了毛泽东等中央领导同志的关心和重视。现在复旦的档案馆中还保留了很多珍贵的照片。毛泽东同志几次到上海,总要见复旦大学的几位教授,望老就是其中之一。陈望道先生的一生是热爱祖国的一生,是在党的领导下为祖国和民族的解放,为新民主主义和社会主义革命与建设奋斗不息的一生。

陈望道先生还是一位著名的学者。他是中国哲学社会科学学部委员、常务委员会委员,上海市社联首任主席。他的学术领域十分广泛,涉及哲学、政治学、社会学、法学、伦理学、因明(逻辑)学、新闻学、美学、文艺学、语言学等许多门类,并且多有建树,仅编述著译的成书的著作就有20余种。他对语法学、修辞学和中国语文现代化的发展的贡献尤其突出。现在大家公认,《修辞学发凡》完成了由中国传统修辞学向现代修辞学的转变,是中国现代修辞学的奠基之作。在语法学领域,他发动了文法革新的讨论,提出用"功能"来研究汉语语法的见解,从根本上改变了《马氏文通》以来在语法学研究上机械模仿的风气。

陈望道先生也是一位优秀的教育家。从20世纪20年代初开始,他就在复旦大学从事教育工作,终其一生几乎没有离开过教书育人的岗位。他不仅是中国语文教育改革的先驱者和实践者,为中国语文教育研究的现代化和科学化倾注了毕生心血;同时还是我国现代新闻教育事业的创始人和开拓者之一,为复旦大学新闻系的创办和蓬勃发展打下了坚实的基础。早在1924年,陈望道先生在复旦中文系任教时就开设了"新闻学讲座",由他和邵力子讲授新闻学。1929年,在他任中文系系主任时,将新闻专业分了出去,正式成立新闻系。望老之所以倡办新闻学,和他的新闻出版经历是分不开的。他主持过《新青年》的编务,办过《民国日报》副刊,主编过《太白》、《黎明》等杂志。丰富的新闻出版经验让他对中国的新闻教育有着深刻的理解。从1942年起,他担任复旦新闻系系主任达八年之久,他提出了理论结合实践的指导思想和好学力行的系铭,创办了含有印刷室、收音广播室等实践功能的新闻馆,解放前,复旦新闻馆是进步学生聚会的地方,被称为"红馆",他还亲自担任供学生实习的"复新通讯社"社长。正是陈望道先生主持系务期间奠定的基础,使复旦新闻系后来成为我国历史最久、最有影响的新闻系。

解放后,陈望道先生担任复旦大学校长25年,是复旦历史上任职时间最长的校长。他倡导学风建设,重视科学研究,关心和尊重每一位师生员工,用个人积蓄修建校门,绿化校园,这些故事至今还被传为美谈。复旦大学之所以能在解放后的几十年中迅速崛起,成为我国最重要的高等学府之一,并初步奠定向世界一流大学迈进的基础,望道先生作出了不可磨灭的历史贡献。陈望道先生在复旦生活、工作了近半个世纪。1976年,望道先生病危时,市领导、校领导去医院看望,问他还有什么要求。他说:我个人没有任何要求,只是希望把复旦的户口划归市区,使周边的环境能加以改善。我一生教书,别无财产,只是爱好读书,留有数千册藏书,愿意全部捐赠学校图书馆,留作纪念。这样一位崇高的教育家的思想、情感和复旦大学已经融为了一体。

望老是复旦的一面旗帜。他品德崇高、无私奉献,堪称做人典范;他学识卓越、辛勤耕耘,不愧为师楷模。望老的事迹和精神,我觉得有三点特别值得学习:

第一,我们要学习他炽热的爱国情感和坚定的共产主义信念。陈望道先生出生于半封建半殖民地的旧中国,国家的贫弱、人民的苦难,激发了他立志寻求救国真理的热情。他在东渡日本求学的过程中接触了西方的思想文化,认识到马克思主义才是救国的真理,并从那时起将马克思主义作为毕生的追求。曾经有西方学者问他,为什么翻译《共产党宣言》,望老回答:"当时我们的国家所有的人都在寻找我们这个社会发展的方向,我们国家应该怎么走,当时的思潮很多,有各种各样名称的主义,我相信共产主义,所以我翻译了《共产党宣言》。"望老是这么说的,也是这么做的。半个多世纪的风雨,他历尽考验,信仰不变,本色不变。在党外,他与党风雨同舟、肝胆相照;在党内,他始终坚持,干革命需要共产党的领导,办教育同样离不开党的领导。他一刻也没有放松过对马列主义的学习,对世界观的改造,直到生命的最后一息。

第二,我们要学习他实事求是的治学态度。望老一直十分重视学风的建设。他说:"我们不仅要抓成果,而且要抓认真和实事求是的科学态度。用科学态度来分析问题,这要养成学风。研究成果是要从科学态度得到的。学风很重要,在好的学风下面可以成长成材。"

他坚持用马列主义指导学术研究和教学工作,反对说空话,无论是办事还是写文章,他都坚持实事求是的态度。他常说,评价一个人,关键在于看他做了些什么,不在于听他说了些什么。他反对长而空的文章,强调必须注重调查研究,掌握第一手材料。

陈望道先生一直倡导学术中国化,他认为可以借鉴国外,但不能照搬照抄,他希望"我们的学术有我们自己的样子”。他常说:“我们语文研究,应该屁股坐在中国的今天,伸出一只手向古代要东西,伸出另一只手向外国要东西。立场要站稳,方法要能网罗古今中外。”这些治学精神对今天的学术研究,同样具有非常强的针对性和现实意义。

第三,我们要学习他宽厚待人的胸怀和所具有的人格力量。望道先生担任校长的年代,正是复旦崛起的时代。1952年,全国高校院系调整,18个兄弟院校的相关系科并到复旦,一时间群贤毕至,人才荟萃。这固然让人高兴,但另一方面,来自各校的教授们带来了各校的传统、校风和习惯,教授们又个性迥异。要把这多样化的文化背景融到一起,实在是个不小的挑战。陈望老认真做好老师们的思想工作,促进教授间的团结,调动他们的积极性;对中青年知识分子更是爱护备至,为他们的健康成长创造各种条件。陈望老资望高,却不事张扬;做了许多工作,却非常低调;老师们敬畏他,却又亲近他。正是在党委的领导下,在陈望道先生的主持下,复旦的各路大军较快地融合到一起,经过调整发展,成为国内实力雄厚的综合性大学。

同志们!陈望道先生终其一生,学术研究、教育事业、革命活动,交相辉映。他既是一位淡泊名利的豁达智者,也是一位正直耿介的慈祥长者。他的品德和思想,是我们宝贵的精神财富。复旦有个传统,尊称德高望重的教授为“先生”。对于我们后辈来说,认识先生目前也只能凭着对逝去岁月的片断理解。但其实,先生们当时的业绩,以及他们的精神世界远比我们理解的要丰富和深刻。2005年,我们在新成立的复旦学院专门设立了任重书院,就是希望这个书院的同学们更好地收集整理望老的资料,研究望老的业绩,传承望老的精神。

今年是中国共产党建党90周年,又是我国“十二五”规划的开局之年。在这样的时代背景下,我们纪念陈望道先生,学习先生的奋斗精神和优良作风具有新的重要的现实意义。我们纪念陈望道先生,就是要学习他坚持共产主义理想,坚持马克思主义方向,爱国爱党,不畏艰险,无私奉献的精神;学习他热爱科学,不断进取、积极创新的精神;学习他严谨治学的态度和实事求是的优良学风;学习他严于律己,宽以待人,诲人不倦的高尚品德,在伟大的时代中,在复旦创建世界一流大学的历史进程中,作出我们更大的贡献!

谢谢大家!

继承和发扬党的优良传统为创建世界一流大学而努力奋斗

——在复旦大学纪念中国共产党成立90周年大会上的讲话

(2011年6月30日)

党委书记　秦绍德

同志们:

我们今天在这里召开大会,隆重纪念中国共产党成立90周年。通过纪念活动,深切缅怀为党的事业奋斗献身的先驱,深入学习党的光荣历史和优良传统,进一步加强党的建设,动员全校共产党员和师生员工为创建世界一流大学而努力奋斗。

一、学习党史,继承和发扬党的优良传统

90年前,在中国人民寻求救国真理,改变历史命运的斗争中,中国共产党诞生了。90年来,中国共产党带领全国各族人民前仆后继、艰苦奋斗,经过近30年的浴血征战,建立了新中国,完成了民族独立、人民解放的革命任务;经过近30年的探索实践,建立和巩固了社会主义制度,实现了中国历史上最广泛、最深刻的社会变革;经过逾30年的改革开放,成功开辟了中国特色社会主义道路,取得了世界公认的辉煌成就,为中华民族伟大复兴创造了前所未有的光明前景。

回顾这波澜壮阔的90年,可以说,这是一部我们党为完成肩负的历史使命,不断经受考验、发展壮大的马克思主义政党发展史;是一部把马克思主义同中国实践相结合,不断追求真理、开拓创新的马克思主义发展史;也是一部我们党领导广大群众争取民族解放、国家富强和人民幸福,不断自力更生、发愤图强的民族复兴史。

党的历史,是全党乃至全国最宝贵的精神财富。列宁说过:“忘记过去就意味着背叛。”我国清代著名思想家龚自珍说:“欲知大道,必先为史”,“灭人之国,必先去其史”。一个政党、一个民族如果不珍惜自己的历史,失去了科学的历史观,就会失去精神的支柱,成为别人思想的俘虏。因此,每一个共产党员都应该倍加珍惜党的历史,认真学习党的历史,从党史中汲取资政育人的营养,坚定理想信念,提高个人修养。

我们要通过学习党史,继承和发扬光大党的优良传统。事非经过不知难。我们党的前辈、先贤在为共和国而奋斗过程中的贡献,探索社会主义道路过程中的经验教训,都应成为我们学习、理解、深化认识的内容。解放思想、实事求是的思想路线,一切为了群众、一切依靠群众、从群众中来、到群众中去的群众路线,批评与自我批评的精神,谦虚、谨慎、不骄、不躁的作风和艰苦奋斗的作风,等等,这些今天看来耳熟能详的内容,其实是我们党长期奋斗的历史经验总结,是我们党取得一个又一个胜利的根本原因,也是我们党区别于其他任何政党的显著标志。党要保持生命力,党组织要保持战斗力,都离不开继承和发扬党的优良传统。我们广大党员,特别是青年党员,要继承和发扬光大党的优良传统,就必须认真学习党的历史,通过了解历史理解现实,通过分析成败明辨是非,通过发扬

传统领悟精神,进而用党的理论武装头脑,用党的信仰坚定志向,用党的思想指导行动。

我们还要学习中国共产党在复旦的历史,向校史、党史上的先贤学习,继承和发扬复旦大学的优良传统。复旦是一所在教育救国理想指引下而创办的大学,这一发端决定了在历史上,复旦始终成为进步力量汇集的地方。老校长、当时的国文教员陈望道,翻译了《共产党宣言》第一种中文全译本。陈望道也是上海共产主义小组的发起人和中国共产党的创建人之一。青年教员邵力子也是早期的共产党员,他在民国日报社获悉北平学生游行的消息,深夜返回学校,敲响了上海"五四"运动第一钟。邵力子还为"一大"筹备作出过贡献。在这些先进知识分子的努力下,复旦成为最早宣传马克思主义的阵地之一。

解放前,复旦始终是中国共产党领导的宣传马克思主义的阵地、爱国民主的堡垒,复旦师生为国家独立和民族解放不惜挥洒青春热血。1925年,复旦大学成立了第一个党支部,是最早建立中共党组织的高校之一。1926年7月,当时复旦支部有党员19名。1927年以后,党的活动被迫转入地下,但复旦的共产党员仍然坚持斗争。抗战爆发后,在党的直接领导下,复旦成为上海学界抗日救亡的中心。内迁重庆后,重庆复旦大学、复旦上海补习部和上海医学院都恢复或成立了党支部。重庆复旦大学是大后方最著名的民主堡垒之一,被中共南方局评为"学校工作的典型和模范"。在反对国民党独裁统治的斗争中,有20多位复旦人壮烈牺牲,其中绝大多数是共产党员。1949年,在校内地下党的努力和配合下,复旦大学完整地回到人民手中。

解放后,复旦党组织发挥了领导核心作用,广大党员成为学校各项事业发展的中坚力量。解放初期,复旦、上医的师生积极参加南下服务团和西南服务团,支援抗美援朝,在全市、全国都起到了表率作用。1952年起,全国高校院系调整,18所院校的有关系科陆续并入复旦,名师荟萃。复旦党组织做了大量深入细致的工作,稳定队伍,团结教职员工。在党的领导下,复旦开始了新中国成立后的第一次腾飞。此外,复旦农、商、法、教育、土木等科调出学校,支援其他学校,筹建了沈阳农学院等。1955年上海第一医学院抽调力量筹建重庆医学院。在这些大调整中,教职工党员都表现出模范带头作用。当时负责的共产党员钱悳[dé]教授回忆说:"上医400多人到重庆,一是服从组织,二是事业心。这是为人民,讲奉献,不讨价还价。这也是上医的精神。"

1956年以后,复旦党委落实中央"向科学进军"的号召,坚决贯彻"双百"方针,全校迸发出科学研究的活力,大家坚持真理、尊重科学、为国奉献、联系实际,一批青年教师茁壮成长,校园内生机勃勃。复旦抽调师生参与了"两弹一星"工程。以杨西光为书记的学校党委大胆启用知识分子干部,把一批优秀党外知识分子吸收到党内。苏步青入党后常说:"党员专家,首先是党员";"我是党的人,我的一切成绩归功于党!"上医书记陈同生也带领党委与知识分子交知心朋友,充分信任、依靠他们办学。在这一时期,正是由于党委的坚强领导,复旦、上医的师生才能克服诸多困难,为办好高水平社会主义大学积累了丰富经验。

"文革"结束后,复旦的党组织和个人对推动思想解放起到了重要作用。我校原党委书记杨西光时任光明日报总编辑,亲自发起了"实践是检验真理唯一标准"大讨论。时任校党委书记的夏征农发表了《没有民主就没有社会主义》一文,提出"发扬民主,办好学校",对冲破极"左"路线的思想束缚有一定作用。1977年,老校长、共产党员苏步青在邓小平主持召开的全国教育工作座谈会上,首先提出恢复高考和研究生招生,为全国教育战线的拨乱反正作出了贡献。

改革开放以后,复旦党委在中央和上海的支持下,推动全校加快教育改革和管理改革步伐,改善办学条件,发展研究生教育,重点建设一批新学科、新院系,推进国际交流、迈向世界,使复旦又一次获得了快速发展。同时,学校党委积极加强和改进思想政治工作,在办学中广泛听取各方面意见,坚决与各种错误思潮作斗争,平稳妥善地处理了"86学潮"和"89政治风波"对学校的影响,保证了学校健康稳定地发展。90年代,在党委的正确领导下,学校抓住"211工程"起步工作,及时提出创一流的口号,教育改革、科学研究稳步前进。有一段时期,国家教育经费投入跟不上学校事业的发展,在一定程度上成为原上海医科大学发展的难题。但上医人在党委的领导下,多方面筹集经费,克服种种困难,卧薪尝胆、奋力拼搏,也取得了可喜成绩。

新世纪前后,党和国家作出一系列推进高等教育改革、发展的战略部署。1999年,"985工程"启动;2000年,复旦与上海医科大学强强联合。原上医党委从全局出发,做了大量工作,为两校顺利合并作出了重要贡献。新的复旦大学党委带领全校紧紧抓住历史性机遇,厉行改革、锐意进取,使复旦进入了历史上发展最为迅速的时期之一。在跻身世界一流大学行列的进程中,党组织始终是带领师生前进的坚强领导力量,党员骨干在人才培养、科学研究、服务社会和管理服务等各方面发挥了重要作用。在支医、支教和援藏、援疆、援滇等活动中,在抗击非典、抗震救灾的斗争中,在祖国和人民最需要的地方,复旦的共产党员不畏艰难、无私奉献,涌现出许多先进典型和感人事迹,充分展现了新时期复旦共产党人的风采。

回顾复旦党的历史,我们无限感慨。党组织和广大党员始终站在时代的前列。他们在战争年代,为民族解放和国家独立英勇奋斗,在建设时期,为国家富强和民族复兴无私奉献,为学校的建设和发展勤奋工作。此时此刻,我们要深切缅怀为中国共产党的建立、巩固和发展作出重大贡献的复旦老一代共产党人,深切缅怀为新中国的创立、捍卫和建设而英勇牺牲的复旦英烈,深切缅怀为复旦的创办、成长和发展,为树立和弘扬复旦精神而不懈奋斗的先贤们。同时,我也代表学校党委,向各个历史时期为党的事业和学校发展作出贡献的老党员、老干部、老教授、老同志们致以最崇高的敬意!向在全校各个岗位拼搏奉献的共产党员同志们致以节日的问候!

回顾复旦党的历史，我们可以看到，党组织和党员是学校发展的中坚力量。在一个社会主义的大学，党组织发挥领导核心和战斗堡垒作用，广大共产党员发挥先锋模范作用，学校的发展稳定才有坚实保证。复旦大学的党组织之所以能够战胜那么多的困难，在曲折中不断发展壮大，是由于它是伟大的中国共产党的一部分。我们始终把党的理论、路线、方针、政策与复旦实际相结合，始终把党的优良传统与复旦精神相结合，使党的优良传统在复旦发展的历程中不断弘扬，使复旦精神在党领导的伟大事业中不断光大。加强对党史、校史的发掘、研究，用复旦的百年奋斗历程，用校史上的党员精神事迹，教育广大青年教师和学生，就是最生动、最亲切、最有说服力的爱国荣校教育。

二、加强党的建设，为创建世界一流大学提供坚强保证

"建设具有世界一流水平的社会主义综合性大学"，是历史赋予我们的光荣使命，是中央对我们的期望和赋予的责任，也是全校师生和全体校友的强烈愿望。学校党组织应通过不断加强自身建设，增强对正确办学方向和科学办学规律的把握力、对改革发展的推动力、对广大师生的号召力和凝聚力，为创建世界一流大学提供坚强保证。

*我们要围绕创建世界一流大学的目标，有力地推动发展改革，保持和谐稳定。*发展是我们党执政兴国的第一要务，也是我们办大学的第一要务。我们处在一个机遇和挑战并存的时代，抓不住机遇，就会从争创一流的行列里掉队，发展就无从谈起。所以要紧紧抓住发展这个主题不放松，一切工作都着眼于发展。我们的发展是遵循教育规律的科学发展，是注重于内涵的可持续发展。当前，特别要有力贯彻《国家中长期教育改革和发展规划纲要》的要求，以提高教育教学质量和科学研究水平为中心，落实各项举措，力求取得实质性进展和实际效果，保持和提高我校在全国大学中的地位。改革是发展的动力。改革的目的是为了科学发展，使学校的综合实力不断增强，"十二五"期间，学校在人才培养和内部管理体制等方面将有重要改革，党委要全力以赴地推动科学发展和各项改革，发挥党委领导下的校长负责制的体制优势，发挥总揽全局、协调各方的作用，把各种力量组织起来，把各种共识凝聚起来，调动和发挥各方面的积极性，做好统筹兼顾，处理好发展、改革和稳定等各种关系。

*我们要坚持社会主义办学方向，走中国特色大学发展之路。*今后几十年，中国的大学走什么样的发展之路，是一个关系到培养什么样的接班人，党和国家千秋伟业永不变色的重大问题。坚持社会主义办学方向不是空洞的口号，对大学党组织而言，这是一项系统工作，时刻考验着我们的执政能力和领导水平。党委坚持正确的办学方向，首要职责是把握育人方向。要着眼于一二十年以后，把我们的学生培养成为决定未来命运的，中国特色社会主义事业所需要的接班人和建设者。"育人为本，德育为先。"要坚持以社会主义价值观教育学生，加强学生思想政治工作和思想政治理论课改革。这种教育，要体现到教学、生活和管理的各个环节、全部过程。党委坚持正确的办学方向，就要把握发展改革大局。各项改革都要以正确的理念引领，从中国的实际出发，从学校的实际出发。学习借鉴国外经验，但不照搬国外经验，走自己的路。结构调整、制度设计等都是带有根本性的改革，要加强调查研究，循序渐进，逐步形成有中国特色的社会主义现代大学制度。发展改革必须以稳定为基础，要整合各种意见，兼顾各方利益，营造和谐环境，避免折腾，顺利推进改革，争取更快发展。党委坚持正确的办学方向，还要用马克思主义中国化的最新成果武装广大党员干部和群众，引领学术发展，推动理论创新和学术繁荣。

*我们要加强基层组织和干部队伍建设，为学校发展提供坚强的组织保证。*基层党组织是党联系群众、服务群众的桥梁和纽带，是教育和管理党员的基本单位，是党的全部工作和战斗力的基础。实践证明，基层党组织坚强，党员先锋模范作用发挥得好，学校发展稳定就有基本保证。在新形势下，我们要坚持不懈地抓基层、打基础，进一步优化基层党组织设置，创新基层党组织活动方式；进一步激发党员队伍的活力，加大优秀青年教师和学生发展党员的力度；进一步加强对党员的关心和服务，尊重和爱护每一位党员，不断扩大党内民主，实行党务公开，发挥党员主体作用，调动党组织和党员创先争优的积极性，发挥基层党组织的战斗堡垒作用和党员的先锋模范作用。

"路线确定之后，干部就是决定因素。"我们要全面抓好干部队伍建设，坚持不懈地对干部进行思想理论教育，增强干部培养、提拔的力度，加强各级党政领导班子的民主集中制建设，通过轮岗交流、去基层挂职、去西部支教支医、去党校培训、出国进修等方式，培养一批政治强、业务精、群众满意的干部。要抓好学生辅导员、思想政治理论课教师和党政管理干部三支队伍的建设。既要对干部严格管理、严格要求，又要关心干部的实际困难，营造有利于年轻干部成长、有利于调动干部积极性、主动性的良好氛围。

"七一"之后，我校的创先争优活动将进入第三阶段。我们要在全校大力营造重视学习、崇尚学习、坚持学习的浓厚氛围，大力营造学习先进、崇尚先进、争当先进的良好风气，将创先争优的要求寓于日常工作中，号召每一位党员在本职岗位上争创先进、争当优秀。

*我们要牢固树立唯物史观，做好各方面的群众工作。*共产党的一切奋斗和牺牲都是为了群众利益，发展改革的根本目的也是为了人民群众的根本利益。群众的事业只有动员、依靠群众，走群众路线，才能成功。创建世界一流大学的各项工作，只有依靠全校师生员工，才能做好。因此我们要坚持民主办学、依法治校。我们各级党组织，要做好民主党派的工作；做好工会、妇委会、共青团、学生会等群众团体的工作；鼓励教职工依法通过教授委员会、学术委员会、学位委员会、教职工代表大会等组织，参与民主管理，调动各方面的积极性，办好学校。在当前，尤其要关心不同群体的利益诉求，协调好各种利益关系，特别关心贫困学生和有困难的教职工，关心离退休职工。在大学里，知识分子工作就是群众工作，我们党有做知识分子工

作的优良传统。我们要尊重人才、鼓励创造，尊重学术、发扬民主，努力营造事业激励人、文化培育人、关心温暖人、各类人才心情舒畅干事业的良好氛围，引导广大知识分子与实践相结合、与人民群众相结合，支持他们将个人奋斗与国家社会的现实要求紧密结合，实现自己的理想抱负。

同志们！86 年前，复旦大学建立第一个党支部时，只有 10 多名党员。今天，全校已有 669 个支部、16 000 多名党员。抚今追昔，我们深感自豪，又感责任重大。

行百里者，半于九十；百年伟业，始于足下。发扬党的优良传统，弘扬复旦共产党人的崇高品质，把我们的党组织建设得更加坚强有力，团结带领全校师生员工向世界一流大学大步迈进，为全面建设小康社会作出我们的贡献，这是当代复旦共产党人的历史责任，需要我们每一个党组织、每一位共产党员贡献智慧和力量。让我们更加紧密地团结起来，增强责任感和紧迫感，振奋精神、扎实工作，努力实现新跨越，为实现"十二五"规划确定的各项任务而奋斗！

复旦究竟给了你们什么？

——让心灵和想象力展翅飞翔

（在复旦大学 2011 届毕业典礼上的讲话）

（2011 年 7 月 2 日）

杨玉良

同学们、老师们，各位家长：

上午好！

我相信，诸位同学此时此刻的情感是非常复杂的，我体会到了这种情感。我想，其中既有别离的伤感，也有依依不舍的眷恋，有师生之间和同学之间刻骨铭心的情感，有在默默无闻中品尝到的甜酸苦辣，甚至有的同学可能还有几分怨恨。当然，更多的是大家对未来的憧憬。这就是毕业典礼上所特有的、难以言表的一种滋味。有一点我可以肯定，无论你们藏有怎样的感受，激动还是怨恨，这一切都将成为复旦历史的一部分，并将永远镌刻在我们的记忆当中！

在此，我特别要感谢今天在场的和没有在场的家长们以及中学的老师和校长们。四年前，他们怀着对复旦大学的信任，把你们送到复旦。今天，当你们走出这所学校，对于你们的未来充满期待的，除了他们，还有你们在大学的老师们，还有你们的母校——复旦大学。

此时此刻，我不想努力地从网络上搜寻一些流行的词汇来修饰我的讲话。因为它们既不能让你们对我增加一分尊敬，也不能增加一分亲切，更加不能使我变得跟你们一样的年轻。我想，关键在于我们有没有一颗可以互相沟通的心灵。

苏格拉底在雅典准备接受死刑之前，还不忘告诫人们："有一个真理我没有时间来给你们阐述。但是我必须告诉你们，没有经过反省和检查的人生是没有价值的。"我相信许多学生最近都在反省自己四年的人生。我不知道是否有的同学在省察时感到自己在这四年当中虚度了光阴。即便是有，也不用过分地伤感，哲学家卢梭曾经说过："误用光阴比虚掷光阴损失更大，教育错了的孩子比没有受过教育的孩子离智慧更远。"在希腊语当中，学校就是"闲暇"的意思。因此你只要在这四年当中体验了，也思考了，那么你的心智已经得到了自由的发展，你仍然是向着智慧的方向在努力地前进。我的期望是，但愿复旦没有因为生怕你们"虚度光阴"而使你们被迫地"误用光阴"，而让你们远离智慧。

无论你们当初进入复旦的理由是什么，我们现在更需要省察的严肃问题是：复旦在这四年中给了你们什么！除了文凭以外，你们从复旦还得到了什么！这个问题涉及教育的本质问题。哲学家也是数学家的 A. N. 怀特海（A. N. Whitehead）说过，大意是："抛开了教科书和听课笔记，忘记了为考试所牢记、所背的一切，剩下的东西才是最有价值的，剩下的东西才真正能够被称为是教育的。"对于复旦，我们都认为这剩下的东西应该是一颗自由而严谨、真诚而脱俗的心灵。复旦校友李泓冰女士曾经将其称为"自由而无用的灵魂"，并诠释为："所谓'自由'，是思想与学术，甚至生活观念，能在无边的时空中恣意游走；'无用'，则是对身边现实功利的有意疏离。"或许，乍一看来，你们在复旦学习的东西很多都看似"无用"，但我要说，很可能复旦给你们的这些貌似"无用"恰恰是最神圣的、最尊贵的精神价值。在本质上，"无用之用"常常胜于"有用之用"，因为精神价值永远高于实用价值，因为它满足人的心灵的需要，它将注入你们在座的每一位的终生。

我在这里如此强调心灵，因为心灵的严肃和丰富是一切美德之源。1818 年 10 月 22 日，黑格尔在受聘于柏林大学哲学教授职务时曾经说过："世界精神太忙碌于现实，太驰骛于外界，而不遑回到内心，转回自身，以徜徉自怡于自己原有的家园中。"这个"家园"就是我们的"心灵"。尽管已经过去了近两百年，但我感觉似乎他的讲话更适合于我们当今这个急速变化的时代。我相信一颗没有精神家园的心灵，不可能去思考自己生命的意义和价值，也就不可能对他人有真正的情感关切，对社会有真正的责任心。

我们如此强调心灵，也是因为这是一所大学所能够给我们的学生最宝贵的东西。剑桥大学教授艾伦·麦克法兰(Alan Macfarlane)曾经这样评价剑桥:“一个地方能让心灵和想象力展翅飞翔,则必能吸引我们。”在他看来,让心灵和想象力展翅飞翔的恰恰是八百年来无数在剑桥学习、生活过的智慧的头脑所形成的历史,这个历史包括哲学和思想、知识和经验,音乐和建筑,甚至是故事和传奇。大学的精神是普世的,至少所有的大学之间的精神是相通的。因此,我希望每一个复旦人都知道复旦的追求就是要使复旦成为心灵和想象力展翅飞翔的地方,我们大家都要奉献我们的心灵和想象力!

复旦的心灵在哪里?

有一个故事可能很多人都听说过。中文系的朱东润老师在他的自传中回忆:20 世纪 50 年代,他给学生讲《诗经》,讲到《采薇》的时候,有个学生站起来大胆地质疑书本上的解释,问题正中要害,这位学生就是我们章培恒先生。朱东润先生已经过世多年了,但我们依然可以从他的著作、各种回忆文章甚至题词中,感受到他在学术上的创新精神和强烈的文化使命感。非常遗憾,如今连他的学生章培恒先生也已经离我们而去。但我们同样可以从章培恒先生的作品中得到启迪和滋养,从那些亲切隽永的小故事中感受前辈的心灵,并由此激发我们的想象力。在课堂上,你们聆听着复旦名师们的侃侃而谈;在图书馆,你们领略着复旦学术大师的风采;在茶余饭后,你们谈论着复旦的轶事趣闻,谈论着陆老神仙(陆谷孙),谈论着哲学王子王德峰、丁耘等;这一切的一切,都是复旦心灵的所在,以及在你们身上的进一步延续。

今年也是我们谢希德老校长诞辰九十周年。谢校长虽然离开我们十多年,但是教师和学生们一直在传颂着她对学生的关爱、她对学校的民主管理、她对国际合作与交流的有力推动。所以在纪念谢希德校长诞辰九十周年的座谈会上,我说,谢校长会永远影响复旦,因为谢校长以她无与伦比的人格和智慧告诉我们,一个优秀的校长才可以使一所学校品格高尚,风清气正。作为校长,谢校长的风范将永远激励我前行,我也要让谢校长的心灵在我的身上得以延续。

今年五月校庆期间,我和学生们座谈,请总务处通报了寝室安装空调的计划。我们校领导向同学们表示了道歉。因为我认为我们复旦人都应该坚守诚信。在对话期间,同学们对学校的发展和存在的问题提出了许多批评,让我印象深刻。前几天,我和毕业生代表座谈,听听毕业生给学校留下的“金点子”。我在会上说过,毕业生代表所提出的建议看似并不起眼,但实际上都触及了大学的根本。大学的根本就是学术。在大学的运行当中,无论是物质的还是精神的,都应该围绕着学术开展,也就是学术优先的原则。所谓学术,就是研究和教育。只有这样,我们才能保持一所大学的根本。对大学的维护和爱惜,应该是渗透在大学生活的点点滴滴之中。教师在课堂上的全心投入,管理人员对学生的真心关怀,以及我们每一位复旦学子在社会上的一言一行,都将体现我们对复旦的珍惜。因此,我非常感谢同学们在复旦这几年为学校所作的贡献,你们用自己的心灵和想象力,认识了复旦、理解了复旦、爱上了复旦!

你们在追求更加完美的自我的同时,也对建设一个更加美好的复旦充满期待。去年的毕业典礼上,我对同学们说,希望我们复旦学子走上社会,不要做高高在上、事不关己的批评者,要努力做勇于担当责任、解决问题的创造者。对 2011 届的毕业生,我也怀着同样的希望。我相信你们走上社会,一定会以自己的心灵和想象力,养护社会的心灵,使自己的生活丰富多彩,并和以往不同。这也是复旦的心灵和想象力在全社会的延续!

然而,复旦还远未完美!我昨天晚上在写发言稿的时候,听说了一件令复旦人感到羞愧、感到伤感的事情,让我几乎彻夜难眠。请原谅我在今天这样一个场合来谈论一件不怎么愉快的事情。但是我觉得这件事情非常重要,如果我今天在这里不谈的话,那么我刚才前面说的话将全都是谎言!

事情是这样的,某学院的一位女学生今年在拍毕业照的时候,因为帽子掉下来了,她回头去捡帽子,但这个时候摄影师的快门按下了。照片当中就没有这位同学在里面,我觉得摄影师做得非常好,当场就补拍了照片。但是在昨天,她拿到这张毕业照的时候,却是那张没有她在上面的毕业照。她当然不希望同学们所拿到的毕业合照上没有她,我想这样的心情所有在场的同学都可以理解。所以,她希望学院让照相馆重新印那张重拍的照片,把这个新的照片发给学院的每一个同学。但是遗憾的是,我们有人说,这没有学院的责任,是照相馆的责任,学院没有必要管。学院不仅没有管,而且让学生自己和照相馆交涉,甚至还有的人认为这位同学在小题大做,认为只要照相馆印一张有你在上面的就行了,而其他同学拿到的照片没有你的话也没有关系。有这样认为的,无论是我们的老师也好、学生管理工作者也好,我想他应该思考一下这个问题。在这种情况下,这位女生只能询问同学们是否愿意一起分担重印的费用。我不知道在座的各位听到这个故事的时候,是感到羞愧还是感到什么?至少我作为校长,是感到羞愧的。我说这不是一件高兴的事情,但是我今天必须在这里讲。

我为此十分难过,而且也感到愤怒。学生低头捡帽子难道是她自己错了吗?希望同学们所拿到的照片上有自己,是小题大做吗?试想,如果照片上缺的不是这位学生,而是我们某位学院的院长或者书记,又会怎么样?也许你们就会连夜找人印将出来!我不得不把我前面说过的话重复一遍:一颗没有精神家园的心灵,不可能思考自己生命的意义和价值,因此也就不可能对他人有真正的情感关切,对社会有真正的责任心。一个人的冷漠引起了另一个人或者一批人的失望,心灵的底线一退再退,那么最后也就退到校长这里,然而校长无处可退。这样,我们怎么能够期望所有的复旦人自觉地去守护复旦的心灵?在这里,我唯一能做的是,我代表学校向那位女同学表示道歉!

这个不幸的现实,引起了我更多的思考。促使我再一次思考,怎么样才能让复旦的追求真正成为现实,让我们不够完美的地方变得更加完美。我想,这其实非常简单,只要我们所有的有真才实学的教师能够受到真正的尊重和尊敬;只要让我们每一位学生,包括刚才我提到的那位女同学都能受到真诚的关注和呵护;我们的师生都能够为学校的发展和改革,对学术的发展和人才培养的理念充分自由地发表自己的意见。只有这样,师生们才会感受到,这就是我们复旦,是能够让我们的心灵和想象力展翅飞翔的地方。这样的复旦,才会吸引更多的心灵。即使你离开了她,你也将对她永远眷恋,她将成为你毕生的精神家园!

一百年前,两位复旦公学的同班同学分别留学欧美,年龄可能比我们在座的还要略小一点。一百年后,两人分别作为中国的人文和科学的代表,其学术成就令人景仰,而高尚的道德品质更为我们世人所传颂。这两个人其中之一就是陈寅恪先生,他的"独立之精神,自由之思想"的言说成为温家宝总理一生所崇尚的格言。他还说:"士之读书治学,盖将以脱心志于俗谛之桎梏,真理应得以发扬。思想不自由,毋宁死耳。"另一位是竺可桢先生。他说:"大学是社会之光,不应随波逐流。"

无论今后同学们从事何种职业,你们都不是一部适应社会的机器,而是引领社会、改造社会的创造性人物。复旦所给你们的最宝贵的东西就是一颗心灵,让我们相互勉励,守护好自己美丽的心灵,守护好我们复旦大学的心灵,让我们的心灵和想象力展翅飞翔!

最后我想说,复旦万岁!复旦的心灵将永远高高地飞扬!

谢谢大家。

加强党的建设是高校发展稳定的根本保证

(2011年7月2日)

党委书记　秦绍德

(2011年7月2日,中央组织部、中央宣传部、中央党校、中央文献研究室、中央党史研究室、教育部、中国社会科学院、解放军总政治部联合召开"纪念建党90周年理论研讨会",我校作为教育系统代表,在大会作交流发言)

改革开放以来,特别是迈入21世纪以后,我国高等教育事业实现了跨越式发展。在中央的正确领导下,全国高校连续20多年保持总体稳定,一心一意办教育、稳定和谐发展的方针深入人心。回顾这段历程,我们深刻体会到,加强党的建设,是高校发展稳定的根本保证。

高校是大基层单位,又是比较特殊的基层单位:人数多,知识层次高,国内外影响大。因此高校发展、改革和维护稳定的任务非常繁重。高校各级党组织作为党在高校的执政力量,如何通过加强自身建设,增强对正确办学方向和科学办学规律的把握力,对改革发展的推动力,对广大师生的号召力和凝聚力,从而保障高校长期稳定,事关大局,十分重要。我们有如下体会:

一、把握社会主义办学方向,发挥党委领导核心作用

高校把握办学方向,关键要保证党委在学校各种组织和各项工作中发挥领导核心作用。20多年来,高校之所以持续保持稳定并实现跨越式发展,最根本的一条就是始终坚持社会主义办学方向不动摇,始终坚持党委领导下的校长负责制不动摇。这是马克思主义党建理论与我国高教事业实际紧密结合的产物。

党委在高校的领导核心作用主要表现为总揽全局、协调各方。总揽全局,就是要把握方向、决定大事、管好干部;协调各方,就是要调动发挥校长和行政班子、各级党组织和广大党员干部、各民主党派、各群众团体和广大教职工的积极性。党委把各种力量组织起来,把各种共识凝聚起来,在平时团结广大群众,在复杂特殊情况时也能控制住局面。党中央号令明确,高校党委执行坚决,稳定队伍忠诚得力,这是高校稳定的基本经验。

坚持社会主义办学方向是一项系统工作,时刻考验着高校党委的执政能力和领导水平。具体指向三个方面。一是把握育人方向。这始终是高校党组织的首要职责。能不能把大学生培养成为中国特色社会主义事业的接班人和建设者,不仅有指导思想问题,更大量的是实践问题。二是把握发展改革方向。要贯彻落实好中央的战略部署,坚持走中国特色办学之路。世界上没有超越国界、普世适用的现代大学制度。我们不能照抄照搬西方,必须坚持中国特色。三是把握意识形态主导权。高校是意识形态领域必争之地,竞争对手来自全世界,学术性、政治性交叉,历来处在风雨最前沿。要把握主导权,必须敏锐觉察一些思潮、动向,把握好引领意识形态和维护学术自由、争鸣的关系,并将主流意识形态通过各种渠道方式影响到广大师生。

二、抓基层、打基础,锐意创新高校党组织建设

加强基层党组织建设始终是高校党建的根本任务。实践证明,基层党组织坚强,党员的先锋模范作用发挥得好,高校的发展稳定就有了基本保证。

一是要优化基层党组织设置。随着高校原有教学科研组织模式和学生管理模式的变化,我们积极探索在学科团队、课题组、实验室,以及跨院系、跨学科的科研机构中建立党组织;在学生社区、公寓楼、学生社团中建立党组织;并根据重大临时性任务,设立临时党组织。例如去年世博会,我们有五千多名师生(其中有一千多名党员)参加志愿者服务,我们就成立临时党委,将支部建到每一个服务场馆。在高校里真正做到哪里有党员,哪里就有党组织,哪里就有健全的组织生活。

二是要创新基层党组织活动方式。根据不同单位、不同岗位的党组织和党员特点，开展有特色的党建活动。当前，院系党组织最重要的任务就是落实《中国共产党普通高校基层组织工作条例》的要求，进一步坚持和完善党政联席会议制度，坚持民主集中制，健全领导班子的工作和决策机制。

三是要激发党员队伍的活力。应该尊重党员的主体地位，让他们的模范带头作用和个人价值得到体现，激发他们为党和人民工作的热情。要加大在优秀青年教师和优秀学生中发展党员的力度，推进基层党务公开，加强对党员的关心、服务，使党组织真正成为"党员之家"。

三、坚持育人为本、德育为先，加强和改进大学生思想政治教育

高校的根本任务是育人，育人必须以德为先。这也是大学生思想政治教育的应有之义。实践证明，大学生思想政治教育越积极有效，大学生的精神面貌就越积极向上，这一群体就越稳定。高校稳定必须要以平时工作作为基础。

一是要坚决落实中央关于加强和改进大学生思想政治工作的各项要求，形成全员育人，全过程育人的良好氛围。2004年中央16号文件颁布以后，我们狠抓贯彻落实，并结合学校实际，制定了相关政策和措施。重中之重是加强学生思想政治工作队伍建设。历史经验表明，这是一支党可以信赖的，有战斗力的队伍。加强这支队伍，高校稳定就有保证；削弱这支队伍，必然将增加不稳定因素。在此同时，还要发动广大教师教书育人，将育人的各项要求体现到教学环节中，以正确的价值观潜移默化地影响学生。

二是学生思想政治工作要坚持思想性与有效性相结合。思想性是魂，有效性是体。既要有鲜明的主题，也应不断创造新的形式，做到切实可行、有滋有味。

三是坚持解决思想问题与解决实际问题相结合。思想问题的产生，是有其主客观因素的。帮助解决实际问题，也是在做思想工作；解决了思想障碍，具体困难也容易克服。我们要提高管理水平和服务意识，关注学生个体和特殊群体，将很多不安定因素消解在萌芽状态。

四、贯彻党的知识分子政策，做好高校知识分子工作

大学是知识分子集中的地方，知识分子是党和国家的宝贵财富。党在高校落实"尊重知识、尊重人才"的指导方针，贯彻人才强国战略，究其根本，都是做知识分子的工作。

我们党和知识分子历来有良好的关系，有做知识分子工作的优良传统。在高校中，流传着很多党的干部与知识分子坦诚相见、肝胆相照的佳话。改革开放以后，知识分子爱国报国的基本面没有变，但知识分子群体内部的价值观变得比较复杂。这就要求我们的工作不断作新的探索。

一是办学必须全心全意信任、依靠知识分子，调动全体教职工的积极性和创造力，实现民主决策、民主管理、民主监督。二是努力营造一个事业激励人、文化培育人、关心温暖人、各类人才心情舒畅干事业的良好氛围。各级党组织和党的干部都应广交、深交知识分子朋友。当前应当特别重视中青年知识分子的培养。三是引导广大知识分子向实际学习、向人民群众学习，鼓励他们将个人的奋斗与国家富强、民族复兴的历史重任紧密结合。四是在意识形态工作中加强对知识分子的引导。我们要理解、宽容，教育好知识分子，将广大知识分子紧紧团结在党的周围。

五、加强骨干队伍建设，为高校党建提供坚强保证

在高校党建格局中，队伍建设特别重要。辅导员、思政课教师、党务干部是其中的三支骨干队伍。他们同样是党的宝贵人才资源。

辅导员是高校教师队伍的重要组成部分，是大学生日常思政教育的骨干力量，也是各级干部的后备力量。近年来，各高校辅导员队伍得到了健康规范建设，同时也出现了一些新情况。他们年纪轻、学历高、阅历浅，工作在最基层，经受各种考验。我们应该从政治上、工作上、生活上关心他们，帮助他们解决实际问题，引导他们尽快成长。

思想政治理论课是大学生思政教育的主渠道，体现了社会主义大学的本质要求。思政课教师在引导大学生坚定马克思主义信仰，增强走中国特色社会主义道路的信心等方面发挥了不可替代的作用。近年来，我校涌现了一些教学深入浅出，为学生喜爱的思政课教师。我们还要不断推进教学改革，编写精品教材，推广精彩教学，使思政课成为大学生真心喜欢、终身受益的课程。

建设高素质的党务干部队伍是高校党建工作的战略需要。干部能担重任、经得起风浪考验，党才能在高校稳固执政，党的建设才能顺利推进。高校党建的发展和创新，也迫切需要一大批素质全面、朝气蓬勃、勇于开拓的党务干部。我们要让每一名党务干部都自觉提高政治水平和党性修养，自觉在能力、作风上锤炼自己，坚持爱岗敬业、实事求是，坚持走群众路线。

高校党建是党的建设新的伟大工程的重要组成部分。当前，我国高等教育事业站在了新的历史起点上。高校要提高办学质量、推进教育改革、建设和谐校园、保持长期稳定，不能离开党的坚强领导，必须加强党的建设。我们要居安思危、与时俱进，努力提高党的建设科学化水平，推动高校党建工作再迈上新台阶。

在中共复旦大学第十三届委员会第十三次全体(扩大)会议上的讲话

(2011年7月15日)

党委书记　秦绍德

同志们:

十三届十三次党委扩大会已经开了快两天,大家围绕主题展开了热烈讨论,提出了很多有启发的意见。我的发言主要分两个部分。第一部分简要报告上半年党的工作,第二部分围绕下半年工作谈几点想法,作为对校长和其他同志报告的补充。根据党内规定,常委会要定期向全委会报告工作,这也是发扬党内民主,推进党务公开的一项重要内容。

一、简单回顾上半年党的工作

1. 以建党90周年为契机开展各种纪念活动,深入进行党史教育和党建理论的教育

过去半年,各单位通过多种形式,引导广大师生学习党的历史、党的理论,继承和发扬党的光荣传统,增强党的观念、党员意识,提高党性修养。活动开展得有声有色、有滋有味。比如宣传部门开展了陈望道诞辰120周年、谢希德诞辰90周年等纪念活动,挖掘复旦党史、校史中的精神财富,引导全校师生学习老一辈知识分子的爱国情感、共产主义信念等可贵品质;统战部门在党外人士中开展了"同心同行"主题教育,进一步巩固和深化统一战线成员的政治共识;学生工作部门通过读经典、主题班会、社会实践、志愿服务、党史知识竞赛等形式,引导学生坚定理想信念,将个人发展和祖国需要结合起来;离退休工作部门、工青妇等群众团体通过红色歌咏比赛、演讲朗诵、书画摄影展览、革命圣地参观访问等师生员工喜闻乐见的形式,让大家在活动中受到感染、获得教益。

各基层党组织把创先争优活动和纪念建党90周年紧密结合起来,开展了丰富多彩的主题实践、公益活动和"双结对"活动;通过基层党建特色项目展评,创新形式,增强党内生活的吸引力;学校在"七一"前夕表彰了优秀共产党员、先进基层党组织和优秀党务工作者,各单位通过评选,发掘了一批全心全意做党的工作,呕心沥血育人的优秀代表。

2. 把握正确的办学方向,推动学校的改革发展

在学校发展改革的过程中,一些工作关系到重点,带有全局性,党委就多花一些时间和精力,研究把握方向。今年上半年,学校抓紧制定"十二五"规划,常委会将工作重点放在处理好发展和改革的关系上,统筹兼顾,听取各方意见,争取校内尽可能在一些主要问题上取得共识,把握住发展的机遇。

《国家中长期教育改革与发展规划纲要》颁布后,我校主动向教育部申请了"推动建立健全大学章程,完善高等学校内部治理结构"的改革试点。无论是章程制定,制度设计,还是治理结构的确立,都是带有根本性的改革,牵一发动全身。特别是今年上半年,学术委员会换届,发展规划委员会和预决算委员会成立,教代会修订《实施细则》并准备下半年换届,如何在宏观上对各类委员会和教职工代表大会准确定位,做好顶层设计,常委会花了不少时间和精力开展调查研究,听取各方面的意见,把握好内部管理体制改革的方向。

3. 学习贯彻《基层组织工作条例》,加强党组织自身建设

本学期,党委制定了详细计划,在各个层面学习贯彻《基层组织工作条例》。**学校层面**主要是对进一步坚持和完善党委领导下的校长负责制坚定认识,正在修订学校党政会议议事规则,明确党委全委会、党委常委会、校长办公会、书记办公会、党政联席会等会议的定位和议事范围,改善议题的提出、讨论和决定等程序。**院系领导班子**重点就进一步完善党政联席会议制度,加强和改进基层党组织建设开展学习讨论。**支部层面**重点学习了《条例》对党支部建设和党员队伍建设提出的新要求。为了学好《条例》,相关部门分别组织了分党委书记培训班和支部书记培训班,邀请相关领域的领导专家解读《条例》的主要内容和精神实质。

4. 其他工作

我简单点一点,如果有同志做了很多工作没被点到,是报告的容量问题,不是评价问题。包括:完善干部选拔任用工作程序,改进不同岗位的领导干部选任方式;聘请特邀党建组织员,加强大学生党员发展工作;结合民主党派换届选举,讨论非党干部的培养和任职;贯彻落实新修订的《关于实行党风廉政建设责任制的规定》,修订实施细则,细化和明确职责分工,加强对责任制执行情况的监督检查;继续推进本科生"党员成长计划"和研究生"示范党支部创建活动";加强对保卫工作队伍的培训,创建平安和谐校园,等等。

二、对下半年工作的几点想法

(一) 认真学习贯彻胡锦涛同志"七一"重要讲话精神

今年7月1日,我很荣幸在人民大会堂参加了庆祝中国共产党成立90周年大会。在下午的小组讨论中,与会同志都谈到,锦涛同志讲话分量很重,是继续推进中国特色社会主义伟大事业的一篇纲领性文献。它深刻总结了我们党90年的光辉历史和宝贵经验,提出了党的建设科学化的目标任务,阐述了在新的历史起点上把中国特色社会

主义伟大事业全面推向前进的大政方针，有着重要意义和深远影响。锦涛同志在讲话中提出了不少新的思想和观点，第一次明确提出我们党在推进马克思主义中国化的历史进程中产生了两大理论成果，毛泽东思想和中国特色社会主义理论体系；第一次提出了“中国特色社会主义制度”的概念，正面回答了认为某些认为我国政治体制改革推进不快的观点；明确提出了党面临的四个考验，“执政的考验、改革开放的考验、市场经济的考验和外部环境的考验”，存在的四个方面的危险，“精神懈怠的危险、能力不足的危险、脱离群众的危险和消极腐败的危险”，等等。我们感到，始终高举马克思主义理论伟大旗帜，与时俱进，不断进行理论创新，是我们党创造力、凝聚力和生命力的体现。我个人认为这个讲话实际上为明年党的十八大做了思想和理论准备。

今年下半年，学校工作的一项重要任务就是认真学习、深入领会胡锦涛同志“七一”重要讲话精神。俞正声同志在中共上海九届市委十五次全会上强调，学习“七一”讲话，关键是要“**把自己摆进去**”。结合学校实际，我感到有几点特别突出：

1. **我们要牢固树立唯物史观，把人民群众的利益放在心上**。有人做了统计，锦涛同志一万四千多字的讲话，“人民”这个词出现了136次，执政为民的理念贯穿始终。谈到90年党带领人民完成了三件大事，强调党始终紧紧依靠人民，强调党同人民的血肉联系，强调干部要深入群众、深入实际、密切联系群众；提出要把政治智慧的增长，执政本领的增强深深扎根在人民的创造性实践之中，提出要维护人民当家作主的权利，等等。

我感到，第一，我们要树立群众创造历史的唯物史观。群众是真正的英雄，这一点我们永远不能忘记。究竟是英雄创造历史，还是群众创造历史，这是共产党人和其他资产阶级政党不同的世界观和价值观。

第二，中国共产党的宗旨就是把人民群众的利益放在心上。我们的一切奋斗和牺牲都是为了群众利益，发展改革的根本目的也是为了群众的根本利益。对大学来说，我们为提高教育质量、提高创新能力所做的各种努力，归根结底是为了满足广大群众对高质量教育的需求，为了达到建设创新型国家的要求。因此“十二五”期间，我们一定要不断加大教学改革的力度，提高教学质量，用最好的师资为学生提供最好的教学，真正做到让学生满意，让家长满意，让社会满意。这件事一定要做实。

校园不是世外桃源，也存在利益的调整，学生就业的困难，一部分学生的心理问题，后勤社会化等，还有推进改革时候碰到的各种利益冲撞问题。我们一定要把群众的冷暖放在心上，尽一切努力，抓紧解决群众关心的问题。

同时我们也要认识到，现在讲的群众观点、群众路线虽然与革命战争时期本质上是相同的，但表现形式和实践方法有了很多变化。在市委九届十五次全会上，俞正声书记强调，“一方面，我们坚决反对无视民意、漠视民怨、自视高人一等甚至欺辱群众的行为；同时也应看到，在很多情况下，由于发展的阶段性和利益主体的多元化，群众利益的维护较之革命战争时期和计划经济时期更为复杂，更不可能不顾可持续的需要随意开出空头支票，而必须统筹兼顾、精心谋划，将群众观点更多体现在解决群众利益问题的紧迫感，对困难群众的政策倾斜，政策对群众利益的全面安排和可持续，以及对群众诉求的耐心工作等方面。”这段话刊登在了《解放日报》7月14日头版上，希望同志们认真学习领会。

第三，我们做所有工作都要依靠群众、团结群众。民主办学的实质就是相信群众、发动群众，让群众成为办好学校的主体。要依靠几支队伍：教师队伍、学生队伍、党政管理队伍、后勤职工队伍。

2. **我们要加强党的优良学风建设，坚持实事求是的思想路线**。锦涛同志在讲话中强调，“马克思主义，理论源泉是实践，发展依据是实践，检验标准也是实践。任何固守本本、漠视实践、超越或落后于实际生活的做法都不会得到成功。在历史上的一些时期，我们曾经犯过错误甚至遇到严重挫折，根本原因就在于当时的指导思想脱离了中国实际。”这段话写得很深刻。最近我在学习党史，大到一个国家，小到一个单位，要想把道路走好，一定要从实际出发，把马克思主义普遍原理，把党中央的要求，和学校实际结合起来。

从实际出发就要调查研究。毛主席说“调研就是解决问题”。调查研究一定要客观、全面。我们有时常常“不识庐山真面目”，“只缘身在此山中”。如果参照系是局部的、片面的，做出的判断就会不准确。

我们的学科建设，尤其是社会学科，一定要把实事求是的思想路线贯穿到学风建设中，为党的理论创新作出贡献。当代中国最重要的现实问题，应该列入我们研究的范围。我非常高兴地看到，我校有一批年轻学者，已经在关心这些问题。我认真读了他们的文章，尽管是一家之言，但精神是可贵的。他们在文章里讲到，中国人应该有志气，应该有底气，不要自己看不起自己。在社会科学领域，我们千万不能陷入西方的话语体系和价值观体系不能自拔。西方话语系统中是有很多真理性的东西，但那也是外国人在特定的历史条件下，在他们自己的国土上成功奋斗的经验，不能代替中国人自己的努力。我们要学通人家的，更重要的是创造自己的。

3. **我们一定要做好在大学生中发展、培养党员的工作。这是一个战略问题**。锦涛同志在报告最后一段专门讲了党对青年的期望。我在北京参加小组讨论，很多同志发言都谈到，这是报告的亮点之一。

这个问题可以从两方面理解：首先，我们党是由青年人组成的，建党之初冲锋陷阵的就是一批青年知识分子。之后无论在革命时期、建设时期还是改革开放时期，都有一批青年人冲在最前面。第二，我们党从思想理论到实践都是与时俱进的，正因为这样，党虽然已经有90年的历史，但仍然永葆青春。

大学发展党员的任务很重。全国党员已经有8 026.9万，每年新发展党员的40%来自大学生，上海这一数字更是达到56%。大学生是青年中知识层次最高的群体,优秀大学生踏上社会以后是各行各业的骨干,用今天的话来讲是社会的精英,要担负起国家经济建设、社会建设、文化建设的各项重任。我们培养的学生能不能担当起中华民族伟大复兴的历史使命,能不能坚定地走中国特色社会主义道路,能不能具备建设者和接班人的素质和能力,这些问题无一不考验着大学党委的领导能力和领导水平。杨校长多次讲,现在培养学生一定要想到二十年以后他们能担当起怎样的社会责任。今天我们发展一位优秀的大学生入党,不仅为党补充了新鲜血液,使党保持活力,而且通过他们团结群众,为党执政打牢社会基础。当然,发展党员一定要积极慎重,把重点放在帮助青年人在思想上入党,坚定理想信念。关键就是俞正声书记给交大党员上党课时讲的两个字,忠诚。

(二)在提高人才培养质量方面,我们要狠下工夫

我们不妨把思路打开一点,不要过多纠缠于过去讨论的老问题。关键是我们如何按照大学教育的规律,很实在地通过抓几个环节有效提高人才培养的质量。比如,教育理念的问题,比如课程体系的问题,不仅是通识教育,还有专业教育。再比如教材问题,如果能出一批好教材,"十二五"结束就有了实打实的成果。更重要的环节是教师的问题,教师能有多少精力投入到本科生教育中,是个系统工程,既和激励有关,也和岗位津贴等评估体系有关。当然还包括其他环节,比如教室改造如何适应小班讨论,等等。

(三)如何进行内部管理体制改革

校长和各位同志谈了很多,我不再重复,主要讲两点意思。

第一,大学内部管理体制改革事关方向、结构、道路,一定要从我们的国情、民情、校情出发。要学习世界一流大学办学的规律和经验,但不能照搬照抄。在这个世界上,没有普世适用的现代大学制度。我们说的现代大学制度就是有中国特色的现代大学制度。关于这一点,习近平同志今年4月6日视察清华大学时明确指出,建设世界一流大学的目标是"中国特色,世界一流"。世界一流大学有一些世界公认的标准,我们应当引为参考;但同时建设世界一流大学必须有"中国特色"。

第二,大学内部管理体制改革核心的问题是制度设计,建章立制一定要采取审慎的态度,充分论证。要经过调研、立项、试点、起草、修改、论证、发布试行、修订、再发布等环节不断完善。特别要认真听取来自教学、科研第一线的反映。一项好的制度一定是"于法周延,于事简便"。

总之,大学内部管理体制改革是一个历史的过程,我们要一步一步往前推进。

(四)以开展创先争优活动为抓手,继续加强基层党组织建设

一是围绕"十二五"规划确定的目标任务,在推进学校和本单位事业发展中创先争优。二是围绕深入学习《高校基层组织工作条例》,进一步加强党支部建设。

(五)其他工作

——最近民主党派上海市委换届马上要正式启动,复旦大学是民主党派的重镇,我们要发扬这一优良传统,积极争取名额。各单位包括校领导要多花些精力,和非党同志谈心,积极推荐党外中青年骨干。统战部门梳理了一份有发展潜力的中青年党外人士名单,不少人很优秀,希望各单位给予重点关心和支持。

——全面推进党务公开工作。按照中央和市委的部署,今年下半年我们将在基层党组织中全面推进党务公开工作。中央提出的指导原则是:发扬民主、广泛参与,积极稳妥、注重实效,统筹兼顾、改革创新,区别情况、分类指导。我们要把握这些要求,根据上级党组织确定的公开目录,联系学校实际,推进这项工作。

——因为时间关系,其他内容我简单点一点:我们要继续加强党风廉政建设,加强责任制的落实,下学期初学校要召开加强党风廉政建设干部大会。我们还要开好六届一次教代会,把那些愿意为大家服务、有责任心、有议事能力、处事公正的代表推选上来。

我的发言就到这里,不当之处请同志们批评指正。

关于大学内部治理结构改革的思考和实践

(2011年7月30日)

校长　杨玉良

深化教育体制改革,建立现代学校制度,是《国家中长期教育改革和发展规划纲要》提出的重要任务。就大学而言,推进大学内部治理结构改革是建立中国特色现代大学制度的核心问题之一。结合高等教育在中国现代化进程中的历史使命,这一改革应该在建设世界一流大学的过程中切实得到重视和推进。

一

《国家中长期教育改革和发展规划纲要》指出:"把改革创新作为教育发展的强大动力。教育要发展,根本靠改革。要以体制机制改革为重点,鼓励地方和学校大胆探索和试验,加快重要领域和关键环节改革步伐。"的确,要推动教育向着现代化的目标前进,难以回避现行教育体制中

一些不适应教育现代化要求、甚至是制约教育科学发展的体制性障碍和深层次问题。促进教育的进一步蓬勃发展、实现基本现代化的战略目标，必须以更大的决心深化教育体制改革。教育体制改革的核心问题一方面涉及政府如何管理教育，另一方面则涉及学校自身如何管理、运行。后一方面的问题就与大学内部治理结构的改革密切相关。

由于复旦被列为国家中长期教育改革和发展规划纲要学校内部管理体制改革的试点单位之一，我们一直在思考一个问题：在大学内部如何构建一个合适的治理结构。在建设世界一流大学的过程中，我们越来越强烈地感受到，国内高校内部治理结构的完备性和管理水平与国外一流大学之间存在明显差距；同时，随着学校发展和改革的深入，内部治理上存在的一些问题日益凸显出来，这也要求我们认真地加以研究、解决。根据改革试点的要求，学校的“十二五”规划把“内部管理体制改革”作为一个重要的内容。在“十二五”规划中，既提出“要将内部管理体制改革视为推动学校发展的强大动力”，又分析了当前学校内部治理中存在的一些问题，如行政权力过于集中，决策过程不透明，教授参与学校决策和管理的机会较少，现有院系架构和独立的科研机构林立，院系自主管理能力参差不齐，导致学校管理重心难以下移、院系积极性不高等。我们认为，推进学校内部治理结构改革正是为了在发展中切实解决这些问题，并通过内部治理的改进和完善进一步加快学校的发展。

关于现代大学制度和大学治理结构，学界已有相当多的研究。大家普遍认为，大学治理结构是大学制度的核心，构建适应社会发展要求和高等教育发展自身规律的大学治理结构是现代大学制度建设的根本任务之一。正如有学者指出的，“建立现代大学制度，是新时期高等教育改革的方向，发展的必然要求”，“建立现代大学制度的核心便是建立合理的大学治理结构”①。这里，结合学界的研究，谈谈我们对“大学治理”的基本认识。

所谓“治理”(governance)，一般是指在一个大型实体内的各单位之间进行权力和职能划分、各单位之间的沟通与控制方式及其与外部环境之间的关系处理。② 就大学内部治理而言，涉及权力与责任在管理的各个层面和学校内部各个不同利益群体间的分配，体现它们相互间的权力作用关系以及责任分担关系，尤其是一所大学内部的组织结构和运行机制，包括组织结构的分层、内部权力体系的构成等，反映大学的办学意志和学术特点③。概括地说，“治理”其实涉及的就是一个在学校内部如何“分权”、也就是如何对权力作出划分和限定的问题，实现在大学内部形成一个“共同治理”(shared governance)的结构。英国治理理论权威格里·斯托克(Gerry Stoker)认为，治理的作用主要依靠互相发生影响的行为者的互动④。所以，对于大学的内部治理，可以这样理解，就是在分权的基础上形成共同治理的结构，保证或促进大学内部各种行为主体的互动。强调主体之间的相互关系、倡导权力的多向度、注重互动协商的过程，恰是大学内部治理的核心所在。⑤

由于现代大学是“研究高深学问”、“培养高级人才”的场所，是“学者与学生组成的学术共同体”，因此，大学内部治理结构改革必须体现“学术为魂、育人为本”的办学理念，同时必须贯彻依法治校、民主决策的原则。学校的办学活动和行为一方面应当依据国家制定的宪法、法律、法规和规章，另一方面也要依据学校制定的大学章程和其他各类规章制度。大学章程是对学校内部治理的一个总括，对学校重大的、基本的问题如学校的愿景(vision)、使命(mission)以及大学治理、权力界分、学科发展、内外部关系等方面的核心问题用条文的形式固化下来，作为学校运行的合法性基础，成为办学的基本依据和规范。这样，从内部治理的角度看，大学内部的根本性问题和重大措施都由大学自身的“宪章”来规范，由此使大学的运行、尤其是各种权力的运行有“法”可依，从而保证大学发展的稳定性和有序性。比如，根据大学章程明确的愿景(vision)、使命(mission)，就能制定出长远的、相对稳定的发展规划，避免外界的干扰和人为的折腾。以大学章程为基础，可以延伸出一系列规章制度。这些规章制度依据大学章程，按照一定的程序制定、执行并及时更新。除此之外，不允许各部门自行其是，再制定什么其他的规章制度。有了大学章程，可以对大学内部的各种权力作出明确的划分、限定和规范，当然也包括校长的权力。既然要规范学校领导，那么大学内部治理的另外一个非常重要的方面就是民主，这也就是说要形成一个“共同治理”的结构，保证或促进大学内部各种行为主体的互动。

二

大学内部治理结构改革首先涉及校级层面的一系列管理制度，具体表现在决策体制、决策流程、功能配置、监督机制等方面。

1. 完善党委领导下的校长负责制，建立科学的决策体制

根据高教法，中国的公立大学实行党委领导下的校长负责制，既确定党委的领导核心地位，又规定校长在学校工作中独立负责地行使职权。完善党委领导下的校长负责制，意味着要依法落实党委、校长职权，完善集体领导和分工负责系统，使职、责、权更加清晰规范；切实做到重大事项集体讨论决定，进一步明确党委常委会、党委会、校长

① 赵成，陈通. 治理视角下的大学制度研究[J]，高等教育研究，2005(8).
② 弗雷德里克·E·博德斯顿. 管理今日大学[M]. 王春春，赵炬明译. 桂林：广西师范大学出版社，2006.
③ 张应强. 把大学作为学术组织来建设与管理[J]. 新华文摘，2007(1).
④ 斯托克. 作为理论的治理：五个论点[J]. 国际社会科学，1999(2)：20.
⑤ 熊庆年. 高等教育管理引论[M]. 上海：复旦大学出版社，2007：115.

办公会、党政联席会等会议的功能和分工，使学校的领导决策体制更加完善，决策更加科学。

2. 探索教授治学的有效途径，改进和完善学校的决策流程

我们发现，目前校内各种委员会的设置不健全、功能不到位，教师在学校管理中发挥的作用不够，教师在学校重大事务的决策过程中缺少发言权。学校日常行政决策的主要平台是校长办公会议，机关部处负责决策方案的前期论证和草拟。而教师对学校日常决策的影响力十分有限。同时，教师对学术事务决策的参与度也不高，缺少参与学校重大决策、日常决策和学术事务决策的机会和平台。长此以往，教师失去了学术事务上的主体性、积极性，学校整体精神状态欠佳。

大学是学术机构，尊崇学术是大学内部治理改革的基本导向。有学者指出："明智的大学行政权力当十分自觉地维护学术权力，其基础性工作应是首先保障学术权力的独立性不受侵害。"①这就是说，在大学内部，要让学术最大程度地免受行政干预，为学者治学和学术繁荣提供尽可能大的自由空间，从而充分激发学术生产力。同时，通过内部治理改革，增加广大师生、尤其是优秀学者对学校运行的影响力，诚如美国密歇根大学前校长杜德斯达(James J. Duderstadt)所言，应该"让最优秀的教师能够对维持大学领导的知识方向施加影响"②。

从国外一流大学的经验看，各种形式、各种功能的教授会(Academic Senate)是大学治理结构中的一个重要组成部分。加州大学就认为，教授会的主要作用在于：一是防止行政官员犯专业性的错误；二是确保教师在学术事务上长期的权威地位，……这种高权威的制度广泛地保存并保护了大学的"历史特征"和"传统价值"③。在美国的大学，董事会、校行政和教授会形成相互制约、配合与平衡的关系。这种治理结构一方面阻止了权力的滥用和来自某一方的过度干预；另一方面，当某一方出现失灵或失误时，也有助于其他方给予及时的补救或补偿。其结果不仅为大学发展赢得了最好的学术生态环境，也使这几方在动态平衡中逐渐成为推动大学发展的一种聚合力量④。

为体现教授治学，改进学校决策流程，我们要进一步明确学术委员会、学位评定委员会和教学指导委员会处理相应学术事务的权力，并保障它们独立行使学术决策权力。在复旦，新组建了由各学科教授组成的两个十分重要的委员会：一个是发展与规划委员会，一个是预决算委员会。发展与规划委员会作为审议学校规划和改革方案的常设机构，审议学校事业发展规划，协调学科、人力资源和校园规划，受学校委托研究和审议学校重要改革方案；预决算委员会作为学校预决算审议机构，负责研究制定预决算政策，讨论年度预算原则和预算方案，审议和评估决算报告。我们还打算强化校务委员会，进一步发挥其在学校重大事务上的咨询和审议作用。为了体现和保障学术独立，学校领导班子成员退出或不进入上述学术性和监督性的委员会。我们希望，充分发挥教师在学术资源管理中审议、咨询和监督决策的作用，通过各种委员会的组织框架及决策流程，形成真正符合教育规律和学术特性的决策。

3. 改进校部机关的功能配置，建设服务型机关

当前，院系和专家教授对学校管理意见比较集中的问题在于，学校行政权力过于集中在校部机关，科学决策和信息公开有待加强。学校政策制定权、解释权和执行权往往集中在机关，监督和评价权也掌握在职能部处手中，决策过程中容易形成本位意识，缺乏纠错机制，不利于科学决策。同时，校务信息公开程度不够，并且由机关部处掌握政策文本的解释权，这进一步拓展了其自由裁量权。院系不得不反复通过跟职能部处博弈来争取一些利益。而且，信息公开程度越低，博弈现象就越普遍。

其实，学校机关部门除了为学校决策起好参谋、助手的作用外，更多地应定位于决策的落实、执行，它们所涉及的工作主要是所谓的行政管理(administration)，与治理(governance)是不同的。因此，我们要明确各级行政管理人员在学校管理中的权限，促进学校治理走向规范化和制度化。重大行政决策必须建立教授和专家咨询和审议制度，确保行政权力为学术权力服务。重要行政举措要充分听取师生意见，保障学术事务的独立运作。学术事务包括科学研究和教学、学生工作。这个概念一定要厘清。机关各部门应在提高微观管理效率的基础上，将工作重心向宏观管理服务转变，建设为决策服务，为学术服务，为院系服务，为师生服务的服务型机关。对学校行政部门和行政人员来说，就是不要越权干预学术事务，克服"行政化"倾向，真正使自己的工作立足于为学术活动和学术事务的顺利进行提供必要的支持、服务和保障。

4. 健全监督机制，建立有效的监督控制系统

就总体而言，学校内部基于日常化反馈改进的监督控制系统尚未有效建立，主要表现为：一是对机关部处和院系计划执行检查的情况不够，总结和计划之间往往没有必然关系。学校对部门和院系都缺乏必要的监督和考核程序。二是政策方案出台后，对政策方案的效果评估不够。三是政策方案执行过程中，不仅执行不力，而且适时对方案进行调整控制的机制尚不完善。

所以，有必要把健全监督机制、建立有效的监督控制系统作为内部治理结构改革的一个重要内容。监督系统基于监督权而形成，其使命是保障学校的权力运行、政策决定以及具体管理能够依法照章进行，实现民主管理，依

① 张楚廷. 高等教育哲学[M]. 长沙：湖南教育出版社，2004：124.

② 詹姆斯·杜德斯达，弗瑞斯·沃马克. 美国公立大学的未来[M]. 刘济良译. 北京：北京大学出版社，2006：159.

③ "The Academic Senate of the University of California"[R]. Office of the President, UC, 1970：105. 转引自谷贤林. 美国研究型大学管理——国家、市场和学术权力的平衡与制约[M]. 北京：教育科学出版社，2008：219.

④ 谷贤林. 美国研究型大学管理——国家、市场和学术权力的平衡与制约[M]. 北京：教育科学出版社，2008：227.

法治校。我们初步采取的措施有：一是建立政策执行事前、事中和事后报告和评估系统，更好地明确分管领导在政策执行评估中的责任和作用；二是加强各大委员会对政策执行审议、监督和评估的功能，发挥其在政策执行评议方面的作用，要求行政管理部门对各大委员会提出的评议意见必须给出合理的报告、解释和改进措施。

三

大学内部治理结构还涉及权力在校、院（系）两级层面上的分配，具体表现在校、院（系）之间关系的定位以及权力的配置。

1. 推进校、院（系）二级管理，有序下放管理权力和资源

在我们今天的大学内部，权力往往过于向行政管理的顶层偏移，管理重心过高，院系的自主权受到相当大的限制，带来很多弊端。比如，所有的对于教师的评价，在学校层面其实是没有办法做的，哪怕是个天才也不可能知道所有学科，对于教师的评价关键在于本学科的同行。学校领导班子要关注的是整个学校在学科上的总体格局，至于具体某一学科如何办，对于某一教师如何评价，这应该是院长系主任以及所在院系教师的责任。从这个基本原理出发，很多权力应该下放。所以，我们决定推进二级管理改革。

所谓二级管理，其核心内容之一就是降低管理重心，下放管理权力，真正建立起学校宏观调控、院系自主办学的一套运行机制，扩大院系自主权，更大地调动院系办学的积极性，增强院系的责任意识，更好地发挥院系在学校发展的作用，充分激发各级组织的活力。我们可以设想一下，如果一所大学的管理重心居高不下，那么学校发展的动力源就会比较单一（在校领导层面），只是来自顶层。而如果管理重心适度下移，各个层级职责分明，有一点是可以肯定的，这就使得学校发展的动力源更多了，负责任的人也更多了，这样学校就会更加充满活力。

那么，如何降低管理重心、下放管理权力？这其实就意味着资源的有序下放。美国学者丹尼斯·朗（Dennis Wrong）在他的名著《权力论》中说过这么一句话："如果表面上拥有自由的人缺乏使他们的权利生效的资源，自由就没什么价值。"①所以，二级管理的实质是资源和资源配置权（局部）下放。换句话说，大学的二级管理改革其实就是对学校教育资源的一种重新整合和优化配置，通过转变学校职能部门的管理职能，建立以院系为中心的管理体制，明确校、院（系）两级的职责和权限，以提高学校的办学效益和办学水平。在复旦，我们通过建立学校预决算体系，改革现行的以职能部门为主、按"条"分配资金的预决算管理模式，将院系作为预决算执行主体，把各类资金尽可能整合成"块"直接下达给院系，最大限度地增强院系办学自主权和办学活力。

2. 推进院系布局结构调整，改进学科"碎片化"局面

一旦实施预决算制度改革、推进二级管理，我们立刻就会碰到一个十分现实的问题，就是现有二级单位"碎片化"（在行政管理上叫"巴尔干化"）的问题。学校现有的二级单位数量多，差异大，导致学校层面管理幅度过宽。比如，复旦现有院系建制27个，规模和差异性相当大，很不利于学校层面开展统一的管理。过细的院系划分导致学科规划和学科布局缺乏整合性，学科内涵不清晰，学术发展的视野过于狭窄。在学校的二级管理单位中，除了院系外，还有相当一部分是独立的或半独立的科研机构，像院系一样具有配置资源的独立性。有些机构在成立时是出于促进学科交叉的目的，但实际运行往往并不是跨学科的，反而具有较强的封闭性。还有不少研究平台基地本来就在院系内部，缺乏学科交叉的特性，不仅无法真正发挥独立科研机构的作用，而且分流了院系发展的资源。学科的这种"碎片化"局面使得学校资源分配过于分散，"撒胡椒面"的资源配置方式不利于形成集成优势，同时也加剧了"土围子"意识。其实，院系、学科的划分，除了在教学、学术研究上有一定的合理性的规范外，还有一些人为的因素包含其中。

纵观国际一流院校，二级学院数量一般只有6—10家，独立科研机构数量一般也只有8—14家②。关于管理跨度的研究表明，基层管理者能有效管理的下属不宜超过15—20个，中层管理者能有效管理的下属不宜超过10个，高层管理者能有效管理的下属不宜超过7个③。按照这个标准，再结合国外大学的情况进行对照，我们学校层面的管理跨度明显是偏大了。

显然，学校内部院系和独立的科研机构林立的现状，制约着学校管理重心下移的改革方向。所以，要真正推进二级管理，从长远说，必须下决心对校内的院系和独立科研机构架构进行调整，优化学科布局，切实扭转学科"碎片化"的趋势。为此，我们正在着手推进几项工作，作为整个学校院系整合的先导：一是从医学学科的整合入手，建立"大医口"整体发展架构，着力发挥医学学科的整体作用和优势；二是从科研机构的整合入手，对能够归并进某一学院的一律归并进学院，只在若干学科交叉的关键点上保留部分独立科研机构；三是从人才培养的整合入手，推进本科生院建设和按大类招生、培养，从人才培养的角度推进院系、学科间的整合。

3. 健全院系共同治理结构，提高院系自主管理能力

推进二级管理，下放权力，对院系、尤其是院长系主任提出了更高的要求。正如美国学者安·卢卡斯（Ann Lucas）所言："由于学术系科是任何大学的建筑基石，所以必要的变革如何发展和实现将非常依赖系主任们的领导

① 丹尼斯·朗. 权力论[M]. 陆震纶，郑明哲译. 北京：中国社会科学出版社，2001.
② 李福华. 大学治理的理论基础与组织架构[M]. 北京：教育科学出版社，2008：246—248.
③ 芮明杰. 管理学——现代的观点[M]. 上海：上海人民出版社，1999：131.

能力。”①在复旦,我们把院长系主任的责任和任务归纳为8个方面:1)制定系科的发展战略规划,2)根据学科的发展规划制定人力资源发展的规划,3)评估和考核教师的教学学术成果,4)抓好本科生教学,5)组织教学、科研等活动,6)预算管理,7)募集资金,8)协调各方面关系。今后,学校要建立院长系主任述职制度,实行目标责任制管理。为了加强与院系的联系,复旦最近的行政领导分工,除了对“条”的分工外,特别增加了对“块”的分工,各有一位副校长分管文科、理工科及医科的院系和科研机构。

我们认为,院长系主任要承接好学校下放的权力,除了提高自己的领导能力外,关键在于要在院系形成一个共同治理的结构,提高院系的自主管理能力。当前,各院系自主管理的能力参差不齐。相当部分院系学术委员会、学位评定分委员会等学术治理制度尚未建立健全,运行不常规;不少院系党政联席会议机制尚未有效建立;个别院系甚至存在着院系领导班子不通过民主讨论,直接主导院系事务的情况;信息公开普遍做得不够好,普通教师对院系决策的知情权都得不到保证,更不必说参与决策的权利。通过实地了解情况,我们体会到,院系在信息公开、决策民主方面做得好的,内部关系就比较和谐;反之,内部关系就会存在这样或那样的问题。在二级管理有关的调研中,不少院系负责人还表现出缺乏直面二级管理的勇气,甚至表示希望学校人财物配置部门继续保留最终裁定权,以避免直接承担管理责任。绝大部分院系尚未建立起成熟的秘书文员队伍,院系的学术治理缺乏有效的行政服务支撑。

所以,要落实二级管理,必须建立和完善院系的共同治理结构,建立民主决策、信息公开的体制机制。我们提出了院系推行二级管理的准入机制,包括:1)建立健全治理架构——党政联席会、教授会、学术委员会、学位评定分委员会、教代会等,并且有明确的议事规则;2)形成和完善学术治理和行政管理相关的制度设计,对于重大事项要建立民主决策机制和信息公开机制;3)做好院系年度预算方案和决算报告;4)制定好院系五年及中长期学科规划;5)制定好院系人力资源规划;6)抓好院系文员队伍建设。只有院系真正建立起共同治理的架构,切实提高院系自主管理能力,二级管理才能顺利推进,学校内部治理结构改革的任务也才能真正得到落实。

建设世界一流的人文社会科学学科

——在一流大学建设系列研讨会(2011)上的发言

(2011年8月11日)

校长　杨玉良

在建设世界一流大学的进程中,人文社会科学学科的发展是不可或缺的重要一环。如果说世界一流大学必须有世界一流的学科,那么,我们的人文社会科学学科也应该力争成为世界一流,至少应该具有与世界一流大学地位相称的学科实力和学术影响力。对复旦大学来说,人文社会学科一直是我们的传统优势学科。建设世界一流的人文社会科学学科,既是复旦建设世界一流大学的必然要求,也是开展通识教育、提高人才培养质量的客观需要,同时还是为服务国家和社会作出应有贡献的重要保证。关键在于,如何来建?结合近年来推进复旦人文社会科学学科建设的体会,着重谈五个方面的认识。

1. *人文社会科学的发展必须立足于“中国问题”*

人文社会科学的发展水平,体现着一个国家和民族的思维能力、精神状况和文明素质。在全面建设小康社会、加快推进社会主义现代化、实现中华民族伟大复兴的历史进程中,人文社会科学具有不可替代的重大作用。中国在全球化时代的独特发展道路,一方面为人文社会科学提供了广阔的研究空间,另一方面也迫切需要人文社会科学对其中重大的理论问题和现实问题予以回应。

现在,讲到人文社会科学的发展,总会有人讲人文社会科学必须在学科体系、研究范式、成果发表上“国际化”。这些方面固然是需要关注的,但问题在于,我们必须清醒地认识到,*中国人文社会科学学科的发展,其基点始终必须立足于“中国问题”,这是人文社会科学学科和学者的责任和使命;而且,随着中国的崛起以及全世界对中国的关注,“中国问题”其实也就是“世界问题”,只有立足于“中国问题”,人文社会科学才能真正取得影响国际学术界的能力。*

当前,我们国家的发展进入了加快转变经济发展方式的关键时期,经济、政治、社会、文化各领域面临着深刻变革和科学发展的一系列重大问题。随着中国国际地位的不断提升,如何应对世界格局和全球秩序转型的机遇和挑战,也迫切需要理论、制度和政策创新。在这种形势下,对国际国内政治、经济、社会的重大现实问题和理论问题,开展战略性研究,形成有影响力的学术成果和决策咨询成果,就显得尤为重要。为此,我们重新组建和启动了复旦发展研究院,依托各学科扎实的基础研究和理论研究,积极开展面向国家和地方发展重大战略的应用研究,努力在

① 转引自王福友.大学系主任研究述评[J].大学教育科学,2008(1):27—31.

国家和上海的发展中发出复旦的声音，充分发挥人文社会科学学科思想库与智囊团的作用，在服务国家和社会的过程中彰显复旦人文社会科学的研究能力和学科水平。

2. 人文社会科学的发展必须坚定地走国际化道路

从一些国际可比指标看，我们的自然科学以及工程技术学科近年来取得了很大的进展，比如SCI的发文数、引文数，ESI的学科排名等，都有大幅度提升。相对而言，人文社会科学学科的"进步"似乎不那么快。ELSEVIER的研究报告就显示，我们人文社会科学学科的国际影响微乎其微。如果单从指标上考量的话，那么我们就应该增加诸如SSCI、A&HCI论文的发表。这固然也是一种"国际化"，而且，我相信，只要我们采取一定的手段，这些指标要上去并不太难，就像我们在自然科学以及工程技术学科曾经做到的那样。但我们所要追求的人文社会科学"国际化"的本义在于，真正推进中国的人文社会科学以至中国的思想文化走向世界。

我曾经引用过撒切尔夫人在担任英国首相时说过的一句话，她说"你们不要担心所谓的中国威胁论，原因只有一个，因为目前为止中国出口的基本上只有冰箱电视等，但是没有思想、主义和文化"。今天，中国正崛起为一个世界性大国，已经被推向处理国际重大事务的前台，在这个时候，中国的思想文化怎样走向世界，这才是人文社会科学"国际化"应该着重解决的核心问题，要让世界了解我们的价值观，了解和认同我们的文化。所以，我一直有一个观点，就是认为我们中国的大学、尤其是一流大学面临着一个重要的任务，这就是要建立一个在全球视野下宏大的中国文化发展和传播战略。人文社会科学必须为推进和实现这一战略作出自己的贡献。

在复旦人文社会科学学科今后的发展中，我们将以中国历史文化和当代中国经济政治社会研究为重心，加强与国外知名汉学机构、中国研究机构和一流智库的交流合作，一方面培养国际上新一代的政治家、外交家、汉学家和中国研究专家，另一方面推进复旦的人文社会科学学科走向世界，提高国际对话能力，进而在世界范围内扩大中国学者以及中国学术、思想、文化的影响力。

3. 加强人文社会科学的学科整合和优势集成

要推进人文社会科学的发展，有一个现象不容忽视，这就是学科的"碎片化"。当然，学科"碎片化"在其他学科也普遍存在。在比较公共行政学和比较政治学中专门有一个概念，叫作"巴尔干化"。"巴尔干化"原是指第一次世界大战前，西方列强对巴尔干地区各国实行地区分裂，使各地区互相牵制，以便从中取利的政策。在学术领域里，也产生了类似的现象。一方面，行政管理人员也会利用学者们的在学术事务内部管理(学术行政)的个人需求而对其实行"巴尔干化"的管理，并通过这个办法来从中实现对学术的干预和行政权力的最大化；另一方面，这种做法也利用了学者们想有一个属于自己的"小天地"的心理，这个"小天地"就是内部自成系统的管理单元，在单元内可以自治(勿求于人)，而只在与其他单元的交界处有求于人。

过细的学科分割导致学科规划和学科布局缺乏整合性，学科内涵不清晰，学术发展的视野过于狭窄。除了院系外，大学里还有为数不少的独立的或半独立的科研机构，它们像院系一样具有配置资源的独立性。以复旦的中文学科为例，除了中文系外，还有古籍研究所、中国语言文学研究所、中国古代文学研究中心、出土文献与古文字研究中心等"校级"研究机构，"山头"林立，分散了学科发展资源，有碍于学科的长远发展。要改变学科"碎片化"现象，只有下决心进行学科布局调整，加强学科整合，以形成学科的整体优势和发展的整体效应。

在"985工程"三期建设中，复旦成立了人文社会科学学术发展委员会，整体规划和推进人文社会科学学科的发展。比如，在社会科学领域，我们就认识到，有重大学术价值的论文已经不局限于传统的政治学、社会学、法学等一级学科领域之内，而是具有典型的"话题引导"特点。"话题引导"更接近社会科学研究的本质特征，即关注人类的生活，而不是关注被构建起来的带有一定虚拟性的"学科领域"。我们的社会科学要跻身世界一流，服务国家决策和社会建设，推动知识的增长，一定需要突破传统的学科壁垒和学科概念，通过话题引导，形成货真价实的学术成果。为此，复旦社会科学各学科的学者们凝练出了"国家建设"这个共同的主题，有效整合学科和学术资源，以有利于形成学科集成优势和新的学科增长点，加快学科的整体发展。

4. 注重人文社会科学青年人才的培养

学科建设的关键在人。人文社会科学学科的发展同样离不开人才队伍建设。这里，我想着重讲一下人文社会科学青年教师培养的问题。由于人文社会科学的人才培养、学术研究具有更多的"中国特色"，相对于其他学科，人文社会科学学科青年教师培养的重要性就显得更加突出。

为了支持人文学科的发展，复旦在去年与台湾润泰集团合作设立"复旦大学人文基金"。这个基金明确将资助青年学者放在突出位置。在该基金首期资助的50名中青年学者中，"70后"占50%，最年轻的只有28岁，他们平均每人每年得到6万元资助。复旦之所以要设立这个基金，是因为我们感到复旦有责任通过对青年人文学者的呵护、养育，改善目前人文学科经费短缺、资助渠道狭窄的状况，支持人文学科的健康持续发展，从而为国家的文化发展和整体实力的崛起作出贡献。作为校长，有那么一批青年教师的经济条件得到改善固然让我感到欣慰，但更令我高兴的是，复旦所形成的重视青年教师、支持他们潜心于学术的氛围，正让复旦成为对越来越多的青年人才更具有吸引力的学术殿堂。

对于青年教师，除了必要的物质上的支持和激励外，更重要的是精神上的和价值导向上的激励。"人文基金"的例子恰好说明，作为一所以文理医基础学科见长的大学，复旦对青年教师的关心、支持，更主要地应体现于营造更为宽松、自由、宁静的治学氛围，通过优越的人文环境来支持青年学者的成长。

在青年教师的培养上，特别要注意体现以人为本，也就是要把学校、学科的发展与青年教师自身的发展有机地统一起来。学校领导首先要给予青年教师更多的人文关怀，经常与他们交流互动，倾听他们的心声，关心他们的成长。复旦文科的青年教师自发成立了"思想史研究中心"、"政策与发展研究中心"，经常组织读书会、研讨会，形成了很好的学术氛围。作为校长，我十分乐意参加他们的学术研讨活动，而且我认为像这样由青年学者自发组织的学术平台和团队理应得到学校更多的关注和扶持。此外，年长的教师也应给予青年教师更多的人文关怀。一位甘为人梯的名师，对青年教师的成长能起到十分重要的作用。现在，经常讲师德师风建设，其实，对青年人才的关怀、扶植和提携，就是不可或缺的师德！在"人文基金"遴选过程中，一些不到50岁有条件提出申请的学者，为了将更多的机会让给年轻人，主动放弃了申请。这种精神正是我们所要鼓励和发扬的。

5. 完善人文社会科学学术评价体系

这些年来有一种令人担忧的现象，这就是全国上下都习惯于用完全定量的方法对无法定量的"创造性"和"创新性"进行定量评价。这种过于注重科研以及量化的考核评价办法往往也被用于对人文社会科学的学术评价，而且对所有的学科采取统一的标准。这是极其荒唐的，必然不利于人文社会科学的健康发展。

由于学科文化和学科范式的差异，不同的学科具有不同的评价体系。克利福德·格尔茨(Clifford Geertz)曾经生动地指出："历史学家会称赞一部作品'出神入化'，并对其'高超技巧'(这里指在其他学科里很少看到的特性)津津乐道。这说明他们特别注重技巧、注重在塑造作品的过程中使人获得愉悦的审美体验，意旨明确，浑然天成。在数学和物理领域里，常对'简明'、'经济'、'多产'、'有效'的作品给予高度的赞赏，这表明结构简化、阐释简化是这些领域的特点。在这些领域内，各种现象紧密交织，某些学科发现的内部蕴涵着许多引发其他科学发现的特质。在社会科学领域里，'有说服力'、'发人深省'、'刺激'这些形容词似乎比其他学科更常用。与分析的主要内容相比，这些词暗示了该学科尤为关心分析本身的质量，以及对公众产生的影响。同样，在物理学家中，'精确'、'严谨'是他们的双重特征，因为没有哪个名副其实的物理学研究会缺少其中一项特点。然而，在历史学和社会学里，使用'有偏见'这个词就泄露了一个人的幼稚。"因此，我们应该思考我们对于一个院系、一个学科、一个教授到底该怎样评价。我想，学校有一个统一的标准是不合适的，比如让自然科学多写1万字很难，因为要求简明严谨，然而对于人文社科规定达到3、4万字又太容易了，这两者的标准肯定是不同的。

正如延东同志在教育部直属高校工作咨询委员会第20次全体会议上指出的，"**要下决心改革评价机制，以创新和质量为导向，克服简单化、一刀切和考核过于频繁的倾向，不同研究领域采取不同评价标准**"。

即使在人文社会科学内部，不同学科也有相当大的差异。以引文来源为例，有人做过统计，心理学、经济学、法学等学科的引文50%以上来源于期刊，而政治学、哲学、宗教学等学科的引文80%来源于图书①。所以，我们必须建立公平、规范、独立，能充分反映学科差异性和不同类型学术研究的客观规律并具有权威性的学术评价机制，**摒弃单纯以数量指标为主导的学术评价体系，建立和完善以质量指标为主导的代表作学术评价以及国内外同行学术评价体系，更加客观地反映被评价者的学术创造力、学术影响和学术业绩**，为人文社会科学学科的发展树立正确的导向。

我相信，只要我们真正从人文社会科学的历史使命、学术特性和学科发展规律出发，就一定能在建设世界一流大学的过程中建成我们自己的具有世界一流水平的人文社会科学学科。

2011年复旦大学党风廉政建设干部大会讲话

(2011年8月30日)

校长　杨玉良

同志们：

我们在新学期开学伊始的第一个全校性会议就定位为"党风廉政"建设大会，这充分表明了校党委和行政对"党风廉政"建设的高度重视。我主要谈谈"信息公开"的问题。

没有公开就没有监督，没有监督，权力就会无限膨胀，就会得不到有效制约，这是各种腐败现象产生、蔓延的重要原因。要进一步推进学校党风廉政建设，关键在于真正贯彻落实"依法治校、民主决策"。"依法治校、民主决策"是建立现代大学制度、建设高水平大学的基本内容，而信息公开则是"依法治校、民主决策"的重要载体和平台。信息公开使公众对于权力的监督落到了实处，是规范权力运行、方便群众监督、有效防治腐败、提供高效服务的有效途径，是建立行为规范、运转协调、公正透明、廉洁高效的行

---

① 王兰敬，杜慧平.欧美人文社会科学评价的现状和反思[J].南京大学学报(哲学·人文科学·社会科学)，2010(1)：111—118.

政管理系统的重要内容，也是学校各项事业改革和发展的动力所在。因此，我们必须要坚持“公开是原则、不公开是例外”，除了涉密的和法律规定不能公开的信息（比如国防、军工项目），其他学校办学过程中的一切事务，原则上都应该公开。殷一璀副书记在今年的寒假和暑假两次高校领导干部会上都表示了这样的观点。阳光是最好的“防腐剂”，要让权力公开、透明地在阳光下运行。通过推进信息公开工作，依法保障师生员工和社会公众的知情权、参与权、表达权和监督权，让师生员工和社会公众更好地了解学校运行、更广泛地参与学校管理、更直接地监督学校工作。信息公开程度不够是各种矛盾的来源之一，要切实解决这个问题。

党和政府高度重视信息公开，特别是把政府信息公开作为推进社会主义民主、完善社会主义法制、建设法治国家的一项重要举措。2008 年 5 月，《中华人民共和国政府信息公开条例》颁布实施。2011 年 3 月，国务院常务会议决定继续压缩中央部门出国（境）费、车辆购置及运行费、公务接待费“三公”经费预算，并要求中央各部门向社会公开本部门 2010 年“三公”经费决算支出与 2011 年“三公”经费预算。2011 年 5 月 4 日，国务院常务会议再次要求中央各部门公开本部门 2010 年度“三公”经费决算数和 2011 年“三公”经费预算情况，并强调要进一步推进财政预算公开，建立健全公开机制，扩大公开范围，细化公开内容，不断提高依法行政、依法理财水平。我们必须承认，这次引起巨大社会反响和公众持续讨论热情、被网民们称为“晒账本”的中央部门“三公”经费公开无论是公开内容、方式还是进度，与社会公众的期待都有较大的差距。但是，公开的大门一旦打开，就再也无法关上，我们从“三公”数据的首次亮相看到了党和政府对人民负责、接受人民监督的政治觉悟，和建设廉洁、法治、服务、阳光政府，遏制权力腐败和社会不正之风的坚定决心。“三公”经费的公开，只是一种监督的手段，其最终目的还是要让“三公”经费开支的钱花得合理、廉洁、高效。我们相信，未来几年内，随着体制机制的不断完善，包括“三公”经费在内的各级党委和政府的信息公开工作一定会得到进一步深入推进。

高等学校作为与人民群众利益密切相关的事业单位，其信息公开工作既是自身建设的需要，也受到社会各界的普遍关注。2008 年 3 月，国务院总理温家宝在全国廉政工作会议上强调：“要以教育、医疗、供水、供电、供气、供热、环保、公共交通等行业和领域作为重点，推动涉及群众利益的公共企业事业单位办事公开，方便群众办事和监督。”2007 年起，教育部先后发布《教育部办公厅关于做好教育系统施行〈中华人民共和国政府信息公开条例〉准备工作的通知》和《教育部办公厅关于征求对〈高等学校校务（信息）公开实施办法〉（征求意见稿）意见的通知》。2010 年，教育部颁布《高等学校信息公开办法》，要求全面推进高等学校信息公开工作。延东同志最近在“教育部直属高校咨询会第 21 次会议”上的报告中也进一步强调：“要警惕精神懈怠的危险；要警惕能力不强的危险；要警惕脱离群众的危险；要警惕消极腐败的危险。”她布置了实行“阳光”系列工程的任务，并强调指出要坚决实行党务公开、政务公开、校务公开，以及“三公”经费的公开。

复旦大学对信息公开工作给予了高度重视。2002 年，学校就颁布了关于加强校务公开的实施意见和方案，逐步推进校务公开工作。2009 年起，学校按照《中华人民共和国政府信息公开条例》和教育部文件要求，统筹规划学校的信息公开工作，有计划、分步骤地推进各项制度建设。2010 年，学校根据全国教育工作会议和《国家中长期教育改革和发展规划纲要（2010—2020 年）》精神，以《高等学校信息公开办法》为指导，加快推进信息公开工作。

建立健全信息公开的制度规范和工作机制。2010 年 9 月，学校制定发布了《复旦大学信息公开实施条例》、《复旦大学信息发布管理规定》、《复旦大学信息发布保密审查规定》，编制了《复旦大学信息公开指南》和《复旦大学信息公开目录（2010）》。并根据《条例》的规定，成立了信息公开领导小组，设立了信息公开办公室（校办）和监督检查办公室（监察处）。同时，确定各单位的行政主要负责人为本单位信息公开工作的责任人，配备了具体负责信息公开的工作人员，将《目录》中规定的学校主动公开信息共十一个大类，九十个具体项目的逐一分解落实。校办会同信息办开发建设“复旦大学信息公开网”，集中整合发布学校发展建设中产生的，需要为广大师生和社会公众知晓的信息。不少单位都制订了本单位的信息公开工作制度，或形成了较为系统的信息公开工作机制，同时加强二级网站建设，在网站上专列模块，公开目录中的项目内容。2011 年 6 月，监察处按照《复旦大学信息公开目录（2010）》的要求，重点对 39 个相关职能部门网上信息公开的落实情况开展检查，各单位、部门也都积极开展自查，对信息公开工作的认识普遍提高，工作上也有了较大推进。

大力推进师生员工和社会公众密切关心的重要信息的公开。在《复旦大学信息公开目录（2010）》中，学校将师生公众关心的学校年度预决算、经费来源、基建资产及图书招投标、校级领导干部出访出境、处级领导干部考核、捐赠使用情况等信息作为公开条目，并且逐一落实。比如学校 2009 年财务预决算情况和经费来源都已经公开，2010 年的决算待教育部批准下达后也即将公开。学校在推进学校、院系两级管理，给予院系更多自主权的同时，也更加注重推进校内二级单位财务信息的公开，自觉接受广大师生员工和社会公众的监督。图书馆 2009 年起就在网上公开了详细的收支情况，包括日常业务费、出差费、公务接待费等，接受公众的监督。2010 年，图书馆还在网站上公开了 2009—2012 年文献资源两次招标情况，将招标评分结果、主渠道供货单位、文献资源采购情况及经费使用情况逐一公开。此外，我们还对校内师生员工公开了学校副局级以上领导干部的出国出境记录，包括时间、访问地点、邀请单位、经费支出来源等。通过链接复旦大学教育发展基金会网站，公开学校接受捐赠和使用情况，对于筹款项目和捐款使用都有逐项说明，大大增加了工作的透明度。

整合各类信息发布平台，丰富信息发布渠道。2010 年 9 月，“校长信箱”在复旦主页和信息公开网上同时恢复使用，收到了大量来信，截至目前，有效信件550余封，回复率达95%以上。来信分为本科生事务、研究生事务、学科科研、人事师资、外事交流、后勤保障、纪检监察、其他事务等八个类别，校长办公室负责协调所有来信的处理，需要答复的信件由相关的职能部处分别进行答复，重要来信及时摘报学校领导。校长信箱是师生员工和社会公众直接与学校、部门沟通的重要渠道，也成为学校有关政策、制度规定的一个解释途径，并切实解决了一些实际问题，有效提升了职能部处拓展服务的窗口形象。部分回信内容在删除写信人的个人信息后予以公开，极大地提升了学校的社会形象，进一步提高了学校的社会影响力。

在稳步深入推进学校信息公开工作的同时，我们也认识到实际工作中还存在不少问题，信息公开的内容和形式与师生、群众的期望还存在差距。学校将进一步深入推进信息公开工作，加强对各二级单位信息公开工作的分类指导和监督评估，强化制度和机制建设，提高公共服务能力和水平，保障信息公开的常态化。

转变惯性工作思维和方式，强化机关部处和院系信息公开意识。我们要按照真正贯彻落实"依法治校、民主决策"，深入推进党风廉政建设的要求进一步推进学校的信息公开工作，要转变以往信息只制作不公开或只在小范围公开的传统思维方式，真正做到"公开是原则、不公开是例外"，严格按照学校信息公开工作的有关条例、规定、目录的要求，积极、主动、及时地公开各类办学信息。要进一步提高公开内容的详细程度，避免遮遮掩掩，要满足广大师生对信息内容的知情要求。

通过督查督办，建立健全工作机制，提高机关部处和院系的信息公开工作水平。以监督促公开，按照学校信息公开工作条例的要求，积极发挥监督、检查、评估的职能，建立健全校内信息公开工作的督办机制，督促各机关部处和院系不断提高办事公开工作水平。在这里，我要特别强调一点，"985工程"三期经费分配机制改革以后，院系的决策机制和信息公开的任务就更为艰巨。同时，结合实际需求，进一步加强各单位网站建设力度，提升各单位网络信息公开的意识和水平。

推动重要信息主动公开，进一步加强教师民主参与办学的意识和能力。将事关发展大局或全体师生员工切身利益的重大事项、规划方案、重要决策等，通过公示、报告、座谈等方式向师生员工公开，以发挥广大师生员工的主动性和积极性。我们还要着力发挥教职工代表大会的作用，教师们对于信息公开的要求可以通过教代会提出，学校将按教代会的要求，依法依规实施"点题公开"。特别是学校预决算及财政资金使用信息的公开，既是高校信息公开工作推进中的重点、难点，也是社会普遍关注的热点问题。复旦大学作为受到国家财政支持的重点大学，学校的经费主要用于教学科研和人才培养，我们更要自觉接受广大师生员工和社会公众的监督。在这里我要特别提一句，我们正在制定审计结果的公开办法，对部分审计项目和审计结果予以稳妥、逐步的公开，同时重点推进建设工程、资产招投标等信息的公开，目的就是要将财务信息公开与审计信息公开有机结合，形成财务信息公开完整的信息链，接受师生员工和社会公众对学校财务管理的监督。

进一步推行信息公开，是实现学校决策民主化、科学化的重要举措，也是以人为本，尊重广大师生员工的智慧，确保稳定和发展的有效途径；既是加强学校党风廉政建设和校风建设，进一步密切学校党群关系和干群关系，适应新时期、新形势发展的必然要求，也是学校对内强化民主监督、对外强化透明管理，促进学校提高办事效率和服务水平的有效手段。我们将通过信息公开，进一步促进学校管理透明度的提升，促进依法治校和民主决策，为建立和实践现代大学制度奠定坚实基础。

在2011年加强党风廉政建设干部大会上的讲话

（2011年8月30日）

党委书记　秦绍德

同志们：

刚才，刘建中同志代表纪委作了工作报告，杨校长就信息公开的问题花了非常长的篇幅，谈了深入的意见。信息公开是党风廉政建设的重要环节，关于这个问题，我再补充几点看法。

最近有几件涉及信息公开的事在网上炒得很热，社会舆论比较关注，有国家部委"三公经费"的公开，有某些慈善机构募款情况和使用情况的公开。我体会，大家关注的，希望信息公开比较集中的有这么几个方面：一是公权力集中使用的地方，二是公共资源分配的地方，三是涉及群众利益的重大问题。比如这两年全国人大在经费使用方面向政府提出询问的，有汶川地震后救灾经费的开支，有金融危机后四万亿经费的安排，包括财政预决算也已经发到了专门委员会委员的手里。

在现在这个时代，信息公开是一种现代的生活方式，特别随着网络技术的发展，信息沟通渠道的增多，这将是我们今后要逐步习惯起来的一种工作方式。无论是校级领导干部还是院系的领导干部，都要适应。

为什么要信息公开？我体会主要是两条。第一，公开信息是群众内在的要求，提高了公民的主人翁意识，提高了群众的知情权和参与意识，调动大家关心公共事务。第二，加强对领导机关、领导干部进行监督。这也是我们党群众路线的一个重要方面。

当然信息公开也是个逐步的过程，不是很简单。刚刚校长讲了，我们学校的信息公开工作已经做了好几年。我们要设置好信息公开的进程，要有节目单和时间表，在这个基础上逐步加快。怎样公开，通过什么渠道公开，都要加以研究。各级干部要对信息公开做好充分的准备，如果信息公开之后发现了错误，再去纠正，群众就会质疑究竟前面是真还是后面是真？所以我们要逐步加快信息公开的进程。

这里我要特别提到党务公开的问题。教育部党组和上海市委都强调，今年要加快党务公开的步伐。今年我们把党务公开列入了党委的年度工作要点，上海市刚刚做了统一部署，下半年我们要把工作做实。党务公开的主要目的是两条，第一，使每个党员同志都有一种主人翁意识。党内要尊重每个党员主体的地位，党员当家作主，有权了解党内事务。第二，党内要加强监督。党务公开也是几乎所有领域都可以公开，当然有些问题的处理时机我们做点研究，而且我们要以党务公开来促进学校其他事务的公开。

这个问题就简单谈这些。接下来我结合中央精神和学校实际情况，谈三个问题。

第一，谈谈我学习党的十六大以来，中央关于反腐败斗争的方针、要求的体会。

党的十六大以来，我国改革发展进入到新的历史阶段，经济社会发生了深刻的变化。以胡锦涛同志为总书记的党中央提出，坚决惩治腐败是我们党执政能力的重要标志，把党的作风建设和反腐倡廉建设作为党的建设的重要组成部分，放在了更加突出的位置，确立了标本兼治、综合治理、惩防并举、注重预防的战略方针，把建立健全惩治和预防腐败体系作为工作的重点，从源头上防治腐败。这一时期，我们党先后制定和修订了党内监督条例、纪律处分条例、党员权利保障条例和党员领导干部廉洁从政若干准则等党内法规制度，加大了巡视工作力度，加强了对领导班子和领导干部特别是主要领导干部的监督，这些为党的建设和中国特色社会主义事业的发展提供了有力保证。

回顾一下，锦涛同志每年都在中纪委全会上作重要讲话，一年强调一个主题。2003 年，锦涛同志强调了党风廉政建设和反腐败工作必须围绕发展这个党执政兴国的第一要务来进行。2004 年强调了要大力弘扬求真务实精神，大兴求真务实之风。2005 年主要从党的执政能力的角度，强调了党风廉政建设是巩固党的执政地位的重要保证。2006 年强调了要认真学习党章，自觉遵守党章，切实贯彻党章，坚决维护党章。2007 年强调了要切实把加强领导干部作风建设放在更加突出的位置，抓紧、抓实、抓出成效。2008 年强调了“改革创新、惩防并举、统筹推进、重在建设”的十六字方针，提出以完善惩治和预防腐败体系为重点加强反腐倡廉建设。2009 年，正值金融危机在全球蔓延，面对复杂多变的国际局势和艰巨繁重的国内改革发展任务，锦涛同志再次提出树立和弘扬良好作风的问题。去年，锦涛同志重点谈了制度建设，提出要逐步建成内容科学、程序严密、配套完备、有效管用的反腐倡廉制度体系。今年，锦涛同志着重讲了以人为本、执政为民的问题。

为什么回顾这些，我们感到，现在有一些干部群众对反腐败斗争信心不足，不少人对党在反腐倡廉方面做了哪些艰巨的努力不太了解。我学习之后有这么几点简单的体会：第一，党中央对反腐败斗争的重要性的认识是十分清醒的。当前各种社会思潮十分复杂，而且往往和政治问题交织在一起，因此对反腐败斗争的认识就显得特别紧迫。第二，我们党反腐倡廉的决心和态度是一以贯之的。特别是在革命、建设和改革的重大历史关头，我们党更是把反腐倡廉工作摆在非常重要的位置。第三，随着工作的不断深入，我们党在党风廉政建设和反腐败斗争方面的规律和经验也越来越丰富，措施也越来越具体、有效。结论是一句话：中国共产党是高举反腐败大旗的，也是真正反腐败的。

我们更要认识到，腐败现象的滋生蔓延有很多复杂的因素，有社会环境的因素，有制度机制不完善的因素，有干部素质的因素等，因此消除腐败现象要经历一个很长的历史过程。我们要有充分的思想准备，不要寄希望于一蹴而就，也不可能毕其功于一役。有学者讲，当前我们大张旗鼓地下狠工夫、花大力气反腐倡廉，十年后再看，效果会显出来。我觉得这个说法有一定道理。反腐倡廉工作必须坚持不懈地搞下去。

第二，有必要回顾一下，十年来，复旦大学的党风廉政工作每年强调了什么，抓了哪些事。回顾主要是为了坚持，坚持反腐倡廉不放松。

这些年来，由党委出面就事关全局的某一项重要工作召开全校性会议，已经成为一个惯例。但每年都召开的会议只有两个，一个是学生工作会议，另一个就是加强党风廉政建设干部大会。从 2001 年开始到现在已经开了十年。有同志觉得开了这么多次，是不是在重复，其实不是。我们每年都有强调的重点。

2001 年，我们召开了第一次加强党风廉政建设干部大会，当时几家附属医院在后勤、财务方面发生了一些问题；还有很多校办企业面临转制。在这种形势下，我们强调，一定要从执政党生死存亡的高度认识反腐倡廉工作的重要性；加大治本力度，从源头上做好预防工作。为了解决“财务一支笔”的问题，学校明确要求各单位凡属“三重一大”事项，必须经过集体讨论决定，坚决不准个人或少数人专断。同时我们重点建立和完善了财务委派制度、项目招投标制度和干部离任审计制度，通过教代会、校务公开、院务公开、公示制度等方式，确保领导干部在群众的监督下依法行政。也是在 2001 年，党委常委会做出决定，“严禁机关搞创收”。

2002 年，我们重点强调了党员干部要树立正确的权力观。围绕这个主题，结合当年群众关心的热点，我们从纠正不正之风入手，抓了三件事：一是坚决杜绝招生和收费中的不正之风；二是加强学术道德和学术规范建设，制止学术领域的不正之风；三是加大治理收受“红包”的力度。2002年也是“转变机关作风年”，学校召开了专门动员大会，列举了机关作风中存在的七方面问题，提出了相应的对策和要求。这一年的党政联席会在讨论年度财务预算时，把机关各部门的行政经费预算一律压缩了三分之一。

2003年前后，学校提出了建设世界一流大学的目标。在这一年的党风廉政大会上，我们提出，抓好党风廉政建设也是创建一流大学的重要内容。一流大学不仅要有一流的师资、一流的教学科研成绩，还应有一流的内在素质和品格。当时距百年校庆只有两年时间，学校基本建设的规模很大，投入很多。学校明确提出：大楼建起来，干部不能倒下去。在这次会议上，我们颁布了《关于加强学校基建(修缮)工作监管的若干规定(试行)》和《复旦大学修缮工程管理须知》等制度，由学校纪检监察部门选派干部联系各基建管理部门，重点监督制度执行情况。我们在顺利完成校园建设任务的同时，也保护了任职干部。随着“985”二期办学经费的增加，一些单位不同程度地出现了资金使用大手大脚的现象。这次会上我们做出两项具体规定，一是机关各部门的行政办公经费预算维持在去年砍掉三分之一的水平，不予增加。二是对可修可不修的建筑，一律不进行修缮。

2004年，在原有制度建设的基础上，学校提出，要构筑一个严密的制度体系，包括民主决策制度、干部人事制度、经济工作制度、民主监督制度。学校第一次明确提出，院系要通过党政联席会议集体讨论“三重一大”事项。医院虽然实行院长负责制，也要按照“集体领导、民主集中、个别酝酿、会议决定”的原则建立健全会议制度和议事规则。

2005年，我们开展了为期三个月的保持共产党员先进性教育活动，这一年，学风问题、学术规范问题逐渐成为社会关注的热点，我们在国内高校中率先成立了学术规范委员会，并出台了《学术规范及违规处理办法》。

2006年，根据党中央国务院的统一安排，我们开展了治理商业贿赂的专项工作。这一年，学校启动了自主选拔录取的破冰之旅。为了从制度上杜绝违规，有关领导和同志们苦心设计招生改革制度，经过全校上下一齐努力，自主选拔录取改革经过几年，在全国赢得了声誉。

2007年，结合锦涛同志倡导的“八种良好风气”，党委提出复旦干部要确立五个方面的优良作风：克己奉公，献身事业；心系学生，联系群众；深入实际，务实肯干；民主公道，顾全大局；廉洁节俭，作风正派。这一年，学校清理和修订了与反腐倡廉有关的80余项制度，颁行了加强院系和附属医院领导班子建设的两个文件。

2008年，根据党的十七大对反腐倡廉建设的新要求，学校在会议上提出要建立健全惩防体系。当时，全国高校基本建设领域的案件逐渐增多，我们重点抓了五个关键领域、关键环节。这一年我们还颁行了《校领导班子“三重一大”制度的试行规定》。

2009年，结合学习实践科学发展观的活动，学校要求领导干部切实增强责任意识，发扬实干精神，坚持群众路线，强调了小金库和工程建设领域突出问题的专项治理。

2010年，学校又一次把制度建设作为党风廉政建设的主要内容，校长在会上作了重要讲话。我们和大家一起提出，制度的制定要和学校事业的发展相适应，和改革的措施相配套。

我非常简单地回顾了历次会议的主题和主要内容，主要目的是强调，学校抓党风廉政建设一定要坚持不懈，不敢有丝毫放松。这是由这项工作的长期性、艰巨性决定的。同志们平时都很忙，一忙就容易把反腐倡廉问题丢到脑后。而且不少同志讲党风廉政建设和反腐败，往往是讲中央的容易，不太容易联系本单位；讲别人容易，不太容易联系自己。基于这些原因，党委通过每年一次大会，及时就一些重大的、带有倾向性的问题提出看法，警钟长鸣。同时也利用这样的机会出台一系列制度，把反腐倡廉工作进一步向前推进。这些年，学校的制度建设没有停过。除了刚才提到的制度，学校党政会议的议事规则今年正在进一步修订。我们还建立完善了重大事项报告制度、收入申报制度、家属子女问题报告制度，干部的民主推荐、民主测评、民主评议制度等。随着国际化进程的加快，我们适时规范了干部出国出境申报制度。

当然，随着国家对教育事业投入的增加，学校运行规模不断扩大；随着我们大力推进两级管理，二级单位可支配的资源越来越丰富，各单位的独立经济活动显著增加，学校原有的管理方式还不能完全适应形势的变化，各项制度还需要不断地梳理和完善。

回顾历次会议，我们感到，党风廉政建设一定要围绕中心、服务大局。我们学校的中心工作，就是要创建世界一流大学。学校的党风廉政建设和反腐败工作必须服从和服务于这一中心，促进学校的改革，促进事业的发展。既要使大家少办错事，也要让大家能办得成事；既要严厉查处违规案件，也要着眼于大多数，教育大多数。

第三，我想结合今年贯彻中央精神和学校实际，谈谈牢固树立执政为民意识，做风清气正的好干部。

1. 我们要增强执政为民的意识

今年1月，锦涛同志在第十七届中纪委第六次全体会议上发表了重要讲话，特别强调了以人为本、执政为民的问题。他说：“以人为本、执政为民是马克思主义执政党的生命根基和本质要求。历史经验深刻说明，一个政党、一个政权，其前途命运最终取决于民心向背，不能代表最广大人民根本利益，不能赢得人民群众拥护和支持，迟早都要垮台。”这段话对当前形势的估计非常深刻，和锦涛同志在庆祝建党90周年大会上讲到的党面临的“四个考验”、“四个危险”是一脉相承的。

以人为本、执政为民，首先要树立群众创造历史的唯物史观。群众是真正的英雄，这点我们永远不能忘记。我们做所有工作都要依靠群众，团结群众。民主办学的实质就是相信群众、发动群众，让群众成为办好学校的主体。在学校里群众分为不同的群体，我们要依靠几支队伍：教师队伍、学生队伍、党政管理队伍、后勤职工队伍。

以人为本、执政为民，就要牢记党的宗旨，时刻把群众的利益放在心上。对大学来说，我们为提高教育质量、提高创新能力所做的各种努力，归根结底是为了满足广大群众对高质量教育的需求。“十二五”期间，我们一定要不断加大教学改革的力度，提高教育质量，用最好的师资为学生提供最好的教学，真正做到让学生满意，让家长满意，让社会满意。这件事一定要做实。

校园也不是世外桃源，推进发展改革的过程中会碰到各种利益冲撞问题。我们要把群众的冷暖放在心上，关心民生，当前尤其要关心不同群体的利益诉求，特别关心贫困学生和有困难的教职工，关心离退休职工。

2. 我们要加强党的优良作风建设

以人为本、执政为民的问题和领导干部的作风紧密联系在一起。当前有三个方面特别值得注意：

一是严明的政治纪律。在中纪委十七届六次全会上，锦涛同志特别强调了党员干部要坚定政治立场，增强政治敏锐性和政治鉴别力。俞正声书记在上海市纪委九届六次会议上作了进一步阐释，这段话特别重要，我在这里给大家读一读。他说：“当前意识形态领域的复杂因素增多，思想认识问题和政治问题交织，反腐败的正义呼声和对政治体制的恶意攻击交织在一起，对政治体制改革积极稳妥地推动和力图走全盘西化的道路的极右倾向交织在一起，迫切要求改变分配差距过大的良好愿望和否定以经济建设为中心的错误主张交织在一起，坚持解放思想及党内讨论无禁区的正确原则和公开发表违反党章、违反党的纪律的错误言论和行为交织一起。”俞书记的这段话重点针对了三个系统：教育系统、政法系统和新闻系统。所以我们一定要树立从严治党的观念，在重大政治原则问题上和中央保持一致。每个共产党员，尤其是党员领导干部要时刻牢记，我们是中国共产党的一分子，自己的第一身份是党员，要自觉地把自己置身于党的组织之中，接受组织的监督。

二是一切从实际出发，实事求是的学风。学风也是党风。锦涛同志说，“在历史上的一些时期，我们曾经犯过错误甚至遇到严重挫折，根本原因就在于当时的指导思想脱离了中国实际。”最近我和杨校长到延安培训，学习了那个时期的历史，对这段话体会很深，大到一个国家，小到一个单位，要想把道路走好，一定要从实际出发，把马克思主义普遍原理，把党中央的要求，和学校实际结合起来。

从实际出发就要调查研究。调研是要“做学生”的，要听群众说，要经常做，还要客观、全面。

三是献身事业、公道正派的品德。作为领导干部，一定要献身事业。这个事业不是个人的事业，而是党的事业、单位的事业。我多次讲过，我们每个人其实都是在参加接力跑，从上一个人手里把棒接过来，然后交给下一个人，一棒接一棒，但一定要把自己的这一棒跑好。相对学校宏伟的事业而言，个人是渺小的。

领导干部处事要公道，亲者严、疏者宽。有资源分配的机会，自己退让，把机会给别人。事实证明，领导干部处事越公正，威信就越高。我们还要积极营造和谐的学术生态，提倡平等、开放、宽容的学术氛围，在创建世界一流大学的目标下把大家团结起来。

3. 我们要进一步加强领导，落实党风廉政建设责任制

刚刚我和杨校长跟各位副校级领导签署了《复旦大学副校级领导干部任职及廉政承诺书》，学校党风廉政责任制的体系更加完善。党风廉政建设责任制的关键是“一岗双责”。校党委对全校的党风廉政建设统一领导、统一负责；各位分管校领导对分管范围内的党风廉政建设工作分工负责；各分党委、总支、直属支部对抓好本单位的党风廉政工作责无旁贷。希望各级领导干部从我做起，既要廉洁自律、做好表率，又要敢抓敢管，认真负责。

我的讲话就到这里，不当之处请同志们批评指正。

在复旦大学2011年新生开学典礼上的讲话

（2011年9月2日）

校长 杨玉良

各位新同学，大家上午好！

我首先要感谢你们，也要感谢你们的老师和家长，感谢你们选择了复旦。复旦欢迎你们！

每年欢迎新生的典礼，总会给我和大家一种激动。但对一个教育工作者来讲，这同时也是一种压力。有大的方面，也有小的方面。比如我要思考今年的开学典礼我到底和同学们讲些什么。昨晚，我读了两篇学生在网上的文章，这两篇文章引起了我的思考，激发了我的思想，促使我大幅度修改了原来的讲话稿，因为我觉得学生们都说得很好。

一个新学生在人人网上写的一篇日志，她现在就坐在你们中间。在这篇日志里，这位同学说，在她还没踏进大学门槛的时候，就有人跟她普及如何混进学生会、如何讨领导欢心的“大学官场风云”，她也不清楚大学是不是填鸭式教育体制最后一道检疫机构，她害怕自己的独立性因为“妥协”而被无情地吞没。我非常欣赏她在对大学生活充满期待的同时，保持着一份冷静和警觉。她的担心正是当前我们大学的问题。这也促使我在几天前委托一位同事选择你们中间一个班级做了一个简单的调研。我的问题很简单：第一个是在你们心目中复旦是怎样一所大学？第二个是你们愿意成为怎么样的人？

复旦究竟是怎样一所大学？复旦一直是一所有社会

责任感的大学。尽管她远非完美,至少当前如此。百年前,在教育救国理念的激励下,复旦创立;百年来,复旦"作育国士,恢廓学风",与民族兴衰共存亡。复旦的老校长李登辉说过:"复旦每经一次艰险,即促成一次新进步。"今天的复旦,恰如同学们所回答的,已经是一所在海内外享有盛誉,学科齐全,有着浓郁的人文气息和学术氛围的高等学府。复旦今日的成就,凝聚了无数复旦人的心血,体现了一代代复旦人对真理的追求、对知识的创造和对文化的传承。面对未来,复旦同样需要保持冷静和警觉,始终站在时代的前列,始终把教师和学生放在主体的地位,鼓励教师探求真理,创造新知,着眼国家民族未来,培养具有人文情怀、科学精神、专业素质的领袖人才。

然而,在这里,我不得不提到我昨天刚读到的一位今年二年级的同学写给新同学的一文——"我和复旦"。他对复旦的诸多方面提出了无情的批判,同时也有热情的赞美。我建议新同学们可以读一下。他说:"不要对大学抱有多大的幻想,这里有的老师上课也会很无聊,这里的制度会让你感慨腐败已经深入这个滋养精神的殿堂。……大学经不起你们太美丽的希望。"

如果大家关心高等教育,一定已经看到社会各界对高等教育有很多的质疑,近年来也有许多中学生选择放弃高考出国读书。他们用"脚"来表达对高等教育的不满。正因为这样,我刚才首先感谢了你们、你们的老师和家长,你们在这样的情况下依然选择了复旦。大学人才培养的质量达不到社会的需求和预期,责任当然在学校。大学的问题,绝非仅仅是过于强调科研忽视教学导致教育质量的滑坡,更重要的是面对各种压力和竞争产生的功利主义心态。有时,甚至是一种集体的功利主义心态。这种功利主义心态也许会带来学校某些"数据"和"规模"的增长,但其必然侵蚀大学的学术精神和社会责任。这种功利主义的心态也会影响到学生的选择,使他们变得短视,流于平庸,不能保持对所学领域的强烈兴趣,也就失去了在未来担当起重要责任的能力。

当前的大学,包括整个社会暴露出来的各种各样的问题,反映了中国社会精神和价值的迷失。正如余英时先生所说,中国的危机是文化的危机。早在二十多年前,余英时先生就指出,"近百年来中国始终在动荡之中,文化上从来没有形成一个共同接受的典范,由于对现实不满,越是惊世骇俗的偏激言论便越容易得到一知半解的人的激赏。一旦激荡成为风气之后,便不是清澈的理性所能挽救的了。"我校哲学系俞吾金教授早在1996年的一篇题为"科学精神与人文精神必须协调发展"的文章中也指出,"当代中国思想文化界的一大奇观是:科学精神与人文精神的二元对立。这种现象的出现表明,在急剧转型的社会里,社会意识还不能很好地理解并把握社会现实,尤其是当代中国社会,不但处在由计划经济向市场经济的历史性转变中,而且作为一个后发国家,前现代思潮、现代化思潮和后现代主义思潮都汇聚在一起,更助长了思想文化领域的混乱和文化价值判断方面的困难。"

面对经济社会发展中暴露出来的问题和我们精神和思想上的困惑,大学没有责任吗?大学的教师没有责任吗?尤其是我们在座的大学生们没有责任吗?大学不仅要为社会输送大量具有人文关怀和理性精神的专业人才,大学还应以严谨的学术研究为基础,为社会、为国家甚至为整个人类解决各类发展中的问题,为社会提供清澈的思想和理性的思考。我校文史研究院葛兆光教授的新书《宅兹中国——重建关于"中国"的历史叙述》就是这样的一种努力。这本著作以视野更为广阔的文史资料为支撑,恪守中国的立场,又超越中国局限,在世界或亚洲的背景中来重新认识历史意义上的文化中国,也试图对为认识现实中国,寻求文化共识提供新的学术研究典范。确实,如何在纷乱的思想世界里寻求与建设文化和价值的共识,提供理性的思考,这需要更多的人为之长期努力。困难是显而易见的,但正如葛兆光老师在这本书的序言里所引的胡适先生的话:"不怕他真理无穷,进一寸,有一寸的欢喜。"我校物理系的中国科学院院士王迅教授的办公室的墙上贴着他自己撰写的对联:"细推物理须行乐,何用浮名伴此身。"……这就是复旦人的情怀!如果你们与更多的老师和同学接触,就会发现,在复旦,有很多人沉浸在探索真理的愉悦之中。用前面这位二年级的同学的话来说,就是:"这里尽管不完美,却仍然有让你欣赏不已的东西,仍然有许多吸引你的东西。这里注定是你成长的重要一站。……你还是会喜欢上这里的。"一位大四的学生也跟帖说:"来到复旦已经近四个年头了,感觉一如既往的好!"因为,复旦有这样一批优秀的学者和学子。

再来说说你们愿意成为怎样的人。毫无疑问,未来十年二十年后,当在座各位成长为社会中坚力量之时,中国在世界经济中的份额将进一步扩大,并在国际事务中发挥更为重要的作用。我们的国家正在经历着伟大而极具挑战性的时代,你们,也包括我们,肩负的责任是非常重大的。你们到时候能否肩负起我们这样一个伟大的国家所赋予你们的责任,作为校长,我的责任更大。然而,恰如那位二年级同学所说,"你会发现在这样一所高校里,一个校长也是显得势单力薄的。"正因为如此,为了中国的高等教育改革和发展,一切都需要我们共同努力!

在这样一个时代中,复旦鼓励每一位学生能自由探索和独立思考;复旦希望每一个学生保持对复旦的信任和忠诚,更鼓励每个学生个性鲜明、无可替代;复旦期待每一个学生都出类拔萃,但更注重学生人格的养成,鼓励学生关注社会,勇于承担责任。

当然,在现实中,你们也会接触到形形色色的选课攻略,告诉你们如何才能付出最小的努力获得最高的绩点。但正如有位同学所说,"拎高GPA却没有学到东西的人,是最可悲的。"那位二年级的同学也说,"或许我们早就忘了自己来大学是为了什么,只是想着好的成绩可以让以后出国、保研或者找工作更加有利。这就是在复旦的可悲之处。不,这是当代中国大学的可悲之处。"我觉得他说得非常深刻。

J. K. 罗琳,这个名字,我相信你们都比我熟悉,因为在她的小说《哈利波特》中充满了梦。2008年她受邀参加哈佛大学毕业典礼并发表演讲，她说，“如果给我一个时间机器，我会告诉年轻时的自己，生活不是拥有的物品与成就的清单，你们的资格证书、简历，都不能等价于你们的生活。”请大家深思！她希望同学们能够依据自己内心的追求，决定自己前进的路程，并承担责任；此外，她更希望同学们可以设身处地思他人所思，想他人所想，不要对与自身无关的苦难关上思维和心灵的大门，她引用古希腊作家普卢塔克(Plutarch)的话说，我们在内心的所得，将改变外界的现实。内心的修炼，才是大学四年生活对你们最为重要的事情。

同学们，复旦一定是一个能够让你们流连忘返的新世界。大学是一个实现梦想的地方，或者说是一个更大的梦想开始的地方，衷心祝愿每一个复旦学生能够在复旦发现最好的自己，实现最美好的梦想！

谢谢大家！

在复旦大学教师干部大会上的讲话

（2011 年 9 月 13 日）

校长　杨玉良

尊敬的袁贵仁部长，尊敬的喻云林局长，
尊敬的殷一璀副书记，尊敬的李希部长：
各位老师，同志们：

今天，我们共同迎来对于复旦大学发展有着重要意义的一件大事。刚才，中共中央组织部喻云林局长宣布了关于复旦大学党委书记任免的决定，朱之文同志接替秦绍德同志担任复旦大学党委书记。在此，请允许我代表全校师生员工和海内外校友对党中央的决定表示完全拥护，对朱之文同志就任复旦大学党委书记表示热烈的欢迎。

高等学校实行的党委领导下的校长负责制，是我国高等教育法规定的高校管理体制，是高等教育事业科学发展的思想保证、政治保证和组织保证。党的委员会是学校的领导核心，把握学校的办学方向，统一领导学校工作。坚持党委的集体领导是科学决策、民主决策的基本保障。我作为校长，也是党委的一分子，坚决拥护党委领导下的校长负责制。

自 2000 年复旦大学与上海医科大学合并组建新的复旦大学以来，中央和上海市地方政府的各个部门均大力支持新的复旦大学的建设和发展；学校上下认真贯彻中央的战略决策和部署，在学校党委全体成员的共同努力下，在全校师生员工的辛勤奋斗下，在广大海内外校友的鼎力襄助下，学校事业发展取得很大的进步。

秦绍德同志，1999 年 1 月正式就任复旦大党委书记，在这个岗位上工作了十二年，是复旦历史的九分之一强。这十二年，是我国高等教育飞速发展的十二年，是中央通过实施“211”和“985”工程对高等教育大规模投入的十二年。在此大好形势下，复旦大学的各项事业也取得了飞速的发展，办学规模和条件有了大幅的提升，外延发展成绩显著。在这十二年中，复旦大学积极开展自主招生的大胆探索，为人才选拔提供了新的选择模式。在这十二年中，复旦大学还积极探索“通识教育”的本科生培养模式，为培养具有人文情怀、科学精神和专业素养的人才进行了有益的尝试。……所有这些成绩的取得，是全校师生员工和广大校友共同努力奋斗的结果。秦绍德同志作为党委书记，工作积极，干劲大，为此付出了大量的心血和汗水，发挥了重要的作用。在此，我代表全体师生员工，向他表示衷心的感谢！

朱之文同志，曾经担任厦门大学党委书记，既有十分丰富的高校工作经验，又有宝贵的地方工作经历；既有很高的政治理论素养又有很强的实际工作能力和领导驾驭能力。中央决定朱之文同志担任复旦大学党委书记，是经过深思熟虑的，相信对复旦下一阶段的发展将起到至关重要的作用。作为校长，我一定会尊重、支持和配合朱之文同志的工作，并在以朱之文同志为书记的复旦大学党委的领导下努力做好各项工作。

复旦大学当前正处在建设世界一流大学的非常关键时期。我们正在实现**从外延拓展到内涵发展的转变，从规模扩充到全面提升人才培养质量的转变，从学科的分化、分裂到学科的融合、交叉的转变**。这些转变是历史性的。在这重要的历史机遇期，国家和社会对复旦给予了大力的支持，同时也有着更高的期待。作为校长，我深知，在中华民族实现伟大复兴的历史进程中，一流大学将担负起无可替代的重要作用。在这个重要时刻，中央决定朱之文同志出任复旦大学党委书记，充分体现了党中央、国务院对复旦的重视。复旦大学党政领导班子全体成员和全体师生员工，一定会坚决拥护中央的决定，在深入实施科教兴国和人才强国战略，全面贯彻落实国家中长期教育改革和发展规划纲要的过程中，始终坚持正确的办学方向。作为一所以文、理、医基础学科见长的大学，复旦将继续深化教育教学改革，大力推进和完善通识教育，为祖国培养更多的全面发展的栋梁之才；在继续加强基础研究的同时，积极推动交叉学科的发展，增强科学研究能力；充分发挥学科优势，不断增强复旦大学服务国家和地方经济社会发展的能力；在进一步全面推进国际化战略中，贡献我们复旦人的智慧和力量！

各位老师，同志们，在中央的正确领导和上海市的大力支持下，我们将坚定地贯彻党委领导下的校长负责制，继续坚守大学使命，坚持求真务实，弘扬复旦人“服务、牺性、团结”的传统和精神。

我曾经说过：“如果热爱复旦这片土地，就请持续地去耕耘它！”我相信，只要我们大家团结一心，共同努力，复旦的明天一定会更加美好！谢谢大家！

秦绍德同志在离任复旦大学党委书记时的讲话

（2011年9月13日）

秦绍德

尊敬的袁贵仁部长，
尊敬的喻云林局长，
尊敬的殷一璀副书记，
尊敬的李希部长，
尊敬的各位领导、各位老师、各位同事，同志们：

刚才喻云林局长宣读了中央关于免去我的职务、任命朱之文同志接任党委书记的文件，我坚决拥护中央的决定。袁部长在百忙中专为此事亲临上海，又发表了如此重要的讲话，可见对复旦大学的重视，我内心十分感动，在此深表谢意。

弹指一挥间，十几年过去了。1999年我回校履职的情景仿佛还在眼前。当时我在就任大会上说：“母校向我发出了召唤，我应当抛弃一切，毅然回校，我把回校工作看作是对母校培养教育的回报。”我还表示，我不会把复旦当作匆匆路过的驿站，一定尽力完成国家交给的任务，实现几代复旦人的梦。

令我感到欣慰的是，十多年来经过全校师生员工的共同努力奋斗，学校整体得到了跨越式发展，是历史上发展得最快的时期之一。我们以学科建设为龙头，整合原有优势，推动交叉集成，有了新的生长点，整体实力有所增强，在两次重点学科评审中名列前茅；我们紧紧抓住人才培养这个根本不放松，进行招生改革，推进通识教育；我们积极争取承担国家重点科研项目，着力建设科研创新平台和基地，探索大学内科研体制机制建设；我们实施人才强校战略，积极引进了一批高层次人才，不间断地推进人事制度改革；我们的校园更加开放，对外合作交流十分活跃，学校的国际声誉不断提高；校园规模得到扩大，各校区的建设空前发展，教学科研的条件大大改善。特别是令人难忘的百年校庆，立足于抓机遇、促发展的三年校庆筹备，凝聚了校内和校友的人心，争取到了社会各方面的支持，弘扬了复旦精神，扩大了社会影响。

回顾这十多年的历程，我总感到十分激动，一种个人的辛劳融入复旦事业发展的激动，一种个人价值在为复旦奋斗中得到体现的激动。我在许多场合都说过，复旦这些年的发展是应了老祖宗所说的“天时、地利、人和”。天时者，国家制定了科教兴国和人才强国的战略，1998年开始实施以建设世界一流大学为目标的“985工程”和进入扩招、合并、布局调整的高等教育大发展时期。我们生逢其时，得到了国家的大力支持；我们抓住了机遇。地利者，复旦地处上海，得惠于上海，我们和上海一起发展，在建设国际化大都市的同时建设一流大学，上海市委、市政府，地方各方面对复旦大学十分厚爱，全力支持。人和者，1999年以后，我们高举团结务实的大旗，经过几年调理，班子团结，上下一致，和谐发展。天时、地利、人和三碰头不容易，我们只要顺天时，占地利，促人和，复旦就能发展。

在复旦宏伟的事业中，个人的贡献只能说是大海中一滴水；在复旦悠久的百年史中，十来年也只是短暂的一段。我今天只能说，我实现了回母校时的承诺，尽力了，但还有许多事没做好。

在这一时刻，我首先想到的是感恩。

我要感谢培养教育我的组织，是你们信任我，把如此重大的责任交给我，并经常关心和支持复旦的发展、我的工作，没有你们的强有力支持，我很难完成任务；

我要感谢复旦的教职员工和同学们，是你们激励、推动我不断学习和研究，努力工作，并以你们巨大的力量和无穷的智慧，把复旦各项事业搞得蓬蓬勃勃，没有你们的理解和支持，我也无法推动工作。

我要感谢和我一起工作过的同事们，是你们辛勤的汗水和心血，才使得许多设想、决策、计划得以实现，你们宽容我的主观片面，你们承受了我的简单甚至有时是粗暴，但我们有着许多个令人难忘的共同奋斗的日日夜夜，友谊、友情在共同奋斗中与日俱增。

我要感谢广大校友校董，你们热情洋溢的聚会、返校活动常常使我们热泪盈眶，你们慷慨的捐赠和支持又令人感动钦佩，没有你们的柴薪，复旦的火焰不会这么旺。

最最重要的是要感谢复旦——我的母校。是复旦培养了我，我在复旦前后46年（其中15年前后两次出过学校），从本科读到博士，从一名普通教师到党的领导干部，这一过程中接受了许多老师、同学、同事、领导，甚至是我的学生对我的教育。是复旦的土壤、空气和水分滋养了我，复旦的传统熏陶了我。在复旦做事，总有潜在的动力和无穷的乐趣。

在感恩的同时，我想得更多的是遗憾。

总还有太多太多的事没有来得及做。通识教育的深入进行，艺术学科的筹建，一些平台基地的持续支持，医学管理体制的进一步理顺，江湾新校区的下一步建设，青年教师住房问题的解决等。

总觉得有许多事没有做好，需要调整、改进，例如年轻干部和教师骨干的培养，领导班子的自身建设和批评自我批评的开展，院系领导班子的配备，等等。

遗憾其实就是一种自责，也是一种对复旦未来的牵挂。这几天我老在反思过去，有所醒悟，有几点与大家分享：

*一是办好复旦一定要紧紧依靠党和政府的领导。*我们的学校是国立大学，人民积累起来的公共资源由政府拨付给我们，我们没有理由不对人民负责，对政府负责。拿着国家的公共资源而说要办“独立的大学”是没有理由的。争取更多的办学自主权只能在体制内。国家兴则大学兴，看着我们这十来年的发展就不言而明。至于坚持党的领导，坚持党委领导下的校长负责制是贯彻党的教育方针，坚持社会主义办学道路所必需的，毋庸置疑。我们现在的任务是要紧紧依靠党和政府，争取更有力的领导、更多的发展资源。

*二是办好复旦一定要紧紧依靠群众，依靠全体教职员工。*一部复旦发展的历史就是全校上下共同努力奋斗的历史。“群众是真正的英雄，而我们自己往往是幼稚可笑的。”唯物史观最重要的一点，就是让群众真正认识自己的力量，把命运掌握在自己手中，而不是交给一两个“英雄”。因此，学校工作要尊重教师和学生的主体地位，调动他们的积极性，同时教学、科研、管理、后勤保障几支队伍都要抓好。尊重教师，关爱学生，善待干部，关心职工。

*三是办好复旦一定要维护一个团结和谐的环境。*复旦的历史经验告诉我们，凡是团结和谐的时候，学校就发展，凡是不团结、不和谐，发展就停滞。我们一定要在党的领导下，维护在正确办学方向基础上的团结，维护和谐的关系，避免翻烧饼，避免不必要的折腾，全心全意谋发展。

今天我要把接力棒交给朱之文同志，我感到很高兴。刚才喻云林局长介绍了朱之文同志的情况，他有着良好的素质，经过多岗位历练，管理经验丰富，更重要的是他年富力强，可以来复旦工作一个时期。我们欢迎朱之文同志加盟复旦，成为复旦人。我们要欢迎他，接纳他。我坚信，在他的领导下，党委的工作一定会做得更好。

今天我离开了领导岗位，但人仍在复旦，心仍在复旦。我会为复旦的每一进步而欢欣，我也会为复旦的点滴失误而担忧。作为一个老共产党员，我仍会为学校需要我做的事而尽绵薄之力。我相信，经过一个阶段的努力后，复旦一定会在创建世界一流大学的道路上走得更通畅。

谢谢大家！

在复旦大学党委书记宣布大会上的讲话

（2011 年 9 月 13 日）

朱之文

尊敬的各位领导，老师们、同志们：

这次中央决定我到复旦大学工作，我坚决拥护和服从中央的决定，衷心感谢组织上对我的信任和重托。

上海是我国最大的经济中心城市，是国际化的大都市，在全国发展格局中具有举足轻重的地位和作用。复旦大学是一所具有优良办学传统、享誉海内外的百年名校，是我国最重要的高等学府之一，是我国建设世界一流大学的排头兵。今天，我有幸成为上海市的一员、成为复旦大学的一员，能够与学校领导班子、全体师生员工一起，共同参与创建世界一流大学这一伟大事业，为复旦大学的建设和发展出一份力，既感到使命光荣，更感到责任重大。我一定按照中央的要求，按照教育部和上海市的要求，继承优良传统，努力开拓创新，认真履行职责，全力做好工作，不辜负组织的信任和师生员工的期望。

在今后的工作中，我要努力做到以下几点：

一是勤奋学习。要深入学习贯彻胡锦涛总书记在庆祝中国共产党成立 90 周年大会上的重要讲话精神，始终坚持用中国特色社会主义理论体系武装头脑、指导工作，始终坚持社会主义办学方向。要深入学习贯彻全国教育工作会议精神和胡锦涛总书记在清华大学百年校庆大会上的重要讲话精神，及时跟踪世界高等教育和科学技术的发展大势，深入研究世界一流大学的发展规律，准确把握中国特色社会主义教育的内在要求，努力走出一条“中国特色、世界一流”的发展之路。要深入学习贯彻国家和上海市“十二五”规划纲要精神，国家中长期教育、科技、人才规划纲要精神，紧密结合学校实际，创造性地开展工作。

二是深入调研。要深入工作一线开展调研，尽快了解复旦、熟悉复旦、融入复旦，尽快适应新的工作岗位要求。要深入师生员工开展调研，虚心向老领导、离退休同志、各级干部和广大师生员工学习，体察校情民意，倾听意见建议，关注热点难点，深入了解学校发展面临的重大问题和师生员工的实际困难，不断增强工作的预见性、针对性和实效性。要深入调研国家和区域发展的重大需求，准确把握国家和上海市经济社会发展对学校工作提出的新任务新要求，准确站位、主动融入、积极作为，使学校的各项工作更好地适应和服务于国家和上海的发展大局。

三是认真履职。要坚持依法治校，认真贯彻执行国家有关法律法规和《中国共产党普通高等学校基层组织工作条例》，坚持和完善党委领导下的校长负责制，与校长和领导班子全体成员紧密配合，形成领导合力。要坚持民主集中制原则，不断完善校党委全委会及其常委会的议事规则、决策程序，严格按制度办事，按制度管人。要坚持求真务实，带头真抓实干，紧紧依靠广大师生员工，一步一个脚印地推动学校科学发展。要坚持以事业为重，带头增进班子团结，努力营造风正气顺、心齐劲足的发展氛围。要坚持以人为本、关注民生，始终把服务师生员工作为想问题、做决策、办事情的出发点和落脚点，努力为师生员工做好事、办实事、解难事。

四是严于律己。要按照中央提出的高校主要领导干部要成为“懂教育的政治家和讲政治的教育家”的要求，自觉加强党性修养，始终牢记“两个务必”，带头树立良好形象。要坚持立党为公、执政为民，认真落实党风廉政建设责任制，严格遵守廉洁从政各项规定，堂堂正正做人、勤勤恳恳做事、清清白白履职。要坚持秉公办事、秉公用权，树立正确的权力观、地位观、利益观，正确对待和使用权力，把权力用在为师生员工谋利益上，用在推进学校改革发展上。要带头执行监督制度，虚心听取各方面的建议和批评，真诚对待和自觉接受全校各级党组织和广大党员干部群众的监督。

近十几年来，面对我国高等教育大改革、大发展的背景，复旦大学抓住机遇、科学谋划、改革创新、推动发展，各项事业突飞猛进，实现了新的历史性跨越，为创建世界一流大学奠定了坚实的基础。这些成绩的取得，是在上级党组织的正确领导下，在上海市的大力支持下，以秦绍德同志为班长的学校领导班子带领全校师生员工改革创新、团结奋斗的结果。绍德同志在党委书记的岗位上奋斗了十几年，为学校的改革与发展付出了辛勤汗水、倾注了大量心血、作出了重要贡献。借此机会，我要向秦绍德同志表示崇高的敬意和衷心的感谢！绍德同志具有很高的政治业务素质和丰富的工作经验，我衷心希望绍德同志从学校领导岗位上退下来以后，继续关心支持学校事业的发展，关心支持我的工作。

对我来说，今天是一个新的起点。面对学校“十二五”发展的新任务和新要求，面对组织上对我的信任和支持，面对同志们对我的关注和期望，我一刻也不敢懈怠，一刻也不能懈怠。我将秉承“博学而笃志，切问而近思”的复旦校训，牢记“爱国奉献、学术独立、海纳百川、追求卓越”的复旦精神，一心一意、扎扎实实地做好工作，以实际行动来报答组织和同志们对我的信任。

谢谢大家！

第八届“校长奖”颁奖大会讲话

（2011年9月15日）

校长　杨玉良

同学们、老师们：

下午好！

今天，我们在这里隆重举行第八届复旦大学校长奖颁奖大会。首先，我代表学校，向受到表彰的老师、同学和校友表示热烈的祝贺！

复旦大学“校长奖”设立的目的，在于褒奖传承复旦精神、感动复旦的个人或集体。近年来，广大师生员工在“博学而笃志，切问而近思”校训的指引下，置身于浓厚的学术氛围和健康向上的校园文化中，教书育人，潜心科研，服务社会，默默奉献，涌现出了一大批感动复旦的个人和集体，他们从方方面面传承着复旦精神。南开大学老校长母国光先生曾说过，“办大学，就是办一种氛围。”我想，从我们已经获得“校长奖”的师生就可以看出复旦大学所追求的一种氛围。

第一，践行热爱教育、热爱学生的育人理念。教书育人是每个老师的天职。教育家陶行知先生说过，“捧着一颗心来，不带半根草去”，要成为受学生尊敬、受学生欢迎的一位好老师，就必须热爱自己的工作、全身心投入教育教学。我们每位老师都应该淡泊名利、志存高远，静下心来教书，潜下心来育人。在复旦，有这样一批热爱教育、终身从教、热爱学生、潜心育人的好老师。例如，第二届校长奖获得者，外文学院陆谷孙教授，已经在讲台上度过了四十多个春秋。他兢兢业业的工作态度给来来往往的几十届学生留下了深刻的印象。许多外文系的同学在上过陆谷孙先生的课之后都说，听陆教授的《英美散文》是一种享受，而陆谷孙先生的师表风范也给大家留下了深刻的印象。陆先生虽然已过了退休年龄，满头的白发，但是我每次见到他，他都精神矍铄，而且他还会阅读、写作忘我到通宵达旦的地步，这种治学的精神真是对我们这些后辈最好的催促。第八届校长奖获得者，历史系金重远教授，几十年来辛勤工作于三尺讲台，退休后，继续受聘为复旦学院新生导师，关注学校通识教育的发展，继续活跃在本科生讲坛上，在学院几位德高望重的导师之中，金重远教授年事最长，体质最弱，但仍然与其他导师一样，坚持接待学生的来访咨询，为学生解答生活和学习中的各种困惑。

前几天，我参加了教师节前学校召开的青年教师座谈会，出席的教师以在一线从事教学的青年教师为主，座谈的主题是潜心教学，潜心育人。出席座谈会之前我还担心太过年轻的讲师们很难谈育人的体会。但是听了以后我内心非常激动，他们对于教学和育人已经有了很美好的感悟，发言的内容非常真实，非常深刻，听了以后有一种沁人心脾的感觉，复旦有了这么大一批潜心教学的年轻人，我作为校长来讲，是感觉最好的事情。

第二，坚守学术精神。大学的学术使命就是探求真理，真理是真善美非常完美的统一。只有坚守学术精神才能实现大学的学术使命。学术精神是诚笃的、独立的、超越的精神。在复旦，坚守学术精神的学者不胜枚举，他们和他们的精神，是复旦重要的精神财富。例如，第六届校长奖获得者，周振鹤教授，投身于《中国行政区划通史》工程，研究中国2 500年来行政区划的形成、发展和变迁，对于行政体制改革极具参考价值。这个项目,已经搞了 15 年,还在奋斗之中。

我曾经说过,当前,学术研究的诚笃的精神在大学这个学术共同体中有面临逐步被消解的危险。但是令人感到欣慰的是我们还是有一批年轻的学者在科研第一线坚守着学术精神。第三届校长奖获得者,物理系封东来教授,他在去年校庆文化周的报告上说:"科研我认为是一个最浪漫的事,有机会让你接近我们的大自然母亲,揭开大自然背后的奥秘;科研是一种非常狂喜的行为,现在年轻人说很'high'的感觉。我们有一次在一个实验站干了两个多星期,一直找不到想要的东西,压抑了大概七八天之后,终于找到了,真的是众里寻她千百度,蓦然回首的感觉,心中非常快乐。"他的话充分体现了学术的诚笃精神、对事业的执着追求。

第三,坚持爱国奉献传统。为国家、为社会服务,是大学的重要职责。我们的很多同志在这方面作出了贡献。例如,第八届校长奖获得者,生命学院钟扬教授,自发参加科技援藏,协助西藏大学理科申请到首项国家自然科学基金和教育部创新团队(培育),培养出首位藏族植物学博士,为藏大进入"211"院校和博士点建设单位作出了重要贡献。第八届校长奖获奖团队,由 4 000 多名复旦学子组成的复旦大学世博会志愿者团队,积极参与、服务世博,在圆满完成志愿服务工作、充分发扬志愿服务精神的同时,更为完善志愿服务工作体系、探索志愿服务发展路径积累了丰富的经验。这些无不体现了大学的社会责任。

最后,默默耕耘、无私奉献。在复旦,还有一群常年默默耕耘、无私奉献的人。比如,第八届校长奖获得者,数学学院讲座教授应志良教授,应志良教授是美国哥伦比亚大学教授,他从 2004 年起,每年利用暑假来复旦开展教学科研工作,冒着酷暑从虹桥赶来学校为学生上课、讲解、探讨。除暑假外,应志良教授还会在寒假和春假期间来复旦工作几周,多年来从无间断。尤为可贵的是,多年来为复旦工作,不计任何报酬,甚至他往返机票也大都由他自己负担。第八届校长奖获得者,校车队叶祖林同志,从事驾驶员工作 37 年,安全行车 50 万公里以上,他几十年如一日,车况、车貌、例保做得井井有条,工作任劳任怨,从不计较个人得失。他以无私的工作态度和忘我的敬业精神在自己平凡的岗位上默默无闻、无声无息地奉献着,为自己所从事的事业付出了满腔热忱。

传承复旦精神、感动复旦的个人和集体还有很多,在这里不能一一列举。复旦精神的内涵极为丰富,它由世代复旦人的奋斗所铸就,并将随着时代的脚步而拓新。

今年,我们还对复旦大学校长奖章程进行了修订。拓宽了推荐遴选的渠道和范围,改变了校长奖遴选委员会的组成方式,增加了网络评选环节,让全校师生员工都能参与到校长奖的评选中来。所有的这些,都是为了能够不拘一格,深入挖掘,褒奖那些真正体现复旦精神、感动复旦的个人和集体。

老师们,同学们,复旦从创立至今,已经走过了 106 年的岁月。复旦的发展,离不开几代复旦人的不懈努力和奋斗,但更为重要的是,在这个奋斗历程中,我们在不断地积累、丰富、提升复旦大学的精神和文化。我热切地希望,我们有一种高尚的品德、崇尚学术的精神和文化,坚守使命,埋头苦干,努力创造复旦大学美丽的明天!

谢谢大家。

大学智库的使命

——在 2011 年复旦发展论坛上的演讲

(2011 年 10 月 20 日)

校长　杨玉良

各位领导、嘉宾、同仁:大家好!

首先欢迎并且感谢诸位来到 2011 复旦发展论坛,共同见证复旦发展研究院恢复运行后的第一次公开亮相。通过复旦发展研究院的恢复运行,我们想要彰显一种决心和信念,这就是,复旦要为国家和上海的经济社会发展、为中国和世界更美好的未来,作出更为直接、更为显著的贡献。

一、大学智库是大学功能的拓展

大家知道,相对于欧洲中世纪以至 18、19 世纪的大学,现代大学所处的环境高度复杂,经济社会发展对大学的新要求不断提高,大学的功能也随之不断扩充,社会责任越来越多。这一特点在第二世界大战前后表现得越来越明显。最为突出的首先是在科技方面,诸如原子弹的制造,MIT 的雷达发明,英国的密码破译理论,美国的抗疟疾治疗方案等,为取得二战的胜利作出了重要贡献。

除科技以外,二战后期,人文社会科学对战略的服务作用也开始体现。当日本败局已定,美国对是否进攻日本本土,是否投放原子弹和占领日本后是否保留天皇,无法做出决断。因此,委托著名女人类学家本尼迪克通过对日本的研究提供对日政策的依据。由于承载着可能改变一个国家上亿人口命运和整个世界格局的重大历史使命,该研究报告具有举足轻重的意义和价值。

进入 20 世纪 60 年代,大学的科学技术学科通过与工业界建立联合实验室的方式,为经济的发展起到了重要作用。同时,人文和社会科学的社会服务也日益发挥更为重要的作用。美国哈佛大学学者亨廷顿的“文明冲突理论”已经影响了美国近半个世纪的国际战略。

因此，美国加州大学伯克利分校的前校长克拉克·科尔(Clark Kerr)1963年在哈佛大学的一次演讲中提出：“今日之大学主要的功能不止于教学与研究，并且已经扩展到服务。”所以，现代大学已不仅仅是通过教学与研究活动来创造、保存和传播知识的最主要机制，而且还要通过贡献和应用这些知识来服务社会。

由于当今世界的高度复杂性，大学的社会服务形式的重要转变是，对策研究从单学科走向多学科，由个人行为走向集体行为。为此，大学为社会服务的现代形式就是大学的“智库”(Think Tank)，尤其在综合性、研究型大学，它是体现多元化功能、服务于国家和社会的一种现代形式。当今很多智库的发展是融合了科技和人文社会科学领域的。

二、大学智库的优势和使命

智库，作为一种相对稳定且独立运作的公共政策研究和咨询机构，20世纪逐渐在世界各国发展壮大起来。尤其是最近30多年来，伴随着经济社会高度发展所带来的经济、社会、政治问题等日益专业化和复杂化，智库在各国决策咨询过程中的地位和影响越发重要。根据美国宾夕法尼亚大学2008年发表的《全球智库报告》统计，目前全球169个国家共有5 465家智库。当然，实际的数目远远不止。有人统计，中国目前的智库就超过了2 000家。其中不少就是大学的智库。那么大学智库存在的意义是什么？大学的智库的优势又在哪里？

大学，有多学科综合的优势。大学智库首先在人才资源和学术资源上具有独特优势。大学是人才和知识最为集中的地方，多数大学学科门类齐全、学术基础扎实，尤其是大学智库所在的大学一般都为综合性、研究型大学，办学历史更为悠久，学术积淀更为深厚。无论是思想、政策、科学与技术，还是综合性的应对方案，都可以在大学找到多学科的支撑。当今世界面临的传统的与非传统的议题，往往横跨自然科学、工程技术和人文社会科学多个学科，其复杂性和综合性较之以往大大增加，这使得任何单一学科在理解和分析地区与国家的复杂问题时，都会显得捉襟见肘。一个典型的例子就是“全球气候变化”问题，它不仅与环境、化学和能源等自然科学有直接的关系，而且还和历史、国际政治、社会学、法律、新闻和公共卫生等诸多学科相关。因此，智库在研究这些问题时都非常依赖多学科的方法(multidisciplinary approach)。这正好可以发挥出大学学科综合的优势。约翰·霍普金斯大学高级国际研究院有着像弗兰西斯·福山(Francis Fukuyama)这样有重要影响的理论家。在这个大学智库，各学科的交流就有力推动着多学科研究方法的应用与推广。比如，在地区研究中就十分重视把国际政治学、经济学方法与思想史方法加以结合。

大学，有学术研究与人才培养相结合的优势。大学云集了最优秀的青年学子，思想碰撞、灵感迸发，有利于产生创新性的思想、知识和方法。大学智库的一个十分重要功能是在发挥它的服务社会的功能的同时，也可藉此培养具有多学科思维、从全局考虑问题的习惯、对问题开展理论联系实际的深入分析的能力的高水平人才，使得他们从宏观角度，从整个人类的命运和国家民族的前途来考虑自身相关领域的学术问题。

大学，有基础研究与应用研究相结合的优势。大学的基础学科和基础研究，可以为智库开展政策研究、战略研究提供丰厚的学术底蕴。这就是我常说的，“大学要在扎实的学理研究的基础上，为国家和社会提供高水平的、清澈的理性思想、解决重大问题的智慧和具有可操作性的政策。”普林斯顿大学伍德罗·威尔逊公共与国际事务研究院(Woodrow Wilson School of Public and International Affairs)是基础研究与重大战略研究相结合的一个典范。其主要特点在于，大学有着强大的基础学科专家队伍，在相关学科领域作出得到公认的突破性贡献，而雄厚的基础研究又与大学智库具有战略前瞻性的政策研究相互结合。2006年9月，经过两年多的努力，这个智库发布“普林斯顿报告”，全名是《铸造法治下的自由世界——21世纪美国国家安全战略》，受到广泛的关注，被认为是小布什时期美国安全战略的所有替代性方案中“最为重要的一个”。这份报告不同于一般的国家安全战略报告之处，就在于具有鲜明的理论色彩，提出了一些相当重要的关键性概念和范畴。由此，我们可以发现，一方面，依赖于大学内部相关学科扎实丰厚的基础研究，大学智库往往能够在重大战略发展方向上提供各种重要的见解和动议；另一方面，通过前沿问题研究，学者们又能在基础研究上、在重要理论问题的传统研究范式上取得突破。

大学，还有国际化的优势。世界上著名的大学都有广泛、深入的国际学术交流和合作，这就为开展战略研究和政策研究提供了广阔的国际视野和国际学术网络。大学的国际交流有几个特点：第一，非常自由；第二，学科领域广泛；第三，起步于青年学生(本科生)。

近年来，国际智库与中国政府合作参与了诸如“中国新型农村合作医疗制度”、“中国经济和社会发展”和“中国的全球化影响和全球化背景下中国可持续发展问题”等的研究。这些合作研究被认为是卓有成效的。

当然，国际上也有一些学者打着历史研究的幌子，对“中国”的国家概念提出挑战，企图为分裂中国寻找理论依据。正因为有这种杂音，同时中国的智库也应该为构建一个更加和谐的未来世界作出我们的贡献，我们才认为中国智库的研究成果要走向世界，要向世界发布我们的研究成果，要用我们的研究成果去影响世界；也正是这个原因，我们要加强国际合作，要走出去，向国际著名智库派遣我们的专家，也要适当聘请国外专家，开展对中国和他国的研究，为中国政府提供对内和对外的决策服务。

从根本上来说，大学或大学智库的最大优势在于大学在长期的办学历程中所形成、积淀并不断发扬光大的学术传统和学术精神。克拉克·科尔(Clark Kerr)曾经做过一个统计，在1520年前成立的各种社会组织中，迄今仍以同样的名字存在、以同样的方式做着同样的事情的，全世界只有85个，其中，70个是大学。沧海桑田，世事无常，许多组织生生灭灭已不复存在，而大学为什么能历经千百年而不衰？除了大学在传播和创造知识方面具有其他组织无与伦比的作用外，还因为它们承载着生生不息的大学精神，大学才有可能是永恒的。大学精神首先是一种诚笃的精神。在学术的探索中，“知识的诚笃”(intellectual integrity)是特别重要的德性。它不仅是作为一个“学人社会”的大学的道德支柱，只有当这种德性充分发挥时，知识的尊严与学术的纯净性才能有力地建立起来。基于这种诚笃的德性，大学就能对形形色色的世风流俗、对纷繁躁动的干扰羁绊保持必要的警觉，保持思想上、学术上的独立精神。对于大学的智库来说，这种独立性更加弥足珍贵。基于这种精神，大学的智库才能真正实现为国家与社会提供清澈的思想！

从诚笃和独立的精神出发，大学得以坚持对于理想、真理和绝对价值的虔敬和追索，并理所当然地成为孕育高尚性和超越性、孕育理想主义的精神家园。王沪宁校友，也是复旦发展研究院的创始人之一，说过：“复旦大学的氛围让我立即感受到了理想主义的魅力，这是复旦给我的最宝贵的东西。”我想，一所大学，或者说大学的智库，所能贡献给社会、贡献给国家、贡献给世界的，除了战略和对策，除了思想和智慧外，更根本的是精神和理想！而这就是大学智库的使命之一。

我今年4月访问了布鲁金斯学会(Brookings Institution)，它的座右铭就是：“高质量、独立性和影响力(Quality, Independence and Impact)。”布鲁金斯学会理事会主席约翰·桑顿(John Thornton)认为，这三条是智库必须坚守的核心价值，也是判断能否成为高水平智库的关键所在。其中，质量的基础是深入、扎实的学理研究，是对国内、国际形势的细致剖析，是对社会发展趋势的成功预判；其中，独立性是十分重要的因素，因为任何一个智库的信誉都与其独立性密切相关。独立性也是客观性的一种体现。一所坚守思想自由、学术独立的大学，一定能为智库的成长提供宽松氛围。这里指的“独立性”并不意味着智库一定要和政府保持距离。恰如朱旭峰教授所提到的，“政府是思想库研究产品的最终消费者。思想库和政府保持良好的关系，有助于思想库将研究成果向政府输送。”除此之外，“政府是思想库获得政策研究所必需的信息和数据的最主要渠道。没有这些资源，思想库研究成果的质量就很难得到保证。”再者，从客观性原则出发，“独立性并不意味着思想库不能发布公开支持政府的观点。思想库的政策倾向往往是思想库中相关专家因其教育背景、信息来源和对客观社会价值独立评判的结果。思想库坚定地站在政府一边恰恰是其对自己的观点有充分自信的表现。”如果，我们坚持高质量、恰当地理解独立性的含义，那么影响力也就在其中了。因此，大学的智库的独特性在于：它既有相当的独立性，同时又与政府保持着良好的关系；这使其有别于政府的智库，亦有别于民间的智库。

三、复旦发展研究院的愿景

当前，我们国家进入了深化改革开放、转变经济发展方式、全面推进中国特色社会主义现代化建设的关键时期，经济、政治、社会、文化、外交和全球战略各领域面临着深刻变革和科学发展的一系列重大问题。随着中国国际地位的不断提升，如何应对世界格局和全球秩序转型的机遇和挑战，也迫切需要理论、制度和政策的创新，迫切需要文化、精神和价值观的引领。在这种形势下，以学科的交叉、集成为依托，对国际国内政治、经济、社会的重大现实问题和理论问题，开展战略性研究，不断形成有影响力的学术成果和决策咨询成果，显得尤为重要。

复旦发展研究院采取怎样的发展模式？首先，我们必须清楚，各国、各类智库均各有特色，发展模式和道路也不尽相同。我只能说，复旦发展研究院的发展道路不能照搬其他国家和其他类型智库的发展模式；我们一定要走出一条适合我国的政治、经济、传统和文化特点，发挥综合性、研究型大学办智库的独特优势的发展模式。20世纪90年代复旦发展研究院的成功经验表明，复旦大学完全有能力为国家和上海的发展提供富于影响力的战略研究成果和公共政策产品，这也是复旦大学作为国家重点大学的责任和义务。复旦地处的上海，是中国改革开放的前沿和经济发展的脉搏所系，又是联系世界的重要窗口，为保证复旦发展研究院的质量、独立性和影响力，提供了得天独厚的条件。复旦发展研究院发展过程中的一条教训就是：我们一定要持之以恒，深入地研究，任何的间断都是事业上无法估量的损失。我们期望，复旦发展研究院为现代国家与和谐社会建设作出贡献，为党和人民的事业发挥好思想库作用，成为国家战略、政策的创新来源和政治民主化、决策科学化的智力支持系统；我们也期望，复旦发展研究院为中国和平崛起和国际文化交流作出贡献，推进中国人文社会科学以至思想文化走向世界，成为国家软实力的创新来源和全球视野下宏大的中国文化发展、传播战略的推动力量。

各位领导、各位同仁！大学自产生以来，就是人类智慧、知识和精神产生、汇集和向外界辐射、散播的场所。怀特海(Alfred North Whitehead)曾经说过，大学就是这样的组织，它为民族的进步提供了充满智慧的想象力。布鲁姆(Allan Bloom)则说过，大学是一个以理智为基石的国家的神殿，是奉献给纯粹理性的，它在人们心中唤起崇敬之情。由此，我们对大学、对大学的智库充满了期待。愿复旦发展研究院真正成为智慧和知识的源泉、思想和精神的高地！

谢谢大家！

The Humanities and Social Sciences Should Contribute to Building a More Harmonious Future World*

— Speech at American Academy of Arts and Sciences

Dec, 8th, 2011

Yang Yuliang　President of Fudan University, China

Dear Friends and Colleagues,

The topic we discuss today is the humanities and social sciences. First of all, I would like to express my sincere thanks to AAAS for inviting me here. As the only university president with an eastern cultural background, I'd like to take this opportunity to share some of my own thoughts in this respect and to dwell upon some of the efforts we have made recently at Fudan University.

(1)

With an unremitting effort made in the past thirty-odd years, China has become the second largest economy in the world. At the same time, China's influence on world economy and other issues is growing every day. As a result, it seems that the whole world is talking about the achievements China has made in economy and about China's future developments. Some are positive about them; others negative. As a Chinese person myself, I share with academicians in China at large and deeply felt concern for such a fact: with the rise of the market economy and sharp transition of the society, we not only see remarkable development of economy and spectacular improvement in people's livelihood, but also witness drastic changes in social values and inadequacy of spiritual well-being. An unrestrained materialist pursuit of tangible gains results in irrational elements in social development and structuring of various institutions. Put it another way, when scientific and moral rationalism abates, instrumental rationalism rears its head with the result that an enormous tension has come to pass between traditional cultures and the actualities of life with widespread utilitarianism and opportunism. Anyone who pays close attention to the Chinese media reporting social news cannot be unaware, to varying degrees, of such an incongruity.

After the reform and opening-up, China is no longer an isolated country, but is tremendously influenced by international ideological trends, especially by those from the developed countries in the West including the United States. Take a look at the world, every country more or less seems in a similar situation. In the process of globalization, the planet we inhabit is getting "smaller" and has become a so-called "global village". However, our ken has not been accordingly broadened. Due to human instinct and to the results of inappropriate education, people are used to considering other nations with different thoughts and behaviors as "otherness". Hence the frequent conflicts between different civilizations. The ideological doctrines of "National Interests Above All Else" and extreme "Nationalism" are noisily gaining more and more ground, whereby to supply justification to lord it over other cultures, interfere with domestic affairs of other nations and plunder international resources.

From the conference literature I've read one word looms large, that is, "competitiveness". Among the speech scripts, I also find an article written by Prof. YAN Xuetong from Tsinghua University titled "How China Can Defeat America". In all candidness, allow me to say that I don't particularly like these two words: "competitiveness" and "defeat". My point boils down to that the so-called "clash of civilizations" is not bound to happen. Theoretically, I base my point on John Nash's "Zero-Sum Game Theory". My understanding is that the so-called "zero-sum" only exists in limited or short-term circumstances. Only under such circumstances would "zero-sum theory" work as a criterion of measurement. If and when we take a global view of the future of humankind as a whole, not all games are zero-sum and there is no question of "who has to beat whom". Instead, the question posed should be, quoting Shakespeare, "To be, or not to be"! That's why we Chinese believe in an ideal: "Cherish one's own virtue and value, respect the other's virtue and value, celebrate each other's virtue and value until the world becomes a harmonious commonwealth." Only then may we live in a world with various cultures and

* 译文见后。

civilizations befriending each other. I personally sometimes feel scared to imagine a world ending up with only one culture and one civilization. Might not such a unitary world be the end of man?

In my opinion, the aim of general liberal or, as we Chinese call it, humanistic education is to make each and every student think seriously about what a future world would be like and what kind of a future world we would expect. With such a vision it is the mission of social sciences, no less than that of natural sciences, to explore the possible ways and means toward a better world. We have therefore taken it upon ourselves to let the students learn about, understand, and tolerate all kinds of civilizations and cultures, and to equip them with the cross-cultural communication skills and abilities. We deem it a major educational initiative based on which Fudan University began to undertake a general liberal program seven years ago.

Incidentally, I believe the media have taken advantage of the title of Prof. YAN Xuetong's article so as to catch the eye. For Yan he also stresses "humane authority" as the only way to reconstructing the order of international competition, emphasizing the power of "moral norms".

(2)

China watchers may have noticed that the Chinese Central Government has recently introduced a series of plans and programs on promoting the humanities and social sciences. As we see it, the humanities and social sciences holistically provide rational thoughts for the process of modernization, supplying theoretical support for system formulation and choices of spiritual identity and value for individuals. Cognitively, this is what we have gradually learned from the lessons drawn from the serious tension between material and non-material lives. I personally have offered to outline China's development over the past thirty years as follows: In the first ten years, priority was given to developing technology, because people needed technical know-how to manufacture their own color TVs, refrigerators and so forth to improve the quality of life. In the second decade, people started to realize that technology developed out of basic hard sciences, so a National Science Foundation of China (NSFC) was set up. Only in the third ten years were people made aware that the humanities and social sciences are likewise important. Nevertheless, as matters stood, social sciences, such as politics, economics, management and law, were prioritized, whereas emphasis on the humanities and on cultural betterment is more or less a recent affair necessitated by the current situation in China and by the changes in world structure. You may note that I used the word "people", by which are meant not only scholars but also the grass-roots and political leaders.

Fudan University, with its time-honored tradition and heritage in humanistic studies, realized quite early the importance of the humanities and social sciences in present-day China. We initiated a "Fudan University Humanities Revitalization Plan" three years ago, using it as a research and exchange platform for classical Chinese studies both at home and abroad. We have also set up "Fudan University Statecraft Research Center" and "Fudan Development Institute" to undertake research projects in social transformation, system structuring and modes of governance so as to help towards decision making as a world first-class university think tank. Concurrently, the platform facilitates international collaboration and exchange in researching issues concerning China's contemporary politics, economy and society. Input-wise, during the period of the third phase of 985 Project, the fund invested in the humanities and social sciences is 6.5 times and more over that in the period of Phase Two of the said Project.

Why do we need a platform for international collaboration and exchange? Our ideas are based on the differences of cultures between the East and the West. As I personally see it, Western culture, rooted in ancient Greek and Roman civilizations and nurtured by "The Renaissance" in Europe, is primarily characterized by "humanism" and foci on "analysis" and "logic". On the other hand, Chinese culture, rooted in classics by Chinese sages and masters and exigencized by the need to save the nation from perishing in modern China, is characterized by its "collectivism", "comprehensiveness" and "cognition through meditation" as thinking patterns. Both cultures have their unique features and applicability. The world we live in faces a host of very complex major issues, to solve which we may want scenarios combining Eastern and Western approaches. Recently, Fudan University cooperated with the Tyndall Centre for Climate Change Research from UK in founding a Fudan-Tyndall Centre, which, hopefully, will be a model for merging talents from the East and the West in responding to problems facing humankind as a whole.

(3)

Reading through conference literature, I have noticed one sentence, "This century is truly the knowledge age," which seems a consensus by us all, but with your permission, I would wish to emphasize one point, that is, "knowledge" alone is not enough; man may be in greater need of "thoughts". Knowledge of social sciences, like that of natural sciences could be a "double-edged sword".

Driven by the theory of "instrumental rationalism", human beings could invent weapons to destroy themselves; likewise, they could also let loose a "financial storm" which plays havoc all around. In order to make "knowledge" a real boon rather than a bane for the future of human beings, we stand in need of "thoughts". It is in this sense we say we have to step up education and research in the humanities.

In the past one to two centuries, great progress has been made in technology and so have remarkable results been achieved in the realm of social sciences. In consequence, human beings have in great measure broken free from the restrictions imposed by natural law and social law. Meanwhile, poverty in great thoughts has resulted. Basically, the recent progress and achievements I just mentioned are more or less due to the thoughts of great thinkers prior to or in the twentieth century. So it is my hope that this century on top of being "the knowledge age" will also be an "age of thoughts", an age that teems with first-rate thinkers and philosophers. I keep reminding my students, "No country is a real world power without first-rate thinkers and philosophers, no matter how strong it is in economy and military might." Similarly, short of first-rate thinkers and philosophers, humankind would find it difficult to address all complex major issues that exist now and will crop up tomorrow. This is certainly one of the reasons why we should boost education and research in the humanities and social sciences.

Friends and colleagues, the United States and China are two heavyweight and influential countries in the world. With a keen sense of responsibility I think the two countries are both worried about the future and destiny of humankind. I personally hope in real earnest that universities in the two countries will enhance exchange and collaboration in the field of the humanities and social sciences. The humanities and social sciences are academic endeavors aimed at the quite essence of human culture and society and at exploring the depth and width of human nature as well as the order and security in human society. In view of the differences in cultural background and of the divergences in misgivings and concerns for respective communities between the U. S. and China, such exchange and collaboration become all the more necessary. I am firm in my belief that such exchange and collaboration is bound to give rise to new thoughts and ideas, contributing immensely to the introduction of new knowledge systems and to human civilization.

Fudan University is sincerely looking forward to it.

Thank you.

人文与社会科学
应该为构建一个更为和谐的未来世界而努力

——在美国艺术与科学学院的演讲

（2011 年 12 月 8 日）

校长　杨玉良

朋友们，同仁们：

今天，我们讨论的主题是人文和社会科学。首先我要非常感谢"美国艺术与科学学院"的邀请。作为唯一一位来自东方文化背景的大学校长，我想借此机会简要地谈谈我本人在这个问题上的一些思考和近期复旦大学的一些做法，和大家交流。

（一）

经过三十多年的努力，中国已经成为全世界第二大经济体，中国对全球的经济和其他事务的影响也日益增长。因此，似乎全世界都在讨论中国的经济成就及其未来的趋势，有乐观的，也有悲观的。然而，作为中国人，中国的学界，我们更加关注这样一个事实：随着市场经济的勃兴和社会的急剧转型，人们在物质生活极大的改善的同时，也带来了严重的观念的裂变和精神生活的匮乏。对物质与实利的无节制追逐成为思维定势，并在社会发展和制度构建中存在着诸多的非理性成分，或者说是科学理性和道德理性的缺乏，工具理性的过分主导。其明显的后果是，中国传统文化与现实生活产生了巨大的张力，功利主义和机会主义盛行。凡是关注中国社会新闻的人都能不同程度地感受到这一点。

改革开放以后，中国不再是一个孤立的国家，它受到国际思潮，尤其是西方发达国家（包括美国）思潮的巨大影响。综观全世界的情况，也好不到哪里去。在全球化的进程中，我们共同居住的星球变得越来越"小"，人们称其为"地球村"；然而人们的"眼界"却远未提升到相应的高度。由于人的本能（Instinct）和不恰当的教育的结果，人们习惯于将任何不同于自己民族的思想与行为视为"异类"，从而使得不同文明之间的冲突频频发生。"国家利益至上主义"和极端的"民族主义"（Nationalism）思潮甚嚣尘上，并成为打压其他文化，干涉别国内政，掠夺国际资源的思想基础。

从这次的会议材料中，我经常读到的一个词就是“竞争力”(Competitiveness)，材料中也有一篇清华大学阎学通教授的文章“How China Can Defeat America”。恕我直言，我不太喜欢“Competitiveness”和“Defeat”这两个词。我的核心观点是，所谓的“文明冲突”不是必然的。这种观点的理论基础是纳什的“零和博弈理论”。事实上，所谓的“零和博弈”只存在于局部的和短期的事务中，只有在这种情形下，“零和”才是一种博弈的度量。如果从全球的，全人类的眼光来看问题，则博弈不全是“零和”的。对于整个人类的命运，不存在谁“打败”谁的问题；引用莎士比亚的一句台词，人类命运只能是“生存还是毁灭(to be or not to be)”！所以，我们中国人才提出，各种文明应该“各美其美，美人之美，美美与共，天下大同”，只有这样，我们才能构建一种不同文明和文化和谐共存的世界格局。我个人还有一个可怕的感觉，当世界只有一种文明和文化存在时，这种非多元文化的世界将是人类的末日！

我认为，人文教育的目的是要让受教育者去严肃地思考未来的世界应该是什么样子，怎样的未来世界才是我们所期待的；而社会科学，和自然科学一样，应是本着这样的期待去研究通向这个更为美好的世界的可能途径。因此，让大学里的受教育者去了解，理解，宽容各种文明和文化的存在，并使他们具有跨文化的沟通能力，这是一项十分重要的举措。复旦大学在七年前开始实施的通识教育正是基于这样一种重要的理念。

顺便再说一句，阎学通教授的文章的标题恐怕只是媒体为了吸引读者眼球而为，因为在他文章中所要表达的观点只是强调了“王道”才是重构国际竞争之道，强调了“道德”的力量。

（二）

关心中国发展的人都会注意到，中国中央政府最近接连出台了一系列规划和做法来推动人文与社会科学的发展。我们认为，人文与社会科学可以为国家的现代化进程提供理性的思维，为制度建设提供理论依据，为人的发展提供精神与价值的选择。这是我们从物质生活与精神生活的巨大张力的教训中所得出的体悟。我对中国近三十年来的发展做过如下的粗略概括：在第一个十年，大家认为我们要发展技术，因为我们要有能力自己制造彩色电视机和电冰箱等，以改善我们的物质生活；在第二个十年中，人们意识到技术的源头在基础科学，所以我们设立了NSFC(中国国家自然科学基金委员会)；在第三个十年中，人们才发现人文与社会科学也是重要的，但客观上社会科学(如政治，经济，管理，法律……)还是得到了很大的重视，而最近对人文学科和文化建设的重视是中国的时局和世界格局的变化使然。我这里指的“人们”不仅仅是学者们，也包括了普通百姓和政治家们。

有着深厚人文传统的复旦大学较早地认识到了人文和社会科学对当今中国的重要性。我们从三年前开始就启动了“复旦大学人文振兴计划”，并将其作为国内外汉学经典的研究和交流平台；成立了“国家建设研究中心”和“复旦发展研究院”来开展社会转型、制度建设和治理形态的研究，目的是服务国家决策并期望成为世界一流的大学智库，也为研究中国当代政治、经济、社会等问题提供国际合作与交流的平台。为此，复旦大学的“985”三期投入在人文与社会科学上的经费达到了“985”二期费用的6.5倍以上。

为什么要建立国际合作与交流的平台？我们的考虑是基于东西方文化的差异。就我的认识而言，根植于古希腊文明和欧洲“文艺复兴”的西方文化以“人本主义”、“分析”与“逻辑”见长；而根植于中国传统文化和受近代中国“救亡”的形势所逼迫，中国文化以“集体主义”、“综合”和“悟性”的思维方式为特征，各有其优点和适用性。当今世界所面对的诸多重大问题都极其复杂，或许研究和解决这些问题必须依据糅合了东西方文化之所长的思维方式。最近，复旦大学与英国的丁铎尔全球气候与环境研究中心合作成立了“复旦—丁铎尔全球气候与环境研究中心”，我们期望这个“中心”能够成为集东西方思维方式来研究和解决全球和全人类复杂问题的典范。

（三）

我在本次会议的附件材料中读到，“这个世纪确实是一个知识的时代(This century is truly the knowledge age.)”，这似乎已经是大家的共识。然而，我要强调，仅仅“知识”是不够的，我们更需要“思想”。社会科学的知识和自然科学的知识一样都是“双刃剑”。在“工具理性”思维的驱使下，人们可以利用这些知识来创造毁灭人类的武器，也可以制造一起危害人类的“金融风暴”。要让“知识”真正服务于全人类的未来命运，我们更需要“思想”，更需要加强人文学科的研究和教育。

人类近一两个世纪以来，由于在技术上的巨大成功，也包括社会科学知识的巨大成功，人们在很大程度上摆脱了自然法则和社会法则对人类自由的限制，但同时也带来了一个思想贫乏的时代。人类近一两个世纪的巨大发展基本上是基于20世纪以前的思想家和哲学家们的思想。因此，我更希望在新世纪里，将“知识的时代”转化为“思想的时代”，即成为一个一流思想家和哲学家辈出的时代。我曾经对我们的学生说过：“一个国家，无论它有多么强大的经济和军事实力，如果没有一流的哲学家和思想家，它也成不了一个真正的世界强国。”同样，如果人类出不了一流的哲学家和思想家，我们就很难解决当今和未来人类所面临的各类重大而又复杂的问题。这也是我们要加强人文与社会科学的研究与教育的重要起因之一。

朋友们，同仁们：正因为中美两国同是举足轻重的大国，我们都为人类的前途和命运而担忧，并充满着责任心。我热切地期望，中美两国的大学之间在人文和社会科学领域加强交流与合作。由于人文与社会科学是通过对人类文化和社会本质开展研究，探索人性的深度与广度和人类社会存在的秩序与安全,两国的文化背景有着不小的差别,各自的社会关切也有所不同,因此交流与合作就显得更为必要。我相信,这样的交流与合作一定能够激发新的思想,共同为人类文明和新的知识体系的构建作出贡献。

复旦大学对此充满着期待!

谢谢大家!

·学 校 综 述·

概 况

复旦大学创建于1905年，原名复旦公学，是中国人自主创办的第一所高等院校，创始人为中国近代知名教育家马相伯。校名"复旦"二字选自《尚书大传·虞夏传》中"日月光华，旦复旦兮"的名句，意在自强不息，寄托当时中国知识分子自主办学、教育强国的希望。1917年复旦公学改名为私立复旦大学；1937年抗战爆发后，学校内迁重庆北碚，并于1941年改为"国立"；1946年迁回上海江湾原址；1952年全国高等学校院系调整后，复旦大学成为文理科综合大学；1959年成为全国重点大学。

上海医科大学创建于1927年，是中国人自主创办的第一所高等医学院校。建院时定名为第四中山大学医学院，1932年改名为国立上海医学院，1952年更名为上海第一医学院，1959年成为全国重点大学，1985年改名为上海医科大学。

2000年，复旦大学与上海医科大学合并，成立新的复旦大学，进一步拓宽了学校的学科结构，形成了文、理、医三足鼎立的学科格局，办学实力进一步增强，已经发展成为一所拥有哲学、经济学、法学、教育学、文学、历史学、理学、工学、医学、管理学等十个学科门类的综合性研究型大学。

2011年，复旦大学有直属院（系）28个（不含继续教育学院和网络教育学院），附属医院10所，设有本科专业70个，一级学科博士学位授权点35个，一级学科硕士学位授权点7个，博士专业学位授权点2个，硕士专业学位授权点24个。在校普通本、专科生13 003人，硕士研究生10 110人，博士研究生4 793人，留学生3 718人（其中攻读学位的留学生2 579人）。招收普通本、专科新生3 155人；招收研究生4 945人，其中硕士研究生3 746人，博士研究生1 199人。有专任教师2 419人、专职科研人员267人。有中国科学院、中国工程院院士37人，教育部"长江学者奖励计划"特聘教授58人、讲座教授34人，"国家重点基础研究发展计划（含重大科学研究计划）"项目首席科学家24人。

学校已经形成"一体两翼"的校园格局：即以邯郸校区、江湾新校区为一体，以枫林校区、张江校区为两翼。占地面积244.32万平方米，校舍建筑面积149.23万平方米。此外，学校还拥有中山医院、华山医院等10个附属医院。

2005年复旦大学百年华诞。中共中央总书记、国家主席、中央军委主席胡锦涛发来贺信，希望复旦大学发扬优良传统，不断开拓创新，努力建设成为具有世界一流水平的社会主义综合性大学，为建设中国特色社会主义伟大事业培养更多德才兼备的高素质人才，为全面建设小康社会、实现中华民族的伟大复兴作出新的更大的贡献。

一百多年来，学校在培养人才、创新科技、传承文明、服务社会方面为国家作出突出贡献。复旦师生谨记"博学而笃志，切问而近思"的校训；严守"文明、健康、团结、奋发"的校风；力行"刻苦、严谨、求实、创新"的学风，发扬"爱国奉献、学术独立、海纳百川、追求卓越"的复旦精神，为民族的解放和振兴，国家的建设和发展，社会的文明和进步作出重要贡献。

（潘隽炜）

2011年发展综述

一、学科建设。制定学校"十二五"学科发展规划；全面启动实施"985工程"三期建设项目，做好"985工程"三期建设项目的论证和经费预算，制订《复旦大学"985工程"三期学术发展资金管理办法》、《复旦大学"985工程"三期仪器设备采购与管理办法》等管理办法；规划复旦大学新一轮"985工程"服务地方经济社会发展重点建设项目；继续推进"211工程"三期建设的各项工作。

二、教育、教学改革。(1) 全年开设本科课程共2 997门、5 163门次，其中通识教育核心课程六大模块开课268门次。推进全英语课程建设，开设全英语教学课程213门次，组织编写《复旦大学全英语课程手册》。获得国家级奖励项目8项，其中国家级教学名师1位，普通高等教育精品教材7部；上海市级奖励项目87个，其中上海市教学名师3位，上海市精品课程7门，上海市普通高校优秀教材30部，上海市重点课程项目11项，上海市全英语教学示范课程3门，上海市教委重点课程30门，上海市高校思想政治理论课教学比赛奖3项。(2) 深入实施望道计划，推进拔尖人才培养工作。继续完善本科生学术研究资助平台（FDUROP）建设，致力于引领学生走上学术之旅，积极探索创新性人才培养。2011年共有365项莙政、望道、曦源课题（499名学生）获准立项。(3) 进一步深化通识教育理念，推进大类招生，为分省来源计划的编排提供更宽口径，方便考生填报专业志愿。(4) 继续推进博士生招生改革。在巩固和完善"申请—考核制"博士生招生制度基础上，推出"长学制"招生改革举措，并在数学科学学院和物理学系开展改革试点；扩大夏令营活动计划，全校共有12个夏令营开营，投入资助资金100万元，有741名优秀大学生参加夏令营活动，预录取推免生383人。

三、科学研究和科技成果转化。(1)到款理、医科科研经费115 800万元。获立科研项目1 665项，其中"973计划"项目1项，国家重大科学研究计划项目4项，国家科技支撑计划项目资助2项，课题2项。获国家科技重大专项课题牵头14项，参与42项。获批国家自然科学基金499项，其中国家自然科学基金面上项目263项，青年科学基金209项，国家杰出青年科学基金项目5项，创新研究群体2项(包括延续资助1项)，重点项目8项，重大研究计划重点项目2项，重大国际(地区)合作研究项目2项，联合资助重点项目1项，海外及港澳学者合作研究基金7项(包括延续资助1项)。获得教育部博士点基金博导类项目资助31项，新教师类项目资助42项，优先发展领域课题9项；教育部"新世纪优秀人才支持计划"20项，其中理工医科12项；教育部创新团队2项；教育部留学回国人员科研启动基金26项，理工医科19项。获财政部、教育部"中央高校基本科研业务费专项资金"5 978万元。2010年发表SCI论文2 299篇。根据中国科学技术信息研究所历年发布的中国科技论文统计结果，学校2005—2009年发表的SCI论文中，有3 571篇论文在2010年被引用，共被引用11 663次，科技论文单篇引用次数为1.42次。申请国内专利657项，授权专利数量251项，其中发明专利226项。累计有效专利(维持中)988项。完成计算机软件著作权登记38项。(2)文科科研到款经费总数15 981.4万元，科研项目立项总数184项，其中国家社科基金项目73项，教育部项目70项，上海市哲学社科规划课题41项。获国家社科基金重大项目13项，教育部人文社科重大攻关项目1项，上海市重大项目1项。出版著作345部，发表论文2 895篇，其中在国外学术刊物发表论文208篇，提交研究报告94篇，有2项成果入选国家社会科学基金成果文库，3份研究报告入选2011年度高校哲学社会科学研究优秀咨询报告。哲学学院教授张汝伦完成的《〈存在与时间〉释义》获2011年度国家社科基金项目优秀鉴定成果。文科有8人入选教育部新世纪优秀人才支持计划项目，35人获上海市浦江人才项目立项资助，4人获上海市教委曙光项目计划支持，2人获上海市教委"晨光计划"项目支持，3人获上海市教委"阳光计划"项目支持，4人入选2011年度上海市社科新人。组织派遣8人参加教育部高校哲学社会科学教学科研骨干研修班的学习。(3)与地方和企业的合作在2011年稳中有进，其中科研经费到款1.644亿元，比去年同期增长13%，签订产学研合同424个，比去年同期增长3.4%，其中合同额大于50万的项目34个。学校与上海市公安局、杨浦区、上海市气象局等政府部门开展合作，加强无锡研究院建设，与宁波市共同筹建复旦大学宁波研究院；与中石油等知名公司洽谈合作事宜；重视产学研平台建设，超精密光学制造和消化内镜诊疗获批成为上海市工程中心，已有5个校企联合实验室开展运作。截至12月底，学校申请国内专利579项，申请国外专利20余项，授权专利数量为215项，累计有效专利898项，完成计算机软件著作权登记37项，完成集成电路布图设计登记9项。

四、师资队伍建设。实施"卓越人才计划"，为中青年骨干教师提供人才津贴和科研经费资助，截至2011年底，104名入选"卓越计划"和2名入选"卓识计划"的教授享受到人才津贴；85名教师入选"卓学计划"，将从2012年开始享受到人才津贴和科研经费资助。学校探索完善人才引进新机制，起草《关于实施新一轮人才引进工作的意见(草)》，启动实施引进人才岗位津贴标准调整和引进人才购房补贴调整工作，完善"千人计划"配套操作规则。加强教师入口管理，全年新进124人，其中教学科研人员98人(含思政4人)，行政21人，其他教辅人员5人。教学科研人员中，引进人才占全年新进教学科研人员的50%(49人)，一般新进教学科研人员中，有海外留学经历的人员占18%(18人)，国内博士后7%(7人)，其他占6%(6人)。开展高级职务聘任改革，实施新一轮岗位聘任，建立绩效奖励薪酬制度。学校全面启动人文、社科"优秀人才代表作评审"机制，各文科院系可结合本单位的实际情况，在学校原则要求的基础上，制定本单位个性化的"代表作评审"制度，报学校备案后实施。

五、附属医院工作。共有医院职工15 272人，核定床位8 246张。有国家重点学科31个，国家临床重点专科28个，卫生部临床重点专业5个，上海市临床医学中心7个，上海市医学重点学科9个，上海市医学重点专科9个，上海市临床医疗质量控制中心27个。有中国科学院院士3人(沈自尹、王正敏、葛均波)，中国工程院院士4人(汤钊猷、陈灏珠、顾玉东、周良辅)，双聘院士1人(陆道培)，教育部"长江学者奖励计划"特聘教授4人，复旦大学特聘教授11人。全年门急诊服务量15 769 481人次，期内出院人数345 980人，住院手术服务量196 797人次。全面推进住院医师规范化培养工作，共招收住院医师400名。

六、深化国际化办学。全年到访各类境外代表团共303批次2 636人次，其中包括校长27人，副校长31人，各国政要28人。派出交流学生1 653人，接收各类来华长期交流学生677人。共召开51次国际学术会议，来访长期专家103人，各类短期专家650余人，新增"名誉教授"等荣誉称号的专家11人。执行教育部海外名师项目3个，教育部普通短期专家项目52个，上海市智力引进项目21个，复旦大学海外优秀学者授课项目33个。首次申报由国家外国专家局组织的外专千人计划2个，高端外国专家项目12个。附属肿瘤医院教授劳伦佐·考恩(Lorenzo Cohen)(美国籍)获2011年上海市白玉兰荣誉奖。与9所境外大学或机构新签校际协议，新发展的境外大学包括美国俄亥俄州立大学、澳大利亚新南威尔士大学、以色列技术大学、土耳其考什大学等，进一步完善国际交流的布局，并开展实质性的合作和交流。

七、校友、校董和筹资工作。复旦大学通过校友、校董及社会各界获得的捐赠包括：复旦大学捐赠收入5 883.4万元，上海复旦大学教育发展基金会接受社会捐赠收入5 206.6万元；复旦大学教育发展基金会(海外)接受社会捐赠收入960万美元,折合人民币约6 048万元。

八、后勤保障工作。全年校园基础设施建设在建项目总建筑面积191 670平方米,总投资87 998万元,完成基本建设投资9 748万元。完成美国研究中心一期第一、二、四层消防改造工程,子彬院改扩建工程竣工,邯郸校区第二至六教学楼空调安装工程竣工;落实各级政府部门和学校对学生食堂的补贴政策,严格执行学校食堂基本菜肴价格规定;完成第一批和第二批计划用电试点单位用电指标的跟踪控制工作,及时报送各单位月用电情况,主动配合试点单位落实各项节能管理措施和技术措施;按教育部规定对学校1 906名在职在编"新人"住房补贴进行调整工作。

九、党建工作。2011年,校党委团结带领全校师生员工,全面贯彻落实科学发展观,深入开展创先争优活动,努力推动学校各项事业又好又快发展。

一是以改革创新的精神加强和改进党的建设,隆重纪念中国共产党成立90周年,梳理完善干部选拔任用工作制度,开展新一轮后备干部集中调整,加强干部教育培训,切实加强思想政治工作,切实加强党风廉政建设,全面部署和推进党务公开,主动深入做好统战工作和群众工作,切实维护校园安全稳定。

二是结合推进"为民服务创先争优",在全校组织开展"深入基层大走访大调研"活动。活动以"全面提高教育质量、加快建设世界一流大学"为主题,以查找和解决制约学校科学发展的突出问题和广大师生反映强烈的突出问题为重点,以转变领导干部和机关作风为着力点,以提高师生满意度为标准。截至2011年末,校党政领导带领有关职能部处负责同志走访59家基层单位,召开65场座谈会,直接听取1 098人次的意见和建议,同时校园网开设专栏征集意见,经过全面梳理和适当归并,共列出具体意见727条,为进一步梳理突出问题,推动整改落实,制定学校发展规划奠定坚实基础。 (邓续周　甄炜旎)

【学生多次获奖】 (1)第35届ACM国际大学生程序设计竞赛全球总决赛上,计算机科学技术学院田应涛、谢路昱、祝家烨组队参加获第27名。2011年高教社杯全国大学生数学建模竞赛上,3个参赛队获全国一等奖,4个参赛队获全国二等奖;在第二届全国大学生数学竞赛上,获全国一等奖2名、二等奖3名;2011年全国大学生电子设计竞赛(瑞萨杯)3个参赛队获全国一等奖,第28届全国部分地区大学生物理竞赛上,获上海市特等奖3名,一等奖7名,二等奖12名;第二届全国药学(中药学)专业大学生实验技能竞赛上获一等奖1名,二等奖1名;(2)6月16日,信息学院电子工程系5023寝室集体4位学生获"2010年度中国大学生年度人物"。 (甄炜旎)

【美国俄亥俄州立大学校长到访】 1月17日,美国俄亥俄州立大学校长戈登·吉(Gordon Gee)率团到访。校长杨玉良接待校长一行,并与俄亥俄州立大学签署校际合作协议。 (甄炜旎)

【比利时布鲁塞尔自由大学校长到访】 4月18日,比利时布鲁塞尔自由大学校长迪迪埃·维维耶(Didier Viviers)率团到访,与校长杨玉良续签两校合作与交流框架协议,并新签两校学生交流协议。访问团与复旦各院系的代表就深入落实双方的合作举行会谈,比利时驻沪总领事布鲁诺·乔治斯(Bruno Georges)出席会谈。 (甄炜旎)

【举行首届"港澳台交流日"活动】 4月19日上午,复旦大学港澳台事务办公室在外事处马锦明楼南草坪举行首届"港澳台交流日"的活动。活动邀请中国台湾大学、政治大学、台湾师范大学、新竹清华大学、东吴大学、逢甲大学、香港大学、香港理工大学、香港城市大学、澳门大学等知名高校参与,采取现场咨询与室内讲座相结合的形式,内容涵盖各自学校情况、研究生招生、校际交换生以及其他交流项目的介绍。 (甄炜旎)

【在"2010年度人大《复印报刊资料》转载学术论文指数排名"中获佳绩】 5月,收到中国人民大学人文社会科学学术成果评价研究中心贺信,祝贺复旦大学在"2010年度《复印报刊资料》转载学术论文指数排名"中获得佳绩。2010年高等院校总排名被转载全文10 230篇,涉及高等院校737所,复旦大学转载量(321篇)位列第3名,综合指数(0.653 738)位列第3名。在高等院校哲学、经济学、政治学、社会学、马克思主义理论、中国语言文学、新闻传播学、艺术学、历史学、工商管理和公共管理分学科转载排名中,学校表现突出,名列前茅,其中历史学转载量及综合指数排名位居第一;中国语言文学转载量及综合指数排名第二;哲学与政治学转载量及综合指数排名并列第三。 (甄炜旎)

【举办复旦大学第十二届世界校友联谊会】 该会议于5月7日在美国华盛顿举办,由复旦大学校友会主办,复旦大学华盛顿校友会和上海医科大学华盛顿校友会承办,美国各地校友会协办。会上,时任国际货币基金组织总裁特别顾问朱民,哈佛大学统计系主任、教授孟晓犁,英特尔中国研究院院长方之熙等校友做大会主题演讲。复旦大学副校长陆昉对话美国国务院开创性项目主任卡洛拉·麦克吉福特(Carola McGiffert),探讨中美教育合作和发展。中国驻美总领事陈雄风,美国首位华裔女大使、美国中美教育基金会主席张之香(Julia Chang Bloch),马里兰大学校长华勒斯·罗(Wallace Loh)等应邀到会祝贺,近400位海内外校友与会。时任校党委书记秦绍德、副校长许征、前校长王生洪、上海医科大学校友会会长彭裕文出席会议。部分在美访问的院系负责人也参加大会,介绍学院发展。 (甄炜旎)

【举办纪念陈望道诞辰120周年座谈会】 该座谈会于5月26日在复旦大学举行。由复旦大学主办,民盟上海市委、上海鲁迅纪念馆和义乌市委市政府协办。民盟中央副主席、上海市人大常委会副主任、民盟上海市委主委郑惠强,复旦大学党委书记、上海市社联主席秦绍德,上海市新闻工作者协会主席、上海新闻学会会长、复旦大学新闻学院院长宋超等出席活动并讲话。副校长林尚立,民盟上海市委秘书长姚卓匀,鲁迅纪念馆馆长王锡荣,义乌市委常委、宣传部部长潘文锋以及陈望道先生的家属、同事、学生代表、校内外专家学者代表、校内有关职能部处的负责同志和学生代表等100余人参加座谈会。 (甄炜旎)

【主办“上海论坛 2011”】 5 月 28—30 日，学校主办“上海论坛 2011”，主题为“经济全球化与亚洲的选择：市场、政府和全球治理结构”，共设 6 个分论坛及 4 个圆桌会议，来自全球 30 多个国家和地区的 300 多名代表围绕主题展开研讨，并发表论坛共识。上海市副市长赵雯，教育部党组成员、国家教育行政学院院长顾海良，复旦大学校长杨玉良，韩国 SK 株式会社副会长兼首席执行官崔再源出席会议并致辞。诺贝尔经济学奖获得者詹姆斯·莫里斯(James A. Mirrlees)、中国经济体制改革研究基金会国民经济研究所所长樊纲、联合国贸易和发展会议秘书长素帕猜·帕尼帕迪(Supachai Panitchpakdi)、英国能源研究中心主任詹姆斯·弗格森·斯基(James Ferguson Skea)和复旦大学中国社会主义市场经济研究中心主任张军分别发表主旨演讲。 (甄炜旎)

【召开上海复旦大学教育发展基金会第二届理事会第四次会议、复旦大学教育发展基金会(海外)董事会第五次会议】 该会议于 10 月 21 日在深圳召开。上海复旦大学教育发展基金会理事、复旦大学教育发展基金会(海外)董事朱之文、秦绍德、李达三、陈曾焘、王生洪、袁天凡、冯晓源、陈仲儿、刘洪文燕等出席会议。会议首先增补朱之文担任上海复旦大学教育发展基金会理事及复旦大学教育发展基金会(海外)董事，秦绍德辞去董事会主席一职，选举朱之文担任上海复旦大学教育发展基金会理事长、复旦大学教育发展基金会(海外)董事会主席。会议审议并通过《上海复旦大学教育发展基金会章程(修订稿)》，上海复旦大学教育发展基金会、复旦大学教育发展基金会(海外)2010 年工作报告、财务报告、2011 年财务预算安排。会上通报上海复旦大学教育发展基金会理事及秘书长变更情况，复旦大学教育发展基金会(海外)董事及总裁变更情况，复旦大学教育发展基金会(海外)投资情况以及今后的工作安排。并通过上海复旦大学教育发展基金会投资委员会名单。 (甄炜旎)

【完成上海区县人大代表选举工作】 2011 年 8 月至 11 月，在各相关区选举委员会和复旦大学选举工作组的部署和指导下，复旦大学各单位先后完成上海市市区县第 15 届人大代表选举工作。各校区及附属医院分别参加杨浦、徐汇、浦东、黄浦、静安、闵行等 5 个区的选举，其中杨浦区和徐汇区设有独立选区。杨浦区共设有 4 个选区，包括邯郸、江湾校区全体师生、机关、后勤、校产、直属中小学等，登记参选选民共计 21 352 人次。徐汇区共设 2 个选区，包括枫林校区、附属肿瘤医院、附属眼耳鼻喉科医院、附属中山医院全体师生医护员工，登记参选选民共计 9 333 人次。张江校区全体师生员工参加浦东新区选举，附属华山医院参加静安区选举，附属妇产科医院参加黄浦区选举，附属儿科医院参加闵行区选举。经过选举，复旦大学附属华山医院院长丁强、校党委副书记王小林、经济学院研究生王昕、校团委副书记冯艾、附属妇产科医院院长鄔惊雷、副校长许征、法学院工会主席孙晓屏、复旦附中教师李秋明、附属肿瘤医院副院长吴炅、中文系系主任陈思和、物理系教授周鲁卫、护理学院副院长胡雁、副校长兼上海医学院院长桂永浩、儿科医院院长黄国英、国务学院本科生曾凡越、国务学院教授臧志军、附属中山医院副院长樊嘉，总计 17 人当选为代表。 (刘金也　吴　莹　甄炜旎)

【杨玉良在美国艺术与科学学院发表演讲】 应美国艺术与科学学院(American Academy of Arts and Sciences)邀请，校长杨玉良赴美国旧金山，于 12 月 8 日在该学院的人文和社会科学委员会(Commission of Humanities and Social Sciences)会议上发表演讲。杨玉良在演讲中指出在经济取得巨大成就而社会发展面临转型的背景下人文和社会科学对于中国的重要性、复旦大学应对挑战的思考，以及我们所采取的相应的甚至超前的、包括通识教育在内的系统策略，认为要为“有思想的时代”作出贡献。演讲激起与会者响应，并引发相关讨论。 (甄炜旎)

【新增 2 位中国科学院院士】 12 月 9 日，信息科学与工程学院教授金亚秋、附属中山医院教授葛均波当选中国科学院院士。 (甄炜旎)

【获得“全国文明单位”称号】 12 月 20 日，在北京举行的全国精神文明建设工作表彰大会上，复旦大学附属华山医院、复旦大学附属中山医院获得“全国文明单位”称号，复旦大学继续保留“全国文明单位”称号。 (甄炜旎)

【上海数学中心成立】 12 月 31 日，教育部、上海市人民政府联合下发《关于批准成立“上海数学中心”的通知》(教技函[2011]94 号)。“上海数学中心”正式在复旦大学成立。该中心是由谷超豪院士向中央领导同志提请成立的，获得胡锦涛总书记多次批示，及中央有关部委、科学院及上海市政府领导高度重视，成立以教育部部长袁贵仁和上海市市长韩正为组长的建设领导小组。2 月，教育部和上海市政府组织对《上海数学中心筹建方案》的专家评审并获得通过。9 月，学校成立以杨玉良校长为组长的“上海数学中心”建设领导小组，下设筹建办公室，数学学院院长担任筹建办公室主任。筹建工作正式开始。 (甄炜旎)

【获 3 项国家科学技术奖】 高分子科学系江明、陈道勇、姚萍等的“大分子自组装的新路线及其运用”项目，信息学院金亚秋、徐丰、法文哲等的“极化电磁散射传输与空间微波遥感对地观测信息理论”项目获 2011 年度国家自然科学奖二等奖；中山医院葛均波、王吉成、程树军等的“新型可降解涂层冠脉药物洗脱支架的研制”获 2011 年度国家技术发明奖二等奖。 (甄炜旎)

【获 8 项国家级教学相关项目奖】 国际关系与公共事务学院颜声毅《当代中国外交》，化学系范康年《谱学导论(第 2 版)》，化学系吴性良、孔继烈《分析化学原理》，计算机科学技术学院施伯乐《数据结构教程》，经济学院华民《国际经济学》，历史学系姜义华《史学导论》，物理学系贾起民、陈暨耀《电磁学(第 3 版)》等 7 部教材获“十一五”国家级规划教材精品教材；哲学学院俞吾金《哲学导论》获全国高校教学名师奖。 (甄炜旎)

【3 篇论文入选全国优秀博士学位论文】 物理学系沈大伟的论文《2H 结构过渡族金属二硫属化物电子结构的高分辨角分辨光电子能谱研究》、生命科学学院徐书华的论文《高密度常染色体 SNPs 揭示的现代人群遗传结构》、计算

机科学与技术学院陈海波的论文《云计算平台可信性增强技术的研究》等3篇论文入选第十三届全国优秀博士学位论文。另有6篇博士学位论文入选全国优秀博士学位论文提名论文。 （甄炜旎）

【2项成果入选2011年度《国家哲学社会科学成果文库》】 学校2项成果入选《国家哲学社会科学成果文库》，分别是：古籍整理研究所刘晓南《宋代四川语音研究》、哲学学院张汝伦《〈存在与时间〉释义》。 （甄炜旎）

【3份研究报告入选2011年度高校哲学社会科学研究优秀咨询报告】 学校3份研究报告入选"2011年度高校哲学社会科学研究优秀咨询报告"，分别是：公共卫生学院郝模等的《解决医、患、药、保四方问题、打破公立医院改革僵局、实现医改突破的政策建议》；新闻学院翁铁慧的《网络群体性事件应对失策的教训与启示——解读埃及政局动荡的发生发展》；国际关系与公共事务学院熊易寒的《农民工子女的社会融入问题及其对策》。 （甄炜旎）

【多篇论文在国际顶级学术刊物发表】 5月，《科学》*Science* 发表谷迅课题组的技术评论文章"Comment on Positive Selection of Tyrosine Loss in Metazoan Evolution"；6月，《自然》*nature* 刊登游建强综述论文《基于超导电路的原子物理和量子光学》"Atomic physics and quantum optics using superconducting circuits"；7月，《环境科学与技术》*ES&T* 发表陈建民课题组论文"Particle Size Distribution and Polycyclic Aromatic Hydrocarbons Emissions from Agricultural Crop Residue Burning"；8月，《美国科学院院刊》*PNAS* 刊登黄吉平课题组论文"Herd Behavior in a Complex Adaptive System"；11月，*Developmental Cell* 刊载王学路课题组论文"Dual Role of BKI1 and 14-3-3s in Brassinosteroid Signaling to Link Receptor with Transcription Factors"；12月，《循环》*Circulation* 在线发表王红艳课题组论文"甲硫氨酸合成还原酶基因内含子上的功能性遗传变异显著增加中国汉族人群先天性心脏病发病风险"；《临床肿瘤学杂志》在线发表樊嘉课题组在肝癌早期诊断方面取得的新突破。 （甄炜旎）

学校领导班子成员及组织、机构负责人

复旦大学党委领导成员

党委书记：朱之文
党委副书记：陈立民 刘建中(女) 王小林
纪委书记：刘建中(女)
党委常委：朱之文 杨玉良 陈立民 刘建中(女) 王小林 陈晓漫 桂永浩 许 征(女) 金 力 冯晓源 陆 昉 林尚立 秦莉萍(女)

复旦大学行政领导成员

校 长：杨玉良
常务副校长：陈晓漫
副校长：蔡达峰 桂永浩 许 征(女) 金 力 冯晓源 陆 昉 林尚立
校长助理：丁光宏

中共复旦大学第十三届委员会委员

（共26人，按姓氏笔画为序）

王卫平	王小林	尹冬梅(女)	石 磊
冯 艾(女)	冯晓源	朱之文	刘建中(女)
许 征(女)	杨玉良	张一华	张宏莲(女)
陆 昉	陈立民	陈晓漫	林尚立
金 力	周 亚(女)	俞吾金	秦莉萍(女)
袁志刚	桂永浩	顾云深	黄丽华(女)
萧思健	程 刚(女)		

中共复旦大学第十三届纪律检查委员会委员

（共11人，按姓氏笔画为序）

牛伟新	朱建艺(女)	邬惊雷	刘季平
刘建中(女)	李 华(女)	李趣翎(女)	沈志宏
林学雷	胡鸿高	袁继鼎	

复旦大学校务委员会

主 任：朱之文
副主任：杨玉良 彭裕文
委 员：（按姓氏笔画为序）

丁光宏	王小林	王玉琦	冯晓源	朱依谆
江 明	孙晓雷	李若山	吴泉水	吴晓明
吴景平	吴 毅	张文渊	陆 昉	陆雄文
陈建民	陈思和	郝 模	胡鸿高	钟 扬
袁志刚	葛剑雄	童 兵	曾 璇	谢遐龄

复旦大学第六届学术委员会委员名单

（2011年12月20日递补）

主 任：闻玉梅
副主任：俞吾金 华 民 洪家兴 王威琪

人文学部

组 长：俞吾金(哲学学院)
副组长：周振鹤(历史地理研究所)
委 员：朱立元(中国语言文学系)
陈思和(中国语言文学系)
葛兆光(文史研究院)
吴晓明(哲学学院)

褚孝泉(外文学院)

社会科学与管理学部

组　长：华　民(经济学院)
副组长：彭希哲(社会发展与公共政策学院)
委　员：竺乾威(国际关系与公共事务学院)
　　董茂云(法学院)
　　黄　旦(新闻学院)
　　芮明杰(管理学院)
　　薛求知(管理学院)

理学部

组　长：洪家兴(数学科学学院)
副组长：陈家宽(生命科学学院)
委　员：沈　健(物理学系)
　　赵东元(化学系)
　　江　明(高分子科学系)
　　马　红(生命科学学院)
　　邹亚明(女)(现代物理研究所)

工程技术学部

组　长：王威琪(信息科学与工程学院)
副组长：陈建民(环境科学与工程系)
委　员：陈良尧(信息科学与工程学院)
　　张　卫(信息科学与工程学院)
　　陈雁秋(计算机科学技术学院)
　　武利民(材料科学系)
　　艾剑良(力学与工程科学系)

医学部

组　长：闻玉梅(女)(上海医学院)
副组长：秦新裕(中山医院)
委　员：马　兰(女)(上海医学院)
　　吴根诚(上海医学院)
　　汤其群(上海医学院)
　　郑　平(上海医学院)
　　金泰廙(公共卫生学院)
　　朱依谆(药学院)
　　王吉耀(女)(中山医院)
　　周良辅(华山医院)
　　丁　强(华山医院)
　　黄国英(儿科医院)
　　徐丛剑(妇产科医院)
　　王正敏(眼耳鼻喉科医院)
　　邵志敏(肿瘤医院)

复旦大学学位评定委员会第九届委员会

主　席：杨玉良
副主席：李大潜　金　力　俞吾金　顾玉东
委　员：王卫平　王威琪　冯晓源　孙南申　朱依谆
　　张　文　李良荣　杨福家　芮明杰　邵志敏
　　闵　昊　陈思和　陈家宽　林尚立　范康年
　　侯晓远　姜庆五　姜波克　查锡良　洪家兴
　　贺　林　赵东元　闻玉梅(女)　顾云深
　　彭希哲　褚孝泉　葛兆光　臧斌宇　樊　嘉
　　戴鞍钢

复旦大学第十六届工会委员会

主　席：刘建中(女)
常务副主席：袁继鼎
副主席(专职)：司徒琪蕙(女)　金再勤
兼职副主席：邱晓露(女)(兼妇委会专职副主任)
　　赵文庆
常务委员：(按姓氏笔画为序)
　　司徒琪蕙(女)　朱寅申　刘建中(女)
　　许晓明　杨慧群(女)　邱晓露(女)
　　金再勤　周志俊　周　斌
　　赵文庆　袁继鼎　殷莲华(女)
　　詹永森
委　员：(按姓氏笔画为序)
　　马晓华(女)　王士义　王丽军(女)　王威琪
　　包信忱　孙栋林　孙晓屏(女)　严法善
　　宋伟民　赵立行　姜银国　徐建军
　　谢　静(女)　潘　俊(女)

工会经费审查委员会

主　任：余　青(女)
委　员：沈玉桢(女)　陆　瑾(女)　郑　勇
　　徐恬静(女)

复旦大学党政部门及群众团体负责人

党委办公室

主　任：周　亚(女)
副主任：陈殷华

纪委

书　记：刘建中(女)
副书记：沈志宏

案件检查室

主　任：沈志宏(兼)

宣传教育室

主　任：李　辉(女,兼)

纪委办公室

主　任：徐韶瑛(女)

监察处

处　长：沈志宏(兼)
副处长：李　辉(女)

审计处

处　长：郁　炯(女)
副处长：吴佳新

组织部

部　长：秦莉萍(女)
副部长：徐　军

宣传部
部　长：萧思健
副部长：周　晔　方　明
新闻中心
主　任：方　明(兼)
统战部
部　长：阎嘉陵
副部长：陈　莉(女)
学生工作部(处)
部(处)长：许　玫(女)
副部(处)长：包江波(女)　刘召伟　薛海霞(女,兼)
研究生工作部
部　长：周立志
副部长：楚永全　罗英华(女)
保卫部(处)
部(处)长：唐晓林
副部(处)长：沈鸣华　张　磊
武装部
副部长：黄荣国(主持工作)
老干部工作处
处　长：丁言雯(女)
副处长：黄玮石　叶依群(女)
邯郸校区老干部党总支
党总支书记：周振汉
党总支副书记：赵少荃　黄玮石(兼)
枫林校区老干部党总支
党总支书记：郭晓燕(女)
党总支副书记：袁鸿昌　叶依群(女,兼)
机关党委
党委书记：张宏莲(女,兼)
党委副书记：周立志(兼)　王丽军(女)
校长办公室
副主任：李　倩(女,主持工作)　许　平(女)
发展规划处
处　长：刘季平
副处长：李粤江　陆　瑾(女)
学科建设办公室
主　任：刘承功
副主任：王亚平(女,兼)　张志芹(女)
人事处
处　长：周亚明
副处长：张　劲(女)　袁　新　许晓茵
教务处
处　长：陆　昉(兼)
副处长：丁光宏(兼)　郑方贤(兼)　臧德泉　王　颖(女)　应质峰(女)
招生办公室
主　任：丁光宏
研究生院
院　长：陆　昉(兼)
副院长：顾云深(常务)　汪　玲(女)
招生办公室
主　任：吴宏翔
科技处
处　长：龚新高
副处长：包志宏(兼)　殷南根　张　农　李高平　胡建华
科技大项目推进领导小组办公室
主　任：殷南根(兼)
军工保密办公室
主　任：张　农(兼)
"985工程"平台基地管理委员会平台管理办公室
主　任：陈晓漫(兼)
副主任：姜　宴(女)
文科科研处
处　长：杨志刚
副处长：葛宏波
医院管理处
处　长：夏景林
副处长：卢　清　赵　阳(女)
外事处
副处长：朱畴文(主持工作)　刘　莉(女)　唐文卿(女)
外国留学生工作处
副处长：杨增国(主持工作)　张　怡(女)
对外联络与发展处
处　长：张宏莲(女)
副处长：邵仁厚　孙　钢　丁　力
财务处
处　长：林学雷
副处长：张　育(女)　余　青(女)　聂　叶(女)
资产管理处
处　长：苏子敏
副处长：汪　皓　张　义
退管会
主　任：王小林(兼)
副主任：杨慧群(女,常务)　林　丽(女)
产业化与校产管理办公室
副主任：张莲琴(女,兼)　赵文斌
校产党总支
党总支书记：张莲琴(女)
后勤党委
党委书记：肖永春(女)
党委副书记：王万春(兼)　邵　瑜(女)
总务处
处　长：栗建华
副处长：王万春　王丽红(女)　郭建忠
房委会
主　任：许　征(女,兼)
副主任：江生和
基建处
处　长：姜佩珍(女)

副处长：陆卫国

枫林校区管理委员会办公室

主　任：吴　珍（女）

副主任：毛惠琴（女）

张江校区管理委员会办公室

副主任：葛海霓（主持工作）　王海晶　王正华（女）

江湾校区管理委员会办公室

副主任：周　虎（主持工作）　黄岸青（女）

医学学科建设办公室

主　任：王亚平（女）

副主任：莫晓芬（女）　余金明

医学科研管理办公室

主　任：伍　蓉（女）

副主任：王文斌　卢　虹（女）

医学教育管理办公室

主　任：鲁映青（女）

副主任：孙利军（女）　赖燕妮（女）

医学学位与研究生教育管理办公室

主　任：储以微（女）

副主任：任　宁　吴海鸣（女）

医学综合事务办公室

主　任：潘　俊（女）

副主任：刘金也（女）　谢静波

工会

主　席：刘建中（女，兼）

常务副主席：袁继鼎

副主席：邱晓露（女，兼）　司徒琪蕙（女）　金再勤

团委

书　记：尹冬梅（女）

副书记：徐　阳　冯　艾（女）　顾宇翔　梅　鲜（女）
高　天（女）　滕育栋　厉家鼎

妇委会

主　任：黄丽华（女，兼）

副主任：邱晓露（女）　殷莲华（女，兼）　梅岩艾（女，兼）
郑　珊（女，兼）

复旦大学院系所党政负责人一览表

复旦学院

副院长：李　钧（兼）　王德峰　高效江

党委书记：李　钧

党委副书记：薛海霞（女）

中国语言文学系

主　任：陈思和

副主任：傅　杰　陈引驰　祝克懿（女）

党委书记：张德兴

党委副书记：张豫峰（女）

外国语言文学学院

院　长：褚孝泉

副院长：曲卫国　魏育青　季佩英（女）　高永伟

党委书记：徐龙顺

党委副书记：曾建彬　徐　瑾（女）

历史学系

主　任：章　清

副主任：周　兵　邓志峰　翁　瑾

党委书记：金光耀

党委副书记：黄　洁（女）

文物与博物馆学系

主　任：陈红京

副主任：胡志祥　高蒙河

哲学学院

院　长：孙向晨

副院长：郑召利　王新生　郝兆宽

党委书记：胡华忠

党委副书记：邵强进

新闻学院

院　长：宋　超

常务副院长：黄　瑚

副院长：孙　玮（女）　李双龙

党委书记：俞振伟

党委副书记：谢　静（女）

经济学院

院　长：袁志刚

副院长：孙立坚　尹翔硕　杨长江　刘军梅

党委书记：石　磊

党委副书记：尹　晨　蔡晓月（女）

国际关系与公共事务学院

常务副院长：林尚立（兼）

副院长：吴心伯　陈玉刚

党委书记：沈兰芳（女）

党委副书记：陈明明　顾　莺（女）

法学院

院　长：孙南申

副院长：季立刚　张光杰　潘伟杰

党委书记：孙　锐

党委副书记：王　蔚（女）

社会发展与公共政策学院

院　长：彭希哲

副院长：梁　鸿　顾东辉　范丽珠（女）

党委书记：严　峰

党委副书记：周　楚（女）

管理学院

院　长：陆雄文

副院长：周　健（常务）　薛求知　孙一民（女）　殷志文
吕长江

党委书记：黄丽华（女）

党委副书记：叶耀华　姚　凯

数学科学学院

院　长：吴泉水

副院长：楼红卫　郭坤宇　林　伟　王永珍

党委书记：侯力强
党委副书记：刘金华(女)

物理学系

主　任：沈　健
副主任：马世红　周　磊　陈张海　陈骏逸
党委书记：蒋最敏
党委副书记：俞胜南(女)　陈骏逸(兼)

化学系

主　任：唐　颐
副主任：贺鹤勇　高　翔　张丹维(女)
党委书记：徐华龙
党委副书记：刘永梅(女)　郭　娟(女)

高分子科学系

主　任：武培怡
副主任：张　炜(兼)　刘天西　杨武利
党委书记：张　炜
党委副书记：包　涵(女)

环境科学与工程系

主　任：郑俊华
副主任：杨　新　周　斌　张士成
党委书记：马蔚纯
党委副书记：刘　翔(女)

信息科学与工程学院

院　长：郑立荣
副院长：汪源源　胡　波　石艺尉　刘　冉
党委书记：朱建艺(女)
党委副书记：屈新萍(女)　张荣君

计算机科学技术学院

院　长：王晓阳
副院长：臧斌宇　薛向阳　汪　卫
党委书记：张骏楠(女)
党委副书记：朱百祥　阳德青

材料科学系

主　任：武利民
副主任：吴晓京　张　群　于　瀛(女)
党委书记：肖　斐
党委副书记：江素华(女)

力学与工程科学系

主　任：艾剑良
副主任：马建敏　谢锡麟
党总支书记：殷昌义
党总支副书记：姚　伟(女)

生命科学学院

院　长：马　红
副院长：王红艳(女)　卢大儒　杨　继　江培翃(女)
党委书记：叶敬仲
党委副书记：钟　江　蒋　蕾(女)

上海医学院

院　长：桂永浩(兼)
副院长：汤其群　钱睿哲(女)　鲁映青(女,兼)
　　邹和建(兼)　阎作勤(兼)
党委书记：程　刚(女)
党委副书记：钱海红(女)　储以微(女,兼)

公共卫生学院

院　长：姜庆五
副院长：周志俊(兼)　钱　序(女)　陈　文
党委书记：傅　华

药学院

院　长：朱依谆
副院长：吴　伟　侯爱君(女)　孙　逊(女)
党委书记：陆伟跃
党委副书记：毛　华(女)

护理学院

院　长：贾宏丽(女)
副院长：胡　雁(女)　王君俏(女)
党总支书记：夏海鸥(女)
党总支副书记：曹育玲(女)

国际文化交流学院

副院长：吴中伟(主持工作)　胡文华(女)
党总支书记：沈肖肖

社会科学基础部

主　任：顾钰民
副主任：王贤卿(女)　吴海江
党总支书记：高国希
党总支副书记：孙　谦

体育教学部

主　任：王方椽
副主任：陈　琪　陈建强　马祖勤
直属党支部书记：汪　凯

实验动物科学部

主　任：杨　萍(女)
副主任：杨　斐
直属党支部书记：黄德桥

高等教育研究所

所　长：熊庆年

古籍整理研究所

副所长：陈广宏

中国历史地理研究所

所　长：吴松弟
副所长：安介生

现代物理研究所

所　长：邹亚明(女)
副所长：贺勉鸿(兼)　施立群
核科学与技术系副主任：陈建新
直属党支部书记：贺勉鸿

放射医学研究所

所　长：周志俊
副所长：邵春林
直属党支部书记：吴锦海

国际问题研究院

常务副院长：沈丁立

先进材料实验室

党总支书记：姜良斌

党总支副书记：刘顺厚

生物医学研究院

直属党支部书记：包志宏

脑科学研究院

直属党支部书记：陈靖民

复旦大学直属单位及附属医院党政负责人

文科学报

主　编：黄颂杰

副主编：吕晓刚

理科学报

主　编：杨玉良(兼)

医科学报

主　编：姚　泰

副主编：王吉耀(女)　沈　玲(女)　金泰廙　查锡良

图书馆

馆　长：葛剑雄

副馆长：李尧鹏(兼)　钱京娅(女,兼)　吴兆路　张计龙　杨光辉

党总支书记：李尧鹏

党总支副书记：钱京娅(女)

档案馆

馆　长：周桂发

副馆长：邱佩芳(女)　丁士华(女)

校园信息化办公室

主　任：宓　詠

副主任：闫　华(女)

学生服务联合体

主　任：陈浩明

副主任：张　谊(女)　孙晓虹(女)　刘明波

现代教育技术中心

副主任：邬忠华(主持工作)

艺术教育中心

副主任：郁秀兰(女,主持工作)　陈　寅(女)

分析测试中心

主　任：贺鹤勇(兼)

副主任：胡耀铭　任庆广

继续教育学院

院　长：方晶刚

副院长：应建雄　江国伟　章　沛

党总支书记：龚士珍(女)

网络教育学院

院　长：方晶刚(兼)

副院长：应建雄(兼)

复旦大学出版社有限公司

董事长：贺圣遂

总经理：杜荣根

总编辑：贺圣遂(兼)

常务副总编辑：孙　晶(女,兼)

副总编辑：刘子馨　张永彬　徐惠平　李　华　顾　轩

党总支书记：王凤霞(女)

党总支副书记：孙　晶(女)

复旦大学附属中学

校　长：郑方贤

副校长：方培君(女)　吴　坚　张之银

党委书记：王德耀

党委副书记：李　峻(女)

复华公司

总经理：蒋国兴

党委书记：任琳芳(女)

党委副书记：赵之凡

复旦大学附属中山医院

院　长：王玉琦

副院长：樊　嘉　高　鑫(女)　汪　昕　朱同玉　阎作勤　张志勇(兼)

党委书记：秦新裕

党委副书记：牛伟新　沈　辉

纪委书记：牛伟新(兼)

复旦大学附属华山医院

院　长：丁　强

副院长：吕　元　邹和建　黄峰平　汪志明　邵建华(女)

党委书记：顾小萍(女)

党委副书记：钱　飚　耿道颖(女)

纪委书记：钱　飚(兼)

复旦大学附属肿瘤医院

院　长：郭小毛

副院长：杜　祥　叶定伟　吴　炅　陈海泉　陈　震

党委书记：李端树

复旦大学附属眼耳鼻喉科医院

院　长：孙兴怀

副院长：迟放鲁　王德辉　徐格致

党委书记：李　华(女)

党委副书记兼纪委书记：王胜资(女)

复旦大学附属妇产科医院

院　长：邬惊雷

副院长：李　斌(女)　徐丛剑　姜　桦

党委书记：华克勤(女)

党委副书记兼纪委书记：陈晓军(女)

复旦大学附属儿科医院

院　长：黄国英

副院长：郑　珊(女)　王　艺(女)　盛　锋　周文浩

党委书记：徐　虹(女)

党委副书记兼纪委书记：张　瑾(女)

复旦大学附属金山医院

院　长：洪　震

复旦大学附属上海市第五人民医院

院　长：顾　勇

复旦大学附属公共卫生临床中心

主　任：张志勇

副主任：袁正宏(兼)　卢洪洲

党委书记：袁正宏

党委副书记：张志勇(兼)

一、院系所与公共教学单位

复旦学院

【概况】 2011年，复旦学院有在编教职员工23人。其中正高级职称1人，副高级职称3人，中级职称16人。聘任2011级专职导师10人，院系学生导师50人，"试点导师制"导师80人，2011级新生辅导员39人。学院设综合办公室、教学办公室、学生工作办公室、导师工作办公室、研究与编辑室等5个办公室。

7月，2 942名学生从复旦学院结业，其中2010级学生2 740人、2009级临床医学八年制专业112人、2009级公共事业管理专业23人，转院系降级学生67人。截至2011年底，复旦学院共有以下四类学生：(1) 2011级学生3 213人，其中中国学生2 975人，外国留学生238人；(2) 2010级学生243人；(3) 希德书院（复旦学院新设立的第五个书院，只有2010级学生）学生380人；(4) 另有香港大学等高校委托培养学生146人。

做好教育教学管理工作。春、秋两季学期共开设核心课程196门次（包括8门视频课程），开发新课20门。加强核心课程助教队伍建设、完善助教制度。选聘核心课程助教343人，其中硕士研究生228人，占总人数的66%，博士研究生115人，占总人数的34%。组织视频课程助教培训会议1次，召开六大模块助教工作座谈会5次，助教培训会议5次，助教选优交流会2次。通过丰富网站内容，优化用户体验，完善核心课程网站建设。

复旦学院导师工作平稳运行，重点深化。本年度，导师办公室先后召开7次导师工作会议，3次导师培训会议，2次专职导师座谈会；共安排各类导师1 000余人次固定值班，接受同学访问；试点导师每月一次和所指导同学进行交流；与学工办合作，开展"启航行动"学术参与计划，共组织导师提供各类学术研究项目（涵盖人文社科、基础自然科学和应用科学的广阔领域）26项，吸收200余名有科研兴趣和创新能力的同学参与。此外，导师还通过电话、电子邮件、飞信、博客等多种信息方式与同学展开交流，加强师生联系。

做好书院生活建设工作。进一步夯实书院生活内涵，以"读书"、"对话"、"适应"和"关怀"为关键词，扎实推进"书院生活方式"建设，夯实书院生活内涵。以"大学导航"、"学养拓展"、"公民教养"、"关爱成长"四大计划为实施手段，通过完善"学而时习斋"的平台，为书院生活营造较好的环境和氛围。重点推进"经典读书计划"，升级"经典读书计划报名系统"网站，导师、书目、活动等信息可在网页上公布，供师生浏览。截至2011年底，共有1 200多名学生通过网站向感兴趣的读书小组报名，其中1 021名学生通过系统审核后分别加入86个读书小组，其中含非一年级同学68名。读书活动共计开出经典书籍82本，其中文科类经典书目73本，理科类经典书目9本；中国典籍26本，西方典籍56本。

做好学风建设工作。通过"促学讲坛"、"学习热线"等方式，加强各项学业指导工作。其中，"促学讲坛"邀请导师、高年级学长为新生进行学习经验、学习方法、学业规划等方面的辅导，共开展30余场，参与学生近2 000余人，学习热线接到求助电话约300个。

加强学生心理健康教育。与校心理健康教育中心合作设计新生"幸福课"和幸福团训活动。促进学生对幸福的探讨和思考。开展"考前心理按摩"、"人际能力提升"、"新学期心态调整与个人规划"等主题的心灵成长沙龙和工作坊活动各6次，参与人数共计300余人。

2011年，复旦学院在全体新生党员中开展"创先争优——自行车排放"活动。党员在自行车停放比较混乱的时间段内，在书院楼前维持秩序，身体力行，推动校园文明和书院文明建设。2011年度，共计500余名党员、600余名入党积极分子参加志愿排车活动。推进"党支部书记集体备课"工作，共计开展理论讲座3场，现场观摩2场，主题讨论2场。

11月，《复旦通识教育》第八期出版，推出"通识教育与经典"小辑和"试点导师制"小辑。（黄　潇）

【启动核心课程教师自评工作】 3月11日—6月底，开展核心课程教师自评工作。针对截至2010秋季学期已经开设4次以上（含4次）的核心课程进行教师自评。共有约80门课程参与课程评估，每门课程均提交《核心课程教学研究性自评报告》，为专家评估提供依据。（孙燕华）

【成立第五书院希德书院】 7月，根据校党政联席会议的精神，来自物理、中文、社会和核技术等四个院系约380名2010级学生进入试点书院，开始复旦大学本科生教育改革的重要尝试。10月24日，校长办公会议（校字[2011]28期）讨论决定，将试点书院命名为"希德书院"，成为复旦学院的第五书院。希德书院院址位于南区宿舍一期6号楼和8号楼。该书院实行导师制和学生自我管理制度。10月11日，希德书院第一届学生自我管理委员会经选举后正式成立。10月30日，希德书院第一届学生监督管理委员会成立。原2010级复旦学院中文、物理、社会和核科学四系导师全部进入希德书院后，复旦学院继续在2011级克卿书院10个班级开展导师制试点工作，涉及中文、社政、国关、核技术、物理、生科、高分子和化学等8个院系共计80名导师，试点规模进一步扩大。

（代林利 茅 盾）

【开通院长信箱】 8月28日，为方便各位师生与复旦学院的沟通，开设院长信箱，鼓励师生以电子邮件的形式对复旦学院的工作提出意见和建议，信箱于3个工作日内予以答复。截至年底，共收到8人次来信8封，回信12封。内容涉及核心课程及其教师信息咨询、导师信息咨询、教材信息咨询、学院网站信息咨询等方面。

（钱 榕）

中国语言文学系

【概况】 2011年，中国语言文学系（简称中文系）包括中文系、语言文学研究所和6个研究中心。设有博士点11个，硕士点13个，博士后科研流动站1个，本科专业2个。

在职教职工116人，其中专职教师103人，行政人员11人，教辅人员2人。具有正高级职称52人，副高级职称36人，中级职称15人。

招收本科生108人，硕士研究生120人，博士研究生51人。在读本科生507人，硕士研究生279人，博士研究生232人。上半学年开设本科生课程117门，硕士研究生课程46门，博士研究生课程21门；下半学年开设本科生课程117门，硕士研究生课程56门，博士研究生课程20门。

申请到国家社会科学项目5项，教育部人文社会科学项目2项，上海市社会科学项目1项，国家语言委员会项目1项，国家新闻出版总署重大项目2项。出版学术专著、译著共30部，在国内外杂志上发表学术论文460余篇。

2011年，中文系举办、合办了一系列学术研讨、交流活动。5月，与澳大利亚悉尼大学联合举办“理论与实践：世界华人文学国际学术研讨会”，与会学者100人。10月，与法国巴黎八大、巴黎师范大学联合在巴黎举办“法国理论在中国、北美、法国”国际学术研讨会。10月，与莱比锡大学汉学系在莱比锡联合举办“信息时代的中国美学理论与实践”的国际学术研讨会，中外学者30余人参会。11月，与上海师范大学合作在复旦大学举办“文学理论的创新与文论教学”学术研讨会。12月，成功举办“口头叙事研究的途径与未来展望”学术研讨会。出席130余专家学者；主办第三届复旦大学中国文论国际学术研讨会，来自美国、新加坡、日本、韩国，以及中国台湾、香港、澳门的120余位代表提交论文，参加会议。

美国学者王德威、教授伊维德(Wilt L. Idema)，德国波恩大学教授拉尔夫·考茨(Ralph Kauz)、教授廉亚明，英国伦敦威斯敏斯特大学教授杨炼，早稻田大学教授孙猛，中国台湾地区教授梅嘉玲、教授郑毓瑜、教授叶国良，香港地区教授王宏志、教授张隆溪等应邀到系作学术报告、演讲，计50余场。

举办或合办学术研讨活动37场，接待国外交流来访56次(人次)，来访学校包括哈佛大学、普林斯顿大学、芝加哥大学、东京大学等20所大学。推进学生对外学术交流活动。通过联合培养、交流学习等形式，共派出36名本科生、20名研究生、6名博士生前往美国南加州大学、华盛顿大学、杜克大学、英国剑桥大学、荷兰皇家热带研究院、法国雷恩二大、莱比锡大学、芬兰赫尔辛基大学、日本神奈川大学等海内外大学交流学习。

张业松入选“教育部新世纪人才计划”。

2010级博士生鹏宇获教育部2011年度“博士研究生学术新人奖”。

（刘存玲）

【出版专业学位点获得批准】 2010年，经教育部批准，复旦中文系开设出版专业学位硕士点(MP Master of Publishing)，2012年正式招生。

（刘存玲）

【《中国文学史新著》、《简明中国文学史》日文、英文版出版】 4月，日本关西大学出版社出版《中国文学史新著》(章培恒、骆玉明主编)日文版。博睿(BRILL)出版社出版《简明中国文学史》(骆玉明著)英文版。两项出版物代表国内文学史研究成果在国际上的影响。

（刘存玲）

【承办第十届国际比较文学年会】 8月，承办第十届比较文学年会暨国际学术研讨会，国内外学者400余人参会，复旦大学比较文学学科优势成果在会议期间得到充分展示，获得海内外学者的高度赞扬。

（刘存玲）

哲 学 学 院

【概况】 设有博士后流动站1个，博士点9个、硕士点8个、本科专业2个。

有在职教职工69人，其中专任教师59人，行政教辅人员10人；其中具有正高级职称32人，副高级职称23人，中级及以下职称11人。博士后进站15人、出站9人、在校29人。

招收硕士研究生49人、博士研究生38人；毕业本科生103人、硕士研究生38人、博士研究生42人；在校本科生176人(不含本科一年级学生)、硕士研究生141人、博士研究生135人。学院春季开设本科生课程68门、硕士生课程36门、博士生课程20门；秋季开设本科生课程73门、硕士生课程37门、博士生课程21门。

科研方面，获批省部级以上课题8项，其中国家社科项目3项，上海社科项目2项，教育部人文社科项目3项。发表论文295篇，其中国内权威刊物8篇。出版著作35本，其中专著17本，译著6本，编著及教材12本。俞吾金的论文《从“道德评价优先”到“历史评价优先”：马克思异化理论发展中的视角转换》获第一届萧前哲学基金优秀论文奖，陈学明的著作《西方马克思主义教程》获第一届萧前哲学基金优秀著作奖。

对外学术交流方面，主办国际学术会议3个、国内学术会议5个，与会学者累计超过390人。邀请国内外学者开设学术讲座61次。出国进修访学教师2人。出国出境参加国际学术会议、讲学21人。有17名国际知名学者应邀来学院讲学、开设讲座。其中有意大利宗座圣多玛斯大学(Universitatis A Sancto)教授托马·阿奎因托(Thoma Aquinate),古希腊哲学、海德格尔专家霍斯特·塞德尔(Horst Seidl),意大利慈幼大学教授派瑞罗(Perillo),加拿大维真学院中国研究部主任、香港大学LKS医学院医伦理部主任许志伟教授,麻省理工大学阿默斯特校区(University of Massachusetts of Amherst)哲学系教授约瑟夫·莱文(Joseph Levine)、路易斯·安东尼(Louise Antony),美国匹兹堡大学哲学系教授贝尔纳普(Belnap),美国德鲁(Drew)大学教授、学术杂志*Value Inquiry*主编、美国价值学会会长托马斯·麦格内尔(Tomas Magnell),瑞典斯德哥尔摩索德托恩大学(Sodertorn University)教授杜斯特(Dariush Moaven Doust),基尔凯郭尔研究专家斯蒂芬·伊万斯(Stephen Evans)教授,乌纳穆诺(Unamuno)研究专家简·伊万斯(Jan Evans)教授,日本东洋大学教授吉田公平。

学生培养方面,张汝伦获评复旦大学第四届"研究生心目中的好导师"。2008级本科生辅导员傅锡洪获"复旦大学十佳辅导员"荣誉称号。张双利、韩煦获复旦大学2011届本(专)科毕业生"我心目中的好老师"提名奖。为在学生中营造学术文化氛围,4月25日,举办第12届Sophia人文节。4月11—19日,开展关注学生心理、生活,培养学生学术能力的Philo-service系列活动。5月21日下午,在光华楼东辅楼202室举办"太极与书法文化演绎及赏析会"。6月28日上午,在光华楼西主楼2401举行哲学学院2007级本科生毕业师生座谈会;下午在光华楼东辅楼102报告厅隆重举行了哲学学院2011届毕业生典礼。研究生培养方面,外国哲学专业陈伟的博士论文《在事实与规范之间——哈贝马斯法哲学研究》(指导教师莫伟民)入选上海市优秀博士学位论文,是哲学学院入选的第5篇。中国哲学专业张锦波的硕士论文《何晏思想研究》(指导教师刘康德),外国哲学专业赵协真的硕士论文《论斯宾诺莎〈伦理学〉中的conatus学说》(指导教师莫伟民)入选上海市优秀硕士学位论文。全年举行4次博士后沙龙,主题分别为"坠落,在一起——谈纳斯鲍姆的爱的知识"、"熊十力与康德的时空观辨析"、"普遍性之瓦解及其悖反——从主谓关系视角看施蒂纳的'egoism'"、"先验论证与物理主义——重解《作为一只蝙蝠是什么样的?》"。11月19日,举行2011博士生论坛哲学篇论文报告会。

党建工作方面。为纪念中国共产党建党90周年,开展一系列活动。5月17日,为入党积极分子举行"如何端正入党动机"座谈会。5月18日,组织二级党校第七期培训班学员赴上海中共一大会址参观。5月24日,学院党委、历史系党委和中文系党委合作举办"纪念建党九十周年"党史知识竞赛,举办纪念中国共产党成立九十周年书画摄影作品展。2009级硕士生、2008级本科生辅导员傅锡洪获"上海市教卫党委系统优秀共产党员",2007级本科生党支部获"复旦大学先进基层党组织",书记胡华忠获"复旦大学优秀党务工作者",俞吾金、金邦秋、2008级本科生张波获"复旦大学优秀共产党员"荣誉称号。09级本科生党支部获"2011年复旦大学优秀本(专)科生支部"、2007级本科生刘山林获"2011年复旦大学优秀本(专)科生共产党员"荣誉称号。 (魏洪钟)

【举办"哲学在教育和教育研究中的角色"国际学术研讨会】 该研讨会于1月7—9日在校举行,由复旦大学哲学学院教育哲学研究中心、美国伊利诺伊大学教育学院、复旦大学当代国外马克思主义研究中心、美国斯宾塞教育基金会联合举办。副校长蔡达峰在开幕式上讲话。该次会议是"复旦—伊利诺伊教育哲学研究推进计划"的活动之一。来自美国伊利诺伊大学、美国普林斯顿社会科学高等研究院、美国斯坦福大学、美国西北大学、加拿大多伦多大学、北京大学、北京理工大学、21世纪教育研究院、中国农业大学、首都师范大学、山东师范大学、南京师范大学、华东师范大学、南京大学、浙江大学、厦门大学、复旦大学等近20所中外高校和科研机构的近50名专家学者参会。 (高雅洁)

【参加"左翼论坛"并作发言】 3月17—20日,"左翼论坛"(Left Forum 2011)在美国纽约佩斯大学(Pace University)召开。当代国外马克思主义研究中心研究人员汪行福和张双利赴会,本届左翼论坛以"迈向团结的政治(Towards A Politics of Solidarity)"为主题。汪行福在"马克思主义与中国"专场做了发言:Chinese Dilemma: The Synthesis of Marx and Marshall,由纽约大学政治系主任乔治·科米内尔(George Cominel)主持,诺尔曼·莱文(Norman Levine)教授作评论人;张双利老师先后在"今日的马克思:马克思在全球范围内的被接受情况"和"圆桌会议:当今世界上的反资本主义的左派"等两个分论坛上发言,其发言的题目分别为"马克思在今日中国"和"论中国的反资本主义的左翼思潮"。到会人员超过2 000名,听众提问踊跃。 (高雅洁)

【学院党政领导班子换届】 4月26日,举行新一届行政领导班子宣布大会。会议由哲学学院党委书记胡华忠主持。校党委常委、组织部部长秦莉萍宣布新一届行政班子成员名单,孙向晨任院长,郑召利、王新生、郝兆宽任副院长。校党委书记秦绍德出席并讲话。6月21日下午,举行中国共产党复旦大学哲学学院第二次代表大会。王新生、邓安庆、张双利、邵强进、郑召利、胡华忠、盛情当选新一届党委委员。胡华忠当选为书记、邵强进当选为副书记。 (魏洪钟)

【举办"全球化时代中国价值和德性的复兴国际学术研讨会"】 该会议于6月26—27日在校举行,由复旦大学全球化与中国文化价值研究中心、复旦大学哲学学院、复旦大学国外马克思主义与国外思潮研究创新基地和美国价值和哲学研究理事会共同举办。哲学学院副院长王新生主持开幕式，哲学学院院长孙向晨、复旦大学当代国外马克思主义研究中心主任俞吾金和美国价值和哲学研究理事会秘书长爱德华·阿兰分别致辞。美国哲学和价值理事会主席乔治·麦克林通过网络视频发表讲话并向各位代表表示问候。来自美国、加拿大、意大利、俄罗斯、泰国、喀麦隆等国家的代表参会，中方代表包括台湾辅仁大学、上海社会科学院、华东理工大学、北京师范大学、上海音乐学院和复旦哲学学院的专家学者30多人参会。　　（高雅洁）

【举办上海市自然辩证法研究会学术年会暨上海市中青年技术哲学论坛】 该论坛于10月15日在校举行。由上海市自然辩证法研究会主办，复旦大学哲学学院承办。来自复旦大学、上海交通大学、同济大学、华东师范大学、上海社会科学院、上海理工大学、上海海洋大学等单位的70多位专家学者、学生参会。论坛分为两部分：第一部分为上海市自然辩证法研究会学术年会，其主题为“科学技术哲学前沿问题研讨”；第二部分为上海市第五届中青年技术哲学论坛，其主题为“多维视野中的物理论”。

（魏洪钟）

【举行“社会主义核心价值”高峰论坛】 该论坛于11月5日在校举行。由哲学学院教授冯平领衔的“社会主义核心价值体系”上海市社会科学创新研究基地和国家社科基金重大项目“建设社会主义核心价值体系——当代中国社会主义核心价值观的构建、阐释与落实”课题组主办，得到上海市社会科学界第九届学术年会筹委会的资助。参会代表有中央编译局局长衣俊卿、南京大学党委副书记张一兵、华中科技大学党委副书记欧阳康、中国社会科学杂志社研究员孙麾，以及上海各高校研究核心价值的专家学者和课题组成员共20余人。会议围绕“在目前这样一个转折时期，作为一名哲学研究者到底能够为中国的发展提供一种什么样的价值理念”的问题意识展开讨论。

（魏洪钟）

【举办上海市哲学学会“第一届中青年学者论坛”】 该论坛于11月26日在校举行。由上海市社会科学联合会、上海市哲学学会主办、复旦大学哲学学院承办。是上海市社科联第五届学会学术活动月系列活动之一，也是上海市哲学学会第一届中青年学者论坛。上海市哲学学会秘书长、上海电力学院教授李家珉，上海市哲学学会会长、复旦大学哲学学院教授吴晓明；复旦大学哲学学院教授王凤才，上海财经大学文学院教授马拥军等专家到会并做主题发言。来自上海各高校的正式代表约60人参会。

（高雅洁）

【举办上海市宗教学会第六届青年论坛】 该论坛于11月26日在校举行。由上海市宗教学会主办，复旦大学哲学学院宗教系承办。论坛主题为“上海的宗教状况和宗教研究”。来自上海市社会科学院、上海大学、华东师范大学、上海师范大学、同济大学、上海外国语大学等研究机构和高校的近30名硕、博士生和青年教师围绕宗教历史研究、基督宗教研究、宗教学理论、伊斯兰教和民间信仰研究、佛教研究、宗教与社会公益事业等主题进行学术交流和探讨。　　（魏洪钟）

历史学系

【概况】 2011年，历史学系设有博士后流动站1个，博士点7个，硕士点6个，本科专业1个。旅游学系博士点1个，硕士点1个，本科专业1个。

历史学系、旅游学系在编教职员工74人。其中专任教师63人，具有正高级职称25人，副高级职称21人，讲师17人。党务行政、学工、图书资料人员11人。租赁行政人员2名，非在编全聘教师1名。历史学系招收本科生约60人、硕士研究生33人、博士研究生30人；旅游学系招收本科生约30人、硕士研究生8人、旅游管理专业硕士（MTA）16人、博士研究生3人。2011年历史系毕业本科生51人、硕士研究生26人、博士研究生18人；旅游系毕业本科生48人、硕士研究生12人、博士研究生2人。9月，招收第一批旅游管理专业硕士，共计15人，该专业硕士学位（MTA）授予权于2010年9月取得。

两系全年科研项目立项22项，其中国家社科基金重大项目1项，国家社科基金项目3项，教育部人文社科重点研究项目1项，教育部人文社科研究项目5项，中央其他部门社科专门项目1项，省市自治区社科基金项目2项，上海市社科规划重大项目1项，上海市教委科研创新重点项目1项，上海市浦江人才项目1项，学校社科项目5项。出版著作21部，其中专著14部，编著5部，译著2部，其中戴鞍钢的《晚清史新编》获得上海市高校教材一等奖，巴兆祥的《中国民俗旅游新编》获得上海市高校教材二等奖。在国内外学术期刊及报章发表论文210篇，其中权威期刊2篇，核心期刊102篇，一般期刊106篇。

举办研讨会共6场次。主办光华杰出人文学者系列讲座4场。邀请加州伯克利大学东亚研究所所长叶文心到系开展“民国知识人：历程与图谱”系列讲座。设立“史学论坛”和“旅游学论坛”，邀请海内外专家作学术讲座42次。有33人次出访参加国际会议、访问研修或演讲授课；32名学生出国（境）学习。

2011年，聘用德国籍教授史傅德（Fred E. Schrader），原为法国巴黎第八大学一级教授，学术专长主要在欧洲近现代史领域，曾获法兰西学院奖，兼任法国巴黎高等师范学院的教授。此外，还聘请一名台湾籍老师林志鹏为副研究员。

（赵芸芸　陈真伟）

【完成资料室10万册藏书回溯编目工作】 该工作于9月全部完成。经过回溯编目，资料室藏书与校图书馆检索系统完全接轨，有助于全校师生对历史系馆藏图书资料的利用。该工作开始于2010年3月，由系资料室协助校图书馆完成，10万册图书资料经过回溯编目，粘贴条形码、磁条和标签，最后分类排列上架。

（于翠艳　李春博）

【获赠日本学者藏书】 12月，东京大学原教授并木赖寿的家属将其毕生藏书近2万册赠与历史学系。藏书中涉及中国近代史及中日关系史的日文、中文论著以及相关文献资料，具有较高的学术价值经过校图书馆编目后便可向读者开放。并木赖寿教授专攻中国近代史和中日关系史，2009年8月去世。

（于翠艳　李春博）

【建成电子阅览室】 该阅览室于9月在系资料室建成，购进高速扫描仪一台，缩微胶卷1686卷。缩微胶卷全部为晚清至民国时期的各地报纸，主要包括国家图书馆、南京图书馆、天津图书馆、重庆图书馆等地馆藏旧报纸，共计246种。经过高速扫描仪扫描后，可将缩微胶卷转换为PDF文档，直接在电脑上阅读。

（于翠艳　李春博）

【举办"圆明园劫难记忆：域外文献与中国近代史研究"学术研讨会】 该学术研讨会于6月18日在校举行。由上海历史学会、复旦大学历史学系、圆明园管理处和中西书局共同举办。来自海内外的数十位专家学者围绕中西书局新近出版的"圆明园劫难记忆译丛"与中国近代史研究之关系，开展学术讨论。（赵芸芸）

【举办"传承与变革——10—14世纪中国的多边政治与多元文化"国际学术研讨会】 该会议于8月27—29日在校举行，由历史学系主办。来自海峡两岸及美、日等国的辽、宋、金、元史学者29人参加会议。会上，围绕各领域的8个主题提交19篇文章，从文献、史学史、文化史、天文史、政治、军事、法制、经济等多个角度探索晚唐以后中国历史分途发展并最终合流的演进过程。（赵芸芸）

【举办"民国人物的再研究与再评价"学术研讨会】 该会议于9月10—11日在校举行。由复旦大学历史学系、复旦大学近代中国人物与档案文献研究中心、美国史坦福大学胡佛研究所共同举办。来自美国、加拿大、日本、中国台湾地区的50余位学者开展6场主题发言和1场总结性的综合讨论，从不同视角，运用不同研究方法对民国人物的历史问题进行讨论。

（赵芸芸）

【举办光华杰出人文学者系列讲座之叶文心"民国知识人：历程与图谱"】 该系列讲座共有4场，分别于10月12、14、17、19日在校举行，由历史学系主办。主讲人叶文心为美国加州大学伯克利分校历史学博士，现为美国加州大学东亚研究所所长。讲座以"民国知识人：历程与图谱"为题，分为"废了科举以后"，"踏出乡关"，"进城""文明场域"四场进行，内容着眼于民国时期一般知识人的历程。光华杰出人文学者系列讲座是由复旦大学与台湾光华教育基金会共同出资重点扶持人文学科发展，支持高端学者访问的项目。（赵芸芸）

【举办"古希腊思想的起源与知识的形成"国际学术研讨会】 该会议于11月11—13日在校举行，由历史学系主办。会议以主题发言的形式展开，主要围绕研究方法与知识的流传、宗教知识、历史知识、悲剧与诗歌知识、古代中国经学与中古东亚的博物学等五个方面展开研讨，11位中外学者先后进行主题发言，最后通过圆桌讨论的形式，与会学者与复旦大学学生进行交流。（赵芸芸）

【举办"大学变化中的价值观"国际研讨会】 该会议于11月24日在校举行，由复旦大学历史学系、德国艾伯特基金会上海办公室联合主办。共有47位专家和学者参加论坛，分别就历史和现实角度看大学校园中的价值观以及社会政治参与所涉及的理论背景和社会变迁等议题作学术报告。与会教授、学者、学生就当今学生群体的政治抱负以及背后延伸出的制度层面的问题展开互动。

（赵芸芸）

【举办"新文化史与上海研究"国际学术会议】 该会议于12月9—12日在校举行，由历史学系和上海史研究中心主办。美国、日本、德国、加拿大、香港和中国台湾地区的上海史研究者应邀参加。20多位学者围绕会议主题进行学术报告。会议围绕新文化史与传统史学的关系、史学碎片化等问题进行交流。（赵芸芸）

【完成分党委换届】 6月21日，在光华楼东辅楼102报告厅举行中共复旦大学历史学系第二次党员代表大会。大会实到会代表90人，采取无记名差额选举的办法，选出新一届分党委成员。后智钢、吴本、吴松弟、张海英、罗凌、金光耀、高蒙河、黄洁、章清等当选为中共复旦大学历史学系第二届委员会委员。金光耀当选党委书记，黄洁当选党委副书记。（赵芸芸）

文物与博物馆学系

【概况】 2011年，文物与博物馆学系（下文简称"文博系"）设博物馆学1个本科专业，考古学及博物馆学、文物学2个学术硕士点和2个博士点，文物与博物馆1个专业硕士点。

有在职教职工23人。其中专任教师16人、行政人员2人、教辅人员5人；具有正高级职称9人、副高级职称3人、中级职称10人；研究生指导教师11人，其中博导8人。

招收硕士研究生21人、博士研究生10人。在读本科生81人、硕士研究生32人、博士研究生34人。学院春季开设本科生课程21门，其中专业课程15门、综合教育课程3门、文理基础课2门、东北片区跨校选修课1门；秋季开设本科生课程16门，其中专业课程10门、综合教育课程4门、文理基础课程2门。开设研究生课程33门，其中硕士研究生课程20门、博士研究生课程13门。4月，文博系沿行多年的历史学一级学科学位授予点下的考古学二级学科授予点，调整为考古学一级学科研究生学位授予点。4月，与苏州和氏设计营造工程有限公司合作，设立"复旦大学文博系学生实习基地"和"复旦大学博物馆科研基地"。

承担国家自然科学基金项目1项，国家文物局项目1项，教育部项目1项，省市区级项目8项，其他各类项目4项。发表论文39篇，译文2篇，出版专著3部，译著2部。10月28日，《人民日报内参》刊发陆建松的《把博物馆教育制度化地纳入国民教育体系中》，文章得到中央政治局常委李长春同志和分管工作的政治局委员的批示。陈淳《考古学研究入门》获2011年上海高校优秀教材奖二等奖、翻译的《龙骨山：冰河时代的直立人传奇》入选 2011《中华读书报》报刊评选的年度十佳图书。与苏州和氏设计营造工程有限公司合作，设立"复旦大学文博系学生实习基地"和"复旦大学博物馆科研基地"。

全年共有 56 人次教师参加国内外学术会议，提交会议论文 15 篇。美国得州理工大学藏品管理研究员宛湄、日本中央大学文学部教授阿部幸信、大阪市立东洋陶瓷美术馆主任学艺员小林仁、东京大学东洋文化研究所副教授小寺敦等国外专家到系作学术讲座。美国宾夕法尼亚大学考古学与人类学博物馆高级典藏员周秀琴，华盛顿大学人类学系主任、教授基德尔(Traistram R. Kidder)，韩国同德女子大学保管与视觉艺术管理系师生，《东南文化》编辑部毛颖等到系参观交流。1 名教师以访问学者身份赴英国剑桥大学学术交流一年。全年举办展览 6 场次。（俞　蕙）

【设立"复旦大学文博系和氏奖学金"】 该奖学金于 4 月由苏州和氏设计营造工程有限公司出资设立。每年评选一次，用于奖励品学兼优、全面发展的文博系本科生。（张连娟）

外国语言文学学院

【概况】 2011 年，外国语言文学学院下设英语系、法语系、德语系、俄语系、日语系、韩语系、翻译系、大学英语教学部(简称大英部)等教学单位，设外国语言学研究所、外国文学研究所、法国国家研究中心、北欧文学研究所、莎士比亚研究室、辞书编纂研究室等学术研究机构。设有英语语言文学和外国语言学及应用语言学 2 个博士点，1 个博士后流动站。有 7 个硕士点，7 个本科专业，1 个第二专业。

有在职教职工 180 人。其中专任教师 165 人，行政人员 15 名。具有正高级职称 22 人，副高级职称 54 人，中级及以下职称 104 人。有研究生指导教师 48 人，其中博士生导师 17 人，硕士生指导教师 31 人。

招收本科生 157 人，硕士研究生 63 人，博士研究生 14 人。在读学生 782 人，其中本科生 448 人、硕士研究生 157 人、博士研究生 67 人、留学生 110 人。

出版专著 17 部，发表论文 42 篇。全年有 24 人次出境参加各类学术研讨会。有近 40 位国内外知名专家学者到院开展学术交流活动，包括牛津大学学者、《牛津英语大词典》主编约翰·辛普森(John Simpson)，翻译家罗新璋，香港城市大学教授张隆溪，法国教育部汉学总督学菲利普·巴雷(Philippe Barret)，香港大学教授林舜玲，美国密西根州立大学博士苏珊·加斯(Susan Gass)，台湾大学粱欣荣，韩国国立首尔大学尹汝卓，日本著名学者铃木贞美等。其中 11 月 20 日—12 月 1 日在光华楼 102 举办的张隆溪讲座是"复旦光华人文基金—高端人文学者访学计划"之一，该讲座题目为"阐释学与跨文化研究"，张隆溪从阐释学的基本观念，经典、权威与文化传统，语言、艺术与审美意识，阐释学与跨文化研究等几个方面对阐释学与跨文化研究进行深入解读。其演讲内容经过选编后已通过"网易"网络公开课的方式向社会公众开放。

学院学生积极参加社会实践活动。近 60 余人在第十七届上海电视节和第十四届上海国际电影节中担任志愿者，承担了台本翻译、字幕播放、外事接待等工作。学院学工组被组委会授予优秀组织奖，10 级研究生庄稼、08 级本科生武琛获评优秀志愿者。外文学院团委获评上海市五四特色团委、外文学院世博志愿者外事长期岗临时团支部获评上海市五四红旗团支部，10 级博士生管阳阳获上海市三八红旗手称号。

10 月 16 日，复旦大学博士生学术论坛之外文篇开幕式在光华楼袁天凡报告厅举行。论坛以"文韵·言律·译思"为主题，由复旦大学研究生院、复旦大学党委研究生工作部、复旦大学外国语言文学学院、上海外国语大学研究生部、浙江大学外语学院共同主办，复旦大学研究生会、复旦大学外国语言文学学院研究生团学联承办。来自复旦和各兄弟院校的近 200 名博士生、硕士生与会参与学术探讨。该次论坛共收到 3 所学校博士硕士研究生论文 56 篇，其中包括 9 篇德语、俄语和日语少数语种论文，囊括文学、语言学、翻译学三大语言研究领域，共有 12 篇优秀论文在论坛上宣读。

学院学生在全国各类测试和地区比赛中成绩突出。学生在教育部组织的专业测试中成绩优良：英语专业四级合格率 98.4%，优秀率 50%；专业八级笔试合格率 97.4%，优秀率 22%；俄语专业四级合格率 100%，优秀率 35.7%；俄语专业八级合格率 46%；日语专业四级合格率 94%，优秀率 25%；日语专业八级合格率 94%；法语专业四级合格率 100%，优秀率 82.35%；法语专业八级合格率 69%，优秀率 12.5%；德语专业四级合格率 100%，德语专业八级合格率 100%。

德语系 2008 级本科生郁宇静、王悦在全国第五届德语专业辩论赛中获冠军；日语系 2008 级本科生焦世佳在第 25 届"上海大学生日语演讲比赛"中获第一名。（白　冰）

【《牛津英语大词典》主编到访讲学】 3 月 29—30 日，牛津大学学者、《牛津英语大词典》主编约翰·辛普森(John Simpson)应邀到院演讲。演讲中，辛普森(Simpson)介绍《牛津英语大词典》的历史沿革和当代发展，词典编纂应如何更好与时代语境相结合。200 余名复旦师生参与听讲和提问。该次活动是复旦大学第十五届外文节·白菜与国王系列学术讲座的组成部分。（白　冰）

【举办程雨民 85 岁诞辰学术研讨会】 该研讨会于 10 月 15 日在校举行。胡壮麟、严辰松、潘文国等 24 位海内外知名语言学家应邀出席会议，并围绕"中国特色的语言学研究"主题，探讨程雨民在语言学领域的研究成果和研究理论精华。程雨民在会上作《20 年来说话研究的报告》的主题演讲，回顾并总结退休后 20 年来的学术研究成果。（白　冰）

【举办"近代百年——日本文学中的

上海(1900—2000)"国际研讨会】 该研讨会于10月21—23日在文科楼209举行。由复旦大学、中国社会科学院外国文学研究所、日本文学研究会联合主办。20余名来自日本、中国台湾和大陆的专家学者围绕日本近现代文学与上海的关联性发言并展开讨论。来自上海其他高校的师生50余人参与听讲和提问。 (白 冰)

【举办"中法跨文化对话——程抱一先生的创作与翻译国际研讨会"】 该研讨会于11月21—25日在校举行。由复旦大学、法国国家图书馆、法国"文学研究发展协会"联合举办。会议就程抱一所经历的"异的考验"、中国文化在异域的传播和接受等题目展开讨论。来自北京大学、南京大学、武汉大学、法国国家藏书楼、法国巴黎索邦大学、法国南锡大学的中法专家40余人参会。 (白 冰)

法 学 院

【概况】 2011年,法学院设一级学科博士后科研流动站1个,一级学科博士点1个,二级学科博士点2个,一级学科硕士点1个,二级学科硕士点9个,法律硕士专业学位点1个,本科专业1个。民商法学科为上海市重点学科。

有在职教职工71人,其中专任教师57人、行政人员8人、教辅人员6人。具有正高级职称32人,副高级职称18人;博士研究生指导教师25人,硕士研究生指导教师49人。

招收硕士研究生394人,其中含专业学位生319人、外国留学生4人;博士研究生25人。在读本科生409人;硕士研究生1 347人,其中专业学位研究生1 117人;博士研究生73人。学院春季开设本科生课程71门,其中法学院课程36门,外系课程3门,全校公共选修课程20门,第二学位、跨校辅修课程12门;秋季开设本科生课程79门,其中法学院课程44门,外系课程1门,全校公共选修课程22门,第二学位、跨校辅修课程12门。开设研究生课程241门,其中硕士课程205门,博士课程36门;学位基础课程81门,其他课程160门。"民事诉讼法学"获评"上海市精品课程","刑事诉讼法学"入选上海市重点建设课程。

申请到国家哲学社会科学基金项目5项,教育部人文社会科学项目1项,承接横向课题44项。科研经费到款339.85万元。在国内外杂志上发表学术论文192篇,其中在CSSCI收录刊物上发表论文73篇;提交决策咨询报告2篇,出版专著11部,教材、译著8部。召开国际学术会议2次,国内学术会议3次。

加强对外学术交流。开设中国商法国际硕士项目第二期。美国哈佛大学、凯斯西储大学、圣路易斯华盛顿大学、芝加哥大学、宾夕法尼亚大学,英国利物浦大学,苏格兰爱丁堡大学,澳大利亚邦德大学,荷兰鹿特丹以拉姆斯大学,德国汉堡法学院(Bucerius Law School)和俄罗斯高级经济学院等国际著名大学法学院教授、院长共计20余人次应邀到院进行交流访问与教学活动。与美国佐治亚大学法学院开展暑期班项目,与德国康斯坦思大学开展校际法学论坛项目。

中国社会科学院学部委员、法学研究所研究员、《法学研究》杂志主编梁慧星,国家行政学院法学部主任胡建淼,中国法学会民法学研究会会长、中国人民大学党委副书记、副校长王利明,中国人民大学民商事法律科学研究中心主任杨立新,《中国法学》杂志总编辑、中国人民大学教授张新宝,中国法学会宪法学研究会副会长、华东政法大学教授童之伟,上海财经大学教授廖益新,上海市长宁区人民法院院长邹碧华,奥地利欧洲侵权法研究中心主任肯·奥利芬特,澳大利亚西悉尼大学法学部部长卡罗琳·沙培汀等20余位国内外知名专家、学者到院进行学术交流,涉及当前法学研究的诸多前沿领域。

扎实开展学生工作,发挥专业优势开展"一二·四"宪法宣传周和学生法律援助活动;举办第十届"法律人节"。 (宋永华)

【举办侵权法的借鉴与融合国际研讨会】 该会议于8月16—17日在校召开,由中国法学会民法学研究会、复旦大学法学院民商法学科、中国人民大学民商事法律科学研究中心、复旦大学医事法研究中心、东亚侵权法学会共同举办。来自美国、英国、澳大利亚、日本、奥地利、韩国、中国的50余名专家学者参加会议。会议围绕"不同法域下侵权责任法的借鉴与融合"的主题展开研讨。 (宋永华)

【举办英国模拟法庭演示DVD发布与理论研讨会】 该会议于11月18日在校召开,由校司法与诉讼制度研究中心与英国驻上海总领事馆联合主办。英国外交部国务大臣杰里米·布朗、英国驻上海总领事戴伟绅,以及来自复旦大学、西南政法大学、辽宁大学、华东政法大学、上海市第一中级人民法院、上海市人民检察院和恒建律师事务所、德恒律师事务所等单位的40余名代表参加会议。会上展示英国对抗式诉讼的法庭质证规则,与会专家学者围绕"法庭质证规则与我国刑事诉讼法的修改"的主题进行研讨。 (宋永华)

国际关系与公共事务学院

【概况】 2011年,国际关系与公共事务学院有国家重点学科2个,有公共管理与公共政策研究国家哲学社会科学创新基地1个,博士后流动站2个,二级学科博士点6个,自设博士点1个,硕士点6个,专业学位硕士点(MPA硕士)1个,本科专业4个。

有在职教职工78人。其中专任教师64人,行政管理人员14人;具有正高级职称28人,副高级职称23人,中级职称22人;博士生导师20人,硕士生导师31人。新进教师5人。包霞琴赴日本庆应大学进修1年,唐贤兴赴美国加州大学洛杉矶分校进修1年,肖佳灵赴美国乔治城大学进修1年,李辉赴美国哥伦比亚大学进修1年,陈玉聃赴瑞典隆德大学进修1年。

招收本科生138人,硕士研究生61人,博士研究生28人,公共管理专业学位硕士生(MPA)260人。在读本科生466人,硕士研究生251人,公共管理专业学位硕士生(MPA)799人,博士研究生128人。毕业本科生161人,硕士研究生64人,公共管理专业硕士生(MPA)251人,博士研究生35人。在站博士后46人,进站博士后21人,出站博士后16人。举办公共管理高级研修班24个,行政管理研究生课程进修班4个。

申请到国家社科基金项目12项、省部级科研项目6项和校级科研项目7项。主办大型学术会议14个,其中国际会议3个、国内会议11个。出版著作10部、编著6部、译著3部,出版《复旦政治学评论》、《复旦公共行政评论》、《复旦国际关系评论》和《复旦政治哲学评论》4种学术评论。在国内外发表论文176篇,其中SSCI期刊4篇、权威期刊6篇、CSSCI期刊55篇、一般期刊111篇。

加强制度建设和管理。学院党政班子推进学院的教学指导委员会、教授委员会和学术委员会的建设。2011年新制订《国际关系与公共事务学院教师教学工作量考核办法》等规则条例,以制度化方式促进学院各项工作的科学、民主和规范管理。为提高科学学位硕士研究生的培养质量,教学指导委员会修订并通过《国际关系与公共事务学院提高科学学位硕士研究生培养质量的办法》等管理办法。建立的公共学术平台"制度建设研究中心",完成学术整合,提供学术服务,提升学术影响力。该平台全年共主办大型学术会议14场。

学院教师35人次在国外境外讲学、访问、参加会议或进行学术交流,学生160余人次赴美国、加拿大、英国、法国、德国、意大利、比利时、奥地利、爱尔兰、荷兰、瑞典、丹麦、芬兰、墨西哥、新加坡、日本、韩国、中国等20余个国家和地区的高校或研究所进行访学与交流。开展"中国政治与外交"英文硕士项目以及与法国巴黎政治学院的"世界事务中的欧洲与亚洲"硕士双学位项目。海外专家学者40余人到院访学,其中2人获得复旦大学海外优秀学者授课计划资助。为本科生和研究生开设英语课程或国际课程近20门,并为英文硕士项目开设多门课程。主办3个重要的国际会议,举办"复旦—多伦多大学加拿大政治与政策研究班"、第八届"复旦—柏林自由大学全球政治暑期学校及博士班"项目、"越南女性干部领导技能培训班"等活动。学院教师发表外文论文21篇,独著或合著外文著作1本。

党建方面,以纪念中国共产党成立90周年和深入开展创先争优活动为主题,开展党建工作。4月,举行创先争优理论报告会暨支部交流会;5月,开展评选复旦大学"先进基层党组织、优秀共产党员、优秀党务工作者"的工作,教师陈明明、学生刘彦虎被评为校优秀共产党员,国际问题研究院党支部、2009级本科生党支部被评为校先进基层党组织;6月,组织全体党员观看影片《建党伟业》并在学生党员中开展征文活动;7月,发起为突然去世的青年教师朱鸿博的募捐活动,两院共募得款项总计20 000元;9月,开展党风廉政建设教育活动;启动学院行政班子换届工作;10月,制定学院党委党务公开公开工作的实施方案和指导目录;11月,以纪念辛亥革命100周年为契机,组织党员参观金山南社纪念馆;12月,开展党的"十八大"初步候选人推荐工作;进行中层干部集中调整的民主推荐工作;开展党员年终评议和领导班子年度考核相关工作。全年共发展党员67人,其中教职工1人、研究生11人、本科生55人。

学生工作方面。5月,启动第四届"院长推荐证书"的评选和颁证活动。10月,在开展研究生"示范党支部"创建工作中,公共行政研究生党支部获2011年度研究生"示范党支部"称号,2010级政治学系硕士生党支部获批创建第五批研究生示范党支部。12月,学院学生合唱团在2011年复旦大学"一二·九"歌会决赛中获得银奖;在复旦大学研究生"党的优良传统征文"评选中获一等奖1篇,二等奖1篇,三等奖2篇并获"研究生党史学习活动优秀组织奖"。学院2011届毕业生总体就业率达到98.7%,获得"复旦大学2011年度就业工作先进集体"奖。2009级本科生班获得"2011年度复旦大学优秀集体标兵"称号,2010级政治学系硕士生班获得"2011年度复旦大学优秀集体"称号,研究生团学联获得"2011年度复旦大学优秀研究生团学联"称号。

(士 派)

【承办2011复旦管理学国际论坛】 7月16日,论坛在复旦大学正式开幕。由复旦管理学奖励基金会和复旦大学主办,国际关系与公共事务学院与管理学院等共同承办。论坛主题为"公共管理的未来十年:中国与世界"。来自国内外公共管理领域的20名学者专家为听众作6个专场报告。副校长林尚立主持9位复旦管理学杰出贡献奖候选人的成果汇报。复旦管理学奖励基金会副会长、全国人大常委会原副委员长成思危作大会总结。论坛在全球公共管理理论与中国实践发展的基础上,共同探讨未来10年全球公共治理演进趋势与中国公共管理的发展之路。 (周韧稜)

【主办首届中国政治科学研究与方法工作坊】 该会议于7月16—17日在校举行。由国际关系与公共关系学院主办。副校长林尚立出席会议并致辞,来自中国以及美国的知名政治学者30余位参与大会讲演,共80余人参会。会议认为定性和定量方法应当综合运用在政治科学的研究中。该工作坊坚持学术为本,在国内外政治学者的支持和合作下,将连续举办,以期形成政治科学研究的坚实团队和稳定成果。 (周韧稜)

【举办上海市干部选学"公共管理能力与领导者素养"培训课程】 该培训课程由中共上海市委组织部主办、复旦大学国际关系与公共关系学院承办,旨在增长中高级干部政治知识、培育政治才干、开启政治智慧、提升政治涵养的教育培训课程。全年共举办两期。来自全市各政府部门厅局级干部140余人参加培训。开班仪式由院党委书记沈兰芳主持,校党委副书记王小林出席并致欢迎词。培训课程围绕"公共政策过程分析、中西文化比较、中国的周边外交、行政法律风险及其规避策略、文化积累与领导境界、比较政治研究与中国国家建设、中国政治智慧及提高与媒体打交道的能力”等8个主题，以讲座的形式开展课题研讨。9月24日，培训课程结束。（周韧稜）

【举行“复旦大学陈树渠比较政治发展研究中心”捐赠仪式】 该仪式于11月4日在香港举行。香港宝声集团董事长陈耀璋与学校副校长冯晓源代表双方签约。根据协议，陈耀璋将分5年出资500万元人民币建设复旦大学陈树渠比较政治发展研究中心。该中心主要依托国际关系与公共事务学院，致力于比较政治学科领域的学术交流与沟通，开拓政治研究和发展的新领域、新方向，提升复旦大学在该领域的学术地位和影响力。（周韧稜）

【入选“亚洲校园”试点项目】 11月，“东亚地区公共危机管理人才联合培养计划”项目获批成为“亚洲校园”试点项目。该项目由国际关系与公共事务学院、韩国高丽大学和日本神户大学联合申请。2012年6月，中日韩三国领导人会议达成建设“亚洲校园”项目的共识，旨在通过三国高等学校间各种形式的交流项目，促进三国合作及学生的相互了解，以增强学校竞争力、培养亚洲下一代杰出人才。（周韧稜）

【周明伟到校演讲】 11月19日，院友活动日暨“中国与世界”院友论坛在校举行。论坛邀请中国外文出版发行事业局局长周明伟作主题报告，院领导、学院师生及校友百余人出席。演讲围绕中西文化差异的各种表现、全球化与文化冲突以及如何向世界说明一个真实的中国等问题一一展开。演讲过程中，周明伟指出中国良好国家形象的塑造需要提高跨文化交流的能力，勉励同学们多学习多思考，共同努力，将来学以致用。周明伟于1984年毕业于复旦大学国际政治系。（周韧稜）

新闻学院

【概况】 新闻学院设有新闻学系、广播电视学系、广告学系和传播学系4个系。有新闻学、传播学、广播电视新闻学、广告学4个本科专业；新闻学、传播学、广播电视学、广播电视艺术学、广告学、公共关系学、媒介管理学、编辑出版、国际传播9个硕士点；新闻与传播专业招录首批专业学位研究生；新闻学、传播学、广播电视学、媒介管理学4个博士点；新闻传播学博士后流动站1个。

有在职教职工69人，其中教授18人（博士生导师15人），副教授17人，讲师12人；教师中具有博士学位33人，硕士学位13人，学士学位2人。行政人员8人；图书馆管理人员和实验室专业技术人员4人。另有租赁行政管理人员10人。

全年招收本科生214人，其中留学生57人；在读本科生（不包括一年级新生）704人，其中有留学生172人。教师为本科生开课173门，其中春季83门，秋季90门。招收硕士研究生131人，博士研究生27人；其中留学生12人；单考硕士研究生17人，硕士专业学位研究生32人，博士研究生21人。在读硕士研究生330人，博士研究生90人。全年为研究生开课50门（包括LSE复旦-全球媒介与传播双硕士学位项目）。

全年科研立项总数27项，经费总额655万元，其中国家级项目5项（其中1项为承担子项目）、教育部项目3项、上海市项目2项、校级项目4项、横向项目2项。孟建作为首席教授承担的“国家形象建构与跨文化传播战略研究”获2011国家社科基金重大项目。该项目为新闻学院获得的首个国家社科基金重大项目。发表论文198篇，其中国外期刊14篇，国内权威期刊的4篇，核心期刊90篇。出版专著2本，编著、译著或教材13本，发表研究报告16篇。黄瑚《新闻传播法规与职业道德教程（第二版）》获得“2011年度上海普通高校优秀教材奖”；孟建《关于我军建立新闻发布制度的若干思考》获得“中国人民解放军总政治部优秀论文奖”；张殿元获得“上海市社会科学界第八届（2010）学术年会优秀论文奖”。

4月，由“文化繁荣与新媒体发展”上海社科创新研究基地、上海发展战略研究所赵凯工作室提供的两份专报《积极应对“微博议政”浪潮，化解政务微博潜在风险》、《上海政务微博影响力仍有待提高》被上海市人民政府发展研究中心编发《决策参考信息》，报市委市政府主要领导。市委主要领导对两份专报做重要批示。

5—12月，由新闻传播与媒介化社会研究国家哲学社会科学创新基地主办“新闻传播与媒介化社会”系列讲座。旧金山大学教授多萝西·基德（Dorothy Kidd），中国社会科学院新闻与传播研究所所长教授尹韵公，德国耶拿市弗里德里希·席勒大学教授卡尔·斯尔瑞克（Karl Sierek）、密歇根大学教授诺尼斯（Abé Mark Nornes）、美国塔夫茨大学教授钟雪萍、台湾辅仁大学教授林静伶、汕头大学教授卡斯滕·克鲁格（Karsten Krueger）、台湾政治大学副教授郭力昕等10余位专家学者就相关课题作讲座报告。

12月10日，“国家形象建构与跨文化传播战略研究”在校举行启动仪式，该课题为2011国家社科基金重大项目，由新闻学院教授孟建承担并作首席教授，中央外宣办副主任、国务院新闻办副主任王国庆担任该项目的研究顾问。副校长林尚立等有关部门领导和来自全国各地的专家学者近30人出席。该项目研究工作的正式启动，标志着复旦新闻学院实现了国家社科基金重大项目零的突破。课题将历时3年，除完成总报告外，还将完成多个调研报告和子报告。同时，为给国家提供智力支持，课题组将根据不断变化的国际国内形势，向有关高层决策部门递交国家形象年度报告。

国际交流合作方面，双学位项目7人赴英美日等国友好学校求学。参加国际和台港澳交流项目学生87人次，院内教师出访41人次。接待来自美国、英国、法国、澳大利亚、奥地利、韩国等国的学者和代表近30批次约80人。与美国密苏里大学新闻学院正式签署2+2本科双学位协议。与奥地利萨尔茨堡大学续签复旦—奥地利“媒介与传播管理”研究生交流项目协议。引进原路透社记者美籍专家阳歌(Douglas Young)到院全职任教。12月，媒介与文化研究领域的权威学者、哈佛大学教授布拉德利·埃普斯(Bradley Epps)与复旦大学新闻学院教授曹晋联合讲授本科英语课程《传播政治经济学》，历时一个月。12月，英国《金融时报》副主编、FT中文网总编辑、新闻学院校友、博士张力奋，为新闻学院财经新闻专业硕士研究生做财经新闻前沿系列讲座。

12月8—9日，墨尔本大学文学院代表团一行6人到访，与新闻学院联合举办第一届“复旦—墨尔本新闻学圆桌会议”，双方就新闻学教学科研等方面深入探讨，副校长林尚立出席并讲话，学院多位教授参加。会后，代表团参观学院实验教学中心、舆情调查中心和上海市公共传播中心并与30多位本科生做交流。

学生工作方面，围绕纪念中国共产党建立90周年、辛亥革命100周年等活动主题，开展党史知识竞赛、红色报展、时事开讲等丰富多彩的思想政治教育活动。贯彻院长宋超提出的“老师到学生中去”的口号，为师生搭建交流平台，组织师生座谈，开展“与院务委员喝下午茶”等活动。延续本科生青扬团校和第十一届“中国新闻传播学科研究生学术年会”等品牌特色活动，取得较好社会反响。继续为本科生和研究生毕业大片提供支持。重视大学生体育健身活动的动员和组织，新闻学院在冬季长跑、全校各球类比赛中取得较好成绩。获得复旦大学“一二·九歌会”金奖，“一二·九”主题教育活动标兵集体，五四红旗团组织的称号。2010级本科生获得“复旦大学军训优胜连队”称号。（俞蓓迪 王婷婷 李娜 陆柳）

【传媒与舆情调查中心获多项荣誉】 全年开展覆盖全市及全国范围的各类舆情调查16次，包括上海市民对全国两会的认知与评价、上海市民对日本9.0级大地震认知与评价、上海市民对利比亚局势认知与评价、新媒体环境下的舆论生态调查、新媒体环境下的舆情表达机制调查、上海市民对十七届六中全会及文化建设问题的认知、态度与评价、上海市民对“公正、包容、责任、诚信”价值取向的认知、态度与评价等舆情调查。中心相关调查报告报送中宣部、上海市委宣传部等部门，部分调查结果已被《人民日报》、新华社、中新社、《解放日报》、《文汇报》、《新民晚报》及《东方早报》等新闻媒体采纳，在此基础上撰写多篇学术论文并发表。中心获“2011年中共中央宣传部舆情好信息奖”、“2011年上海市舆情工作先进单位”等荣誉。（李双龙）

【与东方网签署战略合作协议】 4月15日，新闻学院与东方新闻网站举行战略合作签约仪式。双方将互派教师和高管、骨干授课，共同参与东方网的人才培训和新闻学院的教学改革；充分发挥各自的优势，共建东方网融媒实验室。仪式由院党委书记俞振伟主持，市委宣传部副部长裘新出席签约仪式并讲话。院长宋超点击开通新闻学院新版官方网站(www.xwxy.fudan.edu.cn)，该网站由东方网提供技术支持。双方领导干部及新闻学院师生共50余人参加。（章灵芝）

【举办“政务微博：机遇与挑战”圆桌论坛】 该论坛于4月22日在校举行。由“文化繁荣与新媒体发展”上海市社科创新研究基地(复旦大学)、上海市发展战略研究所赵凯工作室和《新闻记者》杂志社主办。会议发布国内首份《中国政务微博研究报告》，并为复旦大学“舆情与传播研究实验室”揭牌。上海市网宣办副主任谢海光、新闻学院党委书记俞振伟等出席揭牌仪式并讲话，院长助理、基地副主任、《中国政务微博研究报告》主笔张志安主持会议。副教授周葆华和市建交委、新浪网、新民网等单位负责人做专题报告。（刘璟）

【杨振武来院授课】 5月24日下午，中共上海市委常委、宣传部部长、复旦大学新闻学院院务委员会主任杨振武担任新闻学院望道讲堂首场讲课嘉宾，并来院为150多位我院师生讲授了“媒体的社会责任与记者的业务素养”。党委书记秦绍德为其颁发望道讲堂讲课感谢牌。讲座由上海市新闻工作者协会主席、复旦大学新闻学院院长宋超主持。（俞蓓迪）

【蔡名照一行到院调研】 5月25日下午，中宣部副部长蔡名照一行4人到复旦大学新闻学院调研新闻教育情况。蔡明照一行听取汇报和每一位教师的发言，肯定学院共建成绩，作出重要指示。复旦大学党委书记、新闻学院院务委员会副主任秦绍德出席座谈会，会议由院长宋超主持。学院部分领导同志和教师代表参加会议。（俞蓓迪）

【举办“当代马克思主义视野下的传播与社会变迁国际”学术研讨会—暨当代马克思主义新闻与传播研究中心成立大会】 该研讨会于5月13—14日在校举行。由新闻传播与媒介化社会研究国家哲学社会科学创新基地、复旦大学思想史研究中心、新闻学院联合举办。来自10余个国家的80余位国内外学者围绕会议主题展开讨论。会上成立当代马克思主义新闻与传播研究中心，该中心旨在推动中国学界与全球视野中的当代马克思主义传播研究的对话与合作，确立中国当代马克思主义传播研究的立场、观点与方法。（高敬文）

【召开“经验与历程：中国共产党新闻思想”学术研讨会】 该研讨会于6月在校举行。由复旦大学新闻传播与媒介化社会研究国家哲学社会科学创新基地、复旦大学新闻学院、嘉兴日报报业集团和《新闻记者》杂志社共同主办。来自中国社会科学院、中国人民大学、清华大学、南京大学、暨南大学、复旦大学等30家高校和媒体的专家学者参会。与会人员回顾中国共产党成立九十年来新闻思想的发展历程，总结党的新闻工作经验，探讨当下新闻传播改革的焦点问题。（高敬文）

【启用“上海市公共传播培训中心”】 10月12日，由上海市人民政府新闻办公室和复旦大学新闻学院合作共建的“上海市公共传播培训中心”正式启用。该培训中心设有新闻发布、媒体访谈、突发事件新闻处置、对外传播活动策划等多个教学实践场所。其目标是建设成为产学研相结合的新闻发布、对外传播培训的新平台。国务院新闻办公室副主任王国庆、校党委书记朱之文出席仪式并致辞。市委宣传部副部长、市政府新闻办主任朱咏雷，市社联主席、院务委员会副主任秦绍德，市新闻工作者协会主席、新闻学院院长宋超，党委书记俞振伟以及主要新闻单位负责人、部分委办局和区县政府新闻发布工作者、新闻学院师生代表约 90 余人出席培训中心启用仪式。 （李 娜）

【召开传播“功能主义”研究对话会】 12 月 27—28 日，信息与传播研究中心在校召开“传播变革与中国传播学：功能主义研究之批判”学术对话会。会议邀请部分国内知名专家学者，共同就此展开讨论。会议从传播与人类生存这一基点，对功能主义研究做出反思和批判，在学科层面勾连起人文和社会科学，从而拓宽我们的研究思维和视野，为中国传播学发展出自己的宽广基础和理论空间，为中国传播的现实变化和未来发展提供应有的指导。 （薛 丽）

【招录首批新闻与传播专业专业学位研究生】 9 月，首批新闻与传播专业学位研究生共 33 人入学。学生分别来自复旦大学、中国传媒大学、武汉大学、厦门大学、中山大学、上海海事大学、南昌大学等 28 所高校。下设两个专业培养方向，分别为新闻与传播综合方向和财经新闻方向。财经新闻方向是复旦大学新闻学院与上海陆家嘴金融城人才发展中心联合培养项目，陆家嘴金融城人才发展中心在课程、教学、实习等各方面提供全面支持。该联合培养形式是国内研究生培养的新尝试。 （俞蓓迪）

经 济 学 院

【概况】 2011 年，经济学院设经济学系、世界经济系、国际金融系、保险系、公共经济学系 5 个系；有“985 工程”国家哲学社会科学创新基地 1 个(中国经济国际竞争力研究)，教育部人文社会科学重点研究基地 2 个(世界经济研究所、中国社会主义市场经济研究中心)，国家经济学基础人才培养基地 1 个，研究机构 1 个(金融研究院)，经济研究机构(非编制)28 个，理论经济学、应用经济学 2 个博士后流动站。理论经济学一级学科于 2007 年被增补为全国重点学科，金融学、产业经济学 2 个应用经济学二级学科为国家重点学科，设有博士学位授予专业 10 个、硕士科学学位授予专业 12 个、硕士专业学位授予专业 5 个、学士学位授予专业 5 个。

有在职教职工 165 人，其中专任教师 128 人，行政人员 42 人。具有正高级职称 44 人，副高级职称 53 人，中级职称 30 人，初级职称 1 人；研究生指导教师 96 人，其中博士生指导教师 36 人，硕士生指导教师 60 人；国家“千人计划”资助人才 1 人，教育部“长江学者奖励计划”特聘教授 3 人，国家中组部千人计划特聘教授 1 人，复旦大学特聘教授 3 人，复旦大学特聘讲座教授 3 人，全国教学名师 1 人，上海市教学名师 2 人。

2011 年，学院招收本科生 366 人，硕士研究生 329 人，博士研究生 50 人。在读本科生 1 151 人(不包括 2011 级本科生)，在读硕士研究生 1 010 人，博士研究生 170 人。为本科生开课 174 门，开设全校公共选修课 21 门；开设研究生课程 199 门，其中硕士课程 159 门、博士课程 40 门。

全年申请到国家自然科学基金项目 8 项、国家社会科学基金 13 项、教育部人文社会科学基金项目 6 项、教育部人文社科基地项目 4 项、上海市哲学社会科学基金项目 6 项、上海市教委科研创新项目 4 项、上海市浦江人才计划 6 项、上海市“曙光学者”计划 2 项。2011 年，获得国家社科基金重大项目立项 3 项，国家社科基金重点项目立项 2 项。

全年出版著作 34 部，其中专著 17 部、教材 13 本、译著 3 部、参考工具书 1 本。在各类学术期刊发表论文和咨询报告 466 篇，其中权威刊物 41 篇，国外 SSCI 收录刊物 14 篇，CSSCI 收录刊物 122 篇，一般期刊(含译文) 262 篇，研究咨询报告 41 篇。举办“复旦经济论坛”12 期、“985 数量经济与金融系列”讲座 32 期、“现代经济学系列”讲座 36 期和“复旦金融论坛”14 期。以及经济系学术论坛，公共经济问题双周论坛、保险与风险管理论坛、“开放经济与世界经济”系列讲座、欧洲论坛等，共计百余场，其中来自外国、港澳台学者的讲座 70 余场，包括麦金农、弗朗索瓦 · 布吉尼翁、张维迎、胡永泰、白崇恩等知名专家学者。

全年举办重大学术会议 20 余场，如：第四届“转型与经济发展”(TED)国际双年会，由复旦大学中国社会主义市场经济研究中心(CCES)与澳大利亚中国经济学会(CESA)联合主办，会议主题为“经济复苏与结构调整：政府、市场与公共政策”；“复旦—莫斯科—圣彼得堡经济论坛” 在莫斯科国立大学经济学院召开，由复旦大学世界研究所与俄罗斯国立圣彼得堡大学和莫斯科大学经济系联合举办；“2012：多重冲击下的中国经济”高峰论坛，由中国社会科学院陆家嘴研究基地和复旦大学经济学院、复旦大学中国经济国际竞争力研究国家哲学社会科学创新基地联合主办。“2011 年度国家社科基金重大攻关项目”开题研讨会——孙立坚专题、“2011 年度国家社科基金重大攻关项目”开题研讨会——范剑勇专题在经济学院举办。

全年举办的国际交流学术会议 5 场，包括于 1 月举办的第五届亚洲五校联合会议；5 月举办的第三届复旦大学—法国巴黎一大联合研讨会；9 月举办的第四届“转型与经济发展”(TED)国际双年会等。

学院与日本大阪经济大学续签合作交流协议，与比利时安特卫普大学应用经济学院、法国斯特拉斯堡大学经管学院、荷兰格罗宁根大学经管学院签署学生交流或合作协议。与汇丰中国合作举办的“汇丰青年企业家奖”创业计划比赛大陆区赛事，参赛者为在校大学生。学院通过“复旦—汇丰经济讲堂”、“蒋学模经济学讲座”两个平台,先后邀请14位海外学者讲授13门短期高级经济学课程。以“海外学者授课项目”为平台,邀请4位海外学者到院开设短期课程,授课内容分别为国际保险、劳动经济学、创新与投资、算法交易。学院教师为复旦—加州大学交流项目开设3门英文课程,分别为动态的中国经济、中国金融导论、发展经济学。全年出访的院级交流生人数为21名。

学生工作方面,有辅导员26人,其中本科生辅导员16人,研究生辅导员10人(1人兼任本科生和研究生辅导员);青年教师兼职辅导员9人,人才工程(一期)队员13人,人才工程(二期)队员2人,助管辅导员5人。获得2011年度复旦大学学生思想政治工作先进集体、复旦大学本(专)科学生资助工作先进集体、复旦大学就业工作先进集体、复旦大学群众体育优秀集体、复旦大学征兵工作先进集体等称号。2011年本科生团委学生会组织经粹团校、经济学院运动会等传统活动,并举办“经日起航,乘风破浪”、“红旗飘扬,经声难忘”等系列主题活动。获得2011年复旦大学“一二·九”歌会比赛银奖,院系杯足球赛冠军、篮球赛男子组第三名、排球赛女子组第三名。获得复旦大学2010—2011年学生思想政治工作先进集体、复旦大学2011年度研究生暑期社会实践优秀组织奖、2010级硕士班级获得复旦大学2010—2011学年优秀集体标兵。由石磊指导的社会实践项目“宁夏南部山区农村义务教育公共支出与家庭支出现状调研”获得“上海市优秀实践项目”。2009级博士生李明获得“第二届研究生学术之星”称号。2010级硕士辅导员王昕获得复旦大学2010—2011年度研究生十佳辅导员称号。学院研究生会举办“2011年复旦大学博士生学术论坛经济篇”。　(施　俟　张　琼　忻怡怡　高笑梅　郑璐等)

【华民受聘为商务部首届经贸政策咨询委员会委员】 7月19日,世界经济研究所教授华民受聘担任中华人民共和国商务部首届经贸政策咨询委员会委员。　(刘军梅)

【举办“上海合作组织:评估与展望”学术研讨会】 该会议于3月30日在学校经济学院举行。由复旦大学世界经济研究所与复旦大学俄罗斯中亚研究中心联合举办。来自上海社科院、华东师范大学、上海国际问题研究院、上海外国语大学、上海财经大学、同济大学和复旦大学的学者近30余人参会。与会专家就上海合作组织政治、安全合作、经济合作、对外关系等问题展开研讨。　(刘军梅)

【承办“危机后货币、贸易与投资的全球治理”《上海论坛》分论坛】 该论坛于5月27—30日在校举行。由复旦大学世界经济研究所承办。来自国内外的30余位专家学者参会。会上,分别就“后危机时代的世界经济发展与中国的选择”、“危机后国际货币体系治理与区域合作”、“危机后贸易与投资自由化的挑战及应对”等议题展开研讨。　(刘军梅)

【举办“第六届上海保险论坛”】 该研讨会于6月9日在学校经济学院举行。由《解放日报·保险周刊》与复旦大学经济学院保险研究所联合主办,和讯网协办。论坛主题为聚焦保险入世十年的得与失。学院党委书记石磊、和讯网首席运营官陈剑峰到会并致词。会上,友邦保险(中国)首席执行官蔡强、海尔人寿保险总裁张力、中央财经大学保险学院院长郝演苏、复旦大学保险系主任徐文虎和财经评论家叶檀等,围绕中国加入WTO(世界贸易组织)10年来保险业发展情况,中资和外资的协同发展等展开主题讨论。论坛发布《2011年上海保险服务满意度调查报告》和《2011年上海车险服务满意度调查报告》。　(周　环)

【举办第四届“转型与经济发展”(TED)国际双年会】 该会议于9月19—20日在学校经济学院举行。由复旦大学中国社会主义市场经济研究中心(CCES)与澳大利亚中国经济学会(CESA)联合主办。会议主题为“经济复苏与结构调整:政府、市场与公共政策”(Economic Recovery and Structural Change: Government, Market and Public Policies)。来自牛津大学、加利福尼亚大学、香港中文大学、香港城市大学、澳大利亚国立大学、清华大学、北京大学等国内外高校的专家学者围绕主题展开研讨,并交流最新学术研究成果。　(詹　璐)

【举办“复旦—艾伯特论坛”】 该论坛于9月22日在学校经济学院举行。由复旦大学欧洲研究中心和德国弗里德里希·艾伯特基金会上海办公室合办,复旦大学欧洲研究中心主任丁纯教授主持。大自然保护协会欧洲常务董事萨沙·米勒-克雷纳出席论坛,并作题为“能源政策与绿色发展全球治理”的演讲。　(丁　纯)

【举办“大使论坛”】 9月22日,该论坛由复旦大学欧洲问题研究中心和国际问题研究院主办,欧洲问题研究中心承办。中心主任丁纯主持。德国上海总领事芮悟峰和法国上海总领事卢力捷到校出席复旦大学“大使论坛”。会上,卢力捷介绍法国与德国的和解之路及欧元的未来,芮悟峰介绍德国的统一历史,并从高等教育、贸易等问题入手探讨德国与中国的紧密合作。11月9日中国前驻德大使、复旦大学特聘教授、中国外交学会前会长梅兆荣到院,参加由欧洲问题研究中心和国际问题研究院共同举办的复旦大学大使论坛,并作题为“欧债危机背景下的欧盟与中欧关系”的精彩演讲。梅兆荣介绍欧洲主权债务危机的表现和现状,分析其根本原因,解读当下欧元区针对欧债危机所采取的主要措施。　(丁　纯)

【举办“复旦—莫斯科—圣彼得堡经济论坛”国际学术研讨会】 该会议于9月22—24日在莫斯科国立大学经济学院召开。由复旦大学世界经济研究所与俄罗斯国立圣彼得堡大学、莫斯科大学经济系联合举办。论坛主题为“金砖五国:挑战与前景”(BRICS: Challenges and Prospects)。与会专家秉承紧扣国际和地区经济发展热点问题展开多角度研讨的一贯原则,对以金砖国家为代表的发展中经济体结构转型和经济增长给予深度关注。　(刘军梅)

**【丁纯出席世界经济论坛全球议程会

议(阿布扎比)】 10月13—14日，世界经济论坛全球议程会议在阿布扎比举行，丁纯作为世界经济论坛专家委员会欧洲分委会委员出席，全程参与会议讨论。 (丁 纯)

【举办“复旦—隆德经济论坛”学术研讨会】 该会议于10月24—25日在瑞典隆德大学举行。由复旦大学世界经济研究所与瑞典隆德大学(Lund University)共同举办。论坛就金融危机后的世界经济等热点问题展开讨论。主要议题包括了世界经济的新格局、新趋势；欧洲债务危机的内在原因与出路等。 (刘军梅)

【举办“荷兰企业日”活动】 该活动于10月31日上午在学校光华楼学生广场举行。由荷兰研究中心主办，复旦大学外事处和格罗宁根大学协办。荷兰研究中心主任丁纯和格罗宁根大学教授赫斯特(Jan van der Harst)共同主持。复旦大学校长助理陈寅章教授致欢迎辞，荷兰驻上海总领事彼得·C·波特曼(Peter C. Potman)到场祝贺。“皇家帝斯曼集团”、“飞利浦”、“荷兰合作银行”、“拉赫兰顿融资公司”以及“Mattmo创意公司”等5家荷兰知名企业参加活动，介绍公司的主要业务、企业文化、人才培养计划以及对于职业生涯的理解，并与现场学生展开互动。格罗宁根大学教师曹雪菲介绍该大学情况及留学荷兰的相关事宜。 (丁 纯)

【承办“上海市社会科学界第九届学术年会主题专场(2011)暨2011年第四次‘经济学人上海圆桌会议’”】 该会议于11月19日在学校经济学院举行。由复旦大学中国社会主义市场经济研究中心承办。会议主题为“软着陆、硬着陆、还是不着陆？——2012年宏观经济政策目标研讨会”。会议吸引学界、金融界大量学者、专家近70余人到会，就2012年中国宏观经济的未来走向和影响因素等问题进行报告和评论。 (詹 璐)

【欧洲学院院长到访】 11月26日，欧洲学院(College of Europe)院长保罗·德马雷特(Paul Demaret)携学院联络处处长安吉拉·奥尼尔(Angela O'Neill)到访欧洲问题研究中心，并与中心师生座谈。座谈会由研究中心主任丁纯主持。会上，向来宾介绍复旦大学与国外学院的合作交流情况，表达与欧洲学院日后的合作意向。保罗·德马雷特(Paul Demaret)介绍欧洲学院的概况以及与中国学生相关的各种信息。 (丁 纯)

【主办“东欧劳动力市场转型”国际学术研讨会】 该会议于11月28日在校举行。由复旦大学欧洲问题研究中心与德国艾伯特基金会上海办公室共同举办。匈牙利家庭和社会政策研究院及匈牙利布达佩斯HAS政治科学院高级研究员诺伊曼(László Neumann)，维也纳国际经济研究院高级研究员伽柏·哈尼亚(Gabor Hunya)，华沙大学社会政策所副所长梅西·露西卡(Maciej Duszczyk)，欧洲工会研究院(ETUI)高级研究员贝拉(Béla Galgóczi)，复旦大学教授任远，爱沙尼亚塔尔图大学教授劳尔·埃梅兹(Raul Eamets)等国内外专家到会并发表主旨演讲。来自复旦大学、同济大学等上海高校的师生100余人参会。研讨会旨在讨论中东欧国家的发展趋势，并且将这些趋势与中国的经验进行比较，借鉴改革过程中的经验 (丁 纯)

【举办“德国经济与欧债危机”学术研讨会】 该会议于12月5日在浙江平湖召开。由复旦大学世界经济研究所主办。来自上海社科院、江苏省社科院、同济大学德国研究所及复旦大学世界经济研究所的专家学者近20余人参会。会议围绕欧债危机的根源与出路，就德国经济在欧盟中的地位与影响、欧债危机背景下德国政治与经济的现状、原因与发展趋势、德国在欧债危机中的角色与作用、欧债危机的救助措施以及欧洲经济走势对中国经济的影响等问题展开讨论。

(刘军梅)

【张军、陈诗一入选2011中国杰出人文社会科学家】 12月20日，中国校友会网大学研究团队发布《2011中国杰出人文社会科学家研究报告》，公布第三届中国杰出人文社会科学家名单，共有1 278名学者，其中经济学共有230名，经济学院教授张军、陈诗一入选。 (詹 璐)

管理学院

【概况】 2011年，管理学院设有财务金融系、产业经济学系、管理科学系、会计学系、企业管理系、市场营销系、统计学系及信息管理与信息系统系等8个系；设有跨学科研究中心或研究所16个，其中实体研究院1个、校立虚体研究中心11个、院立虚体研究机构4个；设有《研究与发展管理》杂志社及高级管理人员发展中心暨复理管理咨询公司。

设有一级学科博士点2个，二级学科博士点7个(含自设博士点)，一级学科硕士点2个，二级学科硕士点15个(含自设硕士点)以及工商管理硕士(以下简称MBA)/高级管理人员工商管理硕士(以下简称EMBA)和会计学专业硕士(以下简称MPAcc)2个专业学位硕士点，本科专业7个，博士后科研流动站3个(其中1个与经济学院共同设立)。产业经济学为全国重点学科，管理科学与工程为全国重点(培育)学科、上海市重点学科。

新进教师5人，其中引进人才2人；教授1人，副教授2人。有专任教师148人，其中具有正高级职称47人，副高级职称63人。有1位教师退休。

2011年，管理学院与经济学院、历史学系及公共卫生学院组成“经济管理试验班”进行本科招生，试验班下设14个专业，内含管理学院的工商管理、市场营销、财务管理、会计学、管理科学、信息管理与信息系统、统计学7个专业，所有本科生入学第一学年统一编入复旦学院学习，第一学年的暑假进行院系分流；招收博士研究生33名；招收硕士研究生共1 251名，其中硕博连读项目69名，国际商务专业硕士项目80名，金融硕士项目84名，工商管理硕士项目535名，高级管理人员工商管理硕士项目416名，会计学专业硕士项目67名。在读本科生(不含2011级)577人；硕士研究生3 180人，其中硕博连读项目207人、国际商务专业硕士项目157人，金融硕士项目173人,工商管理硕士项目1 464人,高级管理人员工商管理硕士项目933人,会计学专业硕士项目207人,其他硕士项目39人;博士研究生207人。

开设本科生课程228门、硕博连读项目课程43门、博士研究生课程56门、金融硕士项目课程37门、国际商务专业硕士项目课程11门、工商管理硕士项目课程221门、高级管理人员工商管理硕士项目课程102门、会计学专业硕士项目课程15门。陈超和胡建强获得复旦大学"2011年度优秀研究生导师"称号。张新生获2011复旦大学教学名师奖。赵伟韬的"管理沟通"课程被评为"上海市教委重点课程"并立项;裘理瑾的"服务营销"课程与周蓉的"企业战略分析"课程被立为"上海高校示范性全英语教学课程建设项目"。在2011年度复旦大学青年教师教学比赛中,胥正川的"电子商务"课程获文科组一等奖,裘理瑾的"服务营销"课程获文科组第三名。在2011年上海市普通高校优秀教材奖评选中,芮明杰编写的《管理学》获一等奖,胡君辰编写的《组织行为学》获二等奖。全年共有5位博士生的科研项目被确立为复旦大学第三批重点学科优秀博士生科研资助计划资助项目,2位博士生科研项目被立为复旦大学第十一批研究生创新基金资助项目。

申请到各类纵向项目共计48项,其中国家自然科学基金项目18项,包括海外合作项目1项、面上项目11项、青年基金项目6项;国家社会科学基金项目2项,其中重点项目1项、青年项目1项;教育部人文社会科学研究项目1项;教育部"新世纪优秀人才支持计划"3项;教育部"留学回国人员科研启动基金"1项;教育部博士点基金1项;上海市哲学社会科学规划课题6项;上海市浦江人才计划资助2项;上海市曙光学者项目1项;上海市教委科研创新项目4项;全国统计科研计划项目1项;复旦大学"985工程"三期项目8项。在国内外学术期刊上共发表论文374篇(含退休教师1篇),其中SCI或者SSCI收录79篇,国际顶级期刊论文1篇、国际一级期刊论文4篇、国际二级期刊论文21篇、国际三级期刊论文50篇、国内顶级和一级期刊论文27篇;出版学术著作与教材17部。全年获得各项科研奖励18项,其中上海市科学技术奖1项,各期刊及行业协会奖励17项。

全年共举办64个培训与咨询项目,有超过3 000位工商企业的中高层管理者到院参加培训。

新增境外合作院校21所,截至2011年底,共有合作院校64所;共接待境外院校和机构来访79批次,其中美国商学院19所、欧洲商学院35所、亚洲(含港、澳、台)院校16所,共计170人次,其中商学院院长及副院长35人。接待短期海外学习团39个。接受来自50多个交换合作院校的工商管理硕士交换学生,共计78名;派出82名工商管理硕士学生前往近40所合作院校进行为期一学期的交换学习。全年共派遣教师197人次赴25个国家和地区出席国际学术会议、参加培训课程或洽谈国际交流与合作事宜。

全年共有121家媒体报道;纸面媒体报道达450篇,共计36万字;全年教师专访达72人次;全年组织记者来学院报道会议、论坛和参加新闻发布会共计49场次。举办各类讲座、论坛百余场,其中包括兴业间学讲堂5场、复旦硅谷银行管理大师论坛4场、"松下"(Panasonic)讲座5场、复旦大学高级管理人员工商管理硕士管理前沿论坛10场、人文复旦系列讲座10场、复旦工商管理硕士聚劲论坛11场、知微·行远论坛6场、工商管理硕士论坛16场等。

11月15日,由复旦商业知识发展与传播中心自主开发的"复旦商业知识在线平台"主站形成,并在学院范围内测试,包括8大频道18个子栏目,截至2011年底,完成注册用户互动交流知识的社区和智能移动终端平台规划方案。复旦商业知识发展与传播中心成立于2010年10月1日。创刊《管理新知》,收录2011年度学院教师发表的国际、国内A类论文的改写版,另刊登22篇商业实践和采访类文章,共计约6万5千字。

学院校友总人数已达28 180人,在北京、香港、台湾和纽约、新加坡等地共设立12个地方校友联络处。全年共组织87个班级的集体返校,共计1 500多人次。有7位校友当选"复旦大学管理学院2010年度校友"。

举办两次招聘会(job fair),一次实习专场招聘会,78场企业宣讲会,15场企业面试或笔试会。共发布1 431个全职岗位,涉及495家企业;442个实习岗位,涉及256家企业。2011届全日制工商管理硕士学生就业率95.5%,2012届全日制工商管理硕士学生实习率90%,2011届MPACC项目就业率100%,2012届科学硕士研究生实习率97.6%。

学院的捐赠项目有学生成长基金、学院企业奖学金、企业实务课程、学院新院区建设、其他专项捐赠以及校友年度捐赠等,全年实际到账各类捐赠1 015万元。

全年共有4名行政工作人员、135名学生入党。学生党总支获2011年"复旦大学优秀基层党组织"称号,李若山、项保华、王克敏3位教师党员获得"复旦大学优秀共产党员"称号。

学院获评"2011年度复旦大学就业工作展评优秀集体"、"复旦大学本科生学生资助工作先进集体";学院学生工作组和研究生工作组均获得复旦大学2010年度学生思想政治工作先进集体;研究生青年志愿者队获评"复旦大学优秀青年志愿者集体";2008级傲楚楼获评"2011年度复旦大学优秀集体标兵"(原上海市先进集体);2009级硕士生党支部、2010级应用型硕士生党支部创建成"复旦大学研究生示范党支部";2010级应用型硕士班级获评"复旦大学优秀班集体"。党委副书记姚凯获2010年度校学生思想政治教育工作先进个人特等奖,研究生工作组组长朱峰获2010年度校学生思想政治教育工作先进个人二等奖;2008级博士研究生曹祎遐获评"复旦大学优秀研究生党员";辅导员魏治国和黄一倩获复旦大学2010年度十佳辅导员。 (王是平等)

【启动复旦大学工商管理硕士项目香港班】 1月15日,复旦大学工商管理硕士项目香港班在香港正式启动。该项目是内地高校在香港开设的首个高端中文工商管理硕士课程。香港嘉华国际集团有限公司主席吕志和,中央人民政府驻香港特别行政区联络办公室办公厅副主任王松柏,利国皇家投资管理(亚洲)有限公司董事总经理陈仲儿,智权教育中心主席郭志权,上海实业有限公司副总裁兼执行董事钱世政等到场祝贺并致辞。校长助理陈寅章,学院院长陆雄文,副院长孙一民、殷志文等出席仪式。该班的开设旨在凭借沪港两地的经济优势,传播东方文化传统,分享管理实践经验,为培养新一代香港商界精英提供教育平台。 (孙晓洁)

【启动学院新院区项目】 2月26日,在史带楼举行学院新院区建设战略合作协议签署仪式暨设计方案国际竞赛发布会。校党委书记秦绍德,上海世博局党委副书记、副局长、杨浦区人大常委会主任陈安杰,瑞安集团董事长、复旦大学校董罗康瑞到会并讲话。杨浦知识创新区投资发展有限公司总经理官远发与复旦大学管理学院常务副院长周健代表双方签署"新院区建设合作协议";杨浦区副区长柴尧迅与副校长桂永浩分别代表杨浦区人民政府与复旦大学作为见证方签署合作协议。根据学院对设计的要求,参加设计方案竞赛的5家建筑设计单位AREP公司、戴卫·奇普菲尔德建筑事务所、大元建筑设计事务所、KPF事务所、莱昂当代艺术博物馆(Miralles Tagliabue EMBT)事务所分别介绍设计,参与竞标。

(孙晓洁)

【举行复旦大学—华盛顿大学高级管理人员工商管理硕士项目十周年庆典】 5月20日,复旦大学—华盛顿大学高级管理人员工商管理硕士第10班开学典礼暨项目十周年庆启动仪式在校光华楼举行。活动由华盛顿大学奥林商学院副院长兼项目执行主任孟润(Patrick Moreton)主持,学院院长陆雄文、奥林商学院院长古普塔(Mahendra Gupta)通过视频对参加庆典的项目新生寄语。该项目是国内首个获教育部批准的中外合作高级管理人员工商管理硕士项目,连续5年取得国际高级管理人员工商管理硕士项目排名中国大陆地区第一。 (孙晓洁)

【成立中美商业与法律研究院】 5月31日,中美商业与法律研究院在学院正式宣布成立。该研究院由梁仕源和刘秀莲夫妇捐资,由复旦大学管理学院、美国加州大学欧文分校商学院、美国加州大学欧文分校法学院三方共同设立,复旦大学管理学院院长教授陆雄文任院长。研究院致力于开展跨文化对话,增进中美两国在商业和法律领域的理解与交流,并促进两国在相关领域的研究和实践。

(孙晓洁)

【举行复旦大学—BI挪威商学院合作项目工商管理硕士十五周年庆典】 该庆典于6月4日在上海举行。挪威前首相格罗·哈莱姆·布伦特兰(Gro Harlem Brundtland)、BI挪威商学院资深副校长达伦(Dag Morten Dalen)、复旦大学管理学院院长陆雄文等到会并致辞。两校部分教授、学生及校友出席典礼。两校合作的15年间,为中国培养1700余名管理人才。 (龚 瑜)

【创设"商学院商业与社会全球联盟"】 6月28日,"商学院商业与社会全球联盟"(Council on Business and Society, A Global Alliance of Schools of Management)成立,该联盟由中国复旦大学管理学院、法国埃塞克工商学院、美国达特茅斯大学塔克商学院、德国曼海姆大学商学院和日本庆应义塾大学商学院共同创设,旨在打造全球范围的合作平台,整合全球教育资源,实现信息共享、多方合作,促进全球管理教育水平的提升,进而推动全球经济及社会的发展。

(孙晓洁)

【陆雄文新增为GMAC董事会成员】 9月22日,由全球顶尖商学院组成的协会——GMAT(Graduate Management Admission Test)考试的主办方美国管理专业研究生入学考试委员会(Graduate Management Admission Council,简称为GMAC)宣布董事会新增三名成员。其中包括中国复旦大学管理学院院长陆雄文。陆雄文是中国大陆地区首位进入GMAC董事会的商学院院长。 (孙晓洁)

【郑祖康逝世】 我国著名统计学家、管理教育家,第十一届全国政协常委,九三学社第十二届中央委员会常委、第十五届上海市委员会副主任委员,上海市人民政府参事室主任、上海市人民政府参事,复旦大学原副校长、复旦大学管理学院原院长、教授郑祖康,于11月8日15时10分在复旦大学附属中山医院逝世,享年65岁。遵照郑祖康遗愿,丧事从简。11月12日,举办遗体告别仪式,亲友300余人参加。11月19日,举行骨灰撒海仪式。 (王是平)

【举行"复旦大学授予李达三先生名誉博士学位仪式"】 该仪式于11月28日在学院举行。中共上海市委常委、市委统战部部长杨晓渡,市委统战部副部长丁志坚,复旦大学校长杨玉良,复旦大学原校长王生洪,复旦大学原校长杨福家,复旦大学原党委书记秦绍德,复旦大学副校长陆昉,管理学院院长陆雄文等出席仪式。李达三亲友、上海市领导、媒体记者、全校师生共计400多人参加。

(孙晓洁)

【承办ICIS 2011年度会议】 信息系统国际大会(International conference of information systems,简称ICIS)于12月4—7日在上海举行,由国际资讯系统协会(Association of Information Systems,简称AIS)主办,复旦大学管理学院承办。该会议30年来首次在亚洲举办。来自中国、美国、加拿大、澳大利亚、新加坡和中国香港、台湾等42个国家和地区的各大院校及专业管理研究机构的学者以及国内外著名企业的高层人士1 260余人参会。会议主议题为"当西方遇见东方"。该次会议有189位中国的学者参加,为国外学者可以更好地了解中国信息系统领域的研究,为中国本土学者与国外信息系统研究学者间的国际合作提供条件和机会,对促进中国信息系统管理研究能力的提升有着重要的意义,也为中国情境下研究的发展提供良好指南。 (卢向华)

【通过香港会计师公会评审】 12月12日,复旦大学会计硕士专业学位(MPAcc)项目及会计系本科课程通过中国香港会计师公会评审颁证仪式在上海举行。香港会计师公会会长蔡永忠，副会长赵丽娟、柏格森(Keith Pogson)等出席活动。通过香港会计师公会评审后，复旦大学MPAcc项目的毕业生及会计系本科毕业生可直接申报香港专业资格课程，完成课程及通过考试并符合相关工作经验要求的学生，可申请成为中国香港注册会计师，并获得国际认可资格，直接注册成为多个主要经济市场的特许会计师，包括澳洲、加拿大、英格兰及威尔士、苏格兰、爱尔兰、新西兰、津巴布韦和南非。香港会计师公会成立于1973年1月1日，是香港唯一的法定专业会计师注册组织，也是截至2011年底唯一与中国注册会计师(CPA)有互免考试协议的组织。

(黄　涛)

社会发展与公共政策学院

【概况】 社会发展与公共政策学院下设社会学系、社会工作学系、心理学系、社会管理与社会政策系和人口研究所。设有博士点3个，硕士点5个(其中专业学位硕士点1个)，本科专业3个，本科第二专业1个，博士后流动站1个。有在职教职工65人，其中教师57人。有教授(研究员)、副教授(副研究员)38人，占教师总数的67%。

招收硕士研究生89人、博士研究生17人。在读本科生212人、硕士研究生215人、博士研究生94人。为本科生开课149门，其中核心课程6门，公共选修课程32门、平台课程22门、专业课程89门，全英语课程15门；开设研究生课程74门，其中全英语课程8门。

承担科研项目76项，其中在研29项，立项47项。纵向研究课题在研15项，立项14项，含新立国家级课题3项、省部级课题11项。横向研究课题在研14项，立项33项。获得科研资助奖金560余万元，其中纵向研究经费180万元，横向研究经费380余万元。

全年出版各类学术作品18部，其中专著8部、译著3部、主编著作7部；发表论文200余篇，其中SSCI论文9篇、权威论文20篇、核心论文62篇；提交研究报告26篇。

加强对外学术交流。全年共有40余人次出境参加国际会议、访学、共同研究等学术活动。接待美国三一学院、美国华盛顿大学(圣·路易斯)、英国威尔士班戈大学、澳大利亚墨尔本大学、日本金泽大学、日本大阪大学、美国莱斯(Rice)大学、美国杜克大学等大学到访近20次。邀请美国密歇根大学教授谢宇、美国伯克利大学教授兰博·刘易斯·雷(Rambo Lewis Ray)等10人到院授课、开设讲座。学生60人赴境外院校交流学习。通过与美国、加拿大和欧洲高校的合作项目接收100余名外国留学生到院交流学习。

围绕“创先争优”和纪念中国共产党“建党90周年”等主题活动，开展理想信念教育。通过“灾后救援、社会恢复——5·12三周年纪念”、“重新认识、预防艾滋——复旦大学国际艾滋病日巡回宣传”、“理论实务、沟通交流——首届上海高校社工文化节”等社会实践活动，提高学生社会服务意识。在浙江省海宁市盐官镇建立学校社会实践基地，就学生参观访问、社会调查等方面达成合作意向。在杨浦区江浦路街道建立社会实践基地，与街道就社区管理创新、学习型社区建设等方面达成合作意向。举办2011年复旦大学博士生论坛社会篇。

2010级硕士班级获评“复旦大学先进集体”，研究生团学联获评“复旦大学优秀研究生团学联”，研究生工作组获评“复旦大学学生思想政治工作先进集体”，2位辅导员获得复旦大学十佳辅导员称号，1位辅导员获得复旦大学辅导员工作风采奖。

(吴丹丹　廖永梅　孙　婕　方莉强　李　爽　陆晶婧)

【签署“校镇合作”协议】 4月，学院与海宁市盐官镇签署“校镇合作”协议，正式在盐官镇建立复旦大学社会实践基地。复旦大学副校长金力，海宁市委常委、政法委书记孙群等出席仪式。学院党委书记严峰与盐官镇政府镇长浦国平代表双方签署合作协议书，复旦大学社会文化人类学研究中心主任张乐天与盐官镇政府党委副书记张轶签署合作项目书。

(陆晶婧)

【建立江浦路街道社会实践基地】 5月，学院与杨浦区江浦路街道签署《复旦大学社会发展与公共政策学院与江浦路街道办事处〈关于进一步加强合作联手推进社区创新发展〉框架协议》，正式在江浦路街道建立复旦大学社会实践基地。杨浦区委副书记魏伟明、学院分党委书记严峰、副院长顾东辉、江浦路社区(街道)党工委书记夏康明等出席揭牌仪式。框架协议依照“机制创新、资源共享、项目推进、合作共赢”的原则，就建立合作对接机制、加强社区管理创新、共促创新创业、推进学习型社区建设等方面达成初步意向。

(陆晶婧)

【开办首期“社会工作与社会政策青年领袖”暑期研修班】 该研修班于7月开办。由学院与美国华盛顿大学(圣·路易斯)布朗社会工作学院联合举办。课程旨在促进中美两国社会工作与社会政策领域在学术与实践层面的交流与探讨，培养社会工作人才与青年领袖。课程邀请国内外社会工作、社会政策领域的专家学者约10人开设讲座，课程涵盖案例教学、社会政策分析方法、中美人口政策等内容。研修班为期2周，共开设讲座18场，专题研讨3场，参观考察7次。来自美国和中国的42名学员参加首期研修班。

(李　爽)

【举办2011年复旦大学博士生论坛社会篇】 该论坛于10月29日在校举行。由复旦大学社会发展与公共政策学院举办。中国社会科学院教授唐钧、浙江大学教授沈模卫、南开大学教授李建民和瑞典隆德大学副教授伊森伯格(Bo Isenberg)等国内外专家学者应邀到会并做开场报告。该次论坛的征稿范围进一步扩大，除长三角地区多所兄弟院校外，也收到北京大学、中国人民大学、中央民族大学、厦门大学、华中师范大学等国内高校的研究生的论文投稿近百篇。论坛以“包容性增长·促社会进步”

为主题,包括公共安全与城市运行、区域发展与公共服务、社会管理与社会建设、人口发展与经济转型、网络传播与社会心理、资源环境与能源利用6个分论题。该次论坛具有广泛参与度和影响力,有力促进跨地区的学术沟通和合作。 (李 爽)

【成立复旦大学当代中国社会生活资料中心】 10月,复旦大学当代中国社会生活资料中心正式成立。该中心为国内高校首个收集民间社会生活资料并在此基础上从事学术研究的学术机构,将致力于挖掘、整理、保存并研究1949年新中国成立以来的各种社会生活资料,为当代中国社会生活研究提供各类资料数据库和学术交流平台。中心与江苏省吴江市、江苏省连云港市东海县、浙江省海宁市盐官镇、上海市文广集团上海音像资料馆以及上海市共和新路街道签署协议建立中心的档案库。已建成"中国田野调查——张乐天联民村数据库"。 (陆晶婧)

【与嘉兴市签署社会工作合作框架协议】 12月18日,学院与中共嘉兴市委社会工作委员会签署社会工作合作框架协议。双方将依托"市校合作"平台,利用高校资源优势,在发挥社区基层组织的自治功能、社会组织的服务作用以及社工队伍的专业优势等方面,通过开展理论研究、建立培训研究实习机构、进行教学合作交流、开展专业服务项目的孵化、督导和评估等方式进行合作。 (陆晶婧)

数学科学学院

【概况】 复旦大学数学科学学院于2005年1月由原复旦大学数学系和复旦大学数学研究所合并组建。学院下设一所五系,分别是数学研究所和数学系、应用数学系、金融数学与控制科学系、信息与计算科学系、概率统计与精算系。现设有数学学科博士后流动站、"非线性数学模型与方法"教育部重点实验室、"现代应用数学"上海市重点实验室和《数学年刊》编辑部。同时也是中法应用数学研究所、复旦大学数学金融研究所、AIA友邦—复旦精算中心的所在地。

学院有数学学科下的全部5个二级学科:基础数学、应用数学、运筹学与控制论、计算数学、概率论与数理统计,并在全国最早创立国务院学位委员会规定的数学学科全部博士点学科。1994年被国家教委批准为国家理科数学人才培养基地。2006年,学院原有的3个国家重点学科基础数学、应用数学、运筹学与控制论3个学科顺利通过国家重点学科考评;2007年,我校数学学科成为全国一级重点学科,具有一级学科博士授予权。

2011年,学院有专任教师92人,其中教授41人、副教授31人、副研究员6人、讲师14人,博士生导师39人。有中国科学院院士4人(谷超豪、胡和生、李大潜、洪家兴),国际高等学校科学院院士1人(谷超豪),第三世界科学院院士2人(胡和生、李大潜),欧洲科学院院士1人(李大潜),法国科学院外籍院士1人(李大潜);葡萄牙科学院外籍院士1人(李大潜)。教育部"长江学者奖励计划"特聘与讲座教授11人,国家杰出青年科学基金获得者8人。

周忆、雷震获教育部自然科学奖一等奖;吴泉水获2011年上海市优秀学术带头人计划项目;林伟获教育部新世纪人才计划及上海市科技启明星计划跟踪资助;雷震获上海市教委科研创新重点项目资助;卢文联获亚太神经网络联合会青年学者奖及入选上海市科技启明星计划;王志强、陆帅入选2011年上海市浦江人才计划;吴昊入选2011年上海市晨光计划。

全年新获16项国家自然科学基金资助,总经费达887万元;其中,创新项目1项(傅吉祥等);面上项目9项(吴泉水、陈猛、嵇庆春、李洪全、严军、雷震、周子翔、汤善键、陈文斌等);青年基金4项(杨翎、张奇、陆帅、张捷);专项2项(李大潜、林伟)。获资助率近80%,远远高于基金委平均资助率(30%);到达经费项目81项,科研项目经费总额达1 160.18万元。

教师独立或合作发表科研论文114篇。举办国际和港澳台会议8次,接待外国专家到访121人次,共有126人次出国(境)进行学术交流、访问或参加国际会议。举办各类学术讲座150场次。8月,学院召开专门会议讨论本科生、研究生培养工作。

2011年,在读本科生731人,授予学士学位160人;在读硕士生190人,其中金融硕士34名;博士研究生129人,授予硕士学位54人,博士学位16人。博士后流动站在站博士后总数17人,进站9人,出站4人。

学生工作注重学生终身学习能力和社会责任感培养。洪家兴获评研究生"我心目中的好导师"称号;2008级本科生党支部获复旦大学两优一先优秀党支部、本科生优秀党支部称号;2009级本科生班获复旦大学优秀集体;学院青年志愿服务队获复旦大学优秀志愿服务集体。2009级本科生吉瑞千同学光荣入伍。

(刘金华)

【召开非线性数学模型与方法教育部重点实验室学术委员会会议暨2011学术年会】 会议于11月26—27日在苏州召开,10位学术委员会委员、40余位教师参会。常务副校长陈晓漫出席会议并宣布新一届学术委员会委员名单,实验室主任郭坤宇汇报实验室2011年的运转情况。会上,各位委员就实验室的建设、实验室的学术辐射以及实验室与数学学院的联动发展等方面提出建议。学术委员会主任彭实戈对实验室的发展提出新的要求,并对下一步工作寄予更高期望。实验室副主任薛军工主持2011学术年会。严军、张国华和张奇等3位青年教师作学术报告。

(郭坤宇)

【几何与偏微分方程课题组获得国家自然科学基金委员会创新研究群体科学基金】 创新群体的学术带头人为傅吉祥教授,成员包括:周忆教授、陈猛教授、袁小平教授、张永前教授、雷震副教授、谢纳庆副教授、李大潜院士、洪家兴院士、陈恕行教授等。

(傅吉祥)

【上海数学中心成立】 详见【学校综述】第61页。

物理学系

【概况】 2011年，物理学系有物理学一级学科（国家重点学科）博士点1个，一级学科硕士点1个，本科专业1个，博士后流动站1个。建有应用表面物理国家重点实验室，物质计算科学、微纳结构光科学等2个教育部重点实验室，是教育部基础学科人才培养基地。

有在职教职工95人，其中教授42人，副教授21人。有中国科学院院士和兼职院士6人，国家“千人计划”特聘教授1人，教育部“长江学者奖励计划”特聘教授6人，国家杰出青年科学基金获得者10人，国家重点基础研究发展计划（“973计划”）首席科学家4人。沈健入选美国物理学会会士。张远波入选首批“青年千人计划”。陈张海获中国物理学会第二届“黄昆物理奖”。龚新高获民主党派全国“先进个人”称号。封东来获2010—2011年度中国物理学会“叶企孙奖”、第八届上海市“自然科学牡丹奖”。系实验中心被上海市教育工会授予上海市“教育先锋号”称号。周磊被上海市教育工会评为上海市“校园新星”之“科研新星”。叶令获第八届校长奖。周鲁卫、张新夷获2011年系特殊贡献奖。

招收硕士研究生46人、博士研究生45人。在读本科生293人、硕士研究生125人、博士研究生153人，在站博士后6人。开设本科生课程118门，其中春季课程56门、秋季课程62门；开设研究生课程26门。有国家精品课程5门、上海市精品课程1门、校级精品课程3门。组织召开“2011级自然科学实验班新生及家长会”；继续配合教务处，开展“拔尖人才”培养计划；配合学校改革，派出9名班导师指导继续复旦学院学习、生活的2010级本科生；派出10名班导师，对以“自然科学实验班”的名义试点大类招生的2011级本科生进行指导等。继续推行2011级博士研究生招生的申请一考核制和以夏令营方式选拔推免生制度；按学校要求，与数学科学学院一起，试行2012级研究生招生“长学制”改革，只招收博士候选人，通过分流淘汰制度，真正落实五年一贯的贯通式培养模式。贾起民、郑永令、陈暨耀的《电磁学》入选普通高等教育“十一五”国家级规划教材2011年度精品教材。陆昉入选第三届教育部学科发展与专业设置专家委员会。系实验中心参加全国高等学校第十届物理演示实验教学研讨会所带去的“数学光通信演示仪”获二等奖，“氢光谱演示仪”、“水钟”获三等奖。在首届“全国大学生物理实验竞赛”上，汪宝华、朱骏获综合性、研究型实验项目竞赛二等奖，王智民、蒋铠阳分获基础性实验项目竞赛二、三等奖。赵晓雪、韩楚、孙一苇、吴西被2011年国家公派研究生出国留学项目录取。梁励芬、蒋平的《大学物理简明教程》及配套《习题详解》获2011年上海市普通高校优秀教材二等奖。

科研经费到款金额6 358.5万元。新获批立项国家自然科学基金重点项目1项，国家自然科学基金重大科学研究计划项目2项，国家自然科学基金面上项目4项，国家自然科学基金青年科学基金项目6项。获2011年教育部新世纪人才1人，教育部2011年度博士点基金立项2项。获2011年度“上海市领军人才”培养计划1人，上海市“浦江人才计划”A类资助2人。以第一作者或通讯作者发表SCI论文148篇。王斌获国家自然科学二等奖。6月4日，举行系学术年会，近300人参会，共有邀请报告16个，张贴海报116张，并设置最佳海报评选，2张海报获金奖，4张海报获银奖。

国际交流与合作频繁。接待59位境内外专家作学术报告，举办国际会议4场，系师生参加国际会议、合作研究、出国考察、交流等199人次。1985年诺贝尔物理学奖获得者克劳斯·冯·克利青（Klaus Von Klitzing）到系演讲。

加强党建及师生责任、奉献意识建设。以创建学习型党组织为目标开展“创先争优”活动。健全学生党总支规章制度建设，合理化人员分工。加强对学生党员骨干的培养。学生党总支牵头开展地铁10号线江湾体育场站志愿者服务。组织学生开展“阳光之家”、关爱退休孤老等志愿者服务，以及暑期河南支教、与五角场街道退休党支部共建等社会实践活动。系学生党总支被上海市地铁志愿者服务总队授予“上海市地铁志愿者服务先进团队”称号。系学生党总支于6月29日在物理楼举行“庆祝建党90周年主题活动”，会议表彰了30位系优秀学生党员，重温了“入党宣誓”，邀请了周鲁卫、冀敏两位校优秀共产党员分别作题为“党员的社会责任”、“勤勤恳恳做事、踏踏实实做人”的事迹报告。系党委申报的基层党建特色项目——“创建学习型党组织”获校组织部立项二等奖。周鲁卫、冀敏被评为“复旦大学优秀共产党员”，俞胜南被评为“复旦大学优秀党务工作者”。

全员关心学生思想、学习、生活健康成长。4月12日—5月24日，举办“九十载红旗漫卷，物理节精彩十年”第十届“物理人节”，开幕推出师生共同参与的“红歌嘹亮，青春激昂”红歌会比赛。10月25日—11月25日，举办“观科学浪潮，览物理乾坤”第六届“物理学月”。11月15日—12月10日，举办“对话学术前沿、提升科研水平”的研究生讲坛。加大对学生学业辅导与职业发展的指导力度，举办课程指导讲座、生涯发展恳谈会、就业指导专题讲座、学长交流会等10多场。（俞胜南　高太梅）

【系党委、系工会换届】 3月，经民主选举，并上报校党委批复，物理学系党委完成换届。新一届党委会由乐永康、陈骏逸、周序倩、俞胜南、蒋最敏组成，蒋最敏任党委书记，俞胜南、陈骏逸任党委副书记。4月，校工会批复同意物理学系部门工会民主换届结果：徐建军任工会主席，汪萍萍任工会副主席兼生活委员，魏心源任文体委员，缪瑾任女工委员，高太梅任宣传委员。（高太梅）

【举行第五届纳米光子学国际会议（ICNP'2011）】 该会议于5月22—26日在校举行。该系列会议由美国物理学会发起，前四届分别在中国杭州(2007年)、南京(2008年)、哈尔滨(2009年)、日本筑波(2010年)举行，2011年度花落上海，由复旦大学物理学系承办。来自世界各地的300多名专家学者与会，会上围绕应用于生物/能源/生态领域中的纳米光子材料、与信息技术相关的纳米光子材料、纳米光子材料及器件的制备与表征等主题进行探讨。物理学系教授周磊、美国Dayton大学教授Joseph Haus及瑞典皇家工学院教授Min Qiu担任会议联席主席。大会邀请美国科学院及中国科学院外籍院士沈元壤等6位科学家做大会报告，33位中外科学家作邀请报告。另从收到的310份稿件中遴选出82个口头报告，还有187个张贴报告分3天展出。该系列会议由美国物理学会发起，前四届分别在中国杭州(2007年)、南京(2008年)、哈尔滨(2009年)、日本筑波(2010年)举行。 (高太梅)

【举行第一届自然光子结构国际会议】 该会议于6月1—4日在校举行，由物理学系主办。物理学系教授资剑和刘晓晗任会议主席。会议内容涵盖自然光子结构的可能生物进化途径和功能、物理机理以及人工仿生合成和应用。近百位与会者通过13个邀请报告、14个口头报告、海报展示等方式进行交流探讨。

(高太梅)

【举办复旦凝聚态物理暑期学校】 该学校课程于7月13日—8月7日在复旦大学进行。是面向凝聚态物理及量子调控领域的研究生、博士后、青年教师的高级研修班，研修主题为“高温超导电性”，物理学系教授陈焱负责组织事宜。邀请到10位中外教授用英文，分别做实验、理论、理论及实验、实验及理论、理论等5个模块的授课，期间还包括学术报告、口头报告/墙报专场等学术交流活动。共招收到复旦大学以外的正式学员94人。 (高太梅)

【1篇博士学位论文入选“2011年全国优秀博士学位论文”】 入选的1篇论文为：沈大伟(导师：封东来教授)的《2H结构过渡族金属二硫属化物电子结构的高分辨角分辨光电子能谱研究》。获提名的论文为：陈时友(导师：龚新高教授)《多元半导体及其合金的第一性原理计算研究》。

(高太梅)

【在国际权威期刊发表文章】 2月27日的*nature material*刊登封东来课题组的论文《新型高温超导体奇特的电子特性》；9月23日，该组以“The Electronic Structure in the Bulk of a Crystal can be Unveiled by Hard X-ray Angle-resolved Photoemission Spectroscopy”为题，再次在该杂志发表文章。6月30日的*nature*刊登游建强的综述论文《基于超导电路的原子物理和量子光学》(Atomic Physics and Quantum Optics Using Superconducting Circuits)。8月29日的《美国科学院院刊》(*PNAS*)刊登黄吉平课题组论文“Herd Behavior in a Complex Adaptive System”。在*Nature Photonics* 9月号刊登林志方课题组的论文，该文章揭示“利用激光束的散射力把粒子吸向光源”这一反常现象，并成为该期的封面文章，该期还刊登一篇题为《光学引力》的编辑访谈介绍该项研究工作。

(高太梅)

【推行物理学系冠名教授政策】 在复旦大学实施二级管理的背景下，为更好的引进和留住、培养一流人才，加强物理学系师资队伍建设，借鉴复旦大学校级冠名教授(复旦-浩清)岗位的相关政策，物理学系在系设置冠名教授岗位。系冠名教授除享受学校岗位津贴外，将另获额外系岗位津贴。评审委员会每年开会一次，对自荐或他荐的候选人，根据学术成就来决定系冠名教授的人选。经6位校外专家和3位本系专家组成的评审委员独立打分并汇总平均后，确定金晓峰、侯晓远、龚新高、资剑、游建强5人为2011年物理学系冠名教授。

(高太梅)

【举办“复杂系统和经济物理”论坛】 该论坛于12月3日—4日在校举行，由上海市物理学会主办，由复旦大学物理学系黄吉平课题组承办。副校长陆昉出席会议并致开幕词，20位专家到会作学术报告，会议旨在探讨物理学与相关学科的交叉研究。

(高太梅)

化 学 系

【概况】 2011年，化学系设有化学一级学科博士点和硕士点，并建有化学工程硕士专业学位授权点和博士后科研流动站。化学一级学科是国家重点学科，包括无机化学、分析化学、有机化学、物理化学、化学生物学和应用化学六个二级学科，建有上海市分子催化和功能材料重点实验室、创新科学仪器教育部工程研究中心、国家理科基础学科研究和教学人才培养基地和被列入国家级教学示范中心建设单位的化学教学实验中心。

有在职教职工159人，其中专任教师108人，行政管理和实验技术人员51人。有正高级职称46人(博士生导师46人)，副高级职称41人，中级职称50人。有中国科学院院士1人，双聘院士3人，国家“973计划”首席科学家1人，教育部“长江学者”特聘教授6人、讲座教授2人，国家杰出青年科学基金获得者14人，海外及港澳学者合作研究基金获得者5人，复旦大学特聘教授8人，国家级教学名师奖获得者1人。

在读本科生258人(二、三、四年级)，其中由化学大类分流及转专业进入化学系的2010级本科生84人。全年招收硕士研究生70人，博士研究生58人，工程硕士研究生23人(在职23人)；在读硕士研究生180人，博士研究生199人，工程硕士研究生98人。全年承担本科生基础课、专业课及公共课总学时数为324 840人学时，选课学生5 737人次；承担全校实验课程总学时数118 314人学时，选课学生2 787人次。开设本科生课程157门(不含毕业论文)。

全年申请到国家自然科学基金项目31项，其中有国家杰出青年科学基金项目(A类)1项，重点项目2项。在研的174项科研项目中，有“973计划”(子)项目18项，“863计划”(子)项目2项，国家杰出青年科学基金项目2项(A类),国家自然科学基金重大、重点项目12项。科研经费到款5 100万元以上。发表SCIE论文378篇,其中影响因子大于6.0计41篇,获专利授权43项。“功能导向分子自组装结构与材料”科研团队入选教育部“长江学者和创新团队发展计划”。赵东元当选校学术委员会委员,夏永姚当选中国电化学专业委员会副主任委员,易涛获国家杰出青年科学基金资助,李富友入选上海市优秀学术带头人计划,李巧伟、郭浩入选上海市浦江人才计划,涂涛入选上海市“曙光计划”,熊焕明入选教育部“新世纪优秀人才支持计划”,邓春晖获“明治乳业生命科学奖”。《分析化学原理(第二版)》、《谱学导论(第二版)》入选普通高等教育精品教材书目。

全年举办学科进展前沿报告逾50场,主讲人均为境外大学或研究机构学者、研究人员。与国外大学合作课题有3项,发表合作成果13项。接待英国皇家学会编委会主任,澳大利亚墨尔本大学国际关系副主任、弗杰尼亚联邦大学化学系教授等一般海外到访逾34批。师生出国出境参加国际会议、合作研究、学术交流、访问考察等共计108人次。执行院系级学生交流项目安排,公派4名大三本科生到美国加州大学圣巴巴拉分校、乔治敦大学作暑期科研实习交流。开设普通化学、普通化学实验、有机化学、有机化学实验4门英语授课课程。与先进材料实验室、法国巴黎第十一大学化学系共同举办“首届复旦—巴黎第十一大学分子科学研讨会”,中国香港大学化学系支志明院士受聘复旦大学顾问教授。

实验中心和行政后勤党支部、2008级硕士生党支部获“复旦大学先进基层党组织”称号;范康年、郭娟、王新民、冯小燕获“复旦大学优秀共产党员”称号;严小敏获“复旦大学优秀党务工作者”称号。师生党员以参加“党在我心中”歌咏比赛、举行“向入党50周年以上的老党员致敬”座谈会、观看电影《建党伟业》等多种活动形式纪念中国共产党建党90周年。学生工作组以新元素节、趣味知识竞赛、企业参观、博士生学术论坛等活动为载体,活跃学生的学术和生活氛围,2009级博士生党支部获“复旦大学示范党支部”称号,2009级博士班获“复旦大学优秀集体标兵”称号;学生代表团获上海“GE－RSC演讲比赛”团体铜奖。石瑜婷、刘宇晨、蒋李同学获第五届上海高校化学实验竞赛一等奖。　(臧　晖　孔庆安)

【党政领导班子换届】 经化学系教职工民主推荐、系主任候选人民主测评和校党委组织部考察,3月,任命唐颐为新一届化学系系主任,贺鹤勇、高翔、张丹维为副系主任(校任字[2011]3号),贺鹤勇兼任校测试中心主任(校任字[2011]4号)。经全体党员民主推荐、校党委组织部考察,3月,任命徐华龙为化学系分党委书记、刘永梅为副书记(复委组干[2011]4号)。4月,经全系中级职称以上在职教职工选举产生新一届系学术委员会,赵东元当选主任,贺鹤勇任副主任。5月,组成新一届学科建设与岗位聘任委员会,负责学科方向论证和规划制定、岗位设立与考核、学科经费预决算等重大学科发展事宜。　(张丹维)

【开展“国际化学年在中国”系列活动】 先后邀请清华大学帅志刚、上海师范大学章宗穰、苏州大学姚建林教授做“国际化学年在中国”专题报告。5月,举行以“国际化学年在复旦”为主题的趣味化学知识竞赛;6月,组织学生赴上海科技馆进行系列科普知识宣传志愿服务;9月,在全体研究生中开展“科学精神与科学道德”大讨论,由《化学苑》予以报道;12月举行“化学点亮美好未来”为主题的博士生学术论坛。　(郭　娟)

【举行邓景发院士逝世十周年纪念活动】 该活动于5月7日在系校友厅举行,由邓景发生前所在系表面化学实验室发起组织。系分党委书记徐华龙、副系主任贺鹤勇、范康年等教师代表、先生生前好友和学生60余人参加活动。大家以“用生命去做研究,满腔热情教书育人”为主题,共同缅怀邓先生为化学系表面化学实验室创建和发展所做贡献,弘扬其献身科研的精神。　(刘永梅)

【举办第七届国际新型材料及其制备会议暨第二十一届国际精细化学和功能高分子会议】 该会议于10月16—21日在校举行,获国际纯化学和应用化学联合会(IUPAC)授权,由复旦大学、华东理工大学和澳大利亚悉尼技术大学联合主办。复旦大学教授吴宇平、华东理工大学教授关士友和澳大利亚悉尼技术大学教授汪国秀任共同主席。40多个国家和地区的300多名代表与会。波兰科学院院士波兰科学院分子和大分子研究中心教授斯坦尼斯洛·本切克(Stanislaw Penczek)、原德国化学会会长德国马普高分子所教授克劳斯·穆伦(Klaus Müllen)、日本化学会副会长早稻田大学教授西出宏之等一批知名学者应邀作大会报告和邀请报告,与会者就新型材料与制备的前沿课题作学术讨论和交流,会议共收到论文389篇,举行大会报告9个、口头报告199个。3人获墙报奖;4人获新材料与制备杰出奖;2人获IUPAC江教授新材料青年奖。

(臧　晖)

【陕西师范大学物理化学国家级教学团队到访】 该校代表团一行19人于11月18—19日到校交流,访问期间,代表团观摩国家级教学名师范康年的物理化学课,参与教学经验交流会暨学科报告会,参观实验室和基础实验教学中心等系列活动,彼此交流、借鉴教学经验;探讨、凝聚科研合作方向。报告会有复旦大学、上海交通大学、同济大学、华东师范大学、华东理工大学、上海大学、上海师范大学等沪上高校代表计百余人出席,陕西师范大学校长房喻,复旦大学副校长陆昉,上海市化学化工学会常务理事、上海电力学院院长李和兴到会致辞。　(刘永梅)

【组成第三届教职工代表大会】 6月,经系教职工民主推荐和无记名投票选举,中国教育工会复旦大学委员会批复(《关于化学系部门工会委员会换届选举结果的批复》,复工字(2011)18号),新一届系部门工会委员会由陈志宁、臧晖、于力、唐碧、张丹维、叶匀分、黎占亭等7名同志组成。张丹维任主席,叶匀分任副主

席。12 月，完成教代会代表换届选举，选举产生 37 名同志组成系第三届教职工代表大会。（张丹维）

高分子科学系

【概况】 2011 年，高分子科学系设有高分子化学与物理学科博士点、硕士点、博士后科研流动站和化学工程硕士学位点，聚合物分子工程国家重点实验室被科技部正式批准建设。

有在职教职工 56 人，其中教授 18 人，副教授 11 人，其他正高级职称 2 人、副高级职称 1 人，讲师 9 人；博士生导师 17 人。有中国科学院院士 2 人，国家“973 计划”项目首席科学家 1 人，国家“863 计划”重点项目课题负责人 1 人，国家重大科学研究计划重点项目首席科学家 1 人，国家自然科学重大基金项目负责人 1 人，教育部“长江学者奖励计划”特聘教授 2 人，国家杰出青年科学基金获得者 8 人、海外青年学者合作研究基金获得者 3 人，教育部新世纪优秀人才 5 人。

全年招收本科生 36 人，硕士研究生 38 人，博士研究生 24 人，工程硕士研究生 16 人。在读本科生 122 人，硕士研究生 99 人，博士研究生 101 人。开设本科生课程 29 门，研究生课程 25 门。

全年在国内外学术期刊上发表论文 164 篇，以第一单位发表的 SCI 论文 132 篇、EI 论文 2 篇，国内核心及一般论文 4 篇，发表的 SCI 论文中影响因子大于 3 的论文 89 篇，含第一单位发表的 78 篇；影响因子大于 7 的有 16 篇，含第一单位发表的 12 篇；获得授权的中国发明专利 11 项，美国专利 1 项，中国发明专利申请公开的 20 项。承担科研项目 75 项，实到经费 3 188 万元；作为首席单位在研的 973 项目 2 项、参研 973 课题 3 项以及国家杰出青年基金 1 项、自然科学基金重大项目 1 项、重点项目 4 项等。2011 年度获得批准立项的国家级项目有：刘天西的“高分子纳米复合材料”国家自然科学基金委杰出青年科学基金项目；丁建东的“两亲性高分子在水中自组装对于部分药物活性形式的影响”获批国家自然科学基金重大研究计划培育项目；陈道勇的“蝌蚪状单链 Janus 粒子的高效制备、组装及组装体的性能研究”获批国家自然科学基金重大研究计划培育项目；唐萍的“具有链刚性的高分子体系的自组装及相变机理”获批国家自然科学基金重大研究计划培育项目；海外及港澳学者合作研究基金 1 项（日本自然科学国家研究所分子科学院江东林与复旦大学汪长春）；2011 年度获批准立项的国家自然科学基金面上项目 5 项、青年科学基金 2 项。聚合物分子工程国家重点实验室获“复旦大学高级访问学者计划”资助项目 1 项，批准自设的开放研究课题 11 项。江明、陈道勇、姚萍获上海市自然科学一等奖；黄骏廉、王国伟获教育部自然科学二等奖；杨玉良等获中国石油化工集团科技进步一等奖（第三获奖单位）；陈道勇当选 2011 年度“上海市优秀学术带头人”；丁建东、俞麟获 2011 年全国高分子学术论文报告会优秀墙报奖。

参加国际学术会议 22 人次，国内学术会议 43 人次，在大型学术会议上做特邀报告或大会报告 28 人次。国外专家学者前来讲学和作学术报告 24 人次，国内学者专家前来讲学和学术报告 17 人次。

11 月 11 日下午，“深入基层大走访人调研”第二组到系进行走访、调研。校党委副书记陈立民、副校长金力以及相关职能部处负责人参加。在座谈会上，系分党委书记张炜汇报指出，我系近日获批建设聚合物分子工程国家重点实验室，但在建设过程中遇到空间和资金两个瓶颈，特别是所用楼宇在承重和安全方面不适应建设要求。在队伍建设方面，参加座谈的很多教师认为，人才引进受到多种因素制约，特别是实验学科的技术人员和仪器管理人员稀缺，希望学校制定更具吸引力的人事制度；同时，学校要给年轻人提供良好条件和发展空间。会后，调研组参观了高分子系跃进楼公共仪器平台，并对 6 位教师代表进行了访谈。

在中国共产党成立 90 周年之际，系党委对近年来涌现出的先进基层党组织、优秀共产党员和优秀党务工作者进行表彰。在各党支部民主推荐的基础上，系党委研究决定，授予研究生第一党支部“先进基层党组织”称号，授予本科生党支部庄沛源、研究生第三党支部杨光“优秀共产党员”称号，授予研究生第二党支部书记潘震“优秀党务工作者”称号。孙胜童被校党委授予“优秀共产党员”称号，王芳同志被校党委授予“优秀党务工作者”称号。

全年学生工作在学校党委和系分党委的领导下，贯彻落实党委学生工作部“党旗引领成长 青春奉献祖国”主题教育要求，以迎接建党 90 周年为契机，结合院系特色，以学生党员创先争优活动为契机，以推进研究生示范党支部建设为抓手，创建学习型党组织，引导学生党员自觉强化党员意识，积极发挥先锋模范作用；配合学习党史整体氛围，开展理想信念教育；根据各年级生涯发展不同需求引领学生健康发展进行成才教育；配合通识教育改革，改善和推进系本科生导师制度，继续营造全员育人氛围。2009 级本科生邓瀚林获得校优秀学生标兵称号。（张 炜 包 涵 吕文琦 王 莉）

【举行中钞油墨奖学金颁奖仪式】 3 月 18 日下午，颁奖仪式在光华楼东主楼 511 室举行。中钞油墨有限公司党委副书记张伟君、人力资源部主任高金波和副主任乔传庆，高分子科学系主任武培怡、党委书记张炜、副系主任刘天西和杨武利、获奖学生以及学生代表等 50 人出席。该次中钞油墨奖学金授予高分子科学系 2011 届博士、硕士和本科毕业生中成绩显著、表现突出的优秀学生。系党委副书记包涵主持颁奖仪式。（潘忠诚）

【杜占元到系考察】 3 月 25 日，教育部党组成员、副部长杜占元到校调研。科学技术司司长王延觉、科技发展中心主任李志民，复旦大学党委书记秦绍德、副校长陈晓漫、金力等陪同调研。杜占元一行考察聚合物分子工程教育部重点实验室的运行情况，听取实验室主任丁建东的介绍与工作汇报，并就相关问题进行交流和

探讨。 （张 炜）

【举行“Uconn—复旦高分子双边研讨会”】 该会议于6月16日在校举行，由美国康涅狄格大学（斯托斯）(University of Connecticut-Storrs)和复旦大学联合主办，武培怡和道格拉斯·亚当森(Douglas Adamson)担任会议共同主席。来自美国康涅狄格大学（斯托斯）(University of Connecticut-Storrs)、圣母大学(University of Notre Dame)和复旦大学的教授及青年学者约80人参会。 （吕文琦）

【获批建设聚合物分子工程国家重点实验室】 10月14日，根据科技部《关于批准建设心血管疾病等49个国家重点实验室的通知》(国科发基[2011]517号)，聚合物分子工程国家重点实验室被正式批准在复旦大学建设。实验室现有固定人员65名，其中，正高31名、副高19名，中级及以下人员15名。研究人员55名，管理人员2名，技术人员8名。实验室有中科院院士3人，长江特聘教授6人，国家杰出青年基金获得者12人，首席科学家3人。1人入选2007年“新世纪百千万人才工程”国家级人选，5人入选教育部新世纪优秀人才。 （吕文琦）

【开展科学道德和学风建设教育系列活动】 9月6日，在跃进楼424室召开的全系教职员工大会上，邀请江明院士作关于学术规范的报告。9月20日，在第四教学楼401教室，听取江明院士作题为“让我们自尊和自信的起跑”的学术道德报告会，会后系研究生团学联编印了《江明院士学术道德报告会感想集》。11月30日，系研究生团学联在跃进楼308会议室，召开科学道德和学风建设主题座谈会，副系主任刘天西、党委副书记包涵和研工组长王芳，以及各课题组的12位研究生代表参加座谈会。 （张 炜）

环境科学与工程系

【概况】 2011年，环境科学与工程系设有环境科学与工程一级学科博士点1个，环境科学、环境工程以及环境管理硕士点3个，工程硕士点1个，环境科学与工程一级学科博士后流动站1个，环境科学本科专业1个。

有在职教职员工68人，其中教授19人，副教授23人，讲师19人；聘请8名国内外知名专家学者任顾问教授和兼职教授；引进国家千人2位、国家青年千人2位；新增博士生导师2位，科学学位硕士生导师4位，工程硕士专业学位硕士生导师8位，专业学位校外兼职硕士生导师3位。

2011年，环境科学与工程系有16个项目获得“国家自然科学基金委员会”的资助批准，包括1项重点项目、8项面上项目和7项青年基金项目。2人获得上海市自然科学基金项目资助，1人入选教育部“新世纪优秀人才支持计划”，1人获得霍英东青年基金(应用)资助，1人入选“上海市浦江人才计划A类”。获“2011年教育部自然科学奖”二等奖1项，“2011年国家海洋局海洋创新成果奖”(海洋科学技术研究类)二等奖1项，“2011年上海市自然科学奖”二等奖1项。1篇论文获“日本水处理学会论文奖(国家级)”，1篇博士毕业论文和1篇硕士毕业论文获评2010年度上海市研究生优秀学位论文。全年海外专家学者到系参观讲学近30人次，其中包括诺贝尔化学奖获得者马利奥·莫利纳(Mario Molina)和英国东英吉利大学代表团到系访问交流。教师出国进修、应邀讲学、参加学术会议共31人次。 （时小琴）

【庄国顺课题组论文入选《大气环境》前五年引用率最高的10篇论文】 环境科学与工程系教授庄国顺课题组论文“The Ion Chemistry, Seasonal Cycle, and Sources of PM2.5 and TSP Aerosol in Shanghai”入选大气环境领域国际著名杂志*Atmospheric Environment*前五年引用率最高的10篇论文，是中国大陆地区唯一入选的论文。 （时小琴）

【成立复旦大学全球环境变化研究所与复旦—丁铎尔中心】 5月27日，复旦大学全球环境变化研究所成立。同时，接轨全球气候变化应对与研究前沿的“复旦—丁铎尔中心”宣告成立。该中心的成立标志着复旦大学和总部设在英国东英吉利大学(UEA)的英国丁铎尔中心(UK Tyndall Centre)步入全面合作的实质阶段。 （时小琴）

【陈建民课题组发表论文】 7月1日，《环境科学与技术》(*Environmental Science and Technology*)杂志发表陈建民领衔的课题组论文“Particle Size Distribution and Polycyclic Aromatic Hydrocarbons Emissions from Agricultural Crop Residue Burning”。文章揭示农业秸秆燃烧形成大气污染的机理，该论文被该期杂志列为封面重点推荐论文之一。 （时小琴）

【马利奥·莫利纳(Mario Molina)到系访问】 9月20日，世界著名大气化学家、1995年诺贝尔化学奖得主、美国加州圣地亚哥大学教授(University of California, San Diego)马利奥·莫利纳(Mario Molina)到系访问，并在光华楼东辅楼一楼报告厅做题为“大气污染与气候变化”的学术报告。 （时小琴）

【主办第六届全国环境化学大会】 该会议于9月22日在上海嘉定举行，由环境科学与工程系主办。大会为期三天，来自世界各地的1 600余名环境化学领域的专家参会。会上，根据环境化学学科的最新进展设置多种议题，邀请国内外著名专家做大会和分会报告，并举办环保与分析仪器展览、学术论文报展和研究生专题报告会。 （时小琴）

信息科学与工程学院

【概况】 2011年，学院设有一级学科5个(含一级学科博士点2个)，其中电子科学与技术是一级学科国家重点学科；二级学科11个，其中国家重点学科3个，上海市重点学科2个；博士后流动站2个，博士点6个，硕士点11个，工程硕士培养领域6个，学士学位专业6个。2010年，学院新获一级学科信息与通信工程工学博士学位授予权。学院有国家重点实验室1个，教育部重点实验室2个，教育部工程研究中心1个，并有21个研究中心、研究所、联合实验室等研究机构，5个本科生教学实验室。新增上海市先进光学、超精密加工研究中心。

有在职教职工269人，其中正高级职称64人(博士生导师53人)，副高级职称71人。中国工程院院士1人、双聘院士1人，新增科学院院士1人，国家重点基础研究发展计划("863计划")专家5人，国家重点基础研究发展计划("973计划")首席科学家1人，国家"千人计划"获得者5人，国家青年"千人计划"1人，国家杰出青年科学基金项目获得者5人，较2010年新增1人，教育部"长江学者"特聘教授3人、讲座教授2人，复旦大学特聘教授7人，科学技术部"十一五"重大专项专家组成员2人，全国五一劳动奖章获得者1人，上海市十大科技精英奖获得者1人，上海市十大IT新锐5人，教育部"新世纪人才"8人，较2010年新增2人。50.21%的教师有博士学位，50.63%的教师为45岁以下中青年教师。获"全国三八红旗手"称号1人，获复旦大学校长奖1人，获第六届复旦大学教学名师奖1人，获学校优秀研究生导师1人，获复旦大学青年教师教学比赛一等奖2人、三等奖1人，获学院"院长奖"9人。学院通过"新进校青年教师事业发展起步支持计划"资助7人，录用青年教师5人。

招收本科生295人，科学硕士研究生165人，博士研究生63人，在职工程硕士研究生361人，全日制工程硕士64人。在读本科生1 149人(包括在复旦学院学习的2011级的本科生294人)，硕士研究生533人，博士研究生217人，工程硕士研究生1 237人，共计3 133人。授予44人博士学位，100人硕士学位，277人工程硕士学位。开设本科生课程175门，硕士研究生课程104门，博士研究生课程26门。有"上海市精品课程"1门，"复旦大学精品课程"7门，开设全英语教学课程6门。出版教材5本。3名研究生获得2011年运"球"帷幄足球管理团队挑战赛全国总冠军，本科生4人获得大学生全国年度人物，1篇学位论文入选2011年全国优秀博士学位论文提名，2人获教育部"博士研究生学术新人奖"，2名研究生获2011年中国复杂网络会议最佳学生论文奖，本科生获2011全国大学生电子设计竞赛一等奖2个、上海市二等奖2个、三等奖2个。入选学校"望道学者"计划5项、入选"君政学者"计划1项、新增"曦源"计划项目12项。

承担纵向科研项目240项，其中新立项项目91项，到款项目171项，到款经费20 724.9万元。横向科研项目到款105项，到款经费1 024.3万元。总到款项目276项，经费21 749.2万元。获国家自然科学基金(NSFC)项目35项，其中面上项目24项、杰出青年基金项目1项、青年项目9项，海外及港澳学者合作研究基金项目1项。获发明专利授权73项。金亚秋等获2011年国家自然科学奖二等奖，周嘉等获得教育部高等学校科学研究优秀成果奖(科学技术)二等奖；获各类人才支持计划15项，国家重点基础研究发展计划("973"计划)项目1项；教育部"新世纪人才计划"项目2项，教育部博士点基金博士生导师类项目5项，教育部博士点基金新教师类项目3项，优先发展类3项；教育部留学回国人员基金项目1项，上海市"启明星计划"项目1项，上海市教育委员会科研创新重点项目1项。出版著作4本。2010年发表SCIE论文170篇、EI论文84篇、CPCI国际会议论文51篇。

国际学术交流活动频繁，与近20个国家和地区的大学、研究机构、企业建立联系并开展合作。各类国际合作与交流350余项，教学合作12项，举办国际和港澳台会议6次，合作课题9项，海外一般来访参观106人次，教师国际出访交流170人次，学生国际出访交流147人次，合作成果发表31项。Intel公司、住商情报系统株式会社等知名IT企业通过设立奖学金和奖教金等方式促进学院人才培养。

开展灵活多样的党建、群众、学生活动。学院邀请校长杨玉良在逸夫科技楼多功能厅为学院全体教工作题为"为了复旦更美好的明天——学校工作中的若干设想和思考"报告，阐述他的治学、治校理念，使教师了解学校的发展思路，明确自己的前进方向；学校副校长陆昉教授为学院全体教师作题为"关于复旦大学本科生教学改革辅导"的报告，阐述育人理念和教学思想；学院举办建党九十周年系列活动、"我与系主任"主题活动、教学观摩、"三八"节、"六一"亲子活动、敬老节活动，组织学院田径运动会、跳绳比赛、广播操比赛等体育活动，增强教职员工的体质。组织二级党校学生入党积极分子培训班、学生党员IT素质培养服务基地领导能力培训系列活动。举办第十一届"信息节"、第十届学术文化节、第三届博士生学术论坛、"忆往昔，谈理想"等活动，传承学院文化。（马 波）

【举办2011上海光电子产业发展趋势与人才支撑高端论坛】 该论坛于10月30日在谢希德报告厅召开。由中国光学学会光学制造技术专业委员会主办，中国仪器仪表学会支持，复旦大学、上海现代超精密制造中心有限公司承办。大会主席为金国藩院士，组织委员会主席为庄松林院士，会议由苏州大学潘君骅院士、光学制造技术专业委员会理事辛启明教授和天津大学教授房丰州主持。会上，来自国内外高校及研究所的21位专家作光学自由曲面方向的专题报告。内容涉及自由曲面技术的加工工艺、检测、系统设计、发展应用等诸多方面。上海太阳能中心主任、中科院上海技术物理研究所副所长戴宁、卡尔·蔡斯(Carl Zeiss)中国研发中心技术总监王河新、科磊半导体设备技术(上海)有限公司总裁施嘉诺和信息学院院长郑立荣做主题报告，就光电子、光学工程产业发展趋势、产业发展新趋势对人才素质、技能的新要求、产业发展新趋势带来的对大学培养体系和大学科研工作的挑战与机遇、对复旦大学光电子、光学工程人才培养的建议等议题开展讨论。来自校内外企业、研究机构的专家学者约80人出席会议。与会人员一致认为：光电子技术已发展成为21世纪的尖端科技之一，将是影响未来社会

发展的战略性重要产业之一，这一发展趋势对人才的需求越来越高，人才是决战商场的法宝。　（马　波）

电子工程系

【概况】 2011年，电子工程系有一级学科2个（均拥有博士学位授予权），其中电子科学与技术入选国家重点一级学科；二级学科2个（国家重点学科1个，上海市重点学科1个）；本科专业2个，硕士点2个，博士点2个，博士后流动站2个。建有电子工程系科技创新基地。

有在职教职工33人，其中教授8人（博士生导师8人），副教授10名，其他副高级职称1人。有中国工程院院士1人，复旦大学特聘教授1人。在读本科生297人，硕士研究生98人、博士研究生43人。新开设《网络科学导论》全英语教学课程。1人获得第六届复旦大学教学名师奖，1人获得学校优秀研究生导师，本科生获得全国大学生电子设计竞赛2个一等奖、上海市2个二等奖、2个三等奖，2名研究生获得中国复杂网络会议最佳学生论文奖 。

承担纵向科研项目30项，其中新增国家自然科学基金项目6项。横向科研到款项目29项。科研项目到款总经费497.5万元。获授权发明专利15项。获各类人才支持计划4项。2010年发表SCIE论文27篇、EI论文17篇、CPCI论文13篇。（马　波）

光科学与工程系

【概况】 2011年，光科学与工程系有一级学科2个，其中所在的一级学科物理学具有博士授予权和博士后流动站，入选国家重点一级学科；二级学科3个（含国家重点学科1个，上海市重点学科1个）；本科专业1个；硕士点3个；博士点2个。新增上海市先进光学、超精密加工研究中心。

有在职教职工31人，其中教授17人（博士生导师15人），研究员2人，副教授8名，其他副高级职称1人。有中国科学院院士1人，国家杰出青年科学基金获得者3人，国家“千人计划”获得者1人，新增国家“千人计划”1人，教育部“长江学者奖励计划”特聘教授1人，复旦大学特聘教授2人。在读本科生77人，硕士研究生49人、博士研究生41人。新开设《液晶原理与应用》全英语教学课程。出版教材1本。出版专著1本。

承担纵向科研项目56项，其中新增国家自然科学基金项目5项。2项横向科研项目到款。科研项目到款总经费1 851.6万元。获授权发明专利5项。获各类人才支持计划4项。2010年发表SCIE论文47篇、EI论文4篇、CPCI论文3篇。　（马　波）

通信科学与工程系

【概况】 2011年，通信科学与工程系设有一级学科1个，二级学科3个。新获一级学科信息与通信工程一级学科工学博士学位授予权。本科专业1个，硕士点3个，博士点1个。教育部重点实验室1个。

有在职教职工30人，其中教授6人（博士生导师5人）、副教授11名、其他副高级职称1人。新增中国科学院院士1人、国家“千人计划”获得者4人，新增国家“千人计划”2人，新增国家青年“千人计划”1人。教育部“长江学者奖励计划”讲座教授1人，复旦大学特聘教授2人、在读本科生143人，硕士研究生65人、博士研究生12人。2人获教育部“博士研究生学术新人奖”，1篇学位论文入选2011年全国优秀博士学位论文提名。出版专著2本。

承担纵向科研项目31项，其中新增国家自然科学基金项目3项。9项横向科研项目到款。科研项目到款总经费451.9万元。获授权发明专利2项。2010年发表SCIE论文28篇、EI论文15篇、CPCI论文5篇。

积极推进国际学术交往。邀请美国、英国、新加坡、澳大利亚、中国香港等国家和地区的专家学者来访交流，举办学术讲座。　（马　波）

微电子学系（微电子研究院）

【概况】 2011年，微电子学系（微电子研究院）所在的一级学科电子科学与技术（具有博士授予权和博士后流动站）入选国家重点一级学科。设有二级学科1个（国家重点学科），博士点1个，硕士点1个，本科专业1个，国家重点实验室1个。是国家集成电路人才培养基地。

有在职教职工48人，其中教授12人（博士生导师12人），副教授11人，其他副高级职称5人。微电子研究院在职职工24人，研究员4人（博导2人），副研究员5人。微纳平台在职职工17人，研究员4人（博导4人），副研究员3人。微电子研究院在职职工24人，其中正高4人（博导3人），副高3人。共有教育部“长江学者奖励计划”特聘教授2人、讲座教授1人，复旦大学特聘教授2人，国家“千人计划”1人，新增国家“千人计划”2人，国家杰出青年科学基金获得者1人，新增国家杰出青年科学基金获得者1人。在读本科生234人，硕士研究生281人、博士研究生110人。微电子研究院在读硕士研究生216人。

《半导体物理》获评校级精品课程并入选上海市重点课程。开设《FPGA结构原理与应用》、《并行计算机体系结构概论》、《可测试性设计》全英语教学课程。1人获教育部“博士研究生学术新人奖”。

承担纵向科研项目98项，其中新增国家自然科学基金项目17项。36项横向科研项目到款。科研项目到款总经费17 863.1万元。获授权发明专利46项。获各类人才支持计划6项。2010年发表SCIE论文64篇、EI论文47篇、CPCI论文27篇。

国际交流与合作频繁。分别与荷兰戴尔福特理工大学、瑞典皇家理工学院等大学开展微电子硕士、博士联合培养项目。举办复旦—TU Delft微电子研讨会。举办2011年国际固态和集成电路技术会议。　（马　波）

光源与照明工程系

【概况】 2011年,光源与照明工程系所在的一级学科有物理学和电子科学与技术,都具有博士授予权和博士后流动站,并入选国家重点一级学科。电子科学与技术另设有物理电子学和光电系统与控制技术2个二级学科,物理学设有等离子体物理1个二级学科。有物理电子学共建博士授权点,等离子体物理和光电系统与控制技术2个硕士授权点,电气工程及其自动化本科专业。有电气工程及其自动化专业教学实验室,电光源专业教学实验室研究所。

有在职教职工25人,其中教授3人(博士生导师3人),其他正高级职称1人,副教授7名。在读本科生103人,硕士研究生40人,博士研究生11人。新开设《照明人体工效学》全英语教学课程。

承担纵向科研项目25项,其中新增国家自然科学基金项目4项。29项横向科研项目到款。科研项目到款总经费1 085.1万元。获授权发明专利5项。获各类人才支持计划1项。2010年发表SCIE论文4篇、EI论文1篇、CPCI论文3篇。(马　波)

【召开"先进照明技术教育部工程研究中心(筹)2011年年会"】 该会议于12月10日在校举行,由先进照明技术教育部工程研究中心(筹)、信息科学与工程学院、电光源研究所联合举办。工程中心主任刘木清汇报两年建设期内工程中心各项工作进展,包括中心构架、研究人员组成、建设投资完成情况、各研究开发方向的内容、承担的主要项目、研究成果和近期工程化成果。与会专家发表意见,一致认为中心建设进展顺利,对建设过程中存在的问题和下一步工作提出建设性建议。(马　波)

计算机科学技术学院

【概况】 2011年,计算机科学技术学院有计算机科学与技术、软件工程2个一级学科博士学位授权点,有计算机科学与技术1个博士后流动站;计算机科学与技术有计算机软件与理论、计算机应用技术和计算机系统结构3个二级学科的博士、硕士学位授权点,其中计算机软件与理论二级学科为国家和上海市重点学科;有计算机技术领域全日制专业学位工程硕士点,计算机技术领域和软件工程领域的工程硕士点,有计算机科学与技术、信息安全、软件工程3个本科专业。有2个省部级重点实验室。

在职教职工170人,其中专任教师118人。有教授21人(均为博士生导师),副教授41人,其他副高级职务的16人。有教育部"长江学者奖励计划"讲座教授1人,复旦大学特聘教授1人,复旦大学特聘(讲座)教授1人。招收本科生186人,硕士研究生115人,博士研究生26人,全日制专业学位工程硕士51人,非全日制工程硕士380人。在读本科生763人,科学学位硕士研究生371人,博士研究生170人,全日制专业学位工程硕士149人,非全日制工程硕士1 278人。1篇论文获评全国优秀博士学位论文,1篇论文获中国计算机学会(CCF)优秀博士学位论文奖。1人被评为教育部2011年度"博士研究生学术新人奖"。1门课程被评为上海市精品课程,2门课程获上海市重点课程建设奖,1本教材获上海市优秀教材二等奖。

科研经费到款总额超过5 000万元,其中纵向科研经费3 167万元,横向科研经费约1 890万元。承担纵向科研项目104项,横向科研项目89项,其中,"973"项目7项,"863"项目3项,科技支撑项目4项,国家自然科学基金50项(重大研究计划子项目1项、重点项目2项、青年基金项目16项、面上基金项目31项),上海市科学技术委员会项目33项(基础研究重点项目3项、"创新计划"项目9项,其他项目21项),国家科学技术部、教育部项目9项,军工项目1项,其他国家部委项目7项。发表SCI期刊一区论文1篇,发表SCIE论文45篇(其中二区17篇,SCIE论文被引篇数34篇,SCIE论文被引次数84次),EI论文74篇,ISTP论文32篇。获发明专利授权16项。阚海斌等的"编码与信息安全中若干问题的研究"项目获上海市自然科学二等奖,"编码理论中若干问题的研究及应用"项目获教育部自然科学二等奖。

全年有72人次出国访问交流,5名教师在国外著名大学进行长期学术交流。学生出国交流44人次,其中21人次参加国际学术会议。先后举办第四届电子商务与安全国际会议,国际计算机协会(ACM Association for Computing Machinery)亚太计算机系统会议,第九届高级并行处理技术国际学术研讨会,以及演化性关键软件系统国际研讨会。

12月27日,学院教代会通过新一轮(2011—2013)《岗位设置方案》和《岗位聘任实施细则》及《计算机科学技术学院年薪制岗位职责、聘任程序和评价方法》。2012年1月12日,学院教代会通过学院"十二五"学科发展规划。

09级软件工程本科生班级被评为复旦大学优秀集体标兵,10级计算机科学与技术专业的本科生章超获复旦大学优秀学生标兵称号,教师张亮获第六届复旦大学名师奖。08级本科生黄磊获得谷歌编程挑战赛(Google Code Jam)全球第6名,09级博士生陈世熹获2011年百度之星程序设计大赛冠军。学院学生代表队获得ACM国际大学生程序设计竞赛亚洲吉隆坡(Kuala Lumpur)赛区亚军和成都赛区亚军,获得该赛事之2012年世界总决赛参赛资格。

(于泽平)

【陆奇到访】 3月27日,微软执行副总裁、在线业务部门总裁陆奇博士一行到校访问。校长杨玉良接见。会面双方就复旦与微软公司在人才培养、科研开发等多方面的合作展开商讨。随同陆奇到访的有微软亚洲研究院副院长宋罗兰等。计算机科学技术学院书记张骏楠、副院长臧斌宇、首席教授施伯乐等参与会面。

(于泽平)

【成立复旦大学保密学院】 4月29日,复旦大学国家保密学院、国家保密教育培训基地上海分基地正式揭牌成立。中共中央保密办主任、国家保密局局长夏勇担任保密学院名誉院长。上海市委常委、市委秘书长、市委保密委员会主任丁薛祥任院务委员会主任。丁薛祥、复旦大学党委书记秦绍德、校长杨玉良、校党委副书记陈立民，以及上海市国家保密局、兄弟省市国家保密局、兄弟院校国家保密学院和复旦相关师生代表出席活动。学院将依托复旦大学在计算机科学、法学、管理学、新闻学、国际政治、社会学等领域的学术科研力量，设置保密管理专业，开展保密专业培训，建设保密技术研究所和保密情报图书馆，成为国家保密学历教育基地、保密科研基地和保密人员在职培训基地。复旦大学国家保密学院是全国第五所国家保密学院。

（于泽平）

【聘任学院新院长】 9月7日，学院新院长聘任宣布会在张江校区行政楼106报告厅举行。王晓阳受聘成为学院新院长。学院党委书记张骏楠主持会议，校组织部部长秦莉萍代表学校宣读院长聘任文件，常务副校长陈晓漫向王晓阳教授颁发院长聘书。王晓阳于1982年本科、1985年研究生毕业于复旦大学计算机科学系，曾任美国国家自然科学基金项目主管（NSF Program Director），及美国佛蒙特大学计算机系 Dorothean 讲席教授。（于泽平）

【举办第36届ACM国际大学生程序设计竞赛亚洲区预选赛上海赛区比赛】 该赛事于10月15—16日在复旦大学正大体育馆举办，由复旦大学和上海市计算机学会主办，计算机科学技术学院承办。来自国内外80多所高校、150支队伍、近500名选手参赛。复旦大学副校长陆昉，复旦大学党委副书记王小林，国际大学生程序设计竞赛（ACM－ICPC，International Collegiate Programming Contest）中国区指导委员会秘书长周维民，上海市计算机学会秘书长吴荣泉，ACM上海赛区主席、学院副院长汪卫，学院院长王晓阳，学院党委书记张骏楠等出席赛会开闭幕式。清华大学的Windrunner队获得冠军。（于泽平）

【"爱家一号"亮相中国国际工业博览会】 11月1日，由计算机科学技术学院媒体计算研究所研制的智能家庭服务机器人"爱家一号"亮相中国国际工业博览会。该机器人可由手机或电脑操控，高50厘米、体重5公斤，外壳由ABS塑料制成，并嵌有多个发光二极管；内置麦克风，能进行简单的对话；能够在室内避开障碍，自主巡航，通过6个红外传感器以及多个摄像头采集信息，准确探测温度、湿度、烟雾，一旦出现意外立即通过短信报警，并储存相关图像信息以备后期分析。（于泽平）

【帕特·基尔辛格（Pat Gelsinger）到访】 11月3日，前校长王生洪在光华楼会见EMC公司总裁兼首席运营官帕特·基尔辛格（Pat Gelsinger）代表团一行，商讨EMC公司与复旦大学的进一步合作。校长顾问陈寅章、计算机科学技术学院院长王晓阳、计算机科学技术学院副院长汪卫参与会面。帕特·基尔辛格（Pat Gelsinger）受聘为复旦大学计算机科学技术学院院长学科发展顾问，院长王晓阳教授颁发顾问聘书。（EMC）公司将协助学院开设面向计算机科学与技术和信息安全2个专业的"网络存储"课程，学院的2位教授将受聘为EMC中国研究院的学术顾问委员会专家。（于泽平）

软件学院

【概况】 2011年，软件学院开展软件工程专业本科、计算机软件与理论专业硕士研究生和软件工程专业工程硕士的学历和学位教育，其中计算机软件与理论为国家重点学科。建有复旦大学并行处理研究所、软件工程实验室、宽带网络与互动多媒体实验室、电子商务研究中心、交互式图形学实验室、密码与信息安全研究室、CC－CMM国际标准研究中心等研究机构。系统软件方向、企业信息化方向和数字媒体方向为教育部本科教学质量工程第二批特色专业设点项目。

有在职教职工38人，其中教授2人（均为博士生导师），副教授11人。在读本科生320人，硕士研究生111人，工程硕士1 122人。全年招收本科生76人，硕士研究生41人，工程硕士140人。

科研项目到款总经费2 348.4万元，其中纵向科研经费1 403.8万元，横向科研经费944.5万元。承担纵向科研项目26项，横向科研项目20项。

【Eurosys 2011 收录复旦大学并行处理研究所系统研究组论文】 1月，ACM著名国际会议 European Conference on Computer Systems（Eurosys 2011）收录复旦大学并行处理研究所系统研究组的论文"A Case for Scaling Applications to Many-core with OS Clustering"。该论文由学院09级博士研究生宋翔等同学在教师陈海波和臧斌宇的指导下完成。

（唐恩美）

【承办第四届电子商务与安全国际会议（ISECS）】 该会议于6月25—26日在校召开，由电气和电子工程师协会计算机学会（IEEE Computer Society Technical Committee on Electronic Commerce）主办，电子商务技术与电子政务技术国际会议（IEEE）计算机学会技术委员会协办，软件学院承办。来自中、美两国多所高校、科研院所的学者参会，就电子商务与信息安全的最新研究成果和发展方向进行交流学习。（唐恩美）

【承办第二届美国计算机协会操作系统专业组织（ACM SIGOPS）亚太系统研讨会议（APSys 2011）】 该会议于7月11—12日在上海举办。由（ACM SIGOPS Association for Computing Machinery Special Interest Group on Operating Systems）主办，复旦大学并行处理研究所承办，与会人数逾120人。会议总结和交流2011年国际上体系结构方面的最新研究成果，体现当前计算系统软件和相关技术及理论研究的水平。（唐恩美）

【张逢喆论文被 SOSP 2011 会议录用】 6月，计算机系统届顶级会议 23rd ACM Symposium on Operating Systems Principles（SOSP 2011）文章录用结果揭晓，复旦大学并行处理研究所系统研究组论文"Cloud Visor: Retrofitting Protection of Virtual Machines in Multi-tenant Cloud with

Nested Virtualization”被收录为大会研究论文。论文为多租赁云平台中用户数据的安全与隐私性提供一个创新性的解决方案。由学院07级博士研究生张逢喆在教师陈海波和臧斌宇指导下完成。（唐恩美）

【承办第九届高级并行处理技术国际学术研讨会（APPT）】 该会议于9月26—27日在上海举行。中国计算机学会主办，国防科技大学、上海浦东新区计算机学会与软件学院共同承办，共90余人参加会议。会议总结和交流国际上体系结构方面的最新研究成果，体现当前计算机体系结构和相关技术及理论研究的水平。

（唐恩美）

【在国家示范性软件学院成立十周年总结表彰大会上获5项奖励】 该表彰大会于10月22日在北京召开。经37所软件学院领导及大会组委会成员讨论投票，复旦大学软件学院获得“‘十一五’国家示范性软件学院‘质量工程’建设项目优秀奖”、院长臧斌宇获“国家示范性软件学院建设成就奖”、副院长赵一鸣获“国家示范性软件学院十佳专职教师奖”、外教享利·麦克洛克林（Henry Mcloughlin）获“国家示范性软件学院十佳兼职教师奖”、06级硕士研究生毛燕东获“国家示范性软件学院十佳研究生奖”等5个奖项。（唐恩美）

【陈海波博士学位论文入选2011年全国优秀博士学位论文】 详见综述条目【3篇论文入选全国优秀博士学位论文】，第61页。

【承办演化性关键软件系统国际研讨会（International Workshop on Evolving Circuits and Systems）（IWECS）2011】 该会议于12月6—7日在校举行，由学院软件工程实验室与中国计算机学会软件工程专家委员会需求工程学组联合举办。会议邀请了来自北京大学、清华大学、美国北卡罗莱纳州立大学（North Carolina State University）、英国开放大学（Open University）等国内外高校的近50名研究人员和相关研究生参加了会议。会议从软件自适应、需求工程、软件测试、软件维护技术、形式化方法等多个方面对演化性关键软件系统的开发、维护和运行时管理所涉及的理论、方法、技术和工具进行讨论，对于更加全面地认识相关的挑战、交流相关方向上已经取得的研究进展以及确定今后的研究方向都具有重要的意义。（唐恩美）

材料科学系

【概况】 2010年，材料科学系设有材料物理与化学和物理电子学2个二级学科博士点，材料物理与化学、物理电子学、材料学及信息功能材料与器件4个硕士点，2个博士后科研流动站，并设材料工程专业学位硕士点。设材料物理、材料化学和电子科学与技术3个本科专业。有材料物理、材料化学和物理电子学3个教学研究室，建有国家微电子材料与元器件微分析中心、教育部先进涂料工程研究中心。

有在职教职工76人，其中具有正高级职称的21人（博士生导师17人），副高级职称27人。有教育部“长江学者奖励计划”特聘教授1人，国家杰出青年基金获得者1人。有教育部新（跨）世纪优秀人才6人，上海市浦江人才2人，上海市曙光学者3人，入选上海市青年科技启明星计划8人。

10月，经校党委常委会研究决定，组成材料科学系新一届行政领导班子，武利民连任系主任，吴晓京、张群、于瀛任副系主任。

全年招收本科生85人，硕士研究生38人，博士研究生21人，专业学位硕士研究生7人。在读本科生232人（不包含复旦学院2010级本科生）、硕士研究生152人、博士研究生70人、专业学位硕士研究生34人。开设本科春季课程22门，其中全校公共选修课程4门；开设本科秋季课程30门，其中全校公共选修课程7门；开设研究生课程37门。2门课程获评校级精品课程；1门课程入选上海市重点建设课程；有全英语授课课程2门。确定按材料类大类招生，并进行相应的5门系平台课程建设。

科研经费到款2 800余万元。在研纵向科研项目90余项，横向科研项目70余项，其中“973计划”重大基础研究项目子项目4项，“863计划”项目3项，科学技术部基础性工作专项2项，国家科技重大专项子课题3项，杰出青年基金项目1项，自然科学基金重点项目1项，自然科学基金面上及其他项目29项（其中2010年新立项13项），上海市重大（重点）项目6项，国防项目5项，省部级项目41项。在国内外核心刊物发表学术论文150余篇，其中SCI论文120余篇。获国家发明专利授权18项。杨振国课题组的“高耐磨耐蚀三元复合管的制备技术与工程应用”项目获上海市科技进步三等奖，“石化行业用高耐磨耐蚀三元复合管道的制备技术及工程应用”项目获中国石油和化学工业联合会技术发明奖二等奖。

有近20位国内外专家学者到系开展学术交流活动，涉及材料科学诸多前沿领域。师生参加国际会议、出国考察、交流等活动20余人次。

积极开展学习型支部建设和“创先争优”活动，结合本系学科发展规划和课程体系改革开展座谈讨论，加强全员育人的氛围建设，组织教授与本科生茶话会。材料科学系学生在2010上海世界博览会志愿服务中表现突出：杜小琴等7位材料科学系学生组成的世博志愿者服务队被评为上海市优秀志愿者服务队，洪荣华获评上海市世博志愿服务优秀党员。由本科生团学联组织的“携手沂蒙，相约世博”暑期社会实践活动获上海市大学生暑期社会实践优秀项目奖。

（江素华　于　瀛　宋　云　马晓华　施　展　余剑萍）

【改选系学术委员会】 11月30日，经全系教职工民主投票，系学术委员会完成改选工作。新一届学术委员会成员为崔晓莉、范仲勇、李越生、李劲、孙大林、吴晓京、武利民、肖斐、杨振国、张群。孙大林担任学术委员会主席。（于　瀛）

【举办第二届全国涂料科学与技术会议】 该会议于8月28—29日在校举行，由中国材料研究学会主办，复旦大学教育部先进涂料工程研究中心承办。来自全国70多所高校、科研院所及国内外企业的150多名代表与会。会议内容涉及防腐涂料和防污涂料、水性涂料、纳米复合涂料、功能性涂料等领域。（周树学）

力学与工程科学系

【概况】2011年，力学与工程科学系设有力学、航空宇航科学与技术、生物医学工程3个一级学科，涵盖6个二级学科；有学士学位授权点2个，硕士学位授权点6个，二级学科博士学位授权点2个，博士后流动站1个。在职教职工30人，其中正高级职称9人，副高级职称11人。

全年本科按大类招生，共招收力学类45人；招收硕士生28人，博士生8人。毕业本科生42人，肄业2人；毕业硕士生19人，博士生10人。在读本科生144人（其中复旦学院的2011级学生24人），硕士研究生62人、博士研究生47人。春季开设研究生课程25门，秋季开设研究生课程20门。本科生春季开课共计36门，其中为本系学生开课28门，为外系学生开课2门，开设全校公选课1门，通识教育核心课程4门；秋季实际开课42门，其中为本系学生开课36门，为外系学生开课1门，通识教育核心课程5门。

获复旦大学"985"三期本科教学实验室建设立项拨款150万。项目将促进力学综合实验室、飞行器设计与工程实验室、金工实验室等专业实验室建设，并将提升力学、航空宇航科学与技术、生物医学工程等学科在学校通识教育中的作用。

2008级理论与应用力学专业本科生章丹颂、杨曦中和2009级该专业本科生傅宇诚获第八届全国周培源大学生力学竞赛三等奖；2009级理论与应用力学专业本科生李立人和2010级该专业本科生潘望白、钱成获第三届全国大学生数学竞赛上海赛区初赛二等奖。

承担国家973计划、国家863计划、国家自然科学基金、教育部高校博士点基金、上海市科委项目、企事业单位委托科技项目等纵向项目，经费总计478.93万元；承担军工项目经费总计17万元；承担横向项目经费总计382.8万元。成功申请国家自然科学基金面上项目4项，青年科学基金项目2项。发表SCI论文25篇、EI论文12篇、ISTP论文4篇、国内核心期刊论文12篇、国际会议论文2篇、国内会议论文2篇。申请专利2项，获授权发明专利1项。

1月8—9日，在校组织召开力学及相关学科复旦大学博士生学术论坛暨上海市力学学会青年工作委员会学术会议，会议主题为"现代力学在建设创新型国家中的作为"。大会主题报告及分会场报告共62个，研究生报告约50个。3月25—26日，在校组织召开2011年理论与应用力学专业教育教学复旦大学研讨会，来自北京大学、中国科学技术大学、兰州大学、中山大学、吉林大学、复旦大学、辽宁工程技术大学、上海大学、河南理工大学等高校的30余名专家学者及教师参加，会议特别邀请北京大学教授武际可以及清华大学钱学森力学班的有关负责同志作特邀报告。5—6月，围绕学校106周年校庆学术文化周，展开一系列活动，举办"系学术交流活动"，包括流体力学及生物力学专场和固体力学及工程力学专场；举办"青年学术沙龙专场"，11名校内外研究生作学术报告。12月17日，与东华大学理学院合作组织上海市力学学会2011年度流体力学学术年会，邀请3个主题报告，及36个分会场报告，上海及周边10余所高校约240名师生参会。

加强对外合作交流。著名空气动力学专家美籍华人吴镇远，法国格勒诺布尔综合理工学院教授布雷歇(Yves Brechet)院士，英国帝国理工大学教授吴雪松，香港科技大学教授张统一，北京大学教授佘振苏，大连理工大学教授吴锤结等国内外学者到系学术访问。9月，德国法兰克福大学副校长克兰普(Klump)一行到系访问，并于10月接待回访。根据与德国法兰克福大学生物物理系签订的交换生项目协议，年内互换两系学生各1名。

丁光宏、艾剑良、霍永忠、谢锡麟当选上海市力学学会第十一届理事会理事，其中丁光宏担任理事会常务理事。霍永忠当选中国力学学会第八届理性力学和力学中的数学方法专业委员会委员；陈力奋当选中国力学学会第九届动力学与控制专业委员会委员；姚伟当选中国力学学会第七届生物力学专业委员会委员；丁淑蓉当选中国力学学会第八届反应堆结构力学专业委员会委员。

教工支部发展党员1人，本科生党支部发展党员7人，转正3人；硕士生支部发展2人，转正5人；博士生支部转正3人。（艾剑良　殷昌义　姚　伟　马建敏　谢锡麟　叶玉葵　邓　娟　张　迪　张美艳　吴豫哲）

生命科学学院

【概况】2011年，生命科学学院设有一级学科博士点1个，二级学科博士点11个，一级学科硕士点1个，二级学科硕士点12个，博士后科研流动站1个，本科专业2个。设有遗传工程国家重点实验室、生物多样性与生态工程教育部重点实验室和现代人类学教育部重点实验室。遗传学、生态学为国家重点学科，生物物理学为上海市重点学科，同时参与神经生物学、病原生物学、生物化学和生物分子生物学，生理学等国家重点学科建设。

在职教职工199人（不含生统所、发育所），其中教授/研究员55人，副教授/副研究员47人。博士生导师61人，中国科学院双聘院士1人。教育部长江学者特聘教授（讲座教授）11人，复旦大学特聘教授（讲座教授）15人。新增金力、沈文辉、赵世民为国家重大科学计划首席科学家3人。金力等的"东亚人群和混合人群基因组的连锁不平衡"项目获教育部自然科学奖一等奖；吕红等的"饲用酶的热稳定性改造及其生产应用”项目获第五届“中国技术市场协会金桥奖”优秀项目。郑兆鑫等“RNAi、IFN抗重大传染病HBV/HCV等技术创建与应用”作为第二单位获云南省科技进步一等奖。余龙获“上海市优秀发明选拔赛金奖”、“上海市优秀发明人奖”。金力获“国家优秀博士生导师”荣誉称号，2011年国家“千人计划”(溯及既往)。王红艳、王学路获得“上海市优秀学术带头人”项目资助。周雁，赵世民获市科委“创新行动计划”资助。王红艳获得第四届“谈家桢生命科学奖”创新奖。赵世民获得复旦大学优秀研究生导师、上海市教育工会首届“校园新星”之科研新星。黄兴华获共青团中央光华绿色和谐基金会颁发的第二届“2011绿色发展贡献人物奖”。卢大儒、王红艳、吴纪华分别获教育部高等学校博士学科点专项基金的博导类基金。刘建祥、钟涛、汪海健获上海市浦江计划资助。卢大儒被评为第六届上海高等学校教学名师。吴燕华获复旦大学青年教师教学比赛一等奖。生命科学学院科研办公室获“复旦大学科研管理优秀团队”称号，杨忠获“复旦大学科研管理先进个人”称号。周德庆等的《微生物学教程》(第3版)获上海市优秀教材一等奖，杨继的《植物生物学》(第2版)获上海市优秀教材二等奖，沈大棱 *Cell Biology* 获上海市优秀教材二等奖。

招收本科生138人，硕士研究生138人，博士研究生108人，全日制专业学位研究生30人。在读本科生573人，硕士研究生330人，博士研究生336人。开设本科生课程145门，其中为学院学生开课109门，为其他院系开课36门。开设研究生课程83门，其中硕士研究生课程82门，博士研究生课程16门；学位基础课程21门，其他课程57门。

申请到国家自然科学基金面上项目24项，重点项目1项，共获得自然科学基金批准金额2 105万元。全年科研经费到款总额8 950.2万元。发表SCI论文227篇，其中以复旦大学为第一单位发表的SCI论文157篇，平均影响因子3.69。申请专利37项，获授权专利24项。金力主持的国家重大科学研究计划“生殖细胞基因组结构变异的分子基础”项目获得立项资助3 000万元，沈文辉主持的国家重大科学研究计划“植物表观遗传机制与重要调控蛋白质的功能”项目获立项资助3 000万元，赵世民主持的国家重大科学研究计划“代谢相关蛋白质修饰在肿瘤发生发展过程中的作用及机制”获立项资助3 000万元。王洪海主持的“结核病创新型疫苗的研制”项目获国家重大科技专项(重大传染病防治)资助3 800万元；余龙主持的“耐药性病原菌感染新药临床前研究”获国家重大科技专项(新药创制)资助1 350万元。

有近80位外国知名专家学者来院开展学术交流活动。涉及生命科学诸多前沿领域。学院有13余人次参加国际学术会议，并在会上发表论文，作学术报告。举办国际学术研讨会3场。举办13场谈家桢生命科学讲坛，共有三位诺贝尔奖获得者在内的国内外杰出科学家来院演讲。

生命科学学院学生工作组获就业工作先进单位，学生思政工作先进集体，研究生暑期社会实践优秀组织奖，“一二·九”歌会决赛铜奖，“挑战杯”竞赛组织工作一等奖等荣誉称号。2008级生命科学班获学生优秀集体标兵；2008级生物科学班获优秀党支部；2008级生物科学班获易班风采大赛二等奖，2009级硕士班获优秀学生集体；2009级硕士党支部被评为第四批复旦大学研究生示范党支部；2008级本科生司源获得第十二届全国挑战杯竞赛二等奖。

(王　维　白美蓉　钟　江　蒋　蕾)

【举办13场谈家桢生命科学讲坛】 为纪念和缅怀中国遗传学奠基人之一、生命科学学院创始人谈家桢院士而设立的谈家桢生命科学论坛，全年共举行13场论坛活动，内容涉及遗传发育、植物细胞生物学以及临床医学等。受邀请来校演讲专家均为国内外知名学者，分别是美国新英格兰生物实验室(New England Biolabs)首席科学家、1993年诺贝尔奖获得者理查德·J.罗伯茨(Richard J. Roberts)；深圳华大基因研究院杨焕明院士；天津大学张春霆院士；中国科技大学施蕴渝院士；美国斯隆-凯特琳癌症中心(Memorial Sloan-Kettering Cancer Center)的美国科学院院士丁肖·J.帕特尔(Dinshaw J. Patel)；中国科学院上海生命科学研究院赵国屏院士；上海交通大学曾溢滔院士；东方肝胆外科研究所王红阳院士；同济大学裴钢院士；美国宾夕法尼亚州立大学(Pennsylvania State University)教授、美国科学院院士根井正利(Masatoshi Nei)；2009年诺贝尔化学奖获得者、美国耶鲁大学教授托马斯·施泰茨(Thomas A. Steitz)和英国剑桥大学教授文卡特拉曼·拉马克里希南(Venkatraman Ramakrishnan)；美国加州理工学院(California Institute of Technology)教授、美国科学院院士艾略特·迈耶罗维茨(Elliot Meyerowitz)。系列讲坛的活动吸引全院师生积极参与，会场学术气氛浓郁，会后提问讨论踊跃，达到促进学术交流、活跃学术气氛的目的。

(王　维　白美蓉　钟　江)

【孙刚科研成果新突破】 1月24日，国家自然科学基金委员会网站刊登《科学时报》报道生命科学院教授孙刚的科研成果文章“人类分娩启动机制研究获新突破——科学基金项目为设计防治早产新药提供思路”。该成果对人类妊娠晚期胎膜前列腺素合成的正反馈机制进行深入研究，取得系列研究成果，发表在《临床内分泌与新陈代谢》杂志(*J Clin Endocrinol Metab*)、内分泌学(*Endocrinology*)和分子内分泌学(*Mol Endocrionl*)等内分泌领域的国际权威杂志，部分内容被 *Mol Endocrinol* 杂志推荐为转化医学亮点、并被美国Medlinx网站重点介绍。(王　维　白美蓉　钟　江)

【“上海松江四鳃鲈原良种场”落户松江】 2月，由学院的科研成果转化，并由学院提供技术支撑的“上海松江四鳃鲈原良种场”落户松江石湖荡，并正式投入生产运行。该原良种场占地280亩，计划在未来3—5年内建成上海市级和国家级松江鲈鱼原种保存和良种开发基地，将辐射上海乃至全国。这里也是复旦大学松江鲈鱼研究的重要产学研基地之一。

（王 维 白美蓉 钟 江）

【召开2011年度科研工作会议】 该会议于7月10日在江西三清山召开，近100名教职工参会。会议由分党委书记叶敬仲主持，院长马红做学院工作报告，介绍"985"学科建设三期启动情况，国家重点实验室评估工作，师资队伍建设，本科生和研究生培养，校友工作和国际交流以及上半年人才引进情况等。王红艳作学院年度科研工作汇报。副校长金力教授参加会议，并做总结发言。

（王 维 白美蓉 钟 江）

【王学路课题组发现植物甾醇类激素一条新的信号转导通路】 11月，王学路课题组在国际权威刊物 *Developmental Cell* 上发表论文"Dual role of BKI1 and 14-3-3s in brassinosteroid signaling to link receptor with transcription factors"，文章报道植物甾醇类激素信号转导机制的最新研究成果，发现重要植物激素油菜素甾醇的作用机理，提出一条直接连接油菜素甾醇膜受体BRI1和转录调节因子BES1的新的高效信号转导通路。该研究对揭示甾醇类激素调控植物生长发育的机制并提高植物的产量和抗逆性具有重要的理论意义和应用价值。

（王 维 白美蓉 钟 江）

【谷迅课题组在《自然》发表文章】 5月20日，《自然》*Science* 发表谷迅课题组的技术评论文章"Comment on 'Positive Selection of Tyrosine Loss in Metazoan Evolution'"，对在后生动物进化过程中全基因组水平酪氨酸的丢失通常被认为是受到正选择的压力，即通过去除潜在的有害磷酸化位点这一机制来适应酪氨酸激酶信号通路的复杂性进化的观点进行修正，并提出新假说。评论文章认为后生动物进化过程中基因组组分向高GC含量的偏向性突变是导致酪氨酸丢失的主要原因，而这种非选择性的酪氨酸丢失过程才是促使酪氨酸激酶信号通路以及相应的后生动物机体复杂性进化的原始动力。该假说的提出为生物体遗传网络的进化及生物体表型复杂性进化的研究提供新的思路。文章的第一作者是生命科学院副教授苏志熙。

（王 维 白美蓉 钟 江）

【遗传工程国家重点实验室顺利通过第五期评估】 7月，国家科学技术部发布《关于发布2011年生物科学领域和医学科学领域国家重点实验室评估结果的通知》，通报了国家重点实验室评估结果，生命科学学院遗传工程国家重点实验室通过评估，被评为良好类实验室，科学技术部将继续给予专项经费资助。

（王 维 白美蓉 钟 江）

【遗传工程国家重点实验室主任换届工作完成】 根据有关规定和学校有关文件的精神，学院启动了遗传工程国家重点实验室主任换届工作。专门成立了由赵国屏院士担任组长，校内外相关学科专家组成的换届工作领导小组，并向海内外发布了国家重点室招聘启事。经过评审、答辩和专家委员会投票等环节，产生了新一届遗传工程国家重点实验室主任和学术委员会主任人选，分别为马红教授和王红阳院士，于11月上报主管部门批准。 （王 维 白美蓉 钟 江）

【王红艳课题组在《循环》发表论文】 12月，国际心血管领域权威期刊《循环》*Circulation* 杂志在线发表王红艳课题组的研究论文"甲硫氨酸合成还原酶基因内含子上的功能性遗传变异显著增加中国汉族人群先天性心脏病发病风险"。该文首次揭示存在于叶酸代谢途径基因调控区的多态位点能显著改变中国人群先天性心脏病的患病风险。该研究结果凸显叶酸代谢途径关键基因非编码区多态位点的重要性，深化对叶酸的出生缺陷保护机理的认识。论文被遴选为2010—2011年度《循环》及其所有子刊发表的心血管遗传流行病学领域最重要的论文之一。

（王 维 白美蓉 钟 江）

上海医学院

【概况】 2011年，上海医学院设有一级学科博士点6个，二级学科博士点33个，二级学科硕士点40个，博士后科研流动站4个，本科专业3个。有国家重点学科（含临床三级学科）22个，上海市重点学科5个。有27个系和34个实验室（研究中心）。有国家重点实验室1个，教育部重点实验室3个，卫生部重点实验室8个，上海市重点实验室3个。

有专任教师778人，其中临床学科授课教授209人，授课副教授208人，授课助理教授144人；基础学科教师有正高级职称的49人，副高级职称的52人，中级职称的112人，初级职称的4人；35岁以下青年教师有73名，其中具有博士学位的52人。有硕士生导师548人（基础学科48人，临床学科500人），博士生导师306人（基础学科63人，临床学科243人）。有中国科学院院士3人（沈自尹、王正敏、葛均波），中国工程院院士6人（汤钊猷、陈灏珠、顾玉东、闻玉梅、周良辅、陆道培），"973计划"首席科学家7人，教育部"长江学者奖励计划"特聘教授11人、讲座教授5人，教育部海外名师1位，国家杰出青年科学基金获得者14人，复旦大学特聘教授19人、讲座教授7人。有基础学科实验技术人员81人，行政人员14人。

招收本科生405人，其中医学实验班374人，法医学专业10人，临床医学专业六年制留学生（MBBS）21人。招收硕士研究生559人（含港澳台地区学生6人，外国留学生21人），博士研究生319人（含外国留学生1人）。在读本科生1 743人，硕士研究生1 888人（基础学科226人，临床学科1 662人），博士研究生1 395人（基础学科298人，临床学科1 097人）。开设本科生必修课程491门次、选修课程52门次，开设研究生课程103门次。《基于疾病的多学科教学》、《细胞与医学遗传学实验》、《全科医学概论》等3门课程入选2011年度上海市精品课程；《医学遗传学》、《全科医学概论》、《法医病理学》、《临床法医学》、《功能学科综合实验》、《医学与生物安全》、《人体奥秘》等7项课程为2011年度上海市教育委员会重点课程立项项目。《医学免疫学》为2011

年上海高校示范性全英语教学课程项目。《病原生物与人类》为教育部网络视频精品课程建设项目。彭裕文《局部解剖学》和吕传真《神经病学》获2011年上海高校优秀教材奖一等奖，朱大年《生理学》和翁心华《传染病学》获二等奖。“国家级实践技能考试与考官培训基地”项目通过国家医学考试中心初评。

基础学科新增校级以上各类科研项目81项，其中“973计划”(首席)1项，“973计划”(子课题)3项，科技重大专项(子课题)4项，国家自然科学基金面上项目26项，国家自然科学基金青年科学基金项目17项，教育部博士点基金项目9项，教育部留学回国人员基金项目2项，上海市自然科学基金项目3项，上海市科学技术委员会创新行动计划项目3项，上海市教育委员会项目科研创新(重点)项目1项，2011年度上海市青年科技启明星计划项目(A类)1项，浦江人才计划项目(A类)1项，上海市优秀学科带头人培养计划项目1项，上海市优秀青年人才培养计划项目2项，上海市教育委员会晨光计划项目1项。到款纵向经费共计5 450.69万元，横向经费2 552.86万元。申请发明专利授权23项，其中获得授权专利9项。发表SCI论文128篇。学院设立青年骨干基金项目(含临床学科)50项，立项经费总计49.5万元。闻玉梅“抗原—抗体复合物免疫治疗乙肝病毒感染的机理研究”和孙凤艳“缺血性脑损伤修复的分子和细胞机制”获高等学校科学研究优秀成果奖自然科学奖一等奖，孙凤艳“成年脑内神经元新生促进损伤脑修复及其机制研究”获中华医学科技奖三等奖，江建海“N-糖链在恶性肿瘤发展中动态变化的调控网络和功能”和袁正宏“乙肝病毒表面抗原对宿主细胞作用”研究获上海医学科技奖三等奖。由马兰主持的科研团队“发现大脑神经网络形成新机制”研究成果获评“2011年中国十大科技进展”。

全年出国出境151人次，其中99人次参加国际学术会议，赴境外访问、进修、讲学52人次。派出海外学习、交流学生24人，接收9名外国留学生来院交流学习。实施教育部外国文教专家项目11项，完成“复旦大学优秀海外学者授课”项目3项。

王继杨、陆军入选上海市第一批千人计划，新引进蔡启良、刘光伟任复旦大学校聘关键岗位一档研究员，聘任各领域客座教授10人。

深入开展创先争优活动。在全院开展“纪念建党90周年党史知识竞赛”、“寻访我身边的党员、寻访我身边的党史”DV大赛、“党旗飘飘红歌颂”大合唱比赛等活动。召开“纪念建党90周年表彰大会”，评选表彰了一批先进党支部和优秀团队、优秀共产党员，引导党支部和党员学习楷模，争做“五好”支部和“五带头”党员。

加强基层党组织建设。组织医学教育专题系列讲座，帮助教师了解国内外医学发展前沿，树立先进教育理念。举办“党务工作实务”专题培训讲座，组织支部书记学习培训，提升支部书记综合能力。推行党务公开，制定并印发《上海医学院关于推进党务公开工作实施细则》。学院党委获“上海市教卫党委系统先进基层党组织”称号；医学分子病毒学教育部重点实验室获“上海市教育先锋号”称号；学院学生工作组、法医学系分别获上海市和上海市教育系统“巾帼文明岗”称号。

学院4个德育项目获得市级课题资助。学生党总支获“全国卫生思想政治工作促进会医学教育分会先进集体”称号。学工组长韩秀引获“上海市辅导员年度人物”称号。

(张　威　吴爱玉)

【开展整合式课程改革】 3月17日，学院医学课程改革领导小组召开第一次会议。经各方推荐并广泛征求意见，学院本科教学指导委员会和党政联席会议遴选产生学院整合式课程改革模块负责人。4月14日、5月12日、5月26日召开三次整合式课程改革模块负责人会议，各模块团队组建基本完成，整合式课程改革进入实质性课程规划设计阶段。

(张　威　吴爱玉)

【举办“基于问题的学习”导师培训班】 10月25—28日，举办“基于问题的学习(PBL)”导师培训班，来自全国42所医学院校和医院的近200名教师及医生参加培训。该次培训通过专家主旨报告、现场观摩以及案例撰写、评价体系等模块的学习和实践，进一步促进PBL教学在国内医学教育领域的推广和实践。

(张　威　吴爱玉)

【协办上海医科大学校友会第三届理事会第四次会议】 会议于12月17日在枫林校区治道楼召开，党委副书记刘建中，校友会名誉会长朱世能、陈灏珠院士，名誉理事闻玉梅院士、顾玉东院士，顾问王光正、郑天心、石美鑫、陈秉衡，会长彭裕文，副会长程刚、朱依谆、周剑萍、熊仿杰等，以及来自海内外的80多位理事出席会议，校长杨玉良到会并讲话。会议听取学校副校长兼上海医学院院长桂永浩关于新医学院工作的通报，审议2011年校友会工作报告和2012年工作设想，增补郭小毛等6位理事，举行61届校友捐赠母校的《颜福庆与毛泽东》油画揭幕仪式。

(张　威　吴爱玉)

公共卫生学院

【概况】 2011年，公共卫生学院设有公共卫生与预防医学一级学科博士点，社会医学与卫生事业管理二级学科博士点，公共卫生与预防医学、公共管理2个博士后科研流动站。流行病和卫生统计学、社会医学和卫生事业管理为教育部国家重点学科，流行病和卫生统计学为上海市重点学科，环境卫生学、健康促进与健康教育学、劳动卫生学、流行病学、卫生毒理学为上海市公共卫生重点学科。设有公共卫生安全教育部重点实验室、卫生部卫生技术评估重点实验室、世界卫生组织职业卫生培训和研究合作中心、世界卫生组织卫生技术评估和管理合作中心等科研机构。

有在职教职工133人，其中专任教师98人，行政人员8人，教学辅助人员27人；有正高级职称的30人，副高级职称的19人；有研究生指导教师

45 人，其中硕士生指导教师 19 人，博士生指导教师 26 人。阚海东获美国中华医学基金会(CMB)杰出教授称号。郑英杰赴新疆医科大学支教，挂职新疆医科大学公共卫生学院副院长。

全年在读本科生 237 名。开设本科生课程 71 门，其中公共选修课 19 门。开设公共事业管理专业(卫生事业管理方向)第二学士学位课程。傅华《预防医学》(人民卫生出版社第 5 版)获上海优秀教材奖二等奖。赵耐青领衔的《卫生统计学》课程成为上海市教委重点课程立项项目。

全年招收硕士研究生 57 名，博士研究生 32 名，全日制公共卫生硕士(MPH)专业学位研究生 28 名；有在读硕士研究生 159 人，博士研究生 110 人。招收公共卫生硕士(MPH)专业学位研究生 95 名，在读 304 人。开设研究生课程 74 门，其中硕士研究生课程 62 门，博士研究生课程 12 门。

全面落实推进教育部公共卫生硕士(MPH)专业学位研究生全国改革试点工作。5 月 24 日，邀请上海市疾病预防控制中心等合作单位负责人和专家，为公共卫生硕士教育改革及培养方案的进一步完善与规范，就公共卫生硕士培养与实践的工作方向和合作思路开展专题研讨。5 月 25 日、7 月 5 日，分别在闵行区和浦东新区疾病预防控制中心举行“复旦大学公共卫生学院研究生培养基地”签约暨揭牌仪式。8—11 月，分别在江苏省无锡市妇幼保健院、浙江省嘉兴市疾病预防控制中心和湖南省血吸虫病防治所举行“复旦大学公共卫生学院教学科研基地”签约暨揭牌仪式。

全年科研经费 3 382.12 万元，包括纵向科研经费 2 029.03 万元(其中国际合作课题 548.67 万元)，横向科研经费 1 260.69 万(其中国际合作课题 177.94 万元)，文科科研经费 92.4 万元。自然科学基金中标数 9 项，其中面上项目 5 项，青年基金项目 4 项。中国国家自然科学基金委员会(National Natural Soience Foundation Od China. NSFC)与美国国立卫生研究院(National Institutes of Health . NIH)生物医学合作试点项目 1 项。陈文担任首席专家的项目“中国医疗支付制度系统性改革规范化研究”获哲学社会科学重大项目立项资助，厉曙光的“我国食品药品安全监管制度创新研究”获重点项目立项资助。何纳被列为“新一轮上海市卫生系统优秀学科带头人培养计划”培养对象。发表英文论文 61 篇，其中 SCI 论文 58 篇，SSCI 论文 2 篇。屈卫东的《藻类及其毒素污染对健康的潜在影响研究》获 2011 年中华预防医学会科学技术奖三等奖。陈波的《炼焦作业工人非致癌性健康效应的生物标志》获上海市科技进步三等奖。钱序出任世界卫生组织生殖健康与研究司科学与技术顾问委员会委员。

学院学术活动活跃。复旦大学药物经济学研究与评估中心多次主办学术会议。复旦大学卫生发展战略研究中心主办“中国医改之公立医院改革论坛”。3 月 11 日，与英国诺丁汉大学心理卫生研究所举行“青少年心理健康”(Young People and Mental Health)远程视频学术会议。3 月 24 日，新西兰奥克兰大学公共卫生学院教授克里斯 · 布伦(Chris Bullen)一行来院交流并举办控烟主题讲座。5 月 25 日，举办庆祝复旦大学建校 106 周年暨第 45 届科研报告会。6 月 28—30 日，举办“现代统计方法在公共卫生研究中的应用”讲习班。7 月 15 日，与美国环境系统研究所公司(Esri)中国(北京)有限公司签约合作共建复旦公卫地理信息系统(Geographic information system. GIS)培训中心。10 月 22 日，“医疗保险支付方式与管理”研讨会在沪举行，来自国家人力资源和社会保障部以及 16 个省市负责医疗保险政策制定的官员、医院代表，以及高校和科研机构的学者共 90 余人参加研讨会。11 月 17—18 日，复旦大学 2011 年药物经济学培训在沪举行，共有来自全国 20 多个机构的 50 余人参加。培训主要面向青年研究者和使用药物经济学研究结果的相关机构人员，旨在为中国药物经济学发展培养更多高级人才，提升中国药物经济学与结果研究的能力。12 月 29 日举办德隆讲坛，牛津大学叶志敏教授作《卫生改革中面临的非传染性疾病挑战》主题报告。卫生统计学博士研究生金欢(导师赵耐青)等人的论文“Longer-Term Outcomes of Letrozole Versus Placebo After 5 Years of Tamoxifen in the NCIC CTG MA. 17 Trial: Analyses Adjusting for Treatment Crossover”在美国《临床肿瘤学杂志》(*Journal of Clinical Oncology*, JCO)杂志网站发表。

国际交流活动频繁。共接待外宾 10 人次，教师和学生出访 89 人次。来访的外国学者包括美国约翰 · 霍普金斯大学公共卫生学院院长米歇尔 · 克拉格(Michael Klag)教授、俄亥俄大学公共卫生学院院长斯坦利 · 莱姆修(Stanley Lemeshow)教授、国立环境健康科学研究所(National Institute of Environmental Health Sciences, NIEHS)副主任理查德 · 沃伊契克(Richard Woychik)博士，世界城市卫生服务系统项目负责人、纽约大学教授维克多 · G · 罗德温(Victor G. Rodwin)和米歇尔 · K · 古斯玛诺(Michael K. Gusmano)。访问约翰 · 霍普金斯大学公共卫生学院、日本山形大学医学部等科研院校。院长姜庆五代表学院与山形大学医学部签署合作协议。

全院有中共党员 307 名(其中学生党员 234 名)，民主党派 18 人。新发展中共党员 19 名，转正 35 名。

(龚卫远)

【召开复旦—诺丁汉青少年心理健康远程视频会议】 该会议于 3 月 11 日在复旦大学光华视频教室举办，由学院教授傅华和诺丁汉大学心理卫生研究所所长尼克 · 曼宁(Nick Manning)共同主持，25 人参会。双方代表围绕儿童青少年学生的抑郁情绪、注意缺陷多动综合征、不健康体重控制行为、心理因素引起的体力活动不足、校园暴力和欺负行为研究进行交流发言，并探讨双方可能的合作方式。

(史慧静)

【共同主办 2011 年第三届亚洲华夏药物经济学与卫生技术评估论坛】 该会议于 4 月 23—24 日，由复旦大学药物经济学研究与评估中心(暨国际药物经济学与结果研究协会(ISPOR)上海分会)与ISPOR亚洲分会、台湾药物经济学暨效果研究学会、香港中文大学药剂学院(ISPOR香港分会)、莫纳什大学马来西亚分校等在沪共同主办,来自国家卫生部、人力资源和社会保障部、部分省市医疗保障部门的官员,大陆及台湾、香港地区高校及学术团体的学者和研究人员,以及部分医药企业代表,共140人参加了会议。亚洲华夏药物经济学与卫生技术评估论坛由海峡两岸药物经济学与卫生技术评估领域专家学者于2009年发起,此前已分别在香港和台北成功举办两届。参加人员主要包括中国大陆、港澳台以及新加坡、澳大利亚的华人学术研究人员、医药企业代表以及从事卫生相关领域决策的政府官员,旨在增进亚太地区药物经济学与卫生技术评估领域各方的交流和研讨,在加快学术发展的同时,促进卫生系统的科学决策。本次论坛在国际及亚太地区卫生体制改革的背景下,以提升系统效率为切入点,追踪国际药物经济学和卫生技术评估领域的最新进展及各地的实际发展情况,基于不同视角共同探讨卫生技术评估在医疗保险目录制定、卫生服务定价及补偿等卫生改革决策中的作用。

(胡　敏　张璐莹　蒋虹丽)

【上海药物经济学论坛暨药品定价补偿与药物经济学研讨会】 于11月19日在沪召开,由复旦大学药物经济学研究与评估中心主办,来自英国卫生经济办公室、国家发展与改革委员会、人力资源和社会保障部以及10个省市物价和社会保障部门的官员,高校及研究机构的学者和研究人员,以及医疗机构和医药企业代表共130余人参加了论坛。本次论坛在国内医疗保险制度改革取得突出进展、国际药品支付制度即将发生重大变革的背景下,围绕"药品定价补偿与药物经济学"这一主题,交流分享药物经济学及其在药品定价补偿领域的最新进展。

(胡　敏　张璐莹　蒋虹丽)

【举办"现代统计方法在公共卫生研究中的应用"讲习班】 讲习班于6月28—30日举办,得到欧盟第七框架项目和复旦全球卫生项目的共同资助,由学院教授林燧恒主持。来自公共卫生学院、社会发展与公共政策学院、附属华山医院、附属儿科医院、附属肿瘤医院、华中科技大学同济医学院的研究生和青年教师到班听讲,其中注册学员28名和旁听学员10余名。

(蒋　泓)

【举办三期暑期学校】 7月10—16日,举办复旦全球卫生暑期学校(Achieving MDGs for Global Health),由美国中华医学会(China Medical Board, CMB)和美国国立卫生研究院(NIH)共同资助。来自复旦大学、上海市计划生育科学研究所和联合国儿童基金会北京办事处的教授、研究人员和官员分别作主题演讲。25名来自中国、韩国、孟加拉国和毛里求斯的注册学员参加学习。7月14—28日,举办杜兰—复旦公共卫生暑期学校。复旦大学、第二军医大学的教授分别对国内外普遍关注的重大公共卫生议题作主题演讲,来自美国杜兰大学和复旦大学等多所院校的31名在读本科生和研究生参加学习,学员还研修杜兰大学教授迈哈穆德·汉恩(Mahmud Khan)主讲的研究生课程《全球卫生系统比较》。8月15—22日,举办流行病学调查方法与调查设计暑期学校。主题集中于流行病学在环境和职业卫生中应用。约翰霍普金斯大学彭博公共卫生学院彼得S.J.李教授(Peter S. J. Lees)、陶旭光副教授(Xuguang (Grant) Tao)等,围绕环境与职业流行病学的研究内容、方法、实践中的难点及当前的热点问题分别作主题演讲。来自复旦大学、交通大学、南通大学等学校的劳动卫生、毒理、流行病、环境卫生、食品与营养卫生、统计等专业研究生30多人参加了暑期学校。 (蒋　泓　陈英耀　周志俊)

【举办农民工子女学校健康促进论坛】 于8月16日在复旦大学举行,由公共卫生学院与上海市疾病控制中心、上海市人口福利基金会、儿童救助会共同举办。论坛以"让每一个孩子健康成长"为主题,邀请国内多学科专家和教授做校园文化建设促进流动儿童心理健康、学校健康促进推广模式、学校健康教育立法和政策等4个大会报告。为使论坛更具参与性,在曹景行的主持下,北京大学儿少卫生研究所马迎华教授、上海大学顾骏教授等共同就农民工子弟学校学生面临的具体问题和解决策略与农民工子弟学校校长、家长和学生代表以及教育和卫生主管部门官员进行了1.5小时的互动交流。介绍学校健康促进的经验做法与成果。上海市健康促进委员会、上海市教育委员会、上海市卫生局、上海市人口福利基金会、儿童救助会、部分区县民办农民工子女学校领导,以及教师、家长和学生代表300余人与会。

(史慧静)

【举办中国医改之公立医院改革论坛】 该论坛于10月29日在沪举行,由复旦大学卫生发展战略研究中心与上海市医学会医疗卫生事业管理专科委员会、《卫生资源》杂志社共同举办。来自卫生部疾病预防控制局和北京、山东、江苏、上海等省市的卫生与医疗保障政策制定官员,三级医院院长,高校和科研机构的学者80余人参加论坛。论坛主题是绩效考核和补偿及支付。卫生部疾病预防控制局局长于竞进、上海市人力资源和社会保障局副局长郑树忠、北京市卫生局副局长钟东波,以及上海申康医院发展中心规划发展与绩效评估部、上海市闵行区卫生局、复旦大学附属妇产科医院、潍坊医学院的代表就相关主题作学术报告。复旦大学卫生发展战略研究中心主任郝模教授作论坛总结报告。 (李程跃　孙　梅)

药　学　院

【概况】 2011年,药学院设有一级学科博士点1个,二级学科博士点4个,一级学科(专业学位)硕士点1个,二级学科硕士点5个,博士后科研流动站1个,本科专业1个。国家重点学科1个(药剂学),上海市重点学科1个(药理学),教育部重点实验室暨全军重点实验室1个(智能化递药实验室)。

有在职教职工129人,其中正高级职称27人、副高级职称35人,博士生导师27人。新进教师3人。在校本科生(不含复旦学院就读的一年级本科生)186人,硕士研究生217人,博士研究生90人。毕业本科生62人、硕士生37人、博士生24人。

申请发明专利69项,获授权专利40项。以复旦大学为第一单位发表SCI论文136篇,平均影响因子3.8。到位科研经费2 060.07万元,其中纵向科技经费1 027.1万元,横向科技经费1 032.97万元。中标项目50项,经费2 022.5万元;横向项目69项,协议经费1 146.35万元。获批国家自然科学基金项目22项(其中面上课题13项,青年基金课题8项,海外及港澳学者合作研究基金课题1项),"十二五"重大专项"创新药物研究开发新药候选药物研究"(子课题)1项;科学技术部"863"项目(子课题)1项;教育部高等学校博士学科点专项科研基金博导类课题1项,新教师课题2项,优先发展领域课题2项;教育部新世纪优秀人才支持计划项目1项,留学回国人员科研启动基金资助项目1项;上海市自然科学基金项目2项;上海市浦江人才计划(A类)资助项目1项;上海市科学技术委员会生物医药重点科技攻关项目(子课题)3项,国际合作计划项目1项,上海市科学技术委员会中药现代化专项1项,上海市科学技术委员会优秀学科带头人计划项目1项;上海市教育委员会"晨光计划"项目1项;波谱与原子分子物理国家重点实验室开放课题1项。获教育部自然科学奖一等奖1项,中国药学会科学技术奖三等奖1项,中国药学会——石药集团青年药剂学奖1项,上海市科学技术奖二等奖1项,上海药学科技奖二等奖1项。2项"973计划"项目分别以"优秀"通过结题验收与中期考核。

获上海市教育委员会重点课程立项(2011—2013)1项,上海高校本科重点教学改革项目立项1项。获教育部2011年度"博士研究生学术新人奖"1项,"211工程"第三批重点学科优秀博士生科研资助计划2项。1名博士研究生参加第六十一届诺贝尔奖获得者大会。完成临床药学方向(2+2培养模式)的学生分流工作、培养方案的修订和4+4培养新模式的探讨。增加开设《综合性药学实验》课程。10月,与上海医学院、化学系和生命科学学院联合申报的生物与医药领域工程博士专业学位授权点获国务院学位委员会批准,成为首批入选的招生单位。

11名教师公派出国进修或学术交流,12名教师短期公派出国学术访问或参加国际会议。继续保持与美国佛罗里达大学(University of Florida)、佐治亚大学(University of Georgia)、马里兰大学医学院(University of Maryland School of Medicine)、奥尔巴尼药学与健康科学学院(Albany College of Pharmacy and Health Sciences)以及日本长崎大学药学部在本科生、研究生交流、师资培训方面的合作交流。2011年与辉瑞公司联合培养药学硕士专业学位研究生8名。

全年共发展学生党员43人。开展"重温光荣党史,传承先烈精神"党史知识竞赛、首届药学知识暨实验技能大赛,举办"七五华章,五月激昂"药学院"五月风"活动,在消防浦东支队张江中队官兵指导下开展药学院首次消防安全演习,举办以"学习消防法规,提高安全意识"为主题的消防知识竞赛。 (史雪茹)

【举办天然药物研究开发与生物多样性保护利用国际学术研讨会】 该会议于9月23—27日在西藏大学举行,由上海市药学会、复旦大学药学院、上海中医药大学联合主办,西藏大学,青海民族大学协办。来自日本、新加坡、中国台湾、中国香港等国家和地区的50余名专家学者参会,就抗生素药物的发现、帕金森症天然药物治疗、天然产物的转化研究、天然产物单克隆抗体指纹谱研究、生物多样性与藏医药、天然产物资源的质量控制及其方法等主题举行多场专题报告。研讨会为天然产物研究开发成果的国际交流搭建平台,也为藏医药的现代化研究及其生物多样性的保护和可持续利用提供可为借鉴的方向和模式。 (程志红 史雪茹)

【举行智能化递药教育部和全军重点实验室建设启动会】 智能化递药教育部和全军重点实验室启动会于8月26日召开。会上宣布组建实验室建设领导小组,陆伟跃任组长、王建新和蒋晨任副组长;成立以侯惠民院士为主任的实验室学术委员会;会上对首批实验室开放基金课题和海外客座研究人员进行评审。学校"智能化递药全军重点实验室"和"智能化递药教育部重点实验室"分别于2010年10月和12月被解放军总后卫生部、教育部批准立项。该实验室近5年已主持省部级以上课题104项,总经费达2.191亿元,其中作为首席科学家单位,在智能化材料、脑内靶向递药、心血管药物与蛋白相互作用等研究方面,主持国家重大科学研究计划项目3项;在智能型材料设计、肿瘤靶向递药技术、体内外检测技术等方面,负责"863计划"课题5项。在国家重大创制新药专项方面,主持"综合技术大平台"和"新制剂与新释药系统技术平台"建设项目各1项;在与智能化递药相关研究领域方面,主持"国家自然科学基金"的重点、杰出青年、面上等课题共38项。已发表高影响因子SCI论文近200篇,申请国内外发明专利83项、授权国内外发明专利39项,获得教育部自然科学一等奖等省部级以上奖励25项,形成了一批具有自主知识产权的创新性技术和方法。尤其在脑靶向递药研究方面,已获得首个"全国百篇优秀博士学位论文"奖,并获得全国优秀博士学位论文提名2项,研究生培养质量居国内药剂学科首位。同时,连续三届承办了"国际药物制剂论坛",对提升复旦大学在新型递药系统研究方面的国际影响力,促成国际药物控释协会中国分会的成立起到了重要作用。

(吴丹旎 史雪茹)

护理学院

【概况】 2011年,护理学院设有护理学一级学科博士学位授予点、硕士学位授予点和护理学本科、高职专业。

在职教职工52人,其中专职教师34人,教学辅助人员9人,行政人员9人;具有正高级职称2人,副高级职称8人;具有博士学位4人,硕士学位23人;有硕士生导师6人,博士生导师1人。

招收博士研究生3人,硕士研究生22人,本科生27人,高职生237人。全日制在校生876人,其中博士研究生6人,硕士研究生54人,本科生105人,高职生711人。

完成"985工程"三期"情景模拟实验室"建设项目的设备引进和实验室改造,20位教师模拟案例编写与综合模拟教学方法培训,启动情景模拟教学案例编写。完成高职教学实习改革方案的研讨、论证和学生手册编写以及临床和学院巡回教师的培训。完成学院规章制度的补充和修订工作,落实具体执行程序。

2011年,国务院学位委员会办公室批准我校为护理学一级学科硕士及博士学位授予点。本科课程《老年护理学》、《儿科护理学》及《妇产科护理学》获评上海市重点建设课程。举办科研沙龙15次。发表论文66篇,其中权威期刊12篇,核心期刊37篇。4个项目获2011年度上海市护理科技奖,其中四等奖1项,鼓励奖3项。1个项目获评上海市卫生局青年科研基金项目,2个项目获评美国中华医学基金会(China Medical Board,CMB)青年科研基金项目。复旦大学JBI循证护理合作中心完成"JBI COnNECT(循证护理临床在线系统)"中文版更新工作,进一步完善中心网页,并建立"中文干预性护理研究数据库",在2011年度循证护理国际合作中心年会上,中心被评为优秀中心,胡雁、何梦雪关于"中文版干预性数据库建立和应用"的大会交流,获优秀论文奖;15篇JBI"最佳实践"翻译论文发表在《中华护理杂志》上。

10月,由美国中华医学基金会资助建设的"CMB中国护理网"(CMB China Nursing Network, CCNN)成立首届执行委员会,学院被推任主席单位,副院长胡雁任主席。

10人次参加国内外会议,其中7人作大会发言,3人发表海报。继续与香港大学、香港中文大学、新加坡义安理工学院进行交流活动,新增与菲律宾圣托马斯大学交流活动。共接待境外交流师生37名,组织学院16名学生出境交流。与美国杜克大学和匹兹堡大学护理学院建立战略合作伙伴关系,落实2011—2013年10名教师出访4—6个月国际化培养计划;制订并实施匹兹堡大学护理学院教师来院授课计划。

学生开展"暑期导医"、"健康讲师进社区"、徐汇区业余大学聋哑班联谊、福寿园遗体捐赠纪念及"蓝天下的至爱"等慈善活动。南丁格尔志愿团队举办"关爱失智老人,呵护精神健康"主题活动,新增复旦大学附属眼耳鼻喉科医院为志愿服务基地。

以"创先争优"活动为契机,组织一系列党史学习活动和专题组织生活会。重点围绕"教好书"的主题开展课堂教学观摩、教学比赛等活动。组织重温党章,学习党史及参观党史教育基地等纪念中国共产党成立90周年主题活动。

学院学生党支部MDA志愿者团队连续第五次获得上海市肢残人协会"智力助残"优秀集体称号。

(凌　健)

国际文化交流学院

【概况】 2011年,国际文化交流学院设有语言学及应用语言学硕士点1个,汉语国际教育专业硕士点1个,汉语言本科专业1个。

有教职工66人,其中教授4人,正高级讲师2人,副教授(副研究员)19人。

全年学院教师发表核心期刊论文8篇,一般期刊论文13篇,出版专著1部,主编教材8部,出版教材和工具书8部。参加国际学术会议14人次、港澳台会议3人次。

许金生的"近代日本对华军事谍报系统的形成及其运作体系的研究"获教育部人文社会科学研究一般项目立项;杨蓉蓉的"国际化背景下跨文化课堂教学有效性研究——以大学教学为例"获上海市教委教育科学项目立项(属省部级项目);姚萱的"殷墟子卜辞的文本整理与字词研究"获国家社科青年项目立项。

5月26日,举办"我眼中的中国"汉语演讲比赛,来自13个国家的26位学生以汉语演讲的形式展示他们眼中的中国。3位学生分获初级、中级和高级组一等奖,另有13位学生分获二、三等奖。

9月6日下午,学院召开全院教职工大会,复旦大学党委组织部部长秦莉萍代表学校,宣读复旦大学校任字[2011]11号关于吴中伟同志主持国际文化交流学院工作的文件。

汉堡大学孔子学院荣获2011年全球先进孔子学院称号。　(沈国华)

【组织复旦大学学生艺术团赴德巡演】 4月8—20日,受国家汉语言文字办公室孔子学院总部的委托,由复旦大学国际文化交流学院牵头,艺术教育中心教师带领17名复旦大学学生艺术团学生,组成赴德演出代表团,赴德国法兰克福大学、汉堡大学、莱比锡大学、特立尔大学等4所学校的孔子学院巡回演出。演出形式以歌、舞、民族乐器为主,包括舞蹈作品《秀色》、《花儿》,合唱作品《雪绒花》、《乘着歌声的翅膀》、《枉凝眉》,民族乐器作品《月光下的凤尾竹》等。

(沈国华)

【古川裕到院讲学】 11月15日下午,大阪大学教授古川裕到院作题为"怎样提高中高级阶段的日本学生对汉语语法的理性认识和感性认识"的学术报告。参加报告会的师生就汉语教学中的一些问题与古川裕教授作互动讨论。　(沈国华)

【参加孔子学院大会】 12月12—15日,国家汉办暨孔子学院总部在北京召开全球孔子学院大会和全国孔子学院工作座谈会,学院领导和教师代表出席。复旦大学参建的海外孔子学院共有7所,会议期间,复旦大学召开七所学院首次中外方院长联席会议,副校长冯晓源出席。

(沈国华)

社会科学基础部

【概况】 2011年，社会科学基础部(简称社科部)有在职教职工49人，其中教师43人。教师中，有教授9人，副教授19人，中级职称15人；博士生导师8人，硕士生导师22人；25人具有博士学位、9人具有硕士学位；退休3人。

本科教学工作以提高教学效果为着力点，重点加强课程建设。强化课程规范，加强教研室的建设，贯彻落实《〈中共中央宣传部教育部关于进一步加强和改进高等学校思想政治理论课的意见〉实施方案》(教社政[2005]9号)(简称"05方案")，同时以建设国家、上海市、学校的精品课程为目标，加强教学团队的建设，加大对教研室开展课程建设的支持力度，在保持原有改革特色和成果的基础上，重点深化教学方法的改革，有效地提高教学质量和效果。

加强对师资队伍的建设。2011年有2人公派出国进修，3人参加上海市组织的队伍培训。利用暑假组织教师前往云南师范大学考察，参观"一二·一"运动纪念馆。在首届上海高校思想政治理论课教学比赛中，社科部青年教师陈果获一等奖；朱潇潇获二等奖；韩欲立获优秀奖。

2011年，社科部继续进行研究生公共思想政治理论课新课程的改革试点，新课程在全校全面推开，硕士生课程"中国特色社会主义理论与实践研究"开设14个班，博士生课程"中国马克思主义与当代"开设5个班。

对于社科部的研究生培养，调整了各学科的培养方案，进一步优化课程设置。提高对研究生学位论文的要求，明确研究生培养的导师负责制。自11月中旬始，社科部开展为期近一个月的科学道德和学风建设主题教育活动，逐步形成加强科学道德与学风建设的长效机制，为科学道德和学风建设的可持续发展奠定良好基础。顾钰民指导的博士后刘鑫淼和肖巍指导的博士后张梅申请到国家社科基金课题青年项目；高国希指导的博士生谢狂飞撰写的英文论文入选国际道德教育学会年会，并被安排进行会议分组演讲。

全年发表科研成果72项，包括论文65篇，学术专著6部，研究报告1部。其中权威期刊论文2篇，核心期刊论文31篇。新立项的科研项目共12项，包括国家社会科学基金课题青年项目1项，教育部人文社会科学研究规划基金项目1项，教育部人文社会科学研究专项任务项目2项，上海市哲学社会科学规划系列课题2项，上海市哲学社会科学规划办特别委托课题1项，上海市教育委员会研究项目3项，上海市学校德育理论研究课题1项。另外，1名教师入选上海市阳光人才培养计划。 (左皓劼)

【举办第四届上海高校思想政治理论课教学论坛暨全国高校思想政治理论课教学研讨会】 该会议于4月21日在校举行，由社科部承办。教育部副部长李卫红、上海市委副书记殷一璀出席会议并做重要讲话。教育部社会科学司司长杨光，市委副秘书长姚海同，市委宣传部副部长潘世伟，市教卫党委副书记、市教委主任薛明扬等领导出席会议。来自国内20余所高校从事思想政治理论课和马克思主义理论研究的专家、承担思想政治理论课教学的部门负责人和青年教师共60余位代表参加，主要围绕"思想政治理论课教学理念与方法"、"青年教师的培养与队伍建设"两大议题展开研讨。 (左皓劼)

【举办历史的选择与选择的历史——纪念中国共产党成立90周年学术研讨会】 该会议于6月18日在校举行，由上海市社会科学界联合会和社科部联合举办。上海市社联党组副书记桑玉成、复旦大学副校长林尚立，以及来自国内外的专家学者70多人参会。围绕中国共产党执政能力、党内监督、协商民主、新启蒙运动，二大在党史上的地位、民盟摆脱中间路线参加新政协、中国现代化的道路与方向，五四时期中共的创建、大党老党的发展、中国共产党的创优争先活动，马克思主义中国化问题、湖南新民学会与共产主义小组创立的关系、中国现代化的目标是如何从大同过渡到小康等问题进行分组研讨。

(左皓劼)

【举办全国高校马克思主义理论学科博导论坛】 该论坛于10月14日在校举行，由社科部承办。校党委书记朱之文，全国高校马克思主义理论学科研究会会长、中国人民大学党委书记程天权，上海市教卫党委副书记、市教委副主任高德毅在开幕式上讲话。教育部社科司副司长徐维凡发表主题报告《落实教育规划纲要，推动高校思想政治理论课建设》。副校长林尚立出席。全国高校马克思主义理论学科研究会成员以及全国高校马克思主义理论学科一级、二级学科博士点负责人和导师等百余人与会。会议就建党90周年与马克思主义理论创新、马克思主义理论在当代的发展与运用、马克思主义理论与思想政治教育等三方面议题进行小组讨论。 (左皓劼)

艺术教育中心

【概况】 2011年，艺术教育中心(含艺术设计系)有在职教职工28人(含租赁制科研助理4名)，其中专任教师22人、行政人员6人；具有正高级职称2人、副高级职称4人、中级职称18人、初级职称4人；具有博士学位6人。

全年面向全校本科生开设艺术公共选修课62门，选课人数3 000人。向6个校级重点学生艺术社团的300多名团员开设"艺术训练"课程，制定《复旦大学音乐(声乐)教育学研究生培养计划》。

教师发表学术论文11篇，参编著作或教材2部，获得上海市哲学社会科学项目1项，获得校级和其他级别的项目2项，获得校级重点教学改革项目2项，获得上海市教育委员会重点教学改革项目1项，《中外音乐审美》和《影视剧艺术》获得上海市教育委员会重点建设课程立项，龚金平获复旦大学“2010年度香港人教奖”金奖。

所属6个学生艺术社团参加校内外演出30多场：3月16日，学生民乐团参加上海音乐家协会主办的“江南丝竹”比赛；4月26日，学生合唱团和学生舞蹈团参加“青春理想·红歌飞扬”2011上海之春国际音乐节群众文艺开幕活动暨高校艺术团联盟风采展示日的演出；4月29日，学生民乐团参加第二军医大学慈善音乐晚会；6月14日，学生民乐团举办专场音乐会“心乐集”；6月17日，复旦剧社为上海市科教党委庆祝建党90周年活动排演情景剧《百问先烈——穿越时空的对话》；9月20日，学生民乐团参加复旦大学学生会举办的迎新晚会演出；11月，学生民乐团参加复旦大学继续教育学院和复旦大学化学系国际会议演出；12月9日，学生合唱团参加复旦大学“一二·九”主题活动歌会；12月13日，艺术教育中心与上海电视台五星体育频道联合主办“G乐笑园行”活动，学生舞蹈团、学生民乐团、复旦剧社、学生合唱团参加演出；12月15日，学生民乐团参加“百年风华人间岁月”台湾何创时书法艺术基金会——复旦大学珍藏近代名家翰墨展演出；12月20日，学生民乐团举办“新翼”——复旦大学民乐团2011级艺术特长生专场演出。

积极推动校园文化建设：张勇与中文系张宝贵于4月1日在光华楼东辅楼袁天凡报告厅开设讲座《艺术审美：精英独享还是大众共赏》；龚金平于4月26日在江湾校区B106教室开设讲座《生死一线间的犹豫与从容——日本电影中的生存焦虑与死亡迷恋》；龚金平于5月16日在3106教室开设讲座《贞节至上与苦情催泪——中国主旋律电影中的爱情伦理及文化反思》；9月—10月，复旦剧社面向低年级社员开展为期两个月的新生入社培训，举办“brainstorm模拟第12届复旦大学戏剧节”、“四格漫画·照片故事”、“Ideal to Real——制作人沙龙”等活动；12月24—27日，选修《书法审美》课程的60名学生在主讲教师唐金海的组织下在光华楼学生广场外围举办“青春梦·祖国情”书法作品展；12月27日，邀请上海市书法家协会主席、著名书法家周志高在光华楼学生广场开设讲座《把书法打造成上海国际文化大都市的名片之一》。

（郁秀兰　陈　寅　龚金平　高秀健）

【举办第十一届复旦大学戏剧节】 4月24日—5月10日，由艺术教育中心主办、复旦剧社协办的第十一届复旦大学戏剧节在相辉堂举办，共有校内外7个学生话剧团体参加：复旦剧社、复旦大学燕园剧社、复旦大学哲学学院毕业大戏剧组、上海财经大学话剧团、同济大学东篱剧社、上海理工大学江畔剧社和上海音乐学院话剧社。其中，复旦剧社演出五部作品：开幕演出《我爱桃花》、实验话剧《着陆》、推理剧《空幻之屋》、经典重现《暗恋桃花源》，以及闭幕戏《屠夫》，其余六个学生话剧团体各演出一部作品，逾9 000人次观看演出。

（周　涛　龚金平）

【举办“双城回想——中马华乐交流音乐会”】 该音乐会于5月17日在东区艺术教育馆进行，由马来西亚吾夏丝竹乐团与复旦大学学生民乐团共同举办，演出的曲目形式除了传统的江南丝竹重奏、丝弦五重奏、弹乐合奏、弦乐重奏和独奏外，还演出移植作品《卡农》、改编作品《彝族舞曲》、新创作作品《凌晨三点钟》等，双方还合作演出《苏堤漫步》等曲目。

（陈曦瑶　龚金平）

【参加第三届全国大学生艺术展演上海市选拔活动】 9月—11月，艺术教育中心6个学生艺术社团的6个节目参加第三届全国大学生艺术展演上海市的选拔活动，其中原创舞蹈《流沙坠简》、原创合唱《玉门关》、民乐《月儿高》以及原创小品《4∶1》入选全国大学生艺术展演（上海市总共16个艺术节目入选），龚金平的论文《通识教育背景下大学公共影视课程的理念革新与实践探索》作为上海市报送全国的35篇论文之一参加全国艺术教育科研论文评比。（龚金平）

【参加第七届长三角民族乐团展演比赛】 12月18日，学生民乐团赴江苏省吴江市参加“第七届长三角民族乐团展演比赛”，参赛曲目有民乐合奏《月儿高》、丝弦五重奏《跃龙》和江南丝竹《欢乐歌》，其中《月儿高》和《跃龙》获得该届比赛的最高奖项“最佳演奏奖”，《欢乐歌》获得“保护文化遗产优秀演奏奖”。（陈曦瑶　龚金平）

艺术设计系

【概况】 2011年，艺术设计系设有艺术设计1个本科专业，有教职工12人，其中专职教师10人，专职行政人员2人；具有正高级职称1人，副高级职称2人，中级职称9人；具有硕士及以上学位的教师11人，其中具有博士学位3人，另有2人在职攻读博士学位。

全年为艺术设计专业本科生春季开课15门，秋季开课6门，向全校学生开设通识教育课程——美育课程的6门。

6月7—17日，在五角场800号美术馆举办2011届学生毕业设计展，共有25名毕业生参加，分为平面、空间、新媒体三组进行。展出结束后，另为优秀作品专辟展览室展出。

10月22日—11月6日，由复旦大学艺术设计系与海安523文化产业主题公园主办，陶艺后援会承办，以及新北市淡水区艺术造村发展协会协办的“帘——海峡两岸艺术与设计交流展”在复旦大学750号楼举办，展览作品根据同一个汉字“帘”，用不同的载体进行创作，展出的艺术形式包括油画、水墨、新媒体及装置等。

12月22日，选修《陶艺入门》的25名学生在相辉堂前草坪举行陶艺作品汇报展，展出陶艺作品100多件。

12月30日，艺术设计系“教学实习基地”落户海安523文化产业主题公园。（何　艳）

体育教学部

【概况】 2011年，体育教学部有在职教职工61人，租赁制用工1人。其中，任课教师54人、教辅人员8

人；正高级职称 3 人、副高级职称 25 人。

全年为一、二年级本科生开课 522 门次，涉及篮球、排球、足球、网球、羽毛球、乒乓球、垒球、板球、手球、健美、游泳、木兰拳、综合体育、艺术体操、健美操、体育舞蹈、形体健美、击剑、太极拳、太极剑、武术段位、防身术、保健体育等 23 个项目；为高年级本科生及研究生开设体育选修课 37 门次；暑期开课 7 门次，包括 2 个游泳班、2 个羽毛球班、1 个篮球班、1 个排球班和 1 个网球班。2010—2011 第二学期体育课程学生评教均分 4.94。

体育教学部承办和协办的全校比赛有复旦大学第 52 届田径运动会暨第 13 届教工运动会、篮球、排球、足球、乒乓球、羽毛球、跳绳、踢毽子、冬季长跑等比赛。各院系年终 1 至 8 名体育竞赛综合排名如下：志德书院、研究生院、国关院、克卿书院、新闻学院、经济学院、任重书院、数学系。

体育教学部教师在 2011 年体育类期刊上共发表论文 22 篇，获得各类课题 10 项，参加国内会议 6 人次，国际会议 4 人次。举办《复旦大学建校 106 周年暨第 45 届体育科研报告会》，报告会共收到 9 篇论文，4 篇论文进行了大会报告。

3 月 29 日，复旦大学心理健康教育中心主任刘明波在正大体育馆新闻发布厅为体育教学部全体教职工做“心理问题离我们有多远——我校学生心理健康的现状及其促进”讲座，就心理健康标准、学生心理健康现状与特点及心理问题的应对措施等方面进行讲解与分析。

5 月底，陈建强获“第六届复旦大学教学名师奖”。

6 月 7 日晚，在复旦大学建党 90 周年唱红歌比赛小合唱组比赛中，获金奖第一名。

9 月—11 月，复旦大学教务处和人事处组织开展全校青年教师教学比赛，面向全校从事本科教学的 45 岁以下教师开展。体育教学部张晨获一等奖，王震、王丽娜、孔斌获三等奖。

12 月 6 日，香港浸会大学博士刘永松在复旦正大体育馆新闻发布厅为体育教学部教师及部分学生作“资讯科技与儿童运动行学改善研究”报告。在报告中，刘博士用英语阐述资讯科技在体育锻炼中的使用研究等。

全年参加上海市学生阳光体育大联赛高校组比赛，参加的项目有篮球、排球、足球、乒乓球、武术拳操、田径、健身健美操、冬季长跑、跳绳踢毽、体育舞蹈、棋类、游泳、网球、羽毛球、拔河及定向越野等 16 个项目的比赛，参赛和获奖人数列上海高校前列。复旦大学承办了本次联赛的排球比赛。被上海市教育委员会、上海市体育局等授予“优秀组织奖”和“最佳赛区奖”荣誉称号。

12 月底，孔斌获“2010 年度香港人奖教金奖”。 （陈建强）

【举行“耐克 FUSC 中国高校田径精英赛”】 该比赛于 5 月 31 日下午在我校南区体育中心田径场举行。由中国大学生体育协会和耐克体育（中国）有限公司主办，复旦大学承办，中国大学生体育协会田径分会协办。参加的单位除复旦大学外，另有北京大学、清华大学、中国人民大学、上海交通大学、同济大学、暨南大学、华南理工大学等 8 个单位。复旦大学副校长陆昉，教育部学生体育协会联合秘书处副秘书长、中国大学生体育协会专职副主席张燕军，耐克体育（中国）有限公司部分领导等出席开幕仪式。复旦大学运动员获得男子 200 米、女子 800 米和女子 1 500 米三项冠军。

（陈建强）

【赵婧获全国田径锦标赛女子 800 米冠军】 9 月 8—11 日，全国田径锦标赛暨奥运会达标赛在安徽合肥举行。复旦大学新闻学院 2011 级研究生赵婧以 2 分 03 秒 93 的成绩获得 800 米冠军。 （陈建强）

【韦剑获第九届全国少数民族传统体育运动会武术比赛冠军】 9 月 10—18 日，第九届全国少数民族传统体育运动会在贵阳举行。复旦大学体育教学部教师韦剑（壮族）代表上海队参加武术比赛，在男子武术器械 A 类比赛中，以 9.28 分的成绩获得第一名，第四次蝉联冠军。韦剑目前拥有世界冠军和两届全运会冠军头衔。

（陈建强）

附　录

2011 年复旦大学体育竞赛成绩一览

一、全国比赛：

1. “三亚海棠湾”杯第十二届全国大学生田径锦标赛

领　队：王方椽

教　练：邱　克　张　丰　吴丽红　杨　峻

运动员：易德胜　石　鹏　赵　云　陈杭其　叶枝俏
周　超　杨　洋　赵　婧　卢舒怡　于林平
韩秀南　蒋海霞　朱雷鸣　金　源　满　晓

周　超	男子 1 500 米	第十五名
石　鹏	男子 1 500 米	第二十名
赵　婧	女子 800 米	第二名
于林平	女子 10 000 米	第十一名
	女子 3 000 米障碍	第四名
满　晓	女子跳高	第二名
朱雷鸣	女子铅球	第七名

2. 全国大学生武术套路锦标赛

领　队：王方椽

教　练：韦　剑

男子甲组：谢　东　俞　瓅　杨　骞　董佳尧
叶　天

男子乙组：刘晓龙 尹晓健
女子甲组：王加朕 王琳雯 花 苑
女子乙组：李蒙蒙
董佳尧 男子甲组一类拳 第12名
叶 天 男子甲组三类拳 第7名
俞 璨 男子甲组42式太极拳 第1名
男子甲组太极拳 第4名
男子甲组太极拳 第1名
王琳雯 女子甲组太极拳 第14名
女子甲组二类拳 第4名
花 苑 女子甲组传统太极拳 第1名
女子甲组42式太极拳 第4名
女子甲组一类拳 第3名

3. 2011年"移动杯"全国大学生桥牌锦标赛

领 队：陈 琪
教 练：黄国春
运动员：黄 栩 陈震宇 黄旭红 蒋宇杰 杨乃龙 杨润悦 陆依阳
复旦代表队 获得团体第二名

4. 第十二届全国大学生游泳锦标赛

领 队：王方椽
教 练：尤玉青
运动员：男子精英组：陈 功 黄 瀚 沈皓炜 韩智杰 陈文钦 张宇骥
女子精英组：徐 畅 田佳文 刘丰园 朱一涛 朱佳燕 黄雪霏
尤玉青 评为优秀教练员
沈皓炜 刘丰园 评为优秀运动员
陈 功 男子精英组200米蛙泳决赛第二十二名
韩智杰 男子精英组200米蛙泳决赛第二十五名
陈文钦 男子精英组200米蝶泳决赛第十二名
张宇骥 男子精英组200米个人混合泳第十八名
刘丰园 女子精英组50米自由泳决赛第六名
田佳文 女子精英组200米自由泳决赛第十四名
朱一涛 女子精英组200米蛙泳决赛第十一名
徐 畅 女子精英组200米蝶泳决赛第十九名
刘丰园 朱一涛 田佳文 黄雪霏 女子精英组4×100自由泳接力决赛第十四名

5. 2011年361°全国男子排球锦标赛

领 队：王方椽
教 练：方 川
复旦代表队：第十四名
刘 挺 陈杰浤 获得个人体育道德风尚奖

6. 2011年全国板球锦标赛上海分区赛

领 队：陈 琪
教练员：王国华
运动员：单聿骋 季志成 李国彬 李凡其 杨 洋 潘天岳 王呈力 胡凌伯未 王翔宇 薛健文 王 焘 朱睿敏 赵泽元 高光泽
男 队 荣获男子组二等奖
女 队 荣获男子组二等奖

二、上海市比赛：

1. 上海市学生阳光体育大联赛高校组排球比赛

男队
领 队：陈 琪
教 练：刘 君
队 员：范 凡 朱旭皓 陈 吉 许 博 刘思达 曹逸兴 陈啸风 陈扬贇 马微平 陈奕沛 苏启立 毛志东

女队
领 队：陈建强
教 练：葛 萍
队 员：徐 倩 杨 帆 李秀华 陈诗悦 莫 止 庄思惠 李桑晓 蔡宛如 毕文彗 朱浩驵 奚敏敏 董菡珺
丙组名次：女子组第一名 男子组第二名
甲组名次：女子组第一名 男子组第四名

2. 上海市学生阳光体育大联赛高校组健身健美操比赛

领 队：王方椽
教 练：张 晨
健身健美操：陈哲媛等48人
蹬车卷腹：陈哲媛 黄梦玮 欧阳文君 易 立
蜷身跳：周梦怡 陈 莹 林姗姗 陈偲玮
侧 跳：金凌子 潘 旭 刘佳辰 张艳梅
荣获本科组健身健美操规定套路一等奖

3. 上海市学生阳光体育大联赛高校组篮球比赛

男子 领 队：陈 琪
教 练：王恩峰 助理教练：曾 泽
队 员：郑 瑞 谢笑添 黄大卫 王宇哲 陈韦豪 徐敏强 徐佳波 吴卓然 田 力 张世仑 施 豪 李 靖
女子 领 队：马祖勤
教 练：原温荣
队 员：葛 静 曾丹宁 谢欣阳 华苑彤 何安琪 孙安祺 姚旻卉 龚焦雷 张泽文 张西美朵 林 敏 范子靖
复旦男队 本科男子组第五名 荣获一等奖
复旦女队 高校女子组第五名 荣获一等奖

4. 上海市大学生围棋、中国象棋、国际跳棋锦标赛

中国象棋：领队：陈 琪 教练：翁建生
队 员：男子：周云亮 宋晓博 周世杰
女子：徐禹宸 夏心容
围 棋：领队：汪 凯 教练：叶锦锦
男子：何天凝 唐崇哲 谢东方
女子：李天竹 严凯瑾
围棋个人名次：男子组：谢东方 第三名
何天凝 第四名
唐崇哲 第五名

女子组：严凯瑾 第三名

中国象棋个人名次：女子组：徐禹宸 第五名

夏心容 第八名

国际象棋个人名次：男子组：梁 灝

女子组：郑燕志 第六名

廖 阔 第八名

桥牌团体名次 复旦大学二队 第一名

5. 上海市学生阳光体育大联赛高校组羽毛球比赛

领 队：陈建强

教练员：周建高

男运动员：平 帆 潘晓军 钟亥哲 罗嘉良

宁 博 罗 艺

女运动员：徐 倩 庾舒文 黄 珺 金 莉

陈怡婷 袁紫萦

男队获得男子团体第三名 一等奖

女队获得女子团体第四名 一等奖

平 帆 男子单打 第四名

黄 珺 女子单打 第三名

徐 倩 女子单打 第六名

袁紫萦 金 莉 女子双打第三名

陈怡婷 庾舒文 女子双打第七名

平 帆 徐 倩 混合双打第二名

钟亥哲 庾舒文 混合双打第四名

6. 上海市学生阳光体育大联赛高校组羽毛球锦标赛

复旦男队 本科组男子团体第三名

复旦女队 本科组女子团体第四名

7. 2011 上海市学生阳光体育大联赛暨大学生网球锦标赛

领 队：陈 琪

教 练：孔 斌

甲组：

男 孙 健 陈鹏斐 罗 艺 于天放

女 李安琪 吴思欣 王雪舟 杨 韵

女队 获得女子甲组团体 第一名

罗 艺 于天放 男子甲组双打 第二名

吴思欣 女子甲组单打 第二名

王雪舟 杨 韵 女子甲组双打 第二名

8. 2011 年上海市大学生手球锦标赛

团 长：王方椽

领 队：陈 琪

教 练：刘 君 王恩锋

队 员：谢 意 车 锐 柳一鸣 张佳骏 郑 端

邱震申 李晨杰 陈振宇 陈 铎 陈 吉

倪 骋 徐佳波 徐致远 郭逸峰 朱佳栋

男队 获得男子组 第三名

男队 获得道德风尚奖

9. 2011 年上海市学生阳光体育大联赛高校组排球比赛暨上海市高校组排球比赛

领 队：汪 凯

教 练：方 川 丁 毅

男队队员：薛兆年 韦 吉 乐 昊 尤湛博

江 啸 朱谊城 陈 凯 于 翔

王利斌 蒋 猛 陈杰浤 刘 挺

领 队：王方椽

教 练：陈 祥 魏 琳

女队队员：张 塬 郭 妍 王丽丽 盛珍珍

王晨郦 李莘芸 林冬禾 悉 希

张佳琦 赵悦宇 肖嫣雯 陈伊娜

男队 获得 第四名 一等奖

女队 获得 第一名 一等奖

10. 2011 年上海市大学生武术比赛暨大运会选拔赛

领 队：王方椽

教 练：韦 剑

甲 组：(男)刘晓龙 谢 东 尹晓健 俞 瓅

(女)王加朕 王琳雯 花 苑

乙 组：(女)李蒙蒙

俞 瓅 男子太极拳 第二名

男子太极剑 第一名

男子 42 式太极剑 第二名

王琳雯 女子太极拳 第一名

女子 42 式太极拳 第六名

花 苑 女子 42 式太极拳 第一名

女子 42 式太极剑 第三名

11. 上海市学生阳光体育大联赛高校组乒乓球比赛

领 队：王华良

教练员：王丽娜

运动员：程浩然 肖 宇 林汉强 薛宗涵

孙 琪(女) 刘合潇(女) 佘录录(女)

复旦代表队 荣获本科组 一等奖

高校组总决赛 一等奖(奖牌)

12. 2011 年上海市学生阳光体育大联赛高校组冬季长跑比赛

领 队：陈 琪

教练员：王国华

男队 荣获本科男子组团体一等奖

女队 荣获本科女子组团体一等奖

卢章疑 本科男子组 第一名

13. 2011 年上海市学生阳光体育大联赛高校组田径比赛

领 队：王方椽 陈 琪

教 练：邱 克 张 丰 吴丽红 杨 峻 王国华

曾 泽

运动员：冷 吉 杨 洋 闵广鑫 叶枝俏 陈杭其

赵 云 周 超 石 鹏 韩秀南 朱雷鸣

戴静霄 满 晓 赵 婧 金 源 卢舒怡

于林平 蒋海霞 刘骏杰 陈振宇 沈 闯

李 恒 蔡灿鑫 袁 涛 简兆胜 郁恒吉

李 昂 纪宇轩 卢章疑 丁慧洋 钱浜川

陈 健 王 韬

男子立定跳远 第一名 女子跳远 第一名
女子100米 第二名 女子200米 第二名
女子4×100米接力 第三名
男子跳远 第三名 单足跳接力 第三名

14. 2011年上海市学生阳光体育大联赛高校组足球比赛

领 队：陈 琪
教 练：鲍 涛
男队获得本科组三等奖 （王曙涛）

分析测试中心

【概况】 2011年，分析测试中心有分析化学、物理化学、高分子化学与物理3个硕士点。

有在职教职工22人，其中高级职称5人、中级职称14人。

有核磁共振仪（300兆和500兆）、气/质联用仪、气相色谱仪、紫外光谱仪、傅立叶变换红外光谱仪、显微拉曼光谱仪、X射线单晶衍射仪、X射线多晶衍射仪、原子吸收光谱仪、等离子体发射光谱仪、离子色谱仪、扫描电镜和透射电镜等大型仪器20台(套)。

全年招收硕士研究生4人，毕业硕士研究生3人，在读硕士研究生12人。向全校理科研究生开设"高等结构分析"学位基础课。

全年共承担横向课题11项，横向科研经费共63万余元。发表SCI论文8篇。共完成校内外委托测试样品26 500余个，中心大型仪器使用总机时数达10 300余小时。

4月，校组织部任命化学系副主任贺鹤勇教授兼任分析测试中心主任。 （刘新刚）

实验动物科学部

【概况】 2011年，实验动物科学部设有动物学硕士点1个。

有在编教职工38人，其中专任教师7人、教辅人员2人、行政人员3人、实验技术人员4人、技术工人15人、租赁制技术员7人。具有正高级职称1人、副高级职称3人、中级职称5人、初级职称及科员6人。有硕士研究生指导老师3人。

在读硕士研究生5人，其中2人于6月毕业。为全校研究生和本科生开设医学实验动物学公共选修课，其中为临床型硕士研究生班开课56学时，授课学生数120人；为科研型硕士研究生班开课56学时，授课学生数119人；为在职研究生班开课56学时，授课学生数35人；为基础医学专业本科生班开课56学时，授课学生数22人；为八年制临床医学专业开课56学时，授课学生数78人。

中标2011年度上海市科技发展基金项目4项，获得科研经费115万元。《实验动物学自助学习系统》和《实验动物福利和动物实验伦理审查系统》获得国家版权局授予的计算机软件著作权2项。发表论文7篇。

生产科全年生产供应大鼠1.7万余只、小鼠2.9万余只。对外开放动物实验室承接课题36项，开发动物模型6个。完成国外引进动物隔离检疫9批。

2011年10月，实验动物科学部从斜土路2200弄整体搬迁至枫林校区。 （杨 斐）

放射医学研究所

【概况】 2011年，放射医学研究所有在职教职工41人，其中科研人员18人，高级职称人员8名。研究所设有二级学科（放射医学）博士点和硕士，招收硕士研究生8人和博士研究生2人，毕业硕士研究生3人，博士研究生1人。全年申请国家各类科研经费471万元，发表科研论文40篇，其中SCI论文22篇。

学术交流频繁。卓维海被国际放射防护委员会(ICRP)聘为第81个工作组(TG81)的专家，完成ICRP新建议书"Radiological Protection against Radon Exposure"。美国、日本、德国和匈牙利等国同行到所访问，开展学术交流与讨论。邵春林访问日本放射医学研究所，卓维海访问德国国家物理研究院(PTB)和环境卫生中心(GSF)并做学术交流。陈红红出席在波兰华沙召开的"第14届国际辐射研究大会"。全所科研人员参加全国性学术交流会议逾60人。

再次通过计量认证复审，提升服务社会能力。根据国家计量认证的要求，对放射医学研究所2008版《质量手册》、《程序性文件》修订改版。对《作业指导书》作补充修改。在管理体系运行中，完善原始记录的信息，强调对实验室比对和能力验证实验结果；进一步明确检测人员可承担的检测项目，加强相关人员的的培训。对现有的质量认证体系进行定期、系统审核，保证管理体系的自我完善和持续改进过程。新增微核和染色体检测项目。微核和染色体检测是放射生物剂量检测的一种快速估算方法。新编作业指导书，通过实验室间比对，人员培训，符合计量认证要求。8月，获得上海市质量技术监督局计量认证（复审、扩项）证书。全年完成《职业病危害(放射防护)控制效果评价报告书》及《职业病危害放射防护预评价报告》485份，检测报告1 155份。完成11 000余人的放射工作人员职业健康监护工作，4 240余人次的放射性工作人员染色体检查、6 657余人次的微核检测工作。开展放射性职业工作者个人剂量监测约7 500人次。 （王伟华）

【应对日本核泄漏】 3月，日本福岛发生核泄露危机后，研究所组织专业讲座，开展科普宣传，引导公众科学理性应对核辐射，解除公众疑虑与恐慌。积极应对各种媒体答疑解惑，遏制谣言传播。研究所设立核辐射安全咨询点，免费为公众提供核辐射安全咨询工作，并为日本返沪人员提供义务辐射污染检测约300余人次。与复旦大学出版社合作，迅速组织专业人员，编写出版《"核"来不怕——正确应对核辐射》一书。 （王伟华）

【主办辐射研究与医学物理国际研讨会】 该会议于5月31日—6月2日在肿瘤医院举行，由放射医学研究所和肿瘤医院联合主办，美国航空航天局(NASA)空间辐射研究中心和中国生物物理学会协办。邵春林担任会议主席，来自美、英、德、日等8个国家的50多位外宾以及国内70多位专家学者参会，其中包括美国辐射研究协会主席汤姆K.黑(Tom K. Hei)、日本辐射研究协会主席大西武雄(Takeo Ohnishi)。会议为国内外的放射专家学者提供良好的学术交流和国际合作的平台，促进国内研究人员了解辐射研究与医学物理国际前沿动态，推动国外学者建立密切交流与合作关系。 （王伟华）

古籍整理研究所

【概况】 2011年，古籍整理研究所设有中国古代文学、中国文学古今演变、中国古典文献学、汉语言文字学及逻辑学(因明学)5个博士点和硕士点。

有在职教职工17人，其中专职教师16人，行政人员1人。具有正高级职称14人(包括3名兼职教授)，副高级职称3人，中级职称2人。研究生指导教师13人。复旦大学杰出教授1人。

招收硕士研究生12名，博士研究生13名。毕业硕士研究生10名，博士研究生11名。在各类学术期刊发表论文近30篇，出版学术著作5部。

邀请国内外专家学者到所举办学术讲座，包括日本早稻田大学教授稻畑耕一郎、关西大学教授井上泰山，美国斯坦福大学教授王靖宇、佛罗里达大学教授王岗，香港科技大学教授陈建华，北京大学教授廖可斌等。 （古 纪）

【《中国文学史新著》日译本第一卷出版】 3月，章培恒、骆玉明主编的三卷本《中国文学史新著》(增订本)日译本第一卷在日本出版，翻译工作由日本关西大学资深汉学家井上泰山教授等承担。这是新中国成立以来大型中国文学史著作首次被译介到国外。 （古 纪）

【举办"章培恒先生学术思想"研讨会暨《中国文学史新著》增订本新版发布会】 该会议于7月9日在校召开，由复旦大学主办，复旦大学古籍整理研究所承办。来自教育部全国高等院校古籍整理研究工作委员会、复旦大学、其他高校、科研院所、出版社的领导和专家学者，以及章培恒先生生前好友、同事、学生代表等百余人参加该次研讨会暨发布会。会议主要围绕章培恒先生的学术思想及成就展开研讨，并深切缅怀他生平的道德风范。 （古 纪）

【举办"书籍·文库·学者——中日汉籍研究"学术研讨会】 该会议于9月3日在北京召开，由复旦大学古籍整理研究所与北京大学中国古文献研究中心、日本早稻田大学中国古籍文化研究所联合举办。近30位来自中日两国的专家学者参会。会议着重围绕中日汉籍及其相关问题展开研讨。 （古 纪）

【举办"变迁中的近世汉文文本载体与文学想象"学术研讨会】 该会议于11月13—14日在校召开，来自中韩两国近20位学者出席研讨会。会议主要讨论近世时期汉文文本载体在海内外的传播与接受，以及相关文学想象的展开，内容涉及中国古代文学、古典文献学、比较文学、域外汉学等学科领域。 （古 纪）

中国历史地理研究所

【概况】 2011年，中国历史地理研究所(简称史地所)设有历史地理专业硕士、博士学位授予点，人口史博士学位授予点。是国家重点学科，"211工程"复旦大学重点建设项目之一。拥有教育部首批普通高校人文社会科学重点研究基地"历史地理研究中心"和复旦大学"985工程"哲学社会科学国家创新基地"历史地理研究基地"。

有教职员工29人。其中专任教师23人、行政人员2人、教辅人员4人；具有正高级职称12人、副高级职称8人、中级职称6人；研究生指导教师19人。

招收硕士研究生16人、博士研究生14人。在读研究生96人，其中硕士研究生46人、博士研究生50人、留学生2人；有11名博士研究生毕业，9名获得博士学位；有15名硕士研究生毕业，15名获硕士学位。

博士研究生谢湜(指导老师：葛剑雄)的论文《高乡与低乡：11—16世纪太湖以东的区域结构变迁》获2011年全国优秀百篇博士学位论文提名奖。

全年共有18项科研项目立项，其中国家社科基金项目重大项目1项、国家社科基金项目重点项目1项、国家自然科学基金面上项目2项目、教育部人文社会科学重点研究基地重大项目1项、教育部新世纪优秀人才项目1项、上海市政府部门项目1项、上海市教育委员会科研创新项目重点项目1项、上海市浦江人才项目1项、上海市政府研究中心项目1项。教师出版著作20部，其中专著13部、古籍整理著作1部、译著1部、编著4部、电子出版物1个。在国内外学术期刊上发表论文113篇，其中权威期刊10篇、核心期刊39篇、一般期刊64篇。

史地所邀请国内外知名学者到所举办学术讲座24场。3月8日，美国密西根大学国际研究所教授鲍曙明作题为"建立跨越人文与社会科学的空间综合研究平台——数据、方法、技术与应用"的报告；12月14日，日本大阪大学东洋文库教授滨岛敦俊作题为"再论李日华《味水轩日记》——明代后期江南乡绅的生活"的报告。史地所全年共举办讲座24次，其中谭其骧历史地理讲座5次、历史地理研究中心讲座10次、教师系列讲座9次。

12月20—23日，由部分青年教师和研究生组成的考察队至安徽师范大学进行访学交流和踏查徽杭古道活动。20日上午,考察队与该校历史系、皖南历史文化研究中心青年教师和中国古代史专业研究生等30余人展开学术交流。史地所杨伟兵作题为《中国南方山地环境史研究刍议》学术报告;徐建平、邹怡、孙涛分别就省县行政界限研究、徽州传统产业及古籍整理、文献GIS处理等问题与安徽师范大学师生进行讨论交流。考察选取徽杭古道水陆联运通道,绕长三角外圈行迳一趟,对皖南历史社会和徽州地区内外沟通等情况进行实地观察。参与活动的老师由其在研项目资助,研究生由史地所新近出台的资助研究生田野考察制度资助。

7月10—17日,主办的"复旦大学第三届历史地理前沿研修班(2011)",以"历史经济地理研究与中国区域经济发展"为主题。来自台湾中央研究院、南开大学、南京师范大学、河南大学、华中师范大学、上海社会科学院、上海海关学院、华东师范大学和复旦大学等学校的18位专家学者参会;来自澳门大学、北京大学、东北师范大学、河北大学、华东师范大学、华中师范大学、暨南大学、南京大学、日本学习院大学等29所高校和科研院所的54位学员到班听讲。以专题授课、专题研讨和专业考察3种方式进行研修。　(戴佩娟)

【出版《地图上的中国历史》丛书】　1月,葛剑雄主编的《地图上的中国历史》丛书由江苏人民出版社出版。该套丛书共有4册,由史地所的4位教师撰写,分别是《疆域与政区》(李晓杰著)、《古都与城市》(张晓虹著)、《交流与交通》(傅林祥著)、《民族大迁徙》(安介生著)。作为一种新的尝试,该套丛书以一系列古地图与历史地图为纲,力求更完整、更准确地呈现中国历史的一个方面。　(戴佩娟)

【获"第二届中国出版政府奖(图书奖·科技类)"】　邹逸麟主编的《500年来环境变迁与社会应对》丛书(上海人民出版社2008年版)获"第二届中国出版政府奖(图书奖·科技类)"。该丛书包括《云贵高原的土地利用与生态变迁(1658—1912)》(杨伟兵著)、《明至民国时期皖北地区灾害环境与社会应对研究》(陈业新著)、《太湖平原的环境刻画与城乡变迁(1368—1912)》(冯贤亮著)、《明清两湖平原的环境变迁与社会应对》(尹玲玲著)和《清代至民国时期农业开发对塔里木盆地南缘生态环境的影响》(谢丽著)。另王文楚等点校的《太平寰宇记》获第二届中国出版政府奖图书奖提名奖。　(戴佩娟)

【举办"近代中国北方经济地理格局变迁"学术研讨会】　该会议于12月17—18日在校举行,由史地所主办。来自全国十所高校35位专家学者,就近代中国北方的经济发展问题,进行广泛充分的学术交流。　(戴佩娟)

高等教育研究所

【概况】　2011年,高等教育研究所正式在编专职研究人员10人,其中研究员3人、副研究员4人、助理研究员3人,9人具有博士学位。在国内外聘请兼职研究人员10余人。

在读硕士研究生40人,其中新招硕士生15人,毕业10人,延期毕业1人。其中,高等教育学专业15人,教育经济与管理专业13人,课程与教学论专业12人。为学校本科生开设教育学第二专业,在读学生13人,其中新招9人。启动教育硕士招生计划,为实行"双导师"制,新聘教育硕士"校外硕导"16人。

获得教育部人文社科规划一般项目和青年项目各1项,上海市教委、上海市教育评估院委托横向课题2项。复旦校内委托研究项目1项。获得上海市第10届教育科学研究成果奖改革实验三等奖1项。

公开发表学术论文33篇,其中CSSCI刊物19篇,国外刊物2篇,1篇论文被人大报刊复印资料全文转载,出版学术专著6部。编辑《高教快报》28期。围绕复旦大学改革和发展的重要问题展开研究,成立通识教育研究工作室和学科建设研究工作室。

全年共有13人次出国出境从事学术活动,其中短期11人次,公派长期出国2人。教师有15人次参加国际学术会议,其中9人次出国出境参加学术会议,在国际会议上发表研究报告11篇。全年共接待美、日、德等国和港台教育机构学者23人次。在教学合作方面,邀请美国范德堡大学教育学院教授斯姆雷卡尔·克莱尔(Smrekar Claire)为研究生授课,成功申请德国都特蒙德科技大学前高等教育与教师发展中心负责人约翰内斯·威尔特教授2012年来华授课项目。

《复旦教育论坛》继续入选中文社会科学引文索引(CSSCI)来源期刊(2011—2012)。2011年度,全年按期出刊6期,共印刷12 000册,发表论文115篇,重点涉及教育哲学、教育领导学、教育人类学、高等教育质量保障与评价、高校内部治理与现代大学制度建设、大学理念、教师发展、教育改革与发展、医学教育研究等主题。据不完全统计,2011年被《新华文摘》全文转载2篇,被人大《复印报刊资料》全文转载13篇。在2011年中国学术期刊影响因子年报(人文社会科学)中,2008—2010年复合影响因子为1.150,在教育学学科中排序为23/321,与2010年相比上升2位。

(田凌晖)

现代物理研究所

【概况】　2011年,现代物理研究所设有原子分子物理、粒子物理与核物理博士点2个,原子分子物理、粒子物理与核物理和等离子体物理硕士点3个,有应用离子束物理教育部重点实验室和上海EBIT实验室。全年招收博士生9名,硕士生8名。有在站博士后1名,在读博士研究生23名,硕士研究生30名。

获批准国家自然科学基金项目3项(其中面上项目2项,重大研究计划1项),横向科研项目4项。在研科技部重大研究专项1项,国家自然科学基金项目10项(面上项目8项,联合资助项目1项,青年基金1项),省部级项目5项,国际原子能机构资助项目1项,横向科研项目8项,校青年基金项目4项。全年科研经费到款金额600.08万元。发表SCI论文35篇。为研究生及本科生开设课程共15门。

全年有4名国际学者、2名国内外知名学者到所作学术报告。来所短期访问合作研究的国际高级访问学者7名,国内高级访问学者1名。派出境外访问、研究或参加国际学术会议15人次。

3月31日,在校党委书记秦绍德、校长杨玉良的陪同下,教育部党组副书记、副部长杜玉波,教育部直属高校工作司副巡视员牛燕冰一行到所考察,参观上海EBIT装置,并就关心的问题进行询问和交流。

(封娅娅　杨　柳)

核科学与技术系

【概况】 2011年,核科学与技术系设有核技术本科专业1个,有在职教职工40人,其中院士1名,双聘院士1名,具有正高级职称8人,副高级职称12人,中级职称10人。为本科生开设课程共9门。核技术专业原定招收本科生20名,实际录取27名。目前在校本科生有3届共73人。

经申报审核批准核科学与技术系有关教学实验室建设列入《复旦大学“985三期”本科教学实验室建设项目》,获得学校55万元人民币的经费支持,用于本科实验教学的新建项目。

11月1日,与中科院应用物理研究所签订了《联合培养核科学与技术专业人才协议书》,进行核技术专业人才联合培养的探索。

11月8日,经上海市教育委员会评审批准,“核技术专业实验教学体系的探索与实践”列入《上海高校本科重点教学改革项目》。　(陈建新)

神经生物所

【概况】 2011年,神经生物学研究所设有4个研究室:视网膜研究室、痛觉研究室、脑高级功能研究室和脑神经突触环路发育研究室。

有在职教职工13人,其中正高级职称3人、副高级职称4人、中级职称6人;另有讲座教授1人。教职工中有博士生导师3人、硕士生导师2人。中国科学院院士1人。

全年招收硕士研究生9人、博士研究生9人;毕业博士生7人、硕士生1人;在读研究生共51人。开设博士学位专业课程1门、硕士学位专业课程1门、本科生学位专业课程1门。

全年以第一署名单位和通讯作者发表的研究论文8篇,其中6篇为SCI论文,影响因子合计21.984,(按2011年公布的IF值计算)。在研科研项目20项;今年到位研究经费622.26万元。申请并获批研究项目5项,研究经费528万元。

学术交流方面,出国、出境学术访问13人次。　(王　健)

【举办国际脑功能和脑疾病学术会议】 该会议于10月18—19日由研究所与脑科学研究院、医学神经生物学国家重点实验室联合举办。来自美国、英国和中国的40位专家、学者作学术报告,杨雄里院士作大会演讲,136位代表出席会议。　(王　健)

发育生物学研究所

【概况】 2011年,发育生物学研究所(简称发育所)有教职员工122人,其中教授8人,教授级高工1人,副教授2人,技术人员110人;教育部“长江学者奖励计划”讲座教授1人。从耶鲁大学引进副研究员1人。

有学生34人,其中博士研究生15人,硕士研究生7人,本科生9人,联合培养学生3人。毕业博士研究生4人。开设遗传分析、发育生物学、癌症生物学、生物化学和分子细胞学、科研伦理和规范及计算生物学概论等课程。

发表SCI论文7篇,平均影响因子达9.2。承担国家自然科学基金面上项目2项、上海市科学技术委员会研究基金项目2项。获得上海市领军人才计划1项。获“十二五”863项目1项。参与中科院为首的973项目课题2个。

2003级博士张晓昌获得2010年度上海市、复旦优秀博士论文双奖证书。

完成“十一五”期间独立承接的国家“863计划”和“973计划”,通过科技部结题验收,获专家好评。

全年邀请海内外知名专家、学者8人前来讲学交流。教师出国出境学术访问2人次。　(孙　璘)

国际问题研究院

【概况】 2011年,国际问题研究院下设研究中心(部/室)13个。有在职教职工43人,其中正高级职称10人,副高级职称15人,中级职称9人,行政教辅人员9人。1位研究人员借调至中国驻外使馆工作。

全年发表SSCI论文1篇、CSSCI论文54篇,其中权威论文11篇,外语发表论文33篇,一般文章28篇;出版各类著作16部。全年新立项省部级课题16项,其中国家社科重大项目1项。

研究院举办“学术午餐沙龙”6次,各类讲座6次。9月,接待外交部政策规划司调研组一行。与《解放日报》国际部和上海国际关系学会合办的“复旦-解放国际论坛”,全年出版7期。与圣路易斯华盛顿大学合作举办的第四届“无核武器世界”讲习班于5月和8月分别在复旦大学和美国圣路易斯华盛顿大学举行。

(沈丁立)

【承办“上海论坛2011”政治分论坛】 5月28—30日,研究院与美国亚洲协会合作举办“上海论坛2011”的“亚洲的合作与治理”分论坛(简称“政治分论坛”)。韩国前外交通商部长官、亚洲政策研究所前任所长韩昇洲,巴基斯坦外交部前外秘里亚兹·霍哈尔(Riaz Khokhar),亚洲协会会长丁文嘉,联合国前副秘书长、现中国联合国协会会长陈健,美国卡内基国际和平基金会副总裁包道格(Douglas Paal)担任大会嘉宾,另有20位外国学者和21位中国学者参加分论坛,收到论文15篇,就"亚洲国际关系的新挑战"、"亚洲地区合作的新特点"和"亚洲治理模式的新探索"等议题展开讨论。 (沈丁立)

【承办"中国国际关系学会第六届博士生论坛"】 该论坛于6月1—2日在复旦大学举行。由国际问题研究院承办。论坛主题是"中国国际关系理论的建设:借鉴与创新"。来自全国15所高校的23位博士生参加论坛,15位博士生宣读论文,中国国际关系学会副会长秦亚青、中国社科院世界经济与政治研究所教授李少军、南京大学政府管理学院教授李滨、上海国际问题研究院研究员叶江、上海社科院研究员刘鸣以及复旦大学教授石源华等15位专家作点评。论坛评出二等奖3名,三等奖4名(一等奖空缺),北京大学的陈拯、马国林和复旦大学的刘建伟三位博士生获得二等奖。论坛论文集将由中国国际关系学会编辑出版。 (沈丁立)

【合办第一届"中日对话"国际学术研讨会】 6月22—24日,研究院与日本国际问题研究所在日本东京举办第一届"中日对话"国际学术研讨会。会上,研究院常务副院长沈丁立作题为"变化中的国际秩序与中国崛起"的公开演讲。研究院研究员任晓、副研究员祁怀高、博士贺平分别就中日政治和经济、外交和国家安全、经济关系等3个专题作发言。日方参加对话的人员包括:日本国际问题研究所理事长野上义二、副所长斋木尚子、内阁官房参与西村六善、中日历史共同研究日方事务局局长若山乔一、日本国际问题研究所研究顾问高木诚一郎、东京大学教授藤原归一、东京大学教授高原明生、早稻田大学教授太田宏、早稻田大学教授寺田贵、庆应义塾大学教授国分良成、同志社大学教授浅野亮等日本政界和学术界的重要人物。双方约定自2011年起"中日对话"将连续3年分别在东京和上海举行。 (沈丁立)

【举办"中日学生和平对话"活动】 该活动于11月24—27日在复旦大学举行。由研究院与日本立命馆大学联合举办。研究院院长沈丁立、日本研究中心主任郭定平、讲师贺平带领13名复旦学生(分别来自国际关系与公共事务学院、外语学院、经济学院、计算机学院和心理学系),与立命馆大学国际关系学院教授君岛东彦带领的12名日本学生参加活动。双方学生围绕东亚国际政治、中日双边关系等主题开展对话,全面回顾中日关系历史及长期存在的若干棘手和敏感问题,深入剖析当前中日关系的矛盾与症结,展望未来中日关系的走向与东亚共同体的前景。 (沈丁立)

【美国研究中心概况】 2011年,美国研究中心研究人员出版和编辑学术著作5部,在SSCI刊物发表学术论文1篇,在中文CSSCI权威刊物发表论文10篇、核心刊物论文20篇,此外,还在其他英文学术刊物上发表论文14篇、在一般中文学术刊物发表论文6篇。

3月25日,中心作为教育部人文社会科学重点研究基地,完成"2001—2010基地建设总结报告"。报告认为,自基地创立10年以来,在当代美国问题、中美关系以及中国外交、国际关系等研究领域,在学术研究、创新水平、能力建设、基地硬件上均有显著发展。10年间,中心通过基地建设,对当代美国研究和对中美关系研究的层面加宽拓深,对美国外交与战略、政治与经济、宗教以及非传统安全等领域的研究取得突破,学术研究增长点得到延伸,与美国学术与政策界的对话能力继续增强,多种国内外品牌性对话持续稳定,科研队伍结构在年轻化、合理化以及国际化方向发展上前进有力。中心的高端国际合作频繁活跃,政策咨商的社会效果不断提高。

作为教育部人文社会科学重点研究基地,中心确立新的基地重大研究项目2项,分别是唐世平的"历史中的战略行为:美国和其他国家的比较"项目以及潘天舒的"大国崛起与人类学应用研究:美国经验的启示"项目。全年还获得国家社科重大项目1项、教育部新世纪人才资助计划项目1项、国家社科一般项目1项、外交部政策规划司等咨询课题项目2项、上海市人事局课题1项、上海市美国问题研究所课题1项。启动与美国圣路易斯华盛顿大学的合作课题。

暑假期间,对中心大楼1—4楼进行消防改造,部分房间重新装修,加强大楼的消防安全,改善了部分老师的办公条件。

国内外学术交流更加广泛。3月10日,美国前国务卿赖斯的前法律顾问约翰·布林格(John Bellinger)三世到中心演讲,内容分别为为"CFIUS and US National Security Review of Foreign Investment"、"The US and China and International Court of Justice"。

3月12—13日,与美国丹佛大学约瑟夫·考贝尔国际关系学院美中合作中心合作,在中心举行"中美关系的新视角"国际研讨会。美方代表包括丹佛大学中美合作研究中心主任赵穗生,以及来自兰德公司、加州大学圣地亚哥分校、布鲁金斯学会等单位,以及来自迈阿密大学并兼任美国国会美中经济和安全审查委员会成员的研究人员。会议部分论文将在由赵穗生主编的英文刊物 *Journal of Contemporary China* 上发表。

3月14日,中心召开教育部人文社会科学重点研究基地2010年新立项的2个重大项目报告会,分别是"冲突与合作:中国海军战略转型与中美海上安全关系"、"中美战略互动研究"。

3月22日,中心举行谢希德诞生90周年纪念讨论会,研讨当前中美关系。

3月31日,小布什总统的副助理、白宫新闻副秘书乔丹·约翰德罗埃(Gordon Johndroe)一行到访,向师生介绍白宫工作的经历,特别介绍美国公共外交的方式与挑战。

4月8日下午,复旦大学兼职教授、美国美利坚大学国际关系学院亚洲研究所所长赵全胜访问中心,并作题为"中美双领导体制的浮现"的报告。

5月5—11日,中心一行4人在

主任率领下，赴美参加由中心和在丹佛大学约瑟夫·考贝尔国际关系学院美中合作中心联合召开的"21世纪中美关系的转型：问题与挑战"国际学术研讨会，并对在华盛顿的有关智库进行访问。

5月13日上午，接待美国外交关系委员会代表团一行30多人，介绍对中国发展和中美关系的看法，并回答美方团员的一些问题。

5月27日下午，美国普林斯顿大学教授柯庆生在中心作题为"为何2010年是中美关系困难的一年"的学术报告，报告中分析2010年中美发生摩擦的原因，就中国外交和对外关系的改善提出建议。

6月7日，新加坡国立大学东亚研究所资深研究员薄智跃到访，作题为"中国精英政治与中美关系"的演讲。

6月9—12日，由中心和美国太平洋论坛以及美国亚洲基金会共同举办的第11届"中美关系、地区安全与全球治理"对话在夏威夷举行。

11月17日，由上海社会科学联合会主办、复旦大学美国研究中心承办的"中美国际战略发展与比较"专场会议在中心举行。上海社会科学院副院长黄仁伟作主旨发言。会议围绕"中美亚太战略比较"、"文化战略比较"、"宗教战略比较"、"反扩散战略比较"、"安全战略比较"、"信息安全战略比较"、"经贸战略比较"和"反恐怖战略比较"等议题进行研讨。

11月24日，美国新泽西里查德斯托克顿学院（Richard Stockton College of New Jersey）人文学院院长劳勃·格雷戈（Rob Gregg）一行到访，探讨双方学术和人员交流。

11月26—27日，中心与南京大学—霍普金斯大学中美文化交流中心第五届学生研讨会在中心召开，议题涉及金融危机对中美关系的影响、海上安全与中美合作。

11月30日，美国驻上海总领事馆新任总领事葛瑞风（Robert Griffiths）和新任新闻文化处处长刘进德（Dale Largent）到校访问。校长杨玉良的接见，双方就中美学术与学生交流进行讨论。国际关系与公共事务学院教授陈志敏、敬乂嘉、中心主任沈丁立等参加会见。葛瑞风（Robert Griffiths）就价值观在美国外交中的作用，同师生展开交流。

12月9日下午，美国丹佛大学约瑟夫·考贝尔国际关系学院院长、美国原助理国务卿克里斯托弗·希尔夫妇、丹佛大学美中合作中心主任赵穗生一行到访。中心和国际问题研究院朝鲜韩国研究中心的部分研究人员参与接待和交流。希尔就当前中美关系与地区核问题发言，并就朝核和中美关系等问题与老师们进行座谈。

12月23—24日，第六届"美国的战略走向与中美关系"国内学术讨论会在中心举行。会议主要议题包括当前美国政治经济形势、奥巴马政府的安全战略调整、美国亚太战略的新动向，以及中美政治与安全关系等。参加会议的专家学者来自外交部、中国现代国际关系研究院、中国国际问题研究所、中国社会科学院美国研究所、国防大学、中国人民大学、复旦大学、华东师范大学、上海国际问题研究院、上海社会科学院等单位。

中心成员应邀分别参加由全国人大常委会副委员长和国家宗教局领导带团进行的访问美国的活动。

（沈丁立）

【日本研究中心概况】 2011年，日本研究中心教师发表论文14篇，其中国内权威1篇，核心期刊7篇（含外文）。3月，中心主任郭定平当选新一届日本学会副会长。3月，贺平获2010年度中国社会科学院日本研究所《日本学刊》优秀论文隅谷奖三等奖。出版著作3部，分别为徐静波译作《品格论》、贺平著（第二作者）《贸易摩擦与大国关系》、贺平译作《改革世界贸易组织：多哈回合中的发展中国家》。为国际关系与公共事务学院及全校开设本科生课程13门、硕士研究生课程6门、博士研究生课程2门。11月，接受东京大学名誉教授大内力生前捐赠图书。

1月，向兼职研究员颁发新一期聘书；6月，中心图书馆藏书整理完毕。7月，中心3楼和室举行揭幕仪式，该和室由株式会社MTG赞助建造。7月，胡令远担任京都大学客员教授。10月26日，日本山口大学名誉校长、复旦大学顾问教授安部一成先生因病逝世，中心发去唁电。

3月15日，日本同志社大学在中心举行上海事务所的开所仪式。复旦大学副校长桂永浩、同志社大学校长八田英二、日本驻上海总领事泉裕泰共同出席开幕式并致辞。中心主任郭定平与同志社大学副校长田端信广签署交流协议书。3月18—19日，与北京大学日本研究中心、南开大学日本研究院联合主办的"博士生日本研究论坛2011"在南开大学召开，主题是"国际关系视野中日本的历史、现状与未来"；3月27日，日本关西大学在中心举行上海事务所开所仪式，党委书记秦绍德在开所仪式前接见关西大学理事长上原一行，副校长许征出席开所仪式，日本驻上海领事馆总领事泉裕泰出席仪式并致辞。4月11—12日，"新中国日本史研究拓荒者学术会议"在北京大学举行，由中心与北京大学日本研究中心、南开大学日本研究院等联合举办，中国日本史学会协办。5月21日，中心举办题为"大地震后的日本政治、经济与外交"校庆学术报告会。李秀石、胡令远、增田雅之、杜宏、戴晓芙、徐静波分别作"菅直人内阁的震后应对及其问题"、"日本危机管理与周边外交：大地震后的启示"、"大地震后的日本外交与中日关系"、"东京电力公司：日本病的缩影"、"日本大地震对日本经济的影响和趋势"、"震后日本社会现象"等报告；5月27—29日，举行"江南文化与日本——资料·人际交流再发掘"国际学术研讨会，由国际日本文化研究中心主办、中心合办。中心主任郭定平主持开幕式，复旦大学副校长林尚立、国际日本文化研究中心所长猪木武德、日本驻上海领事馆代表长田洋司、上海外国语大学常务副校长谭晶华出席开幕式并致辞。北京大学教授严绍璗和国际日本文化研究中心教授末木文美士分别作基调讲演。10月29—30日，举行第21届"环境问题与经济可持续发展"国际学术研讨会，由中心主办，日本国际交流基金赞助，日本京都大学、九州大学、广岛大学以及中国社会科学院、上海社会科学院、复旦大学等中日学术研究机构的近50位知名学者与会。12月17日，中心举办2012年中日新年交流会，日本国驻上海总领事馆总领事泉裕泰、中心主任郭定平、中心客座研究员杜宏等出席并致辞。上海主要日本研究机构负责人、中心兼职研究员、中日学术研究机构、日本在华企业代表60余人参加。

举办一系列重要讲座。3月11日，日本国参议院议员、新党改革代表、原厚生劳动大臣舛添主讲"辛亥革命与中日关系"；3月8—19日，复旦大学特聘教授、中国原驻日大使和外交部副部长徐敦信主讲2场，分别题为："日本政局的发展与中日关系的走向"和"钓鱼岛风波后的中日关系"。举办冠名讲座系列，1月21日，三菱东京日联银行（中国）有限公司的冠名讲座"地方财政与金融"举办1次；10月12—11月16日，复旦·三井物产冠名系列讲座"日本社会与文化"举行4次，该讲座优秀论文颁奖仪式于12月14日在中心举行，8位同学获奖；11月23—24日，瑞穗证券股份有限公司的冠名讲座"日本的资本市场与上海"举办2次；中心继续得到日本国际交流基金援助。（郭定平）

【欧洲问题研究中心概况】 2011年，欧洲问题研究中心成员出版并发表学术著作与论文数十篇，主要包括丁纯，李君杨合著《荷兰医疗保障制度研究》、论文《金融危机中德国经济一枝独秀的表现、原因和前景》、《破解欧债危机的路线图》等。获得省部级课题2项。中心主任丁纯受聘担任达沃斯世界经济论坛欧洲专家组委员，出席在大连召开的夏季达沃斯经济论坛和在阿布扎比举行的世界经济论坛全球议程会议；丁纯还被聘为德国波恩大学欧洲一体化研究所高级研究员，四川大学欧洲问题研究中心学术委员会委员，中国欧洲研究会副秘书长。

3月，接待欧盟前驻华大使高胜到访和演讲；9月，大自然保护协会欧洲常务董事萨沙·米勒—克雷纳做客"复旦-艾伯特"论坛；德国、法国驻沪总领事联袂做客复旦大学"大使论坛"，阐述欧债问题以及欧洲一体化进程中的德法关系；9月，中心与欧洲联盟驻中国代表团联合主办"2011中欧青年年'欧盟带你乐游欧洲'复旦大学站"活动；10月，中心下属荷兰中心和荷兰格罗宁根大学以及荷兰Phliph等5家荷兰企业举办"荷兰企业日"活动，荷兰驻沪总领事亲临参加并致辞；11月，前中国驻德国大使、中心兼职教授梅兆荣在"大使论坛"发表题为"欧债危机背景下的欧盟与中欧关系"的演讲；11月，中心和德国艾伯特基金会联合举办"中东欧劳动力市场转型"的国际学术研讨会，邀请众多劳动力研究领域国际知名专家学者，包括来自匈牙利家庭和社会政策研究院及匈牙利布达佩斯HAS政治科学院、维也纳国际经济研究院等高校的资深专家，就相关问题进行学术探讨与研究。

主要出访包括：新加坡国立大学举办的"EU-Asia Strategic Partnership Forum and Substance"学术论坛、亚太地区欧洲研究会举办的"里斯本条约启动对亚太地区影响"研讨会、南开大学承办、中国欧洲学会年会"未来十年的欧盟与中欧关系"，西班牙马德里帕雷罗大学召开的"中欧关系：相近还是相远"研讨会、"复旦-隆德经济论坛等。中心戴炳然和丁纯促成首届两岸欧洲联盟研究学术论坛的举行，该论坛在台湾地区举办，陈志敏、陈玉刚、胡荣花等参加交流。接待包括欧洲学院院长在内的等众多国内、外学者的来访。（丁　纯）

【欧洲问题研究中心政治部概况】 2011年，政治部有专职研究人员2名，全年发表中文著作2部，英文著作1部，译著1部（合译），CSSCI论文1篇，人大报刊复印资料转载1篇，港澳台期刊论文1篇。中心成员获得省部级课题1项。简军波获得国家留学基金委资助，于2011年5月—2012年4月前往伦敦政治经济学院做访问研究。接待多位来自欧洲的访问学者和政要，包括巴黎欧盟战略安全研究所所长Alvaro Vasconcelos、欧洲议会人权事务办公室主任Geoffrey Harris等。6月，政治部主办"金融危机后的中国与欧盟成员国关系：欧盟的因素"学术会议，上海高校和研究机构的相关学者与会。（陈志敏）

【俄罗斯中亚研究中心/上海合作组织研究中心概况】 2011年，中心有在职人员4人，其中研究员1人，副研究员1人。兼职研究人员7人。中心人员在国内外学术报刊杂志上发表多篇学术论文，其中权威论文2篇，核心论文6篇。中心成员参加国际和国内学术研讨会数十次。接待国内外学者来访6批次，其中包括莫斯科卡内基中心主任特列宁到访并作题为"帝国之后：欧亚的故事"的演讲。

3月30日，中心与复旦大学世界经济研究所合办"上海合作组织：评估与展望"学术研讨会。来自上海社科院、华东师范大学、上海国际问题研究院、上海外国语大学、上海财经大学、同济大学和复旦大学的学者参会，就上海合作组织政治、安全合作、经济合作、对外关系等问题进行探讨。

12月16日，中心与复旦大学新兴市场经济研究中心联合承办"苏联解体与经济转型"学术研讨会，该会议由中国世界经济学会转轨经济专业委员会主办。来自中国世界经济学会、武汉大学、辽宁大学、上海社科院、华东师范大学、上海国际问题研究院、上海外国语大学、上海财经大学、同济大学及复旦大学等单位的专家学者参会，与会人员就从"计划向市场"转型的理论与实践、俄罗斯东欧中亚国家向市场经济转型的经验与教训对中国改革与发展的启示等问题开展研讨。（赵华胜）

【韩国研究中心（朝鲜韩国研究中心）概况】 2011年，中心有在职人员7人，兼职研究人员60余人。石源华继续担任中心主任，蔡建任中心常务副主任主持工作。中心成员指导博士后1人、博士研究生9人，硕士研究生8人。承担各类科研项目22项，其中石源华《中华民国外交史新著》（三卷本）入选国家社科基金后期资助项目。石源华主持的《百位民国外交家传》入选国家重大招标项目《中华民国外交史研究》子课题。出版各类专著、编著（含合著）、论集共6部。发表论文43篇，国际评论1篇，其中

SSCI、A&HCI和权威刊物3篇，核心期刊10篇，外文发表13篇。石源华受聘为韩国外交通商部国际政治研究所主编的 *KOREA REVIEW* 国际编委（中国2人）。接受香港凤凰卫视、东方卫视、新华社等海内外媒体采访95次。参加国内外重要会议36次，赴国内外讲学报告12次，出国访问12次。中心为硕士、博士研究生共9人颁发韩国国际交流财团韩国学专业奖学金。

全年举办国内外学术会议7次。4月7日，中心与联合国粮食计划署联合举办“朝鲜半岛最新动态及走向”研讨会，对最新的朝鲜粮食情况进行了评估；11月15日，中心与韩国驻上海总领事馆合办“中韩关系二十年：回顾与展望”韩中国际学术会议，来自国内外的学者专家围绕过去二十年中韩关系以及未来的发展展开讨论。　（蔡　建）

【北欧中心概况】　2011年，中心接待近20批重要代表团，包括丹麦大使、挪威前首相、芬兰及挪威大使、丹麦及瑞典国家广播电视代表团长等，以及几十批学生团体。接待个别来访近3000人。中心首次资助复旦大学2两位教授赴北欧大学进行短期学术访问，同时资助芬兰坦佩雷大学博士生黄征来华访学。

继续为北欧学生和中国学生开设课程。1月6—2月10日，瑞典隆德大学、复旦大学社会管理与公共政策学院和北欧中心共同开设硕士课程“田野调查在中国”，对象为10多位瑞典学生；3月28—4月1日，中心和复旦大学经济学院共同开设中国经济课程，对象为隆德大学经济学院12名硕士生；4月13—16日，中心和芬兰汉肯商学院共同开设MBA课程“特定语境下的管理：以中国为例”，对象为25名来自世界各地的MBA学生；4月26日—5月3日，中心组织来自丹麦阿胡斯大学商学院的15名学生参加中国经济课程及商业访问；7月4—22日，开设暑期课程“当代中国简介”，对象为中心各成员大学的67名学生；8月1—7日，开设“在中国经商”课程，对象为各成员大学的16名北欧学生；9月，中心和外文学院共同向全校本科生开设初级瑞典语公选课；9月，为复旦学院开设通识教育的北欧课程，择优选取2名学生于2012年春季赴北欧大学交流一学期。9月26—30日，中心和复旦大学管理学院首次共同开设芬兰KATAJA项目博士生课程“服务和关系管理”，对象为16名来自北欧和上海地区的学生；10月，芬兰坦佩雷大学为复旦学生开设为期5周的北欧研究课程；为提高中国研究者的英语学术学作能力，中心于10月与瑞典斯德哥尔摩大学举办英语学术写作培训班，12月，与芬兰坦佩雷大学举办英语学术写作培训班。中心于1月23日和11月22日，与丹麦商学院共同开设CBS的MBA及EMBA课程，对象为25名来自世界各地的MBA学生；中心与瑞典卑尔根大学及复旦国际关系与公共事务学院共同筹备开设“全球化世界中的中国政治”课程。

与北欧大学、公司及政府组织合作开展交流会议。10月9—11日，中心和“北欧国家地区计划”（Nord Forsk）合办“中国—北欧福利体系”研讨会，会议讨论劳动力市场、社会权利、人口老龄化对社会保障体系的影响，中国和北欧在相关领域的知名学者参与；10月20—21日，中心和芬兰图尔库大学，芬兰未来研究中心、芬兰未来及千年项目学会、赫尔辛基模式、瑞典皇家理工学院、复旦大学社会发展与公共政策学院等合办“未来研究视野：理论、方法和运用”国际会议；10月25日，中心和芬兰教育出口项目组织、上海市教委等合办“职业教育国际合作”开放式研讨会，与会的中国和北欧职业教育方面的专家就职业教育在本国的发展情况展开讨论，交流经验；11月28—29日，中心和南丹麦大学、复旦大学、丹麦创新中心合办“安徒生在中丹两国的文化及国家意义”国际研讨会，中丹两国安徒生的专家们从生活、文化、国族意义的各方面对安徒生其人其作进行分析和研讨。

开展文化交流活动。3月7日挪威著名哲学家、作家拉斯·史文德森（Lars Svendsen）为复旦学生作题为“时尚、恐惧和无聊揭示了生活的什么”的讲座；3月22日，丹麦西兰鸟弦乐四重奏举行“春之流弦”音乐会；5月14日，北欧大学代表共同举办北欧教育展览，中国学生获得与北欧国家留学项目负责人面对面的交流机会；5月24日，挪威古典室内乐团《珉》（MiNensemblet）与夏斯蒂·司徒伯爵士乐队在复旦演出；10月25日，挪威Fannaråken管乐五重奏在复旦演出；12月13日，中心值瑞典露西娅节之际，邀请中国及北欧各合作学术机构举行传统的露西娅典礼。

（陈寅章）

【拉丁美洲研究室概况】　全年多次接待来自厄瓜多尔、墨西哥、巴西、美国和中国澳门等国家或地区的相关学者。4月，研究室主任朱鸿博赴美国加利福尼亚大学洛杉矶分校参加学术会议。7月6日，朱鸿博在北京参加中国拉丁美洲学会举办的“拉美现代化进程及其启示学术研讨会”期间，因突发疾病去世。　（沈丁立）

【巴基斯坦研究中心概况】　2011年，巴基斯坦研究中心有专职研究人员2人。中心成员多次参加国内外学术会议；中心邀请巴基斯坦前外交秘书（外交部常务副部长）里亚兹·霍哈尔（Riaz Khokhar）于5—6月担任驻所研究员，期间就巴基斯坦反恐、美巴关系等问题与师生座谈交流。6月和12月，中心选拔并推荐赴巴基斯坦政府项目交流学生2批共8人。

围绕“中巴建交六十周年”开展一系列活动。3月3日，巴基斯坦驻中国大使马苏德·汗到访，校长杨玉良会见大使先生，大使发表题为“中巴关系的未来”的演讲；3月29日—至4月30日，举办“共叙中巴友谊六十年”全校征文活动；5月17日，中心主任杜幼康在China Daily上发表“60 Years of Friendship”；6月，承担核心期刊《南亚研究季刊》第二期“中巴建交六十周年”专题组稿，共发表论文4篇。

3月23—25日，杜幼康应邀赴兰州军区司令部授课，内容包括南亚地区形势发展变化和中巴关系等；6月1日，中心举办“巴基斯坦形势与中巴关系”国际学术研讨会，里亚兹·霍哈尔（Riaz Khokhar）、巴基斯坦驻上海总领事扎法·哈桑(Zafar Hasan)、新加坡国立大学南亚研究院院长 Tan Tai Yang 及其代表团一行 7 人、波兰华沙大学当代印度研究中心主任贾科波·扎佳克沃斯基(Jakub Zajaczkowski),以及来自北京、四川、上海的 20 多名专家学者参加会议。12 月 3—6 日,中心接待巴基斯坦驻印度高级专家舍希德·麦利克(Shahid Malik)来访,发表题为"Pakistan-India Relations: Problems and Prospects"演讲,并与师生举行座谈。 (杜幼康)

【中国外交研究中心概况】 2011 年,中国外交研究中心有专职研究人员 2 人,中国外交研究中心主任任晓继续借调至中国驻日本大使馆政治处任职。伍福佐于 8 月结束在美国耶鲁大学"国际安全计划"博士后研究回国。中心主编美国列克星敦图书公司出版英文著作《中国外交的新边疆》(New Frontiers in China's Foreign Relations);中心组稿的国际学术期刊 *East Asia: An International Quarterly* 的"中国外交的源泉与转型"专辑(special issue)出版。9 月,与澳大利亚国立大学、日本东京大学和大阪大学等有关单位合办"人的安全的亚洲新路径"国际研讨会。 (任 晓)

【联合国与国际组织研究中心概况】 2011 年,联合国与国际组织研究中心有专职研究人员 2 人,博士后研究人员 2 名,指导博士研究生 6 人(其中外国留学生 2 人),硕士研究生 4 人,访问学者 1 人。中心新承担教育部"联合国发展报告"研究项目和省部级项目 1 项。中心研究人员出版专著 1 本、合著 1 本、主编 2 本,发表论文 8 篇,其中 CSSCI 论文 3 篇,权威刊物论文 1 篇,英文论文 1 篇。中心人员先后赴日本、瑞典、台湾等访研,多次参加国际和国内学术会议。中心先后主办"联合国与中国海外利益的保护"、"世界变迁与中国的联合国外交:1971—2011"、"中国快速崛起背景下的周边环境与周边外交"等 3 次学术会议;举办"中国的联合国研究"座谈会和"联合国与全球治理"专题讨论会。邀请联合国前助理秘书长、英国前联合国协会会长 Richard Jolly,新华社联合国分社前社长钱文荣,外交学院副院长郑启荣等作客"复旦联合国研究论坛"。中心主任陈健作为嘉宾出席"上海论坛 2011"并在政治分论坛做主旨发言;在研究院举行的校庆学术报告会上作题为"当前国际形势与中国的应对"的报告。与联合国训练研究所签订战略协议,每年在复旦大学选派优秀学生赴联合国实习,首批 3 名研究生将于 2012 年上半年赴日内瓦实习。 (张贵洪)

【南亚研究中心概况】 2011 年,南亚研究中心有专职研究人员 2 人,指导硕士研究生 3 人。发表 CSSCI 论文 3 篇,英文论文 2 篇。中心聘请中国前驻印度大使程瑞声为高级顾问,聘请《光明日报》驻南亚首席记者周戎为特约研究员。中心成员赴意大利、美国、韩国,以及云南、北京等地参加国内外学术研讨会。中心主任杜幼康还参加"关于当前周边形势分析和构建'利益汇合点'、'利益共同体'"内部研讨会,该会议由上海国际问题研究院学术咨询专家会议和国家创新与发展战略研究会等单位合作举办。

5 月 31 日,中心举办"中印崛起与亚太地缘政治的变革"国际学术会议,印度驻沪新闻与文化领事钱梦德(Swapan Chattopadhyay)、商业与政治领事德祥声(Ninad S. Deshpande)、尼赫鲁大学国际研究院东亚研究中心教授谢钢(Srikanth Kondapalli)、巴基斯坦斯前外秘里亚兹·霍哈尔(Riaz Khokhar)大使、新加坡国立大学南亚研究院院长 Tan Tai Yang 一行 7 人、波兰华沙大学当代印度研究中心主任贾科波·扎佳克沃斯基(Jakub Zajaczkowski)教授,以及 10 余位国内学者参加会议;10 月 31 日,中心与上海市国际关系学会合办"当代世界变迁与中国—南亚关系发展战略"学术研讨会。 (杜幼康)

先进材料实验室

【概况】 2011 年,先进材料实验室(科技创新平台)有教职工 64 人,其中双聘研究人员 33 人,专职研究人员 13 人,党政管理人员 6 人,实验技术人员 12 人。研究人员中有院士 6 人,教育部"长江学者奖励计划"特聘教授 11 人,复旦特聘教授 3 人,国家杰出青年科学基金获得者 21 人,国家自然科学基金委优秀创新团队 3 个,教育部创新团队 3 个,国家"973"项目首席科学家 4 人,科技部"863"创新团队 1 个,入选"新世纪百千万人才工程"2 人,国家自然科学基金委重大项目首席科学家 2 人,上海高校特聘教授(东方学者)4 人,上海市优秀学科带头人 11 人。

全年招收研究生 26 人,其中硕士研究生 14 人,博士研究生 12 人。2011 年毕业硕士研究生 5 人,博士研究生 5 人。实验室在册研究生共有 89 人,其中博士研究生 44 人,硕士研究生 45 人。平台 PI 所属研究生共有 162 人,其中博士研究生 87 人,硕士研究生 75 人。在站博士后 14 人,出站博士后 6 人。

赵东元被中科院大连化物所授予"张大煜讲座教授";受上海市少年儿童出版社邀请,赵东元加盟《十万个为什么》第六版任化学分册主编。封东来获第八届上海市自然科学牡丹奖及 2010—2011 年度"中国物理学会叶企孙奖"。彭慧胜、郑耿锋获 2011 年度"上海高校特聘教授(东方学者)";郑耿峰入选 2010 年度"教育部新世纪人才计划";周刚获 2011 年"上海市浦江人才计划"资助。博士研究生沈大伟论文《2H 结构过渡族金属二硫属化物电子结构的高分辨角分辨光电子能谱研究》入选全国百篇优秀博士论文(导师:封东来)。全年承担研究项目 73 项,其中包括国家高技术研究发展计划("863 计划")项目 2 项,国家重点基础研究发展计划("973 计划")项目 10 项,国家自然科学基金重大、重点项目 5 项,国家自然科学基金面上项目、青年基金 24 项,上海市项目 7 项。各类课题经费到款 2 559 万元 。平台双聘、全聘科研人员在 SCI 收录期刊杂志上共发表 170 篇标注"先进材料实验室"的论文,多篇刊登在国际顶尖杂志,如《自然—纳米技术》(*Nature Nanotechonology*)1

篇,《自然—材料》(*Nature Materials*)2 篇,《化学学会评论》(*Chemical Society Reviews*)3 篇、《纳米快报》(*Nano Letters*)2 篇,《美国化学会志》(*Journal of American Chemistry Society*)4 篇、《物理评论快报》(*Physical Review Letters*)4 篇、《德国应用化学》(*Angewandte Chemie International Edition*)3 篇、《先进材料》(*Advanced Materials*)8 篇、《先进功能材料》(*Advanced Functional Materials*)4 篇、和《小》(*Small*)3 篇;全年授权专利 8 项,新申请专利 35 项。

公共技术平台继续加大力度提升测试能力,开展培训活动,培训合格的学生可以自行上机,提高仪器的利用率并方便学生的测试。仪器测试功能及运行状态总体上得到明显改善,技术人员测试服务能力不断提升。技术部门今年在经费下达比较晚的情况下,全部门共同努力,经过专家论证,仪器招标等过程,购买大型仪器 5 台,分别是普通型透射电镜,冷冻超薄切片机,紫外—可见—近红外分光光度计,多光子激光显微测试系统,差示量热扫描仪,使用经费达 1 000 万。2011 年,为多学科服务的细胞房搭建完成,并建立规范的使用制度。

全年接待外国来访团体 20 余次,到访外国学者和学生百余人次。邀请国际学术专家讲座 10 次。平台主办(合办)国内外学术会议 5 次,包括"第一届复旦大学—巴黎第十一大学分子科学研讨会"(The 1st Fudan University - University of Paris-Sud 11 Workshop on Molecular Science),"复旦—澳大利亚科技网联合研讨会","中韩纳米科学与技术联合研讨会","复旦大学—英国东英吉利大学能源材料研讨会"以及新能源研究院与新加坡材料研究所(IMRE, Singapore)联合主办的"第一届中新储能材料和太阳能研讨会"(IMRE-LAM Bilateral Workshop on Advanced Materials)。

(刘顺厚　孙秋红　白　敏　郭　程　张丽娟)

【召开 2011 中韩纳米科学与技术联合研讨会】 该会议于 11 月 1 日在校召开,由上海市科委、上海科学院、上海市杨浦区政府共同发起,复旦大学、上海市纳米科技与产业发展促进中心和韩中科学技术合作中心联合主办。先进材料实验室主任赵东元院士,韩国国立釜山大学教授 Chang-Sik Ha 担任大会主席。韩国驻华大使参赞 Sukmin Kwon 致开幕词。上海市杨浦区政府工作特别助理史占中做大会发言。　(郭　程)

【在《自然—纳米技术》上发表文章】 6 月,《自然—纳米技术》(*Nature Nanotechnology*)刊载周刚论文"Controlling single-molecule conductance through lateral coupling of pi orbitals"。文中记录在有机单分子导线研究中取得的突破性进展,在有机单分子导线研究 中取得突破性进展:设计并制备一类特殊的有机导电分子,用作纳米级分子导线,通过调节导线分子与电极间的角度,实现电导率的连续可控变化。该研究是与美国亚利桑那州立大学教授 Nongjian Tao 合作完成。　(孙秋红)

【举办复旦大学—英国东英吉利大学能源材料研讨会】 该会议于 11 月 6 日在复旦大学江湾校区举行,赵东元院士致开幕词并做大会报告,东英吉利大学副校长 David Richardson 作为英方学校代表介绍了东英吉利大学的概况和发展前景,双方代表分别就各自的研究领域进行详细的介绍和交流,期待未来在多领域的进一步合作。共有 50 人参会,其中中外专家 15 人。　(胥　明)

【召开新加坡材料工程研究所—复旦先进材料实验室先进材料双边研讨会】 该会议于 5 月 4 日在复旦大学江湾校区召开,由先进材料实验室、新能源研究院与新加坡材料研究所(IMRE, Singapore)联合主办。会议主要对先进材料在生物、太阳能电池、能源催化上的应用进行深入探讨,来自中新双方的研究人员介绍近年来工作进展,交流研究思路。共有 80 人参会,其中中外专家 24 人。会议由先进材料实验室主任赵东元院士和研究员 Andy 致辞开幕,并签订双方合作备忘录。　(魏　勇)

【提出"水波在共振器阵列中的传播"完整理论】 5 月,先进材料实验室研究员胡新华及其合作者对"海浪能"发布最新的理论研究成果,提出"水波在共振器阵列中的传播"的完整理论,其亮点在于长波强反射、有趣的负重力解释及在海浪能发电方面的应用,可以更好地帮助开发者利用海洋能发电。　(白　敏)

生物医学研究院

【概况】 2011 年,生物医学研究院设有博士后工作站 1 个。

有在编职工 73 人,共有全时引进 PI 21 名,分时引进 PI 8 名;研究人员 26 人,其中研究员 1 人、副研究员 1 人、助理研究员 23 人;工程技术人员 19 人;行政管理人员 7 人;另有科研助理、租赁制人员 23 人。遴选符合研究院研究方向的校内双聘 PI 49 人。PI 中两院院士 12 人,教育部"长江学者奖励计划"特聘教授 14 人、讲座教授 6 人,复旦特聘教授 19 人,国家杰出青年科学基金获得者 18 人、"973 计划"和"S973 计划"项目首席科学家 12 人。

招收博士研究生 47 人,硕士研究生 35 人;毕业博士研究生 27 人,硕士研究生 24 人;在读研究生 223 人。招收博士后 4 人,出站 13 人,退站 1 人,在站 9 人。

共申请各类研究项目、人才项目 41 项,批准经费约 1.2 亿元,到位经费 3 028.47 万元。其中获国家自然科学基金项目 14 项,包括面上项目 5 项,青年项目 7 项,国际(地区)合作与交流面上项目 1 项,中美合作项目 1 项;科技部"973 计划"项目 3 项(由赵世民,双聘 PI 金力、袁正宏担任首席科学家),"973 计划"子课题 2 项,参与"973 计划"2 项;科技部/卫生部"十二五"重大专项课题子课题 3 项,参与 1 项;上海市科委平台建设项目 1 项;上海市科委自然基金 2 项;上海市科委基础重点项目 1 项;上海市教委 2012 年度科研创新项目 1 项;吴阶平医学基金 1 项;教育部"新世纪优秀人才计划”项目1项；上海市科委优秀学术带头人项目1项；上海市学科带头人计划1项；浦江计划3项，启明星追踪项目1项，上海市卫生局新百人计划2项，上海市卫生系统优秀青年人才培养计划1项。

发表以复旦大学为第一单位署名论文155篇；其中SCI论文150篇，其中影响因子大于20的4篇，影响因子大于10小于20的8篇，影响因子大于5小于10的27篇，影响因子小于5的111篇。

本年度购置70万元以上的大型仪器4台，共计约566万元。各技术平台共有39台(套)40万元以上大型仪器设备和77台(套)10万—40万元仪器设备实行开放、共享。全年开放总机时达4.9万小时，包括院内机时4.0万小时，校内其他机时0.4万小时；校外共享机时累积0.5万小时。

4月初，公共技术平台(上海市重大疾病蛋白质组研究专业技术服务平台)入选首批上海市专业技术服务平台。4月23—24日，开展纪念建党90周年走访活动，党员及群众代表共30余人前往安徽岩寺新四军旧址参观学习。5月25日下午，举办“校庆科学报告会生物医学研究院分会”。7月11—14日，举办“2011年生物医学前沿与发展——全国优秀大学生夏令营”，来自全国各高校的48名优秀大学生参加夏令营。9月24日，与肿瘤医院、化学系共同举办“2011年肿瘤影像学术论坛暨《上海医学影像》杂志新一届编委会成立大会”。11月2日，上海市科委陆晓春副主任一行到院调研大型科学仪器共享工作。11月9日上午，校“大走访大调研”第一组到院走访调研，校党委书记朱之文，副书记王小林，副校长桂永浩、许征等校领导以及部分职能部处负责人参加。

全年共邀请4位海外专家到院参观，师生出访43人次。 （于专宗）

【科研成果入选科技部“中国科学十大进展”】 1月19日，由科技部组织评选的2010年度“中国科学十大进展”揭晓，生物医学研究院分子细胞生物学实验室科研成果“揭示蛋白质赖氨酸乙酰化在细胞代谢中的调控作用”入选。 （于专宗）

【举行全院大会暨高级顾问聘任仪式】 该仪式于1月18日下午在枫林校区明道楼举行。常务副院长杨芃原主持会议，华山医院党委书记顾小萍、副院长邹和健出席会议，全体教职工及研究生300余人参会。书记包志宏和院长贺林分别向顾玉东院士和周良辅院士授高级顾问聘书。

（别俊晖）

【承办“复旦科技论坛——干细胞与再生医学会议”】 该会议于7月6日在枫林校区明道楼召开，由复旦大学科技处主办、生物医学研究院承办。论坛邀请美国耶鲁大学干细胞中心主任林海帆教授，英国诺丁汉大学药学院院长凯文·莎克谢夫(Kevin Shakesheff)及副教授李·巴特里(Lee Buttery)博士，来自国内著名院校的干细胞领域知名专家7人参会。副校长金力作为论坛主席到会致辞，论坛执行主席汤其群主持会议。与会专家就如何进行国际合作、以何种方式进行合作进行探讨。 （别俊晖）

脑科学研究院

【概况】 脑科学研究院是复旦大学全校性的神经科学研究实体机构、教育部“985工程”二期重点建设的科技创新平台。现任院长为马兰，学术委员会主任为杨雄里。

2011年，脑科学研究院共有25个研究组，其中6个研究组为研究院直属研究组。研究人员中具有正高级职称27人，副高级职称10人，中级职称5人；研究院专职管理和实验技术人员16人，其中副高级职称3人，中级职称8人，初级职称5人。研究人员中有中国科学院院士1人，教育部“长江学者奖励计划”特聘教授和复旦大学特聘教授10人，国家杰出青年科学基金获得者5人、国家新世纪百千万人才工程入选者1人，教育部“跨世纪/新世纪人才”基金获得者5人，上海市“浦江人才”基金获得者9人，上海市“曙光学者”2人。有国家自然科学基金委员会创新研究群体、教育部创新团队、上海市“浦江人才”团队各1个。

招收博士研究生37人、硕士研究生42人；毕业研究生37人，其中博士26人、硕士11人；在读研究生267人；招收博士后4人，出站1人、在站9人。研究生获GSK明日之星1人，罗氏诊断奖学金1人，上海市优秀毕业生1人，校光华奖学金2人，校相辉奖学金1人，校学业奖学金2人，校重点学科优秀博士生科研资助计划1人。

研究院研究人员作为项目负责人新获批准国家级科研项目18项、省部级科研项目11项，作为学术骨干参与新获批准的科技部“973计划”国家重大重点项目课题1项。马兰领衔的“精神药物成瘾和记忆机制”创新研究群体顺利通过国家自然科学基金委员会组织的实施情况考核评估，获得延续资助。6位专职引进PI，平均每个研究组获5项以上科研项目资助，其中有4位作为课题负责人或学术骨干承担或参与科技部“973计划”等国家重大重点项目。

发表署名研究院的通讯作者SCI论文62篇，平均影响因子4.59。发表刊物包括《自然—遗传学》杂志(*Nat Genet*)、《细胞—干细胞》杂志(*Cell Stem Cell*)、《神经生物学进展》(*Prog Neurobiol*)等。

组织召开国际学术会议2次。全年参加国际、国内会议82人次，受国际学术会议邀请做特邀报告11人次；国际学者来访做学术讲座28场次。

进一步推进公共技术平台及“复旦大学神经科学技术共享体系”建设。“神经分子行为与神经细胞功能实时检测和成像”公共技术平台全年进行仪器使用培训165人次，大型核心仪器(奥林巴斯激光共聚焦显微镜，PE活细胞工作站)使用总机时数2 139小时，其中院外共享开放总机时数870小时。动物行为学实验平台于4月正式开放共享，全年培训125人次，各类仪器开放使用3 823小时，其中院外1 066小时。首次开设硕士研究生选修实验课程《小动物行为实验学》，系统讲授行为学实验原理与仪器操作方法，受到学生欢迎。与尼康公司签署协议，筹建“复旦大学脑科学研究院— Nikon 影像中心”。

（陈蓉 毛丹 沈莉芸 姜民）

【举办国际分子神经退行性疾病大会】 该会议于 9 月 22—24 日在枫林校区举行，由复旦大学脑科学研究院、医学神经生物学国家重点实验室和美国《分子神经退行性疾病》杂志（*Molecular Neurodegeneration*）共同主办，来自国内外的 450 多位代表与会。会上，诺贝尔生理学或医学奖获得者 Ferid Murad，以及美国科学院院士王晓东等 29 位国际知名学者应邀在会上作学术报告。专家、学者从基础研究到转化医学研究等多方面介绍国际上有关老年性痴呆、帕金森病等研究的最新进展。会议期间举行“神经退行性疾病与转化医学”圆桌讨论会，探讨神经退行性疾病研究面临的挑战和机遇，交流推动转化医学发展的经验。 （沈莉芸）

【召开国际脑功能和脑疾病学术会议】 该会议于 10 月 18—19 日在枫林校区举行，由复旦大学神经生物学研究所、脑科学研究院、医学神经生物学国家重点实验室共同主办。来自哈佛大学、耶鲁大学、剑桥大学、北京大学、中山大学、中国科学院生物物理研究所等 25 个大学和研究机构的 37 位专家在会上作学术报告，参会人数达 300 余人。会上，国内外专家围绕脑发育、脑功能分子细胞机制及脑疾病的发病机理和干预等研究领域，介绍最新重要研究进展。

（沈莉芸）

【多项研究取得重要进展】 9 月，《细胞生物学杂志》（*Journal of Cell Biology*）刊载马兰研究团队论文“GRK5 Promotes F-actin Bundling and Targets Bundles to Membrane Structures to Control Neuronal Morphogenesis”，该研究发现一种在体内广泛存在的蛋白激酶 GRK5，在神经发育和可塑性中有关键作用。2012 年 1 月，该成果入选“两院”院士评选的 2011 年中国十大科技进展新闻。11 月，《自然—遗传学》杂志（*Nature Genetics*）刊载吴志英研究团队成果“Exome Sequencing Identifies Truncating Mutations in *PRRT2* that Cause Paroxysmal Kinesigenic Dyskinesia”，该研究成功克隆并鉴定人类阵发性运动诱发性运动障碍（简称 PKD）的第一个致病基因（PRRT2），对充分理解该病的分子发病机制以及提高临床医生对本病的诊治水平具有深远意义。11 月，《神经科学杂志》（*Journal of Neuroscience*）刊载郑平研究团队文章“Chronic Morphine Treatment Switches the Effect of DoPamine on Excitatory Synaptic Transmission from Inhibition to Excitation in Pyramidal Cells of the Basolateral Amygdala”，该研究发现戒断成瘾药物后所产生的痛苦与激活脑内另一个脑区杏仁核多巴胺系统有关，发现成瘾药物戒断症状的新机制。杨振纲研究团队发现成年猕猴和人类的大脑中存有神经干细胞和新生的神经元，并首次对由神经干细胞生成的新生神经元的特征及迁移路线作详细描述。相关系列论文陆续发表在《神经科学杂志》（*Journal of Neuroscience*）、《细胞研究》（*Cell Research*）和《欧洲神经科学杂志》（*European Journal of Neuroscience*）上。

（马兰 吴志英 杨振纲 郑平）

二、发展规划与学科建设

发展规划

【概况】 2011年,学校发展规划工作取得一定进展。完成发展规划处筹建工作,完成人员配备,明确工作职责,逐步完善内部管理制度。积极推进内部治理结构改革和规划制定的各项工作。

编制《复旦大学"十二五"发展规划纲要》。成立了"十二五"规划起草小组,经过调研、征求意见、修改等三个阶段,形成"十二五"规划正式稿。

成立复旦大学发展与规划委员会、复旦大学预决算委员会,并通过《复旦大学发展与规划委员会章程》、《复旦大学预决算委员会章程》。

成立《复旦大学章程》制定工作小组,启动大学章程制订工作。承担"探索贯通本科教育全过程的同时教育新模式"、"实施基础学科拔尖学生培养试验计划"、"推进大学内部治理结构改革,完善大学章程建设"三项国家教育体制改革试点项目。

学科规划方面,以学科群建设为纽带,推动生态与环境学科群的整合工作。校园规划方面,通过调研,对校区功能布局和形态调整逐步有了较为清晰的构想,并积极推动构想的实现;完成将学校物质学科整体搬迁至江湾校区,在江湾校区尽快启动建设物质科学楼群的方案起草工作,并经发展与规划委员会讨论,校长办公会议审议批准,正式启动立项;完成生态与环境学科楼的功能论证,经校长办公会议审议批准,进入可行性论证阶段。

在学校"深入基层大走访大调研"活动中,发展规划处担任第二调研小组的秘书单位,对11个理工科院系、3个创新平台进行调研,召开4场专题座谈会,与62名教师进行个别访谈,完成调研简报9期,完成问题梳理报告,并积极寻找对策,研究解决问题的思路和办法。 (潘隽炜)

【成立发展规划处】 经2010年9月20日校长办公会议(党政联席会议)审议,成立复旦大学发展规划处(2010年10月8日校通字[2010]27号发布);12月,学校任命刘季平为发展规划处处长,李粤江为发展规划处副处长;2011年4月,学校任命陆瑾为发展规划处副处长。发展规划处是在校长领导下,总体协调学校发展改革、规划制定和管理的职能部门,是发展与规划委员会、预决算委员会的秘书机构。具体职能有,规划管理与发展改革、综合统计、政策调研。在编工作人员7人。 (潘隽炜)

【编制《复旦大学"十二五"发展规划纲要》】 经2010年11月8日校长办公会议(党政联席会议)审议通过,成立复旦大学"十二五"规划起草小组(校通字[2010]31号2010年11月24日发布),正式启动"十二五"规划编制工作。起草小组由校长杨玉良担任组长,副校长蔡达峰担任执行组长,来自人文、社会、理科、工程和医科的5名教授,以及来自机关部门的5人担任起草小组成员。这是首次由教授参与学校规划的制订,并贯穿起草工作的全过程。另外,学校于2010年12月启动了院系"十二五"规划的编制工作。2011年,校领导班子寒假务虚会讨论了规划的指导思想。3月,学校在全校中层干部大会上通报"十二五"规划工作并发文征求对"十二五"规划指导思想的意见。之后,起草小组连续召开三次全体会议,专题研究了指导思想、外部形势、规划体例等内容,着手规划文本的起草工作。同时,校领导班子成员率领各职能部门组成9个调研组,开始专题调研。5月,形成规划初稿。6月13日,党政联席会议专题讨论规划初稿,在此基础上形成征求意见稿。6月23日,学校发文向全校征求意见,并分别召开教代会主席团扩大会议、院长系主任及分党委书记座谈会、骨干教师座谈会和青年教师座谈会听取意见,并用书面的方式征求党外人士意见,同时在学校的信息公开网上公布了"十二五"规划征求意见稿。征求意见稿和收集的意见经领导班子暑期务虚会集中审议后,形成第二版的征求意见稿递交暑期党委扩大会讨论,形成十二五规划正式稿。《纲要》分为三部分,第一部分是"十一五"情况总结和目前面临的形势;第二部分是"十二五"指导思想、总体目标;第三部分是具体任务。《纲要》将在2012年通过党委常委会和党委全委会之后正式发布。 (潘隽炜)

【成立发展与规划委员会、预决算委员会】 5月16日,校长办公会议通过发展与规划委员会、预决算委员会名单;12月21日,党委常委会第103次会议批准成立复旦大学发展与规划委员会和复旦大学预决算委员会。发展与规划委员会是学校发展改革和规划工作的咨询机构,受校长办公会议委托,参与制定学校战略规划、中长期事业规划;研究学校学科规划、人力资源规划、校园规划等专项规划与配套规划之间的关系,并提供咨询意见;就学校发展改革和规划工作的重大问题提出咨询意见和建议。第一届委员会由15名校内教师组成,吴晓明任主任,彭裕文、陈家宽任副主任。2011年共召开4次全体会议,先后审议委员会章程,学校中长期事业规划编制方案,学校章程编制方案,章程起草工作小组人选,生态与环境大楼功能论证报告,物质学科整体搬迁江湾、并在江湾建造物质科学楼群的方案等相关文件。预决算委员会是学校预决算管理工作的专家咨询机构，受校长办公会议委托，负责对学校预决算的编制、调整、执行等方面情况提出专家咨询意见。第一届委员会由13名教师代表和财务处长担任委员，李若山任主任，荀燕楠任副主任。2011年共召开4次全体会议，审议2011年度预算草案、委员会章程等事宜。（潘隽炜）

【启动大学章程编制工作】 经8月25日校长办公会议审议通过，成立《复旦大学章程》制定工作小组（2011年11月7日校通字[2011]34号发布），启动大学章程制订工作。工作小组由8人组成，吴晓明任组长。12月，工作小组召开第一次会议，重点讨论了章程的制订计划，并对章程的制定目标、原则、方法做了深入探讨，初步讨论了研究重点、成员分工等事宜。（潘隽炜）

学 科 建 设

【概况】 2011年，制定学校“十二五”学科发展规划，全面实施“985工程”三期建设项目，继续推进“211工程”三期建设的各项工作，学校学科建设稳步发展。

根据《复旦大学关于做好“十二五”规划编制工作的通知》的要求，以各院系学科发展规划为基础，深入调研。5月，形成《复旦大学“十二五”学科建设调研报告》，并完成“十二五”学科发展规划，系统地提出复旦大学“十二五”学科建设的目标、任务和举措。

根据“985工程”总体规划，在2010年各项工作的基础上，全面启动实施“985工程”三期建设。3月，组织“985工程”三期院系学科建设经费2011年预算申报与审核工作。5月，“985工程”三期院系学科建设经费2011年预算1.14亿元全部下达。9月，配合财务处，完成2012年“985工程”中央财政专项资金4.1亿元预算的申报工作，完成2011年“985工程”地方共建资金2.6亿元的申报工作，编制《复旦大学新一轮“985工程”服务地方经济社会发展重点建设项目申请书》，推动学校与上海商学院、上海理工大学合作共建项目。其中，服务地方高等教育发展类项目（含创新人才培养、高层次人才引进、985高校帮助地方高校发展）接受由上海市投资咨询公司组织的专家评审，涉及资金2.35亿元。

依靠各规划实施工作委员会，做好“985工程”三期建设项目的论证和经费预算，制定和完善各项规章制度。人文学科重点发展领域，经专家评审，批准立项35个重点项目和16个一般项目，总研究经费2 020万元。在社会科学重点发展领域，第一期批准立项20个一般项目，研究经费合计1 270万元；第二期批准立项13个一般项目和20个青年项目，研究经费合计890万元。复旦发展研究院恢复建设，新建国家建设研究中心、当代中国社会生活资料研究中心、金融研究中心、社会科学数据研究中心。在理学和工程技术领域，微纳加工与器件公共实验室和全球环境变化研究所启动建设，下达先进材料实验室、微纳电子科技创新平台、数理研究平台下设3个研究所的2011年预算。在医科领域，病原微生物与传染病研究、肿瘤研究、健康发展研究、创新药物研发平台、生物医学研究院建设等10个重点建设项目完成论证，并于7月下达2011年预算。

为规范学术发展经费的使用，学校先后制订《复旦大学“985工程”三期学术发展资金管理办法》、《复旦大学“985工程”三期学术发展经费资助学术交流管理规定》、《复旦大学“985工程”三期仪器设备采购与管理办法》、《复旦大学院系学科建设经费资助出版管理办法》等管理办法。

继续深入推进“211工程”三期建设。2011年是“211工程”三期建设的最后一年，为保证建设质量、提高建设成效、如期完成既定任务，着重做好跟踪管理、重点服务的工作。着手做好验收的各项准备工作。3月，下达各重点学科建设项目的后续建设资金。9月，开展各重点学科建设项目的验收自查工作，形成各项目的验收自查报告，提前为国家验收做好准备工作。

校学术委员会秘书处及学术规范委员会秘书处工作。校学术委员会秘书处全年组织各分学部委员通讯评审兼职教授10人、顾问教授4人、名誉教授2人。3月，由俞吾金担任组长，王迅、郭慕依、陈家宽等组成的学术委员会章程修订工作小组，完成对《复旦大学学术委员会章程》的修订工作。6月，根据新的学术委员会章程的有关规定，由王迅担任组长，俞吾金、郑祖康、王威琪、陈家宽、闻玉梅、郭慕依、顾玉东、王吉耀、蒋国梁等10人组成的学术委员会换届工作小组完成委员换届工作，产生第六届学术委员会。8月30日，由第一届校学术规范委员会提名，校学术委员会审核后，以周鲁卫等9位教授组成的复旦大学第二届学术规范委员会正式成立。（刘 君）

【召开第六届学术委员会第一次会议】 7月6日，复旦大学第六届学术委员会第一次全体委员会议在逸夫科技楼多功能厅举行，会议出席委员36人。第五届学术委员会副主任、学术委员会换届工作小组组长王迅主持大会，第五届学术委员会主任王生洪、党委书记秦绍德、校长杨玉良、常务副校长陈晓漫、副校长桂永浩和学术委员会换届工作小组副组长郭慕依出席会议。大会就学术委员会的职责、工作方法进行讨论。党委书记秦绍德、校长杨玉良分别在会上发言，就学术权力、行政权力的内涵和关系进行阐述，对新一届学术委员会提出更高期望。（刘 君）

【召开第六届学术委员会第二次会议】 12月20日，第六届校学术委员会第二次会议在逸夫科技楼举行。会议出席委员38人，校学术规范委员会委员7人列席会议。校学术委员会副主任洪家兴主持会议。党委书记朱之文应邀出席会议并讲话。会议通报校学术委员会社会科学与管理学部组长和副组长改选情况。原组长郑祖康教授因病去世后，由该学部增补管理学院教授薛求知为校学术委员会委员，选举经济学院教授华民为组长、社会发展与公共政策学院教授彭希哲为副组长，华民教授同时递补为校学术委员会副主任。 （刘 君）

附 录

复旦大学国家重点学科名单

（教育部2007年8月20日公布）

序 号	一级学科 国家重点学科
1	哲 学
2	理论经济学
3	中国语言文学
4	新闻传播学
5	数 学
6	物理学
7	化 学
8	生物学
9	电子科学与技术
10	基础医学
11	中西医结合

序 号	二级学科 国家重点学科	
1	产业经济学	
2	金融学	
3	政治学理论	
4	国际关系	
5	历史地理学	
6	中国近现代史	
7	计算机软件与理论	
8	内科学	心血管病
		肾 病
		传染病
9	儿科学	
10	神经病学	
11	影像医学与核医学	
12	外科学	
13	眼科学	
14	耳鼻咽喉科学	
15	肿瘤学	
16	妇产科学	
17	流行病学与卫生统计学	
18	药剂学	
19	社会医学与卫生事业管理	

注：材料物理与化学、管理科学与工程、马克思主义基本原理为国家重点（培育）学科。

复旦大学上海市重点学科名单

（上海市教育委员会2007年8月8日公布）

序 号	学 科 名 称	序 号	学 科 名 称
1	西方经济学	11	生物物理学
2	民商法学	12	生物医学工程
3	国外马克思主义	13	材料物理与化学
4	中国现当代文学	14	计算机软件与理论
5	英语语言文学	15	内科学（呼吸系病）
6	新闻学	16	妇产科学
7	原子与分子物理	17	外科学（胸心外）
8	无机化学	18	流行病学与卫生统计学
9	分析化学	19	药理学
10	生物化学与分子生物学	20	管理科学与工程

复旦大学上海市医学重点学科名单

(上海市卫生局2004年12月20日公布)

序 号	所 在 单 位	学 科 名 称
1	复旦大学附属肿瘤医院	临床病理科
2	复旦大学附属儿科医院	新生儿内科
3	复旦大学附属华山医院、上海市公共卫生中心	传染病科
4	复旦大学附属眼耳鼻喉科医院	头颈肿瘤科
5	复旦大学附属华山医院	检验科
6	复旦大学附属华山医院	神经内科
7	复旦大学附属中山医院	呼吸内科
8	复旦大学附属妇产科医院	妇产科
9	复旦大学附属中山医院	介入影像科

(学科建设办公室供稿)

医科发展

【推进医科管理体制改革】 2011年,学校推进医学管理架构改革,进一步整合学校医学学科的学术资源,增强学科活力和竞争力。经2010年5月17日校长办公会议(党政联席会议)审议(校批字[2010]63号),决定原则同意医学管理架构改革方案。上海医学院统一负责和协调复旦大学医口方面包括临床医学、预防医学和公共卫生管理学、药学、护理学的教学、科研和学科建设等工作。经2010年9月20日校长办公会议(党政联席会议)审议(校通字[2010]26号),决定设立医学学科建设办公室、医学科研管理办公室、医学教育管理办公室、医学学位与研究生教育管理办公室和医学综合事务办公室等5个办公室,隶属上海医学院。作为学校医学学术治理组织的常设工作机构,具体实施对医学学科(包括基础与临床医学、公共卫生学、药学、护理学以及相关交叉学科)教学、科研、学科建设工作的全面协调和管理。

医学学科建设办公室的主要职责是负责医学学科建设发展规划的研究制定和编制,医学学科评估和重点学科建设等工作;根据学校划定的资源配置,负责组织和实施医科重大项目建设("985工程"、"211工程"和重点学科建设等);协调医学学科与学校其他学科的交叉合作及学科发展的相关事宜。

医学科研管理办公室的主要职责是探索转化医学理念下医科内的基础与临床研究交叉的运行机制,积极推进医科与非医科间的学科交叉;与医学学科建设办公室协同制定医学科研发展规划;负责协调和管理医学科技工作,包括项目、成果、研究基地等的组织申报和管理以及相关综合事务等。

医学教育管理办公室的主要职责是负责医学本科生培养,包括教学管理、教学质量保障及其他相关事务;负责协调医学相关各学院及附属医院本科教学事务;负责协调与校教务处相关事务。

医学学位与研究生教育管理办公室的主要职责是负责医学研究生学籍管理、招生工作、培养工作、学位工作及其他综合事务;负责医学相关各学院和附属医院研究生教学事务的沟通和协调;负责与校研究生院协调相关事务。

医学综合事务办公室的主要职责是围绕医科发展的中心工作,做好学院行政领导班子的助手,服务、统筹、协调好学院的各项工作;协调医学领域在国际学术交流、与国内医疗卫生行政部门以及行业团体的沟通;广泛开展信息调研,为领导决策提供依据;推进行政管理工作的规范化、制度化,提升学院整体形象;加强国内外交流与合作,密切与医科院系校友的联络,积极拓宽筹资渠道,为医科发展创造有利条件。 (刘金也)

【成立复旦大学上海医学院学术委员会】 复旦大学上海医学院学术委员会(2011年10月—2015年9月)于9月29日成立并召开第一次会议,委员会由医学生物学、基础医学、临床医学、预防医学、药学、中西医结合医学、护理学、特种医学等多学科的32名专家组成。该委员会委员名单如下:

主 任:闻玉梅(女)(上海医学院)
副主任:秦新裕(中山医院)
朱依谆(药学院)
吴根诚(上海医学院)
委 员:马 兰(女)(上海医学院)
汤其群(上海医学院)
郑 平(上海医学院)
朱虹光(上海医学院)
金泰廙(公共卫生学院)
姜庆五(公共卫生学院)
陆伟跃(药学院)
胡 雁(女)(护理学院)
周志俊(放射医学研究所)

杨芃原(生物医学研究院)
张玉秋(女)(神经生物研究所)(脑科学研究院)
王吉耀(女)(中山医院)
曾昭冲(中山医院)
周良辅(华山医院)
丁　强(华山医院)
顾玉东(华山医院)
邵志敏(肿瘤医院)
郭小毛(肿瘤医院)
黄国英(儿科医院)
郑　珊(女)(儿科医院)
徐丛剑(妇产科医院)
邬惊雷(妇产科医院)
王正敏(眼耳鼻喉科医院)
孙兴怀(眼耳鼻喉科医院)
孙建琴(女)(华东医院)
顾　勇(第五人民医院)
洪　震(金山医院)
张志勇(公共卫生临床中心)

(刘金也)

【召开医学学科建设首次工作会议】 10月11日,医学学科建设首次工作会议在枫林校区召开。会议通报医学学科建设办公室的组建和工作职能等,并部署下一步的重点工作,包括医科学科建设的调研与发展规划制定、国家重点学科建设、"211工程"三期及"985工程"三期的有关工作等。该会议的召开,表明在新的医科管理构架下,医学学科建设办公室与相关部门的职能分工与切分已经明晰,工作正式步入轨道。 (王亚平)

【完成"985工程"三期医科项目论证并启动建设】 2010年12月下旬—2011年1月,组织进行了以外校专家为主的医科重点建设项目论证会,传染病研究、肿瘤研究、健康发展研究、创新药物平台建设、生物医学研究院建设等共10个项目完成和通过论证。上半年完成经费预算编制,并顺利启动建设。11月组织进行2个支撑体系和公共平台类项目(医学信息和医学统计平台、生物治疗转化医学研究中心)的专家论证并顺利启动建设。 (王亚平)

附　录

"985工程"三期医学学科建设2011年启动项目名单

一、院系学科建设部分	
1	上海医学院(基础)
2	公共卫生学院
3	药学院
4	护理学院
5	放射医学研究所
二、重点建设项目部分	
(一) 七大重点方向	
1	肿瘤研究
2	病原微生物与传染病研究
3	心脑血管与代谢相关性疾病研究
4	微创与再生医学研究
5	生殖与发育健康研究
6	功能障碍与退行性疾病研究
7	健康发展研究
(二) 支撑体系和公共平台	
1	创新药物研发平台
2	生物医学研究院
3	脑科学研究院/医学神经生物学国家重点实验室
4	放射医学研究中心建设
5	医学信息和医学统计平台
6	生物治疗转化医学研究中心

(医学综合事务办公室供稿)

三、人才培养

本专科生教育

【概况】 2011年，学校合并、新增6个招生大类(含33个专业)。按类招生的专业从去年的48个增加到今年的59个，分省来源计划编排方式为考生填报专业志愿提供了更宽的口径。招收中国本科生2 963名，其中高考统招录取1 724名(含艺术、体育特长生等)，上海市自主选拔录取687名，浙江、江苏省自主选拔录取288名，保送生116名(含外语类)，武警国防生(新闻学专业)32名，新疆西藏民族生47名(含内地班和预科升本科)，以及港澳台生69名(含联考生、澳门香港台湾保送生)等。招收来自华东理工等10所高校的插班生20名。转专业学生300名。

全年本科课程总量进一步增长，共计2 997门、5 163门次，其中春季学期开课1 439门、2 430门；秋季学期开课1 558门、2 733门；通识教育核心课程六大模块开课268门次。积极推进全英语课程建设，共开设213门次的全英语教学课程，组织编写《复旦大学全英语课程手册》。

落实本科教学质量工程等项目建设工作。全年共获得国家级奖项和项目共8项(国家级教学名师1名、2011年普通高等教育精品教材7部)、上海市级奖项和项目87项(上海市教学名师3位、上海市普通高校优秀教材30部、上海市精品课程7门、上海市全英语教学示范课程3门、上海高校本科重点教学改革项目立项11项、上海市教委重点课程30门、上海高校思想政治理论课教学比赛奖3项)。

2011年教师节前夕，教务处与宣传部联合召开庆祝2011年教师节本科教学恳谈会，邀请14位中青年教师代表与校领导共聚一堂，以“安心教学，潜心育人”为主题，畅谈本科教学感受。教务处将恳谈会上的教师发言集结成册，以教学简报的形式发送至各教学单位。

深入实施望道计划，推进拔尖人才培养工作。数学、物理、化学、生物科学等四个基础科学在6个基础性平台总体框架下，形成适合本学科的培养模式，并在实践过程中不断进行修正。继续完善本科生学术研究资助平台(FDUROP)建设，致力于引领学生踏入学术之门，积极探索创新性人才培养。全年共有365项莙政、望道、曦源课题(499名学生)获准立项；组织中期报告66场，322名学生进行汇报；另有253项课题结题。2011年，参加FDUROP的学生已在国内外学术期刊发表论文33篇，其中第一作者和第二作者(导师第一作者)文章25篇。

学生参与各类学科竞赛取得优良成绩。2011年第35届ACM国际大学生程序设计竞赛全球总决赛中，计算机科学技术学院田应涛、谢路昱、祝家烨参加获第27名。2011年高教社杯全国大学生数学建模竞赛上，3个参赛队获全国一等奖，4个参赛队获全国二等奖；在第二届全国大学生数学竞赛上，获全国一等奖2名、二等奖3名；2011年全国大学生电子设计竞赛(瑞萨杯)3个参赛队获全国一等奖，第28届全国部分地区大学生物理竞赛上，获上海市特等奖3名，一等奖7名，二等奖12名；第二届全国药学(中药学)专业大学生实验技能竞赛上获一等奖1名，二等奖1名。

教学硬件设施建设取得新突破。组织两次教学实验室建设规划论证会，向13个院系投入1 000万的教学实验室建设经费，推进实验教学体系的改革和实验室布局的调整，整合相关专业实验室资源，重新规划一批面向更多专业类别、能让更多学生受益的“量大面广”的实验平台，建设一批向全校学生开放的通识教育实验课程。 (瞿帅伟)

【学生论文被《美国电气和电子工程师协会模式分析与机器智能汇刊》录用】 计算机学院2008级本科生王晨为第一作者的论文“Human Identification Using Temporal Information Preserving Gait Template”被IEEE *Transaction on Pattern Analysis and Machine Intelligence* (IEEE TPAMI)录用，是学校本科生在该期刊发表的第一篇第一作者文章，也是该期刊21年来录用的第一篇第一单位为复旦大学的长文(regular paper)。《美国电气和电子工程师协会模式分析与机器智能汇刊》历年来在计算机科学人工智能领域的所有JCR国际期刊中排名第一，2011年影响因子达到5.027，是人工智能领域最具影响力的一份国际学术期刊。

(葛天如)

【举行自主选拔录取改革试验(江浙沪地区)面试】 该面试于2月25—27日在校进行。江浙沪地区共1 621名考生参加面试(其中来自上海的1 171名、浙江的227名和江苏的223名)，275位教授作为面试专家进行面试，预录取上海考生757名、浙江考生162名、江苏考生161名。 (朱晓超)

【承接本专科生成绩单办理及各类文书翻译证明事务】 3月7日起，学校由教务处统一办理相关业务，包括增加日常办理工作的时间，寒暑假期间安排值班；开通成绩单及各类证书翻译证明缴费的网上支付渠道；提供免费的加盖骑缝章服务。 (吴敏敏)

【组织教育部国家考试招生制度改革座谈会】 4月8日，教育部国家考试招生制度改革调研组到校召开座谈会。会议由调研组组长谈松华主持，教育部高校学生司副司长姜钢等调

研组成员出席会议，并听取副校长蔡达峰，教务处、招办相关负责同志，及院系教师代表的发言。（朱晓超）

【开展学校青年教师教学比赛】 6月下旬，教务处启动首届全校青年教师教学比赛的报名工作，9月中下旬正式进行比赛。比赛采用自荐和单位推荐相结合的形式，全校各教学单位45周岁以下青年教师均可报名。70余位青年教师参赛。比赛分两阶段进行，第一阶段录像评审形式，评委对参赛课程录像进行评审，从教师的课堂讲授、课件演示和师生互动等几方面，考察参赛教师的教学状态和教学技能，第二阶段集中比赛形式，参赛教师需提供1课时(45分钟)的完整教学设计方案并讲授15分钟。评委从教案设计和现场教学状态两部分进行评分。最终有6人获一等奖，8人获二等奖，18人获三等奖。（范慧慧）

【推进试点书院建设】 2011年，学校开展本科生院的筹建工作，以2010级试点导师制的中文、社会、物理、核科学与技术等4个院系的学生为基础建设试点书院，命名为“希德书院”。书院拥有相对独立完善的建筑院落和公共空间，并积极发挥学生的自主意识和主观能动性，将公共空间全部交由学生自我管理，让来自不同专业的学生在书院共同生活和互动。（王　颖）

【编撰《复旦大学本科教学工作手册(2011版)》】 该手册于9月编撰完成，按照本科专业设置、专业培养方案制订、课程教学任务落实、学生学籍管理、选课与考试、成绩管理、学业证明文书管理、教学实习与实践、学术研究资助、学生交流、毕业生工作、教学质量建设以及其他相关项目的顺序展开，为师生和教学管理人员了解本科教学工作程序提供便利。（周向峰）

【推出多媒体技术教学应用培训项目】 2011年秋季学期，教务处面向全校教师推出系列“多媒体技术教学应用”培训项目，包括网络教学资源的应用、视频制作及相关技术在教学中的应用、多媒体技术在教学中的应用、多媒体教室使用介绍、数字化语音教室使用介绍等5个主题。共举办9场“多媒体技术教学应用”教师培训，邯郸校区参加培训的教师有147人次，枫林校区102人次，儿科医院150人次。在枫林校区和儿科医院还分别增加2场关于“视频制作”和“多媒体技术”的培训。培训旨在加强教师使用网络和多媒体技术在教学中的应用能力，丰富教学课件的内容，提升教学效果。此外，举办4场“在线学习”系统使用和精品课程网站制作培训，其中3次在春季学期，1次在秋季学期，参加教师154人次。（王　颖）

【推出英语水平测试和计算机应用能力水平测试】 2011年春季学期，教务处修订“复旦大学本科生(非英语专业)外语能力培养方案”和“复旦大学本科生(非计算机专业)计算机能力培养方案”，从2011级新生开始实行，在新的外语能力培养方案中，课程被分为综合英语、专项技能、学术英语、英语文化和第二外语五大模块；新方案首次将第二外语列入其中，开设法语、德语、俄语、日语、韩国语、西班牙、瑞典语等课程供学生选修。在计算机能力培养方案中，在原有的应用软件类课程和程序设计类课程基础上，增设计算机文化类课程。学生在就读期间可以多次参加测试，第一次测试免费，第二次起必须按学校规定缴纳相应费用。考试成绩按浮动计分制分为A、B、C、D、F五等，F为未通过。学校将取最后一次(而非最高一次)的成绩计入成绩单，英语按4个标准学分计算绩点，计算机按两个标准学分计算绩点。2011年底，首次推出该两项考试，参加学生分别达1 300人和1 700人。（朱　军）

附　录

2011年复旦大学本专科专业设置

院　系		专业 代码	专业 名称
中国语言文学系		050101	汉语言文学
		050102	汉语言
哲学学院	哲学系	010101	哲　学
		010101	哲学(国学方向)
	宗教系	010103	宗教学
历史学系		060101	历史学
	旅游系	110206	旅游管理
文物与博物馆学系		060104	博物馆学
外国语言文学学院	日语系	050205	日　语
	德语系	050203	德　语
	英语系	050201	英　语
	翻译系	050255S	翻　译

续 表

院系		专业 代码	专业 名称
外国语言文学学院	法语系	050204	法 语
	俄语系	050202	俄 语
	朝鲜语系	050206	朝鲜语
法学院		030101	法 学
国际关系与公共事务学院	国际政治系	030402	国际政治
	政治学系	030401	政治学与行政学
		030404	思想政治教育
	公共行政系	110301	行政管理
社会发展与公共政策学院	社会学系	030301	社会学
	社会工作系	030302	社会工作
	心理学系	071501	心理学
新闻学院	新闻学系	050301	新闻学
	广播电视学系	050302	广播电视新闻学
	广告学系	050303	广告学
	传播学系	050305w	传播学
经济学院	经济学系	020101	经济学
		020101	经济学(数理经济方向)
	世界经济系	020102	国际经济与贸易
	公共经济学系	020103	财政学
	国际金融系	020104	金融学
	保险系	020107w	保 险
管理学院	管理科学系	110101	管理科学
	信息管理与信息系统系	110102	信息管理与信息系统
	企业管理系	110201	工商管理
	市场营销系	110202	市场营销
	财务金融系	110204	财务管理
	会计学系	110203	会计学
	统计学系	071604	统计学
数学科学学院		070101	数学与应用数学
		070102	信息与计算科学
物理学系		070201	物理学
核科学与技术系		080508s	核技术
化学系		070301	化 学
		070302	应用化学
高分子科学系		080204	高分子材料与工程
环境科学与工程系		071401	环境科学
		071401	环境科学(环境工程方向)
		071401	环境科学(环境管理方向)

续 表

院	系	专业代码	专业名称
信息科学与工程学院	电子工程系	071201	电子信息科学与技术
		080607	生物医学工程
	光科学与工程系	071203	光信息科学与技术
	微电子学系	071202	微电子学
	通信科学与工程系	080604	通信工程
	光源与照明工程系	080601	电气工程及其自动化
计算机科学技术学院	计算机科学与工程系	080605	计算机科学与技术
	计算机与信息技术系	071205W	信息安全
软件学院		080611	软件工程
材料科学系		071301	材料物理
		071302	材料化学
		080606	电子科学与技术
力学与工程科学系		071101	理论与应用力学
		081501	飞行器设计与工程
生命科学学院	生物化学系	070401	生物科学
	微生物与微生物工程系		
	生理学与生物物理学系		
	生态与进化生物学系	070402	生物技术(与药学院合办)
	遗传学与遗传工程系		
上海医学院		100101	基础医学
		100301	临床医学(八年制)
		100301	临床医学(六年制)
		100301	临床医学(五年制)
		100301	法医学
公共卫生学院		100201	预防医学
		110302	公共事业管理
药学院		100801	药 学
		100801	药学(临床药学方向)
护理学院		100701	护理学
		100701	护理(专科)
艺术设计系		050408	艺术设计

复旦大学 2011 年本科修读第二专业及第二学位专业设置

第二专业	开设院系
国际经济与贸易	经济学院
经济学	经济学院
新闻学	新闻学院
法学	法学学院
*数理逻辑与科学哲学	哲学学院

续 表

第二专业	开设院系
对外汉语	国际文化交流学院
英汉双语翻译	外文学院
公共事业管理(社会管理方向)	社会学院
外交与公共事务	国政学院
外交学	国政学院
博物馆学	文博学院
计算机科学与技术	计算机科学学院
教育学	高教研究所
第二学士学位	**开设院系**
会计学	管理学院
汉语言文学	中文系
法学	法学学院
* 公共事业管理专业(卫生事业管理方向)	公共卫生学院

注：* 号为新开专业

2011 年复旦大学获“十一五”国家级规划教材精品教材一览表

院　系	教师姓名	获奖成果
国际关系与公共事务学院	颜声毅	当代中国外交
化学系	范康年	谱学导论(第 2 版)
化学系	吴性良 孔继烈	《分析化学原理》
计算机科学技术学院	施伯乐	数据结构教程
经济学院	华　民	国际经济学
历史学系	姜义华	史学导论
物理学系	贾起民 陈暨耀	电磁学(第 3 版)

2011 年复旦大学获全国高校教学名师奖一览表

院　系	教师姓名	获奖成果
哲学学院	俞吾金	哲学导论

2011 年复旦大学获“第一届上海高校思想政治理论课教学比赛奖”一览表

院　系	教师姓名	获奖成果	奖项等级
社会科学基础部	陈　果	思想道德修养与法律基础	一
社会科学基础部	朱潇潇	中国近现代史纲要	二
社会科学基础部	韩欲立	马克思主义基本原理	优胜奖

2011 年复旦大学获上海市高校本科重点教学改革项目一览表

院　系	教师姓名	获奖成果
复旦学院	王德峰	复旦大学通识教育核心课程的理念与实践
管理学院	宁　钟	“三维五化双主体互动式”《创新与创业》教学模式
核科学与技术系	张雪梅	核技术专业实验教学体系的探索与实践
化学系	高　翔	立足基础、着眼能力——建设进阶型有机化学实践课程体系
教务处	陆　昉	研究型大学教师发展制度(FD)的系统建构
力学与工程科学系	谢锡麟	“现代连续介质力学理论及实践”课程体系
上海医学院	殷莲华	创建基础医学实验教学新体系，提升学生科研素质
物理学系	张新夷	实验教学中的科研元素与创造性训练
信息科学与技术学院	周　嘉	卓越工程教育——复旦微电子专业教育特色的挖掘和拓展
药学院	侯爱君	药学创新性实验新体系的建立与实施
艺教中心	郁秀兰	大学公共艺术教育的体系构建与外延拓展

2011 年复旦大学获上海市高校示范性全英语教学课程建设项目一览表

院　系	教师姓名	获奖成果
管理学院	裘理瑾	服务营销
管理学院	周　蓉	企业战略分析
上海医学院	储以微	医学免疫学

2011 年复旦大学获上海市普通高校优秀教材奖

院　系	教师姓名	获奖成果	奖项等级
法学院	孙南申	国际投资法	二
法学院	张梓太	环境与资源法学	二
法学院	董世忠	国际经济法	二
公共卫生学院	傅　华	预防医学	二
管理学院	芮明杰	管理学	一
管理学院	胡君辰	组织行为学	二
国际关系与公共事务学院	竺乾威	公共行政学	一
计算机科学技术学院	施伯乐	数据结构教程	二
经济学院	袁志刚	西方经济学系列教材	一
经济学院	姜波克	国际金融新编	一
经济学院	刘红忠	金融市场学	一
经济学院	周伟林	城市社会问题经济学	二
历史学系	戴鞍钢	晚清史	一
历史学系	巴兆祥	中国民俗旅游(新编)	二
上海医学院	彭裕文	局部解剖学	一
上海医学院	吕传真	神经病学	一
上海医学院	朱大年	生理学	二
上海医学院	翁心华	传染病学	二
生命科学学院	周德庆	微生物学教程	一

续　表

院　系	教师姓名	获奖成果	奖项等级
生命科学学院	杨　继	植物生物学	二
生命科学学院	沈大棱	Cell Biology	二
外国语言文学学院	熊学亮	语言学导论	二
文物与博物馆学系	陈　淳	考古学研究入门	二
物理学系	梁励芬　蒋　平	《大学物理简明教程》与配套《习题详解》	二
新闻学院	黄　瑚	中国新闻事业发展史	二
哲学学院	王新生	《古兰经》与伊斯兰文化	一
哲学学院	邵强进	逻辑与思维方式	二
中国语言文学系	陈思和　汪涌豪	“汉语言文学原典精读”系列教材	一
中国语言文学系	黄　霖　蒋　凡	中国历代文论选新编	一
中国语言文学系	陆　扬	文化研究概论	二

2011年复旦大学获上海市高校教学名师奖一览表

院　系	教师姓名	获奖成果
国际关系与公共事务学院	浦兴祖	当代中国政治制度
生命科学学院	卢大儒	现代生物科学导论　医学分子遗传学
数学科学学院	金　路	高等数学　数学分析

2011年复旦大学获上海市高校精品课程一览表

院　系	教师姓名	获奖成果
法学院	章武生	民事诉讼法
软件学院	阚海斌　赵一鸣	离散数学
上海医学院	刘　雯	细胞与医学遗传学实验
上海医学院	钱睿哲　汪　青	基于疾病的多学科教学
上海医学院	祝墡珠	全科医学概论
数学科学学院	朱胜林	高等代数
外国语言文学学院	姜宝有	基础韩国语

2011年复旦大学获上海市教委重点课程一览表

院　系	教师姓名	获奖成果
大学英语教学部	范　烨	高级英语
法学院	谢佑平	刑事诉讼法学
公共卫生学院	赵耐青	卫生统计学
管理学院	赵伟韬	管理沟通
护理学院	胡　雁	儿科护理学
护理学院	夏海鸥	妇产科护理学
护理学院	曹育玲	老年护理
化学系	高　翔	合成化学实验
化学系	樊惠芝　刘宝红	分析化学

续 表

院 系	教师姓名	获奖成果
化学系	王全瑞	有机化学
计算机科学技术学院	汪 卫	数据结构
经济学院	陈冬梅	保险学原理
力学与工程科学系	谢锡麟	数学分析
软件学院	赵一鸣	信息安全
上海医学院	刘 雯	医学遗传学
上海医学院	严钰锋	功能学科综合实验
上海医学院	瞿 涤	医学与生物安全
上海医学院	赵子琴	法医病理学
上海医学院	沈忆文	临床法医学
上海医学院	谭玉珍	人体奥秘
上海医学院	祝墡珠	全科医学概论
社会科学基础部	刘学礼	马克思主义基础原理概论
外国语言文学学院	姜宝有	韩语词汇学
外国语言文学学院	汪洪章	英美短篇小说
外国语言文学学院	李新梅	基础俄语(上、下)
新闻学院	曹 晋	媒介与社会性别
药学院	程能能	药物、生命、社会
艺术教育中心	龚金平	影视剧艺术
中国语言文学系	张旭曙	东西方美学思潮
中国语言文学系	杨俊蕾	西方美学经典导读

2011 年“高教社杯”全国大学生数学建模竞赛复旦大学获奖一览表

参赛学生			所属院系	获奖情况	指导教师
王桑原	王之光	李颖洲	数学科学学院	全国一等奖	曹 沅
许珂诚	吴俣霖	杨骥雷	数学科学学院	全国一等奖	曹 沅
吴梦月	翟晓宇	竺晨曦	数学科学学院 数学科学学院 计算机科学技术学院	全国一等奖	曹 沅
王 腾	熊丝纬	施炎辰	信息科学与工程学院 信息科学与工程学院 计算机科学技术学院	全国二等奖	
杨可人	张 骁	范健翔	数学科学学院 数学科学学院 软件学院	全国二等奖	曹 沅
舒天民	秦瑛迪	卫 炜	信息科学与工程学院 数学科学学院 生命科学学院	全国二等奖	
黎明嘉	薛钧元	徐明德	数学科学学院	全国二等奖	曹 沅

2011 年第二届全国大学生数学竞赛(决赛)复旦大学获奖一览表

参赛学生	所属院系	竞赛分组	获奖情况
徐 清	数学科学学院	数学组	全国一等奖
李斌儒	数学科学学院	数学组	全国一等奖
方延博	数学科学学院	数学组	全国二等奖
吴晨越	数学科学学院	数学组	全国二等奖
杨 晶	数学科学学院	数学组	全国二等奖

2011 年全国大学生电子设计竞赛(瑞萨杯)复旦大学获奖一览表

参赛学生	所属院系	获奖情况	指导教师
唐 三 张仕宇 王建飞	信息科学与工程学院	全国一等奖 (上海赛区 TI 杯)	朱 谦
龙禹含 金 硕 戴东海	信息科学与工程学院	全国一等奖	朱 谦
张 琦 李天宇 卢元达	信息科学与工程学院	全国一等奖	刘祖望

第 35 届 ACM 国际大学生程序设计竞赛全球总决赛复旦大学获奖一览表

参赛学生	所属院系	获奖情况	指导教师
田应涛 谢路昱 祝家烨	计算机科学技术学院	第 27 名	吴永辉

第二届全国药学(中药学)专业大学生实验技能竞赛复旦大学获奖一览表

参赛学生	所属院系	获奖情况
朱 校	药学院	一等奖
朱俊怡	药学院	二等奖

第 28 届全国部分地区大学生物理竞赛复旦大学获奖一览表

参赛学生	所属院系	竞赛分组	获奖情况
屠济群	物理学系	物理学类	上海市一等奖
许 迪	物理学系	物理学类	上海市一等奖
何志帆	物理学系	物理学类	上海市一等奖
郑益峰	物理学系	物理学类	上海市二等奖
虞豪驰	物理学系	物理学类	上海市二等奖
肖 迪	物理学系	物理学类	上海市二等奖
刘文璐	物理学系	物理学类	上海市二等奖
倪佳峰	力学与工程科学系	非物理学类 A 组	上海市特等奖
王 恩	高分子科学系	非物理学类 A 组	上海市一等奖
潘望白	力学与工程科学系	非物理学类 A 组	上海市一等奖
王 烁	力学与工程科学系	非物理学类 A 组	上海市二等奖
宋 阳	化学系	非物理学类 A 组	上海市二等奖
杨 智	数学科学学院	非物理学类 A 组	上海市二等奖
李 童	数学科学学院	非物理学类 A 组	上海市二等奖

续 表

参赛学生	所属院系	竞赛分组	获奖情况
马　宇	信息科学与工程学院	非物理学类A组	上海市二等奖
虞豪骋	上海医学院	医学类	上海市特等奖
汪斯衡	上海医学院	医学类	上海市特等奖
王子龙	上海医学院	医学类	上海市一等奖
陈聿同	上海医学院	医学类	上海市二等奖
艾沓杉	上海医学院	医学类	上海市二等奖
刘嘉运	公共卫生学院	医学类	上海市二等奖
袁嘉坤	经济学院	文科经管类	上海市一等奖

（教务处供稿）

研究生教育

【概况】 2011年,为更好地适应经济和社会发展对高层次创新人才培养的迫切需要,学校研究生教育继续贯彻"稳定规模、注重内涵、优化结构、深化改革、提高质量"的指导思想,通过合理配置研究生教育资源、构建研究生教育质量保障机制、推进研究生培养机制改革和实施"211三期"创新人才培养计划等措施,促进研究生培养质量与学位授予质量的提高,推动研究生教育持续、健康、稳定地发展。

全年招收学历教育研究生5 282人,其中硕士研究生4 046人(含港澳台生33人,外籍生305人,少数民族骨干生13人),博士研究生1 236人(含港澳台生14人,外籍生37人,少数民族骨干生22人)。研究生招生结构进一步调整,2011年新增金融、国际商务、新闻与传播、文物与博物馆、护理、药学及旅游管理等7种硕士专业学位招生类型,7种类型招收专业学位硕士研究生共计219人。2011年复旦大学招收非学历教育研究生1 655人,包括:法律硕士120人、工程硕士836人(含软件工程自主招生408人)、公共管理硕士120人、公共卫生硕士95人、会计硕士69人、高级工商管理硕士(EMBA)415人。继续推进招生改革,包括:1. 在巩固和完善"申请—考核制"博士生招生制度基础上,进一步推出"长学制"招生改革举措,并在数学科学学院和物理学系开展改革试点;2. 改革招生流程,10月,启动2012年研究生招生报名网上确认工作;3. 进一步扩大夏令营活动计划,全校共有12个夏令营开营,投入资助资金100万元,有741名优秀大学生参加了夏令营活动,预录取推免生383人。招生工作重心集中于结构优化和生源质量提高上,博士生规模尚不能满足学校科研工作需要的矛盾依然突出。

复旦大学培养科学学位研究生共涉及11个学科门类,43个一级学科,其中博士学位授权一级学科点35个,硕士学位授权一级学科点7个;此外,培养专业学位研究生涉及博士专业学位授权点2个,硕士专业学位授权点24个,形成较为齐全的培养研究生的学科专业和学位授权体系。

复旦大学研究生培养工作围绕"质量"和"创新"要求,以提高培养质量为核心,着力激发研究生创新能力。第一,继续深化课程教学改革,加强培养过程管理和教学质量评估。全年开设各类研究生课程共计2 635门,其中博士生课程656门,共736个班级;硕士生课程1 961门,共2 447个班级;公共选修课程(含跨一级学科新视野课程)18门,共51个班级。在网上全面开展研究生课程教学评估(学生评教)工作,参加并接受上海市组织的年度培养过程检查与评估活动。重视课程和教材建设,第一批审核批准重点课程建设项目的资助立项20项,第二批审核批准重点课程建设项目的资助立项23项。继续开展"研究生学术新人奖"活动,共评出国家级学术新人奖25人;继续开展年度优秀导师评选活动,评出36名优秀研究指导教师。第二,加强研究生创新能力培养,完成年内承担的各类国家和上海市级研究生教育创新计划项目。第十一批研究生创新基金资助项目共34项,其中,优秀博士论文培育资助12项,优秀硕士论文培育资助22项,资助金额共计45万元。参加多个国内学术论坛及复旦大学举办的以学科为轴心的分学科学术论坛。建设和完善金融创新、生物信息学、数字医学、医学分子生物学、环境科学、数字传媒和力学学科、生物医学工程实验室等8个交叉性学科研究生创新实验室。首次以研究生院、研究生工作部的名义,举办国际"学术研究能力训练"暑期学校,资助两批共计46名研究生赴美国加州州立大学Fullerton分校参加暑期学校,成效显著。第三,继续支持研究生开展产学研结合的实践活动。加强与上海市陆家嘴金融港、上海科学院、张江高科的产学研合作,组织学生到联合培养基地实习和训练。为毕业研究生继续探索和开设"创业与创新"辅修课程(第三期)。第四,为进一步加强创新人才培养,学校继续开展第三批“211工程”三期创新人才培养计划的6个资助项目：复旦大学重点学科优秀博士生科研资助计划、复旦大学交叉学科优秀博士生科研资助计划、复旦大学博士生短期国际访学资助计划、复旦大学推免生暑期科研训练资助计划、复旦大学研究生暑期学校资助计划和复旦大学优秀大学生夏令营资助计划。第五，继续推行研究生国际访学制度，参加国外学术会议、报告资助项目34项，作报告的有20多人，分赴欧美等国家，经费共计28.5万元。全年选派研究生出国留学共计87名，其中攻读博士学位41人，攻读硕士学位2人，联合培养44人。第六，继续对培养过程中的学位论文选题、开题、预审及预答辩等环节进行督促检查和监控，保证研究生学位论文质量。

2011年，复旦大学共授予硕士学位4 499人，其中专业学位2 530人；授予博士学位902人，其中专业学位46人。7月，教育部审批通过刘遵义的名誉博士学位，11月，完成李达三名誉博士学位的授证工作。

为提高学位授予质量，博士学位论文工作重点集中于提高优良率及论文的创新性；硕士学位论文工作重点集中在保证学位授予质量，降低异议率。全年博士学位论文双盲评审共送审博士论文1 961本，其中61本被专家提出异议，异议率为3.11%；参加上海市硕士学位论文抽检评议408人，异议16人，异议率为3.92%；校内硕士论文的抽检重点继续放在科学学位论文，全年共抽检502人，异议51人，异议率为10.16%。

将2010年导师遴选的改革试点推广到理工科类所有院系，在遴选条件和名额上不做限制，鼓励院系结合已有的人力资源规划，对博导的岗位聘任统筹安排。除试点单位外，本年度共有53人提出博士生指导教师岗位任职资格申请，其中副教授3人，认定8人。目前正在进行校外通讯评议中。在新修订的导师资助规章基础上，顺利完成2008、2009、2010、2011级博士生导师招收博士生出资金额的测算与核对工作。

继续推进专业学位教育，新增工程博士1个博士专业学位授权点，下设电子与信息、生物与医药两个领域。继续推进专业学位综合改革试点工作，工商管理硕士、公共管理硕士、公共卫生硕士分别通过学校组织的中期考核，公共卫生硕士通过教育部委托全国医学专业学位研究生教育指导委员会组织的综合改革试点工作中期考核。

继续推进研究生教育国际化进程，积极协助外事处和学校其他相关部门，做好学校外事接待工作，促进学校与国外高校的国际合作与交流。制定《复旦大学研究生国际项目管理办法》，对在办全英文硕士学位项目进行首次全面评估。全年共接待来自美国、英国、加拿大、澳大利亚、德国、新西兰等6个国家的著名高校代表团，如美国俄亥俄州立大学、英国帝国理工学院、加拿大麦吉尔大学、澳大利亚昆士兰大学等代表团的到访，主要商谈有关国家留学基金委员会(CSC)奖学金项目和其他项目的合作与交流，并签订《复旦大学与澳大利亚Curtin大学关于博士候选人的合作协议》，推进与国外大学在CSC项目等方面的合作。协同人事处、文科科研处、外事处等进行评选哈佛燕京社普通访问学者(Visiting Fellows)项目，并挑选出2名优秀博士生报哈佛大学。协同外事处开展“耶鲁大学福克斯项目”工作，其中1名博士生被耶鲁大学录取。

在理论研究和宣传方面，继续承担上海市学位办和上海市研究生教育学会主办的刊物《上海研究生教育》杂志的编辑和发行任务，积极宣传复旦大学近年来在研究生教育方面取得的成果。研究生院的管理干部注重加强业务学习，不断总结经验，开展调查研究和理论探索工作，先后承担了国务院学位委员会、教育部和上海市的多项重大研究课题。

（包晓明　廖文武　吴宏翔　姚玉河　姜友芬　胡玲琳　陆德梅　顾云深）

【“长学制”招生改革】 2011年，进一步推出“长学制”招生改革举措，在数学科学学院和物理学系试点长学制招生改革，建立研究生教育的分流、淘汰机制，落实5年一贯制研究生培养模式。截至2011年12月底，已预录直博生252人（较2010年135人增长86.7%），直博生比重的大幅提高，主要源于数学、物理两学科的“长学制”招生改革。　（吴宏翔）

【复旦大学在全国优秀博士学位论文评选中再获佳绩】 复旦大学2011年共有3篇博士学位论文入选2011年全国优秀博士学位论文，另有6篇博士学位论文入选全国优秀博士学位论文提名论文。至此，复旦大学共获得全国优秀博士学位论文54篇，在全国各高校中位列第三，并累计有59篇博士学位论文获得全国优秀博士学位论文提名论文。从复旦大学一级学科与院系的覆盖来看，共有16个一级学科和19个院系、所、中心、附属医院曾培育出全国优博论文；指导过3篇及以上全国优博论文的指导教师增加到4位，分别是：汤钊猷院士（临床医学，4篇），杨玉良院士（化学，3篇），赵东元院士（化学，3篇），金力教授（生物学，3篇）。其中，复旦大学计算机科学与技术一级学科2011年首次培育出全国优博论文。　（姜友芬）

【启动新一轮研究生重点课程教材建设】 为进一步促进和提高复旦大学研究生的教学水平和质量，研究生院启动新一轮的研究生重点课程以及研究生教材出版规划等项目的建设立项工作，要求各学院根据各单位学科发展及教学需要，提出2010—2012年3年中研究生重点课程立项方案以及研究生教材、教学参考书的出版规划和设想，研究生院组织有关专家进行立项评审，对择优确立的项目研究生院将进行重点扶持和经费投入。2011年第一批审核、批准重点课程建设项目的资助立项20项，第二批审核、批准重点课程建设项目的资助立项23项。

2010—2012年研究生课程立项建设项目名单(第一期)

重点课程教材建设资助项目(2010年)

编　号	所属院系	项目名称	项目负责人	资助经费(万元)
1	大学英语教学部	英语写作(2)	张宁宁	5
2	外文学院	硕士第一外国语(英语)	曾建彬	5
3	法学院	宪法学	潘伟杰	5
4	历史系	日本外交史专题(教材)	冯　玮	5
5	中文系	中国文学批评史	黄霖等	5
6	新闻学院	传播学定量研究方法(教材)	廖圣清	5
7	社会科学基础部	医学科研道德概论	刘学礼	5
8	管理学院	东方管理理论(经典著作选读)	苏东水	5
9	经济学院	产业经济学研究	殷醒民	5
10	生命科学学院	生物信息学	钟　扬	5
11	数学科学学院	抽象代数基础、抽象代数	吴泉水	5
12	物理系	量子场论	施　郁	5
13	化学系	无机合成	周锡庚	5
14	信息学院微电子学系	模拟集成电路和系统(教材)	洪志良	5
15	计算机科学与技术	高级软件工程(教材)	赵文耘	5
16	力学与工程科学系	高等连续介质力学(教材)	霍永忠	5
17	上海医学院	高级病理生理学(教材)	陈思锋	5
18	公共卫生学院	毒理学原理与方法	金泰廙	5
19	药学院	光谱分析	侯爱君	5
20	实验动物科学部	《医学实验动物学》(教材)	周光兴	5

研究生课程立项建设项目名单(第二期)

编　号	所属院系	项目名称	项目负责人	经费(万元)
1	外文学院	翻译研究导轮	何刚强	5
2	外文学院	研究生俄语(教材)	赵世锋	5
3	外文学院	英语文学导读(教材)	范若恩	5
4	中文系	比较文学概论	杨乃乔	5
5	新闻学院	营销传播	程士安	5
6	经济学院	区域经济学前沿专题	范剑勇	5
7	管理学院	产业组织理论	芮明杰等	5
8	生命科学学院	科研方法与科学论文写作	卢宝荣等	5
9	物理系	高等电动力学	黄吉平	5
10	现代物理研究所	高等量子力学	宁西京	5
11	数学科学学院	非线性发展方程	吴　昊	5
12	数学科学学院	随机微分方程及其数值解	薛军工	5
13	数学科学学院	随机分析引论(教材)	应坚刚	5
14	数学科学学院	非线性系统理论以及应用(教材)	林　伟	5
15	数学科学学院	代数曲线讲义(教材)	杨劲根	5

续 表

编 号	所属院系	项目名称	项目负责人	经费(万元)
16	信息科学与工程学院	随机过程	倪卫明	5
17	计算机科学技术学院	数据挖掘导论(教材)	朱扬勇	5
18	计算机科学技术学院	算法续论	Rudolf Fleischer	5
19	上海医学院	实用细胞培养技术(含教材)	谭玉珍	5
20	上海医学院	遗传医学进展	左 伋	5
21	公共卫生学院	医院绩效管理	薛 迪	5
22	药学院	现代色谱技术(含教材)	段更利	5
23	药学院	《药物动力学》(教材)	蒋新国	5

（先梦涵 廖文武）

【举行“博士研究生学术新人奖”启动仪式】 根据《教育部国务院学位委员会关于批准2010年度“博士研究生学术新人奖”获奖者的通知》(教研[2010]1号)，复旦大学程少轩等25位博士生获得教育部2010年度“博士研究生学术新人奖”。1月18日，在光华楼举行该奖项启动仪式，由研究生院常务副院长顾云深主持。

（陈建平）

【对应调整复旦大学学科目录】 2月，国务院学位委员会第二十八次会议审议批准通过新修订的《学位授予和人才培养学科目录(2011年)》。4月，国务院学位办下发《关于按〈学位授予和人才培养学科目录〉进行学位授权点对应调整的通知》([2011]25号)，根据通知精神，复旦大学对涉及9个一级学科作对应调整的申报工作。其中，7个一级学科博士点分别是：考古学、中国史、世界史、生态学、统计学、软件工程、护理学；2个一级学科硕士点分别是：戏剧与影视学、设计学。除设计学未被同意外，其他8个一级学科均同意调整。（姜友芬）

【调研评估自设学科】 3月，复旦大学学位办公室针对复旦大学现有的51个自设学科，就人员队伍情况，研究生招生、培养及授予学位的情况进行调研，并请各院系开展自评。根据调研及院系自评的结果，向2011年6月召开的第77次校学位评定委员会提出了以下几条调整建议，并得到原则通过：1. 对从未招生的自设学科，建议做撤销的处理；2. 对与专业学位功能有重叠的自设学科，建议与专业学位并轨，撤销此类自设学科；3. 对存在毕业转专业现象的自设学科，建议各学位分委员作进一步调查并提出处理意见。（姜友芬）

【启用新版研究生中英文成绩单】 根据校长办公会的审议决定，为了规范复旦大学各类学生成绩单的出具，从2011年3月始，所有研究生中英文成绩单均由研究生院出具。新版《复旦大学研究生成绩单》具有防伪功能，并附有详细的成绩评定说明。

（先梦涵）

【实施全日制硕士专业学位研究生(自筹生)培养业务经费使用分配新方案】 3月，根据《关于切实做好普通高校全日制硕士专业学位研究生资助工作的通知》(教财厅[2010]2号)“按照规定标准，向全日制硕士专业学位国家任务研究生按月发放研究生普通奖学金”要求，制定《关于建立自筹全日制硕士专业学位研究生奖助体系的指导意见(试行)》，经校长办公会议通过，自筹全日制硕士专业学位研究生每年缴纳培养费的分配比例为学校10%、院系70%、奖助学金20%。因公共课程建设的需要，第一学年分配比例为学校10%、院系65%、公共课建设5%、奖助学金20%。（张晓金鑫）

【确定第二批、第三批重点学科优秀博士生科研资助计划资助项目】 3月3日，研究生院公布第二批重点学科优秀博士生科研资助计划资助项目共79项。5月24日，研究生院公布第三批重点学科优秀博士生科研资助计划资助项目共116项。重点学科优秀博士生科研资助计划是复旦大学“211三期”创新人才培养计划的6个资助计划之一。该计划的实施是为贯彻落实《国家中长期教育改革和发展规划纲要(2010—2020年)》，充分发挥重点学科作为知识创新、技术创新、理论创新重要基地的作用，鼓励复旦大学重点学科博士生从事高水平科学研究，提升博士生科研能力和水平，提高博士生的培养质量。

（陈建平）

【全国博士学位论文随机抽检全部合格】 4月，国务院学位办下发《关于反馈2010年博士学位论文抽检通讯评议结果的通知》，国务院学位办对2008/2009学年度全国授予博士学位的学位论文进行了随机抽检，抽检论文直接从国家图书馆调取，每篇论文送请三位专家进行通讯评议，评审意见分为“合格”或“不合格”。复旦大学被抽检到的涉及14个一级学科的博士学位论文通讯评议结果均为合格。该抽检工作是首次进行，从2011年开始，将每年进行一次。（姜友芬）

【首次发放专业学位校外兼职导师聘书】 为规范专业学位校外兼职导师的聘任工作，从2011年起，学校决定由研究生院统一为专业学位校外兼职导师发放聘书。校内专业学位导师，包括本院系和跨院系，作为学校

教职工,不专门发放聘书。2011年共发放专业学位校外兼职导师聘书81份。 (胡玲琳)

【调整人文社科类研究生申请学位发表论文要求】 6月,经复旦大学学位评定委员会第77次会议讨论,决定调整人文社科类研究生申请学位发表论文要求,选择部分自律性较好的院系先行试点,待条件成熟后在其他人文社科类院系推开此项工作。首批试点院系为中文系(基础学科)、经济学院(应用学科)和历史地理研究所(研究所)。对试点单位自2011年(及以后)入学的研究生,硕士生申请学位不再将公开发表论文作为强制性要求,博士生申请学位的发文要求由原来的B类期刊三篇,调整为B类期刊两篇或A类期刊一篇。调整发表论文要求的同时,试点单位还将配套实施其他的质量控制措施。

(姜友芬)

【启用新版留学研究生学历证书】 为进一步加强和规范本校研究生学历证书的管理,新版留学研究生的毕业证书于2011年6月启用。新版证书的版式和内容与中国籍学生的毕业证书格式一致,并添加国籍信息。

(张晓金鑫)

【完成学历证书电子注册图像采集工作】 为确保高等教育学历证书电子注册图像的技术标准和加密要求,确保国家人才数据库建设标准和高等人才信息的安全,复旦大学研究生院与教育部新华通讯社所属的中国图片社合作完成2011年度复旦大学学历证书电子注册的图像采集工作,保障复旦大学研究生学历证书图像采集的质量,完成2011年学历证书的电子注册工作。 (张晓金鑫)

【获得工程博士专业学位授权点】 6月,学校组织复旦大学信息学院、计算机学院、软件学院、药学院、医学院、生命科学学院申报全国工程博士试点单位,10月获得"电子与信息"、"生物与医药"试点授权。

(陆德梅)

【举办第三届中青年研究生导师培训大会】 6月3日,复旦大学第三届中青年研究生导师培训大会在校举行。大会由研究生院常务副院长顾云深主持。复旦大学党委副书记陈立民、上海交通大学"长江学者奖励计划"特聘教授王如竹、清华大学心理学系副系主任樊富珉等为培训大会作专题报告。全校250多名中青年研究生导师参加培训。 (胡玲琳)

【第十一批研究生创新基金资助款发放仪式举行】 7月6日,第十一批研究生创新基金资助款发放仪式在校举行。第十一批研究生创新基金资助项目共34项,其中,优秀博士论文培育资助12项,优秀硕士论文培育资助22项。复旦大学研究生创新基金设立于2001年,迄今已资助698个项目。复旦大学是国内最早开展研究生学位论文尤其是博士学位论文早期资助的高校,十多年来取得了显著成效。 (陈建平)

【复旦大学申请教育部2011年度"博士研究生学术新人奖"候选人确定】 7月12日,经评奖专家委员会评定,确定鹏宇等25名博士生作为复旦大学申请教育部2011年度"博士研究生学术新人奖"候选人。"博士研究生学术新人奖"是为加快提高我国博士研究生培养质量,加强拔尖创新人才培养,引导和激励广大博士研究生投身高水平科学研究和创新研究,由教育部2010年首次设立。主要用于资助博士研究生参加高水平国际国内学术交流、参与或主持创新性科学研究、撰写高质量学位论文等有关学术研究活动。 (陈建平)

【举办2011年上海市金融学研究生暑期学校】 该暑期学校于7月17—24日在复旦大学举办,在研究生院指导下由复旦大学"教育部金融创新研究生开放实验室"牵头申报,获得上海市教育委员会批准资助。7月18日上午,在校举行学校开学仪式,副校长陆防、经济学院院长袁志刚和研究生院常务副院长顾云深等出席。来自香港大学、清华大学、复旦大学、上海交通大学、中国科学院、南京大学、南开大学、武汉大学、华中科技大学、厦门大学、吉林大学、中央财经大学、上海财经大学、山东大学、西安交通大学、同济大学、四川大学、湖南大学等30多所高校的近90名硕士生、博士生和青年教师参与学习。学习期间,复旦大学教授姜波克、天津大学教授张维、上海交通大学教授吴冲锋、加拿大温莎大学教授安云碧和中国人民银行总行研究员张雪春等国内外专家、学者作专题课程讲座4场、大会主题报告5场、专题学术报告7场,传授金融学理论和方法的前沿知识。

(廖文武)

【调整研究生教育战略规划】 复旦大学各院系分管研究生教育的院长、系主任工作会议于2011年9月19日上午在研究生院召开。研究生院常务副院长顾云深主持会议。副校长、研究生院院长陆昉出席会议并讲话。研究生教育规划作战略调整:首先,研究生教育的目标要明确,要把学生培养成各行各业的领军人物,提高研究生的培养质量是研究生教育的关键。学校将成立新的教育指导委员,该指导委员会将涵盖本科生教育和研究生教育,主要分为学科类型和功能类型两种,院系也要成立院系教育指导委员会,要充分听取专家意见,发挥院系积极性,制定适合各个院系和专业特点的人才培养策略。第二,控制规模、调整结构以提高人才培养质量。在总量控制前提下,对于一些重点学科,研究生教育水平比较高的院系,可以适当放宽研究生教育的规模。第三,规范管理。作为管理层面要制定相关政策,督促研究生教育管理各环节的正常运行。在招生中要把好关,花力气提高生源质量,要充分挖掘优秀生源,主动到"985高校"去宣传,吸引更多优秀学生。同时要做好自主招生的规范管理,体现"公开、公平、公正"的理念。在课程方面应将研究生与本科生课程尽快做好对接,以利于学生的整体发展。第四,提高研究生待遇。在提高研究生的基本待遇,保障基本生活水准的基础上,进一步加大助教和助研的力度。特别是要加强助教的作用,以满足基础课程小班化教学的要求,应特别注重助教的教学能力的培养和训练,真正发挥助教的作用。

(姚玉河 包晓明)

【研究生学籍学历工作改革】 上海市教委2010年5月成立上海市学生事务中心,试点改革研究生学籍学历信息工作。研究生院培养办公室按照教育部、上海市教委的最新工作要求，以新生、学年、学历三大电子注册业务为抓手，整合本校现有的研究生教育管理系统中的信息，不断梳理历年研究生毕业学历报盘反馈信息，并进行在校生信息在教育部学生信息平台的即时维护和更新。2011 年 9 月顺利完成新形势下的 2011 级研究生新生电子注册，顺利完成 2011 年全年毕业研究生的学历即时电子注册。为协助教育部建立健全学生信息库，实现学生数据“有进有出，有始有终”的信息全程化管理，以及学历查询与认证功能的顺利开展做出积极的努力。　(张　晓　金　鑫)

【首次实现网上招生信息确认】 10 月 5—14 日，复旦大学报名点在 2012 年招生考研报名中首次将现场确认改为网上确认。该项改革有利于方便考生确认信息，提高工作效率。为配合流程改革，学校加强监考环节中对学生相关证件的审核。所有考生的报考资格将在 2012 年 3 月复试时进行全面核查。　(吴宏翔)

【举办上海市研究生学术论坛】 10 月 26—27 日，由上海市研究生教育创新计划支持的上海市研究生学术论坛之——生物医学转化研究进展前沿与应用在校举行。来自复旦大学生物医学研究院、上海医学院、生命科学学院、化学系以及中科院上海有机化学研究所的研究生共 230 余人参会。国际知名糖生物学专家(研究生院) 三井成松(HisashiNarimatsu)等 10 余位国内外知名的转化医学相关研究专家应邀到会，做大会报告并与研究生进行交流。论坛还设立学术海报展示版块。　(廖文武)

【开展全英文硕士学位项目评估】 10 月，首次对复旦大学在办的全英文硕士学位项目进行评估，了解和掌握在办项目在 2010—2011 学年中的学生构成、课程体系、教师团队及项目运行等情况。根据评估结果，在办各项目获得 5 万—10 万元不等的课程建设资助，资助总额为 88 万元。(陆德梅)

【2 个上海市研究生教育创新计划项目结题】 12 月 18 日，由上海市学位办组织的 2011 年上海市研究生教育创新计划实施总结交流会在江苏太仓举行。来自全市各相关研究生培养单位负责人共计 50 多位代表参加会议，会议由上海市教育委员会高教处束金龙副处长主持。会议主要是对各培养单位实施市级研究生教育创新计划中的研究生创新能力培养专项资金项目、“暑期学校”、“学术论坛”的运行情况进行总结与交流。复旦大学承担的“暑期学校”、“学术论坛”2 个项目的总结汇报，获得专家组的充分肯定和好评。会议通报并总结全市有关高校研究生教育创新计划实施总结情况及产生的效果与影响。　(廖文武　先梦涵)

【召开专业学位研究生教育改革试验(住院医师项目)导师培训专题研讨会】 12 月 23 日，为推进复旦大学临床医学专业学位硕士研究生教育与住院医师规范化培训相结合试点项目，学校召开“2011 年复旦大学研究生专业学位教育改革试验(住院医师项目)导师培训专题研讨会”。会议由研究生院副院长汪玲教授主持。培训内容包括：上海市教委和卫生局领导关于本改革政策解读、医院开展项目经验交流等。各附属医院研究生教育分管院长、各附属医院住院医师规范化培训基地主任等 50 多位导师参加此次培训。

(胡玲琳　吴鸿翔)

【举办研究生的“创新创业英才计划——职业(辅修)课程”计划项目】 2011 年度复旦大学第 3 期研究生的“创新创业英才计划——职业(辅修)课程”计划项目已正式开班，共招收 44 人入学，这是自创办以来的第 3 期，学员通过课程学习并合格者，由复旦大学研究生院颁发结业证书。

(廖文武　先梦涵)

附　录

国务院学位委员会第六届学科评议组成员(复旦大学)

学　科	成　员	学　科	成　员
哲　学	俞吾金	物理学、天文学	金晓峰
理论经济学	袁志刚	化　学	杨玉良* 贺鹤勇
应用经济学	姜波克	生物学	金　力　卢宝荣
政治学	林尚立	基础医学	熊思东
马克思主义理论	顾钰民	临床医学(Ⅰ)	葛均波
中国语言文学	朱立元	临床医学(Ⅱ)	顾玉东*　周　梁　樊　嘉
外国语言文学	褚孝泉	公共卫生与预防医学	姜庆五*
新闻传播学	黄　旦*	中西医结合	吴根诚*
历史学	吴景平	管理科学与工程	黄丽华
数　学	吴宗敏	公共管理	郝　模

*：学科评议组召集人。

国务院学位委员会成员(复旦大学)

届　别	成　员	批准时间
第六届委员	杨玉良　金　力　顾玉东	2008年4月19日

复旦大学一级学科博士、硕士学位授权点一览表

序　号	一级学科	博士点数	硕士点数
1	哲　学	9(3)	11(4)
2	理论经济学	5	8(2)
3	应用经济学	9(2)	12(3)
4	法　学	2	9
5	政治学	6	7
6	社会学	1	4
7	马克思主义理论	3	3
8	中国语言文学	12(5)	14(7)
9	外国语言文学	2	7
10	新闻传播学	4(2)	8(6)
11	考古学	调整中	调整中
12	中国史	调整中	调整中
13	世界史	调整中	调整中
14	数　学	5	5
15	物理学	5	7
16	化　学	7(2)	7(2)
17	生物学	12(2)	13(2)
18	生态学	调整中	调整中
19	统计学	调整中	调整中
20	光学工程	0	1
21	材料科学与工程	1	2
22	电子科学与技术	4	6(2)
23	计算机科学与技术	3	3
24	环境科学与工程	1	2
25	生物医学工程	4(3)	4(3)
26	软件工程	调整中	调整中
27	基础医学	9(3)	9(3)
28	临床医学	16(1)	21(3)
29	公共卫生与预防医学	5	6(1)
30	中西医结合	2	2
31	药　学	4	5
32	护理学	调整中	调整中
33	管理科学与工程	2(1)	4(3)
34	工商管理	4(1)	8(4)
35	公共管理	4(2)	7(3)

注：1. 括号中的数据为学校自设的学科专业数(此数据已包含在括号前的数据中)；
　　2. 硕士点数涵盖博士点数。

复旦大学培养研究生学科、专业目录(科学学位)

授予学位学科门类	一级学科(授权时间)	序　号	专业名称	专业代码	硕士点批准时间	博士点批准时间
哲　学	哲学** 2000年12月 第八批	1	马克思主义哲学*	010101	1981年11月	1981年11月
		2	中国哲学*	010102	1981年11月	1981年11月
		3	外国哲学*	010103	1981年11月	1981年11月
		4	逻辑学	010104	1986年7月	—
		5	伦理学*	010105	1993年12月	2003年1月
		6	宗教学*	010107	1998年6月	2001年4月
		7	科学技术哲学*	010108	1981年11月	1998年6月
		8	国外马克思主义*(自设专业)	010120	—	2004年2月
		9	经济哲学*(自设专业)	010121	—	2004年2月
		10	比较哲学*(自设专业)	010122	—	2004年2月
		11	企业伦理学(自设专业)	010123	2004年2月	—
经济学	理论经济学** 1998年6月 第七批	12	政治经济学*	020101	1981年11月	1981年11月
		13	经济思想史*	020102	1981年11月	1984年1月
		14	经济史	020103	1981年11月	—
		15	西方经济学*	020104	1993年12月	2001年4月
		16	世界经济*	020105	1981年11月	1986年7月
		17	人口、资源与环境经济学*	020106	1990年11月	2001年4月
		18	发展经济学(自设专业)	020120	2004年2月	—
		19	欧盟经济(自设专业)	020121	2004年2月	—
	应用经济学** 1998年6月 第七批	20	国民经济学*	020201	1993年12月	2001年4月
		21	区域经济学*	020202	1993年12月	2001年4月
		22	财政学	020203	1996年6月	—
		23	金融学*	020204	1990年11月	1993年12月
		24	产业经济学*	020205	1984年1月	1986年7月
		25	国际贸易学*	020206	1993年12月	2001年4月
		26	劳动经济学	020207	1998年6月	—
		27	数量经济学*	020209	1986年7月	2001年4月
		28	金融管理与金融工程*(自设专业)	020220	—	2004年2月
		29	产业组织学*(自设专业)	020221	—	2004年2月
		30	投资学(自设专业)	020222	2004年2月	—
法　学	法学** 2011年3月	31	法学理论	030101	1998年6月	—
		32	法律史	030102	1981年11月	—
		33	宪法学与行政法学	030103	1996年6月	—
		34	刑法学	030104	2000年12月	—
		35	民商法学*	030105	1998年6月	2006年1月
		36	诉讼法学	030106	2000年12月	—
		37	经济法学	030107	2005年1月	—
		38	环境与资源保护法学	030108	2003年5月	—
		39	国际法学*	030109	1993年12月	2003年7月

续 表

授予学位学科门类	一级学科（授权时间）	序 号	专业名称	专业代码	硕士点批准时间	博士点批准时间
法 学	政治学** 2000 年 12 月 第八批	40	政治学理论*	030201	1984 年 11 月	1990 年 11 月
		41	中外政治制度*	030202	2000 年 12 月	2001 年 4 月
		42	科学社会主义与国际共产主义运动	030203	2003 年 5 月	—
		43	中共党史*	030204	2003 年 5 月	2005 年 1 月
		44	国际政治*	030206	1981 年 11 月	2001 年 4 月
		45	国际关系*	030207	1981 年 11 月	1986 年 7 月
		46	外交学*	030208	2003 年 5 月	2005 年 7 月
	社会学** 2011 年 3 月	47	社会学*	030301	1993 年 12 月	2006 年 1 月
		48	人口学	030302	1984 年 1 月	—
		49	人类学	030303	2000 年 12 月	—
		50	民俗学(含：中国民间文学)	030304	2003 年 5 月	—
	马克思主义理论** 2006 年 1 月 第十批	51	马克思主义基本原理*	030501	—	2006 年 1 月
		52	马克思主义中国化研究*	030503	—	2007 年 1 月
		53	思想政治教育*	030505	—	2006 年 1 月
教育学	教育学▲ 2011 年 3 月	54	课程与教学论	040102	2005 年 1 月	—
		55	高等教育学	040106	1996 年 6 月	—
	心理学▲ 2011 年 3 月	56	应用心理学	040203	2006 年 1 月	—
文 学	中国语言文学** 1998 年 6 月 第七批	57	文艺学*	050101	1981 年 11 月	1986 年 7 月
		58	语言学及应用语言学*	050102	1981 年 11 月	2003 年 1 月
		59	汉语言文字学*	050103	1981 年 11 月	1981 年 11 月
		60	中国古典文献学*	050104	1984 年 1 月	1999 年 7 月
		61	中国古代文学*	050105	1981 年 11 月	1981 年 11 月
		62	中国现当代文学*	050106	1984 年 1 月	1986 年 7 月
		63	比较文学与世界文学*	050108	1984 年 1 月	2000 年 12 月
		64	中国文学批评史*(自设专业)	050120	—	2004 年 2 月
		65	艺术人类学与民间文学*(自设专业)	050121	—	2004 年 2 月
		66	现代汉语语言学*(自设专业)	050122	—	2004 年 2 月
		67	影视文学*(自设专业)	050123	—	2005 年 4 月
		68	对外汉语教学(自设专业)	050124	2005 年 4 月	—
		69	中国文学古今演变*(自设专业)	050125	—	2005 年 4 月
		70	文学写作(自设专业)	050126	2006 年 1 月	—
	外国语言文学** 2011 年 3 月	71	英语语言文学*	050201	1981 年 11 月	1984 年 1 月
		72	俄语语言文学	050202	1990 年 11 月	—
		73	法语语言文学	050203	1981 年 11 月	—
		74	德语语言文学	050204	1993 年 12 月	—
		75	日语语言文学	050205	1986 年 7 月	—
		76	亚非语言文学	050210	2000 年 12 月	—
		77	外国语言学及应用语言学*	050211	1990 年 11 月	2003 年 7 月

续　表

授予学位学科门类	一级学科(授权时间)	序　号	专业名称	专业代码	硕士点批准时间	博士点批准时间
文　学	新闻传播学** 2011年3月 第八批	78	新闻学*	050301	1981年11月	1984年1月
		79	传播学*	050302	1997年	1998年6月
		80	广播电视学*(自设专业)	050320	—	2003年1月
		81	广告学(自设专业)	050321	2003年1月	—
		82	编辑出版(自设专业)	050322	2004年2月	—
		83	公共关系(自设专业)	050323	2004年2月	—
		84	媒介管理学*(自设专业)	050324	—	2004年2月
		85	国际传播(自设专业)	050325	2005年4月	—
历史学	考古学** 2011年8月	86	待定	0601		
	中国史** 2011年8月	87	待定	0602		
	世界史** 2011年8月	88	待定	0603		
理　学	数学** 1996年6月 第六批	89	基础数学*	070101	1981年11月	1981年11月
		90	计算数学*	070102	1981年11月	1984年1月
		91	概率论与数理统计*	070103	1981年11月	1986年7月
		92	应用数学*	070104	1981年11月	1981年11月
		93	运筹学与控制论*	070105	1981年11月	1998年6月
	物理学** 1998年6月 第七批	94	理论物理*	070201	1981年11月	1981年11月
		95	粒子物理与原子核物理*	070202	1981年11月	1981年11月
		96	原子与分子物理*	070203	1986年7月	2003年1月
		97	等离子体物理	070204	1996年6月	—
		98	凝聚态物理*	070205	1981年11月	1981年11月
		99	光学*	070207	1981年11月	1984年1月
		100	无线电物理	070208	1981年11月	—
	化学** 1996年6月 第六批	101	无机化学*	070301	1981年11月	1981年11月
		102	分析化学*	070302	1981年11月	1986年7月
		103	有机化学*	070303	1981年11月	1990年11月
		104	物理化学*	070304	1981年11月	1981年11月
		105	高分子化学与物理*	070305	1981年11月	1981年11月
		106	化学生物学*(自设专业)	070320	—	2003年1月
		107	应用化学*(自设专业)	070321	—	2004年2月
	生物学** 1998年6月 第七批	108	植物学*	071001	1981年11月	1986年7月
		109	动物学*	071002	1981年11月	1984年1月
		110	生理学*	071003	1981年11月	1981年11月
		111	微生物学*	071005	1981年11月	1981年11月
		112	神经生物学*	071006	1986年7月	1996年6月
		113	遗传学*	071007	1981年11月	1981年11月
		114	发育生物学*	071008	2000年12月	2000年12月

续 表

授予学位学科门类	一级学科（授权时间）	序号	专业名称	专业代码	硕士点批准时间	博士点批准时间
理学	生物学** 1998年6月 第七批	115	细胞生物学	071009	2003年5月	—
		116	生物化学与分子生物学*	071010	1981年11月	1981年11月
		117	生物物理学*	071011	1981年11月	1990年11月
		118	生物信息学*(自设专业)	071020	—	2004年2月
		119	人类生物学*(自设专业)	071021	—	2004年2月
	生态学** 2011年8月	120	待定	0713		
	统计学** 2011年8月	121	待定	0714		
	力 学▲ 2006年1月 第十批	122	一般力学与力学基础	080101	1998年6月	—
		123	固体力学	080102	1981年11月	—
		124	流体力学*	080103	1981年11月	1981年11月
		125	工程力学	080104	1990年11月	—
工学	光学工程** 2011年3月	126	光学工程*	080300	2003年5月	2010年3月
	材料科学与工程** 2011年3月	127	材料物理与化学*	080501	1990年11月	1998年6月
		128	材料学	080502	2000年12月	—
理学	电子科学与技术** 1998年6月 第七批	129	物理电子学*	080901	1981年11月	1981年11月
		130	电路与系统*	080902	1981年11月	1990年11月
		131	微电子学与固体电子学*	080903	1981年11月	1997年
		132	电磁场与微波技术*	080904	1998年6月	2005年7月
		133	信息功能材料与器件(自设专业)	080920	2004年2月	—
		134	光电系统与控制技术(自设专业)	080921	2005年4月	—
工学	信息与通信工程▲ 2011年3月	135	通信与信息系统	081001	1998年6月	—
理学	计算机科学与技术** 2000年12月 第八批	136	计算机系统结构*	081201	1986年7月	2001年4月
		137	计算机软件与理论*	081202	1981年11月	1986年7月
		138	计算机应用技术*	081203	1981年11月	2000年12月
工学	航空宇航科学与技术▲ 2011年3月	139	飞行器设计	082501	2003年5月	—
理学	环境科学与工程** 2006年1月 第十批	140	环境科学*	083001	1990年11月	2000年12月
		141	环境工程	083002	2003年5月	—
工学	生物医学工程** 2000年12月 第八批	142	生物医学工程*(本一级学科国家目录不设二级学科)	0831	1981年11月	1996年6月
		143	医学电子学*(自设专业)	083120	—	2004年2月
		144	生物力学*(自设专业)	083121	—	2004年2月
		145	生物医用材料*(自设专业)	083122	—	2007年1月
	软件工程** 2011年8月	146	待定	0835		

续　表

授予学位学科门类	一级学科(授权时间)	序号	专业名称	专业代码	硕士点批准时间	博士点批准时间
医　学	基础医学** 1998年6月 第七批	147	人体解剖与组织胚胎学*	100101	1981年11月	1981年11月
		148	免疫学*	100102	1981年11月	1981年11月
		149	病原生物学*	100103	1981年11月	1984年1月
		150	病理学与病理生理学*	100104	1981年11月	1981年11月
		151	法医学*	100105	1986年7月	2005年1月
		152	放射医学*	100106	1986年7月	1993年12月
		153	分子医学*(自设专业)	100120	—	2004年2月
		154	医学信息学*(自设专业)	100121	—	2004年2月
		155	疾病蛋白组学*(自设专业)	100122	—	2004年2月
医　学	临床医学** 2003年9月 第九批	156	内科学*	100201	1981年11月	1981年11月
		157	儿科学*	100202	1981年11月	1984年1月
		158	老年医学	100203	1996年6月	—
		159	神经病学*	100204	1981年11月	1981年11月
		160	精神病与精神卫生学*	100205	1981年11月	1986年7月
		161	皮肤病与性病学*	100206	1981年11月	1981年11月
		162	影像医学与核医学*	100207	1981年11月	1981年11月
		163	临床检验诊断学*	100208	1986年7月	1996年6月
		164	外科学*	100210	1981年11月	1981年1月
		165	妇产科学*	100211	1981年11月	1984年1月
		166	眼科学*	100212	1981年11月	1981年11月
		167	耳鼻咽喉科学*	100213	1981年11月	1981年11月
		168	肿瘤学*	100214	1984年1月	1984年1月
		169	康复医学与理疗学*	100215	2003年5月	2005年1月
		170	运动医学*	100216	1981年11月	2005年7月
		171	麻醉学*	100217	1986年7月	1993年12月
		172	急诊医学	100218	1993年12月	—
		173	显微医学*(自设专业)	100220	—	2004年2月
		174	全科医学(自设专业)	100221	2004年2月	—
		175	循证医学(自设专业)	100222	2005年4月	—
	口腔医学	176	口腔临床医学	100302	1981年11月	—
	公共卫生与预防医学** 1998年6月 第七批	177	流行病与卫生统计学*	100401	1981年11月	1981年11月
		178	劳动卫生与环境卫生学*	100402	1981年11月	1981年11月
		179	营养与食品卫生学*	100403	1981年11月	2005年7月
		180	儿少卫生与妇幼保健学*	100404	1981年11月	2005年7月
		181	卫生毒理学*	100405	1990年11月	2001年4月
		182	社区卫生与健康促进(自设专业)	100420	2006年1月	—
	中西医结合** 1998年6月 第七批	183	中西医结合基础*	100601	1981年11月	1981年11月
		184	中西医结合临床*	100602	1981年11月	1981年11月

续 表

授予学位学科门类	一级学科(授权时间)	序 号	专业名称	专业代码	硕士点批准时间	博士点批准时间
理学或医学	药学** 1998年6月 第七批	185	药物化学*	100701	1981年11月	1990年11月
		186	药剂学*	100702	1981年11月	1986年7月
		187	生药学*	100703	1981年11月	2001年4月
		188	药物分析学	100704	1981年11月	—
		189	药理学*	100706	1981年11月	1981年11月
医 学	护理学** 2011年8月	190	待定	1011		
管理学	管理科学与工程** 1998年6月 第七批	191	管理科学与工程*(本一级学科国家目录不设二级学科)	1201	1990年11月	1998年6月
		192	管理科学(自设专业)	120120	2004年2月	—
		193	信息管理与信息系统(自设专业)	120121	2004年2月	—
		194	物流与运营管理*(自设专业)	120122	—	2004年2月
	工商管理** 2000年12月 第八批	195	会计学*	120201	1993年12月	2001年4月
		196	企业管理*	120202	1986年7月	1996年6月
		197	旅游管理*	120203	1996年6月	2005年1月
		198	技术经济及管理	120204	2003年5月	—
		199	东方管理学*(自设专业)	120220	—	2004年2月
		200	市场营销(自设专业)	120221	2004年2月	—
		201	财务管理(自设专业)	120222	2004年2月	—
		202	金融工程管理(自设专业)	120223	2004年2月	—
	公共管理** 2003年9月 第九批	203	行政管理*	120401	1997年	1998年6月
		204	社会医学与卫生事业管理*	120402	1986年7月	1993年10月
		205	教育经济与管理	120403	2003年5月	—
		206	社会保障	120404	2003年5月	—
		207	环境管理(自设专业)	120420	2005年4月	—
		208	社会管理与社会政策*(自设专业)	120421	—	2005年4月
		209	公共政策*(自设专业)	120422	—	2006年1月
	图书馆、情报与档案管理▲ 2011年3月	210	图书馆学	120501	2003年5月	—
艺术学	戏剧与影视学▲ 2011年8月	211	待定	1303		

注:1. 带**为博士学位授权一级学科点;带▲为硕士学位授权一级学科点;带*为二级学科博士点;
2. 上述学科、专业中共涉及一级学科43个,其中博士学位授权一级学科点35个,硕士学位授权一级学科点7个。

复旦大学培养研究生学科、专业目录(专业学位)

专业学位名称	专业代码	领 域	授权年份
法律硕士(J.M)	410100	法律	1998
工程硕士(M.E.)	430100	光学工程	2004
		材料工程	2002
		电子与通信工程	2001

续　表

专业学位名称	专业代码	领　域	授权年份
工程硕士(M. E.)	430100	集成电路工程	2006
		计算机技术	2001
		软件工程	2002
		化学工程	2004
		环境工程	2003
		生物医学工程	2005
		项目管理	2004
		物流工程	2004
		生物工程	2008
临床医学博士(M. D.)*	450100	临床医学*	1998
临床医学硕士(M. M.)			
工商管理硕士(MBA)	460100	工商管理	1991
高级管理人员工商管理硕士(EMBA)		高级管理人员工商管理	2002
公共管理硕士(MPA)	490100	公共管理	2000
公共卫生硕士(MPH)	500100	公共卫生	2002
口腔医学硕士(S. M. M)	510100	口腔医学	2003
会计硕士(MPAcc)	530100	会计学	2004
汉语国际教育硕士(MTCSOL)	570100	汉语国际教育	2007
翻译硕士(MTI)	580100	翻译	2007
社会工作硕士(MSW)	590100	社会工作	2009
艺术硕士(MFA)	550100	戏剧	2009
金融硕士(MF)	0251	金融	2010
税务硕士(MT)	0253	税务	2010
国际商务硕士(MIB)	0254	国际商务	2010
保险硕士(MI)	0255	保险	2010
资产评估硕士(MV)	0256	资产评估	2010
教育硕士(EDM)	0451	教育管理	2010
新闻与传播硕士(MJC)	0553	新闻与传播	2010
出版硕士(MP)	0554	出版	2010
文物与博物馆硕士(M. C. H. M)	0651	文物与博物馆	2010
护理(MNS)	1054	护理	2010
药学硕士(M. Pharm)	1055	药学	2010
旅游管理硕士(MTA)	1254	旅游管理	2010
工程博士(D. Eng)*		电子与信息 生物与医药	2011

注：上述学科、专业中共有博士专业学位授权点2个(* 标记)，硕士专业学位授权点24个。

2011年复旦大学博士生指导教师一览表

学科门类	一级学科	序号	专业名称	专业代码	博士生导师	批准时间	所属院系(所)
哲学	哲学	1	马克思主义哲学	010101	余源培	1993年12月	哲学学院
			马克思主义哲学	010101	吴晓明	1994年11月	
			马克思主义哲学	010101	冯　平	1996年6月	
			马克思主义哲学	010101	孙承叔	1999年7月	
			马克思主义哲学	010101	陈学明	1999年7月	
			马克思主义哲学	010101	王德峰	2005年1月	
			马克思主义哲学	010101	邹诗鹏	2005年7月	
			马克思主义哲学	010101	郑召利	2007年1月	
		2	中国哲学	010102	谢遐龄	1994年11月	社会发展与公共政策学院
			中国哲学	010102	张汝伦	1998年1月	哲学学院
			中国哲学	010102	王雷泉	1999年7月	
			中国哲学	010102	杨泽波	2003年1月	
			中国哲学	010102	林宏星	2004年1月	
			中国哲学	010102	徐洪兴	2004年1月	
			中国哲学	010102	吴　震	2006年1月	
			中国哲学	010102	陈居渊	2008年1月	
			中国哲学	010102	刘康德	2010年1月	
		3	外国哲学	010103	刘放桐	1986年7月	
			外国哲学	010103	黄颂杰	1993年12月	
			外国哲学	010103	俞吾金	1993年12月	
			外国哲学	010103	汪堂家	2001年4月	
			外国哲学	010103	莫伟民	2003年1月	
			外国哲学	010103	佘碧平	2005年1月	
			外国哲学	010103	孙向晨	2008年1月	
		4	伦理学	010105	邓安庆	2004年1月	
		5	宗教学	010107	张庆熊	2001年4月	
			宗教学	010107	李天纲	2004年1月	
			宗教学	010107	王新生	2011年1月	
			宗教学	010107	郑伟宏	2006年1月	中国古代文学研究中心
		6	科学技术哲学	010108	胡守钧	2003年1月	社会发展与公共政策学院
			科学技术哲学	010108	朱宝荣	2004年1月	哲学学院
			科学技术哲学	010108	张志林	2009年7月	
		7	国外马克思主义	010120	汪行福	2007年1月	
			国外马克思主义	010120	王凤才	2007年1月	
经济学	理论经济学	8	政治经济学	020101	洪远朋	1993年12月	经济学院
			政治经济学	020101	彭希哲	1993年12月	社会发展与公共政策学院
			政治经济学	020101	张晖明	1998年1月	经济学院

续 表

学科门类	一级学科	序 号	专业名称	专业代码	博士生导师	批准时间	所属院系(所)
经济学	理论经济学	8	政治经济学	020101	石 磊	1999年7月	经济学院
			政治经济学	020101	李慧中	2001年4月	
			政治经济学	020101	严法善	2005年1月	
		9	经济思想史	020102	袁志刚	1998年1月	
			经济思想史	020102	张 军	1998年1月	
			经济思想史	020102	马 涛	2003年1月	
		10	西方经济学	020104	李维森	2005年1月	
			西方经济学	020104	陆 铭	2009年1月	
			西方经济学	020104	陈 钊	2009年1月	
			西方经济学	020104	王 城	2010年1月	
			西方经济学	020104	宋 铮	2011年1月	
		11	世界经济学	020105	华 民	1996年6月	
			世界经济学	020105	陈建安	1998年1月	
			世界经济学	020105	黄亚钧	1998年1月	
			世界经济学	020105	庄起善	2003年1月	
			世界经济学	020105	唐朱昌	2004年1月	
			世界经济学	020105	丁 纯	2009年1月	
			世界经济学	020105	沈国兵	2011年1月	
		12	人口、资源与环境经济学	020106	戴星翼	1999年7月	环境科学与工程系
			人口、资源与环境经济学	020106	王桂新	2001年4月	社会发展与公共政策学院
			人口、资源与环境经济学	020106	梁 鸿	2003年1月	
			人口、资源与环境经济学	020106	陈家华	2005年1月	
			人口、资源与环境经济学	020106	任 远	2007年1月	
			人口、资源与环境经济学	020106	张 力	2009年1月	
	应用经济学	13	国民经济学	020201	李洁明	2005年1月	经济学院
			国民经济学	020201	焦必方	2006年1月	
		14	区域经济学	020202	范剑勇	2010年1月	
		15	金融学	020204	姜波克	1994年11月	
			金融学	020204	干杏娣	1996年1月	
			金融学	020204	甘当善	1996年6月	
			金融学	020204	陈学彬	1998年1月	
			金融学	020204	刘红忠	2001年4月	
			金融学	020204	许少强	2001年4月	
			金融学	020204	殷醒民	2004年1月	
			金融学	020204	张金清	2004年1月	
			金融学	020204	朱 叶	2006年1月	
			金融学	020204	孙立坚	2007年1月	
			金融学	020204	张陆洋	2009年1月	
			金融学	020204	项俊波	2010年9月	

续　表

学科门类	一级学科	序　号	专业名称	专业代码	博士生导师	批准时间	所属院系(所)
经济学	应用经济学	16	产业经济学	020205	郁义鸿	1999 年 7 月	管理学院
			产业经济学	020205	谢百三	1999 年 7 月	
			产业经济学	020205	胡建绩	2001 年 4 月	
			产业经济学	020205	骆品亮	2008 年 1 月	
		17	国际贸易学	020206	尹翔硕	2001 年 4 月	经济学院
			国际贸易学	020206	强永昌	2006 年 1 月	
			国际贸易学	020206	程大中	2011 年 1 月	
		18	统计学	020208	郑　明	2007 年 1 月	管理学院
		19	数量经济学	020209	谢识予	2001 年 4 月	经济学院
法　学	法　学	20	民商法学	030105	胡鸿高	2003 年 1 月	法学院
			民商法学	030105	章武生	2003 年 1 月	
			民商法学	030105	段　匡	2006 年 9 月	
			民商法学	030105	郭　建	2006 年 9 月	
			民商法学	030105	季立刚	2007 年 1 月	
			民商法学	030105	张梓太	2007 年 1 月	
			民商法学	030105	陈浩然	2007 年 3 月	
			民商法学	030105	王志强	2008 年 1 月	
			民商法学	030105	马贵翔	2008 年 1 月	
			民商法学	030105	潘伟杰	2009 年 1 月	
			民商法学	030105	朱淑娣	2009 年 1 月	
		21	国际法学	030109	董茂云	2004 年 1 月	
			国际法学	030109	陈　梁	2004 年 1 月	
			国际法学	030109	王全弟	2005 年 1 月	
			国际法学	030109	刘士国	2005 年 1 月	
			国际法学	030109	何　力	2007 年 3 月	
			国际法学	030109	陈　力	2010 年 1 月	
			国际法学	030109	龚柏华	2011 年 1 月	
	政治学	22	政治学理论	030201	林尚立	1999 年 7 月	国际关系与公共事务学院
			政治学理论	030201	陈明明	2005 年 1 月	
			政治学理论	030201	郭定平	2005 年 1 月	
			政治学理论	030201	邓正来	2008 年 7 月	
		23	中外政治制度	030202	浦兴祖	2003 年 1 月	
			中外政治制度	030202	臧志军	2003 年 1 月	
			中外政治制度	030202	刘建军	2008 年 1 月	
		24	中共党史	030204	杜艳华	2006 年 1 月	社会科学基础部
			中共党史	030204	杨宏雨	2010 年 1 月	

续 表

学科门类	一级学科	序号	专业名称	专业代码	博士生导师	批准时间	所属院系(所)
法学	政治学	25	国际政治	030206	吴心伯	2001年4月	国际关系与公共事务学院
			国际政治	030206	石源华	2001年4月	
			国际政治	030206	樊勇明	2001年4月	
			国际政治	030206	徐以骅	2003年1月	
			国际政治	030206	胡令远	2004年1月	
			国际政治	030206	任　晓	2008年1月	
			国际政治	030206	唐世平	2010年1月	
		26	国际关系	030207	倪世雄	1994年11月	
			国际关系	030207	沈丁立	1998年1月	
			国际关系	030207	朱明权	1998年1月	
			国际关系	030207	谢佑平	1999年11月	法学院
			国际关系	030207	孙南申	2001年3月	
			国际关系	030207	陈治东	2001年4月	
			国际关系	030207	张乃根	2001年4月	
			国际关系	030207	陈志敏	2005年1月	国际关系与公共事务学院
			国际关系	030207	潘　锐	2007年1月	
			国际关系	030207	张贵洪	2008年1月	
			国际关系	030207	赵华胜	2008年1月	
			国际关系	030207	潘忠岐	2009年1月	
			国际关系	030207	陈玉刚	2011年1月	
	社会学	27	社会学	030301	张乐天	2004年1月	社会发展与公共政策学院
			社会学	030301	刘　欣	2006年1月	
			社会学	030301	周　怡	2006年7月	
			社会学	030301	孙时进	2007年1月	
			社会学	030301	于　海	2007年1月	
			社会学	030301	范丽珠	2007年1月	
			社会学	030301	申荷永	2008年1月	
			社会学	030301	顾东辉	2008年1月	
			社会学	030301	桂　勇	2010年1月	
			社会学	030301	郭秀艳	2010年1月	
	马克思主义理论	28	马克思主义基本原理	030501	肖　巍	2001年4月	社会科学基础部
			马克思主义基本原理	030501	徐宗良	2003年1月	
		29	马克思主义中国化研究	030503	秦绍德	2001年4月	
			马克思主义中国化研究	030503	顾钰民	2007年1月	
		30	思想政治教育	030505	邱柏生	2001年7月	国际关系与公共事务学院
			思想政治教育	030505	高国希	2005年1月	社会科学基础部
			思想政治教育	030505	肖　巍	2011年1月	
			思想政治教育	030505	徐宗良	2011年1月	
			思想政治教育	030505	顾钰民	2011年1月	

续 表

学科门类	一级学科	序 号	专业名称	专业代码	博士生导师	批准时间	所属院系(所)
教育学	教育学	31	教育经济与管理	047003	熊庆年	2011年1月	高等教育研究所
			文艺学	050101	朱立元	1993年12月	
			文艺学	050101	郑元者	2001年4月	
		32	文艺学	050101	张德兴	2004年1月	
			文艺学	050101	陆　扬	2007年1月	中国语言文学系
			文艺学	050101	王才勇	2011年1月	
			语言学及应用语言学	050102	龚群虎	2003年1月	
		33	语言学及应用语言学	050102	申小龙	2004年1月	
			语言学及应用语言学	050102	陈忠敏	2011年7月	
			汉语言文字学	050103	吴金华	1996年6月	中国古代文学研究中心
			汉语言文字学	050103	游汝杰	1998年1月	
			汉语言文字学	050103	戴耀晶	2001年4月	
			汉语言文字学	050103	杨剑桥	2003年1月	
			汉语言文字学	050103	傅　杰	2005年1月	
		34	汉语言文字学	050103	刘大为	2006年1月	中国语言文学系
			汉语言文字学	050103	吴礼权	2006年1月	
			汉语言文字学	050103	殷寄明	2006年1月	
			汉语言文字学	050103	汪少华	2007年4月	
			汉语言文字学	050103	施谢捷	2007年9月	
文　学	中国语言文学		汉语言文字学	050103	祝克懿	2009年1月	
			汉语言文字学	050103	刘晓南	2010年7月	
			中国古典文献学	050104	吴　格	1999年7月	中国古代文学研究中心
			中国古典文献学	050104	陈正宏	2001年5月	
		35	中国古典文献学	050104	钱振民	2005年1月	
			中国古典文献学	050104	裘锡圭	2005年7月	
			中国古典文献学	050104	刘　钊	2008年2月	中国语言文学系
			中国古典文献学	050104	陈　剑	2010年1月	
			中国古代文学	050105	章培恒	1985年12月	中国古代文学研究中心
			中国古代文学	050105	王水照	1990年10月	
			中国古代文学	050105	黄　霖	1993年12月	
			中国古代文学	050105	陈尚君	1996年6月	中国语言文学系
			中国古代文学	050105	骆玉明	1998年1月	
		36	中国古代文学	050105	杨　明	1999年7月	
			中国古代文学	050105	汪涌豪	2001年4月	
			中国古代文学	050105	陈广宏	2003年1月	中国古代文学研究中心
			中国古代文学	050105	郑利华	2004年1月	
			中国古代文学	050105	陈引驰	2004年1月	中国语言文学系
			中国古代文学	050105	陈维昭	2004年1月	

续　表

学科门类	一级学科	序　号	专业名称	专业代码	博士生导师	批准时间	所属院系(所)
文　学	中国语言文学	36	中国古代文学	050105	戴　燕	2007 年 3 月	中国语言文学系
			中国古代文学	050105	黄仁生	2008 年 1 月	中国古代文学研究中心
			中国古代文学	050105	贾晋华	2008 年 1 月	中国语言文学系
			中国古代文学	050105	查屏球	2008 年 1 月	
		37	中国现当代文学	050106	陈思和	1993 年 12 月	
			中国现当代文学	050106	朱文华	1999 年 7 月	
			中国现当代文学	050106	周　斌	2001 年 4 月	
			中国现当代文学	050106	郜元宝	2004 年 1 月	
			中国现当代文学	050106	栾梅健	2005 年 1 月	
			中国现当代文学	050106	张新颖	2006 年 1 月	
			中国现当代文学	050106	袁　进	2007 年 3 月	
		38	比较文学与世界文学	050108	徐志啸	2003 年 1 月	
			比较文学与世界文学	050108	邵毅平	2007 年 1 月	
			比较文学与世界文学	050108	杨乃乔	2007 年 3 月	
			比较文学与世界文学	050108	张汉良	2010 年 6 月	
			比较文学与世界文学	050108	周荣胜	2011 年 4 月	
		39	中国文学批评史	050120	吴兆路	2006 年 1 月	
			中国文学批评史	050120	邬国平	2009 年 1 月	
			中国文学批评史	050120	罗书华	2011 年 1 月	
		40	艺术人类学与民间文学	050121	郑土有	2008 年 2 月	
		41	中国文学古今演变	050125	谈蓓芳	2007 年 1 月	中国古代文学研究中心
	外国语言文学	42	英语语言文学	050201	陆谷孙	1990 年 10 月	外文学院
			英语语言文学	050201	朱永生	1996 年 6 月	
			英语语言文学	050201	熊学亮	1998 年 1 月	
			英语语言文学	050201	褚孝泉	1999 年 7 月	
			英语语言文学	050201	何刚强	2001 年 4 月	
			英语语言文学	050201	曲卫国	2003 年 1 月	
			英语语言文学	050201	谈　峥	2005 年 1 月	
			英语语言文学	050201	沈　黎	2005 年 1 月	
			英语语言文学	050201	王建开	2007 年 1 月	
			英语语言文学	050201	张　冲	2008 年 1 月	
			英语语言文学	050201	孙　建	2009 年 1 月	
			英语语言文学	050201	汪洪章	2011 年 1 月	
		43	德语语言文学	050204	魏育青	2007 年 1 月	
		44	外国语言学及应用语言学	050211	邱东林	2005 年 1 月	
			外国语言学及应用语言学	050211	姜银国	2005 年 1 月	
			外国语言学及应用语言学	050211	金钟太	2007 年 1 月	
			外国语言学及应用语言学	050211	姜　宏	2008 年 1 月	

续 表

学科门类	一级学科	序　号	专业名称	专业代码	博士生导师	批准时间	所属院系(所)
文　学	外国语言文学	44	外国语言学及应用语言学	050211	蔡基刚	2008 年 1 月	外文学院
			外国语言学及应用语言学	050211	姜宝有	2009 年 1 月	
	新闻传播学	45	新闻学	050301	李良荣	1994 年 11 月	新闻学院
			新闻学	050301	刘海贵	2001 年 4 月	
			新闻学	050301	黄　旦	2003 年 1 月	
			新闻学	050301	童　兵	2003 年 1 月	
			新闻学	050301	陆　晔	2004 年 1 月	
			新闻学	050301	黄　瑚	2004 年 1 月	
			新闻学	050301	吕新雨	2004 年 1 月	
			新闻学	050301	赵　凯	2005 年 4 月	
			新闻学	050301	张子让	2007 年 1 月	
			新闻学	050301	孙　玮	2008 年 1 月	
			新闻学	050301	曹　晋	2010 年 1 月	
		46	传播学	050302	孟　建	2003 年 1 月	
			传播学	050302	程士安	2005 年 1 月	
			传播学	050302	殷晓蓉	2005 年 1 月	
			传播学	050302	潘忠党	2008 年 7 月	
		47	广告学	050320	顾　铮	2007 年 1 月	
		48	媒介管理学	050324	黄芝晓	2005 年 4 月	
历史学	历史学	49	史学理论及史学史	060101	陈　新	2008 年 1 月	历史学系
		50	考古学及博物馆学	060102	蔡达峰	2001 年 4 月	文物与博物馆学系
			考古学及博物馆学	060102	陈　淳	2003 年 1 月	
			考古学及博物馆学	060102	沃兴华	2004 年 6 月	
			考古学及博物馆学	060102	陆建松	2006 年 1 月	
			考古学及博物馆学	060102	陈红京	2007 年 1 月	
		51	历史地理学	060103	邹逸麟	1985 年 12 月	历史地理研究中心
			历史地理学	060103	周振鹤	1993 年 12 月	
			历史地理学	060103	葛剑雄	1993 年 12 月	
			历史地理学	060103	王振忠	1999 年 7 月	
			历史地理学	060103	吴松弟	2001 年 5 月	
			历史地理学	060103	满志敏	2004 年 1 月	
			历史地理学	060103	张伟然	2005 年 1 月	
			历史地理学	060103	王建革	2006 年 1 月	
			历史地理学	060103	安介生	2008 年 1 月	
			历史地理学	060103	李晓杰	2009 年 1 月	
			历史地理学	060103	张晓虹	2010 年 1 月	
		52	历史文献学	060104	巴兆祥	2008 年 1 月	历史学系
		53	专门史	060105	朱维铮	1993 年 12 月	
			专门史	060105	葛兆光	2007 年 1 月	

续 表

学科门类	一级学科	序 号	专业名称	专业代码	博士生导师	批准时间	所属院系(所)
历史学	历史学	53	专门史	060105	李星明	2010 年 7 月	历史学系
			专门史	060105	芮传明	2010 年 9 月	
		54	中国古代史	060106	樊树志	1994 年 11 月	
			中国古代史	060106	韩　昇	2001 年 4 月	
			中国古代史	060106	姚大力	2001 年 4 月	历史地理研究中心
			中国古代史	060106	邹振环	2003 年 1 月	历史学系
			中国古代史	060106	张海英	2007 年 1 月	
		55	中国近现代史	060107	姜义华	1996 年 6 月	
			中国近现代史	060107	吴景平	1998 年 1 月	
			中国近现代史	060107	朱荫贵	1998 年 7 月	
			中国近现代史	060107	戴鞍钢	1999 年 7 月	
			中国近现代史	060107	章　清	2001 年 7 月	
			中国近现代史	060107	金光耀	2003 年 1 月	
			中国近现代史	060107	王立诚	2006 年 1 月	
			中国近现代史	060107	冯筱才	2007 年 1 月	
		56	世界史	060108	张广智	1994 年 11 月	
			世界史	060108	顾晓鸣	1998 年 1 月	
			世界史	060108	黄　洋	1999 年 7 月	
			世界史	060108	顾云深	2003 年 1 月	
			世界史	060108	赵立行	2005 年 1 月	
			世界史	060108	冯　玮	2006 年 1 月	
			世界史	060108	李宏图	2006 年 1 月	
			世界史	060108	金寿福	2007 年 1 月	
			世界史	060108	孙科志	2009 年 1 月	
		57	文物学	060120	杨志刚	2005 年 1 月	文物与博物馆学系
			文物学	060120	高蒙河	2006 年 1 月	
			文物学	060120	朱顺龙	2008 年 1 月	
		58	人口史	060121	侯杨方	2008 年 1 月	历史地理研究中心
理　学	数　学	59	基础数学	070101	胡和生	1981 年 11 月	数学科学学院
			基础数学	070101	谷超豪	1981 年 11 月	
			基础数学	070101	李大潜	1981 年 11 月	
			基础数学	070101	陈恕行	1985 年 12 月	
			基础数学	070101	忻元龙	1990 年 10 月	
			基础数学	070101	洪家兴	1993 年 12 月	
			基础数学	070101	陈晓漫	1994 年 11 月	
			基础数学	070101	杨劲根	1998 年 1 月	
			基础数学	070101	陈纪修	1998 年 1 月	
			基础数学	070101	黄宣国	1999 年 7 月	

续 表

学科门类	一级学科	序 号	专业名称	专业代码	博士生导师	批准时间	所属院系(所)
理 学	数 学	59	基础数学	070101	周子翔	1999 年 7 月	数学科学学院
			基础数学	070101	东瑜昕	2001 年 4 月	
			基础数学	070101	朱胜林	2001 年 4 月	
			基础数学	070101	郭坤宇	2001 年 4 月	
			基础数学	070101	邱维元	2003 年 1 月	
			基础数学	070101	吴泉水	2003 年 1 月	
			基础数学	070101	丁 青	2003 年 1 月	
			基础数学	070101	袁小平	2004 年 1 月	
			基础数学	070101	陈 猛	2004 年 1 月	
			基础数学	070101	范恩贵	2005 年 1 月	
			基础数学	070101	刘宪高	2006 年 1 月	
			基础数学	070101	吕 志	2007 年 1 月	
			基础数学	070101	尹永成	2008 年 1 月	
			基础数学	070101	李洪全	2008 年 1 月	
			基础数学	070101	张永前	2009 年 1 月	
			基础数学	070101	傅吉祥	2009 年 1 月	
			基础数学	070101	张 坚	2009 年 7 月	
		60	计算数学	070102	程 晋	2003 年 1 月	
			计算数学	070102	薛军工	2005 年 1 月	
			计算数学	070102	苏仰锋	2006 年 1 月	
			计算数学	070102	魏益民	2008 年 1 月	
			计算数学	070102	柏兆俊	2008 年 7 月	
			计算数学	070102	高卫国	2010 年 1 月	
			计算数学	070102	陈文斌	2011 年 1 月	
		61	概率论与数理统计	070103	郑祖康	1993 年 12 月	管理学院
			概率论与数理统计	070103	应坚刚	1999 年 7 月	数学科学学院
			概率论与数理统计	070103	张新生	2003 年 1 月	管理学院
			概率论与数理统计	070103	朱仲义	2006 年 1 月	
		62	应用数学	070104	郑宋穆	1993 年 12 月	数学科学学院
			应用数学	070104	陈天平	1993 年 12 月	
			应用数学	070104	谭永基	1996 年 6 月	
			应用数学	070104	阮 炯	1999 年 7 月	
			应用数学	070104	吴宗敏	1999 年 7 月	
			应用数学	070104	周 忆	1999 年 7 月	
			应用数学	070104	冯建峰	2008 年 7 月	
			应用数学	070104	肖体俊	2009 年 1 月	
			应用数学	070104	蔡志杰	2010 年 1 月	
			应用数学	070104	卢文联	2011 年 1 月	
			应用数学	070104	林 伟	2011 年 1 月	

续　表

学科门类	一级学科	序　号	专业名称	专业代码	博士生导师	批准时间	所属院系(所)
理　学	数　学	62	应用数学	070104	雷　震	2011年1月	数学科学学院
		63	运筹学与控制论	070105	汤善健	2003年1月	
			运筹学与控制论	070105	楼红卫	2006年1月	
			运筹学与控制论	070105	孙小玲	2008年1月	管理学院
	物理学	64	理论物理	070201	孙　鑫	1984年1月	物理学系
			理论物理	070201	郝柏林	1984年1月	
			理论物理	070201	陶瑞宝	1984年1月	
			理论物理	070201	苏汝铿	1990年12月	
			理论物理	070201	吴长勤	1998年1月	
			理论物理	070201	陈　灏	1999年7月	
			理论物理	070201	林志方	2001年4月	
			理论物理	070201	周　磊	2005年1月	
			理论物理	070201	马永利	2006年1月	
			理论物理	070201	黄吉平	2006年1月	
			理论物理	070201	盛卫东	2007年1月	
			理论物理	070201	施　郁	2007年1月	
			理论物理	070201	向红军	2010年6月	
		65	粒子物理与原子核物理	070202	杨福家	1981年11月	现代物理研究所
			粒子物理与原子核物理	070202	梁荣庆	2003年1月	
			粒子物理与原子核物理	070202	施立群	2006年1月	
			粒子物理与原子核物理	070202	沈　皓	2009年1月	
		66	原子与分子物理	070203	邹亚明	1998年1月	
			原子与分子物理	070203	宁西京	2006年1月	
			原子与分子物理	070203	HuttonRoger	2006年1月	
			原子与分子物理	070203	陈重阳	2008年1月	
			原子与分子物理	070203	唐永建	2011年1月	
			原子与分子物理	070203	赵凯锋	2011年1月	
		67	凝聚态物理	070205	王　迅	1985年12月	物理学系
			凝聚态物理	070205	张新夷	1990年11月	
			凝聚态物理	070205	侯晓远	1993年12月	
			凝聚态物理	070205	金晓峰	1994年11月	
			凝聚态物理	070205	陈良尧	1994年11月	信息科学与工程学院
			凝聚态物理	070205	周鲁卫	1996年6月	物理学系
			凝聚态物理	070205	黄大鸣	1996年6月	信息科学与工程学院
			凝聚态物理	070205	资　剑	1998年1月	物理学系
			凝聚态物理	070205	陆　昉	1999年7月	
			凝聚态物理	070205	蒋最敏	1999年9月	
			凝聚态物理	070205	龚新高	2001年4月	

续 表

学科门类	一级学科	序 号	专业名称	专业代码	博士生导师	批准时间	所属院系(所)
理 学	物理学	67	凝聚态物理	070205	车静光	2001 年 7 月	物理学系
			凝聚态物理	070205	封东来	2003 年 1 月	
			凝聚态物理	070205	杨中芹	2004 年 1 月	
			凝聚态物理	070205	游建强	2005 年 1 月	
			凝聚态物理	070205	吴义政	2006 年 1 月	
			凝聚态物理	070205	李世燕	2007 年 9 月	
			凝聚态物理	070205	韦广红	2008 年 1 月	
			凝聚态物理	070205	陈 焱	2008 年 4 月	先进材料实验室
			凝聚态物理	070205	乔 山	2008 年 7 月	
			凝聚态物理	070205	谷至华	2009 年 1 月	
			凝聚态物理	070205	沈 健	2010 年 4 月	物理学系
			凝聚态物理	070205	杨新菊	2011 年 1 月	
			凝聚态物理	070205	钟振扬	2011 年 1 月	
			凝聚态物理	070205	刘晓晗	2011 年 1 月	
			凝聚态物理	070205	肖 江	2011 年 1 月	
			凝聚态物理	070205	陈 唯	2011 年 1 月	
			凝聚态物理	070205	吴施伟	2011 年 4 月	
			凝聚态物理	070205	刘韡韬	2011 年 4 月	
			凝聚态物理	070205	田传山	2011 年 5 月	
			凝聚态物理	070205	张远波	2011 年 5 月	
		68	光 学	070207	干福熹	1981 年 11 月	信息科学与工程学院
			光 学	070207	沈学础	1990 年 1 月	物理学系
			光 学	070207	范滇元	1992 年 1 月	信息科学与工程学院
			光 学	070207	钱士雄	1994 年 11 月	物理学系
			光 学	070207	徐 雷	2001 年 4 月	信息科学与工程学院
			光 学	070207	钱列加	2001 年 4 月	
			光 学	070207	金庆原	2001 年 4 月	
			光 学	070207	王培南	2001 年 4 月	
			光 学	070207	刘丽英	2003 年 1 月	
			光 学	070207	赵 利	2004 年 1 月	物理学系
			光 学	070207	陈暨耀	2004 年 1 月	
			光 学	070207	吴嘉达	2004 年 1 月	信息科学与工程学院
			光 学	070207	马世红	2005 年 1 月	物理学系
			光 学	070207	陈张海	2005 年 1 月	
			光 学	070207	谭砚文	2011 年 1 月	
			光 学	070207	陆 明	2005 年 1 月	信息科学与工程学院
			光 学	070207	彭 波	2005 年 6 月	

续　表

学科门类	一级学科	序　号	专业名称	专业代码	博士生导师	批准时间	所属院系(所)
理　学	物理学	68	光　学	070207	庄　军	2006年1月	信息科学与工程学院
			光　学	070207	郑玉祥	2008年1月	
			光　学	070207	朱鹤元	2009年1月	
			光　学	070207	沈德元	2009年1月	
			光　学	070207	王松有	2009年1月	
			光　学	070207	赵海斌	2010年1月	
			光　学	070207	肖艳红	2010年1月	先进材料实验室
			光　学	070207	徐　敏	2010年4月	信息科学与工程学院
			光　学	070207	张宗芝	2011年1月	
	化　学	69	无机化学	070301	黄春辉	1990年7月	化学系
			无机化学	070301	周锡庚	2001年4月	
			无机化学	070301	金国新	2001年4月	
			无机化学	070301	屠　波	2005年1月	
			无机化学	070301	岳　斌	2006年1月	
			无机化学	070301	李富友	2006年1月	
			无机化学	070301	易　涛	2007年1月	
			无机化学	070301	王忠胜	2009年1月	先进材料实验室
			无机化学	070301	周亚明	2010年1月	化学系
			无机化学	070301	邓勇辉	2010年1月	
			无机化学	070301	郑耿锋	2010年4月	先进材料实验室
		70	分析化学	070302	杨芃原	1994年11月	化学系
			分析化学	070302	孔继烈	2001年4月	
			分析化学	070302	张祥民	2001年4月	
			分析化学	070302	刘宝红	2004年1月	
			分析化学	070302	魏勋斌	2008年1月	
			分析化学	070302	余绍宁	2009年1月	
			分析化学	070302	邓春晖	2011年1月	
		71	有机化学	070303	陈芬儿	2001年4月	
			有机化学	070303	王全瑞	2004年1月	
			有机化学	070303	吴　劼	2007年1月	
			有机化学	070303	范仁华	2008年1月	
			有机化学	070303	黎占亭	2009年10月	
			有机化学	070303	涂　涛	2011年1月	
		72	物理化学	070304	范康年	1996年6月	
			物理化学	070304	贺鹤勇	1999年7月	
			物理化学	070304	赵东元	1999年7月	
			物理化学	070304	唐　颐	2001年4月	
			物理化学	070304	周鸣飞	2001年5月	
			物理化学	070304	夏永姚	2003年1月	

续 表

学科门类	一级学科	序　号	专业名称	专业代码	博士生导师	批准时间	所属院系(所)
理　学	化　学	72	物理化学	070304	蔡文斌	2003 年 1 月	化学系
			物理化学	070304	戴维林	2004 年 1 月	
			物理化学	070304	吴宇平	2004 年 1 月	
			物理化学	070304	丁传凡	2004 年 1 月	
			物理化学	070304	乐英红	2005 年 1 月	
			物理化学	070304	曹　勇	2005 年 1 月	
			物理化学	070304	刘智攀	2006 年 1 月	
			物理化学	070304	王文宁	2006 年 1 月	
			物理化学	070304	钱东金	2006 年 1 月	
			物理化学	070304	乔明华	2006 年 1 月	
			物理化学	070304	余爱水	2007 年 1 月	
			物理化学	070304	傅正文	2007 年 1 月	
			物理化学	070304	熊焕明	2009 年 1 月	
			物理化学	070304	张亚红	2009 年 1 月	
			物理化学	070304	华伟明	2009 年 1 月	
			物理化学	070304	徐　昕	2010 年 10 月	
		73	高分子化学与物理	070305	江　明	1990 年 10 月	高分子科学系
			高分子化学与物理	070305	杨玉良	1993 年 12 月	
			高分子化学与物理	070305	黄骏廉	1994 年 11 月	
			高分子化学与物理	070305	丁建东	1999 年 7 月	
			高分子化学与物理	070305	李同生	2001 年 4 月	
			高分子化学与物理	070305	杜强国	2001 年 4 月	
			高分子化学与物理	070305	邵正中	2001 年 4 月	
			高分子化学与物理	070305	汪长春	2004 年 1 月	
			高分子化学与物理	070305	汪联辉	2004 年 3 月	先进材料实验室
			高分子化学与物理	070305	武培怡	2005 年 1 月	高分子科学系
			高分子化学与物理	070305	刘天西	2006 年 1 月	
			高分子化学与物理	070305	何军坡	2006 年 1 月	
			高分子化学与物理	070305	邱　枫	2006 年 1 月	
			高分子化学与物理	070305	周　平	2006 年 1 月	
			高分子化学与物理	070305	陈道勇	2006 年 1 月	
			高分子化学与物理	070305	张红东	2007 年 1 月	
			高分子化学与物理	070305	陈　新	2007 年 1 月	
			高分子化学与物理	070305	倪秀元	2008 年 1 月	
			高分子化学与物理	070305	姚　萍	2008 年 1 月	
			高分子化学与物理	070305	杨武利	2009 年 1 月	
			高分子化学与物理	070305	胡建华	2011 年 1 月	
			高分子化学与物理	070305	彭慧胜	2009 年 1 月	先进材料实验室
		74	化学生物学	070320	陆豪杰	2007 年 1 月	化学系

续　表

学科门类	一级学科	序　号	专业名称	专业代码	博士生导师	批准时间	所属院系(所)
理　学	化　学	74	化学生物学	070320	谭相石	2007 年 3 月	化学系
		75	应用化学	070321	徐华龙	2008 年 1 月	
			应用化学	070321	沈　伟	2011 年 1 月	
	生物学	76	植物学	071001	钟　扬	2001 年 4 月	生命科学学院
			植物学	071001	卢宝荣	2001 年 4 月	
			植物学	071001	杨　继	2008 年 1 月	
			植物学	071001	葛晓春	2011 年 1 月	
			植物学	071001	周铜水	2011 年 1 月	
		77	生理学	071003	朱依纯	2000 年 4 月	医学院(基础)
			生理学	071003	朱大年	2000 年 5 月	
			生理学	071003	黄　聿	2005 年 1 月	
			生理学	071003	沈霖霖	2005 年 1 月	
			生理学	071003	陆利民	2011 年 1 月	
		78	微生物学	071005	郑兆鑫	1993 年 12 月	生命科学学院
			微生物学	071005	王洪海	1999 年 7 月	
			微生物学	071005	钟　江	2004 年 1 月	
			微生物学	071005	朱乃硕	2009 年 1 月	
			微生物学	071005	全哲学	2011 年 1 月	
		79	神经生物学	071006	孙凤艳	1995 年 7 月	医学院(基础)
			神经生物学	071006	马　兰	1996 年 4 月	
			神经生物学	071006	赵志奇	2001 年 4 月	生命科学学院
			神经生物学	071006	李葆明	2001 年 4 月	
			神经生物学	071006	郑　平	2001 年 4 月	医学院(基础)
			神经生物学	071006	杨雄里	2001 年 6 月	生命科学学院
			神经生物学	071006	张玉秋	2003 年 1 月	
			神经生物学	071006	石　建	2003 年 1 月	
			神经生物学	071006	朱粹青	2004 年 1 月	医学院(基础)
			神经生物学	071006	黄志力	2006 年 7 月	
			神经生物学	071006	王　云	2007 年 3 月	生命科学学院
			神经生物学	071006	Thomas Behnisch	2007 年 9 月	
			神经生物学	071006	钟咏梅	2008 年 1 月	
			神经生物学	071006	王中峰	2008 年 1 月	
			神经生物学	071006	黄　芳	2008 年 1 月	医学院(基础)
			神经生物学	071006	David Saffen	2008 年 3 月	生命科学学院
			神经生物学	071006	彭　刚	2009 年 1 月	
			神经生物学	071006	杨振纲	2010 年 1 月	
			神经生物学	071006	赵冰樵	2010 年 1 月	医学院(基础)
		80	遗传学	071007	薛京伦	1993 年 12 月	生命科学学院
			遗传学	071007	毛裕民	1994 年 11 月	

续 表

学科门类	一级学科	序 号	专业名称	专业代码	博士生导师	批准时间	所属院系(所)
理 学	生物学	80	遗传学	071007	余 龙	1996年6月	生命科学学院
			遗传学	071007	罗泽伟	1996年6月	
			遗传学	071007	沈大棱	1998年1月	
			遗传学	071007	任大明	1998年1月	
			遗传学	071007	金 力	1999年7月	
			遗传学	071007	左 伋	1999年7月	医学院(基础)
			遗传学	071007	霍克克	2001年4月	生命科学学院
			遗传学	071007	卢大儒	2001年4月	
			遗传学	071007	谢 毅	2001年4月	
			遗传学	071007	乔守怡	2003年1月	
			遗传学	071007	杨金水	2003年1月	
			遗传学	071007	贾韦国	2005年1月	
			遗传学	071007	温子龙	2005年7月	
			遗传学	071007	陈 佳	2005年7月	
			遗传学	071007	谷 迅	2005年7月	
			遗传学	071007	王树林	2007年1月	
			遗传学	071007	季朝能	2007年1月	
			遗传学	071007	吕 红	2007年1月	
			遗传学	071007	王学路	2007年1月	
			遗传学	071007	李 瑶	2007年1月	
			遗传学	071007	王红艳	2007年7月	
			遗传学	071007	明 凤	2008年1月	
			遗传学	071007	施 前	2008年1月	
			遗传学	071007	马 红	2008年7月	
			遗传学	071007	吴柏林	2009年1月	
			遗传学	071007	张 锋	2010年1月	
			遗传学	071007	刘建祥	2010年1月	
			遗传学	071007	徐剑锋	2010年9月	
		81	发育生物学	071008	陶无凡	2006年1月	
			发育生物学	071008	吴晓晖	2006年1月	
			发育生物学	071008	徐人尔	2010年1月	
		82	生物化学与分子生物学	071010	查锡良	1995年7月	医学院(基础)
			生物化学与分子生物学	071010	顾建新	1995年12月	
			生物化学与分子生物学	071010	吴满平	1996年7月	药学院
			生物化学与分子生物学	071010	刘银坤	1996年7月	中山医院
			生物化学与分子生物学	071010	曹凯明	1999年7月	生命科学学院
			生物化学与分子生物学	071010	黄伟达	1999年7月	
			生物化学与分子生物学	071010	蒯本科	2001年4月	
			生物化学与分子生物学	071010	汤其群	2001年7月	医学院(基础)

续 表

学科门类	一级学科	序 号	专业名称	专业代码	博士生导师	批准时间	所属院系(所)
理 学	生物学	82	生物化学与分子生物学	071010	印春华	2004年1月	生命科学学院
			生物化学与分子生物学	071010	吴兴中	2005年1月	医学院(基础)
			生物化学与分子生物学	071010	马 端	2005年2月	
			生物化学与分子生物学	071010	熊 跃	2005年7月	生命科学学院
			生物化学与分子生物学	071010	管坤良	2005年7月	
			生物化学与分子生物学	071010	董爱武	2008年1月	
			生物化学与分子生物学	071010	沈文辉	2008年7月	
			生物化学与分子生物学	071010	邢清和	2009年1月	
			生物化学与分子生物学	071010	于文强	2009年1月	
			生物化学与分子生物学	071010	于 敏	2009年1月	医学院(基础)
			生物化学与分子生物学	071010	江建海	2009年1月	
			生物化学与分子生物学	071010	赵世民	2010年1月	生命科学学院
			生物化学与分子生物学	071010	麻锦彪	2011年1月	
			生物化学与分子生物学	071010	李 希	2010年1月	医学院(基础)
			生物化学与分子生物学	071010	张颂文	2011年1月	
			生物化学与分子生物学	071010	杨 恭	2011年1月	肿瘤医院
			生物化学与分子生物学	071010	文 波	2011年1月	生物医学研究院
		83	生物物理学	071011	寿天德	1993年12月	生命科学学院
			生物物理学	071011	张志鸿	1994年11月	
			生物物理学	071011	梅岩艾	2001年4月	
			生物物理学	071011	孙 刚	2005年1月	
			生物物理学	071011	徐彦辉	2008年7月	
			生物物理学	071011	俞洪波	2009年6月	
		84	生态学	071012	陈家宽	1993年12月	
			生态学	071012	吴千红	1999年7月	
			生态学	071012	李 博	2001年4月	
			生态学	071012	方长明	2006年1月	
			生态学	071012	吴纪华	2006年1月	
			生态学	071012	宋志平	2007年1月	
			生态学	071012	赵 斌	2009年1月	
			生态学	071012	马志军	2010年1月	
			生态学	071012	傅萃长	2010年1月	
			生态学	071012	张文驹	2011年1月	
		85	生物信息学	071020	田卫东	2008年10月	
			生物信息学	071020	胡跃清	2010年9月	
			生物信息学	071020	孙 璘	2011年1月	
			生物信息学	071020	张 洪	2011年4月	
		86	人类生物学	071021	李 辉	2010年1月	
工 学	力 学	87	流体力学	080103	许世雄	2001年4月	力学与工程科学系

续 表

学科门类	一级学科	序 号	专业名称	专业代码	博士生导师	批准时间	所属院系(所)
工 学	力 学	87	流体力学	080103	丁光宏	2001年4月	力学与工程科学系
			流体力学	080103	艾剑良	2005年1月	
			流体力学	080103	马建敏	2006年1月	
			流体力学	080103	孙 刚	2007年1月	
			流体力学	080103	田振夫	2010年1月	
		88	工程力学	080104	张 文	1993年12月	
			工程力学	080104	唐国安	2001年4月	
			工程力学	080104	郑铁生	2001年4月	
			工程力学	080104	霍永忠	2004年1月	
	材料科学与工程	89	材料物理与化学	080501	武利民	2001年4月	材料科学系
			材料物理与化学	080501	吴晓京	2003年1月	
			材料物理与化学	080501	李越生	2004年1月	
			材料物理与化学	080501	杨振国	2004年1月	
			材料物理与化学	080501	李速明	2005年1月	
			材料物理与化学	080501	俞燕蕾	2005年1月	
			材料物理与化学	080501	范仲勇	2006年1月	
			材料物理与化学	080501	叶明新	2006年1月	
			材料物理与化学	080501	余学斌	2009年1月	
			材料物理与化学	080501	肖 斐	2009年1月	
			材料物理与化学	080501	车仁超	2009年6月	先进材料实验室
			材料物理与化学	080501	周树学	2010年1月	材料科学系
			材料物理与化学	080501	方晓生	2011年1月	
			材料物理与化学	080501	梅永丰	2011年1月	
	电子科学与技术	90	物理电子学	080901	李 劲	1997年4月	
			物理电子学	080901	朱绍龙	1999年7月	信息科学与工程学院
			物理电子学	080901	陈大华	2001年4月	
			物理电子学	080901	陈国荣	2001年4月	材料科学系
			物理电子学	080901	徐 伟	2003年1月	
			物理电子学	080901	孙大林	2004年1月	
			物理电子学	080901	张 群	2006年1月	
			物理电子学	080901	刘克富	2007年1月	信息科学与工程学院
			物理电子学	080901	崔晓莉	2009年1月	材料科学系
			物理电子学	080901	贾 波	2009年1月	
			物理电子学	080901	刘木清	2010年1月	信息科学与工程学院
		91	电路与系统	080902	金亚秋	1993年12月	
			电路与系统	080902	王威琪	1993年12月	
			电路与系统	080902	方祖祥	1996年6月	
			电路与系统	080902	张立明	1998年1月	
			电路与系统	080902	王宗欣	1999年7月	

续　表

学科门类	一级学科	序　号	专业名称	专业代码	博士生导师	批准时间	所属院系(所)
工　学	电子科学与技术	91	电路与系统	080902	胡　波	2001 年 4 月	信息科学与工程学院
			电路与系统	080902	李　锋	2003 年 1 月	
			电路与系统	080902	张建秋	2004 年 1 月	
			电路与系统	080902	王　斌	2006 年 1 月	
			电路与系统	080902	李　翔	2009 年 1 月	
		92	微电子学与固体电子学	080903	洪志良	1996 年 6 月	
			微电子学与固体电子学	080903	童家榕	1998 年 1 月	
			微电子学与固体电子学	080903	黄宜平	1999 年 7 月	
			微电子学与固体电子学	080903	张　卫	2001 年 4 月	
			微电子学与固体电子学	080903	闵　昊	2001 年 4 月	
			微电子学与固体电子学	080903	曾　璇	2003 年 1 月	
			微电子学与固体电子学	080903	周　电	2003 年 1 月	
			微电子学与固体电子学	080903	茹国平	2004 年 1 月	
			微电子学与固体电子学	080903	刘　冉	2004 年 6 月	
			微电子学与固体电子学	080903	任俊彦	2005 年 1 月	
			微电子学与固体电子学	080903	张世理	2006 年 6 月	微电子研究院
			微电子学与固体电子学	080903	林殷茵	2007 年 1 月	信息科学与工程学院
			微电子学与固体电子学	080903	屈新萍	2007 年 2 月	
			微电子学与固体电子学	080903	曾晓洋	2008 年 1 月	
			微电子学与固体电子学	080903	江安全	2008 年 1 月	微电子研究院
			微电子学与固体电子学	080903	丁士进	2009 年 1 月	
			微电子学与固体电子学	080903	吴东平	2010 年 1 月	信息科学与工程学院
			微电子学与固体电子学	080903	王鹏飞	2010 年 1 月	
			微电子学与固体电子学	080903	来金梅	2010 年 1 月	微电子研究院
			微电子学与固体电子学	080903	郑立荣	2010 年 1 月	
			微电子学与固体电子学	080903	李　冰	2011 年 6 月	
		93	电磁场与微波技术	080904	石艺尉	2006 年 1 月	信息科学与工程学院
			电磁场与微波技术	080904	迟　楠	2008 年 10 月	
			电磁场与微波技术	080904	文舸一	2011 年 1 月	
			电磁场与微波技术	080904	余建军	2011 年 1 月	
	计算机科学与技术	94	计算机系统结构	081201	涂时亮	2001 年 4 月	计算机科学技术学院
			计算机系统结构	081201	臧斌宇	2003 年 1 月	
			计算机系统结构	081201	吴百锋	2006 年 1 月	
		95	计算机软件与理论	081202	陆汝钤	1984 年 1 月	
			计算机软件与理论	081202	朱传琪	1993 年 12 月	
			计算机软件与理论	081202	高传善	1996 年 6 月	
			计算机软件与理论	081202	钱乐秋	1998 年 1 月	
			计算机软件与理论	081202	朱扬勇	1999 年 7 月	
			计算机软件与理论	081202	赵文耘	2003 年 1 月	

续　表

学科门类	一级学科	序　号	专业名称	专业代码	博士生导师	批准时间	所属院系(所)
工　学	计算机科学与技术	95	计算机软件与理论	081202	顾　宁	2004年1月	计算机科学技术学院
			计算机软件与理论	081202	张　亮	2005年1月	
			计算机软件与理论	081202	汪　卫	2005年1月	
			计算机软件与理论	081202	RudolfFleischer	2005年1月	
			计算机软件与理论	081202	周水庚	2005年3月	
			计算机软件与理论	081202	阚海斌	2007年1月	
			计算机软件与理论	081202	危　辉	2007年1月	
			计算机软件与理论	081202	杨　夙	2008年1月	
		96	计算机应用技术	081203	张世永	2001年4月	
			计算机应用技术	081203	薛向阳	2001年4月	
			计算机应用技术	081203	陈雁秋	2003年1月	
			计算机应用技术	081203	沈一帆	2005年3月	
			计算机应用技术	081203	黄萱菁	2007年1月	
			计算机应用技术	081203	钟亦平	2008年1月	
			计算机应用技术	081203	王　新	2011年1月	
	环境科学与工程	97	环境科学	083001	王祥荣	1997年10月	环境科学与工程系
			环境科学	083001	陈建民	2001年4月	
			环境科学	083001	侯惠奇	2001年4月	
			环境科学	083001	陈立民	2001年4月	
			环境科学	083001	庄国顺	2005年1月	
			环境科学	083001	刘　燕	2006年1月	
			环境科学	083001	杨　新	2007年1月	
			环境科学	083001	董文博	2007年1月	
			环境科学	083001	李　溪	2008年1月	
			环境科学	083001	张人一	2008年1月	
			环境科学	083001	王　韬	2008年7月	
			环境科学	083001	郭志刚	2009年1月	
			环境科学	083001	郦永刚	2009年1月	
			环境科学	083001	郑　正	2009年7月	
			环境科学	083001	郑俊华	2010年1月	
			环境科学	083001	宋卫华	2011年1月	
			环境科学	083001	王　琳	2011年1月	
			环境科学	083001	陈　莹	2011年1月	
			环境科学	083001	周　斌	2011年1月	
		98	环境工程	083002	隋国栋	2008年7月	
	生物医学工程	99	生物医学工程	083100	余建国	2001年4月	信息科学与工程学院
			生物医学工程	083100	汪源源	2001年4月	
			生物医学工程	083100	宋志坚	2001年7月	医学院(基础)
		100	医学电子学	083120	他得安	2011年1月	信息科学与工程学院

续　表

学科门类	一级学科	序　号	专业名称	专业代码	博士生导师	批准时间	所属院系(所)
工　学	生物医学工程	101	生物力学	083121	李为民	2007 年 1 月	力学与工程科学系
			生物力学	083121	张天宇	2011 年 1 月	
医　学	基础医学	102	人体解剖与组织胚胎学	100101	左焕琛	1993 年 10 月	医学院(基础)
			人体解剖与组织胚胎学	100101	彭裕文	1994 年 3 月	
			人体解剖与组织胚胎学	100101	王克强	1997 年 7 月	中山医院
			人体解剖与组织胚胎学	100101	王海杰	2000 年 4 月	医学院(基础)
			人体解剖与组织胚胎学	100101	周国民	2001 年 7 月	
			人体解剖与组织胚胎学	100101	谭玉珍	2005 年 1 月	
			人体解剖与组织胚胎学	100101	李瑞锡	2006 年 1 月	
			人体解剖与组织胚胎学	100101	张素春	2006 年 3 月	
			人体解剖与组织胚胎学	100101	陈祖林	2006 年 3 月	
		103	免疫学	100102	储以微	2007 年 1 月	
			免疫学	100102	何　睿	2010 年 1 月	
			免疫学	100102	贾立军	2011 年 1 月	
			免疫学	100102	胡维国	2011 年 1 月	生物医学研究院
		104	病原生物学	100103	闻玉梅	1984 年 1 月	医学院(基础)
			病原生物学	100103	瞿　涤	1998 年 7 月	
			病原生物学	100103	袁正宏	1999 年 7 月	
			病原生物学	100103	程训佳	2001 年 4 月	
			病原生物学	100103	高　谦	2004 年 1 月	
			病原生物学	100103	谢幼华	2008 年 1 月	
			病原生物学	100103	张晓燕	2009 年 1 月	
			病原生物学	100103	徐建青	2009 年 1 月	
			病原生物学	100103	陈　力	2011 年 7 月	
			病原生物学	100103	姜世勃	2011 年 7 月	
			病原生物学	100103	王　宾	2011 年 7 月	
		105	病理学与病理生理学	100104	张锦生	1997 年 7 月	
			病理学与病理生理学	100104	朱虹光	2001 年 4 月	
			病理学与病理生理学	100104	许祖德	2003 年 1 月	
			病理学与病理生理学	100104	赵子琴	2004 年 1 月	
			病理学与病理生理学	100104	张　农	2004 年 1 月	
			病理学与病理生理学	100104	殷莲华	2004 年 1 月	
			病理学与病理生理学	100104	张志刚	2004 年 1 月	
			病理学与病理生理学	100104	郑文新	2005 年 7 月	
			病理学与病理生理学	100104	陈思锋	2006 年 1 月	
			病理学与病理生理学	100104	陈丰原	2009 年 1 月	
			病理学与病理生理学	100104	刘秀萍	2011 年 1 月	
		106	放射医学	100106	卓维海	2005 年 7 月	放射医学研究所
			放射医学	100106	邵春林	2005 年 7 月	
			放射医学	100106	朱国英	2011 年 1 月	

续 表

学科门类	一级学科	序 号	专业名称	专业代码	博士生导师	批准时间	所属院系(所)
医 学	基础医学	107	分子医学	100120	丁忠仁	2008年7月	医学院(基础)
			分子医学	100120	雷群英	2010年1月	
	临床医学	108	内科学(心血管病)	100201	陈灏珠	1981年11月	中山医院
			内科学(心血管病)	100201	诸骏仁	1990年12月	
			内科学(心血管病)	100201	蔡迺绳	1997年7月	
			内科学(心血管病)	100201	葛均波	2000年4月	
			内科学(心血管病)	100201	施海明	2003年1月	华山医院
			内科学(心血管病)	100201	李 勇	2011年1月	
			内科学(心血管病)	100201	舒先红	2005年1月	中山医院
			内科学(心血管病)	100201	胡 凯	2005年1月	
			内科学(心血管病)	100201	邹云增	2005年2月	
			内科学(心血管病)	100201	刘少稳	2007年1月	
			内科学(心血管病)	100201	钱菊英	2008年1月	
			内科学(心血管病)	100201	陈瑞珍	2009年1月	
			内科学(心血管病)	100201	周京敏	2011年1月	
			内科学(血液病)	1002011	谢 毅	1998年7月	华山医院
			内科学(血液病)	1002011	许小平	2011年1月	
			内科学(血液病)	1002011	陆道培	2006年1月	上海市第五人民医院
			内科学(血液病)	1002011	程韵枫	2008年1月	中山医院
			内科学(呼吸系病)	1002012	钮善福	1994年3月	
			内科学(呼吸系病)	1002012	何礼贤	1997年7月	
			内科学(呼吸系病)	1002012	白春学	1999年7月	
			内科学(呼吸系病)	1002012	蔡映云	1999年7月	
			内科学(呼吸系病)	1002012	瞿介明	2004年1月	华东医院
			内科学(呼吸系病)	1002012	朱 蕾	2005年1月	中山医院
			内科学(呼吸系病)	1002012	王向东	2008年1月	
			内科学(消化系病)	1002013	王吉耀	1995年7月	
			内科学(消化系病)	1002013	沈锡中	2003年1月	
			内科学(消化系病)	1002013	任正刚	2007年1月	
			内科学(消化系病)	1002013	张顺财	2007年1月	
			内科学(消化系病)	1002013	夏景林	2009年1月	
			内科学(消化系病)	1002013	刘 杰	2009年6月	华山医院
			内科学(消化系病)	1002013	樊晓明	2010年1月	金山医院
			内科学(内分泌与代谢病)	1002014	高 鑫	2003年1月	中山医院
			内科学(内分泌与代谢病)	1002014	胡仁明	2003年1月	华山医院
			内科学(内分泌与代谢病)	1002014	史虹莉	2004年1月	
			内科学(内分泌与代谢病)	1002014	王庆华	2006年7月	
			内科学(内分泌与代谢病)	1002014	李益明	2008年1月	
			内科学(内分泌与代谢病)	1002014	周丽诺	2008年1月	

续 表

学科门类	一级学科	序 号	专业名称	专业代码	博士生导师	批准时间	所属院系(所)
医 学	临床医学	108	内科学(内分泌与代谢病)	1002014	孙建琴	2009年1月	华东医院
			内科学(肾病)	1002015	丁小强	2000年4月	中山医院
			内科学(肾病)	1002015	顾 勇	2001年4月	华山医院
			内科学(肾病)	1002015	郝传明	2006年1月	
			内科学(肾病)	1002015	陈 靖	2010年1月	
			内科学(肾病)	1002015	叶志斌	2011年1月	华东医院
			内科学(风湿病)	1002016	邹和建	2006年1月	华山医院
			内科学(传染病)	1002017	张永信	1994年3月	
			内科学(传染病)	1002017	施光峰	2004年1月	
			内科学(传染病)	1002017	张继明	2005年1月	
			内科学(传染病)	1002017	王明贵	2006年1月	
			内科学(传染病)	1002017	卢洪洲	2007年1月	
			内科学(传染病)	1002017	张文宏	2008年1月	
		109	儿科学	100202	刘豫阳	1995年7月	儿科医院
			儿科学	100202	肖现民	1996年7月	
			儿科学	100202	孙 波	1997年7月	
			儿科学	100202	王卫平	1997年7月	
			儿科学	100202	邵肖梅	1997年7月	
			儿科学	100202	郑 珊	1999年7月	
			儿科学	100202	黄国英	2001年4月	
			儿科学	100202	陈 超	2001年4月	
			儿科学	100202	徐 虹	2001年4月	
			儿科学	100202	杨 毅	2001年4月	
			儿科学	100202	贾 兵	2003年1月	
			儿科学	100202	桂永浩	2003年1月	
			儿科学	100202	马瑞雪	2006年1月	
			儿科学	100202	吕志宝	2006年1月	
			儿科学	100202	彭咏梅	2008年1月	
			儿科学	100202	许政敏	2009年7月	
			儿科学	100202	王 艺	2010年1月	
			儿科学	100202	黄文彦	2010年1月	
			儿科学	100202	王建设	2010年1月	
			儿科学	100202	董岿然	2011年1月	
			儿科学	100202	王晓川	2011年1月	
		110	神经病学	100204	吕传真	1994年3月	华山医院
			神经病学	100204	洪 震	2001年4月	
			神经病学	100204	董 强	2003年11月	
			神经病学	100204	肖保国	2006年1月	
			神经病学	100204	汪 昕	2007年1月	中山医院

续 表

学科门类	一级学科	序 号	专业名称	专业代码	博士生导师	批准时间	所属院系(所)
医 学	临床医学	110	神经病学	100204	钟春玖	2008 年 1 月	中山医院
			神经病学	100204	吴志英	2009 年 1 月	华山医院
		111	精神病与精神卫生学	100205	施慎逊	2004 年 1 月	
			精神病与精神卫生学	100205	王立伟	2006 年 1 月	
		112	皮肤病与性病学	100206	郑志忠	2001 年 4 月	
			皮肤病与性病学	100206	李 明	2004 年 1 月	中山医院
			皮肤病与性病学	100206	项蕾红	2006 年 1 月	华山医院
			皮肤病与性病学	100206	徐金华	2008 年 1 月	
			皮肤病与性病学	100206	杨勤萍	2009 年 1 月	
		113	影像医学与核医学	100207	周康荣	1994 年 3 月	中山医院
			影像医学与核医学	100207	陈绍亮	1996 年 7 月	
			影像医学与核医学	100207	冯晓源	1997 年 7 月	华山医院
			影像医学与核医学	100207	王建华	1999 年 7 月	中山医院
			影像医学与核医学	100207	常 才	2001 年 4 月	肿瘤医院
			影像医学与核医学	100207	曾蒙苏	2003 年 1 月	中山医院
			影像医学与核医学	100207	耿道颖	2003 年 1 月	华山医院
			影像医学与核医学	100207	王文平	2004 年 1 月	中山医院
			影像医学与核医学	100207	彭卫军	2004 年 1 月	肿瘤医院
			影像医学与核医学	100207	严福华	2005 年 1 月	中山医院
			影像医学与核医学	100207	王小林	2007 年 1 月	
			影像医学与核医学	100207	王 怡	2007 年 1 月	华山医院
			影像医学与核医学	100207	滑炎卿	2007 年 2 月	华东医院
			影像医学与核医学	100207	周正荣	2008 年 1 月	肿瘤医院
			影像医学与核医学	100207	强金伟	2009 年 1 月	金山医院
			影像医学与核医学	100207	张志勇	2009 年 1 月	上海市公共卫生中心
			影像医学与核医学	100207	林 江	2010 年 1 月	中山医院
			影像医学与核医学	100207	石洪成	2011 年 1 月	
			影像医学与核医学	100207	管一晖	2010 年 1 月	华山医院
			影像医学与核医学	100207	顾雅佳	2010 年 1 月	肿瘤医院
		114	临床检验诊断学	100208	吕 元	1995 年 7 月	华山医院
			临床检验诊断学	100208	关 明	2010 年 1 月	
		115	外科学(普外)	100210	汤钊猷	1984 年 1 月	中山医院
			外科学(普外)	100210	秦新裕	1997 年 7 月	
			外科学(普外)	100210	工玉琦	1997 年 7 月	
			外科学(普外)	100210	蔡 端	1997 年 7 月	华山医院
			外科学(普外)	100210	符伟国	2000 年 4 月	中山医院
			外科学(普外)	100210	樊 嘉	2001 年 4 月	
			外科学(普外)	100210	王国民	2001 年 4 月	
			外科学(普外)	100210	钦伦秀	2003 年 1 月	

续 表

学科门类	一级学科	序 号	专业名称	专业代码	博士生导师	批准时间	所属院系(所)
医 学	临床医学	115	外科学(普外)	100210	劳 杰	2003 年 1 月	华山医院
			外科学(普外)	100210	吴国豪	2004 年 1 月	中山医院
			外科学(普外)	100210	钱建民	2004 年 1 月	华山医院
			外科学(普外)	100210	王春生	2005 年 1 月	中山医院
			外科学(普外)	100210	姚礼庆	2005 年 1 月	
			外科学(普外)	100210	靳大勇	2006 年 1 月	
			外科学(普外)	100210	陈宗祐	2006 年 1 月	华山医院
			外科学(普外)	100210	周 俭	2007 年 1 月	中山医院
			外科学(普外)	100210	黄广建	2007 年 1 月	华山医院
			外科学(普外)	100210	余优成	2008 年 1 月	中山医院
			外科学(普外)	100210	邱双健	2008 年 1 月	
			外科学(普外)	100210	邹 强	2008 年 1 月	华山医院
			外科学(普外)	100210	许剑民	2009 年 1 月	中山医院
			外科学(普外)	100210	亓发芝	2009 年 1 月	
			外科学(普外)	100210	牛伟新	2009 年 1 月	
			外科学(普外)	100210	傅德良	2009 年 1 月	华山医院
			外科学(普外)	100210	余 波	2011 年 1 月	
			外科学(普外)	100210	刘保池	2009 年 1 月	上海市公共卫生中心
			外科学(普外)	100210	孙益红	2010 年 1 月	中山医院
			外科学(普外)	100210	叶青海	2010 年 1 月	
			外科学(普外)	100210	孙惠川	2010 年 1 月	
			外科学(普外)	100210	刘厚宝	2011 年 1 月	
			外科学(骨外)	1002101	顾玉东	1990 年 12 月	华山医院
			外科学(骨外)	1002101	陈峥嵘	1997 年 7 月	中山医院
			外科学(骨外)	1002101	徐建光	1997 年 7 月	华山医院
			外科学(骨外)	1002101	陈 亮	1998 年 7 月	华山医院
			外科学(骨外)	1002101	俞永林	2003 年 1 月	
			外科学(骨外)	1002101	陈统一	2004 年 5 月	中山医院
			外科学(骨外)	1002101	董 健	2006 年 1 月	
			外科学(骨外)	1002101	张 峰	2011 年 7 月	
			外科学(骨外)	1002101	徐文东	2007 年 1 月	华山医院
			外科学(骨外)	1002101	马 昕	2011 年 1 月	
			外科学(泌尿外)	1002102	张永康	1997 年 7 月	中山医院
			外科学(泌尿外)	1002102	丁 强	2001 年 4 月	华山医院
			外科学(泌尿外)	1002102	朱同玉	2007 年 1 月	中山医院
			外科学(泌尿外)	1002102	陈 刚	2007 年 1 月	金山医院
			外科学(泌尿外)	1002102	林宗明	2008 年 1 月	中山医院
			外科学(泌尿外)	1002102	郭剑明	2010 年 1 月	
			外科学(神外)	1002104	周良辅	1990 年 12 月	华山医院

续 表

学科门类	一级学科	序 号	专业名称	专业代码	博士生导师	批准时间	所属院系(所)
医 学	临床医学	115	外科学(神外)	1002104	潘 力	2000年4月	华山医院
			外科学(神外)	1002104	崔尧元	2001年4月	中山医院
			外科学(神外)	1002104	朱剑虹	2001年4月	华山医院
			外科学(神外)	1002104	黄峰平	2004年1月	
			外科学(神外)	1002104	毛 颖	2005年1月	
			外科学(神外)	1002104	宋冬雷	2007年1月	
			外科学(神外)	1002104	胡 锦	2011年1月	
		116	妇产科学	100211	李大金	1998年7月	妇产科医院
			妇产科学	100211	林金芳	2003年1月	
			妇产科学	100211	刘惜时	2003年1月	
			妇产科学	100211	李笑天	2004年1月	
			妇产科学	100211	张绍芬	2004年1月	
			妇产科学	100211	徐丛剑	2005年1月	
			妇产科学	100211	孙 红	2006年1月	
			妇产科学	100211	张慧琴	2006年1月	上海市计划生育研究所
			妇产科学	100211	张 炜	2007年1月	妇产科医院
			妇产科学	100211	华克勤	2009年1月	
			妇产科学	100211	郭孙伟	2011年1月	
			妇产科学	100211	孙晓溪	2011年1月	
			妇产科学	100211	鹿 欣	2011年1月	
		117	眼科学	100212	王文吉	1990年12月	眼耳鼻喉科医院
			眼科学	100212	褚仁远	1995年7月	
			眼科学	100212	孙兴怀	1999年7月	
			眼科学	100212	卢 奕	2001年4月	
			眼科学	100212	叶 纹	2004年1月	华山医院
			眼科学	100212	徐格致	2004年1月	眼耳鼻喉科医院
			眼科学	100212	戴锦晖	2008年1月	
			眼科学	100212	周行涛	2008年1月	
			眼科学	100212	郭文毅	2008年1月	
			眼科学	100212	徐建江	2009年1月	
			眼科学	100212	钱 江	2011年1月	
			眼科学	100212	袁 非	2011年1月	中山医院
		118	耳鼻咽喉科学	100213	王正敏	1986年7月	眼耳鼻喉科医院
			耳鼻咽喉科学	100213	迟放鲁	2000年4月	
			耳鼻咽喉科学	100213	周 梁	2001年4月	
			耳鼻咽喉科学	100213	郑春泉	2001年4月	
			耳鼻咽喉科学	100213	王胜资	2003年1月	
			耳鼻咽喉科学	100213	蒋家琪	2004年1月	
			耳鼻咽喉科学	100213	王德辉	2005年1月	

续 表

学科门类	一级学科	序 号	专业名称	专业代码	博士生导师	批准时间	所属院系(所)
医 学	临床医学	118	耳鼻咽喉科学	100213	李华伟	2005 年 1 月	眼耳鼻喉科医院
			耳鼻咽喉科学	100213	戴春富	2006 年 1 月	
			耳鼻咽喉科学	100213	章如新	2007 年 1 月	华东医院
			耳鼻咽喉科学	100213	张天宇	2007 年 3 月	眼耳鼻喉科医院
			耳鼻咽喉科学	100213	陈 兵	2008 年 1 月	
			耳鼻咽喉科学	100213	赵 霞	2009 年 1 月	华山医院
			耳鼻咽喉科学	100213	吴海涛	2010 年 1 月	眼耳鼻喉科医院
			耳鼻咽喉科学	100213	戴培东	2011 年 1 月	
		119	肿瘤学	100214	沈镇宙	1990 年 12 月	肿瘤医院
			肿瘤学	100214	叶胜龙	1996 年 7 月	中山医院
			肿瘤学	100214	蒋国梁	1997 年 7 月	肿瘤医院
			肿瘤学	100214	刘康达	1998 年 7 月	中山医院
			肿瘤学	100214	施达仁	1998 年 7 月	肿瘤医院
			肿瘤学	100214	朱雄增	1998 年 7 月	
			肿瘤学	100214	邵志敏	1999 年 7 月	
			肿瘤学	100214	师英强	2001 年 4 月	
			肿瘤学	100214	吴 毅	2003 年 1 月	
			肿瘤学	100214	蔡三军	2004 年 1 月	
			肿瘤学	100214	傅小龙	2005 年 1 月	
			肿瘤学	100214	沈坤炜	2005 年 1 月	
			肿瘤学	100214	叶定伟	2006 年 1 月	
			肿瘤学	100214	曾昭冲	2007 年 1 月	中山医院
			肿瘤学	100214	李 进	2007 年 1 月	肿瘤医院
			肿瘤学	100214	王华英	2007 年 1 月	
			肿瘤学	100214	吴小华	2007 年 1 月	
			肿瘤学	100214	胡超苏	2007 年 1 月	
			肿瘤学	100214	陈海泉	2007 年 1 月	
			肿瘤学	100214	胡 雁	2007 年 1 月	护理学院
			肿瘤学	100214	杜 祥	2008 年 1 月	肿瘤医院
			肿瘤学	100214	嵇庆海	2008 年 1 月	
			肿瘤学	100214	周晓燕	2009 年 1 月	
			肿瘤学	100214	陆劲松	2009 年 1 月	
			肿瘤学	100214	章 真	2009 年 1 月	
			肿瘤学	100214	郭伟剑	2010 年 1 月	
			肿瘤学	100214	吴 炅	2010 年 1 月	
			肿瘤学	100214	魏庆义	2010 年 8 月	
		120	康复医学与理疗学	100215	吴 毅	2006 年 1 月	华山医院
		121	运动医学	100216	陈世益	2001 年 4 月	
		122	麻醉学	100217	姜 桢	2001 年 4 月	中山医院

续 表

学科门类	一级学科	序 号	专业名称	专业代码	博士生导师	批准时间	所属院系(所)
医 学	临床医学	122	麻醉学	100217	薛张纲	2004 年 1 月	中山医院
			麻醉学	100217	梁伟民	2006 年 1 月	华山医院
			麻醉学	100217	缪长虹	2007 年 1 月	中山医院
			麻醉学	100217	陈莲华	2010 年 1 月	眼耳鼻喉科医院
	公共卫生与预防医学	123	流行病与卫生统计学	100401	高尔生	1995 年 7 月	上海市计划生育研究所
			流行病与卫生统计学	100401	姜庆五	2000 年 4 月	公共卫生学院
			流行病与卫生统计学	100401	赵根明	2004 年 1 月	
			流行病与卫生统计学	100401	赵耐青	2004 年 1 月	
			流行病与卫生统计学	100401	武俊青	2004 年 1 月	上海市计划生育研究所
			流行病与卫生统计学	100401	徐 飚	2005 年 1 月	公共卫生学院
			流行病与卫生统计学	100401	孟 炜	2005 年 1 月	
			流行病与卫生统计学	100401	楼超华	2005 年 1 月	上海市计划生育研究所
			流行病与卫生统计学	100401	周维谨	2005 年 1 月	
			流行病与卫生统计学	100401	林燧恒	2006 年 1 月	公共卫生学院
			流行病与卫生统计学	100401	何 纳	2006 年 1 月	
			流行病与卫生统计学	100401	余金明	2008 年 1 月	
			流行病与卫生统计学	100401	袁 伟	2009 年 1 月	
		124	劳动卫生与环境卫生学	100402	傅 华	1999 年 7 月	
			劳动卫生与环境卫生学	100402	夏昭林	2001 年 4 月	
			劳动卫生与环境卫生学	100402	宋伟民	2003 年 1 月	
			劳动卫生与环境卫生学	100402	屈卫东	2006 年 1 月	
			劳动卫生与环境卫生学	100402	阚海东	2010 年 1 月	
		125	营养与食品卫生学	100403	郭红卫	2003 年 1 月	
			营养与食品卫生学	100403	厉曙光	2009 年 1 月	
		126	儿少卫生与妇幼保健学	100404	汪 玲	2003 年 1 月	
			儿少卫生与妇幼保健学	100404	钱 序	2004 年 1 月	
		127	卫生毒理学	100405	周志俊	2003 年 1 月	
	中西医结合	128	中西医结合基础	100601	吴根诚	1996 年 7 月	医学院(基础)
			中西医结合基础	100601	王彦青	2006 年 1 月	
			中西医结合临床	100602	沈自尹	1982 年 9 月	华山医院
			中西医结合临床	100602	王文健	1995 年 7 月	
			中西医结合临床	100602	蔡定芳	1996 年 7 月	中山医院
			中西医结合临床	100602	蔡德培	1999 年 7 月	儿科医院
			中西医结合临床	100602	董竞成	2001 年 4 月	华山医院
			中西医结合临床	100602	刘鲁明	2003 年 1 月	肿瘤医院
			中西医结合临床	100602	孟志强	2011 年 1 月	
	药 学	129	药物化学	100701	夏 鹏	1994 年 3 月	药学院

续　表

学科门类	一级学科	序　号	专业名称	专业代码	博士生导师	批准时间	所属院系(所)
医　学	药　学	129	药物化学	100701	周　佩	1995 年 7 月	药学院
			药物化学	100701	仇缀百	2003 年 1 月	
			药物化学	100701	劳爱娜	2004 年 1 月	上海市计划生育研究所
			药物化学	100701	叶德泳	2006 年 1 月	药学院
			药物化学	100701	穆　青	2009 年 1 月	
			药物化学	100701	赵伟利	2009 年 1 月	
			药物化学	100701	孙　逊	2010 年 1 月	
			药物化学	100701	李英霞	2010 年 1 月	
			药物化学	100701	胡金锋	2011 年 1 月	
			药物化学	100701	王　洋	2011 年 1 月	
			药物化学	100701	鞠佃文	2011 年 4 月	
		130	药剂学	100702	裴元英	1997 年 7 月	
			药剂学	100702	方晓玲	2001 年 4 月	
			药剂学	100702	陆伟跃	2001 年 4 月	
			药剂学	100702	蒋新国	2003 年 1 月	
			药剂学	100702	卢建忠	2003 年 5 月	
			药剂学	100702	钟明康	2004 年 1 月	华山医院
			药剂学	100702	吴　伟	2006 年 1 月	药学院
			药剂学	100702	陈　刚	2008 年 1 月	
			药剂学	100702	朱建华	2008 年 1 月	
			药剂学	100702	蒋　晨	2008 年 1 月	
		131	生药学	100703	陈道峰	1999 年 7 月	
			生药学	100703	潘胜利	2001 年 4 月	
			生药学	100703	侯爱君	2008 年 1 月	
		132	药理学	100706	姚明辉	1998 年 7 月	医学院(基础)
			药理学	100706	曹　霖	2003 年 5 月	上海市计划生育研究所
			药理学	100706	段更利	2004 年 1 月	药学院
			药理学	100706	朱依谆	2005 年 1 月	
			药理学	100706	孙祖越	2005 年 1 月	上海市计划生育研究所
			药理学	100706	王　健	2011 年 1 月	
			药理学	100706	李雪宁	2008 年 1 月	药学院
			药理学	100706	程能能	2009 年 1 月	
			药理学	100706	蔡卫民	2009 年 1 月	
			药理学	100706	杨永华	2011 年 1 月	
			药理学	100706	余　科	2011 年 4 月	
			药理学	100706	石乐明	2011 年 4 月	
管理学	管理科学与工程	133	管理科学与工程	120100	朱道立	1998 年 1 月	管理学院
			管理科学与工程	120100	司春林	1999 年 7 月	

续 表

学科门类	一级学科	序 号	专业名称	专业代码	博士生导师	批准时间	所属院系(所)
管理学	管理科学与工程	133	管理科学与工程	120100	黄丽华	2001 年 4 月	管理学院
			管理科学与工程	120100	李宏余	2003 年 1 月	
			管理科学与工程	120100	刘 杰	2004 年 6 月	
			管理科学与工程	120100	徐以汎	2005 年 1 月	
			管理科学与工程	120100	劳兰珺	2005 年 1 月	
			管理科学与工程	120100	凌 鸿	2006 年 1 月	
			管理科学与工程	120100	官建成	2007 年 5 月	
			管理科学与工程	120100	胡奇英	2008 年 1 月	
			管理科学与工程	120100	范龙振	2008 年 1 月	
			管理科学与工程	120100	胡建强	2008 年 10 月	
			管理科学与工程	120100	马成虎	2010 年 1 月	
	工商管理	134	会计学	120201	李若山	1998 年 3 月	
			会计学	120201	周 红	2004 年 1 月	
			会计学	120201	洪剑峭	2006 年 1 月	
			会计学	120201	吕长江	2007 年 1 月	
			会计学	120201	陈 超	2009 年 1 月	
			会计学	120201	原红旗	2009 年 1 月	
		135	企业管理	120202	芮明杰	1994 年 11 月	
			企业管理	120202	薛求知	1998 年 3 月	
			企业管理	120202	项保华	2001 年 4 月	
			企业管理	120202	陆雄文	2001 年 4 月	
			企业管理	120202	苏 勇	2001 年 4 月	
			企业管理	120202	李元旭	2003 年 1 月	
			企业管理	120202	胡君辰	2004 年 1 月	
			企业管理	120202	许晓明	2004 年 1 月	
			企业管理	120202	杨永康	2005 年 1 月	
			企业管理	120202	孔爱国	2006 年 1 月	
			企业管理	120202	谢晋宇	2006 年 1 月	
			企业管理	120202	王克敏	2007 年 1 月	
			企业管理	120202	范秀成	2007 年 1 月	
			企业管理	120202	黄 沛	2008 年 1 月	
			企业管理	120202	蒋青云	2009 年 1 月	
			企业管理	120202	徐剑刚	2009 年 1 月	
			企业管理	120202	张 青	2009 年 1 月	
			企业管理	120202	宁 钟	2010 年 1 月	
			企业管理	120202	孙 谦	2010 年 4 月	
		136	旅游管理	120203	郭英之	2010 年 1 月	历史学系
	公共管理	137	行政管理	120401	竺乾威	1996 年 6 月	国际关系与公共事务学院
			行政管理	120401	陈晓原	2007 年 1 月	
			行政管理	120401	唐亚林	2010 年 1 月	

续 表

学科门类	一级学科	序号	专业名称	专业代码	博士生导师	批准时间	所属院系(所)
管理学	公共管理	138	社会医学与卫生事业管理	120402	陈　洁	1996 年 7 月	公共卫生学院
			社会医学与卫生事业管理	120402	郝　模	1998 年 7 月	
			社会医学与卫生事业管理	120402	程晓明	2001 年 4 月	
			社会医学与卫生事业管理	120402	冯学山	2003 年 1 月	
			社会医学与卫生事业管理	120402	陈　文	2006 年 1 月	
			社会医学与卫生事业管理	120402	薛　迪	2007 年 1 月	
			社会医学与卫生事业管理	120402	吕　军	2009 年 1 月	
			社会医学与卫生事业管理	120402	严　非	2009 年 1 月	
			社会医学与卫生事业管理	120402	陈英耀	2009 年 1 月	
			社会医学与卫生事业管理	120402	陈　刚	2011 年 1 月	
		139	社会管理与社会政策	120421	王菊芬	2007 年 1 月	社会发展与公共政策学院
		140	公共政策	120422	朱春奎	2009 年 1 月	国际关系与公共事务学院
			公共政策	120422	唐贤兴	2010 年 1 月	

复旦大学入选 2011 年第十三届全国优秀博士学位论文及提名论文一览表

第十三届(2011 年)全国优秀博士学位论文名单(全国共 98 篇)

序号	作者姓名	专业	论文题目	导师
1	沈大伟	凝聚态物理	2H 结构过渡族金属二硫属化物电子结构的高分辨角分辨光电子能谱研究	封东来
2	徐书华	遗传学	高密度常染色体 SNPs 揭示的现代人群遗传结构	金　力
3	陈海波	计算机系统结构	云计算平台可信性增强技术的研究	臧斌宇

2011 年(第十三届)全国优秀博士学位论文提名奖名单(全国共 256 篇)

序号	作者姓名	二级学科	论文题目	指导教师
1	叶　晔	中国古代文学	明代中央文官制度与文学	陈广宏
2	谢　湜	历史地理学	高乡与低乡：11—16 世纪太湖以东的区域结构变迁	葛剑雄
3	黄寒松	基础数学	Bergman 空间上的 von Neumann 代数、约化子空间和相关的几何分析	郭坤宇
4	陈时友	凝聚态物理	多元半导体及其合金的第一性原理计算研究	龚新高
5	徐　丰	电路与系统	全极化合成孔径雷达的正向和逆向遥感理论	金亚秋
6	余科达	肿瘤学	功能性论证雌醌代谢酶基因多态性与乳腺癌发生易感性的关联	邵志敏

2010—2011 年度"复旦大学优秀研究生指导教师"一览表

序号	单位	姓名	学科专业
1	中国古代文学研究中心	吴金华	汉语言文字学
2	历史地理研究所	姚大力	历史地理学
3	历史系	邹振环	中国古代史
4	哲学学院	张汝伦	中国哲学
5	国际关系与公共事务学院	竺乾威	行政管理学
6	国际关系与公共事务学院	邱柏生	思想政治教育

续 表

序 号	单 位	姓 名	学 科 专 业
7	外文学院	姜宏	俄语语言文学
8	新闻学院	程士安	广告学
9	社会科学基础部	钱箭星	科学社会主义
10	社会发展与公共政策学院	顾东辉	社会学
11	生命科学学院	张文驹	生态学
12	经济学院	张金清	金融学
13	经济学院	李维森	西方经济学
14	管理学院	陈超	会计学
15	管理学院	胡建强	管理科学与工程
16	信息科学与工程学院	胡波	电路与系统
17	软件学院	李银胜	计算机软件与理论
18	物理系	车静光	凝聚态物理
19	数学科学学院	郭坤宇	基础数学
20	化学系	曹勇	物理化学
21	先进材料实验室	李世燕	凝聚态物理
22	高分子科学系	汪长春	高分子化学与物理
23	材料科学系	贾波	物理电子学
24	环境科学与工程	刘燕	环境科学与工程
25	上海医学院	汤其群	生物化学与分子生物学
26	公共卫生学院	钱序	儿少卫生与妇幼保健学
27	药学院	蒋晨	药剂学
28	中山医院	吴国豪	外科学
29	华山医院	张继明	内科学
30	肿瘤医院	叶定伟	肿瘤学
31	五官科医院	王德辉	耳鼻咽喉科学
32	妇产科医院	刘惜时	妇产科学
33	儿科医院	桂永浩	儿科学
34	金山医院	陈刚	外科学
35	第五人民医院	顾勇	内科学
36	生物医学研究院	赵世民	分子细胞生物学

2011 年度复旦大学博士生学术论坛一览表

举办时间	举办单位	论坛主题
1 月 8—9 日	力学与工程科学系	现代力学在建设创新型国家中的作为
6 月 18 日	上海医学院	德遹精诚,医道尢疆
10 月 15—16 日	信息科学与工程学院	创新信息汇智光华——新信息新智慧新世界
10 月 16 日	外国语言文学学院	文韵 · 言律 · 译思
10 月 25 日	材料科学系、先进材料实验室	新材料：让生活更美好
10 月 29 日	社会发展与公共政策学院	包容性增长 · 促社会进步
10 月 29 日	计算机科学技术学院	百花齐放的计算机科学与技术

续　表

举办时间	举办单位	论坛主题
10 月 31 日	数学科学学院	求学于精，用学于谨
11 月 9 日	哲学学院	形而上学与生活世界
11 月 26—27 日	新闻学院	现代性语境中的中国传媒
12 月 10 日	生命科学学院	从生命科学中读懂我们自己
12 月 11 日	经济学院	转型、增长与发展——聚焦当代中国经济
12 月 11 日	管理学院	经济转型时期中国企业的可持续发展
12 月 18 日	化学系	化学点亮美好未来
10 月 26—27 日	生物医学工程平台	生物医学转化研究进展前沿与应用
5 月 18—9 日	韩国研究中心	中国韩国学(以中国与朝鲜半岛关系研究的新探索为主题)
7 月 8—10 日	软件学院	上海地区计算机学科研究生学术论坛

（研究生院供稿）

留学生教育

【概况】 2011 年，按照教育部“留学中国”计划要求，遵循“扩大规模，优化结构，规范管理，保证质量”的工作方针，以优化外国留学生生源结构和提高培养层次作为重点，注重内涵发展，着力提高留学生源质量，大力发展留学生非学历教育；结合本科生院建设，进一步理顺留学生和交流生教学管理体制。

全年接受外国留学生 7 115 人次，较 2010 年增长 4.5%。其中长期留学生 3 718 人，与 2010 年基本持平；各类长短期进修生 3 973 人次，较 2010 年增加 13%；研究生 900 人次，较 2010 年增加 7.65%。留学生层次结构得到改善，高层次留学生逐年增多。

制定学校外国留学生教育发展“十二五”规划，明确“十二五”期间，将逐步扩大外国留学生奖学金投入力度，完善多语种教学体系，适度扩大招生规模，提升高层次学生的比例；加强对留学生的学业督导和生活服务，培养知华、友华、爱复旦的国际校友；以美国“十万留学生”来华项目为抓手，做好美国大学生暑期培训项目；争创全国来华留学教育示范基地；进一步完善学校学生国际交流以及外国留学生的教学管理体制，按照国际化校园建设的要求，改善教学环境和教学设施，提升包括外国留学生在内的全体学生在教学环境改造和校园生活中的参与度，营造多元文化和谐相处的国际化校园环境。

在学校大走访大调研活动中，深入院系了解留学生培养管理问题，进一步完善留学生教育管理制度。调整留学生本科生招生和教学培养模式，进一步优化本科留学生生源结构，大幅度缩小本科生招生计划数；提高入学考试的难度，调整面试环节的规则，增加面试的公正性；继续推进“21 世纪优秀海外学生留学复旦”项目，与泰国优秀高中签订合作意向书；严格审查申请资格，规避“高考移民”；提高汉语言(对外)本科生入学门槛，取消插班制度。

全程参与“中日青年交流中心”项目。2011 年 1 月，港商曹其镛先生与复旦大学签署捐资建设中日青年交流中心的协议。为落实学校的外联工作，外国留学生工作处积极参与及协调“中日青年交流项目”的选址、建筑方案设计、管理规划等一系列工作。

继续调整研究生招生流程，使生源国别和专业结构得到改善。为英语授课项目设置奖学金，推进法学院“中国商法”项目、国关学院与巴黎整治学院的双学位项目建设。哲学学院“中国哲学”研究生英语项目开始招生。参与设计各院系暑期国际学分课程并进行招生。积极参与各种交流项目的谈判，不断扩大非学历生规模和提高非学历生层次。作为美国留学生培训基地，做好上海市政府委托的外国留学生暑期进修班项目(Shanghai Summer School)，并对该项目进行评估和跟踪调查。

形成留学生社会服务体系学校、政府和社会三轮驱动的留学生管理模式。引入留学生体检社会化服务机制，邀请体检中心、出入境管理局上门为留学生体检，并委托物业公司提供代理体检预约的服务；充分利用网络平台，实现全校留学生在线报名；将新增留学生公寓纳入统一管理，在原住宿系统中开发预定和管理的新功能。

9 月 17 日，承办上海市消防演习，彻底清查各个消防要道，整治乱发自行车的现象，解决留学生生活园区消防隐患；发放火灾自救手册，检测、更新、购买留学生公寓的一些消防安全设备，提高留学生火警处理能力，并对物业管理人员进行消防技能的培训。

在深入调研的基础上，对留学生公寓实施降低房租、付费用电的方案，新方案节能达 40%，显著减少学校用电开支。此举提高了留学生的节能意识，有效遏制留学生无节制用电的不良习惯，保证用电安全。由于留学生公寓和外国留学生工作处办公楼用电逐年下降，被授予学校“节能标兵”称号。

加强自身队伍及廉政建设。严明招生纪律，命题单线联系，杜绝泄题可能，签订保密协议，责任落实到人；严密管理机制，建立网上支付平台，堵塞收费漏洞；奖学金评审采取院系公示、奖学金评审委员会审议，以及在学校层面二次公示的“双示一审”制度；及时处理申诉意见，并反馈学生；利用电子邮件平台，推进政务公开；积极参与学校各种评优活动，2011年获得校级“优秀党支部”称号。

（丁　洁）

【启用改建后留学生公寓】 7月，3栋留学生公寓楼经改建后投入使用，共有床位504个，北区留学生园区留学生住宿床位总数达1 350个。

（丁　洁）

【成立“上海市外国留学生交通安全教育宣传基地”】 9月，与上海市公安局交通警察总队合作成立首个“上海市外国留学生交通安全教育宣传基地”，并在留学生公寓进行挂牌。基地将通过模拟体验、亲身实践和教育宣讲等方式，提高外国留学生的交通安全防范意识，拓宽交通安全知识面，更好地适应在沪学习和生活的安全。基地的成立为学校进一步做好留学生的安全保卫工作奠定了基础。

（丁　洁）

继 续 教 育

【概况】 2011年，学校继续教育由继续教育学院实施教学管理，分学历教育与非学历教育两大类。学历教育层次有高中起点升专科、高中起点升本科和专科起点升本科，教育形式有夜大学和自学考试两类。

2011年，夜大学在校学生总数12 082人。录取成人高等学历教育各层次新生3 705人，其中招收“三支一扶”等免试入学考生26人。成人高等学历教育设置高中起点升本科专业10个，专科起点升本科专业24个，高中起点升专科专业4个。毕业学生2 962人，其中本科毕业生2 698人，授予学士学位780人。在上海市成人教育协会院校教育专业委员会举办的2009—2010年度上海市成人高校优秀教师等评选中，张万国、陈利群被评为优秀教师；胡燕翔、徐晔被评为优秀管理工作者；蔡宏鑫、宋美英、杨庆兰被评为优秀班主任；高凤岚、陈雯彬、梅莉莉、季春、吕丽娟被评为优秀学员。

上海市第58次、第59次高等教育自学考试分别于4月和10月举行。共有31 889名考生参加76 293门次的理论考试和2 200门次的实践性环节考核，其中新生5 257名。毕业考生1 880人，其中本科毕业生835人，授予学士学位362人。

共举办各类管理干部培训班77个，各类考前辅导班30个，6 200人次接受培训。全年受理干部管理培训项目397个，培训人员19 637人次；综合类培训项目119个，培训人员4 788人次。与2010年相比，培训项目减少13.3%。2011年已结业项目341个，颁发结业证明15 040份。医学方面，举办继续医学教育项目227项，比2010年增长13.5%。其中国家级继续医学教育项目214项，省市级继续医学教育项目13项。受训人数25 417人次。

2011年12月，学院获得上海市第七届全民终身学习活动周最佳创新奖，该奖项由上海市学习型社会建设与终身教育促进委员会办公室、上海市成人教育协会共同颁发。

（刘　华　杨　怡）

【举办第十二届海峡两岸继续教育论坛】 该论坛于11月18—19日在校举行，由复旦大学继续教育学院承办。主题为聚焦“开启继续教育新局面——转型·选择·重构”，50多所高校的120余位代表出席。与会专家学者对“继续教育面临的新形势”、“转型中的继续教育”、“继续教育主客体的选择与定位”和“如何实现继续教育的重构与终身教育的愿景”等课题展开研讨。

（杨　怡）

【获评自学考试先进集体】 为纪念高等教育自学考试制度建立30周年，全国高等教育自学考试指导委员会、上海市高等教育自学考试指导委员会在2011年对全国高等教育自学考试工作的先进集体和先进工作者予以表彰。复旦大学自学考试办公室分别被评为“全国高等教育自学考试先进集体”和“上海市高等教育自学考试先进集体”。复旦大学考生庄木弟被评为第四届全国自学成才奖励基金“全国十佳自考生”及上海市高等教育“优秀自考生”。

（赵　敏）

附　录

2011年度复旦大学成人高等学历教育专业设置

类　别	负责教学工作的学院、系	专　业　名　称
高中起点本科	国际关系与公共事务学院	行政管理
	护理学院	护理学
	经济学院	国际经济与贸易
	经济学院	金融学
	力学与工程科学系	工程管理

续表

类别	负责教学工作的学院、系	专业名称
高中起点本科	力学与工程科学系	工商管理(物流方向)
	历史学系	会展经济与管理
	社会科学基础部	人力资源管理
	外国语言文学学院	英语
	药学院	药学
大专起点本科	法学院	法学
	管理学院	工商管理
	管理学院	会计学
	国际关系与公共事务学院	行政管理
	护理学院	护理学
	计算机科学技术学院	计算机科学与技术
	计算机科学技术学院	软件工程
	计算机科学技术学院	电子商务
	经济学院	国际经济与贸易
	经济学院	国际商务
	经济学院	金融学
	力学与工程科学系	工程管理
	力学与工程科学系	工商管理(物流方向)
	历史学系	会展经济与管理
	社会发展与公共政策学院	社会工作
	社会发展与公共政策学院	心理学
	社会科学基础部	公共关系学
	社会科学基础部	人力资源管理
	数学科学学院	金融工程
	外国语言文学学院	英语
	新闻学院	传播学
	新闻学院	新闻学
	药学院	药学
	中国语言文学系	汉语言文学
高中起点专科	经济学院	国际经济与贸易
	经济学院	金融管理与实务
	社会科学基础部	行政管理
	外国语言文学学院	应用英语

（继续教育学院供稿）

网络教育

【概况】 2011年，学校网络教育设置学历教育专升本专业13个、第二本科专业10个、高中起点专科专业4个。2011年春秋两季招生人数共计1 048人，毕业学生1 779人，在册学生3 316人。非学历教育面向政府、企业的培训班共开设141期，累计培训约7 000人次；综合类培训开班89期，累计培训3 867人次，取得了较好的社会效益和经济效益。

加强学生信息系统开发，提高学生在线学习的效率，提升服务质量和管理水平；加强办公自动化信息系统的更新和管理，进一步规范管理流程，提高工作效率，实现资源共享。9月19日，成立上海泰复网络技术有限公司股权重组工作小组，副校长陆昉担任组长，启动股权重组工作，并增加审计人员和网络教育学院党委书记为小组成员，法务人员改由法学院法学公司法专家担任。

全国高校现代远程教育协作组举行“百名学习之星”评选活动，学校潘旭明校友获全国“百名学习之星”称号。

全年举办大型学生活动20多项，如“魅力班级、情系复旦”班刊比赛活动、“我们在一起”主题班会、“警民共建鱼水情”、“网络人节”、“网院星辰奖”评选活动等。学院党支部和分团委积极开展活动，如组织学习胡锦涛同志纪念辛亥革命100周年的讲话、“奋勇争先创佳绩”民主评议党员活动、“让我们用爱心和真情创造生命奇迹”为蒋晓鸣校友捐款等活动。积极推动校友会联络活动，拓展学院与校友信息沟通的渠道，5月7日召开“凝聚校友力量　共创美好未来”校友工作会议。

（向婷婷）

【参加全国继续教育工作会议】 12月23—25日，教育部在北京国家会议中心召开全国继续教育工作会议暨高等教育自学考试制度建立30周年纪念大会。国务院有关部门负责人、有关省区市代表、部分行业组织和大型企业负责人、百所高校代表参加会议。学院由院长方晶刚参加。该次大会围绕贯彻落实全国教育工作会议精神和教育规划纲要、人才规划纲要，就如何加快发展继续教育，促进各类优质继续教育资源的开放共享，推动继续教育体制机制的改革创新，促进全民学习、终身学习的学习型社会建设展开学习研讨。中共中央政治局委员、国务委员刘延东出席会议并作重要讲话。中国高等教育学会继续教育分会2011学术交流年会和2011继续教育数字化学习资源共享与服务成果展览会也同期举办。

（向婷婷）

【启用新门户网站和OA系统】 9月，推出新的门户网站和OA系统，通过网络技术，实现学院移动办公、资源共享、高效协同的事务处理机制，为建立即时有效的信息交流管道提供便捷有效的事件跟踪和监督手段，实现办公现代化、信息资源化、传输网络化和管理人性化。（向婷婷）

附　录

复旦大学网络教育学院专业设置

专业设置	培养层次	专业设置	培养层次
计算机科学与技术	专升本	国际经济与贸易	第二本科
会计学		计算机科学与技术	
国际经济与贸易		会计学	
计算机科学与技术		国际经济与贸易	
会计学		计算机科学与技术	
国际经济与贸易		会计学	
计算机科学与技术		国际经济与贸易	
会计学		计算机科学与技术	
国际经济与贸易		会计学	
计算机科学与技术		国际经济与贸易	高中起点专科(在线)
会计学		计算机科学与技术	
国际经济与贸易		会计学	
计算机科学与技术		国际经济与贸易	
会计学	第二本科		

（网络教育学院供稿）

四、科学研究与产业

理工科、医科科研

【概况】 2011年，学校理工、医科科研经费和科研项目数量保持稳定。共获得各类项目1 665项，到款总经费115 800万元。其中纵向项目1 241项，到款经费94 416万元（拨款至复旦财务80 983万元，直接拨付至附属医院13 433万元）；横向项目424项，到款经费21 384万元（拨款至复旦财务16 440万元，直接拨付至附属医院4 944万元）。

获得首席科学家单位“973计划”1项，国家重大科学研究计划项目4项，获国家科技支撑计划项目资助2项，课题2项。获国家科技重大专项课题牵头14项，参与42项。

全年共申请国家自然科学基金2 139项，获资助项目546项，获资助经费29 237.1万元。其中获得国家自然科学基金面上项目263项，青年科学基金209项，国家杰出青年科学基金项目5项，创新研究群体2项（包括延续资助1项），重点项目8项，重大研究计划重点项目2项，重大国际（地区）合作研究项目2项，联合资助重点项目1项，海外及港澳学者合作研究基金7项（包括延续资助1项）。

获得教育部博士点基金博导类项目资助31项，新教师类项目资助42项，优先发展领域课题9项，总资助经费为900万元；教育部“新世纪优秀人才支持计划”20项，其中理工医科12项；教育部创新团队2项；教育部留学回国人员科研启动基金26项，理工医科19项，获批资助经费67.4万元；获得财政部、教育部“中央高校基本科研业务费专项资金”5 978万元。

获得上海市科学技术委员会基础研究计划重大项目1项，重点项目23项，自然科学基金面上项目67项，资助经费1 815万；浦江人才计划24项；“青年科技启明星”计划17项；“优秀学术带头人计划”16项，资助经费520万；科技支撑和前沿技术项目共62项，资助经费2 212万元。2011年度获上海市科委总资助经费6 667万元。

获得上海市教育委员会曙光计划7项，晨光计划6项，科研创新项目13项。

新增一个国家重点实验室，依托学校建设的国家重点实验室增至5个。遗传工程、医学神经生物学国家重点实验室通过科技部组织的生命科学领域评估，被评为“良好”；上海市现代应用数学、智能信息处理重点实验室通过上海市科委组织的信息领域评估，评为“良好”；智能化递药教育部重点实验室通过建设计划论证；物质计算科学教育部重点实验室、上海市女性生殖内分泌相关疾病重点实验室通过验收。在信息领域教育部重点实验室评估中，波散射与遥感信息教育部重点实验室复评未通过，不再保留于教育部重点实验室序列中。

获各类国际合作项目资助53项，其中获得科技部国际合作专项项目立项2项。获得国家自然科学基金委国际合作项目立项22项，其中重大国际合作项目2项，与美国国立卫生研究院合作项目6项，中日韩A3计划延续1项。获上海市科委政府间国际合作项目资助5项，非政府间项目资助5项，获得国际会议资助5项。与外国企业签订国际合作合同20余项。国际合作项目纵向立项经费达2 789万元。

与地方和企业的合作在2011年稳中有进，其中科研经费到款1.644亿元，比2010年同期增长13%，签订产学研合同424个，比2010年同期增长3.4%，其中合同额大于50万的项目34个。上海超精密光学制造工程技术研究中心、上海消化内镜诊疗工程技术研究中心获批准立项。组织开展与上海市及各地政府的合作。与上海市公安局签订全面合作协议，成立联合领导小组和联合工作小组，有7个项目对接成功。无锡研究院制定并实施一系列研究院内部管理制度和章程，成立研究院院务委员会，定期开展院务会议，聘请法律顾问、投资顾问、专利律师和专职财务人员。选定复旦科技成果产业孵化项目9项，其中3项进入中试阶段。引进微波功率器件团队，成立第一个产业化项目公司，融资1亿，复旦大学无锡研究院占股份20%。“863计划”主题专项“农业物联网和食品安全质量控制体系研究”立项并启动。“863计划”重点项目“农业物联网与食品质量安全体系关键技术研究”，科技部委托复旦大学对项目进行管理，下拨60%经费，承担科技部项目管理改革的试点工作，涉及与全国17家单位协调和管理工作。与长沙市人民政府签署《共建复旦大学长沙技术转移中心协议》，计划建立长期、稳定的战略合作关系，共同推动复旦大学的科技成果转化。

江明和金亚秋各获1项国家自然科学二等奖，葛均波获国家技术发明二等奖；周良辅获上海市科技功臣；葛均波和毛颖获第十二届上海市科技精英；葛均波和王红艳获谈家桢生命科学奖；获上海市科学技术奖一等奖5项、二等奖3项、三等奖6项、国际合作奖1人；获高等学校科学研究优秀成果奖一等奖5项、二等奖5项；获中华医学奖三等奖2项、国际合作奖1项;获上海医学科技奖一等奖1项、二等奖5项、三等奖6项;获明治乳业生命科学奖9项、海洋创新成果奖1项,中国技术市场协会金桥奖1项、上海市药学科技奖2项。

申请国内专利657项,授权专利数量251项,其中发明专利226项,为历年最高。全校累计有效专利(维持中)988项。已完成计算机软件著作权登记38项,为历年最高。

2010年发表SCI论文2 299篇,论文数位列全国高校第6,比2009年增长17.4%,增长速度列全国高校第2。根据中国科学技术信息研究所历年发布的中国科技论文统计结果,复旦大学2005—2009年发表的SCI论文中有3 571篇论文在2010年被引用,共被引用11 663次,位列全国高校第5,科技论文单篇引用次数为1.42次,列全国高校第1,未被引篇数比例为56.5%,全国高校中比例最低。生命科学学院和华山医院的研究成果分别在2011年5月和9月的《科学》杂志上发表。

医学科研方面,19人入选卫生局新百人,19人入选卫生局新优青;获上海市中医药事业发展三年行动计划项目3项。（王小华 徐晓创 庄建辉 何菁岚 杨 鹏 孙 劼 仲 实 肖晋芬 王华滔 戴悦春 张慧君 孙学会）

【获"973计划"项目资助1项】 该项目为"重要病毒持续性感染形成和维持的分子机制研究",由上海医学院袁正宏主持,总资助经费1 500万元,科研团队由复旦大学、中国科学院微生物研究所、中国科学院武汉病毒研究所、上海交通大学、中国科学院上海生命科学研究院、中国科学院生物物理研究所、中山大学、中国科学技术大学、中国人民解放军第三〇二医院、中国医学科学院基础医学研究所等10家单位组成。

（杨 鹏 孙 劼）

【获国家重大科学研究计划项目4项资助】 生命科学学院金力主持的"生殖细胞基因组结构变异的分子基础"项目获得国家重大科学研究计划项目资助,总资助经费3 000万元,其领衔的科研团队由复旦大学、中国医学科学院、中南大学、香港中文大学深圳研究院、北京大学第一医院、中国医科大学等6家单位组成。生命科学学院沈文辉主持的"植物表观遗传机制与重要调控蛋白质的功能和结构研究"项目获得国家重大科学研究计划项目资助,总资助经费3 000万元,其领衔的科研团队由复旦大学、中科院上海生命科学研究院、中科院植物研究所和湖南农业大学等4家单位组成。生命科学学院、生物医学研究院赵世民主持的"代谢相关蛋白质修饰在肿瘤发生发展过程中的作用及机制"项目获得国家重大科学研究计划项目资助,总资助经费3 000万元,其领衔的科研团队由复旦大学、上海交通大学、中科院大连化学物理研究所、厦门大学、中国科学技术大学和济南军区总医院等6家单位组成。物理学系龚新高主持"异质界面诱导的新奇量子现象及调控"项目获得国家重大科学研究计划项目资助,总资助经费3 000万元,其领衔的科研团队由复旦大学、中科院物理研究所、北京大学和华东师范大学4家单位组成。（杨 鹏 孙 劼）

【获国家科技支撑计划项目2项、课题2项资助】 生命科学学院金力领衔的"区域人口健康大型队列关键技术示范研究"项目获国家科技支撑计划研究项目批准立项,总经费3 269万元。材料系贾波领衔的"光纤广域环境动态安全监测设备开发和集成应用"项目获国家科技支撑计划研究项目批准立项,总经费2 874万元。华山医院毛颖领衔的"脑动脉瘤微创治疗时机和方案优化研究"课题获批立项,预算经费600万元。中山医院葛均波领衔的"慢性心力衰竭早期预警和失代偿期综合防治的研究"课题获批立项。（杨 鹏）

【获国家科技重大专项课题14项】 学校新增国家科技重大专项牵头课题14项,其中"传染病防治"专项课题2项(中山医院钦伦秀牵头的"病毒性肝炎相关肝癌转移复发的预测诊断与防治新策略研究"课题初步预算经费为4 500万元,生命科学学院王洪海牵头的"结核病创新型疫苗的研制"课题初步预算经费为3 800万元);"重大新药创制"专项课题6项;"集成电路"专项课题6项。（杨 鹏）

【拜瑞·马歇尔到校演讲】 9月21日,2005年诺贝尔生理学奖得主拜瑞·马歇尔(Barry J. Marshall)到校进行学术访问,在枫林校区明道楼一楼报告厅作主题演讲"诺贝尔奖之路——向幽门螺杆菌的发现者寻找启示",并与来自医学院、药学院、公共卫生学院和护理学校及附属医院的20余名研究生及本科生代表进行圆桌会谈。（刘金也）

【新增1个国家重点实验室】 10月,聚合物分子工程国家重点实验室获批准立项(国科发基[2011]517号),高分子科学系丁建东为实验室主任。

（何菁岚）

【新增2个上海市工程技术研究中心】 11月,上海超精密光学制造工程技术研究中心、上海消化内镜诊疗工程技术研究中心获批准立项(沪科[2011]489号)。上海超精密光学制造工程技术研究中心依托信息科学与工程学院建设,徐敏任中心主任,市科委计划拨款100万元;上海消化内镜诊疗工程技术研究中心依托附属中山医院建设,姚礼庆任中心主任,市科委计划拨款100万元。

（仲 实 肖晋芬）

【获国家自然科学基金委员会创新研究群体基金项目和延续资助各1项】 数学科学学院傅吉祥团队获国家自然科学基金委员会创新研究群体基金资助,研究方向为"几何与偏微分方程",上海医学院马兰团队获延续资助,研究方向为"精神药物成瘾和记忆机制"。（庄建辉）

【获国家自然科学基金委员会重大研究计划重点项目2项】 物理系陈张海、沈健分别获得国家自然科学基金委员会重大研究计划重点项目立项资助。（庄建辉）

【获国家自然科学基金委员会重点项目8项】 物理系侯晓远,化学系周锡庚、徐昕,材料系俞燕蕾、武利民,生命学院马红,华山医院郝传明、徐剑锋等分别牵头的8个项目获得国家自然科学基金委员会重点项目资助。

（庄建辉）

【获国家杰出青年科学基金项目5项】

化学系易涛，高分子科学系刘天西，信息学院曾璇，华山医院刘杰、吴志英5人获得国家杰出青年科学基金项目资助。（庄建辉）

【获教育部“长江学者和创新团队发展计划”创新团队2项】 化学系金国新、中山医院钦伦秀团队获教育部“长江学者和创新团队发展计划”创新团队计划资助。（徐晓创）

【多篇论文在国际顶级学术刊物发表】 详见【学校综述】第62页。

附 录

复旦大学“985工程”科技创新平台一览表

序号	科技创新平台名称	负责人
1	先进材料科技创新平台	赵东元
2	生物医学科技创新平台	贺 林
3	脑科学研究科技创新平台	马 兰
4	微纳电子科技创新平台	闵 昊
5	数理研究科技创新平台	吴泉水

复旦大学重点实验室一览表

序号	类别	实验室名称	学科	单位	实验室主任
1	国家	应用表面物理	物 理	物理学系	封东来
2	国家	专用集成电路与系统	信 息	信息科学与工程学院	曾 璇
3	国家	遗传工程	生 命	生命科学学院	余 龙
4	国家	医学神经生物学	医 学	上海医学院	郑 平
5	教育部	聚合物分子工程	化 学	高分子科学系	郭坤宇
6	教育部	非线性数学模型与方法	数 学	数学科学学院	郭坤宇
7	教育部	物质计算科学	交 叉	数理研究科技创新平台	龚新高
8	教育部	应用离子束物理	物 理	现代物理研究所	Roger Hutton
9	教育部	微纳光子结构	信 息	物理学系	资 剑
10	教育部	现代人类学	生 命	生命科学学院	金 力
11	教育部	生物多样性与生态工程	生 命	生命科学学院	李 博
12	教育部	医学分子病毒学	医 学	上海医学院	袁正宏
13	教育部	分子医学	医 学	上海医学院	汤其群
14	教育部	智能化递药	医 学	药学院	陆伟跃
15	教育部	公共卫生安全	预防医学	公共卫生学院	姜庆五
16	教育部	癌变与侵袭原理	医 学	中山医院	樊 嘉
17	教育部	教育部重点实验室(B类)		复旦大学	
18	卫生部	糖复合物	医 学	上海医学院	顾建新
19	卫生部	抗生素临床药理	医 学	华山医院	张婴元
20	卫生部	手功能重建	医 学	华山医院	顾玉东
21	卫生部	医学技术评估	医 学	公共卫生学院	陈 洁
22	卫生部	医学分子病毒学	医 学	上海医学院	袁正宏
23	卫生部	听觉医学	医 学	眼耳鼻喉科医院	王正敏
24	卫生部	近视眼研究	医 学	眼耳鼻喉科医院	褚仁远
25	卫生部	病毒性心脏病	医 学	中山医院	陈瑞珍
26	卫生部	新生儿疾病	医 学	儿科医院	桂永浩

续 表

序号	类别	实验室名称	学科	单位	实验室主任
27	上海市	现代应用数学	数学	数学科学学院	吴宗敏
28		分子催化与功能材料	化学	化学系	贺鹤勇
29		智能信息处理	信息	信息科学与工程学院	周傲英
30		周围神经显微外科	医学	华山医院	顾玉东
31		医学图像处理与计算机辅助手术	医学	上海医学院	宋志坚
32		器官移植	医学	中山医院	朱同玉
33		女性生殖内分泌相关疾病	医学	妇产科医院	徐丛剑
34	总后卫生部	全军智能化递药	医学	医学院	陆伟跃

注：医学分子病毒学同时为教育部和卫生部重点实验室。

教育部工程研究中心一览表

序号	研究机构名称	现任负责人	依托院系
1	先进涂料教育部工程研究中心	武利民	材料科学系
2	网络信息安全审计与监控教育部工程研究中心	张世永	计算机科学技术学院
3	先进仪器制造教育部工程研究中心	孔继烈	化学系
4	先进照明技术教育部工程研究中心	刘木清	信息科学与工程学院

上海市工程研究中心一览表

序号	研究机构名称	现任负责人	依托院系
1	上海超精密光学制造工程技术研究中心	徐　敏	信息科学与工程学院
2	上海消化内镜诊疗工程技术研究中心	姚礼庆	中山医院

复旦大学理工科、医科研究所一览表

序号	研究机构名称	依托院系	负责人	成立年份	批准部门
1	上海市心血管病研究所	中山医院	陈灏珠	1958	上海市卫生局
2	数学研究所	数学科学学院	洪家兴	1960	教育部
3	遗传学研究所	生命科学学院	毛裕民	1961	教育部
4	电光源研究所	光源与照明工程系	刘木清	1978	教育部
5	皮肤病研究所	华山医院	廖康煌	1978	卫生部
6	神经病学研究所	华山医院	吕传真	1978	卫生部
7	耳鼻喉科研究所	眼耳鼻喉科医院	王正敏	1978	卫生部
8	眼科研究所	眼耳鼻喉科医院	褚仁远	1978	卫生部
9	核医学研究所	中山医院	陈绍亮	1978	卫生部
10	现代物理研究所	现代物理研究所	邹亚明	1978	教育部
11	儿科研究所	儿科医院	桂永浩	1979	卫生部
12	妇产科研究所	妇产科医院	李大金	1979	卫生部
13	药学研究所	药学院	吴满平	1979	复旦大学
14	基础医学研究所	上海医学院	郭慕依	1979	卫生部

续　表

序　号	研究机构名称	依托院系	负责人	成立年份	批准部门
15	预防医学研究所	公共卫生学院	姜庆五	1981	卫生部
16	材料科学研究所	材料科学系	宗祥福	1982	上海市科学技术委员会
17	上海市数量经济与运筹学研究所	管理学院	郑绍濂	1983	上海市科学技术委员会
18	应用化学研究所	化学系	范康年	1983	上海市科学技术委员会
19	劳动保护用品研究所	公共卫生学院	杨　磊	1984	卫生部
20	中西医结合研究所	华山医院	王文健	1984	卫生部
21	计算机科学研究所	信息科学与工程学院	施伯乐	1984	教育部
22	微电子学研究所	信息科学与工程学院	汤庭鳌	1984	上海市科学技术委员会
23	抗生素研究所	华山医院	张婴元	1985	卫生部
24	肿瘤研究所	肿瘤医院	蒋国梁	1985	卫生部
25	生物医学工程研究所	信息科学与工程学院	方祖祥	1986	上海市科学技术委员会
26	肝癌研究所	中山医院	汤钊猷	1988	卫生部
27	激光化学研究所	化学系	秦启宗	1991	复旦大学
28	高分子科学研究所	高分子科学系	杨玉良	1993	复旦大学
29	上海市手外科研究所 (复旦大学手外科研究所)	华山医院	顾玉东	1993	上海市卫生局
30	上海市中西医结合康复医学研究所	中山医院	石凤英	1994	上海市卫生局
31	并行处理研究所	信息科学与工程学院	朱传琪	1995	复旦大学
32	泌尿外科研究所	华山医院	张元芳	1996	复旦大学
33	呼吸病研究所	中山医院	何礼贤	1997	复旦大学
34	中法应用数学研究所	数学科学学院	李大潜	1998	科技部
35	金融数学研究所	数学科学学院	雍炯敏	1998	复旦大学
36	血管外科研究所	中山医院	王玉琦	1999	复旦大学
37	发育生物学研究所	生命科学学院	许　田	2000	复旦大学
38	上海市听觉医学研究所	眼耳鼻喉科医院	王正敏	2000	上海市卫生局
39	神经生物学研究所	神经生物研究所	杨雄里	2000	复旦大学
40	放射医学研究所	放射医学研究所	周志俊	2000	复旦大学
41	力学与工程仿真研究所	力学与工程科学系	张　文	2001	复旦大学
42	生物力学研究所	力学与工程科学系	柳兆荣	2001	复旦大学
43	生物多样性科学研究所	生命科学学院	陈家宽	2001	复旦大学
44	上海市影像医学研究所	中山医院	周康荣	2001	上海市卫生局
45	器官移植研究所	华山医院	郑树森	2002	复旦大学
46	超声医学与工程研究所	中山医院	徐智章	2002	复旦大学
47	内分泌与糖尿病研究所	华山医院	胡仁明	2003	复旦大学
48	精细化学三爱思研发基地	化学系	周亚明	2003	复旦大学
49	肾脏病研究所	华山医院	林善炎	2004	复旦大学
50	病原微生物研究所	上海医学院	闻玉梅	2004	复旦大学
51	免疫生物学研究所	上海医学院	熊思东	2005	复旦大学
52	复旦大学医院管理研究所	公共卫生学院	高解春	2006	复旦大学
53	上海物流发展研究院	管理学院	朱道立	2006	复旦大学

续 表

序 号	研究机构名称	依托院系	负责人	成立年份	批准部门
54	复旦大学长江河口湿地生态系统野外站	生命科学学院	李 博	2006	复旦大学
55	复旦大学普通外科研究所	中山医院	秦新裕	2008	复旦大学
56	复旦大学内镜诊疗研究所	中山医院	姚礼庆	2008	复旦大学
57	复旦大学新能源研究院	先进材料实验室	赵东元	2008	复旦大学
58	复旦大学植物科学研究所	生命科学学院	马 红	2008	复旦大学
59	复旦大学生物统计学研究所	生命科学学院	罗泽伟	2009	复旦大学
60	复旦大学消化病研究所	华山医院	刘 杰	2010	复旦大学
61	复旦-贝勒基因组科学研究所	生命科学学院	金 力	2011	复旦大学

复旦大学理工科、医科研究中心一览表

序 号	研究机构名称	依托院系	成立年份	批准部门
1	分析测试中心	分析测试中心	1979	上海市科学技术委员会
2	上海应用数学咨询开发中心	数学科学学院	1983	上海市科学技术委员会
3	WHO职业卫生合作中心(上海)	公共卫生学院	1984	世界卫生组织(WHO)
4	热带病学研究中心	公共卫生学院	1986	卫生部
5	上海市心脏瓣膜研究中心	中山医院	1987	原上海市高等教育局
6	肾脏与高血压研究中心	上海医学院	1988	复旦大学
7	国家微电子材料与元器件微分析中心	材料科学系	1991	原国家计划经济委员会
8	计算机辅助设计中心	信息科学与工程学院	1991	复旦大学
9	临床疼痛研究中心	上海医学院	1992	复旦大学
10	医学技术评估中心	公共卫生学院	1993	卫生部
11	遗传及医学科学研究中心	生命科学学院	1994	复旦大学
12	非线性科学中心	数学研究所	1994	复旦大学
13	网络与信息工程中心	信息科学与工程学院	1994	复旦大学
14	营养食品研究中心	公共卫生学院	1995	卫生部
15	糖尿病防治研究中心	华山医院	1995	复旦大学
16	上海应用物理研究中心	信息科学与工程学院	1995	上海市科学技术委员会
17	波散射与遥感中心	信息科学与工程学院	1995	复旦大学
18	复旦有机催化工程研究中心	化学系	1996	复旦大学
19	环境科学研究中心	环境科学与工程系	1996	复旦大学
20	上海东方计算机网络认证中心	信息科学与工程学院	1996	原国家计划经济委员会
21	上海(国际)数据库研究中心	信息科学与工程学院	1996	上海市科学技术委员会
22	基因研究中心	上海医学院	1996	复旦大学
23	食品毒理与保健食品功能控制中心	公共卫生学院	1997	卫生部
24	复旦永宁药物化学研究中心	化学系	1997	复旦大学
25	脑科学研究中心	生命科学学院	1997	复旦大学
26	国家高性能计算中心(上海)	信息科学与工程学院	1998	科技部
27	纳米技术发展中心	材料科学系	2000	复旦大学
28	医用高分子材料与器件研究开发中心	高分子科学系	2000	复旦大学

续　表

序　号	研究机构名称	依托院系	成立年份	批准部门
29	电子商务研究中心	管理学院	2000	复旦大学
30	国家抗感染药物临床试验研究中心	华山医院	2000	科技部
31	上海焦化复旦催化研究中心	化学系	2000	复旦大学
32	基因多样性与设计农业研究中心	生命科学学院	2000	复旦大学
33	天然药物研究中心	生命科学学院	2000	复旦大学
34	植物基因芯片研究开发中心	生命科学学院	2000	复旦大学
35	理论物理研究中心	物理学系	2000	复旦大学
36	同步辐射研究中心	物理学系	2000	复旦大学
37	数字技术中心	信息科学与工程学院	2000	复旦大学
38	微电子联合集成电路工程中心	信息科学与工程学院	2000	复旦大学
39	数字医学研究中心	上海医学院	2000	复旦大学
40	国家心脑血管新药临床实验研究中心	中山医院	2000	科技部
41	上海市临床营养研究中心	中山医院	2000	上海市科学技术委员会
42	先进涂料教育部工程研究中心	材料科学系	2001	教育部
43	复旦科恒发光材料研究中心	化学系	2001	复旦大学
44	复旦天臣创新技术研发中心	化学系	2001	复旦大学
45	城市生态规划与设计研究中心	环境科学与工程系	2001	复旦大学
46	自由基调控与应用研究中心	上海医学院	2001	复旦大学
47	复旦大学-上海复康靶向药物研究中心	药学院	2001	复旦大学
48	内窥镜诊疗研究中心	中山医院	2001	复旦大学
49	器官移植中心	中山医院	2001	复旦大学
50	卫生发展战略研究中心	公共卫生学院	2002	复旦大学
51	药物经济学研究与评估中心	公共卫生学院	2002	复旦大学
52	中美联合临床分子医学研究中心	公共卫生学院	2002	复旦大学
53	复旦-华谊创新材料研发中心	化学系	2002	复旦大学
54	复旦-交大-诺丁汉植物生物技术研发中心	生命科学学院	2002	复旦大学
55	复旦-曼彻斯特生物信息中心	生命科学学院	2002	复旦大学
56	理论生命科学研究中心	物理学系	2002	复旦大学
57	干细胞和组织工程研究中心	上海医学院	2002	复旦大学
58	光纤研究中心	材料科学系	2003	复旦大学
59	复旦豹王电化学能源研究中心	化学系	2003	复旦大学
60	复旦-圣比和新电源技术研发中心	化学系	2003	复旦大学
61	专用材料与技术中心	科技处	2003	复旦大学
62	药理研究中心	上海医学院	2003	复旦大学
63	复旦-Novellus 互连研究中心	微电子研究院	2003	复旦大学
64	复旦大学-IBM 工程技术联合研究中心	信息科学与工程学院	2003	复旦大学
65	循症医学中心	中山医院	2003	复旦大学
66	数字多媒体无线通信技术研究中心	信息科学与工程学院	2004	复旦大学
67	病毒性肝炎研究中心	上海医学院	2004	复旦大学

续　表

序　号	研究机构名称	依托院系	成立年份	批准部门
68	儿童肝病中心	儿科医院	2005	复旦大学
69	脑血管病诊治中心	华山医院	2005	复旦大学
70	上照-复旦光源与照明研究中心	光源与照明工程系	2005	复旦大学
71	半导体照明研究中心	材料科学系	2005	复旦大学
72	神经康复中心	华山医院	2005	复旦大学
73	风湿、免疫、过敏性疾病研究中心	华山医院	2005	复旦大学
74	复旦-来德照明工程技术研究中心	光源与照明工程系	2005	复旦大学
75	大肠癌诊治中心	肿瘤医院	2005	复旦大学
76	复旦大学进化生物学研究中心	生命科学学院	2006	复旦大学
77	复旦大学神经肿瘤中心	华山医院	2006	复旦大学
78	复旦大学产瘫诊治中心	华山医院	2006	复旦大学
79	复旦大学-英特尔联合创新中心	软件学院	2006	复旦大学
80	复旦大学-江苏柏鹤联合涂料技术中心	材料科学系	2006	复旦大学
81	复旦大学睡眠障碍诊治中心	华山医院	2006	复旦大学
82	复旦-大恒-金马特种电源研发中心	化学系	2006	复旦大学
83	复旦大学-桐乡动力电池研发中心	化学系	2007	复旦大学
84	复旦-新华扬酶制剂研究中心	生命科学学院	2007	复旦大学
85	复旦-久岳合作研究中心	化学系	2007	复旦大学
86	复旦-依拉斯姆斯研究中心	中山医院	2007	复旦大学
87	复旦-九洲光纤技术研发中心	材料科学系	2007	复旦大学
88	复旦大学鼻咽癌诊治中心	肿瘤医院	2007	复旦大学
89	复旦大学高速移动计算平台研究中心	软件学院	2007	复旦大学
90	复旦-天檻生物环保新能源联合研发中心	生命科学学院	2007	复旦大学
91	复旦大学血液病中心	第五人民医院	2007	复旦大学
92	复旦-杭房数字房产联合研究中心	信息科学与工程学院	2007	复旦大学
93	复旦-理朗照明电气研究中心	光源与照明系	2007	复旦大学
94	复旦大学分子影像研究中心	上海医学院	2008	复旦大学
95		生物医学研究院	2008	复旦大学
96	复旦大学半导体存储技术及应用研究中心	微电子研究院	2008	复旦大学
97	复旦-派力迪污染控制工程研究中心	环境科学与工程系	2008	复旦大学
98	复旦-剑腾平板显示器材料研究中心	先进材料实验室	2008	复旦大学
99	复旦大学网格技术研究中心	计算机科学技术学院	2008	复旦大学
100	复旦大学疝病中心	华山医院	2008	复旦大学
101	复旦大学计算科学与工程研究中心	数理平台	2009	复旦大学
102	复旦大学计算系统生物学中心	数理平台	2009	复旦大学
103	兴燃-复旦硅薄膜太阳能电池研究中心	先进材料实验室	2009	复旦大学
104	复旦-福莱姆高性能涂料研发中心	高分子系	2009	复旦大学
105	张江-复旦新药研发联合公共服务平台	药学院	2009	复旦大学
106	复旦大学儿童发育与疾病转化医学研究中心	儿科医院	2009	复旦大学

续　表

序　号	研究机构名称	依托院系	成立年份	批准部门
107	复旦-文安德遗传流行病学研究中心	生命科学学院	2009	复旦大学
108	复旦-安捷利全印刷电子研发中心	材料科学系	2010	复旦大学
109	复旦-文创太阳能光伏应用技术研究中心	信息科学与工程学院	2010	复旦大学
110	复旦大学流域污染控制研究中心	环境科学与工程系	2010	复旦大学
111	复旦大学场论及粒子理论中心	物理系	2010	复旦大学
112	复旦-盐城环保与信息化研发中心	计算机科学技术学院、环境科学与工程系	2010	复旦大学
113	复旦大学生物治疗研究中心	上海医学院	2010	复旦大学
114	复旦大学前列腺肿瘤诊治研究中心	肿瘤医院	2011	复旦大学
115	复旦大学甲状腺肿瘤诊治研究中心	肿瘤医院	2011	复旦大学

复旦大学联合实验室一览表

序　号	研究机构名称	依托院系	成立时间	批准部门
1	李政道物理学综合实验室	物理学系	1994	复旦大学
2	金融工程实验室	管理学院	1996	复旦大学
3	上海东方计算机网络测试实验室	信息科学与工程学院	1996	原国家计划经济委员会
4	复旦-家化皮肤生理毒理联合实验室	公共卫生学院	1998	复旦大学
5	复旦-通能太平精算实验室	数学系	1999	复旦大学
6	上海复旦生物工程公司-复旦大学联合实验室	生命科学学院	2001	复旦大学
7	精细化学三爱思研发基地	化学系	2003	复旦大学
8	复旦-得易-IBM 协同商务联合实验室	信息科学与工程学院	2003	复旦大学
9	生物安全三级防护实验室	上海医学院	2003	复旦大学
10	上海 EBIT 实验室	现代物理所	2004	复旦大学
11	复旦-光朗信联合实验室	材料系	2005	复旦大学
12	上照-复旦光源与照明研究中心	电光源系	2005	复旦大学
13	中意联合研究实验室	物理学系	2005	复旦大学
14	复旦-日立创新软件技术联合实验室	信息科学与工程学院	2005	复旦大学
15	复旦大学分析测试中心-美国瓦里安技术中国有限公司合作应用实验室	分析测试中心	2006	复旦大学
16	复旦-华夏信息技术联合实验室	计算机系	2006	复旦大学
17	复旦-天普联合实验室	生命科学学院	2006	复旦大学
18	复旦-华药药物合成化学联合实验室	化学系	2007	复旦大学
19	复旦-浙江天宇药业联合开发实验室	化学系	2007	复旦大学
20	新型分子筛吸附材料联合实验室	化学系	2007	复旦大学
21	复旦-恒德柔性显示技术联合实验室	材料科学系	2008	复旦大学
22	复旦大学-西藏民族学院高原医学与基因地理学联合研究基地	生命科学学院	2010	复旦大学

2011 年度新增重要理工科、医科科研项目一览表

一、973 和重大科学研究计划项目(5 项)

序号	项目名称	首席科学家	所在领域
1	重要病毒持续性感染形成和维持的分子机制研究	袁正宏	人口与健康
2	生殖细胞基因组结构变异的分子基础	金 力	发育与生殖
3	异质界面诱导的新奇量子现象和调控	龚新高	量子调控
4	植物表观遗传中组蛋白甲基化修饰建立、识别和传承的分子基础	沈文辉	蛋白质
5	代谢相关蛋白质修饰在肿瘤发生发展过程中的作用及机制	赵世民	蛋白质

二、"973 计划"及重大科学研究计划课题(24 项)

序号	课题名称	课题负责人	所在领域
1	病毒持续性感染诱导免疫功能损伤的机制与修复策略	袁正宏	人口与健康
2	HBV 和 HIV 入侵靶细胞的机制	姜世勃	人口与健康
3	持续性感染中病毒复制的调控机制	谢幼华	人口与健康
4	生殖细胞基因组变异在中国人群中的群体效应	金 力	发育与生殖
5	生殖细胞基因组结构变异的突变机理	张 锋	发育与生殖
6	异质界面的新奇物性及其机理研究	龚新高	量子调控
7	发展精确控制的制备和表征技术,研制高品质的异质界面	封东来	量子调控
8	组蛋白甲基化修饰重要调控蛋白质的功能鉴定	沈文辉	蛋白质
9	代谢相关蛋白质修饰的分子调控机理及其在肿瘤发生中的作用与机制	赵世民	蛋白质
10	缺水条件下作物营养生长及生殖发育调控机制	王学路	农 业
11	基于新一代测序数据的统计遗传学新理论、方法与应用	罗泽伟	信 息
12	肾脏内分泌激素对肾脏损伤修复和肾纤维化的调控作用和机制	陈 靖	人口与健康
13	中国人前列腺癌的遗传特征	徐剑锋	人口与健康
14	急性心梗致心力衰竭发病机制及通络干预研究	周京敏	人口与健康
15	新奇量子磁性材料的物性研究	李世燕	重要科学前沿
16	糖链受体在肿瘤微环境中的功能机制研究	顾建新	重要科学前沿
17	UPS 系统的生理病理作用	贾立军	蛋白质
18	蛋白质其他翻译后修饰与泛素化的相互作用(cross talk)研究	叶 丹	蛋白质
19	基于色谱-质谱的蛋白质组相对定量新方法和新技术	陆豪杰	蛋白质
20	光晶格中超冷原子分子体系的关联效应及新奇量子态研究	陈 焱	量子调控
21	硅纳米结构的荧光标记应用的基础研究	李富友	纳 米
22	减反与广谱吸收的黑硅材料研究	赵 利	纳 米
23	多带隙和纳米结构材料在太阳光全光谱光电转换中的应用	陆 明	纳 米
24	功能性和区域特异性神经元生成和胶质细胞生成的调控网络研究	禹永春	干细胞

三、科技支撑计划项目(项目 2 项,课题 2 项)

序号	课题名称	负责人	所在院系
1	区域人口健康大型队列关键技术示范研究	金 力 王笑峰	生命科学学院
2	光纤广域环境动态安全监测设备开发和集成应用	贾 波	材料科学系
3	脑动脉瘤微创治疗时机和方案优化研究	毛 颖	华山医院
4	慢性心力衰竭早期预警和失代偿期综合防治的研究	葛均波	中山医院

四、国家科技重大专项立项课题(14项)

序 号	专项类别	课 题 名 称	负责人	所在院系
1	传染病防治	病毒性肝炎相关肝癌转移复发的预测诊断与防治新策略研究	钦伦秀	中山医院
2	传染病防治	结核病创新型疫苗的研制	王洪海	生命科学学院
3	新药创制	心脑血管新药临床评价研究技术平台	李雪宁 丁小强	中山医院
4	新药创制	以抗耐药病原菌感染新药为主体的创新药临床评价研究技术平台建设	施耀国	华山医院
5	新药创制	中美合作新药临床评价研究技术平台	李 进	肿瘤医院
6	新药创制	抗艾滋病病毒新药临床评价研究技术平台建设	卢洪洲	公共卫生临床中心
7	新药创制	一类新药 SCM－198 的中风治疗和抗炎功效的应用开发研究	朱依谆	药学院
8	新药创制	新型抗耐药非核苷类 HIV－1 逆转录酶抑制剂候选药物的研究	陈芬儿	化学系
9	集成电路	IC 装备超精密光学零部件制造技术研发与平台建设	徐 敏	信息科学与工程学院
10	集成电路	超低 k 互连材料以及有机液态源沿发与产业化	丁世进	信息科学与工程学院
11	集成电路	65—45 nm 芯片铜互连超高纯电镀液及添加剂研发和产业化	卢红亮	信息科学与工程学院
12	集成电路	32—22 nm 高 k/金属栅纳米叠层材料制备工艺研究	孙清清	信息科学与工程学院
13	集成电路	电子/离子扫描聚焦筒的研发	张荣君	信息科学与工程学院
14	集成电路	32—22 nm 低 k 介质刻蚀工艺研发	王鹏飞	信息科学与工程学院

五、重大重点项目

国家自然科学基金委员会重点项目

序 号	姓 名	所属院系
1	侯晓远	物理学系
2	周锡庚	化学系
3	徐 昕	化学系
4	俞燕蕾	材料科学系
5	马 红	生命科学学院
6	武利民	材料科学系
7	郝传明	华山医院
8	徐剑锋	华山医院

国家自然科学基金委员会重大研究计划重点项目

序 号	姓 名	所属院系
1	陈张海	物理学系
2	沈 健	物理学系

上海市科学技术委员会基础研究重大项目

序 号	姓 名	所属院系
1	邹和建	华山医院

上海市科学技术委员会基础研究重点项目

序 号	姓 名	所属院系
1	蔡文斌	化学系
2	唐 颐	化学系

续 表

序 号	姓 名	所属院系
3	傅正文	化学系
4	胡建华	高分子科学系
5	余学斌	材料科学系
6	顾 宁	计算机学院
7	周 雁	生命科学学院
8	沙红英	上海医学院
9	赵世民	生命科学学院
10	王中峰	脑科学研究院
11	郑 珊	儿科医院
12	黄国英	儿科医院
13	姜 桦	妇产科医院
14	傅德良	华山医院
15	陈世益	华山医院
16	关 明	华山医院
17	申 捷	金山医院
18	周行涛	眼耳鼻喉科医院
19	崔杰峰	中山医院
20	楼文晖	中山医院
21	朱同玉	中山医院
22	邹云增	中山医院
23	虞先濬	肿瘤医院

2011年度新增理工科、医科人才项目一览表

所属部委	序 号	人才团队类型	姓 名	所属院系
创新研究群体				
国家自然科学基金委员会	1	创新研究群体	傅吉祥	数学科学学院
	2	创新研究群体	马 兰 (延续资助)	上海医学院
	杰出青年科学基金			
	1	国家杰出青年科学基金	易 涛	化学系
	2	国家杰出青年科学基金	刘天西	高分子科学系
	3	国家杰出青年科学基金	曾 璇	信息科学与工程学院
	4	国家杰出青年科学基金	刘 杰	华山医院
	5	国家杰出青年科学基金	吴志英	华山医院
创新团队				
教育部	1	创新团队	金国新	化学系
	2	创新团队	钦伦秀	中山医院
	新世纪优秀人才计划			
	1	新世纪优秀人才	林 伟	数学科学学院
	2	新世纪优秀人才	刘韡韬	物理学系

续 表

所属部委	序 号	人才团队类型	姓 名	所属院系
教育部	3	新世纪优秀人才	赵海斌	信息科学与工程学院
	4	新世纪优秀人才	屈新萍	信息科学与工程学院
	5	新世纪优秀人才	王 新	计算机学院
	6	新世纪优秀人才	熊焕明	化学系
	7	新世纪优秀人才	方晓生	材料科学系
	8	新世纪优秀人才	车仁超	先进材料实验室
	9	新世纪优秀人才	付洪波	环境科学与工程系
	10	新世纪优秀人才	戴 悦	管理学院
	11	新世纪优秀人才	胡维国	生物医学研究院
	12	新世纪优秀人才	吴 伟	药学院
优秀学术带头人计划				
上海市科学技术委员会	1	优秀学科带头人	吴泉水	数学科学学院
	2	优秀学科带头人	孙大林	材料科学系
	3	优秀学科带头人	陈道勇	高分子科学系
	4	优秀学科带头人	李富友	化学系
	5	优秀学科带头人	王学路	生命科学学院
	6	优秀学科带头人	陆豪杰	生物医学研究院
	7	优秀学科带头人	王红艳	生命科学学院
	8	优秀学科带头人	李英霞	药学院
	9	优秀学科带头人	董 强	华山医院
	10	优秀学科带头人	邹和建	华山医院
	11	优秀学科带头人	徐建青	上海市公共卫生临床中心
	12	优秀学科带头人	卢 奕	眼耳鼻喉科医院
	13	优秀学科带头人	李华伟	眼耳鼻喉科医院
	14	优秀学科带头人	丁小强	中山医院
	15	优秀学科带头人	钟春玖	中山医院
	16	优秀学科带头人	周正荣	肿瘤医院
浦江人才计划				
	1	浦江人才	方晓生	材料科学系
	2	浦江人才	何 睿	上海医学院
	3	浦江人才	胡维国	生物医学研究院
	4	浦江人才	李巧伟	化学系
	5	浦江人才	刘建祥	生命科学学院
	6	浦江人才	陆 帅	数学科学学院
	7	浦江人才	梅永丰	材料科学系
	8	浦江人才	谭砚文	物理学系
	9	浦江人才	王 琳	环境科学与工程系
	10	浦江人才	王志强	数学科学学院
	11	浦江人才	文 波	生物医学研究院

续 表

所属部委	序 号	人才团队类型	姓 名	所属院系
上海市科学技术委员会	12	浦江人才	吴施伟	物理学系
	13	浦江人才	杨永华	药学院
	14	浦江人才	钟 涛	生命科学学院
	15	浦江人才	周 刚	先进材料实验室
	16	浦江人才	李 强	儿科医院
	17	浦江人才	王 凌	妇产科医院
	18	浦江人才	张朝云	华山医院
	19	浦江人才	陈宇虹 雷 苑 戴 毅	眼耳鼻喉科医院
	20	浦江人才	杨 恭	肿瘤医院
	21	浦江人才(D类)	郭 浩	化学系
	22	浦江人才(D类)	汪海健	生物医学研究院
	23	浦江人才(D类)	张宇燕	华山医院
	24	浦江人才(D类)	张 杰	肿瘤医院
	青年科技启明星计划			
	1	青年科技启明星	韩英锋	化学系
	2	青年科技启明星	卢文联	数学科学学院
	3	青年科技启明星	虞志益	信息科学与工程学院
	4	青年科技启明星	张颂文	上海医学院
	5	青年科技启明星	孙金峤	儿科医院
	6	青年科技启明星	赵洪波	妇产科医院
	7	青年科技启明星	崔 梅	华山医院
	8	青年科技启明星	乐琦骅	眼耳鼻喉科医院
	9	青年科技启明星	任冬冬	眼耳鼻喉科医院
	10	青年科技启明星	丁振斌	中山医院
	11	青年科技启明星	王 鹏	肿瘤医院
	12	青年科技启明星	余科达	肿瘤医院
	13	青年科技启明星(跟踪)	林 伟	数学科学学院
	14	青年科技启明星(跟踪)	刘 锋	生物医学研究院
	15	青年科技启明星(跟踪)	俞燕蕾	材料科学系
	16	青年科技启明星(跟踪)	张 峰	中山医院
	17	青年科技启明星(跟踪)	李鹤成	肿瘤医院
曙光计划				
上海市教育委员会	1	曙光计划	雷群英	上海医学院
	2	曙光计划	麻锦彪	生命科学学院
	3	曙光计划	梅永丰	材料科学系
	4	曙光计划	徐 涛	化学系
	5	曙光计划	吴施伟	物理学系
	6	曙光计划	徐彦辉	生物医学研究院

续 表

所属部委	序 号	人才团队类型	姓 名	所属院系
上海市教育委员会	7	曙光计划	曾晓洋	信息科学与工程系
	晨光计划			
	1	晨光计划	吴 昊	数学科学学院
	2	晨光计划	高 强	中山医院
	3	晨光计划	陆 路	上海医学院
	4	晨光计划	黄容琴	药学院
	5	晨光计划	张 奇	计算机科学技术学院
	6	晨光计划	胡林峰	材料科学系

2011 年度复旦大学科技成果一览表

2011 年度国家科学技术奖

序 号	项目名称	奖 种	等 级	院 系	主要完成人
1	大分子自组装的新路线及其运用	自然科学奖	二等奖	高分子科学系	江明、陈道勇、姚萍
2	极化电磁散射传输与空间微波遥感对地观测信息理论	自然科学奖	二等奖	信息学院	金亚秋、徐丰、法文哲
3	新型可降解涂层冠脉药物洗脱支架的研制	技术发明奖	二等奖	附属中山医院	葛均波、王吉成、程树军

2011 年度高等学校科学研究优秀成果奖

序 号	奖 种	等 级	名 称	完 成 人	完成单位
1	自然奖	一等	东亚人群和混合人群基因组的连锁不平衡研究	金力、徐书华、黄薇、何云刚、陈竺	生命科学学院
2	自然奖	一等	非线性波动方程解的适定性	周忆、雷震、杜毅	数学学院
3	自然奖	一等	抗原-抗体复合物免疫治疗乙肝病毒感染的机理研究	闻玉梅、袁正宏、瞿涤、姚忻、汪萱怡	上海医学院
4	自然奖	一等	缺血性脑损伤修复的分子和细胞机制	孙凤艳、侯尚伟、李学君、王永权、张嵘	上海医学院
5	进步奖	一等	结直肠癌肝转移的外科和综合治疗	秦新裕、许剑民、樊嘉、牛伟新、钟芸诗、任黎、韦烨、曾蒙苏、王建华、叶青海、刘天舒、陆文彬、朱德祥	附属中山医院
6	自然奖	二等	MEMS 生物化学传感器及基础力学问题研究	周嘉、鲍敏杭、黄宜平、孔继烈、黄洪湖、谢海芬	信息学院
7	自然奖	二等	编码理论中若干问题的研究及应用	阚海斌、陆佩忠、李伟	计算机学院
8	自然奖	二等	大气气溶胶的形成和转化机制及其对城市空气质量和全球变化的影响	庄国顺、黄侃、郭志刚、陈建民	环境科学与工程系
9	进步奖	二等	基于湿热蕴结病机的清热化湿法为主治疗胰腺癌的临床及应用研究	刘鲁明、陈震、孟志强、王鹏、沈晔华、花永强、林钧华、周振华、陈颢、于尔辛	附属肿瘤医院
10	进步奖	二等	乳腺癌社区筛查和早期诊断模式的建立、临床推广和基础研究	邵志敏、沈镇宙、余科达、柳光宇、吴炅、胡震、曹阿勇、狄根红、陆劲松、欧周罗、金伟、侯意枫	附属肿瘤医院

2011 年度上海市科学技术奖

序　号	奖　种	等　级	项　目　名　称	第一完成人	主要完成单位
1	功臣奖	/	/	周良辅	附属华山医院
2	自然科学奖	一等	动物丝仿生制备中的关键问题	邵正中、陈新、周平、姚晋荣、杨宇红	高分子系
3	科技进步奖	一等	基于超声造影确立肝肿瘤血供分型创建肝癌个体化微创治疗模式的临床应用	司岑、王文平、丁红、刘绪舜、黄声稀、黄备建、钱晓莉、干育红、李增才、齐青、穆红艳、魏瑞雪、黄艳丽、李超伦、季正标	附属中山医院
4	科技进步奖	一等	肝癌肝移植适应证优化及复发防治策略	樊嘉、周俭、黄晓武、邱双健、王征、史颖弘、孙健、肖永胜、徐泱、王晓颖、宋康、孙琦蛮、贺轶锋、代智、谭长军	附属中山医院
5	科技进步奖	一等	骨缺损坏死修复的关键基础技术及临床应用	董健、阎作勤、周健、方涛林、戴文达、林红、李熙雷、王会仁、周晓岗、赵明东	附属中山医院
6	科技进步奖	一等	基于中国上海乳腺癌流行病学特征的肿瘤筛查和早期诊断模式的应用与推广	邵志敏、沈镇宙、余科达、柳光宇、吴炅、胡震、曹阿勇、狄根红、陆劲松、欧周罗、金伟、侯意枫	附属肿瘤医院
7	自然科学奖	二等	编码与信息安全中若干问题的研究	阚海斌、陆佩忠、李伟	计算机学院
8	自然科学奖	二等	多元金属纳米复合光催化材料制备及降解有机污染物机制研究	陈建民、付洪波、张士成、朱永法、孔令东	环境科学与工程系
9	科技进步奖	二等	清热化湿法治疗胰腺癌的临床及应用研究	刘鲁明、陈震、孟志强、王鹏、沈晔华、花永强、林钧华、周振华、陈颢、于尔辛	附属肿瘤医院
10	自然科学奖	三等	具有特殊结构共聚物的分子设计、合成和性能研究	黄骏廉、王国伟、贾中凡、付强、韦嘉	高分子科学系
11	技术发明奖	三等	模拟自然生境规模化繁育松江鲈鱼的系列技术与应用	王金秋、潘连德、罗武松、张饮江、秦志浩、金津、高峰	生命科学学院
12	科技进步奖	三等	内镜黏膜下剥离术和黏膜下挖除术治疗消化道早期癌和黏膜下肿瘤	姚礼庆、周平红、陈世耀、徐美东、陈巍峰、钟芸诗、张轶群	附属中山医院
13	科技进步奖	三等	干眼病的基础与临床研究	徐建江、孙兴怀、龚岚、王艳、乐琦骅、洪佳旭、邱晓頔	附属五官科医院
14	科技进步奖	三等	炼焦作业工人非致癌性健康效应的生物标志	陈波、金泰廙、潘举升、胡云平、郑力行、王晓江、卢大儒	公共卫生学院
15	科技进步奖	三等	低血糖负荷(GL)膳食营养治疗在糖尿病管理中的作用	孙建琴、陈艳秋、陈敏、冯颖、孙皎、刘国弘、孙玮	附属华东医院
16	国际合作奖	/	/	小室一成	附属中山医院

2011 年度中华医学奖

序　号	等　级	项　目　名　称	第一完成人	主要完成单位
1	三等	成年脑内神经元新生促进损伤脑修复及其机制研究	孙凤艳	上海医学院
2	三等	内耳干细胞及毛细胞再生的基础研究	李华伟	附属眼耳鼻喉科医院
3	国际合作奖		蒋家琪	附属眼耳鼻喉科医院

2011 年度上海市科技精英

序 号	姓 名	单 位
1	葛均波	附属中山医院
2	毛 颖	附属华山医院

2011 年度上海医学科技奖

序 号	等 级	项 目 名 称	主 要 完 成 人	主要完成单位
1	一等	结直肠癌肝转移的外科和综合治疗	秦新裕、许剑民、樊嘉、牛伟新、钟芸诗、韦烨、任黎、王建华、曾蒙苏、叶青海	附属中山医院
2	二等	潜伏性结核感染的发病机制及新型诊断技术的研究	张文宏、邵凌云、陈嘉臻、王森、金嘉琳、邹和建、蒋卫民	附属华山医院
3	二等	色素上皮衍生因子抑制肿瘤的生长及其机制	关明、吕元、张弢、刘维薇、姜旻	附属华山医院
4	二等	创新锁孔手术入路治疗岩斜部脑膜瘤	毛颖、朱巍、周良辅、陈亮、张荣、李培良、赵卫东	附属华山医院
5	二等	肝脏脂肪沉积的定量与代谢疾病的系列研究	高鑫、颜红梅、曾蒙苏、卢大儒、卞华、常薪霞、刘蒙	附属中山医院
6	二等	半规管裂综合征诊断与治疗的临床研究	迟放鲁、戴春富、沙炎、任冬冬、张礼春、韩朝、王璟	附属眼耳鼻喉科医院
7	三等	一项治疗重度痔疮的技术-痔上黏膜环切钉合术的引进和改进	姚礼庆、钟芸诗、周平红、陈巍峰、徐美东	附属中山医院
8	三等	胃肠道间质瘤的良恶性、分期分级和临床应用	侯英勇、朱雄增、谭云山、秦新裕、孙益红	附属中山医院
9	三等	全科医学住院医师规范化培训模式的研究	祝墡珠、江孙芳、潘志刚、寿涓、杨秉辉	附属中山医院
10	三等	N-糖链在恶性肿瘤发展中动态变化的调控网络和功能	江建海、顾建新、魏湲颜、朱晓宇、陈晓宁	上海医学院
11	三等	人类感知的奥秘	戴培东、张天宇、谢叻、杨琳、戴锦晖	附属眼耳鼻喉科医院
12	三等	乙型肝炎病毒表面抗原对宿主细胞作用的新致病机制	袁正宏、田晓晨、赵超、张继明、陆豪杰	上海医学院

谈家桢生命科学奖

序 号	姓 名	院 系	类 别
1	葛均波	中山医院	创新奖
2	王红艳	生科院	创新奖

注："谈家桢生命科学奖"是为纪念我国现代遗传学奠基人之一谈家桢教授，由国家科技部批准设立，上海市生物医药行业协会负责组织评选。该奖项每年评选一次，年度奖金达100万元，旨在促进我国生命科学研究成果产业化，激励生命科学工作者不断创新。该奖项下设"谈家桢生命科学成就奖"和"谈家桢生命科学创新奖"。

明治乳业生命科学奖

序 号	奖 种	姓 名	院 系
1	杰出奖	雷群英	上海医学院
2	杰出奖	虞先濬	附属肿瘤医院
3	科学奖	邓春晖	化学系
4	科学奖	项蕾红	附属华山医院

续 表

序 号	奖 种	姓 名	院 系
5	科学奖	徐文东	附属华山医院
6	科学奖	史颖弘	附属中山医院
7	科学奖	杜美蓉	附属妇产科医院
8	优秀奖	张 峰	附属中山医院
9	科学奖	骆菲菲	上海医学院

2011 年度海洋创新成果奖

序 号	等 级	项 目 名 称	主 要 完 成 人	主要完成单位
1	二等	气溶胶的转化机制及其沉降对海洋生态的影响	庄国顺、郭志刚、陈莹、陈建民	环境科学与工程系

注："海洋创新成果奖"是由国家海洋局设立，面向全国海洋界，奖励做出创造性贡献的科研和管理人员及单位。

中国技术市场协会金桥奖

序 号	项 目 名 称	主 要 完 成 人	主要完成单位
1	饲用酶的热稳定性改造及其生产应用	吕 红	生命科学学院

上海市药学科技奖

序 号	奖种等级	项 目 名 称	完 成 人	完成单位
1	二等	基于碳基纳米材料的中药有效成分电化学检测技术研究	陈刚、魏邦国、陈挚	药学院
2	三等	新型 IDO 抑制剂的发现及其治疗人类重大疾病的研究	杨青、匡春香、于存静、杨双双、于丹	生命科学学院

（科技处供稿）

文 科 科 研

【概况】 2011 年，学校文科科研到款总经费 15 981.4 万元，比 2010 年增长 18.4%。学校申报国家社科基金年度一般项目立项数居全国高校第一，申报国家社科基金重大项目立项数居全国高校第一，申报教育部年度人文社科研究一般项目立项数居全国高校第一。共获得国家社科基金项目 73 项，其中重大项目 13 项、重点项目 9 项；教育部人文社会科学规划项目 70 项，其中重大课题攻关项目 1 项；上海市哲学社会科学规划项目 41 项，其中重大项目 1 项；出版著作 345 部，发表论文 2 895 篇，其中在国外学术刊物发表论文 208 篇，提交研究报告 94 篇，有 2 项成果入选国家社会科学基金成果文库。

2011 年，学校加强文科科研发展规划，制订《复旦大学深入推进哲学社会科学繁荣发展实施方案（征求意见稿）》。改进社科项目等申报组织工作，通过组织一般项目校内专家预审、重大项目选题征集遴选、重大项目申报首席专家校内预答辩论证、重大项目申报工作服务跟踪等措施，先后组织 56 批次、涉及 26 个归口单位，共 1 300 余项各类课题的申报，提升项目申报质量，提高项目入围率和中标率。调整和优化文科科研格局，恢复复旦发展研究院，重组马克思主义研究院，先后组建国家建设中心、中国当代生活资料研究中心、金融研究中心、社会科学数据研究中心，积极筹备中华文明国际研究中心、海外中国学研究中心等。接受办理国家社科项目结项 30 项，教育部规划项目结项 20 项，上海市社科规划项目结项 14 项。哲学学院张汝伦完成的《〈存在与时间〉释义》获 2011 年度国家社科基金项目优秀鉴定成果。2 项成果获上海市第十届教育科学研究成果奖评奖，"联合国发展报告"、"中国疾病预防控制事业发展报告"2 个项目入选 2011 年度教育部哲学社会科学发展报告资助项目培育项目。

人才项目的申报与管理工作。文科有 8 人入选教育部新世纪优秀人才支持计划项目，35 人获得上海市浦江人才项目立项资助，位居上海市高校第一，也是历年来获得资助最多的一次。4 人获上海市教委曙光项目计划支持，2 人获上海市教委"晨光计划”项目支持、3人获上海市教委“阳光计划”项目支持,4人入选2011年度上海市社科新人。组织派遣8人参加教育部高校哲学社会科学教学科研骨干研修班的学习。

做好三类基地的组织管理工作,明确基地在学校人文社会科学发展中的重要地位,推进“985工程”创新基地各项工作开展。完成“985工程”二期期间设立的125项创新基地研究项目的清理工作,50项完成中期检查,60项完成结项。围绕教育部启动实施的新一轮“高校人文社会科学重点研究基地建设计划”,加强学校教育部人文社科重点研究基地建设,形成一批国家智库,培育新的研究方向和学科生长点,初步完成教育部新一轮基地增补工作的调研和规划。完成教育部组织大型系列新闻专题《新的跨越——高校人文社会科学重点研究基地建设成就巡礼》节目选送和播出工作,有4个基地宣传片被选在中国教育电视台播出,是播出宣传片最多的高校。进一步规划、部署和落实上海市创新研究基地(工作室)的工作,进一步落实了各基地(工作室)在办公场地、人员编制和资金配套等方面的保障,并积极配合市政府做好基地的日常管理、监督和考核工作。加强对虚体研究中心管理制度的研究,启动复旦大学人文社会科学研究机构(虚体)管理条例的修订工作,做好机构年检等常规管理工作,继续支持“思想史研究中心”和“发展与政策研究中心”两个青年学者科研交流平台的工作,继续支持“中古史共同研究班”等团队的研究工作。新批准成立2个虚体研究中心。

推动跨学科交叉研究与应用对策研究。先后组织松江辰山跨学科研究专家研讨会,应用语言学跨学科研究沙龙,公共管理与信息化跨学科研究沙龙,公共服务均等化与社会管理创新研究沙龙,支持筹划“大人类学”平台,扶持来自文理不同学科、领域的人类学专家开展交叉研究和学术交流。借助中央高校基本科研业务费,设立校内跨学科培育项目,推动校内跨学科研究的开展。

组织学者向国家社科规划办《成果要报》、教育部社科司《专家建议》、上海市规划办、上海市决咨委、上海市社联等上级部门和信息刊物供稿,发挥学校学者积极参与决策咨询,智囊团、思想库作用。全年学校学者向教育部《专家建议》投稿共20篇,有2篇报告(翁铁慧、熊易寒)被采纳,有3篇报告被教育部社科司评为年度优秀研究报告,文科科研处获评2011年度高校哲学社会科学信息工作先进单位。加强与上海市决策咨询委员会办公室的联系,推进落实与上海市决策咨询委员会全面合作,联合召开学术研讨会,开展科研项目决策咨询研究,为市府主要领导提供重要的咨政服务。根据教育部关于加强对北非、中东地区当前局势研究工作的指示,组织多位专家学者提供研究报告交教育部转相关部门决策参考。继续组织2011年西藏项目的申报工作,共申报3项。组织校内10多位专家学者完成上海市教委委托的上海市知识服务、战略研究中心2个调研报告。

组织完成上海市社联2011年度社科年会主题专场工作、上海市学术著作出版资助的申报与审读工作;配合有关部处办好校庆报告会,征集和编印资料、海报;完成校内出版资助的评审工作。其中上海市社会科学界联合会学术年会10个主题专场的会务组织工作,有500余人参会,文科科研处获得年会优秀组织工作奖。

人文基金各项管理工作。3月,筹办人文基金成果交流会。推进人文基金各项目的实施,做好“复旦大学人文学科联席会议”以及“海峡两岸及国际交流学术委员会”等相关事务管理服务工作。全年共受理4个批次的人文基金学术交流访问资助计划项目,共计批准108个项目,合计资助经费计431.97万元,其中高端讲座5项,国际交流71项,与台交流32项。基金运行取得较好成效,出访学者69人,邀请国外学者37人。共举办5场光华杰出人文学者讲座(高端讲座项目),邀请国际知名人文学者台湾中研院院士王汎森、美国加州大学叶文心、香港城市大学讲座教授张隆溪、德国哲学研究专家特瑞(Terry Pinkard)、哈佛大学王德威等到校访问演讲。举办人文基金学术交流系列讲座10余期,共计30余场学术报告和讲座。

加强复旦大学人文社科信息网的管理维护工作,以网站为平台,作为文科科研管理工作信息公开化的窗口,网站首页点击率已达近15万次。 (杨志刚 肖卫民)

【举办“中国模式与马克思主义中国化”学术论坛】 该论坛于4月10日在北京举办,由文化纵横杂志社、复旦大学思想史研究中心共同主办。上海市委宣传部副部长潘世伟及京沪等地70余位专家学者与部分媒体参会。会议议题包括“中国模式的内涵与特征”、“发展阶段与美好社会”、“内在超越与马克思主义中国化”、“中国化马克思主义的历史道路”等。

(赵宴群)

【在“2010年度人大《复印报刊资料》转载学术论文指数排名”中获佳绩】 详见【学校综述】第60页。

【2项成果入选2011年度《国家哲学社会科学成果文库》】 详见【学校综述】第62页。

【举行上海市社会科学界第九届学术年会的主题专场会议】 会议于11月5日在校举行,由上海市社会科学界联合会、复旦大学联合主办,来自全国各地的400余名学者参会。共有10个主题专场研讨会,其中5个专题由复旦大学相关研究机构承办,分别是:“世界变迁与中国的联合国外交:1971—2011”,由国际问题研究院联合国研究中心承办;“社会主义核心价值”,由哲学学院承办;“中国中长期人口变动和国家发展”,由中国制度研究中心、人口研究所承办;“中国快速崛起背景下的周边环境与周边外交”,由国际问题研究院承办;“软着陆、硬着陆、还是不着陆?——2012年宏观经济政策目标研讨会”,由经济学院中国社会主义市场经济研究中心承办。其他5个主题专场会议分别由上海市社会科学院、华东政法学院等单位承办。 (赵宴群)

【3份研究报告入选2011年度高校哲学社会科学研究优秀咨询报告】 详见【学校综述】第62页。

附　录

复旦大学国家哲学社会科学创新基地一览表

序　号	名　　称	成　立　时　间	主　　任
1	历史地理研究国家哲学社会科学创新基地	2004 年 11 月 18 日	吴松弟
2	美国研究国家哲学社会科学创新基地	2004 年 11 月 18 日	沈丁立
3	国外马克思主义与国外思潮研究国家哲学社会科学创新基地	2004 年 11 月 18 日	俞吾金
4	中国经济国际竞争力研究国家哲学社会科学创新基地	2004 年 11 月 18 日	袁志刚
5	新闻传播与媒介化社会研究国家哲学社会科学创新基地	2004 年 11 月 18 日	童　兵
6	公共管理与公共政策研究国家哲学社会科学创新基地	2004 年 11 月 18 日	彭希哲
7	文史研究院国家哲学社会科学创新基地	2004 年 11 月 18 日	葛兆光

复旦大学教育部人文社会科学重点研究基地一览表

序　号	名　　称	成　立　时　间	主　　任
1	复旦大学中国古代文学研究中心	1999 年 11 月	黄　霖
2	复旦大学历史地理研究中心	1999 年 11 月	吴松弟
3	复旦大学当代国外马克思主义研究中心	2000 年 9 月	俞吾金
4	复旦大学中国社会主义市场经济研究中心	2000 年 11 月	张　军
5	复旦大学美国研究中心	2000 年 12 月	沈丁立
6	复旦大学信息与传播研究中心	2000 年 12 月	黄　旦
7	复旦大学世界经济研究所	2001 年 9 月	华　民
8	复旦大学中外现代化进程研究中心	2004 年 12 月	姜义华

复旦大学上海市社会科学创新研究基地、上海发展战略研究所工作室一览表

序　号	研　究　方　向	成 立 时 间	首席专家/领军人物
1	社会主义核心价值体系	2009 年 10 月	冯　平
2	上海产业结构调整	2009 年 10 月	芮明杰
3	文化繁荣与新媒体发展	2009 年 10 月	赵　凯
4	党的建设理论与实践	2009 年 10 月	林尚立

复旦大学文科研究机构一览表

序　号	研　究　机　构	隶属或挂靠单位
1	古籍整理研究所	/
2	中国学研究中心	
3	出土文献与古文字研究中心	/
4	社会科学高等研究院	/
5	当代中国研究中心	
6	高等教育研究所	/
7	企业教育研究中心	
8	儒学文化研究中心	
9	国际问题研究院	/

续　表

序　号	研　究　机　构	隶属或挂靠单位
10	俄罗斯中亚研究中心	
11	欧洲问题研究中心	
12	荷兰研究中心	
13	日本研究中心	
14	韩国研究中心	
15	俄罗斯中亚研究中心	
16	上海合作组织研究中心	
17	欧洲问题研究中心政治部	
18	拉丁美洲研究室	
19	联合国与国际组织研究中心	
20	中国外交研究中心	
21	南亚研究中心	
22	巴基斯坦研究中心	
23	服务营销与服务管理研究中心	管理学院
24	产业经济研究所	管理学院
25	经济管理研究所	管理学院
26	国际企业管理研究中心	管理学院
27	金融与资本市场研究中心	管理学院
28	企业人力资源研究所	管理学院
29	东方管理研究中心	管理学院
30	企业发展与管理创新研究中心	管理学院
31	复旦-花旗管理研究中心	管理学院
32	中国市场营销研究中心	管理学院
33	住房政策研究中心	管理学院
34	上海物流研究院	管理学院
35	中国政府与政治研究中心	国际关系与公共事务学院
36	城市研究中心	国际关系与公共事务学院
37	选举与人大制度研究中心	国际关系与公共事务学院
38	基层社会与政权建设研究中心	国际关系与公共事务学院
39	青年组织与公民社会研究中心	国际关系与公共事务学院
40	经济政策与企业战略研究中心	国际关系与公共事务学院
41	中国公务员研究中心	国际关系与公共事务学院
42	公共预算与绩效评价中心	国际关系与公共事务学院
43	政治哲学研究中心	国际关系与公共事务学院
44	公司合作治理研究中心	国际关系与公共事务学院
45	国际政治经济学研究中心	国际关系与公共事务学院
46	中国公共政策研究中心	国际关系与公共事务学院
47	加拿大公共政策研究中心	国际关系与公共事务学院

续 表

序 号	研 究 机 构	隶属或挂靠单位
48	金融研究院	经济学院
49	企业研究所	经济学院
50	老年经济学研究所	经济学院
51	沪港发展联合研究所	经济学院
52	复旦保险研究中心	经济学院
53	房地产经济研究中心	经济学院
54	就业与社会保障研究中心	经济学院
55	中国风险投资研究中心	经济学院
56	环境经济研究中心	经济学院
57	新政治经济学研究中心	经济学院
58	复旦大学-全国市长培训中心城市经济研究所	经济学院
59	公共经济研究中心	经济学院
60	泛海书院	经济学院
61	中国反洗钱研究中心	经济学院
62	华商研究中心	经济学院
63	国际贸易研究中心	经济学院
64	国际金融研究中心	经济学院
65	产业发展研究中心	经济学院
66	博弈论与数量经济研究中心	经济学院
67	证券研究所	经济学院
68	能源经济与战略研究中心	经济学院
69	论坛发展研究中心	经济学院
70	经济思想与经济史研究中心	经济学院
71	产业与区域经济研究中心	经济学院
72	复旦大学-杜伦大学联合金融研究中心	经济学院
73	国际矿业权交易与国家资源安全研究中心★	经济学院
74	亚洲经济研究中心★	经济学院
75	上海研究中心	历史学系
76	埃及研究中心	历史学系
77	古代文明研究中心	历史学系
78	中国金融史研究中心	历史学系
79	公众史学研究中心	历史学系
80	当代社会与文化研究中心	历史学系
81	亚洲研究中心	历史学系
82	多媒体研究中心	历史学系
83	复旦-密西根大学社会性别研究所	历史学系
84	口述历史研究中心	历史学系
85	近代中国人物与档案文献研究中心	历史学系

续 表

序 号	研 究 机 构	隶属或挂靠单位
86	城市公共安全研究中心	社会发展与公共政策学院
87	浦东-复旦社会发展研究中心	社会发展与公共政策学院
88	妇女研究中心	社会发展与公共政策学院
89	心理研究中心	社会发展与公共政策学院
90	人权研究中心	社会发展与公共政策学院
91	社会文化人类学研究中心	社会发展与公共政策学院
92	社会发展研究中心	社会发展与公共政策学院
93	城市与区域发展研究中心	社会发展与公共政策学院
94	上海市劳动关系研究中心	社会发展与公共政策学院
95	ICSEAD 复旦联络处	社会发展与公共政策学院
96	上海社会工作研究中心	社会发展与公共政策学院
97	人口研究所	社会发展与公共政策学院
98	复旦-哈佛医学人类学合作研究中心	社会发展与公共政策学院
99	复旦-长三角城市合作研究中心	社会发展与公共政策学院
100	中国乡村发展研究中心	社会发展与公共政策学院
101	外国文学研究所	外国语言与文学学院
102	北欧文学研究所	外国语言与文学学院
103	外国语言研究所	外国语言与文学学院
104	法语语言文化研究(资料)中心	外国语言与文学学院
105	文化遗产研究中心	文物与博物馆学系
106	新闻学研究所	新闻学院
107	视觉文化研究中心	新闻学院
108	国际公共关系研究中心	新闻学院
109	媒介素质研究中心	新闻学院
110	国际出版研究中心	新闻学院
111	新媒体研究中心	新闻学院
112	教育哲学研究中心	哲学学院
113	现代哲学研究所	哲学学院
114	宗教研究所	哲学学院
115	科学技术与社会研究中心	哲学学院
116	应用伦理学研究中心	哲学学院
117	杜威与实用主义研究中心	哲学学院
118	管理哲学研究中心	哲学学院
119	人文精神研究中心	哲学学院
120	徐光启-利玛窦文明对话研究中心	哲学学院
121	中国语言文学研究所	中国语言文学系
122	文艺学美学研究中心	中国语言文学系
123	世界华人文化研究中心	中国语言文学系

续 表

序 号	研 究 机 构	隶属或挂靠单位
124	中国文人书法暨石鼓文研究中心	中国语言文学系
125	电影艺术研究中心	中国语言文学系
126	言语听觉科学研究中心	中国语言文学系
127	艺术人类学与民间文学研究中心	中国语言文学系
128	中国当代文学创作研究中心	中国语言文学系
129	全球华语信息处理和比较研究中心	中国语言文学系
130	汉唐文献工作室	中国语言文学系
131	知识产权研究中心	法学院
132	司法与诉讼制度研究中心	法学院
133	医事法研究中心	法学院
134	金融法研究中心	法学院
135	环境能源与能源法研究中心	法学院
136	马克思主义研究院	社会科学基础部
137	城市环境管理研究中心	环境科学与工程系
138	国土资源经济研究中心	环境科学与工程系
139	公共绩效与信息化研究中心	信息科学与工程学院
140	复旦大学-女王大学环境与可持续发展研究中心	生命科学学院
141	古籍保护研究中心	图书馆
142	马克思主义研究中心	宣传部
143	复旦发展研究院	
144	国家建设研究中心★	
145	当代中国社会生活资料中心★	
146	社会性别与发展研究中心	妇委会
147	通识教育研究中心	复旦学院
148	上海统战理论研究基地	统战部
149	北欧中心	外事处
150	思想史研究中心	文科科研处
151	海关研究中心	文科科研处
152	发展与政策研究中心	文科科研处
153	长三角研究院	文科科研处
154	青年研究中心	学工处
155	学位和研究生教育研究中心	研究生院
156	大学生创业研究中心	产业化与校产管理办公室
157	现代大学战略性人才资源管理研究中心	人事处

表注：★为 2011 年新成立机构

2011年度复旦大学获教育部“新世纪优秀人才支持计划”一览表

序 号	项目负责人	所在单位	项 目 名 称
1	冯贤亮	历史学系	明清中国的地方行政、官绅网络与社会调控
2	高 帆	经济学院	中国城乡二元经济结构转化的政治经济学
3	顾东辉	社政学院	社会服务及其管理：本土实践的“专业”架构研究
4	寇宗来	经济学院	薪酬双轨制背景下中国高校的终身教职制度改革
5	唐世平	国务学院	国际政治、制度经济学、社会科学哲学、比较政治学、政治学理论等领域相关问题研究
6	姚 凯	管理学院	心理所有权非均衡发展的形成机理、测量及其影响效应研究
7	张涛甫	新闻学院	当代中国民意与公共决策的互动研究
8	张业松	中文系	左翼文学文献整理与研究

2011年度复旦大学获国家社科基金重大项目、重点项目立项一览表

序 号	项 目 名 称	项目负责人	所在单位	备 注
1	新型城市化视角下的经济发展方式转变研究	范剑勇	经济学院	重大项目
2	重构国际金融治理体系——亚洲的视角和中国的选择	孙立坚	经济学院	重大项目
3	国家形象建构与跨文化传播战略研究	孟 建	新闻学院	重大项目
4	中国特色社会主义道路与人类文明发展研究	陈学明	哲学学院	重大项目
5	中国特色公共经济理论与政策研究	石 磊	经济学院	重大项目
6	中国特色外交理论研究	苏长和	国际关系与公共事务学院	重大项目
7	中国旧海关内部出版物整理与研究	吴松弟	中国历史地理研究所	重大项目
8	美国斯坦福大学胡佛研究所藏宋子文档案整理研究及数据库制作	吴景平	历史学系	重大项目
9	《大藏经总目提要》编纂	陈士强	复旦大学出版社	重大项目
10	现代产业体系发展的理论与政策研究	芮明杰	管理学院	重大项目
11	现代社会信任模式与机制研究	周 怡	社会发展与公共政策学院	重大项目
12	中国医疗支付制度系统性改革规范化研究	陈 文	公共卫生学院	重大项目
13	当代国际核政治与我国国家安全研究	沈丁立	国际问题研究院	重大项目
14	我国食品药品安全与监管制度创新研究	厉曙光	公共卫生学院	重点项目
15	中国历史民族地理研究	安介生	中国历史地理研究所	重点项目
16	中国经济学的建设与发展研究	张晖明	经济学院	重点项目
17	制度变迁视角下的中国二元经济转型研究	陈 钊	经济学院	重点项目
18	我国证券群体诉讼的模式选择与制度构建研究	章武生	法学院	重点项目
19	公设辩护人制度研究	谢佑平	法学院	重点项目
20	资源配置的新陈代谢与我国制造业竞争力提升研究	袁堂军	经济学院	重点项目
21	近代上海与长江三角洲城乡经济关系研究(1843—1937)	戴鞍钢	历史学系	重点项目
22	中国历史上割据分裂时期的政治地理研究	李晓杰	中国历史地理研究所	重点项目

2011年度复旦大学获教育部哲学社会科学研究重大课题攻关项目、重大委托项目一览表

序　号	项　目　名　称	项目负责人	所 在 单 位	备　注
1	国际体系变革与中国国际秩序观研究	陈玉刚	国际关系与公共事务学院	重大课题攻关项目
2	政府绩效管理：理论构建与中国实践	唐亚林	国际关系与公共事务学院	重大委托项目

2011年度复旦大学获上海市哲学社科规划重大课题一览表

序　号	项目名称	项目负责人	所在单位	备　注
1	斯坦福大学胡佛研究所藏宋子文档案的整理与研究	吴景平	历史学系	重大课题

2011年度复旦大学文科科研获奖一览表

上海市第十届教育科学研究优秀成果奖(共2项)

作　者	成果名称	获奖等级
汪　青	PBL教学模式的比较研究及在长学制医学教育中的应用	二等
张慧洁	我国第一轮教育评估反馈的问题研究	三等

（文科科研处供稿）

学术刊物

《复旦学报》(社会科学版)

《复旦学报》(社会科学版)是教育部主管、复旦大学主办的综合性学术理论刊物，主要刊载文、史、哲、经、法、政等学科论文。主编黄颂杰，编委会主任章培恒。

2011年，该刊编辑出版6期，共发表论文93篇，每期印数3 300册。

该刊以“坚持学术本位，反映时代精神”为宗旨，坚持创设特色栏目，比如“中国文学演变与实证研究”、“中国史学的发展历程”、“文史研究新视野”、“马克思主义哲学基础理论与前沿问题研究”、“对外开放与金融安全”、“国际问题探索”等。复旦学报的被转载量、被转载率、被引量、被索量、他引量、影响因子、基金论文比等，均在全国综合性人文社会科学期刊和高校文科学报中名列前茅：根据《中文社会科学引文索引(2010—2011)来源期刊目录》(南京大学)的数据，在入选的70家“高校综合性社科学报”中，复旦学报名列第3位。2010年复旦学报在《新华文摘》、《中国社会科学文摘》、《高等学校文科学术文摘》、《人大复印报刊资料》等刊物上被转载文章的数量在全国综合性大学学报中排第4位。

加大学报内部管理改革力度。继续完善匿名审稿制度；完善栏目主持人制度；严格编辑工作流程；安排编辑人员积极参与有关院系的学术研究活动，申请研究课题，兼任有关课程，参加国内外重要学术交流。

（吕晓刚）

《复旦人文社会科学论丛》(Fudan Journal of the Humanities and Social Sciences)

《复旦人文社会科学论丛》是教育部主管、复旦大学主办的综合性英文学术理论刊物。主编邓正来，副主编郭苏建。该刊于2004年创刊，2008年取得刊号，成为国内第一家文科综合性全英文期刊。从2008年至今，按照季刊模式，每年3、6、9、12月出版。2011年，该刊编辑出版4期，共发论文及书评48篇，每期印数550册。

《论丛》的办刊方针是“坚持学术为本，反映时代精神”。传承积累人文薪火，反映社科前沿动态；展示中国在人文社会科学方面的成果，表达中国学者对于中国和世界在经济、社会、文化领域中各种问题的观点，搭建与外国学者交流的平台，开创有中国特色的英文学术期刊的新路。该刊设有“中国研究”专栏，以及书评、新书讯，学术通讯等特色栏目。

2010年，《论丛》通过严格评审程序成功入选六大社会科学国际著名索引数据库社会科学索引(Social Sciences Index)，国际政治科学文摘(International Political Science Abstracts)，国际政治研究(PAIS International)，社会学文摘(Socialogical Abstracts)，世界政治科学文摘(Worldwide Political Science Abstracts)，EBSCO成为六大社会科学国际索引数据库的全文索引杂志，是《论丛》创刊以来进入西方主流国际索引系统的一个重要突破。

《论丛》在编辑部建设方面，通过招聘、选拔和工作实践，形成了一支专职与兼职相结合的、高素质的编辑队伍，来稿和编辑流程实现无纸化。

《论丛》积极参与组织国际学术论坛，加强本期刊与国内外学术期刊的联系和交流，探讨学术期刊在人文

和社会科学学科和学术发展中的作用，及如何在全球化的时代背景下推进中国哲学社会科学走向世界的问题。2009年，《论丛》与复旦大学社会科学高等研究院联合召开了"学术期刊与走向世界的中国研究"国际学术论坛。（邓正来）

《复旦学报（自然科学版）》

《复旦学报（自然科学版）》是教育部主管，复旦大学主办的自然科学综合性学术刊物。主编杨玉良。该刊为双月刊，每期120页。逢双月25日出版。

2011年，该刊第50卷共出版6期，总页码802页，刊登学术论文114篇（包括英文论文8篇）、研究简报7篇。有78篇论文受各种项目或基金资助，其中国家自然科学基金资助的论文36篇，国家社会科学基金资助的论文3篇，国家"863"计划资助的论文5篇，"973"计划资助的论文5篇，国家科技支撑计划资助的论文6篇，其他部级相关基金资助的论文4篇，上海市相关基金资助的论文14篇，其他省市基金资助的论文5篇。国家自然科学基金资助的论文比例有所提高，获上海市科技期刊协会审读优秀奖。（刘东信）

《复旦学报（医学版）》

《复旦学报（医学版）》是由教育部主管、复旦大学主办的综合性医药卫生类学术期刊（中文核心期刊），姚泰任主编。双月刊，单月20日出版，网址：http://jms.fudan.edu.cn。

2011年第37卷全年出版6期，总页码758页，载文量172篇，约106万字，退稿率为40.1%。其中，国家级基金项目资助的31篇，省市级基金项目资助的21篇，合计基金资助论文52篇次，占全年载文量的30.2%。截至2012年2月底，期刊主页访问总数超过12.1万次。

2011年，该刊申请加入复旦大学《研究生发表论文期刊指导目录》A类期刊，获得学位评定委员会评审通过。编辑部荣获"2010—2011年度复旦大学巾帼文明岗"称号。学术创新方面，新增了"专家论坛"栏目，邀请国内外知名学者就学科前沿或当前热点撰写综述；编校质量方面，在2011年上海市新闻出版局组织的"上海市期刊编校质量检查"中被评为"优秀"期刊（检查的科技期刊总数349种，其中被评为优秀期刊的有73种）；办刊理念方面，加入了中国知网学术期刊优先数字出版系统，凡经评审认为具有创新性的基础研究论文及具有较高应用价值的临床论文均可优先数字出版；交流合作方面，被爱思唯尔（Elsevier）公司的二次文献数据库（包括 *Scoups*、*Geobase*、*CPX* 和 *Embase*）收录。

2011年，编辑部人员在《中国科技期刊研究》和《学报编辑论丛（2011）》刊物上各发表一篇学术论文，并荣获上海市高校学报研究会"首届上海市高校科技期刊优秀编辑奖"。同时，在中国科学技术学会主办的"科技期刊逻辑语言病例征集活动"中荣获三等奖，参与编写并出版了《科技论文病句评改》（中国科学技术出版社2011年8月出版）一书。

截至2011年底，该刊覆盖国内全部重要期刊及引文数据库，并进入相关核心库；同时，该刊被7家国外数据库收录，包括美国《乌利希期刊指南》（*Scopus*）、《生物学文摘（预评）》（*BIOSIS Previews*）、《化学文摘》（*CA*）、《剑桥科学文摘》（*ProQest CSA*）、荷兰《斯高帕斯数据库》（*Scopus*）、波兰《哥白尼索引》（*IC*）及WHO《西太平洋地区医学索引》（*WPRIM*）。

根据中国学术期刊（光盘版）电子杂志社和中国科学文献计量评价研究中心发布的"中国科技期刊影响因子年报（2011版）"，该刊复合影响因子为0.668，在全国205家综合性医药卫生类期刊中排名第15位；期刊综合影响因子为0.453，在全国205家综合性医药卫生类期刊中排名第16。根据"中国知网"《复旦学报（医学版）》发行与传播统计报告，该刊机构用户总计3 198个，分布于9个国家和地区；个人读者分布在14个国家和地区。（段　佳）

《数学年刊》

《数学年刊》主编李大潜，编委会由32位国内外著名数学家组成。

2011年，该刊出版《数学年刊A辑》（中文版）6期、《数学年刊B辑》（英文版）6期，以及A辑中译英版C辑（英文版）4期《中国当代数学》（*Chinese Journal of Contemporary Mathematics*，由美国阿伦顿出版公司在美国出版发行）。全年刊登国内外论文144篇，约264万字。来稿数与2010年相比增加15%，退稿率在84%左右，保证了发表论文的质量。

根据美国科学信息研究所（Institute for Scientific Information, ISI）2011年出版的《期刊引证报告》（*Journal Citation Reports*，JCR），2010年《数学年刊B辑》被引次数394次，影响因子0.452，5年影响因子0.513。2010年引用《数学年刊B辑》论文的国内外期刊共176种，其中影响因子最高的3种杂志是 *CLASSICAL QUANT GRAV*，*COMMUN NONLINEAR SCI*，*ARCH RATION MECH AN*，影响因子分别为3.099、2.698和2.277。

2011年，在由上海市出版局组织的期刊编校质量审读中，《数学年刊A辑》和《数学年刊B辑》被评为科技类优秀期刊。（蔡志杰）

《复旦教育论坛》

《复旦教育论坛》是由教育部主管、复旦大学主办的高等教育学术期刊。刊物以邓小平理论和"三个代表"重要思想为指导，探索和研究高等教育的理论与实践问题，反映高等教育改革和发展的研究新成果，扶植创新，鼓励争鸣，开拓视野，推动有中国特色的社会主义现代大学制度建设。编委会主任秦绍德，主编蔡达峰，执行副主编熊庆年。

《复旦教育论坛》系中文社会科学引文索引（CSSCI）来源期刊，《中文核心期刊要目总览》教育类核心期刊。另外，刊物还被中国期刊网全文数据库、中国核心期刊（遴选）数据库、中文科技期刊数据库、重庆维普中文科技期刊数据库、龙源期刊网、国研网等收录。

2011年度，全年按期出刊6期，共印刷12 000册，发表论文115篇，重点涉及教育哲学、教育领导学、教育人类学、高等教育质量保障与评价、高校内部治理与现代大学制度建设、大学理念、教师发展、教育改革与发展、医学教育研究等主题。据不完全统计，2011年被《新华文摘》全文转载2篇，被人大《复印报刊资料》全文转载13篇。在2011年中国学术期刊影响因子年报（人文社会科学）中，我刊2008—2010年复合影响因子为1.150，在教育学学科中排序为23/321。 （刘　培）

《新闻大学》

《新闻大学》是教育部主管、复旦大学主办的新闻学术刊物，主编黄芝晓。

2011年，《新闻大学》杂志，为16开本156页，季刊。杂志继续对录用稿件实行专家匿名评审制度，2011年我刊共发稿100篇，其中86篇为自由来稿。全年发行量每期1 000册，全年4 000册，其中全年订户约2 000册，赠送和交换约2 000册。

2011年编辑部围绕“新闻传播学如何创新”的命题，立足于事实和理性思考的学术争论，探讨新闻传播学研究的“独到见解”。对现有理论、观点或方法有些新的认识或体会，使新闻传播学的研究在概念得到延伸或拓展。新闻传播理论的创新，要坚持实事求是，继续解放思想 （周伟明）

《当代修辞学》

《当代修辞学》是教育部主管、复旦大学主办的目前中国唯一的修辞学专业学术期刊，是语言学中文核心期刊、CSSCI来源期刊，主编刘大为。

该刊全年共出版6期，每期订数3 000余册。全年共刊发论文72篇（不含动态讯息），另有“修辞随谈”小短文12篇。

2011年，该刊严格执行国家期刊出版的有关规定，坚持繁荣修辞学术、推动修辞研究、指导语言运用的宗旨，专注于修辞学理论建构与研究方法的创新和修辞现象的解释，组织、刊发的研究性论文以鲜明的原创性受到学界的高度重视，先后有多篇被《人大复印资料·语言文字学》全文转载，论文转载数和转载率跻身语言文字学全文来源期刊的前列，学术品位和学术形象进一步得到巩固和提升，为继承和发扬老校长陈望道先生的学术思想、推进复旦大学语言文字学科乃至中国修辞学和语言学的发展作出切实贡献。

编辑部先后成功组织、参加多次学术交流活动。7月，与复旦大学中文系、新闻学院共同组织了社会流行语跨学科学术研讨会；10月，派代表参加在辽宁丹东举行的中国修辞学会2011年学术研讨会暨吴士文先生诞辰85周年纪念会；11月，在浙江温州与中文系、温州大学联合主办了第三届望道修辞学论坛。这些活动有效地增进了与校内外学者的学术联系和交流。 （赵　声）

《世界经济文汇》

《世界经济文汇》是由复旦大学经济学院承办的一本经济学学术杂志，属于CSSCI来源期刊，主编张军。

2011年，该刊继续坚持双向匿名审稿制度，所刊登的文章的学术水平稳步提高，学术规范进一步加强，全年共收到自然来稿770篇，录用并刊登44篇，共发行6期，每期印刷1 800份。

杂志刊登文章的学术水平不断提高，这些研究成果涉及国际经济学、劳动经济学、区域经济学、发展经济学、金融学等多个领域。另外，杂志还专门针对区域经济、教育与健康经济、能源经济、卫生经济、经济增长与收入分配等领域组织了专栏。

杂志在国内外经济学界的学术影响日益扩大，广大读者对杂志所刊登的文章的评价越来越高。

（章　元）

《研究与发展管理》

《研究与发展管理》是在国家教育部支持下，由复旦大学管理学院和中国高教学会科技管理研究分会承办。现由复旦大学管理学院院长陆雄文任社长。刊物主要刊登科学技术发展及其应用方面的管理研究论文，是综合性的科技管理学术刊物。

《研究与发展管理》于1989年6月创刊，1992年正式对外发行。是国家自然科学基金委员会管理科学部认定的中国管理科学类重要期刊之一，是中国科学引文数据库和中国人文社会科学引文索引的来源期刊，并入选《中文核心期刊要目总览》和《中国人文社会科学核心期刊要览》。同时，也是清华大学、复旦大学、浙江大学、西安交通大学、上海交通大学等多所高校管理学科认定的A类或B类刊物。

2011年《研究与发展管理》杂志全年共收到稿件1 068篇，其中属于国家自然科学基金资助项目为322篇，其他各类基金资助项目的共计为477篇。全年发行6期，共刊登稿件100篇。 （金　妮）

《中国感染与化疗杂志》

2011年按期完成6期的编辑出版工作，每期印数11 000册，全年总发行量为66 000册。共刊出文章143篇（481页），约95万字；其中专家论坛24篇，包括两个专题（念珠菌病诊治策略和MRSA感染的治疗策略的专家共识），述评1篇，编译2篇，论著61篇，深部真菌感染8篇，病例报告2篇，综述9篇，讲座1篇，信息交流35篇。2011年至今共收到来稿235篇，已录用124篇，录用率为53%。

其中，受国家级基金项目资助的8篇，省市级基金项目资助的有15篇，合计基金资助论文23篇。

编辑了中华医学会第三届感染与抗微生物治疗论坛、第九届全国感染性疾病及抗微生物化疗学术会议、第一届上海国际临床微生物及抗微生物化疗学术会议论文汇编。

目前杂志已加入的数据库有：荷兰《医学文摘》，化学文摘，美国国立医学图书馆，核心期刊（遴选）数据库、中国期刊全文数据库、中文科技期刊数据库，中国学术期刊综合评价数据库统计源期刊，中国药学文摘。在2011年版《中国期刊引证研究报告》中，影响因子达2.364，比去年又有提高。据最新出版的中国学术期刊影响因子年报（自然科学与工程技术2011版），在学科排名（内科学93种杂志）中，《中国感染与化疗杂志》影响因子（JIF）名列第一，其中复合JIF 2.296、期刊综合JIF 1.888、技术研究类JIF 1.888，均比去年又有所提高。

在2010年由上海科技期刊学会举办的审读中，《中国感染与化疗杂志》荣获优秀奖。

《中国感染与化疗杂志》已入编《中文核心期刊要目总览》，并经复旦学术审评委员审批通过，成为复旦大学学位与研究生教育国内期刊指导目录临床医学A类，即权威期刊。

（施耀国 曹忆堇）

《中国眼耳鼻喉科杂志》

《中国眼耳鼻喉科杂志》主编王正敏、王文吉。

《中国眼耳鼻喉科杂志》为双月刊，是由中华人民共和国教育部主管，复旦大学附属眼耳鼻喉科医院主办的全国性专业学术期刊，面向全体眼科、耳鼻喉科医学工作者。

2011年，收稿285篇，退稿114篇，退稿率为40%。组稿18篇，其中院士笔谈1篇，专家笔谈4篇，临床病例讨论1篇，教育园地12篇。全年出刊6期，载文量186篇，总页码408页。

在上海市新闻出版局2011年实施的编校质量检查中，本刊质量等级评定为合格。2011年12月，本刊入选“中国科技论文统计源期刊”（中国科技核心期刊）。

本刊在2011年底，基本完成期刊网站（http://cjoo.fudan.edu.cn）的建立，并实现了稿件采编流程无纸化，全部来稿通过网站投稿，通过采编系统审稿和编辑处理。（程 杰）

《微生物与感染》

《微生物与感染》为季刊，主编闻玉梅。

2011年，该刊发表主编寄语1篇、述评1篇、特约专稿3篇、论著19篇、病例分析3篇、综述14篇、讲座4篇、读者·作者·编者6篇，共51篇文章，约50万字。其中各类基金资助课题文章32篇（62.75 %），分别为有国家自然科学基金的8篇，“十一五”国家科技重大专项、国家“973”和国家“863”项目的20篇，国外基金项目的2篇，省市级基金项目的15篇，香港地区基金项目的1篇，其他项目资助的5篇。

在中国学术期刊影响因子年报（自然科学与工程技术2011年版）中，该刊2010年的影响因子为0.531，总被引频次为252，较2009年的该两项稍有提高。

2011年该杂志继续为“中国科技论义统计源期刊”（中国科技核心期刊）、中国期刊全文数据库期刊和中文科技期刊数据库期刊。

在“2011年上海市期刊编校质量检查”中该刊获得“优秀”称号。

（左仁和）

《中国循证儿科杂志》

《中国循证儿科杂志》主编桂永浩。

杂志为双月刊。2011年发表论文：专家对谈录6篇，论著55篇，讲座7篇，综述5篇，病例讨论2篇，病案报告5篇。2011年平均每期印刷3 500册。

2011年《中国循证儿科杂志》编辑部与卫生部新生儿重点实验室联合制定了“足月缺血缺氧性脑病循证治疗指南”。

在2011年版《中国科技期刊引证报告（核心版）》23种妇产科学、儿科学类期刊影响因子学科排序中，《中国循证儿科杂志》排名第2位，影响因子1.074；在《中国期刊全文数据库》中国科技期刊影响因子年报（2010版）影响因子1.030，在儿内科杂志中排名第2位。

杂志网站（www.cjebp.net）从建站以来已有525 196次的点击率，平均每期每篇文章的全文下载达到949次。（张崇凡）

《中国临床神经科学》

《中国临床神经科学》是由教育部主管，复旦大学附属华山医院、复旦大学神经病学研究所主办的医药卫生类科技期刊，主编蒋雨平。

《中国临床神经》创刊于1993年，16K，120页。双月刊，彩色铜版纸印刷。至2011年已发行19卷。2000年起为中国科技论文统计源期刊、中国学术期刊综合评价数据库等5家期刊数据库收入并评为“中国科技核心期刊”。主要刊登与临床神经病有关的神经科学基础研究、应用基础研究和临床研究的论著，对神经疾病的新认识和新治疗及其实验方法与诊断技术、简讯、论著报道，兼登医学动态进展综述等栏目。

2011年度接收各类稿件194篇。刊出141篇（72.7%），其中论著82篇、论著报道21篇、进展22篇、教育思考分析6篇、疾病的新认识和新治疗8篇、实验方法2篇。全年刊出基金论文46篇（32.6%），年发行量为20 000册。2011年“中国科技期刊引证报告”本刊2010年影响因子0.422。中国学术期刊影响因子年报（自然科学与工程技术·2011版）本刊2010年影响因子0.469。编辑部坚持为新疆、云南、广西等西部地区的临床神经科学发展提供支持和服务的办刊方针，2011年先后有多篇该地区的文章在本刊发表。（蒋雨平）

《中国医学计算机成像杂志》

《中国医学计算机成像杂志》（*Chinese Computed Medical Imaging*）名誉主编陈星荣，主编沈天真。该刊由教育部主管，复旦大学上海医学院和复旦大学附属华山医院主办。编辑部日常工作由复旦大学附属华山医院负责。杂志为中国科技期刊、中国学术期刊(核心期刊)。

2011年,该刊共发表论文108篇,综述10篇,短篇报道2篇,各类消息26条。当年专刊内容为“肝脏影像学进展(advance of the liver imaging)”。 (李 克)

《中国临床医学》

《中国临床医学》杂志主编杨秉辉,该刊系教育部主管,复旦大学附属中山医院主办的临床医学类学术期刊,为中国科技核心期刊、中国科技论文统计来源期刊、中国科学引文数据库来源期刊。被中国期刊全文数据(CJFD)、万方数据库数字化期刊全文收录,被国家图书馆、中国版本图书馆、上海图书馆等全文收录。

该刊为双月刊。2011年共收到来稿1 353篇,全年6期正刊共刊登各类稿件305篇,采用率约22%。其中刊载各类基金资助文章99篇。

2011年出版《健康促进》4期。《健康促进》每期向上海市政府、市府各职能部门、徐汇区政府及其各职能部门、复旦大学及其各院系、相关图书馆、有关公司、个别社区、一些老干部、部分劳模、中山医院各科室、中山医院退休人员免费发放。

编辑部全年出版大约350万字。 (陶祥元)

《中国癌症杂志》

《中国癌症杂志》主编沈镇宙。该刊是由教育部主管、复旦大学附属肿瘤医院主办的全国性肿瘤学术期刊,年发行量5 000册左右,属中文类核心期刊、科技类核心期刊,被中国科学引文数据库首批选为收录来源期刊;被“中国期刊网”、《中国学术期刊(光盘版)》选为全文收录来源期刊;入选“中国学术期刊综合评价数据来源期刊”;加入国家科技组织实施的“万方数据库—数字化期刊群”全文上网,被《中国核心期刊(遴选)数据库》收录;现为北大中文类核心期刊、美国《化学文摘》(*CA*)数据库来源期刊。

2011年,该杂志发表论文184篇,退稿率76.7%。发表论文中有各类基金资助的稿件86篇,占全年发表论文数的46.7%。影响因子0.813,在40本肿瘤专业期刊中排第4。

(秦 娟)

产业化与校产管理

【概况】 2011年,产业化与校产管理办公室推动科技成果和知识的产业化;扶持青年创业,孵化科技企业;积极推动孵化器和科技园发展,复旦科技园区积极实践、不断丰富“三区联动”理念的内涵,园区发展取得长足进展。

推动科技成果和知识的产业化。2011年上半年,由分管校长牵头,产业化与校产管理办公室负责就“十二五”规划“地方合作”内容展开调研,并提交《“十二五”规划调研“地方合作”课题调研报告》。推动杨浦区与学校相关部门签署《杨浦区与复旦大学2011年区校合作工作计划》。进一步明确产业管理体制:产业化与校产管理办公室主要承担科技成果转化过程的支持、大学生科技创业、科技园区管理等职能,资产经营公司负责学校经营性资产管理相关的工作。复旦微电子集团股份公司入选中国高校企业产学研结合典型案例。不断完善“复旦大学科技成果产业化信息平台”。

扶持青年创业,孵化科技企业。上海市大学生科技创业基金复旦分基金会迎来成立六周年纪念。2011年,复旦分基金会举办第十二期、第十三期大学生创业培训,共计41个团队105名学生参加培训,并提交创业计划书。其中上半年项目申请20个,评审通过7个;下半年项目申请21个,评审通过3个。复旦分基金会新注册或增资企业共9家,投入资金共计100万元,其中股权投入80万元,债权投入20万元。复旦分基金会资助的5家企业获政府基金资助共90万元,其中3家企业获创新基金资助80万元,2家企业获得杨浦区鼎元资金10万元。复旦分基金会重点做好符合条件的大学生创业企业退出基金工作。截至2011年底,累计完成全额退出基金企业36家,全额退出金额435万元;1家企业部分退出,退出金额2万元;另有3家企业已签署退出基金协议,正办理退出手续。建立“复旦创业企业联盟”。“中国青年创业国际计划(YBC)复旦大学服务站”成立。

推动孵化器和科技园发展,实践并丰富“三区联动”理念的内涵,园区发展取得长足进展。复旦科技园与杨浦区海外人才创新创业服务中心共建杨浦海外高层次人才创业园。以邯郸路100号综合性基地、松花江路国家数字媒体产业基地等为主,打造自主创新能力强、产业集聚度高、海外高层次人才密集的新型创业园区。在前期储备过程中,已筛选近300个海外归国人才创业项目。园区引进海外高层次人才创业企业21家,其中中组部“千人计划”引进人才7个。复旦科技园公司与遨问创业投资管理公司合作专门建立上海海外高层次人才创业园管理有限公司。2011年,复旦科技园创新创业基地入驻创业企业6家,截至2011年底,入驻复旦背景的创业企业已达75家。复旦枫林科技园的产业定位为生物医药产业、现代服务业及高科技服务业,截至2011年12月,园区内共有72家科技企业,生物医药及关联企业产业聚集度达到93%,与复旦关联的企业占51%。复旦医院管理公司等3家公司被认定为“现代服务业”企业。枫林科技园区内企业获张江专项发展资金204万元。复旦软件园积极申报上海市信息服务业综合性软件园区;配合复旦科技园申报数字产业园区;配合中和软件公司申报上海软件外包服务平台。 (胡 冰)

【卡尔·施拉姆一行到访】 3月28日,美国考夫曼基金会主席卡尔·施拉姆一行到校访问,参观复旦大学生创业园并与创业大学生交流。施拉姆表示,“复旦大学生创业园是复旦大学的一个重大举措,使得创业更加便利”。他鼓励学生把自己的技术成果转化为实践,并称“这对中国的经

济发展很重要”。（桂晓琳）

【中央媒体采访团参观复旦大学生创业园】 3月29日，教育部办公厅副主任、新闻办主任、新闻发言人续梅率光明日报、中国教育报、中央电视台、中国教育电视台、中央人民广播电台、经济日报、科技日报、人民政协报、中国改革报、人民网、新华网等11家中央媒体组成的采访团参观复旦大学生创业园，并与创业大学生交流。（桂晓琳）

【举行中国青年创业国际计划(YBC)复旦大学服务站揭牌仪式】 该仪式于6月23日在校举行。YBC服务站首次进入校园内设立分支机构，为青年提供多方面的服务平台。活动邀请毕业于复旦大学的YBC创业导师、创业青年以及获得上海大学生创业基金会复旦分基金会资助的创业青年30人参加。揭牌仪式后，举办复旦青年创业沙龙，与会者交流各自的创业经历、创业过程中积累的感悟及困惑等。YBC是一个旨在帮助青年创业的教育性公益项目，通过动员社会各界特别是工商界的资源，为创业青年提供“一对一”的导师辅导以及“无利息、无抵押、免担保”的资金支持，引导青年进入工商网络，帮助青年成功创业，成就具有社会责任感的未来企业家。（桂晓琳）

【香港理工大学创新创业交流团到访】 8月23日，由香港理工大学企业发展院副院长黄亮率领的香港理工大学创新创业交流团30人参观复旦大学生创业园，并与复旦创业企业进行座谈交流。（胡 冰）

【与韩国高丽大学校技术持股公司签订战略合作备忘录】 11月12日，复旦资产经营公司与韩国高丽大学校技术持股公司在校签订战略合作备忘录。双方的合作主要着眼于相互推荐有发展潜力的企业进行投资、促进企业间交流、共同开发合作交流项目等。（胡 冰）

【举办上海市大学生科技创业基金会复旦分基金会纪念典礼暨复旦创业企业联盟揭牌仪式】 该仪式于12月21日在校举行。典礼上，基金会资助的上海复展电子科技有限公司创始人孙洪涛向复旦大学捐赠30万元，用于扶持青年创业企业。复旦创业企业联盟同日成立，副校长金力为联盟揭牌。联盟将在创业者培训、创业企业金融服务、产业转移和发展等各方面为联盟内企业提供支撑，各类产业、创业信息和资源将能够在该平台上实现便捷的共享。复旦创业企业联盟是一个汇聚不同类型、不同阶段的复旦创业企业的平台和网络。创业企业联盟的成立对于扩大“复旦创业”品牌的影响力具有积极意义。（桂晓琳）

五、人事工作

队伍建设

【概况】 2011年，复旦大学人事处贯彻落实"人才强校"战略，完成国家部署的相关人才工作，并结合学校实际情况，继续推进人事制度改革。

一、人才引进服务管理工作。主要围绕贯彻落实国家和上海市"千人计划"相关政策和调整引进人才相关待遇等基本工作展开。

1. 出台相关配套政策条例，为人才引进提供政策支持与保障。(1) 为妥善解决国家"千人计划"入选者购房安居等相关问题，出台《国家"千人计划"入选者住房补贴提前预支实施细则(试行)》；(2) 为确保"千人计划"入选者到岗后在过渡期能按实际工作月数及时起薪，同时兼顾上海市社会保险(医疗保险)缴纳的连续性，出台《千人计划入选者过渡期薪酬发放操作规则》；(3) 为妥善解决引进人才岗位津贴和部分引进人才薪酬与校内人员岗位津贴、薪酬之间不平衡的问题，实施《关于调整引进人才岗位津贴的建议报告》和《关于将部分引进人才整体薪酬改为拆分式薪酬事宜的请示》；(4) 为尽力保证引进人才工作顺利展开，实施《关于完善新进教师聘用分级审批工作机制的请示》，制定《新进教师聘用审批会议专家与会须知(人才引进专用)》，设计引进人才无记名表决票，修订与会专家保密规定和决议表；(5) 根据学校"大走访大调研"中单位和教授反映的，在人才引进中，科研成果确认周期过长的问题，根据国际惯例，取消图书馆、科技处科研成果重复确认的环节，并将相关规定修改为"只需图书馆出具论文检索证明"，采取将海外推荐信与海外函评合二为一和减少函评专家人数等措施，加快人才引进进程。

2. 在实际工作方面。(1) 人数规模。2011年，新引进各类高层次人才53人；入选国家"千人计划"(含溯及既往人选)3人，入选首批"国家青年千人计划" 6人，入选上海市千人计划11人，入选上海市"东方学者"8人。(2) 层次特点。全引进人才中，有全职引进人才47位，占引进人才总数的89%，校聘关键岗位1及以下岗位全时比例为100%，全时引进人才比例较高；直接从海外引进47人，占引进人才总数的89%，包括引东英吉利大学常务副校长、全英低碳创新中心创建人及总监特雷弗·大卫·戴维斯(Trevor David Davies)、英国萨塞克斯大学教授大卫·韦克斯曼(David Waxman)、艾伦·塔克(Alan Tucker)、白沙天等7位非华裔外籍学者，比2010年同期提高5%，有力推进师资队伍国际化；引进一批具有较大发展潜力的青年人才，如从美国加州大学旧金山分校引进的博士蔡亮、从美国加州大学洛杉矶分校引进的博士刘宏涛、从美国国立卫生研究院引进的博士薛磊、从美国俄克拉何马大学引进的博士周旭辉、从美国科罗拉多丹佛大学引进的博士林曙、从德国科隆大学引进的博士吴骅等。(3) 完成计算机科学技术学院院长招聘工作。

二、师资服务管理工作。主要围绕制定和实施"卓越人才计划"和完成2011年高级职务聘任工作展开。

1. 制定并启动实施《复旦大学"卓越人才计划"实施办法》。"卓学计划"完成遴选，兑现104人的"卓越人才"津贴，启动"卓识计划"推荐工作。

2. 启动2011年全校高级职务聘任工作。聘任工作原则上按照已有的聘任办法和学术准入条件进行实施。为适应文科特点，出台《文科候选人申请启动"优秀人才代表作评审"的有关原则规定》，在人文、社科院系所全面启动"优秀人才代表作评审"机制。

3. 加强对青年教师的日常培养工作。2011年，新教工培训工作在以往的基础上做出了较大调整，将学校经费的租赁制人员纳入岗前培训的范围；增加"复旦校史讲座"；增加教学科研教师专项培训环节，邀请校学术规范委员会的专家开设"学术规范"讲座；邀请华东师范大学的教授开设《教育心理学》、《课堂教学技巧》的讲座等。全年共有126人(其中44名租赁制人员)参加培训。

4. 协助9位院士候选人申报院士评审，金亚秋、葛均波当选中国科学院院士。

5. 制定出台《复旦大学校长奖评选章程》，完成奖教金评审及管理工作，总金额约为110万元。

6. 制定出台并实施《高级职务一般外聘人员住房补贴的调整方案》。

三、人事聘用、聘任服务管理工作。主要围绕第四轮岗位聘任及岗位津贴调整工作展开。

1. 根据学校《985三期校内岗位津贴调整方案(试行)》精神，制定《校内岗位聘任实施方案(2011—2013年)》，实施第四轮校内岗位聘任工作。

2. 根据《复旦大学教授(研究员)校聘岗位常规聘任实施方案》(校通字[2008]29号)，结合985三期校内岗位津贴调整工作整体进度，实施"校聘岗位"中期考核及比例差额竞聘工作。

3. 启动并实施附属医院2011年的国家岗位年度调整工作。

4. 完成2010年度合同续签和2011年底续签工作，涉及校内二级单位106个，教职工约3 500人，完成近一万份合同的审核、复审、签章、归档和返还等业务。

5. 实施2011年度个人岗位考核，完成4 120位教职工年度考核工作。

6. 汇总各部处院系绩效综合评估材料，编撰《院系绩效综合评估报告(2010年合订本)》。

四、教职工招聘服务管理工作。主要围绕进一步规范进人程序，提升进人质量展开。

1. 全年新进教职工123人，其中教学科研人员97人、行政人员21人、其他教辅人员5人。教学科研人员中，引进人才占全年新进教学科研人员的48%，一般新进教学科研中有海外留学经历人员占21%，应届博士占20%；国内博士后7%；其他占4%。

2. 实施《关于完善新进教师聘用审批工作机制的意见》和《关于复旦大学公开招聘"人才工程"队员正式留校工作的补充规定》，保证进人工作正常进行。

五、教职工出国服务管理工作。

2011年共办理教职工公派出国200多人次，其中已派出120人，延长20人，办理回国人员报到61人，其中带薪人员薪酬补发35人。2011年出国工作的特点是，在公派项目选拔过程中，逐步推行以侧重科研项目和课题研究为主导的模式，强化专家学术评审的作用，强调计划性，进一步加强公派出国工作信息公开。

六、博士后服务管理工作。

1. 全年共招收博士后264名(其中企业博士后36名)。78名博士后获得第四十九、五十批中国博士后科学基金资助，其中一等资助11名；25名博士后获得第三批中国博士后科学基金特别资助，中标率47%；22名博士后获得上海市博士后科研资助，资助人数为上海市设站单位第一。

2. 2011年，国家人力资源和社会保障部对2007年以后新设博士后流动站进行评估，复旦大学环境科学、法学、社会学和马克思主义理论等4个流动站列入该次评估范围，评估准备工作于年底全部完成。

3. 实施《关于调整我校博士后科研流动站站长和专家组成员的请示》，完成新一轮博士后流动站站长及专家组成员调整工作。

4. 组织全国博士后经济论坛。该次论坛收到来自全国15所高校、11家科研院所、企业工作站提交的74篇论文，460名博士后参加会议。

5. 新进站博士后和流动站秘书培训。邀请王迅院士就有关学术道德规范作专题讲座。

6. 与上海金融期货交易所、司法部司法鉴定科学技术研究所、深圳华因康基因科技有限公司等新设企业工作站开展联合招收博士后工作，全年共招收37名企业联合培养博士后。

7. 完成广东、浙江和江苏等地博士后校友会分会的筹备工作。

8. 为表彰和激励在科研工作中取得优异成绩的博士后研究人员，经专家评审投票，产生10名2011年度优秀博士后。

七、灵活用工服务管理工作。主要围绕调整租赁制用工人员待遇和租赁制人员稳定工作展开。

1. 全年新招录租赁制用工人员243人，减去离职148人，净增加95人，全校租赁制人员达780人，其中科研助理145人。

2. 为落实国家及上海市关于租赁制人员"同工同酬"的政策，以及为建设和谐校园，调整232名学校经费租赁制人员的薪酬发放方式；调整171名学校经费租赁人员的协议工资标准；组织在编前试用新租赁制人员参加岗前培训；组织租赁制人员参加教职工体检；组织租赁制人员申报专业技术职务资格；办理租赁制人员申领独生子女费；办理租赁制"外劳力综合保险"人员改缴"城镇保险"事宜。

3. 据《985三期校内岗位津贴调整方案(试行)》及《复旦大学专业技术岗位和管理岗位租赁制人员"协议工资"标准核定办法》精神，实施承担国家和地方政府相关大项目课题组的科研助理，其原自行缴纳的"社会保险费"，改由学校分担按"上海市社会保险缴费基数下限"确定的部分。

4. 全年新增劳务工147名，减去94名离职，净增53名。为770名劳务工及退休返聘人员办理新一期《雇主责任险》；调整44名租赁制人员、368名劳务工的最低工资标准。

八、薪酬服务管理工作。

1. 在岗位津贴结构不断变化的情况下，按照薪酬管理工作基本规律，维护薪酬发放合理办法，分六批完成新一轮岗位聘任岗位津贴兑现工作。

2. 按照"同工同酬"政策调整的租赁制人员新的"协议工资标准"，完成租赁制人员薪酬的调整兑现工作。

3. 按照学校新"房贴政策"，配合房委会完成2002年后新进校"非引进"和"非外聘"教职工住房补贴统计工作。

4. 根据国家计划生育新政策，调整完成全校教职工独生子女费调整发放工作。

九、退休服务管理工作。

1. 全年办理退休手续418人，其中校本部192人、附属医院226人。

2. 完成500名2011年4月前退休专业技术职务人员按"分级聘用"工资重新计算退休费工作。

3. 参照上海市月最低工资标准，上调校内各类返聘人员返聘费。

4. 解决管理岗位职员职级五、六级人员的退休及返聘问题。

5. 根据教育部等上级主管部门的要求，完成4 600名退休人员信息采集工作。

6. 完成校本部171名、附属医院82名高级专家的延聘申报工作，并竭力推进高级专家延聘工作的规范化。

7. 努力做好退休职工遗属、职工家属和回乡职工发放困难补助的工作。

8. 完成近370名退休人员的返聘工作，并与其全部签订《岗位返聘协议》或《岗位返聘续签协议》。

9. 完成离退休死亡人员共计69人的丧葬费和抚恤金发放工作。

十、人事档案服务管理工作。

1. 管理保管各类人事档案11 462份，其中教职工档案5 523份，离退休档案4 615份；代保管档案863份，博士后档案269份，死亡人员档案192份。

2. 按教育部干部档案管理规定要求，审核整理新提拔校级领导正、副本档案，并报送教育部。

3. 根据中组部新颁归档标准和要求，对六家附属医院处级干部档案重新整理装订。

4. 根据中共中央组织部"已通过检查验收单位开展'三年回头看'，巩固干部档案审核整改工作成果"要求，对471份处级干部档案重新补充完善，整理维护。

十一、人事处内建设工作。围绕强化服务意识，改进服务作风，提高工作效率。

1. 制定实施《关于建立处内有关工作机制的若干意见》和《人事处"三重一大"事项决策制度》；修订《复旦大学人事处内部财务管理规则》等文件，健全处内民主科学决策机制和管理制度。

2. 结合人事处新网页建设，重新编制人事处工作流程。

3. 按照学校要求，集中清理170余项人事规章制度。

（周亚明　袁　新）

【实施"千人计划"】 截至2011年底，复旦大学共有45人次入选国家及上海市"千人计划"，其中国家"千人计划"创新项目长期28人，"青年千人计划"6人，上海"千人计划"创新项目长期10人，创新项目短期1人。学校高度重视海外高层次人才引进与基地建设工作，紧紧围绕国家战略大力引进具有国际竞争力的创新人才。一方面，提供重要学术岗位，让"千人计划"专家领衔学术发展。初步建成一批"千人计划"团队，产生一批有影响力的科学研究成果。另一方面，创新人事政策体制机制，加大高层次人才引进力度。在引进机制上，实行分类分级审批会议机制和协调办公会议机制；在薪酬确定上，实施个性化的面议协议薪酬制；在团队建设上，采取灵活、多样、高效的"科研助理"用工机制；在居住保障上，提供免租房、购房补贴及实施购房补贴预支政策；在后勤服务上，搭建"个性化、一揽子、全方位"的服务平台，由人事处引进办负责一站式受理。

（许晓茵）

【实施"复旦大学卓越人才计划"】 为贯彻落实《复旦大学关于大力加强一流中青年人才综合培养支持的有关意见》精神，进一步加强师资队伍建设，2011年，学校制定并开始实施复旦大学"卓学—卓识—卓越人才支持计划"。该计划根据人才成长规律，构建衔接紧密的三层次支持体系：通过"卓学计划"，使崭露头角的青年教师专心一意、锤炼真知卓学，成为学科领域的优秀教师；通过"卓识计划"，使脱颖而出的中青年骨干教师明辨笃志、追求远见卓识，成为学科领域的领军人物；通过"卓越计划"，使颇有影响的中青年学术带头人知行合一、实现英才卓越，成为学科领域的杰出代表。"卓越人才计划"的入选者除获得人才津贴的支持之外，其中"卓学计划"的入选者将获得学校的科研经费支持，同时所在学院也给予1∶1配套；对于"卓越计划"和"卓识计划"的入选者，学校将根据入选者的实际资源需求，实施个性化的柔性培养措施。计划实施以来，2011年有111人自动入选"卓越计划"；85人通过全校范围的推荐和遴选，入选"卓学计划"；"卓识计划"正在启动中。

（黄金辉　张琦荣）

【实施第四轮校内岗位聘任】 根据学校《985三期校内岗位津贴调整方案（试行）》精神，结合第三轮校内岗位聘任到期情况，人事处制定《复旦大学教学科研机构校内岗位聘任实施方案（2011—2013年）》和《附（直）属机构校内"岗位津贴"具体核拨办法（2011—2013年）》等一系列文件，正式启动第四轮校内岗位聘任工作。该轮校内岗位聘任的特点是：在维持原有校内岗位聘任体系不变的前提下，提高校内岗位津贴核拨基准，调整校内岗位津贴浮动范围和重新划分岗位津贴结构比例。即学校2011年校内岗位津贴的总量在2010年的基础上，按60%—70%的幅度增长，以后视学校财务状况每年按2010年岗位津贴总量10%的幅度逐年递增。新一轮岗位津贴在构成上分为基础岗位津贴和绩效津贴两部分。在初始阶段，基础岗位津贴占80%，绩效津贴占20%；另外，根据教学、科研、管理、服务等工作业绩，安排一块绩效津贴增量。该次校内岗位津贴调整的原则是：体现教育部文件精神，不按统一增幅平均分配，向优秀者倾斜、向教学工作倾斜和向青年教工倾斜。因此，教学科研人员的校内岗位津贴，其中基础岗位津贴50%的部分与承担的教学工作量挂钩。另外，在此次校内岗位聘任中，学校还开始尝试对教学科研人员实施分类管理，明确区分"教学科研型"、"教学型"和"科研型"三类岗位。该项工作从年初开始酝酿，5月份开始启动，年底基本完成。

（袁　新）

【实施校聘岗位中期考核和差额竞聘】 根据《复旦大学教授（研究员）校聘岗位常规聘任实施方案》（校通字［2008］29号），结合"985工程三期"校内岗位津贴调整工作整体进度，9月，学校组织对校聘岗位教授的中期考核和差额竞聘。130多位特聘教授和校聘关键岗位教授参加中期考核。其中15位教授考核优秀，2位教授考核基本合格，其他教授考核合格；58位教授参加差额竞聘，最终新增9位特聘教授，20位校聘关键岗位教授。

（袁　新）

附　录

中国科学院、中国工程院院士（复旦大学）

编　号	类　别	学部名称	姓　名	当选年份	部　门	标　识
1	中国科学院	数学物理学部	谷超豪	1980	数学科学学院	
2	中国科学院	数学物理学部	郝柏林	1980	物理系	

续 表

编 号	类 别	学部名称	姓 名	当选年份	部 门	标 识
3	中国科学院	生命科学和医学学部	杨雄里	1991	神经生物所	
4	中国科学院	数学物理学部	胡和生(女)	1991	数学科学学院	
5	中国科学院	数学物理学部	杨福家	1991	现代物理所	
6	中国工程院	医药卫生学部	顾玉东	1994	华山医院	
7	中国工程院	医药卫生学部	汤钊猷	1994	中山医院	
8	中国科学院	数学物理学部	李大潜	1995	数学科学学院	
9	中国科学院	生命科学和医学学部	沈自尹	1997	华山医院	
10	中国工程院	医药卫生学部	陈灏珠	1997	中山医院	
11	中国科学院	数学物理学部	王 迅	1999	物理系	
12	中国工程院	医药卫生学部	王威琪	1999	信息科学与工程学院	
13	中国工程院	医药卫生学部	闻玉梅(女)	1999	基础医学院	
14	中国科学院	化学部	杨玉良	2003	高分子系	
15	中国科学院	数学物理学部	洪家兴	2003	数学科学学院	
16	中国科学院	数学物理学部	陶瑞宝	2003	物理系	
17	中国科学院	生命科学和医学学部	王正敏	2005	眼耳鼻喉科医院	
18	中国科学院	化学部	江 明	2005	高分子系	
19	中国科学院	化学部	赵东元	2007	化学系	
20	中国工程院	医药卫生学部	周良辅	2009	华山医院	
21	中国科学院	生命科学和医学学部	葛均波	2011	中山医院	
22	中国科学院	信息技术科学部	金亚秋	2011	信息科学与工程学院	
23	中国科学院	信息技术科学学部	金亚秋	2012	信息与工程技术学院	
24	中国科学院	生命科学和医学学部	葛均波	2012	复旦大学附属中山医院	
25	中国科学院	信息技术科学部	干福熹	1980	信息科学与工程学院	双 聘
26	中国科学院	地学部	安芷生	1991	环境系	双 聘
27	中国科学院	数学物理学部	沈学础	1995	物理系	双 聘
28	中国工程院	能源与矿业工程学部	胡思得	1995	现代物理所	双 聘
29	中国工程院	医药卫生学部	陆道培	1996	基础医学院	双 聘
30	中国科学院	化学部	黄春辉(女)	1999	先进材料实验室	双 聘
31	中国科学院	信息技术科学部	陆汝钤	1999	计算机学院	双 聘
32	中国科学院	化学部	陈凯先	1999	药学院	双 聘
33	中国科学院	生命科学和医学学部	贺福初	2001	化学系	双 聘
34	中国科学院	化学部	林国强	2001	化学系	双 聘
35	中国科学院	生命科学和医学学部	赵国屏	2005	生命学院	双 聘
36	中国科学院	数学物理学部	彭实戈	2005	数学科学学院	双 聘
37	中国科学院	生命科学和医学学部	贺 林	2005	生物医学研究院	双 聘

注：按院士当选年份排序。

(文科)杰出教授

单 位	姓 名	单 位	姓 名
外国语言文学学院	陆谷孙	古籍整理研究所	章培垣
中国语言文学系	裘锡圭		

(文科)特聘资深教授

单　位	姓　名	聘 任 时 间
历史地理研究所	周振鹤	2008年2月1日
历史学系	姜义华	2008年2月1日
	朱维铮	2008年2月1日
新闻学院	童　兵	2008年2月1日
哲学学院	刘放桐	2008年2月1日
中国语言文学系	王水照	2008年2月1日

"千人计划"入选一览表

(截至2011年12月)

类　别	项　目	人　数
国家"千人计划"	创新人才长期项目	28
	创新人才短期项目	0
	"外专千人计划"项目	0
	"青年千人计划"项目	6
上海"千人计划"	创新人才长期项目	10
	创新人才短期项目	1

教育部"长江学者奖励计划"特聘/讲座教授名录

单　位	姓　名	岗　位	备　注	受聘时间
中文系	陈思和	中国现当代文学	届　满	2005年3月
	张涌泉	中国古典文献学	提前结束聘期	2006年3月
	王德威	中国现当代文学	国外(讲座)届满	2007年3月
出土文献与古文字研究中心	刘　钊	中国古典文献学	届　满	2008年3月
历史系	B. Elman	中国思想文化史	国外(讲座)届满	2008年3月
哲学学院	俞吾金	外国哲学-国外马克思主义	届　满	2005年3月
	吴晓明	马克思主义哲学	届　满	2007年3月
经济学院	姜波克	金融学	届　满	2005年3月
	张　军	当代中国经济	届　满	2007年3月
	袁志刚	宏观经济学	届　满	2008年3月
国际关系与公共事务学院	林尚立	政治学	届　满	2006年3月
新闻学院	陈韬文	新闻传播学	境外(讲座)届满	2006年3月
	潘忠党	传播学	境外(讲座)届满	2008年3月
	赵心树	传播学	国外(讲座)	2010年2月
管理学院	宋京生	管理科学与工程	国外(讲座)	2010年2月
物理学系	金晓峰	凝聚态物理	届　满	1999年4月
	侯晓远	凝聚态物理	届　满	2000年9月
	资　剑	理论物理	届　满	2001年9月
	封东来	同步辐射谱学	届　满	2006年3月
	魏苏淮	理论物理	国外(讲座)届满	2007年3月

续　表

单　位	姓　名	岗　位	备　注	受聘时间
物理学系	游建强	理论物理		2009 年 7 月
	邱子强	磁　学	国外(讲座)	2009 年 7 月
	周　磊	理论物理		2010 年 2 月
信息科学与工程学院	陈良尧	凝聚态物理	届　满	1999 年 4 月
	周　电	微电子学与固体电子学	届　满	2002 年 10 月
	刘　冉	微电子学与固体电子学	届　满	2005 年 3 月
	张世理	微电子学与固体电子学	届　满	2006 年 3 月
	余思远	光电微纳集成芯片系统	国外(讲座)	2009 年 7 月
计算机学院	翁巨扬	计算认知发育	国外(讲座)届满	2008 年 3 月
生命科学学院	罗泽伟	遗传学	届　满	1999 年 4 月
	余　龙	遗传学	届　满	2000 年 9 月
	金　力	遗传学	(讲座)届满	2000 年 9 月
	骆亦其	生态学	国外(讲座)届满	2002 年 12 月
	谷　迅	基因组学	国外(讲座)届满	2006 年 3 月
	沈文辉	遗传学-植物表观遗传学	国外(讲座)届满	2008 年 3 月
	刘　钧	遗传学-医学遗传(基因到药物)	国外(讲座)	2009 年 7 月
	王学路	植物分子遗传学		2010 年 4 月
	易　庆	遗传学(肿瘤分子遗传)	国外(讲座)	2010 年 2 月
神经生物学研究所	李葆明	神经生物学	届　满	2001 年 9 月
	卓　敏	神经生物学	国外(讲座)届满	2005 年 3 月
发育生物所	许　田	发育生物学	国外(讲座)届满	2005 年 3 月
	韩　珉	发育生物学	国外(讲座)届满	2006 年 3 月
高分子科学系	杨玉良	高分子化学与物理	届　满	1999 年 4 月
	邵正中	高分子化学与物理	届　满	2007 年 3 月
	史安昌	高分子化学与物理	国外(讲座)届满	2007 年 3 月
	丁建东	高分子化学与物理		2010 年 2 月
先进材料实验室	黄　维	信息材料	提前结束聘期	2005 年 3 月
材料系	武利民	材料物理与化学		2009 年 7 月
数学科学学院	周　忆	应用数学	届　满	2000 年 1 月
	李嘉禹	基础数学	中科院提前结束聘期	2000 年 7 月
	李　骏	基础数学	国外(讲座)届满	1999 年 6 月
	雍炯敏	运筹学与控制论	提前结束聘期	2000 年 9 月
	吴宗敏	应用数学	届　满	2002 年 10 月
	陈贵强	应用数学	国外(讲座)届满	2005 年 3 月
	汤善健	运筹学与控制论	届　满	2006 年 3 月
	郁国樑	基础数学	国外(讲座)届满	2006 年 3 月
	郭坤宇	基础数学	届　满	2007 年 3 月
	柏兆俊	计算数学	国外(讲座)届满	2007 年 3 月
	陈　猛	基础数学	届　满	2008 年 3 月
	张　坚	基础数学	国外(讲座)	2009 年 7 月

续 表

单 位	姓 名	岗 位	备 注	受聘时间
数学科学学院	袁小平	基础数学		2010 年 2 月
化学系	赵东元	物理化学	届 满	2000 年 1 月
	贺鹤勇	物理化学	届 满	2000 年 5 月
	金国新	无机化学	届 满	2001 年 9 月
	周鸣飞	物理化学(激光化学)	届 满	2002 年 10 月
	钟国富	生物有机化学	提前结束聘期	2005 年 3 月
	陈 先	分析化学-蛋白质组学	国外(讲座)届满	2005 年 3 月
	杨 丹	生物有机化学	国外(讲座)届满	2006 年 3 月
力学系	韩平畴	一般力学	提前结束聘期	2003 年 5 月
环境科学与工程系	杨 新	环境科学(大气化学)	届 满	2006 年 7 月
上海医学院	孙凤艳	神经生物学	届 满	1999 年 3 月
	汤其群	分子医学	届 满	1999 年 12 月
	马 兰	神经生物学	届 满	2002 年 10 月
	施 扬	分子医学	国外(讲座)届满	2005 年 3 月
	张素春	人体解剖与组织胚胎学	届 满	2006 年 3 月
	袁钧瑛	生物化学与分子生物学	国外(讲座)届满	2006 年 3 月
	王 睿	生理学	国外(讲座)届满	2007 年 3 月
	朱依纯	生理学		2009 年 7 月
	陈 俊	神经生物学	国外(讲座)	2009 年 7 月
公共卫生学院	郝 模	医疗卫生政策	届 满	2008 年 3 月
肿瘤医院	邵志敏	肿瘤学	届 满	1999 年 3 月
中山医院	葛均波	心血管内科	届 满	2000 年 1 月
	邹云增	分子心脏病学	届 满	2005 年 3 月
儿科医院	孙 波	儿科学	届 满	1999 年 12 月
华山医院	朱剑虹	神经外科	届 满	2001 年 9 月
眼耳鼻喉科医院	李华伟	耳鼻咽喉科学	届 满	2007 年 3 月
	蒋家琪	耳鼻喉科学	国外(讲座)	2010 年 2 月
生物医学研究院	Alastair Murchie	药物化学	届 满	2006 年 3 月
	熊 跃	细胞生物学	国外(讲座)届满	2007 年 3 月
	管坤良	生物化学及分子生物学	国外(讲座)届满	2007 年 3 月
	王丽华	分子生物学		2009 年 7 月
	于文强	表观遗传学		2010 年 2 月

复旦大学特聘教授(研究员)1

单 位	姓 名	学 科	受聘(批准)时间	备 注
肿瘤医院	邵志敏	肿瘤学	2004 年 1 月	长江特聘转复旦特聘
生命学院	金 力	遗传学	2005 年 1 月	长江讲座转复旦特聘
儿科医院	孙 波	儿科学	2005 年 1 月	长江特聘转复旦特聘
上海医学院	汤其群	分子医学	2005 年 1 月	长江特聘转复旦特聘

续 表

单 位	姓 名	学 科	受聘(批准)时间	备 注
国际问题研究院	徐敦信	日本问题研究	2005 年 5 月	特聘研究员
现代物理所	Roger Hutton	光谱学设备研制	2005 年 11 月	特聘研究员
文史研究院	葛兆光	历史学	2006 年 8 月	特 聘
华山医院	朱剑虹	神经外科	2006 年 8 月	长江特聘转复旦特聘
华山医院	刘 杰	消化内科	2007 年 1 月	特 聘
中山医院	王向东	呼吸内科	2007 年 6 月	特 聘
华山医院	吴志英	神经病学	2007 年 11 月	特 聘
国务学院	邓正来	法学、社会学、政治学	2008 年 2 月	特 聘
管理学院	胡建强	管理科学与工程	2008 年 3 月	特 聘
微电子研究院	刘 冉	微电子学与固体电子学	2008 年 3 月	长江特聘转复旦特聘
中山医院	邹云增	分子心脏病学	2008 年 3 月	长江特聘转复旦特聘
管理学院	陈 超	会计系	2008 年 4 月	特 聘
生命科学学院	马 红	植物分子生物学	2008 年 6 月	“复旦-浩青”特聘
高研院	纳日碧力戈	人类学	2008 年 12 月	特 聘
高研院	郭苏建	政治学	2008 年 12 月	特 聘
经济学院	王 城	经济学	2009 年 3 月	姚祖辉特聘
生物医学研究院	Alastair Murchie	药物化学	2009 年 3 月	长江特聘转复旦特聘
物理系	封东来	同步辐射谱学	2009 年 3 月	长江特聘转复旦特聘
上海医学院	张素春	人体解剖与组织胚胎学	2009 年 3 月	长江特聘转复旦特聘
化学系	黎占亭	有机化学	2009 年 4 月	特聘研究员
环境系	郑 正	环境工程	2009 年 6 月	特 聘
环境系	杨 新	环境科学(大气化学)	2009 年 7 月	长江特聘转复旦特聘
物理系	沈 健	凝聚态物理	2009 年 9 月	“复旦-浩青”特聘
数学科学学院	冯建峰	应用数学	2009 年 9 月	“复旦-浩青”特聘
物理系	张远波	凝聚态物理	2009 年 11 月	特 聘
化学系	徐 昕	物理化学	2009 年 11 月	特 聘
华山医院	郝传明	肾脏病学	2009 年 12 月	特 聘
信息学院	文舸一	电磁场与微波技术	2009 年 12 月	特 聘
信息学院	郑立荣	微电子学与固体电子学	2009 年 12 月	院 长
生命科学学院	沈文辉	遗传学-植物表观遗传学	2010 年 2 月	长江特聘转复旦特聘
五官科医院	李华伟	耳鼻咽喉科学	2010 年 3 月	长江特聘转复旦特聘
管理学院	孙 谦	金融学	2010 年 3 月	特 聘
中文系	张汉良	比较文学与世界文学	2010 年 4 月	特聘/非在编全聘
法学院	孙笑侠	法学理论	2010 年 5 月	特 聘
环境系	李笃中	环境工程	2010 年 6 月	特 聘
上海医学院	王 宾	疫苗学、病毒学	2010 年 9 月	特 聘
上海医学院	童舒平	病毒学	2010 年 9 月	特 聘
信息学院	李 冰	通信科学与工程	2010 年 9 月	特聘研究员(6 个月、半时)
历史系	Fred Schrader	欧洲历史	2010 年 11 月	特聘(人文讲席教授)

续 表

单　位	姓　名	学　科	受聘(批准)时间	备　注
上海医学院	郭孙伟	生物化学与分子生物学	2010 年 11 月	特　聘
上海医学院	秦志海	免疫学	2010 年 11 月	特聘研究员
物理系	吴咏时	理论物理	2010 年 11 月	特　聘
药学院	余　科	肿瘤研究和新药研发	2010 年 11 月	特聘研究员
环境系	Trevor David Davies	环境科学	2011 年 1 月	特聘(6 个月、半时)
出土文献与古文字研究中心	刘　钊	中国古典文献学	2011 年 3 月	长江特聘转复旦特聘
中文系	周　宪	文艺学	2011 年 3 月	特　聘
生命科学学院/数学科学学院	David Waxman	定量生物学	2011 年 4 月	"复旦-浩青"特聘
生命科学学院	刘　军	结核病细菌学	2011 年 6 月	特　聘
计算机学院	王晓阳	数据库系统	2011 年 6 月	院　长
发育生物学研究所	庄　原	发育生物学	2003 年 5 月	国外(讲座)
中山医院	胡　凯	心血管内科	2003 年 11 月	国外(讲座)
数学科学学院	李　骏	基础数学	2004 年 1 月	长江讲座转复旦讲座
经济学院	梅兆荣	欧洲问题研究	2004 年 4 月	讲　座
上海医学院	黄　聿	生理学	2004 年 9 月	境外(讲座)
社会学院	陈向明	城市社会学	2005 年 4 月	国外(讲座)
数学科学学院	应志良	应用数学	2005 年 8 月	国外(讲座)
华山医院	王庆华	内分泌	2005 年 9 月	国外(讲座)
环境系	王　韬	环境科学	2006 年 5 月	境外(讲座)
神经生物学研究所	李葆明	神经生物学	2006 年 8 月	长江特聘转复旦特聘转复旦讲座
华山医院	张　颖	遗传学	2006 年 8 月	国外(讲座)
药学院	胡　明	分子药剂学	2006 年 8 月	国外(讲座)
华山医院	申　勇	神经病学	2006 年 8 月	国外(讲座)
环境系	张人一	环境科学	2006 年 9 月	国外(讲座)
微电子研究院	蔡　伟	微电子学与固体电子学	2006 年 11 月	国外(讲座)
微电子研究院	陈宜方	微纳米技术及应用	2006 年 11 月	国外(讲座)
社会学院	王　丰	人口学、社会学、比较历史人口社会	2007 年 3 月	国外(讲座)
管理学院	成思危	管理科学	2007 年 3 月	讲　座
社会学院	罗力波	文化人类学	2007 年 5 月	国外(讲座)
华山医院	周群勇	神经生物学	2007 年 6 月	国外(讲座)
生命学院	骆亦其	生态学	2007 年 12 月	长江讲座转复旦讲座
发育生物所	许　田	发育生物学	2008 年 3 月	长江讲座转复旦讲座
数学科学学院	陈贵强	应用数学	2008 年 3 月	长江讲座转复旦讲座
化学系	陈　先	分析化学-蛋白质组学	2008 年 3 月	长江讲座转复旦讲座
上海医学院	施　扬	分子医学	2008 年 3 月	长江讲座转复旦讲座
社政学院	张　雷	心理学	2008 年 5 月	国外(讲座)
药学院	蒋宪成	生物化学	2008 年 6 月	国外(讲座)

续　表

单　位	姓　名	学　科	受聘(批准)时间	备　注
微电子研究院	周　电	微电子学与固体电子学	2008 年 6 月	长江特聘转复旦讲座-千人计划
上海医学院	陈丰原	病理生理学	2008 年 9 月	国外(讲座)
物理系	林海青	理论物理	2008 年 11 月	境外(讲座)
上海医学院	於　峻	生理学	2008 年 12 月	国外(讲座)
数学科学学院	雍炯敏	运筹学与控制论	2009 年 3 月	国外(讲座)
新闻学院	陈韬文	新闻传播学	2009 年 3 月	长江讲座转复旦讲座
生物医学研究院	谷　迅	基因组学	2009 年 3 月	长江讲座转复旦讲座
发育所	韩　珉	发育生物学	2009 年 3 月	长江讲座转复旦讲座
化学系	杨　丹	有机化学	2009 年 3 月	长江讲座转复旦讲座
数学科学学院	郁国樑	基础数学	2009 年 3 月	长江讲座转复旦讲座
微纳平台	张世理	微电子学与固体电子学	2009 年 3 月	长江特聘转复旦讲座
计算机学院	章伟雄	计算机软件与理论	2009 年 4 月	国外(讲座)
微纳平台	周　海	微电子学与固体电子学	2009 年 11 月	国外(讲座)
管理学院	方述诚	管理科学	2009 年 12 月	国外(讲座)
经济学院	方汉明	公共经济学	2010 年 2 月	国外(讲座)
华山医院	徐剑锋	遗传流行病学	2010 年 2 月	国外(讲座)
中文系	王德威	中国现当代文学	2010 年 3 月	长江讲座转复旦讲座
数学科学学院	柏兆俊	计算数学	2010 年 3 月	长江讲座转复旦讲座
数理平台	魏苏淮	理论物理	2010 年 3 月	长江讲座转复旦讲座
高分子科学系	史安昌	高分子化学与物理	2010 年 3 月	长江讲座转复旦讲座
生物医学研究院	熊　跃	细胞生物学	2010 年 3 月	长江讲座转复旦讲座
生物医学研究院	管坤良	生物化学与分子生物学	2010 年 3 月	长江讲座转复旦讲座
上海医学院	王　睿	生理学	2010 年 3 月	长江讲座转复旦讲座
数学科学学院	郑德超	基础数学	2010 年 5 月	国外(讲座)
管理学院	彭　亮	统计学	2010 年 9 月	国外(讲座)
物理系	沈元壤	光　学	2010 年 11 月	国外(讲座)
历史系	B. Elman	中国思想文化史	2011 年 3 月	长江讲座转复旦讲座
新闻学院	潘忠党	传播学	2011 年 3 月	长江讲座转复旦讲座
计算机学院	翁巨扬	计算认知发育	2011 年 3 月	长江讲座转复旦讲座
生命科学学院	郭文生	生物统计学	2011 年 6 月	国外(讲座)
经济学院	胡永泰	金融学	2011 年 1 月	国外(讲座)
经济学院	车嘉华	经济学	2011 年 1 月	国外(讲座)

复旦大学特聘教授(研究员)2

单　　位	姓　名	现聘期起始时间
发育生物学研究所	吴晓晖	2008 年 2 月
公共卫生学院	金泰廙	2008 年 2 月
公共卫生学院	姜庆五	2008 年 2 月
古籍所	吴金华	2008 年 2 月

续 表

单　位	姓　名	现聘期起始时间
管理学院	芮明杰	2008 年 2 月
国际问题研究院	沈丁立	2008 年 2 月
化学系	夏永姚	2008 年 2 月
化学系	范康年	2008 年 2 月
化学系	贺鹤勇	2008 年 2 月
化学系	唐　颐	2008 年 2 月
化学系	周鸣飞	2008 年 2 月
化学系	杨芃原	2008 年 2 月
化学系	陈芬儿	2008 年 2 月
校长办公室	陈晓漫	2008 年 2 月
经济学院	华　民	2008 年 2 月
历史地理研究所	葛剑雄	2008 年 2 月
社会发展与公共政策学院	彭希哲	2008 年 2 月
神经生物研究所	张玉秋	2008 年 2 月
生命科学学院	钟　扬	2008 年 2 月
生命科学学院	李　博	2008 年 2 月
生命科学学院	罗泽伟	2008 年 2 月
生命科学学院	卢大儒	2008 年 2 月
生命科学学院	陈家宽	2008 年 2 月
数学科学学院	吴宗敏	2008 年 2 月
数学科学学院	周　忆	2008 年 2 月
物理学系	龚新高	2008 年 2 月
物理学系	吴长勤	2008 年 2 月
物理学系	陆　昉	2008 年 2 月
物理学系	金晓峰	2008 年 2 月
新闻学院	李良荣	2008 年 2 月
信息学院	陈良尧	2008 年 2 月
信息学院	金庆原	2008 年 2 月
信息学院	汪源源	2008 年 2 月
信息学院	曾　璇	2008 年 2 月
药学院	蒋新国	2008 年 2 月
医学院	袁正宏	2008 年 2 月
医学院	顾建新	2008 年 2 月
医学院	郑　平	2008 年 2 月
医学院	马　兰	2008 年 2 月
医学院	吴根诚	2008 年 2 月
医学院	孙凤艳	2008 年 2 月
哲学学院	张汝伦	2008 年 2 月
中国语言文学系	陈尚君	2008 年 2 月

续 表

单 位	姓 名	现聘期起始时间
中国语言文学系	黄 霖	2008 年 2 月
中国语言文学系	游汝杰	2008 年 2 月
数学科学学院	陈恕行	2008 年 2 月
经济学院	姜波克	2008 年 3 月
哲学学院	俞吾金	2008 年 3 月
中国语言文学系	陈思和	2008 年 3 月
生命科学学院	余 龙	2008 年 10 月
物理学系	侯晓远	2008 年 10 月
生命科学学院	卢宝荣	2008 年 11 月
国际关系与公共事务学院	林尚立	2009 年 3 月
数学科学学院	汤善健	2009 年 3 月
现代物理研究所	邹亚明	2009 年 7 月
化学系	金国新	2009 年 8 月
物理学系	资 剑	2009 年 9 月
材料科学系	叶明新	2009 年 12 月
化学系	孔继烈	2009 年 12 月
医学院	黄志力	2009 年 12 月
高分子科学系	邵正中	2010 年 3 月
经济学院	张 军	2010 年 3 月
数学科学学院	郭坤宇	2010 年 3 月
哲学学院	吴晓明	2010 年 3 月
公共卫生学院	郝 模	2011 年 3 月
经济学院	袁志刚	2011 年 3 月
数学科学学院	陈 猛	2011 年 3 月
发育生物学研究所	陶无凡	2011 年 4 月

复旦大学国家级有突出贡献的中青年科技专家(在职)名录

单 位	姓 名	当选年份	专业特长
现代物理研究所	杨福家	1984	原子核物理
数学科学学院	李大潜	1984	基础数学
古籍所	章培恒	1984	中国古代文学
中山医院	汤钊猷	1986	肿瘤学
华山医院	顾玉东	1986	手外科
信息学院	金亚秋	1994	电磁波散射传输和遥感
古籍所	吴金华	1994	古籍整理
华山医院	陈 亮	1996	手外科
数学科学学院	洪家兴	1996	基础数学
中国语言文学系	朱立元	1996	美 学
信息学院	陈良尧	1998	凝聚态物理
哲学学院	俞吾金	1998	西方哲学

复旦大学2011年度享受政府特殊津贴专家名录

序 号	单 位	姓 名	性 别	出生年月	专业技术职务
1	材料科学系	武利民	男	1963年2月	教 授
2	材料科学系	叶明新	男	1964年4月	教 授
3	党委办公室	刘建中	女	1954年6月	教 授
4	法学院	陈治东	男	1950年12月	教 授
5	法学院	胡鸿高	男	1954年9月	教 授
6	法学院	章武生	男	1954年11月	教 授
7	高分子科学系	丁建东	男	1965年2月	教 授
8	高分子科学系	江 明	男	1938年8月	教 授
9	高分子科学系	李同生	男	1953年6月	研究员
10	高分子科学系	邵正中	男	1964年8月	教 授
11	高分子科学系	武培怡	男	1968年2月	教 授
12	高分子科学系	杨玉良	男	1952年11月	教 授
13	高分子科学系	汪长春	男	1965年2月	教 授
14	公共卫生学院	郝 模	男	1959年9月	教 授
15	公共卫生学院	姜庆五	男	1954年4月	教 授
16	公共卫生学院	金泰廙	男	1943年11月	教 授
17	公共卫生学院	厉曙光	男	1955年1月	教 授
18	古籍所	吴金华	男	1943年11月	教 授
19	管理学院	李若山	男	1949年2月	教 授
20	管理学院	芮明杰	男	1954年5月	教 授
21	管理学院	项保华	男	1957年8月	教 授
22	管理学院	薛求知	男	1952年10月	教 授
23	国际关系与公共事务学院	林尚立	男	1963年11月	教 授
24	国际关系与公共事务学院	竺乾威	男	1951年10月	教 授
25	国际问题研究院	沈丁立	男	1961年6月	教 授
26	化学系	陈芬儿	男	1958年4月	教 授
27	化学系	范康年	男	1943年1月	教 授
28	化学系	贺鹤勇	男	1962年9月	教 授
29	化学系	唐 颐	男	1963年1月	教 授
30	化学系	赵东元	男	1963年6月	教 授
31	化学系	周鸣飞	男	1968年9月	教 授
32	计算机科学技术学院	张世永	男	1950年2月	教 授
33	经济学院	陈学彬	男	1953年6月	教 授
34	经济学院	华 民	男	1950年11月	教 授
35	经济学院	黄亚钧	男	1953年1月	教 授
36	经济学院	姜波克	男	1954年12月	教 授
37	经济学院	石 磊	男	1958年1月	教 授
38	经济学院	袁志刚	男	1958年1月	教 授
39	经济学院	张 军	男	1963年1月	教 授

续 表

序 号	单 位	姓 名	性 别	出生年月	专业技术职务
40	历史地理研究所	葛剑雄	男	1945年12月	教 授
41	历史地理研究所	姚大力	男	1949年11月	教 授
42	历史地理研究所	周振鹤	男	1941年3月	教 授
43	历史地理研究所	满志敏	男	1952年12月	教 授
44	历史学系	顾晓鸣	男	1945年2月	教 授
45	历史学系	韩 昇	男	1957年10月	教 授
46	历史学系	黄 洋	男	1965年3月	教 授
47	历史学系	姜义华	男	1939年2月	教 授
48	历史学系	吴景平	男	1950年4月	教 授
49	历史学系	朱维铮	男	1936年7月	教 授
50	历史学系	朱荫贵	男	1950年12月	教 授
51	历史学系	章 清	男	1964年10月	教 授
52	社会发展与公共政策学院	彭希哲	男	1954年1月	教 授
53	社会发展与公共政策学院	谢遐龄	男	1945年1月	教 授
54	神经生物研究所	杨雄里	男	1941年10月	教 授
55	神经生物研究所	张玉秋	女	1962年9月	教 授
56	生命科学学院	陈家宽	男	1947年3月	教 授
57	生命科学学院	毛裕民	男	1952年3月	教 授
58	生命科学学院	乔守怡	男	1948年10月	教 授
59	生命科学学院	王洪海	男	1945年12月	研究员
60	生命科学学院	余 龙	男	1954年11月	教 授
61	生命科学学院	钟 扬	男	1964年5月	教 授
62	生命科学学院	金 力	男	1963年3月	教 授
63	生物医学研究院	汤其群	男	1966年4月	教 授
64	数学科学学院	陈纪修	男	1946年1月	教 授
65	数学科学学院	谷超豪	男	1926年5月	教 授
66	数学科学学院	郭坤宇	男	1963年10月	教 授
67	数学科学学院	洪家兴	男	1942年11月	教 授
68	数学科学学院	胡和生	女	1928年6月	教 授
69	数学科学学院	李大潜	男	1937年11月	教 授
70	数学科学学院	吴泉水	男	1962年8月	教 授
71	数学科学学院	吴宗敏	男	1957年6月	教 授
72	数学科学学院	肖体俊	女	1964年7月	教 授
73	数学科学学院	杨劲根	男	1947年8月	教 授
74	数学科学学院	周 忆	男	1963年9月	教 授
75	数学科学学院	周子翔	男	1963年8月	教 授
76	数学科学学院	汤善健	男	1966年4月	教 授
77	图书馆	吴 格	男	1952年12月	研究馆员
78	外文学院	陆谷孙	男	1940年3月	教 授

续 表

序 号	单 位	姓 名	性 别	出生年月	专业技术职务
79	文史研究院创新基地	葛兆光	男	1950 年 4 月	教 授
80	物理学系	封东来	男	1972 年 10 月	教 授
81	物理学系	龚新高	男	1962 年 6 月	教 授
82	物理学系	郝柏林	男	1934 年 6 月	教 授
83	物理学系	侯晓远	男	1959 年 12 月	教 授
84	物理学系	金晓峰	男	1962 年 6 月	教 授
85	物理学系	陆 昉	男	1957 年 6 月	教 授
86	物理学系	陶瑞宝	男	1937 年 3 月	教 授
87	物理学系	王 迅	男	1934 年 4 月	教 授
88	物理学系	吴长勤	男	1961 年 5 月	教 授
89	物理学系	张新夷	男	1942 年 10 月	教 授
90	物理学系	周鲁卫	男	1947 年 4 月	教 授
91	物理学系	资 剑	男	1964 年 5 月	教 授
92	物理学系	周 磊	男	1972 年 7 月	教 授
93	物理学系	蒋最敏	男	1962 年 4 月	教 授
94	现代物理研究所	杨福家	男	1936 年 6 月	教 授
95	现代物理研究所	邹亚明	女	1960 年 11 月	教 授
96	现代物理研究所	曹国平	男	1952 年 9 月	副研究员
97	校长办公室	陈晓漫	男	1954 年 8 月	教 授
98	新闻学院	黄芝晓	男	1946 年 1 月	教 授
99	新闻学院	李良荣	男	1946 年 1 月	教 授
100	新闻学院	童 兵	男	1942 年 11 月	教 授
101	新闻学院	刘海贵	男	1950 年 9 月	教 授
102	信息学院	陈良尧	男	1950 年 11 月	教 授
103	信息学院	洪志良	男	1946 年 8 月	教 授
104	信息学院	黄大鸣	男	1957 年 10 月	教 授
105	信息学院	金庆原	男	1964 年 11 月	教 授
106	信息学院	金亚秋	男	1946 年 9 月	教 授
107	信息学院	王威琪	男	1939 年 5 月	教 授
108	信息学院	曾 璇	女	1969 年 4 月	教 授
109	信息学院	张 卫	男	1968 年 5 月	教 授
110	药学院	陈道峰	男	1965 年 5 月	教 授
111	药学院	蒋新国	男	1947 年 1 月	研究员
112	医学院	查锡良	男	1949 年 2 月	教 授
113	医学院	顾建新	男	1958 年 5 月	教 授
114	医学院	瞿 涤	女	1951 年 12 月	研究员
115	医学院	马 兰	女	1958 年 9 月	教 授
116	医学院	彭裕文	男	1945 年 5 月	教 授
117	医学院	孙凤艳	女	1953 年 12 月	教 授

续 表

序 号	单 位	姓 名	性 别	出生年月	专业技术职务
118	医学院	闻玉梅	女	1934 年 1 月	教 授
119	医学院	吴根诚	男	1946 年 2 月	教 授
120	医学院	许祖德	男	1954 年 8 月	教 授
121	医学院	袁正宏	男	1966 年 1 月	研究员
122	医学院	周国民	男	1962 年 10 月	教 授
123	医学院	左 伋	男	1961 年 7 月	教 授
124	哲学学院	陈学明	男	1947 年 2 月	教 授
125	哲学学院	刘放桐	男	1934 年 5 月	教 授
126	哲学学院	孙承叔	男	1948 年 3 月	教 授
127	哲学学院	吴晓明	男	1957 年 7 月	教 授
128	哲学学院	俞吾金	男	1948 年 6 月	教 授
129	哲学学院	张汝伦	男	1953 年 5 月	教 授
130	中国语言文学系	陈尚君	男	1952 年 6 月	教 授
131	中国语言文学系	陈思和	男	1954 年 1 月	教 授
132	中国语言文学系	黄 霖	男	1942 年 6 月	教 授
133	中国语言文学系	刘 钊	男	1959 年 7 月	教 授
134	中国语言文学系	骆玉明	男	1951 年 7 月	教 授
135	中国语言文学系	裘锡圭	男	1935 年 6 月	教 授
136	中国语言文学系	申小龙	男	1952 年 9 月	教 授
137	中国语言文学系	汪涌豪	男	1962 年 6 月	教 授
138	中国语言文学系	王安忆	女	1954 年 3 月	教 授
139	中国语言文学系	王水照	男	1934 年 6 月	教 授
140	中国语言文学系	朱立元	男	1945 年 7 月	教 授

（人事处供稿）

2011 年复旦大学新增名誉教授、顾问教授、兼职教授名录

名誉教授

序 号	姓 名	所在单位	职称/职务	受聘日期	受聘单位
1	王心伟	美国国立癌症研究所	教 授	长期(2011 年 1 月聘任)	中山医院
2	Oliver G. Schmidt	德国莱布尼茨协会集成纳米科学所	教 授	2011 年 7 月 1 日聘任	材料科学系

顾问教授

序 号	姓 名	所在单位	职称/职务	受聘日期	受聘单位
1	陈关荣	香港城市大学	教 授	5 年(2011 年 6 月聘任)	信息科学与工程学院
2	(David S. Loshin)	美国诺瓦东南大学	教 授	2011 年 6 月 15 日聘任	眼耳鼻喉科医院
3	支志明(Chi-Ming Che)	香港大学	教 授	2011 年 6 月 27 日聘任	化学系
4	顾敏(Min GU)	澳大利亚亚斯威本技术大学	教 授	2011 年 10 月 24 日聘任	信息科学与工程学院
5	(Nikos Hadjichristidis)	希腊雅典大学	教 授	2011 年 11 月 30 日聘任	高分子科学系
6	徐烈炯(XU Liejiong)	香港城市大学	教 授	2011 年 12 月 24 日聘任	外国语言文学学院

兼职教授

序　号	姓　名	所在单位	职称/职务	受聘起止日期	受聘单位
1	刘庆柱	中国社会科学院考古研究所	研究员	长期(2011 年 1 月聘任)	生命科学学院
2	邓卫文	美国密西根州立大学医学院	副教授	5 年(2011 年 1 月聘任)	放射医学研究所
3	丁　敏	美国宾夕法尼亚州立大学	教　授	3 年(2011 年 4 月聘任)	管理学院
4	张　群	空军工程大学	教　授	5 年(2011 年 10 月聘任)	信息科学与工程学院
5	汪　俊	上海美迪西生物医药有限公司	研发副总裁	2 年(2011 年 10 月聘任)	药学院
6	郑海荣	中科院深圳先进技术研究院	研究员	5 年(2011 年 10 月聘任)	信息科学与工程学院
7	赵建龙	中科院上海微系统所	研究员	3 年(2011 年 10 月聘任)	信息科学与工程学院
8	吴传勇	上海衡芯生物科技有限公司	高级工程师/千人计划	3 年(2011 年 10 月聘任)	信息科学与工程学院
9	(Franco Nori)	日本理化学研究所	教　授	2011 年 1 月 7 日聘任	物理学系
10	蒋文斌(Wenbin Jiang)	美国　(WJ Technologies)公司	董事长	2011 年 10 月 24 日聘任	信息科学与工程学院
11	(Julian Hunt)	英国伦敦大学	教　授	2011 年 10 月 31 日聘任	环境科学与工程系
12	(Robin Devonshire)	英国谢菲尔德大学	客座教授	2011 年 12 月 20 日聘任	信息科学与工程学院

(人事处、外事处供稿)

2011 年复旦大学博士后科研流动站情况一览表

学　科	站负责人	已离站人数	现在站人数
哲　学	张庆熊	65	29
理论经济学	袁志刚	190	30
应用经济学	姜波克	239	54
法　学	孙南申	4	9
政治学	陈明明	35	35
社会学	周　怡	7	28
马克思主义理论	顾钰民	3	6
中国语言文学	陈思和	174	51
外国语言文学	张　冲	11	11
新闻传播学	童　兵	84	41
历史学	姜义华	72	21
数　学	李大潜	96	25
物　理	周　磊	121	20
化　学	范康年	196	44
生物学	梅岩艾　查锡良(医)	183	49
力　学	唐国安	16	0
材料科学与工程	武利民	23	13
电子科学与技术	王威琪	50	19
计算机科学与技术	薛向阳	73	19

续 表

学 科	站负责人	已离站人数	现在站人数
环境科学与工程	陈建民	6	18
生物医学工程	汪源源	9	4
基础医学	袁正宏	60	20
临床医学	冯晓源	150	40
公共卫生与预防医学	姜庆五	21	1
中西医结合	沈自尹(临床) 吴根诚(基础)	17	3
药 学	朱依谆	18	11
管理科学与工程	黄丽华	84	16
工商管理	芮明杰	85	44
公共管理	竺乾威 郝 模(医)	56	40
合 计		2 148	701

2011 年复旦大学奖教金一览表

奖教金名称	获奖人数	获 奖 金 额	获 奖 对 象
校长奖	13	教师个人 30 000 元/人	全校教师、学生、杰出校友
	2	教师团体 100 000 元/个	
	1	学生个人 10 000 元/人	
	1	学生团体 30 000 元/个	
	1	杰出校友 30 000 元/人	
复华教学科研奖教金	36 人	优秀研究生导师奖 3 000 元/人	全校教师
	3 人	全国优秀博士学位论文指导教师奖 1 万元/人	
	6 人	全国优秀博士学位论文提名指导教师 3 000 元/人	
	6 项	国家精品课程奖 3 万元/项	
	6 项	上海市精品课程奖 1 万元/项	
	20 人	文科科研成果奖 3 000 元/人	
	4 人	SCI 论文个人奖 3 000 元/人	
	1 人	SCI 论文被引奖 3 000 元/人	
	1 项	2010 年度最有影响力科研成果奖 2 万元/项	
	8 人	德育教育奖 18 000 元(总额)	
	15 人	优秀管理服务奖 3 000 元/人	
	2 人	复旦二附中 3 000 元/人	
	1 人	复旦小学 3 000 元/人	
宝钢教育基金奖教金	5 人	优秀教师 1 万元/人，特等奖提名奖 3 万元/人	全校教师
复旦大学第一 三共制药奖教金	4 人	4 000 元/人	医科院系及附属医院教师
IBM 奖教金	1 人	10 000 元/人	计算机科学学院教师
普康医学优秀 教师奖教金	1 人	30 000 元/人	医科院系及附属医院教师 (未评审)

(人事处供稿)

退休教职工

【概况】 2011年,学校退休教职工工作自觉执行党的老龄工作政策,扎实有效地开展各项服务管理工作,较好地落实"六个老有"工作目标。

截至2011年12月,学校共有退休教职工4 486人,其中教师2 925人、行政人员478人、工勤人员1 083人。

关心关爱各类人群,确保退休教职工幸福体面养老。在2010年的基础上,进一步提高退休教职工共享费发放标准,每人每月增加45元,年底又将全年发放标准每人再提高5 000元,2011年为全校4 501位退休教职工发放共享费共计50 109.653万元。管理和使用好"医疗补充金"与"护理帮困金",为退休教职工老有所医提供保障,2011年,支付医疗补充金66.8万元,资助694人次;支付护理帮困金22.79万元,资助118人。继续由学校全额出资,为全校4 370位退休教职工办理"上海市退休职工住院补充医疗互助保障计划"集体投保,保费标准为每人每年135元,共支付保费59万元,共有417人次获得理赔,赔付金额共计60.9万元。为1 588位退休教工"送清凉",发放慰问金53.82万元;为1 590位退休教工"送温暖",发放慰问金54.1万元。为上、下半年新退休的190位教职工举行欢迎仪式;访贫问苦83人次,支付慰问金3.58万元;安抚逝者59人,发放慰问金3.25万元。为全校安装"电子保姆"的80岁以上退休教职工支付信息费1.76万元。有13位退休教职工获得上海市高校退管会帮困补助,受助金额为每人1 000元;为240位逢70、80、90岁的退休教职工集体祝寿,发放慰问金3.8万元。通过各种举措,对95岁以上老人实施专项关爱。

深入开展工作调研,有的放矢做好服务管理工作。开展"关于部属高校离退休教职工收入状况调研"、"关于我校80岁以上退休老人生活状况调研"等,较为全面和清晰地了解当前学校离退休教职工的收入水平和养老状况,为今后更有针对性地开展面向这一群体的关心关爱工作提供重要指导。6月份,校退管会根据走访情况,免费为有需求的退休教职工上门安装紧急呼叫装置。根据校党委关于开展"深入基层大走访大调研"活动的部署,自11月10日起,面向退管工作联络员、联系人和附属医院退管工作负责人,先后召开3场座谈会,就学校老龄工作体制机制、本单位老龄工作存在的主要问题和困难、老龄工作队伍作风、退休教职工普遍关切的民生问题等,展开交流和讨论,并本着"即知即改"的整改原则,制定相应改进措施。

不断强化理论研究,发挥理论对实践的指导作用。5月份,首次与校老干部处共同开展工作论文交流会,邀请4位资深专家进行现场点评。向上海市高校退管会提交老年学理论文章14篇,为历年最多,其中1篇论文获"上海市退休职工管理研究会优秀论文奖"。校退管会老年理论研究工作再次受到上海市高校退休职工管理委员会的表彰,获得"优秀组织奖"。5月24日,以"理想·现实·对策:中国特色的老龄问题探讨"为题,召开第二届老年学理论研讨会,该次研讨会也属校庆106周年学术文化周系列活动。

创造有利条件,丰富退休教职工精神文化生活。在校基建处修缮办大力支持下,整修老年活动中心的厕所;调整老年社团负责人,充实和完善社团队伍;抓好表演类社团日常排练,积极组织比赛及演出,为学校争得荣誉;修订《复旦大学老年文体活动公约》,指导各社团规范有序地开展工作。继续办好老年大学,2011年,共招生1 072人次;开设各类课程22门,其中新开课程5门;设立班级49个;聘任课教师32名。组织1 778位75岁以下退休教职工开展敬老月"航海博物馆一日游"活动。组织开展以"庆祝建党90周年"为主题的退休教职工摄影书画展、球类和棋牌类比赛、文艺演出等数10项校内外活动。老年合唱团获上海市教育卫生党委系统主办的"离退休老同志纪念中国共产党成立九十周年歌咏大会"第一名、上海市老龄工作委员会等主办的"银龄唱响——庆建党90周年歌会"优秀歌队、上海市退休教育工作者协会主办的"'党在我心中'——纪念建党90周年合唱比赛"二等奖;老年摄影沙龙6位同志在教育部离退休干部局组织的"纪念建党90周年书法、绘画、摄影、篆刻作品展览"上获奖,3位同志在教育部离退休干部局组织的"'伸立杯'老干部摄影大赛"中获奖;老年书画社郑开泰的作品《秋韵》获"'振兴中华,民族复兴'纪念辛亥革命100周年暨上海市第三届中老年书画大赛"优秀奖。老年大学获上海市老年教育先进集体称号;合唱班参加第三届上海合唱节开幕式演出,在上海市第二届"浪漫海滨"社区合唱邀请赛中获铜奖;时装表演班获"2011久久关爱重阳时装秀"优秀队伍称号;钢琴599六班6位学员通过2011上音钢琴五级考试。

重视发挥校老教授协会、退离休教师协会等群众组织的作用,协助编辑、出版协会的《简报》,开展各种活动。 (林　丽)

【调研教育部直属高校离退休教职工收入状况】 该调研自3月上旬开始,历时半年。调研方式主要包括走访、座谈、发放调查表、分析数据库等。调研对象包括校内42个退管分会,上海交通大学、同济大学、东华大学、上海外国语大学等4所本市直属高校,以及浙江大学、厦门大学等2所外省市直属高校。通过调研,初步摸清校内不同二级单位间、市内外部属高校间退休教职工的收入状况,获得供各层面决策参考的可靠依据。根据调研,学校在原有发放标准基础上,将退休教职工共享费全年发放标准每人再提高5 000元,让老同志进一步共享学校的改革发展成果。

(林　丽)

【对95岁以上退休教职工实施专项关爱】 2011年,在"冬送温暖"、"夏送清凉"、"医疗补助"、"护理帮困"等关爱制度的基础上,立足实际,整合资源,以普惠的形式,对学校95岁以上高龄老人实施专项关爱，通过发放“福瑞津贴”、生日上门“贺寿”、“结对”关爱、定期“上门”慰问等举措，切实建立起保障幸福养老的长效机制。4月份起，为全校6位95岁以上的退休教职工发放“福瑞津贴”，标准为每人每月500元。 （林 丽）

六、对外交流与合作

【概况】 2011 年，外事处将工作的重要内涵定位为：从日常接待中及时把握机会、创造机会，最大限度地让复旦师生受益，让复旦的科研和学科发展受益。作为归口和支持部门，开展可执行、可衡量且有成效的工作，进一步推进学校国际化进程。

全年接待境外嘉宾共 2 636 人次，303 批次，其中包括校长 27 人、副校长 31 人、各国政要 28 人。全年共有 5 099 人次出国出境，其中学生(包括高职生、大专生和小学生) 1 654 人、教师 2 332 人、博士后 33 人、附属医院人员 1 080 人。

获教育部审批主办或承办的国际及地区学术会议 51 个，包括“2011 经济全球化与亚洲的选择上海论坛”、“2011 年亚太计算机系统会议”、“当代比较文学与方法论建构国际学术研讨会”、“IUPAC 第七届国际新型材料及制备会议暨第二十一届国际精细化学和功能高分子会议”、“第九届国际专用集成电路会议”、“第十六届亚太呼吸学会年会”、“2011 信息系统国际会议”等一些规模较大、学术水平较高、在国际上有一定影响的国际学术会议。来华参加各类会议的外籍专家学者约 3 350 人，其中包括诺贝尔奖获得者、外国科学院院士等。

全年共有长期专家 103 名，各类短期专家 650 名，新增“名誉教授”等荣誉称号的专家 11 人。2011 年度执行教育部海外名师项目 3 个，教育部普通短期专家项目 52 个，上海市智力引进项目 21 个，复旦大学海外优秀学者授课项目 33 个。2011 年度首次申报由国家外国专家局组织的外专千人计划 2 个，高端外国专家项目 12 个。经外事处推荐申报，附属肿瘤医院美国籍专家 Lorenzo Cohen 获 2011 年上海市白玉兰荣誉奖。

全年有学生 1 653 人次出国出境交流，其中长期交流学生 796 人次、短期交流学生 857 人次。本科生 880 人次，研究生 773 人次。按照校际协议接收来自境外友好学校的长期交流学生 677 人次。

完善国际交流的布局。全年与 9 所境外大学或机构新签校际协议，新发展的境外大学包括美国俄亥俄州立大学、澳大利亚新南威尔士大学、以色列技术大学、土耳其考什大学等，开展实质性的合作和交流。

举办瑞典日、奥地利音乐会、首届“港澳台交流日”活动，配合举办二十一世纪大学协会(U21)本科生科研大会、环太平洋大学协会(APRU) 2011 年度老龄化年会、荷兰日，参与 2011 上海论坛工作，参加孔子学院的理事会和年会。

3 月 15 日，日本同志社大学上海事务所揭幕式在复旦大学日本研究中心举行。3 月 27 日，日本关西大学在复旦大学日本研究中心举行该校上海事务所的开所仪式。

1 月，外事处党支部选举产生新的支部书记和委员，刘莉担任党支部书记。3 月，副处长朱畴文主持外事处工作。 (赵　敏　赵沛然)

【美国俄亥俄州立大学校长到访】 详见【综述】第 60 页。

【杨玉良校长会见巴基斯坦驻华大使】 3 月 3 日上午，巴基斯坦驻中国大使马苏德·汗(Masood Khan)在巴基斯坦驻沪总领事的陪同下访问复旦大学。校长杨玉良与马苏德·汗大使会谈，就巴基斯坦高等教育机构与复旦大学的合作、双方师生之间的人文交流、复旦大学巴基斯坦研究中心的建设等议题进行讨论。 (赵　敏　赵沛然)

【比利时布鲁塞尔自由大学校长到访】 详见【综述】第 60 页。

【举行首届“港澳台交流日”活动】 详见【综述】第 60 页。

【越南人文社会科学大学代表团到访】 5 月 18 日，越南人文社会科学大学副校长武德校一行 16 人访问复旦，副校长金力出席会谈。双方介绍在高等教育中的管理经验等。越方希望今后开展如教职干部培训、招聘和选拔教师以及教育培训的各类项目的合作。 (赵　敏　赵沛然)

【举办 2011 U21 本科生科研大会】 7 月 13—18 日，举办以“分享你的灵感”为主题的 2011 年二十一世纪大学协会(Universitas 21，简称 U21)本科生科研大会。由外事处和教务处共同承办。来自加拿大英属哥伦比亚大学、澳大利亚墨尔本大学、英国诺丁汉大学、瑞典隆德大学、新加坡国立大学、日本早稻田大学、中国复旦大学等全球 17 所著名大学的 51 名本科生和 12 名带队教师参与。副校长冯晓源出席大会闭幕晚宴并致辞，分别向所有与会者和相关获奖者颁发由副校长陆昉签发的纪念证书。会议期间，共有 34 个主题报告、评审点评、观众提问，17 个海报展示、互动讨论。通过评审专家、与会者的投票表决，大会评选出最佳报告、最佳海报、最具创意报告、最具创意海报等 4 个奖项。 (赵　敏　赵沛然)

【英国高等教育基金委员会首席执行官到访】 11 月 2 日，英国高等教育基金委员会首席执行官艾伦·朗兰兹(Alan Langlands)一行 3 人访问学校枫林校区，并举行座谈，就如何开展科技转化、多学科课程设计及科研与卫生政策的关系等话题进行讨论。艾伦·朗兰兹在医学院报告厅作题为“Academic Health Science Centres: Translational Medicine and Health Policy”的讲座。 (赵　敏　赵沛然)

【举行新西兰奥克兰大学孔子学院理

事会】 12月16日，学校参建的新西兰奥克兰大学孔子学院理事会在复旦举行。会议通过2011年10月11日孔子学院顾问委员会会议的会议记录。外方院长诺拉·姚（Nora Yao）向理事会作2011年的孔子学院工作报告，介绍2012年工作计划。外事处副处长（主持工作）朱畴文报告正在着手的汉语国际推广领导小组的调整及若干设想，并与奥克兰大学交流目前学校参建的其他孔子学院所面临的问题。理事会会议还讨论总部资金下拨问题、复旦对今后五年的孔子学院建设设想等，特别讨论拟在明年春天计划在新西兰和澳大利亚两地举办"复旦日"的推介会的初步设想，主要内容包括介绍复旦大学及交流项目、招生宣传、复旦教授的学术演讲等。 （赵　敏　赵沛然）

【召开DAAD教师培训大会】 11月21日，德国德意志学术交流中心（DAAD）2011年教师培训大会在复旦大学开幕。活动由DAAD主办，复旦大学外事处以及外文学院德语系协办。来自全国各地包括中国香港、台湾地区以及蒙古人民共和国高校的80名德国德语教师出席开幕式。会议为期4天，举行分会场报告讲座等活动。DAAD教师培训大会，旨在推动DAAD在中国（包括蒙古）的外教与本土德语教师之间的交流及互动，促进德语教学合作。

（赵　敏　赵沛然）

【美国北卡罗来纳州州长到访】 10月21日，校长杨玉良会见美国北卡罗来纳州州长裴铎丽（Bev Perdue）一行7人。裴铎丽作题为"美国南方的科技创新"的演讲。她在发言中强调投资教育对刺激就业机会增长的重要作用，着重指出北卡罗来纳州对教育和创新的投入和支持。学校信息科学与技术学院、环境科学与工程系、生命科学学院的120名师生聆听演讲。 （赵　敏　赵沛然）

【英国丁铎尔中心主任到访】 12月11—15日，英国丁铎尔中心主任科琳（Corinne Le Quéré）教授访问复旦。12月13日下午，科琳为复旦师生作题为"二氧化碳排放和吸收的近期趋势及其对未来的意义"的报告，回顾美国、欧洲、日本等发达国家与中国、印度等新兴国家二氧化碳排放的轨迹，并对二氧化碳排放的未来趋势作了预测。 （赵　敏　赵沛然）

【杨玉良在美国艺术与科学学院发表演讲】 详见【综述】第61页。

附　录

2011年重要代表团来访情况一览

国外代表团

1）校长来访

1月6日	加拿大英属哥伦比亚大学校长（Dr. John Hepburn）
1月14日	美国三一大学校长詹姆斯·F.琼斯博士（Dr. James F. Jones）
1月17日	美国俄亥俄州立大学校长E.戈登·吉（E. Gordon Gee）
3月22日	法国巴黎经济学院院长（Francois Bourguignon）
4月18日	比利时布鲁塞尔自由大学校长迪迪埃·维维耶（Didier Viviers）
4月21日	美国莱斯大学校长大卫·里布朗（David Leebron）及夫人（Y. P. Sun）
4月26日	爱尔兰都柏林圣三一学院校长布莱恩·布罗德里克（Brian Broderick）
4月26日	法国巴黎高科集团巴黎综合理工学院校长格扎维埃·米歇尔（Xavier MICHEL）将军
5月5日	德国比勒菲尔德大学校长（Gerhard Sagerer）
5月6日	荷兰蒂尔堡大学校长（Philip Eijlander）
5月23日	新西兰怀卡多大学校董会主席（Jim Bolger）
5月25日	美国圣路易斯华盛顿大学校长马克·瑞顿（Mark Wrighton）
5月26日	英国东英吉利大学校长爱德华·阿克顿（Edward Acton）
6月2日	墨西哥蒙特雷理工大学克雷塔罗分校校长（Oscar Peralta）
6月20日	美国俄克拉荷马州立大学校长贝恩斯·哈吉斯（Burns Hargis）
6月24日	加拿大蒙特爱立森大学（Mount Allison University）校长（Robert Campbell）
7月1日	美国杜克大学校长布劳德海德（Brodhead）
9月2日	日本成城大学校长油井雄二
9月7日	新加坡国立大学校长陈祝全、董事会会长王玉强
9月26日	德国哥廷根大学校长吴志学（Ulrike Beisiegel）

续 表

10 月 12 日	匈牙利塞格德大学校长加伯(Gabor Szabo)
10 月 27 日	法国里昂第三大学校长(Hugues FULCHIRON)
11 月 1 日	丹麦奥胡斯大学校长劳利兹·B. 霍尔姆尼尔森(Lauritz B. Holm-Nielsen)
11 月 3 日	瑞典乌普萨拉大学校长安德斯·霍伯格(Anders Hallberg)
11 月 18 日	瑞典斯德哥尔摩大学校长卡瑞·布雷默(Kare Bremer)
11 月 25 日	韩国圆光大学校长丁世铉
12 月 8 日	意大利东方大学校长(Lida Viganoni)

2) 副校长来访

1 月 6 日	韩国加图立大学副校长(Yong-Seung Kim)
1 月 10 日	美国里海大学(Lehigh University)副校长(Mohamed)
1 月 20 日	加拿大阿尔伯塔大学(University of Alberta) 副校长(Dr. Lorne Babiuk)
2 月 28 日	美国富乐敦大学副校长(Edward Trotter)
3 月 6 日	日本长崎大学副校长小路武彦
3 月 23 日	瑞典皇家理工学院副校长(Ramon Wyss)
3 月 24 日	以色列巴兰伊大学副校长(Professor Zilbershats Yaffa)
3 月 29 日	加拿大拉瓦尔大学(University of Laval)副校长(Nicole Lacasse)
4 月 14 日	英国东英吉利大学副校长(Trevor Davies)
4 月 18 日	比利时布鲁塞尔自由大学校长(Serge Jaunman)
4 月 21 日	英国诺丁汉大学助理校长(Roger Woods)、宁波诺丁汉大学执行校长(Nick Miles)
4 月 22 日	法国巴黎第十一大学副校长(Elena Ceccarell)
4 月 25 日	英国伦敦政治经济学院副校长(Janet Hartley)
4 月 27 日	美国匹兹堡大学高级副校长兼医学院院长(Arthur S. Levine)
5 月 16 日	奥地利萨尔茨堡大学副校长(Sonja Puntscher-Riekmann)
5 月 18 日	越南人文社会科学大学副校长武德校
5 月 20 日	美国威斯康星大学麦迪逊分校副校长(Gilles Bousquet)
5 月 27 日	德国法兰克福大学副校长(Rainer Klump)
5 月 27 日	澳大利亚墨尔本大学副校长(Simon Evans)
6 月 2 日	挪威管理学院资深副校长达伦(Dag Morten Dalen)
6 月 3 日	美国东卡罗来纳州立大学副校长(Elmer Poe)
6 月 24 日	加拿大蒙特爱立森大学(Mount Allison University)副校长(Ron Byrne)
7 月 4 日	英国诺丁汉大学副校长(Christine Ennew)
9 月 8 日	德国法兰克福大学副校长(Rainer Klump)
9 月 26 日	荷兰伊拉斯谟大学副校长(Huib Pols)
9 月 26 日	瑞典皇家理工学院副校长(Ramon Wyss)
10 月 13 日	挪威管理学院资深副校长达伦(Dag Morten Dalen)和常务副校长(Jens P. Tondel)
10 月 20 日	澳大利亚麦考瑞大学副校长(Jim Piper)
10 月 26 日	比利时布鲁塞尔自由大学副校长(Serge Jaumain)
12 月 28 日	日本神户大学副校长中村千春
11 月 2 日	芬兰赫尔辛基大学副校长(Ulla-Maija Forsberg)

3) 政要来访

2月23日	美国驻沪总领事康碧翠(Beatrice Camp)
3月3日	巴基斯坦驻华大使马苏德·汗(Masood Khan)
3月11日	挪威大使馆教育、科技参赞卡黎·柯韦塞斯(Kari Kveseth)
3月18日	世界经济论坛执行总监(Lee Howell)
3月28日	考夫曼基金会会长卡尔·施拉姆(Carl Schramm)
3月28日	欧盟驻华使团科技与环境处处长(Dr. Philippe Vialatte)
4月12日	西班牙桑坦德银行集团董事长埃米利奥·博坦(Emilio Botin)
4月14日	波兰驻沪总领事馆贸易和投资促进处商务参赞安杰伊·贝嘉俊
4月20日	上海论坛理事会加金在烈总长来沪
5月10日	美国弗吉尼亚州州长罗伯特·F. 麦克唐纳(Robert F. McDonnell)
5月12日	北欧中心董事会、理事会
5月16日	奥地利欧亚-太平洋学术联盟主席布里吉特·温克琳娜(Brigitte Winklehner)
5月20日	丹麦驻华大使裴德胜
5月24日	自然出版集团(Nature Educaton)教育产品主管(John Hope)副总裁一行
6月3日	挪威前首相格罗·哈莱姆·布伦特兰(Gro Harlem Brundtland)女士
6月23日	英国剑桥大学(Julian Hunt)院士
6月27日	土耳其驻沪总领事丹尼兹·艾柯(Deniz Eke)
6月30日	爱尔兰驻沪总领事欧傅仁(Conor O'Riordan)
7月18日	奥地利交流中心理事(Walter Kofler)
9月2日	加拿大魁北克省国际关系部部长(Monique Gagnon-Tremblay)女士
9月20日	诺贝尔化学奖得主马利奥·莫利纳(Mario Molina)教授
9月22日	德国驻沪总领事芮悟峰,法国驻沪总领事卢力捷
10月12日	匈牙利国会副议长伊什特万·乌伊海伊(Istvan Ujhelyi)、塞格德市长(Laszlo Botka),匈牙利驻上海总领事(Kuti Laszlo)
11月2日	英国高等教育基金委员会首席执行官艾伦·朗兰兹(Alan Langlands)
11月11日	韩国国际交流财团理事长金柄国
11月17日	日本民主党国际部副部长相原史乃

港澳台地区代表团

1月6日	港澳台交流学生36人参加欢送午餐
1月16—2月8日	中华文化研习营260人
2月24日	2011年春季来校交流的港澳台交流学生52人
2月25日	香港城市大学校长郭位一行8人
2月27—28日	香港大学AIPE项目面试团一行6人
3月15—18日	中国文化大学邵宗海
3月17日	复旦EMBA校友会(台湾)成员2人
3月22日	香港大学研究生招生代表团一行5人
4月9日	港澳台学生春游100人上海松江一日游
4月13日	香港青年联会主席、香港万顺昌集团有限公司主席姚祖辉秘书杨启恩
4月19—20日	台湾慈济技术学院一行15人
4月19日	"港澳台交流日"香港大学、澳门大学等12所学校来访者25人

续　表

4月21日	香港中文大学、日本早稻田大学三方会谈5人
4月30—5月2日	港澳台交流生国情教育50人
5月5日	香港特区政府公务员事务局主任霍彭淑贤一行2人
5月16日	香港大学中国事务处副总监黎慧霞一行4人
5月16日	台湾台中女子中学代表团一行30人
5月19日	香港中文大学学生团一行49人
5月24日	两岸四地交流协会学生座谈会9人
5月23—29日	香港大学生"长三角"国情考察活动60人
5月28日	上海论坛贵宾刘遵义
5月28日	上海高校澳门学生毕业餐舞会80人
5月30日	台湾中山大学社会科学院公共政策在职硕士班一行20人
6月1—2日	"沪港明日领袖实习计划"30人
6月2—7日	10名李兆基奖学金学生赴西安、壶口、延安进行国情考察
6月9日	港澳台交流学生30人参加欢送午餐
6月11日	组织50名港澳台同学观看粤剧《三家巷》
6月14日	香港中文大学研究生招生宣传代表团10人
6月23日	台湾大学欧盟研究中心一行5人
6月24日	全国政协副主席、香港前特首董建华及夫人
6月27日	华东台商子弟学校一行22人
6月30—7月1日	香港浸会大学招生面试团林宝芳一行20人
7月2日	港大哈佛清唱团40人上海大剧院演出
7月6日	台湾纯青基金会受宋庆龄基金会邀请来访一行45人
7月15日	台湾同胞联谊会组织的青年考察团70人
7月12—19日	复旦青年论坛80人
7月20日	香港新青年访问团28人
7月26日	华师大教育部项目"香港国情教育考察团"100人
7月27—8月4日	海协会中华研习营台北团84人
8月11日	台湾新竹清华大学副校长叶铭泉一行17人
8月18—19日	台湾清华大学鼎新基金会两岸领袖生计划38人
8月16—24日	海协会中华研习营中山团83人
8月25—9月3日	教育部重点对台交流江南行86人
9月1日	2011年秋季来校交流的港澳台学生80人
9月5日	19人来沪参加我校管理学院亚洲商业项目开幕
9月6日	台湾纯青福利基金会一行11人
9月8日	香港大学学生交换计划高级课程经理卢嘉麒
9月9日	台湾学生迎新会80人
9月18日	组织港澳台学生60人上海嘉定一日游
9月19日	香港驻沪办公室来校招聘2人
9月21日	台湾检察官协会一行5人访问我校法学院

续　表

9月21日	台湾新竹交通大学副校长谢汉萍一行11人
10月11日	《海峡之声》采访2名台湾学生
10月15日	《浦江之声》访谈节目采访23名港澳台学生
10月21日	台南一中40人访问复旦附中
10月22日	海峡两岸艺术与设计交流展20人
10月25日	香港青年联会主席、香港万顺昌集团有限公司主席姚祖辉秘书杨启恩
10月27日	全国人大常委会香港基本法委员会调研团一行4人
10月28—30日	“辛亥革命一百年”港澳台交流学生54人赴武汉秋游
11月2日	台湾东吴大学发展处一行5人
11月4日	校董李达三名誉博士授予典礼250人
11月8日	上海市台办“百名台生看上海”活动22人
11月16日	台湾教育部产业化代表团一行7人访问我校校产办
11月24—27日	12名李兆基奖学金学生赴山西进行国情考察
11月26日	杨浦区台办“百名台生看杨浦”20人
11月28日	李达三名誉博士授证仪式25人
12月6日	香港大学体育部1人
12月8日	澳门大学管理学院和升学中心一行6人
12月13日	香港浸会大学新闻学院40人在我校召开宣讲会
12月17日	20名港澳台学生出席《浦江之声》颁奖晚会

2011年复旦大学新签合作协议(海外)一览表

海外大学或机构	国家或地区	签约人	签约时间
俄亥俄州立大学	美　国	杨玉良	1月17日
弗吉尼亚大学	美　国	王卫平	3月17日
以色列技术大学	以色列	杨玉良	4月28日
萨尔斯堡大学	奥地利	杨玉良	5月9日
法兰克福大学	德　国	金　力	5月27日
康涅狄格大学	美　国	王卫平	4月20日
俄克拉荷马州立大学	美　国	杨玉良	6月20日
怀卡多大学	新西兰	薛向阳	5月23日
考什大学	土耳其	杨玉良	9月6日
新南威尔士大学	澳大利亚	冯晓源	12月19日

2011年复旦大学举办海内外国际会议一览表

举办时间	会 议 名 称	主办/承办单位
1月7—9日	“哲学在教育和教育研究中的角色”国际学术研讨会	哲学学院
3月12—13日	“中美关系研究的新视野”中美学者双边研讨会	美国研究中心
4月22—24日	2011年肿瘤介入与微创治疗国际研讨会	中山医院
5月13—14日	“亚洲宗教交谈与和平建立”国际学术研讨会	哲学学院
5月13—14日	“当代马克思主义视野下的传播与社会变迁”国际研讨会	新闻学院

续 表

举办时间	会 议 名 称	主办/承办单位
5月22—26日	2011年纳米光子学国际学术会议	物理学系
5月26—29日	"东方心脏病学"国际会议	中山医院
5月25—27日	国际关系学术研讨会	国际关系与公共事务学院
5月27—29日	江南文化与日本——资料、人的交流再发掘中日双边会议	日本研究中心
5月28—29日	纪念谭其骧先生百年诞辰学术研讨会	历史地理研究所
5月28—30日	2011经济全球化与亚洲的选择上海论坛	上海论坛组委会
6月1—2日	自然界光子结构国际学术研讨会	物理学系
6月1—3日	空间辐射研究国际学术研讨会	放射医学研究所
6月15—17日	"全球化背景下的中国文化价值"国际学术研讨会	哲学学院
6月17—18日	"治理在中国大陆、台湾和香港的发展：问题、趋势与观点"国际学术研讨会	国际关系与公共事务学院
6月18—20日	2011年上海国际大肠癌学术会议	中山医院
6月24—26日	电子商务与安全国际学术研讨会	软件学院
7月2—3日	生物技术前沿国际学术研讨会	生命科学学院
7月4—8日	中法现代应用数学研讨会	数学科学学院
7月10—24日	数据科学暑期班	数学科学学院
7月11—12日	2011年亚太计算机系统会议	软件学院
7月11—8月5日	复旦凝聚态物理暑期班	物理学系
8月9—11日	当代比较文学与方法论建构国际学术研讨会	中文系
8月19—25日	国际先进光子学科技研讨会	信息学院
8月27—30日	"传承与变革：10—14世纪中国的多边政治与多元文化"国际学术研讨会	历史学系
9月5—12日	复杂非线性的统计反演模型国际研讨会	数学科学学院
9月12—16日	2011上海非交换代数几何国际学术会议	数学科学学院
9月20—21日	"'人的安全'的亚洲新路径"国际学术研讨会	国际问题研究院
9月22—24日	"2011分子神经退行性疾病"国际学术研讨会	脑科学研究院
9月26—27日	高级并行处理技术国际学术研讨会	软件学院
9月26—28日	"天然药物研究开发与生物多样性保护利用"国际学术研讨会	药学院
10月16—21日	IUPAC第七届国际新型材料及制备会议暨第二十一届国际精细化学和功能高分子会议	化学系
10月23—27日	最新生物技术与仪器国际研讨会	中山医院
10月25—28日	第九届国际专用集成电路会议	微电子学系
10月28—29日	"生产性老龄化：在亚洲创造出一个充满活力和积极参与的老龄社会"	社会发展与公共政策学院
10月28—30日	"2011高精度自由曲面的设计、制造、检测及其应用"国际学术研讨会	信息学院
10月29—30日	"环境问题与经济可持续发展"中日学者双边会议	日本研究中心
11月3—6日	第十六届亚太呼吸学会年会	中山医院
11月4—7日	2011年上海国际肿瘤局部靶向治疗研讨会	中山医院
11月18—21日	第十二届海峡两岸继续教育论坛	继续教育学院
11月20—21日	"孤独症研究国际合作"中美学者双边会议	儿科医院

续　表

举办时间	会　议　名　称	主办/承办单位
11 月 25—27 日	2011 年中日韩胃癌国际学术研讨会	中山医院
11 月 28—12 月 4 日	2011 信息系统特别联合研讨会	管理学院
12 月 3—4 日	电子商务国际学术研讨会	管理学院
12 月 3—5 日	“仪式与图像：中国古代宗教史与艺术史的融合”国际学术研讨会	文史研究院
12 月 4—7 日	2011 信息系统国际会议	管理学院
12 月 5—6 日	演化性关键软件系统国际学术研讨会	软件学院
12 月 8—10 日	2011 年信息系统经济学研讨会	管理学院
12 月 8—10 日	排污权交易问题国际研讨会	法学院
12 月 16—19 日	华人女性与视觉再现国际学术研讨会	新闻学院
12 月 26—27 日	2011 复旦中国古代文论国际学术研讨会	古籍所

（外事处供稿）

七、校董、校友、捐赠与基金会管理

【概况】 2011年对外联络与发展处重视基础工作和内涵建设，努力践行服务校友、服务母校、服务社会的校友会工作宗旨；基金会根据学校发展重点，拓宽联络渠道，设计筹款项目；加强与校董的密切联系、做好校董的个性化服务。

校友工作。基本完成"一网(校友网)、一刊(《复旦人》)，一库(校友数据管理系统)"为主体的基础建设。全年校友网访问量23万，为2010年的两倍。《复旦人》试刊4期，总印数2万余册，《复旦人》(电子版)上载校友网，提供在线阅览和下载。校友数据管理系统基本建成，在法学院、国际关系与公共事务学院、化学系、计算机科学技术学院试点。校友邮箱正式向应届毕业生和历届校友推出，实现学号邮箱(@fudan. edu. cn)和校友邮箱(@alu. fudan. edu. cn)的数据对接。校友工作两级体系初步形成，制定《复旦大学加强校友工作的若干意见(草案)》，提交各院系单位征求意见，明确建立校院(系)两级校友工作体系。

校董工作。完成校董会换届工作，成立第五届校董会，修订董事会章程，调整校董会组织架构，增设荣誉校董和资深校董称号，调整社会各界人士在校董会中的人员比例。加强与校董的联系和往来。协助基金会做好募款及捐赠管理等工作。

基金会工作。全年募得发展资金13 459.5万元。复旦大学捐赠收入5 883.4万元(包括上海复旦大学教育发展基金会捐赠的3 571.7万元和复旦大学教育发展基金会(海外)捐赠的106.8万元)；上海复旦大学教育发展基金会接受社会捐赠收入5 206.6万元；复旦大学教育发展基金会(海外)接受社会捐赠收入960万美元，折合人民币约6 048万元。

上海复旦大学教育发展基金会在基础工作、拓展与筹资及项目管理与实施3个方面开展工作。制定《上海复旦大学教育发展基金会登记证书管理办法》；经理事会表决通过《上海复旦大学教育发展基金会重大事项决策制度》、《上海复旦大学教育发展基金会财务管理办法》。签署捐赠协议82份，协议金额1.18亿元。实施各类项目270余项，充分利用已建成的"一网二刊两库"，提高项目管理效率。

复旦大学教育发展基金会(海外)筹募工作以年会为抓手，通过联络、拜访、活动及邮件等方式推进筹资项目。实施各类项目38项，项目管理力求规范化、信息化、个性化。召开5次董事通讯会议；推出全新改版的海外基金会门户网站。 (杨 俐)

【举行"曹其镛先生向复旦大学捐赠仪式"】 该仪式于1月17日在学校光华楼举行。香港永新企业有限公司副董事长曹其镛向复旦大学捐资2 000万人民币，用于建立"复旦大学中日青年交流中心"。曹其镛及其夫人曹罗碧珍一行，校长杨玉良、原校长王生洪、副校长蔡达峰、相关部门负责人，以及复旦大学中日学生代表等出席捐赠仪式。捐赠仪式由蔡达峰主持，杨玉良致辞。 (卜洪晓)

【召开复旦管理学奖励基金会第二届理事会第一次和第二次会议】 第一次会议于2月18日在北京中国工程院召开。基金会理事徐匡迪、成思危、龙永图、王基铭、秦绍德、李灵修、贺同新、赵博雅等15名理事及理事代表出席。会议通报第二届理事会理事名单，选举徐匡迪为理事长，成思危、龙永图、王基铭、秦绍德、杨玉良、刘德树、宁高宁、黄明端、周中枢、罗康瑞为副理事长，秦绍德任执行副理事长，选举龙永图、王基铭为秘书长。姜爱萍任基金会监事。会议还讨论、审议并通过《复旦管理学奖励基金会章程》及基金会2011年财务预算。第二次会议于11月23日在北京中国工程院召开。基金会理事徐匡迪、成思危、龙永图、王基铭、秦绍德、李灵修等13名理事及理事代表出席会议。会议通报了2011年复旦管理学杰出贡献奖评奖及公示情况，审批了2011年复旦管理学杰出贡献奖获奖名单，并审议通过了《复旦管理学奖励基金会奖励办法(修订稿)》、2011年基金会资金运作情况、2012年基金会资金运作计划、2012年基金会工作计划、2011年基金会预算执行情况及2012年基金会预算。 (刘 静)

【举行"复旦大学廖凯原法学楼揭牌仪式"】 3月22日，该仪式在复旦大学江湾校区举行。复旦大学杨玉良校长，廖凯原基金会创办人兼董事长、复旦大学校董廖凯原，上海市人民政府侨务办公室副巡视员、国外处处长陶国丰，杨浦区副区长吴乾渝和部分兄弟院校的领导莅临观礼。复旦大学前校长王生洪，时任常务副校长张一华、副校长许征等出席揭牌仪式。出席仪式的还有廖凯原校董的亲朋好友及复旦大学袁天凡校董及夫人，复旦大学教育发展基金会陈仲儿董事及夫人。复旦大学法学院领导及师生代表500余人参加了揭牌仪式。新楼由廖凯原基金会捐赠建成，是江湾校区一期工程的六大建筑之一，其建筑结构为地下一层、地上五层，总建筑面积逾27 000平方米，于2007年1月竣工，主要用于法学院教学科研。 (陆颖丰)

【启动"复旦—霍焱海外交流项目"】 4月11日，启动由校友霍焱捐资设立的"复旦—霍焱海外交流基金"项目，并举行首批获得奖学金的学生代表见面座谈会。霍焱每年捐赠15万美金，自2011年起连续5年资助学生暑

期海外交流项目，品学兼优的贫困生将优先获得资助。（陆颖丰）

【成立美国佐治亚州复旦大学（暨上海医科大学）校友会】 4月23日，成立大会在美国亚特兰大召开，80多位复旦大学和上海医科大学、校友亲属和嘉宾参加。校友吴逸帆代表校友会筹备委员会报告筹备过程并介绍筹委会全体成员。会议选举产生佐治亚复旦（暨上医大）校友会首届理事会，会长赵煜，副会长周琪，吴逸凡，秘书长詹志力。（章晓野）

【设立“吴英蕃—吴张令昭留本基金”】 5月3—4日，校友吴英蕃继设立“吴英蕃校友奖学金”、“吴张令昭奖学金”、“吴英蕃青年教师奖教金”之后，再次捐赠50万美金设立“吴英蕃—吴张令昭留本基金”，用于奖励学术科研突出、获得出国交流机会的复旦学生。（陆颖丰）

【举办复旦大学第十二届世界校友联谊会】 详见【学校综述】第60页。

【举行智华楼揭牌仪式】 7月12日，该仪式在复旦大学江湾校区举行。校长杨玉良，复旦大学教育发展基金会董事、智华基金董事、香港恒基兆业副主席林高演等共同为智华楼揭牌，副校长许征出席，副校长冯晓源主持仪式。林高演捐赠人民币3 000万元，用于支持复旦大学发展。（陆颖丰）

【举行2011年复旦管理学国际论坛】 该论坛于7月16日在学校光华楼举行。论坛聚焦“公共管理”领域，主题为“公共管理的未来十年：中国与世界”。论坛开幕式由基金会副理事长、秘书长王基铭主持。上海市副市长沈晓明，基金会执行副理事长秦绍德分别在会上致辞。美国公共管理学会候任会长刘国材以“危机、变革与公共行政面临的挑战”为题作主旨报告，9位复旦管理学杰出贡献奖入围申报人做申报成果汇报。基金会副理事长成思危发表大会总结演讲。论坛持续一天半，共设六个专场报告，受邀的20余位专家学者对中国社会发展保障体系建设、发展战略设计、廉政、社会管理创新及政府诚信管理、现代公共服务提供以及公务员制度建设等深刻影响中国公共管理发展的核心问题进行了探讨和交流。（刘　静）

【举行耶鲁大学世界校友峰会上海站活动】 7月27日，该活动在复旦大学光华楼学生广场举行。来自复旦大学相关院系的校友工作负责人和联络员、上海校友会和北京校友会代表、学生代表、上海大学校友部门负责人20余人，与来自耶鲁大学的70余位校友代表团成员共聚一堂，交流和分享校友工作经验与心得。复旦大学校友会副会长，上医校友会会长彭裕文到会致辞。（章晓野）

【举行“盛大网络集团捐赠暨复旦大学博物馆藏青铜器特别展揭幕仪式”】 该仪式于9月27日在学校蔡冠深人文馆举行。盛大网络高级副总裁张瑾女士一行，副校长冯晓源，外联处、出土文献与古文字研究中心、文物与博物馆学系、博物馆的负责人及文物与博物馆学系的师生参加揭幕仪式。此次，盛大网络共捐赠11件青铜器，四簠、三鼎、二缶、一盘、一匜，其中保存有完好铭文记录的一组簠尤为珍贵。（卜洪晓）

【召开中日青年交流——首次五校联席研讨会】 该探讨会于10月14—15日在学校逸夫科技楼举行。来自北大、清华、复旦、上海交大、浙大5所高校的项目代表，捐赠方代表，日本友人及中日两国青年学生代表100余人参会。复旦大学国际政治系系主任樊勇明作题为“中日关系中的竞争与合作”的专题演讲。与会人员就各校的项目建设方案和项目管理方案进行探讨与交流。14日晚，上海市委常委、上海市海外联谊会会长杨晓渡出席研讨会的晚间联谊活动，并专门会见前来出席研讨会的校董曹其镛和海外友人。会前，上海市副市长沈晓明在校党委书记朱之文的陪同下与曹其镛一行座谈。（卜洪晓）

【召开上海复旦大学教育发展基金会第二届理事会第四次会议、复旦大学教育发展基金会（海外）董事会第五次会议】 详见【学校综述】第61页。

【召开青岛校友会注册成立大会】 该会议于10月30日在青岛召开。校友会在青岛市民政局正式注册，具备法人资格。170多名来自复旦和原上海医科大学的青岛校友参加活动。依照校友会章程，选举产生新一届青岛校友会理事会，新任会长郁纬军，秘书长兼法人代表姜炎任。副校长冯晓源应邀出席。（章晓野）

【举行“复旦大学翟立中华出土古文献研究奖励基金捐赠签约仪式”】 该仪式于10月31日在学校逸夫科技楼举行。上海市社会科学界联合会主席、复旦大学前党委书记秦绍德，复旦大学副校长冯晓源，上海同华投资（集团）有限公司总裁、复旦大学东方管理学院博士候选人翟立等出席仪式。翟立捐赠人民币1 000万元，设立“复旦大学翟立中华出土古文献研究奖励基金”，以每年基金收益支持复旦大学出土文献与古文字研究中心研究工作和人才建设。（卜洪晓）

【召开复旦大学第四届董事会第五次会议暨第五届董事会第一次会议】 该会议于11月4日在香港召开。海内外近30位校董及校董代表出席会议。校董会秘书长、副校长冯晓源主持会议，作第四届校董会工作报告并介绍第五届校董会成立情况。校董会主席、校长杨玉良发表讲话，并为第四届离任校董颁发感谢状。会议审议并通过修改后的新的董事会章程。（赵月南）

【举行复旦大学第五届校董就职典礼暨2011复旦大学教育发展基金会年会】 该活动于11月4日在香港举行。来自世界各地的复旦大学校董、基金会理事、校友和社会各界近300人参加。复旦大学校长杨玉良出席典礼，副校长冯晓源主持。杨玉良、香港科技大学副校长翁以登、复旦大学校董姚祖辉以及复旦大学校友蔡彤等出席“复旦发展论坛”。与会嘉宾围绕复旦大学未来发展、国际化、人才培养、通识教育等方面阐述观点。会上，杨玉良校长还为近期支持复旦大学教育事业发展的李兆基基金、思源基金会、董氏慈善基金会、智华基金、蔡冠深教育基金、校董李和声、校友翟立、香港宝声集团董事长陈耀璋、校友汪新芽及香港惠明慈善基金颁发捐赠纪念牌，感谢他们对复旦的支持。（陆颖丰）

【举行“复旦大学陈树渠比较政治发

展研究中心捐赠签约仪式”】 该仪式于11月4日在香港举行。香港宝声集团董事长陈耀璋与复旦大学副校长、复旦大学教育发展基金会(海外)董事兼总裁冯晓源代表双方签约。陈耀璋将出资500万人民币,分5年到款,建设复旦大学陈树渠比较政治发展研究中心。 (陆颖丰)

【举行2011年复旦管理学杰出贡献奖颁奖典礼】 该活动于11月23日在北京中国工程院举行。清华大学教授薛澜和西安交通大学教授李树茁获奖,复旦大学管理学奖励基金会理事长徐匡迪致辞并为两位获奖者颁奖。基金会副理事长成思危、秘书长龙永图、王基铭,执行副理事长秦绍德,理事李灵修,九届、十届全国人大常委会副委员长蒋正华,中国工程院院长周济,原外经贸部副部长、原基金会副理事长刘山在等及相关单位的领导和代表应邀出席颁奖典礼。第十一届全国人大常委、财经委副主任委员吴晓灵应邀做主题演讲。 (刘　静)

【举行“复旦大学张明为励志奖助学金签约仪式”】 该仪式于12月21日在学校光华楼举行。张明为系慈善基金会创始人,捐赠人民币1 000万元设立专项基金,从2012年起每年资助100名复旦基础学科优秀学生。 (卜洪晓)

【举行“蔡冠深人文馆功能提升项目捐赠签约仪式”】 该仪式于12月30日在学校蔡冠深人文馆举行。复旦大学校长杨玉良会见全国政协委员、香港中华总商会会长、全国工商联合会常委、香港新华集团主席蔡冠深校董一行。副校长冯晓源代表学校与蔡冠深签署捐赠协议。 (陆颖丰)

附　录

复旦大学第五届董事会名单

主　席	杨玉良			
荣誉校董	韩启德	陈至立	桑国卫	朱　民
资深校董(按姓氏笔画排列)	刘浩清	杨紫芝	杨福家	吴家玮
	林辉实	周君廉	倪德明	
校董(按姓氏笔画排列)	王生洪	王纪来	王绍堉	毛江森
	尹衍樑	卢志强	边华才	吕志和
	孙珩超	刘遵义	杨孙西	李大鹏
	李达三	李传洪	李兆基	李和声
	陈天桥	陈乐宗	陈曾焘	罗康瑞
	周益民	郑裕彤	钟浙晓	姚祖辉
	袁天凡	高纪凡	郭广昌	郭炳江
	曹其镛	章晟曼	屠海鸣	董建成
	蒋　震	谢国民	谢　明	蔡冠深
	廖凯原			

复旦大学及原上海医科大学校友会一览表

一、已完成合并校友会(18)

序　号	校　友　会　名　称	序　号	校　友　会　名　称
1	复旦大学安徽校友会	11	复旦大学江西南昌校友会
2	复旦大学澳门校友会	12	复旦大学陕西西安校友会
3	复旦大学北京校友会	13	复旦大学深圳校友会
4	复旦大学重庆校友会	14	复旦大学浙江温州校友会
5	复旦大学福建校友会		
6	复旦大学甘肃校友会		**海外校友会**
7	复旦大学广西校友会	15	复旦大学澳洲校友会
8	复旦大学河南校友会	16	复旦-上医加拿大温哥华校友会
9	复旦大学江苏常州校友会	17	复旦大学美国南加州校友会
10	复旦大学江苏无锡校友会	18	复旦大学美国休斯敦校友会

二、复旦大学校友会(48)

序　号	校　友　会　名　称	序　号	校　友　会　名　称
1	复旦大学校友(总)会	3	复旦大学安徽芜湖校友会
2	复旦大学安徽蚌埠校友会	4	复旦大学福建龙岩校友会

续　表

序　号	校　友　会　名　称	序　号	校　友　会　名　称
5	复旦大学福建厦门校友会	28	复旦大学四川校友会
6	复旦大学福建漳州校友会	29	复旦大学台北校友会
7	复旦大学广州校友会	30	复旦大学天津校友会
8	复旦大学海南校友会	31	复旦大学香港校友会
9	复旦大学河北石家庄校友会	32	复旦大学新疆校友会
10	复旦大学河南平顶山校友会	33	复旦大学云南校友会
11	复旦大学黑龙江校友会	34	复旦大学浙江杭州校友会
12	复旦大学湖北武汉校友会	35	复旦大学浙江宁波校友会
13	复旦大学江苏连云港校友会	36	复旦大学浙江绍兴校友会
14	复旦大学江苏南京校友会		
15	复旦大学江苏南通校友会		**海外校友会**
16	复旦大学江苏苏州校友会	37	复旦大学德国校友会
17	复旦大学江苏徐州校友会	38	复旦大学加拿大东部地区校友会
18	复旦大学江苏扬州校友会	39	复旦大学加拿大渥太华校友会
19	复旦大学江西景德镇校友会	40	复旦大学联合国校友会
20	复旦大学辽宁大连校友会	41	复旦大学美国校友会
21	复旦大学内蒙古校友会	42	复旦大学美国北加州校友会
22	复旦大学宁夏校友会	43	复旦大学美国波士顿校友会
23	复旦大学青海校友会	44	复旦大学美国东部地区校友会
24	复旦大学山东校友会	45	复旦大学美国华盛顿校友会
25	复旦大学山东青岛校友会	46	复旦大学美国芝加哥校友会
26	复旦大学山西校友会	47	复旦大学美国佐治亚州校友会
27	复旦大学上海校友会	48	复旦大学日本校友会

三、原上海医科大学校友会(18)

序　号	校　友　会　名　称	序　号	校　友　会　名　称
1	上海医科大学校友会	11	上医内蒙古校友会
2	上医安徽合肥校友会	12	上医山西校友会
3	上医广州校友会	13	上医香港校友会
4	上医河南洛阳校友会	14	上医新疆校友会
5	上医湖南校友会	15	上医浙江杭州校友会
6	上医江苏常熟校友会		
7	上医江苏南京校友会		**海外校友会**
8	上医江苏南通校友会	16	上医加拿大多伦多校友会
9	上医江苏苏州校友会	17	上医美国波士顿校友会
10	上医江苏扬州校友会	18	上医美东校友会

*校友会按地域拼音字母排序。

大额捐赠一览

序　号	捐　赠　人	项　　目
1	李兆基基金有限公司(李兆基)	李兆基图书馆非限定发展基金、校董及年会活动
2	廖凯原	廖凯原法学楼、奖助学金、最受欢迎教师奖

续 表

序 号	捐 赠 人	项 目
3	谢 明	谢明非限定发展基金
4	光华教育基金会(尹衍梁)	复旦大学人文基金、光华奖学金
5	曹其镛	复旦大学中日青年交流中心
6	新鸿基地产郭氏基金有限公司(郭炳江)	新鸿基地产郭氏基金助学金
7	香港思源基金会(陈曾焘)	复旦大学思源奖助学金、校董及年会活动
8	智华基金会(林高演)	智华楼非限定发展基金
9	吴英蕃	复旦大学吴英蕃-吴张令昭留本基金
10	翟 立	复旦大学翟立中华出土古文献研究奖励基金
11	韩国高等教育财团	上海论坛
12	陈树渠博士教育基金会有限公司(陈耀璋)	复旦大学陈树渠比较政治发展研究中心
13	霍氏家族基金会(霍焱)	霍焱学生海外交流基金
14	屈向军	生命科学学院肿瘤分子遗传学课题研究
15	上海微电子装备有限公司	复旦大学特聘教授席位
16	德国慕尼黑高等哲学学院	复旦大学德国慕尼黑高等哲学学院徐光启-利玛窦对话研究中心
17	辉瑞投资有限公司	复旦—辉瑞药物经济学能力建设
18	哈尔滨久升投资咨询有限责任公司	管理学院学生成长基金
19	香港惠明慈善基金	复旦大学惠明助学金

(对外联络与发展处供稿)

2011 届毕业生名录

本专科生

中国语言文学系

汉语言文学

黄 音 陈 意 宋 怡 钟 夏 钱赟睿 张黎明
常恺铭 徐偭成 朱海晶 王奕琦 何智尧 叶文琦
朱 虹 施 磊 徐小清 王济玚 陆佳艳 张 欢
孙 霏 何 靓 沈梦怡 籍萌萌 严冰洁 沈 开
田 玄 王 卉 孙莞然 赵 蕾 郭曼云 胡 楠
陈 媛 韩 颖 苏 筱 高 原 郑 莹 李 灿
汪雨萌 顾辰辰 徐梦瑶 于芳菲 周 思 袁一月
李 维 江映林 邓 婷 李 晗 朱雨岸 严维巍
岑士琦 刘思齐 焦红丽 杨雪涛 郭 睿 刘 媛
林奇涵 徐一凡 李 蒙 周敏颖 周 语 吴心怡
金高恩(韩国) 汪佳燕(美国) 后藤铁平(日本)
金住伦(韩国) 李成师(韩国) 陈维彪(新加坡)
吴佳涧(新加坡) 林思喜(新加坡) 伍俊玮(美国)
金愉莉(韩国) 李东禧(韩国) 姜美爱(韩国)
李准原(韩国) 郑清伟(马来西亚)

汉语言

罗佳园 傅闻捷 叶 子 王 栋 任 一 温 睿
吴一娜 傅及斯 王小雅 钟阳格 李枝梅 韦 迪
滚碧月 屈 懿 叶婧婷 虞光美 韩冰洁 范 鹏

历史学系

历史学

翟旻昊 郑宇麟 张雨濛 刘元喆 陈 旭 徐逸敏
莫桑尼 李子建 徐美超 范基程 崔绍瑄 冯 琨
罗 晞 施 零 吴旖晨 穆荷怡 杨尚尚 蔡安澜
彭珊珊 胡青云 霍淑贤 林珊珊 赵良红 杨 慧
再努热·吐尔逊 马 俊 黄 桢 皮晓晴
金炯柱(韩国) 徐良德(韩国)

旅游学系

旅游管理

林利欢 魏懿涵 李 鑫 庞裴培 高慧敏 朱 霁
徐 垒 陈一帆 徐 磊 阿曼吐·吐尔逊伙加
王 丽 孟 蝶 郭逸群 陆 烨 侯远思 杨明瑜
袁文蕾 郑斐玲 夏 岚 陈 洋 陆天祎 郝 真
岳 菲 关 欣 陈梦怡 费亦雯 李 馨 李阳阳
龙玉萍 李 欣 王 茜 郭星延 邵丽伟 孙思捷
钟 倩 褚月红 徐 珂 朴芝亨(韩国)
金成泰(韩国) 郑明勋(韩国) 金兴宰(韩国)
朴白花(韩国)

文物与博物馆学系

博物馆学

刘菲菲 傅 蕴 刘 漪 朱 静 郑汉卿 胡 盈
陈 航 王若谷 韩 超 李远飞 钱莉馨 李 雯
高寒千 张思熠 佘扬子 邢晓悠 刘玮琳 张昊宇
姜文楠 尹 琼 卓 佳 聂希羽 乌英藏登
徐心怡 朱 懿 刘梦璐 张 昱 阿嘎尔 黄 维
张巧娴(马来西亚) 殷明靖(泰国)
徐巍(加拿大) 贝科娃(乌克兰)

哲学学院

哲 学

孟千莎 张 鹏 王佳薇 陆凯华 张兴龙 曾 彬
顾隽华 邓嘉佳 柳肖涵 刘皓滢 潘盛成 殷 良
杨 洋 李由之 万 池 汤赵杰 张 艳 金一苇
刘 潇 吕 哲 王敏辰 徐 雯 张盈颖 朱 雀
张 圆 申菁菁 金 怡 胡 杨 李慧怡 夏 静
王蒙洁 陆梦迪 许议元 兰 薇 汤克凤 邓 珊
邓蓓茵 张晓萌 周 韦 潘雯雯 吴 满 郁西粟
徐卓航 冈田笑子(日本) 长浜浩志(日本)

哲学(国学方向)

邹 琴 盛 聪 臧继贤 马 勇 方浩铭 刘 新
孙今泾 尚 璇 干淑娟 郭俊哲 唐清威 姜妮伶
陈 岘

哲学(武警班)

张慎翔 余宏智 柳 亮 李天迅 洪俊飞 阮崇龙
徐功搏 韦金鑫 金一飞 郭 亮 盛崧烽 张亚舟
刘家德 曾 凡 乐金炉 杨禄涛 方 忠 涂雪锋
卢朝阳 刘山林 王俊峰 田德森 沙瑞刚 贺 洋
何晓敏 毛川阳 郑尼加 曾 威 陈 望 李振涛
陶庆国 张水林 董锡君

宗教学

杨 捷 支建涛 陈嘉仁 王 怡 孔祥源 孙 爽
邵菁菁 郑马利 张 倩 杨 欢 史政坤

艺术设计系

艺术设计

朱 政 沈雯晶 韦泽华 李凯迪 倪 俣 龚滋辰
韩 钦 朱紫兼 谢 彭 沙天予 涂更慷 徐珏菁
张 欣 俞 颖 李立人 茅慧莉 严文思 曹冰沁
王彦婷 姚 琴 谢彬欢 贺朝长 高 深 张梦淼
刘 颖

外国语言文学学院

英 语

朱 文 苏 丹 周亦菲 张心书 毛静云 顾 竞
纪圣茜 周蓓黎 施圣阳 钱春豪 王欣如 黄逸天
方圆遂 沈一宁 林海天 张顺菲 李可可 周士夏
李之然 杨 菁 李 沂 吕能能 周霭雪 张 依
何明玉 刘惠倩 胡辰敏 栾 敏 刘 一 卢晓琳
路 仪 马梦柠 倪佳婉 谢昭昭 吴筱洁 吴 格
俞泓珽 丁 皓 罗天恩 翁欣汇 邓丽婕 禹 薇
徐晓丹 童 烨 张 启 徐 韵 蒋宁琪 闵歆琰
张国雅 赵梦倩 冯 艳 夏梦志 郑嫣然 任玲玲
华 沙 吴 梦 武文俐 郑艾琳 庄 蓉 陈超逸
郑美贤(韩国) 尹熙锡(韩国) 郭炳贤(韩国)
田智惠(韩国) 蔡东赫(韩国) 许芝园(韩国)
河志松(韩国) 柳志惠(韩国) 郑泳澈(韩国)
金泰昊(韩国) 李载昌(韩国) 金旦熙(韩国)
平野恭子(日本) 金多惠(韩国) 滨田葵(日本)
金仙喜(韩国) 中原周一(日本) 韩晋焕(韩国)
李昌杰(韩国)

翻 译

范 虹 张合欢 李 想 袁 晨 黄逸舟 周 梦
张晓茵 张 娱 郑旭初 佘之臻 崔 璐 刘紫伦
张越頔 朱依乔 陶乐泱 沈思佳 俞慧倩 万琳艳
袁亦方 朱梦诗 陶 亮 吴艳苹 徐 吉 应 宁
肖 飞

俄 语

严佳颖 木尼拉·祖农 姚 晶 郑超然 程千里
邢 奕 严 琦 陆丽莉 杨沁沁 吴 玮
陈玲斐 周 洲

德 语

俞则人 沈陆峰 李敏超 崔文超 金雪飞 许昊旸
沈 冲 毛籍贤 常 磊 杨柳青 林之纯 原 悦
黄谷风 彭溢蔚 闻 意 吴笑萦 黄纯纯 汤兆轶
刘珏烨 谢颖谦

法 语

徐林胤 徐昱茜 何 珂 周 楠 杨嘉宁 黄渊敏
周 凝 孙璧婧 李佳颖 戴倩倩 方雯雯 黄斯妤
汪霏旸 郑运帷 傅慧玲 何舒伦 马牧原

日 语

余川川 杨佳娴 张志洁 葛 斐 梅润智 司 念
钱 周 周 欢 张 昊 张文婷 郑思遥 俞 青
叶雨薇 成 超 潘友航 李舒叶 张 虹 王安琪
侯柯楠 徐 瑶 侯 梦 方映霞 陈 波
吴若拉(韩国) 郑荣镐(韩国) 金材河(韩国)
金熙阿(韩国)

日语(对外日汉)

申载浩(韩国) 赵滋熙(韩国) 崔光洙(韩国)
柳炳俊(韩国) 崔豪峻(韩国) 金敏姫(韩国)

金兴教(韩国)　赵世熙(韩国)

朝鲜语

邵玉亮　钱理　钱丽霞　吴天云　杨碧琦　牟琼颖
柏忠蔚　寿莹子　姚亚蓉　陈艾煜　潘璐　孙莉琼
施悦音　张玮婷　籍怿　李钰冰　颜思瀛　王双午

新闻学院

新闻学专业

王冰　沈潇迪　杨念　欧阳尼康　居然　俞秋月
顾劭斐　黄世瑾　刘翼豪　孙路　吕辉　熊军
王魁　马莎莎　吕雯瑾　王清　曹文清　潘桑榆
张小叶　石一瑛　黄悦　钟怡　黄莹　李梦颖
唐逸如　吴冬苹　火靓月　王昭　陈无梦　姚远
许偲倩　顾慧薇　陆雪歌　尚达　吕爽　杜越
徐霓　邱晨辰　张文静　乔诗尧　景杨　张虹
陈乐　周晶晶　董冰清　项一嵚　赵婧　陈洁
曾艺　卢杉　贾雪莹　唐薇薇　张珂玮　孙文婧
杨健楠　张帅　董博飏　祖萌萌　高宁　葛越
徐冉　宋娜莱(韩国)　安银菲(韩国)
金佳滥(韩国)　中嶋惠里(日本)　高裕一(日本)
赵大宽(韩国)　吴多惠(韩国)　大塚美加(日本)
李和宣(韩国)　董觐侨(美国)　陈珖伯(韩国)
李贤智(韩国)　栗山依洁(日本)　徐炳逵(韩国)
姜秀珍(韩国)　丘佳绮(印度尼西亚)
史旻主(韩国)　李多恩(韩国)　洪赫基(韩国)
赵仁珠(韩国)　欧雅(刚果)　文惠荣(韩国)
殷立宇(巴西)

广播电视新闻学

杨懿晶　张灿　杨婷婷　郭强　沈洁　谢思
叶舒婧　杨捷琳　陈欢　许乐　程颖峤　叶欣辰
范枫　顾婕　吴悠　张雯宜　顾佩　丁曦
张姮萍　蔡怡　丁易文　王姗　沈爽　刘婧婷
王疏雨　张玲　田晓艳　马卓媛　刘晓翠　王婧
丁雯婕　熊茂伶　徐小淇　廖菲　刘建妮　付晓
关建翠　代印　李路吉　陆亦寒　黄泓翔　陆怡奇
韩煐(韩国)　成正民(韩国)　崔正恩(韩国)
金珆娟(韩国)　陈美婷(美国)　金石(韩国)
江婷婷(泰国)

广告学

王童　兰原　张恒东　张琦璘　蔡世俊　霍雨平
潘正　黄大卫　常安　赵成琦　马秉心　杜曲生
潘芸　陈思　祁舒娅　左沈怡　宋小卓　顾筱雯
傅可平　盛雪玲　张晓莹　张雪　崔雯瑾　罗曼
张立峥　陆诗茗　姚璐　姚楠　吴雅洁　王硕
王欣佳　韩淑巧　戴静霄　陈嘉琳　陈晓萍　张薇
孙璐　臧涓涓　李贝川　郭恬　裴严娜　谢晨静
梁家希　张绣月　佘钰玲　何晓峰　金晶　褚珂芸

黄孝贞(韩国)　任星惠(韩国)　李艺珍(韩国)
颜婉如(南非)　吴博楠(韩国)　朱慈英(韩国)

传播学

罗蓝菲　陈家齐　张亮宇　柳成荫　沈蕾　沈丹
陈若愚　冯晓彦　叶苏倩　张冰昕　姜晟颖　章瑾
史丹梦　姚佩倩　孙琍　赵蓉　季虞文　吕圣璞
陈旭辉　肖淼　宋淼　王梦怡　林怡君　杨帆
林光耀　李欣朋　马凌莹　崔智娜(韩国)
尹艺瑟(韩国)　金荣民(韩国)　徐高云(韩国)
李一键(韩国)　洪利庚(韩国)　李怜恩(韩国)
德重网子(日本)　小世美纪(日本)

国际关系与公共事务学院

国际政治

乐晨卿　李飞　朱静岚　许钟文　金晓婷　江舒苑
王骁　杜旭赟　曹征宇　翁佳顿　顾超　王天语
邓贝西　蔡蒙　翁昌阳　聂鲁彬　德力夏提·赛塔尔
木合买提江·依沙克　章丹梦　杨馨　金芮帆
张晶菁　孟妍　顾燕君　谢玮　朱倩雯　汪迪雅
范秦玮　后歆桐　汤瑞琪　朱嘉轶　郁飞　梁卓卿
杨岚　盛洁　迟曹贝尔　顾奕君　金孔羽
郁佳颖　徐婕　王珊珊　黄亚琼　徐诗妮　杨季超
冯羽婷　王潺潺　彭瑷莉　张旻　赵显俊(韩国)
金昌谦(韩国)　赵哈拿(韩国)　姜真荣(韩国)
林坤颖(新加坡)　郑伦朱(韩国)　金垠吾(韩国)
曹喜玄(韩国)　李智仁(韩国)　金鼓韵(韩国)

政治学与行政学

周超　任云飞　汪春雷　刘艳波　顾质　朱颖彦
吴佳忆　朱树艺　孙嘉旎　沈仰然　叶珊珊　张咪
尹梦　李洋　林晓昕　刘宏淑　田元源　苏伟麟
李晓杰　马骁　张椴熀(韩国)　野吕优华(日本)

思想政治教育

夏叶　朱昊宇　严伟　李芳　糜雨辰　汤耐尔
李雁　李映青　朱颖莹　马怡菲　乔洁琼　吴洁
张一　张艺磊　高俊卿　尹敏　柏露　陈真美
丁赟佳　姜思思

行政管理

郑桑　任雅丽　张云龙　张韬　陶圣恺　陆迪
顾吉　陈劼　陈侑晨　陈轩宇　谭皓　李伯洋
李明明　盛宜谦　迪力木拉提·阿布都克依木
崔俊鹏　高臻　徐慧娜　陈逸颖　冯汇杰　袁文蔚
祝天慧　王萍萍　李梦影　龚宇璐　陆健英　高文漪
季琴　周丽君　詹华　刘思祺　程乐欢　胡予含
胡莺川　陈汝静　吴迪　王帅　李芳玲　张雪娇
杨朗　赵梦珺　布丽布丽·海拉提　简凤瑶
刘庆立　代屹峰　张志明　胡业飞　刘文嫣

村越旭(日本) 金范锡(韩国) 洪敬珍(韩国)
曹齐根(韩国) 李政勋(韩国) 金大渊(韩国)
陈效娥(韩国) 池熙雄(韩国)

法学院

法 学

章无己 刘林欣 张 轶 李俊杰 燕 然 朱 珠
贾子昂 王心怡 姜 源 姚 力 朱轶辰 丁姜斌
叶智斌 金浩枫 高 峥 王之衔 张宇衡 董 健
傅 博 严 彬 郑若凡 刘楚域 张 昊 孙 杰
宋韬纬 李默谦 黄沈幪 丁肖锋 伏 龙 翁宏斌
唐道春 但唐杰 徐梦临 韩庆智 张 龙 何代东
李 贞 王 洁 李艺丰 胡意意 张丽雯 戴云汉
刘 淼 王 思 李辰婴 钟灵毓 崔坤佳 李佳晨
陆艳飞 赵羽嘉 张佳羽 裔 慧 陈 昱 黄玥修
陆程程 张旭圆 张思佳 边天芸 王 欢 谢 颖
姚蓝曲 郁 颖 楼林波 亢丽佳 陈星宇 孙冠祎
陈雪丹 陈 曦 王 艳 许 帆 丁丹阳 叶 琳
孟庆华 付玉洁 冯 婧 张 茜 廖海清 叶 蕾
欧 恒 陈 琴 彭丹梅 董艺璇 尹曦漫 李文婷
常弘媛 董 雪 王若楠 凯丽比努尔·阿卜杜热西提
依巴代提·赛买提 陈雅薇 金依辰 吴文渊
徐 彰 尤佳晨 江一帆 李 昭 杨 洁 吴巳菲
赵铭宗 夏 璐 江崎理沙(日本) 成始声(韩国)
上阪建树(日本) 谢樱妮(瑞士) 苏 河(蒙古)
金宝兰(韩国) 姜志受(韩国) 金贤珍(韩国)
金慧临(韩国) 崔相赫(韩国) 芦泽友直(日本)
黄品谚(美国) 孙烘奎(韩国) 杨智然(韩国)
吕旻奎(韩国) 李单非(韩国) 崔高恩(韩国)
赤泽春香(日本) 文思琦(韩国) 李拿经(韩国)
禹成铁(韩国) 姜贤锡(韩国) 郑秀连(韩国)
辛昌烈(韩国) 金男英(韩国) 朴姝泫(韩国)
陈玉璇(马来西亚) 崔银善(韩国) 林镐准(韩国)
文秀兰(韩国) 韩有俐(韩国) 朴宣映(韩国)
禹志燕(韩国) 李东原(韩国)

社会发展与公共政策学院

社会学

谢宗记 莫文倩 徐奏凯 倪笑妍 金 添 沈 蓉
唐传晔 顾嗣鸣 楚子春 孙 斌 陈 昊 方林建
卢辰辰 彭小龙 周里然 陆佳旻 沈 喆 冯锦锦
陈萃琳 骆小懿 马正侃 方 菲 陈 纯 王欣佳
吕依凌 章卉文 张元辰 骆之凡 周文成 顾 韡
潘颖娇 李明玥 冷紫薇 刘 欣 王粲璨 李丹峰
梅 雪 陈凤娇 苏金艳 秦 朗 袭凤圆 沈一冰
周介吾 李 潇 翁 婕 巢舒雯

社会工作

陶玉龙 王敏燕 邓悦现 茅丹荣 孟青莆 崔沐然
吴周良 陈深森 应琼楼 黄誉文 卜颖雯 曹雪敏
金晓清 王丽静 王静怡 耿 雪 吴夏超 董 雪
胡小羽 周懿之 史海萌 卫简臻 王 玲
金荣珉(韩国)

心理学

杨 静 周依乐 赵 悠 陈海龙 李 杜 王梦婷
俞 飞 朱 楠 秦 威 高逸飞 王 林 赵 瀚
王 麟 胡亢宇 段召忠 杜彦君 袁璐玶 瞿逸平
陈宇蔚 沈漪沁 董熠婧 陆灵犀
麦尔比亚·吾买尔江 张兆卿 祝筠霏

经济学院

经济学

董士超 王 幸 李 圆 项玉琼 樊 劼 鲍奇姗
周天厦 周迟明 张 豪 卞 宸 胡弋之 曹剑非
孙 宙 余 添 王一川 陆禹坤 崔芝苹 顾 斌
杨义明 顾皓卿 董倪晶磊 骆云涛 徐 珂
王 亮 郭维超 陈 路 仇 辰 崔 凯 李 尘
杨 辰 房天昊 王 刚 胡光耀 唐 诗 黄 丰
边新杰 叶贤佳 吴伟华 曹海强 邵旭华 金君韡
冯清华 李小梦 王鲜瑶 秦 彤 胡 岸 林筱韫
唐晓琳 赵 琦 周文隽 吕雯琦 谢思鹿 陈 曦
杜燕珺 陆莹洁 顾奈茜 叶蔚藜 卞 雪 陆雯烨
李佩芸 洪月娥 仇梦晨 任 品 汪一梦 陆晟晟
程 晞 唐蕴斐 汪淑敏 景 宜 黄 晔 张 璐
常碧洲 杨 斐 毛银银 陈玺羽 冯亚静 刘 水
陈水芳 陈 雯 唐丽媛 陈慧倩 袁 盼 匡 蓓
袁雯娟 朱月月 武 葳 黄 茜 梅圣洁
朴承源(韩国) 李雅兰(韩国) 朴秀贤(韩国)
金度希(韩国) 郑永祥(越南)

经济学(数理经济方向)

洪常越 金 烨 郑宇驰 陈锴锟 包承超 张海啸
周开浩 高 巍 刘 妍 倪佳琦 李宛聪 杨彦旻
方 翔 徐 朦 朱 诚 胡 珊 徐茜如 雷琼雯
茅译齐 沈政达 陈 瑾

国际经济与贸易

刘明然 李文清 李冽铃 严奕飞 俞 程 董澳媛
何 璟 吴俊甫 张 惠 胡乐融 钱浩祺 沈瑜奇
张昊洋 孙 远 林少鸿 叶大祺 邵 伋 杨 超
徐灏龙 史 晶 沈宁立 付 兵 管泉森 高 亮
花天韵 施展华 周 泱 詹 旭 池能德 邹蒸智
黄亚祥 李雄伟 叶 昆 丁张旭 顾攀宇 朱宁喆
耿 枫 唐 喆 凌 怡 孙 琦 宋 涓 孟唯佳
洪庆子 王燕婷 唐晓娇 顾耿琼 董佳颖 杨 茜
石晶晶 张 雪 辛善姬 过 群 朱 璇 王雨婷
陆 迪 乐无穹 赖旦旦 姚卓嫘 徐一茗 吕双双
范丽晖 祝珊珊 宋沂文 张文思 张严严 张姗姗
司 雯 徐安娜 黄慧玲 吴 璇 陈 静 樊 静

唐　宇　杜　晓　欧阳雪飞　　沈　岖　陈思宇
陈绵绵　徐偲伦　毛　懋　余晓玲　王明亮
金奎汉(韩国)　　郑由丝(印度尼西亚)
邱善文(马来西亚)　杨晓青(匈牙利)
朴锡重(韩国)　　咸嫭俊(韩国)

财政学

施璐琼　胡良杰　陈　杰　刘　桑　唐　蒙　王文浩
刘　洋　吕晓易　周　凯　李一萌　韩洋洋　刘铭宇
唐巧玲　何熠飞　王东东　王　艺　杜圣婴　项　菲
陆　琪　王绒雪　方若婷　费于青　潘舟婷　金中祎
华梦晓　任方怡　徐梦露　朱霜霜　张丽莉　朱琼玉
徐　烨　许春玉　吴雅冰　李　琪　周令菲　黄颖倩
何京鸿　唐　蒙　高　洁　林家祥(印度尼西亚)
安祉厚(韩国)　黄序允(韩国)

金融学

白航飞　隋　毅　陈　川　周　瑾　平由植　林　威
王中伟　沈千寻　胡哲琰　张　煜　刘海荣　郭昭廷
孙修予　郑忆青　唐乃澄　汪　泱　谭新毅　孟　夏
张启宇　吴　纬　陈舒鹏　盛　成　沈士俊　王　超
茅黎昇　吴冬晗　张　松　刘宏远　唐博伦　沈哲明
陆东昊　邢皓程　苏银钊　王　俊　张卢楠　朱泓毅
陈奋涛　王维俊　林子斌　沈　沉　王自锋　何瑞冰
刘　翼　白　璇　凌若冰　尹小为　周　茂　孙　清
崔雯倩　张　迎　唐卓菁　李　萌　王宇昕　周混圆
周程燕　唐艾萌　杨祎雯　叶　卉　魏宏琰　王　晶
罗怡婷　刘新嘉　赵乙悦　孙婕瑶　黄粱梦　钟　挥
梁　策　王　效　李巳漪　王　倩　李冬梅　刘文文
孙　萌　孔莲花　黄　袁　龚昊旻　朱　密　俞旭姣
宋颖杰　陈　玥　丁　卉　刘筱筠　丁雅坤　刘潇潇
袁　菁　刘翠文　曾　丽　黄　玄　朱可玉　李明倍
杨权梅　杨　侃　倮佳宁　刘　楠　张馨尹　蔡晓晖
王若浩　金奕璐　姚　河　刘　京　金慜姝(韩国)
金娥嵘(韩国)　郑在祐(韩国)　丁天(韩国)
赵恩爱(韩国)　郑尤丁(韩国)
塔那特(哈萨克斯坦)　阿丽亚(哈萨克斯坦)

保　险

朱天然　曹欣玮　孙嗣炜　张石轶　唐　行　张溪源
杨　兴　唐啸寒　许　皓　潘维凯　陈之衡　刘境宇
戴思远　钱晓露　刘　畅　蔡子婕　林思颖　虞　蓉
朱梦楠　沈淳泱　赵嫣一　黄　晨　徐敏迪　韩　颖
沈佳耀　崔玲莉　袁玉丹　金善庆(韩国)

管理学院

管理科学

何礼杰　史济侃　蒋菁繁　张珏融　姚成龙　张锦煜
吴佳力　施昱辉　王佳文　黄琪翔　张阵一　潘　超
马昇杰　屈逸飞　滕　跃　张晓赫　佟金城　施　原
高晓光　林泓翔　王浚宇　袁　雨　唐文之　高祎骓
曹怡晨　魏　昕　敦　茗　周晓丽　柏　薇　陆玲莉
吴一静　郭眉扬　程　鸣　徐姗燕　胡婷婷　张　慧
廖　捷　李曦航　钱　熠　宋皓颖　李范锡(韩国)

信息管理与信息系统

顾程遥　蒋　赏　吴　乾　孙宵晨　吴　恺　褚逸杰
洪蔚翔　李　靖　邱　东　蔡忠祥　吴龙华　张沛然
杨　彧　皇甫玮璐　　周欣辰　洪慧娉　徐　蕊
陈　佩　陈　凡　王志晓　曹恒培(韩国)
全俊虎(韩国)　安仁炅(韩国)

工商管理

金容范(韩国)　金刚石(韩国)

市场营销

张学孔　周　岚　姚　晟　朱一凡　童　话　杨玥玢
马　远　李亦奕　张知为　李思思　倪冰雁　杨天宁
李勇一(韩国)　李敏珠(韩国)　芮　真(韩国)
曾思扬(泰国)　白顺美(韩国)　程　鹏(斯洛伐克)
黄世媛(韩国)

财务管理

沈莹珠　陈震宇　赵文哲　阎斯华　张　璐　吴哲楠
周　昀　陆昌焕　马　俊　王孜元　许　恒　朱源天
黄心宇　阎　超　周　勇　洪　日　汪春洋　邹文灏
郑　天　陈铭扬　王振宇　冯　昊　王　墨　徐文强
张　弢　王欢文　王华杰　夏彦玮　陈　希　唐皆丰
梁莉丽　王倩雯　薛凯文　顾缘敏　杨熠熙　金佳蓓
陈嘉雯　陈　颖　王　琳　翁　祺　张　昫　王璐茜
陈　诚　徐雯璋　俞绮韵　王倩云　徐叶舟　吴亦凡
方怡菁　朱　琛　刘璐桁　徐　沁　洪萍萍　温小燕
赵　晨　李小龙　丁　玲　刘婧玮　任泓霖　吴　凯
杨　路　何　薇　赵琛艳

会计学

杨龙飞　薛晓玲　陈中健　应宏斌　张　熠　江思雨
钱旷佢　吴　程　欧阳沈祎　　杨钧智　沙开璞
林　刚　程龙戈　胡文倩　杭炎菲　徐　雯　陆　乐
刘毅芳　朱　雯　陈　冰　樊正淳　汪新伊　孙　芸
沈霞霞　陆　澄　武　颖　李闻笛　杨　杨　王娜森
王禹焜　陈　晨　徐　华　郑美亚　陈丽娟　陶　然
易潇雨　汪　洁　常　欢　胡晓斐　贾　腾　胡会通
郑心怡　金志贤(韩国)

统计学

孟子琦　郭　睿　李殷皓　陆文韬　蒋俊海　王亦旸
王　楚　张　曦　沈若禹　董　超　金霄然　章佳炜
胡子欣　葛家伟　米　雷　龚思远　刘宇潮　陈荃弋
戴君琳　胡颖颖　胡可嘉　朱叶亭　冯达妮　郑蓉文

郭晨程 汪海霞 张 怡 高 洁 马羽童 褚王欢
杨 婧 兰 沁 程 溪 陈睿迪 赖艳丽 曾 潇
崔锐琼 徐方洋 任 毅 汪慧敏

数学科学学院

数学与应用数学

徐玉鹏 张承栋 胡子雨 袁 洲 王辰辰 李斌儒
褚辰融 张擎天 赵英男 张丽倩 周 律 孙思琦
贺卓丰 宋 阳 薛东明 张宇捷 姚 烨 秦立信
朱子木 何 明 程竹君 陈其然 曹源培 蔡大伟
陈豪杰 牛凤轩 朱远骋 朱子文 江凌冰 郑文丞
徐 磊 葛汝臣 张文彬 陈 杰 何智豪 储 成
李家荪 邱会通 傅华一 侯 爵 杨嘉行 胡佳诚
丁维洋 匡晨晟 姚冰歆 顾云帆 范勇军 邱慧轩
殷雷程 奚 望 刘文然 张 弘 赵 睿 王 健
刘志鹏 王 旭 陈云霄 钱卓群 贺音卜 石友晟
张世雄 章潇枫 成 龙 李哲骅 田 坎 李瑞力
蒋辰中 陈腾泓 谭家明 张祎星 韩 成 黄 驹
何岱洧 符 敏 李逸菲 张颂珍 杨含雪 殷婷婷
李昕昕 张俪士 钱易婕 杨小红 朱端宜 徐菲菲
钱盈芝 曹盛平 金 菁 孙健兰 钱 忞 周 扬
王笑微 何 姗 丛 洁 刘 臻 李迪心 余敏华
赵 茜 胡继媛 徐 清 居 尘 须敏敏 郎 朗
吕 婷 陈清梅

信息与计算科学

周 圆 顾晓辰 贾 乐 黄桦伟 吴 瀚 郑 雯
冷思阳 张晓慧 袁伯顺 朱熠翔 蔡凌捷 焦 融
邬 靓 刘明洋 许 辰 屠思宇 顾晓炜 侯沐杰
张忆恺 孔令伟 吴 远 张 磊 殷奇韬 孙 珷
陈 中 樊雪聪 陈濡青 王宇哲 陶陈旸 李 毅
王 潇 王兆龙 肖 聪 尤赟来 羊 逸 金晟杰
吴之远 肖 钢 黄 璜 江子鹿 王 也 彭 渤
刘 波 王 方 伍洋涛 沈 怡 沈 砾 钱博文
刘琳霖 赵瑜珩 骆祎玮 杨思琪 卢丹妮 田 韵
黄远生 聂嘉明 马 骉

物理学系

物理学

沈 元 詹思维 张鹤天 陈 帆 孙梦超 郑 晨
赵 斌 徐浩宇 张惠澍 范天逸 祝方舟 蔺 楠
伍 晔 孙一苇 蒋超然 陈 斌 朱 骏 周宇辰
尹伊伦 杨文杰 林 杰 杨 树 李尔文 郑 俊
徐小凡 文 恒 李 力 朱晨歌 张 凯 顾海川
周正阳 霍雨露 沈翔瀛 杨 圣 董伟男 孙 清
火 炎 许宏炜 李小龙 赵 伟 肖高阳 邱伟峰
朱宝成 王 也 何正良 李 鸥 刘文捷 高 峰
汪宝华 安克难 杨 光 李晓辉 严 理 张雨聪
聂国熹 谷颖宏 吴龙威 汪 康 李圣威 古 杰
梁建辉 廖 鑫 芦维宁 郭 翔 郑 力 林 芸
樊 秦 钮佳艳 姚思嘉 陈雨璐 朱海宁 杨昉原
韩 楚 杨 帆 侯 婕 胡晓倩 张 咪 武 迪
蓝凡立 程恋茜 汪 敏 王福梅 徐 超 周晓颖
徐一超 徐杰谌 陈柏良 季 业 刘俊杰 马 涵
吴 昊 杜 南 张晓越

化学系

化 学

赵 设 郭俊飞 许子腾 王晨曦 顾 向 吴怡心
刘 敏 赵胜勋 张韫哲 胡 阳 陆 雒 王惟圣
张 开 王晋阳 王立臣 瞿必成 尹达亮 黄亦青
高 远 娄夏冰 冯岩峰 宋铎良 刘开会 苏明超
宋 洋 王云骢 王苏峰 陆文渊 姚晨飞 胡佩雷
张宏伟 林 平 陈泽翔 张思学 刘笑寒 郭 榕
胡 畔 刘思彦 肖力夫 谭 余 李 智 张小倩
朱 懿 黄丹妮 陆 伊 张默涵 钱一凡 屠玖宜
郑嘉旻 唐菲茹 董 煜 沈 頔 闫玥儿 葛春华
赵 朴 孟思远 潘小林 邢 珍 卜 静 茆 涵
朱文婷 钱 玥 刘潇潇 代 蕊 蒋 涛 王翰林
孙秋阳 徐米之 庄 稼 翁聪聪

应用化学

薛一鹏 马日照 孙汉杰 陈 君 王升扬 邹凯锋
史耿共我 张 林 黄 海 文江为 李彦龙
韩兆萌 王欢欢 郭丽萍 史辰漪 冯小燕 李兰婷
刘小瑜 岳 秦 王 尧

力学与工程科学系

理论与应用力学

袁鹏飞 任如意 仇思超 王晓普 李致远 叶礼峰
宋轶钦 朱昶帆 姚 蔚 刘于一 高 嵩 余宇轩
张默之 郝 雨 张 睿 杨 赢 蒋轶杰 李 鹰
龚 辛 赵玉鹏 王 珺 陈 瑜 陈佳琬 戴晓宁
兰 瑾 陈 芳 刘 娟 杨 昕 陈 凯

飞行器设计与工程

余飞龙 赵 旸 曹艾丁 蒋义璘 刘 玮 张澳鹏
王曦庭 杨 柳 徐玮鑫 姚子羽 朱建军 陶斯佳
俞霜霜

材料科学系

材料物理

翟羽翔 严荣婧 沈 超 严 石 罗骋韬 卞雨晨
宋恩名 曹 宇 吕金钟 徐 元 吕志强 环 静
丁彩文 孙适辰 陈新科 张国永 吕 平 祝 桐
万润来 徐世锦 王 磊 马渊语 汤逸敏 刘梦眉
江晓坚 顾正莹 武 帅 程 前

材料化学

周晓晨 王书传 徐嘉希 常 煜 李鹏辉 万 磊

巫　勇　周秋峡　彭玲洁　江亦潇　叶辰雨　陈飞珺

电子科学与技术

李之汇　王海东　董佳垚　李洪磊　陈　曦　齐可元
岳　尘　皮少华　袁　波　丛　钰　吴佳彬　胡丁力
赵　安　李旭晏　郑　林　郭丽芳　柳媛瑾

高分子科学系

高分子材料与工程

蒋寅啸　戎　轶　戚澐岚　张如靖　李厚朴　胡　滨
沈星源　郑照堃　郑　正　周立正　赵　宇　冯　凯
郑　然　张　真　张承志　樊家澍　张　杰　陈仲欣
覃　成　秦梓凯　邹德刚　冉志鹏　翁旻雯　黄丹丹
蒋思思　郭丽雅　徐云仙　尹辛波　于晶莹　赵　琳
沈诗倩　吴　菲　张　波　王淞旸

环境科学与工程系

环境科学

李　珣　王皓洁　姚晨超　赖文翀　刘静娴　李宁远
吴天晨　杨辰宇　沈　哲　汤浩俊　姚蔡轩　季鑫德
张　页　邱　天　张　元　张　豪　蔡隽元　柴乙亮
马　乐　颜慧彬　黄元龙　沈晓龙　任冠峰　李春林
刘瑞麟　查晓松　纪天一　舒炜煜　顾　峥　洪子健
张顺彬　黄　山　王澄山　郑　楠　陆吕雯　薛韫坤
林清华　罗婥琼　陈慧怡　吴　荻　韩　辰　翟　宇
许涵乾　张若男　尹　姿　张悦梦　束梦照　赖　薇
袁　源　陈　蝶　钱逸菲　雷雨田　汤潇雨　孙光晔
唐海昕　杨溢巍　陆　怡　董小耘　刘　意　周　蓓
严杨蔚　代仕娅　黄　劼　林　琳　祝　迪　郝孟丽
张延亮　卢岩斌　张　琼　谈佳妮

生命科学学院

生物科学

周华俊　孙　赛　沈忆冰　鲍丹琛　王　琦　张鑫明
陈云章　徐驰炜　乐贝林　赵　维　张卓然　陈　涌
赵　亮　王兴之　吴晓立　张思聪　卢迅垚　丁吉锋
施　雨　严顺飞　刘　匆　陈林颀　周　欣　魏　哲
黄逸安　蔡彬彬　祁　祺　龚庆天　迟　亮　周翔达
徐　洋　黄修远　陈晓伦　吴　劼　孔垂瑾　陈应之
梁一丁　薛勇强　房　梓　刘松原　马东青　张俊杰
王浩珏　乐轶辰　许家杰　余波杰　杨智勇　丁楚风
朱厚泽　袁　维　林千适　穆　颖　孙　翔　宋贺莲
王筱靓　马　丁　柳靓婧　阴佳妮　贺馥璐　许　汀
孙小吉　土梦瑶　黄钟韵　徐博文　姜婷婷　史艺宾
陈佳辰　徐　楠　李擎瑜　倪倚天　吴　优　于　一
张　亭　凌　佳　冯　然　石　欣　刘媛媛　修　婧
徐梦茜　岳怡菲　张　捷　王　菲　李煜雯　夏　梦
陈嘉怡　梁　勤　肖　梦　盖　敏　冯睿芝　康以萌
壮雪倩　梁苗清　顾慧宁　武　晴　吴心茹　贾淑雅
董文昊　吴颖怡　李　壳　孙　宽　吴　桐　李弘晔
林雪晶　翁静颖　李忠霏　李　刚　徐　铭　董　睿
华亦斐

生物技术

李　锐　何丹柠　沈　庞　冯至伟　陈翀宇　冯　睿
李　钟　郝秋实　王尧峰　张　坤　周王滨　李泽鹏
钟海雷　丁驷跃　曹大炫　王金成　顾　依　阮淑萍
郭嫣然　王诗宇　冯慧凡　王巧盈　刘　曦　赵瀚知
丁诗杰　陈海珊(马来西亚)

信息科学与工程学院

电子信息科学与技术

季伟坚　李元粱　许乐扬　张　洁　涂卓麟　蔡　瑾
张　延　朱冬颖　孙德庆　武亦文　李　挺　施喆琦
朱镜宇　秋钦夫　吴　昊　薛　晨　刘铭宇　滕玉龙
钱龙君　王一键　林一舟　陈　顺　乔　宇　胡竣杰
黄　政　徐佳靓　潘博翔　范恒彬　马耀辉　李琦铭
林　垠　张　晨　刘学峰　林辰飞　朱　雷　王泮渠
郭东博　吴正晖　唐显锭　马辰斐　顾　麒　丁　泽
蒋紫东　曾　星　刘鲁杰　张紫豪　陈　强　蔡　琦
戴　博　乐　毅　庞天赛　侯　黎　李济川　李　轲
刘　鑫　吕　琦　谢　玉　徐开峰　韩　洋　徐新龙
何　斐　简　峭　唐文懿　陈　昭　高佳镭　赵　箐
戚　澄　邬晨琳　朱辰晨　沈芸辉　徐　珩　尚欣悦
李静姝　刘善慧　曹　欢　谢晨欣　张慧琳　刘欣瑜
秦　瑾　连海涛

生物医学工程

杨笑桑　金一辰　朱逸晨　董岸男　丁　宁　王彦磊
李文海　闫阳阳　王　法　浦怡雯　李慕媛　马斯劼
鲁梦蕾　李　杰　张琳琳

光信息科学与技术

陈　思　郝洪辰　吕　辰　吕士超　王天珑　沈逸弢
周　玄　吴　钊　蔡京之　王承悦　李　鑫　赵益辉
付相宇　黄志鸿　朱逸阳　徐钰晨　华　波　高　峰
柯福顺　张冶青　刘晋麟　夏　辉　项春彧　迟　旭
陶　越　盛小夏　卢江蛟

微电子学

刘　聪　陈于思　王晓俊　傅天衡　马益博　路思萌
马天龙　陶　森　孙慧盈　阮永涛　陈　冬　王北北
黄　涛　余超凡　薛元坤　陶毅杰　王逸非　杨逸石
刘晓勇　丁毅岭　王冬格　唐希凡　刘俊义　沈嘉良
尤龙华　陈　钊　朱非白　孙文文　曹曙玮　黄尚豪
蒋　菁　周擘承　任　捷　张　璋　邹欣航　张诗翼
刘　枫　范昊龙　张金龙　钟　元　李　洋　尚　青
唐天宇　付凌智　巩啸风　姜信百　尹　尧　邵　琦
孟昭慧　黄　维　吴　成　王　驰　钱　隆　董　君
俞　政　胡京华　邓一凡　李　昂　陈　悦　杨浩帆

王鲁浩　熊唯峰　唐辉丰　潘毓淇　李泽广　刘朋亨
赵　坤　陶仙文　杨　康　杨怡婷　刘　莲　叶梦梦
陈　静　王安琪　刘德蓉　程洁琼　汪雨雯　王　玮
储梦倩　顾旻晖　施烨雯　丁　颖　丁　娜　张楚泓
顾竟人　李　稳　魏佑安

通信工程
朱天石　范从伟　张亮军　颜为海　陈　斌　张子毅
许佳炜　梁功孟　张增炎　顾旻玮　陆弘波　沈　杰
唐　尧　徐俊磊　李　涛　陈忆伦　孙杰璁　胡　畔
钟　央　田中堂　陆　伟　吴阳阳　王琦琛　周　岑
秦　治　陈　慰　史　阳　丁胜东　范庭芳　魏中晗
黄玮超　朱　政　王　朋　史世雄　易治宏　程　冲
田启源　陈子平　刘竹珺　张梦莹　刘启茹　王　倩
屠艳菊　徐　珉　江满庭　阮黎明　薛丹妮　何宇婧
杨　帆　赖嘉祺　汤婵娟　方泽姣　苏　菲　李荣玲
张　相　摆　淼　竺斯轩

电气工程及其自动化
黄思沁　王　珅　范　俊　叶志翔　唐竹舟　黄　鑫
鲍海明　王　涛　邱　鹏　金　立　邹　耶　高　源
刘兆泽　杨育周　顾　鑫　包熙鸿　陈　畅　范　燊
郭汪洋　王宝杰　张环宇　吴　煜　杨小平　龙天光
黄首霖　樊生龙　郑　龙　陈　令　丁雅婕　刘　婕
刘羿宏　杜倩昀　毕仲杰　朱东宁　李林杰

计算机科学与技术学院
计算机科学与技术
杨乃时　杜小博　木塔力甫·吐达洪　成　城
李雯晶　范一鸣　许斯晨　张　驰　蒋　潇　王　超
丁　浩　吴　康　王　坤　汪见超　朱宇峰　王　为
潘　路　吴若沉　徐天伦　赵　鑫　费　阳　徐　辰
陈正浩　韩　亮　董家为　陈立成　王星杰　郑尧力
赵嘉亿　曹　零　王　帅　刘　琦　高　远　刘　航
任　帅　钱　晨　潘　森　李　元　施忠辉　田　乐
程　陈　张　俊　鲍江峰　陈一村　唐铕泽　张　溢
任　劲　林欣葳　吴　鹏　姜　黎　郝传利　谢　奕
吴　斌　曾　劲　胡晓诚　杨　溢　伦肇梁　蓝　俊
王　玥　周文斌　殷　铭　李　威　孙　钊　李　杨
白忠凯　段　超　白　戈　马佳沁　陆慧琳　童　雨
蔡元之　张　萌　欧阳斯　李佳纯　张　璐　顾成洁
张　欢　尹艺霖　王净晶　王婧璐　赵花婷　刘　露
曾　呈　董晶明　于　涛

信息安全
高轶薇　李雪菲　柳嘉真　葛　易　蒋　俊　程　序
陈龙泽　邓　达　陈　晨　王立飞　包　捷　包玉轩
钱超尘　李　恒　胡挺霄　何正军　朱乾钱　陈思明
陈　洎　于汝杰　温文灏　杨维隆　陈　实　陈一征
管姣妮　胡旭琰　金　昭　万　芳　陈诗雅

软件学院
软件工程
陈　进　闵庆豪　郑　跃　王　建　张鑫毅　郑慧华
蔡圣龙　李文博　张　超　徐正刚　李志凯　房　勇
厉浩昊　刘雅诺　何柯君　郑　婕　陈丹阳　刘超君
苏昕琦　顾　虹　钱晨涛　马雪丹　陈　凤　罗　亚
章云霞　朱　琼　张　洁　赵飞飞　金奎锡(韩国)

软件工程(爱尔兰班)
刘　康　史兰达　王　翔　李　雪　金　腾　钱文亿
瞿　浩　干泽俊　曹昱翔　陆春慧　高　维　周　磊
徐志敏　刘张凯　杨宇哲　王　泽　金未浓　钮骏凯
任予为　袁世明　樊嘉辰　王　哲　梅晓峰　贾成锴
范豪钧　周　丰　周聚鸿　刘　然　顾　嘉　陈崇琛
施继成　刘云飞　蒋　钧　赵智群　梁塔锭　王思博
杨昆龙　蔡远雁　黎嘉欣　哈雯颖　王若敏　王纯一
顾　赟　殷宸辉　沈张晟　郭慧珍　陈碧泓　侍小欣
李　静　李嘉依　朱　珠　姚马芳　刘　嫄　蒲音舒

上海医学院
基础医学
劳琪成　苑振鹏　王家栋　蔡一舟　陈　辰　李一瀛
周　瑜　沈敏杰　林志伟　吴　浩　魏金旺　张宇飞
姚文青　茅　幸　王歆玮　程婧婧　李　萌　李淑芬
潘晶晶　盛嫒嫒　陈素贞　孟　达　毛　易　温　菁

临床医学(八年制)
徐晓林　陈琴怡　李　琳　范旻浩　彭一鸣　林　淼
蔡加君　张倩倩　陈　晨　林子博　冯守昊　李　健
陈力航　张　扬　王　斌　施　思　林生力　胡　淦
龙亚东　李　鹤　徐　博　钟　磊　冯振华　崔　钊
陈方哲　吴　峻　许　博　杨虹波　徐沁同　潘嘉炜
崔　璨　吴祎炜　姜允琦　朱家驷　田　亮　周成丞
薛寅佳　蔡彦韬　王人杰　梁步青　徐通一　吴　冰
杨　逸　刘　嘉　茅善华　沈　啸　鲍伟奇　陈育栋
那　溶　李若愚　周　鑫　郭　霞　谢　颖　何梦江
何奇柳　李绮雯　马　莹　李珺玮　黄英男　周　鸿
刘　引　蔡　蕾　黄淑演　蒋鹏瑶　赵梓彤　肖花明
陈怡然　杜绮钧　李　薇　马婧嶔　王蕴珺　杨　佳
张林杉　孙向洁　张　薇　孙作君　任玥衡　杜　芳
冯　雯　王佳俐　蔡燕娇　王　珏　陈　希　史　琪
唐　嘉　王　寅　程静怡　林　琳　吴　昊　陈　洁
朱　秝　朱雯晴　冷泳美　刘　恋　关蓉媛　胡瑞铭
王弘恺　江凌慧　刘　洁

临床医学(五年制)
陈寅涛　赵思扬　景　超　罗荣奎　李　昊　梁　潇
田露丝　林　晶　周逸亭　何石林　封占增　马承辉
李晓文　李辉喜　钟震宇　木明江·依沙克　马志明
杨　智　白宝林　张　鹏　阿力木江·买买提江

王珅　何宁　刘腾　杨勇　姚昊　邓力
付伟　李梁钢　王承麒　赵潇然　赖全友　马千里
孔羽　顾瑞平　邓灵波　马海芬　武丽娜　李淑慧
靳天娇　丘星雯　陈颖　朱珠　王蓓
古丽米热·买买提　刘菲　蒋晗　赵静
王丽娟　林红梅　王睿莹　张彩飞　李清　周茜
晏红改　王瑾瑜　闫浩　索朗央珍　旦增曲珍
李慧贤　王书艺　徐君　傅月玥　赵闻春　林薇薇
徐爱峰　郭佳　唐一麟　邓瑞　马莹琰　张媛
蔡怀恩　方向炜　孙涛　齐藤洋人(日本)
刘恬怡(马来西亚)　陆大愚(美国)
林君儒(加拿大)　陈嘉骏(加拿大)
朴洪稷(韩国)　黄仁成(韩国)
余东亮(新加坡)　李昱辉(美国)
林择俊(马来西亚)　松下和子(日本)
方冏内(韩国)　吉永朱里(日本)
周玉萍(泰国)　佳乌拉(尼泊尔)
李受珉(韩国)

法医学

杨耕野　丛欣　陈奇　陈立琨　王斌　曹大伟
史程　李立亮　郑凌霄　赵晨泽　宋玮　杨文龙
聂燕钗　翟慧敏

公共卫生学院

预防医学

贺金奖　马琳　沈玮哲　苏杰　林森林　李向东
高旭　黄埔　李瑶　陈业开　张羿　巴德玛拉
马云飞　张博　龚鹏　潘晨建　王思尧　吴昊洋
梁思思　柳怡章　徐洁　崔剑岚　刘方珉　高然
朱荟文　沈丽娜　张敏璐　张正琪　庄冉　杨珺文
虞瑾　潘捷　沈恝慧　方毓菁　薛瑜　王旭婷
赵明飞　张璟霏　高婧　谢静宜　刘兴娣　崔晓霞
王奥琳　陈莉莉　阿依加玛力·库尔乃
热伊拜·亚迪伕尔　茹克亚·阿不来提
王瑞　葛文珍　贾媛　张沛绮　刘媛　马琳琳
王翘楚　宫霄欢　聂世姣　徐碧瑶　杨硕　陈佳俊
高韵　冯知周　杨思佳　钱耐思　方圆

公共事业管理

肖庭梧　张心怡　王翊　徐梦蕾　杨硕　张泉
王德松　李昊翰　夏旸　胡依嘉　陈梅香　范文君
唐檬　王洁　汪依帆　严薇薇　成星　杨虹宇
朱慧珺　陆正容　王梦辰　陈思轶

药学院

药学

刘畅　薛浩　凌翌　方常毅　刘晓辰　沈伟东
张煜晨　李启翔　周贵　王臻晟　柯俊　祝天琪
折晋遥　武士龙　陶勇峰　陈震一　金科　楼靖雨
边柯　盛旭辉　王逸　王悦琳　黄鹰　侯佳朋
孙域　杨荷贝　何鹏　谢道涛　张智德　魏睿智
傅丹峰　王雯　刘筱萌　肖怡雯　宋露琎　王灵琪
徐琛　陆蕴红　龚昊隽　王莹雯　章亦男　孙诗旖
成璇　匡宇阳　任筱青　刘舒然　杨帆　叶佩芸
黄怡蝶　胡杭汀　林牡丹　徐说　陈晨　黄贤莹
唐暖　刘嘉明　郑月

护理学院

护理学(四年制)

罗捷　杨轶妮　庄文君　孟醒　蔡晓晴　武佳琳
张艳　王艳　张颖奇　茅雯静　杨丽然　吴谨伊

国际文化交流学院

汉语言(汉英双语)

带川光(日本)　尹珠徹(韩国)　崔准洙(韩国)
青岛奈美(日本)　金大哲(韩国)　河野航(日本)
平峰步(日本)　越野真央(日本)　裴泰锡(韩国)
金希玹(韩国)　金善荣(韩国)　六反梨菜(日本)
朴刚俁(韩国)　姜炤暎(韩国)　金泛俊(韩国)
山村美树(日本)　金惠知(韩国)　李垣澈(韩国)
金炫(韩国)　桐生美辉(日本)　王旭栋(日本)
那须雅奈(日本)　阿左美贵子(日本)　黄金井园绘(日本)
铃木美智子(日本)　朝比奈未央(日本)　高桥佑佳(日本)
江崎京子(日本)　影山真司(日本)　金秀正(韩国)
栗田佑里惠(日本)

汉语言(语言文化)

尹昊哲(韩国)　柳相赫(韩国)　孙惠花(韩国)
林选民(韩国)　严泰赫(韩国)　池田翼(日本)
尹智镛(韩国)　严泰贤(韩国)　金娟廷(韩国)
金兑泳(韩国)　安盛现(韩国)　朴熙贞(韩国)
金明勳(韩国)　李修玲(韩国)　金善郁(韩国)
黄仁泰(韩国)　金祇希(韩国)　金阿岚(韩国)
横田行(日本)　景旻相(韩国)　金甫根(韩国)
具重根(韩国)　赵旻成(韩国)　韩旨薰(韩国)
崔晶洙(韩国)　李恩京(韩国)　李长美(韩国)
张美京(韩国)　柳受良(韩国)　金度延(韩国)
李尚烨(韩国)　江安中(美国)　朴水晶(韩国)
叶玲香(日本)　金子遥(日本)　禹贞恩(韩国)
金智仲(韩国)　郑元滢(韩国)　金宝美(韩国)
郑仪朗(韩国)　宋美兰(韩国)　金多艺(韩国)
裴宗铉(韩国)　李佳莲(韩国)　朴彩媛(韩国)
高近中(韩国)　李知娟(韩国)　尹彗琳(韩国)
金东珉(韩国)　朴志晞(韩国)　朴刚玄(韩国)
申晴妍(韩国)　安秉昱(韩国)　张基勛(韩国)
朴贞炫(韩国)　宋宜俊(韩国)　笠松丽(日本)
吴先任(韩国)　朴世熙(韩国)　林成娥(韩国)
郑惠元(韩国)　韩成秀(韩国)　李帝勛(韩国)
朱宣雄(韩国)　李那英(韩国)　吴帅定(韩国)

金瑾铨(韩国) 李秀炫(韩国) 金民洙(韩国)
权 浩(韩国) 刘淑云(新加坡) 金王泰(韩国)
娜 赞(土耳其) 赵 俊(韩国) 达莉亚(土耳其)
詹巧云(新加坡) 许 立(新西兰) 李 凌(美国)
姚佩儀(新加坡) 李玲玲(新加坡) 玛 莎(俄罗斯)
郭 相(韩国) 胡勇杰(土耳其) 蔡念恩(新加坡)
迪 马(乌克兰) 桥本麻子(日本) 夏目伊沙(日本)
栗原久光(日本) 工藤裕太(日本) 加藤亚美(日本)
今村惠美(日本) 樋口哲也(日本) 谷静香(日本)
河本亚纱美(日本) 朴瑛亚(韩国)
篠原雅弥(日本) 蔡沙索(日本) 本坊庆太郎(日本)
柳钟烨(韩国) 古川隆之(日本) 山中香(日本)
二宫真梨子(日本) 金珉秀(韩国)
柴原裕司(日本) 冈美帆(日本) 千叶亚季雄(日本)
朴源昊(韩国) 马场祐辅(日本) 朴仙雄(韩国)
朴志镐(韩国) 边仁善(韩国) 渡部祐太(日本)
沈恩美(韩国) 李娟庚(韩国) 金滕起(韩国)
长山樱子(日本) 廉圣畯(韩国) 南成炫(韩国)

硕士研究生

中国语言文学系

中国现当代文学(1月份毕业)

刘律廷

语言学及应用语言学(1月份毕业)

张顺美

中国古代文学

熊幸立 唐勉嘉 陆 乐 杨艺馨 赵瑞环

中国古典文献学

管 华

文艺学

李 丹 黄 昊 吴 楚 葛慧敏 刘海鹏 崔玉玲
许春芳 卢星伊 吴 茵

汉语言文字学

周 燕 周思佳 赵 梦 朱雯雯 严丽慧 钱晨嫣
皇甫亿 焦 旭 王 静 刘海琴 BEGUM KIROGLU
陈 杰 安 德

民俗学

王 睿

中国现当代文学

狄霞晨 朱 墨 杜晓娜 郑 思 李晓筠 陈玫静
赵倩倩 李先宪

比较文学与世界文学

方 铁 梁 瑶 吕 遥 陈 伊 徐一凡 王琳琳
陈 恒 范佳妮 王俊逸 何 磊

语言学及应用语言学

孙欢欢 宗轶丽 胡晓兰 邢雪梅 翟 澍 曹学玲
徐 瑶 范秋恒

中国文学批评史

陈珠静 郑诗雨 龙 野

现代汉语语言学

袁雪瑶

文学写作

朱贝贝

电影学

李若真 郑越文

中国古代文学研究中心(新增)

汉语言文字学

刘雅溪

中国古典文献学

秦 颖 张 霞

中国古代文学

朱梦雯 徐敬楠 吴茜茜 贺晓艳 吕朝彬 张 翔

中国文学古今演变

祝云赛

外国语言文学学院

英语语言文学(1月份毕业)

王 萌

英语语言文学

陈 玲 林圆圆 林佳嫣 胡 真 马方兴 刘 娜
陈 琛 于睿寅 应 岚 何晓燕 罗 兰 艾 琰
耿莉莉 余书娴

俄语语言文学

张莎莎 韩彩虹 徐 幔

法语语言文学

谢澄澄 蔡 燕 谈 珩

日语语言文学

邵 贤 刘丽娇 郭婷婷 吴沛瑾

亚非语言文学

万　宇　闫　超

英语笔译(新增)

曹亮亮　陈斌刚　丁　泉　方　圆　郭海涛　侯　杰
黄　洋　纪　玮　江雨斯　李　慧　李　龙　李　湉
李鲜艳　林　樾　刘　丹　刘　洁　刘雅琼　苏璇璇
王　鸣　王文亚　王　园　吴雨穹　徐效军　闫　雪
杨　琪　余淑芳　张　倩　张晓阳　张宇淼　赵政廷
邹从会

国际关系与公共事务学院

外交学(1月份毕业)

朱　蕾　张若谈

外交学

程佳音　李　默　茅健飞　赵　兰　李征伟　顾　远
李　皓　陈振鹏　杜丽君　潘　伟　洪芝敏　宣朝华
邹迪康

国际政治

车智怡　李　想　曹　怡　黄　忻　姜　璐　许　妍
石　林　胡晓雪　林翔峰　吕　雪　马丽娜　赵夏丽
朴宰范　朴昭姬　BRYAN TAYLOR KLEIN
FERNANDO DAVID ATRISTAIN MICHEL
JASPER P. MEYNS
MARIA VICTORIA BALDACCINI

国际关系

陶韡烁　尚素娟　薛晶洁　鞠　红　贺嘉洁　金　辉
李燕星　董　勇　张钟兮　李莹芳　毛春伟　乐　恒
陈小玉　金敬珍　朴昶盈　范博伟　李琪玉　陶　波

政治学理论

李思然　张艳伟　束　赟　杨　涵　安　丽　刘　璇
唐若裴　龚智慧

思想政治教育

王开尔　张　璐　季　宇

行政管理

王洋洋　周　豪　王　甲　于兴波　沈　萍　陈若静
许梦龙　金　星　邰晓琳　闵　聪　熊桃蓉　王少泉

新闻学院

新闻学(1月份毕业)

董冰茜　顾学文　张　裕　姚丹红　陈　琦　金颖滢
薛慧卿　李　宁　王　珏

新闻学

宋炯明　刘永钢　张滟滟　吕春璐　张　嫄　全　华
李运波　叶　汀　俞　璇　陈　醇　朱佳沅　褚悦闻
肖　晶　朱昭昭　李尚子　赵　星　左　玥　黄丽娟
邬佳力　李　静　王　芳　杨　舟　沈小根　李园园
李树娟　陈自立　朱晓姝　于巍隽　徐晓鸥　严玮骊
陈沅恺　杨晓晖　陆一波　陆　洋　封　欣　叶露怡
周　捷　毛维静　刘　宁　夏睿睿　金　恒　丁　莉
胡钰沛　赵晓军　阴　良

传播学

高　飞　冯　诚　吕芳雅　梁赛玉　王怡静　郑博斐
郭　蓓　何　莲　范源源　李　琳　周浩波　贺艳燕
张心哲　张承欢　元志润
ALISON JARRETT　CECILIA MINGES
DARIO BERREBI　DEBBIE YONG
EMILY GILBERT　EWA MANTHEY
GILLIAN BOLSOVER　INGER RUSET
JACOB CAFRITZ　JEAN GASNIER
JONAS SCHORR　KERRY ARNOT
LOUISA HUEY SHIUAN LIU
MARIANNA TZAERLI　MELISSA CHILES
ROSEMARY REYES　THOMAS JAMES CANTOR

媒介管理学

杨茜淳　叶苗乐　曾培伦　田智秀

广告学

赛　娜　徐志雯　邹盛燕　阎思宇　赖　幸　李相君
曹舒菀　尹贞喜　金牡兰

编辑出版

杨　琪

公共关系

沈黎英　朱希文

国际传播

许　卓　荆一嵘　吴楚越　陈慧稚　陈　宇　韩　硕
黄　纳　雷湘平　李　铭　马　凌　苏　舟　孙立云
王蓓茹　王　笛　王　潇　王　雪　王　一　谢晓光
于　洋　翟　珺　张丹华

广播电视艺术学

胡　涵　刘　超

广播电视学(新增)

王嘉颖　于　丹　同　心　周思帆　单颖文　金那映

历史学系

中国古代史

陈晓侠　高雅洁　陈　轩　方　骏　鲁　佳

中国近现代史

文　丰　徐　迟　袁　森　肖　澜　李秀芳　李　辉
印　超　张建才　武健群

专门史

傅　翀　赵嗣胤　刘明海

世界史

肖福林　张子平　徐　丹　孙安捷　胡常萍　陈艳飞
吴　笛　倪玲玲　冯　玮　刘元宝　孟明铭

经济学院

金融学(1月份毕业)

陈　静　王翊婷　何　海　钱　科　舒　蓓　綦　群

世界经济(1月份毕业)

徐　欣　孙惠贞　张阿伦

区域经济学(1月份毕业)

崔进赫　崔玹硕　金度均　金知训　李承洙　李昊俊
李宁基　李清焕　李在旺　朴昌熙　朴逸敏　权淙桓
申相麟　沈东一　文圣权　尹贤洙　郑　振

金融学

徐　喆　解红军　宋开生　黄克锋　吴全美　徐千千
杜梦佳　张明星　刘　懰　张　媛　沙伶娜　鲍　尖
王　青　刘　思　陈丝妮　陈　艳　张雪娇　李杨琴
李海雅　桑仁兆　周明圆　洪　涛　王志丹　武　夏
胡　颂　任　栋　徐冰玉　林晓君　董　凯　蔡益润
吕一闻　黄晓鹏　汪歆沁　张　幸　卢　晔　张　蕾
张　衡　黄　彤　李一凡　张显宁　马良录　寇　宏
徐莎莎　陈思行　李芳雪　刘　斌　杨峥民　叶　军
殷筱萌　张存宬　曹　丹　刁永亮　石称华　李　飞
孙　旖　王占儒　邵立云　罗鹏宇　陈　燕　闫明勤
蒋　晨　钱　舒　马　晋　滕　杨　俞　伟　李　璐
宗之颖　曹　珺　时志雄　唐　蔚　王　峥　陈　斌
吴进学　颜　敏　吴小峰　曾崇山　夏　艳　郑菊花
王向明　夏　欣　刘　辉　邱　明　石磊明　孙开亮
沈　艳　黄　春　林　瑛　齐　淼　金　璟　凌伟栋
李东欣　黄　胤　应正超　童　欣　庄雪峰　林欢欢
张　健

国际贸易学

金小燕　施传荣　韩　靖　程　欣　郑荆璞　严　颖
陈翼杰　吴华丽　吴茜茜

劳动经济学

张馨月　郑华卿　孟可强

数量经济学

孙　晨　严志勇　朱春丰

世界经济

黄　琼　张　菡　王　席　佘炜超　赵　越　吴　佳
王紫艳　刘婷婷　谢　谦　朱冬雪　李朝伟　郭益忻
王洋子　孙　付　季　阳　吴启明　沈海兵　黄　敏
王一斌　李焕义　梁　冰　王莹莹　夏敬慧　汤志玲
朱路娣　马琳艺　吴春杰　吴　迪　林　河　朱旭光
陈嘉行　高　熠　韩艳峰　金　红　康　钊　雷　倩
刘　杰　刘乾坤　龙　雷　卢　艺　谈有文　王　昊
王　腾　王寅寅　吴淼淼　徐　洋　许　洁　余鹏程
郑　峥　诸幼玲　金弘文　禹重硕　卢知垠

财政学

李　楠　张　丹　钱　璐　王彬彬　黄　琨　张苏予
黄文佳　许凤丽　袁从帅

政治经济学

陈　倞　赵　倩　陈琼宇　陈　聪　赵　喆　马　静
杜婵媛　尹为醇　雷林丽　雷　磊　蒋国磊

经济思想史

黄邦锐

西方经济学

夏择民　鲁佳斐　陈　希　张笑牧　郝　然　王　阳
周锦程　向宽虎　邱友锋　黄　博　危建行　曹亚兵
徐　彤　唐国新　蒋文畅　杨正栋　马　原　焦若愚

国民经济学

王　崟　胡巧婉　张晓蓓　王　薇　花晶晶　王世伟
曾正香　梁名双

区域经济学

唐　韵　张英坤　王非暗　谢强强　王　珏　申屠旭康
顾荷维　赵云峰　陈静红　秦　琳　胡颖磊　岑少侠
童杨波　刘晶晶　魏　巍　励　莉　陈广宇　杨　莉
何晓路　包杰明　夏　博　陈建祥　陈明传　叶晓鸣
罗　轶　郝拉斯　胡秀中　黄素芳　唐　文　陶　轲
熊　猫　雪　梅　杨蕙君　杨笑成　白善英　高秉调
金兰姬　康慧媛　廉淙仁　张宰源　布朗肯　柏　泰
ALAN RYAN GARCIA　EMANUELE ESPOSTO
KOSTADIN IVANOV DJATEV
NOH JUNGHOON PARIJAK PHOTHIWISUTWATHEE
PIERCARLO PANOZZO　TANAWAN KASEMVILAS

经济史(新增)
刘　冲

产业组织学(新增)
大矶一

欧盟经济(新增)
梁　冲

哲学学院
中国哲学(1月份毕业)
曾希凰

马克思主义哲学
赵　琪　姜国敏　张晨晨　张　寅　应倩璐　张秀娟
荆　悦　王广杰　郭富东　马碧霄

中国哲学
沈剑超　邹　辉　沈　娟　袁君华　陈碧强

外国哲学
郑　华　张大卫　吴治苹　李　丹　胡嘉彬　雷　哲
段世磊　姜　涛　刘　扬　吉健晖

逻辑学
朱增跃　敏　涛

伦理学
黄惠惠　高志华

宗教学
骞　婵　武彩芳　王少军

科学技术哲学
欧阳申　陈晖辉　秦艳艳　南亦秋　张　翅

数学科学学院
运筹学与控制论(1月份毕业)
陈　诚　张　刚

基础数学
李　青　王睿智　戴　越　王力勇　张静怡　徐容刚
严小平　朱海东　傅　宁　史　斌　焦凤丹　石　伟
林　琳　张建功　闫东风　蔡　力　金夏瑞

计算数学
沈绍琥　张　兴　杨少芬　赵　青　谷　诚　陈　南

概率论与数理统计
王昕懿　游香梅　杨璐璐

应用数学
王　倩　伍平平　许　菁　张　放　唐国锋　范　岸
张　凤　崔崟东　万　千　王　旋　顾旭旻　龙敏斌
卢丙清　李光莲　苏建军　翁婷婷

运筹学与控制论
李金凤　杨华帅　鲁　琦　刘丁柯　张见轩　汪　非
梁嘉劲

物理学系
理论物理(1月份毕业)
古　磊

凝聚态物理(1月份毕业)
赵施华

理论物理
赵晓雪　陈　淳　何寅琛　吴晓炯　陈　军　邓永华
蓝　健　武冬冬　孟庆强　赵　瓅

凝聚态物理
朱　健　魏　斐　易　鸣　张　弛　关添元　朱晓龙
李　晟　周诗韵　徐　浩　胡春瑞　徐燕青　孙　政
吕　毅　李明珠　杨林红　曹文娜　朱　莉　欧璐纯
张世杰　马兆里

光　学
郁欣娴

先进材料实验室(新增)
凝聚态物理
王　慧　王恒亮

无机化学
高　渊

高分子化学与物理
王子庚　张媛媛

现代物理研究所
原子与分子物理(1月份毕业)
施　展

原子与分子物理
韩小静　田　瑀　彭　坤　张尉强　白　雪　林　朔
张　伟　李英瑛

等离子体物理
柳　岸　杨　晨

信息科学与工程学院

微电子学与固体电子学(1月份毕业)

王申杰

电路与系统(1月份毕业)

董　栋　汪振兴　张迎晓

通信与信息系统(1月份毕业)

吴一多

光学(1月份毕业)

张　淼　马鎏学

微电子学与固体电子学

许耀娟　瞿敏妮　舒光华　杨华秋　董存霖　黄锦杰
李　叶　孟德超　张随欲　吴雨欣　毕中裕　程　宽
郭红斌　沈　旭　王丽芳　龚爱慧　刘智斌　顾晶晶
孟　超　高　晨　孙　瑜　梁　伟　董一枫　罗文进
陈　琛　郭　骁

无线电物理

戴俊文

光　学

干　洁　熊蓉玲　耿昭华　陈永彬　徐吉鹏　高　昆
陆卫杰　贺　赫　陈剑波　徐　屾　李　倩　崔伯寅
任　勇　王绍军

光学工程

赖菊水　伍经纬　高　斌　孙　涛　陈珊珊

电路与系统

范晶晶　李才会　施爱春　黎贵玲　吕　鹏　蒋景飞
侯　涛　顾宇灏　丁正虎　方　宇　孙怡婷　彭最亮
刘雪松　朱泽璟　梁　涛　董　昭　田杰华　朱凌云
韩贵丞　郭继强

物理电子学

程雯婷　蒋晓波　赵海洋　陈古源　杨　彪　胡文玉
李泽斌

光电系统与控制技术

马　磊　高　岚　黄　瑜　韩　凯

通信与信息系统

刘　鑫　蒋卫寅　张增杰　徐　娜　桑晓君　李晓城
汪　翔　覃基伟　文　超　方　超　郑　曦　陈　睿
孙顺乔　刘　霄　侯春宁　谭　伟　谭　伟

医学电子学

苏燕妮　王　恩　杨白丁　林都督　刘　聪

光学工程领域工程硕士(新增)

龙　虎

电子与通信工程领域工程硕士(新增)

曹志强　方　圆　刘先达　王一丹　武博淳　张　宁
张毅鹏

集成电路工程领域工程硕士(新增)

蔡晓辉　陈　程　陈罗德　崔玉麟　董方元　高　超
顾经纶　郭俊彦　洪清河　李　毅　廖浩勤　林敏之
卢昌鹏　毛文铭　钮圣彪　彭　谊　桑宁波　孙书明
王　健　王　力　王　瑞　王　硕　吴冉青　夏　钊
熊保玉　徐文丰　杨　鑫　张光明　张　培　张鹏程
张　勤　张　崟　郑业扬　周　同

物流工程领域工程硕士(新增)

陈　跃　戴　露　范苹妹　傅　阳　李　博　李思丝
李　争　廖　源　刘无私　刘志康　沈　洋　王许纳
谢范雄　尹庆君　于丹丹　赵公业

化学系

分析化学(1月份毕业)

万晶晶

物理化学(1月份毕业)

张笙笙

应用化学(1月份毕业)

郭文亮

有机化学

冯　涛　何鸿洁　孙　轶　吕晓明　王　华

物理化学

刘　可　杨志剑　孙　晴　熊德胜　石元坤　朱　渊
刘方超　李琳琳　李雯静　贾立夏　王晓亚　张莉娜
俞　超　王　青

化学生物学

沈　妍　王毅超　王晓玲　王文岩　刘　鸿　郭超栋
赵俊容　徐有伟　李凤娟

无机化学

武庆玲　魏　昊　胡轶凡　苏　鸽　蔡亚琪　刘　芳
张丽丽　钟　睿　蔡灵剑

分析化学
郭维超 刘莎莎 姚国平 刘程程 吴卓然

化学工程领域工程硕士(新增)
冯玺珂 高文超 郭晓洋 何雪琼 侯 磊 刘伟明
蒲 玲 任 慧 宋明娟 孙 珍 王明娥 魏士刚
杨 淼 郑 晨

生命科学学院

遗传学(1月份毕业)
苏城昌 詹 嘉 江佳稀

微生物学(1月份毕业)
周阿峰

细胞生物学(1月份毕业)
陆云芝

生态学(1月份毕业)
丁乐乐 杨 博

生物化学与分子生物学(1月份毕业)
丁洁英

生物信息学(新增)
毛丹萍 应贝丽 陈靖祺 韦雯倩

微生物学
黄晓夏 张玉倩 张世仑 顾坚磊 孟 晗 王 璐
白荷露 胡樱虹

遗传学
李文娟 朱 青 纪汪溟 林 颖 常 磊 许 寀
吴爰爰 关 钰 王书杰 陶启长 张晓博 李红梅
英 昊 刘国卿 张文政 黄玉展 马 兰 周翔宇
赵振宏

生态学
屈铭志 林 黎 王 昊 廖 辉 蔡音亭 黄丹青
江竺栖 李 杨 谢 潇

植物学
郑晓宣

神经生物学
徐 翔 孙翅飞 刘 玥

生物化学与分子生物学
王冰清 祝欣刚 张 伟 张 雨 向 婵 盛 浩

生物物理学
孙 佶 马崇军 潘 乐 谷 宇 陈学辉

动物学(新增)
盛 强 李 帆

实验动物科学部(新增)

动物学
吴剑平 刘锋华

计算机科学技术学院

计算机软件与理论(1月份毕业)
郑尚书 刘光溢

计算机软件与理论
唐 音 程礼明 郑靖卿 蒋宇翔 朱 拯 赵思力
向河林 刘马金 王 赟 方 非 刘作涛 吕 奕
赵 月 李龙来 姜 苗 李欣琪 周 坤 廖珍梅
谭 奔 孙 琳 吴筱天 黄 健 李晓东 赵 凯
粟 超 刘文斌 赵光南 李 威 朱永俊 毛鼎鼎
陈益青 何俊华 李 健 朱志亮 陈小飞 王 月
黄小亮 王晓丹 戴 雷 盛志超 王雪琳 卜道成
徐凯旋 罗 键 付 飞 来心可

计算机系统结构
马海晨 陈林虎 项 晨 张谚华 付 荣 叶新栋
马 超 韦 刚

计算机应用技术
王佳隽 龚凌晖 俞凌杰 缪有栋 汪竹蓉 郭小川
黄思嘉 姜孟晋 岑 磊 王一强 钟佳武 彭 地
潘 岩 王视鎏 武 宁 施 剑 王 宇 吴文昊
滕 舟 黄东波 伍振河 吕兴永 周 骥 文朝辉
王 恒 郭乃网 施杨斌 赵 耀 施 洋 黄 翼
王 智 杨红涛 李倩倩 高文君

管理学院

金融工程管理(1月份毕业)
张 弛

工商管理硕士(1月份毕业)
张晓霜 蔡海英 由 炜 俞 林 蔡 婷 杨 涛
谭 华 张 俊 南 平 贾育峰 何立军 殷培军
陈 沁 施 丹 许 箐 杨 琼 李 宁 朱伏生
范洪亮 杨春雪 周珂玮 张 弛 张 斌 刘慧敏
李炜平 何玉凤 吴俊青 修永春 潘海荣 郝 健
钟小毛 李 耿 唐舒闻 张 佳 胡敏雁 陈思远
刘欣珺 宋吉祥 黄恩玉 姚明晖 钟 健 程 瑶
麻 杰 吉 伟 郑晓舟 胡 涛 李 坚 许艳霞
谭 魁 郝 宇 潘 琪 时 克 陈 颖 郭 楠

张　淼　欧阳涛　张　琨　周伟贤　祁　宇　陈　骅
俞　亮　丁晓平　汪　东　陈　冉　臧旭年　崔琴芳
顾琦明　陆茂鑫　张明明　史　适　王瑞琦　杨振华
宋志敏　崔云峰　柳　懿　蔡霞雯　周　磊　高　伟
葛爱军　王　华　刘远燕　石伟欣　霍如意　邱娅莉
钟晓东　傅　春　文富俊　王辉远　吴征东　朱志伟
秦　毅　吴奇伟　方　欣　魏云磊　潘淑权　朱　晴
郭　兰　杨　怡　章　曦　陆　旻　林世磊　许　峰
李　艳　邱雯婷　戴明辉　王景阳　吴　越　王天临
李剑耀　倪睿元　戴　杰　邓海英　邱忠乐　乐京杰
陈晓芸　孙　弘　张海琦　黄　磊　李　颖　唐　超
高海龙　马庆海　林　喆　刘　诚　汪　洋　孙　凤
黄叶峰　董　宇　刘　溯　田晓菲　徐永康　姚　南
蔡承荣　焦志勇　周　琼　颜　翔　潘　骏　胡怀榜
周立波　陈礼达　傅　钰　于慧杰　陈明明　杨明燕
吴文婕　冯　黎　单小虹　盛　明　孙美俊博　马红来
华　磊　周恩伟　魏文权　林英杰　王新柱　汤　华
谭　明　梁珍梅　吴有成　吴志芳　刘文婷　张承斌
葛海峰　张亦锋　江小华　王　音　孙　晔　刘广宇
王薇薇　阎　栋　董　黎　王　宁　周　卿　周　舟
吴一平　杜文运　邵子旻　李应龙　陆　庆　韩学刚
金　江　李一东　陈仕清　周　骋　金承璋　贾玉华
奚雁浩　于忠杰　曹浦松　刘天威　颜义坦　徐　健
詹岱松　白　宁　蔡　锋　王　灿　蔡继峰　祝玉雷
林　锐　唐　波　刘丹青　忻蔚然　蒋　帆　顾颜朝
张　永　胡　鲲　王连江　祝　华　徐方圆　姚　健
徐帼芳　安芳成　吕中凡　邵晓燕　吴　宇　曹　瀛
何　成　韩寿臣　张　坚　王吉炜　张文隽　黄淑凤
赵　益　季楠楠　初　麒　陈　岩　谢源林　陈国丰
周玉蟾

企业管理(1月份毕业)

孟　夏　靳　昊　胡　颖　郭　翔　杨云淳　杨冠淳
梁　力　沈丹凤　孔碧莹　王　徐　郭人杰　贾蕊蕾
刘云珊　褚绿园　张　晋　黄金芳　袁有权　刘谷莎
王　洁　张馨钰　蔡瑶尧　刘　勍　陶牡丹　陈佳艺
邓　硕　冯宇飞　朱　业　宋颖润　董彩琴　张　谚
彭安琪
ANNA BERTOLI　ILIAN PARON
CHIARA DANELLI　SANTILLO DAVIDE
CALISTRONI GUGLIELMO　GIANNINI RICCARDO
PONDRANO ALTAVILLA RICCARDO
TURRIZIANI DAMIANO
VENOSI EDOARDO MARIA
TARABUSO PALMIRA

会计学(1月份毕业会计学)

熊　雄

工商管理硕士

赵　江　王　征　孙文泉　毛涌翔　吴懿伟　叶　斌
江　涛　张宏宇　余　浩　王　琛　陈菊香　蔡　洋
陈　颖　沈云凤　项　添　张　贤　谢兵凡　魏　芸
陈　宏　鞠　蔚　袁　俊　潘春晓　李俊建　薛菊花
毛晓云　裘　艺　王念川　白宗义　蔡　艳　曹　斌
曹　蔚　陈长凤　陈　蕾　陈　楠　陈　文　陈晓蕾
陈艳婷　陈忠才　成　艺　褚雯婷　董　进　董　薇
董文静　费俊涛　冯　涛　傅晨奇　甘赛丽　顾婕妤
郭善科　胡钰蓉　黄　祥　纪　梦　季　婧　姜自志
寇潇潇　李升熙　李　优　梁晶晶　梁　俊　林　琳
刘四海　刘颖佳　卢鹏宇　陆华剑　陆静燕　路孝君
罗　菡　罗　娜　吕　斌　马鹏飞　倪　娜　潘　登
齐明磊　全明华　莎莉娜　沈　飞　沈晓艳　沈　莹
沈　云　沈云春　史丽艳　宋建立　宋晓攀　唐　妍
田　川　田　欣　王　斌　王　嘉　王　琳　王　鑫
王　颖　魏　刚　吴迪丽　吴　庆　吴　忻　吴周俊
武亚奇　夏思云　谢　芳　谢　利　谢　天　徐恒炜
严宏超　杨　波　杨　俊　叶　冲　叶　蔚　于星龙
于永环　余丽丽　俞　佳　俞锦悦　俞颖斐　虞　玮
袁轶鸣　曾莹莹　张　恒　张佳洁　张文隽　张　翼
赵君学　赵　娜　赵　为　赵文勇　郑　蕾　周宏峰
周黎红　周丽娜　朱慧娜　朱旷怡　庄光华　成尚俊
柳海成　叶吉成　詹文辉　郑有川　黄欣熙
BERNARDO ALEJANDRO SUAREZ
MARCELA ANDREA BREVIS

产业经济学

张　慧　陈　铭　张敏娜　孙　聪　刘　鉴　魏浩轩
沈　怡　罗丹丹　李登辉　涂　旭

统计学

赵芳芳

概率论与数理统计

张　强　王　武　叶金娥　梁乃斌

运筹学与控制论

胡英杰　武　丹　黄　琼　童　骏

管理科学与工程(新增)

曹　伟　杨毅超　汤　莹　杨　阳　周　乐　杨嘉文
高文阳　王春诗　尧小星　蒋　蓓　王登元　贾晔清
李晓清　苏　明　熊　伟　梁晓嘉　汤珊珊　谢　丽
龚　健　张子炎　吴　钰　王鑫睿　郑金川　梁佩思

企业管理

菅　锐　欧阳雪　张　明　蔡晨晨　陆　静　傅慧芳
路　倩　汤蕊佳　燕　智　宋筱莹　周　璐　施　烨
黄　玮　姚思劼　刘　璐　陈　曦

CARTA ANDREA　BOSCARINO GIANCARLO
TARIZZO MATTIA　BALDUCCI BENEDETTA
LORENZO ANTONIO　CEDARO LEONARDO
SOLARINO ANGELO MARIA
BALDASSARRI LORENZO　VIGOROSO CATALDO
BERSELLI ELENA
BILIOTTI MATTEO
LUISCHI MATTEO　NICCOLO DORIA BARBARO

会计学

杨健健　朱　铭　余及尧　李锦文　柳春桃　赵　媛

会计硕士(新增)

陈　剑　董晓婧　高　高　耿兴旺　关燕超　郭智章
胡炜丽　晋欣怡　柯义源　李　茂　刘科林　刘　茵
卢彩容　聂　智　申雪姣　沈芸芸　王桂元　韦　婷
肖玲玲　闫宏飞　苑善阔　张丽君　张培璐　郑震峰
朱冠涛　朱颖颖　邹　韵

财务管理

蒋明翰

法学院

国际法学(1月份毕业)

钟晓颖

法律硕士

熊祥云　姚　瑶　丛　山　刘子珩　刘　倩　洪海涛
赵佳佳　王岩东　宋　琼　马广旭　戴　征　郭秋利
陈文昊　解　丹　李夫玲　赵　洁　黄锡娟　吕林娜
王瑾理　孙　烨　周　洁　杨龙庚　阎海峰　金佩珊
汪　露　李文婷　刘　娟　李海涛　胡　玥　董　静
徐媛媛　张丽雁　徐　峰　池上莎　赵倩颖　姜　洋
郑颖群　陈　博　邬嘉磊　吴冬梅　王显冰　包礼薇
朱　元　童　磊　何思哲　戴梦皓　章股洪　李莎莎
吴观金　李夫强　袁翠玉　孙钢辉　刘　晨　吴正伟
黄璟鑫　李　旻　毛　竹　钱　倩　牟　莉　李　洁
张　委　吕桂民　杨　杰　颜建国　黄文波　徐丽静
陈　雅　张　萍　詹丹凤　包　刚　张　昕　温正伟
汤立伊　王莉莎　潘茜茜　李　楠　张学力　朱　烨
李立锋　汪红馀　苏来琪　胥著华　王高平　陈蓓芬
许友飞　郑　璐　蒋鸿铭　江　洪　史　静　汪　飞
李　峻　方玉宝　李　刚　郑培箔　曹清秀　张　熙
林华平　李彩萍　葛瑾洁　梁翠霞　陈　聪　黄有华
蒋亚金　练良火　邹芳菲　万　斯　姜亮亮　崔国庆
夏姗姗　张庆刚　左振欣　高光辉　孙盼盼　李成斌
李　映　刘振兴　樊　冰　高　菲　任晓腾　孟　晴
孙文博　梁洪亮　朱丽玲　李清梅　浦　洁　李雪瑞
刘源源　朱　曦　詹　辉　吕泓良　钟伟杰　向明明
刘祥武　严　力　马林声　殷继文　倪思思　李　雍

黄　夏　黄　亮　姜　烨　林　海　赵科星　严　莉
怀　蕾　余秋凤　刘芝兰　陆　欢　安　杰

法学理论

王若男　谢　琦　丁家相　张丽芳　应　维　郭　凯
忻　诚

法律史

孟小洁　孙军燕　姜彩虹　刘海涛　练成圳子　王　盈
刘公银　孟祥辉

宪法学与行政法学

向仕明　丁　浩　阎　妍　罗　劲　赖亮洲　王苗苗
侯　磊　黄宁山　耿　阳

刑法学

李　蕾　郭俊超　范嫣红　于　飞　焦经川　周雪卿

民商法学

陈　燕　王文佳　周江昊　龚　卿　韩　薇　杨　娜
李艳旻　李　洁　姚　磊　马　骎　刘　静　粟　媛
崔　真　李　旭

诉讼法学

邓　爽　杜思危　陈洁婷　黄　朋　燕星宇　陈　波
钱　蘅　何生燦

经济法学

吴艳飞　赵　静　蔡　青

环境与资源保护法学

童一明　燕　方　冯丽欣

国际法学

王宇芳　王肖倩　方思越　王　干　杨晓溪　刘　震
宋金花　董娟子　李　佳　黄晓鸥　曹　姝　刘佳迪
陈跃波　王　展　王静雯　王金利　郑贝贝　刘　芳
张晓晔

法律硕士(法学)(新增)

毕于娜　陈　成　陈　俊　陈勇勇　程娟娟　樊昌坡
高巧莲　侯文杰　胡子木　黄　娜　黄麒玮　贾　培
康降泰　匡　莉　李笑旻　栗泉洁　林亚清　蔺　鑫
刘　博　龙江巍　卢欣欣　孟　琳　倪凌波　潘泳霖
裴　璐　彭　亮　邱　波　屈　毅　融　华　邵　力
宋秀坤　隋天娇　孙校会　田　原　汪园林　王　丹
王诗云　王晓峰　王亚飞　王　艳　魏敏燕　吴法全
吴升华　肖继耘　杨　婵　杨　杰　杨巧玲　杨　爽
姚林君　张雷红　张　伟　张旭灿　张营辉　赵　晶
郑俊辉

力学与工程科学系

固体力学

许昌威　方　超　陈　凯　高　中

流体力学

吴胜春　张英莹　曹金凤　夏　浪

工程力学

庄子听　刘　强　李　翔　罗　健

飞行器设计

陈　杰　李　雷　蔡锦阳　钱小波

一般力学与力学基础

陆　坦　苏　芳

生物医学工程

祁德波

材料科学系

材料物理与化学

冯　泽　陈项艳　宋　佳　陆倩淑　刘　宇　曹逸辰
陈　柳　孟新昊　顾云松　杨庆旭　宋金娜　高　粱
罗晓雅

材料学

余潜力　舒　叶　韩雅如　任　媛　庞宏波　付　爽

物理电子学

曹　思　冯佳涵　项秋伟　李浩鹏　张　毅　郭　浩
张吉皓　李　娟　顾磊磊　侯　珏　刘立龙

材料工程领域工程硕士(新增)

蔡冠华　刘　锐　毛　正　施　翀

社会科学基础部

思想政治教育(1月份毕业)

王　玲　谢春敏

中共党史

朱江燕　周瑞瑞　向　钊　刘小燕

科学社会主义与国际共产主义运动

蔡肖峰　王子太　陈　锐　王佳北

马克思主义基本原理

孙　夏　刘慧芳　王雪婷　刘　萃

思想政治教育

廖海生　梁　影　杨　婷　吴　鑫　周立永　蔡耀杰
刘　钢　杨晓军　黄　晔　王海龙

马克思主义中国化研究(新增)

洪恬恬　李贝雷

分析测试中心

分析化学

陆晓慧

物理化学

李世云

高分子化学与物理

刘春英

历史地理研究中心

历史地理学

林　宏　李海默　李　波　郭雁鹏　曹　典　杨晓光
周德春　陈　堃　车　群　郭　婷　张灵超　尹宗云
郭岩伟　吴焕良　向　上

高分子科学系

高分子化学与物理

刘春英　解　超　钟新辉　沈哲颖　赵永亮　梁梅妮
韩　愉　羊　冉　王梦吟　姜　坤　陈孟婕　吴极文
陈　杰　朱　弘　张衍楠　唐越超　张晓鸿　朱淑俊
王月强　刘静静　程　冬　闻　昊　宋肖洁　张仲凝
李亚男

社会发展与公共政策学院

社会学(1月份毕业)

尹美丽

人类学(1月份毕业)

陈　瑶

社会学

张培培　张　瑶　陈姗姗　顾慧君　李永敏　项　军
刘　佳　董　敏　王　瑾　尤国金　张　玺　艾君卿
单　惠　赵　勇　张绍良　贾　革　米良惠
ZHI ZHAO　爱　林　大　乐

人口学

姜宏宇　王晓虎　陶　然

人类学

熊力勤　洪浩瀚　何　潇

社会保障

虞文嫣　蒋　莹　王　婧　余　兴　李　虹　胡晶焱

人口、资源与环境经济学
万蓓蕾　孙宇飞　宋靓珺　陈　筱　汪宏韬　孙常悦
黄旭良　陈　俭　孙　鹏　马　进

高等教育研究所
高等教育学
李文静　陈文燕　王元伟　项伟央

课程与教学论
吴媛媛　罗雪莲　张　兰

教育经济与管理
陈垚犇　刘　凯　吴正霞

环境科学与工程系
环境科学
杜欢欢　杨素娜　张佳晨　王焯如　赵　倩　魏　星
于　静　沈俊秀　许　博　徐　斌　陆同伟　顾万花
周桂平　马庆伟　闫丽丽　钱晓雍

环境管理
倪丹成　陈志兴　郭　思　周美跃　王文娟　刘　葭
李　慧　于　淼

环境工程(新增)
吴　婷　吴彦霖　张　云　马　琳　周　东

环境工程领域工程硕士(新增)
曹青青　陈丽君　胡冰清　胡海龙　黄苏君　黄雄风
康诗飞　尹　昊

微电子研究院
微电子学与固体电子学(1月份毕业)
姚家剑　蔡曙江　谢江滨

微电子学与固体电子学
李斯梦　彭　巍　熊　斯　陈　伟　魏　鹏　黄　伟
尤凯迪　陈志辉　陈奇辉　李　歆　叶晓敏　龚晓寒
缪　斯　英　彦　邱　东　马珂洁　石泽文　方　琳
李　丹　高　亭　崔　鹏　袁宇丹　段雪岩　方　飞
黄　贝　桂智华　关　硕　李进伟　彭　晶　赵　喆
温晓珂　杨海峰　郑震湘　周　锋　臧松干　陈闽川
周金元　徐翊华　黄万一　钱可嘉　廖启宏　刘　垚
胡倍源　陈　星　徐　春　王玉吉　沈寅涛　李佳宁
邵海波　曹　伟　李晨熙　黄圣专　方姜荣　杨金达
吴　昊　汪文义　余永长　程　林　谭葛明　黄兆磊
杨思宇　沈　翔　柴晓森　周　谨　张　辉　李惟一
段　欣　王科军　蒋　何　周文君

软件学院
计算机软件与理论
高　歌　唐昱佳　李　璇　陈建飞　郭冰鉴　裘皓萍
袁立威　刘力力　顾致安　张天乐　刘　聪　罗　璇
朱　牧　张　妍　曹欢寅　顾轶灵　李　华　王晓冰
董　剑　王肇国　范君迪　王思宝　林立新　吴海峰
刘　惠　黄海南　甘　露　于宏锦　郑　琪　杨小溪

文物与博物馆学系
文物学(1月份毕业)
孙正夷

考古学及博物馆学
李　雪　韩翊玲　任　杰　石美风　方苏晨　贾博宇
陈力子　王成伟　唐　纬

文物学
王羿云

旅游学系
旅游管理
王秀玲　富玉英　臧胜男　沈　莺　刘建刚　薛　珺
唐余宽　陆　锋　张　奇　王新亮　徐　征　江　宁

文献信息中心
图书馆学
刘晨晨　向远媛　陈东滨

国际文化交流学院
对外汉语教学(1月份毕业)
刘　芳

对外汉语教学
吴小怡　程阿西子　刘　柳　张慧华　陈氏碧苍
范氏红明

汉语国际教育硕士(新增)
郭　文　王曦萌　张翠玲　蔡幸芳　陈　黎　陈　萌
陈彦孜　戴　霞　邓兆辉　董　捷　杜芯宁　韩　鑫
侯朝龙　胡明燕　瞿秋石　来　雄　黎仲明　李晨楠
刘际东　刘　静　王洁茹　王　朗　谢建祥　徐慧芳
姚娇寅　伊少波　尹绪彪　占艳怡　张　颖　张　月
周　竹　朱王芳　杜文献　范氏红雅　阮翠霞
阮秋水　谢氏茶江

上海医学院
法医学(1月份毕业)
赵　赟

遗传学(1月份毕业)
江佳稀　苏城昌　詹　嘉　陈玟君

生物化学与分子生物学
陈　虹　郝宇晴　杨　璐　李　昕　胡　亮　王　瑞
毛朋亮　葛静怡　马小俞　陈冰琳　张缘园　李达文
周少来　张晓飞　闫兆伟　王伟敏

人体解剖与组织胚胎学
赵娟娟　伍金红　王君玲　廖　华　张　丹

免疫学
虞珊珊　艾文清　王雅新

病原生物学
夏巨峰　吕　钧　董　芳　胡从华　杨　柳　徐　燕
翟露露　刘敬然

中西医结合基础
李　静　张　辉

药理学
董　怡　杨　萍　袁　曼

生物医学工程
李　凯　程兆宁

病理学与病理生理学
罗芳军　冯松涛　商占仙　简蓉蓉　何佳佳　李雪逸
张　皓

法医学
刘岳霖　李文灿　刘　超　李　立　陈　聪

分子医学
周瑞芳　罗　欣

生理学
耿文叶　周　莉　张承荣　于海云　周　望

神经生物学
楚　敏　王　勤

遗传学
李洪岩　杨　辉

化学生物学
刘光大

微生物学(新增)
郭艳荣

公共卫生学院

流行病与卫生统计学
张李军　廖慧敏　刘　星　何明祯　朱秋丽　宿　昆
邵晓丹　高颖阳　余勇夫　李玉华　夏玉刚　李源培

劳动卫生与环境卫生学
田大军　钱春燕　訾　军　张　杰　孙　原　李　丽

营养与食品卫生学
吴巧敏　沈　慧　高　强　尹建勋

儿少卫生与妇幼保健学
尹明敏　张　珊　戴晶晶　刘　萌

卫生毒理学
吕　文

社区卫生与健康促进
黄晓霞　齐　冰

社会医学与卫生事业管理
王子文　陈祥君　王　群　徐真真　袁　敏　罗　灿
雷　鹏　刘　桦　程　亮　刘成军　胡　丹　李　岚
郭足平　郭连增　葛智馨　刘　芳　杜丽侠

药学院

药剂学(1月份毕业)
邱怡婷

药物化学
孙雨伟　刘红山　李涵彬　高　星　贾尧玲　李　琳
苏　倩　方李松　李嘉俊

药剂学
孙寅静　蒋　晔　张立红　杨秋实　谢　江　廉茹月
李　瑾　冯程程　董　青　罗洁琦

生物化学与分子生物学
汪晓刚　王　莉　于存静

生药学
乔　欣　李华丽　蔡诚诚

药物分析学
陈晓萍　陈益乐　林志燕　刘　婷　谢美芬　彭倩雯

药理学
刘　媛　黄　慧　黄诗颖　谢俊云　张延菲　张　琳

中山医院

内科学(1月份毕业)
沈沪佳

内科学
王笑影　晋　玮　衡艳艳　张　哲　于玲玲　邵　川
李　婧　王兴冈　夏　光　公方晓　厉彦山　徐　建
刘　明　张　勇　李　泓　许桂平　陈菡子　赵文安
张晓春　荆　菁　刘桂剑　李　希　陈峰源　李嘉麗

神经病学
樊尚华　葛安岩　孙晓静

影像医学与核医学
王月波

外科学
杨　晔　万盛成　吴献华　谢　涛　郁玲玲　刘　俊
何洪卫　龙启来　孔令群　鲁小云　刘靖正　原　野
张华一　王翠众　孙太伟　吕　涛　倪　健　潘向欧
潘　迪　蔡约杰

肿瘤学
陶中华　殷　欣

麻醉学
毛　慧　吴少勇

药理学
魏　多

病理学与病理生理学
陈伶俐

临床检验诊断学
宋凌燕　任　丽

眼科学(新增)
陈向武

康复医学与理疗学(新增)
刘光华

口腔临床医学(新增)
锁吴采

皮肤病与性病学(新增)
倪立燕

耳鼻咽喉科学(新增)
聂喜林

华山医院

病理学与病理生理学
赵阳阳

内科学
许钟烨　杨阿碰　殷　莺　王　星　陈　华　鲍苑苑
高　香　李　莉　孙富艳　杨　磊　陈　钊　朱鑫方
徐启梅　史会连　范晓萍　王志新　周　峰

神经病学
郁文博　李志广

精神病与精神卫生学
陈剑华

皮肤病与性病学
杨荞榕　曹志豪　萧名棋　何欣颐　李昱晖　吴昀洁
金滋仁

影像医学与核医学
孔艳艳　吕荣彬　谭厚敏　李　慧

临床检验诊断学
王艳艳　李　丹

外科学
秦宣锋　陈妍如　曹树明　魏礼成　丁建波　丁炜宏
李　鹏　杨升达　吴俊贤

肿瘤学
吴　兵

康复医学与理疗学
曹　瑞　张安静

麻醉学
何智勇

口腔临床医学
李景媛　张　欣

运动医学
张庆国

中西医结合临床
杜文静 靳 岭 谢 萍

药剂学
李 纳 沈 敏

老年医学
唐 婷 郁 琼

急诊医学
王世强

耳鼻咽喉科学
唐 鸣

肿瘤学
吴 兵

肿瘤医院
影像医学与核医学
陈 雷 曹长慧

肿瘤学
蒋一维 陈翱翔 蔡俊娜 管西寅 陈佳艳 陈静贵
沈旭霞 周珺珺 曹达龙 刘 进 曹 兵 向礼兵
吴香香

中西医结合临床
徐立涛

疾病蛋白组学(新增)
倪 翔

临床医学硕士(新增)
吉顺荣

麻醉学
董 岩

儿科医院
儿科学(1月份毕业)
刘丽娟

儿科学
杨 柳 倪锦文 张赟健 方玲娟 陈秀丽 尹记辉
王艳艳 郑翠芳 刘 静 许 靖 沈 剑 朱琳琳
张婷婷 徐保干 张秀玲 时艳艳 闫钢凤 周耀东
张聪聪 康映泉 涂巧雯

临床检验诊断学(新增)
钟华清

中西医结合临床(新增)
蒋明玉

妇产科医院
妇产科学
蒋 静 王健理 林晓龙 魏雪敏 范登轩 王 婷
李 俊 贺木兰 李会俭 李 娜 陈盈珏 董 俊

眼耳鼻喉科医院
眼科学
杨 颖 程丽娜 赵颖熙 王 飞 王 鑫 岳 晗

耳鼻咽喉科学
张 宇 张志存 贾贤浩 孙 琴 陶朵朵

病理学与病理生理学(新增)
邢 岳

金山医院
内科学
封丽莎

肿瘤学
张文熠

劳动卫生与环境卫生学(新增)
赵乾魁

外科学(新增)
朱梁豫 朱 斌

眼科学(新增)
许晓丽

耳鼻咽喉科学(新增)
梅红林

急诊医学(新增)
袁 震

上海市肿瘤研究所
病原生物学
郭维杰

放射医学研究所
放射医学
高佚名 暴一众 肖汉方 王立芳

上海市计划生育科学研究所

流行病与卫生统计学

徐倩倩　孙　峰　何　华　文　彬

生物化学与分子生物学

王　会

卫生毒理学(新增)

乔　坤　田　芳

上海市第一妇婴保健院

妇产科学

董玲玲

护理学院

护理学

刘树麟　张　弛　徐　昊　张玲华　吴　嫣　成　磊
凌　健　刘　雯　刘春丽　周冬梅　吴沛霞　林晓莉
周　越

华东医院

营养与食品卫生学

汪正园

影像医学与核医学(新增)

刘　伟

中西医结合临床(新增)

肖世源

上海市第五人民医院

内科学

徐同鹏　金晓红　王　莹

外科学

张兴源　杜　然

影像医学与核科学(新增)

高　峰　李　杨

临床医学七年制研究生

内科学

韩倩菲

博士研究生

中国古代文学研究中心

汉语言文字学(1月份毕业)

沈　芸　姚　尧

中国古代文学(1月份毕业)

崔琇景　权娥麟

中国古典文献学

蒋鹏翔　李　军　乐　怡

中国古代文学

王小燕　蔡敏敏　张海新　李　贞　赵海霞　王魁星

中国语言文学系

比较文学与世界文学(1月份毕业)

唐海东　张艳花　吴　岚　郭斯嘉

文艺学(1月份毕业)

栗永清

中国文学批评史(1月份毕业)

陈晓红

中国古典文献学

邬可晶

中国古代文学

肖　能　林晓光　綦晓芹　许　蔚　杨满仁　吴增辉

汉语言文字学

宋　桔　杨一飞　顾利丹　谢元春　叶晓锋　贾　璐
金宝荣　崔智英　万曼璐　李顺美

中国现当代文学

武春野　张入云　吴凑春　孟　晖　贾国宝　薛祖清
黄江苏　张　霞　罗四鸰　石圆圆　坂本达夫

中国文学批评史

刘　铭　李德强　李　婧　李　良

语言学及应用语言学

金锡永　李泽然

现代汉语语言学

金智妍　邱明波

文艺学

毛文琦

比较文学与世界文学

姜　哲

影视文学

郑健健

外国语言文学学院

英语语言文学(1月份毕业)

张晓雪

外国语言学及应用语言学(1月份毕业)

康志峰

英语语言文学

赵 蓉 谭晓丽

外国语言学及应用语言学

崔惠玲

新闻学院

新闻学(1月份毕业)

陈 杰

新闻学

贺碧霄 白红义 毛颖辉 罗 锋 杨海军 夏德元
肖鸿波 郑亚楠 林援森

传播学(1月份毕业)

陈青文

传播学

颜美惠 唐 乐 陈 杰

广播电视学(1月份毕业)

向美霞 陈 一

广播电视学

徐 帆 陶文静 石力月

媒介管理学

马德永 黄裕峯

历史学系

中国古代史

陆德富 邱轶皓

中国近现代史(1月份毕业)

马若兰 陈明华

中国近现代史

范矿生 王才友 袁 哲 房 正 张卫明 曹嘉涵

世界史

戚尔达 耿兆锐 高建红

专门史(1月份毕业)

乐 敏

专门史

张佳佳 张晓川 黄健美 刘宗灵

历史文献学

段惠子 潘喜颜

经济学院

经济思想史(1月份毕业)

亚黑亚

金融学(1月份毕业)

蒋水冰 刘沁清

金融学

朱永行 汪满健 王宇雯 赵 伟 苏天鹏 吴有红
程力耘 杨玲玲 叶 军 赵玉洁 孙国伟 郭 朋
甘小芳 斯琴图雅

政治经济学(1月份毕业)

杨文宇

政治经济学

池勇海 杨立春 孙继伟 凌 峰 祁 飞 邓忠泉
刘姉妗

西方经济学(1月份毕业)

梁 捷 邵 挺

西方经济学

郝延伟 左 翔 谢露露 余 婧

国民经济学

徐 昕 李小龙

世界经济

宋 捷 杨希燕 张军超 林春山 白承彪 荣 岩
孙海霞 许祥云 廖 佳 孙加韬 吴松年

产业组织学

刘瑞明 仲锐敏 李亚瑞

国际贸易学

郭 杰 高 亮 权家敏

数量经济学

朱钧钧 卢书泉

哲学学院

马克思主义哲学(1月份毕业)
黄学胜

马克思主义哲学
帅　倩　方锡良　赵春清　司　强　李春建　应建庆
王文臣　姜海波　沈玉梅　宋朝普

科学技术哲学(1月份毕业)
赵洪武

科学技术哲学
郭　燕

宗教学(1月份毕业)
汤铭钧　孙克昱

宗教学
吕绍勋

中国哲学
林苏闽　刘续腾　觉　醒　林惠英　孙钦香　左国毅
申绪璐　邹辉杰　汲广林　曾海龙

伦理学
龙武维

国外马克思主义
邱忠文　刘　芳

外国哲学(1月份毕业)
黄加锐　唐　杰　王卓娅

外国哲学
汪　炜　李为学　莫　斌　刘剑涛　李　华　陆建松
胡传顺　薄　谋　赵　伟　史凯峰

国际关系与公共事务学院

政治学理论
汪仕凯　郝　娜　王升平　李新安　刘彦虎　任　勇
王安华　孙培军

行政管理(1月份毕业)
陈水生

行政管理
胡　佳

中外政治制度(1月份毕业)
刘　翔

中外政治制度
李挽霞　田雪梅　魏　云　李锦峰　董　毅

国际政治
史伟成　崔荣伟　周云亨　吴　琳　黄飞君　赵　冰
汪舒明

国际关系(1月份毕业)
简涛洁　潜旭明

国际关系
胡　勇　王金强　李宝林　刘美武　华　翔　荷　娜

外交学
朱天祥　高　鹏　吉　磊

公共政策(1月份毕业)
刘　虹

数学科学学院

应用数学
罗金火　徐　伟　韩　伟

基础数学
王晓光　朱　灿　高美娜　崔翱翔　胡　殿　吴　艳
王　威　谢　兰　彭　杰

运筹学与控制论
杜　恺　李　搏

计算数学
胡　邦　黄　鑫

物理学系

理论物理(1月份毕业)
陈慧敏　许　昊

理论物理
赵媛媛　席　斌　施小锋　王金龙　郛汝宽　何建华

凝聚态物理(1月份毕业)
肖顺豪　盛　威

凝聚态物理
杨乐仙　聂天晓　欧阳纯方　董必勤　冀　婷　李慧玉
周　波　董金奎　孙正义　崔　健　王　啸　付召明
卢　岩　陈　宫　张冬明　吴祖辉

光学(1月份毕业)
鲍　玺　王耀川　冯国进　董红星

光　学
周　慧

生物信息学(新增)
倪培相　张建国

现代物理研究所
原子与分子物理
肖　君　耿志贤　杨　洋　沈　扬

粒子物理与原子核物理(新增)
张　磊　鲁永芳

信息科学与工程学院
微电子学与固体电子学(1月份毕业)
刘书一　黄　华　尹　睿　严　伟　范明俊　赵　爽
杨春晓

微电子学与固体电子学
王　明　宗　可　宗兆翔　杨玉庆　邵波涛　冯　勇
刘志英　陈云锋　章　淳　张　科　余　慧　曹圣国
梅年松　许伟伟　李伟男　薛晓勇　丁少锋　陆雯青
龚　旻　谢　丁　黄　玥　吴　川　鲍　丹　孙立崇
韩科锋

光学(1月份毕业)
张启明　毛鹏辉　刘明辉

光　学
周薇溪　周　靖　张　尉　李　皓　魏慎金　蔡清元
周恩宇

电路与系统(1月份毕业)
林　青　余　映　倪锦根

电路与系统
冯　巍　杨　成　檀甲甲

医学电子学(1月份毕业)
肖　杨

医学电子学
李小敏　葛　鑫　邓寅晖　郑　懿

物理电子学
居家奇　王冬冬　韩秋漪　徐　蔚

凝聚态物理(新增)
廖嘉霖

化学系
化学生物学
张　军　陈瑶函　姚　宁　潘　竹

疾病蛋白组学(1月份毕业)
马文福

无机化学(1月份毕业)
佘　岚　霍现宽　蒋华麟　张俊勇

无机化学
曹新华　王国梁　武华周　余旭东　赵灵之　周　亮
王春玲　吴张雄　顾　栋　朱小飞

物理化学(1月份毕业)
楼芝英

物理化学
尹安远　郭　娟　钱林平　余　乐　郭建峰　姜　丹
陈筱诚　张　丽　王　捷　田　莉　刘　俊　时　宜
崔王君　薛雷刚

分析化学
戴　颖　郭　锴　肖晓峰　王　颖　关　霞　许亚伟
张莉娟　王慧香

有机化学(1月份毕业)
曾兆森　黄建平　李小青

有机化学
王　优　王　冠　刁小琼　陈知远　卜秀丽　马景毅

应用化学(新增)
刘海晶　王德举

生命科学学院
植物学
夏　辉

遗传学(1月份毕业)
董小岩　林　刚　高　瑞　刘　颖　刘　星　杨桂梅
周彩红　赛音贺西格　李　强　韩丁丁　顾少华
包　蕾　丁丽娅　梁胜华　王钱洁　刘　璐　张纪元
窦　超　吴　海　孙　凡　赵　鑫　黄永胜

遗传学
郭齐雅　顾秀婷　邱　瑞　徐佳熹　李大为　彭　靖
马海洁　陈　超　范薇薇　蒋文君　赵　晶　王文章
张明君　刘　超　李　婕　周　娟　潘　贤　石金磊
赵健元　白美蓉　王　雷

生物化学与分子生物学(1月份毕业)
刘　锐

生物化学与分子生物学
徐　薇　刘辰莹　蒋雯卿　危　平　赵　健　徐晓恩
陈耀辉　邹央云　赵阿曼　郑茂发　张腾飞　周定安

生态学
崔　军

微生物学(1月份毕业)
刘　伟　吴　晶　吕亮东　汤必奎

微生物学
范震宇　李晓然　赵　欣　路蝉伊　陈淑丹　彭　超
张　霖

神经生物学(1月份毕业)
冯泽君　韩　梅

神经生物学
任雯雯　方滟佳　吴　政　段错铮　李丽红　伊　峰
张　艳

发育生物学
李　刚

发育生物学(1月份毕业)
陈慕云　仪　晶

生物物理学
周孟华

生物信息学(1月份毕业)
莫文娟　赵佳媛

生物信息学
张　馨　杨　桢　张乐平　董　华

计算机科学技术学院

计算机系统结构(1月份毕业)
张逢喆　杨克峤

计算机系统结构
王小伟　李国波　陈　榕

计算机软件与理论(1月份毕业)
刘振宇　毛宇星　梁建宁

计算机软件与理论
何贤芒　朱辉生　王　清　杨　涛　唐　姗　谢　兴
袁培森　高　明　田秀霞

计算机应用技术(1月份毕业)
张崇明

计算机应用技术
吴承荣　宋　淼　吴海山　刘毕升　徐　琪　王启春

管理学院

企业管理(1月份毕业)
白艳莉　张　湄　张夷君　李智娜　孙显岳

企业管理
孙金云　金明星　王　文　宋源镇　邵　昶　杨林锋
胡晓娣　黄　平　李　辉　左晶晶　金容旼

物流与运营管理
李　伟　董　岗

会计学
杨　芳　张海平　王晶晶　杜小娟

产业经济学
傅联英　余　晶　张兴瑞　李刚健　谢国樑　李天锋

管理科学与工程(1月份毕业)
胡安安　全利平

管理科学与工程
王　晋　石静娜　潘朝相　吴洁倩　周　晋　洪道诚
曹祎遐　李学迁

东方管理学
张辉衔　陈为年　余自武

概率论与数理统计
刘广应

运筹学与控制论(1月份毕业)
杨青骥　陈克东　李常敏

法学院

民商法学
李　沛　刘婧婧　张树剑　齐晓霞　徐　飞　彭　夯
徐　俊　胡　伟　刘言浩　杨　芳　张　强　王森波
何佳馨　李云波　李　峰　江　涛　王淑华　阮友利

国际法学(1月份毕业)
张宏乐

国际法学
李　健　王弈通　胡　荣　陈莹莹　刘　丹　吕炳斌

力学与工程科学系
流体力学
刘　颖　王　倩　杨琼梁　王世华　晏　艳　郑贤清
闫志勇

生物力学(1月份毕业)
李　程

生物力学
金　凤　蔡　彦

材料科学系
物理电子学(1月份毕业)
张丽华

物理电子学
龚　佳　李永涛　冯　阳　许海燕

材料物理与化学
卢　茜　田晓伟　丁晓峰　沈哲红　曹　建　祝　凯
杨昊炜

社会科学基础部
思想政治教育(1月份毕业)
韩　巍

马克思主义理论与思想政治教育
顾　莺

马克思主义中国化研究
穆方平

中共党史(1月份毕业)
杜翠叶

中共党史
张蕾蕾　赵　晶　贺永泰

马克思主义基本原理
闵长虹　房尚文　郑　娟

思想政治教育
王竟晗　刘　波

历史地理研究中心
人口史(1月份毕业)
郑发展

历史地理学
郑微微　王一帆　王长命　马孟龙　刘炳涛　周　晴
张永帅　武　强　李碧妍

人口史(新增)
单　丽

高分子科学系
高分子化学与物理(1月份毕业)
尹建伟　马德旺　田剑书　郝瑞文

高分子化学与物理
贺　明　张　正　宋文迪　常广涛　李长喜　廖小娟
景荣宽　鲍　稔　林文程　黄　舒　王　婷　龚祖光
宋士杰　方　明　林　博

社会发展与公共政策学院
社会学(1月份毕业)
孙　明　金度经

社会学
杨雪晶　纪江明　王　平　黄美冰

社会管理与社会政策
骆　勇

人口、资源与环境经济学
沈续雷

环境科学与工程系
环境科学
乔利平　孙　晓　王　令　邓丛蕊　王　升　张　敏
魏源源　任　晶　蒋轶伦　张　蓉

文物与博物馆学系
文物学
张政伟

考古学及博物馆学
潘　艳　古骐瑛　杨秀侃

先进材料实验室
无机化学(新增)
王　琦　杨天赦　邹　莹

高分子化学与物理(1月份毕业)

鲍碧清

高分子化学与物理

宇文力辉

旅游学系

旅游管理

李　萌　刘　军

上海医学院

生物医学工程(1月份毕业)

王满宁

神经生理学(1月份毕业)

吴培颖　岳小芳　刘　正　李自成

生理学

张桂红　姜美燕　张利佳　张彩彩　郝丹丹　薛　红

药理学

吴子彦　吕志刚

人体解剖与组织胚胎学(1月份毕业)

孙　燕　刘　妍　朱新平

人体解剖与组织胚胎学

张大勇　崔卫刚

病原生物学

杨　彬　董丹丹　李冬菊　张俊琪　王　静　蔡　霞
李　霞　王熺婵　于士颜　王耀辉　刘　倩　杨金华
胡　健　王泽坤　余方友

病理学与病理生理学

栾丽娟　徐嘉雯　柏乾明　毛山山　王　菲　孙建永
王李莉　向　萌

医学信息学

卢延鑫

中西医结合基础(1月份毕业)

丰晓溟

中西医结合基础

王小微　李　炳　马淑兰

免疫学

熊术道

神经生物学

李舒婧　栾文杰　杨瑾慧　王洪权　朱　敏　孙小波
刘　帅

生物化学与分子生物学(1月份毕业)

贾成友

生物化学与分子生物学

木金贵　刘　瑞　周　蕾　姚宛彤　柳永蕾　孙琳琳
甘华臣　胡晶莹　吴　伟

分子医学(1月份毕业)

陈旭东　何　群

分子医学

王际平　刘　静

法医学(新增)

张晓彤

公共卫生学院

卫生毒理学(1月份毕业)

黄　敏

流行病与卫生统计学

林海江　赵　飞　牟　喆　花　静　董　英　郑会民
梁　霁

劳动卫生与环境卫生学(1月份毕业)

王　霞

劳动卫生与环境卫生学

郑唯韡　韦　霄　焦　洁

社会医学与卫生事业管理

陈永聪　胡　敏　曹俊山　张宜民　曾雁冰　李程跃
夏志远

卫生毒理学

齐小娟

儿少卫生与妇幼保健学

蔡　泳　吴鸿翔

药学院

药剂学

沈　鸣　关佩沛　辛洪亮　郭良然　李　欢　闫志强
钮萌萌

生药学
狄宏晔 金家宏 姜 韵 郭 涛 胡 晓

药物化学
施志慧 晁 博 陆洪福 马开庆 张晶蕾

生物化学与分子生物学
贾 旭

药理学
刘春华 潘礼龙 卡尤姆 米 娜

中山医院

影像医学与核医学(1月份毕业)
黄备建

影像医学与核医学
王颖颖 何年安 恽 虹 李 丹 李超伦

肿瘤学(1月份毕业)
杜世锁

肿瘤学
崔越宏

内科学(1月份毕业)
李 锋 陈 萍

内科学
宋振举 董丽莉 张 峰 胡昕婴 程蕾蕾 王 剑
王 洵 刘旭杰 张 磊 单亦升 徐 雁 解新星
郭艳梅 严蕙蕙 李清华 梁艳艳 曹学森 陈章炜
陈丹丹 瞿利帅 史 静 彭利军

疾病蛋白组学(1月份毕业)
戴 春

外科学
周晓岗 韩寓嵩 方涛林 朱 丹 孙 廓 王少俊
赵一鸣 惠 博 卢伟锋 毛正发 朱海涛 朱小东
岳嘉宁 曹冬兴 周 密 顾方明 周 健 朱文伟
常文举 黄 威 阮 尽

生物化学与分子生物学
舒 宏 吴 剑 孙海香

麻醉学
钟 鸣 焦 静

中西医结合临床
向 军

皮肤病与性病学
杨晓芹

神经病学
唐海燕

华山医院

临床检验诊断学
胡锦辉

中西医结合临床
蔡 萃 张 曾 冯晓桃

影像医学与核医学
蒋 玲 朱 莉 华逢春 邱龙华 纪毅敏 张 军
陈明丽

神经病学
全 超 林 洁 朱雯华 陈淑芬 张 庆 孙一忞
楼之茵 王 蓓

内科学(1月份毕业)
赵 旭

内科学
范 虹 毛日成 张 舒 周 青 孔 宁 余碧影
周 锋 温东海 赵碧莲 宋 捷 苗 青 潘俊杰
姜 莉

精神病与精神卫生学(1月份毕业)
沈一峰

精神病与精神卫生学
从恩朝

外科学(1月份毕业)
王世龙 周 憑

外科学
阎作勤 胡枢坤 赵 帆 郑名哲 杨 林 聂铭博
郑 捷 李永平 王 立 姜宗圆 汤海亮 吴 亮
孙传玉 夏成雨 沈 明

皮肤病与性病学
姜 敏 潘展砚 张耀华

麻醉学(1月份毕业)
余　琼

药剂学
李中东

眼科学(新增)
高　鹏

康复医学与理疗学(1月份毕业)
李　放

康复医学与理疗学(新增)
张　峰

肿瘤医院
影像医学与核医学(1月份毕业)
张盛箭

影像医学与核医学
谭红娜　刘海泉

肿瘤学
蔡旭伟　梅　欣　张海梁　郁玮玮　邢唯杰　李济宇
杨　晨　詹鹤琴　夏　冰　叶延伟　柯桂好

中西医结合临床
朱元颖　王　琨　花永强

儿科医院
儿科学(1月份毕业)
叶　明

儿科学
郁莉斐　王　炫　朱　珍　高　健　宋　再　王欢欢
肖蜜黎　王　薇　孙立波　冯菁菁

妇产科医院
妇产科学(1月份毕业)
何以丰

妇产科学
顾　超　吴志勇　陶　祥　李　斌　黄以萍　毛路一
包　蕾

眼耳鼻喉科医院
眼科学(1月份毕业)
袁　非

眼科学
郑天玉　马　波　洪佳旭　季　敏　陈　涵　张　婷
许　烨　秦　冰

耳鼻咽喉科学
林　勤　白　燕　从　宁　杨娟梅　张毅博　陈　婷
严旭坤　卢　娜　王晶晶　徐江红　郝少娟　傅窈窈
赵可庆　张　浩

上海市肿瘤研究所
病原生物学
魏　霖　姚　坚　马克龙

流行病与卫生统计学(新增)
高　姗

放射医学研究所
放射医学
潘　燕　陈　波

华东医院(新增)
耳鼻咽喉科学
胡　华

金山医院(新增)
外科学
吴志明

(教务处、研究生院、国际文化交流学院、留学生办公室供稿)

八、办学条件与保障

校园建设与管理

基本建设

【概况】 2011年，复旦大学校园基础设施建设在建项目总建筑面积191 670平方米，总投资87 998万元，全年完成基本建设投资9 748万元。由基建处管理的在建项目共6项(未包括暂停建设的红旗教师公寓和尚未开工的江湾发育生物所实验动物房)，总建筑面积49 505平方米，总投资39 336万元；其中竣工结算项目1项，建筑面积2 160平方米，总投资2 066万元，全年完成基本建设投资3 767万元。由原江湾建设办公室管理的竣工结算项目2项，总建筑面积87 698平方米，总投资26 279万元。

全年完成千元以上的修缮项目合计406个，合同金额7 360万元。其中日常修缮项目111项，合同金额555万元；修缮专项106项，合同金额2 495万元；部门自费项目189项，合同金额4 310万元。在2011年完成的项目中，总投资百万元以上的项目有：邯郸校区第二至六教学楼空调安装工程；北区毕业生宿舍整修工程；复旦书院试点用房改造工程(一期)；国福路运动场改造工程等。此外，还完成邯郸、枫林校区幼儿园改造工程、复旦二附中运动场改造工程、张江和江湾校区运动场改造工程、枫林校区西16号楼卫生间改造工程、邯郸校区南区一期学生公寓和东区学生公寓空调安装配套工程等。

(康 建 尤廷平)

【启动枫林校区、江湾校区校园规划调整】 2011年底，根据校党委“深入基层大走访大调研”活动中梳理总结的关于办学空间紧缺等核心问题，启动枫林校区、江湾校区校园规划调整，主要包括枫林校区东安路两侧校区的15.5公顷老校区校园规划调整和江湾校区国权北路以东校区90.8公顷新校区校园规划调整的前期工作。 (潘静波)

【美国研究中心一期第一、二、四层消防改造工程完成】 复旦大学美国研究中心一期第一、二、四层消防改造工程，总面积4 000平方米。工程于2011年7月1日开工，2011年8月31日竣工并通过消防验收。 (施建荣)

【子彬院改扩建工程竣工】 复旦大学子彬院改扩建工程于2009年11月28日开工，2010年7月结构封顶，2011年10月26日通过杨浦区质监站验收竣工。该项目总建筑面积3 814.08平方米，北楼为框架结构二层，附楼为改扩建框架结构二层，南楼为三层砖木、砼混结构。 (陆学文)

【邯郸校区第二至六教学楼空调安装工程竣工】 邯郸校区第二至六教学楼空调安装工程于2011年7月中旬开工，2011年8月下旬竣工，总建筑面积28 976平方米，工程内容主要涉及VRV系统空调设备安装、电气线路改造及相应的装饰修复等。

(尤廷平)

【国福路运动场改造工程竣工】 国福路运动场改造工程于2011年7月1日开工，2011年12月10日竣工，场地面积12 900.78平方米，内设4 979.55平方米透气型跑道及半圆区、7 626.65平方米人造草坪足球场、238.3平方米天然草铅球投掷区、跳远沙坑、跳高区、2.5米高PE套塑围网、180平方米简易临时用房、地下排水沟和挡土墙等。 (尤廷平)

【枫林校区东5号楼改造工程开工】 枫林校区东5号楼，总建筑面积3 004平方米，为五层钢筋混凝土框架结构，建筑物高度20米。为了满足医学院实验用房需求，于2011年12月下旬开始改造，改造内容涉及屋面防水、外墙粉刷、内部装修、消防系统改造、空调系统安装、特殊气体管道、水电线路敷设等。 (尤廷平)

枫林校区

【概况】 2011年，枫林校区由上海医学院、公共卫生学院、护理学院、放射医学研究所、实验动物部、生物医学研究所、脑科学研究所等单位，全日制在校生共5 788人，其中研究生3 523人、本科生1 556人、高职生709人。

枫林校区管委会办公室始终坚持“管理协调，服务保障”的工作宗旨，积极协调校区各项事务，保障教学科研活动的顺利进行，通过召开各类专项协调会议畅通信息渠道，使职能部门的功能更好地得以延伸，协调校区日常工作202次、专项调研3次，配合参与重大活动9次。

10月，配合医学综合事务办公室，会同资产管理处，落实实验动物部搬迁工作。学生实验用房临时搬迁至东园6号楼，办公用房临时搬迁至东园3号楼。

10—11月，按校领导要求，办公室启动了校区建筑物整体调研活动，在校区资产处、后勤公司及各学院等部门的配合下，经过相关部门走访、查阅档案资料、实地查看丈量、部门用房核对、用房性质归类等对校区的总面积、建筑的建造年代、功能使用、区域分布等情况有了较为清晰的了解。

每学期一次协调召开校区学生会与枫林校区各职能部门的座谈会，就涉及食堂、宿舍、体育馆、图书馆及教学楼等方面存在的问题予以沟通，提高解决问题的效率，营造校园和谐环境。

推动红十字会遗体捐献接受站规范服务。4 月，配合医学院开展接受站工作人员的岗位培训。会同医学院通过制作接受站宣传手册，对接受站的服务进行宣传，提高接受站的知名度，积极拓展捐献者数量。9 月底，邀请上海市红十字会相关领导上门具体指导，分管副校长许征到会并讲话。2011 年，红十字遗体接收站被评为 2005—2010 年度上海市先进集体。

推进校园环境文化建设。枫林校区管委会办公室利用校园环境整体整治的机会，于暑期对校区医学生誓言碑进行修复，并反复调研并听取多方意见，提出校区文化建设具体实施方案。方案对宣传栏、路牌、建筑物地理方位示意图、禁烟标牌等进行完善、增设等规划，旨在体现复旦的综合面貌与校区的医学精神。通过向校文化建设委员会申请专项基金，在基建处的支持下，方案已于 12 月底基本到位。 （毛惠琴）

【解决东安路拓宽遗留问题】 10 月 17 日，经与相关部门协商，东安路校区两侧大门喇叭口开始施工。11 月底，整修完毕。校门口交通安全协管员得到落实，东安路拓宽校门外的遗留问题也全部解决。 （毛惠琴）

【完成校区生物生化垃圾规范管理工作】 6 月中旬，生物、生化垃圾堆放点用房竣工。6 月下旬，正式启用，校区生物生化垃圾规范管理的硬件设施和软件管理全部落实到位，师生反应良好。 （毛惠琴）

张江校区

【概况】 2011 年，张江校区有软件学院、微电子研究院、集成电路与系统国家重点实验室、微纳电子创新平台、国家微电子材料与元器件微分析中心、药学院和计算机科学技术学院。全日制在校生 2 121 人，其中本科生 995 人、硕士研究生 867 人、博士研究生 259 人；教职工 498 人，其中具有中、高级职称的教职工 407 人。

后勤保障工作服务于教学科研。5 月，在教学区安装车辆隔离柱；重视用电重点部位管理，食堂空调恒温设置，每月节电 6 000 千瓦时。6 月，对药学院科研楼广场采取防滑措施；建立张江校区信息交互平台，更新修缮流程信息数据，推进信息数字化管理。7 月，修缮食堂，粉刷一、二层顶面，修理、更换厨房设备。8 月，改造第二教学楼 12 间普通教室为多媒体教室。9 月，对药学院试点零星维修（三工以下）服务进楼的管理办法。10 月，修缮篮球场。11 月，班车于每周三、四增开高峰期间（邯郸校区至张江校区 16:30、张江校区至邯郸校区 17:30）班次，最高峰达到 28 班次。

全年共举行会议 213 场。

拓展党建平台。3—5 月，联合校区各学院举办首届张江校区教工卡拉 OK 大赛，纪念建党 90 周年。4 月 20 日，与上海张江置业有限公司第二党支部（负责学生园区宿舍管理）开展“双结对”活动。10 月 25 日，邀请宣传部部长萧思健为教师党员、结对子党支部党员、学生党员代表作学习十七届六中全会精神的报告。设立“党员示范岗”，落实首问明晰制，方便师生询问。 （吴　莹）

【建成张江校区展示厅】 4 月，由常务副校长张一华题名的张江校区展示厅开放。展示厅面积 282 平方米，位于行政楼大报告厅拐角，展示校区图片展、校区规划模型等。图片展涵盖 2002—2010 年大事记、规划建设、管理历程、院系风采和展望。 （吴　莹）

江湾校区

【概况】 2011 年，江湾校区以改进作风建设为抓手，切实提升服务能力和质量。将创先争优活动与业务工作相结合，通过定期召开组织生活会、制订学习培训计划、创建部门职工书阁、开展红色电影定期展播、参与新江湾城街道党工委活动、与同济一附中党支部共建等活动进一步提升职工综合能力。

把安全稳定放在校区工作首要位置，建设“平安校园”。坚持校园每日巡查制度，将校区纳入新江湾城辖区 110 联动管理系统，打造“亮灯工程”，保障师生安全；加强对食堂的监督检查，确保食品卫生安全；加强校区施工现场管理，确保安全施工；改装更为先进的电子探头，提高安全监控技防能力。

贯彻“大走访大调研”活动精神，广泛听取入驻院系单位师生意见，民主管理落到实处。及时就校长信箱、江湾校区意见箱、学生提案和复旦 BBS 中涉及校区的问题进行解决与反馈，提升管理服务的效率和质量。定期召开入驻院系负责人座谈会以及“江湾圆桌座谈会”。

进一步完善《江湾校区规章制度及办事流程汇编（审议稿）》。

结合校区实际，开展校园文化建设。“江湾校区公共空间文化展示”和“校区植物挂牌”分别申报复旦大学 2011 年基层（院系）文化建设项目并立项实施。

结合节能降耗工作，合理化调整校区照明灯开闭时间，配合水电中心做好智能水表和电力远程监控系统的安装。

维修工程做到“进场有进场通知单，开工、验收有协调会”；对校区零星维修、急抢修项目，采取年度入围资格试点，通过招投标确定零急修工程维修公司，做到第一时间上报、最快速度抢修；专业维修通过招投标由专业资质的单位养护。

创建安全规范舒适的江湾生活园区。学生公寓消防门配备消防锤，教师公寓新增信息栏，启用园区 2 号门，实行人车分流。截至 2011 年底，江湾生活园区入住本科生 300 人，研究生 890 人，教师 260 户。

配合相关部门做好“廖凯原法学楼”揭牌仪式、“智华楼”冠名仪式等校级重大活动，为学校自主招生面试、学生军训、义务献血等提供综合保障。 （黄岸青　王　海）

【承办 2011 届毕业生在校区植树纪念活动】 3 月 10 日，举行“倾心植新苗，沃土育栋梁”2011 届毕业生植树纪念活动。来自复旦大学 21 个院系的 400 余位毕业生代表参加。校党委副书记陈立民，党委学工部、研工部和江湾校区管委会办公室等部门的负责人出席活动。各院系副书记、毕业班辅导员代表共同参与。

（黄岸青　王　海）

图书情报

【概况】 2011年，学校图书馆馆藏文献512.4万册（含纸本图书和期刊合订本），中外文电子期刊4.6万种（其中中文1万种，英文3.6万种），电子图书195.8万种（其中中文165.3万种，英文30.5万种），电子书刊以外的数据库102个。全年新购纸本中西文图书104 398册，中西文纸本期刊6 491种，新增数据库3个。全年接受国内外捐赠图书3 296种6 236册，交换期刊344种6 146册。

图书馆全年共接待读者209万余人次，读者外借图书49.6万册。为校内外读者提供文献传递21 032篇。中文期刊全文下载6 223 659篇次，英文期刊全文下载4 006 981篇次，文摘数据库检索3 130 151人次。完成科技查新课题209个，接受查收查引服务833项。开展读者日常培训103场，4 150人次参加。新生培训研究生基本做到全覆盖，本科生参加率达56%。开设文献检索课共985学时，选修学生1 657名。举办各类文化展览10场。全年图书馆学专业硕士研究生毕业3人，在读6人。

全馆在编职工191名，其中具有正高级职称6名，副高级职称27名，中级职称104人。有博士生导师3名，硕士生导师10名。聘用租赁员工25名，聘用劳务工39名。勤工助学学生90余名，提供服务38 000小时。

扩大服务，提升读者满意度。试行新的流通规则，增加借阅、预约册数，将图书逾期后的处理方式从罚金改为适时催还等处理方式，体现人性化管理；文科馆保留书库部分书籍开始提供外借服务；方志年鉴阅览室、文史哲阅览室、保留书库设立阅览室预约投条箱，方便读者在不开放时间里预约图书；教师阅览室推出“帮您查找大型套书服务”；扩大免费文献传递、馆际互借服务，免费馆际互借额度从2010年的5本/年提升至15本/年，文献传递从2010年的100页/人扩大到200页/人。及时处理读者的意见和建议，6月开通的图书馆官方微博，成为图书馆宣传推广资源和服务、接待读者建议和咨询的重要渠道。全年读者培训场次比2010年增加45%，参加人数比2010年增加58.2%；首次举办新生知识有奖问答活动。与2 800位读者建立信息通报联系。文献检索教学完成通识教育核心课程4年阶段性评估工作，上海市重点课程项目结题，通过鉴定。“以图书的海洋，读者的天堂”为主题，在“世界读书日”前后，推出系列活动。

深入院系开展学科服务，积极探索学科服务新形式：与CALIS三期学科服务子项目相结合，为教授提供定期学科信息推送服务；选定一项学校重大项目，进行高端课题咨询的试点服务。医科馆推出“医学名家荐刊”栏目，邀请多位院士、教授谈期刊的利用，引导读者更好地利用重点学术期刊。

强化文献资源建设与管理，提高文献保障力度。继续执行“增品种、减复本”政策，印刷与电子资源互相补充，多渠道获取文献。重视古籍和特色馆藏建设，新购线装古籍55种123册。修复古籍图书256种713册。提高编目质量，加强电子资源管理和揭示，对电子资源进行比对、分析与查重，9 135条电子书MARC记录导入OPAC。重视院系回溯工作，全年实施11个回溯项目，共回溯中外文书刊260 252册，校对回溯数据26 026条。院系回溯工作全面铺开并深化。继续调整馆藏布局，将文科馆教师研究生阅览室2000年以前和新近的图书，由原来的按照出版年份的两条龙排列合并为按照索书号放置的一条龙排列，方便读者查找图书。

完善规章制度，做好内部管理工作，加强基础保障能力。制定《非借图书临时外借规则》、《关于低值物资管理的规定》等，对历年未遵照规章进行借阅的图书进行催缴清理。完成图书馆咨询委员会换届推选，举行图书馆咨询委员会年会，加强民主管理。完成4馆1部物业招标工作，细化物业管理流程和物业考评标准，物业管理更加规范。

加强安全防范工作。在各馆进行消防安全大检查和消防疏散演习。继续普及应急救护和防灾避险知识，通过《图书馆消防安全预案》、《图书馆急救安全预案》预案，在全馆范围内落实安全责任制。

加强馆员学习建设，重视科研与员工培训。建设馆员学习网，促进馆员学习。安排新员工轮岗培训。举办馆员素养系列讲座。工会成功举办图书馆业务知识与技能竞赛。全年本馆员工完成科研成果30种，发表论文25篇，出版工具书1部，专著2部，研究报告2篇。本馆“CALIS教学参考管理服务平台”、“基于用户信息行为分析的图书馆知识与服务创新研究”、“基于论文产出的学科竞争力评价系统研究”获教育部CALIS立项；“高校图书馆电子书管理”、“利用的现状调查与建设策略研究”等2项获上海市图书馆学会立项；“大学数字图书馆国际合作计划项目-图书查重服务”等3项获其他相关机构立项。

加强对外交流。完成《图书馆通讯》4期；《图书馆手册2011年版》增加“请您参与”互动栏目，包括读者荐购、读者之友、文化展览、爱心书屋的内容；首次制作2010年图书馆年度报告。接待国内外来访同仁共计71人次，其中国际来访16人次。完成美国ASU交换馆员来馆一个月的交流访问和CASHL西部馆员培训项目等安排。

（叶　燕）

【移动图书馆进入试用阶段】 2011年初复旦大学图书馆开始积极考察移动阅读技术，对相关产品进行调研、测试和读者体验调查活动。2011年9月7日在江湾校区李兆基图书馆召开“移动图书馆2.0研讨会暨复旦移动图书馆发布体验”，正式开通复旦大学移动图书馆试运行。2011年底，图书馆项目组分别完成了各项调研报告、需求分析报告、系统测试评估报告等，并通过了项目可行性专家认证，完成学校招投标。截至2011年

底，移动图书馆已完成包括：移动OPAC、短信服务、丰富资源手机阅读、新书推荐、热门推荐、读者互动等主要功能。（张 敏）

档案管理

【概况】 2011年，档案馆贯彻落实《高等学校档案管理办法》，围绕学校的中心工作，发挥行政管理、社会服务和学术研究三大功能，提升学校档案工作水平，开发档案信息资源，为学校教学、科研等各项工作服务。

全年接收进馆入库档案22 718卷，照片档案4 669张，征集档案582卷件。接待档案利用3 312人次，调阅档案9 360卷次。

3月，杨玉良校长到档案馆调研，参观了档案库房和办公场所，听取近年来档案馆工作汇报，及对档案馆未来发展的设想。6月，举行“2009—2010年度档案工作表彰大会”。副校长桂永浩及校档案工作委员会成员、各单位分管档案工作领导和兼职档案员200余人参会，会上表彰10个先进集体和20位先进个人。对复旦大学附属10所医院的科研档案管理情况，从“档案管理体制、文件材料预立卷、案卷质量、库房安全”等几个方面进行实地检查。9月，获2006—2010年上海市档案法制宣传教育优秀单位。（周 律）

【举办“复旦学子进档案馆”活动】 6月7日，举办“揭开神秘面纱，感受档案文化——复旦学子进档案馆”活动，邀请20多名本科生和硕士生参观档案馆并进行座谈。复旦大学档案馆已连续3年举办档案馆日活动。该活动，对进一步营造重视档案工作的良好校园氛围必将起到积极的推进作用，激励广大学生努力学习、奋发向上，以实际行动来传承、弘扬复旦的文化。（周 律）

【举行《上海高校英烈谱》首发式暨“上海高校英烈事迹网上展览”开通仪式】 为纪念中国共产党成立90周年和辛亥革命100周年，上海市档案学会高校档案专业委员会组织编撰的《上海高校英烈谱》，书籍首发式于6月27日在复旦大学举行，由上海市档案学会高校档案专业委员会和复旦大学出版社联合举办，“上海高校英烈事迹网上展览”也同时开通。仪式上，《上海高校英烈谱》主编、学会理事长、复旦大学档案馆馆长周桂发介绍该书的编撰情况以及主要特点。全书记载复旦、交大、同济、华师大、上大、上理工、立信会计、上师等8所上海高校142位烈士英勇事迹，是全国首次将一个地区高校的英烈事迹统一加以发掘、整理并编撰成书。书中保留大量肖像、学籍档案、手迹、著作、牺牲地等资料。该书是向建党90周年的献礼。（周 律）

出 版

【概况】 2011年，复旦大学出版社共出版新书844种，重印书1 223种。在学术出版方面，推出一系列原创性学术著作。销售码洋达4.03亿元，比2010年同期增长7 000万元，增幅22%；利润总额达到3 840万元，比2010年同期增长530万元，增幅16%。

在图书获奖方面，《历代文话》（王水照编）入选获中国出版政府奖提名。《中国新闻史新修》（吴廷俊著）获“三个一百”原创出版工程奖。在2011年上海市普通高校优秀教材评选中，共有20种（系列）教材获一、二等奖。另有多种图书获全行业优秀畅销书等奖项。

全年引进图书41种，版权输出图书21种。

在上海市新闻出版局公布的2010年上海市图书社会效益评估报告中，出版社的出书内容质量名列第二。

6月，上海市新闻出版局举办上海市新闻出版行业文明单位的表彰会，出版社获2009—2010年度上海市新闻出版行业文明单位。

12月，在由图书馆报主办的“2011年度全国优秀馆配商评选”活动中，出版社被评为“2011年度全国优秀馆配商·出版社十强”，成为唯一一家获此殊荣的北京地区以外的出版社。

个人获奖方面，董事长贺圣遂获中国出版政府优秀出版人物奖，当选新一届中国出版协会常务理事、上海出版协会副理事长。常务副总编孙晶获“上海出版人奖”。（郑跃文）

【贺圣遂获中国出版政府奖优秀出版人物奖】 3月，出版社董事长、总编辑贺圣遂获第二届中国出版政府奖。中国出版政府奖是我国新闻出版领域的最高奖，旨在表彰和奖励国内新闻出版业的优秀出版物、出版单位和个人，每3年评选一次。（郑跃文）

【1种图书获中国出版政府奖提名奖】 3月，第二届中国出版政府奖颁奖典礼在北京举行。由出版社出版、复旦大学中文系教授王水照主编的《历代文话》获中国出版政府奖提名奖。《历代文话》为大型资料汇编，为中国古代文章学资料的首次汇编结集，收录宋以来直至民国时期（1916年）的文评专书和论著，共计143种，627万字。此书填补我国古籍整理方面的重大空白，为中国文学史、中国文学批评史、中国修辞学史、中国语言学史等学科提供基础性的文献资料，具有重要的学术价值和文化意义。

（郑跃文）

【版权输出和图书引进工作获多项荣誉】 3月，上海市新闻出版局、上海市版权局对2009—2010年度上海版权贸易“双先”、“双优”单位、个人和出版物予以表彰。出版社获“上海市版权贸易先进单位”称号。共有3种图书入选“2009—2010年度上海市优秀引进版图书”，输出2种，分别为骆玉明《简明中国文学史》、鲍鹏山《鲍鹏山新说水浒（下册）》；引进1种，为德斯蒙德·莫利斯著、何道宽译《裸猿三部曲》。（郑跃文）

【2种文史著作获“银鸽奖”】 4月，《中国文学史新著（增订本）》（章培恒、骆玉明主编）日文版上卷由日本关西大学出版；6月，《简明中国文学史》（骆玉明）英文版由拥有四百余年历史的学术出版机构博睿学术出版

社(Brill Academic Press)出版,并被收录于博睿中国人文著作系列(Brill's humanities in China Library)。12月,2种图书获上海市第十一届"银鸽奖"。"银鸽奖"由中共上海市委对外宣传办公室主办,旨在奖励对外文化交流活动中取得显著成绩的出版物、广播影视、新闻作品等。(郑跃文)

【3种出版物获评"2011年度国家出版基金资助项目"】 6月10日,国家出版基金规划管理办公室对外公布2011年度国家出版基金资助项目评审结果,《西方史学通史》、《当代中国比较文学研究文库》、《域外汉文燕行文献集成》三种(套)图书(丛书)入选。入选数量在全国出版社中名列第一。年底,出版社如期完成此三项项目。(郑跃文)

【召开"我们的国家"系列丛书阅读研讨会】 4月22日,出版社与上海中学生报社共同举办"最好的时光,我们读什么书——'我们的国家'阅读研讨会"。系列丛书作者复旦大学历史系教授樊树志,复旦大学图书馆馆长、历史系教授葛剑雄,复旦大学中文系教授骆玉明参加研讨并发言。复旦附属中学黄玉峰、华师附中陆继椿等七名中学特级教师参与讨论。与会专家一致认为该丛书是一套浅而精的"大家写小书"的普及读物。(郑跃文)

【举办"当代中国比较文学研究文库"出版研讨会】 为纪念比较文学学科复兴30年,出版社推出一套集中展示中国比较文学界标志性成果的"当代中国比较文学研究文库",并于6月3日在上海交通大学举行出版研讨会。复旦大学教授陈思和、上海外国语大学教授谢天振、清华大学教授王宁、上海师范大学教授孙景尧等著作人,以及业内专家和青年学者参会。文库既充分尊重了各位学者的个性化立场和特质,又力争在整个学术构成中搭建一个相互沟通和借鉴的平台。(郑跃文)

【举办《韩国汉文燕行文献选编》新书首发式】 该仪式于8月8日在复旦大学举行,由复旦大学文史研究院、韩国成均馆大学东亚学术院与复旦大学出版社共同举办。复旦大学文史研究院院长、中方主编葛兆光,韩国成均馆大学东亚学术院院长、韩方主编辛承云等中外专家出席。会议追溯中韩文化交流,研讨东亚汉字文化圈的形成与发展。文献共三十册,收录从15世纪末到19世纪末四百年间的三十三种最具史料价值的燕行文献。这套文献的出版,是中韩双方学界国际合作的重要学术成果。(郑跃文)

【举办《现代肿瘤学(第三版)》新书发布会】 该发布会于8月11日在中山医院举行,由汤钊猷院士主编,复旦大学出版社出版。郝希山、顾健人、王红阳、周良辅、邱蔚六、陈赛娟、复旦大学附属肿瘤医院终身教授沈镇宙等6位院士和多位医学界专家学者参加发布会。(郑跃文)

【举办"阅读与文明"论坛】 10月28日,为纪念建设三十周年,出版社举办"阅读与文明"论坛。新闻出版署原署长、中国版协原主席于友先,国家新闻出版总署原副署长、中国编辑学会会长桂晓风,上海市新闻出版局副局长阚宁辉,中国出版协会副理事长陈昕,全国政协委员、中国出版协会副理事长聂震宁,复旦大学副校长林尚立等出席开幕式并先后致辞。复旦大学校长杨玉良,台湾著名作家席慕蓉,著名学者、厦门大学教授易中天参加论坛并做重点发言,中国工程院院士、复旦大学附属华山医院教授顾玉东,复旦大学资深教授朱维铮、王水照等各学科著名教授到会,共同探讨数字时代、信息海洋背景下的阅读现状,研究阅读与文明之关系,倡导阅读、提升阅读,为提升国民之精神作出努力。(郑跃文)

信息化校园

信息化校园与服务

【概况】 2011年,学校的信息化校园建设工作继续注重基础建设、应用系统建设及成果的推广与应用,并通过管理的规范、服务水平的提高,使师生更认可信息化校园建设的实施,为学校的管理、教科研和校园生活等提供更加便捷的现代化手段支持。

制订复旦大学校园信息化规划,指导信息办的中长期发展。校园信息化规划从IT基础服务、师生个人数据服务中心、教学科研资源的共享利用及服务、跨部门业务流程优化与服务、平台式服务、移动服务与智慧校园、数据分析服务、校园信息化服务管理、信息安全应急服务等方面进行整体规划,指导校园信息化建设的未来发展。

校园主干网络的升级和扩容。邯郸校区、枫林校区、江湾校区、张江校区使用Juniper MX960替换Cisco6509成为网络核心设备。邯郸校区网络结构改造为"核心—汇聚—接入"三层结构,使用5台Cisco6509组成汇聚层,核心Juniper MX960和汇聚Cisco6509之间为网状拓扑,链路带宽升级到10 G。将枫林校区核心交换机Cisco6509替换成H3C7510投入正常运行,并利用新建立的(枫林校区)东西两区96芯主干光缆结合新替换的H3C7506核心建设扁平化万兆主干网。在贯通枫林校区与邯郸校区2条备份光缆线路之后,邯郸—枫林—张江—江湾校区组成环型城域网,相互之间链路带宽升级到10 G以太网。

IPv4实地址的申请和建设。2011年,信息办向亚太互联网络信息中心(APNIC)申请2个B类IPv4实地址,用于复旦大学网络地址资源改造。根据计划,2011年首先在校园无线网、复旦大学张江校区计算机学院及软件学院做试点,之后逐步开放全校师生上网IPv4实地址使用。

升级与改造各校区网络。2011年信息办完成邯郸校区子彬院、先进材料楼、微电子楼,张江二期科研楼,枫林校区校医院、幼儿园的网络改造工作。

无线校园网建设。基于集中式WLAN体系结构,不断设计、架构和优化网络系统,分别在多校区展开覆盖工作,新布AP点位300个。在张江校区二期建设中新增覆盖计算机楼、微电子楼、微分析楼和药学院等楼群，在邯郸校区新增覆盖子彬院、叶耀珍楼、计算中心、档案馆、保卫处、留办和文博系，并对光华楼的西辅楼教学区域和主楼、东辅楼的会议区域作增强型扩容改造。同时增加邯郸校区的AC控制器，由2008年8台扩展到14台，提高无线网络核心层的负载容量。对邯郸、江湾校区的大部分教学科研办公区域完成百兆级别的无线接入覆盖，对枫林、张江校区基本完成公共教学和科研区域全覆盖。开展用户需求调研工作，在系统的一些具体节点作优化，进一步完善相关功能，在有限的资源条件下提高网络稳定性和用户的QoS。

CNGI－CERNET2驻地网建设与IPv6应用推广。开展驻地网建设，为周边上海市属各高校提供CNGI－CERNET2和N－Shernet接入和管理服务，通过完善运维队伍、开发网络管理工具、研究实用型应用的方式，在各接入驻地网中积极扩展和推广IPv6；并着重建设和推广IPv6 DVTS高清视频会议系统，为国际视频课程提供高速的IPv6网络连接和高清晰度的视频效果，提高视频会议服务质量。

上海教科网IPv6实验室测评认证中心建设。在已启动建设的上海教科网IPv6实验室测评认证中心的基础上，加强中心建设，提高对IPv6相关软硬件的测评水平，全年为上海市教科网提供无线设备选型测试等3项测评认证服务。

基础设施建设。优化信息化校园应用与服务的基础运行环境，对达到使用寿命的设备更新换代，提升基础设施运行的稳定性和可靠性；完成集中分层存储的招标、采购和部署工作，制定Oracle、DB2等核心数据库高可用的部署方案，于2011年7月完成核心数据库迁移工作；扩容虚拟服务器集群的硬件设备，整体迁移到信息办光华楼大机机房，并升级为光纤直连存储模式；提升虚拟机运行的稳定性，增强集群的可扩展能力。

基础平台建设。完善现有基础平台功能：统一身份认证更新FudanCA证书；收费服务管理平台增加票据打印功能；完善短信平台与应用系统的标准接口，实现应用系统直接发送短信；加强基础平台建设：建设通用化、可配置的校园生活服务平台。

信息门户与移动门户建设。完成校园信息门户（Portal）的整体升级，更加注重信息聚合、应用集成和服务集中；初步尝试以综合服务的模式推荐重点应用与服务；通过站内好友、日程安排等功能加强协调交互。在个人数据中心中完善教职工体检信息查询；移动校园门户（i复旦）正式上线运行，集成统一身份认证以及复旦新闻网、迎新服务、校园一卡通、移动图书馆等多个应用系统，涵盖校园新闻、校园日历、校车、校园地图、校园常用路线、消息中心、会务管理、电话黄页等多个功能。

基础服务。校园地图系统试运行。电子地图上标注六百余个建筑物、地标和单位，各个校区主要建筑均配有照片，部分建筑提供简要说明，并提供空闲教室查询和教室排课信息查询服务。用户经过身份认证，可看到光纤信息图层以及校区的楼宇机房等信息。完善基于WordPress的新版个人主页，并向全校师生用户提供服务；引入通用调查问卷系统，为大类招生新生调查、本科学生评教指标及优秀教学等问卷调研提供支持；通过统一身份认证第三方接入服务，为学校师生提供东方航空公司折扣机票认证服务。

各项应用系统建设。建设并完善大型仪器共享平台，对院系、实验室的设备管理人员进行培训，共有200多台贵重精密仪器设备正式对外开放共享服务；开发外事管理/出国出境综合服务系统，实现本科生校际交流选拔申请和管理功能，并实现覆盖全校师生的出国出境申报服务功能；开发新版研究生招生管理/报考服务系统，完成2011年复旦大学考点硕士研究生报名的网上确认工作；建设校友信息管理系统，实现共享数据库系统与校友系统的数据同步；在信息公开网基础上继续建设党务公开网，并结合实际工作需要，实现各类用户的访问控制；继续在网站群平台上开发机关部处、院系、研究中心、实验室、课题组的二级网站。

升级各类信息化应用系统。eLearning系统（网络教学平台）正式面向全校提供服务，2011年共开设超过1 000门课程。系统核心程序顺利升级到Sakai 2.8；进一步完善OA系统（校园电子公务系统），实现对Word新文档格式的兼容；重新部署OA邮件服务器，并扩容用户邮箱；教务系统教材预订服务管理功能运行，并增加教学服务申请及管理、研究生校外考试报名功能，顺利升级转专业、二专二学位管理等功能；人事系统博士后管理子系统历史数据导入，博士后基本信息维护、出站管理等功能正式运行。

一卡通系统建设。2011年10月底，一卡通系统整体升级，从数据库、服务器架构、安全方案、新业务处理模式、多类型卡片支持等诸多方面进行升级，提升系统整体运行效果。进行门禁、资料室管理、会议签到等业务在院系部门的推广应用，并配合学校班车、体育场馆管理变化进行相应功能的开发实施。2011年系统小版本功能升级25次，被动报修5次；系统硬件主动维修212次，被动报修80次，合计292次。平均每月30次。

用户服务。2011年7月，信息办建立以技术骨干为主要成员的应急响应小组，形成“服务台—应急小组—各中心”三级服务体系，提高突发事件的应急处理能力；配合应用系统推广培训，每学期举办一次IT应用普及培训；完善用户服务的统计分析工作，形成长期翔实的值班记录，全年共受理各类业务总计37 668次，其中电话咨询15 195次、用户接待13 159次、邮件咨询8 634次、外出服务680次。

对外交流。2011年，复旦大学继续担任中国高等教育学会教育信息化分会副理事长单位及上海市高等教育学会信息管理专业委员会理事长单位，加入上海市高等教育学会校园网络专业委员会并担任副理事长单位。全年共接待教育部领导以及国内近50所高校的来访考察。在11月主办的“面向服务、融合创新”高校信息化发展战略高端论坛中，共有

107所学校242位嘉宾代表参加大会，共同探讨高校信息化的可持续发展，并与同行专家一起分享复旦大学信息化的建设经验；为复旦大学对口支援学校——云南大学的对口支援部门提供技术、资源的保障，接待1位云南大学短期交流人员来访。

申请和参加科研工作。2011年，承担教育部重大研究项目“教育服务与监管体系信息化建设”项目“信息标准与技术规范”子项目课题《教育管理信息（系列）标准》的研制工作，项目的主要任务是研制《教育管理信息（系列）标准》，以及相应的接口、工具和应用示范。复旦大学作为该项目副组长单位，参与系列标准整体规划、标准项目技术规范的制定，并作为主要完成单位之一参与了《教育管理基础信息》、《教育管理基础代码》、《高等学校管理信息》标准的研制工作，同时参与审查其他系列标准。2011年，教育部办公厅成立《教育信息化十年发展规划（2011—2020年）》编制专家组，负责规划编制工作，信息办主任宓詠受邀作为规划编制专家组管理信息化专题组专家，负责规划编制组织、总体思路、规划总体框架及规划编制统稿等工作。全年发表文章近20篇，其中优秀论文3篇；在《中国教育网络》杂志承办的“2011高校信息化创新征文大赛”中，获得一等奖、二等奖及纪念奖；1人获“复华奖教金”优秀管理服务奖；1名骨干借调到教育部科技司工作1年，参与教育部“教育信息化顶层设计工作”及“教育服务与监管体系信息化建设（小金教）”项目组织管理工作；1人获教育部“信息标准与技术规范”项目突出贡献奖。

2011年12月，复旦大学信息化办公室在“2011高等教育信息化先进评比”中获“高等教育信息化先进单位”称号，数字校园项目获“高等教育信息化应用创新奖”，宓詠获“高等教育信息化先进个人”称号。

（谢　蓉　于一梅）

信息化教学

【概况】 2011年，现代教育技术中心在做好学校日常教学服务和管理工作的基础上，加强多媒体设施和信息化教学平台的维护和更新，开展教师多媒体技术应用培训，做好全校公共教学和科研的服务及管理工作。

教学楼多媒体教室的管理、更新和维护工作。学校共有各类多媒体教室315间，其中由现代教育技术中心管理的邯郸校区和枫林校区多媒体教室260间，由管委会管理的张江校区和江湾校区多媒体教室55间。更新、维护各类设备，改善多媒体教室的教学条件。邯郸校区和枫林校区多媒体教室全年完成本科生、研究生教学任务和学生活动、讲座等30多万学时。

计算机教学实验室保证“网络教学课堂”、“电子书包”、“教学广播系统”、“视频监控系统”、“一卡通刷卡系统”等数字信息化教学平台的正常运行。承担全校一、二年级非计算机专业本科生的计算机应用基础、大学英语语音听力等课程的教学和实习服务管理工作，为全校12 000余名本科生提供开放上机和教学实习服务，承担全校学生选课、新生贷款申请、计算机等级考试、英语口语考试、教师职称考试、全国翻译水平考试的服务保障工作。全年完成计算机应用基础课程教学和上机实习32.7万人学时，大学英语语音听力课程教学2 508学时。

参与学校的精品课程制作工作，2011年拍摄制作整学期精品课程《生物化学A（上）》、《生物化学A（下）》等两门课程，计85学时。单科精品课程46门，计96学时，各类讲座论坛拍摄共计36场次。全年拍摄制作《复旦视频新闻》34期，学子动态33期。

多校区远程视频交互系统的服务和管理工作，每学期开学初，组织对整个系统全部运行检测，对助教进行培训，保证后期服务水平。2011年，“京剧表演艺术”、“媒介与社会”、“生命进化论”、“大众传媒文化”等9门通识教育核心课程通过多校区远程视频交互系统内进行授课。邯郸、枫林、张江、江湾四校区近2 000名学生通过该平台完成选修课程。从2011年春季起，其中3门课程通过网络对云南大学的学生进行实时转播。

有线电视站承担学校邯郸本部校区和家属宿舍区的有线电视管理、维护工作，管辖用户家属区（邯郸本部校区、凉城地区、江湾校区、枫林校区）共3 000余户，校内用户近1 000户。全年维修出勤达1 000余次，夜间紧急抢修21次，节假日值班100余天。5月，配合东方有线网络有限公司完成复旦大学凉城家属区有线电视数字化整体转换工作。

2011年起，学校对本科生实行“计算机水平考试”和“英语水平考试”，现代教育技术中心积极配合教务处、计算机学院、大学英语部等部门，更新考试服务器、安装考试软件、调试电脑等各类设备，在邯郸校区第四教学楼安装5台英语听力“泄露通讯中继放大器”，改善学生收听的效果，保证学校首次水平考试的顺利进行。（邬忠华　庄　芳）

【更新多处多媒体设备】 7—8月，邯郸校区第五、第六教学楼改建62间教室（其中第五教学楼44间，第六教学楼18间）为网络中央控制系统，采用WISE IC900的中央控制器，安装WISE DS6101视频系统监控教室设备使用情况，并更新多媒体讲台、话筒和音响系统，实现教室中所有的多媒体设备可以通过网络远程管理。邯郸、枫林二校区多媒体教室共更新电脑90套，采用惠普I5-2400/Q65/4G/500G，19吋液晶显示器的较高配置。9月起，邯郸校区第二教学楼改建22间原背投电视的教室安装EPSON1040X投影机、投影幕布和音响系统，以适应学校小班化教学的效果。邯郸校区第三教学楼更新11间多媒体教室的WISE中控、EPSON1040X投影机、音响和网络系统，第四、五、六教学楼更新EPSON1040X投影机8台，枫林校区清洗投影机45台，二校区更换投影机灯泡27只、投影幕布5幅等。

（方光明　陶建辉）

【完成“多媒体技术教学应用”培训项目】 10月起，现代教育技术中心联合教务处面向全校教师推出系列“多媒体技术教学应用”培训项目，共有网络教学资源的应用；视频制作及相关技术在教学中的应用;多媒体技术在教学中的应用;多媒体教室使用介绍;数字化语音教室使用介绍等5个主题。分别在邯郸校区、枫林校区和儿科医院开展培训工作。截至11月底,共举办9场"多媒体技术教学应用"教师培训,邯郸校区参加培训的教师有147人次,枫林校区102人次,儿科医院150人次。

(庄　芳　邬忠华)

【引入高清媒资管理系统】 5月,现代教育技术中心引入高清媒体资源管理系统平台IMAM2(integrated media asset management2)。该系统具备媒体资源数字化、存储、编目、检索、管理和资源再利用的功能,有效解决复旦大学大量视音频资料高质量存储和再利用的问题。(庄　芳)

资产管理

【概况】 2011年,资产管理各项工作围绕学校总体建设与发展目标,稳步开展,保障教学科研工作顺利进行。

实验室管理。学校共有实验室151个,其中国家级重点实验室4个,省、部级重点实验室27个。截至12月31日,复旦大学共有仪器设备12.66万台/件,金额约为24.8亿元;其中10万元以上的仪器设备有3 162台/件,金额约为15.48亿元;80万元以上的仪器设备有320台/件,金额约为8.38亿元。全年新购置的仪器设备有17 163台/件,金额约为3.1亿元;其中10万元以上的设备有467台/件,金额约为1.79亿元;80万元以上的设备有32台/件,金额约为7 260万元。全年报废仪器设备5 182台/件,金额约为5 049万元。学校共有家具61 667件,金额约为11 112万元。

"985工程"三期建设启动,设计两阶段管理方案。第一阶段为院系/项目设备配置整体论证审批;第二阶段是单件设备的论证与招标管理。两阶段管理方案的实施,有助于加强仪器设备购置的计划性、协调性和规范性。截至2011年底,有十多个院系/项目完成第一阶段的整体论证和审批,部分单位完成单件仪器购前论证和招标采购工作。

"211工程"三期33个项目建设验收,对计划购置的单价40万元以上拟购大型设备进行专家论证,通过论证的大型设备已进行招标采购,部分设备陆续进关、安装和调试。

为保障资产管理处网站信息安全,方便学校网站统一规范管理,资产管理处网站于11月初改版成功。新的网站承接原网站的页面风格,增加了"大型仪器共享平台展示"功能。

按照《上海市促进大型科学仪器设施共享规定》,学校参与并推进上海市研发公共服务平台共享服务工作。2010年对外服务达14 513机时,较2009年增加79%;共享服务收入达741万余元,同比增长54%;对外服务用户达700家,同比增加35%。2010年度我校有58台仪器申请共享奖励,获得上海市科学技术委员会和上海市研发公共服务平台发放的2010年度入网仪器设备共享奖励金270 400元人民币,比2009年增加71%。

设备管理。全年共签订进口合同1 042份,涉及仪器设备2 008台/套,合同金额5 023.7万美元。到货进口合同764份,涉及仪器设备1 531台/套,合同金额2 479.7万美元。办理进口免税866份,金额3 845万美元。办理接受境外捐赠仪器、设备、图书、化学试剂共5批,金额24.5万美元。

全年组织国际、国内招标65次,计515台(批),中标金额11 795.1万元人民币。其中大型仪器47次,计47台,金额10 468.1万元;计算机设备11次,计437台,金额875.8万元;实验室及学生公寓家具3次,计3套(批),金额197万元;其他设备4次,计28台(批),金额254.2万元。通过招标,学校共受益2 262万元。

根据上海市机电产品进出口办公室《关于开展2010年度进口贴息项目正式申报的通知》和《2010进口贴息资金正式申报指南》的要求,学校于4月整理、汇总并及时申报进口仪器设备有关材料。经商务部和财政部审核通过,共获得2010年度进口贴息资金约321.55万元人民币。

房地产管理。学校占地总面积244万平方米(合3 650亩),建筑总面积196万平方米。

依据《复旦大学公用房管理条例》及《公用房使用管理实施细则》,继续落实邯郸校区一期理科用房调整,并做出第二期部分理科院系用房调整方案及步骤。落实发展规划处、上海数学中心(筹)、出土文献与古文字研究中心、复旦发展研究院、金融研究中心、社会科学数据研究中心、马克思主义研究院、张江校区保密学院等的用房;完成复旦大学全球环境变化研究院用房测算及方案。

学校公用房的租金收缴工作。学校共有10家二级管理部门,共管理承租单位183家,出租面积总计77 180平方米,年租金1 052万元人民币;资产管理处直接管理的承租单位有30家,出租面积总计19 251平方米,年租金975万元人民币。

(苏子敏　黄海馨)

【获评共享服务先进集体】 根据上海市科学技术委员会《关于表彰本市大型科学仪器设施共享服务先进集体和先进个人的通知》(沪科[2011]498号文),复旦大学被评为2010年度上海市大型科学仪器设施共享服务先进集体,分析测试中心张人被评为2010年度上海市大型科学仪器设施共享服务技术类先进个人。

(苏子敏　黄海馨)

【复旦大学大型仪器共享平台上线试运行】 11月1日,"复旦大学大型仪器共享平台"正式上线试运行。该平台由资产管理处与信息化办公室协作开发。100万元以上仪器在平台上登记超过400条记录。部分仪器已在平台上按"预约使用"、"测试登记"、"效果评价"和"数据统计"全流程运行。(苏子敏　黄海馨)

后　勤

【概况】 2011年,总务后勤系统围绕学校十二五规划和学校中心工作，提高保障能力、改善服务态度，顺利完成各项生活后勤的保障工作，为学校教学科研和各项工作的顺利开展提供必要支撑。

提供就餐1 397余万人次，营业额8 302余万元(含经营性餐厅)，集中采购主副食品原材料3 287余万元。光华楼、明道楼共举行会议2 700余场次，体育场馆举办重大活动79场次。班车安全运行9 200班次，运行里程近18万公里(邯郸—枫林—张江)。保健中心门诊量7万余人次，体检共计1.6万人次，预防接种7 016人次，为师生报销医药费6 281人次，组织献血1 857人次，红十字会培训人数3 670人次。托运毕业生行李3 189件，发放新生行李2 079件。改建绿地2 986平方米，清运生活垃圾5万桶，其他垃圾共404车。提供190万余人次洗浴。供水475万吨，供电10 246万度，供气547万立方米(其中煤气157万立方米、天然气390万立方米)。幼儿在园470余人(其中枫林幼儿园220人)，组织亲子早教活动、亲子活动、家长进课堂、手工制作等活动2 518人次(其中枫林幼儿园为1 118人次)。收发信件报刊304万份。发放"新人"住房补贴1 906人次，发放总额约为28 848.19万元。

2011年，在农副产品价格大幅波动，劳动力成本不断增加的情况下，总务处集中采供发挥规模优势，加强储备，落实各级政府部门和学校对学生食堂的补贴政策，通过面上补和源头补两种补贴方案，减轻经营单位困难。加大监督检查力度，严格执行学校食堂基本菜肴价格规定，保证菜肴质量基本不变，让师生吃饱、吃好。与学校媒体、复旦学院各班级生活委员搭建宣传和沟通交流平台。6月，南区食堂以学生评委为主导公开招标引进百年老店同茂兴，增加花色品种。总务处还配合杨浦区政府整顿无证摊贩工作，主动增添设备，增加花色品种，邯郸和枫林校区均延长夜宵时间，增加早餐窗口，尽最大可能满足师生多种用餐需求。

在各教学楼每层增设饮水机和桶装水，为学生提供冷热饮用水。在邯郸、枫林校区所有教学楼卫生间内配备卷筒纸和洗手液87处、防滑地毯260平方米，为教室配备雨具箱近300只，防滑提示牌60块，补装部分卫生间镜子和挂物钩。在光华楼主楼1—3楼及东辅楼2楼放置数十套休闲桌椅，提高光华楼公共空间的利用率，为师生交流、自修研读提供场所。12月，光华楼4楼1—6会议室面向学生免费开放，供学生自习、讨论使用。

学生园区全年共开展便民服务12次，接待师生826人次。对南区一期4栋楼实施大修改造，保证学生在8月18日入住。空调电缆改造工程同时完工，试点书院成为南区首批可以安装空调的公寓楼。对北区3栋楼、南区4栋楼的家具进行更换。进一步规范空调安装拆移审批手续及流程，配合完成空调租赁公司招标工作。目前园区共有空调1 978台，其中新增租赁空调294台。12月，北区完成新增41台24小时电开水炉的招标工作。

经过调研讨论，根据师生建议，对班车运行方案进行调整。从11月开始，对早高峰枫林至邯郸方向班车时刻进行微调并加开晚上往返班次；从12月5日起，邯郸—枫林校区间班车对持有一卡通的全日制学生、在编教职工、博士后、离退休人员及长期进修师生等人员实行免费乘坐班车。在优先保证上述人员乘坐基础上，仍按原先标准对其他人员收费；从12月17日开始，先行在邯郸至枫林校区间周六、周日开设班车。

在体教部的支持配合下，在正大体育馆规划出4片羽毛球场地。11月1日，正大体育馆4片羽毛球场地向全校师生正式开放。12月26日起，在保证正常的体育教学、专业队训练、学生体锻使用的情况下，邯郸、枫林、张江校区体育馆面向持有一卡通的全日制学生、在编教职工、博士后、离退休人员及长期进修的人员免费开放。

完成邯郸校区2—6号教学楼，3号、5号、7号宿舍楼，南区学生公寓一期，东区学生公寓14号、16号宿舍楼及枫林校区护理学院4号、5号楼电力扩容。

做好第一批和第二批计划用电试点单位用电指标的跟踪控制工作，及时报送各单位月用电情况，主动配合试点单位落实各项节能管理措施和技术措施。在4个校区共查出20个漏水点，折算节水44万吨。完成4个校区一级智能电表安装工作，二级电表招标工作。截至2011年底，部分二级电表安装更换完毕。江湾校区智能水表一级表安装到位。对枫林校区二级智能水表进行升级。完成政府补贴节能项目申报工作，以合同能源管理形式向市教委申报节能专项改造，通过专家审核，获得专项补贴40万元。

房屋分配管理委员会和住房制度改革办公室执行教育部规定对学校1 906名在职在编"新人"住房补贴进行调整工作，金额共计28 848.19万元。从10月1日起调整教师公寓租金，完成与1 064位教职工的续签工作。共安排35位2011年新进校教职工入住各校区教师公寓，78位"科研助理"与"人事代理"人员入住单身公寓。通过排队选房共安排40位已婚教师入住各校区的已婚过渡房。完成枫林校区平江路170弄道路、下水道改造等6处大修、改造工程。完善房屋分配管理委员会网站和周转性教师公寓管理系统数据批量导入与协议批量生成功能。继续出售已租住公房，协助教职工增补产权人，做好未出售公房业主代表工作，积极调解各方矛盾纠纷。

(郭建忠　朱　莹　张涵超)

财务与审计

财　务

【概况】 按照上报教育部的年度部门决算数据，2011年度学校各类经费(含基建经费拨款)总收入44.60亿元，比2010年增长6.39%；2011年度学校总支出43.74亿元，比2010年增长12.53%。

年度总收入中，中央及上海市的教育、基建及其他经费拨款24.57亿元，教育事业收入8.95亿元，科研经费拨款与科研事业收入9.76亿元，其他收入1.32亿元。年度总支出中，人员支出18.35亿元，公用支出21.03亿元，基建支出4.36亿元。

（李　瑾）

【启动校内预决算管理体制改革】 以《国家中长期教育改革和发展规划纲要（2010—2020年）》为指导，启动实施校、院系年度预决算管理体制改革。根据《复旦大学校、院系年度预决算管理体制改革实施方案（试行）》，学校预决算管理模式由以职能部门为主、按“条”进行资金分配的模式，发展为以院系自主统筹安排为主、按“块”进行资金分配的模式，形成以“宏观调控，微观激活”为特征的校、院系两级预决算管理体制。

（徐尉南）

【加强科研经费管理】 根据《卫生部规划财务司关于开展科技重大专项资金归垫现场核查工作的通知》及《卫生部规划财务司关于落实科技重大专项审计报告整改工作的通知》的要求，审议学校相关22个课题的核减意见，核减1 548.35万元专项经费支出，上报《复旦大学关于落实科技重大专项审计报告整改工作情况的报告》。根据科技部《关于下达国家科技计划和专项项目课题财务验收专项经费结余资金上缴通知书的通知》及《关于下达国家科技计划和专项经费监督检查意见书的通知》的文件精神，对已经结项的部分“973”、“863”科研课题项目经费进行清理，按规定向科技部上缴结余课题资金418.25万元，并为相应的项目办理结题结账手续。

（徐尉南）

【拓展复旦大学收费服务管理系统功能】 2011年，复旦大学收费服务管理系统首次作为2011级新生报到收费的主选项。本科生选择网上缴纳学费、宿费的比例超过90%。截至2011年12月31日，开通网上收费的项目约有170项，包括各类各级学生的学费、宿费、教材费、报试费、学生成绩单缴费、校外学生跨校辅修费以及校内各类会议费、国际会议注册费等。据统计，2011年学校各类学生利用收费服务管理系统共计支付114 636笔业务，支付总额达到1.75亿元。

（余　青）

【开展“小金库”治理复查工作】 按照教育部统一部署和要求，对校内各单位、学校控股的企业和复旦教育发展基金会的“小金库”治理工作进行全面复查。复查结果发现校内单位存在5个“小金库”，涉及金额为106 399.30元。7月，查出的“小金库”资金全部上缴学校。

（徐尉南）

审　计

【概况】 2011年，复旦大学审计处共完成各类审计项目498项，审计资金总额41.90亿元。

建设工程项目审计。完成175项，其中施工阶段跟踪审计项目4项，竣工结算审计项目171项。送审金额9 587.76万元，审定额为8 574.35万元，核减1 013.41万元，平均审减率为10.57%。完成建设工程审计咨询项目1项。

领导干部经济责任审计。完成10项。通过经济责任审计，查出账务处理不当金额12 326.00万元，损失浪费金额1 617.58万元，不符合规定或程序涉及金额10 488.66万元，违规违纪金额1 569.80万元，共提出审计建议90条。完成经济责任人履职情况审计检查12项。

科研项目审计。完成38项，审计金额9 005.86万元。其中“973”项目15项，审计金额5 129.82万元；“863”项目15项，审计金额2 362万元；“支撑计划”项目2项，审计金额545万元；欧盟项目1项，审计金额200万元；其他项目5项，审计金额769.04万元。完成科研项目审签262项，审签金额7 490.8万元。

（郑　勇　刘丹丹　谢静芳）

【建立及完善审计制度】 全面修订2001年制定的《复旦大学领导干部经济责任审计规定》，并结合学校信息公开的要求，制定《复旦大学审计结果公开办法（试行）》，于2011年9正式发布实施。制定并实施2011年版《建设工程项目竣工结算审计送审资料基本要求和交接规则》、《建设工程项目审计档案管理实施细则》、《复旦大学建设工程竣工结算审计项目任务分配规则》。

（郑　勇　刘丹丹　谢静芳）

九、党建与思想政治工作

综　述

2011年,校党委团结带领全校师生员工,全面贯彻党的十七大和十七届三中、四中、五中、六中全会精神,高举中国特色社会主义伟大旗帜,以邓小平理论和"三个代表"重要思想为指导,贯彻落实科学发展观,深入开展创先争优活动,努力推动学校各项事业又好又快发展。

一、以改革创新的精神加强和改进党的建设,为学校发展提供坚强的思想保证和组织保证

*一是隆重纪念中国共产党成立90周年。*组织广大党员干部深入学习贯彻党的十七大和历次中央全会精神,组织收听收看中央庆祝中国共产党成立90周年大会,认真学习胡锦涛总书记重要讲话。召开了复旦大学纪念建党90周年大会,对一批先进基层党组织、优秀共产党员、优秀党务工作者进行了集中表彰。邀请党史专家与我校师生代表座谈,开设专题讲座,引导党员和师生深入学习党的历史和优良传统。依托马克思主义研究院等平台,加大了对重大党建理论和实际问题的研究,发表和出版了一批党建研究力作,校党委撰写的《加强党的建设是高校发展稳定的根本保证》一文入选中央"纪念建党90周年理论研讨会"论文集并在大会上作交流发言。结合创先争优活动,广泛开展主题实践和"双结对",增强党支部的凝聚力和吸引力,引导广大党员围绕学校中心工作和本单位事业发展,发挥先锋模范作用。举办了纪念陈望道校长诞辰120周年、纪念谢希德校长诞辰90周年座谈会,开展了党外人士"同心同行"主题教育活动,组织了歌咏比赛、书画摄影展览、党史知识竞赛、革命圣地参观考察等一系列群众性纪念活动。这些活动,紧密联系中国共产党成立90年的历史和我国高等教育大发展的实际,深入挖掘了我校党史、校史中的丰富资源,引导广大师生员工坚定不移地跟着党走中国特色社会主义道路,为创建世界一流大学努力奋斗,取得了好的效果。

*二是梳理完善干部选拔任用工作制度。*根据党的十七大和十七届四中全会精神以及中央关于干部选拔任用工作的新要求,结合我校实际,党委对干部选拔任用工作制度进行了修订完善,印发了《中层领导干部选拔任用工作办法(试行)》、《后备干部工作办法(试行)》、《基层单位行政领导班子换届工作程序(试行)》、《基层党的委员会换届工作程序(试行)》等4个制度性文件。新修订的文件注重了干部选拔任用制度的导向性、规范性、操作性,体现了坚持正确用人导向、规范干部工作程序、扩大干部工作民主、探索多种形式选任方式、加强干部管理监督、注重后备干部培养等特点,为进一步加强干部队伍建设奠定了基础。

*三是开展新一轮后备干部集中调整,加强干部教育培训。*坚持"德才兼备、以德为先"的用人标准,经过民主推荐、初步酝酿、集中考察,初步确定了300人左右的后备干部人选名单,既满足了近期干部队伍补充调整的需要,又有利于开展后备干部中长期培养。以新修订的《高校基层组织条例》学习培训为重点,举办了分党委书记和党务部门负责人研讨班,进一步加强对这支队伍政治素质和业务能力的培养,加大了对基层党支部书记的培训力度,创新培训方式,增强培训实效。全年轮训干部208人,选派142名干部和骨干教师赴上级党校和干部学院学习,选派5名干部赴境外进修培训。扎实推进全国干部培训高校基地建设,辐射面和影响力得到提升。

*四是切实加强思想政治工作。*开展"为人、为学、为师"主题教育,探索加强教职工思想政治工作的有效机制。学习贯彻全国加强和改进大学生思想政治教育座谈会精神,深入推进研究生思想政治理论课改革试点,深入实施本科生"党员成长计划"和研究生"示范党支部"创建活动,深入总结世博志愿者工作的经验做法,将社会主义核心价值体系教育融入人才培养的全过程。认真落实加强辅导员和导师队伍建设的各项政策举措,依托教育部辅导员培训和研修基地,完善辅导员培养长效机制。启动了一批校园文化建设项目,拓展大学文化育人功能,学校连续第三次被评为"全国文明单位"。

*五是切实加强党风廉政建设。*积极贯彻落实新修订的《关于实行党风廉政建设责任制的规定》和《中国共产党党员领导干部廉洁从政若干准则》,加强对执行责任制情况和贯彻落实《廉政准则》、"十不准"规定情况的监督检查,在去年9月教育部组织的执行两项法规情况的专项检查中,我校获得了两个97分(百分制)的考核成绩。开展对"小金库"、违规收送礼金礼券购物卡、领导干部兼职和兼职取酬、庆典论坛研讨会以及校部机关津补贴发放等问题的专项整治、清理和规范,并建立与完善监管长效机制。健全联席会议制度,加强反腐倡廉宣传教育,促进校园廉政文化建设。根据中央和市委的统一部署,制定了《复旦大学关于推进党务公开工作的实施方案》,确定了党务公开的目录,全面部署和推进了党务公开

工作。

六是主动深入地做好统战工作和群众工作。协助各民主党派组织加强自身建设，7 个民主党派校级委员会顺利完成换届，配合做好各民主党派区县委员会的换届工作，加快培养和推荐党外中青年骨干。进一步发挥工青妇组织在群众工作中的作用，完善教代会运行机制，修订教代会实施细则，进一步发挥教代会在学校民主管理中的作用。贯彻落实校离退休工作会议精神，全面提高离退休群体服务管理水平。

七是切实维护校园安全稳定。2011 年，西亚北非局势持续动荡，国际形势复杂严峻，国内各种社会思潮日趋活跃。校党委高度重视稳定工作，多次召开专题会议分析形势、部署工作，针对境内外敌对势力的渗透破坏活动，加强正面教育，强化工作措施，严密进行防范。学校总结了世博会期间安全稳定工作的经验，进一步完善了维护校园安全稳定的常态化工作体系。牢固树立以人为本、执政为民的意识，加大信访工作力度，化解了一批历史积案，初信初访办结率 95%，力争将矛盾化解在萌芽状态。

二、开展“深入基层大走访大调研”活动，推动学校各项事业科学发展

去年 11 月以来，结合推进“为民服务创先争优”，校党委在全校组织开展了“深入基层大走访大调研”活动。活动以“全面提高教育质量、加快建设世界一流大学”为主题，以查找和解决制约学校科学发展的突出问题和广大师生反映强烈的突出问题为重点，以转变领导干部和机关作风为着力点，以提高师生满意度为标准，深入基层走访调研，广泛了解校情民意，着力破解发展难题，全力推动科学发展。活动的主要任务，一是深入走访调研，二是梳理突出问题，三是推动整改落实，四是制定发展规划。

在一个多月的时间里，校党政领导带领有关职能部处负责同志走访了 59 家基层单位，召开了 65 场座谈会，直接听取了 1 098 人次的意见和建议，同时校园网还开设了专栏征集意见。经过全面梳理和适当归并，共列出具体意见 727 条，提炼出 11 个方面的主要问题：

一是校区功能定位与办学空间问题。主要表现是：各校区的功能定位和学科布局不够明确，部分学科和院系的空间过于分散，办学空间紧缺；

二是学科建设问题。主要表现是：学科发展的层次、重点和方向不够清晰，学科分布存在“碎片化”现象，学科建设资源配置机制不够完善，学科评估体系还不能比较准确全面地反映学科发展状况；

三是创新平台建设问题。主要表现是：对现有平台的支持和服务不够到位，国家级创新平台数量明显偏少，对国家级平台的谋划和培育不够，跨学科平台建设的思路和方向不够明确；

四是本科教育质量问题。主要表现是：通识教育尚未贯穿本科教育的全过程，通识教育课程建设亟待加强，本科教育教学质量有待进一步提高，本科教育管理的体制机制需要进一步理顺；

五是师资队伍建设问题。主要表现是：师资规模偏小、结构不平衡，高层次人才数量不足，部分学科队伍青黄不接，人才引进标准单一、程序和周期过长，职称晋升标准还不能体现不同学科大类的特点；

六是校院管理体制问题。主要表现是：二级单位的设置不够规范，校院两级的职责比较模糊、权责不够统一，学校管理权限过于集中，二级单位办学活力不足，管理能力有待进一步提高；

七是医学教育管理问题。主要表现是：医学口五个办公室与学校职能部门的关系亟待理顺，医学口内部的管理体制还不明确，医学生招生的方式、数量和结构还不适应医学事业发展的需要；

八是校区管理体制问题。主要表现是：校区管理体制不够明确，机关部处向校区的职能延伸不够到位，条块协调不够顺畅，管理服务效率不高；

九是中青年教师住房问题。主要表现是：教师周转性住房无法有效满足教师租住需求，中青年教师住房困难，住房问题已成为稳定队伍、引进人才的重要制约因素；

十是教师收入待遇问题。主要表现是：教职工收入待遇有待进一步提高，不同单位教职工的收入差距较大，引进高层次人才的收入待遇标准缺乏竞争力，整体薪酬制度需要进一步完善；

十一是机关干部作风问题。主要表现是：主动服务、主动协调的意识不够强，推动落实的能力和执行力有待提高，部门职能划分不够清晰，干部素质和能力离建设一流大学的要求还有差距，考评激励机制不够完善。 **（邓续周）**

纪检监察工作

【概况】 2011 年，学校党委和纪检监察部门按照党的十七届六中全会和中央纪委十七届六次全会精神，围绕学校中心工作，结合实际，以构建惩治和预防腐败体系为目标，全面推进教育、制度、监督等方面各项工作，加大专项检查力度，促进学校党风廉政建设和反腐败工作进一步取得新成效。

抓好反腐倡廉宣传教育工作。召开学校加强党风廉政建设干部大会，组织全校处级以上领导干部集中观看《贪欲之害 · 五：蜕变——普陀区原区长蔡志强案》警示教育片。全年共组织 39 名新任职处级干部开展廉政教育专题培训，逐一发放《复旦大学领导干部廉政手册》、签订《复旦大学党员领导干部廉洁从政承诺书》。对于群众意见较为集中的党员干部，按照有关规定开展诫勉谈话，加强教育。结合廉政文化建设，进一步完善反腐倡廉宣传教育联席会议制度，广泛开展廉洁校园建设活动。加强重点领域职工廉洁教育，所有基建项目全面开展创“双优”活动，工作人员签订工程廉洁承诺书，严格教育和管理。

加强制度建设，强化制度的规范作用。制定《复旦大学2011年党风廉政建设工作要点》、《复旦大学关于禁止违规收送礼金礼券购物卡的实施细则》、《复旦大学关于礼品和礼金礼券购物卡上交登记的管理办法》、《复旦大学关于对违规收送礼金礼券购物卡行为的处理办法》、《复旦大学关于党员领导干部在经济实体和社会团体中兼职的管理办法》、《关于办信查案工作情况通报办法(试行)》，着手修订《复旦大学关于执行党风廉政建设责任制的实施细则》。强化用制度管人、以制度管事，深化源头治理和防范工作。

加强监督检查，保证学校各项工作顺利进行并得以落实。继续将推进党风廉政建设责任制工作作为"牛鼻子"工程，分类开展年度自查、二级单位巡查、机关职能部门重点检查等工作，扎实推进"谁主管、谁负责，一级抓一级，层层抓落实"的责任制格局进一步形成，"一岗双责"意识深入人心。

认真贯彻落实上级相关工作部署，认真组织开展一系列专项清理、检查工作：关于违规收送礼金礼券购物卡专项整治工作，关于党员领导干部兼职和兼职取酬专项登记清理工作，关于清理规范庆典、研讨会、论坛工作，关于信息公开监督检查工作；继续开展"小金库"专项治理和工程建设领域突出问题专项治理工作；接受教育部关于开展《关于实行党风廉政建设责任制的规定》和《中国共产党党员领导干部廉洁从政若干准则》执行情况的专项检查。

礼品登记、上交工作顺利开展。全校党政领导干部主动登记和上交礼品、礼金总计167人、293人次，其中，上交现金或有价证券共计人民币675 946元，美元3 000元；物品131件，价值65 902元。

加大办信查案工作力度。2011年共收到纪检信访举报218件，其中重复举报15件，故实际受理203件。其中：本级受理158件(含附属医院58件)，上级机关交办或转办45件；实名举报115件，占总数的56.65%；办结197件，办结率为97.04%；经查属实、基本属实、部分属实共计34件，占总数的16.7%；初核15件，立案3件；函询1人，诫勉谈话2人，党纪处分3人，免职2人。信访反映的问题主要涉及招生、领导干部廉洁自律、医德医风及贪污贿赂等方面。

（张　寒）

【完成对二级单位的巡查工作】 校纪委在2009年底开展试点工作、2010年全面铺开的基础上，于2011年7月完成对图书馆等23家单位领导班子和领导干部执行党风廉政建设责任制情况的巡查工作。至此，校纪委利用一年半时间，分6批，完成首轮对46个二级单位的巡查工作，并完成相关总结工作。（张　寒）

【副校级领导集体签订《任职及廉政承诺书》】 8月30日，全体副校级领导在学校党风廉政建设干部大会上，集体完成向党委书记、校长签订《复旦大学副校级领导干部任职及廉政承诺书》的仪式，全校400多位处级(含)以上领导干部出席。（张　寒）

【接受教育部专项检查】 9月21日，复旦大学接受教育部党风廉政建设领导小组派出的第十四检查组对《关于实行党风廉政建设责任制的规定》和《中国共产党党员领导干部廉洁从政若干准则》(以下简称"两项法规")执行情况的专项检查。通过召开动员大会、听取校领导专题汇报、对校领导班子及其成员进行民主测评、查阅学校管理和反腐倡廉建设相关资料、召开座谈会等形式，检查组对学校执行"两项法规"的情况进行了深入的调查研究和专项考核。在书面反馈意见中，检查组对学校执行"两项法规"的考核成绩均为97分，并对相关工作的开展和组织给予高度评价。（张　寒）

【推进对机关职能部门的重点检查工作】 在2010年底开展试点工作基础上，校纪委进一步推进对机关职能部门领导干部执行党风廉政建设责任制情况的重点检查工作，2011年底选取14个职能部门进行重点抽查，完成对其中12个部门的检查工作。

（张　寒）

组织工作

【概况】 2011年，学校党委和组织部门认真学习贯彻新修订的《中国共产党普通高等学校基层组织工作条例》，坚持围绕中心、服务大局，着力抓好纪念建党90周年、开展创先争优活动、完善干部选拔任用制度、加强干部教育培训、加强基层组织建设等工作，求真务实、改革创新，为学校各项事业发展提供组织保证。

截至2011年底，全校共有中共党员18 144名，其中本专科生党员2 485名，研究生党员5 983名，在职教职工党员5 631名，离退休党员2 181名，高中生党员4名，因各种原因组织关系保留在学校的党员1 860名。全校共有二级党组织50个，其中党委33个，党总支11个，直属党支部6个；党支部684个(包括6个直属党支部)，其中在职教工支部307个，离退休支部74个，学生支部303个，各类联合支部6个。

学校共有校级领导干部13名，其中：副部级3名，正局级1名，副局级9名；男性11名，女性2名；中共党员12名，党外1名；博士9名，硕士2名；正高级职称11名，副高级职称2名。共有中层干部423名，其中：副局级干部5名，正处级干部132名，副处级干部273名，聘任制干部13名；男性285名，女性138名；中共党员364名，党外干部59名；少数民族干部6名；40岁以下干部79名；博士211名，硕士90名；正高级职称190名，副高级职称174名。

做好干部选拔任用工作。2011年共任免干部92名，其中，提拔任用干部41名，包括正处级干部12名、副处级干部28名、聘任制干部1名；20名干部在机关和基层、党务和行政岗位间轮岗交流；31名同志因退休、换届等原因免职。完成4个基层单位行政领导班子整体换届、7个基层党组织换届，选派援疆干部2名、援藏干部1名。通过公开选拔，配齐了新组建的医学管理机构5个办公室的主要干部。在干部工作中,校党委坚持德才兼备、以德为先的选人用人导向,严格执行干部选任工作程序,拓宽干部选拔任用渠道,广泛听取专家教授、骨干教师的意见和建议。全年在干部选任工作中共听取430余人次的意见。

做好干部教育培训工作。先后举办分党委书记和党务部门负责人研讨班、新上岗处级干部培训班、青年干部培训班、教职工党支部书记轮训班、特邀党建组织员培训班等班次。全年共有208人次参加校党委组织部、党校举办的各类培训班,其中处级干部81人次,教职工党支部书记66人次,另有400余名同志参加《高校基层组织工作条例》专题培训。向上级党校和各类干部教育培训机构推选142名干部、骨干教师参加学习培训,赴境外进修培训5人。

加强干部监督管理。认真贯彻落实领导干部诫勉谈话、述职述廉、任期经济责任审计和个人有关事项报告等各项工作制度,构建严格有效的干部监督管理体系。根据上海市委组织部要求,对特定身份人员已申领的因私出国(境)证照进行集中保管。12月29日,举行校领导班子2011年度述职测评会,全体校领导进行述职。

加强和改进发展党员及党员教育管理工作。全年共发展新党员1 697名,其中教职工党员89名(含2名离退休党员)。培训入党积极分子1 764名,预备党员1 048名。继续加强发展新党员和预备党员转正材料审核。30名党员办理出国出境保留组织关系手续,4名留学回国党员按照程序恢复组织生活。1人因移民停止党籍,2人因违纪被开除党籍,1人因违纪受到党内严重警告处分,2名党员预备期未满被取消预备党员资格。

加强基层党建信息化建设。进一步清理、完善全校党员数据库,增强系统内基本数据的完整性与准确性。对全校分党委(党总支)信息员进行集中和经常性的工作培训,规范新发展党员录入信息和信息维护流程。依托党管系统加强与基层党组织的联系,加强对党建基础工作的监督和检查。通过学校党务公开网相关板块和党委组织部专题网站,及时更新发布我校党建工作动态、干部任前公示、干部任免等信息。

做好党的十八大代表候选人初步人选推荐提名工作。全校党支部参与率为100%,党员参与率为92%。

(赵　琪)

【修订完善干部选任工作制度】 在校党委领导下,组织部对学校2003年制订的干部选拔任用工作制度进行集中梳理,并根据党的十七大和十七届四中全会精神以及中央关于干部选拔任用工作的新要求,结合学校干部工作实际,进行修订完善。经党委常委会审定,《中层领导干部选拔任用工作办法(试行)》、《后备干部工作办法(试行)》、《基层单位行政领导班子换届工作程序(试行)》、《基层党的委员会换届工作程序(试行)》等4个制度性文件于12月初正式印发。新修订的文件注重了干部选拔任用制度的导向性、规范性、操作性,体现了坚持正确用人导向、规范干部工作程序、扩大干部工作民主、探索多种形式选任方式、加强干部管理监督、注重后备干部培养等特点,对于进一步做好干部选拔任用工作、加强干部队伍建设有重要意义。 (赵　琪)

【开展后备干部集中调整工作】 根据校党委的部署,12月全校开展新一轮中层后备干部集中调整工作。各级党组织高度重视、精心组织,充分发扬民主,严格按程序操作,在民主推荐的基础上,集体研究提出后备干部考察对象,其中正处级后备干部考察对象161人,副处级后备干部考察对象283人。校党委邀请部分校党委委员、纪委委员和一些党务工作经验丰富、公道正派、群众信得过的同志作为考察组负责人,带队对各单位提出的正处级后备干部进行考察,共听取702人意见,1 040人参加民主测评;各分党委、总(直)支对副处级后备干部进行考察。根据民主推荐和组织考察的情况,校党委研究确定了中层后备干部名单,其中正处级后备干部98人,平均年龄40.2岁;副处级后备干部183人,平均年龄34.7岁。通过后备干部集中调整工作,既满足近期干部补充调整的需要,又着眼于中长期培养,发现和储备一批有潜力的优秀年轻干部。 (赵　琪)

【开展"两优一先"评选表彰】 在迎接建党90周年之际,校党委在全校开展先进基层党组织、优秀共产党员、优秀党务工作者评选表彰活动。各级党组织精心组织、广泛发动,坚持发扬民主、注重一线、弘扬先进的原则,努力让评选表彰的过程成为重温党员标准的过程,成为发掘身边先进典型的过程,成为向先进集体和个人学习的过程。经层层推选,全校共评出38个先进基层党组织、89名优秀共产党员以及20名优秀党务工作者。另有1个党组织荣获全国先进基层党组织称号,1名党员荣获上海市优秀共产党员称号,3个集体和12名个人受到教卫党委表彰。6月30日,学校举行纪念中国共产党成立90周年大会,对"两优一先"表彰对象进行表彰。同时,校内各媒体对先进集体和个人的主要事迹进行展示,在全校营造出学习先进、崇尚先进、争当先进的良好氛围。 (赵　琪)

【开展基层党建特色项目展评和交流】 5月,校党委启动庆祝建党90周年基层党建特色项目展示工作。6月20日,校党委举行基层党建特色项目交流会,各基层党组织就近年来特别是创先争优活动开展一年来,围绕"抓基层、打基础",在加强基层党组织建设、创新党组织活动内容和方式上进行的探索和特色做法进行交流。"七一"前后,围绕"创先添活力、争优促发展"的主题,学校在橱窗、校园网、校刊等媒体上对56个基层党建特色项目进行展示,搭建展示创新成果、交流工作经验、相互学习借鉴的平台。在市教卫党委系统创先争优主题活动案例征集评选中,学校物理系党委报送的"探索'寝室导师制'发挥党员教师在教书育人中带头作用"获评"最佳案例",儿科医院护理党支部报送的"党员导师制 心灵火炬手"和眼耳鼻喉科医院视光学组党支部报送的"1部手机+5条短信　在为民服务中创先争优"2个项目获评"优秀案例"。 (赵　琪)

【推进为民服务创先争优活动】 根据中央要求，2011年下半年起，学校在继续抓好全校面上的创先争优活动同时，重点在窗口单位和服务部门推进“为民服务创先争优”活动。党委分管领导带领创先争优活动领导小组办公室成员先后对机关、后勤和附属医院开展创先争优活动情况进行调研，提出有针对性的要求。11月起，根据中央关于各级党政机关和领导干部要在创先争优活动中深入基层为民服务的要求，校党委决定集中一段时间在全校开展“深入基层大走访大调研”活动。党委组织部认真草拟实施方案，分层分类提出具体要求，参与筹备动员部署大会。在活动过程中，组织部与有关部门加强协调、密切配合，及时掌握活动动态，共同做好问题梳理、信息报送等工作，为下一步梳理突出问题、提出整改方案、推进工作落实打下基础。

（赵 珙）

【聘任首批特邀党建组织员】 为充分发挥离退休老同志在学校党建工作中的作用，充实党建工作队伍，进一步加强和改进发展大学生党员工作和大学生党支部建设，经校关工委和院系党组织推荐提名、酝酿沟通，并经院系党组织研究上报，学校确定首批聘任22位特邀党建组织员。7月13日，校党委举行特邀党建组织员聘任仪式。校党委书记秦绍德，校党委副书记、关工委主任王小林向受聘的同志颁发聘书。

（赵 珙）

附 录

复旦大学党委下属二级党组织一览表（排序不分先后）

分党委（33个）	材料科学系党委	护理学院党总支
复旦学院党委	高分子科学系党委	社会科学基础部党总支
中国语言文学系党委	上海医学院党委	先进材料实验室党总支
外国语言文学学院党委	公共卫生学院党委	国际文化交流学院党总支
新闻学院党委	药学院党委	继续教育学院党总支
历史学系党委	附属中山医院党委	图书馆党总支
法学院党委	附属华山医院党委	出版社党总支
哲学学院党委	附属肿瘤医院党委	校产党总支
经济学院党委	附属妇产科医院党委	邯郸校区老干部党总支
国际关系与公共事务学院党委	附属儿科医院党委	枫林校区老干部党总支
管理学院党委	附属眼耳鼻喉科医院党委	
社会发展与公共政策学院党委	附属中学党委	
数学科学学院党委	复华公司党委	**直属党支部（6个）**
物理学系党委	机关党委	体育教学部支部
化学系党委	后勤党委	现代物理研究所支部
生命科学学院党委		放射医学研究所支部
信息科学与工程学院党委		实验动物科学部支部
计算机科学技术学院党委	**党总支（11个）**	生物医学研究院支部
环境科学与工程系党委	力学与工程科学系党总支	脑科学研究院支部

（组织部供稿）

宣 传 工 作

【概况】 2011年，学校党委和宣传部门以科学发展观为指导，深入贯彻落实全国教育工作会议和十七届六中全会精神，紧抓“十二五”时期的开局之年及中国共产党成立90周年等重大活动契机，围绕学校各项中心任务，不断深化理论学习、舆论宣传、文明创建、文化建设等各项工作。

组织开展纪念建党90周年等重大主题宣教活动。组织全校深入学习胡锦涛总书记在中国共产党成立90周年纪念大会上的重要讲话；围绕建党90周年、文化体制改革等不同主题组织开展理论征文、理论研讨和学术沙龙；申报上海市教委2010年度立项项目“百问先烈——穿越时空的对话”主题教育活动；举行大型图片高校巡展、共和国老部长老将军书画家艺术精品展、校园烈士事迹展览、红色话剧展演等；参与市委宣传部建党90周年大型画展、《红色一课》、宝塔山合唱团演出、杨浦区文艺汇演等相关工作；成立党的十七届六中全会精神宣讲团，开展形势政策主题宣讲活动。

深化廉政文化建设工作。继续落实中央及上海市关于廉政文化建设工作的要求，发挥廉政文化和廉洁教育的示范熏陶和引导作用，围绕学校《建立健全惩治和预防腐败体系2008—2012年工作规划》的各项工作，配合申报上海市廉政文化建设示范点；进一步拟定完善《复旦大学廉政文化建设联席会议制度》，经校党委常委会议审议通过并发文；牵头拟定学校廉政文化建设工作规划，组织召开4次联席会议；组织协调全校廉政文化建设相关活动，宣传推广成功经验和有效做法，组织专家学者围绕相关课题开展理论研究。

加强思想理论阵地建设。以马克思主义研究中心为平台，开展中国特色社会主义理论体系的学习研究宣传和普及，围绕社会管理创新与党的建设等重大社会问题和焦点话题，开展调研、座谈和研讨；编发16期《复旦宣传通讯》发放到院系各单位；结合国家时事热点，采访相关专家、学者达90人次，相关成果及时报送市委宣传部和市教卫党委；积极推动创先争优活动和大走访大调研活动的开展，深入宣传学校的办学理念和发展战略；继续以"三为"(为人、为学、为师)教育为重点，围绕社会主义核心价值体系的要求，不断加强师德师风和医德医风建设；以第27个教师节为契机，参与组织学校本科教学恳谈会，进一步发挥杰出校友于漪等典型人物的示范作用。

全方位开展对外宣传。截至12月22日，学校新闻条数(百度新闻搜索)超过22.4万条，比2010年增长28％，其中大篇幅整版报道近400篇；完成建党90周年、辛亥100周年、复旦光华人文高端讲座、上海论坛2011、管理学杰出贡献奖颁奖、纪念陈望道诞辰120周年等多个重大活动报道；进一步推广复旦学者，重点推介中青年学者，着力推动媒体专家库建设；加强与中央电视台新闻频道(CCTV新闻)、财经频道(CCTV2)，瞭望东方周刊，南风窗等主流媒体合作，积极与韩国的KBS广播公司、日本的日本经济新闻、香港经济日报、德国明镜周刊等境外媒体联系，建立健康互利的合作关系。

做好文明创建工作。不断拓展文明创建的内涵，强化学校社会责任。学校连续三次获评全国文明单位荣誉称号，被评为第十五届上海市文明单位，并获批由教育部、国家林业局、共青团中央联合颁发的"国家生态文明教育基地"称号；继续组织校文明窗口的评选工作，将基层单位的文明创建与创先争优等结合起来；面向全校征集好人好事、身边的感动等先进典型，开展诚信教育、师德师风宣传；组织师生参加DV作品大赛，获优胜奖；组织师生参加"上海教育系统庆祝建党90周年书法展"，获优秀组织奖。

拓展大学文化育人功能。拟定《复旦大学"十二五"文化建设规划纲要》，明确"十二五"期间学校文化建设的主要工作和建设重点；拟定《复旦大学"十二五"文化建设重大专项计划(草稿)》，以文化建设基金和文化建设项目立项为抓手，进一步加强对基层单位文化立项项目的管理、监督和服务工作；完成2011年学校文化建设项目的申报和审批工作，支持包括上海医学院等单位及江湾、张江、枫林等校区所申报的20个文化建设项目；组织开展2009—2011年度文化特色项目评选活动；所申报"二十五载自立路"项目荣获教育部优秀文化项目特等奖；积极参与建校106周年学术文化周系列活动；举办8场"高雅艺术进校园"活动，继续推进上海大学生合唱艺术基地和博物馆基地各项工作，出版《文化之窗》、《文化日历》、《文化育人之道》等系列文化产品；进一步规范整合校园讲座资源，组织举办东方讲坛活动10场，报送信息140余条；进一步推进校史课题研究，出版《颜福庆传》英译本，编发7期校史通讯，接待校史馆参观人数达12 000余人次；安排各类展览20场次，汇编《2011年文化之窗》并刻录光盘在网上展示。

加强宣传干部队伍建设。坚持部长办公会、部长碰头会、部内全体人员会议、青年读书会制度，全年共举办4次全校宣传干部工作会议；通过实地考察、辅导报告等形式在暑期对全校宣传干部进行专题培训。

(王慧敏)

【举办纪念谢希德诞辰90周年座谈会】 3月20日上午，"革故鼎新 熔铸光华——纪念谢希德先生诞辰90周年"座谈会在逸夫科技楼二楼多功能厅举行。校党委书记秦绍德、校长杨玉良、谢希德先生家人、生前同事和学生以及物理系、应用表面物理国家重点实验室、美国研究中心等单位的百余名师生代表与会。会上举行《共和国教育家——谢希德》新书首发式。下午，部分师生代表赴上海福寿园举行祭扫仪式。纪念谢希德先生诞辰90周年图片展也于3月19日在各校区的宣传橱窗展出。 (王慧敏)

【举办纪念陈望道诞辰120周年座谈会】 详见【学校综述】第60页。

【金冲及到校座谈】 6月29日下午，原中共中央文献研究室常务副主任、校友金冲及在光华楼东辅楼206会议室与校内部分党史工作者代表座谈。副校长林尚立、历史系、社科部和校史研究室等单位的近20位党史工作者代表与金冲及就如何加强党史教育的有效性、如何做好校史与党史编写工作等话题展开交流。 (王慧敏)

【复旦党员教育基地挂牌义乌陈望道旧居】 11月17日，学校原党委书记、上海市社联主席秦绍德一行代表学校访问浙江省义乌市，参加纪念陈望道老校长诞辰120周年系列活动。"复旦大学党员教育基地"在望道旧居挂牌。代表团一行还应邀参加义乌市望道中学的启用仪式，并观摩上海市文联排演的《东方普罗米修斯》大型多媒体诗歌朗诵会。 (王慧敏)

【举行党的十七届六中全会精神首场报告会】 11月29日下午，党的十七届六中全会精神报告会在光华楼东辅楼202报告厅举行，上海市宣讲团成员、市委宣传部副部长潘世伟应邀作专题报告。该次报告会是复旦大学学习贯彻党的十七届六中全会精神系列学习辅导报告会的第一讲。校党委书记朱之文、校长杨玉良等校党政领导及机关、院系、附属医院的师生代表共400余人出席。

（王慧敏）

【承办市教卫系统学习贯彻九届上海市委十六次全会精神主题宣讲会】 12月14日上午，市教卫系统学习贯彻九届市委十六次全会精神主题宣讲会在光华楼东辅楼202报告厅举行。杨浦高级中学名誉校长、全国教书育人楷模于漪校友，校附属华山医院教授、中国工程院院士顾玉东，复旦学院副院长、哲学学院教授王德峰，华东政法大学教授刘宪权，上海市闸北第八中学校长刘京海等5位专家分别围绕上海市市委书记俞正声在上海市委十六次全会上提出的公正、包容、责任、诚信四个价值取向作精彩报告。市教卫党委书记李宣海到会并讲话，校长杨玉良会前会见宣讲团专家；市教卫党委副书记、市教委副主任高德毅，市教卫党委秘书长谢一龙，校党委副书记陈立民出席，来自全市各高校师生代表、区县教育局党政干部及中小学教师代表400余人听取报告。

（王慧敏）

附　录

2011年复旦大学十大新闻

（按新闻发生先后为序）

一、"985三期"建设以人为核心全面启动

3月30日，经五届教代会主席团扩大会议审议并通过，复旦大学《"985三期"校内岗位津贴调整方案》开始实施。学校在"985三期"期间，将根据学术优先、育人优先的原则，继续深化人事制度改革，进一步完善校内岗位聘任，实行新一轮岗位津贴调整。该举措标志着以队伍建设为核心，"985三期"建设全面铺开。

下半年，"卓越人才计划"正式启动，旨在契合师资队伍建设的客观要求和人才成长的内在规律，通过衔接紧密的三层次支持体系，激励学校优秀中青年教师潜心学术、学识卓越。

二、推进跨学科研究　服务国家与上海

5月27日，复旦大学成立全球环境变化研究所。"复旦-丁铎尔中心"同时宣告成立。中心由复旦大学与总部设在东英吉利大学的英国丁铎尔中心合作建设。该机构的成立是复旦大学在气候变化研究领域开拓国际合作模式、推动跨学科研究的积极尝试，也是以科学技术研究为基础，向政府和社会提供思想政策产品的重要举措。

10月20日，题为"未来十年发展的战略选择"的2011复旦发展论坛成功举办，标志着复旦发展研究院全新亮相。研究院将充分发挥学校的学科综合优势，集合具有高度社会责任感、学有专长、思想活跃的学者，为国家和上海的建设和发展贡献思想与智慧，建设成为一流的大学智库。

三、医科管理架构调整方案出台

5月，学校出台医科管理架构调整方案，提出大医口的组织框架和管理路线图，实施医科管理体制改革。

新组建的复旦大学上海医学院将承担起大医口的协调和管理职能。下设5个办公室作为新医学院框架的操作性机构，在教学、科研、队伍建设、学生管理、国际交流和经费使用等方面运行好学校授予医科的自主权。

四、人文社科研究继续领跑全国

6月17日，2011年度国家社科基金项目评审结果正式公布，复旦大学52项课题获立项，立项数和立项经费均居全国高校第一。此外，41个项目获2011年度教育部人文社科研究一般项目立项，立项数与中山大学并列全国高校第一。同年，获批国家社科基金重大项目13个，列全国高校第一。

2011年，复旦大学还与光华基金会共同出资6 000万元人民币，成立"复旦人文基金"，全面实施"人文学科振兴计划"，重点扶持人文学科发展，为人文学者潜心学术、笃志研究、弘扬学术提供良好的条件。

五、学校隆重纪念中国共产党成立90周年

6月30日，复旦大学隆重举行纪念中国共产党成立90周年大会，一批先进基层党组织、优秀共产党员、优秀党务工作者获表彰。秦绍德代表复旦大学和全国教育战线，在7月1—2日举行的中央纪念中国共产党成立90周年理论研讨会上发言。

此外，学校还与校情校史教育相结合，举办一系列活动，纪念陈望道先生诞辰120周年、谢希德先生诞辰90周年。

六、中共中央任命朱之文为复旦大学党委书记

9月13日，复旦大学举行教师干部大会，宣读中共中央关于复旦大学党委书记职务任免的决定，任命朱之文为复旦大学党委书记，秦绍德因年龄原因不再担任复旦大学党委书记职务。

七、聚合物分子工程国家重点实验室获批新建

10月13日，科技部正式批准依托复旦大学建设聚合物分子工程国家重点实验室。该实验室是学校近20年来获批新建的第一个国家重点实验室。

2011年，学校科研质量不断提高。全校有13个学科进入ESI前1%，与浙大并列全国高校第二。根据2011年度中国科技论文统计，学校的科技论文单篇引用次数列全国高校第一。

八、"深入基层大走访大调研"活动全面展开

11月2日起，校党委在全校部署开展"深入基层大走访大调研"活动。该活动是深入推进创先争优活动的重要内容，加快创建世界一流大学的重大举措，切实改进干部工作作风的重要抓手。

全体校领导带领职能部处分成三组，深入全校各单位走访调研，广泛了解校情民意，查找和梳理制约学校科学发展的突出问题、广大师生员工反映强烈的问题，努力转变领导干部和机关部处工作作风，提高师生员工满意度，着力破解发展难题，全力推动科学发展。

九、金亚秋、葛均波当选中科院院士

12月9日，2011年中科院院士增

选结果揭晓，复旦大学校信息科学与工程学院金亚秋教授、附属中山医院葛均波教授分别当选信息技术科学部、生命科学和医学学部院士。

十、第三次荣获全国文明单位荣誉称号

12月20日，全国精神文明建设工作表彰大会在北京举行。复旦大学经复查确认，继续保留全国文明单位荣誉称号。同时，复旦大学附属中山医院、附属华山医院被授予第三批全国文明单位荣誉称号。

2011年度复旦大学举办展览展示一览表

日　期	主　办　单　位	展　览　主　题
3月	共青团复旦大学委员会	回首世博，永志无怨
3月	复旦大学妇女委员会	让工作更精彩　让生活更美好
4月	复旦大学党委宣传部 复旦大学档案馆	丹心昭日月　碧血铸光华
5月	复旦大学档案馆	2009—2010年度复旦大学档案工作先进集体和先进个人表彰
5月	复旦历史地理研究中心	历史好比演剧，地理就是舞台
5月	复旦大学，上海鲁迅纪念馆	德高学富　典型永存
5月	复旦大学党委统战部	同心同行
6月	复旦大学党委组织部	创先添活力　争优促发展
6月	复旦大学党委组织部	为党旗增辉
6月	复旦大学党委学生工作部(处)	回首难忘师恩　展望似锦前程
8月	复旦大学老年活动中心	书香墨韵庆党建 文心艺情颂和谐
9月	复旦大学信息学院	复旦大学信息科学与工程学院先进党支部、优秀共产党员事迹展
10月	中国索引协会	热烈庆祝中国索引学会成立20周年
10月	复旦大学信息化办公室	十年耕耘春华秋实
10月	复旦大学出版社	复旦大学出版社建社30周年志庆
10月	复旦大学附属肿瘤医院	复旦大学附属肿瘤医院八十华诞
11月	共青团复旦大学委员会	第五届复旦大学十大医务青年
11月	复旦大学社会科学高等研究院	复旦社会科学高等研究院三周年纪念
12月	复旦大学生命科学院	“我眼中的生态校园”摄影大赛优秀作品展览
12月	复旦大学职业发展教育中心	服务国家发展战略，做笃志践行的复旦人

2011年度东方讲坛复旦大学举办点讲座一览表

日　期	演　讲　题　目	主　讲　人
6月10日	总裁的价值观、谦卑和领导行为对企业的影响	徐淑英(复旦大学管理学院特聘教授)
7月16日	中国政府跨部门协同机制的现状与前景	周志忍(北京大学政府管理学院副院长、教授)
7月16日	转型期中国公共政策过程面临的困境与解局	薛澜(清华大学公共管理学院院长、教授)
7月16日	中国公共管理：如何在回应现实挑战的过程中发展成一门受人尊敬的学科	马骏(中山大学政治与公共事务管理学院院长、教授)
9月29日	辛亥革命与中华民族	姜义华(复旦大学历史系教授)
9月29日	辛亥革命前后中国经济的延续和变迁	朱荫贵(复旦大学历史系教授)
9月29日	从辛亥到五四：学生界国家观念的提升	马建标(复旦大学历史系讲师)
12月15日	我的书法观	安介生(复旦大学教授)
12月15日	书法与中国文化	沃兴华(复旦大学教授、上海市书法家协会副主席)
12月15日	民国名人书法	何国庆(台湾创时书法基金会董事长)

2011 年复旦大学党委中心组学习一览表

日　期	学　习　主　题	学　习　形　式
4 月 26 日	上海市市委常委、统战部部长杨晓渡在上海市市委"忠诚、敬业、道德、廉洁"第一场报告会上作题为"牢记党的群众观点,坚持党的群众路线,努力加强和改进新形势下的群众工作"的报告	市委党校统一安排,党委中心组部分成员参加
5 月 27 日	日内瓦外交与国际关系学院教授张维为作"中国崛起与中国话语"主题报告	党委中心组(扩大)学习
5 月 30 日	全国政协常委、中央党校原副校长李君如在上海市委"忠诚、敬业、道德、廉洁"第二场报告会上作廉政文化建设报告	市委党校统一安排,党委中心组部分成员参加
7 月 1 日	收看"庆祝中国共产党成立 90 周年大会"实况转播	党委中心组集体学习
10 月 27 日	国防大学杰出教授乔松楼将军作"高科技发展与国防现代化建设"主题报告	党委中心组(扩大)学习
11 月 21 日	上海市市委常委、宣传部长杨振武在上海市委"忠诚、敬业、道德、廉洁" 第三场报告会上作题为"坚持先进文化前进方向,建设国际文化大都市"的报告	市委党校统一安排,党委中心组部分成员参加
11 月 21 日	学习贯彻中共中央十七届六中全会和上海市委九届十六次全会精神,推进市教卫系统文化大发展大繁荣	上海市教卫党委、复旦大学、上海理工大学、上海建桥学院、新华医院等五家单位党委中心组联组学习会
11 月 29 日	上海市党的十七届六中全会精神宣讲团成员、市委宣传部副部长潘世伟作"党的十七届六中全会精神"辅导报告	党委中心组扩大学习

(党委宣传部供稿)

统 战 工 作

统战工作

【概况】 2011 年,学校党委以纪念建党 90 周年和辛亥革命百年为契机,引领全校统战人士与中国共产党同心同德、同向同行,进一步发挥统一战线围绕中心、服务大局的优势和作用。全年在民主党派工作、群众团体工作、无党派人士工作、参事室文史馆工作、人大政协工作、理论研究及部门建设等方面开展工作。

协助并指导各民主党派加强自身建设。以各民主党派委员会换届为契机,在做好校各民主党派各级组织及基层换届情况调研分析的基础上,指导各民主党派有序做好换届工作,并协助开展同心同行教育活动。3 月,举行复旦大学党外人士学习报告会,邀请复旦大学国际关系与公共事务学院常务副院长林尚立教授为全校党外人士作《政治建设与国家成长:中国道路》专题报告。11 月,举办各民主党派基层支部主委培训班、各民主党派主委培训班。6 月,举办"同心同行"摄影展并编印相关画册。11 月,召开各民主党派新一届主委联席会议。

协助各民主党派、群众团体积极履行参政议政、民主监督、服务社会职能。12 月,召开党外人士座谈会,听取党外人士关于学校开展"深入基层大走访大调研"工作的意见和建议。全年,多次听取党外人士对学校制定《复旦大学章程》的意见,并广泛征求对学校"十二五"发展规划纲要的意见。

协助校民族和宗教工作领导小组做好民族宗教工作。1 月,举办民族迎春联谊活动;3 月,举行复旦大学"民族和宗教法制宣传周"活动;9 月,体育教学部韦剑(壮族)在第九届全国少数民族传统体育运动会上,第四次蝉联男子武术器械 A 类比赛冠军。协助开展部分少数民族学生的开斋节等庆祝活动。全年联系校外统战系统资助学校少数民族贫困生 20 余名,资助总金额人民币 12 万多元。5 月,阎嘉陵、徐虹等参加"历史 · 经验 · 展望——九十年来中国共产党的民族理论与民族政策专题研讨会"。

协助侨联抓好自身建设,做好全校归侨侨眷工作。7 月,侨联邯郸分会届中调整,戴晓芙担任分会主席;11 月,举办侨联骨干培训班;12 月,校侨联青年工作委员会举办 2011 年度年会。为教卫系统"上海侨界专家送医下乡"选送专家。协助市侨办举行中美青年夏令营,接待马来西亚、新加坡等地华裔青年。全年认定新归侨 4 人。

做好港澳台工作。1 月,举办校台胞台属新春联谊活动。6 月,组织学校部分港澳台大学生参加第七届"爱我中华"在沪港澳台大学生夏令营活动。

协助欧美同学会复旦分会开展活动。7 月,进行届中调整,增补包一敏、梁春敏、赵文庆等为副秘书长;10 月,与上海医学院承办 Wiley-Blackwell Publication Workshop 宣讲会;12 月,举办"盛世嘉年　海归谊集"上海市欧美同学会复旦分会迎新招待会,并召开 2011 年度欧美同学会复旦分会年会。

以知联会为载体，做好无党派人士工作。10月，举行知识分子联谊会会员与无党派人士“文化之旅”活动。全年新登记无党派代表人士3人，推荐8名教委知联会会员，增补1名市知联会会员。

协助做好参事室文史馆工作。3月16日，孙南申受聘市参事室参事。

协助各级人大、政协做好学校人大代表、政协委员工作。全年，配合相关区县完成区县人大代表、政协委员换届工作。1月，举行党外人大代表、政协委员座谈会；3月，做好全国驻沪人大代表、政协委员往返接送工作，并举行“两会”精神传达大会。11月，张宏鸣被评为浦东新区第四届政协委员履职积极分子、反映社情民意信息工作先进个人。

做好中国统一战线理论研究会统战基础理论上海研究基地（统战基础理论上海研究基地）工作。1月21日，在中国统一战线理论研究会研究基地工作会议上，获2010年度中国统一战线理论研究会研究基地“流动奖杯”和“成果奖”。5月，协助召开上海市第六届统战系统领导干部理论培训班。9月至12月，基地秘书肖存良被借调到中央统战部研究室参与综合组《中国特色社会主义统一战线理论是新形势下发展壮大统一战线的根本指针——中国特色社会主义统一战线理论研究》课题研究。全年编发《统战研究文摘》12期，协助组织召开统战理论研讨沙龙10次，编辑整理《沪讯》简报8期，出版《统一战线理论与实践前沿：2011》。

积极提升统战干部素质，扩大统战工作影响。选送统战干部参加市统战系统干部培训班、校机关青年干部培训班和全市信息报送工作培训班等。在相关报纸、网页上刊发各类信息数百条，完成教卫党委统战系统研究课题《构建大统战格局体制机制的几点思考——以高校统战工作格局的变化为角度》。协助研究基地完成《关于加强新时期高校统战工作的调研》的问卷数据细化、关联分析，调研座谈会和记录整理等工作。

选派民盟盟员丁光宏赴浦东新区基地挂职，担任区教育局副局长。

1月，举办统战系统老同志迎春茶话会，全年以走访、团拜等各种形式慰问各类统战代表人士300余人次。（余　伟）

【召开“同心同行——党外人士纪念中国共产党成立90周年座谈会”】 6月27日下午，会议在逸夫科技楼举行。民革党员、第九届全国人大代表刘豫阳，民盟盟员、市文史馆员邹逸麟，民建会员、中国科学院院士江明，无党派人士、全国政协委员郑珊，民盟盟员、全国政协委员、市政府参事孙南申，九三市委副主委、全国政协委员葛均波，无党派人士、市人大常委贺鹤勇，致公党党员、市政协委员龚新高，民进会员、市政协委员郭坤宇等结合各自亲身经历，从不同角度畅谈与中国共产党风雨同舟，同心同德、团结合作的体会和感受，回顾中国共产党团结凝聚统一战线成员为建设中国特色社会主义和实现中华民族伟大复兴共同奋斗的历程。校党委副书记王小林勉励与会同志，继承老一辈党外人士与中国共产党风雨同舟、肝胆相照的优良传统，坚定走中国特色社会主义发展道路的理想和信念，自觉把社会主义核心价值体系具体化于日常的教学、科研、医疗和管理工作中。为实现学校“十二五”发展目标和任务共同努力。校各民主党派、群众团体骨干，部分党外离退休老同志代表近四十人参加座谈会。（余　伟）

附　录

复旦大学当选全国和上海市、区人大代表名录

一、第十一届全国人大（2008年3月5日）

代表：秦绍德　马　兰

二、上海市第十三届人大（2008年1月24日）

常委会副主任：蔡达峰

常委：贺鹤勇

代表：陈晓漫　顾玉东　丁光宏　吴景平　王文平　徐从剑　叶　纹（女）　董慧琴（女）

三、区人大

1. 上海市杨浦区第十五届人大（2012年1月9日）

常委：许　征（女）　臧志军

代表：冯　艾（女）　李秋明　孙晓屏（女）　陈思和　周鲁卫　曾凡越（学生）　王　昕（学生）

2. 上海市徐汇区第十五届人大（2012年1月4日）

常委：王小林

代表：吴　炅　胡　雁（女）　桂永浩　樊　嘉

3. 上海市静安区第十五届人大（2012年1月5日）

代表：丁　强

4. 上海市黄浦区第一届人大（2011年10月10日）

代表：邬惊雷

5. 上海市长宁区第十五届人大（2012年1月8日）

代表：崔彩梅（女）

6. 上海市闵行区第五届人大（2012年1月7日）

代表：黄国英（女）

复旦大学担任全国和上海市、区政协委员名录

一、第十一届全国政协（2008年3月3日）

常委：左焕琛（女）　蔡达峰　葛剑雄

委员：孙南申　杨雄里　葛均波　周良辅　熊思东　郑　珊（女）　王安忆（女）

二、上海市第十一届政协（2008年1月23日）

常委：林尚立　吕　元　吴　毅　祝墡珠（女）　梁　鸿　黄峰平

委员：金　力　徐建光　姜波克　臧志军　贺　林
朱同玉　周　梁　陈建安　郭坤宇　王祥荣
龚新高　左　伋　金国新　邹云增　顾晓鸣
卢丽安(女)　徐以骅(2011年12月增补)

三、区政协

1. 上海市杨浦区第十三届政协(2012年1月4日)
常委：谢　毅　应质峰(女)　葛宏波
副秘书长：李双龙
委员：戴晓芙(女)　马　涛　宓　詠　任琳芳(女)
李　斌　孙向晨　吴晓晖　赵立行　许晓茵
司徒琪蕙

2. 上海市徐汇区第十三届政协(2012年1月3日)
常委：钱　序(女)　邵志敏
委员：潘　俊(女)　梁春敏(女)　章滨云　许剑民
陈　旭　徐建江(女)

3. 上海市虹口区第十三届政协(2012年1月7日)
常委：谢识予
委员：肖　巍　范丽珠(女)　朱胜林　郭　建

4. 上海市浦东新区第五届政协(2012年1月5日)
常委：叶德泳
委员：任俊彦　张宏鸣　赵振兴

5. 上海市静安区第十三届政协(2012年1月7日)
常委：顾小萍(女)
委员：李益明　史虹莉(女)　王　怡(女)　陈世益
胡祖鹏

6. 上海市长宁区第十三届政协(2012年1月7日)
委员：朱　隽　倪旭东

7. 上海市宝山区第七届政协(2012年1月8日)
委员：汪文德

8. 上海市黄浦区第一届政协(2011年10月8日)
委员：华克勤(女)

9. 上海市闵行区第五届政协(2012年1月4日)
委员：许政敏　马芳芳(女)

(统战部供稿)

民主党派

【概况】 2011年，中国国民党革命委员会(民革)、中国民主同盟(民盟)、中国民主建国会(民建)、中国民主促进会(民进)、中国农工民主党(农工党)、中国致公党(致公党)、九三学社等7个民主党派复旦大学委员会以同心同行活动为抓手，在思想建设、组织建设、参政议政、服务社会等方面开展工作。

加强思想建设。各民主党派复旦大学委员会积极开展同心同行主题教育活动。根据相关党派市委文件精神及校党委统战部的具体要求，利用讲座、报告会和例会等形式组织相关党派成员学习有关文件，领会文件精神。3月，民革邯郸支部召开支部生活会，葛剑雄专题传达两会精神。4月，民革组织党员参加民革市委"重温历史、同心同行——纪念辛亥革命100周年大会"，民建组织会员参加杨浦区"团结讲坛"报告会。6月，民建主委吴景平做民建同心同行主题讲座。5月，九三学社参加谭其骧先生百年诞辰纪念大会；6月，召开纪念中共建党90周年离退休社员座谈会。6月，致公党组织部分党员参加市"重唱经典、继承传统、再续辉煌"——纪念中国共产党成立90周年歌咏比赛并获得一等奖。10月，各党派分别组织成员参观纪念辛亥革命100周年大型图片展。12月，九三学社枫林分委员会首度编发内部刊物《九三枫林》第一期。

加强组织建设。各民主党派陆续完成委员会与分委员会换届工作。6月，民盟盟员龚万里参加市教卫党校党外中青年干部理论研修班；7月，民盟复旦大学委员会举办新一届盟委及分委干部学习班，致公党王德辉参加市委统战部组织的培训班。8月，民盟盟员应质峰参加民盟市委第35期学习班，九三学社选派部分青年委员参加九三学社第15届中青年骨干培训班。9月，民革吴晓晖、农工党徐从剑参加市委党校举办的中青年干部培训班。11月，致公党李莉参加上海市教卫党委系统党外知识分子理论研讨班。

加强参政议政工作，积极服务社会。5月，九三学社组织会员参加九三上海高校论坛。10月，九三学社中山支社举行3场科普讲座。11月，民建邯郸支部与民建杨浦区委、殷行街道办事处举行共建活动，孙晓屏做相关法律讲座，提供法律咨询服务；民进复旦大学邯郸支部与民进宝山区市实验性示范性高中支部联合在宝山区行知中学举行"创新教育实验基地"揭牌仪式。12月，民盟枫林分委组织健康讲座，农工党在华山医院东院为复旦大学各民主党派大委和分委(总支、直属支部)的离任干部举办专场健康体检和医疗咨询活动。民建枫林支部与交大民建委员会、徐汇民建委员会共组沙龙，集思广益探讨有关社会问题。全年，各民主党派提交提案及社情民意上百条。

组织各类联情联谊活动，交流工作，增加友谊。1月，各党派分别专程上门慰问老同志，民建专门为部分重病会员组织捐款。6月，民革邯郸支部组织党员参观苏州中国南社纪念馆和柳亚子故居，民革枫林支部祭扫辛亥先驱邹容墓。9月，民建召开中秋茶话会。10月，农工党华山医院支部与湖州农工党组织进行交流活动，参观辛亥革命纪念馆并举行座谈会。11月，九三学社组织会员赴浙江盐官考察，民进组织会员赴浙江长兴考察新农村建设。全年各民主党派登门慰问各相关党派老同志总计上百次。

3月，民革吴纪华获评2009—2010年度民革市委三八红旗手。11月，民盟盟员、中国科学院院士谷超豪，农工党中央委员、上海市委副主委、复旦大学主委、华山医院副院长黄峰平，致公党上海市委常委、复旦大学主委龚新高等3人荣获各民主党派、工商联、无党派人士为全面建设小康社会作贡献先进个人称号。致公党党员孙立坚获致公党宣传思想先进个人。

11月8日，全国政协常委，九三学社中央常委、市委副主委，市人民政府参事室主任，复旦大学原副校长郑祖康逝世。九三学社开展一系列追思活动。（余　伟）

【承办第五届民盟上海高等教育论坛】 6月11日，会议在复旦大学召开。会上，民盟中央副主席、市人大副主任、民盟市委主委郑惠强出席会议并讲话，民盟中央教育委员会主任、清华大学教授王光谦作“建设创新型大学”的主题报告，上海市教委副主任印杰作“上海高等教育改革与发展”的主题报告，民盟中央常委、上海市政府参事、复旦大学社会发展与公共政策学院教授谢遐龄作“高等教育的得与失”的主题报告。与会人员就何为创新人才、如何培养创新人才、大学内部治理结构、高校办学自主权等议题展开热烈讨论。本届论坛由民盟市委高等教育委员会主办、民盟复旦大学委员会承办、复旦大学高等教育研究所协办。来自上海交通大学、同济大学、华东师范大学、上海师范大学等高校的民盟委员会领导、盟内外专家学者70余人参加论坛。（余　伟）

附　录

复旦大学当选各民主党派中央、市委领导成员名录

一、当选各民主党派中央领导成员

1. 中国国民党革命委员会第十一届中央委员会（2007年12月）
   委员：吕　元
2. 中国民主同盟第十届中央委员会（2007年11月）
   常委：谢遐龄　贺　林
   委员：周　梁　孙南申
3. 中国民主建国会第九届中央委员会（2007年12月）
   委员：吴景平
4. 中国民主促进会第十二届中央委员会（2007年12月）
   副主席：蔡达峰
   委员：吴　毅
5. 中国农工民主党第十四届中央委员会（2007年12月）
   委员：祝墡珠（女）　黄峰平
6. 九三学社第十二届中央委员会（2007年12月）
   委员：葛均波

二、当选各民主党派上海市委领导成员

1. 中国国民党革命委员会上海市第十二届委员会（2007年4月）
   副主任委员：吕　元
   委员：武桂云（女）　臧志军
2. 中国民主同盟上海市第十三届委员会（2007年4月）
   副主任委员：熊思东
   常委：丁光宏
   委员：郭　建　叶德泳
3. 中国民主建国会上海市第十一届委员会（2007年3月）
   副主任委员：吴景平
   委员：查锡良
4. 中国民主促进会上海市第十四届委员会（2007年4月）
   主任委员：蔡达峰
   副主任委员：吴　毅
   委员：季建林　王祥荣　殷寄明
5. 农工民主党上海市第十一届委员会（2007年4月）
   副主任委员：祝墡珠（女）　黄峰平
   常委：梁　鸿
   委员：吴礼泉　郑元者
6. 中国致公党上海市第六届委员会（2007年3月）
   常委：龚新高
   委员：王德辉
7. 九三学社上海市第十五届委员会（2007年4月）
   副主任委员：葛均波（2010年6月增补）
   常委：左　伋
   委员：董慧琴（女）　周国民　张晓鹏

复旦大学各民主党派委员会成员名录

一、中国国民党革命委员会复旦大学第三届委员会（2011年7月5日）

主任委员：吕　元
副主任委员：李益明　武桂云（女）　臧志军
委员：华逢春　吴晓晖　施胜今（女）　黄玉峰　谢晓凤（女）

二、中国民主同盟复旦大学第六届委员会（2011年7月7日）

主任委员：丁光宏
常务副主委：朱同玉
副主任委员：叶德泳　郭　建　范丽珠（女）
委员：亓发芝　李大金　朱鹤元　应质峰（女）　吴　伟　周蓓华（女）　张贵洪　张祥民　夏昭林　戴培东

三、中国民主建国会复旦大学第三届委员会（2011年9月21日）

主任委员：陈建安
副主任委员：孙晓屏（女）　孙小丰
委员：沈　家　朱依纯　刘天西　陆　铭　徐建江　沈忆文　朱晓东　梅　林（女）

四、中国民主促进会复旦大学第三届委员会（2011年7月12日）

主任委员：吴　毅
副主任委员：郭坤宇　王文平
委员：王祥荣　王华英（女）　孙　红（女）　沈　雁（女）　陈宗佑　陆毅群　胡祖鹏　姚振钧　梅其春　梁春敏（女）

五、中国农工民主党复旦大学第三届委员会(2011 年 9 月 29 日)

主任委员：黄峰平

副主任委员：梁　鸿　徐丛剑　吴礼权　许剑民

委员：郑元者　葛宏波　陈　刚　张宏伟　范　薇(女)　张　华　朱永学　高鸿云　郭丽敏(女)

六、中国致公党复旦大学第三届委员会(2011 年 9 月21 日)

主任委员：龚新高

副主任委员：王德辉　朱胜林

委员：李双龙(兼致公党杨浦区委副主委)　孙立坚　莫晓芬(女)　李　莉(女)　张继明　周月琴(女)

七、九三学社复旦大学第五届委员会(2011 年 10 月 18 日)

主任委员：葛均波

第一副主任委员：左　伋

副主任委员：干杏娣(女)　周国民　张晓鹏　张新生

委员：王明贵　杨光辉　金国新　赵　霞(女)　游建强　霍永忠

(统战部供稿)

学 生 工 作

本科生工作

【概况】 2011 年,学生工作围绕学校中心工作,始终坚持育人根本,牢牢抓住庆祝建党 90 周年的契机,通过学生党建、主题教育、学生资助、学生生活园区等育人平台,进一步提升学校本专科生思想政治教育工作水平。

深化创先争优,不断丰富党建育人内涵。以庆祝建党九十周年为契机,以开展“创先争优”为抓手,全面推进“党员成长计划”。3 月,在全国两会顺利召开之际,时任校党委书记秦绍德为本科生党支部书记、学生党员骨干上党课,传达两会精神。7 月1日,组织 660 余名毕业生党员在国旗草坪参加升旗仪式,在国旗和党旗下重温入党誓词;组织学生党员集中收看纪念中国共产党成立九十周年大会的实况直播,认真学习贯彻落实“七一”重要讲话精神。充分挖掘红色教育资源,开展“寻访红色足迹”、“抒发红色情怀”、“青春追忆历史”等活动。全校“七一”表彰期间,哲学学院 2008 级本科生党支部书记傅锡洪获得“上海市教卫党委系统优秀共产党员”;7 个本科生党支部获得“复旦大学先进基层党组织”称号;4 名本科生获得“复旦大学优秀共产党员”称号。进一步拓展校内外党员实践基地,在 9 个地铁站点开展志愿服务活动,全年累计 2 700 余人次参加,获得社会好评。以学生生活园区为平台,启动“党员学习实践基地”工作。学生党员学习实践基地活动的开展得到校内外各界的高度认可,并被评为“上海市志愿服务先进集体”。

把握时代精神,发挥理想信念育人作用。以庆祝中国共产党成立 90 周年为契机,深入落实“笃志计划”,在全校本(专)科生中开展“党旗引领成长,青春奉献祖国”主题教育活动。帮助学生坚定理想信念,激发学生的爱国主义情怀、革命传统精神和民族团结意识,增强社会责任感和历史使命感,教育和引导学生在奉献祖国、服务社会中实现远大理想。开展“知史铭志,薪火相传”主题班会课活动,汇编《理论导读》,向各院系推荐并下发经典著作,举办“红色光影,永恒记忆”红色电影月、红色经典诵读会等活动。积极开展形势与政策课教学工作,提高学生对于国内外形势的正确认识。共举办 8 期励志讲坛,邀请各方面的校友、专家、名人来与复旦学子分享他们的奋斗经历和心路历程。在全校本(专)科毕业生中开展“常忆讲台风,感念师恩——我心目中的好老师”评选活动和“毕业生之星,我最闪亮——2011 届毕业生风采展”活动。

坚持长效机制,打造队伍育人科学体系。紧密围绕学校中心工作,依托教育部高校辅导员培训和研修基地,完善辅导员培养长效机制和青年学生骨干培养机制,不断探索队伍科学建设的新思路。全年,共针对校内辅导员开设培训必修课 10 门、选修课近 40 门,共有 2 000 余人次参加各类培训,并顺利承办第四期全国骨干辅导员高级研修班。积极配合学校“大走访大调研”活动,举行多场学工队伍座谈会,了解一线学生工作者的问题和困惑。选派优秀学生工作者前往美国俄亥拉荷玛州立大学、加州大学圣迭戈分校等进行访问交流。7 月,选派优秀学生工作者参加上海市哲学社会科学骨干教师研修班。结合庆祝建党九十周年活动,组织院系学工负责人赴延安、西柏坡等地开展“红色之旅”,学习革命精神,继承革命传统,收到良好效果。通过青年研究中心开展学工课题资助工作,并积极组织本校学生工作者参加各类课题申报,全年共获得教育部人文社会科学研究专项任务项目立项 1 项、上海市学校德育实践研究课题立项 5 项。12 月,校优秀辅导员上海医学院韩秀引老师获得“2011 上海高校辅导员年度人物”称号。

完善资助政策,全面深化资助育人理念。充分发挥校内外各类助学资源的作用,逐步完善“奖、勤、贷、助、补、减、免、绿色通道、冬季送温暖、爱心公益站”为主体的全方位、全过程、全员参与的服务型学生资助工作体系。通过多方位举措确保资助政策的落实到位,实现资助工作有效性。在 2011 年进行的上海市普通高校学生资助工作绩效评估中,复旦大学获评优秀单位。进一步加强学生资助工作队伍建设,不断完善院系学生资助工作负责人制度,承担上海市教委《高校学生资助工作队伍建设研究》课题项目。通过举办“感恩 · 成长”系列主题活动、“把握诚信”系列讲座,培养学生公益精神,增强感恩奉献意识。上海医学院周姝和复旦学院王子龙同学荣获“第二届中国运城舜帝德孝文化节大学生德孝楷模”称号。全面开展“本科生助学成才家园公益实践基地项目”,共设立11个公益实践基地,累计推荐百余人次前往参加锻炼。利用暑假,派出4支全部由家庭经济困难学生组成的支教队,分别前往云南、江西、重庆和山西开展爱心支教活动。7月,全额资助25名家庭经济困难学生前往墨西哥进行为期近1个月的交流学习。继续深入推进“博学计划”,举办科普创作培训班、“战拖工作坊”、“网虫训练营”,为学生的学业发展助力。

提升服务意识,有效加强园区育人作用。以分步实施电力扩容,实现宿舍空调安装工作为契机,引导学生参与相关工作的民主决策过程。通过搭建日常化的平台,鼓励学生自我管理,共同推进园区的各项工作。加大力量,对学生宿舍管理督导员工作进行全面调整,所有宿舍楼实现24小时无空缺服务。以“园区,让校园生活更美好”为主题开展第十一届园区人节。在园区设立“低碳公益站”,促进校园环保文化的形成。组织园区特色楼寝评比,在园区特色寝室评比中脱颖而出的信息学院5023寝室集体还获得“2010中国大学生年度人物”称号。

重视廉政建设,大力发挥廉洁育人功能。指导各院系在全校本(专)科生中积极开展“崇尚廉洁,诚信做人”廉洁诚信主题教育活动,举办“红色光影,永恒记忆”廉洁电影展,“翰墨馨香,廉风和畅”主题书法征集,营造健康向上的校园廉洁诚信文化氛围。积极开展学风建设,培养学生严谨踏实的治学态度。结合学生党建工作,帮助学生党员树立廉政观念。以“感恩、奉献、诚信”为主题,组织系列诚信教育活动。

严把稳定大局,努力建设和谐平安校园。进一步加强安全教育,提高广大学生的安全意识和防范技能,在全体本(专)科生中组织进行安全教育主题班会。围绕学校中心工作,关注学生所关心的国情、校情和身边事,报送《学生信息动态》28期,着力打造《每周学生舆情》刊物,全年共报送20期、累计61条学生舆情动态。进一步加强网络评论员队伍建设,开展网络舆情引导的同时,积极利用“易班”网络平台通过线上线下的互动,了解学生思想动态,有效加强思想教育引导。 (刘召伟 童一明)

【开展“党旗引领成长,青春奉献祖国”主题教育活动】 以庆祝中国共产党成立90周年为契机,进一步加强以爱国主义为核心的民族精神和以改革创新为核心的时代精神教育,在全校本(专)科生中开展“党旗引领成长,青春奉献祖国”年度主题教育活动。以“光辉历程,引领成长”为主题,编辑《理论导读》6期。开展“知史铭志,薪火相传”主题班会课活动,举办“红色光影,永恒记忆”红色电影月活动,加强学生对革命传统精神的学习和传承。组织红色经典诵读会,激发学生的爱国热情。开展“崇尚廉洁,诚信做人”主题教育活动,引导学生夯实思想价值基础、巩固诚信品格养成、营造良好校园氛围。 (彭瑷莉)

【开展创先争优活动】 根据校党委的统一部署和要求,在学生基层党组织和学生党员中深入开展以“夯实党建基础,争做先进表率”为主题,以“加强基层组织,提高党性修养,锤炼服务本领”为目标的创先争优活动,并将该活动与创建学习型党组织工作紧密结合,与推进“学生党员成长计划”紧密结合。交流近两年来各院系在加强基层党组织建设的好思路、好方法,广泛开展各类评优活动。5月共评选出10个“优秀本(专)科生党支部”和10个“优秀基层党建项目”,年底评选出15个优秀工作案例,为进一步探索党建育人的新模式和新载体提供良好思路。 (高 舒 吴 琼)

【设立“低碳公益站”】 2011年,学校进一步拓展园区育人工作内涵,在学生生活园区设立“低碳公益站”,通过这一平台开展环保宣传并实施相关的废旧物回收、变废为宝等活动,实践低碳生活的理念,促进校园环保文化的形成,得到广大同学的支持与响应。 (赵玮杰)

【积极促进学生参与校园管理】 在学生宿舍空调安装工作过程中,积极推进学生参与校园管理。广泛征求学生意见,制定《学生宿舍空调租赁评标学生代表产生办法》,并将学生代表报名、产生、培训、评标等工作提前向全体学生公示时间、地点,邀请学生委员会进行全程监督,整个空调租赁评标过程公平、公正、公开,充分调动了学生参与校园管理的积极性,为促进学生参与校园管理工作提供了一个良好的范例。 (赵玮杰)

【5023寝室集体获得“2010中国大学生年度人物”】 6月16日,“2010中国大学生年度人物颁奖典礼”在北京交通大学召开。中共中央政治局委员、国务委员刘延东,教育部党组书记、部长袁贵仁等领导出席。复旦大学信息科学与工程学院电子工程系5023寝室被评为“2010年度中国大学生年度人物”。 (郑 阳)

【积极开展党员学习实践活动】 6月24日,复旦大学与申通地铁集团共同将五角场站、张江站、肇嘉浜路站,命名为首批“复旦大学学生党员地铁志愿者服务基地”。学校在广大党员地铁志愿者中倡导“我是党员我带头,我是党员我奉献”的服务理念,让党员们从服务、实践中积累新经验、增强新本领,在奉献中体现学生党员服务的意识。全年共有全校45个本(专)科学生党支部(小组)、817名本(专)科学生党员以“大学生自管站”的形式,对校园周边轨交车站实行自我管理。志愿者们还不断挖掘服务内容,开展宣传文明、维持秩序等活动,积极主动为乘客们服务,获得良好的社会反响。此外,学校还以学生生活园区为平台,启动学生生活园区“党员学习实践基地”项目。10月,第一期项目顺利结题,共有15个党支部顺利完成实践服务工作。

(高 舒 吴 琼)

【选派学生赴五角场社区(街道)、五角场镇挂职锻炼】 2011年,学校与杨浦区五角场社区(街道)签订挂职合作意向书。暑假,73名大一、大二优秀学生在五角场社区(街道)、五角场镇各片区、居委会进行为期6周的挂职锻炼,担任书记、主任助理,深入社区一线,从细小处着手,参与居民走访、实践调研等工作。《东方早报》等媒体予以报道。挂职学生的表现得到社区干部和居民的一致肯定,学生还将挂职体会和收获通过官方微博进行分享,收到良好反响。 (徐之平)

【韩秀引获"2011上海高校辅导员年度人物"称号】 在中共上海市教育卫生工作委员会、上海市教育委员会指导，上海教育卫生系统思想政治工作研究会、教育部高校辅导员培训与研修基地（复旦大学）共同举办的"2011上海高校辅导员年度人物"评选中，复旦大学上海医学院辅导员韩秀引获得荣誉称号。此次活动共评出"2011上海高校辅导员年度人物"10名，提名奖10名。 （胡常萍）

附 录

复旦大学2010—2011学年本科生奖学金一览表

政府设奖情况表

名 称	金额（元）	人数（人）	总金额（万元）
国家奖学金	8 000	176	140.8
国家励志奖学金	5 000	427	213.5
上海市奖学金	8 000	30	24
港澳及华侨学生奖学金	5 000	10	5
	4 000	6	2.4
	3 000	8	2.4
台湾学生奖学金	5 000	6	3
	4 000	7	2.8
	3 000	13	3.9
合 计	—	683	397.8

校内设奖情况表

等 级	名 称	金额（元/人）	人数（人）	总金额（万元）
本科优秀学生奖学金	本科优秀学生奖学金一等奖	3 000	102	30.6
	本科优秀学生奖学金二等奖	1 500	1 042	156.3
	本科优秀学生奖学金三等奖	1 000	2 305	230.5
单项奖学金	学术科技创新单项奖学金	2 000	5	1
	艺术单项奖学金	2 000	5	1
	体育单项奖学金	2 000	4	0.8
	志愿者单项奖学金	2 000	5	1
	社会实践杰出单项奖学金	2 000	5	1
	自立自强逆境成才单项奖学金	2 000	8	1.6
	公民道德素养单项奖学金	2 000	2	0.4
民族奖学金	民族奖学金	1 000	59	5.9
专业奖学金	基础学科成绩优秀学生	1 200	697	83.64
毕业班奖学金	基础学科成绩优秀直研学生	2 400	124	29.76
	毕业班奖学金一等奖	1 500	130	19.5
	毕业班奖学金二等奖	750	463	34.73
	毕业班奖学金三等奖	500	946	47.3
新生奖学金	特等奖	50 000	5	25
	一等奖	10 000	31	31
	优秀奖	3 000	248	74.4
合 计		—	6 186	775.43

校外设奖情况表

等级	名称	金额(元/人)	人数(人)	总金额(万元)
一等奖	廖凯原奖学金	10 000	16	16
	摩根士丹利奖学金	10 000	7	7
	盛大奖学金	10 000	4	4
	富的奖学金	10 000	1	1
	腾讯创新奖学金	10 000	5	5
	陶氏化学奖学金	10 000	1	4
		5 000	6	
	中国平安励志奖学金	7 000	4	5.3
		5 000	5	
	董氏东方奖学金	6 000	45	27
	联合利华未来市场之星奖学金	6 000	2	1.2
	史带奖学金	6 000	10	6
	宝钢教育基金会台湾、港澳优秀学生奖学金	6 000	4	2.4
	宝钢教育基金优秀学生奖学金	5 000	8	4
	中国科学院奖学金	5 000	3	1.5
	三星奖学金	5 000	17	8.5
	东芝奖学金	5 000	8	4
	新加坡科技工程奖学金	5 000	17	8.5
	埃克森美孚奖学金	5 000	2	1
	亿利达刘永龄奖学金	5 000	10	5
	太平洋保险奖学金	5 000	28	14
	霍济光奖学金	4 000	3	1.2
	恒生银行奖学金	4 000	7	2.8
	高山奖学金	3 333	14	4.67
	杜邦奖学金	3 000	6	1.8
	吴英蕃校友奖学金	3 000	8	2.4
二等奖	罗氏诊断奖学金	2 500	4	1
	住友商事奖学金	2 500	20	5
	光华奖学金	2 000	18	3.6
	华藏奖学金	2 000	9	1.8
	Panasonic 育英基金奖学金	1 500	13	1.95
三等奖	徐增寿奖学金	1 000	25	2.5
	中国平安励志奖学金	1 000	15	1.5
奖助学金	郭谢碧蓉奖(助)学金	4 000	63	25.2
	陈锦聪奖学金	4 000	5	2
	董霖校友奖学金	3 000	5	1.5

复旦大学 2011 届学生"我心目中的好老师"一览表

"我心目中的好老师"

院　系	姓　名	院　系	姓　名
新闻学院	单颖文	国际关系与公共事务学院	任军锋
数学科学学院	林　伟	物理学系	周　磊
软件学院	臧斌宇	社会发展与公共政策学院	沈奕斐
化学系	孙兴文	生命科学学院	杨金水
上海医学院	程训佳	公共卫生学院	傅　华

"我心目中的好老师"提名奖

院　系	姓　名	院　系	姓　名
中国语言文学系	陶　寰	经济学院	徐　喆
哲学学院	张双利	哲学学院	韩　煦
物理学系	徐建军	化学系	王韵华
高分子科学系	王　芳	环境科学与工程系	吕　晋
公共卫生学院	陈英耀	药学院	张春燕

（党委学生工作部供稿）

研究生工作

【概况】 2011 年，学校研究生工作全面贯彻党的教育方针，紧密围绕学校中心工作，深入推进创先争优活动，以喜迎建党 90 周年为契机，以研究生理想信念教育和综合素质培养为重点，以造就德才兼备拔尖创新人才为目标，进一步解放思想，实事求是，开拓创新，推动我校研究生思想政治教育工作稳步发展。

加强培训，合力育人，精心打造研究生工作队伍。通过完善队伍培训体系进一步加强院系研究生工作队伍建设，在建党 90 周年前夕，组织院系学生工作首要负责人分别到延安和西柏坡学习考察。在下半年的"大走访大调研"过程中，先后举行 4 场学生工作队伍专题座谈会。指导创办"研工组长沙龙"，促进交流，激发活力。进一步明确和落实"研究生导师是研究生思想政治教育首要负责人"的要求，校党委副书记陈立民在中青年导师培训会上作导师教书育人专题报告，充分调动研究生导师介入研究生德育工作的积极性，主动邀请导师参与学校、院系层面的研究生学术、文化和思想教育活动。加强指导各类研究生组织，充分发挥"三自"（自我管理、自我教育、自我服务）作用。指导第二十届研究生委员会中期调整，选举产生第二十届研究生会第二任主席团。通过开展第八期"红帆训练营——研究生党支部书记培训班"及第二期"薪火集训——研究生班团骨干培训班"加强学生骨干培训。

高举旗帜，创先争优，全面推进研究生党建工作。以迎接建党 90 周年为契机，精心组织"党史学习系列活动"；以创先争优活动思想为指导，开展第四批研究生示范党支部创评工作，共评选出 15 个示范党支部；启动第五批示范党支部创建工作，35 个党支部参与；"七一"前夕，在全校研究生党员中开展优秀党支部书记、优秀党员评比活动，傅锡洪、周海晏被评为"上海市教卫党委系统优秀党员"。7 月 5 日，举办"两优一先"表彰交流大会。

把握时机，突出重点，适时开展研究生主题教育。开展"适应融入、敦品励学"新生主题教育活动及"爱国荣校、感恩励志"毕业生主题教育活动。11 月中旬开始，在全校研究生中开展为期 1 个月的科学道德和学风建设主题教育，邀请葛剑雄、王迅、郭慕依 3 位教授分别为各学科的研究生作专题报告；主办"上海高校研究生科学道德与学风建设座谈会"，14 家高校的优秀研究生代表参与。

提升素质，弘扬文化，努力搭建各类研究生成长平台。学术、实践、社团、校园文化、志愿服务活动，是研究生锻炼成长的良好平台。学术平台：指导各院系举办 12 场博士生学术论坛；校庆期间开展第二届研究生学术之星评选，校长杨玉良与入选者进行座谈，激励研究生勇攀科学高峰；与美国加州州立大学富乐敦分校合作，首次组织研究生海外暑期科研训练项目，分两批共 46 位优秀研究生赴美培训，开拓研究生国际视野，促进学术交流。实践平台：全年实施日常化和暑期社会实践项目 125 项，投入经费 27 万元，并且在广度和深度两个方面拓展了社会实践基地建设。社团平台：博士生讲师团全年开展讲座 62 场，获得 2010 年度"上海市教卫党委系统社会主义精神文明十佳好人好事提名奖"，被评为 2011 年度"上海市志愿者活动先进集体"；青年马克思主义研究会（原研究生邓小平理论研究会）作为校研究生理论社团，通过换届加强指导，焕发出较强的活力；以建设党风廉政文化品牌项目为目标，指导组建"廉政文化研究会"；研究生心舞舞蹈团、研究生剧社、ECHO合唱团等重点扶持的文艺类社团在校园中的影响持续增强，106周年校庆期间前两个社团分别举行了专场演出。校园文化平台：启动"和风"计划，支持各院系开展特色文化活动；指导研究生会举办第十二届"相辉节"，包括社团文化展示周、校园文化之星评比、十大歌手比赛等多项活动，并邀请3个专业艺术团体到校演出；在枫林校区启动"枫雅讲坛"项目，以进一步活跃枫林校区人文氛围志愿服务平台：相辉儿童希望基金和儿科医院爱心小屋两个品牌活动持续开展。

管理育人，强化导向，不断完善研究生奖助体系。制定《关于建立自筹全日制硕士专业学位研究生奖助体系的指导意见（试行）》，建立自筹全日制专业硕士学位研究生奖助体系。丰富助管、助教培训内容和形式，举办3场集中培训。探索助教工作改革，并在化学系试点，增加院系在岗位设置和津贴发放方面的自主权。开展"三助"工作大型调研；2011年发放"三助"津贴总额1 622万余元。完善奖助工作信息化建设，提高资助管理工作效率；推进奖学金评审的"公平、公开、公正"，全年发放校内奖学金9 152人次、2 764.355万元（不含博士生基础学业奖学金），校外冠名奖学金31项，计512人、226.50万元，台湾地区研究生奖学金28人、24.6万元、港澳地区研究生奖学金10人、15.6万元。组织"扬帆启航——2010—2011学年奖学金颁奖典礼"，首次将获奖留学生纳入全校奖学金颁奖典礼。加强研究生医疗保障体系建设，2011年大学生纳入上海市城镇居民基本医疗保险，积极动员新生参保，2011级新生共计3 642人参保，参保率97.77%；改革商业保险方案，规范商保理赔流程，全年92名研究生获得商保理赔，理赔总金额为14.35万元；完善医疗帮困体系，制定复旦大学新政策下大学生医疗帮困补充管理办法，全年资助599人，资助金额9.18万元。探索帮困育人内涵，完成6项校外助学金评审，202名研究生获得44.1万元资助；1 079人次的学生获得各项校内资助，资助金额20.18万元。

稳定为本，共创和谐，建设充满活力的生活园区。坚持管理育人、服务育人的理念，发挥园区的育人功能，以园区的稳定为根本，以队伍建设为保障，以文化建设为主线，加强和改进学生生活园区的工作。加强住楼辅导员队伍建设，完善安全稳定工作的有效机制，33位辅导员被聘为园区住楼辅导员，并接受培训。建立特殊学生档案，加强与院系的及时沟通，早发现，早介入，落实安全工作责任制。北苑、西苑通过举办消防安全周活动，如消防安全知识讲座，消防安全演习，消防安全知识竞答，消防电影放映等活动，在园区内营造起人人关注消防安全的良好氛围，江湾园区邀请上海市武警消防总队杨浦支队国和中队的消防官兵进行实战演练。促进园区文化建设，阳光平台成为园区与院系联动、跨园区之间合作的重要载体；阳光体魄（园区运动会）和阳光医生已经成为跨校区的品牌活动。北苑管委会设立"北苑党员之家"，购置党的经典理论著作，党史相关书籍和影视资料，促进党建进园区；开展庆祝园区十周年系列活动，如文明单元评比、美食节、北苑书展、元旦晚会、植树节、北苑十周年征文、北苑十周年吉祥物征集等活动，促进园区文化建设；"西苑人节"作为西苑生活园区的经典品牌项目，"阳光医生校园行"活动跨校区开展，走进北苑和江湾，反响热烈；江湾园委会加强完善"撷思书阁"建设，满足学生课余阅读需求，举办系列文化活动，如网络资源讲座、万圣节舞会、江湾十大歌手比赛、台球锦标赛、趣味运动会、圣诞晚会、华图公务员讲座、法律文书写作大赛，活跃江湾园区学生的文化生活；张江校区研究生"宿舍之星"特色寝室评比活动获得学生热烈响应，主办四校区研究生园委会工作交流会，促进了不同校区研究生之间的交流。 （夏学花）

【承办加强和改进研究生思想政治教育工作经验交流会】 12月26—27日，该会议在复旦大学举行。会议由教育部思想政治工作司主办，上海市教育卫生工作党委、上海市教育委员会和复旦大学共同承办。来自全国80余所教育部直属及部分中央部委所属、省属高校主管研究生思想政治教育工作的负责同志参加会议。会议的主题是"学习贯彻党的十七届六中全会精神，全面落实教育规划纲要，深入总结《教育部关于进一步加强和改进研究生思想政治教育的若干意见》（教思政［2010］11号）实施以来高校研究生思想政治教育工作的成功做法和有效经验"。教育部思想政治工作司副司长王光彦，上海市教育卫生工作党委副书记、市教育委员会副主任高德毅，复旦大学党委副书记陈立民等领导出席。 （*左　超*）

【示范党支部创建工作被评为上海市教卫党委系统"基层党建创新最佳案例"】 2月，"持续开展'示范党支部'创建，探索研究生基层党建工作长效机制"项目被评为上海市教卫党委系统党建创新最佳案例。校党委研工部从2007年起连续开展"研究生示范党支部创建"活动，每年选取一批工作基础较好的支部，进行一个学年的培育，最终评出若干"示范党支部"，通过典型示范作用，以点带面，影响和带动其他支部共同提高。4年来创建了一批在学习型组织建设、凝聚力建设、科研创新、志愿服务等方面表现突出的示范党支部，摸索出不少支部工作的好方式、好方法，汇总整理成《示范党支部创建工作巡礼》和《示范党支部创建工作优秀案例》。

（刘岱淞）

【开展"纪念建党90周年党史学习"系列活动】 3—6月，启动"纪念建党90周年党史学习"系列活动，包括"光辉足迹"——党史重大事件推选、"壮丽人生"——党员英模事迹寻访、"宝贵财富"——党的优良传统征文等3个系列。活动得到了院系研究生党支部、党员的积极响应，共收到英模事迹访谈录127篇；提交优良传统主题征文547篇，征文经过评审，评出一等奖6篇、二等奖8篇、三等奖12篇。

活动成果分别汇编成《丹青不渝著明誓——党员英模寻访录》和《芝兰竞秀传薪火——党的优良传统优秀征文选编》，供研究生党员学习交流。（刘岱淞）

【组织研究生学习十七届六中全会精神】 10月中旬召开的党的十七届六中全会集中研究部署文化建设问题。研究生工作部下发通知要求全校200多个研究生党支部关注全会动态，要求院系指导支部及时学习会议精神。青年马克思主义研究会和社会科学基础部、国际关系与公共事务学院、外国语言文学学院等院系研究生党支部纷纷组织十七届六中全会精神的学习讨论会。11月15日，校党委宣传部部长萧思健为全校研究生党支部书记作《构筑核心价值，建设文化强国》辅导报告。12月初启动研究生"文化繁荣与科学发展"主题征文活动，各院系共推荐征文168篇。（刘岱淞）

【开展科学道德和学风建设主题教育活动】 中国科协、教育部联合下发《关于在研究生中开展科学道德和学风建设主题教育活动的通知》。学校于11月中旬至12月中旬开展主题教育。11月29日，组织400名研究生参加"上海市科学道德和学风建设宣讲教育活动"报告会；12月6—9日，举办"复旦大学2011年科学道德和学风建设报告会"，分文理医三场，分别邀请葛剑雄、王迅、郭慕依教授作主题报告；12月6日，举办以"诚以修身，信以养德"为主题的演讲比赛决赛；12月15日，举行"上海高校研究生科学道德和学风建设"专题座谈会，来自14所高校的学生代表参加，通过《上海高校研究生科学道德和学风建设共识》；12月中旬，在研究生中开展学术道德口号征集活动；设计制作"复旦大学科学道德和学风建设"专题网站。各院系自主开展相关主题的讲座、师生座谈、党团支部讨论等教育活动计28场次，形成浓厚的科学道德和学风建设氛围。（李　洁）

【建立自筹全日制专业硕士学位研究生奖助体系】 该方案1月10日经校长办公会议（党政联席会议）审议通过，于2011年开始实施，推进了全日制自筹经费专业硕士研究生的奖助工作。全日制硕士专业学位研究生奖助体系由奖学金、"三助"、国家助学贷款、专项助学金、困难补助、医疗保障等组成。自筹全日制硕士专业学位研究生所缴纳培养费的20%用于设立奖助学金；实行二级管理，经费下拨到院系，由院系自行制定实施细则并操作，方案报学校备案。（许丽红）

【研究生暑期科研训练学校项目启动】 2011年暑假，与美国加州大学富乐敦分校达成合作意向，首次启动研究生海外暑期科研训练项目。该项目共408名研究生申报，经遴选，共计46位研究生分两批赴美训练。（许丽红）

【奖助工作信息化管理进一步展开】 在大陆研究生奖学金实现信息管理系统申请的基础上，2011年扩展到台湾学生、港澳研究生奖学金的申请，实现了全校研究生奖学金申请、审核、发放的完全信息化。2011年研究生助管助教信息管理系统首次投入使用。（许丽红）

【建设北苑党员之家】 为促进党建进园区，北苑学生生活园区于4月建设党员之家，购置党的经典理论著作、党史相关的书籍和影视资料，供院系党支部开展组织生活、民主评议会等党建活动。截至年底，有10余个学生党支部申请使用北苑党员之家近40次。（王　珏）

【拓展阳光平台活动】 2011年，阳光平台重点向促进园区与院系联动、校区间联动的方向拓展。阳光体魄（园区运动会）在原小型趣味活动的基础上，拓展为跨四大园区以院系为单位组队参赛的大型全校性研究生体育活动，每年春秋两季分别在邯郸校区和江湾校区举行，每次均有二十多个院系200多人参赛；首次开展的阳光医生校园行活动，组织西苑研究生走进邯郸校区和江湾校区，为园区学生提供健康咨询服务；新拓展的两项活动有效促进各园区学生之间的交流，成为跨校区的品牌活动。阳光平台还在原有阳光体魄、阳光心理、阳光网络等板块的基础上，增设"阳光生活"和"阳光学术"两大板块，在园区学生中开展环保宣传和学术诚信宣传。（王　珏）

【成立江湾园区撷思书阁】 3月，复旦大学江湾园委会本着"一切为了江湾，一切为了同学"的服务宗旨创建撷思书阁。江湾园委会在充分调研基础上，按照学生的阅读兴趣和阅读需求征订了30多种受学生欢迎的杂志刊物，丰富了江湾学生生活园区的文化生活，实现了"鼓励同学亲近书刊，与刊物为友，与博览同行"的设立目的。（罗健博）

附　录

2011年复旦大学研究生奖学金设置一览表（含MBA）

奖学金名称	人数	金额（人民币）	奖励对象
复旦大学腾讯创新奖学金（特等奖）	3	20 000元/人	在计算机科学、软件、数学、计算科学、网络通讯、电信、信息、电子、自动化、人工智能、数字媒体、机器人、安全、设计等相关领域做出卓越成绩的二年级研究生
复旦大学腾讯创新奖学金（优秀奖）	5	10 000元/人	在计算机科学、软件、数学、计算科学、网络通讯、电信、信息、电子、自动化、人工智能、数字媒体、机器人、安全、设计等相关领域做出卓越成绩的二年级研究生

续 表

奖学金名称	人数	金额(人民币)	奖 励 对 象
复旦大学中国科学院奖学金	2	10 000 元/人	在读高年级理工科研究生
复旦大学蒋震奖学金	20	10 000 元/人	国际关系与公共事务学院和法学院相关专业一、二年级优秀硕士生
复旦大学廖凯原奖学金	17	10 000 元/人	全日制在读优秀研究生
复旦大学富的奖学金	1	10 000 元/人	学习刻苦、富有创见、成绩突出;科研实践、创新创造表现突出;校内外重大比赛名列前茅;志愿服务、见义勇为表现突出的研究生
复旦大学笹川良一奖学金	7	10 000 元/人	文科类优秀研究生(国际金融、国际贸易、世界经济、国际法学、国际政治专业优先考虑)
复旦大学摩根士丹利奖学金	8	10 000 元/人	计算机技术学院、软件学院、电子工程系、物理学系、数学科学学院、管理学院、经济学院、法学院 2013 年毕业研究生
复旦大学陶氏化学奖学金(特等奖)	1	15 000 元/人	全校范围内的出色研究生
复旦大学陶氏化学奖学金(一般奖)	17	7 000 元/人	化学系(7)、高分子科学系(4)、环境科学系(2)、先进材料研究院(2)、材料科学系(2),成绩优秀、品行端正、综合能力强的研究生
复旦大学中国平安励志奖学金(一等奖)	3	7 000 元/人	在读品学兼优、符合奖励条件的研究生
复旦大学中国平安励志奖学金(二等奖)	5	5 000 元/人	在读品学兼优、符合奖励条件的研究生
复旦大学中国平安励志奖学金(三等奖)	16	1 000 元/人	在读品学兼优、符合奖励条件的研究生
复旦大学三星奖学金(博士)	2	6 000 元/人	理(60%): 数学科学学院、物理学系、化学系、信息科学与工程学院、材料科学系 文(40%): 经济学院、法学院、管理学院,以及社会学、朝鲜语(必选 1 名)、广告学、行政管理、公共事业管理学专业博士生
复旦大学三星奖学金(硕士)	7	5 000 元/人	理(60%): 数学科学学院、物理学系、化学系、信息科学与工程学院、材料科学系 文(40%): 经济学院、法学院、管理学院,以及社会学、朝鲜语(必选 1 名)、广告学、行政管理、公共事业管理学专业硕士生
复旦大学董氏东方奖学金	20	6 000 元/人	指定 10 名来自信息科学与工程学院: 计算机科学与技术系(5)计算机与信息技术系(5);管理学院物流与运营管理专业(1);其余校方统筹
复旦大学埃克森美孚奖学金	6	5 000 元/人	高分子科学系、材料科学系、化学系应届毕业班硕士生
复旦大学陆宗霖奖学金(博士)	5	6 000 元/人	理科女博士及其母亲
复旦大学陆宗霖奖学金(硕士)	5	4 000 元/人	理科女硕士及其母亲
复旦大学叔蘋奖学金(博士)	3	6 000 元/人	医学博士生(已经读博士一年,侧重医院)读书期间一直享受
复旦大学叔蘋奖学金(硕士)	2	4 500 元/人	医学硕士生(已经读硕士一年,侧重医院)读书期间一直享受
复旦大学宝钢教育基金会优秀学生奖学金(特等奖)	1	10 000 元/人	优秀研究生
复旦大学宝钢教育基金会优秀学生奖学金(优秀奖)	3	5 000 元/人	优秀研究生
复旦大学宝钢教育基金会港澳台优秀学生奖学金(博士)	3	10 000 元/人	优秀博士研究生(来自港澳台地区)
复旦大学宝钢教育基金会港澳台优秀学生奖学金(硕士)	6	8 000 元/人	优秀硕士研究生(来自港澳台地区)
复旦大学罗氏诊断奖学金	6	5 000 元/人	品学兼优的全日制在读硕士、博士生(生命科学领域)
复旦大学谢希德美国研究奖学金(博士)	2	5 000 元/人	国际关系与公共事务学院国际关系专业的博士生
复旦大学谢希德美国研究奖学金(硕士)	2	3 000 元/人	国际关系与公共事务学院国际关系专业的硕士生

续　表

奖学金名称	人数	金额(人民币)	奖 励 对 象
复旦大学汪氏文科基础学科奖学金	6	5 000 元/人	哲学学院、中国语言文学系、历史学系的研究生(其中,50%为宗教学研究生)
复旦大学第一三共制药奖(教)学金(博士)	17	4 000 元/人	医药学优秀博士生
复旦大学第一三共制药奖(教)学金(硕士)	17	3 000 元/人	医药学优秀硕士生
复旦大学杜邦奖学金	6	5 000 元/人	化学系、环境科学与工程系、高分子科学系、生命科学学院优秀研究生
复旦大学吴英蕃校友奖学金	6	3 000 元/人	经济学院、物理学系研究生各 3 名
复旦大学吴张令昭奖学金	3	3 000 元/人	遗传学系研究生
复旦大学光华奖学金	226	2 000 元/人	在校品学兼优的研究生(邯郸 172 名、枫林 54 名)
复旦大学华藏奖学金	8	2 000 元/人	在校品学兼优的研究生,奖励人数适当向医口的优秀学生倾斜
复旦大学联合利华创新研发奖学金	3	10 000 元/人	理科类：材料物理与化学、材料学、材料工程、化学系、高分子化学与物理、生物工程;医学类：药物分析学、药物化学、营养与食品卫生学等专业 2012 年毕业的优秀研究生
复旦大学联合利华未来市场之星奖学金	2	8 000 元/人	经管类专业 2012 年毕业的优秀硕士研究生
复旦大学洛德奖学金(博士)	2	8 000 元/人	材料科学系、高分子科学系高年级博士研究生
复旦大学洛德奖学金(硕士)	7	7 000 元/人	材料科学系、高分子科学系、环境科学与工程学系高年级硕士研究生
复旦大学盛大奖学金	4	10 000 元/人	计算机科学技术学院、信息科学与工程学院等院系优秀硕士研究生
复旦大学霍济光奖学金	3	5 000 元/人	文史哲学科成绩优秀、品格端正、家境清寒的学生
复旦大学太平洋保险奖学金	2	5 000 元/人	毕业于复旦大学太平洋金融学院并考取了复旦大学研究生的学生(入学当年一次性奖励)
复旦大学美光奖学金(一等)	4	10 000 元/人	计算机科学技术学院计算机软件与理论、电路与系统,微电子研究院微电子学与固体电子学,信息科学技术与工程学院微电子学与固体电子学的二、三年级优秀硕士生
复旦大学美光奖学金(二等)	8	7 000 元/人	计算机科学技术学院计算机软件与理论、电路与系统,微电子研究院微电子学与固体电子学,信息科学技术与工程学院微电子学与固体电子学的二、三年级优秀硕士生
复旦大学美光奖学金(三等)	10	4 000 元/人	计算机科学技术学院计算机软件与理论、电路与系统,微电子研究院微电子学与固体电子学,信息科学技术与工程学院微电子学与固体电子学的二、三年级优秀硕士生
复旦大学博士新生相辉奖学金	29	18 000 元/人	全日制在校非定向研究生、少数民族骨干非在职定向培养研究生
复旦大学博士新生优秀奖学金	268	5 000 元/人	全日制在校非定向研究生、少数民族骨干非在职定向培养研究生
复旦大学博士优秀学生奖学金(一等)	207	8 000 元/人	全日制在校非定向研究生、少数民族骨干非在职定向培养研究生
复旦大学博士优秀学生奖学金(二等)	415	5 000 元/人	全日制在校非定向研究生、少数民族骨十非在职定向培养研究生
复旦大学研究生学业奖学金(硕士一等)	299	8 000 元/人	全日制在校非定向研究生、少数民族骨干非在职定向培养研究生
复旦大学研究生学业奖学金(硕士二等)	500	6 000 元/人	全日制在校非定向研究生、少数民族骨干非在职定向培养研究生

续 表

奖学金名称	人数	金额(人民币)	奖 励 对 象
复旦大学研究生学业奖学金(硕士三等)	552	4 000 元/人	全日制在校非定向研究生、少数民族骨干非在职定向培养研究生
复旦大学研究生奖学金(一等)	12	10 000 元/人	MBA
复旦大学研究生奖学金(二等)	20	6 000 元/人	MBA
复旦大学研究生奖学金(三等)	30	3 000 元/人	MBA
复旦大学优秀学生奖学金台湾学生专项奖学金	28	共 14.9 万	博士生一等奖 2 人,9 000 元/人;二等奖 3 人,7 000 元/人;三等奖 3 人,5 000 元/人;硕士生一等奖 3 人,7 000 元/人;二等奖 6 人,5 000 元/人;三等奖 11 人,4 000 元/人
复旦大学优秀学生奖学金港澳侨专项奖学金	10	共 5.8 万	博士生一等奖 1 人,9 000 元/人;硕士生一等奖 3 人,7 000 元/人;二等奖 4 人,5 000 元/人;三等奖 2 人,4 000 元/人

2011 年度复旦大学研究生校内外自由申报奖项获奖一览表

姓 名	奖额(元)	奖 项	院 系
沈 扬	10 000	复旦大学校长奖	现代物理研究所
倪丹成	10 000	第六届“百人会英才奖”	环境科学与工程系
王 昕	10 000	第六届“百人会英才奖”	经济学院
宋渊洋	8 000	2010 年度上海发展研究奖学金	管理学院
曲 洁	8 000	2011 年度上海发展研究奖学金	管理学院
吴 媞	8 000	2011 年度上海发展研究奖学金	中国语言文学系
朱 晗	8 000	2011 年 IBM 中国优秀学生奖学金	计算机科学技术学院
田 恒	2 000	“全国苗族教育奖励基金”教育奖金	国际关系与公共事务学院

(党委研究生工作部供稿)

学生服务

【概况】 2011 年,学生服务工作围绕学校建设世界一流大学的发展目标与育人要求,以服务于学生成长与发展为工作主线,以学生满意度为工作旨归,在学生培养全过程中,进一步深化服务内涵,提升专业化服务水平,努力打造具有复旦特色的学生服务品牌。

学生职业发展教育服务中心继续秉持“四全”(全员参与,全程渗透,全方位拓展,全面覆盖)工作理念和“三化”(个性化、专业化、社会化)的内涵建设目标,扎实推进毕业生就业工作。截至 8 月 31 日,2011 届毕业生总体就业率为 96.2%,就业质量稳步提升;22 名毕业生报名参加“三支一扶”,另外还有 54 名毕业生报名参加“村官”计划的选拔;114 人赴西部就业,离开上海到江浙地区就业的人数较去年略有增加。2011 届毕业生中,赴“211 高校”、政府部门、省部级及以上科研机构、大型国企等单位就业的人数约占就业学生总数的 32%,比 2010 届的 20%有了较大提高。校就业中心举行单场招聘宣讲会共 282 场、大型招聘会 1 场(参加单位 277 家)、中小型招聘会 15 场,4 563 家用人单位在复旦就业网上发布招聘信息。在就业市场的稳固和开拓方面,中心按照“立足上海,面向全国,辐射长三角”的思路,为毕业生与江、浙等各地政府搭建桥梁,目前与宁波、南通等 7 个城市建立稳固的合作关系,同时在原有 16 个实习基地的基础上,又与多家单位签订了共建实习基地协议,还与国内 8 所首批“985 工程”建设高校成立了“C9C 就业联盟”。成功申报国资委企业自主创新人才孵化基地实习生选拔基地,与中央电视台签订“金伙伴计划”合作意向书,与深圳市人才交流中心签订就业服务平台合作协议,组织召开“复旦大学与长三角地区人才合作研讨会”,就人才合作、教育联动发展等共商大计。通过细致排摸,建立家庭经济困难且就业不顺利的“双困”学生、求职不顺利的少数民族学生以及残疾同学“信息库”,专设“绿色通道”,推出各项系列举措,做好推荐与帮扶工作,256 名“绿色通道”学生中,有 220 人顺利就业;坚持编写反映毕业生就业状况的《白皮书》,调研学生发展需求和职业生涯发展规划状态、就业市场趋势;修订《复旦大学毕业生就业管理办法》,编撰出版《大学生就业与创业指导教程》(医学版)。同时,通过对强生未来领袖学院、前程协会、学生生涯发展联盟等社团的带训指导，丰富生涯辅导方式，进一步提高学生的实践能力，增强自身素质。

2011年，学生职业发展教育服务中心与上海城建集团、上海烟草、百度等单位、临安人事局等签订了共建实习基地协议，为同学们的就业实习提供更广阔的平台。此外，"上海市东部高校就业工作合作联盟"和"首批985高校就业联盟"成立，旨在加强同区域、同层次高校间就业工作的交流与合作。学校与中央电视台签署"金伙伴计划"合作意向书，自2011年起，每年为央视输送20名优秀毕业生和30余名实习生，与深圳市人才交流中心签订就业服务平台合作协议，构建多元化的毕业生输送机制。

心理健康教育中心致力于面向学生提供全方位、个性化、专业化的心理健康教育与心理咨询服务，进一步完善心理健康教育的工作网络和工作实效。全年为学生提供各类心理咨询服务总量达1 200余人次；完善新生心理健康普查工作，建立学生电子心理档案，实施心理普查后的跟进访谈；开展心理健康主题活动，其中包括40余场团体训练活动，参加学生1 200余人次；举办40余场心理健康教育专题讲座，参加学生3 000余人次；4月和10月举办覆盖4个校区的春秋两季"心理健康主题文化月"系列活动；举办新生幸福教育讲座，本科新生班级实现全覆盖，并培训新生辅导员带领班级开展关于幸福的团体活动；加强学生朋辈成长联盟、本科生心理委员队伍、研究生心理联络员队伍的建设和管理，学生队伍发挥的作用日益显现；主办一系列学工队伍的岗前、在岗的专业培训，以及工作压力应对与情绪管理的专题培训，提升他们的心理健康教育工作技能和工作效能；组织11名学工教师参加"上海市学校心理咨询师(中级)资格认证培训"；推出全新的中心网页；继续秉承"区分层次、突出重点、兼顾全体"的工作模式，积极利用学校多方资源、渠道和平台，开展面向全体学生的层次分明、重点突出、注重实效的教育、辅导、培训和宣传普及工作。

勤工助学中心注重管理水平提升，深化服务内涵，努力打造具有复旦特色的校园文化品牌。2011年每学期有近1 200名学生参加校内勤助工作，吸纳双助学生241人，其中双助普通岗位共有贫困生442人次，占27.05%；少数民族学生331人，占20.26%；灾区学生59人，占3.61%。4月，复旦率先在全市高校中实行学生工资标准12元/小时，全年勤工助学基金近350万元。在管理方面，继续加强制度规范，梳理并优化工作流程，推进企业形象识别系统CIS建设；通过中层及员工见面会、参议团等形式，畅通信息渠道，加强公司凝聚力；推进岗位能手、实体评优，酝酿分类分层推进员工专业化培训；加大食品安全、用电安全、消防安全的排查力度，动态更新，及时整改。在服务方面，在继续推行"微笑服务"、树立"窗口"形象的同时，调研学生需求，增设服务项目，拓展光华小店服务外延；通过听证会等形式，收集学生意见，超市系统丰富商品门类，并克服困难，低价让利学生；各校区的学生活动中心更新设备，丰富服务内容，提供免费场地并进行调价，力求为学生提供优质便捷服务，满足学生多元需求。在文化方面，首次加大对贫困学生及其他专项如"冬日送温暖"慰问力度，惠及近400人次。继续秉持文化育人的理念，以"勤人节"、"光华节"、"光华自立奖"等加强文化建设，并以"光华易站"等平台开展各类公益活动，师生反响热烈。"光华自立奖"项目申报2011年全国高校校园文化建设优秀成果评选，荣获特等奖；"安徽颍上支教行"项目获"2011年上海市优秀暑期社会实践项目"。全年共计7人次获得巧帛勤助奖教(学)金。

2011年，学联体勤工助学中心首次加大对员工献血、困难生及其他专项如"冬日送温暖"慰问力度，涉及近400人次。在中秋和国庆双节期间，中心向非上海生源的学生免费发放了201电话卡，倡导学生员工给家人打电话，进行感恩教育；对2011年参加献血的所有学生员工，到寝室走访慰问，送上牛奶、水果等慰问品；集中开展冬日送温暖系列活动，如中心为四个校区的学生书亭员工购置了保暖手套，向家庭经济困难的200余位同学发放了慰问品。

教材服务中心以管理科学化、运作市场化、服务人性化为工作中心，认真做好全校教材发放保障服务工作。探索"选、订、购、退"教材过程中的个性化服务。全年向全校1万多名学生提供7.9折教材服务，教材500余种，近8万本，价值151万元，开辟贫困生及特难生的教材服务绿色通道；启动并优化复旦大学"网上教材预订与支付系统"，更好地为师生提供教材服务。新华网等多家媒体予以报道。

结合学校"大走访大调研"精神及光华员工特点，中心听取、汇总、吸纳学生意见，将公司运营与员工参与、学生利益结合起来，提升凝聚力，增强透明性。11月，召开了"关于公司凝聚力问题专题评议会"和"水果店进驻听证会"、"大家沙龙咖啡机引进讨论会"，尝试让学生进行集体决策。11月中旬召开员工见面会，汇总各实体、中心存在的问题百余条，逐一由各分管老师牵头整改并通报落实情况。12月，对超市物价、商品种类进行意见征集，力求满足同学多元需求。

学生档案室针对学生档案管理的特点，积极探索有效的工作方法，始终保持"服务周到，主动热情，耐心细致，不厌其烦"的工作态度，认真细致地完成7 000余份新生档案的接收和6 700余份毕业生档案转递工作。

(朱　佳)

【举行与用人单位座谈会及长三角地区人才合作研讨会】 8月底，中心召开外企民企、银行业和医院等用人单位专题座谈会，就人才培养与输送，以及新形势下的就业状况进行深入交流。11月，第二届复旦大学与长三角地区人才合作研讨会举行，来自江浙沪十余地市人才中心代表与会，就人才合作等议题展开研讨。

(朱　佳)

【开展生涯规划与就业指导活动月系列活动】 3—4月、10—11月期间，学生职业发展教育服务中心开展生涯规划与就业指导活动月的系列活动，在全校范围内推出职场经验分享、企业高管面对面、简历修改和模拟面试等活动，每学期20余场，覆盖3 000余名学生，生涯教育辐射面逐渐扩大。针对“双困”学生、求职不顺利的少数民族学生以及残疾同学，建立就业绿色通道，进行重点帮扶取得实效。该活动针对不同学生实现分层指导、分步培训、分类施教，教育成效显著。（朱　佳）

【举办“德勤杯”首届复旦大学模拟求职大赛】 11月，学校举办“德勤杯”首届复旦大学模拟求职大赛，以更好地帮助学生提高生涯规划和职场竞争的能力，丰富生涯教育的相关内容。对模拟求职予以新形式的探索，帮助学生深入了解企业需求，提升学生职业规划意识，增进学生的职场体验。（朱　佳）

【举办复旦大学2012届毕业生名校优企大型招聘会】 12月2日由复旦大学学生职业发展教育服务中心举办的2012届毕业生“名校优企”大型综合性招聘会在学校北区体育馆拉开帷幕。本次招聘会共有277家用人单位参加，提供招聘岗位数6 600余个，较去年增加11%，本场招聘会的举办将复旦大学2012届毕业生的校园招聘活动推向了高潮。（朱　佳）

【举办复旦大学2011届毕业生就业工作先进个人评比展示会】 12月22日下午，由复旦大学学生职业发展教育服务中心举办的“复旦大学2011届毕业生就业工作先进个人评比展示会”在叶耀珍楼202顺利召开，来自各院系的毕业生就业工作负责老师们对自己的工作做了陈述，并就相关问题进行答辩。通过评比展示会，展示从事毕业生就业工作的老师们的风采和对就业工作的思考。（朱　佳）

【召开复旦大学2011届毕业生就业工作总结会暨2012届毕业生就业工作推进会】 2012年1月5日，复旦大学2011届毕业生就业工作总结会暨2012届毕业生就业工作推进会在逸夫科技楼召开，校党委副书记陈立民出席会议，来自学工部、研工部、保卫处、教务处、宣传部、武装部、外联处、团委、招办等部处领导、各院系学工老师一同参加。会上，校党委副书记陈立民做2012届毕业生就业工作动员报告，中心主任陈浩明对2011届就业工作做了总结。获得2011年度毕业生就业工作展评优秀集体的是：外文学院、新闻学院、经济学院、药学院、护理学院、国际关系与公共事务学院、物理学系、化学系、生命科学学院、管理学院。获得就业工作特色单项奖的是：生涯教育类：历史学系、哲学学院、公共卫生学院；市场拓展类：信息科学与工程学院、计算机科学技术学院、法学院。（朱　佳）

【春季心理健康主题文化月活动开幕】 4月12日，心理健康教育中心2011年春季心理健康主题文化月系列活动拉开帷幕并举办首场讲座，首场讲座是由校心理系副主任吴国宏博士主讲的“互联网时代的心理学视角”。此次文化月围绕“放下手中鼠标，拥抱美丽生活”的活动主题开展丰富多彩的活动，旨在提高同学们合理使用网络的意识，提示同学们注意从网络走向真实的社会交往。持续近两个月的心理健康主题教育活动包括心理讲座、室外活动、影视赏析、团体体验等，在我校各校区渐次举行，受到广大同学的欢迎和好评。

（刘明波）

【举办“辅导员心理辅导技能”系列培训】 5月16日，心理健康教育中心举办的辅导员心理辅导技能培训首场讲座“ICAD：与学生建立信任关系的沟通技能”开讲，后续培训包括“发展性团体的带领技巧”、“辅导员压力管理与心理调适”、“萨提亚模式与人际沟通”、“学生心理危机的识别与处理”等多个主题。（刘明波）

【开展新生心理健康普查工作】 10月13日起，心理健康教育中心在复旦学院和各院系的大力支持和协助之下，正式展开了面向2011级本科新生和研究生新生的心理健康普查工作，普查工作共历时近2个月，近6 000名新生参加了心理健康普查，为学校掌握学生心理健康状况和中心工作开展提供了切实依据，中心和院系协同合作采用普查、筛选、帮扶同步进行的方式先后对200余名同学进行了辅导和帮助。同时，心理健康教育中心还向全体新生发放了心理健康宣传手册，受到同学们欢迎。（刘明波）

【秋季学生心理健康主题文化月活动开幕】 9月25日，2011秋季心理健康文化月开幕式在光华楼东辅楼吴文政报告厅举行，开幕式别开生面地以音乐会的形式举行。秋季心理健康主题文化月系列活动由专题讲座、影视赏析、静心减压工坊及室外宣传活动等组成，历时近两个月。

（刘明波）

【举办心理委员专题培训】 10月25日，中心邀请心理治疗专家做“知识、爱情、成就——人生规划与大学生涯”的讲座，此场讲座拉开了2011年度心理委员上岗培训的序幕。心理委员系列培训的主题还包括“沟通技能”和“大学生心理健康现状与促进”等，为心理委员开展本职工作打下了专业知识的基础。（刘明波）

【培训辅导员团体带领技巧】 11月1日起，心理健康教育中心各位老师为复旦学院的新生辅导员和班级助理辅导员做“新生幸福讨论团体带领技巧”培训，对他们就如何带领班级学生开展幸福话题对话和交流进行操作性的指导和培训。（刘明波）

【举办新生幸福教育讲座】 11月8日起，心理健康教育中心为复旦学院2011级学生主讲幸福教育讲座的工作拉开了帷幕，中心各位老师共为2011级本科生举办了近20场讲座，复旦学院所有新生班级全覆盖。

（刘明波）

【提高勤工助学工资标准】 上海市《关于调整本市小时最低工资标准的通知》规定：从2011年4月1日起，将本市非全日制小时最低工资标准从9元调整为11元。为加大帮困助学工作力度，提高勤工助学员工积极性，经相关部门审核批准，勤工助学中心小时岗位工资由每小时9元提高至每小时12元，此标准自4月起执行。（孙晓虹）

【第二十四届光华自立奖颁奖】 第二十四届光华自立奖以“自立自强　光华梦想”为主题，设立了学术科研类、实践公益类与校园风尚类三大评选类别，共收到申报材料104份，枫林、张江与江湾校区的同学也积极地参与了本届"自立奖"。5月12日晚，二十四届复旦光华自立奖终审答辩暨颁奖典礼在光华楼袁天凡报告厅隆重举行。经过评审老师打分和现场观众投票，"5023寝室"从众多选手中脱颖而出，摘得本届"复旦诺贝尔奖"特等奖的桂冠。 （孙晓虹）

【举办第十四届光华节】 本届光华节以"欢动你我 闪耀光华"为主题，在为期一个月的时间内开展了丰富多彩的活动，包括"唱红歌，颂祖国"光华红歌会、"光华节"篮球赛、"我是光华人"实体公益活动评比、"首届一指"校名戒指设计比赛、"In. 光华"摄影比赛，活动不仅体现了光华人在学校勤工助学岗位上勤勉朴实的作风，同时也展示了光华人奉献助人的形象。 （孙晓虹）

【安徽颍上暑期实践项目获评上海市优秀实践项目】 "安徽颍上支教行"是勤工助学中心资助服务部传统的社会实践项目，该活动已经有十七年的历史了。8月，颍上支教团队继续带去了复旦学子的关心与关爱，践行着"自立自强"的精神。今年的颍上支教项目再次被评选为上海市优秀实践项目。 （孙晓虹）

【"光华自立奖"荣获全国校园文化建设项目最高奖】 在2011年度教育部优秀校园文化建设项目的评比中，"弘德立志，播种未来——复旦大学二十五载光华自立路"项目荣获特等奖。"光华自立奖"由勤工助学中心于1985年起设立，以在校生勤工助学经营的利润设奖。作为复旦大学唯一由学生出资评选的奖学金，始终秉承"开拓、创新、实践"的宗旨，奖励每年在社会实践、理论探索、科研成果、校园风尚以及勤工助学领域中有独创成绩的复旦学子，被誉为"复旦的诺贝尔奖"。 （孙晓虹）

保卫工作

【概况】 2011年，学校以科学发展观为指导，强化责任意识和服务意识，不断完善工作机制，维护学校安全稳定、保障学校教学科研等各项工作顺利进行，基本完成各项工作任务。2011年全校没有发生因决策失误、措施失当或工作不力造成的不稳定事件，没有发生恶性刑事案件以及影响较大的群体性治安案件，没有发生火灾事故和安全、交通等责任事故。

校园维稳及保密工作深入细致。2011年内保工作继续大力推进情报信息研判、秘密力量建设、专项调研、专案侦查、重点控制、网络监控等工作，进一步提升发现、控制、处置和化解能力，维护学校政治和谐稳定。全年报送保卫信息110多篇，开展专项调研10项，接待外单位联系工作130余批次，开具无犯罪记录证明170余份，协助有关部门做背景审查30余人次，完成各类案件调查工作13次，全年抓获非法传教嫌疑人10余名。拟定《复旦大学"六五"保密法制宣传教育规划》初稿，完成复旦大学保密工作相关数据统计，组织部分教职工参观"保密教育警示展"，完成保密废纸回收工作，完成继续教育学院和研究生院的试卷保密室安全检查工作和上海市国家保密局组织的各类业务知识培训。

校园及周边综合治理全力推进。2011年在社会治安形势日趋严峻的情况下，学校校园安全保持基本平稳，刑案立案数较2010年微降2.1%。刑案立案数在上海高校中排名从2010年的第1位下降至第3位。协助公安干警破获多起典型校园盗窃案件，抓获嫌疑人11人。扭获盗窃嫌疑人7人、猥亵偷窥嫌疑人7人，收容精神问题人员1人。保管未锁自行车812辆（发还441辆，修复近300辆免费提供给贫困生、失车师生和江湾校区使用）。保管并发还手机、照相机、电脑、钱包、MP3、书包等贵重物品200余件，累计金额近15万元。全年完成大型活动、会议及重要保卫任务42项，一般安保任务49项。协助相关部门处置学生意外事件多起，处置和化解各种矛盾纠纷25起，妥善处置多起群体性事件和网络事件的苗子。全年共受理校园内外来务工人员以及师生办理临时居住证1 076人次，基本实现外来务工人员身份信息采集全覆盖。开展安全教育讲座约120次。

消防安全工作紧抓不懈。2011年处理火灾苗子2起。组织全校性消防安全大检查20余次，组织消防知识讲座及灭火演练30余次（参加人数3 000余人）、高层和多层建筑火灾应急疏散演练4次。开展"11.9"消防日活动和"清剿火患"战役，组织策划"9.17国防教育日"留学生公寓大型消防演习。维修保养、添置、更换手提灭火器2 100余只，对综合楼、老化学楼、先材楼、500号、遗传楼、本部5号楼、东区南区学生宿舍、枫林校区重点部位的应急灯和疏散指示标志进行增加或更换。完成邯郸校区、枫林校区、江湾校区、张江校区建筑防雷装置安全性能检测。审批装修工程消防安全53处，审批剧毒品购买7次。完成枫林校区、张江校区、江湾校区、光华楼、留学生公寓的消防设施设备维保招标，完成灭火器材供应单位的意向招标；为遗传楼，先进材料楼，老化学楼，500号楼加装火灾自动报警系统；完成张江校区一期消防报警系统的改造，基本完成江湾校区消防隐患排查维修工作，更换消防管道卡箍260余个，更换消防，电话主机2套，电话分机55台。以安全生产月、重大节点、"清剿火患"战役等为契机，重新梳理各单位安全负责人，对学校重点部位进行彻底检查，消除大量安全隐患。

交通管理有序推进。2011年办理校内停车证3 000余张；重新划分邯郸校区、留学生公寓的道路标线、机动车停车线、非机动车停车线；完成本部道路修缮完毕后标牌、减速带、路障的配备工作；充分利用双休日停车资源服务师生，办理双休日停车证。与交警联系，国定路门、东安路门增设交通协管员，国权路政肃路等处信号灯问题得到解决；同时与公安文保分局、地区交警积极协商，提出《关于违反学校道路交通车辆安全管理规定车辆的处理意见》；全年共计处理机动车强闯校园116起，处理摩托车在校园内违章行驶35起；处理各类违规车辆100余次，收缴伪造的停车证数十张。

技术防范工作进一步完善。2011年，启动7个技术防范项目：复旦大学光华楼西辅楼教室监控安装工程、江湾校区监控系统改造工程、邯郸校区无线定位系统安装工程、江湾校区图书馆教学楼监控安装工程、邯郸校区教学楼走廊监控增加工程、邯郸校区门口高清监控安装、邯郸校区实战应用平台项目。完成5个往年建设项目的送审和验收工作：枫林校区护理学院电子围栏周界报警工程、枫林校区女生宿舍楼电子围栏周界报警工程、留学生监控设备改造升级工程(一期)、复旦大学无线管理定位系统建设项目、邯郸校区学生宿舍楼电子围栏工程。通过校内各区域监控录像协助破获案件约40余起，有效地打击了校园内及周边区域的犯罪活动。

户政服务工作扎实有效。2011年户政窗口接待工作有序进行，增加枫林校区代办点。全年完成户口集体迁入、迁出近5 000人次，开具户籍证明9 000余张；完成人大选举工作中的遗留户口清理和函告工作，完成当年征兵政审工作，完成电子版老户口录入共88册、17 453人次。

（周继广　虞文嫣）

【进一步加强保卫干部队伍建设】 2011年，保卫干部队伍建设以制度建设为先导，支部建设、业务培训紧密配合，先后制定或修订《关于规范复旦大学保卫干部“八小时以外”行为的规定(试行)》、《复旦大学保卫部(处)考勤制度》、《复旦大学保卫部(处)主值班办法(试行)》、《复旦大学保卫处关于着装和标志佩带的规定》、《复旦大学保卫处部(处)考核考评办法(试行)》、《保卫干部在职就读的规定》、《复旦大学保卫部(处)集体决策规定》等规章制度，使各项工作制度化、常规化。通过支部民主生活会等形式，在加强政治素质、意识和个人修养教育与培养的同时，根据年轻同志多的特点，编制《保卫处日常工作手册》。暑假期间，保卫处新进12名年轻同志参加市教委后勤保障处统一组织的为期8天的封闭式培训。（周继广　虞文嫣）

【逐步整合校园巡控安保力量】 2011年，继2010年将北区、东区等园区的校门管理纳入保卫处工作以后，保卫部(处)对校园安保力量进行资源整合，形成一家物业管门、一家物业管面、校卫队员管楼的更为细致化的管理模式。11月，顺利完成2012年安保力量的招标，紫泰物业、陈捷物业、水上保安、海阳保安4家公司中标，负责全校6个区域的治安防控。2012年，安全保卫力量将由36名保卫干部、29名校卫队职工、342名安保队员、99名校卫队返聘工人组成，形成点面结合、良性竞争的新局面。

（周继广　虞文嫣）

人民武装工作

【概况】 2011年，学校人民武装工作，在国防教育、学生军训、征兵、拥军优属和射击队管理等方面，均取得较好成绩。

贯彻落实中发[2011]8号文件精神，高度重视国防教育工作。学校把素质教育放在首位，坚持改革，全面推进精品化和真正多媒体教学，严格管理，着力培养学生良好的国防观念和国家安全意识，弘扬爱国主义精神和集体主义精神，加强组织纪律观念。按照军事课教学大纲要求落实教学计划，全年开设39个教学班，近4 000名学生选课。新进教师1名，3名教师分别参加国家或上海市的教师培训。在完成正常教学任务的同时，积极开展丰富多彩的“国防教育周”和“军事文化节”活动，收到良好效果。成功举办第三届全国普通高等学校军事课教师授课竞赛及第三届全国普通高等学校军事课教师授课竞赛上海选拔赛。黄荣国受聘担任教育部第三届全国普通高等学校军事教学指导委员会委员。邀请军事专家、国防大学杰出教授乔松楼将军到校演讲。10月27日，乔松楼在校党委中心组扩大学习会上作题为《高科技发展与国防现代化建设》的形势报告，10月28日，乔松楼为全校学生作《高素质人才与国防现代化建设》的讲座。

周密计划，精心组织，科学训练，圆满完成本科生军事训练。8月18—8月31日，2 979名2010级本科生，在73031部队教导队70名官兵的带领下，在校内进行集中军事训练。参训学生接受了国防教育、爱国主义教育和集体主义教育，磨炼了意志品质。校党委书记秦绍德、校长杨玉良等校领导出席军训汇报大会，对军训成果给予充分肯定。中央电视台8月22日和23日两次报道学校军训情况。此次军训共评比产生5个先进连队，30个单项优胜连队，20名优秀教官，10名优秀学生辅导员，59名优秀学生干部，281名优秀学生。

首次超额完成年度征兵任务。2011年征集新兵21名，其中男生18名，女生3名。退伍复学世博男兵6名，其中4名荣立三等功。从2002年开始，先后征集在校学生入伍140名，其中男生107名，女生33名。全体入伍学生牢记母校嘱托，勇于实践，锐意进取，成为部队基层建设的排头兵，受到部队指战员的高度赞扬。中央电视台两次报道了复旦参军学生的事迹。沈枕流荣获2010年度上海市征兵工作先进个人。

认真做好拥军优属和优抚工作，与驻沪部队和军训部队保持密切联系。全校现有复员、退伍、转业军人和军、烈属近700人。

校射击队继续保持传统优势。7月，参加在杭州举行的全国大学生射击比赛，蔡世俊在男子甲组气步枪比赛中以596环打破590环的全国大学生记录，蔡世俊、乐晨卿和徐理翔在男子甲组气步枪团体比赛中以1 752环打破1 751环的全国大学生记录，分别荣获个人和团体冠军。

（黄荣国）

【举办第三届全国普通高等学校军事课教师授课竞赛】 11月8—10日，受教育部委托，学习举办第三届全国普通高等学校军事课教师授课竞赛。来自全国的国防教育战线领导、专家和参赛教师100余人出席开幕式。复旦大学武装部赵亮荣获一等奖。在之前的第三届全国普通高等学校军事课教师授课竞赛上海选拔赛上，复

旦大学武装部赵亮和范科琪分获第一和第三名。（黄荣国）

老干部工作

【概况】 2011年，学校认真贯彻中组部[2008]10号文件和习近平同志在全国老干部工作“双先”表彰会上的讲话精神，以“创先争优”活动为抓手，以纪念建党90周年为重点，不断加强老干部的二项建设，坚持以人为本的服务理念，用真诚、真心、真情做好服务管理。

学校(含附属医院)共有老干部245人，其中离休干部213人、局级退休干部32人。

认真贯彻执行老干部工作领导责任制。学校领导全年为老干部召开学校工作通报会4次、座谈会3次；多次慰问老干部，积极帮助解决个案问题；关心全校离退休人员收入状况，开展专题调研，提出改进的思路和措施。

落实好老干部的政治待遇，加强思想政治建设和党建工作，继续深入开展老干部创先争优活动，积极创建学习型党组织。组织老干部参加市、教卫党委举办的各类学习报告会，同时举办“谈谈当前的中美关系”、“共同关注中东北非局势”、“辛亥革命”、“学习胡锦涛总书记的七一讲话”、“党史学习中的热点和难点问题”，“中东问题的警示”、“中国特色社会主义理论在政治、经济、文化等领域的指导思想”等专题学习报告会。制订老干部评优办法，营造学先进的氛围，通过自下而上的推荐和评定，评出12位“五好党支部书记”和48位“四好党员”，并在老干部纪念建党90周年大会上表彰。离休干部郭晓燕、周振汉、刘星汉和退休局级干部陈秉衡等4位老同志被授予“复旦大学优秀党员”荣誉称号，老干部党总支荣获“复旦大学优秀基层党组织”称号。

认真开展关心下一代工作，支持老同志老有所为。学校关工委以建党90周年为契机，为学生开设党课和党史专题讲座16次，听课学生1 601人次。开辟读书活动新内容“马列经典著作学习辅导”。配合党委组织部建立首批特邀党建组织员队伍，经培训后已开始工作。老同志认真开展课题调研，年底完成调研课题《医学研究生社会主义核心价值观的调研》、《大学生党员、入党积极分子对党的认识和入党动机的调研》。枫林校区老干部党总支和上海医学院学生党总支合作开展“老骥伏枥，舐犊情深”特色党建项目活动，成效显著，获得校党委组织部党建特色项目专项经费支助。

切实从生活上关心照顾好老干部。坚持“以人为本，服务为先”的工作理念，贯彻落实《结对联系走访制度》，为老同志排忧解难，累计联系走访1 600余人次，着重帮助解决老干部的就医住院、生活关心照顾、老年维权、逝世后事处理、信访等个案问题；继续执行《复旦大学老干部特殊医疗扶助基金实施条例》，确保老干部及时得到优质医疗，本年度有28位老干部申请补助，补助金额为16.5万元；进一步修订完善《老干部专项护理补助实施办法》，全年有70位老干部受助，补助金额为9万元。继续加强与社区老干部工作联动，定期召开社区老干部工作人员联席会，与社区联手开展形势报告会、理论辅导讲座、书画展示会等活动。为满足老干部精神文化生活的需求，加强老干部活动室的建设，全年学校投入经费5.3万元，用于更新活动室的供暖设备、修缮外窗雨棚和护栏；为28位老干部举行集体祝寿仪式；组织老干部一日游活动3次，先后参观考察世博园中国馆、辰山植物园、苏州穹隆山、浦东航海博物馆和南汇书院人家等，出行老干部约300人次。

加强局级(及以上)退休干部的服务管理。认真贯彻中组部[2008]10号文件精神和学校党委《关于做好局级及以上退休干部服务管理工作的实施意见》的规定，组织他们参加各项政治学习活动及重要会议，支持他们在专业领域和关工委、退教协发挥作用。10月下旬组织15位老领导赴浙江杭州旅游休养。对年老体弱、患有重病的老领导加强生活护理帮困补助。

进一步提高工作队伍的整体素质。认真学习领会有关党风廉政建设的一系列重要文件，自觉增强反腐倡廉的责任意识，坚持集体商讨，建立良好工作氛围。以创先争优活动为抓手，努力建设学习型工作团队，组织工作人员学习老干部工作政策和业务知识，开展知识竞赛活动。老干部工作处与退管会共同举办老龄工作理论研讨会，多位同志做交流发言。认真开展课题调研，完成《联动社区　应对需求　提升服务——进一步联手社区推进老干部工作的思考与对策》课题调研工作。努力做好信息宣传工作，撰写老干部工作动态和活动信息约40篇。编辑半年刊《老干部信息视窗》2期。上半年完成老干部工作网站的改版更新。编撰《老干部纪念建党90周年征文集》和《跨越半个世纪的对话——访谈录》。（陈　斌）

【开展纪念建党九十周年专题系列活动】 3月30日，组织老干部总支委员和支部书记赴嘉兴南湖“红色之旅”一日游；6月28日、29日，分别在枫林和邯郸校区举办复旦大学老干部纪念建党90周年大会暨先进表彰、荣誉证章颁发仪式；开展党史学习专题研讨；组织收看网络教育直播课堂《中国共产党革命、建设和改革的伟大历程》、《中国共产党90年奋斗的历史启示》等党史专题讲座；为每位老干部党员赠送《中国共产党简史》和《中国共产党新时期简史》读本；枫林校区24位老干部与上海医学院150余位医学生党员及入党积极分子联手开展特色主题活动“跨越半个世纪的对话”，并汇编《跨越半个世纪的对话——访谈录》；老同志积极参与《与党同呼吸、共命运、心连心》征文活动，撰写征文21篇，其中9篇入选上海市教卫系统编撰的《峥嵘岁月九十载》文集。与杨浦区五角场街道联合举办《老干部纪念建党90周年书画展》，有32幅书画作品在会上展示。（陈　斌）

【完成“医学研究生社会主义核心价值观”调研】 校关工委开展专题调

研。校关工委常务副会长刁承湘任组长，校关工委常务副主任张永信和老领导钱冬生任顾问，课题组成员由医科院系和附属医院的老领导、老教师、老干部组成。课题组举行多次研讨会，并作问卷调查，调研报告对医学研究生的思想政治状况作深入分析，提出有关医学研究生社会主义核心价值教育、研究生导师队伍建设和研究生培养等方面的建议和对策。

（陈　斌）

【完成"大学生党员、入党积极分子对党的认识和入党动机"调研】 校关工委开展专题调研。陈永清任课题组组长，校关工委常务副主任张永信和老领导钱冬生任顾问。课题组以问卷调查、走访、座谈、个别交流等形式获取学生党员思想情况等信息。调研报告分析学生党员的入党动机、对党章和党的理论的认识状况，强调加强大学生党员思想理论建设的重要性和迫切性，提出深化和拓展思想理论建设的思路和对策。（陈　斌）

十、群众团体

工　　会

【概况】 2011年,中国教育工会复旦大学委员会(简称工会)在学校党委和上级工会的领导下,坚持围绕中心、服务大局的工作理念,以落实教代会职权、维护教职工合法权益为重点,以建党90周年和学校第13届教工运动会为契机,推进各项工作平稳有序开展。

教代会制度建设,修订《复旦大学教职工代表大会实施细则》。结合上海市5月出台的《上海市职工代表大会条例》和学校实际情况,在充分学习与调研的基础上,工会对2003年制定的《复旦大学教职工代表大会实施细则》进行修订。3月22、30日、4月27日、5月18日,分别组织召开附属医院工会主席座谈会、五届教代会主席团扩大会议、工会常委会扩大会议及部分院系分党委书记座谈会,对《复旦大学教职工代表大会实施细则(征求意见稿)》广泛听取意见。几经修改最终成文,提交五届六次教代会审议并通过。3月30日,五届教代会主席团扩大会议召开,听取副校长陈晓漫关于《"985三期"校内岗位津贴调整方案》出台背景及实施办法的说明。经代表讨论、审议及投票表决,通过该方案。6月29日,五届教代会主席团扩大会议讨论、审议《复旦大学"十二五"发展规划纲要》,并提出修改意见;12月30日,主席团扩大会议听取校长杨玉良作的关于《纲要》起草及制定过程的说明,并审议、通过。

完善教职工保障机制。2月下旬,工会启动2011年医保续保工作。根据教职员工的岗位聘用及会籍状况,对参保教职工的参保费用作更细化的划分。为学校47个单位,共计6 271位在职教职工办理续保手续,总参保金额636 455元,其中部门或个人缴费金额168 570元,工会与行政补贴467 885元。

为143名教职工办理"住院补充医疗互助保障金",理赔金额219 182.70元;为6名教职工办理"意外伤害保障金",理赔金额7 000元,为23名教职工办理"特种重病和女职工特种重病医疗保障金",其中女职工特种大病4人,理赔金额240 000元。三项合计466 182.70元。元旦、春节期间,工会和学校各级领导分别走访、慰问146个困难教职工家庭,使用爱心基金共计11万元,日常帮困45人,使用爱心基金52 500元。暑假前夕,工会领导先后走访信息办、招生办、园区管委会等单位,慰问假期坚守岗位的教职员工。同时,对暑期奋战高温的后勤、图书馆、校卫队等1 200余名教职工发放消暑降温用品。

暑期教工休养工作。经过为期2个多月的组织、筹划,共组织473名教职工于7月13—28日组成21个休养团,分赴16个休养点参加疗休养活动。9月13日,举办教师节免费医疗咨询活动,为363人次提供医疗咨询;配合学校做好一年一度教职工体检的同时,组织工作在一线的教学、科研、管理等岗位的73位骨干教师赴中山医院进行专项健康体检。

为教职工依法维权提供帮助。全年共为12人次教职工提供免费法律咨询服务。应枫林退休教师协会邀请,组织法学院教师赴枫林校区举办维护老年人合法权益的专场法律讲座。工会人事争议调解委员会受理、解决3起人事争议纠纷。

探索非在编教职工入会托管模式。包括学校各院系、各部门、附中、正大中心及复宣酒店在内,全年共吸收发展在职工会会员500余名。工会分别在邯郸和枫林工会俱乐部举行三场新会员培训会,讲解工会组织的历史发展脉络以及学校工会所开展的各项工作。在解决非在编教职工的入会问题上,坚持"依法维权,按合同履约"的原则,与上海东凌国际人才有限公司多次沟通、协商,双方同意以托管模式吸纳非编人员入会,并着手推进该项工作。

组织"爱心一日捐"活动。在各部门工会主席的积极组织下,在各单位党政领导的大力支持与积极带头下,截至2011年3月,全校45个部门工会、共计3 563名教职员工参加了"爱心一日捐"活动,捐赠爱心款共计人民币386 262.81元。

组织庆祝建党90周年系列活动。5月24—30日,校工会集邮协会、文博系联合举办复旦大学建校106周年邮展,观展人数超500人,现场发行《中国共产党建党九十周年纪念封》一枚,以庆祝建党90周年。6月7日,在相辉堂举行"党在我心中"——复旦大学教职工庆祝中国共产党建党90周年歌咏比赛,由工会、宣传部举办,来自全校各单位、各部门及附属医院的48支歌队参加。6月22日,宣传部、工会书画篆刻研究会联合举办"翰墨丹青向太阳　笔情墨韵颂辉煌"——复旦大学庆祝中国共产党建党九十周年书画展,参展作品共124件。6月18日,在工会礼堂举行"复旦大学越剧团庆祝建党90周年演唱会暨吕瑞英越剧流派艺术讲座"。

组织教职工运动会。4月8、12日,复旦大学教工跳长绳比赛分别于枫林和邯郸校区举行,参赛单位31个。12月16、20日,教工飞镖比赛在工会多功能厅举行,参赛单位37个。

10月18日下午，在正大体育馆举行“2011年复旦大学教工广播操比赛”，来自学校各院系、各部门及附属医院的32支队伍参赛。10月28、29日，在南区体育馆举行“复旦大学第52届田径运动会暨第13届教工运动会”。运动会设田径、足球射门团体比赛等29个项目。来自全校43个单位1 000多人次参赛。

暑假期间，校工会组织各院系及部分职能部处的党政工领导80余人赴重庆红岩、渣滓洞等地学习考察，并专程赴北碚抗战时期复旦大学办学旧址参观，接受爱国主义教育。

组织理论辅导报告会。12月6日，校工会邀请学校党委宣传部部长萧思健为全校工会小组长以上200余名工会干部作题为“倡导价值取向 建设文化强国——学习党的十七届六中全会精神和上海市委九届十六次会议精神”的理论辅导报告。

加强校际交流。先后接待云南大理学院工会、浙江大学女工委代表团的来访，并走访上海交通大学、浙江大学工会，就提高教代会质量、加强工会组织制度建设、非编职工入会等问题进行交流与探讨。

为附属医院工会主席搭建交流、沟通的平台。为进一步学习、领会五届六次教代会通过的《复旦大学教职工代表大会实施细则(试行)》，11月18—19日，组织召开附属医院工会主席联席会议，结合医院的特点，围绕民主管理、校(院)务公开、教代会职权、代表比例等问题展开讨论，并交流一年来各自开展工作的情况。

(袁苏明)

【召开复旦大学第五届第六次教代会】 该会议于6月14日在相辉堂举行。大会听取校工会常务副主席袁继鼎关于修改、制订《复旦大学教职工代表大会实施细则(试行)》的说明，听取常务副校长陈晓漫关于制定《复旦大学“校长奖”评选章程》的说明、副校长许征关于制定《“新人”住房补贴调整方案》和《“老人”住房补贴发放办法的四个补充规定》的说明。经全体正式代表审议、投票表决，大会以高票通过三项议题。

(袁苏明)

【评选2011年首届教育系统“校园新星”】 根据《关于开展上海市教育系统2011年“校园新星”评选活动的通知》(沪教工[2011]16号)精神，校工会开展“校园新星”评选活动。6月10日，15名来自教学、科研、服务一线岗位的教师参评。经过评委现场打分及综合评定，推选出4名教师参评上海市教育工会组织的全市各高校、各区县“校园新星”擂台赛。数学学院楼红卫、物理系周磊、生物医学研究院赵世民、图书馆王乐分获上海市首届教育系统“教学新星”、“科研新星”、“服务新星”称号。 (袁苏明)

【举行“立高尚师德，树和谐校风”主题表彰大会】 该大会于9月23日在校举行，由工会主办。对获得2009—2010年度上海市“教育先锋号”先进集体、获评2011年上海市首届“校园新星”的先进个人以及获得“复旦大学从事教育工作30年荣誉证书”的教职工进行表彰。校长杨玉良出席会议并讲话。

(袁苏明)

团 委

【概况】 2011年，共青团复旦大学委员会(简称团委)围绕“活动育人、组织育人、氛围育人”的主线，全力提升学校青年工作的科学化水平。

在主题教育方面，加强主题设计，依托传统品牌，以学生喜闻乐见的形式开展主题教育。团委依托“一二·九”平台，丰富主题教育内涵，创新主题教育形式，扩大主题教育覆盖，直接参与人数近4 000人，收到院系申报的活动46项，38项活动立项，38项活动结项，项目结项率为82.6%，拟下发经费12 762.1元。举办106周年校庆升旗仪式。以“薪火燃曦·光华共继”为主题，创作配乐诗朗诵《薪火复旦情》，并邀请复旦大学新闻学院教授黄芝晓、复旦大学国际关系与公共事务学院博士陈玉聃等进行主题为“承志载德·博济天下”的演讲。举办复旦大学第六届钢琴大赛决赛暨谢希德诞辰九十周年纪念钢琴演奏会、“希德杯”首届本科生演讲比赛，第六届“望道”学生传媒奖颁奖晚会等活动，深切缅怀和纪念陈望道老校长诞辰120周年和谢希德老校长诞辰90周年，引导学生学习复旦先贤，了解校史校情。

在活动育人方面，继续完善创新创业平台，让每一位学生都有科技创新体验的机会。“科创行动”在单个项目资助金额上实现突破，文科从3 000元提高至4 000元，理科从5 000元提高至6 000元。第25期“科创行动”通过立项的项目数71个，较第24期增加26.8%，资助金额(为最终资助金额的40%)为13.5万元，较第24期增加23.2%。推出“复旦大学创新创业项目孵化计划”，共吸引66名学生参加。在课程组织上，邀请商界知名人士做专题讲座，以“三点”(企业家讲坛、青年创业者沙龙、创业访谈互动)推动“一线”(科技创业竞赛)，通过实务知识培训、创业经验分享和创业理念交流，为学员提供各类学习和沟通平台。创新创业中心与各院系实验室合作，先后开展10次实验室开放活动，与十多个院系和实验室建立长期合作关系。增设数学科学学院和外国语言文学学院科创分中心，基础学科院系科创活力得到加强。

在志愿者活动方面，推进志愿品牌项目管理工作，加强志愿者交流平台建设。做好城市大型活动志愿者工作。基本完成上海科技馆、上海论坛、第14届国际泳联世界锦标赛等大型志愿服务活动的志愿者招募、培训管理工作，共计招募志愿者约750人。做好研究生支教团相关工作。完成第十四届研究生支教团招募工作，共招募17名志愿者；编撰并刊行复旦大学研究生支教团通讯刊物《西望》。建设志愿服务交流平台。举办“青青子衿，志在我心——2011复旦大学青年志愿者节”，活动涉及西部志愿者、大型赛会志愿者、基层骨干志愿者等多个板块共计8项活动，为不同类型志愿者搭建交流沟通的平台。着手志愿者梯队建设。面向大一新生开展骨干志愿者培训班，第五期骨干志愿者培训班共计6次活动，包括开幕式暨团训、阳光之家志愿者、上海科技馆志愿者、青志节开闭幕式、青志节定向活动等。

做大做宽社会实践平台，提高每一个项目的精细化水平。一是加大资源投放力度。日常化社会实践中，共有197个项目获得立项资助，参与总人数逾2 300人次，资助额度达108 326元；暑期社会实践中，共有253支团队获得立项资助，实践地覆盖全国30个省、自治区、直辖市，参与总人数逾1 700人次，资助额度达545 646元，比2010年同期增长3倍以上。二是开展基层宣讲，"上门介绍政策"。下半年实践部将宣讲活动的覆盖面扩大到全校范围，着重介绍社会实践，并进行实践经验分享。基层宣讲采取电话预约的方式，由院系提供明确的时间和地点，校团委实践部会委派专人前往分享经验、提供流程上的指导。三是完善"添翼工作室"，提供过程指导。"添翼工作室"下设项目库、导师库和人才库，帮助各类项目传递实践经验、进一步优化活动方案、创新实践内容。四是总结实践成果，广发实践特刊。围绕本年度社会实践的项目团队奔赴全国33个省、市、自治区、特区的特点，编撰《青春在路上——2011年暑期社会实践特刊》，聚焦各个优秀项目，从选题、实施、收获等全方位展现项目成果，反映学校暑期社会实践工作的成绩。

在社团管理方面，创新社团管理制度，力求经济科学地配置资源。优化社团结构。社团数量稳步提升，新成立社团15支，总数达213支，社团主题更加多元，涵盖理论学习、公益实践、文艺体育等多方面。社团覆盖面继续扩大，新社员人数超过2 000人次，会员总人数达22 000余人次社团，覆盖全校90%以上的学生。引入社团活动成果考核机制。要求所有活动提交成果报告册，并根据社团活动效果、财务使用状况对社团活动进行后续评分，决定审批金额中30%的报销比例。完善社团培养体系。完善《社团孵化计划》，全年共有15支新社团获准成立；推出《远航计划——复旦大学社团骨干培养方案》，强化对社团骨干的培养方案，设立包括基础培训、交流沙龙、主题培训等课程。

在组织育人方面，加强基层团组织的队伍建设，开展新上任分团委书记岗前培训，内容涵盖团务知识与团情、分团委工作职责和经验分享等；继续完成第四期"卿云展翼"计划；推出第五期"卓越计划"，共计42名学生报名，38名进入面试环节；组织88名学生参加上海市优秀大学生暑期挂职锻炼活动，25名学生被区县挂职部门录取，挂职人数为113人，涵盖文、理、工、医科所有院系。建设基层团组织的展示与交流平台，发放2011年度日常团建经费和2010—2011学年度第一学期下的特色团建奖励经费，以特色团建平台为依托，支持基层团组织尤其是基层团支部开展各类贴近青年生活、符合青年特点的主题活动。特色团建项目申报数目共112个，结项数目93个，结项率达83%。开展以"青春汇聚·梦想远航"为主题的2011年复旦大学优秀班团文化展评活动，共计63个班团报名参赛，12支班团进入决赛。以品牌建设为核心，推进医务青年团的工作。4—6月，举行第五届"复旦大学十大医务青年"评选活动，经过组织推荐、评委初审、民主评议、擂台终审等环节，评选出"复旦大学十大医务青年"10名，提名奖10名。

在氛围育人方面，在"服务"理念的指导下，抓住建党九十周年的契机，继续深化学生会"复旦人节"、"新生节"、"社团节"三大节日品牌建设，分别以"复兴·启明"、"熠熠才俊、心驰卿云"、"团结就是力量——诸神的狂欢"为主题，联合200多个学生社团与各院系学生会，以学生自身活动品牌为主导，繁荣校园文化；进一步加大对学生社团的支持力度，积极改革社团管理条例，从财务、活动策划、信息化建设等各个方面为学生社团提供更全面、更便捷的服务，为复旦社团的繁荣发展奠定新基础。

在引领校园艺术文化发展方面，为学生提高综合素质、展示多方面才艺搭建全景平台。10—12月，"公共艺术课堂"先后举办6期课程，分别涉及交响乐、大提琴、无伴奏合唱、主持、抽象艺术、美术等多个艺术门类，以音乐会、公开课、体验课、讲座演出、访谈等多种形式，搭建全景式的平台，普及高雅艺术文化，构筑公共性的"第二课堂"延伸平台。对传统校园赛事进行改制，以赛事挖掘—培训打造—活动推广的"活动链"形式进行校园艺术人才的"一条龙"培育。先后举办首届复旦同济钢琴之星大赛、一二·九歌会主持人选拔大赛、星动复旦训练营选拔等活动。

进一步扩大校园媒体品牌影响力，团委下属综合类媒体《复旦青年》、《复旦人周报》提升出版速度，共出版报纸超过30期，发行总量15万份，基本涵盖学生、教职工等群体。网络媒体青年复旦网、复旦学生网分别在主题教育和校园生活领域得到更多认同。 （滕育栋）

【举办首届"团团在复旦"微博大赛】 10—12月，举办首届"团团在复旦"微博大赛，并以此为契机，鼓励学生积极参与校内各项活动，使学生与团组织形成良好互动，推进团学活动的良性发展。该次大赛共举办两期，主题分别为"最复旦的那一角"和"爱复旦的课堂和老师"，共收到93份参赛作品，反响良好。 （刘璟煜）

【组织参与第14届国际泳联世界锦标赛志愿者服务】 7月，第14届国际泳联世界锦标赛在上海举行。学校共派出100名正式志愿者、16名竞赛部志愿者和6名代表团联络官共122人次，在东方体育中心、虹桥机场、浦东机场等10余个服务区域的各个岗位，顺利完成两周多的志愿服务。

（汤耐尔）

【举办"复旦之春古典音乐季"】 4—6月，校团委举办"复旦之春古典音乐季"系列活动，共计8场演出，分别是：挪威斯卡塞弦乐三重奏音乐会；诗人之恋——男高音独唱音乐会；"琴之情"陈一帆毕业音乐会；奥地利音乐之声——从莫扎特到流行乐；冰岛钢琴家尼娜·马格瑞特·古瑞米斯多蒂尔独奏音乐会；当古典与爵士相遇——夏斯蒂·司徒伯乐队和《珉》室内乐团；德国钢琴家拉格娜·舒尔墨独奏音乐会；以及时光机——朱拯毕业演唱会。一系列的音乐会和演唱会增加校园的音乐文化艺术气氛。

（唐荣堂）

【成立青年学院】 校团委于9月成立青年学院，旨在培养优秀的校媒记者。课程内容涉及新闻史、新闻基本属性等理论性课程以及"如何进行采访前期准备""如何写消息通讯稿"等实务性课程两个方面。共计开设5门课程，每次的参与人数均超过40人。

（刘璟煜）

附 录

2011年度复旦大学学生社团一览表

邯郸校区

能力拓展类社团

社团编号	社团名称	社团编号	社团名称
FD-H-USS-NL001	演讲与口才协会	FD-H-USS-NL008	过来人协会
FD-H-USS-NL002	成功心理协会	FD-H-USS-NL009	Girls up
FD-H-USS-NL003	沟通协会	FD-H-USS-NL010	星尚社
FD-H-USS-NL004	服饰美容ING	FD-H-USS-NL011	Toastmaster英语演讲社
FD-H-USS-NL005	公关协会	FD-H-USS-NL012	得意社
FD-H-USS-NL006	Powerpresen	FD-H-USS-NL013	UES
FD-H-USS-NL007	模拟联合国协会	FD-H-USS-NL014	头脑风暴社

媒体类社团

社团编号	社团名称	社团编号	社团名称
FD-H-USS-MT002	DVDREAM协会	FD-H-USS-MT004	易班工作站
FD-H-USS-MT003	复旦Vison		

电子类社团

社团编号	社团名称	社团编号	社团名称
FD-H-USS-DZ001	虚拟音乐社	FD-H-USS-DZ002	IT CLUB

兴趣类社团

社团编号	社团名称	社团编号	社团名称
FD-H-USS-XQ001	书画协会	FD-H-USS-XQ014	魔术协会
FD-H-USS-XQ002	集邮协会	FD-H-USS-XQ015	哈利波特迷协会
FD-H-USS-XQ003	摄影协会	FD-H-USS-XQ016	军事爱好者协会
FD-H-USS-XQ004	影评协会	FD-H-USS-XQ017	外语配音协会
FD-H-USS-XQ005	科幻协会	FD-H-USS-XQ018	推理协会
FD-H-USS-XQ006	复旦车迷	FD-H-USS-XQ019	复旦茶社
FD-H-USS-XQ007	素食文化协会	FD-H-USS-XQ020	抽象艺术协会
FD-H-USS-XQ008	宜家社	FD-H-USS-XQ021	魔方社
FD-H-USS-XQ009	沸点漫画社	FD-H-USS-XQ022	舆图社
FD-H-USS-XQ011	漫画网	FD-H-USS-XQ023	Dreamer's Value
FD-H-USS-XQ012	零零舍社	FD-H-USS-XQ024	北方社
FD-H-USS-XQ013	咖啡与酒文化协会	FD-H-USS-XQ025	科幻协会张江分会

经管类社团

社团编号	社团名称	社团编号	社团名称
FD-H-USS-JG001	会计学会	FD-H-USS-JG006	广告与营销协会
FD-H-USS-JG002	管理协会	FD-H-USS-JG007	证券投资协会
FD-H-USS-JG003	理财协会	FD-H-USS-JG009	大学生创业协会
FD-H-USS-JG004	前程协会	FD-H-USS-JG010	经治社
FD-H-USS-JG005	创意与实践协会	FD-H-USS-JG011	明日协会

科学研究类社团

社团编号	社团名称	社团编号	社团名称
FD-H-USS-KX001	生命学社	FD-H-USS-KX005	航空航天协会
FD-H-USS-KX002	复旦青年照明协会	FD-H-USS-KX006	贝塔朗菲社团
FD-H-USS-KX003	天文协会	FD-H-USS-KX007	本草心社
FD-H-USS-KX004	三思社	FD-H-USS-KX008	复旦大学数学建模协会

人文类社团

社团编号	社团名称	社团编号	社团名称
FD-H-USS-RW001	史翼社	FD-H-USS-RW013	古诗词协会
FD-H-USS-RW002	复旦诗社	FD-H-USS-RW014	周易协会
FD-H-USS-RW003	社会学社	FD-H-USS-RW015	图书馆读者之友协会
FD-H-USS-RW004	人文学社	FD-H-USS-RW016	意象协会
FD-H-USS-RW005	青年法学会	FD-H-USS-RW017	古琴协会
FD-H-USS-RW006	金融保险协会	FD-H-USS-RW018	爱屋社(沪文化传檄社)
FD-H-USS-RW007	博雅学社	FD-H-USS-RW019	墨林学社
FD-H-USS-RW008	北辰文学社	FD-H-USS-RW020	零悟学社
FD-H-USS-RW009	知和社	FD-H-USS-RW021	生命与潜力学社
FD-H-USS-RW011	望道书社	FD-H-USS-RW022	昆曲研习社
FD-H-USS-RW012	少年中国学社	FD-H-USS-RW023	欧洲研究协会

政治类社团

社团编号	社团名称	社团编号	社团名称
FD-H-USS-ZZ002	邓小平理论研究会	FD-H-USS-ZZ005	马克思主义研究会
FD-H-USS-ZZ004	环球事务论坛		

音乐类社团

社团编号	社团名称	社团编号	社团名称
FD-H-USS-YY001	吉他协会	FD-H-USS-YY005	钢琴协会
FD-H-USS-YY002	爱乐者协会	FD-H-USS-YY006	乐手联盟
FD-H-USS-YY003	笛箫协会	FD-H-USS-YY007	复旦歌社
FD-H-USS-YY004	余音社	FD-H-USS-YY009	Clocky house

舞蹈类社团

社团编号	社团名称	社团编号	社团名称
FD-H-USS-WD001	现代舞协会	FD-H-USS-WD002	国标舞协会

戏剧类社团

社团编号	社团名称	社团编号	社团名称
FD-H-USS-XJ001	燕园剧社	FD-H-USS-XJ003	留声社
FD-H-USS-XJ002	麦田剧社		

球类社团

社团编号	社团名称	社团编号	社团名称
FD-H-USS-QL001	网球协会	FD-H-USS-QL007	篮球协会
FD-H-USS-QL002	乒乓球协会	FD-H-USS-QL008	桌球协会
FD-H-USS-QL003	羽毛球协会	FD-H-USS-QL009	板球协会
FD-H-USS-QL004	棒垒球协会	FD-H-USS-QL010	手球协会
FD-H-USS-QL005	无限排协	FD-H-USS-QL012	美式橄榄球社
FD-H-USS-QL006	足球协会	FD-H-USS-QL013	高尔夫球社

棋牌类社团

社团编号	社团名称	社团编号	社团名称
FD-H-USS-QP001	桥牌协会	FD-H-USS-QP004	国际象棋协会
FD-H-USS-QP002	中国象棋协会	FD-H-USS-QP005	四国军棋协会
FD-H-USS-QP003	围棋协会	FD-H-USS-QP006	桌友联盟

健身类社团

社团编号	社团名称	社团编号	社团名称
FD-H-USS-JS001	武术协会	FD-H-USS-JS008	跑步爱好者协会
FD-H-USS-JS002	空手道协会	FD-H-USS-JS009	梅花桩武术协会
FD-H-USS-JS003	少龙拳术俱乐部	FD-H-USS-JS010	电子竞技协会
FD-H-USS-JS004	陈氏太极拳协会	FD-H-USS-JS011	张江三维体育协会
FD-H-USS-JS005	健身协会	FD-H-USS-JS012	剑道社
FD-H-USS-JS006	瑜伽协会	FD-H-USS-JS013	跑酷协会
FD-H-USS-JS007	游泳协会		

户外类社团

社团编号	社团名称	社团编号	社团名称
FD-H-USS-HW001	旅游协会	FD-H-USS-HW006	素质拓展协会
FD-H-USS-HW002	登山探险协会	FD-H-USS-HW007	天开社
FD-H-USS-HW003	定向越野协会	FD-H-USS-HW008	龙舟社
FD-H-USS-HW004	极限运动协会	FD-H-USS-HW009	极限飞盘协会
FD-H-USS-HW005	自行车协会		

公益类社团

社团编号	社团名称	社团编号	社团名称
FD-H-USS-GY001	法律援助中心	FD-H-USS-GY013	复旦大学公益维权协会
FD-H-USS-GY002	环境保护协会	FD-H-USS-GY015	爱之子
FD-H-USS-GY004	青年社会工作者协会	FD-H-USS-GY017	向日葵社
FD-H-USS-GY005	心暄社	FD-H-USS-GY018	彩云支南协会
FD-H-USS-GY007	远征社	FD-H-USS-GY019	FUDAN TRIBE
FD-H-USS-GY008	一合社	FD-H-USS-GY020	曙翼社
FD-H-USS-GY009	凝心社	FD-H-USS-GY021	民工子弟服务社
FD-H-USS-GY011	心生协会	FD-H-USS-GY022	TECC(科技教育交流协会)
FD-H-USS-GY012	云聚社		

助学类社团

社团编号	社团名称	社团编号	社团名称
FD-H-USS-ZX001	仁己社	FD-H-USS-ZX009	刘铁成爱心接力社
FD-H-USS-ZX002	新鸿基鸿轩社	FD-H-USS-ZX010	陈三妹
FD-H-USS-ZX004	安捷伦竹云社	FD-H-USS-ZX011	欧莱雅
FD-H-USS-ZX005	晨兴社	FD-H-USS-ZX012	唯爱天使
FD-H-USS-ZX007	思源社	FD-H-USS-ZX013	肯德基曙光
FD-H-USS-ZX008	甬 协		

国际交流类社团

社团编号	社团名称	社团编号	社团名称
FD-H-USS-GJ002	新闻公关协会	FD-H-USS-GJ011	北欧社
FD-H-USS-GJ004	ASES 复旦工作组	FD-H-USS-GJ012	中法丝绸之路交流社
FD-H-USS-GJ006	FACES-fudan	FD-H-USS-GJ013	花开社
FD-H-USS-GJ007	85Broads 女性发展协会	FD-H-USS-GJ014	港澳文化社会
FD-H-USS-GJ008	凿空社	FD-H-USS-GJ015	两岸四地学生交流协会
FD-H-USS-GJ009	中日学生沙龙	FD-H-USS-GJ016	西班牙语俱乐部
FD-H-USS-GJ010	德语社		

枫林校区

能力拓展类社团

社团编号	社团名称	社团编号	社团名称
FD-F-USS-NL001	枫林校区口才社	FD-F-USS-NL003	枫林校区心理协会
FD-F-USS-NL002	前程无忧协会		

兴趣类社团

社团编号	社团名称	社团编号	社团名称
FD-F-USS-XQ001	枫林校区书画协会	FD-F-USS-XQ003	枫林映画
FD-F-USS-XQ002	枫林校区摄影协会		

音乐类社团

社团编号	社团名称	社团编号	社团名称
FD－F－USS－YY001	笛箫协会	FD－F－USS－YY003	枫林校区戏曲协会
FD－F－USS－YY002	枫林校区吉他协会		

舞蹈类社团

社团编号	社团名称	社团编号	社团名称
FD－F－USS－WD001	爱德华舞蹈社团	FD－F－USS－WD002	枫林校区街舞协会

戏剧类社团

社团编号	社团名称	社团编号	社团名称
FD－F－USS－XJ001	金十字艺术团	FD－F－USS－XJ002	金翼剧社

球类社团

社团编号	社团名称	社团编号	社团名称
FD－F－USS－QL001	枫林校区乒乓协会	FD－F－USS－QL001	排球枫林校区分会
FD－F－USS－QL001	枫林校区棒垒协会	FD－F－USS－QL001	枫林篮球协会
FD－F－USS－QL001	枫林校区羽毛球协会		

棋牌类社团

社团编号	社团名称	社团编号	社团名称
FD－F－USS－QP001	桌面游戏协会		

健身类社团

社团编号	社团名称	社团编号	社团名称
FD－F－USS－JS001	枫林校区跆拳道协会	FD F USS－JS004	枫林瑜伽协会
FD－F－USS－JS002	少龙枫林校区分会	FD－F－USS－JS005	枫林健身协会
FD－F－USS－JS003	空手道枫林校区分会	FD－F－USS－JS006	枫林梅花桩协会

公益类社团

社团编号	社团名称	社团编号	社团名称
FD－F－USS－GY001	禁烟协会	FD－F－USS－GY003	爱心大夫志愿者协会
FD－F－USS－GY002	阳光医生协会	FD－F－USS－GY004	Med-Bridge

张江校区

社团编号	社团名称	社团编号	社团名称
FD－Z－USS－QL001	张江乒乓球协会	FD－Z－USS－JS002	陈式太极拳协会张江分社
FD－Z－USS－XQ001	摄影协会张江分会	FD－Z－USS－JS003	潆潆水间瑜伽协会张江分社
FD－Z－USS－JS001	张江三维体育协会		

复旦大学第十四届研究生支教团名单

唐荣堂 刘香花 毛佩瑶 欧 亚 蒋民军 侯玉君 脱 龙 韩 康 王琛莹 郜桂龙
樊洋希 王 冕 于米提·吾布力 宣天晟 石 烁 张剑兰 代龙妹

2011年复旦大学团委颁发奖项获奖名单

2011年度复旦大学优秀青年志愿者服务集体

远征社
彩云支南协会
外国语言文学学院青志队
经济学院青志队
数学科学学院青志队
物理学系阳光之家青志队
管理学院"心烛青志"
公共卫生学院枫帆志愿者队
志德书院11201"勉行"青志队
任重书院青志队

2011年度复旦大学优秀青年志愿者

外文学院	叶育辰
经济学院	苏 升
经济学院	刘 玥
数学科学学院	丁盈盈
管理学院	殷之晨
上海医学院	韩 田
公共卫生学院	杨 超
药学院	杨友闻
复旦学院	茅晓意
复旦学院	徐蔚婕

2011年复旦大学暑期社会实践优秀项目

"银铃之韵"苗乡支医活动暨新农村合作医疗现状调研
绿色安全食品的生产、加工与销售调查研究——以板桥农业生态园为例
向日葵计划——四川省青川县支教及调研活动
"关注无偿献血心系壮美天山"——新疆石河子市无偿献血现状分析调研及知识宣讲
相约沂蒙,放飞梦想
风雨中有你同舟——对新昌县城乡新型医疗保险的研究
"旦泽大漠"——甘肃古浪暑期实践活动
授人以渔,传递梦想——云南大仓中学教师培训支教
情系沧源,放飞梦想——云南沧源佤族自治县帕良小学支教暨当地调研活动
"羽鹰"——赴青海省果洛藏族自治州玛沁县支教基地支教项目
西桂灵动赤子心,南途接续破晓情——软院支教第四期
基层人大运行机制研究——以上海市淞南镇人大为例
宣卷与新农村文化建设——上海青浦区商榻地区宣卷活动现状调查
红旗漫卷 薪火相传——红色景区外宣资料英译状况调研
加工贸易企业转型的影响因素研究——以电子行业为例
小池塘在安徽农村水利、经济以及环境中的作用

2011年复旦大学暑期社会实践先进个人

李 正 李萧爽 胡 冉 杜 衡 叶育辰 黄灵玲
郁 川 李祎玚 吕文伟 朱汉雄 许翠花 王龙蓉

2011年复旦大学日常化社会实践优秀项目

短期项目

上海市岳阳医院2010—2011年第二学期导医活动
教室占座现象调查与博弈模型分析
曲阳图书馆志愿者服务项目
风云激荡九十载,情系伟人天地间
"3C"农民工子弟小学援助计划——微笑明信片
复旦大学本科生网上消费调查报告
"无烟校园,低碳骑行"——世界禁烟日大型控烟宣传周
基层法院民事审判中简易程序的适用情况——以杨浦区人民法院为例
上海院前急救现状的调查与改进建议

长期项目

复旦大学(本部)温室气体清单编制与分析

"青春汇聚·梦想远航"——2011年复旦大学第六届优秀班团文化展评

金奖

2009级新闻学院
2008级药学院
2008级信息科学与工程学院微电子系

银奖

2009级经济学院世界经济系
2009级生命科学学院
2009级哲学学院

铜奖

2009级法学院
2010级复旦学院志德书院10202班
2010级复旦学院克卿书院10611班
2009级公共卫生学院预防医学系
2010级复旦学院腾飞书院10308班

诗颂我心五月情——2011年复旦大学第二届五月诵诗会五月诵诗会原创诗歌大赛

一等奖

《从四月走到五月,为了信仰》(2010级复旦学院腾飞书院

郑飞)

二等奖

《微光》(2010级复旦学院任重书院　付文力)

三等奖

《北方　南方》(2010级复旦学院腾飞书院　何心)

五月诵诗会诗歌朗诵大赛

一等奖

2010级复旦学院任重书院　周亚楠

二等奖

2010级复旦学院腾飞书院　曹一鸣

三等奖

2010级复旦学院克卿书院　江　珊

优胜奖

2009级管理学院　亢　翔

2009级物理系　程一帆

2009级上海医学院法医学　张宇乐

2009级上海医学院临床医学　张雯昕

2010级复旦学院腾飞书院　何　心

2010级复旦学院任重书院　卢芳明

2011年"忆历史荣光·绘青春风采"——纪念建党90周年主题海报大赛优秀作品

《实业30年》(管理学院选送)

《青春无限　党辉无边》(复旦学院志德书院选送)

《冲枫号》(护理学院选送)

《今昔九十年》(复旦学院任重书院选送)

《历史荣光伴我随行》(护理学院选送)

《变迁》(社会发展与公共政策学院选送)

《新思路》(复旦学院腾飞书院选送)

2011年度复旦大学"一二·九"主题教育活动

优秀标兵集体

新闻学院

经济学院

国际关系与公共事务学院

法学院

信息科学与工程学院

复旦学院任重书院

上海医学院

希德(试点)书院

"一二·九"歌会金奖

新闻学院

"一二·九"歌会银奖

经济学院

国际关系与公共事务学院

"一二·九"歌会铜奖

法学院

生命科学学院

复旦学院任重书院

"一二·九"歌会优胜奖

信息科学与工程学院

复旦学院志德书院

上海医学院

复旦学院克卿书院

2011年度复旦大学"一二·九"主题DV摄影大赛

最佳主题DV影片奖

新闻学院《红色稿件》

经济学院《经世践行》

国际关系与公共事务学院《长梦歌·华光颂》

最佳导演与编剧奖

国际关系与公共事务学院《长梦歌·华光颂》

经济学院《经世践行》(提名奖)

药学院《我们的故事》(提名奖)

化学系《南柯梦·化学情》(提名奖)

最佳素材与拍摄奖

国际关系与公共事务学院《长梦歌·华光颂》

新闻学院《红色稿件》(提名奖)

经济学院《经世践行》(提名奖)

最佳制作技术奖

新闻学院《红色稿件》

历史学系《岁月的赞歌》(提名奖)

国际关系与公共事务学院《长梦歌·华光颂》(提名奖)

经济学院《经世践行》(提名奖)

最佳人气奖

经济学院《经世践行》

哲学学院《我的国》(提名奖)

复旦学院克卿书院《卿年奋进》(提名奖)

2011年度复旦大学"一二·九"主题微博短文大赛

中国语言文学系

新闻学院

历史学系

经济学院

哲学学院

国际关系与公共事务学院

数学科学学院

信息科学与工程学院

计算机科学技术学院

化学系

法学院

上海医学院

药学院

复旦学院克卿书院

复旦学院任重书院

希德(试点)书院

复旦大学第六届钢琴大赛获奖名单

复旦大学第六届钢琴大赛银奖　钱时升

复旦大学第六届钢琴大赛铜奖　姚　蔚

复旦大学第三届主持人大赛获奖名单

复旦大学第三届主持人大赛金话筒奖　陆婷婷

复旦大学第三届主持人大赛银话筒奖　王怡然

复旦大学第三届主持人大赛银话筒奖　沈哲懿

妇委会

【概况】 2011年,复旦大学妇女委员会(简称妇委会)秉持建设"坚强阵地"和"温暖之家"的工作宗旨,以创先争优、建设先进"妇女之家"为目标,引领复旦大学女性不断提升自身素质,积极参与创新驱动、转型发展,努力把复旦大学妇女工作提高到一个新水平。

妇委会工作坚持思想引领,典型引路。1月13日,妇委会召开庆祝复旦大学女教授联谊会成立十周年暨换届大会,会议回顾联谊会成立十周年以来的发展历程和取得的成果,黄丽华任女教授联谊会会长,原会长胡和生院士因年龄关系现任名誉会长。3月4日,召开复旦大学纪念"三八"国际劳动妇女节101周年暨复旦大学女青年联谊会成立大会,表彰了获得全国、上海市、市教育系统和校级各类先进集体和个人,表决产生复旦大学女青年联谊会第一届理事名单,新任联谊会会长曾璇代表发言。4月22日,校内13位女教师参加由同济大学、复旦大学、上海交大妇委会联合举办的以"女教授幸福感"为主题的联谊活动,与兄弟院校女教师、女大学生交流工作生活经验。

妇女工作契合女教职工需求,关心其成长。5月30日,参与教育系统妇工委和上海市优秀女青年联谊会在教育会堂举行"献给母亲的爱——上海市第六届科学母爱论坛",会上复旦大学肿瘤医院副主任医师黄啸作"妇科疾病的预防和保健"讲座。5—11月,妇委会联合复旦大学女教授联谊会、优秀女青年联谊会,针对全校女教职工和女大学生需求,先后举办"科学母爱讲座——孕期保健婴幼儿抚育"、"认识乳腺癌——健康教育讲座"、"成长的喜悦与烦恼:子女教育系列讲座"、"婚姻与房产的法律解读"等知识讲座;组织航海博物馆、武术博物馆亲子游系列活动;在教育系统妇工委帮助下,配套为40岁以下优秀女青年教师发放成才资助金共16 600元,共有17名青年女教师获得资助。

11月17日,在复旦大学工会多功能厅开展"抉择·定位"主题汇报交流,杨浦区妇联领导、女企业家协会的成员、区域内高校师生代表以及复旦大学妇委会老师参加,推进关爱女大学生成长和发展的公益项目。

响应上级号召,开展各类创建工作。9月,召开复旦大学创建"妇女之家"动员大会,号召各单位根据本单位女教工特色和成长发展需求开展活动。11月,召开"复旦女性家园"志愿者座谈会,校党委副书记刘建中与到场的20余位志愿者进行交流。11月,18个单位的妇委会老师、妇女干部对各自开展"复旦女性家园"创建工作情况进行汇报交流和评比,切实关注女教职工的身心健康和工作发展。　(邱晓露　陶菊玲　李雯静)

【举办校庆学术报告会】 5月25日,"复旦大学建校106周年学术报告会"在经济学院举行。会议由复旦大学妇委会、复旦大学社会性别与发展研究中心联合举办。会上,围绕"实践中的社会性别理论"主题,历史系副教授陈雁作题为"她们的中共一大:社会性别化的记忆"的报告,新闻学院教授曹晋作题为"知识劳工与市场转型中国的弹性雇佣制度研究"的报告,长宁区妇联主席刘琪作题为"男女平等与妇女工作的困惑"的报告。性别中心成员和学生共80多人参加报告会。

(邱晓露　陶菊玲　李雯静)

【举办"上海市优秀女青年教师发展论坛"】 9月22日,"成就事业、精彩生活——上海市优秀女青年教师发展论坛"在复旦大学举行,该论坛由复旦大学妇委会与上海市教育系统妇工委共同举办。校党委副书记刘建中、副校长许征出席会议,来自上海教育系统各单位的5位成功女性与到会人员分享工作和生活中的苦与乐。生命科学学院生化化学系主任、2007年中国青年女科学家奖获得者董爱武代表复旦大学做主题发言。

(邱晓露　陶菊玲　李雯静)

【举办"复旦大学社会性别与发展研究中心成立十周年暨转型期的社会政策与社会性别论坛"】 该论坛于11月24日在校内召开,由复旦大学妇委会、复旦大学社会性别与发展研究中心举办。上海市妇联、上海市教育系统妇工委、杨浦区妇联以及复旦大学领导出席该论坛。来自上海师范大学女性研究中心、华东师范大学妇女研究中心、上海交通大学妇女研究中心、上海第二医科大学妇女研究中心、同济大学陈香梅女性人才研究中心、华东政法学院妇女法律研究中心、上海大学妇女研究中心、上海政法学院妇女研究中心、上海理工大学妇女研究中心等高校的妇委会主任和妇女研究中心负责人、复旦大学社会性别与发展研究中心成员等参加周年庆典和论坛活动。复旦大学社会性别研究方面的专家及老师从社会政策的角度对女大学生创新培养、生育保险、女性就业与儿童照料以及对婚姻家庭法的性别解读进行阐释。上海市妇联主席、上海市妇女学学会会长张丽丽对复旦大学社会性别与发展研究中心给予高度的评价和肯定,张丽丽特别指出"复旦大学社会性别与发展研究中心是上海研究社会性别理论的奠基者"。

(邱晓露　陶菊玲　李雯静)

十一、附属医院

综　述

【概况】 2011 年，复旦大学共有 10 所附属医院。其中中山医院、华山医院、华东医院为三级甲等综合性医院，妇产科医院、儿科医院、肿瘤医院、眼耳鼻喉科医院、上海市公共卫生临床中心为三级甲等专科医院，金山医院、上海市第五人民医院为三级乙等综合性医院。

共有医院职工 15 200 人，核定床位 8 246 张。有国家重点学科（含三级学科）31 个，国家临床重点专科 29 个，卫生部临床重点专业 5 个，上海市临床医学中心 7 个，上海市医学重点学科 10 个，上海市医学重点专科 8 个，上海市临床医疗质量控制中心 27 个。有中国科学院院士 3 人（沈自尹、王正敏、葛均波），中国工程院院士 4 人（汤钊猷、陈灏珠、顾玉东、周良辅），双聘院士 1 人（陆道培），教育部“长江学者奖励计划”特聘教授 4 人，“973”首席科学家 4 人，复旦大学特聘教授 11 人。全年门急诊服务量 15 220 387 人次，期内出院人数 345 980 人，住院手术服务量 196 820 人次。

全面推进住院医师规范化培养工作，完善住院医师规范化培训的管理工作，加强与上海市卫生局和附属医院的沟通协调。组织公共科目教学和考务工作，协助研究生院推进“临床医学硕士专业学位研究生（住院医师）项目”，协助上海市住院医师规范化培训事务中心完成复旦大学所属培训医院设备采购种类汇总工作，开展住院医师规范化培训工作的调查研究。2011 年，学校各附属医院共招录各类住院医师 400 人。

根据《关于印发 2011 年上海市“医疗质量万里行”活动实施方案的通知》（沪卫医政［2011］63 号）和《关于印发 2011 年上海市医疗卫生系统“三好一满意”活动实施方案的通知》（沪卫医政［2011］50 号）文件精神，配合卫生部和上海市卫生局开展“医疗质量万里行暨三好一满意”交流活动，对附属医院的医疗服务（志愿者服务、服务流程、病人满意度）、医疗质量和医疗安全（临床路径开展情况、单病种质量控制、电子病历开展情况、医疗技术临床应用管理、手术分级管理、医疗安全预警机制、医院感染控制和抗菌药物临床应用管理、优质护理、安全生产）等工作展开督查和重点交流。按照卫生部各项文件精神，学校组织各附属医院开展抗菌药物临床应用专项整治，加强抗菌药物临床应用管理。组织落实临床路径管理试点工作。配合国家中医药管理局和上海市中医药发展办公室做好附属医院的中医建设和发展工作，包括：组织各附属医院开展“十二五”重点专科建设项目申报、2011 年“上海市名中医”评选申报、上海市名老中医药专家学术经验研究工作室申报。完成各附属医院技术、人员和机构的预审核和申报工作。加强对附属医院会诊工作管理，充分听取各附属医院的建议，形成《关于加强复旦大学附属医院会诊工作管理的指导意见》。协助各附属医院积极投标申报各新建和重新招标建设的临床专业质量控制中心。接受中国医师协会委托完成上海地区 4 个专业（普外科、神经外科、人文医学、呼吸内科）医师定期考核大纲、指南的编写和培训课件的录音制作。

积极推进国家临床重点专科建设项目申报和管理。根据《卫生部办公厅关于做好 2011 年国家临床重点专科建设项目申报工作的通知》（卫办医政函［2011］316 号），组织召开校内评审会，协助各附属医院做好 2011 年国家临床重点专科建设项目申报工作。2011 年，学校附属医院共获得包括心血管内科、内分泌科、心脏大血管外科、胸外科、临床护理、神经外科、手外科、儿科新生儿专业、儿科小儿消化专业、耳鼻咽喉科、中医科在内的 16 个国家临床重点专科立项。

加强附属医院护理管理，协助上海市卫生局做好“优质护理服务示范工程”的推进和落实工作。组织“5·12 护士节”专题活动。组织申报国家卫生部和上海市优质护理服务考核优秀医院、优秀病房和优秀个人和复旦大学优秀护士。协助上海市卫生局医政处做好各附属医院开展优质护理服务示范工程现状的调研，协助卫生部医政司做好卫生部重点学科临床护理项目的申报工作，协助上海市卫生局医政管理处和上海市护理质量控制中心做好护理质量督察标准的修订和《常用临床护理技术服务规范》的推行和落实。完成 2008 年度护理科研项目结题评审和发证等工作。

推动精神文明建设，促进附属医院的全面发展。开展附属医院病人满意度问卷调查和分析工作，推进附属医院加强医院管理和行风建设。完成精神文明各类奖项的校内评审和申报。执行来自卫生局的各项通知任务，协助卫生局做好上海市志愿者服务基地和医院志愿者服务行动。

完成各项支援工作。根据《上海市医院对口支援云南省县级医院工作管理办法（试行）》，继续组织协调中山医院、华山医院、金山医院医务人员组派医疗队分别前往支援云南省富源县人民医院、嵩明县人民医院和彝良县人民医院。组织协调附属医院国家县级骨干医师培训项目，中山医院、华山医院、金山医院各接收10名国家县级骨干医师培训项目(对口云南)进修医师。10月，组建第3批援摩洛哥医疗队(本批驻地为塞达特，医疗队员由中山、华山、妇产科医院的6名医师组成)，并做好相关队员生活工作等方面的关心照顾。根据《卫生部办公厅关于印发国家医疗队巡回医疗工作方案的通知》(卫办医管函[2011]139号)，参与卫生部中山医院国家医疗队分队的组派与沟通联络工作，协调组织儿科医院、妇产科医院医务人员参加中山医院国家医疗队。协同学校工会，定期组织附属医院专家在邯郸校区举办义诊活动。与徐汇区斜土路街道联合开展社区健康知识宣传教育活动。2011年共组织安排健康教育讲座4次，"健康进社区"活动2次，组织附属医院18名医学专家为社区居民进行科普卫生知识宣教和答疑。

做好对附属医院的服务工作。编印《2010年复旦大学附属医院基本情况汇编》、《医疗卫生信息简讯》(电子版)和《医院工作简讯》三本日常工作信息文本。以妇产科学科整合为切入点，赴妇产科医院、华东医院、第五人民医院等医院开展妇产科学科整合调研，促进各附属医院学科间优势互补，推进附属医院学科整合。建立复旦大学附属医院绩效评价的组织结构框架，开展复旦大学附属医院绩效评价方案的调研和初步制定。根据"大走访大调研"在部分医院的调研情况，针对郊区附属医院学科、人才、教学、科研和管理等方面所面临的压力，牵头组织协调金山、五院等郊区附属医院的人才引进工作，促进校内附属医院间人才的柔性流动。搭建各附属医院间交流平台，组织附属医院各条线(医务处、护理部、院办、党办、门办、信息科、教育处)召开包括临床路径、医疗纠纷第三方调解、优质护理、"三好一满意"、病人满意度调查、预约诊疗和一站式付费、住院医师规范化培训等工作的专题交流会，加强学校与附属医院相关职能部门的沟通和协调，畅通信息交流渠道。接受上海市医院协会院办管理专委会委托，承办上海市医院协会院办管理专委会2011年年会，促进我校附属医院与本市其他各级医院行政管理部门间的沟通交流。

全年共处理人民来信443件，接待来访192人次，网上转办信174件，督办56件初信初访反馈表。开展各附属医院重信重访专项治理工作，完成各附属医院被列为上海市重信重访对象的信访材料的整理和交办工作。

1月26日，在国际饭店召开附属医院工作会议，总结2010年工作，研讨2011年工作思路与重点。校党委书记秦绍德(时任)、校长杨玉良、常务副校长王卫平、副校长桂永浩出席会议。王卫平、华山医院书记顾小萍、医管处处长夏景林分别作题为"在综合性大学中办好医学教育"、"创新实践载体，全面提升病人满意度"、"2010年复旦大学附属医院医疗工作情况总结"的报告。

9月9日，在上海浦东召开附属医院工作会议。校党委副书记刘建中、副校长桂永浩出席。10所附属医院院长分别对各院"十二五"规划及"985三期"建设期间存在的主要困难及对策进行介绍。上海申康医院发展中心规划绩效部主任岑珏作题为"上海市级医院院长绩效考核实践与体会"报告。与会同志就"各附属医院如何加强合作交流(学科、人才)，实现优势互补、资源共享"、"院校职能部门如何适应医学管理体制调整，服务附属医院的发展"等问题进行讨论交流。 (李　磊)

【共建浦东新区南汇中心医院】 12月23日，在浦东新区政府举行"复旦大学与浦东新区人民政府合作共建浦东新区南汇中心医院签约仪式暨复旦大学附属浦东新区南汇中心医院(筹)揭牌仪式"。复旦大学副校长、上海医学院院长桂永浩与浦东新区副区长张恩迪签署合作共建协议书，复旦大学党委书记朱之文与上海市委常委、浦东新区区委书记徐麟为"复旦大学附属浦东新区南汇中心医院(筹)"揭牌。 (李　磊)

复旦大学附属中山医院

【概况】 2011年，复旦大学附属中山医院立足于医院"十二五"整体规划，把贯彻落实公立医院改革各项措施作为工作重心，推进医院全面发展。

医院有国家临床重点专科9个，国家重点学科12个(其中5个牵头)，"211工程"三期重点学科4个，"985工程"三期重点学科3个，上海市重点学科2个，上海市医学重点学科2个，上海市公共卫生重点学科2个，卫生部、教育部和上海市重点实验室各1个，上海市临床医学中心2个，上海市临床专业质量控制中心6个。现有教职员工3 439人(含分部)，其中正高级职称120人、副高级职称272人、中级职称893人、师级职称1 114人、士级职称575人、其他465人。复旦大学特聘教授4人，兼职教授4人。招收新职工192名，其中医师108名，护士60名，其他人员24名。本部现有临床业务科室46个，核定床位1 700张。2011年共完成门急诊2 765 348人次，较2010年增长5.23%；出院病人75 088人次，较2010年增长9.54%；住院手术病人49 555人次，较2010年增长9.96%。平均住院天数为8.14天，比2010年下降0.42天。

响应卫生部"三好一满意"活动号召，成立领导小组和工作小组，制订实施方案，推进和落实"三好一满意"工作。提高门诊预约率，开展整合门诊，建立一站式服务模式；持续改进医疗质量，深化临床路径应用，推进信息化管理；改善服务态度，注重以人为本的护理服务；加强医德医风建设，广泛开展病人满意度测评，主动接受社会监督，力求做到服务好、质量好、医德好、群众满意。及时总结，每月报送信息。先后接受卫生部公立医院改革调研组、上海市和复旦大学"医疗质量万里行暨三好一满意"督导组的检查。经上海市红十字会审批，医院正式冠名为"上海市中山红十字医院"。

推进创先争优活动。6月,对“先进学习型组织”进行评比,20个团体申报,共评选出一等奖2名、二等奖3名、三等奖5名。以建党九十周年为契机,开展重温入党誓词、党史展板宣传等系列活动,表彰先进,树立典型。组织学习胡锦涛总书记在庆祝中国共产党成立90周年大会上的讲话,在全院张贴上海市卫生系统创先争优活动公开承诺,要求全体党员以支部为单位将承诺公示上网,接受社会监督。落实中央关于在窗口单位和服务行业深入开展“为民服务创先争优”活动的指导意见,设立党员责任区,发挥模范作用,首批5个部门被授予“创先争优党员责任区”示范牌。

加强行风廉政建设和医德医风教育,深入学习贯彻《中国共产党党员领导干部廉洁从政若干准则》,通过组织重点部门干部参观惩治和预防职务犯罪回顾展、在院报、院内网设法制教育专栏等形式,增强党员干部的党性观念、纪律观念和廉洁自律意识。按照各项文件要求,认真开展“小金库”复查、整治违规收送礼金礼券购物卡、治理工程建设领域突出问题、规范庆典、研讨会、论坛活动等专项清理工作,对医院内部控制制度执行情况加强督查。

完成徐汇区第140选区(中山医院)人大代表换届选举工作。完成换届选举工作,按照“三上三下”原则选举产生第十六届工会会员代表大会和第八届职工代表大会正式代表235名。完成部门工会委员改选工作。经过民主推荐、民主协商、广泛听取群众意见,经由上海市医务工会考察后,确定第十六届工会委员会、经费审查委员会候选人名单,并在第十六届工会会员代表大会第一次会议上投票选举产生新一届工会委员会和经费审查委员会。

加强医疗质量和医疗保险的常态管理,提高业务水平。精心组织申报国家临床重点专科,继2010年消化科、麻醉科、检验获批国家临床重点专科后,2011年,心血管内科、心脏大血管外科、胸外科、内分泌科、临床护理、中医脑病6个专科申报成功。稳步推进临床路径试点工作,试点科室增加到16个,试点病种增加到27个,通过临床路径网络信息平台,形成有效的管理机制。做好第三类医疗技术临床应用的申请工作,共5个科室、6项技术顺利通过卫生部组织的专家评审。年初,上海市普通外科临床质量控制中心、上海市院内感染质量控制中心挂靠本院。加强病历质量管理,优良病史率98%,顺利通过卫生部和上海市卫生局各项督导检查。扩大电子病历的应用,电子医嘱系统和移动查房已覆盖全院病区。落实医保总额预付制,年度各项费用指标均控制在医保要求的范围内。完成与江苏省大丰市“沪丰”医保一卡通的续约。医院获得“2011年度全国医院医保管理先进集体”称号。

进一步贯彻落实卫生部、上海市卫生局文件精神,优化就诊流程,方便群众看病就医。逐步提高预约挂号比例,提供网上、电话、现场等多种途径的免费预约挂号,大力宣传预约挂号优势,专家门诊预约挂号率43%,较2010年上升8%。制定精细化的专家门诊号源管理制度,有效打击号源倒卖。开发“一站式付费”模式,11月,通过初步测试。按照上海申康医院发展中心的统一部署,制作、发放、使用门急诊就医患者“医联卡/册”,方便患者跨院就医。推出“一站式”骨质疏松整合门诊,汇集内分泌科、老年病科、骨科、康复科、风湿科5科力量,为患者提供便利。第7次再版《中山医院门诊手册》,制作业务科室宣传册,开设微博,及时提供专家出诊信息和健康保健知识。开展前列腺疾病筛查、血管内超声、心超等免费检查,进行多次免费健康咨询和健康教育活动,传授医学保健知识。

“优质护理服务示范工程”已推广至全部病房。严格按照护理工作量和患者病情配置护士,改单一班次为多元化班次,扩大直接包干病人护士数,减少护士包干病人数,原则上每名责任护士平均负责患者数量不超过8人。落实责任制整体护理,倡导完善责任制岗位职责、扁平化分病人的排班模式。增加对外地病人的电话回访,持续改进护理质量。完善绩效考核机制,提高护士工作积极性和主动性。积极实施护士岗位管理试点工作,制订护士岗位试点计划。发展专科护理,完成九个专科的设置,人员专科化管理。获得“上海市优质护理服务优秀医院”称号,肾内科病房被评为卫生部和上海市优质护理服务优秀病房,消化科护士吴薇薇被评为卫生部和上海市优质护理服务优秀个人。“病人安全用具系列研发项目”获得上海市护理质量控制中心护理工作改进成果奖。

重视医疗安全,加强临床合理用药管理,严格控制抗菌药物、化疗药物以及各种辅助用药的应用。成立医院合理用药领导小组,院长王玉琦任组长,副院长樊嘉、高鑫、汪昕任副组长,开展专项整治工作,将合理使用抗菌药物情况列入绩效考核。完善抗菌药物分级管理制度,按医师资质授予相应级别的抗菌药物处方权。对全院有处方权的医师进行专项培训。加强抗菌药物购用管理,控制在临床使用的抗菌药物品规数量,严格按一品两规执行。重点管理手术期预防性抗菌药物的使用。专项管理取得成效,抗菌药物使用强度与比例呈下降趋势。减少医疗不良事件的发生,组织手术部位标记核查8次。改进医疗投诉受理制度及流程,配合上海市医患纠纷人民调解工作的开展,积极参与第三方调解。组织“巴林特小组”活动,引入新方法继续建立医疗不良事件干预机制。

对口支援工作成效显著。11月,与云南省富源县委签订《文化共建互助协议书》、与县政府签订《医疗卫生合作共建框架协议书》,继续扶持富源县人民医院建设二级甲等医院。接受援建任务以来,院领导和中层干部6次到富源进行调研和业务指导,4月、11月,各派出一支医疗队赴滇支援半年。累计4批20名主治医师或副主任医师到富源县人民医院驻院帮扶。完成各类医疗保障任务,10月,派出2人参加复旦大学支援摩洛哥医疗队,援建时间为两年。做好送医下乡公益活动。多次组织劳模专家赴江西、宁夏等地义诊。参与第十四届世界游泳锦标赛、F1世界锦标赛中国大奖赛的医疗保障工作,得到国际泳联、FI 大赛组委会等部门的嘉奖。

夯实人力资源基础。获得国家"千人计划"资助 1 人,东方学者 1 人,上海市名中医 1 人,上海市人才发展基金资助 1 人,复旦大学名誉教授 1 人,复旦大学卓学人才计划 2 人。心研所孙爱军获得上海市卫生系统"银蛇奖",肝肿瘤外科高强获得"复旦大学十大医务青年"称号,泌尿外科朱延军获得首届中国青年泌尿外科医师技能大赛二等奖。年度出国人才基金共选拔资助 30 人,4 人获得朱剑华—董宝机医学人才基金(第四届和第五届)。

加强行政和业务两支干部队伍建设。完成 9 位干部的考察任命工作,调整业务科室正副主任共 25 位。完成上海市红十字中西医结合康复研究所领导班子调整工作。深入开展各类培训工作,1 月,开展行政人员集体培训,28 个职能部门共 158 位学员参加;4 月起,开展护理人员培训,面向总部、分部、青浦分院、上海市公共卫生临床中心的护士以及云南富源县人民医院进修护士等近 1 500 人,预计将分 7 批集中培训,年内已完成 3 批。探索培养内部培训师。

科研工作。全年共获得科研项目 255 项,经费总计 14 320 万元。其中纵向课题 164 项,经费 11 700 万元,包括:国家自然科学基金 44 项、科技部项目 6 项、教育部项目 11 项(含教育部创新团队 1 项)、上海市科委项目 41 项、上海市教委项目 2 项、上海市卫生局项目 23 项、上海市人力资源和社会保障局人才发展基金 3 项、复旦大学项目 16 项、其他课题 18 项;横向基金 91 项,经费 2 620 万元(含科技创新基金 14 项)。资助院级基金 47 项,经费 93 万元。

获得国家技术发明二等奖 1 项、上海市科技进步一等奖 3 项、上海市科技进步三等奖 1 项、上海市国际合作奖 1 项、高等学校科技进步一等奖 1 项、上海市医学科技一等奖 1 项、上海市医学科技二等奖 1 项、上海市医学科技三等奖 3 项;葛均波获得"上海市科技精英"和谈家桢生命科学创新奖;史颖弘获得明治乳业生命科学科学奖、张峰(心脏内科)获得明治乳业生命科学优秀奖。根据医院个人学术信息系统统计数据,全年共发表各类学术论文 713 篇。其中 SCI 论文 192 篇,影响因子总计 581.17 分。主编高质量的学术专著 9 本,包括《现代肿瘤学》(第三版)、《现代胃肠道肿瘤诊疗学》等。副主编 1 本,主译 4 本。

加强学科和平台建设,促进医学成果转化。"985"工程三期建设本院牵头的包括肿瘤学、心脑血管和代谢性疾病中的心脑血管部分、微创和再生医学中的微创医学部分。上海市器官移植重点实验室通过验收,正式运行。9 月,院长王玉琦代表医院签署长三角医疗科研战略联盟协议。开展学科评估,从全院 43 个业务科室中筛选出 17 个相对薄弱的学科进行扶持,资助每个弱势学科 50 万元,每个校级、市级研究所 50 万元,省部级重点实验室 60 万元,要求相关学科制定 3 年发展规划,增强竞争实力。全年共申请专利 24 项,其中发明专利申请 16 项,实用新型专利申请 8 项。23 项专利获得授权。5 项授权专利成功转让。上海中山医疗科技发展公司荣获 2010 年度"中国产学研合作创新成果奖"。

伦理委员会依法有序开展工作。获得世界卫生组织"伦理审查委员会能力发展启动战略"(SIDCER/FERCAP)国际认证。修订药物临床试验伦理委员会的标准操作规范。召开药物临床试验伦理评审会 12 次,评审项目 138 项;生物医学研究项目伦理评审会 11 次,评审项目 245 项;器官移植伦理评审会 10 次,评审 1 对活体肝移植、15 对活体肾移植。6 个专业通过国家食品药品监督管理局的资质认证,获批参与临床试验,目前本院共有 21 个专业具备临床试验资质。新获批开展肺移植项目。今年共完成心脏移植 28 例、肝脏移植 95 例(其中活体肝移植 1 例)、肾移植 37 例(其中亲属肾移植 12 例)。积极组织参加红十字会遗体捐献培训,规范开展相关工作。

深入开展住院医师/专科医师规范化培训工作。新录取住院医师 102 人,目前共有 336 名住院医师/专科医师参加培养。严抓培训质量,加强教学管理,出台并实施《出科考核缺陷积分管理办法》和《教学查房缺陷积分管理办法》,启用网上培训管理系统和理论考核平台,实行网上双盲评学评教。为复旦大学附属华山医院、中医药大学附属曙光医院等 11 所医院培养住院医师 37 人次。12 名住院医师获得上海市 2011 年度优秀住院医师表彰,8 名博士毕业的住院医师取得上海市住院医师规范化培训结业证书。在上海市卫生系统住院医师岗位技能竞赛中获一等奖。

重视理论和临床教学质量,制定并公布《临床医务人员竞聘高级职务教学工作要求》。邀请美国克里夫兰临床医院教授金献文到院进行内科英语教学查房交流,组织中青年教师试讲和开展微格教学,为临床医学六年制全英文班(MBBS)开展临床诊断学、内科学和中医学全英文授课。8 个项目获得医院本科课程教学改革研究项目资助。主编并出版教材 1 本(《医患关系与医患沟通技巧》,杨秉辉主编)。"全科医学概论"课程被评为上海市精品课程及市教委重点课程。呼吸科白春学教授获第八届复旦大学"校长奖——教师个人奖"。消化科石虹获复旦大学 2011 年度青年教师教学比赛(医科组)一等奖。全年招收博士后 1 名,博士生 69 名,硕士生 73 名。毕业研究生 153 名。4 篇博士学位论文被推荐参加校级、市级和全国优秀研究生论文评比。

举办继续医学教育项目 46 项,接受培训共 3 662 人,授课 1 434 学时,总学分 452 分。正式启用进修网上报名系统,招收进修人员 638 人次。完善医学教育在线学习网站,增加专业讲座、教学查房示范交流和住院医师执业考试相关内容录像 127 集。举办远程医学教育项目 27 个系列讲座,共 225 课次,授课 675 学时,7 259 人次接受培训,实现网上考核。远程医疗咨询 271 人次(含儿科 4 人次),每周二上午进行心理科远程查房。配合援建工作,对云南省富源县人民医院进行远程教学和会诊支持。在卫生部对医院远程医学教育工作的复评中得到好评。

贯彻执行财政部修订后的《医院财务制度》和《医院会计制度》，组织专门培训。开展科室成本核算、大型设备效益预测等工作。将收费项目与各业务科室开展的医疗服务一一匹配，7月起门急诊的收费项目全面明细化，相关工作得到上海市物价局和上海市卫生局表扬。

围绕医院发展规划开展基本建设。东院区项目：地下部分土建工程4月完成底板混凝土浇筑，地下一结构完工；11月地下二、三结构收尾；地上部分7月正式施工。配合东院区建设，拆除枫林路沿街面积上千平方米的辅助用房。完成12号楼TOMO机房加层改造，9号楼DSA机房扩建，8号楼、2楼和3楼病房装修，门急诊地下室MRI机房改造，11号楼双核320排CT的机房调整等多项工程。加强设备管理，年内新增设备5 389台（件），涉及金额19 735万元；报废设备1 702台（件），涉及金额1 049万元；维修、维护保养各类设备2 200台（件）。更新并安装调试的大型设备包括：1.5T128通道医用磁共振系统、320排640层螺旋断层CT、心血管造影系统（DSA）、机器人血管造影系统（DSA）、口腔全景机、牙片机等。引进螺旋断层自适应放疗系统（TOMO），6月6日启用至2011年末完成250例检查。

推进平安医院建设，消除安全隐患。11月20日，举行手术室火灾应急处理演练，徐汇区公安消防支队协同参加，200多人加入演练。组织参加上海市卫生系统消防技能比武大赛，获三等奖。为满足消防安全的要求，在7号楼西侧外墙搭建室外消防梯，对电梯、锅炉、液氧、配电等重要部位进行突发事故应急预案演练，提高应急处置能力。

完善以电子病历为核心的医院信息系统，新开发临床路径、手术麻醉、重症监护、手术提醒等功能模块。加入医联工程，门急诊医师工作站可进行跨院医联数据的调阅。完成电子签名和时间戳服务的测试。推进卫生部中山医院-贵州高端远程会诊系统建设，完成远程链接和手术转播、视频会议设备的安装。办公管理平台增加住院医师考评管理、科研项目申请等功能，使行政事务处理信息平台更为完整。

国内外交流活动频繁。成功举办第十六届亚太呼吸学会（APSR）年会、第五届东方心脏病学会议、第四届中日韩胃癌论坛、第七届上海国际大肠癌高峰论坛、国际微创心脏手术论坛、第四届中日ESD高峰论坛、第七届上海国际医院感染控制论坛（SIFIC）、上海第三届肝癌综合介入诊疗国际会议、第三届上海市国际肿瘤局部与靶向治疗研讨会、公立医院支付方式改革高层论坛、公立医院改革与发展研讨会、复旦大学脂肪肝与代谢紊乱论坛等会议，并举行上海市影像医学研究所成立十周年的学术交流活动。先后接待美敦力（国际）有限公司董事会主席、美国BD公司总裁、比利时鲁汶大学、泰国法政大学、新加坡国立大学、台湾慈济技术学院、北京协和医院、中南大学湘雅医院、南京大学医学院附属鼓楼医院、上海交通大学医学院附属瑞金医院、北京朝阳医院、北京友谊医院、山东大学齐鲁医院等多个国内外代表团来院参观访问。聘请客座教授16名。年内与浙江省嘉善县第一人民医院建立协作关系。

加强精神文明建设。蝉联第十五届上海市文明单位和第十届上海市卫生系统文明单位。开展年度精神文明十佳好事评选，通过身边人身边事感动人鼓舞人，弘扬高尚医德；筹办医院“年度感人事迹”评选，打造医院精神文化品牌；命名中山“绿叶”志愿者队，成立工作小组，制定工作制度，并向社会招募；继续举办杜鹃花节文化体育周、参加上海市卫生系统和复旦大学举办的唱红歌、诗歌朗诵、小品比赛等活动。被评为“上海市卫生系统职工文化艺术基地”。

（朱　骞）

【获“全国五一劳动奖状”】 4月，中山医院获“全国五一劳动奖状”，系上海市卫生系统唯一获此荣誉的单位。在4月29日召开的上海市五一劳动奖状（章）表彰暨创先争优劳动竞赛推进大会上，医院受到表彰。

（朱　骞）

【获得“全国文明单位”称号】 见【学校综述】第61页。

【葛均波当选中国科学院院士】 见【学校综述】第61页。

【开展“国家医疗队”巡回医疗工作】 4月至11月，接受卫生部选派，医院与北京协和医院、中山大学附属第一医院共同组建“国家医疗队”，在全国范围内开展巡回医疗。派出6支医疗分队共50名队员分赴云南、四川、青海、新疆、安徽、重庆六省（区、市）的“老、少、边、穷”地区。累计诊疗各类患者10 304人次，开展手术532例，进行疑难病例会诊、讨论748次，提供健康咨询5 454人次；指导和培训当地医务人员，开展各类专业讲座249次，教学查房717次，培训医生6 233人次；捐赠价值52.4万元医疗器械和常用药品，以及适合当地基层医务人员临床适宜技术的书籍2千多册，发放健康教育宣传单2万余份。受到卫生部《公立医院改革试点工作简报》、《新华每日电讯》、《解放日报》、《劳动报》、人民网、中国新闻网、上海市人民政府网站等媒体报道。

（朱　骞）

【接受上海市三级综合医院复评审】 3月30—31日，上海市三级综合医院评审专家团到院复评，就医院管理、医政、病案、护理、医疗技术等方面进行为期两天的综合评审。上海市医院等级评审工作启动后，医院成立医院等级评审领导小组和工作小组，院领导带队参加等级评审工作相关会议和培训，承办上海市首批评审专家培训会；要求相关部门仔细阅读评审标准，逐项对照、积极自查；认真落实2011年上海卫生工作会议的8条惠民举措，继续突出“以病人为中心”，为评审工作做充分准备，获得评审专家团肯定。中山医院是上海市第二家接受三级综合医院复评审的医院。

（朱　骞）

【在国际顶级学术刊物发表论文】 12月，《临床肿瘤学杂志》刊载樊嘉课题组论文《血浆微小RNA芯片诊断乙肝相关性肝细胞癌》（“Plasma microRNA panel to diagnose hepatitis

B virus-related hepatocellular carcinoma")(影响因子为 18.97)。论文在肝癌早期诊断方面的研究取得新突破。《临床肿瘤学杂志》同期配发编者按,对该研究成果给予高度评价,称其可能改变传统的肝癌筛查方法。

(朱 骞)

复旦大学附属华山医院

【概况】 2011 年,复旦大学附属华山医院有教职员工 3 067 人,其中正高级职称 124 人,副高级职称 286 人,中级职称 600 人,初级职称 1 794 人,见习人员 58 人,其他 80 人,工人 125 人。新增职工 23 人。通过复旦高级职称聘任 32 人,通过中级职称聘任 56 人、初级职称 127 人,同意转正定级 141 人。有核定床位 1 216 张,临床医技科室共 40 个。参与国家重点学科 10 个、卫生部临床重点专科 9 个、上海市领先学科 2 个。有卫生部重点实验室 2 个、上海市临床医学中心 2 个、上海市卫生局临床专业质量控制中心 6 个。

全年门诊 3 051 391 人次,比 2010 年增加 9.09%,急诊 159 588 人次,比 2010 年增加 0.69%。住院 57 476 人次,比 2010 年增加 13.07%,手术 31 482 人次,比 2010 年增加 16.66%。全院平均住院日为 8.88 天,床位使用率 99.93%。平均住院日从 2010 年的 27.3 天下降至 22.4 天,住院量增长 18.5%,门诊量增长 5.4%。

以"医疗质量万里行"活动、JCI 国际医院评审标准认证评审第四版内容为标准,以"三好一满意"活动为抓手,落实医疗质量管理工作。努力做到"服务好"、"质量好"、"医德好"。年初在卫生部医管司进行的全国大型公立医院巡查病人满意度测评中获第一名。管理关口前移,进一步推进落实"病人安全目标",加强各临床专业的医疗安全管理,相关职能部门定期深入病房、手术室,对手术标记、病房安全隐患等进行检查。根据 JCI 工作制度,制定《华山医院 JCI 补充制度》,下发各临床科室并组织学习。

协助完成 2011 年上海世界游泳锦标赛、世界花样滑冰锦标赛等重大体育赛事的医疗保障。完成各级领导、选手等的医疗保障工作 4 次,为上海市"两会"提供医疗保障。

全面开展预约挂号。推出现场预约、网上预约、电话预约、诊间预约(复诊)、出院前预约(复诊)、自助预约、补充预约等 7 项预约挂号措施,其中补充预约为华山医院首创。

在医疗保险总额管理上实行医保总费用、医保药品费用"双控"措施。2011 年,医保费用申报总数为医保额定总量的 97.79%,医保药品费用申报总数为医保药品额定总量的 92.8%,有效控制医保费用增长。

全年共计完成理论教学 1 400 余课时,示教 2 800 余课时,考务 3 000 多人次。参与教学教师人数达 300 余人,副高职称以上教师的授课学时占授课总学时的比例大于 80%,授课学生数达 600 余人。招收统招博士生 73 名、硕士生 73 名,同等学力博士 4 名、同等学力硕士 17 名,留学生硕士 4 名,港澳台硕士 5 名。招收博士后 12 人,出站 4 人,其中 2 人出站考核成绩优秀,在站博士后获得 2 项国家自然基金。毕业答辩研究生共计 144 人,其中硕士生 84 人,博士生 60 人。本科生毕业 26 人,其中七年制 1 人,五年制 25 人,转入本科生 84 人。新增硕士生导师 8 名,新增博士生导师内科(感染科)1 名,内科(心内科)1 名,外科学(泌尿外科)1 名,外科学(神经外科)1 名,外科学(普外科)1 名,上海市千人计划认定导师内科学(消化科)1 名,跨专业申报泌尿外科 1 名;新增博士生导师提高了所在专业研究生带教能力。

全年新增复旦大学首批 MBBS(全英文教学临床医学专业留学生项目)班授课,专门组织一支全英文授课的师资队伍。接受来自澳大利亚及奥地利的交流生共计 10 人。举办第九届"华山人节",以"华 · 筵"为主题,开展学术讲座、志愿活动、定向越野、学长交流等活动。

在继续教育方面,全年有国家项目 66 个,上海市项目 2 个,名列上海前茅。举办 73 次全国医学系列培训学员 4 700 人次,完成率达 100%。强化院内继续教育,对初级、中级、高级医护人员提出明确的培训要求。开设对全院培训的共性临床基础课程、普及型课程、提高型课程、继教学术讲座 163 场次,培训 19 540 人次。2011 年接受全国培养卫生人才(进修)455 人,同比增长 12%,对口帮扶 24 人。

2011 年住院医师规范化培训工作有序进行。共有近 500 名考生报考医院规范化培训基地,共录取学员 131 名,实际签约 83 人,年内在培学员共 169 人。教育处组织的专门针对基地学员的课程有集中岗前培训 6 门课 30 学时;基础入门培训课程共 18 门课程 40 学时;临床基本技能培训分 4 次进行,每次 2 学时。共有 11 人参加住院医师规范化培训结业考核,9 人考核合格顺利结业,合格率 82%,在全市排名靠前。

在 2010 年编制放入"十二五"规划的基础上,完成对医院目标的细化、调整和统筹工作。包括对医院目标规划的整体推进思路进行初拟;组织科室及部门访谈,对 70 个科室的目标进行分解;同时建立相应的"十二五"综合目标考核体系,制作专门的"十二五"目标责任书及年度目标责任书,完成科室目标任务书的制定和签署工作。针对临床医技科室,制定了包括指令性任务、医疗、科研、教学、绩效、精神文明共 6 大类,内分多个相关考核子指标的目标责任书,作为医院对科室"十二五"期间发展的全方位考核依据,确保"责任"与"考核"之间的联系。在实际考核过程中,有效量化各科室、部门的工作成绩,促使各科室、部门提高工作成效。针对行政职能部门,推出常规工作、重要工作、满意度三位一体的考核体系,并将职能部门的满意度测评工作进一步细化。

全年从各渠道获得纵向科研项目 157 项,获纵向科研经费 9 850.3 万元,横向经费 1 278.49 万元,临床研究经费 881.97 万,科研总经费 12 010.76 万元。国家自然科学基金项目62项，包括国家杰出青年科学基金2项、国家自然科学基金重点项目2项和重大国际合作项目1项。牵头科技部重大专项2项和“十二五”国家科技支撑项目1项。获得上海市领军人才1名、上海市科委学科带头人计划2名、国家教育部新世纪优秀人才1名、上海市科委启明星计划1名、上海市浦江人才计划2名。

获上海市科技功臣1名，上海市科技精英1名，中国青年科技奖1名。全年获得上海医学科技奖二等奖3项、中国中西医结合奖二等奖1项，上海市卫生系统银蛇奖一等奖1名。全年发表论文总数734篇，其中SCI期刊收录267篇(论著213篇)，国内权威125篇，国内核心159篇，普通英文20篇。感染科张颖和神经内科吴志英分别在世界顶级学术期刊《科学(*Science*)》(影响因子IF 31.364)和《自然》子刊*Nature Genetics*(影响因子IF 36.377)发表研究结果。出版专著或大学教科书共9部。申报专利15项，其中发明专利12项；授权专利33项，发明专利7项，实用新型26项。

确立新的学科增长方向，牵头负责退行性疾病、创伤和再生医学2个大方向，为学校“985”三期平台建设项目，加入肿瘤、感染性疾病、微创外科等学科综合群，组建研究队伍，确立阶段性主要突破的研究方向。

2011年度药物临床试验机构承接药物临床试验项目82项，医疗器械临床验证11项。伦理审查委员会共完成各种类型的研究项目审查493项。7月，伦理委员会以优异成绩顺利通过WHO/SIDCER(世界卫生组织发展伦理审查能力战略启动)三年复核认证，获得高度评价。

人才队伍建设。全年共招收97名各科各学历的应届毕业生。新进人员中北院在编13人；合同改签北院283名人员。根据医院现有开展的业务方向和规模，采用定性与定量相结合的调研方法，对全院所有的工作岗位的分布、性质、要求、工作量等进行摸底调查。2011年，医院申报的3名专家全部入选上海千人计划，1人入选“青年千人计划”，并申报华山医院客座教授5人，名誉教授2人，均经过评审通过审批，予以聘用。

全年因公出国及赴港澳台人员共计494人次。其中访问考察34人次，访问学者12人次，合作科研8人次，进修15人次，培训52人次，学术交流14人次，讲学5人次，会议350人次，另有1人赴澳门工作，3人赴摩洛哥参加援摩医疗队。完成因私出国审批347人次。

完成卫生部、市人力资源和社会保障局、团市委以及复旦大学布置的各项对口支援工作共计5项，前往云南12人，摩洛哥3人，共计派出15人。与MGH(美国麻省总院)的战略合作伙伴关系进入第二个五年合作周期。华山医院代表团与上海市卫生局代表团赴波士顿参加MGH建院200周年庆典，推动两院关系的稳定合作。两院开启护理合作，经过选拔，共有12名医护人员陆续完成曼彻斯特综合医院(MGH)、美国梅约医学中心(Mayo Clinic)进修项目，其中医生6名，护理人员6名。与英国剑桥大学医院签订合作备忘录，11月，剑桥大学医院院长到访，基本达成在管理人员培训与信息化发展方面的合作意向。通过与伯明翰大学医院的访问、交流与协商，基本达成在建立全科医师师资培训基地、转化医学研究(神经外科、抗生素耐药及肿瘤研究)等领域的专题合作。

完成财务新旧制度衔接，于7月开始执行新会计制度，配合会计师事务所做好新制度执行前的资产清查工作，确保新旧制度顺利衔接；经过洽谈、投标工作，更新了财务软件，保证工作平稳有序。完善绩效考评机制，以数据为基础，每月针对科室绩效进行分析、通报，绩效考评体现原则，兼顾灵活。对科室重点指标进行及时监控，并通过与科室进行沟通、访谈，对科室绩效指标根据客观情况进行及时调整。

实现了住院医生工作站和放射、超声、内镜、病理之间的报告共享接口开发工作，临床医生可以通过住院医生工作站获取住院病人在医生医技部门的相关临床报告。门诊医生工作站增加部门和医生对药品使用的控制功能，丰富科主任查询平台的数据展示。完成护理电子病历的开发和上线实施工作。完成医联网要求的数据上传、接口开发、医疗智能提示工作，实现医院和全市34家市级医院之间的医疗数据共享。继续开放医院行政办公系统的功能，实现满意度考核和值班加班费的电子化管理，开发医院上报上海申康医院发展中心数据的办公平台。对门诊5楼的病人就诊服务系统进行整体升级。建立职工健康档案。

出台“华山医院使用医院红十字基金资助贫困患者的规定”，规范医院红十字基金的使用。克服困难，开展造血干细胞采集4例。医院有1名员工配型成功并无偿捐献骨髓干细胞。组织开展“5·8”红十字板报评选活动。调整紧急救援队伍，组建由行政、临床、护理及后勤保障部门60人组成的救援队；选派7人参加中国红会在上海举办的红十字医疗救援队培训及演练活动；红十字办工作人员到市红会讲课3次，赴青岛专题汇报1次。

全年共接待来院参观、学习、交流的国内外来宾近百批次，总计500余人次，其中包括国务院医改办、财政部等领导，卫生部医疗保险司司长、医政司调研督导、公立医院改革项目调研专家组，中国红十字会副理事长与美圣迪斯医疗集团总裁、山德士全球总裁等。

改进基础设施建设。增加食堂、营养室、门诊五楼、中心实验室等安装烟感、喷淋；职工食堂、3号楼6、7层安装防火门；3号楼7层消防水管及时维修更换。完成江苏路分部制剂室改造工程，分部消防设施设备整改等基建修缮工程，启动综合楼改造工程。

提高后勤服务质量。职工食堂社会化第三年，在延续食品安全A级资质的前提下，今年获得了上海由市食药监局等颁发的“6T实务现场管理示范食堂”荣誉。强化对医院餐饮服务项目经营管理方索迪斯的全面监管，尤其在消防安全、食品安全方面开展了一系列质控活动，全部食品留样率100%，食药监局细菌采样合格率达 100%。

资产管理。严格物资采购预算管理,控制成本,对单价 10 万元以上的大型设备采购严格进行可行性论证,20 万元以上大型医疗设备委托国家指定招标公司统一进行公开招标。全面清查全院医疗设备等固定资产,所有固定资产都已引入条形码管理模式,对账外医疗设备等固定资产也规范编号登记。利用独创的“医保耗材网上申报管理系统”对材料供应商证照、医保编码、价格等电子信息进行全方位的上传、整理、核查、补缺等工作,相关部门共同完成全院医用耗材医保代码的申报和审核工作。被上海市医疗设备器械管理质控中心评为上海市“医疗设备采购管理”优秀医院示范点。在上海市医疗设备器械管理质量控制中心的领导下,医院参与了西区十四家医院的医疗设备质控管理和急救设备的技术检测工作。

推广无烟医院宣传,医院室内外全面禁烟。举办消防安全培训演练 21 批;制作消防知识宣传广告牌 30 块,开出动火证 32 次,检查出消防隐患 41 处,绝大部分均已整改。在市卫生局举办有 49 个单位参赛的消防技能比武大赛中,医院获第一名。

加强安全防范。处置治安事件中,驱赶、抓获“黄牛”、“医托”、“小广告”及买卖小商品残疾人员共 500 余人次。抓获小偷 6 名,抓获非法倒卖药品嫌疑人 2 名,已移交公安机关处置。2 名保安获静安区见义勇为先进个人荣誉称号。保障、警卫各类大型活动 20 余次,共计出动保安人员 460 人。保障直升机救援 2 次,F1 赛事 1 次。编排组建静安区综合保障群“应急救援小分队”,得到区武装部通报表扬。院武装部(即保卫处)获先进集体。

年内新建合作项目 4 项(上海华山医院合肥脑外科诊疗合作中心、上海市华山神经外科医院南京明基医院临床协作中心、杭州富春江曜阳国际老年公寓康复中心、上海览海华山医疗中心),续约项目 6 项(杨浦老年医院、长宁区天山中医院、上海华山神经外科医院金山医院、合作共建南汇中心医院、台州市立医院、宁波镇海第二医院手外科)。强化对各合作体的日常管理,对现有的 24 个合作体(3 家托管医院、1 家合作共建医院、11 家专科合作医院、9 家神经外科集团医院)进行规范管理,建立对外合作项目的追踪管理制度,定期收集各合作单位的财务报表、业务报表等能真实反映收益的数据资料。将 JCI(国际医院评审标准认证)先进的管理理念与医院的切身经验推广到合作单位,选取静安区中心医院和闸北区永和地段医院作为试点,多次为两院 JCI 医院评审标准的培训、基线调查和医院服务管理进行工作指导,分别对这两家医院进行了 6 次和 3 次巡查及培训。

推进党建工作。开展“学党史,明宗旨,强信念,促贡献”党员主题教育活动和党史演讲比赛;“学身边的名医大家,创一流的岗位业绩”系列红色寻访活动;“七·一”评优表彰活动。赴中共一大革命纪念地嘉兴南湖,举行“创先争优”活动阶段性推进会。集中调整党政领导班子(正处级)和机关后备干部(副处级)。举行医院后备干部“红色之旅”培训班,组织 27 名医院后备干部赴韶山接受革命传统教育。2011 年,医院共发展新党员 66 名,同比增长 88.6%,其中职工发展 47 名,学生发展 19 名。与金山区张堰镇党委开展结对帮扶共建工作。作为独立选区,医院配合静安区做好静安区第十五届人民代表大会的代表换届选举工作。院长丁强当选并连任静安区第十五届人民代表大会代表。顾小萍、李益明、王怡、史虹莉、胡祖鹏、陈世益当选为中国人民政治协商会议第十三届上海市静安区委员会委员。

加强党风廉政建设。7 月,接受复旦纪律委员会考核组对医院落实党风廉政建设责任制情况检查,得到充分肯定和高度赞扬。全年共组织各种形式共计 28 次廉政教育。制定并下发《华山医院关于禁止违规收送礼金礼券购物卡的实施细则》、《华山医院关于整治违规收送礼金礼券购物卡的工作计划》、《华山医院关于严禁设立和使用“小金库”的规定》。做好信访举报反映集中的问题处理,上交红包礼金 364 人次,合计人民币 978 050 元,上交回扣 10 次,合计人民币 89 995.6 元,收到表扬信 1 302 封,锦旗 496 面,其他表扬 65 次。

建立服务质量精细整体管理模式。每月对出院病人进行满意度测定,测评样本平均每月约 2 320 份,较 2010 年每月增发约 33%。全年平均满意度为 94.2%,较 2010 年满意度提升 1.5%。提高文明满意度考核奖励的权重,由原占医院绩效考核奖励的 20%上升至 30%,全面提高文明奖励额度,修订《医院文明奖励分配方案》。完善职工医德档案内容。医院向职工推荐 10 本图书,开设 10 个培训课程,组织若干项团体活动;建立职工动态医德档案,将服务态度投诉记入个人医德档案,员工的医德医风状况和考评与医务人员的岗位聘用,绩效工资,晋职晋级,评先评优等直接挂钩。

全年收到出院病人意见和建议 110 件,较 2010 年下降了 70.2%;接待病人来信、来电、来访共计 25 件,所有意见及建议均落实至有关部门及个人,确保病人来访有资料,有存档,有落实,有整改。

全年各大主要媒体整体见报 402 篇,比 2010 年提升 22%,平均每天超过 1 篇,并做到零负面新闻。其中,发表在“三报”上(《解放日报》、《文汇报》、《新民晚报》)为 130 篇,比 2010 年增加 62%,平均每周超过 2 篇,国家媒体见报 60 篇,比 2010 年提升 275%,平均每周超过 1 篇。电视新闻约 35 条,转播超过 100 次,参与的电台节目超过 30 次。网络媒体转载率大幅提升,华山网络平台门户网站全新改版。共发行《华山医院报》19 期,包括常规院报 12 期,文化特刊 6 期,年末特刊 1 期。全年发布院内新闻 460 余条,照片 190 余组。

落实职代会职权,组织召开一年两次职代会。审议通过《华山医院 2010 年工作总结和 2011 年工作计划》、《华山医院员工手册》和《华山医院职工疗休养实施办法》,开展以“阅读一本书籍,参加一次培训,参与一项活动,写一份体会”为主题的“四个一”全院职工素质培训活动。为庆祝中国共产党成立九十周年，举办以“华山群秀颂党情”为主题的华山医院第八届文化艺术节。

关心退休职工。为退休职工组建兴趣班，丰富退休生活；刊行以退休职工为受众的刊物《老年园地》。获2008—2010年度上海市卫生系统退管工作评估优秀单位、2008—2010年度上海市卫生系统退管会先进集体与先进个人。

推动团支部生活多元化。完成团支部改选工作；改版“青年华山”网；组织团支部活动，如“寻找幸福之源”座谈活动，派出优秀青年参加“上海青年赴滇志愿服务接力队”等。2人获复旦大学医院团工作先进个人称号，3人获复旦大学优秀团干部称号，10人获优秀团员称号，1个支部获复旦大学先进团支部称号；上报门诊药剂和神经外科青年医护组为上海市卫生局和复旦大学“上海市青年文明号示范街(城)共建活动工作案例”，刊登在上海市卫生局团委《青年文明号工作案例》中。（管德坤）

【周良辅获上海市科技功臣奖】 经上海市科学技术奖励委员会审定，上海市政府批准，中国工程院院士、复旦大学附属华山医院神经外科主任周良辅获得2011年度“上海市科学功臣”奖。是医院继顾玉东院士之后第二人获此荣誉。（管德坤）

【通过三级医院等级复评审工作】 3月，接受由上海市卫生局、上海市医院协会组织的三级医院等级复评审工作，来自全国的医学专家进行为期两天的检查。检查中，华山医院的各项工作获得检查专家一致好评，医院顺利通过评审，并再次被上海市卫生局认定为三级甲等医院。（管德坤）

【华山医院北院项目阶段性进展】 10月底，华山医院北院完成外立面施工，装饰单位进场进行样板房施工，安装工程完成总量的70%，并开始室外管道道路、绿化等总体施工。北院的人员储备工作有序推进，截至2011年底，已储备各类人员369人，其中，护理人员205人，临床医技人员149人，行政人员15人。（管德坤）

【华山医院临床医学中心(西院项目)取得重大突破】 3月，闵行区规土局核发西院建设项目选址意见书并提出相关意见；5月上海市规土局对医院西院建设项目用地发布了预审批复，同意通过建设项目用地预审。9月，组成西院项目推进工作小组，并多次召开推进会议；西院建设项目取得闵行区地方环保意见，初步同意项目建设；取得闵行区规土局对西院项目的规划审核意见。9月，卫生部规财司专家组一行十余人专程来沪，就华山西院项目可研报告召开专家评审会，并对西院可研报告书给予了肯定。（管德坤）

【党委、纪委换届】 6月，在医院第一次党员代表大会上，全体参会党代表分组审议并通过了第三届党委和纪委工作报告，并以无记名投票的方式，差额选举出新一届医院党委委员9人(丁强、马昕、邹和建、汪志明、邵建华、耿道颖、顾小萍、顾玉东、钱飙)和纪委委员5人(向阳、郑敏华、顾宇翔、钱飙、靳建平)。顾小萍任党委书记，钱飙和耿道颖任党委副书记，钱飙兼任纪律检查委员会书记。（管德坤）

【获得“全国文明单位”称号】 详见【学校综述】第61页。

复旦大学附属肿瘤医院

【概况】 2011年，复旦大学附属肿瘤医院有国家教育部重点学科2个(肿瘤学、临床病理学)、国家临床重点专科2个(病理科、中西医结合科)，卫生部临床重点学科3个(乳腺癌、放射治疗、病理学)、上海市临床医学中心2个(放射治疗、乳腺癌)、上海市医学重点学科1个(临床病理学)、复旦大学重点学科4个(乳腺癌、放射治疗、病理学、大肠癌)。有上海市病理质控中心、放射治疗质控中心、肿瘤化疗质控中心、上海市抗癌协会4个挂靠单位设有国家食品药品监督管理局认定的国家药物临床试验机构，以及复旦大学肿瘤研究所、复旦大学乳腺癌研究所、复旦大学大肠癌诊治中心、复旦大学鼻咽癌诊治中心、复旦大学前列腺肿瘤诊治研究中心、复旦大学甲状腺肿瘤诊治研究中心、复旦大学附属肿瘤医院肺癌防治中心、复旦大学附属肿瘤医院恶性黑色素瘤防治中心等科研机构。主办《中国癌症杂志》、《上海医学影像杂志》、英文版《放射肿瘤学杂志》(*Journal of Radioation Oncology*)3本学术期刊，以及《抗癌》科普杂志。

医院有教职员工1 489人，其中正高级职称43人，副高级职称111人。其中，刘泰福为美国放射学院院士、欧洲放射学会荣誉委员，蒋国梁为美国放射学院院士，中国抗癌协会理事会副理事长，并连任上海市抗癌协会理事长。

医院有临床和医技科室25个，开放床位1 196张。年门急诊量80万人次，住院病人3.45万人次，手术例数2.1万人次，平均住院日12.78天。全年收治新放疗病人总数达到6 011人。

全年招收硕士研究生51名，博士研究生58名；毕业硕士生18名，博士生16名；在读硕士生149名，博士生141名，博士后4名。

全年共获得各类科研课题115项，累计科研经费4 454.1万元。包括国家自然科学基金项目35项(其中面上项目14项，青年基金20项，重大研究计划1项)，总经费1 243万元；牵头科技部“重大新药创制”科技重大专项1项，总经费800万元；国家临床重点专科2项，总经费800万元；上海市科委重点项目1项，总经费45万元；上海市优秀学术带头人计划等人才项目10项，总经费260万元。共发表论文310篇，其中SCI收录139篇，IF总分为545.254，其中IF超过7分的论著有11篇。出版专著5部，获得授权专利5项。获上海市科技进步奖一等奖1项，获上海市科技进步奖二等奖1项，获教育部科学技术进步奖二等奖2项。

全年接待来访外宾241人次，举办国际学术讲座31次。主办第五届中国-国际淋巴造血组织疾病研讨会、第四届复旦-MDACC诊断病理新进展研讨会、2011 CSCO肿瘤治疗新进展论坛——分子靶向治疗会议、放疗研究与医学物理国际研讨会、2011年第十三届现代妇科肿瘤临床诊疗规范与进展论坛、中美多学科肿瘤影像研讨会、2011年中美大肠癌多学科综合治疗研讨会、第十一届全国乳腺癌会议第六届上海国际乳腺癌论坛、上海泌尿肿瘤国际论坛、第十八届上海—大阪—墨尔本组织病理学研讨会、首届中德生物治疗与消化系统恶性肿瘤学术研讨会等国际学术会议、2011年中德胰腺癌及肿瘤免疫学基础研究学术研讨会、首届国际针灸治疗肿瘤论坛。

开展科研团体和国内学术交流工作。承办华东地区肿瘤医院联盟成立大会、复旦大学"985"工程三期《肿瘤研究Ⅱ》、《放射医学》项目专家论证会，主办2011年全市病理质量控制工作会议暨新一届上海市临床病理质量控制中心委员会成立大会、第七届全国肿瘤放疗及综合治疗会议暨第二届东部肿瘤放疗协作组(EROG)会议、2011年肿瘤影像学术论坛、举办"2011年乳房重建学习班"。

推动精神文明建设。举行"纪念建党90周年"系列活动，包括组织全院三百多名党员赴华西村、四明山开展红色之旅活动。积极举办和参加各种社会公益活动，先后举行各类义诊及科普宣传活动，向患者及居民提供免费诊断和咨询3 455余人次。组织"肿瘤宣传周系列活动"和"迎七一献真情"党员志愿者大型义诊活动。3月，获得2009—2010年度(第十五届)上海市文明单位称号。8月，将普通专病门诊纳入预约范围。12月，实现自助预约，自助发卡，自助挂号，自助充值，自助缴费等一站式服务功能。

积极配合上级部门检查。1月，接受卫生部开展的大型医院巡查专家组第三轮指导工作。5月，卫生部规财司"小金库"专项治理督导组到院督查、卫生部规财司工程建设领域专项治理检查专家组到院检查指导工作。8月，国家中医药管理局医政司到院参观考察中西医结合科建设情况。12月，卫生部医政司医疗质量万里行和抗菌药物临床应用专项整治活动暨放射诊疗防护专项检查督导检查组专家到院检查指导。

(郭小毛　吕力琅)

【签署中韩医疗卫生合作备忘录】 3月16日，肿瘤医院院长蒋国梁(时任)代表医院与韩国大邱天主教大学医学中心和大邱海尼大学东方医院及韩医现代医学结合项目负责人签署中韩医疗卫生合作备忘录。双方将开展医教研和管理方面的人员交流项目，共同举办高层次的广泛学术研讨，临床诊疗、培训和科研开展远程视频会议。　(程　玺)

【被指定为全国市县级医院常见肿瘤规范化诊疗指导医院】 3月22日，卫生部办公厅召开市、县级医院常见肿瘤规范化诊疗试点工作会议。会上，肿瘤医院被指定为全国市、县级医院常见肿瘤规范化诊疗指导医院，定点指导上海交通大学医学院附属新华医院崇明分院肝癌、肺癌二个试点病种。医院将综合恶性肿瘤多学科综合诊治优势，开展规范化诊疗指导工作。　(吕力琅)

【领导班子换届】 4月13日，常务副校长王卫平、党委副书记王小林、党委组织部部长秦丽萍及肿瘤医院院领导、中层干部、护士长等共120余人参加新一届行政领导班子和新任党委书记任命宣布大会。秦莉萍宣读《关于肿瘤医院新一届行政领导班子组成的决定》(校任字[2011]5号)。郭小毛任肿瘤医院院长；杜祥任副院长，定正处级；叶定伟、吴炅、陈海泉、陈震任副院长；李端树任肿瘤医院党委书记。　(顾文英)

【获得2014年国际粒子放射治疗大会主办权】 5月，第50届国际粒子放射治疗大会(PTCOG)在美国费城召开。肿瘤医院放疗科副主任陈佳艺和院办主任吕力琅应邀参加会议，并代表质子重离子中心参加2014年第53届PTCOG年会主办权申请的竞争。通过PTCOG指导委员会的投票，肿瘤医院获得2014年PTCOG会议主办权。　(吕力琅)

【完成首例经皮穿刺胃镜下胃造瘘术】 7月，肿瘤医院胸外科为一位80岁的患者完成首例经皮穿刺胃镜下胃造瘘术。"经皮穿刺胃镜下胃造瘘术"(PEG)是一种解决患者进食梗阻的微创治疗，是在内镜引导下，经皮穿刺放置胃造瘘管，以进行胃肠内营养为目的的手术。与传统的外科手术胃造瘘术及空肠造瘘术相比，PEG具有操作简便、快捷、创伤小、无需开腹、费用低等优点。如果情况特殊，甚至还可以局部麻醉下在门诊完成。　(陈海泉)

【完成首例采用股前外侧皮瓣修复口底癌患者术后缺损手术】 7月20日，肿瘤医院头颈外科首次成功独立完成一例采用股前外侧皮瓣修复口底癌患者术后缺损的手术。该技术在丰富头颈外科术后修复手段的同时，也为患者实施个体化的修复提供新的手段。　(吴　毅)

【成立复旦肿瘤医院—始达Ⅰ期临床研究中心】 该中心于9月19日成立。院长郭小毛与美国始达执行总裁Anthony Tolcher到会并致词。科技部中国生物技术发展中心医药生物技术处处长郑玉果、上海市科学技术委员会生物医药处董树沛副处长、复旦大学科技处龚新高处长，殷南根副处长、副院长叶定伟教授、沈镇宙教授等共同为中心揭牌。中心的成立，将力争通过二至三年的时间，推动更多中国自主研发的抗肿瘤新药进入Ⅱ-Ⅲ期临床，进而上市，缩短研发周期，降低研发成本，惠及更多癌症患者。　(李　进)

【劳伦佐·考恩获上海市"白玉兰荣誉奖"金奖】 9月30日，肿瘤医院特聘教授、M. D. Anderson肿瘤中心整合医学部主任劳伦佐·考恩(Lorenzo Cohen)，获得由上海市政府颁发的2011年"白玉兰荣誉奖"金奖，该奖项是对外籍人士在沪的最高荣誉，上海市市长韩正颁奖。副校长桂永浩陪同参加颁奖仪式。　(程　玺)

【举行八十周年院庆大型义诊】 10月15日，肿瘤医院在外滩陈毅广场举行"喜迎院庆八十载"大型义诊活动。院长郭小毛、书记李端树携医院12个多学科综合诊治团队和护理团队80余人给市民提供健康咨询。旨在普及正确的防癌知识，倡导肿瘤的多学科综合治疗理念，共同抗击癌症。据统计，近2 000名市民参加现场活动，发放各类宣传资料3 000余份。

（倪洪珍）

【主办第十一届全国乳腺癌会议暨第六届上海国际乳腺癌论坛】 该论坛于10月21日在浦东展览馆举行。由肿瘤医院主办。上海市卫生局局长徐建光、复旦大学副校长桂永浩、肿瘤医院院长郭小毛、终身教授沈镇宙到会并致辞，肿瘤医院副院长吴炅主持开幕式。来自海内外乳腺癌专业治疗领域的专家和学者近1 500余人与会。上海市乳腺癌临床医学中心已将乳腺癌患者术后5年生存率从79.8%提高到89.9%，与欧美国家一流的肿瘤诊断中心报道的5年生存率相一致，达到国际先进水平。

（邵志敏）

【举行建院八十周年庆典活动】 11月12日，肿瘤医院八十周年庆典活动在院举行。中共中央政治局委员、上海市委书记俞正声，全国人大常委会副委员长韩启德，上海市委副书记、市长韩正，上海市政协主席冯国勤，卫生部副部长黄洁夫，上海市委常委、统战部部长杨晓渡发来贺信或题词。市人大常委会主任刘云耕、市委副书记殷一璀、市人大常委会副主任钟燕群、副市长沈晓明、市政协副主席王新奎等领导、杨福家院士、汤钊猷院士、顾健人院士、杨胜利院士、王威琪院士、王红阳院士及全国各地医院的党政领导共同出席。活动由肿瘤医院党委书记李端树主持。院长郭小毛，肿瘤医院职工代表沈镇宙，仁济医院院长李卫平，美国得州安德森肿瘤中心副院长 Thomas Feeley 致辞，上海市卫生局局长徐建光、卫生部规财司副司长刘殿奎，上海市副市长沈晓明、复旦大学副校长桂永浩分别讲话。

（吕力琅）

【主办华东地区肿瘤医院联盟成立大会】 11月12日，华东地区肿瘤医院联盟成立大会召开。来自山东、江苏、安徽、湖南、江西各省的肿瘤医院院长及代表参加大会。会议举行联盟成立仪式，进行联盟签字仪式，通过联盟章程，成立联盟理事会。联盟将共同开展肿瘤的医疗、教学、科研和预防及行政管理工作，开展华东地区各类院际协作和交流，推进我国肿瘤医学科技事业发展和提高肿瘤防治水平。

（吕力琅）

【闵行分院签署新一轮协作共建合作协议】 12月10日，肿瘤医院闵行分院5周年庆典大会在闵行分院举行。闵行区副区长杨德妹、复旦大学医院管理处处长夏景林、肿瘤医院院长郭小毛、书记李端树到会致辞。会上，郭小毛院长和闵行区卫生局局长兼党委书记许速共同签署新一轮协作共建合作协议。肿瘤医院将继续通过所有权与经营权相分离的新型管理模式，使闵行分院在管理、人才建设、学科建设、科技创新和服务质量等方面取得发展。

（倪洪珍）

复旦大学附属妇产科医院

【概况】 2011年，复旦大学附属妇产科医院有在职职工1 253人，其中医师359人，行政人员111人，护理人员551人，技术人员167人，工人65人。具有正高级职称18人，副高级职称725人，中级职称226人。有特聘教授2人。博士研究生导师10人，硕士研究生导师28人。

医院核定床位820张，全年共完成门急诊总数1 193 556人次，其中门诊1 183 761人次，急诊9 795人次；出院数42 588人次；手术总数24 097例；产科分娩数12 636例；床位使用率93.49%；周转率53.83%；平均住院天数6.23天。

在读研究生136人，其中硕士研究生56人，博士研究生37人，新招研究生43人。毕业研究生23人。接收医学生实习162人，举办国家级继续教育学习班项目8个，有1 327人参加。招收进修医生66人，其中长期进修23人、短期进修43人。

全年共有50项课题、项目获得立项，其中与儿科医院共同牵头负责的“985”三期学科建设项目“生殖与发育健康研究”方向研究、国家自然基金项目9项、上海市科委生药处重大多中心项目1项，科委重点项目2项，上海市科委面上项目6项（含自然基金3项、探索项目3项）、启明星计划1项（赵洪波）、浦江人才基金1项（王凌）、上海市卫生局新优青计划2项（张晓燕、王超）、教委科研创新项目1项、复旦大学自主创新项目1项等项目；获得总经费2 975万元。申报发明专利5项、实用新型1项。

发表在各类中文期刊上论文115篇。其中权威杂志文章22篇、核心杂志文章49篇、综述40篇，病例报道4篇。SCI论文累计49篇，影响因子累计133.488，其中最高18.97，为医院历史之最。另外E-pub发表论文5篇（影响因子 IF 共12.338），影响因子IF总计达145.876。

医院入选“2010年度中国最佳医院排行榜”及“2010年度中国医院最佳专科声誉排行榜（妇产科专业）”。获得“2009—2010年度（第十五届）上海市文明单位”称号、上海市卫生系统精神文明单位称号、复旦大学2010年度宣传工作先进单位。

院长邬惊雷当选为黄浦区第一届人民代表大会代表；华克勤被选为中国人民政治协商会议上海市黄浦区第一届委员会委员；李斌被选为中国人民政治协商会议上海市杨浦区第十三届委员会委员。邬惊雷院长获得“2010—2011年度最具领导力中国医院院长”称号。聂姬婵、顾春怡获“2011年度复旦大学十大医务青年”称号，张晓燕被选为上海市卫生局新优青计划培养对象；杜美蓉获得明治乳业生命科学奖；李大金获上海市医务职工科技创新标兵称号；程海东获杨浦区医师协会“优秀医师奖”称号；陆辉获黄浦区人民武装部“优秀专职武装干部”称号；邬惊雷获上海市妇女权益保障先进个人称号；黄雅芳获2009—2010年度上海市卫生系统精神文明建设优秀组织者；耿立红、黄慧卿获复旦大学优秀护士称号；张亚君获上海市优质护理服务优秀个人；孙丽清、丁焱获复旦大学优秀共产党员称号；尤仁获上海市先进退管工作者等。

对口支援基层医疗机构，完成志愿者选派任务。选派徐波参加上海援摩医疗队赴摩洛哥塞达特，开展为期2年的援助工作；选派高蜀君参加中山医院国家医疗队，赴青海省格尔木市完成为期1个月的巡回医疗工作；选派邵珺参加上海市人事局组织的赴云南智力交流项目；姜伟参加复旦大学博士生医疗服务团，赴大别山革命老区安徽省六安市霍邱县医疗服务；顾超参加"复旦大学赴新疆青年医疗服务队"，赴新疆喀什地区进行为期一周的医疗服务、教学培训和义诊；选派3名党员医务人员参加"让老年人活得更健康——百名医学专家大型慈善义诊"活动。成功救助韩国90后孕妇。

3月25日，召开共青团复旦大学附属妇产科医院五届一次团员代表大会，会议听取并审议第四届委员作的工作报告和财务报告，进行第五届团委委员改选。与浙江省宁波市第七医院(镇海区人民医院)在宁波市镇海区九龙湖畔的九龙山庄举行了隆重合作协议签订仪式。由妇产科医院及儿科医院两家为牵头单位的复旦大学"985"工程三期医学学科建设项目"生殖与发育健康研究"项目建设启动会议在杨浦院区召开。12月3日，"上海市女性生殖内分泌相关疾病重点实验室"建设项目通过验收。12月8日，卫生部医政司医疗管理处处长焦雅辉为组长的督查组一行17人，对医院开展医疗质量万里行活动暨抗菌药物临床应用专项整治活动实施情况督查。12月22日，医院作为主编单位，在杨浦院区召开《实用妇产科学》(第3版)定稿会议。

医院招录住院医师规范化培训学员26名，目前在培学员总计达47人。作为上海市住院医师规范化培训结业考核妇产科技能考试的考点，承担病史采集、体格检查、病例分析及手术操作等考核工作。有2位规范化培训医师获"2010—2011年度上海市优秀住院医师"称号。

成立临床路径管理试点工作领导小组，确定妇科病房以子宫平滑肌瘤、产科以计划性剖宫产、计划生育科以中孕引产、宫颈科以子宫内膜息肉、乳腺科以乳腺癌等单病种分别开始实施。7月，开始增加宫颈癌、输卵管妊娠、卵巢良性囊肿、子宫腺肌症、自然临产和胎膜早破阴道分娩等病种。各试点科室成立临床路径管理试点工作实施小组，由科主任负责，坚持例会制度，每月负责相关资料的收集和整理工作，再将数据汇总至质量控制科提交医院临床路径指导评价小组，对临床路径实施效果进行评估与分析。总计11种单病种进入临床路径统计，累计完成近1 410例。各病种入径率逐步提高(由第二季度20%上升为第四季度40%)，完成率高于70%，其中8个病种住院检查及药品费用逐步下降，在妇科30病房、产科23病房试点运行临床路径电子病历。

开展预约诊疗服务。预约服务涵盖电话、网络、现场等方式，采取实名制，并开始实行分时段预约。专家门诊号源全部开放预约，据上海医联网预约数据统计，妇产科医院专家门诊预约率40.74%、号源利用率52%，均位于上海医联网三十四家三级医院第三位。产科门诊实行预约制，在产科门诊、急诊试行预付费制，减少病人多次排队付费。两院区门诊设自助挂号、自助查询、自助打印机。为方便病人就诊及查询，将原来分散由多部门管理的咨询服务、预检、预约、查询打印报告等功能整合进便民服务中心，统一由门诊办公室管理。改善候诊条件，在所有楼层门诊候诊区域完善屏幕叫号系统，安装电视播放新闻和科普知识，制作科普或保健知识小册子供患者及家属取阅。中西医结合科推广中医特色治疗：针灸促排卵和治疗尿潴留、开设中医肿瘤治疗门诊、开展异位妊娠中西医结合保守治疗等。麻醉科与产科密切合作，通过宣传材料及网络平台("好大夫"网站)进行科普宣传，开展分娩镇痛服务。妇产科医院网站(http://fckyy.fudan.edu.cn)完成改版上线，整个网站涵盖10个一级导航、40多个二级导航，并细分子栏目。

(葛秀贞)

【1篇论文在国际妇产科超声医学研讨会上被评为最佳论文】 2月25—27日，由国际妇产科超声学会主办、澳门妇产科学会筹办的"第七届国际妇产科超声医学研讨会"在澳门举行。会上，妇产科医院超声科医生张蕴、严英榴等撰写的论文摘要"Value of fetal cardiac axis measured in the fetal echocardiography of the second trimester"被评审委员会评为最佳论文摘要。该研究认为中孕期正常胎儿心轴角度参考值将有助于胎儿先天性畸形的超声诊断，异常心轴角度可能提示胎儿心脏畸形和/或心脏以外其他畸形的存在。

(周毓青　葛秀贞)

【举行"姐妹情——妇科肿瘤慈善救助项目"定点医院签约仪式暨义工队授旗仪式】 该仪式于5月6日在妇产科医院杨浦院区举行。上海市慈善基金会周剑萍副理事长、曹雅琳常务副秘书长、复旦大学上海医学院党委副书记钱海虹、复旦大学附属妇产科医院党委书记华克勤、副院长李笑天、副院长姜桦、副书记陈晓军出席仪式。该组织是由上海市慈善基金会与市妇联、新民晚报社共同合作设立，这种由企业捐赠、社会募捐、医院出技术并减免部分费用的优势互补救助模式，旨在为家庭贫困，患有妇科恶性肿瘤(宫颈癌、卵巢癌、子宫内膜癌、乳腺癌)需要手术治疗的妇女提供必要的帮助。成立"红房子义工队"，共有96名妇产科医院职工报名参加，队长为陈晓军。

(王　珏　葛秀贞)

【主办"胎儿心脏超声诊断座谈会"】

该座谈会于5月19日下午在黄浦院区召开，由妇产科医院主办、上海市超声医学研究所协办。会议主题为"Fetus As A Patient"。美国费城儿童医院胎儿心脏中心主任Jack Rychik和美国费城儿童医院胎儿心脏中心影像部主任田志云应邀参加。会上，Jack Rychik就法洛四联症、永存动脉干及大动脉转位等复杂性先天性心脏病的发生机理、超声诊断、预后及临床处理作专题报告，并对一些复杂性先心病病例的宫内治疗进行介绍。田志云向与会者介绍复杂性先心病的诊断技巧及诊断思维。妇产科医院教授严英榴介绍胎儿心超诊断方面的规范及经验。

(周毓青　葛秀贞)

【举办"子宫内膜内异症新进展学习

班暨妇科疑难疾病诊治规范和手术技巧研讨会”】 该会议于5月6日在杨浦院区举行。妇产科医院教授刘惜时主持会议，日本国际知名妇科肿瘤腹腔镜手术专家、仓敷医疗中心教授安藤正明(Masaaki Andou)以及比利时鲁汶天主教大学教授雅克·唐纳兹(Jacques Donnez)出席。来自北京、天津、西安、大连等12个城市的400余名专家通过卫星转播观摩研讨会实况。刘惜时、朱芝玲现场展示腹腔镜下治疗子宫颈癌、晚期子宫内膜癌的手术技巧，包括为提高年轻患者生活质量而做的阴道延长术。安藤正明(Masaaki Andou)讲解腹腔镜下对宫颈癌患者保护膀胱功能的手术技巧。雅克·唐纳兹(Jacques Donnez)交流腹腔镜下激光治疗深部子宫内膜异位症的手术技巧。北京协和医院教授朱兰通过录像介绍腹腔镜下盆底修复手术的经验，复旦大学附属肿瘤医院教授吴小华介绍开腹手术治疗宫颈癌的技巧及经验。

（易晓芳　葛秀贞）

【接受“医疗质量万里行暨三好一满意”活动检查】 8月31日，由复旦大学医院管理处、公共卫生中心、金山医院等25位专家组成的复旦大学“医疗质量万里行暨三好一满意”活动专家组到院，就医疗服务、医疗质量、医疗安全、医院感染控制、抗菌药物临床应用、优质护理和安全生产等方面进行检查。专家们充分肯定成绩，也对某些不足之处提出意见和建议。

（何　媛　葛秀贞）

【举行“PAC优质服务示范医院”挂牌仪式】 该仪式于9月26日在杨浦院区举行。中国妇女发展基金会主任胡金霞、上海市妇联副主席翁文磊、中华医学会计划生育分会主任委员程利南等为“PAC优质服务示范医院”揭牌。医院接受中国妇女发展基金会“伊爱基金”首批资助。流产后关爱(Post-Abortion Care, PAC)，即是一种通过标准化医疗服务为大众尤其是人工流产手术患者宣传避孕知识、落实有效避孕方法、保护流产后女性生殖健康等工作提供标准化服务的模式，得到中国妇女发展基金会和中华医学会计划生育学分会共同认可。截至2011年底，全国仅有两家医院获得该称号。

（王　珏　葛秀贞）

【成立“复旦·杨浦优生促进中心”】 9月20日，杨浦院区召开“杨浦区优生促进工作推进会”暨“复旦·杨浦优生促进中心”成立仪式。中共杨浦区区委副书记魏伟明与复旦大学副校长许征共同为该中心揭牌。上海市人口和计划生育委员会副主任孙常敏、杨浦区副区长吴乾渝以及医院部分医护人员等200余人参加仪式。中心重在探索具有区域城市人群特点、规范、可复制的优生促进工作模式，提高出生人口素质，达到降低出生缺陷发生风险，提高出生人口素质的目标。

（邹世恩　朱晓勇　葛秀贞）

【通过市卫生局PGD技术准入评审】 9月21日，上海市卫生局疾病预防控制与妇幼保健处组织相关学科专家对“集爱遗传与不育诊疗中心”关于开展胚胎植入前遗传学诊断(PGD)新技术准入进行评审，该中心为妇产科医院下属机构。医院党委书记华克勤、集爱遗传与不育诊疗中心院长赵伟鹏、常务副院长孙晓溪以及PGD项目组负责人及成员等参加评审会。专家组成员一致认为该中心生殖辅助技术项目的整体实力较强，各项条件均满足该新项目的实施和临床应用；肯定该“胚胎植入前遗传学诊断(PGD)”技术项目的临床价值，同意该项目试运行。评审过程中，专家就进一步细化施行PGD技术的指征、在实施运用过程中的伦理注意事项等提出问题及建议。集爱遗传与不育诊疗中心是目前全国唯一被卫生部门批准执业的试管婴儿和遗传检测的中外合作中心。

（杨国芬　王　珏　葛秀贞）

【第三代试管婴儿诞生】 9月30日，上海首例“第三代试管婴儿”诞生。医院下属机构集爱遗传与不育诊疗中心率先在上海开展“胚胎植入前诊断的应用研究”，使一对因染色体异常而反复流产的夫妇成功妊娠，并顺利诞下一名发育正常的健康婴儿。“第三代试管婴儿”是在第一代和针对男性少、弱精症的第二代试管婴儿基础上派生出来的一项新技术，胚胎在植入母体前，先做诊断并筛选出没有遗传病的高质量合格胚胎，从而杜绝缺陷后代出生。

（张月萍　葛秀贞）

【Robert C. Bast访问医院】 10月15日，国际知名妇科肿瘤专家、美国得州安德森(M. D. Anderson)癌症中心副主任、卵巢癌等特异性标志物CA125－OC125的发现者罗伯特·C.巴斯特(Robert C. Bast)到院访问，在黄浦院区作题为“Molecular Approaches to Personalized Care of Ovarian Cancer”的学术报告，并展示其在卵巢癌诊断和治疗等领域的相关研究成果。

（陈　天　葛秀贞）

【举行沪丰医保“一卡通”合作签约仪式】 12月15日，在上海市社会保障局指导下，医院与江苏省大丰市医保中心举行沪丰医保“一卡通”合作签约仪式。根据合约，大丰市参保人员在妇产科医院治疗所发生医疗费用均可实时结算，医保用药执行大丰目录。这是医院与周边地区在推动卫生合作方面又一次探索。

（王　珏　葛秀贞）

【中西医结合科被确定为上海市第三批综合医院达标中医科建设单位】 12月7日，中西医结合科被确定为上海市第三批医院达标中医科建设单位，建设期为2011年至2013年。计划通过3年的达标建设，各级医师熟练掌握特色病种以及常见病的中医药诊治方法，对部分急危重及疑难病合理、有效应用中医、中西医结合方法诊治；中西医结合科除硬件设施达到相关标准外，建立2个特色优势病种，设立月经病专科门诊、流产专科门诊、子宫内膜异位症及针灸门诊4个专病专科门诊。

（俞而慨　葛秀贞）

复旦大学附属儿科医院

【概况】 2011年，复旦大学附属儿科医院有在职职工1 329人，其中正高级职称34人、副高级职称68人，博士生导师20名、硕士生导师35名。双聘首席研究员18名。全年核定床位600张，门急诊服务达200.23万人次，同比增长4.05%；出院30 095人次，同比增长11.1%；平均住院日7.92天。贯彻落实深化医药卫生体制改革意见，认真推进公立医院改革试点工作，根据"三好一满意"的总体要求，改进医院内部管理、优化服务流程、规范诊疗行为、和谐医患关系，以"创先争优"活动为契机，积极推进医院精神文明建设。

全年科研基金立项项目40项(纵向基金34项，横向基金6项)，学科建设项目经费6 000万。2011年发表论文211篇，其中SCI收录论文74篇，A类67篇，B类70篇，主编专著4本，副主编专著3本。新申报专利1项。

共接待外宾团体23批82人次；讲学29人次。主办"第三届上海国际新生儿医学论坛"及"2011孤独症研究国际合作发展论坛"。接待全国各兄弟医院代表团来访17批130人次。

进一步规范儿科医学教育，高质量完成复旦大学上海医学院儿科学系本科生、研究生、住院医师和专科医师、进修生等教学任务。研究生党支部获复旦大学先进基层党组织称号，获评"2010—2011年度复旦大学先进示范党支部创建单位"。黄国英获评复旦大学研究生心目中的好导师，桂永浩获复旦大学优秀研究生导师称号。沈茜、马晓静获"复旦大学十大医务青年"称号，吴静燕、胡晓静获提名奖。

医院新生儿科、小儿消化科、中医儿科被列入卫生部国家临床重点专科建设项目，至此，包括儿科重症医学科、新生儿重点实验室"三合一建设项目"，医院共有5个国家临床重点专科。新生儿疾病重点实验室顺利通过卫生部组织的评估。医院重点加强卫生部新生儿疾病重点实验室和复旦大学儿童发育与疾病转化研究中心的基础设施，建设斑马鱼平台和生物样本库和公共实验能力平台，提升实验室的科研能力。

开展公益活动，提高社会影响力。与上海慈善基金会联合开展残疾儿童康复培训活动，康复科医生走进闵行区江川街道、古美街道，闸北、卢湾特殊教育康复指导中心，徐汇区华泾镇等社区，提供脑瘫患儿康复培训、治疗和康复的指导；向梅陇镇政府争取资源，成立残障儿童早期扶助帮困基金，获资助30万元，用于100多位脑瘫患儿的康复。爱心小屋每周为住院患儿开放二次，丰富住院患儿生活，缓解患儿在院情绪，得到患儿和家长好评。筹募帮困基金，全年募集社会爱心人士捐款720多万元，救助患儿600多人次；全年举办公益课堂13次，受益患儿达1 100多人次，公益班车开到山东、浙江、江苏、福建等省，为当地送去优质的医疗服务，包括科普讲课和义诊；"六一"节前夕，院党委举办点亮心愿活动，为99位住院患儿实现心愿；"六一"节当天，医院举办"儿童在我心中"的大型义诊活动，义务诊治患儿200多人次。

做好援建和支援工作。医院分别选派3名医师作为国家医疗队成员将出征云南、青海开展巡回医疗任务。贯彻落实《上海实施人才强市战略行动纲要》，选派医生赴云南省开展智力交流工作。医院与乌鲁木齐儿童医院签署对口支援合作协议，选派医生赴乌鲁木齐儿童医院进行授课讲学、查房等工作。新疆喀什地区发生儿童输入性脊髓灰质炎疫情，医院选派医生作为卫生部专家紧急抽调赴新疆喀什支援，获卫生部表扬。配合上海市卫生局完成援外医疗任务，医院再次选派医生赴摩开展两年援外医疗工作。

推进精神文明建设。筹备一站式服务体系；积极参与社区共建和谐工作，与枫林街道、古美街道探讨共同推动医患关系和谐发展；进一步丰富职工生活，在职工食堂东侧墙面上开辟文化墙，定期展出职工自己的作品。创办"开心聊聊吧"和"我加入，我做操，我健康，我快乐"活动平台，成立儿科医院"爱摄会"摄影学会。举办第八届文化艺术节，工会"一日游"，儿科春晚等系列活动丰富职工生活。结合纪念建党90周年，院工会开展"唱红歌，念党恩"活动，组建合唱团参加上海市卫生系统红歌大赛和复旦大学庆祝建党90周年红歌大赛，获得三等奖和二等奖。获国家级荣誉10个，市级(局级)荣誉70余个。获2010年度中国最佳专科排行榜小儿内科第一名、小儿外科第二名，获上海市第十五届文明单位，获上海市卫生系统第十届文明单位。《儿科之窗》获全国优秀医院报刊，血液肿瘤科获卫生部优质护理服务优质病房，传染科获第八届复旦大学校长奖。黄国英获评卫生部有突出贡献中青年专家，王亮获评教育部教育系统先进个人，李昊获评上海市卫生系统第十三届"银蛇奖"三等奖，上海市卫生系统先进工作者、记行政大功1次，徐虹获评2008—2010年度上海市卫生系统退管会支持退管工作好领导，沈军获评上海市优秀青年志愿者。

制定医院总体发展规划，实施基础建设项目的扩建计划。新医院一期建设项目通过竣工决算审计，十二五基本建设总体规划通过卫生部专家评审。

11月10日，复旦大学党委书记朱之义，副书记王小林，副校长桂永浩、许征，以及复旦大学部分职能部处负责人到院开展"深入基层大走访大调研"。调研组现场察看门急诊、新生儿重症监护病房、转化研究中心、血液科病房、特需门诊和院容院貌，并听取工作汇报。

完成上海市闵行区第五届人大代表选举工作。全院1 238名选民分成40个选民小组参加投票，其中205名选民代表参加主会场投票。

(翟晓文)

【参加首批国家医疗队出征云南】 4月11—5月12日，根据卫生部安排，儿科医院与中山医院组建首批国家医疗队，赴云南开展手术示教、教学查房、危重病人抢救、专题讲座、学科和科室建设规划、技术指导和人员培训等系列工作。 (翟晓文)

【赵雯到院与看望白血病患儿】 6月1日，上海市副市长、市妇儿工委主任赵雯一行在院长黄国英、书记曹莲华等院领导的陪同下，看望住院的白血病患儿，和患儿们共度"六一"，祝愿他们节日快乐，并慰问一线医务人员。

(翟晓文)

【国家妇女儿童发展纲要终期评估检

查工作组到院考察】 7月21日，国家工商总局副局长钟攸平等专家组成的国家妇女儿童发展纲要终期评估检查工作组考察上海市危重症新生儿抢救会诊中心工作，儿科医院作为上海市危重症新生儿抢救会诊中心的示范单位接受国家检查组的检查。考察组听取工作汇报并到NICU(新生儿重症监护室)、新生儿病房进行现场查看。 （翟晓文）

【举办2011孤独症研究国际合作发展论坛】 该论坛于11月4—5日在儿科医院举行，由儿科医院与美国孤独症研究基金会孤独症之声(Autism Speaks)共同举办。共有参会人员250余人。论坛围绕孤独症的流行病学、遗传学、诊断和培训等多个领域进行报告和探讨，孤独症之声(Autism Speaks)就共同筹建国内孤独症生物标本库和儿科医院达成合作意向。 （高 艳）

【桂永浩当选《中华儿科杂志》总编】 11月5日，《中华儿科杂志》在北京香山饭店举行换届会议，成立第十四届编辑委员会。会议推选中华医学会儿科分会主任委员、复旦大学副校长、上海医学院院长桂永浩担任总编辑。《中华儿科杂志》创刊于1950年，由中华医学会主办，是我国儿科医学领域的高级学术期刊。 （高 艳）

【举办约翰·霍普金斯医学(Johns Hopkins Medicine)临床研究设计培训班】 该培训班于11月30—12月4日开班，由美国约翰·霍普金斯(Johns Hopkins)儿童医学中心的5位教授授课。医院院长黄国英、书记徐虹等领导出席开幕式并致辞。来自医院的12个科室主任和业务骨干接受全程培训。该临床研究设计培训班旨在为医院临床医生在科学研究中遇到的设计、实施、报告等具体问题提供指导和帮助，为不同临床科研课题组提供学术交流机会和平台。黄国英出席结业式并与美国教师一起为每名学员颁发结业证书。

（钱玉萍）

【医疗质量万里行督导检查组到院督查】 12月9—11日，卫生部“质量万里行”及抗菌药物临床应用专项整治活动督导检查组到儿科医院就医院管理、药事管理、高值耗材、护理管理、院感管理、财务物价管理、放射诊疗等方面开展对医院工作进行督察。在12月12日的全市督导检查反馈大会上，院长黄国英代表被检查专科医院作交流发言。 （钱玉萍）

复旦大学附属眼耳鼻喉科医院

【概况】 2011年，复旦大学附属眼耳鼻喉科医院有职工859人，其中中国科学院院士1人，长江特聘教授2人，博士生导师20名，硕士生导师41名，具有高级职称者143人。

核定床位394张。全年门急诊人数1 520 491人次，比去年同期上升7.41%。出院人数27 892人次，比2010年同期上升9.84%。全年平均住院天数4.13天，比2010年同期下降了6.56%。

2011年度医院深入开展临床路径管理试点工作。组织成立临床路径领导小组、指导评价小组和实施小组，明确各级人员职责。医务科制订《医院临床路径试点实施方案》，编写《临床路径工作指南》。医院眼科、耳鼻喉科共试点开展10个病种。开展抗菌药物临床应用专项整治活动，向全院临床医护人员宣传培训抗菌药物临床应用整治活动内容和整治目标，制定并梳理抗菌药物管理的各项制度文件，对医院抗菌药物临床应用现状开展自查，结合上海市临床药事质控中心专项督查所反馈的问题，组织临床科室采取一系列整改措施，全院住院患者抗菌药物使用率从81.7%降至59.67%。

科研工作继续保持上升态势。2011年度正式申报课题151项，获得各渠道资助80项，新增科研经费6 068.17万元。其中：国家级项目22项，教育部“985”三期学科建设项目1项，省部级26项，市局级19项，院校级4项，横向课题8项。2011年度组织申报科技奖8项，获省部级奖3项，市局级奖项2项，成果鉴定3项。共发表论文192篇，其中SCI收录90篇，中华系列39篇。王正敏院士的国产电子耳蜗实现市场化，转化医学成果显著。

招收研究生53名，其中博士15人，硕士33人，同等学力博士2人，住院医生专业学位硕士3人。2011年毕业研究生36名，其中眼科博士9人，硕士6人，同等学力硕士1人；耳鼻喉科博士14人，硕士5人；病理科硕士1人。2011年度新增博导2名，硕导6名。王德辉被评为2011年度复旦大学优秀研究生导师。2011年招录基地医师27名：耳鼻喉科13人，眼科14人。2011年基地培训医师1名考取博士后退出基地，此外，另有一人退出住院医师培训。

响应卫生部“三好一满意”活动，结合深化医改和创先争优活动，在全院范围内开展“爱岗敬业作奉献，不断提升满意度”主题活动。将提升病人满意度作为2011年精神文明工作的重点。在创先争优活动中，涌现出一批先进人物：王薇获上海市教卫党委系统“创先争优·医德标兵”及上海市教卫党委系统优秀共产党员称号。吴继红获复旦大学优秀共产党员。临床医技党支部获评复旦大学先进基层党组织。继续参加医疗支援，李厚勇参加上海市对口支援新疆喀什的医疗工作进入第二年；于华鹏作为第十四批上海市赴滇扶贫志愿者接力队队长赴云南红河州蒙自人民医院工作。干德康获上海市对口支援都江堰灾后重建突出贡献奖。

浦江东院医院基本建设总体规划初步完成编制，原则通过卫生部专家论证。扩初设计和设计概算编制工作在进行，卫生学评价、基坑围护方案的安全技术评审、防汛论证、委托测绘单位、委托档案编制单位等工作同时进行。

由复旦大学管理研究所主办的2010年度中国最佳医院及最佳专科排行榜揭晓，眼耳鼻喉科医院耳鼻喉科获最佳专科排行榜耳鼻喉科第一名，眼科获最佳专科排行榜眼科第三名，医院在最佳医院排行榜中排第三十六名。 （王士强）

【成立眼耳鼻喉科医院志愿者队伍】

5月16日，眼耳鼻喉科医院志愿者队伍在医院门诊大楼六楼会议中心正式成立。该志愿队伍邀请复旦大学社会发展与公共政策学院副院长顾东辉等专家教授开设志愿服务方面的讲座和系列培训课程，涉及志愿服务的背景介绍、礼仪知识培训、仪容仪表培训、门诊布局介绍、服务要求、注意事项等各个方面。截至2011年底，招募人数已达230人，服务时间达983.5小时。　(王士强)

【为熊猫施行眼科手术】 11月10日，眼耳鼻喉科医院为上海动物园的大熊猫鹏鹏免费进行眼科手术，眼科主任卢奕成功摘除熊猫右眼内的白内障。该手术是医院首次为大熊猫进行眼科手术。　(王士强)

复旦大学附属金山医院

【概况】 2011年，复旦大学附属金山医院有神经外科、泌尿外科、职业病科等3个学科为金山区重点学科，耳鼻喉头颈外科、心内科、儿科、放射科等4个学科为金山区重点建设学科，妇产科、神经内科、消化科等3个学科为金山区特色专科。劳动卫生与职业病被列为上海市公共卫生重点学科建设项目。

有在编职工1 181人，其中医技人员1 085人。硕士以上学历140人，博士生导师3人、硕士生导师17人，正、副教授(含正、副主任医师)108人，中、高级以上职称329人，占医技人员总数的30.3%。设有26个临床科室、8个医技部门，另设职业病防治研究所、金山区眼病防治所，有核定床位数600张。拥有直线加速器、MRI、DSA、CT、ECT、彩色超声波诊断仪等先进大型医疗设备百余台。全年门急诊1 024 883人次，比2010年增加12.51%；出院病人20 705人次，比2010年增加9.74%；住院手术病人7 280人次，比2010年增加13.17%。平均住院天数10天，比2010年缩短0.62天。

完善制度，加强管理。加强对手术分级管理制度和住院病人分类管理制度的督查。加强对患者身份识别、不安全事件管理、医疗安全不良事件主动报告、患者随访等制度的落实。对重点医疗环节进行定期检查和评估，提出改进措施。加强手术质量管理和重大手术报告审批管理，建立完善的规章制度，岗位职责、诊疗规范、操作常规。严格执行行政谈话制度，进行行政谈话23批次，通过谈话无一例医疗纠纷发生。

提高医疗质量，提供制度保障和持续改进。进一步推进《临床路径》的管理工作，对已经开展的40个病种的临床路径工作进行追踪和分析，及时发现问题并予以整改。建立和完善急诊科的急救体系，进一步加强与区救护站的急救联动体制，着重加强对心肌梗死、脑血管意外等病种急诊抢救流程的规范，在2010年建立的急诊外科创伤抢救小组的基础上，提高对外科多发伤病人的抢救成功率。进一步规范临床用血的各项制度和流程，落实《金山医院用血管理制度手册》的各项规定。对血库工作人员、临床医师进行有关血液安全知识及科学合理用血的培训。对各临床科室上报的新技术、新项目进行准入管理，同时对各科室开展新技术的情况进行及时的跟踪和督促。对8个临床、医技科室开展的18项新技术、新项目进行了例数、并发症以及不良反应的统计和分析。进一步加强我院医院抗菌药物临床应用管理。在目前开展抗菌药物各项管理工作的基础上，积极开展自查并提出整改措施，每季度组织专家检查抗菌药物的合理使用情况。

新增经外周插管的中心静脉导管(PICC)置管与维护门诊、中医老年病门诊、口腔正畸等专病门诊。提高出门诊副高比例。安排高年资医师，尤其是副高医生充实门诊一线，2010年48位专家出2次专家门诊，2011年增加至69位，增加比例近44%

全院病区推行优质护理服务模式，病人的满意度上海市质量控制中心测评96.14%，居上海市平均数以上。

贯彻和落实《上海市实施国家县级医院骨干医师培训项目方案》文件要求，陆续接收云南彝良、永嘉、镇雄、绥江县级人民医院的12名骨干医师来院进修、培训。

全年招收博士研究生4名，硕士研究生15名。1名博士、8名硕士毕业。完成本科生136人、大专生61人、中专生26人临床实习的管理和教学工作。内科、外科、妇产科、耳鼻喉科被正式列为住院医师规范化培训培养基地，心内科、神经内科、普外科、儿科被批准住院医师规范化培训教学基地。中医科为第三批综合医院中医科建设单位。在培全科医师49人，在培医学影像医师8人。

加强科研与教学管理。新立项课题37项，其中国家级2项。省部级3项，校级4项，市级8项，区级20项。全年发表论文181篇，其中核心期刊收录173篇，SCI收录9篇。5项上海市卫生局课题通过验收。其中1项科研成果获2010年上海市科技进步奖三等奖(第四完成单位)、1项获2010年国家安全生产监督总局三等奖。

以“三好一满意”、“优质护理服务”为抓手，切实做好各项工作。组织门诊窗口“文明优质服务竞赛”，评出第八届的12位服务明星和2个先进班组。落实便民措施，全院推行首问负责制，对病人提出的服务问题，采取“一陪到底”的做法，为病人提供最大的便利。

持续推进党内创先争优活动，分层次推进创先争优活动的开展。开展“网上推荐身边党员先进事迹”活动。“蔡蕴敏伤口、造口护理组”的领头人蔡蕴敏被评为2010年度“感动金山十大人物”。组织8个支部积极开展社区结对活动，为社区提供医疗服务、健康咨询，加强医院与社区沟通，取得较好社会效果。

加强党风行风建设。组织全院职工观看吴孟超、王振义的事迹报告录像，共1 000余人参与学习，受教率95%。组织敏感岗位工作人员、新任中层干部、党支部书记、部分党员40余人到区党校参观区反腐倡廉教育，增强廉洁从政意识，提高廉洁自律能力。

建立院内外的监督机制，聘请35名社区监督员长年监督医院行风建设。召开社会监督员恳谈会1次。电话随访出院病人1 530人次，有效1 082次，回访人次占总数的70%。解答病人来电医疗咨询525人次。每月1次病人的满意度调查，调查覆盖率100%。及时整理、归纳病人的意见和建议，反馈到各有关科室，共发出整改反馈通知书15封，整改率100%。

参加创“双优”活动。组织干部廉政学习培训1次，参加法庭审理案件1次，并与负责人签订“廉政建设责任书”；“双优”建设工作自查2次，完善制度管理和基础台账。

加强治安防范工作，落实各项安全保卫措施，医院被评为“平安医院”和“区治安保卫先进集体”。

（谢　洪）

【建成金山医院新院】 10月底，金山医院迁建Ⅰ期项目建设完成。新院占地158亩，建筑面积8.4万平方米。金山医院迁建项目规划时按“一次规划，分步实施”执行。新院启用后拟在老院暂时保留核医学专业和放射治疗专业X线诊断专业（SPECT和直线加速器部分）两项功能，保留时间2年。

（谢　洪）

复旦大学附属上海市第五人民医院

【概况】 2011年，上海市第五人民医院有在职员工1 382人，其中正高级职称36人，副高级职称91人，中级职称356人，初级职称363人，士级职称190人，研究生学历者116人。复旦大学博士生导师3名，硕士生导师16名。皖南医学院硕士生导师7人。享受国务院津贴者5人，闵行区领军人才9名（2011年新入选2人）。任传成入选上海市卫生系统新一轮百人计划培养对象；顾勇当选复旦大学上海医学院学术委员会委员。

有37个临床科室，核定床位630张。完成门急诊1 573 761人次，比2010年增长8.25%；出院24 273人次，比2010年增长6.10%；住院手术11 510人次，比2010年增长38.78%；平均住院天数11.18天，比2010年减少0.56天；门诊医保均次费用167.87元，比2010年增加3.98%；住院医保均次费用9 442.36元，比2010年增加5.96%。

制订“十二五”规划。规划对照《上海市三级综合医院评审标准》中对三级甲等医院的建设要求，从医疗质量、医疗业务、科研教学、人才建设、人力资源配备等方面提出了量化、数字化指标，并细化到各个具体科室，明确医院、科室下阶段发展目标、重点工作与对策措施。基础设施建设方面，针对医院级别晋升、医疗技术水平提高，带来相应医疗规模和能级扩大，医疗任务不断增加的情况，提出新建外科综合大楼的提案，得到周边社区、企事业单位、人民代表的支持，提案上报闵行区发展和改革委员会进一步审议。医院二期建设列入闵行区新一轮卫生系统发展规划。

根据卫生部《医疗技术临床应用管理办法》及上海市《医疗技术临床应用管理办法》，上报通过吻合器痔上黏膜环切术（PPH）、髋膝关节置换术的评审；通过临床基因扩增检验技术、Triage心梗心衰快速检测的复审。对2010年上海市卫生行政部门批准开展的4项技术临床应用进行监管自查，对6项第二类技术的临床应用情况进行上报。经医院学术委员会审核通过骨科的《腰椎后路非融合固定治疗腰椎管狭窄症》第一类技术。

4月，成立医院临床路径管理委员会。医院前期选择肾内科、神经外科、普外科、骨科、消化内科5个科室的10个病种进行试点。根据开展情况，增加呼吸内科、神经内科、泌尿外科的6个病种实施临床路径。10月，临床路径工作开始步入正轨，首选保证50%的入组率和70%的完成率，完成质量有明显提高。根据对三级医院的单病种质量管理工作要求，每例疾病诊疗后10日内进入卫生部网上直报系统进行报送。

加强抗菌药物管理，调整医院抗菌药物临床应用管理小组成员。医院药事委员会和抗菌药物临床应用管理小组联合召开专题会议，进行抗菌药物品种筛选，确定抗菌药物采购目录，并上报闵行区卫生局备案。严格落实抗菌药物分级管理制度，制订《Ⅰ类切口手术患者预防使用抗菌药物专项考评方案》，对临床医生和药剂师进行专题培训、考试和专项整治。实行抗菌药物处方权限和调剂权限分级管理，完善医院信息系统（HIS）监管体系，实现信息化权限管理。加强外购药品管理，对中药注射剂使用、特殊用法药品以及部分超适应征使用药品进行专项检查。严格执行医保政策，建立“五个库”：医师执业库、药品库、服务设施库、诊疗项目库、一次性材料库。

全年带教实习生数275人。新增东海职业技术学院护理系、蚌埠医学院卫生管理系、上海欧华职业技术学院康复与保健专业的实习生。2011年11月22日，通过上海市教育委员会组织专家对医院进行大学非直属附属医院复评审检查。2011年12月5日下午，东海职业技术学院护理系综合实践产、学、研基地在上海市第五人民医院举行挂牌仪式。东海职业技术学院护理系主任钱关祥主持会议，东海职业技术学院党委书记赵佩琪、院长项家祥和医院党政领导共同为基地进行揭牌。

完成2011年度研究生招录及血液病学博士后的招生准备工作。医院共培养研究生85人（复旦82人，皖南医学院3人），其中博士后1人，全日制博士生7人，全日制硕士生57人（其中皖南医学院3人），在职人员攻读硕士学位研究生20人。组织完成19名研究生的中期考核、开题报告工作和9名研究生毕业论文答辩工作。毕业研究生发表论文26篇，其中SCI 2篇，权威期刊3篇，核心期刊10篇；综述7篇，个案4篇。获得复旦大学奖学金4项，其中光华奖2人、富的奖学金1人、康弘奖学金（二等奖）1人。

成功申报上海市第二批住院医师规范化培训基地4个（内科、妇产科、急诊科、康复医学科）和耳鼻咽喉科教学基地1个。共有9个培训基地和2个教学基地。在培住院医师29名。通过上海市卫生局组织的专家组督导检查,并在上海市住院医师规范化培训工作年度总结会上做经验交流。

全年科研立项79项,市局级课题共11项,其中2项为上海市科委"科技创新行动计划"重大科技项目。获得2010年度闵行区科技成果奖二等奖1项,三等奖7项。获得实用新型专利6项,设备科陈渡平获得第二十三届上海市优秀发明选拔赛优秀发明铜奖,麻醉科蒋克泉获得"中华医学会麻醉学分会——驼人医疗器械科技创新奖"三等奖。全年发表论文172篇,其中核心期刊135篇,SCI论文6篇。内分泌科王芳及普外科程明荣获第二届上海医学院"青年学者论坛"征稿优秀奖。全年开展院内学术讲座共34次,参加人员1 498人次。

医院与闵行区疾控中心及社区卫生服务中心联动,开展大规模的临床研究工作。

医院援疆医疗队在新疆喀什当地政府、卫生部门的协助下,举办2011年度卫生援疆临床医疗技术学习班和医院管理学习班,共接待二批14名新疆当地医师来院进修。

做好廉政风险防范工作,根据《〈闵行区卫生系统推进廉政风险防控工作实施方案〉的通知》(闵卫委[2010]47号)的文件要求,各科室、部门认真查找、辨识、评估风险,共涉及风险点145个,廉政风险岗位41个。根据廉政风险点、风险岗位,有针对性地制定防范措施,落实廉政责任制,单位负责人与部门负责人之间,部门负责人与职工之间层层签订廉政责任书。

开展纪念中国共产党成立90周年系列活动。"七一"期间,近60名职工组成医院合唱队参加上海市"健康卫士颂党情"上海市卫生系统"唱红歌"大赛、闵行区"第七届'阳光·大地'优秀歌曲选拔赛"、复旦大学教职工庆祝建党90周年歌咏比赛等活动。7月13日,党委组织部分党员群众参观由上海市委宣传部、市委组织部、市委党史研究室等单位联合举办的"我们共产党人——上海市纪念中国共产党成立90周年大型主题活动"。6月10—12日,党委组织所属的10个党支部的支部书记及支部委员共27名同志,赴井冈山革命根据地,开展红色之旅考察学习活动。

急诊护理组被评为"全国三八红旗集体";医院获评"2009—2010年度上海市文明单位"和"上海市卫生系统第十届文明单位"。 (孙莅莹)

【完成首例自体非清髓干细胞移植治疗2型糖尿病】 5月,内分泌科完成首例自体非清髓干细胞移植治疗2型糖尿病手术。患者为男性45岁,患糖尿病10年,双下肢痛性神经病变2年,每天需口服吗啡3片,才能缓解疼痛,并且长期胰岛素治疗。手术后,患者下肢疼痛明显缓解,不再依赖吗啡。 (孙莅莹)

【完成首例T12椎体压缩性骨折闭合复位经皮钉棒系统椎弓根螺钉内固定术】 9月23日,骨科主任董有海运用微创脊柱外科技术和计算机导航技术,成功实施首例T12椎体压缩性骨折闭合复位经皮钉棒系统椎弓根螺钉内固定术。患者男性,59岁,外伤致胸12椎体压缩性骨折。手术时,C臂机导航定位下于胸11、腰1椎弓根投影区分别作1 cm长切口,透视下经椎弓根插入导针,在导针引导下打入椎弓根螺钉,借助套筒器械经皮安装连接棒,闭合使用撑开器复位压缩椎体。整个手术历时仅1小时,出血20 ml,术后患者恢复满意,于2011年9月30日出院。 (孙莅莹)

上海市(复旦大学附属)公共卫生临床中心

【概况】 2011年,上海市(复旦大学附属)公共卫生临床中心蝉联"卫生系统文明单位"和"市级文明单位"称号。中心工会获"上海市医务工会先进职工之家"称号。

中心有职工711人,其中医疗人员130人,护理人员237人,医技人员93人,科研人员43人,管理人员119人,后勤人员51人。在595名专业技术人员中,正高级职称人员21人,副高级职称人员29人,取得博士学位者23人,硕士学位者91人。新进员工59人,其中博士研究生1人,硕士研究生9人。

中心核定床位500张,全年门急诊量257 989人次,较去年同比增加15.82%;出院病人7 866人次,较去年同比增加13.70%;手术1 327人次,较去年同比增加52.88%,病床使用率95.69%,较去年同比上升3.43%,病床周转率21.43人次,较去同比上升2.58人次,平均住院日16.61天,较去年同比下降1.06天。

召开"纪念中国共产党成立90周年大会",回顾党和我国卫生事业及中心建设发展曲折历程。凝练中心人"四种精神",即"敢想敢干、敢闯敢试的拼搏精神;自强不息、埋头苦干的实干精神;打破常规、开拓进取的创新精神;抢抓机遇、迎接挑战的创业精神",成为中心核心价值观重要组成部分。表彰一批为中心医、教、研、应急工作做出突出成绩的集体和个人,激励干部、员工投身中心"十二五"建设。

巩固"创先争优"活动,开展"坚定医者仁心 争做仁心医者"系列主题活动。组织观看电视剧《医者仁心》和纪录片《名医大家》,结合"三好一满意"活动,营造"尊医、爱患"和谐氛围。

对市区分部整体发展和功能定位进行详细规划。按照上海申康医院发展中心领导对市区分部未来发展的指导意见,通过专家咨询和听取员工意见,对市区分部整体发展和功能定位进行详细规划。

围绕中心建设发展的要求,把"创双优"和项目建设有机地结合,完成2011年各项建设任务。其中包括市区分部修缮预算专项9个,市区分部医技楼和血液透析中心修缮项目的前期工作,金山本部"应急防控用房项目"的结构工程。

3月起,全面启动临床路径管理工作,建立健全临床路径管理组织,建立院科三级督查网络,制定《临床路径管理试点工作实施方案及临床路径管理试点工作制度》。完成临床路径试点病种12个，并在部分科室开展实施，其中艾滋病临床路径，得到卫生部的肯定，并作为全国开展艾滋病临床路径示范项目。

推进医疗新技术在临床应用。肝移植试点单位申报成功，临床基因扩增检验实验室技术和硬度数据超声检测、妇科内窥镜诊疗技术通过审核并应用于临床。

全面启动中心医院等级评审工作。成立“医院等级评审领导小组”，下设“医院等级评审办公室”，强化基础管理，制订《中心医院等级评审实施工作方案》。全面梳理中心管理制度及流程约600余项。

开展“优质护理服务示范工程”活动。成立“示范工程”领导小组，并设立专项基金。“优质护理示范病区”比例达100%，陪护率下降50%，患者满意度达98%、“分级护理”质量合格率达98%，实现了“新医改”政策受惠于民的目标。

4月28日，上海市卫生局附属医学科研机构——上海市新发突发传染病研究所正式挂牌成立。举行“传染性疾病动物模型研究平台”发展建设咨询会。成立传染病诊治转化医学联合研究中心。创建“全国综合医院中医药工作示范单位”，通过省级评估专家组现场检查评估。药物临床试验第二批专业组(产科、结核、中医肝炎、Ⅰ期临床研究室)通过现场审核。

组织申报国家级、市科委等各级纵向课题及人才计划项目91项。立项课题32项，其中国家级课题9项，市科委课题9项，局级课题8项，申康课题1项，校级课题1项，基金会课题4项，参加国家级课题1项，7项国家“十一五”重大专项进入“十二五”滚动。立项经费1 779.7万元，较2010年同比增长118.34%，到位经费778.26万元。获得国家自然科学基金8项，较2010年同比增加100%。1人入选2011年度上海市优秀学科带头人，1人入选上海市卫生系统优秀学科带头人培养计划。截至2011年12月28日，中心共发表论文218篇，较2010年增长4.8%，其中核心期刊160篇，SCI论文37篇，较2010年增长32%，SCI总影响因子86分。登记上海市科技成果3项，申请专利4项，获上海市医学科技三等奖1项，上海中医药科技奖二等奖1项。2011年共招收研究生新生15名，其中博士5名，硕士10名。自2009年中心成为复旦大学研究生独立培养单位以来，累计自主培养研究生共39名。

申报成为上海市住院医师范化培训感染科教学基地(挂靠中山医院)和中医内科教学基地(挂靠岳阳医院)，参与住院医师培训工作。

相继推出“新星计划”和“优青计划”，完成第一批选拔工作，通过专家评审，11名优秀青年骨干入选“新星计划”培养。

建立中心学术会议品牌。7月2日，承办“长江三角洲院长会议”；7月25—26日，派出11名业务骨干参加在澳大利亚墨尔本举行的“第四届中澳传染病研究领域双边协作学术研讨会”；9月15日，主办“公卫论坛”；12月3日，主办“感染性动物模型学术研讨会”等。

完成2011年信息化预算专项市区分部的“影像归档和通信系统(PACS)”建设，实现影像的数字化存储、传输、浏览，为市区分部的临床医生提供数字化的快速、方便、灵活的阅片方式，并实现水电路分部和金山总部的影像信息互联与共享。

启动与中国电信合作开展“无线数字医疗”项目的建设。完成互联网(WEB)网站的开发。进行应用软件系统包括人事考勤系统(考勤管理、考勤审核、人员信息管理)、财务风险监测系统、OA系统及其下属应用等开发。

完成临床路径系统以及院长决策支持系统的开发，临床路径在中心感染一科正式上线，共计上线15条单病种路径，1条通用路径，2条护理路径。

11月16日，中心主任张志勇、党委副书记张建良分别当选金山区、虹口区新一届人大代表。 (严晓慧)

【成立“上海市新发与再现传染病研究所”】 4月28日，“上海市新发与再现传染病研究所”揭牌仪式在中心举行。中国工程院院士闻玉梅与中心教授蒋伟伦应邀为研究所成立揭牌。上海市卫生局局长徐建光、市申康医院发展中心主任陈建平、复旦大学副校长桂永浩、市科委基地建设与管理处处长刘勤等领导应邀出席揭牌仪式。上海卫生局科教处副处长许铁峰宣读“上海市新发与再现传染病研究所”成立的通知。研究所研究方向为：新发与再发传染病的诊断与鉴定技术体系研究、发病机理及临床转归研究、治疗策略与生物预防技术研究；开展技术平台与保障体系的建设，包括高等级生物安全保障技术体系、动物学研究技术平台、传染病科学研究支撑技术平台以及临床药物试验基地。 (严晓慧)

【主办“第五届全国放射医师学术大会”】 该会议于9月10—11日在中心金山总部礼堂举行，由中国医师协会放射医师分会及上海市(复旦大学附属)公共卫生临床中心共同主办。中华医学会副会长戴建平、中国医师协会常务副会长杨镜、中华医学会放射学分会主任委员、中国医师协会放射分会前任会长郭启勇、中华医学会放射学分会候任主任委员、复旦大学副校长冯晓源及上海市医学会放射学分会候任主任委员刘士远等出席，来自全国90多家医院的放射科医师代表共300余人参会。上海市卫生局副局长瞿介明到会祝贺。论坛围绕“新医改与医院发展”、“放射科管理、学科建设和人才培养”、“医疗纠纷与医疗风险防范、放射科质量控制”等主题展开，并作“新医改、医院发展”、“影像专业人才培养”及“放射科质量控制、科室管理与学科建设”和“医疗风险防范培训专场”四大专场报告。

(严晓慧)

【举行“传染病诊治转化医学联合研究中心”揭牌仪式】 该仪式于12月16日在公共卫生临床中心市区分部公共卫生讲堂举行。该研究中心由上海市(复旦大学附属)公共卫生临床中心与医学分子病毒学教育部、卫生部重点实验室、复旦大学医学上海医学院合作成立。中国工程院院士侯云德、闻玉梅应邀为中心成立揭牌，中心党委书记袁正宏主持揭牌仪式。中心副主任陈良与复旦大学医学分子病毒学重点实验室常务副主任谢幼华分别代表合作方签署协议。中国工程院院士闻玉梅、上海市申康医院发展中心主任陈建平、市卫生局副巡视员王磐石、上海市科委副主任徐祖信、复旦大学副校长桂永浩、中心主任张志勇在揭牌仪式上致辞。

（严晓慧）

复旦大学附属华东医院

【概况】 复旦大学附属华东医院是一家以干部医疗保健为重点，老年综合医学科学为特色，医学、教育、科研、预防协调发展的三级甲等综合性医院。由院本部、闵行门诊部、市府大厦门诊部、康平路门诊部及景苑体检中心组成。医疗设备先进，拥有当今世界最新技术的数字化手术室、达芬奇机器人、高清晰度低射线量宝石CT、PET－CT、磁导航血管造影X光机、SPECT、3.0T MR、四维直线加速器等一大批世界一流高、精、尖诊断和治疗设备；拥有11个临床诊疗特色专科——胆胰外科、疝与腹壁外科、泌尿外科、消化内镜、老年医学科、临床营养科、肿瘤科、骨质疏松科、影像医学科、微创外科、乳腺疾病诊疗科，其中老年医学科为上海市重点学科。院内设有上海市老年医学研究所（下设老年痴呆与抗衰老研究室、老年骨质疏松研究室、老年临床医学与保健研究室、流行病学研究室和老年药学研究室），独家发行全国核心期刊《老年医学与保健》。是WHO社区老年保健合作中心，也是上海市康复医学会、上海市临床营养质控中心挂靠单位。

现有职工2 002人，其中正高级职称91人、副高级职称218人、中级职称590人、初级职称705人、其他398人；博士51人，硕士162人。

有临床医技科室41个，核定床位950张，实际开放床位1 040张。2011年接待门（急）诊病人1 420 510人次，出院病人25 530人次，手术病人12 676人次。年内共接待中央及外省市副部级以上保健对象诊疗人次198人次，其中住院42人次，手术16人次。全年外派随队医疗保障67批次，129人次，446天。

顺利通过三级综合医院复评审。7月5—6日，上海市三级综合医院评审专家组到院，就医院管理、医政管理（包括医政总体、医政外、医政内、门急诊、病案）、护理管理、医疗技术水平等方面进行综合评审，充分肯定医院的显著发展，尤其指出在接待工作、医政工作、三级查房、临床科室间合作、“三重一大”等方面有别于兄弟医院的亮点，也为医院各项工作持续进步与发展提出了宝贵的意见与建议。

强化医护质量，持续良性发展。截至年末，优质护理服务示范工程试点工作由2个科室4个病种推广至14个科室26个病种，基本涵盖全院主要临床科室，总计逾2 000人次被纳入临床路径管理，入径率和完成率不断提高，达到卫生部试点管理要求。定期制作医疗质量简报，针对医务人员工作特点，创办每季度一期的《医疗质量简报》，将有关政策法规知识培训、医疗业务发展状况、重点环节督查情况、新技术开展、医保执行情况和医患纠纷动向等信息及时进行发布传达。开设网络、电话实名预约及现场预约，对社区转诊的患者优先安排预约就诊及检查，缩短候诊时间，方便患者就诊，年内专家门诊复诊预约率达51%。增设6台自助服务机，推出“先诊疗、后结算”的自助挂号、自助预约、自助打印检验报告及自助查询等一条龙服务。严抓护理质量，全面建立规范化优质护理示范病区，加强护理安全管理，扩大优质护理服务试点面，全面推广施行责任制护理模式。

夯实科研基础，取得明显实效。大力加强、拓展人才培养的力度和渠道，全年通过自主培养、引进、招收各类研究生45人，10位医师晋升硕导、博导，同时选送张振兴、朱迎钢、崔石磊、郑向鹏、范永前5位优秀青年业务骨干出国学习进修。整形外科刘天一获“上海市卫生系统优秀学科带头人”。2011年共计中标纵向课题38项，其中国家自然科学基金面上项目4项，国家自然科学青年基金4项，卫生部基金1项，教育部“985”基金1项，市自然科学基金2项，市科委基金4项，申康医院发展中心课题2项，上海市卫生局重点项目1项，面上项目7项，局级青年项目4项，上海市卫生局干保局科研基金3项，复旦大学上海医学院青年骨干启动基金4项、上海市卫生系统优秀学科带头人1项，共计获课题经费2 129万元。年内共获得8项专利，其中2项为发明专利，6项为实用新型专利。以第一完成单位获得上海市康复医学科技进步一等奖。2011年发表在中国科技论文统计源期刊目录论文总计164篇，SCI论文24篇。外科、医学检验科、耳鼻咽喉科及麻醉科4个科成为上海市住院医师规范化培训第三批培训基地；外科、病理科和中医骨伤科成为住院医师规范化培训教学基地。年内顺利完成上海市教委专家组对华东医院非直属附属医院临床医学教育的检查工作。

多项举措并进，运行保障到位完成西楼大修工程，及广场道路、南楼东广场、东楼周边道路修缮和东楼外墙粉刷、南楼南区绿化改造等工程。严把设备引进流程和设备监控、维护，全年完成21个项目招投标工作。完成对医用耗材实行“医保编码”管理的相关工作。加快信息系统建设，提升医院管理水平。完成东、南、北楼门诊和住院的HIS升级改造；对西楼、闵行门诊部、康平路门诊部系统进行较大改进；完成“一站式”服务平台的研发；完成院内感染管理和抗菌药物管理系统建设；完成干部保健信息保障服务工作；配合进行6号楼改建工作；完成2次信息安全应急演练。

推动精神文明创建和医院文化建设。年内华东医院党委隆重召开庆祝中国共产党成立90周年暨先进表彰大会。医院获第五届上海市“慈善之星”、2009—2010年度上海市文明单位、上海市对口支援都江堰市灾后重建突出贡献集体等荣誉称号。南门诊获“全国巾帼文明岗”、“全国工人先锋号”称号，新17楼病区获得

“全国三八红旗集体”、“上海市三八红旗集体”称号，新11楼病区获得“上海市巾帼文明岗”称号，工会获“2011年度全国教卫文体模范职工之家”称号，南楼团支部获“上海市五四红旗团支部”称号。王振荣获“上海市优秀共产党员”、“上海市教卫系统优秀共产党员”称号，石文蕾获“2010年度上海市三八红旗手”称号。加大市民健康宣教，2011年与电视台合作摄制健教宣传片4部，与《健康财富》周刊合办“上海市民健康大讲堂”系列讲座4场，组织医院专家上电视、坐电台、发表科普文章150余篇次。由华东医院医生曹钟强撰写的、上海文艺出版社出版的、国内首部医生写医生的深度长篇力作——《医恋》年内在全国各大书店正式发行，全文共计35万字。参与社会公益活动，在外滩陈毅广场、上海展览中心、嘉定、金山、普陀和闵行地区共组织举行大型医疗咨询活动21次，受益群众32 000余人。（邵志民）

【智能医疗信息集成平台全面投入使用】 3月19日，华东医院与美国微软公司合作的智能医疗信息集成平台全面投入使用，该平台将有效整合华东医院及下属门诊部的各个医疗信息，方便患者就地读取各种检验检查报告。通过平台收集到的医疗信息和数据，将进一步运用在医保费用控制、科研数据库建立等多方面。（邵志民）

【入选国家级非物质文化遗产扩展项目】 5月23日，国务院批准文化部确定的第三批国家级非物质文化遗产名录和国家级非物质文化遗产名录扩展项目名录（国发〔2011〕14号）发布，华东医院“朱氏一指禅”推拿疗法入选。（邵志民）

【举行华东医院六十周年院庆大型文艺晚会】 11月8日，华东医院建院60周年院庆大型文艺晚会在上海国际体操中心举行，原中共中央政治局常委、国务院总理朱镕基，原最高人民检察院检察长韩杼滨，全国人大常委会委员龚学平，原上海市人大常委会主任陈铁迪，原上海市委副书记杨堤，原上海市第十届政协主席蒋以任，原上海市第九届政协主席王力平等领导同志为华东医院60周年院庆题词，中共中央政治局委员、上海市委书记俞正声，上海市委副书记、市长韩正发来贺信。上海市人大常委会主任刘云耕、上海市政协主席冯国勤、全国人大常委会委员龚学平、上海市委副书记殷一璀、上海市政法委书记吴志明、上海市委统战部部长杨晓渡等领导同志出席晚会并观看演出。（邵志民）

【党支部换届改选】 12月26日，华东医院党委下属12个党支部支部委员会换届选举工作全面结束，该次换届选举试点开展“公推直选制”，换届选举工作结束后党支部数上升为17个。（邵志民）

【正式通过人工智能辅助治疗技术审核】 12月27日，华东医院获得卫生部人工智能辅助治疗技术（俗称达芬奇机器人手术）的批复（《卫生部关于同意华东医院临床应用人工智能辅助治疗技术的批复》〈卫医政函〔2011〕425号〉），标志着医院胸外科、普通外科、泌尿外科、妇科可以正式开展人工智能辅助治疗技术。（邵志民）

【梅陇地区医疗护理康复中心奠基】 12月30日，闵行区和华东医院合作建造的梅陇地区医疗护理康复中心开工典礼在梅陇镇人民政府会议中心隆重举行，闵行区四套班子、华东医院领导、上海建工集团领导及建设单位等出席典礼。（邵志民）

十二、附中、附小

复旦大学附属中学

【概况】 2011年，复旦大学附属中学（简称复旦附中）有在职教职工238人，其中教师187人（特级教师7人，高级教师58人，一级教师50人）。在校学生1 676人，共53个教学班（含国际部、港台班）。

学校围绕“让学生成为学习的主人”的改革主题，提出“以兴趣吸引学生，以理趣启发学生，以情趣打动学生，以知识丰富学生，以能力提升学生”的人性化课程目标，讲求三类课程（基础型课程、拓展型课程和研究型课程）的个性化、特色化和多样化，依托大学的教育氛围、求实的教育教学改革以及显著的教学成果等进一步拓展社会知名度和影响力。

教师努力实现专业发展与超越。7个学科中有8名教师成为杨浦区学科带头人和骨干教师；特级教师黄玉峰、李秋明、方培君、黄荣华等成为上海市名教师培养基地和高级研修班主持人、导师；6名青年教师在各级各类教学比赛中获奖；教师发表论文百余篇；获得各类科研奖项10多项。学校的示范辐射作用进一步扩大，接待兄弟学校来访学习百余次。

学生在高质量完成基础性课程之余，积极参与拓展型、研究型课程以及社团活动，开放式办学得到一批院士、教授、外籍教师和校友的支持。学校国际部探索扩大规模，提高办学质量，并与近20多个国家和地区的学校保持友好往来。

学生在国内外各级各类竞赛中获奖达百余项。获国际可持续发展项目奥林匹克竞赛铜奖；获全国高中生化学竞赛一等奖并进入国家集训队；学生科技创新获得全国“明天小小科学家”称号等。

学校获得多项省市级以上荣誉，包括上海市文明单位、上海市绿化先进集体、上海市安全文明校园，上海市健康先进单位，上海市社会治安综合治理平安单位、上海市知识产权示范学校、青少年创新人才培养实验学校等。　　（钱忠杰）

【举办青浦分校办学协议签约仪式】 8月26日，复旦大学附属中学青浦分校合作办学协议书签约仪式在青浦区东方绿洲举行。上海市副市长沈晓明、上海市政府副秘书长翁铁慧、复旦大学校长杨玉良、副校长陆昉、青浦区委书记高亢，上海市教委主任薛明扬及青浦区教育局、青浦区政府相关委办局、上海市淀山湖新城发展有限公司、复旦大学附属中学等领导出席会议。根据协议，三方合作在青浦淀山湖新城设立复旦附中青浦分校，由青浦区人民政府按高于市实验性示范性高中标准投资建设新校舍，占地200余亩。学校预计在2015年开始试点招生。　　（钱忠杰）

【启动菁英学生计划】 9月，复旦附中菁英学生计划启动。2013届学生分别赴重庆、贵州、杨浦区殷行街道、崇明前进农场进行为期一周的社会实践活动。“菁英学生培养计划”的推出旨在让学生能够亲身体验祖国西部不同的生活环境和了解政府基层的运作，让学生在体验中有所感悟。　　（钱忠杰）

【开展韩语选修课】 9月14日，复旦附中与大韩民国驻上海领事馆教育科学领事洪元一先生签署《海外学校韩国语教育支援项目》协议，正式开展韩语选修课。从2011学年起，我校将接受韩国领馆资助，在高一年级开设韩国语选修课。　　（钱忠杰）

【斯里兰卡教育部长到校访问】 10月13日，斯里兰卡教育部长班杜拉·古纳瓦德纳一行到校访问。访问过程中，古纳瓦德纳一行向学校师生介绍关于斯里兰卡教育的历史与现状，双方就教育管理、课程建设等问题进行探讨、交流。　　（钱忠杰）

复旦大学第二附属中学

【概况】 2011年，复旦大学第二附属中学（简称复旦二附中）有在编教职工58人，其中专任教师55人、高级职称14人、中级职称38人、未定级3人；在校学生680人，其中初中部560人、高中部120人。

学校着眼于每一个学生的可持续发展，投入新课程建设与实施，狠抓教学管理，努力提高教学质量和办学质量。学校再次被评为杨浦区办学先进单位。

课程建设全面启动。2010年，学校被列入杨浦区课程建设试点校。2011年2月，学校完成新课程实施方案。3月，上海市课程建设专家组到校指导课程方案。5月，杨浦区“漫游星空”网络课程校本化实施展示交流活动在校举行。9月，网上数字平台开通，家长、学生可登录窗口，实现作业布置透明公开，分层作业、因人施教、减负增效得以推进。10月，学校制订的“‘创新拓展日’实施计划”在杨浦区做交流。11月，杨浦区“课程建设”专项督导组成员到校评估课程建设，评价新课程方案“思想前瞻，特色鲜明，务实可行”。

支部“创先争优”全面推进。年初，“以国家课程校本化实施为载体，推进课堂教学改革行动方案”和“以温馨教室建设为载体，推进班级内涵建设行动方案”开始实施。6月，举办庆祝建党90周年、庆祝入党生日系列活动。7月，党支部获复旦大学基层优秀党支部荣誉称号。8月，组织党员进行西柏坡红色之旅活动。9—12月，党员短科目探究实践课举办展示活动。

德育创新活动成效显著。3月，校团总支被命名为“杨浦区标兵团组织”。2010—2011“杨浦区科技特色学校”挂牌。6月，“上海市少先队工作示范校”挂牌。学校获杨浦区“中小学生纪念中国共产党成立90周年影视主题教育活动”优秀组织奖。9月，团市委“少先队工作调研汇报展示会”在复旦二附中召开。获评杨浦区“‘走进大学’中学生社会实践活动”优秀项目，杨浦区“中学生红色经典再现经典影片影视讲演活动”优秀讲演展示奖，杨浦区“中小学生校园影视主题教育创意活动”项目评选一等奖，杨浦区“中小学生红色经典影片影视小报创编活动（中学组）”一等奖，杨浦区“中小学生红色经典征文讲演比赛活动（中学组）”一等奖等奖项。

对外交流活动丰富。3月28—4月7日，新加坡中正中学师生到校访问交流。7月15—30日，学校师生一行6人前往新加坡南洋女中访问交流。10月，广东南海校长暨骨干教师培训团到校培训一周。11月，丹阳市教育代表团到访。（瞿丽红）

复旦大学附属小学

【概况】 2011年，复旦大学附属小学（简称复旦附小）在编教职工46人，其中行政人员5人，专职教师40人，教辅人员1人；具有教师中级职称43人，初级职称2人；在校学生585人，17个教学班。

学校继续深化教育改革，强化内涵建设与发展，提高教师的师德修养和教学素养。围绕“为人、为师、为学”开展系列学习教育活动，引导教师以“文化自觉”作为自我要求，打造一支师德高尚、业务精湛、充满活力的高素质师资队伍；以实施《学校校本课程三年规划》为推力，以实施市级课题《基于小学生认知特点的校本课程开发与实践的研究》为抓手，构建和完善学校的新课程体系；继续依托复旦大学的优势与资源，不断提升办学质量。

学校教学工作继续以深化课堂教学有效性的研究，提高教师实施有效教学的能力为目标，在开展“有效课堂教学”、“有效作业设计”的基础上，重点开展“依托教师自我评价，提高课堂教学有效性”的主题校本教学研讨，旨在通过开展自我教学评价与反思提高教师自身的教学能力。借助备课组、教研组等不同层面的教研平台，开展多形式的学习、研讨，交流，提高全体教师实施有效教学的综合能力。学校先后组织“有效作业设计”语文、数学课堂教学专场，及“自评促进有效教学”的教研组交流；组织教师参加杨浦区、上海市以及全国的教学研讨、观摩活动。有3位教师在杨浦区教研室组织的全区教研活动中以及对来校的外省市访问团上公开教学课。2位教师参加上海市中小学中青年教师小学数学、英语教学比赛并分别荣获一等奖和三等奖。

学校不断完善已有的校本课程设置与实施，开设并调整19个兴趣小组、17个学生社团的课程内容，提高学生学习兴趣，促进学生学习能力和综合素养的不断提高。数学、英语等学科开展学科知识竞赛；综合组开展创新科技比赛、打字比赛、乒乓球比赛和传统“两跳一踢一拍”比赛等；举办第27届学校田径运动会。

少先队工作融德育于形式多样的活动之中，以“争做有社会责任心的好公民”和“你我携手同行，合作快乐成长”为教育主题，先后开展“做一个有社会责任心的附小好少年”、“你我携手同行，养成良好行为规范”等少先队主题教育系列活动；并召开“复旦少年真风采”、“创建快乐特色中队”等中队主题活动；大队部还举办“节能环保，我是节能小能手”的科技节，外请专家开设科普讲座“我为自然写日记”；举行“快乐迎六一，雏鹰展风采”六·一庆祝活动、“领巾心向党，童声共欢庆”十月红歌演唱会等节日庆祝活动。

积极开展对外交流与互动，先后接待河北南宫市教育局代表团、江苏丹阳开发区教育代表团等外省市代表团；接待日本教育开发本部、教育教材开发部代表团，英孚教育副总裁克里斯蒂娜·克罗斯（Christian Croth）率团的美国近30个学校的校长或教师代表团，台湾桃园县第3期国中、小学主任储训班上海教育参访团等港、台地区与国际教育代表团；与台湾的姐妹校桃园新荣小学开展两校师生间文化交流互访。

学校荣获2011年杨浦区教育科研先进集体称号，有5项课题获杨浦区第十届教育科研成果奖。学校被评为杨浦区艺术教育特色学校。舞蹈队获杨浦区第25届艺术节舞蹈比赛专场三等奖；民乐队获杨浦区第25届艺术节民乐比赛专场三等奖。学校获杨浦区第四届“橘灯杯”小学武术教学锦标赛四年级组一等奖、五年级男子长拳一等奖。

学生在全国、上海市、杨浦区等各类竞赛中成绩显著，获全国以及上海市一等奖分别有语文学科19人次，数学学科3人次，英语学科2人次。二等奖分别有语文学科28人次，数学学科3人次，英语学科5人次。

（陈　奇）

【展开与台湾桃园新荣小学首次互访】 5月22—28日，由党支部书记、副校长陈奇等3位老师、四年级（07级）17名学生组成的附小参访团首次赴台湾桃园县新荣小学，与姐妹校开展文化交流访问。为期七天的访问以学习体验课程为主，学生们参加童军宿营训练、学校课程学习、风土民情体验以及台北博物院参观等活动。10月17—23日，新荣小学师生参访团一行30人在阮凯利校长、家长委员会会长带领下首次回访复旦附小，开展校际文化交流学习。（陈　奇）

·复旦大学文件·

规章制度

复旦大学教职工违纪处分条例(试行)

(2010年10月30日复旦大学第五届教职工代表大会第五次会议通过 校通字[1]号 2011年1月6日发布)

第一章 总 则

第一条 为规范教职工行为,严肃学校纪律,维护学校秩序,确保教学、科研和各项工作健康正常进行,根据《中华人民共和国高等教育法》、《中华人民共和国教师法》,参考《行政机关公务员处分条例》,结合学校实际,特制定本条例。

第二条 本条例适用对象为全体在编全聘教职工。灵活用工人员及附属医院职工违纪,可参照本条例执行。

第三条 处分违纪教职工,要坚持教育与惩处相结合的原则,坚持公平和公正的原则。处分应当以事实为依据,以法律和校规为准绳,定性准确,处理恰当,程序合法,手续完备。

第四条 本条例是复旦大学处分违纪教职工的规范性文件,对教职工违纪行为的处分须严格按照本条例执行,其他规章制度涉及处分内容须严格根据本条例制定或修订。

第二章 违纪行为的种类

第五条 违反国家法律法规的行为;危害国家安全和公共安全的行为。

第六条 以权谋私,失职渎职,侵害群众利益,造成不良后果的行为。

第七条 违反国家、上海市和学校颁布的劳动纪律和人事制度规定的行为。

第八条 违反教学纪律,导致教学事故的行为。

第九条 违反学术规范,在学术活动中有严重的抄袭、剽窃、弄虚作假等行为,严重损害学校声誉的行为。

第十条 在招生、考试工作中,违反国家政策和学校相关规定的行为。

第十一条 违反国家、上海市和学校财务规定的行为。

第十二条 扰乱学校正常教学、科研、行政办公秩序;侵占公共场所、公共财物;破坏公共财物、设施;侵犯他人人身权利的行为。

第十三条 严重丧失道德,侵害他人利益,败坏学校风气的行为。

第十四条 妨碍调查违纪行为,打击举报人、证人和工作人员的行为。

第十五条 其他违纪违规行为。

第三章 处分的种类及其适用

第十六条 教职工处分种类分为5种:警告、记过、记大过、留校察看、开除。

第十七条 教职工处分的期限

1. 警告:6个月;
2. 记过:9个月;
3. 记大过:12个月;
4. 留校察看:12个月;视其表现,可延长12个月。

第十八条 对于违纪行为,可根据其性质、情节、后果和影响分别给予如下处理:

1. 对于违纪情节较轻,给学校利益或声誉造成一定损失或一定影响的,可视情况分别给予警告或记过处分;
2. 对于违纪情节较重,给学校利益或声誉造成较大损失或较大影响的,可视情况分别给予记大过或留校察看处分;
3. 对于违纪情节严重,给学校利益或声誉造成重大损失或严重影响的,可给予开除处分;
4. 留校察看期间,无悔过和改正,继续违纪违规的,给予开除处分。

第十九条 一种违纪行为违反本条例两项以上规定的,应当按照处分较重的规定给予处分。一人同时有两种以上违纪行为的,应当在数个处分中最高处分以上,酌情给予处分。

第二十条 违纪行为给学校造成经济损失的,学校可责令违纪职工赔偿损失,上交违纪所得。

第二十一条 主动承认错误,及时挽回因违纪造成的损失,以及违纪情节轻微,或属于过失和受他人胁迫、诱骗的,可从轻、减轻或免予处分。

第二十二条 违纪情节或后果特别严重,给学校造成不可挽回损失;或属于屡次违纪;蓄意隐瞒违纪事实、销毁证据材料、干扰调查处分过程;胁迫、诱骗或教唆他人违纪;以及对举报人进行打击报复的,可从重或加重处分。

第二十三条 教职工触犯法律、构成犯罪,由司法机关追究刑事责任的,给予开除处分;司法机关免予追究刑事责任的,可根据本条例予以相应处分。

第二十四条 本条例未规定的违纪行为及拟给予的处分,按照国家、地方和学校相关法律、法规和规章,根据其性质、情节、后果和影响给予相应处分。

第二十五条 有违纪行为应当

受到处分的教职工,在学校做出处分决定之前已经退休的,一般不再给予处分;但情节较重或严重的,应当给予相应处分,并按规定,降低或取消其相关待遇。受记过以上处分的延聘、返聘人员,学校终止延聘、返聘。

第四章 处分程序

第二十六条 教职工涉嫌违纪,不宜继续履行工作职责的,学校可以决定暂停其履行职责。

第二十七条 处分教职工的权力属于复旦大学,处分的审批机关为校长办公会议(党政联席会议),事实调查、违纪认定以及处分建议,由相关委员会或相关职能部门负责进行。

具体负责处分调查的委员会或职能部门是:

1. 涉嫌违反劳动纪律和人事制度的行为,以及违反师德师风的行为由人事处负责;

2. 涉嫌违反教学纪律的行为,由教学事故处理委员会和教务处或研究生院负责;

3. 涉嫌违反学术规范的行为,由学校学术规范委员会负责;

4. 涉嫌违反学校行政管理和办学规章制度,损害学校声誉和利益等失职渎职的行为,由校长办公室或相关职能部门负责;

5. 涉嫌违反财务规章制度的行为,由监察审计和财务部门负责;

6. 涉嫌扰乱公共秩序,妨害公共安全,侵犯人身权利、财产权利,妨害社会管理等具有社会危害性且不构成犯罪的行为由保卫处负责;

7. 担任处(含副处)级及以上行政职务的教职工,以及具有正高级专业技术职务的教职工,若涉嫌违纪,由监察处负责组织相关单位调查核实。

第二十八条 对涉嫌违纪教职工的调查、处理具体程序为:相关委员会或职能部门负责牵头,会同职工所在基层单位,必要时会同纪检监察和人事部门,对需要调查的事项进行调查,形成书面调查材料,提出处分意见,报校长办公会议(党政联席会议)。

第二十九条 涉嫌违纪的教职工有陈述和申辩的权利。调查认定的违纪事实和结论,在报校长办公会议(党政联席会议)讨论前应与被调查教职工本人见面,听取其陈述和申辩。如拟开除或解聘职工,应听取工会意见。

第三十条 校长办公会议(党政联席会议)做出的处分决定,须以书面形式送达受处分教职工本人,并在一定范围内公布,以及存入被处分人档案。

第三十一条 教职工处分期满解除处分的程序:

1. 教职工受记大过及以下处分的,如在受处分期间确有悔改,并且没有再发生违纪行为的,由人事处或监察处报请分管人事或监察工作的校领导批准,自动解除其处分;

2. 教职工受留校察看处分的,处分期满,应主动向所在基层单位书面汇报处分期间的认识和工作情况,提出解除处分申请;由基层单位对其处分期间的认识和工作情况进行考察,经领导班子集体讨论后,提出解除处分建议意见,填写《复旦大学教职工解除(或提前解除)处分审批表》报人事处或监察处,并报校长办公会议(党政联席会议)决定;

3.《解除(或提前解除)处分决定》以书面形式送达本人,副本存入档案,并通知相关部门,在一定范围内公布。

第三十二条 受处分教职工在处分期限内无悔改表现的,可视情节适当延长处分期限;在处分期限内再次违反国家法律、法规、规章或学校相关规章制度的,加重处分。

受留校察看处分教职工处分期满,经谈话后仍拒绝向所在基层单位书面汇报处分期间认识和工作情况,以及不愿意提出解除处分申请的,学校可据表现,决定是否延长其处分期;若延长处分期满后,仍拒绝书面汇报和提出申请的,学校可据此表现,决定予以解聘或开除。

第三十三条 对教职工违纪行为的调查,应按干部人事管理权限,经相关分管领导审批同意后,由相应部门指派2名及以上工作人员进行,并不得使用非法手段搜集证据。接受调查的单位和个人应当如实提供情况。

第三十四条 参与教职工违纪案件调查、处理的人员有下列情形之一的,应当提出回避申请;被调查的教职工以及其他与案件有利害关系的人员、单位有权要求其回避:

1. 与被调查的教职工是近亲属关系的;

2. 与被调查的案件有利害关系的;

3. 与被调查的教职工有其他关系,可能影响公正处理的。

第三十五条 给予教职工处分,应当自调查之日起2个月内做出决定;案情复杂或遇有其他特殊情形的,期限可以延长,但是最长不得超过6个月。

第三十六条 处分决定、解除处分决定自作出之日起生效。

第三十七条 受到处分的教职工对处分决定不服的,可30日内向人事处或监察处(领导干部、具有正高级专业技术职务教职工)提出复议要求和理由,或向上级有关部门提出申诉。复议、申诉期间不停止处分的执行。教职工不因提出复议、申诉而被加重处分。

人事处或监察处在20个工作日内组织复议后,再次报校长办公会议(党政联席会议)做出处理复议决定,并将复议决定书面通知本人。复议决定是校内最终决定。

第五章 人事及其他后续处理

第三十八条 教职工受处分后,相关人事处理,参照《人事部关于国家机关工勤人员和事业单位工作人员受行政纪律处分工资问题处理意见的通知》(人发[1999]135号)和《上海市事业单位工作人员收入分配制度改革实施意见和若干具体问题的处理办法》(沪人[2007]6号),以及按照复旦大学岗位聘用聘任相关文件执行。

第三十九条 教职工受处分后,管理岗位行政人员行政级别的降级处理、行政职务的降职和撤职处理,参照《行政机关公务员处分条例》等文件执行;专业技术岗位人员专业技术职务降职的处理,参照国家主管部门和复旦大学高级专业技术职务聘任相关规定执行。

第四十条　受处分教职工,在处分期间不得申请晋升专业技术职务、职员职级、工人技术等级;其校内岗位的聘任,可视受处分情况,按“校内岗位聘任”相关规定,给予相应降低岗位等级、调整岗位系列、调整岗位等处理。

受处分专任教师和专职研究人员研究生导师资格、暂停招收研究生的处理,以及涉及学术职务的免除,以及辞聘等,按照学校“研究生指导教师工作条例”和“学术规范及违规处理办法”等相关规定执行。

第四十一条　受处分教职工解除处分后,年度工作考核合格的,其晋升和奖励不再受影响。

但是,解除管理岗位行政人员处分的,不视为恢复原行政级别、原行政职务,以及恢复原相应工资待遇和岗位津贴。其相关工资待遇和岗位津贴等,根据其实际情况,按学校决定执行。

解除专业技术岗位人员处分的,不视为恢复原专业技术职务等级和聘用岗位层级,以及恢复原相应工资待遇和岗位津贴。其专业技术职务须重新申请,并按新职务等级重新确定岗位聘用层级,相关工资待遇和岗位津贴,按重新聘任聘用后的标准执行。

第四十二条　教职工受开除处分的,自处分决定生效之日起解除与学校的人事聘用关系;下月起停发并终止所有相关待遇。其本人档案转由其户籍所在地人事部门所属人才服务机构管理。

第四十三条　如教职工处分决定发生变更,需要调整,或被撤销的,应视情况给予相应修正、改正和恢复名誉。

第六章　附　则

第四十四条　本条例由教职工代表大会审议通过,学校颁布实施,人事处负责日常解释,自2011年4月1日起施行。凡学校其他已有规定与本条例不一致的,按本条例执行。

第四十五条　本条例未尽事项按国家有关法律、法规和规章执行,本条例若与国家新出台的法律、法规和规章不一致的,按国家新颁布的法律、法规和规章执行。

复旦大学校、院系年度预决算管理体制改革实施方案(试行)

(校通字[13]号　2011年4月22日发布)

为适应学校改革和发展的需要,促进学校整体建设和发展目标的实现,经党委常委会研究,学校决定以《国家中长期教育改革和发展规划纲要(2010—2020年)》为指导,实施校、院系年度预决算管理体制改革。根据财政部、教育部有关文件精神,结合学校实际情况,特制订本实施方案。

一、改革目标

通过实施校、院系预决算管理体制改革,建立健全学校预决算管理体制,提高经费分配透明度,充分发挥专家在资金配置过程中的作用,健全和完善相应的预决算程序,提高资源配置与使用效率。

通过实施校、院系预决算管理改革,改革现行的以职能部门为主、按“条”分配资金的预决算管理模式。将院系作为预决算执行主体,将各类资金尽可能整合成“块”直接下达给院系,由院系根据预算编制指南,结合本单位发展规划、工作重点,自主统筹安排各项经费预算,以增强院系办学自主权和办学活力。进而推动管理重心下移,形成以“微观激活,宏观调控”为特征的校、院系两级管理体制。

二、改革内容

(一)建立健全校、院系预决算管理体制

学校根据合理分工、相互制约、充分发挥专家作用的原则,逐步建立、健全由预决算决策、预决算执行、预决算监督三方面组成的预决算管理体制。

1. 预决算的决策机构:作为最高管理决策机构,校长办公会议对预决算承担最终的决策与管理责任,并负责批准学校预决算方案。

为充分发挥各方面专家的作用,提高预决算工作透明度,学校设立主要由各院系专家、学者组成的预决算工作委员会,负责先行对提交校长办公会议审批的预决算管理办法,以及校、院系的预决算方案进行审议,并提交校长办公会议批准。

2. 预决算的工作与执行机构:预决算工作委员会的秘书机构设在发展规划处,协助委员会履行日常管理和工作职责。财务处负责接受校内各单位递交的预算申请、预算草案编制和预算下达等具体业务工作。

学校的各院、系是最终的预决算执行单位。其主要职责是负责本单位预决算的编制、上报和执行工作,并对本单位预决算的执行结果负责。

3. 预决算的监督机构:预决算工作委员会每年向教职工代表大会报告学校年度预决算情况,并接受监督。审计处负责对学校及所属各单位的预算执行情况和财务决算实施审计监督。

(二)建立科学合理的预算编制流程

学校的预决算年度为自然年度,从每年1月1日到12月31日。

学校的预算编制流程为“四上四下”:

1. 一上一下:预决算工作委员会提出年度预算编制建议草案,上报党委常委会审议。党委常委会根据年度工作重点,决定预算年度内资金的投入重点和方向,形成年度预算编制的指导性意见,并下达给预决算工作委员会。此阶段在预算年度开始前的2个月内完成。

2. 二上二下:预决算工作委员会根据校党委常委会下达的年度预算编制的指导性意见,通过财务处向各预算执行单位下达编制预算通知。各预算执行单位按时编制预算并上报财务处,由财务处初审汇总形成预算草案。此阶段在预算年度开始前的1个月内完成。

3. 三上三下:发展规划处召集预决算工作委员会对预算草案进行审议,并通过财务处将审议意见反馈下达给预算执行单位。各单位对预算修改后通过财务处上报预决算工作委员会。此阶段在预算年度开始后的1—2个月内完成。

4. 四上四下：预决算工作委员会将审议通过的预算方案报校长办公会议批准；然后以校发文件形式向各单位下达预算执行通知。此阶段在预算年度开始后的3个月内完成。

(三) 逐步调整学校对院系的经费分配模式

学校对院系的经费分配，将从目前以职能部门为主，按"条线"分配资金的模式，改为学校先按因素法分项核定经费，然后将预算整体下达给院系，由院系自主统筹安排预算的资金分配模式。

根据国家现行有关财务管理制度，以及学校的实际情况，学校先将职工困难补助经费、退休人员活动费、行政经费、本科生培养费、研究生培养费、学生活动经费、基本科研业务费、岗位津贴、奖励绩效津贴、"985工程"三期院系学科建设资金等经费项目纳入经费分配模式的改革范围。各项具体经费名目、分配与核拨方式及其用途，参见《院系预算核拨项目表》(附后)。

各院系根据学校核拨的预算，以及下达的预算编制指南和相关的资金管理办法，编制上报院系预算方案，并按学校批复的预算分专项经费和日常经费两大类进行管理。

(四) 明确学校对核拨给院系的经费的基本管理要求

学校对于核拨给院系的有关经费，原则上分为日常与专项两大类进行管理。凡是属于日常经费的，在经预决算工作委员会审议通过，并经学校批准后，尽可能整体下达给院系。院系在下达的预算限额范围内，自主安排确定经费的具体用途，并以院系年度预算的形式报预决算工作委员会审议通过。

下达给院系的专项经费，原则上根据"211工程"、"985工程"等不同专项资金的管理要求进行管理。由院系自主支配的院系学科建设资金和队伍建设资金，由院系每年提出专项预算，每年进行决算。当年未分配使用的专项经费部分，原则上由学校收回统筹。已签订合同设备款、分期下达项目资金部分，自动结转下年。建设期结束时的专项经费结余，学校全部收回统筹。

对于各类经费中人员费的管理，基本管理原则是：

1. 对于正式在编人员，院系只能在学校核拨的岗位津贴、绩效奖励津贴的限额内发放岗位津贴或绩效津贴。以及在整体下达的经费中，按规定安排发放研究生论文答辩与评审费。对于家庭生活困难职工，可以在学校核拨的困难补助经费中发放补贴。除此之外，院系不能利用学校核拨的经费发放其他津补贴或奖酬金。

2. 对于各类引进人才，院系可以配套购房补贴的名义，利用队伍建设经费或院系学科建设经费，向引进人才发放购房补贴，但不得发放岗位津贴或其他津贴。所需预算应该在院系年度预算中事先列明并获得批准。

3. 对于非正式在编人员或校外专家，院系可以在学校核拨的有关经费中，以租赁制人员工资或专家评审费的名义支付个人报酬。但租赁制人员工资应该在院系年度预算中事先列明并获得批准。

4. 除引进人才可以在其科研启动费中按预算列支学生勤工助学费以外，院系不能利用学校核拨的经费发放勤工助学费。

(五) 逐步建立健全相关规章制度

为确保校、院系预决算管理体制改革的顺利推进，学校一方面将通过制定《复旦大学预算管理办法》、《复旦大学预决算工作委员会章程》等制度，从宏观上具体指导校、院系预决算管理体制改革方案的落实与推进。另一方面学校将通过制定《985工程三期资金管理办法》等资金使用管理办法，以及《复旦大学会计人员委派制》制度，在进一步细化学校对院系资金管理要求的同时，为院系实施预决算管理提供必要的配套保证。

三、改革实施要求

(一) 校、院系预决算管理体制改革是学校综合改革措施中的一项重要内容，对学校的长远发展具有深远的意义。各单位要充分认识校、院系预决算管理体制改革的重要意义，认真研究，准确把握改革方向，深入学习、广泛宣传，为改革的实施营造良好的氛围。

(二) 各职能部门要转变管理观念，调整管理职能，制订相应的配套改革方案，对现行的相关规章制度、管理措施、工作流程进行修订和完善，确保校、院系预决算管理体制改革的顺利进行。

(三) 各院系要在认真学习领会改革方案的基础上，结合本单位实际，抓紧制订本单位的具体实施计划和配套改革方案。特别是要明确制定涉及院系内部经费分配与使用的各项民主决策程序，以及各项规章制度。

院系预算核拨项目表(日常经费部分)

预算核拨项目	预算核拨方法	涵盖用途	经费决算方式
1. 职工困难补助	以各院系在职职工人数为基准，按统一的人均标准核拨。	补助各院系的困难职工。	包干使用，结余留用。
2. 退休人员活动费	以各院系退休人员为基准，按统一标准核拨。	组织退休人员活动，慰问退休人员。	包干使用，结余留用。
3. 院系行政经费	以各院系专任教师数为基准，按统一人均标准核定。	日常行政管理、公务接待、基本物业维持和院系日常运行等。	单独核拨，年度预决算。每年根据上年预算执行情况适当调整下年预算核拨数。

续 表

预算核拨项目	预算核拨方法	涵盖用途	经费决算方式
4. 本科生培养经费	以各院系的本科生数、承担的本科生课程数量、质量等因素核定。	1. 本科生培养：日常教学、实习实践、课程建设、教学实验、教学团队建设、本科生师资培养。 2. 研究生培养：日常教学、实习实践、课程建设、教学实验经费、实验室维持费。 3. 师资培养：青年教师/新进教师科研启动费、青年基金、金苗金穗项目。 4. 科研方面：院系自主科研项目支持、重大项目培育与引导。 5. 国际交流：派遣学生教师出国、举办国际会议等。 6. 教学科研实施维护；院系共享科研实施维护。 7. 各类学生课外和思政教育活动。	整体下达，院系统筹安排使用，年度预决算。每年根据上年预算执行情况适当调整下年预算核拨数。
5. 研究生培养经费	以各院系的硕士、博士研究生人数为基准，按不同学科、按生均标准核定。		
6. 基本科研业务费	以各院系专任教师数为基准，并考虑不同学科特点，以及各院系的国家重点学科数确定核拨标准。		
7. 学生活动费	以各院系的本科生、研究生人数为基准，按统一人均标准核定。		

院系预算核拨项目表(专项经费部分)

预算核拨项目	预算核拨方法	涵盖用途	经费决算方式
1. 岗位津贴	按学校新一轮岗位津贴制度改革后的方案核拨。	发放院系聘岗位人员的岗位津贴。	专款专用。
2. 奖励绩效津贴	按学校新一轮岗位津贴制度改革后的方案核拨。	院系奖励优秀人员。	专款专用。
3. “985 工程”院系学科建设经费	根据学校“985 工程”三期学术规划委员会确定的各院系学科建设经费预算分年下达。	院系学科建设、引进人才科研启动和房贴配套、院系教学/科研/学科等学术类共享设施建设、院系重大国际学术交流活动等。	院系每年提出预算，每年决算，当年未分配使用部分学校原则收回统筹；已签合同设备款、分期下达项目资金部分，自动结转下年。建设期结束时的结余，学校收回统筹。
4. “211 工程”经费	按学校已经确定的“211 工程”三期建设规划预算定。	院系重点学科建设和队伍建设	建设期内包干使用，建设期结束时的结余，学校收回统筹。

复旦大学校长奖评选章程

(校通字[29]号 2011 年 9 月 30 日发布)

第一章 总 则

第一条 复旦大学校长奖的目的在于，褒奖传承复旦精神、感动复旦的个人或集体。

第二条 复旦大学校长奖奖金来源为社会各界人士捐助的专项奖励基金。

第二章 基本条件及奖励标准

第三条 候选人应具备如下条件之一：

1. 在本职岗位上做出感人事迹，充分展现良好精神风貌和道德品质，充分体现复旦精神；

2. 其行为和经历，充分体现中国传统美德，代表社会发展方向和时代精神。

第四条 奖励标准及名额：

1. 优秀个人(教职工、学生、校友)，奖金为每人 3 万元；每年奖励 10 名；

2. 优秀集体(教职工、学生)，奖金为每个 10 万元；每年奖励 3 个。

第五条 “校长奖”评选应坚持“优中选优、宁缺毋滥”原则，每年具体评选名额可根据实际情况进行适当调整。

第三章 评选程序

第六条 各单位不拘一格、深入挖掘各种优秀人选，经过民主程序，提名“校长奖”候选人；个人也可以向本单位或相关部门进行推荐或自荐。

提名单位应按照规定格式准备相关提名材料，上报人事处汇总。

第七条 学校组织“校长奖”遴选委员会，初步推选候选人。遴选委员会根据候选人提名材料进行评议，投票确定初步推选名单，初步推选的优秀个人总数不超过 20 人、优秀集体总数不超过 6 个。

遴选委员会组成由教师代表(7—9 人)、学生代表(2—4 人)组成，教师代表由学校校务委员会、学术委员会、教学指导委员会、教代会执委会等民主推举产生，学生代表由学生会、研究生会、校团委等民主推举产生。推举产生的委员，应充分了解复旦精神、熟悉“校长奖”设奖的目的和意义，具有广泛的代表性。评选会议召开前，学校对遴选委员会名单进行公示(一周)。

第八条　初步推选候选人的事迹在学校网络上进行公示，听取全校师生员工的意见，进行网络投票，网络投票结果将作为重要的评审依据。

第九条　遴选委员会结合网络投票的结果，并听取提名单位对所提名候选人的事迹介绍，投票推荐15名优秀个人、4个优秀集体。

第十条　校长根据遴选委员会的推荐意见以及网络投票结果，确定正式候选人的建议名单。

第十一条　校长审定的建议名单分别通报党委及纪委、教代会执委会等组织，广泛听取意见和建议。

第十二条　校长办公会议对正式候选人进行终审。

第十三条　学校组织颁奖大会对获得者进行表彰，向获奖者颁发证书、奖章(奖杯)，公布获奖者名单以及广泛宣传其先进事迹和精神。

第十四条　如出现个别需紧急表彰的人物或集体，可启动“校长奖”特别奖评审程序，由校长提名“校长奖”特别奖候选人，校长办公会议进行审定。

第四章　附　则

第十五条　本章程由教代会审议通过，并经党政联席会议批准后正式实施，由人事处负责具体解释。

复旦大学领导干部经济责任审计规定

(校通字[30]号　2011年9月29日发布)

第一章　总　则

第一条　为健全和完善学校的经济责任审计制度，根据中共中央办公厅、国务院办公厅《党政主要领导干部和国有企业领导人员经济责任审计规定》(中办发[2010]32号)和《教育部关于做好教育系统经济责任审计工作的通知》(教财[2011]2号)，结合本校实际，制定本规定。

第二条　本规定所称的领导干部，指由学校任命的各单位(部门)、附属医院及有关独立法人单位的主要负责人(以下简称“领导干部”)，包括：

(一)院、系、所及学校直属单位的正职领导干部或者主持工作一年以上的副职领导干部；

(二)机关部处的正职或者主持工作一年以上的副职领导干部；

(三)附属医院等学校所属事业单位的正职或者主持工作一年以上的副职领导干部；

(四)资产经营公司等学校全资和控股企业的负责人；

(五)以上各单位(部门)由上级领导干部兼任正职领导干部但不实际履行经济责任时，实际负责本单位或部门工作的副职领导干部。

第三条　本规定所称的经济责任，是指领导干部因其所任职务，依法依规对本单位(部门)的财务收支以及有关经济活动应当履行的职责和义务。

第四条　本规定所称的经济责任审计，是指对领导干部任职期间经济责任履行情况所进行的监督、检查和评价行为。

第五条　领导干部履行经济责任的情况，应当依法接受审计监督。根据干部管理监督的需要，经济责任审计可以在其任职期间进行，也可以在其离任时进行。

第六条　领导干部的经济责任审计依照干部管理权限确定。

第七条　学校应当保证审计处履行经济责任审计职责所必需的机构、人员和经费。

第二章　组织协调

第八条　学校建立经济责任审计工作联席会议(以下简称“联席会议”)制度。

第九条　纪检(监察)、组织、审计等部门为联席会议的基本成员单位，根据需要有关职能部门负责人可列席会议。联席会议下设办公室，日常工作由审计处承担。

第十条　联席会议的主要职责：

(一)审议经济责任审计相关制度，报党政联席会议批准后实施。

(二)指导、监督、检查学校的经济责任审计工作，提出开展经济责任审计工作的具体意见，研究阶段性审计工作原则和工作重点。

(三)讨论并确定年度经济责任审计工作计划和经济责任审计项目的调整事项。

(四)交流、通报经济责任审计情况和审计结果运用情况。

(五)研究解决经济责任审计工作中遇到的困难和问题。

第十一条　经济责任审计应当有计划地进行。每年末，学校干部管理部门提出下一年度拟进行经济责任审计的领导干部名单，由联席会议结合领导干部实际情况以及审计人力资源状况，确定下一年度的经济责任审计计划，报经校长办公会议批准后，纳入审计处年度工作计划并组织实施。

第三章　审计内容

第十二条　经济责任审计应以促进领导干部推动本单位(部门)科学发展为目标，以领导干部守法、守纪、守规、尽责情况为重点，以领导干部任职期间本单位(部门)财务收支以及有关经济活动的真实、合法和效益为基础，根据学校经济责任制及相关规定界定审计内容。

第十三条　院、系、所及学校直属单位的领导干部经济责任审计的主要内容是：本单位各类财务收支的真实、合法和效益情况；重要投资项目、合作办学等项目的管理情况；重要经济事项管理制度的建立和执行情况；对下属单位或部门的财务收支及相关经济活动的管理和监督情况。

第十四条　机关部处等职能部门领导干部经济责任审计的主要内容是：职能范畴内相关经济活动的管理制度建设情况；对职能范畴内的其他单位(部门)财务收支及相关经济活动的管理和监督情况；本部门预算经费支出的真实、合法和效益情况；内部重要经济事项规章制度和内控机制的建立和执行情况。

第十五条 各附属医院领导干部经济责任审计的主要内容是：本单位财务收支的真实、合法和效益情况；有关内部控制制度的建立和执行情况；重要投资项目和重要经济事项管理情况；资产出资人经济管理和监督职责的履行情况；对下属单位或部门的财务收支及相关经济活动的管理和监督情况。

第十六条 资产经营公司等全资及控股企业领导人员经济责任审计的主要内容是：公司财务收支的真实、合法和效益情况；有关内部控制制度的建立和执行情况；履行国有资产出资人经济管理和监督职责情况。

第十七条 在以上审计内容的基础上，应当同时关注下列情况：

（一）贯彻落实科学发展观，推动本单位（部门）事业科学发展情况；

（二）遵守有关经济法律法规、贯彻国家、上级和学校有关经济政策和决策部署情况；

（三）制定和执行重大经济决策情况；

（四）国有资产安全、完整、保值增值情况；

（五）与履行经济责任有关的管理、决策等活动的经济效益、社会效益和环境效益情况；

（六）遵守有关廉洁从政、从业规定的情况。

第四章 职责权限与义务

第十八条 在经济责任审计中，被审计领导干部和所在单位（部门）有下列权利和义务：

（一）依照有关规定要求有关审计人员回避；

（二）对审计组的审计报告征求意见稿反映的情况，作出书面解释或提出书面意见；

（三）对审计结果有异议的，可按程序提出申诉；

（四）其他有关法律法规规定的权利；

（五）及时提交下列经济责任履行情况的书面材料：

1. 有关财务收支相关资料；

2. 工作计划、工作总结、会议记录、会议纪要、经济合同、考核检查结果、业务档案等业务资料；

3. 被审计领导干部履行经济责任情况的述职报告；

4. 审计需要的其他资料。

（六）对所提供资料的真实性、完整性负责，并作出书面承诺；

（七）审计实施过程中需要了解情况的协助与配合；

（八）其他有关法律法规规定的义务。

第十九条 审计处履行经济责任审计职责时，有下列权限和义务：

（一）提请被审计领导干部和所在单位（部门）提供上述与经济责任审计事项有关的资料；

（二）提请学校相关职能部门予以协助，或提供与经济责任审计事项有关资料，或协调解决审计过程中的有关问题；

（三）若发现被审计领导干部所在单位（部门）有违法违规行为的，依照《中华人民共和国审计法》、《中华人民共和国审计法实施条例》以及《复旦大学内部审计工作规定》，及时作出审计处理决定；

（四）在审计中，审计处和审计人员应当客观公正，实事求是，廉洁奉公，保守秘密，保持职业谨慎，并遵守审计回避制度的规定；

（五）对在审计工作中知悉的被审计领导干部所在单位的业务活动和经济活动秘密，审计处和审计人员负有保密的义务。

第二十条 学校有关单位和部门应当协助并配合审计处开展经济责任审计工作。

第五章 审计实施

第二十一条 学校有关干部管理部门按照联席会议确定的年度经济责任审计计划，向审计处送达审计委托书。

第二十二条 审计处根据年度经济责任审计计划和有关审计委托书，予以审计立项。

第二十三条 审计处组成审计组，通过要求提供审计资料、进行审前调查、下发审计通知书、召开审计进点会等必需的工作步骤，对领导干部履行经济责任的情况实施审计检查。

第二十四条 审计组实施审计后，出具审计组的审计报告，征求被审计领导干部及其所在单位的意见。根据工作需要，可以征求学校有关领导和联席会议成员单位的意见。

第二十五条 被审计领导干部及所在单位自接到审计组的审计报告之日起，应当在规定的期限内提出书面意见；未在规定的期限内提出书面意见的，视同无异议。

第二十六条 审计处结合被审计领导干部及其所在单位（部门）的反馈意见，对审计组的审计报告进行审议后，出具审计处的经济责任审计报告和审计结果报告。

第二十七条 审计处将审计报告报送主管校领导和联席会议成员单位，提交委托审计的部门，同时送达被审计领导干部及其所在单位。

第二十八条 对于在审计中发现的有关学校现行制度或制度执行方面的问题，审计处应以《审计建议书》的形式，及时通报有关职能部门。

第二十九条 对于被审计领导干部或其所在单位（部门）需进一步核查的事项，或发现存在违法违纪违规的问题，审计处应出具《审计移送处理书》，移交学校相关部门处理。

第三十条 领导干部对审计报告持有异议，在收到报告之日起的30天内，可向审计处提出申诉；审计处应自收到申诉之日起10个工作日内作出复查决定。领导干部对复查决定仍有异议的，可向联席会议申请复议。

第三十一条 对于未能列入年度经济责任审计工作计划的有关领导干部及所在单位（部门），应进行经济责任履职情况的自查活动，由有关干部管理部门向审计处送达委托书，审计处对领导干部及所在单位（部门）开展自查提出要求。领导干部及所在单位（部门）应在规定的时间内，向审计处提交任期履行经济责任的述职报告，对所提供资料的真实性、完整性作出书面承诺，并在一定范围内进行经济责任履职情况述职。

第三十二条 每年末，审计处负

责将有关审计实施的所有成果文件和审计检查的有关材料，整理成卷，送学校档案馆归档保管。

第六章　审计评价和责任界定

第三十三条　审计处应当根据审计查证或者认定的事实，依照国家有关政策规定、学校有关规章制度以及行业标准等，在法定职权范围内，在审计报告中对被审计人履行经济责任情况作出评价，审计评价应当有充分的审计证据支持。

第三十四条　审计评价既要肯定领导干部任职期间主要工作业绩，也要指出履职过程存在的主要问题，其应遵循的原则是：依法依规、客观公正、实事求是、审计评价与审计内容相统一。

第三十五条　审计报告应区别不同情况，对领导干部履行经济责任过程中存在问题所应负有的责任作出以下界定。

（一）直接责任，指领导干部对履行经济责任过程中的下列行为应当承担的责任：

1. 直接违反法律法规、国家有关规定和单位内部管理规定的行为；

2. 授意、指使、强令、纵容、包庇下属人员违反法律法规、国家有关规定和单位内部管理规定的行为；

3. 未经民主决策、相关会议讨论而直接决定、批准、组织实施重大经济事项，并造成重大经济损失浪费、国有资产(资金、资源)流失等严重后果的行为；

4. 主持相关会议讨论或者以其他方式研究，但是在多数人不同意的情况下直接决定、批准、组织实施重大经济事项，由于决策不当或者决策失误造成重大经济损失浪费、国有资产(资金、资源)流失等严重后果的行为；

5. 其他应当承担直接责任的行为。

（二）主管责任，指领导干部对履行经济责任过程中的下列行为应当承担的责任：

1. 除直接责任外，对其直接分管的工作不履行或者不正确履行经济责任的行为；

2. 主持相关会议讨论或者以其他方式研究，并且在多数人同意的情况下决定、批准、组织实施重大经济事项，由于决策不当或者决策失误造成重大经济损失浪费、国有资产(资金、资源)流失等严重后果的行为。

（三）领导责任，是指除直接责任和主管责任外，领导干部对其不履行或者不正确履行经济责任的其他行为应当承担的责任。

第七章　审计结果运用

第三十六条　经济责任审计结果报告应当归入被审计领导干部的本人档案。

第三十七条　被审计单位(部门)应充分利用审计结果，根据审计意见和建议实施整改工作。

第三十八条　审计处对于审计中发现的涉及学校管理层面的普遍性、倾向性问题或苗头性现象，应从体制、机制和制度上提出建设性意见和建议，以综合报告或专项报告的形式上报学校领导。

第三十九条　组织部、纪检(监察)等有人事任免权、奖惩考核权、责任追究处理权的部门，应当根据干部管理监督的相关要求，运用经济责任审计结果，将其作为考核、任免、奖惩被审计领导干部的重要依据，并以适当的方式反馈审计处。

第四十条　其他审计结果运用工作，由联席会议负责统一协调。

第四十一条　有关职能部门应按照联席会议的决议，在各自职权范围内充分运用经济责任审计结果，实施整改或督促整改，并以适当方式反馈联席会议。

第四十二条　学校应当建立经济责任审计情况通报、审计整改以及责任追究等结果运用制度，并逐步探索和推行经济责任审计结果公告制度。

第八章　法律责任

第四十三条　审计处依法实施经济责任审计时，被审计领导干部及其所在单位不得拒绝、阻碍，其他部门和个人不得干涉。

第四十四条　被审计单位或有关职能部门若拒绝、拖延提供与审计事项有关资料的，或者提供的资料不真实、不完整，或者拒绝、阻碍检查的，或者转移、隐匿、篡改、毁弃资料的，或者有打击报复审计人员等行为的，审计处可会同联席会议成员单位责令改正；情节严重的，应向学校提出予以警告、通报批评或行政处分等建议；涉嫌犯罪的，应移送有关部门依法追究刑事责任。

第四十五条　审计人员若有滥用职权、徇私舞弊、玩忽职守或者泄露所知悉的被审计单位秘密的行为，按照有关法律规定予以处理。

第九章　附　则

第四十六条　本规定由审计处负责解释，未尽事宜由联席会议另行说明。

第四十七条　本规定自发布之日起施行。2001 年 3 月 6 日发布的《复旦大学关于处级干部经济责任审计工作的暂行规定》(校通字[2001]12 号)同时废止。

复旦大学审计结果公开办法(试行)

(校通字[31]号　2011 年 9 月 29 日发布)

第一条　为充分发挥审计监督作用，提高审计工作透明度，规范审计结果公开工作，根据《中华人民共和国审计法》、审计署《审计结果公告试行办法》和《复旦大学信息公开条例》规定，制定本办法。

第二条　本办法所称的审计结果公开，是指审计处通过校内一定形式的信息载体，公开审计结论性文书所反映的主要内容。

第三条　审计结果公开应具备的条件：

（一）事实清楚，证据确凿，定性准确，评价客观公正；

（二）在相关审计结论性文书生效后进行；

（三）保守国家秘密和学校、被审计单位(部门)以及相关单位(部门)的商业秘密，并遵守国家及学校的有关规定；

（四）对不宜公开的内容，进行修

改或者删除。

第四条　审计结果公开的发布方式

审计结果可以单项公开、分类公开或综合公开的方式，发布，具体发布形式如下：

（一）通过学校网页发布（社会公开）；

（二）通过学校的媒体或文件等纸质形式发布（校内外公开）；

（三）通过审计处网页发布（校内公开）；

（四）通过审计处编印的有关简报发布（一定范围公开）；

（五）通过会议形式发布（一定范围公开）；

（六）其他适当的形式。

第五条　审计结果公开的内容：

（一）学校和所属二级单位（部门）的预算及预算执行情况的审计结果；

（二）领导干部经济责任履职情况的审计结果；

（三）学校建设工程管理情况的分类或综合审计结果；

（四）基建、修缮项目竣工结算审计年度情况汇总和一定规模以上的基建、修缮项目竣工结算和财务决算的单项审计结果；

（五）各类专项资金审计、管理审计、绩效审计的综合审计结果；

（六）其他需要公告的审计事项。

第六条　审计结果公开的审批程序

对于需要公开的审计结果，审计处应填写《审计结果公开审批单》，明确需要公开的审计结果内容，确定公开方式、发布时间、发布范围等，履行以下审批程序：

（一）公开学校财务预算执行情况和财务决算的审计结果，由校长批准；

（二）公开领导干部任期经济责任履职情况的审计结果，由学校经济责任审计联席会议批准；

（三）其他需公开的审计结果，由学校分管审计工作的领导或报请学校主要领导批准。

第七条　未经批准擅自公开审计结果而造成不良后果的，应当依法依规追究相关人员的责任。

第八条　本办法自发布之日起施行，由审计处负责解释。

复旦大学关于规范庆典、研讨会、论坛活动的管理办法

（校通字[38]号　2011年11月28日发布）

第一条　为进一步规范非学术类活动的举办，根据《教育部办公厅关于开展清理规范庆典、研讨会、论坛活动工作的通知》和《上海市教育系统开展清理和规范庆典、研讨会、论坛活动工作的实施方案》的要求，结合学校实际，制定本管理办法。

第二条　本办法的管理范围包括学校和各部门、各单位以及所属或挂靠的各社会团体举办或参与的各类庆典、研讨会、论坛活动。

国家法定节日的庆典活动，以及面向校内或教育、卫生系统内举办的业务研讨和学术交流活动，不列入本管理范围。

第三条　学校各部门、各单位举办的庆典、研讨会、论坛活动应符合国家有关法律、法规及中央和上海市文件规定，做到依据明确、规模适度、数量适当、经费合规。

（一）不予审批和予以撤销不符合规定的庆典、研讨会、论坛活动。主要包括：要求基层单位、群众出钱出物出工或以各种名目乱收费、摊派、拉赞助的活动；以营利为目的或违反有关经济工作纪律和财经制度的活动；明显超出举办者业务范围和职权的活动；其他违反党风廉政建设有关规定的活动。

（二）严格举办庆典、研讨会、论坛活动的审批程序。对举办庆典活动，实行严格的审批制度。

1. 学校举办庆典活动（校庆），应报教育部审批；各单位举办庆典活动，应报校长办公室审批，并报监察处备案。机关各部门一律不得举办庆典活动。严格控制举办成立纪念性庆典活动、工程奠基和竣工典礼。

2. 各单位、各部门举办研讨会、论坛活动，要统筹规划、从严控制，并按照程序报批。学校举办的活动，报市教卫党委、市教委批准；各单位、各部门举办的活动，报经分管领导审批。原则上不得举办临时性的研讨会、论坛活动，尽量减少活动立项的随意性。

（三）严格限制庆典、研讨会、论坛活动规模和开支。各单位、各部门举办的活动，要符合工作实际需要，坚持务实、节俭、高效的原则。既无明确目标，又无实质内容的活动或可办、可不办的活动，一律不办；确有必要开展的活动，要从严控制参与范围、参加人数、活动期限、接待标准，所需经费全部由举办者承担并纳入单位预算管理，列入公示范围，接受财政（财务）和审计监督，确保经费使用公开透明和廉洁高效。严禁利用举办活动大吃大喝、游山玩水、请客送礼和进行高消费娱乐健身活动。

（四）严格规范处级以上领导干部出席庆典、研讨会、论坛活动。领导干部原则上不得出席与本职工作无关的活动；确需出席的，要严格履行审批程序。

1. 党委书记、校长出席活动，应报教育部批准；其他校领导出席活动，应报党委书记或校长批准；

2. 机关部处长出席活动，应报分管校领导批准；副处长出席活动，应经处长批准；

3. 各单位主要领导出席活动，应经党委办公室或校长办公室核报相关校领导批准；其他领导出席活动，应报本单位分管领导批准。

未经批准，领导干部不得出席活动，不得在活动中挂名任职、发贺信贺电、题词、剪彩等。要从严控制对领导干部出席庆典、研讨会、论坛活动的宣传报道。

（五）严格规范举办国际会议或涉外论坛等活动。严格按照《财政部、外交部关于严格控制在华举办国际会议的通知》、《中共中央办公厅、国务院办公厅关于从严控制在华举办各类涉外论坛的通知》和《教育部关于进一步加强在华国际会议管理工作的通知》要求执行。

1. 未经批准，各单位不得擅自对外申办或承办国际会议；

2. 严格控制会议规模，避免片面追求参会人数。

第四条　相关部门和单位应按职责做好以下管理工作：

（一）申报审批工作。根据“谁主管谁负责，谁审批谁监管”的要求，各部门各单位应将庆典、研讨会、论坛的举办意义、内容、方案经职能部门审核，报分管领导审批后方能举办。申报与举办全过程应规范有序、公开透明，通过信息公开途径接受共同监管。

（二）完善经费预算决算管理制度。由财务处按照学校预决算管理办法，严格经费预决算管理，将庆典、研讨会、论坛活动经费列入学校年度预算予以审批，并在财务管理中实行会议费用单独列项和定额核算。

（三）严查违规行为。由纪检监察部门负责受理群众投诉举报，对有令不行、有禁不止的各种违规举办活动，将按《廉政准则》和《党纪处分条例》的相关规定，实行责任追究。

第五条　本办法适用于学校所属各单位、各部门。各单位、各部门也可结合实际情况，制定相应的实施细则或工作规则，并报校办和监察处备案。

第六条　本办法由校长办公室、监察处按职责负责解释。

第七条　本办法报经校长办公会议批准，自发布之日起施行。

学校文件选目

党委发文选目

文　　号	文　件　名　称
复委[2011]3 号	关于印发《复旦大学 2011 年工作要点》的通知
复委[2011]4 号	关于开展中国共产党成立 90 周年纪念活动的通知
复委[2011]5 号	关于印发《复旦大学 2011 年党风廉政建设工作要点》的通知
复委[2011]8 号	关于同意召开复旦大学第五届教职工代表大会第六次会议的批复
复委[2011]9 号	关于表彰复旦大学先进基层党组织、优秀共产党员、优秀党务工作者的决定
复委[2011]11 号	关于印发《复旦大学教职工代表大会实施细则(试行)》的通知
复委[2011]12 号	印发《关于聘请离退休老党员担任特邀党建组织员的实施意见》的通知
复委[2011]15 号	复旦大学关于推进基层组织党务公开工作的通知
复委[2011]19 号	复旦大学关于推进党务公开工作的实施方案
复委[2011]21 号	关于开展“深入基层大走访大调研”活动的意见
复委[2011]22 号	复旦大学关于贯彻落实《关于实施党风廉政建设责任制的规定》的自查报告
复委[2011]24 号	关于学习贯彻党的十七届六中全会精神的通知
复委[2011]27 号	关于印发《复旦大学关于党员领导干部在经济实体和社会团体中兼职的管理办法》的通知
复委[2011]28 号	关于印发《复旦大学中层领导干部选拔任用工作办法(试行)》的通知
复委[2011]29 号	关于印发《复旦大学基层单位行政领导班子换届工作程序(试行)》《复旦大学基层党的委员会换届工作程序(试行)》的通知
复委[2011]30 号	关于印发《复旦大学后备干部工作办法(试行)》的通知

学校通知一览

文　号※	文　件　名　称	发文日期
1 号	关于发布《复旦大学教职工违纪处分条例(试行)》的通知	1 月 6 日
2 号	关于复旦大学发展规划处印章启用的通知	1 月 10 日
3 号	关于复旦大学成绩证明专用章(非学历教育)启用的通知	1 月 10 日
4 号	关于撤销复旦大学研究室建制的通知	1 月 19 日
5 号	关于“三八”国际妇女节放假的通知	2 月 28 日

续 表

文 号※	文 件 名 称	发文日期
6 号	关于聘任陈寅章和叶绍梁同志为校长顾问的通知	2 月 28 日
7 号	关于征求学校"十二五"指导思想意见和校领导班子开展调研工作的通知	3 月 4 日
8 号	关于 2010—2011 学年第二学期校党政领导接待安排的通知	3 月 10 日
9 号	关于清明节放假的通知	3 月 23 日
10 号	关于组建复旦大学发展与规划工作委员会和预决算工作委员会相关事项的通知	3 月 25 日
11 号	关于成立复旦大学附属肿瘤医院质子重离子中心(筹)的通知	4 月 13 日
12 号	关于国际劳动节和青年节放假的通知	4 月 19 日
13 号	关于转发《复旦大学校、院系年度预决算管理体制改革实施方案(试行)》的通知	4 月 22 日
14 号	关于转发《"985 工程"三期校内岗位津贴调整方案(试行)》的通知	5 月 10 日
15 号	关于成立复旦大学国家保密学院的通知	4 月 26 日
16 号	关于今年端午节放假的通知	5 月 23 日
17 号	关于学校行政领导班子换届和成员分工的通知	6 月 8 日
18 号	关于成立复旦大学全球环境变化研究所的通知	6 月 15 日
19 号	关于成立复旦大学微纳加工和器件公共实验室的通知	6 月 15 日
20 号	关于 2011 年暑假安排的通知	6 月 16 日
21 号	关于征求《复旦大学"十二五"发展规划纲要(征求意见稿)》修改意见的通知	6 月 22 日
22 号	关于转发《复旦大学 2011 届毕业本科、高职生离校工作日程》、《复旦大学 2011 届毕业研究生离校工作日程》的通知	6 月 23 日
23 号	关于转发《复旦大学"新人"住房补贴调整方案》和《复旦大学"老人"住房补贴发放办法的四个补充规定》的通知	7 月 4 日
24 号	关于开斋节放假的通知	8 月 25 日
25 号	关于今年中秋节放假的通知	8 月 26 日
26 号	关于 2011—2012 学年第一学期校党政领导接待安排的通知	9 月 6 日
27 号	关于合并组建新一届复旦大学教学指导委员会和提名委员会委员候选人的通知	9 月 6 日
28 号	关于 2011 年国庆节放假的通知	9 月 15 日
29 号	关于转发《复旦大学校长奖评选章程》的通知	9 月 30 日
30 号	关于转发《复旦大学领导干部经济责任审计规定》的通知	9 月 29 日
31 号	关于转发《复旦大学审计结果公开办法(试行)》的通知	9 月 29 日
32 号	关于复旦大学医学学科建设办公室等印章启用的通知	10 月 10 日
33 号	关于召开复旦大学第 52 届田径运动会暨第 13 届教工运动会的通知	10 月 12 日
34 号	关于成立《复旦大学章程》制定工作小组的通知	11 月 7 日
35 号	关于 2012 年元旦放假的通知	12 月 7 日
36 号	关于转发《复旦大学深化消防安全"五大"活动开展"清剿火患"战役行动实施方案》的通知	11 月 21 日
37 号	关于转发《关于加强生态环境学科整合和复旦—丁铎尔中心战略平台建设的若干意见》的通知	11 月 28 日
38 号	关于转发《复旦大学关于规范庆典、研讨会、论坛活动的管理办法》的通知	11 月 28 日
39 号	关于 2012 年寒假安排的通知	12 月 12 日
40 号	关于做好《复旦大学年鉴(2012)》编纂工作的通知	12 月 28 日

※文号为校通字[2011]×号。

学校批复一览

文　号※	文　件　名　称	批　复　单　位	发文日期
1号	关于2011年研究生招生计划的批复	研究生院	1月4日
2号	关于与深圳发展银行签署合作协议事宜的批复	研究生院、经济学院	1月4日
3号	关于与中国气象局签署局校合作框架协议事宜的批复	科技处	1月4日
4号	关于与天津市南开中学签署人才培养合作协议事宜的批复	教务处	1月4日
5号	关于黄山救援我校学生牺牲民警慰问金申请事宜的批复	党委办公室、财务处*	1月4日
6号	关于执行教育部规定对学校在职在编"老人"住房补贴进行补差工作事宜的批复	财务处、房委会、校工会	1月4日
7号	关于博物馆(200号)建设方案的批复	宣传部、外联处*、基建处*、文博系*	1月5日
8号	关于管理学院新院区筹建变更方案的批复	上海复旦资产经营有限公司、管理学院	1月5日
9号	关于2011—2012学年校历事宜的批复	教务处	1月5日
10号	关于无锡研究院章程事宜的批复	科技处	1月5日
11号	关于生物医学研究院、脑科学平台工作和大医口过渡期管理构架的批复	上海医学院、党委办公室、组织部*、校长办公室*	1月5日
12号	关于人才引进事宜的批复	人事处	1月18日
13号	关于2010年度机关工作人员各类津贴发放事宜的批复	人事处、财务处*	1月18日
14号	关于附属第二中学和附属小学绩效工资相关事宜的批复	人事处、财务处*	1月18日
15号	关于全日制硕士专业学位研究生奖助体系的批复	研究生院、财务处	1月18日
16号	关于发放年终专项补贴的批复	财务处、人事处	1月18日
17号	关于药学院技术合作合同纠纷案赔偿款支付事宜的批复	药学院、财务处、校长办公室*、监察处*	1月18日
18号	关于《复旦大学重庆医科大学联合培养五年制临床医学专业学生协议》的批复	教务处、上海医学院、发展规划处、校长办公室*	1月18日
19号	关于学生退学事宜的批复	研究生院	1月18日
20号	关于同意成立复旦大学前列腺肿瘤诊治研究中心的批复	科技处、肿瘤医院*	2月25日
21号	关于调整留学生公寓房租和收取电费事宜的批复	外国留学生工作处、财务处*	3月1日
22号	关于复丹学院办学问题的情况报告的批复	校长办公室、财务处*	3月1日
23号	关于2011—2012年度高级专家延聘申请事宜的批复	人事处	3月1日
24号	关于学校领导在复旦管理学奖励基金会第二届理事会中任职的批复	对外联络与发展处	3月1日
25号	关于学校2011年工作要点的批复	党委办公室、校长办公室	3月1日
26号	关于学生退学事宜的批复	教务处	3月1日
27号	关于学生退学事宜的批复	研究生院	3月1日
28号	关于同意成立复旦大学国际矿业权交易与国家资源安全研究中心的批复	文科科研处	3月11日
29号	关于同意上海复旦天臣新技术有限公司整体改制为股份有限公司事宜的批复	上海复旦资产经营有限公司	3月14日
30号	关于筹建复旦大学国家保密学院的批复	学科建设办公室	3月14日
31号	关于做好2011年中国科学院和中国工程院院士增选工作的批复	人事处	3月14日

续 表

文 号※	文 件 名 称	批 复 单 位	发文日期
32号	关于"十二五"规划指导思想和调研方案的批复	发展规划处、校长办公室*	3月14日
33号	关于干部挂职事宜的批复	统战部、组织部*、教务处*	3月14日
34号	关于"985工程"三期校内岗位津贴调整方案的批复	学科建设办公室、财务处、人事处	3月29日
35号	关于预决算管理体制改革实施方案及管理办法的批复	财务处、发展规划处*	3月29日
36号	关于组建复旦大学发展与规划工作委员会和预决算工作委员会的批复	发展规划处、财务处*	3月29日
37号	关于完善新进教师聘用分级审批工作机制的批复	人事处	3月29日
38号	关于发育所的"转座子基因"专利申请及支付欠费的批复	科技处、财务处*、学科建设办公室*、校长办公室*	3月29日
39号	关于学生退学的批复	教务处	3月29日
40号	关于申请签订清镇市东门河治理景观整治人工湿地工程项目补充说明的批复	科技处、校长办公室*	4月12日
41号	关于资产经营公司有关事项的批复	产业化与校产管理办公室、上海复旦资产经营有限公司*、组织部*	4月12日
42号	关于人才引进事宜的批复	人事处	4月12日
43号	关于培育与新建聚合物分子工程国家重点实验室工作的批复	科技处	4月12日
44号	关于附属中山医院申请冠名为"上海市红十字中山医院"的批复	医管处、中山医院*	4月14日
45号	关于竖立苏步青老校长塑像的批复	宣传部、基建处*、数学科学学院*	4月20日
46号	关于《"985工程"三期校内岗位津贴调整方案(试行)》的批复	学科建设办公室、财务处、人事处、产业化与校产管理办公室*、后勤党委*	4月20日
47号	关于岗位津贴绩效奖励发放方案的批复	人事处、财务处*	4月20日
48号	关于学生退学的批复	教务处	4月20日
49号	关于学校第二季度和4月新闻宣传计划的批复	宣传部、学科建设办公室*	4月20日
50号	关于同意华山医院综合楼大修项目立项的批复	基建处、华山医院*	4月25日
51号	关于恢复复旦发展研究院的批复	学科建设办公室、发展规划处*、文科科研处*、人事处*	4月26日
52号	关于对教学楼安装空调所需电力进行扩容改造的批复	总务处、基建处*、财务处*	4月26日
53号	关于修缮陈望道故居的批复	宣传部、基建处*、财务处*	4月26日
54号	关于正式提名第八届校长奖候选人的批复	人事处、组织部、校工会*	4月26日
55号	关于人才引进事宜的批复	人事处	4月26日
56号	关于2011年本科生(高职)招生章程和招生计划的批复	招生办公室、研究生院*	4月26日
57号	关于学生退学事宜的批复	研究生院	4月26日
58号	关于"985工程"三期建设规划拟建项目及经费概算的批复	学科建设办公室、财务处*、科技处*、文科科研处*、上海医学院*	5月6日
59号	关于2011年度经济责任审计计划的批复	审计处、组织部*、财务处*、人事处*	5月6日
60号	关于保密学院领导班子和院务委员会名单的批复	计算机科学技术学院、组织部*、人事处*	5月6日
61号	关于《上海市公安局与复旦大学合作框架协议》的批复	科技处	5月6日
62号	关于"转座子基因技术"专利申请相关事宜的批复	科技处、财务处*	5月6日

续 表

文 号※	文 件 名 称	批 复 单 位	发文日期
63号	关于学生申诉处理委员会关于闵庚昊申诉事项的复议决定的批复	学生工作部、教务处*、外国留学生工作处*	5月6日
64号	关于学生退学事宜的批复	教务处	5月6日
65号	关于同意复旦大学美国研究中心大楼一、二、四层装修工程立项的批复	基建处、财务处*	5月13日
66号	关于同意复旦大学邯郸校区教学楼空调安装工程立项的批复	基建处、财务处*	5月16日
67号	关于同意复旦大学枫林校区教学楼空调安装工程立项的批复	基建处、财务处*	5月16日
68号	关于上海复丹国际信息科技进修学院办学相关事宜的批复	校长办公室、继续教育学院*	5月19日
69号	关于学生退学事宜的批复	教务处	5月19日
70号	关于学生退学事宜的批复	研究生院	5月24日
71号	关于学生退学事宜的批复	教务处	5月24日
72号	关于同意取消佟塔娜复旦大学学籍的批复	教务处、招生办公室*、复旦学院*	6月2日
73号	关于对学生宿舍安装空调所需电力进行扩容改造以及教学楼空调安装方案的批复	总务处、基建处、财务处*、学工部*、研工部*、对外联络与发展处*	6月10日
74号	关于校发展与规划委员会和校预决算委员会名单的批复	发展规划处	6月10日
75号	关于微纳加工和器件公共实验室建设方案的批复	学科建设办公室、科技处*、财务处*、物理学系*	6月10日
76号	关于全球环境变化研究所建设规划方案的批复	学科建设办公室、科技处*、文科科研处*、环境科学与工程系*	6月10日
77号	关于制定《复旦大学"985"工程三期仪器设备采购与管理办法》的批复	资产管理处	6月10日
78号	关于2011年招收本科生插班生试点工作及工作方案的批复	教务处	6月10日
79号	关于复旦大学附属眼耳鼻喉科医院姚静、孙兴怀违反学术规范相关事宜的批复	监察处、眼耳鼻喉科医院*、学科建设办公室*	6月15日
80号	关于金竹青信访积案化解方案的批复	信访办公室、研究生院*、档案馆*、校长办公室*	6月15日
81号	关于学生退学事宜的批复	教务处	6月15日
82号	关于女干部退休年龄的批复	人事处、组织部*	6月17日
83号	关于完善《复旦大学"校长奖"评选章程》的批复	人事处	6月17日
84号	关于《"新人"住房补贴调整方案(送审稿)》和《"老人"住房补贴发放的补充规定》的批复	房委会、工会*、财务处*、人事处*	6月17日
85号	关于本届教代会全体大会附属医院代表参会问题的批复	校工会	6月17日
86号	关于学生退学事宜的批复	教务处	6月17日
87号	关于学生退学事宜的批复	研究生院	6月17日
88号	关于同意成立复旦-贝勒基因组科学研究所的批复	科技处	6月23日
89号	关于学生退学事宜的批复	研究生院	7月5日

续　表

文　号※	文　件　名　称	批　复　单　位	发文日期
90号	关于校学术委员会换届工作情况及新一届委员会名单的批复	校学术委员会、学科建设办公室*	7月6日
91号	关于人才引进事宜的批复	人事处	7月6日
92号	关于本科生毕业典礼方案、研究生毕业典礼暨学位授予仪式方案及毕业生离校工作日程安排的批复	学工部、研工部、学联体、研究生院	7月6日
93号	关于继续为上海音乐学院代培养学生的批复	教务处	7月6日
94号	关于复旦发展研究院建设方案的批复	学科建设办公室	7月6日
95号	关于成立复旦大学国家建设研究中心的批复	学科建设办公室、文科科研处*	7月6日
96号	关于暑期急需修缮项目立项的批复	基建处、总务处*、张江校区管委会*、江湾校区管委会*、枫林校区管委会*、财务处*、发展规划处*	7月6日
97号	关于学生退学事宜的批复	教务处	7月8日
98号	关于《复旦大学学生学业证明文书管理细则(草案)》的批复	教务处、研究生院*、继续教育学院*、网络教育学院*	7月8日
99号	关于查处学术违规行为组织协调的若干意见的批复	监察处、校学术规划委员会*	7月11日
100号	关于计算机科学技术学院院长聘任及相关待遇的批复	人事处、组织部*	7月11日
101号	关于特聘教授变更住房待遇的批复	人事处	7月11日
102号	关于做好2011年全校高级职务聘任工作的批复	人事处	7月11日
103号	关于制定并实施《复旦大学"卓越人才计划"实施办法》的批复	人事处、财务处*	7月11日
104号	关于党政管理系列高级职务聘任有关问题的批复	人事处	7月14日
105号	关于学生退学事宜的批复	研究生院	7月15日
106号	关于2011年校级财务预算(草案)的批复	财务处、发展规划处*	7月15日
107号	关于发育生物研究所要求落实未来发展所需经费的批复	科技处、财务处*	7月15日
108号	关于调整我校论文和科技成果奖励政策的批复	科技处、财务处*	7月15日
109号	关于调整我校专业学位研究生收费标准的批复	研究生院、财务处、宣传部*	7月15日
110号	关于我校与中国工程物理研究院签署合作备忘录的批复	科技处	8月25日
111号	关于"985工程"三期医学学科重点建设项目建设方案及其2011年度经费预算的批复	学科建设办公室、财务处*	8月25日
112号	关于对程孝慈诉复旦大学等技术合作开发合同纠纷案进行责任认定和分配的批复	校长办公室、监察处*、科技处*、党委办公室*、发展规划处*	8月25日
113号	关于上海市复丹国际信息科技进修学院安置方案的批复	校长办公室、财务处*	9月2日
114号	关于学生退学事宜的批复	教务处	9月2日
115号	关于复旦大学作为质子重离子设备的资产主体进行进口免税申报的批复	资产管理处、肿瘤医院	9月5日
116号	关于华山医院与内蒙古呼和浩特市第一医院合作事宜的批复	华山医院、医院管理处*	9月5日
117号	关于签署《复旦大学—腾讯科技(深圳)有限公司战略合作协议书》的批复	对外联络与发展处	9月5日
118号	关于与上海商学院签订合作协议的批复	学科建设办公室	9月5日

续　表

文　号※	文　件　名　称	批　复　单　位	发文日期
119号	关于复旦大学附属中学与青浦区人民政府合作办学事宜的批复	复旦附中	9月5日
120号	关于《〈复旦大学章程〉制订方案(初稿)》及成立章程制定工作小组的批复	发展规划处	9月5日
121号	关于进一步落实“卓越人才计划”的批复	人事处	9月5日
122号	关于同意成立复旦大学当代中国社会生活资料中心的批复	文科科研处	9月22日
123号	关于同意成立复旦大学亚洲经济研究中心的批复	文科科研处	9月22日
124号	关于邯郸校区、枫林校区新建配电房项目调整列入复旦大学“十二五”基建规划的批复	基建处、发展规划处*	9月28日
125号	关于同意成立复旦·杨浦优生促进中心的批复	医院管理处、妇产科医院*	9月30日
126号	关于《复旦大学领导干部经济责任审计规定》事宜的批复	审计处、财务处*、组织部*	10月9日
127号	关于《复旦大学审计结果公开办法(试行)》事宜的批复	审计处	10月9日
128号	关于启动上海泰复网络技术有限公司股权重组工作的批复	网络教育学院	10月9日
129号	关于新闻学院与央视—索福瑞媒介研究有限公司签署调查服务合同事宜的批复	学科建设办公室、科技处*、文科科研处*	10月9日
130号	关于成立推进科研拓展计划工作小组的批复	校长办公室	10月9日
131号	关于推进并加快“上海数学中心”建设的批复	数学科学学院、资产管理处*	10月9日
132号	关于学生退学事宜的批复	教务处	10月9日
133号	关于同意成立复旦大学甲状腺肿瘤诊治研究中心的批复	科技处、肿瘤医院*	10月11日
134号	关于学生退学事宜的批复	教务处	10月13日
135号	关于学生退学事宜的批复	研究生院	10月13日
136号	关于学校第四季度新闻宣传工作提纲的批复	宣传部	10月25日
137号	关于《复旦大学关于规范庆典、研讨会、论坛活动的管理办法》制定情况的批复	监察处、校长办公室	10月25日
138号	关于暂不执行延聘到龄科级女干部相关事宜的批复	人事处	10月25日
139号	关于第五届校董会校董人选建议名单的批复	对外联络与发展处	10月25日
140号	关于人才引进事宜的批复	人事处	10月25日
141号	关于学生申诉事项的书面意见和复议决定的批复	学生工作部、保卫处*	10月25日
142号	关于丁光宏在田舜莲学术造假事件中的责任认定及处理事宜的批复	监察处、校学术规划委员会*、力学与工程科学系*、学科建设办公室*、人事处*	11月11日
143号	关于同意复旦大学附属华山医院低压配电系统改造、扩容项目立项的批复	基建处、华山医院*	11月18日
144号	关于上海物流研究院第二届院务委员会人员组成的批复	文科科研处、管理学院*	12月13日
145号	关于落实“中国科协、教育部关于对研究生开展科学道德和学风建设宣讲教育活动座谈会”工作要求的批复	研究生院、校学术规划委员会*、教务处*	12月13日
146号	关于召开学校科技工作大会事宜的批复	科技处	12月13日

续 表

文 号※	文 件 名 称	批 复 单 位	发文日期
147号	关于复旦大学专用材料与技术中心实体化方案和教育部重点实验室(B类)主任聘任事宜的批复	科技处、复旦大学专用材料与技术中心、人事处*、发展规划处*、财务处*	12月13日
148号	关于四年制试点书院的命名及岗位设置事宜的批复	复旦学院、人事处*、教务处*、发展规划处*	12月13日
149号	关于教育部"东部高校对口支援西部高校工作典型经验集体和突出贡献个人"推荐事宜的批复	校长办公室、宣传部*	12月13日
150号	关于学生退学事宜的批复	教务处	12月2日
151号	关于金融研究中心、社会科学数据研究中心、马克思主义研究院等建设方案的批复	学科建设办公室、文科科研处、发展规划处*、资产管理处*、人事处*、财务处*	12月20日
152号	关于《复旦大学中长期事业发展规划》起草方案事宜的批复	发展规划处、宣传部*	12月28日
153号	关于生态与环境科学楼功能规划事宜的批复	发展规划处、基建处、学科建设办公室*	12月28日
154号	关于学生退学事宜的批复	教务处	12月2日
155号	关于学生退学事宜的批复	研究生院	12月2日

※ 文号为校批字[2011]×号。
* 为抄送单位。

·人　物·

新增院士介绍

金亚秋

金亚秋，男，1946年9月18日出生于上海市。1965年毕业于上海中学、1970年毕业于北京大学、1970—1978年在广西宜山氮肥厂工作，1978年考入中国科学院首批公派出国研究生，分别于1982、1983、1985年2月获美国麻省理工学院(MIT)电气工程与计算机科学系(EECS)科学硕士(MS)、电气工程师(EE)、博士(Ph. D.)学位。2011年当选为中国科学院院士(信息技术科学学部)，2012年当选为发展中国家科学院院士、国际宇航科学院院士。

1987年12月回国，在复旦大学工作，现任复旦大学特聘教授、波散射与遥感信息重点实验室主任。其间曾先后任职于美国大气环境研究公司(AER 1985)、美国纽约市立大学(CUNY 1986—1987)、英国约克大学(U. York 1993，英国皇家学会资助)、美国国家海洋大气局卫星研究室(NOAA/NESDIS 1996，作为美国国家研究委员会NRC高级研究员)、香港城市大学(CUHK 2000)、日本东北大学(Tohoku U 2004)。

研究领域为复杂自然环境中电磁波散射辐射传输与传播、空间遥感与对地监测信息理论与技术、复杂系统中计算电磁学等。在国内外已发表650多篇学术论文、14本中英文专著与文集。提出了自然地表全极化电磁散射的理论建模、数值与成像模拟、特征参数反演与目标重构，形成了“空间微波遥感全极化电磁散射与定量信息”的系统理论；发展了“自然介质矢量辐射传输理论”及其在地球环境星载微波遥感、探月与深空探测等领域的应用；发展了“复杂背景环境与特征目标复合电磁散射”的理论建模、数值模拟的计算电磁学理论方法与技术应用。中国嫦娥探月计划中辐射建模工作获Nature-Geoscience研究热点专文介绍，专著获EARSeL专文介绍，照片登载在IEEE GRSS三十周年全世界GRS领域关键人物介绍中。

国家重点基础研究973项目“复杂自然环境时空定量信息获取与融合处理的理论与应用”首席科学家，国家级有突出贡献的中青年科技专家。中国与发展中国家在遥感(IEEE GRSS，Geoscience and Remote Sensing Society)领域第一个IEEE Fellow，第一位IEEE GRSS AdCom委员，IEEE Fellow评选委员会主席(GRSS)、IEEE GRS杰出演讲者。也是美国电磁研究院(EMA)Fellow与CIE Fellow。获得IEEE GRSS Education Award(教育奖、2010)。并任国际学术会议Urban Joint Event on Remote Sensing主席(2009)、IGARSS2016主席、ISAPE(2000、2010)、IGARSS(2011)技术委员会主席等。创立了IEEE GRSS北京支会(Chapter)、中国电子学会微波遥感与无线电遥感、中国计算物理学会计算电磁三个专业委员会，任国家教育部电子科学与技术分教学指导委员会副主任委员。

获国家自然科学奖二等奖(2011)、国家自然科学奖三等奖(1993)、三次国家教育部自然科学奖一等奖(1992，1996，2009)、光华科技奖一等奖(1993)、国家图书奖(1997)、全国科技图书奖一等奖(1997)、首届全国宝钢教育基金优秀教师特等奖(1994)、上海市科技进步奖(2000)与国家教育部自然科学奖二等奖(1999)各一次、国家973计划先进个人(2004)等十多项科技奖励。国家自然科学基金会首次十位优秀中青年人才基金(国家杰出青年基金前身)获得者、上海市劳动模范(1993)、复旦大学首届优秀研究生导师、复旦大学校长奖、上海市优秀教学奖，两届上海市十大科技精英与首届上海市十大高校精英提名奖获得者。主持承担国家与部市委四十多项重大重点等科技项目，迄今完成的6项国家自然科学基金信息项目评为特优、4份重要科技报告“优秀”。

葛均波

复旦大学附属中山医院教授。1962年11月生于山东省五莲县。1984年毕业于青岛医学院，1987年获山东医科大学硕士学位，1993年于德国Mainz大学获博士学位。1994年4月至1999年5月任德国Essen大学医学院心内科血管内超声室主任；1999年5月至2009年9月任复旦大学附属中山医院心内科/导管室主任、上海市心血管病研究所副所长；2009年10月至今任复旦大学附属中山医院心内科/导管室主任、上海市心血管病研究所所长；2008年9月至今复旦大学医学研究院PI。全国政协委员、九三学社市委副主委。

长江计划特聘教授，国家杰出青年基金获得者。主要从事心血管病诊断与治疗的临床实践与研究。提出了冠状动脉易损斑块的定量指标，便于有效识别并筛选心肌梗死高危患者；发现了心肌桥在血管内超声检查时所特有的“半月现象”和“指尖现象”，使心肌桥检出率得以大幅提高；主持研制了新型可降解涂层冠状动脉支架；创建了自体动脉移植模型，揭示血流动力学改变是动脉粥样硬化的独立致病因素；发现树突状细胞是动脉粥样硬化重要组分泡沫细胞的另一个来源；成功将磁靶向治疗引入心肌梗死的干细胞治疗领域；创建了已成为冠心病介入治疗的经典术式的“逆行导引钢丝对吻技术”；成功实施国内首例经皮主动脉瓣置换术，带领课题组取得开创性研究成果，提高了冠心病临床诊治水平。

主持16项国家和省部级科研项目，包括863计划、211工程、十一五科技支撑计划等，获得国家杰出青年科学基金资助；发表SCI收录通讯作者论文66篇，他引2 820次，主编专著6部。2000年获上海市共青团颁发的上海十大杰出青年奖；2004年获教育部科技进步二等奖、中共中央人事部颁发的中国青年科技奖；2005年获上海市科技进步一等奖；2006年获国家科技进步二等奖；2008年获教育部科技进步一等奖；2010年获上海市技术发明一等奖；2011年获国家技术发明二等奖、上海市科技精英奖和中国科学院院士称号。

成功举办五届东方心脏病学会议，提升了我国在此领域的国际影响力，为缩短与国际的差距作出卓越贡献。

先后获上海市五一劳动奖章、上海市卫生系统“身边的先进人物”荣誉称号，并获行政记大功一次、获中华医学会“中国介入心脏病学杰出贡献奖”。

（人事处供稿）

教授名录

单　位	姓　名	性别	职　称	单　位	姓　名	性别	职　称
中国语言文学系	裘锡圭	男	教　授	中国语言文学系	傅　杰	男	教　授
中国语言文学系	王水照	男	教　授	中国语言文学系	张新颖	男	教　授
中国语言文学系	朱立元	男	教　授	中国语言文学系	王安忆	女	教　授
中国语言文学系	陈思和	男	教　授	中国语言文学系	陈忠敏	男	教　授
中国语言文学系	黄　霖	男	教　授	中国语言文学系	殷寄明	男	教　授
中国语言文学系	申小龙	男	教　授	中国语言文学系	施谢捷	男	教　授
中国语言文学系	陈尚君	男	教　授	中国语言文学系	刘大为	男	教　授
中国语言文学系	骆玉明	男	教　授	中国语言文学系	邵毅平	男	教　授
中国语言文学系	汪少华	男	教　授	中国语言文学系	邬国平	男	教　授
中国语言文学系	游汝杰	男	教　授	中国语言文学系	杨乃乔	男	教　授
中国语言文学系	袁　进	男	教　授	中国语言文学系	周荣胜	男	教　授
中国语言文学系	刘　钊	男	教　授	中国语言文学系	查屏球	男	教　授
中国语言文学系	朱文华	男	教　授	中国语言文学系	郑土有	男	教　授
中国语言文学系	汪涌豪	男	教　授	中国语言文学系	祝克懿	女	教　授
中国语言文学系	栾梅健	男	教　授	中国语言文学系	陈　剑	男	教　授
中国语言文学系	戴耀晶	男	教　授	中国语言文学系	罗书华	男	教　授
中国语言文学系	郜元宝	男	教　授	中国语言文学系	张业松	男	教　授
中国语言文学系	郑元者	男	教　授	中国语言文学系	周兴陆	男	教　授
中国语言文学系	陆　扬	男	教　授	中国语言文学系	张豫峰	女	教　授
中国语言文学系	徐志啸	男	教　授	中国语言文学系	朱　刚	男	教　授
中国语言文学系	杨剑桥	男	教　授	中国语言文学系	杨俊蕾	女	教　授
中国语言文学系	龚群虎	男	教　授	中国语言文学系	李振声	男	教　授
中国语言文学系	陈引驰	男	教　授	中国语言文学系	李　楠	女	教　授
中国语言文学系	吴礼权	男	教　授	中国语言文学系	周　斌	男	研究员
中国语言文学系	张德兴	男	教　授	中国语言文学系	陈维昭	男	研究员
中国语言文学系	戴　燕	女	教　授	中国语言文学系	王才勇	男	研究员

续 表

单　位	姓　名	性别	职　称	单　位	姓　名	性别	职　称
古籍所	章培恒	男	教　授	哲学学院	李天纲	男	教　授
古籍所	吴金华	男	教　授	哲学学院	王雷泉	男	教　授
古籍所	陈正宏	男	教　授	哲学学院	邓安庆	男	教　授
古籍所	谈蓓芳	女	教　授	哲学学院	杨泽波	男	教　授
古籍所	陈广宏	男	教　授	哲学学院	陈学明	男	教　授
古籍所	郑利华	男	教　授	哲学学院	孙承叔	男	教　授
古籍所	刘晓南	男	教　授	哲学学院	张志林	男	教　授
古籍所	钱振民	男	研究员	哲学学院	汪堂家	男	教　授
古籍所	郑伟宏	男	研究员	哲学学院	张庆熊	男	教　授
古籍所	黄仁生	男	研究员	哲学学院	莫伟民	男	教　授
古籍所	黄　毅	女	研究员	哲学学院	徐洪兴	男	教　授
外文学院	陆谷孙	男	教　授	哲学学院	林宏星	男	教　授
外文学院	姜银国	男	教　授	哲学学院	朱宝荣	男	教　授
外文学院	朱永生	男	教　授	哲学学院	佘碧平	男	教　授
外文学院	熊学亮	男	教　授	哲学学院	王德峰	男	教　授
外文学院	褚孝泉	男	教　授	哲学学院	吴　震	男	教　授
外文学院	张　冲	男	教　授	哲学学院	汪行福	男	教　授
外文学院	何刚强	男	教　授	哲学学院	邹诗鹏	男	教　授
外文学院	余建中	男	教　授	哲学学院	郑召利	男	教　授
外文学院	曲卫国	男	教　授	哲学学院	陈居渊	男	教　授
外文学院	邱东林	男	教　授	哲学学院	孙向晨	男	教　授
外文学院	魏育青	男	教　授	哲学学院	刘康德	男	教　授
外文学院	金钟太	男	教　授	哲学学院	白彤东	男	教　授
外文学院	王建开	男	教　授	哲学学院	李若晖	男	教　授
外文学院	谈　峥	男	教　授	哲学学院	王新生	男	教　授
外文学院	梁正溜	男	教　授	哲学学院	魏洪钟	男	研究馆员
外文学院	沈　黎	女	教　授	国外马克思主义基地	王凤才	男	研究员
外文学院	孙　建	男	教　授	历史学系	姜义华	男	教　授
外文学院	蔡基刚	男	教　授	历史学系	吴景平	男	教　授
外文学院	姜　宏	女	教　授	历史学系	韩　昇	男	教　授
外文学院	王滨滨	女	教　授	历史学系	朱荫贵	男	教　授
外文学院	姜宝有	男	教　授	历史学系	戴鞍钢	男	教　授
外文学院	汪洪章	男	教　授	历史学系	黄　洋	男	教　授
外文学院	季佩英	女	教　授	历史学系	章　清	男	教　授
哲学学院	刘放桐	男	教　授	历史学系	金光耀	男	教　授
哲学学院	俞吾金	男	教　授	历史学系	邹振环	男	教　授
哲学学院	吴晓明	男	教　授	历史学系	王立诚	男	教　授
哲学学院	张汝伦	男	教　授	历史学系	冯　玮	男	教　授
哲学学院	冯　平	女	教　授	历史学系	李宏图	男	教　授

续 表

单 位	姓 名	性别	职 称	单 位	姓 名	性别	职 称
历史学系	孙科志	男	教 授	经济学院	张晖明	男	教 授
历史学系	张海英	女	教 授	经济学院	袁志刚	男	教 授
历史学系	金寿福	男	教 授	经济学院	张 军	男	教 授
历史学系	巴兆祥	男	教 授	经济学院	李慧中	男	教 授
历史学系	陈 新	男	教 授	经济学院	石 磊	男	教 授
历史学系	郭英之	女	教 授	经济学院	刘红忠	男	教 授
历史学系	张 巍	男	教 授	经济学院	马 涛	男	教 授
历史学系	冯贤亮	男	教 授	经济学院	谢识予	男	教 授
历史学系	高 晞	女	教 授	经济学院	尹翔硕	男	教 授
历史学系	余 欣	男	教 授	经济学院	庄起善	男	教 授
历史学系	Fred E. Schrader	男	教 授	经济学院	唐朱昌	男	教 授
文史研究院创新基地	葛兆光	男	教 授	经济学院	李洁明	女	教 授
文史研究院创新基地	李星明	男	研究员	经济学院	强永昌	男	教 授
文物与博物馆学系	沃兴华	男	教 授	经济学院	殷醒民	男	教 授
文物与博物馆学系	陈 淳	男	教 授	经济学院	严法善	男	教 授
文物与博物馆学系	陆建松	男	教 授	经济学院	李维森	男	教 授
文物与博物馆学系	高蒙河	男	教 授	经济学院	史正富	男	教 授
文物与博物馆学系	陈红京	男	教 授	经济学院	焦必方	男	教 授
文物与博物馆学系	朱顺龙	男	教 授	经济学院	朱 叶	男	教 授
文物与博物馆学系	吕 静	女	教 授	经济学院	孙立坚	男	教 授
历史地理研究所	葛剑雄	男	教 授	经济学院	徐文虎	男	教 授
历史地理研究所	周振鹤	男	教 授	经济学院	陆 铭	男	教 授
历史地理研究所	姚大力	男	教 授	经济学院	张陆洋	男	教 授
历史地理研究所	王振忠	男	教 授	经济学院	丁 纯	男	教 授
历史地理研究所	吴松弟	男	教 授	经济学院	陈 钊	男	教 授
历史地理研究所	满志敏	男	教 授	经济学院	范剑勇	男	教 授
历史地理研究所	张伟然	男	教 授	经济学院	宋 铮	男	教 授
历史地理研究所	王建革	男	研究员	经济学院	程大中	男	教 授
历史地理研究所	安介生	男	研究员	经济学院	沈国兵	男	教 授
历史地理研究所	侯杨方	男	研究员	经济学院	林 曙	男	教 授
历史地理研究所	李晓杰	男	研究员	经济学院	封 进	女	教 授
历史地理研究所	张晓虹	女	研究员	经济学院	田素华	男	教 授
历史地理研究所	朱海滨	男	研究员	经济学院	吴力波	女	教 授
经济学院	王 城	男	教 授	经济学院	陈诗一	男	教 授
经济学院	许少强	男	教 授	经济学院	丁杏娣	女	研究员
经济学院	姜波克	男	教 授	金融研究院	陈学彬	男	教 授
经济学院	华 民	男	教 授	金融研究院	张金清	男	教 授
经济学院	黄亚钧	男	教 授	金融研究院	张宗新	男	教 授
经济学院	陈建安	男	教 授	国际关系与公共事务学院	竺乾威	男	教 授

续表

单位	姓名	性别	职称	单位	姓名	性别	职称
国际关系与公共事务学院	林尚立	男	教授	法学院	张乃根	男	教授
国际关系与公共事务学院	浦兴祖	男	教授	法学院	杨心宇	男	教授
国际关系与公共事务学院	邱柏生	男	教授	法学院	刘士国	男	教授
国际关系与公共事务学院	樊勇明	男	教授	法学院	胡鸿高	男	教授
国际关系与公共事务学院	徐以骅	男	教授	法学院	谢佑平	男	教授
国际关系与公共事务学院	臧志军	男	教授	法学院	马贵翔	男	教授
国际关系与公共事务学院	邓正来	男	教授	法学院	郭建	男	教授
国际关系与公共事务学院	陈明明	男	教授	法学院	王全弟	男	教授
国际关系与公共事务学院	陈志敏	男	教授	法学院	张梓太	男	教授
国际关系与公共事务学院	郭定平	男	教授	法学院	董茂云	男	教授
国际关系与公共事务学院	陈晓原	男	教授	法学院	段匡	男	教授
国际关系与公共事务学院	刘建军	男	教授	法学院	陈梁	男	教授
国际关系与公共事务学院	朱方	男	教授	法学院	陈浩然	男	教授
国际关系与公共事务学院	赵渭荣	男	教授	法学院	龚柏华	男	教授
国际关系与公共事务学院	朱春奎	男	教授	法学院	赵立行	男	教授
国际关系与公共事务学院	潘忠岐	男	教授	法学院	陈乃蔚	男	教授
国际关系与公共事务学院	苏长和	男	教授	法学院	何力	男	教授
国际关系与公共事务学院	唐亚林	男	教授	法学院	王志强	男	教授
国际关系与公共事务学院	唐贤兴	男	教授	法学院	季立刚	男	教授
国际关系与公共事务学院	唐世平	男	教授	法学院	朱淑娣	女	教授
国际关系与公共事务学院	陈玉刚	男	教授	法学院	潘伟杰	男	教授
国际关系与公共事务学院	张建新	男	教授	法学院	陈力	女	教授
国际关系与公共事务学院	敬乂嘉	男	教授	法学院	侯健	男	教授
国际关系与公共事务学院	沈兰芳	女	研究员	法学院	张建伟	男	教授
国际关系与公共事务学院	周志成	男	研究员	法学院	孙笑侠	男	教授
国际问题研究院	沈丁立	男	教授	法学院	段厚省	男	教授
国际问题研究院	吴心伯	男	教授	法学院	刘志刚	男	教授
国际问题研究院	石源华	男	教授	法学院	徐美君	女	教授
国际问题研究院	胡令远	男	教授	法学院	汪明亮	男	教授
国际问题研究院	任晓	男	研究员	社会发展与公共政策学院	彭希哲	男	教授
国际问题研究院	赵华胜	男	研究员	社会发展与公共政策学院	谢遐龄	男	教授
国际问题研究院	潘锐	男	研究员	社会发展与公共政策学院	张乐天	男	教授
国际问题研究院	杜幼康	男	研究员	社会发展与公共政策学院	王桂新	男	教授
国际问题研究院	张贵洪	男	研究员	社会发展与公共政策学院	梁鸿	男	教授
国际问题研究院	王义桅	男	研究员	社会发展与公共政策学院	瞿铁鹏	男	教授
国际问题研究院	信强	男	研究员	社会发展与公共政策学院	陈家华	男	教授
法学院	孙南申	男	教授	社会发展与公共政策学院	孙时进	男	教授
法学院	陈治东	男	教授	社会发展与公共政策学院	于海	男	教授
法学院	章武生	男	教授	社会发展与公共政策学院	刘欣	男	教授

续 表

单 位	姓 名	性别	职 称	单 位	姓 名	性别	职 称
社会发展与公共政策学院	任 远	男	教 授	社会科学基础部	王贤卿	女	教 授
社会发展与公共政策学院	范丽珠	女	教 授	艺术教育中心	王天德	男	教 授
社会发展与公共政策学院	顾东辉	男	教 授	艺术教育中心	张 同	男	教 授
社会发展与公共政策学院	周 怡	女	教 授	艺术教育中心	徐卫宏	男	教 授
社会发展与公共政	申荷永	男	教 授	艺术教育中心	叶 苹	男	教 授
社会发展与公共政策学院	孙嘉明	男	教 授	艺术教育中心	王作欣	女	教 授
社会发展与公共政策学院	张 力	男	教 授	艺术教育中心	吴亚初	男	教 授
社会发展与公共政策学院	桂 勇	男	教 授	国际文化交流学院	陶黎铭	男	教 授
社会发展与公共政策学院	陆康强	男	教 授	国际文化交流学院	高顺全	男	教 授
社会发展与公共政策学院	王菊芬	女	研究员	国际文化交流学院	刘鑫民	男	教 授
社会科学高等研究院	刘清平	男	教 授	国际文化交流学院	沈肖肖	男	研究员
社会科学高等研究院	郭苏建	男	教 授	国际文化交流学院	吴中伟	男	正高级讲师
社会科学高等研究院	纳日碧力戈	男	教 授	国际文化交流学院	陈 潮	男	正高级讲师
新闻学院	童 兵	男	教 授	体育教学部	陈 琪	男	教 授
新闻学院	黄芝晓	男	教 授	体育教学部	邱 克	男	正高级讲师
新闻学院	李良荣	男	教 授	体育教学部	王方椽	男	正高级讲师
新闻学院	秦绍德	男	教 授	体育教学部	陈建强	男	正高级讲师
新闻学院	孟 建	男	教 授	数学科学学院	谷超豪	男	教 授
新闻学院	刘海贵	男	教 授	数学科学学院	李大潜	男	教 授
新闻学院	黄 旦	男	教 授	数学科学学院	胡和生	女	教 授
新闻学院	黄 瑚	男	教 授	数学科学学院	陈恕行	男	教 授
新闻学院	陆 晔	女	教 授	数学科学学院	洪家兴	男	教 授
新闻学院	吕新雨	女	教 授	数学科学学院	杨劲根	男	教 授
新闻学院	殷晓蓉	女	教 授	数学科学学院	肖体俊	女	教 授
新闻学院	程士安	女	教 授	数学科学学院	黄宣国	男	教 授
新闻学院	张海鹰	男	教 授	数学科学学院	周 忆	男	教 授
新闻学院	顾 铮	男	教 授	数学科学学院	陈纪修	男	教 授
新闻学院	孙 玮	女	教 授	数学科学学院	吴宗敏	男	教 授
新闻学院	曹 晋	女	教 授	数学科学学院	周子翔	男	教 授
新闻学院	谢 静	女	教 授	数学科学学院	应坚刚	男	教 授
新闻学院	张涛甫	男	教 授	数学科学学院	尹永成	男	教 授
社会科学基础部	顾钰民	男	教 授	数学科学学院	东瑜昕	男	教 授
社会科学基础部	肖 巍	男	教 授	数学科学学院	朱胜林	男	教 授
社会科学基础部	杜艳华	女	教 授	数学科学学院	冯建峰	男	教 授
社会科学基础部	徐宗良	男	教 授	数学科学学院	陈 猛	男	教 授
社会科学基础部	高国希	男	教 授	数学科学学院	郭坤宇	男	教 授
社会科学基础部	杨宏雨	男	教 授	数学科学学院	邱维元	男	教 授
社会科学基础部	高晓林	女	教 授	数学科学学院	吴泉水	男	教 授
社会科学基础部	钱箭星	女	教 授	数学科学学院	程 晋	男	教 授

续 表

单　位	姓 名	性 别	职 称	单　位	姓 名	性 别	职 称
数学科学学院	汤善健	男	教 授	物理学系	龚新高	男	教 授
数学科学学院	丁 青	男	教 授	物理学系	陈暨耀	男	教 授
数学科学学院	范恩贵	男	教 授	物理学系	封东来	男	教 授
数学科学学院	金 路	男	教 授	物理学系	陈张海	男	教 授
数学科学学院	袁小平	男	教 授	物理学系	马世红	男	教 授
数学科学学院	刘宪高	男	教 授	物理学系	赵 利	男	教 授
数学科学学院	楼红卫	男	教 授	物理学系	游建强	男	教 授
数学科学学院	薛军工	男	教 授	物理学系	周 磊	男	教 授
数学科学学院	潘立平	男	教 授	物理学系	马永利	男	教 授
数学科学学院	苏仰锋	男	教 授	物理学系	吴义政	男	教 授
数学科学学院	吕 志	男	教 授	物理学系	黄吉平	男	教 授
数学科学学院	魏益民	男	教 授	物理学系	盛卫东	男	教 授
数学科学学院	傅吉祥	男	教 授	物理学系	施 郁	男	教 授
数学科学学院	张永前	男	教 授	物理学系	杨中芹	女	教 授
数学科学学院	蔡志杰	男	教 授	物理学系	沈 健	男	教 授
数学科学学院	高卫国	男	教 授	物理学系	韦广红	女	教 授
数学科学学院	陈文斌	男	教 授	物理学系	张远波	男	教 授
数学科学学院	林 伟	男	教 授	物理学系	刘晓晗	男	教 授
数学科学学院	卢文联	男	教 授	物理学系	钟振扬	男	教 授
数学科学学院	雷 震	男	教 授	物理学系	谭砚文	女	研究员
数学科学学院	李洪全	男	研究员	物理学系	田传山	男	研究员
数学科学学院	曹 沅	男	正高级讲师	物理学系	吴施伟	男	研究员
数理研究科技创新平台	向红军	男	研究员	物理学系	刘韡韬	女	研究员
数理研究科技创新平台	胡跃清	男	研究员	物理学系	吴 骅	男	研究员
数理研究科技创新平台	张 洪	男	研究员	现代物理研究所	杨福家	男	教 授
数理研究科技创新平台	于玉国	男	研究员	现代物理研究所	邹亚明	女	教 授
物理学系	郝柏林	男	教 授	现代物理研究所	宓 詠	男	教 授
物理学系	陶瑞宝	男	教 授	现代物理研究所	陈建新	男	研究员
物理学系	王 迅	男	教 授	现代物理研究所	宁西京	男	研究员
物理学系	张新夷	男	教 授	现代物理研究所	施立群	男	研究员
物理学系	侯晓远	男	教 授	现代物理研究所	沈 皓	女	研究员
物理学系	周鲁卫	男	教 授	现代物理研究所	Roger Hutton	男	研究员
物理学系	金晓峰	男	教 授	现代物理研究所	贺勉鸿	男	主任技师
物理学系	吴长勤	男	教 授	环境科学与工程系	郑俊华	男	教 授
物理学系	资 剑	男	教 授	环境科学与工程系	庄国顺	男	教 授
物理学系	蒋最敏	男	教 授	环境科学与工程系	王祥荣	男	教 授
物理学系	车静光	男	教 授	环境科学与工程系	戴星翼	男	教 授
物理学系	林志方	男	教 授	环境科学与工程系	陈建民	男	教 授
物理学系	陆 昉	男	教 授	环境科学与工程系	刘 燕	女	教 授

续 表

单 位	姓 名	性 别	职 称	单 位	姓 名	性 别	职 称
环境科学与工程系	董文博	男	教 授	化学系	王文宁	女	教 授
环境科学与工程系	杨 新	男	教 授	化学系	岳 斌	男	教 授
环境科学与工程系	李 溪	男	教 授	化学系	傅正文	男	教 授
环境科学与工程系	隋国栋	男	教 授	化学系	乔明华	男	教 授
环境科学与工程系	郭志刚	男	教 授	化学系	吴 劼	男	教 授
环境科学与工程系	陈 莹	女	教 授	化学系	王韵华	女	教 授
环境科学与工程系	郑 正	男	教 授	化学系	沈 伟	男	教 授
环境科学与工程系	周 斌	男	教 授	化学系	陆豪杰	男	教 授
环境科学与工程系	成天涛	男	教 授	化学系	余绍宁	男	教 授
环境科学与工程系	Marie Harder	女	教 授	化学系	华伟明	男	教 授
环境科学与工程系	王新军	男	研究员	化学系	刘智攀	男	教 授
环境科学与工程系	王琳	男	研究员	化学系	谭相石	男	教 授
环境科学与工程系	宋卫华	男	研究员	化学系	张亚红	女	教 授
环境科学与工程系	王德耀	男	教 授	化学系	邓春晖	男	教 授
化学系	杨芃原	男	教 授	化学系	徐 昕	男	教 授
化学系	范康年	男	教 授	化学系	范仁华	男	教 授
化学系	金国新	男	教 授	化学系	邓勇辉	男	教 授
化学系	陈分儿	男	教 授	化学系	黎占亭	男	研究员
化学系	唐 颐	男	教 授	化学系	李富友	男	研究员
化学系	赵东元	男	教 授	化学系	余爱水	男	研究员
化学系	孔继烈	男	教 授	化学系	易 涛	女	研究员
化学系	张祥民	男	教 授	化学系	庞 震	男	正高级讲师
化学系	贺鹤勇	男	教 授	高分子科学系	江 明	男	教 授
化学系	周鸣飞	男	教 授	高分子科学系	杨玉良	男	教 授
化学系	周锡庚	男	教 授	高分子科学系	黄骏廉	男	教 授
化学系	徐华龙	男	教 授	高分子科学系	丁建东	男	教 授
化学系	蔡文斌	男	教 授	高分子科学系	邵正中	男	教 授
化学系	夏永姚	男	教 授	高分子科学系	汪长春	男	教 授
化学系	王全瑞	男	教 授	高分子科学系	武培怡	男	教 授
化学系	翁林红	女	教 授	高分子科学系	邱 枫	男	教 授
化学系	钱东金	男	教 授	高分子科学系	刘天西	男	教 授
化学系	吴宇平	男	教 授	高分子科学系	陈道勇	男	教 授
化学系	戴维林	男	教 授	高分子科学系	周 平	女	教 授
化学系	高 翔	男	教 授	高分子科学系	倪秀元	男	教 授
化学系	乐英红	男	教 授	高分子科学系	张红东	男	教 授
化学系	屠 波	女	教 授	高分子科学系	何军坡	男	教 授
化学系	丁传凡	男	教 授	高分子科学系	姚 萍	女	教 授
化学系	曹 勇	男	教 授	高分子科学系	陈 新	男	教 授
化学系	刘宝红	女	教 授	高分子科学系	杨武利	男	教 授

续表

单　位	姓　名	性别	职　称	单　位	姓　名	性别	职　称
高分子科学系	冯嘉春	男	教　授	生命科学学院	季朝能	男	教　授
高分子科学系	李同生	男	研究员	生命科学学院	吕　红	女	教　授
高分子科学系	张　炜	男	正高级实验师	生命科学学院	杨　继	男	教　授
高分子科学系	丛培红	女	正高级实验师	生命科学学院	董爱武	女	教　授
先进材料创新平台	汪联辉	男	教　授	生命科学学院	吴纪华	女	教　授
先进材料创新平台	彭慧胜	男	教　授	生命科学学院	王学路	男	教　授
先进材料创新平台	谷至华	男	研究员	生命科学学院	赵世民	男	教　授
先进材料创新平台	李世燕	男	研究员	生命科学学院	朱乃硕	男	教　授
先进材料创新平台	陈　焱	男	研究员	生命科学学院	赵　斌	男	教　授
先进材料创新平台	乔　山	男	研究员	生命科学学院	麻锦彪	男	教　授
先进材料创新平台	王忠胜	男	研究员	生命科学学院	钟　涛	男	教　授
先进材料创新平台	车仁超	男	研究员	生命科学学院	David Waxman	男	教　授
先进材料创新平台	肖艳红	女	研究员	生命科学学院	李　辉	男	教　授
先进材料创新平台	郑耿锋	男	研究员	生命科学学院	张　锋	男	教　授
先进材料创新平台	郭睿倩	女	研究员	生命科学学院	全哲学	男	教　授
生命科学学院	长谷川政美	男	教　授	生命科学学院	王久存	女	教　授
生命科学学院	陈家宽	男	教　授	生命科学学院	朱焕章	男	教　授
生命科学学院	罗泽伟	男	教　授	生命科学学院	王洪海	男	研究员
生命科学学院	余　龙	男	教　授	生命科学学院	方长明	男	研究员
生命科学学院	卢宝荣	男	教　授	生命科学学院	王树林	男	研究员
生命科学学院	钟　扬	男	教　授	生命科学学院	王红艳	女	研究员
生命科学学院	吴千红	男	教　授	生命科学学院	叶敬仲	男	研究员
生命科学学院	谢　毅	男	教　授	生命科学学院	田卫东	男	研究员
生命科学学院	卢大儒	男	教　授	生命科学学院	俞洪波	男	研究员
生命科学学院	马　红	男	教　授	生命科学学院	刘建祥	男	研究员
生命科学学院	孙　刚	男	教　授	生命科学学院	周旭辉	男	研究员
生命科学学院	钟　江	男	教　授	生命科学学院	蔡　亮	男	研究员
生命科学学院	梅岩艾	女	教　授	生命科学学院	薛　磊	男	研究员
生命科学学院	乔守怡	男	教　授	生命科学学院	吴家雪	男	研究员
生命科学学院	蒯本科	男	教　授	神经生物研究所	杨雄里	男	教　授
生命科学学院	霍克克	男	教　授	神经生物研究所	张玉秋	女	教　授
生命科学学院	李　博	男	教　授	神经生物研究所	钟咏梅	女	研究员
生命科学学院	印春华	男	教　授	发育生物学研究所	陶无凡	男	教　授
生命科学学院	石　建	男	教　授	发育生物学研究所	吴晓晖	男	教　授
生命科学学院	杨金水	男	教　授	发育生物学研究所	徐人尔	男	教　授
生命科学学院	李　瑶	女	教　授	发育生物学研究所	孙　璘	女	教　授
生命科学学院	金　力	男	教　授	发育生物学研究所	应蓓蓓	女	主任技师
生命科学学院	沈文辉	男	教　授	生物医学研究院	汤其群	男	教　授
生命科学学院	宋志平	男	教　授	生物医学研究院	Alastair Murchie	男	教　授

续 表

单 位	姓 名	性别	职 称	单 位	姓 名	性别	职 称
生物医学研究院	陈东戎	女	研究员	信息学院	吴嘉达	男	教 授
生物医学研究院	包志宏	男	研究员	信息学院	茹国平	男	教 授
生物医学研究院	张晓燕	女	研究员	信息学院	刘木清	男	教 授
生物医学研究院	谢幼华	男	研究员	信息学院	彭 波	男	教 授
生物医学研究院	徐建青	男	研究员	信息学院	陆 明	男	教 授
生物医学研究院	邢清和	男	研究员	信息学院	朱鹤元	男	教 授
生物医学研究院	徐彦辉	男	研究员	信息学院	庄 军	男	教 授
生物医学研究院	于文强	男	研究员	信息学院	王 斌	男	教 授
生物医学研究院	胡维国	男	研究员	信息学院	郑玉祥	男	教 授
生物医学研究院	文 波	男	研究员	信息学院	屈新萍	女	教 授
生物医学研究院	魏勋斌	男	主任技师	信息学院	迟 楠	女	教 授
脑科学研究院	王 云	男	研究员	信息学院	郑立荣	男	教 授
脑科学研究院	Thomas Behnisch	男	研究员	信息学院	刘克富	男	教 授
脑科学研究院	王中峰	男	研究员	信息学院	王松有	男	教 授
脑科学研究院	David Saffen	男	研究员	信息学院	曾晓洋	男	教 授
脑科学研究院	彭 刚	男	研究员	信息学院	李 翔	男	教 授
脑科学研究院	杨振纲	男	研究员	信息学院	林殷茵	女	教 授
信息学院	王威琪	男	教 授	信息学院	许 宁	男	教 授
信息学院	金亚秋	男	教 授	信息学院	周 嘉	女	教 授
信息学院	洪志良	男	教 授	信息学院	张宗芝	女	教 授
信息学院	陈良尧	男	教 授	信息学院	王伶俐	男	教 授
信息学院	黄大鸣	男	教 授	信息学院	他得安	男	教 授
信息学院	钱列加	男	教 授	信息学院	文舸一	男	教 授
信息学院	徐 雷	男	教 授	信息学院	余建军	男	教 授
信息学院	钱松荣	男	教 授	信息学院	朱建艺	女	研究员
信息学院	汪源源	男	教 授	信息学院	徐敏	男	研究员
信息学院	闵 昊	男	教 授	信息学院	沈德元	男	研究员
信息学院	黄宜平	男	教 授	信息学院	赵海斌	男	研究员
信息学院	张 卫	男	教 授	微纳电子科技创新平台	张世理	男	教 授
信息学院	刘丽英	女	教 授	微纳电子科技创新平台	吴东平	男	研究员
信息学院	王培南	男	教 授	微纳电子科技创新平台	王鹏飞	男	研究员
信息学院	胡 波	男	教 授	微电子研究院	周 电	男	教 授
信息学院	余建国	男	教 授	微电子研究院	刘 冉	男	教 授
信息学院	任俊彦	男	教 授	微电子研究院	蒋玉龙	男	教 授
信息学院	梁荣庆	男	教 授	微电子研究院	江安全	男	研究员
信息学院	李 锋	男	教 授	微电子研究院	丁士进	男	研究员
信息学院	曾 璇	女	教 授	微电子研究院	来金梅	女	研究员
信息学院	石艺尉	男	教 授	微电子研究院	李 巍	女	研究员
信息学院	张建秋	男	教 授	计算机科学技术学院	朱扬勇	男	教 授

续表

单　位	姓　名	性别	职　称	单　位	姓　名	性别	职　称
计算机科学技术学院	赵文耘	男	教　授	材料科学系	梅永丰	男	研究员
计算机科学技术学院	薛向阳	男	教　授	材料科学系	方晓生	男	研究员
计算机科学技术学院	陈雁秋	男	教　授	力学与工程科学系	霍永忠	男	教　授
计算机科学技术学院	沈一帆	男	教　授	力学与工程科学系	丁光宏	男	教　授
计算机科学技术学院	顾　宁	男	教　授	力学与工程科学系	唐国安	男	教　授
计算机科学技术学院	吴百锋	男	教　授	力学与工程科学系	郑铁生	男	教　授
计算机科学技术学院	张　亮	男	教　授	力学与工程科学系	马建敏	男	教　授
计算机科学技术学院	周水庚	男	教　授	力学与工程科学系	艾剑良	男	教　授
计算机科学技术学院	汪　卫	男	教　授	力学与工程科学系	孙　刚	男	教　授
计算机科学技术学院	鲁道夫 Rudolf Fleischer	男	教　授	力学与工程科学系	田振夫	男	教　授
				力学与工程科学系	倪玉山	男	教　授
				管理学院	郑祖康	男	教　授
计算机科学技术学院	危　辉	男	教　授	管理学院	孙　谦	男	教　授
计算机科学技术学院	黄萱菁	女	教　授	管理学院	芮明杰	男	教　授
计算机科学技术学院	阚海斌	男	教　授	管理学院	李若山	男	教　授
计算机科学技术学院	杨　夙	男	教　授	管理学院	项保华	男	教　授
计算机科学技术学院	王　新	男	教　授	管理学院	谢百三	男	教　授
计算机科学技术学院	张军平	男	教　授	管理学院	薛求知	男	教　授
计算机科学技术学院	周向东	男	教　授	管理学院	郁义鸿	男	教　授
计算机科学技术学院	王晓阳	男	教　授	管理学院	胡建绩	男	教　授
软件学院	臧斌宇	男	教　授	管理学院	司春林	男	教　授
材料科学系	李　劲	男	教　授	管理学院	许晓明	男	教　授
材料科学系	武利民	男	教　授	管理学院	杨永康	男	教　授
材料科学系	吴晓京	男	教　授	管理学院	陆雄文	男	教　授
材料科学系	徐　伟	男	教　授	管理学院	黄丽华	女	教　授
材料科学系	李越生	男	教　授	管理学院	谢晋宇	男	教　授
材料科学系	杨振国	男	教　授	管理学院	刘　杰	男	教　授
材料科学系	孙大林	男	教　授	管理学院	张新生	男	教　授
材料科学系	叶明新	男	教　授	管理学院	苏　勇	男	教　授
材料科学系	俞燕蕾	女	教　授	管理学院	黄　沛	男	教　授
材料科学系	范仲勇	男	教　授	管理学院	胡君辰	男	教　授
材料科学系	张　群	男	教　授	管理学院	李元旭	男	教　授
材料科学系	肖　斐	男	教　授	管理学院	孙小玲	男	教　授
材料科学系	崔晓莉	女	教　授	管理学院	周　红	女	教　授
材料科学系	贾　波	男	教　授	管理学院	蒋青云	男	教　授
材料科学系	周树学	男	教　授	管理学院	郑　明	女	教　授
材料科学系	游　波	女	教　授	管理学院	胡奇英	男	教　授
材料科学系	余学斌	男	研究员	管理学院	孔爱国	男	教　授
材料科学系	胡新华	男	研究员	管理学院	劳兰珺	女	教　授

续　表

单　　位	姓　名	性别	职　称	单　　位	姓　名	性别	职　称
管理学院	徐以汎	男	教　授	公共卫生学院	徐　飚	女	教　授
管理学院	原红旗	男	教　授	公共卫生学院	孟　炜	男	教　授
管理学院	洪剑峭	男	教　授	公共卫生学院	陈　文	男	教　授
管理学院	凌　鸿	男	教　授	公共卫生学院	屈卫东	男	教　授
管理学院	朱仲义	男	教　授	公共卫生学院	林燧恒	男	教　授
管理学院	王克敏	女	教　授	公共卫生学院	何　纳	男	教　授
管理学院	吕长江	男	教　授	公共卫生学院	吴擢春	男	教　授
管理学院	范龙振	男	教　授	公共卫生学院	高燕宁	男	教　授
管理学院	骆品亮	男	教　授	公共卫生学院	陈英耀	男	教　授
管理学院	宁　钟	男	教　授	公共卫生学院	严　非	女	教　授
管理学院	范秀成	男	教　授	公共卫生学院	吕　军	女	教　授
管理学院	官建成	男	教　授	公共卫生学院	阚海东	男	教　授
管理学院	张　青	男	教　授	公共卫生学院	陈　刚	男	教　授
管理学院	徐剑刚	男	教　授	公共卫生学院	吴　庆	女	教　授
管理学院	胡建强	男	教　授	公共卫生学院	叶　露	女	教　授
管理学院	陈　超	男	教　授	医学院	闻玉梅	女	教　授
管理学院	马成虎	男	教　授	医学院	彭裕文	男	教　授
管理学院	李　旭	男	教　授	医学院	查锡良	男	教　授
管理学院	姚　凯	男	教　授	医学院	吴根诚	男	教　授
管理学院	张成洪	男	教　授	医学院	孙凤艳	女	教　授
管理学院	Alan L. Tucker	男	教　授	医学院	顾建新	男	教　授
管理学院	包季鸣	男	正高级讲师	医学院	马　兰	女	教　授
校园信息化办公室	闫　华	女	主任技师	医学院	左　伋	男	教　授
公共卫生学院	陈　洁	女	教　授	医学院	许祖德	男	教　授
公共卫生学院	郝　模	男	教　授	医学院	赵子琴	女	教　授
公共卫生学院	傅　华	男	教　授	医学院	王海杰	男	教　授
公共卫生学院	金泰廙	男	教　授	医学院	朱大年	男	教　授
公共卫生学院	姜庆五	男	教　授	医学院	谭玉珍	女	教　授
公共卫生学院	冯学山	男	教　授	医学院	朱虹光	男	教　授
公共卫生学院	郭红卫	女	教　授	医学院	殷莲华	女	教　授
公共卫生学院	程晓明	男	教　授	医学院	程训佳	女	教　授
公共卫生学院	宋伟民	男	教　授	医学院	郑　平	男	教　授
公共卫生学院	厉曙光	男	教　授	医学院	朱依纯	男	教　授
公共卫生学院	赵耐青	男	教　授	医学院	郭孙伟	男	教　授
公共卫生学院	夏昭林	男	教　授	医学院	周国民	男	教　授
公共卫生学院	钱　序	女	教　授	医学院	张志刚	男	教　授
公共卫生学院	薛　迪	女	教　授	医学院	吴兴中	男	教　授
公共卫生学院	赵根明	男	教　授	医学院	宋志坚	男	教　授
公共卫生学院	周志俊	男	教　授	医学院	王　宾	男	教　授

续 表

单　位	姓　名	性别	职　称	单　位	姓　名	性别	职　称
医学院	鲁映青	女	教　授	药学院	侯爱君	女	教　授
医学院	张　农	男	教　授	药学院	吴　伟	男	教　授
医学院	马　端	男	教　授	药学院	穆　青	男	教　授
医学院	李瑞锡	男	教　授	药学院	孙　逊	女	教　授
医学院	沈霖霖	女	教　授	药学院	李英霞	女	教　授
医学院	陈思锋	男	教　授	药学院	王　洋	女	教　授
医学院	张素春	男	教　授	药学院	蒋　晨	女	教　授
医学院	李为民	男	教　授	药学院	石乐明	男	教　授
医学院	储以微	女	教　授	药学院	郁韵秋	女	教　授
医学院	黄　芳	女	教　授	药学院	蒋新国	男	研究员
医学院	余金明	男	教　授	药学院	余　科	女	研究员
医学院	王彦青	女	教　授	药学院	胡金锋	男	研究员
医学院	赵冰樵	男	教　授	药学院	赵伟利	男	研究员
医学院	雷群英	女	教　授	药学院	鞠佃文	男	研究员
医学院	陆利民	男	教　授	药学院	杨永华	男	研究员
医学院	陈　力	男	教　授	药学院	杨翠芬	女	主任技师
医学院	于　敏	男	教　授	护理学院	胡　雁	女	教　授
医学院	刘秀萍	女	教　授	护理学院	夏海鸥	女	正高级讲师
医学院	钱睿哲	女	教　授	放射医学研究所	卓维海	男	研究员
医学院	瞿　涤	女	研究员	放射医学研究所	邵春林	男	研究员
医学院	袁正宏	男	研究员	放射医学研究所	朱国英	女	研究员
医学院	高　谦	男	研究员	放射医学研究所	陈红红	女	研究员
医学院	黄志力	男	研究员	实验动物科学部	周光兴	男	研究员
医学院	程　刚	女	研究员	机关	陈晓漫	男	教　授
医学院	丁忠仁	男	研究员	机关	江　玓	女	教　授
医学院	贾立军	男	研究员	机关	蔡达峰	男	教　授
医学院	张颂文	男	研究员	机关	刘建中	女	教　授
药学院	朱建华	男	教　授	机关	陈立民	男	教　授
药学院	陈道峰	男	教　授	机关	杨志刚	男	教　授
药学院	张　鹏	男	教　授	机关	顾云深	男	教　授
药学院	段更利	男	教　授	机关	蒋国兴	男	高工(教授级)
药学院	叶德泳	男	教　授	机关	胡建华	男	教　授
药学院	陆伟跃	男	教　授	机关	周亚明	男	教　授
药学院	方晓玲	女	教　授	机关	张一华	男	研究员
药学院	程能能	男	教　授	机关	叶绍梁	男	研究员
药学院	卢建忠	男	教　授	机关	郑方贤	男	研究员
药学院	蔡卫民	男	教　授	机关	陈寅章	男	研究员
药学院	朱依谆	男	教　授	机关	廖文武	男	研究员
药学院	陈　刚	男	教　授	机关	阎嘉陵	男	研究员

续 表

单 位	姓 名	性别	职 称	单 位	姓 名	性别	职 称
机关	张宏莲	女	研究员	中山医院	蔡定芳	男	教 授
机关	徐国辉	男	研究员	中山医院	王国民	男	教 授
机关	吴慧贞	女	研究员	中山医院	祝墡珠	女	教 授
机关	姜佩珍	女	研究员	中山医院	王建华	男	教 授
机关	王 颖	女	研究员	中山医院	徐建民	男	教 授
继续教育学院	方晶刚	男	研究员	中山医院	高 鑫	女	教 授
高等教育研究所	熊庆年	男	研究员	中山医院	季建林	男	教 授
高等教育研究所	林荣日	男	研究员	中山医院	符伟国	男	教 授
高等教育研究所	张慧洁	女	研究员	中山医院	白春学	男	教 授
现代教育技术中心	朱晓强	男	主任技师	中山医院	陈统一	男	教 授
档案馆	邱佩芳	女	研究馆员	中山医院	姚礼庆	男	教 授
图书馆	徐一新	男	卫管研究员	中山医院	王文平	男	教 授
图书馆	吴 格	男	研究馆员	中山医院	丁小强	男	教 授
图书馆	温国强	男	研究馆员	中山医院	葛均波	男	教 授
图书馆	杨光辉	男	研究馆员	中山医院	王小林	男	教 授
图书馆	李晓玲	女	研究馆员	中山医院	谢瑞满	男	教 授
图书馆	吴兆路	男	研究员	中山医院	樊 嘉	男	教 授
总务处	朱克勤	男	研究员	中山医院	王春生	男	教 授
出版社有限公司	林骧华	男	编审	中山医院	靳大勇	男	教 授
出版社有限公司	贺圣遂	男	编审	中山医院	胡必杰	男	教 授
出版社有限公司	刘子馨	男	编审	中山医院	牛伟新	男	教 授
出版社有限公司	韩结根	男	编审	中山医院	李 明	男	教 授
出版社有限公司	杜荣根	男	编审	中山医院	吴国豪	男	教 授
出版社有限公司	陈麦青	男	编审	中山医院	曾蒙苏	男	教 授
出版社有限公司	孙晶	女	编审	中山医院	沈锡中	男	教 授
出版社有限公司	王龙妹	女	编审	中山医院	钦伦秀	男	教 授
中山医院	石美鑫	男	教 授	中山医院	张顺财	男	教 授
中山医院	陈灏珠	男	教 授	中山医院	亓发芝	男	教 授
中山医院	汤钊猷	男	教 授	中山医院	董 健	男	教 授
中山医院	诸骏仁	男	教 授	中山医院	朱同玉	男	教 授
中山医院	王吉耀	女	教 授	中山医院	舒先红	女	教 授
中山医院	叶胜龙	男	教 授	中山医院	邹云增	男	教 授
中山医院	刘银坤	男	教 授	中山医院	周 俭	男	教 授
中山医院	张永康	男	教 授	中山医院	钱菊英	女	教 授
中山医院	蔡迺绳	男	教 授	中山医院	钟春玖	男	教 授
中山医院	王玉琦	男	教 授	中山医院	夏景林	男	教 授
中山医院	蔡映云	男	教 授	中山医院	许剑民	男	教 授
中山医院	秦新裕	男	教 授	中山医院	邱双健	男	教 授
中山医院	吴志全	男	教 授	中山医院	周京敏	男	教 授

续　表

单　位	姓　名	性别	职　称	单　位	姓　名	性别	职　称
中山医院	王向东	男	教　授	中山医院	秦　净	男	主任医师
中山医院	张　峰	男	教　授	中山医院	宿燕岗	男	主任医师
中山医院	潘柏申	男	研究员	中山医院	曾昭冲	男	主任医师
中山医院	方　琰	女	研究员	中山医院	胡　予	女	主任医师
中山医院	李高平	男	研究员	中山医院	张　键	男	主任医师
中山医院	陈瑞珍	女	研究员	中山医院	余优成	男	主任医师
中山医院	程韵枫	女	研究员	中山医院	王艳红	女	主任医师
中山医院	吴伟忠	男	研究员	中山医院	姜晓幸	男	主任医师
中山医院	宋元林	男	研究员	中山医院	郭大乔	男	主任医师
中山医院	孙爱军	女	研究员	中山医院	叶青海	男	主任医师
中山医院	杨向东	男	研究员	中山医院	孙惠川	男	主任医师
中山医院	徐建鸣	女	主任护师	中山医院	林　江	男	主任医师
中山医院	徐筱萍	女	主任护师	中山医院	李善群	男	主任医师
中山医院	潘翠珍	女	主任技师	中山医院	刘厚宝	男	主任医师
中山医院	吕迁洲	男	主任药师	中山医院	石洪成	男	主任医师
中山医院	李雪宁	女	主任药师	中山医院	郭剑明	男	主任医师
中山医院	童赛雄	男	主任医师	中山医院	姜　红	女	主任医师
中山医院	龙作林	男	主任医师	中山医院	周达新	男	主任医师
中山医院	颜志平	男	主任医师	中山医院	金美玲	女	主任医师
中山医院	薛张纲	男	主任医师	中山医院	范　薇	女	主任医师
中山医院	汪　昕	男	主任医师	中山医院	张博恒	男	主任医师
中山医院	谭云山	男	主任医师	中山医院	仓　静	女	主任医师
中山医院	顾大镛	男	主任医师	中山医院	杨昌生	男	主任医师
中山医院	朱文青	男	主任医师	中山医院	阎作勤	男	主任医师
中山医院	朱　蕾	男	主任医师	中山医院	王　群	男	主任医师
中山医院	张志勇	男	主任医师	中山医院	颜　彦	男	主任医师
中山医院	陆维祺	男	主任医师	中山医院	张晓彪	男	主任医师
中山医院	孙益红	男	主任医师	中山医院	童朝阳	男	主任医师
中山医院	任正刚	男	主任医师	中山医院	刘天舒	女	主任医师
中山医院	张宏伟	男	主任医师	中山医院	楼文晖	男	主任医师
中山医院	林宗明	男	主任医师	中山医院	姚振均	男	主任医师
中山医院	郑如恒	男	主任医师	中山医院	孙立安	男	主任医师
中山医院	洪　涛	男	主任医师	中山医院	姜林娣	女	主任医师
中山医院	樊　冰	男	主任医师	中山医院	丁　红	女	主任医师
中山医院	缪长虹	男	主任医师	中山医院	周平红	男	主任医师
中山医院	袁　非	男	主任医师	中山医院	费琴明	男	主任医师
中山医院	徐　欣	女	主任医师	中山医院	葛　棣	男	主任医师
中山医院	徐剑炜	男	主任医师	中山医院	宋陆军	男	主任医师
中山医院	陈世耀	男	主任医师	中山医院	董　玲	女	主任医师

续　表

单　位	姓　名	性别	职　称	单　位	姓　名	性别	职　称
中山医院	王　鲁	男	主任医师	华山医院	刘　杰	男	教　授
中山医院	侯英勇	女	主任医师	华山医院	黄广建	男	教　授
华山医院	沈自尹	男	教　授	华山医院	卢洪洲	男	教　授
华山医院	汪　复	女	教　授	华山医院	徐文东	男	教　授
华山医院	顾玉东	男	教　授	华山医院	张文宏	男	教　授
华山医院	周良辅	男	教　授	华山医院	郝传明	男	教　授
华山医院	王文健	男	教　授	华山医院	施耀国	男	研究员
华山医院	吕　元	男	教　授	华山医院	肖保国	男	研究员
华山医院	李士其	男	教　授	华山医院	关　明	男	研究员
华山医院	蔡　端	男	教　授	华山医院	蒋　红	女	主任护师
华山医院	冯晓源	男	教　授	华山医院	张　菁	女	主任技师
华山医院	施慎逊	男	教　授	华山医院	钟明康	男	主任药师
华山医院	吴　毅	男	教　授	华山医院	王　斌	女	主任药师
华山医院	胡永善	男	教　授	华山医院	叶　纹	女	主任医师
华山医院	梁伟民	男	教　授	华山医院	罗　燕	女	主任医师
华山医院	鲍伟民	男	教　授	华山医院	章祖成	男	主任医师
华山医院	陈　亮	男	教　授	华山医院	戴嘉中	男	主任医师
华山医院	陈世益	男	教　授	华山医院	吴菊芳	女	主任医师
华山医院	董竞成	男	教　授	华山医院	方　栩	女	主任医师
华山医院	顾　勇	男	教　授	华山医院	傅雯雯	女	主任医师
华山医院	潘　力	男	教　授	华山医院	邹　强	男	主任医师
华山医院	俞永林	男	教　授	华山医院	耿道颖	女	主任医师
华山医院	丁　强	男	教　授	华山医院	董　强	男	主任医师
华山医院	邹和建	男	教　授	华山医院	陆福明	男	主任医师
华山医院	胡仁明	男	教　授	华山医院	史虹莉	女	主任医师
华山医院	洪　震	男	教　授	华山医院	李　克	女	主任医师
华山医院	劳　杰	男	教　授	华山医院	王立伟	男	主任医师
华山医院	施海明	男	教　授	华山医院	俞立英	女	主任医师
华山医院	朱剑虹	男	教　授	华山医院	孙红英	女	主任医师
华山医院	钱建民	男	教　授	华山医院	周守静	女	主任医师
华山医院	李　勇	男	教　授	华山医院	周丽诺	女	主任医师
华山医院	黄峰平	男	教　授	华山医院	陈明华	女	主任医师
华山医院	王　毅	男	教　授	华山医院	张群华	男	主任医师
华山医院	施光峰	男	教　授	华山医院	赵　霞	女	主任医师
华山医院	张继明	男	教　授	华山医院	穆雄铮	男	主任医师
华山医院	王明贵	男	教　授	华山医院	陈宗祐	男	主任医师
华山医院	毛　颖	男	教　授	华山医院	陈剑秋	女	主任医师
华山医院	傅德良	男	教　授	华山医院	张　玉	女	主任医师
华山医院	吴志英	女	教　授	华山医院	王　涛	男	主任医师

续　表

单　位	姓　名	性别	职　称	单　位	姓　名	性别	职　称
华山医院	顾小萍	女	主任医师	华山医院	刘兴党	男	主任医师
华山医院	徐金华	男	主任医师	华山医院	骆肖群	女	主任医师
华山医院	宋冬雷	男	主任医师	华山医院	王　坚	男	主任医师
华山医院	虞　聪	男	主任医师	华山医院	车晓明	男	主任医师
华山医院	顾静文	女	主任医师	华山医院	赵　曜	男	主任医师
华山医院	李益明	男	主任医师	华山医院	丁　峰	男	主任医师
华山医院	王　怡	女	主任医师	华山医院	华鲁纯	男	主任医师
华山医院	黎　元	男	主任医师	华山医院	陈　彤	女	主任医师
华山医院	夏　军	男	主任医师	华山医院	夏　荣	男	主任医师
华山医院	杨勤萍	女	主任医师	肿瘤医院	蒋国梁	男	教　授
华山医院	于　佶	男	主任医师	肿瘤医院	施达仁	男	教　授
华山医院	张　义	男	主任医师	肿瘤医院	朱雄增	男	教　授
华山医院	罗心平	男	主任医师	肿瘤医院	师英强	男	教　授
华山医院	王恩敏	男	主任医师	肿瘤医院	常　才	男	教　授
华山医院	汪志明	男	主任医师	肿瘤医院	王华英	女	教　授
华山医院	胡　锦	男	主任医师	肿瘤医院	蔡三军	男	教　授
华山医院	马　昕	男	主任医师	肿瘤医院	彭卫军	男	教　授
华山医院	陈小东	男	主任医师	肿瘤医院	叶定伟	男	教　授
华山医院	夏国伟	男	主任医师	肿瘤医院	邵志敏	男	教　授
华山医院	项蕾红	女	主任医师	肿瘤医院	刘鲁明	男	教　授
华山医院	秦智勇	男	主任医师	肿瘤医院	傅小龙	男	教　授
华山医院	马保金	男	主任医师	肿瘤医院	吴小华	男	教　授
华山医院	赵　军	男	主任医师	肿瘤医院	李　进	男	教　授
华山医院	唐　峰	男	主任医师	肿瘤医院	杜　祥	男	教　授
华山医院	吴　忠	男	主任医师	肿瘤医院	周止宋	男	教　授
华山医院	卢家红	女	主任医师	肿瘤医院	嵇庆海	男	教　授
华山医院	张　荣	男	主任医师	肿瘤医院	杨　恭	男	研究员
华山医院	陈　靖	女	主任医师	肿瘤医院	欧周罗	男	研究员
华山医院	赵　新	男	主任医师	肿瘤医院	金　伟	男	研究员
华山医院	许小平	男	主任医师	肿瘤医院	郭　林	女	主任技师
华山医院	王　欢	女	主任医师	肿瘤医院	翟　青	女	主任药师
华山医院	姚琪远	男	主任医师	肿瘤医院	杨秀疆	男	主任医师
华山医院	金　忱	男	主任医师	肿瘤医院	陈海泉	男	主任医师
华山医院	钟　良	男	主任医师	肿瘤医院	吴　毅	男	主任医师
华山医院	管一晖	男	主任医师	肿瘤医院	胡超苏	男	主任医师
华山医院	王　翔	男	主任医师	肿瘤医院	章英剑	男	主任医师
华山医院	宫　晔	男	主任医师	肿瘤医院	王亚农	男	主任医师
华山医院	姜昊文	男	主任医师	肿瘤医院	郭小毛	男	主任医师
华山医院	朱利平	男	主任医师	肿瘤医院	赵广法	男	主任医师

续 表

单 位	姓 名	性别	职 称	单 位	姓 名	性别	职 称
肿瘤医院	周晓燕	女	主任医师	眼耳鼻喉科医院	钱 雯	女	主任医师
肿瘤医院	顾雅佳	女	主任医师	眼耳鼻喉科医院	戴锦晖	男	主任医师
肿瘤医院	陆劲松	男	主任医师	眼耳鼻喉科医院	徐建江	女	主任医师
肿瘤医院	傅 红	男	主任医师	眼耳鼻喉科医院	沈 雁	女	主任医师
肿瘤医院	章 真	女	主任医师	眼耳鼻喉科医院	沙 炎	男	主任医师
肿瘤医院	郭伟剑	男	主任医师	眼耳鼻喉科医院	瞿小妹	女	主任医师
肿瘤医院	王 坚	男	主任医师	眼耳鼻喉科医院	周行涛	男	主任医师
肿瘤医院	臧荣余	男	主任医师	眼耳鼻喉科医院	肖宽林	男	主任医师
肿瘤医院	胡夕春	男	主任医师	眼耳鼻喉科医院	常 青	女	主任医师
肿瘤医院	吴 炅	男	主任医师	眼耳鼻喉科医院	罗 怡	女	主任医师
肿瘤医院	杨文涛	女	主任医师	眼耳鼻喉科医院	魏春生	男	主任医师
肿瘤医院	相加庆	男	主任医师	眼耳鼻喉科医院	张朝然	女	主任医师
肿瘤医院	孟志强	男	主任医师	眼耳鼻喉科医院	龚 岚	女	主任医师
肿瘤医院	虞先濬	男	主任医师	眼耳鼻喉科医院	刘 红	女	主任医师
肿瘤医院	吴开良	男	主任医师	眼耳鼻喉科医院	余洪猛	男	主任医师
肿瘤医院	孙孟红	女	主任医师	眼耳鼻喉科医院	李文献	男	主任医师
肿瘤医院	何霞云	女	主任医师	妇产科医院	李大金	男	教 授
肿瘤医院	姚旭东	男	主任医师	妇产科医院	刘惜时	女	教 授
眼耳鼻喉科医院	王正敏	男	教 授	妇产科医院	张 炜	女	教 授
眼耳鼻喉科医院	周 梁	男	教 授	妇产科医院	孙 红	女	教 授
眼耳鼻喉科医院	孙兴怀	男	教 授	妇产科医院	李笑天	男	教 授
眼耳鼻喉科医院	卢 奕	男	教 授	妇产科医院	徐丛剑	男	教 授
眼耳鼻喉科医院	王胜资	女	教 授	妇产科医院	程海东	女	主任医师
眼耳鼻喉科医院	迟放鲁	男	教 授	妇产科医院	周先荣	男	主任医师
眼耳鼻喉科医院	郑春泉	男	教 授	妇产科医院	黄紫蓉	女	主任医师
眼耳鼻喉科医院	徐格致	男	教 授	妇产科医院	华克勤	女	主任医师
眼耳鼻喉科医院	王德辉	男	教 授	妇产科医院	严英榴	女	主任医师
眼耳鼻喉科医院	张天宇	男	教 授	妇产科医院	王文君	女	主任医师
眼耳鼻喉科医院	戴春富	男	教 授	妇产科医院	孙晓溪	男	主任医师
眼耳鼻喉科医院	李华伟	男	教 授	妇产科医院	鹿 欣	女	主任医师
眼耳鼻喉科医院	陈 兵	男	教 授	妇产科医院	朱 瑾	女	主任医师
眼耳鼻喉科医院	戴培东	男	研究员	妇产科医院	任芸芸	女	主任医师
眼耳鼻喉科医院	韦 蕾	女	主任医师	妇产科医院	顾蔚蓉	女	主任医师
眼耳鼻喉科医院	王纾宜	女	主任医师	妇产科医院	隋 龙	男	主任医师
眼耳鼻喉科医院	李筱明	男	主任医师	儿科医院	肖现民	男	教 授
眼耳鼻喉科医院	张勇进	女	主任医师	儿科医院	王卫平	男	教 授
眼耳鼻喉科医院	钱 江	男	主任医师	儿科医院	孙 波	男	教 授
眼耳鼻喉科医院	黎 蕾	女	主任医师	儿科医院	郑 珊	女	教 授
眼耳鼻喉科医院	吴海涛	男	主任医师	儿科医院	徐 虹	女	教 授

续　表

单　　位	姓　名	性别	职　称	单　　位	姓　名	性别	职　称
儿科医院	黄国英	男	教　授	儿科医院	俞　蕙	女	主任医师
儿科医院	杨　毅	女	教　授	儿科医院	曹　云	女	主任医师
儿科医院	桂永浩	男	教　授	儿科医院	罗飞宏	男	主任医师
儿科医院	贾　兵	男	教　授	儿科医院	周文浩	男	主任医师
儿科医院	孙　斌	女	卫管研究员	儿科医院	李　昊	男	主任医师
儿科医院	曹莲华	女	研究员	附属医院特设岗位	张　颖	男	教　授
儿科医院	严卫丽	女	研究员	附属医院特设岗位	马瑞雪	女	主任医师
儿科医院	张玉侠	女	主任护师	附属医院特设岗位	许政敏	男	主任医师
儿科医院	郭惊雷	男	主任医师	金山医院	寿勇明	男	教　授
儿科医院	陈　超	男	主任医师	金山医院	刘国平	男	教　授
儿科医院	马瑞雪	女	主任医师	金山医院	樊晓明	男	教　授
儿科医院	陆铸今	男	主任医师	金山医院	强金伟	男	教　授
儿科医院	周水珍	女	主任医师	金山医院	周晓东	男	教　授
儿科医院	周蓓华	女	主任医师	金山医院	桂　律	男	教　授
儿科医院	彭咏梅	女	主任医师	金山医院	鲍晓荣	男	教　授
儿科医院	高鸿云	女	主任医师	金山医院	陈　刚	男	教　授
儿科医院	王晓红	女	主任医师	金山医院	尹望平	男	教　授
儿科医院	陈兆文	男	主任医师	金山医院	祖衡兵	男	教　授
儿科医院	许政敏	男	主任医师	金山医院	张友元	男	主任医师
儿科医院	陆毅群	男	主任医师	金山医院	徐林根	男	主任医师
儿科医院	王立波	男	主任医师	金山医院	乔田奎	男	主任医师
儿科医院	王　艺	女	主任医师	金山医院	俞建平	男	主任医师
儿科医院	俞　建	男	主任医师	金山医院	周元陵	男	主任医师
儿科医院	王建设	男	主任医师	金山医院	李　卫	男	主任医师
儿科医院	徐　秀	女	主任医师	金山医院	张新潮	男	主任医师
儿科医院	黄　瑛	女	主任医师	金山医院	左绪磊	男	主任医师
儿科医院	王晓川	男	主任医师	金山医院	杜玉玲	女	主任医师
儿科医院	董岿然	男	主任医师				

（人事处供稿）

逝世人员名录

序　号	姓　名	单　位	职　称	出生日期	逝世日期
1	张　涛	图书馆	副馆长/副研究馆员	1930年2月23日	2011年1月13日
2	章志鸣	信息学院	教　授	1928年08月26日	2011年01月25日
3	杨志荣	放射医学研究所总务科	负责人	1926年7月10日	2011年2月7日

续　表

序　号	姓　名	单　位	职　称	出生日期	逝世日期
4	黄佑泉	数学系	副处调研员	1929年2月7日	2011年2月23日
5	赵　挥	原上海医科大学卫生系	正处调研员	1926年2月22日	2011年5月13日
6	董亚芬	外文学院	教　授	1924年08月28日	2011年05月28日
7	章培恒	古籍整理研究所	教　授	1934年1月8日	2011年6月7日
8	蒋家俊	经济学院	教　授	1924年11月25日	2011年06月14日
9	江文德	医学院	教　授	1931年09月18日	2011年07月14日
10	吴剑华	物理学系	副教授	1919年5月6日	2011年8月1日
11	李治国	眼耳鼻喉科医院	党总支书记	1923年11月15日	2011年8月1日
12	秦曾复	图书馆	教　授	1937年12月16日	2011年08月25日
13	丁淦林	新闻学院	教　授	1932年07月05日	2011年09月14日
14	孙履宝	原纺三医院总务科	科　员	1927年10月29日	2011年9月16日
15	卢安乐	原上海医科大学国际交流处	副处调研员	1930年7月1日	2011年9月21日
16	孙仰龙	华山医院内科	副主任医师	1928年5月5日	2011年10月1日
17	李金钟	原上海医科大学研究生院	副院长/研究员	1928年7月11日	2011年10月8日
18	汪凯仁	管理学院	教　授	1941年12月20日	2011年10月10日
19	陶鸿根	化学系	教　授	1925年07月21日	2011年10月11日
20	金乃坚	原上海医科大学	党委书记	1922年10月1日	2011年11月2日
21	王晓峰	肿瘤医院财务科	会　计	1923年8月16日	2011年11月11日
22	汤珍珠	中国语言文学系	教　授	1929年09月20日	2011年11月29日
23	潘德济	药学院	教　授	1925年04月03日	2011年11月30日
24	董庭威	化学系	教　授	1931年05月19日	2011年12月05日
25	郑祖康	管理学院	教　授	1947年7月8日	2011年12月8日
26	章道道	化学系	教　授	1934年09月14日	2011年12月17日
27	洪　滔	放射医学研究所	副所长	1922年10月13日	2011年12月20日
28	林　克	复旦大学党委	党委书记	1923年5月22日	2011年12月27日

（退休教职工管理委员会、老干部处供稿）

·表彰与奖励·

先进集体

全国五一劳动奖

复旦大学附属中山医院

第三批全国文明单位称号

复旦大学附属华山医院　复旦大学附属中山医院

全国先进基层党组织

复旦大学附属华山医院神经外科党支部

国家生态文明教育基地称号

复旦大学

教育部2010—2011年度全国毕业生就业典型经验高校

学生职业发展教育服务中心

教育部对口支援西部高校工作典型经验集体

复旦大学

全国教科文卫体系统"模范职工之家"

复旦大学工会

2011年教育部优秀文化项目特等奖

复旦大学"弘德立志,二十五载自立路"项目

全国教育系统关心下一代工作先进集体

复旦大学关心下一代工作委员会

全国高校后勤十年社会化改革先进院校

复旦大学

2009—2010年度第十五届上海市文明单位

复旦大学

上海市教卫党委系统先进基层党组织

上海医学院党委

信息科学与工程学院微电子学教工党支部

研究生支教团党支部

2011年度上海市巾帼文明岗

信息学院集成电路设计实验室

上海医学院学生工作组

复旦大学附属肿瘤医院血管通路护理小组

复旦大学附属中山医院内科教研室

复旦大学附属华山医院超声医学科

复旦大学附属妇产科医院新生儿科

上海市关心下一代工作先进集体

复旦大学关心下一代工作委员会

2011年度上海市教育系统巾帼文明岗

党委学生工作部

上海医学院法医学系

公共卫生学院卫生经济学教研室

2009—2010年度上海市"教育先锋号"

上海医学院医学分子病毒重点实验室

物理系物理教学实验中心

上海市教卫党委系统老干部工作先进集体

复旦大学老干部工作处

上海市清真食品工作先进集体

复旦大学清真食堂

2006—2010年度上海市红十字工作先进集体

上海市红十字会

2011年度造血干细胞捐献志愿者征募工作集体

复旦大学

杨浦区教育系统2011年社会治安综合治理、平安校园工作良好单位

复旦大学附属幼儿园

复旦大学"巾帼文明岗"

外文学院行政办公室

经济学院科研办

复旦学院学生工作办公室

社会发展与公共政策学院学生工作组

数学学院《数学年刊》编辑部

信息学院泛媒通信与信息处理课题组

图书馆办公室

对外联络与发展处

外事处

复旦大学附属中学国际中文部

复旦学报(医学版)编辑部

公共卫生学院妇幼卫生教研室

复旦大学附属中山医院10病区

复旦大学附属中山医院检验科临床基础检验室

复旦大学附属华山医院科研处

复旦大学附属华山医院28病区

复旦大学附属肿瘤医院放疗科女医师组

复旦大学附属眼耳鼻喉科医院耳鼻喉科检查部门

复旦大学附属妇产科医院杨浦产房

复旦大学附属儿科医院急诊室护理组

复旦大学先进基层党组织

国际关系与公共事务学院国际问题研究院党支部

社会发展与公共政策学院社会工作与社会政策教工党支部

经济学院公共经济系与保险系教工党支部

数学科学学院基础数学党支部
化学系实验中心和行政后勤党支部
计算机科学技术学院教师第四党支部
材料科学系材料化学教工党支部
上海医学院中西医结合学党支部
公共卫生学院流行病学党支部
药学院药剂学教研室党支部
复旦大学附属中山医院肝癌研究所党支部
复旦大学附属中山医院护理党支部
复旦大学附属华山医院护理党支部
复旦大学附属肿瘤医院外科第一党支部
复旦大学附属妇产科医院机关党支部
复旦大学附属儿科医院心血管中心党支部
复旦大学附属眼耳鼻喉科医院临床医技党支部
信息化办公室党支部
党委办公室党支部
张江校区管理委员会办公室党支部
外国留学生工作处党支部
基建处党支部
第二附属中学党支部
老干部党总支
管理学院学生党总支
中国语言文学系2009级硕士生党支部
外国语言文学学院2007级本科生党支部
历史学系2008级本科生党支部
哲学学院2007级本科生党支部
新闻学院2008级本科生党支部
国际关系与公共事务学院2009级本科生党支部
数学科学学院2008级本科生党支部
化学系2008级硕士生党支部
信息科学与工程学院电子工程系2008—2009级本科生党支部
环境科学与工程系2008级研究生党支部
上海医学院本科生第一党支部
公共卫生学院2009级硕士生党支部
复旦大学附属儿科医院研究生党支部

2011年度复旦大学五四红旗团组织

新闻学院团委　国际关系与公共事务学院团委
信息学院团委　五官科医院团委

2011年度复旦大学五四优秀团组织

经济学院团委　上海医学院团委
管理学院团委　生命科学学院团委
外文学院团委　化学系团委
数学科学学院团委　复旦大学附属儿科医院团委

2011年度复旦大学五四特色团组织

复旦学院团委　公共卫生学院团委
哲学学院团委　计算机科学技术学院团委
药学院团委　环境科学与工程系团委
社会发展与公共政策学院团委

2011年度复旦大学优秀集体标兵

法学院08级
国际关系与公共事务学院09级0917班
生命科学学院08级生物科学班
管理学院08级傲楚楼
经济学院09级经济学系
外文学院09级小语种班
哲学学院09级0916班
软件工程09级
公共卫生学院09级预防医学班
10级法律硕士(非法学)班
经济学院11级硕士生班
外文学院10级硕士生班
化学系09级博士班

2011年度复旦大学优秀共青团集体

中国语言文学系团委(1)
中文系2009级团支部
外文学院团委(1)
外文学院2008级小语种班团支部
新闻学院团委(1)
新闻学院2009级团支部
历史学系团委(1)
历史学系2009级团支部
经济学院团委(2)
世界经济系2009级团支部
经济学系2008级团支部
哲学学院团委(1)
哲学学院2009级团支部
国际关系与公共事务学院团委(1)
国际关系与公共事务学院2009级团支部
社会发展与公共政策学院团委(1)
社会学系2008级团支部
法学院团委(1)
法学院2008级团支部
数学科学学院团委(1)
数学科学学院2009级团支部
物理学系团委(1)
物理学系2009级团支部
环境科学与工程系团委(1)
环境科学系2009级团支部
信息科学与工程学院(2)
微电子系2009级团支部
通信工程2009级团支部
计算机科学学院(1)
信息安全2009级团支部
化学系团委(1)
化学系2009级团支部
生命科学学院团委(1)
生命科学2009级团支部
管理学院团委(2)

管理学院立德楼团支部
管理学院景行楼团支部
力学与工程科学系团委(1)
力学与工程科学系2009级团支部
材料科学系团委(1)
材料科学系2008级团支部
高分子科学系团委(1)
高分子科学系2009级团支部
上海医学院团委(1)
上海医学院2008级临床医学八年制(1)班团支部
公共卫生学院团委(1)
预防医学2009级团支部
药学院团委(1)
药学院2009级团支部
复旦大学附属中山学生团总支(1)
2006级临床医学八年制(1)班团支部
复旦大学附属华山学生团总支(1)
2006级临床医学八年制(2)班团支部
核科学与技术系团委(1)
核技术2009级团支部
复旦大学附属中山医院团委(1)
复旦大学附属中山医院财务及后勤团支部
复旦大学附属华山医院团委(1)
复旦大学附属华山医院传染科团支部
复旦大学附属眼耳鼻喉科医院团委(1)
复旦大学附属眼耳鼻喉科医院实验中心团支部
复旦大学附属肿瘤医院团委(1)
复旦大学附属肿瘤医院监护室团支部
复旦大学附属儿科医院团委(1)
复旦大学附属儿科医院新生儿、特需、急诊护理团支部
复旦大学附属妇产科医院团委(1)
复旦大学附属妇产科医院产房团支部
勤工助学团总支(1)
勤工助学中心南区学生超市团支部
南(东)苑园区团工委(1)
望道书阁团支部

2011年度复旦大学优秀学生集体

中国语言文学系(2)
中国语言文学系08级本科班
中国语言文学系09级本科班
外文学院(1)
外文学院09级英翻班
新闻学院(2)
新闻学院08级本科班
新闻学院0913班
历史学系(2)
历史学系09级本科生班级
2010级历史文博旅管大班
经济学院(2)
经济学院08级世界经济系
经济学院09级世界经济系
哲学学院(1)
哲学学院1016班
社会发展与公共政策学院(2)
社会发展与公共政策学院08级社工-心理班
社会发展与公共政策学院09级本科生班
数学科学学院(1)
数学科学学院本科2009级
物理系(2)
物理系08级本科生班
物理系09级本科生班
环境科学与工程系(2)
环境科学系08级本科生班
环境科学系10级本科生班
信息科学与工程学院(3)
信息科学与工程学院09级电子工程系班
信息科学与工程学院10级通讯科学与工程班
信息科学与工程学院10级微电子系本科生班
计算机科学技术学院(1)
计算机科学技术学院09级信息安全本科生班
化学系(2)
化学系08级本科生班
化学系09级本科生班
生命科学学院(1)
生命科学学院09本科生班
管理学院(2)
管理学院立德楼
管理学院睿取楼
力学与工程科学系(2)
力学系1029班
力学系09级本科生班
材料科学系(2)
材料科学系09级本科班
材料科学系10级本科班
高分子科学系(2)
高分子科学系09级本科班
高分子科学系10级本科班
上海医学院(2)
上海医学院2008级基础医学班
上海医学院09级临床医学(八年制)1班
公共卫生学院(1)
公共卫生学院08级预防医学
药学院(2)
药学院08级
药学院09级
护理学院(1)
护理学院09级高职(2)班
复旦大学附属中山学生团总支(2)
上海医学院07级临床医学八年制中山班
上海医学院08级临床五年中山班

复旦大学附属华山学生团总支(2)
上海医学院 07 级临床医学(八年制)2 班
上海医学院 08 级临床医学五年制华山班
复旦学院(5)
试点书院 10601 班
试点书院 10603 班
试点书院 10604 班
复旦学院 2010 级助学成长之家
复旦学院学而时习建设中心
研究生院(10)
国际关系与公共事务学院 2010 级政治学系硕士班
物理学系 2010 级研究生班
通信工程 2009 级研究生班
生命科学学院 09 硕士班
管理学院 10 级金融硕士班
社政学院 10 级硕士班
材料科学系 2010 级研究生
上海医学院医学分子病毒学重点实验室 PC club
公共卫生学院 2009 级研究生
复旦大学附属华山医院 2009 级博士班
南(东)苑苑区团工委(2)
南(东)苑园区团工委 爱心公益站
复旦大学南(东)苑学生生活园区团工委青志服务中心
勤工助学团总支(1)
光华易站
社团(1)
复旦大学爱乐协会

先进个人

全国教育系统关心下一代工作先进个人
丁言雯
民主党派全国先进个人
谷超豪 黄峰平 龚新高
教育部对口支援西部高校工作突出贡献个人
王德耀 钟翠平
上海市优秀共产党员
谷超豪
第七届“上海市巾帼创新奖”
上海市三八红旗手标兵
蒋 晨
2011 年度(第八届)“上海市教育系统比翼双飞模范佳侣”
郑 明、何其祥佳侣
上海市教卫党委系统优秀共产党员
何刚强 顾玉东 陆劲松 王 薇 郝 模 张玉秋
顾建芳 傅锡洪 周海晏
上海市教卫党委系统优秀党务工作者
曹莲华 肖永春 董 健
上海市教育系统 2011 年“校园新星”
楼红卫 周 磊 赵世民 王 乐
首届全国高校就业指导课程教学大赛上海赛区一等奖
孙晓虹
首届全国高校就业指导课程教学大赛上海赛区二等奖
朱 佳
上海市先进老干部工作者
丁言雯
上海市教卫党委系统先进老干部工作者
丁言雯 叶依群 孙晓红
第二届上海市高校心理健康教育课程大赛二等奖
丁志强
上海市高校心理咨询协会年会优秀论文一等奖
刘明波
2011 年度上海市优秀毕业生(本科生)
陈新科 万润来 江晓坚 丛 钰 崔坤佳 张 昊
燕 然 胡意意 翁宏斌 丁肖锋 吴 菲 张 波
崔晓霞 王翘楚 宫霄欢 陈业开 徐梦蕾 徐叶舟
杨钧智 李亦奕 王振宇 郑美亚 王 墨 常 欢
滕 跃 张锦煜 米 雷 王志晓 徐姗燕 洪慧娉
柏 露 冯羽婷 胡业飞 金孔羽 李芳玲 刘艳波
仕雅丽 王 帅 付 伟 唐一麟 赵闻春 姜 黎
尹艺霖 张 驰 范一鸣 白仲凯 周文斌 王思博
梁塔锭 李 静 姚马芳 张 洁 钱超尘 朱乾钱
陆东昊 刘翠文 李冬梅 宋颖杰 刘宏远 韩 颖
徐敏迪 杨义明 胡弋之 方 翔 孙 宙 赵 琦
陈慧倩 刘 洋 徐 烨 林少鸿 过 群 徐安娜
石晶晶 龙玉萍 孟 蝶 胡青云 马 俊 刘玮琳
张昊宇 孟 达 温 菁 李立亮 董 雪 吴夏超
卢辰辰 陆灵犀 梅 雪 顾慧宁 孙 翔 孙 宽
阴佳妮 武 晴 张俊杰 郭嫣然 钟海雷 周蓓黎
钱 周 庄 蓉 王欣如 严 琦 李佳颖 夏梦志
万琳艳 姚 晶 刘惠倩 汪宝华 廖 鑫 杨 帆
徐杰谌 刘文捷 王福梅 张亮宇 高 宁 吴冬苹
谢 思 林光耀 刘婧婷 叶苏倩 曾 艺 柳成荫
张 薇 朱辰晨 曹 欢 乐 毅 刘鲁杰 连海涛
尤龙华 阮永涛 熊唯峰 张楚泓 姜信百 丁胜东
史 阳 张亮军 柯福顺 刘晋麟 刘羿宏 高 源
任筱青 黄 鹰 刘筱萌 汤克凤 万 池 王蒙洁
吴 满 邵菁菁 卢朝阳 武丽娜 李慧贤 李 蒙
李 维 袁一月 范 鹏 黄 劼 林 琳 张 页
黄元龙 刘 颖 陈 瑜 朱建军 兰 瑾 冯小燕
黄 海 邢 珍 孙汉杰 岳 秦 娄夏冰 庄 稼
宋 阳 羊 逸 李斌儒 李家荪 曹源培 杨小红
姚 烨 邱会通 刘 臻 赵瑜珩 王 艳 江 宁
范 柳 陈 芸 朱莉雯 钱郭嫔 万丹丹
2011 年度上海市优秀毕业生(研究生)
李 军 宋 桔 邱明波 孙欢欢 邢雪梅 钱晨嫣

马方兴　闫　超　江雨斯　刘　丹　贺碧霄　周浩波
俞　璇　李　静　王蓓茹　张佳佳　高雅洁　肖　澜
胡常萍　赵　伟　朱钧钧　朱钧钧　杨玲玲　刘瑞明
梁　冰　杨正栋　梁名双　李海雅　蔡益润　马良录
马　原　韩艳峰　申绪璐　张　翅　荆　悦　胡　勇
于兴波　石　林　杨　涵　杜　恺　彭　杰　张　凤
傅　宁　施小锋　董金奎　孙　政　张世杰　沈　扬
黄　华　李　皓　刘雪松　苏燕妮　熊蓉玲　刘　鑫
王　瑞　王　硕　李思丝　曹　伟　黄万一　高　亭
马　磊　邱　东　李　叶　陈瑶函　时　宜　崔王君
王慧香　吴张雄　杨志剑　张莉娜　蒋雯卿　丁丽娅
李晓然　吕亮东　董　华　王书杰　王　昊　孙翅飞
王冰清　谢　兴　施　洋　朱　拯　赵光南　戴　雷
龚凌晖　罗　键　王肇国　顾致安　胡安安　董　进
张　恒　成　艺　赵　娜　吴　庆　张　明　武　丹
杨冠淳　陈莹莹　张晓晔　冯丽欣　燕　方　邓　爽
李　洁　李夫强　孙文博　戴　征　刘子珩　蒋鸿铭
胡子木　吴升华　晏　艳　曹金凤　任　媛　李　娟
李浩鹏　刘　波　周瑞瑞　刘炳涛　尹宗云　宋士杰
吴极文　陈　筱　汪宏韬　魏源源　吴彦霖　邹　莹
刘晨晨　程阿西子　刘　柳　李　霞　王洪权
王满宁　柳永蕾　向　萌　赵　飞　雷　鹏　廖慧敏
辛洪亮　陆洪福　刘　婷　孔令群　朱小东　周　健
谢　涛　于玲玲　张　军　汤海亮　苗　青　张　峰
曹　瑞　谭红娜　冯菁菁　李　俊　洪佳旭　赵可庆
赵乾魁　赵洪鑫　张玲华

2011 年复旦大学第一三共制药奖教金获奖者

刘　琼　黄容琴　鹿　斌　马晓静

2011 年宝钢奖教金优秀教师奖获奖者

（宝钢奖教金优秀教师特等奖提名奖）

卢大儒

（宝钢奖教金优秀教师奖）

莫伟民　叶德泳　程士安　周鸣飞

2011 年 IBM 奖教金获奖者

赵卫东

2011 年度复华奖教金获奖者

（国家精品课程）

《近代物理实验》课程团队（张新夷等）、《美学》课程团队（朱立元等）、《马克思主义新闻思想》课程团队（童兵等）、《概率论》课程团队（张新生等）、《医学导论》课程团队（鲁映青等）、《当代中国政治制度》课程团队（浦兴祖等）。

（上海市精品课程）

《思想道德修养与法律基础》课程团队（高国希等）、《翻译理论与策略》课程团队（何刚强等）、《宪法学》课程团队（潘伟杰等）、《生物统计学》课程团队（罗泽伟等）、《神经生物学》课程团队（孙凤艳等）、《眼科学》课程团队（孙兴怀等）。

（奖励 2010 年度国家社科基金项目优秀鉴定成果的完成人）

陆　杨

（奖励 2010 年度国家社科基金重大项目的首席专家）

竺乾威　王桂新　姜义华　刘　钊

（奖励 2010 年度教育部哲学社会科学研究重大课题攻关项目的首席专家）

翁铁慧　陈思和

（奖励 2010 年度上海市哲学社会科学重大课题的首席专家）

石源华

（奖励 2010 年度被省部级以上部门采纳的研究咨询报告作者）

章　元　徐筱凤　沈丁立　吴心伯　余源培　陈学明

（奖励入选 2010 年度国家哲学社会科学成果文库作者）

袁志刚　陈诗一　王振忠

（奖励承担国家重大文化工程项目负责人）

陈尚君　吴金华　朱维铮

（2011 年优秀研究生导师）

吴金华　姚大力　邹振环　张汝伦　竺乾威　邱柏生
姜　宏　程士安　钱箭星　顾东辉　张文驹　张金清
李维森　陈　超　胡建强　胡　波　李银胜　车静光
郭坤宇　曹　勇　李世燕　汪长春　贾　波　刘　燕
汤其群　钱　序　蒋　晨　吴国豪　张继明　叶定伟
王德辉　刘惜时　桂永浩　陈刚　顾勇　赵世民

（2011 年全国优秀博士学位论文指导教师）

封东来　金　力　臧斌宇

（2011 年全国优秀博士学位论文提名指导教师）

陈广宏　葛剑雄　郭坤宇　龚新高　金亚秋　邵志敏

（SCI 论文被引奖）

赵东元

（SCI 论文个人奖）

杨　峰　章忠志　韩英锋　陈恕行

（2010 年度最有影响力科研成果奖）

赵世民研究团队

（优秀管理服务奖）

温国强　吴庆杰　刘　畅　刘　晔　杨家润　邱晓露
徐　菁　顾美娟　潘隽炜　徐韶瑛　王　阳　冯　幸
左昌柱　岳娟娟　吕玉萍

（德育教育奖）

徐　瑾　姚　凯　张豫峰　王　蔚　俞胜南　朱　新
潘宝荣　马晓华

（二附中/小学）

吴　芸　蔡剑金　丁　蕾

第八届校长奖获奖者

（教师个人奖）

白春学　陈恕行　华　民　江　明　金重远　鲁映青
邱东林　王　蔚　叶　令　叶祖林　应志良　周桂发
钟　扬

（教师团体奖）

儿科医院传染科、中国历史地理研究所 CHGIS 国庆六十周年大展项目组

（杰出校友奖）
于 漪
（学生个人奖）
沈 扬
（学生团体奖）
复旦大学全体世博志愿者团队（含世博会新闻中心长期志愿者团队和世博会外事长期志愿者团队）

2011 年度优秀博士后及导师

张雪魁（流动站：哲学 导师：俞吾金）、钟华（流动站：中国语言文学 导师：朱立元）、罗和治（流动站：管理科学与工程 导师：徐以汎）、朱勤（流动站：公共管理 导师：彭希哲）、赵运磊（流动站：数学 导师：吴泉水）、吴昊（流动站：物理学 导师：郑宋穆）、杨东（流动站：物理学 导师：汪长春）、邵宇丰（流动站：电子科学与技术 导师：迟楠）、柯爱武（流动站：基础医学 导师：樊嘉）、符达（流动站：临床医学 导师：沈锡中）

复旦大学"比翼双飞模范佳侣"

徐晔、高分子系余英丰佳侣
郑明、上海财经大学何其祥佳侣
孙燕华、中文系谢金良佳侣
侯秀峰、上海教育报刊总社仲立新佳侣
吴纪华、傅萃长佳侣
马波、王松有佳侣
张玥杰、上海财经大学张涛佳侣
朱军、经济学院殷醒民佳侣
吴庆、丁国际佳侣
郭群、倪旭东佳侣
张玉、蔡昌枰佳侣
周晓燕、缪飞佳侣
周丽静、徐格致佳侣
李雪莲、陈勇佳侣
李凯、华山医院赵晓龙佳侣

复旦大学"巾帼建功创新奖"

封 进 徐筱凤 俞燕蕾 吕 红 叶红霞 蒋 晨
高 鑫 徐建江

2011 年度复旦大学附属医院团工作先进个人

刘 茗 金 波 沈芳芳 卢 霏 张海莹 方 璐
黄彩红 管佳芹

复旦大学优秀共产党员

赵 强 顾慧君 张宝贵 李惠文 魏育青 管阳阳
房 正 俞吾金 金邦秋 张 波 马忠法 姚 瑶
陈明明 刘彦虎 顾东辉 尹 晨 庄起善 马良录
李若山 王克敏 项保华 曹祎遐 刘学礼 张玉娣
蒋丽华 周鲁卫 冀 敏 范康年 郭 娟 王新民
冯小燕 蔡星星 梅岩艾 姚宇婧 王威琪 张 卫
艾 竹 陈 睿 王 新 付 雁 朱 拯 孙胜童
陈建民 孙大林 马晓华 彭慧胜 陈建新 吴根诚
闻玉梅 高海峰 钱 力 周志俊 陈 晨 曹育玲
戚晓芸 汪海健 杨振纲 樊 嘉 徐筱萍 袁 非
陈世耀 张 璞 杨慧颖 马 昕 张 雯 孙丽清
丁 焱 黄国英 董岿然 肖现民 吴继红 王增藩
匡 佐 刘爱民 张才凤 章晓野 毕娴倩 曾 玲
蒋红妹 童一鸣 王 乐 胡文华 林骧华 张之银
郭文青 刘星汉 周振汉 陈秉衡 郭晓燕

复旦大学优秀党务工作者

孙燕华 毛 宁 徐 瑾 胡华忠 严 峰 俞胜南
严小敏 陈永青 王 芳 宋 云 陈力奋 刘顺厚
钱海红 钱 飚 顾文英 王丽军 韩宗英 丁言雯
曹月华 王德耀

2011 年度复旦大学优秀基层团组织负责人

郝珂威 孙冰心 管阳阳 王诗炜

复旦大学 2011 年度十佳辅导员（本专科生）

郑咏滟 卢晓璐 刘佳琦 李 颖 陆晶靖 王银飞
谢振达 孙冰心 贾英男

复旦大学 2011 年度辅导员工作特色风采奖（本专科生）

王 彧 闫 然 杜秉俊 吴 旸 陆凤艳 朱培涛
徐之平 周伟诚 敢旭玫 陈贞华

2011 年度研究生学术之星

李 明 马 磊 崔惠玲 王才友 孙培军 刘新萍
徐 倩 王 珉 鹏 宇 柳盈莹 孙胜童 吴张雄
何春柏 董金奎 张 敏 彭 杰 孙雪梅 李 皓
奚燕萍 高 粱 韩 亮 刘辰莹 张 峰 杨 晨
白 鸽 王洪权 潘礼龙 傅窈窕 周 健

2011 年度研究生文化之星

于 罂 朱培涛 楼佳蔚 梁嘉颖 许翠花

2011 年度复旦大学优秀学生干部标兵

胡 星 潘懿敏 山 群 于 晓 陶 李 郑 石
周英杰 王双双 庄颖键 陆礼根 管阳阳 韦广丰
王 昕 许翠花

2011 年度复旦大学优秀学生标兵

董艾琳 胡晨希 刘歆阳 侯凌玮 吴 越 姚 睿
沈逸超 王雨晨 毛佩瑶 胡梦博 陈蕾安 伍麒好
廖娅菲 于文聪 章 超 周可琢 李晓颖 邓瀚林
徐乃婷 王 琴 董康耘 周之光 杨 丹 汤 潮
杨璞初 穆文波 李 越 刘钟元 庄 稼

2011 年度复旦大学优秀学生干部

中国语言文学系（2）
席 越 王佳星
外文学院（5）
江 磊 朱思洁 陈润颜 潘雨菲 张竟垚
新闻学院（11）
张文妮 王文佳 周加宁 周予雪 范文忆 高曼珊
卢 苑 毛颖旻 黄一菡 蒋丹枫 龚焦雷
历史学系（6）
施安娜 严莉娟 贾昕玏 赵 铭 侯玉君 吴昊珊
经济学院（15）
范欣悦 曹天睿 傅 鹏 朱美聪 王珏灵 杨 垚
吕丽颖 陈青青 张 菁 叶邦祺 孟 悦 张弛成
李 迪 张 蕾 朱 虹

哲学学院(5)
曹　齐　白　雪　胡庆国　马润生　蔡光铭
国际关系与公共事务学院(11)
徐冰倩　江天骄　秦　臻　胡　蕤　钱一帆　张彦青
扈佐丹　曹靖楠　祝佳慧　何文艳　赵　旻
社会发展与公共政策学院(6)
屠一多　顾旻佶　王　冕　陈逸雪　金佩雯　曾凡畔
法学院(5)
房晓峰　江国强　傅正豪　房　昊　周　睿
数学科学学院(8)
赵　雪　董笑雨　韩　旭　李怡鑫　王晓晨　李远帆
贺玲霖　薛　凡
物理系(4)
张　擎　张　骏　刘纯骁　彭　鹏
环境科学与工程系(2)
肖　珊　陈　昕
信息科学与工程学院(13)
郑雪莉　蒋　赛　詹越峰　刘淑君　李永俊　周恩群
卫雨青　潘明杰　张　强　金彦含　何天啸　潘子豪
陆彦衍
计算机科学技术学院(9)
张明哲　竺晨曦　左思蕴　刘泰坤　朱晓荣　宋卓楠
孙国瑞　邹杨修　彭　欣
化学系(3)
李璀灿　刘敬源　吴　双
生命科学学院(6)
曹　洁　钱　靖　邓俊骁　宋雨晨　王君一　陈文韬
管理学院(11)
陈华略　李佳俊　赵旭彤　方春欣　寿家乐　王佳顺
杨晓辰　姚元卫　潘　羽　黄培茜　茅思雨
力学与工程科学系(2)
倪诗浩　俞昊晟
材料科学系(4)
吴瑕玉　刘哲郡　韩　超　李越敏
高分子科学系(2)
王　恩　陈秋行
上海医学院(7)
程　平　马睿琦　李少博　刘　晔　金济福　王彦熹
王起予
公共卫生学院(4)
王冰彦　黄　媛　王　笑　周　亮
药学院(3)
曾莉娟　周家毅　颜爱竹
护理学院(4)
蔡晶晶　王　慧　董忻悦　谈姝琳
中山学生团总支(4)
杨亚姿　阮巧玲　申丽君　史幼梧
华山学生团总支(3)
孙　峰　宋小乐　赵　昕

复旦学院(9)
任诗琦　李璇璇　刘思筱　洪嘉琪　曹　超　李　洋
刘鼎乾　汪斯衡　王　喆
研究生院(43)
刘璟煜　郁　雷　黄一倩　彭山杉　程长胜　田文娟
刘钟元　李　柯　梁宏俊　程晶晶　潘慧茹　吕　婧
陈命男　阮振超　蒋程捷　王　彧　胥　明　杨　哲
方　颖　杨　凡　李祥婷　张　舒　杜彦博　李正东
干志彬　李妍婷　袁　慧　戴婧虹　丁　禾　周嘉敏
陈艳红　范洁琼　阮　凯　王佳思　陈　琪　周小勇
周海晏　陈静茜　顾　宁　杨　发　汤耐尔　徐梓淇
王翠华
南(东)苑苑区团工委(9)
张　昭　方　橼　吴洁沛　王洪臣　郑　拓　谷　宇
夏清逸　叶孜清　尼　华
勤工助学团总支(9)
熊方蕾　汪守文　李丹瑶　龙若希　周光燕　芮　乔
严昉祺　陈潇雨　顾明源
张江学生团工委(3)
彭　欣　陈晓英　胡玮彬

2011年度复旦大学优秀学生

中国语言文学系(11)
周君凤　鲁　颖　吴乐乐　洪水平　孙晓辰　吴梦妍
黄　予　孙梦依　张明辉　邹　琳　张昕晨
外文学院(32)
姜俐娜　靳　驰　刘同尘　吴　越　季　晨　范佳雯
郑爽妍　陈怡言　滕　浩　陈诗意　王曼茜　王亦程
叶沁芸　吴丝雨　吴蒙昊　王彦燕　计晨珏　周　琛
夏　焱　仇晓晨　冯　希　梁海宁　徐　婷　郁宇婧
焦世佳　陆孜骎　严　思　王旭怡　黄周壬晗
寿元呈　谈天仪　杨诗旻
新闻学院(38)
薛晶婧　杨　杰　童舒宁　曲祯桢　蒋丹枫　龚焦雷
王冬梅　陈思婧　黄雨青　金荟瑛　谢欣阳　李婧琳
李丹凝　许　昊　卢芳明　车　锐　饶梦溪　马故渊
林南威　王一竹　兰　彬　蒋　猛　彭旭蕾　董恺伦
郁　川　贾奕翎　沈楼一媛　袁鸣徽　钱思楠
于圆圆　崔　訸　陈　逸　荣　奕　肖　曼　杨　媛
郭若筠　潘雨梦　杨韵绮
历史学系(21)
陈志远　成　棣　马雨峰　陆亦凌　张　蒙　王丽园
陈雅雯　徐　立　刘宏博　陈　超　姚亚茜　陈　捷
乔明华　高亚宁　范宾扬　张杰芳　董千里　丁文渊
陈麟豪　黄丹妮　邱宁斌
经济学院(72)
华杨杨　张　盈　施嘉俊　谢佳怡　苏智擎　梁　珺
王秀丹　包浩乾　石佳琦　汪灵栖　余安琪　陈丽羽
展　菲　吴　迪　陈中希　蔡云容　张冰莹　倪玮聪
周倩芸　林的森　朱梦颉　刘思远　李鲁宾　刘巧琳
杨宇佳　钱时升　奚敏敏　钦　天　保　悦　孔令未

王　麟　李怡达　刘智琪　刘倩茹　鲍佶翔　刘智多
陈梦雪　黄绵芝　田　谧　陈远曦　周　阳　李诗隐
吴小莉　闵炜程　戴嘉鑫　徐益民　卢　祎　刘　玥
袁思琼　李明初　黄菀薇　裘佳杰　陆雪晨　李　琬
杨　哲　顾宇阳　徐　盛　陈曼曼　窦春阳　刘紫寒
徐祎翔　严　皓　蔡　绪　林雯琳　朱逸凡　蒋　林
邱得晖　金施美露　毛相程　潘宏雨欣　王超凡
张子安

哲学学院(11)

张钰淑　汪晓娜　程　静　朱瑞厅　罗　晋　徐会杰
陈　滢　李珂旖　徐艺平　慰楚楚　姚竣夫

国际关系与公共事务学院(23)

祝佳慧　郝宇翔　陈翠婷　宋舒纯　刁　朔　李晓磊
陈冬阳　卫　平　邝申达　郑子昂　李沁园　杜　昱
成欣峰　王彦骏　金海颖　王　懿　包薇婷　赵舒宇
邱泽宇　王安迪　汤承洋　翁佳怡　张阿阳

社会发展与公共政策学院(13)

周文佳　张靓婕　张文静　徐　婧　李延超　袁先湧
高　原　姜至涛　黄晓华　孟宇飞　鲍　婧　钱　坤
郭金铸

法学院(21)

陈霏霏　黄　岚　胡云昆　刘　亚　张天玥　邓姝婷
袁晓岩　马淑华　袁璐平　邓梦婷　蒲　萌　胡　欣
谢伟钦　钟姝埼　李　轩　夏思明　孙婷婷　刘恩至
冯佳欢　单伊露　陈海杰

数学科学学院(31)

姜　汉　冯芝莹　吴　轶　郦润华　董书剑　柳怡骎
孙玮沁　陈　开　李颖洲　马　祥　孙佳彦　张惠琨
郑津畅　杨骥雷　吴晓俊　曹御风　许珂诚　韩启阳
王暐珅　黄　健　朱　弢　吴索菲　秦瑛迪　周景珩
李　童　杜明星　李宗羲　丁盈盈　王陶涛　张悦恒
刘欣宏

物理学系(10)

徐振华　陈才干　李耀轩　罗伟杰　张　强　蒋铠阳
王伟懿　齐　楚　尹　卓　张佳骏

核技术(1)

王　敏

环境科学与工程系(10)

余蕴文　曹本沛　高　然　朱文佳　胡萍萍　赵婉竹
黄梦玮　张致远　王　超　戴刘冬

信息科学与工程学院(43)

张　鹏　张序佳　舒天民　蔡凌云　张仕宇　柳志栋
聂　勇　张旭华　郭　威　汪　飞　李慧敏　沈林晓
丁佳伟　胡心仪　李明达　任　伟　潘佳诚　郑逢飞
黄　玮　李振民　崔　瑞　于臣之　马　莹　王雪鲁
郑渊中　刘谆骅　金明洲　陶　李　程　帅　俞罗琴
郭玮宏　朱　凌　吴　倩　程　佳　李　琳　林泽文
柴汉超　段治平　温志彦　肖　醒　赵慧强　陈勇臻
王智鑫

计算机科学技术学院(31)

范燕军　邵驾慧　谢峻葑　徐　峰　韩　雪　汪　阳
朱恬骅　张雅瑜　袁彬航　杨嘉翼　孙　宸　朱　晓
武延宏　王　海　白彦博　章　超　宋壬初　徐宝函
罗　暄　陈　粱　陈济凡　刘斐敏　徐　日　杜晓宁
于　涵　李丰宇　姜家骐　王力子　周孝佳　郭俊石
王天翼

化学系(17)

丁盛达　江　航　赵　曼　都　薇　徐嘉苏　江美娟
杨海洋　贺　智　任　佳　余骁鹏　卢文正　王　祺
杨梦曦　李　赫　郑　骅　曹　杨　丁　晨

生命科学学院(22)

官小苗　费泽旭　王　博　史　豪　王　靓　吕　波
章一清　谢　洋　田　恬　孔　攀　金铭达　蒋　雯
刘　筱　杨文磊　王　博　吕垣澄　徐天睿　查史君
张　雪　刘尧倩　赵荪翔　刘　筱

管理学院(40)

马　潇　倪　莹　王树君　李　垚　吴梦琦　钟　媛
沈潇芳　黄艳艳　王　若　许　行　吴伟轩　曾馨弘
王　琨　王　潇　周晓宇　宋家骥　安崇义　顾　媛
蒋　琛　郭忆濛　李雨虹　黄莲娜　容　昕　孙颖飞
陈　璇　林伟能　周骏灏　邢广宇　张燕宁　刘　畅
隋君彦　戴逸菲　颜郓阳　王素愫　孙谋远　王佳伊
牛曦敏　邓栩浩　梁宋静怡　宁惠君

力学与工程科学系(8)

张立东　胡　刚　陈　文　李森源　王成涛　史　倩
杨曦中　曹艳君

材料科学系(11)

张之朋　刘　畅　张　龙　方阳福　廖　岚　宋　悦
林　堃　郑鑫遥　曹光瑾　胥博瑞　杨　能

高分子科学系(8)

何瑞璇　徐　敏　吴　昊　郭冠南　梁鹤仪　王　晗
宋文雅　孙　青

上海医学院(30)

严　欢　许莉莉　姜　珺　孙　翀　邬梦君　陈　浩
戴婉君　乔　洋　孙　驰　王　轩　莫　非　徐灵菡
蒋文艳　童静峰　廉国强　徐　洁　宁流芳　艾沓杉
董欣雨　陈　亮　关荣源　陈玉琢　杨清銮　刘其会
夏　雨　沈子妍　苏　娅　杨　天　王乐一
亚生江·麦麦提

公共卫生学院(14)

马　燕　谭紫雯　沈勤丰　郯文惠　曹　丹　钟阳春
王　婷　李思敏　丁梦漪　方　卫　董菡珺　张家瑞
徐亦薇　谢泽宁

药学院(11)

苏　静　钟东威　谢作旭　李天健　程泽雨　周清源
卢逸飞　孙墨陶　陈　硕　马　睿　郭亚兰

护理学院(18)

胡佳红　陆振宁　陆　璐　孙梦菲　林书静　侯婉晴
周　菲　赵文彦　何明黎　周佩歆　张晓燕　戎　玥

赵　倩　周春扬　徐燕华　左铭君　闵　晴　姚依澄

中山学生团总支(16)

张　新　朱晓丹　蔡燕娇　李　琳　张林杉　杨宇婧
张可可　朱　颖　蔡加彬　王智超　薛文洁　王轶伦
郭　杏　赵玉瑾　安硕研　刘依熔

华山学生团总支(14)

褚鹤龄　臧怡雯　秦晓华　茅善华　钟　磊　程静怡
王　晨　郝　爽　鲍　磊　陈　力　齐曾鑫　殷嘉晟
张燕飞　梁世桥

复旦学院(34)

王谨婕　林　淼　孙家耀　李清灵　陈哲媛　沈颖婕
亓炳堃　张　露　袁　翔　陈辉耀　张丽芸　徐清韵
尹　豪　杨思佳　朱思雨　郑　逸　蒋晓菲　张　尧
孙雨欣　沈意沁　温庆霖　李一凡　赵　希　庄中慧
卢宇婷　冯　喆　张　敬　唐晓燕　顾敏娜　马林晓曦
王颖喆　张雪艳　陈卿芸　杜　洁

研究生院(151)

田　吉　李琳琳　左轶凡　李　果　韩诗颖　段天姝
吴佳妮　周小琳　庄　稼　傅盛裕　柳盈莹　吕舒宁
唐颖娴　李春圆　田　毅　宋青红　左　上　张　丹
巩梦婷　贺华成　潘圆圆　柴天仪　唐东波　章　洋
高贝敏　周群力　陈逸崟　成姝妍　李主斌　罗　久
祁　涛　张榕坤　王铸成　汪　遒　王　磊　贾合川
金杭庆　刘立宇　潘　华　方　龙　严仁杰　陈　明
刘　琳　郭学玲　陈　昊　王天临　石　挺　王光中
王　林　吕旦竹　刘晓露　周立阳　陈　翰　朱天梅
薛　利　林韶娟　宋晓影　邱培超　郭旭青　汪嘉沁
孟娇然　叶　杨　廖　蕾　穆文波　李　夏　陈　放
李剑能　武聋荔　蒋淑霞　胡晓波　徐成栋　张婷婷
赵婷婷　朱如飞　白晓迪　吴其蔚　戴思聪　杨　帆
刘琪璐　刘　尧　蒋　艳　苏丽君　瞿丽瑾　卢　璐
迟　頔　姚翠霞　崔涵冰　仇　淼　李　越　康婧婧
陆怀宝　李　靖　高　仁　梁　清　周彦武　徐　畅
王　鑫　胡大伟　宋　林　凌一鸣　郎　聪　朱欣茹
蔡俊龙　高　爽　杨长江　申晓芳　杨春雪　王　朝
于　淼　王鹏辉　陆　烨　李发洁　赵婧雅　杨　橙
王会仁　马桂芬　许　诺　史之峰　张在丽　刘雯婷
张琼月　王　冲　匡夏颖　裴　舟　程　煜　翟　丰
王　昕　吴　峥　何明远　王佳宁　胡玉娜　何梦雪
刘　方　吴跃跃　胡璐璐　王喆辰　曾长娟　归彦斌
孙　娟　鲍光植　侯　净　李　享　梁嘉颖　王　倩
黄泓崴　卢舒怡　王法硕　杨慧丽　龚翠霞　倪　懿
谈艺渊

2011年度复旦大学优秀共青团干部

中国语言文学系团委(4)

沈　闯　黄　予　姜修宜　郭琳琳

外文学院团委(6)

王弼宇　牛　蔓　刘宠宇　袁喆隽　徐　吉　焦世佳

新闻学院团委(8)

张文妮　沈逸超　薛冬瀛　曾　悦　吴雪鹭　刘宇阳
蒋丹枫　黄一菡

历史学系团委(5)

张杰芳　潘　旭　严莉娟　施安娜　李祎玚

经济学院团委(15)

董艾琳　徐鹏斐　张　博　杨　垚　刘依妮　张　菁
沈文倩　卢　祎　孙启超　叶邦祺　周　阳　李　翔
钱　骋　李金柳　曹曼茜

哲学学院团委(3)

刘培龙　杨　睿　徐勋英

国际关系与公共事务学院团委(8)

崔　驭　胡　蘩　徐冰倩　陈真美　曾凡越　何文艳
赵　旻　吴屹俊

社会发展与公共政策学院团委(8)

袁丛珊　张剑兰　陈逸雪　张一舟　赫　然　曾凡畔
范费灵　沈雨潇

法学院团委(4)

虞燕雯　周　睿　胡意意　张毛培

数学科学学院团委(6)

田　韵　罗修文　吴俣霖　杨骥雷　李　晓　何怡琳

物理学系团委(4)

林逸华　朱海宁　徐振华　刘闵杰

环境科学与工程系团委(3)

冒丽琴　袁维亚　胡　姝

信息科学与工程学院(10)

谢晨欣　李天宇　吴广力　刘　聪　李永俊　周恩群
王　璁　温志彦　马思嘉　蔡心悦

计算机科学学院(9)

孙国瑞　竺晨曦　张　驰　曾　君　范燕军　高驿祺
范皓岚　金凌子　董毅冰

化学系团委(4)

丁　骏　刘敬源　吴　双　章治城

生命科学学院团委(8)

龚庆天　张良霄　倪　琦　高睿婷　李一苇　倪玉菡
杨婷婷　周雅韵

管理学院团委(11)

冯晓昀　刘　媛　唐超颖　彭牧夫　钱旷佢　马羽童
殷之晨　陆文婷　俞凤娇　杨晓辰　徐　航

力学与工程科学系团委(1)

韦　笑

材料科学系团委(2)

陈新科　刘万鹏

高分子科学系团委(1)

严丹华

上海医学院团委(8)

刘　曦　曹大伟　方　圆　李智行　隋宜伦　王　磊
黄乃思　乔　洋

公共卫生学院团委(5)

崔敬凡　曹　丹　侯雪波　李正君　马子辉

药学院团委(2)

周　宁　李天健

护理学院团委(5)

黄茜倩　董忻悦　谈姝琳　顾燕萍　季松松

中山学生团总支(3)

缪千帆　田丽佳　陈　磊

华山学生团总支(3)

王嘐嘐　邹鲁佳　孙　峰

复旦学院团委(32)

李一凡　林伟能　夏丽丽　夏清逸　刘资颖　方逸文
林斯佳　吴静恬　陈绿洲　陈　思　张清明　王　迪
董欣雨　魏　薇　徐玮琎　陈　逸　韩君文　张云翔
黄梓航　林　堃　李　鑫　李淑雅　方加贝　刘　丹
丁白云　昝苗淼　朱逸骏　刘炳强　曹曼璐　靳　驰
卢晓璐　林婧婧

核科学与技术系团委(1)

周钰伦

中山医院团委(3)

沈文静　刘亦敏　赵　赟

华山医院团委(3)

唐　弘　邱天明　卢　霏

复旦大学附属眼耳鼻喉科医院团委(1)

凌　凌

复旦大学附属肿瘤医院团委(1)

龚志赟

复旦大学附属儿科医院团委(1)

钱晓文

复旦大学附属妇产科医院团委(1)

顾　超

研究生院团工委(44)

撒　莎　彭山杉　田文娟　张帮印　胡明光　赵飞鸿
王亚楠　孙　鹏　石　月　刘钟元　王文宇　周　怡
顾琪静　宋如意　唐强果　陆同伟　杜小琴　汪嘉沁
宋　林　潘　震　王天临　潘孝楠　谭　曦　怀　聪
申晓芳　于　淼　方　圆　孙达亮　陈　晨　郭　婷
陈　琪　黄泓崴　穆文波　王佳思　王　倩　张文渊
楼田甜　李斯嘉　陈静茜　杨慧丽　刘璟煜　徐　畅
肉克亚古丽·马合木提　谭艺渊

勤工助学团总支(3)

苏　畅　任雅丽　杨宇婧

南(东)苑园区团工委(2)

陶　李　谷　宇

兴家团总支(1)

周益良

复旦大学校机关总支(1)

赵卢伟

张江园区团工委(1)

张　强

2011 年度复旦大学优秀共青团员

中国语言文学系团委(21)

熊方蕾　刘斌彬　卢　斌　莫　止　施　越　杨奇霖
王资歆　孙梦依　李婧怡　刘　颖　韦　迪　徐俪成
李　维　李　蒙　龙若希　李　菁　黄启哲　吴思瑜
朱慧雨　李依含　彭　帅

外文学院团委(27)

陆思媛　潘雨菲　奚礼琛　吴蒙昊　史翔蔚　周　莹
李婧婕　施展华　谢　茜　冯　希　周　琛　梁海宁
张　冬　焦世佳　陆孜骎　张竟垚　唐　滢　郁宇婧
施圣阳　陈　波　周　欢　徐晓丹　黄逸天　郑运帷
刘弘毅　杨诗旻　孙　佼

新闻学院团委(31)

任玉琛　邓荞滋　王秀娟　董　敏　孙天旸　蒲　聪
余　茜　兰启昌　周加宁　林　立　郑　拓　孔雪莹
杨　健　孙　超　王　皞　王欣然　黄雨青　龚焦雷
杨韵绮　王杨卡佳　佘任拂　尹雨婷　罗　芸
张祯希　陈　岚　谢欣阳　张月藐　龚焦雷　景悠悠
王子娇　陈逸君

历史学系团委(21)

范基程　张雨濛　关　欣　邵丽伟　尹　琼　张　希
宋正清　弓妤冰　钟　倩　孙筱颖　李　丹　雷　文
陈麟豪　丛鹂萱　樊诗卉　屈玖玲　范欣然　潘雨希
邹　笛　王静娴　吴昊珊

经济学院团委(68)

李金柳　赵晓霞　梁　辰　杨　哲　罗　皓　周礼敏
文　予　陈晓赟　周　沁　马　啸　李晨光　翟文霁
武崇智　陈卓苗　张思维　宋颖杰　朱　密　詹　旭
孙　远　唐丽媛　王一川　张丽莉　杨　兴　陈青青
徐　玏　刘　玥　谢鹏鹏　李晓妍　张　瑜　陈思哲
胡艺蓉　李华瑶　刘镇至　钱时升　许淇杭　李　畅
沈天琼　杨义明　王逸哲　王宁川　方　圆　孙向梅
吕丽颖　赵一杰　陈　涛　朱梦頔　樊骥睐　傅　鹏
黄丽蓉　任迪诗雅　俞逸欣　许秀娟　王珏灵
师　睿　司睿超　吴家豪　陈偲玮　张星宁　沈文倩
何聚能　唐昕慧　何心宇　李　迪　钟莹培　宋且未
杨思佳　顾　琪　高　晶

哲学学院团委(11)

吴华添　熊　飞　尹　倩　杨　洋　李振涛　沈雯婷
钟　源　庄一栋　陈隶渊　傅轶斐　蔡光铭

国际关系与公共事务学院团委(35)

卫　平　黄曦鹏　寇培秋　曹舒怡　刘泽雨　陈云平
秦　臻　袁千里　江天骄　姜云辰　田元源　冯羽婷
杨季超　李芳玲　王　帅　乐晨卿　马　骁　李　雁
宋姝颖　叶雪锋　王柯力　邵夏怡　陈　怡　王　哲
陈凯萍　张盈妍　蔡　蒙　张彦青　杨寸思　陈　叶
章瀚时　车逸文　苏哲伦　祝佳慧　缪丽华

社会发展与公共政策学院团委(21)

姚诗雨　林镇超　吴丽娟　郑雅君　胡莹婷　袁先湧
陈楚楚　宋喜妹　吕　莹　招燕婷　刘　欣　董熠婧
方林建　冯锦锦　雷珏亦　刘薏文　高　原　侯杉珊
陈永伟　刁红方　张凤池

法学院团委(17)

张丽雯　高　峥　侯晓悦　欧　恒　李　贞　张思佳

王　倩　杨婉秋　徐婉琤　陈霏霏　拜金琳　袁晓岩
王佳琦　张晋铭　罗瑞迪　胡亚婷　黄　岚

数学科学学院团委(27)

李元圣　黄　璜　王　方　胡继媛　成　龙　赵瑜珩
杨含雪　陈豪杰　谭家明　赵　磊　严　阅　龚晓飞
冷　竞　王玢璐　乐　园　王之光　柳怡骎　姜　汉
钱云浩　虞劲笔　沈逸元　孙佳彦　杨秦枝　姜宛悦
周剑帆　周可琢　张艳梅

物理学系团委(16)

陈巍月　孙进杰　张　路　张　强　张　擎　郭　翔
詹思维　周晓颖　徐浩宇　陈雨璐　谢　欣　何安珣
戚桢翊　王文麒　王智慧　魏国炜

环境科学与工程系团委(9)

吴天晨　谈佳妮　李春林　许颖达　刘俊鑫　林　敏
朱文佳　吕　航　严文韬

信息科学与工程学院(46)

闫阳阳　刘　鑫　吕　琦　蒋　赛　叶　南　李　恒
刘彦洲　郭　威　詹越峰　俞　政　马天龙　阮永涛
鲍文旭　王　丹　陈　涛　李　臻　谈　翔　陆丛希
何宇婧　屠艳菊　王　焜　王一光　卫雨青　李怡卿
吕士超　夏　辉　张天宁　金明洲　俞罗琴　陈　林
樊生龙　黄思沁　张　旸　刘经纬　付　旗　范晓轩
孔钦宇　陈蕾安　胡灵雨　张肖天　潘明杰　金　鑫
余　谦　刘仲林　张　鹏　陆彦珩

计算机科学学院(35)

王力子　邓凝旖　蔡卓宏　李家骁　徐　峰　彭　欣
张晓然　钱丹伟　周晶铭　朱　晓　刘泰坤　张栩晨
孙　宸　曹逸凡　何潇悦　张　璞　黄　磊　王　晨
龚德超　姜家骐　李方骅　王辰洋　段新杰　尹毓亮
赵　琮　张斌荻　张　胤　钱　程　郭　舒　周易里
李　杨　胡旭琰　王思博　郑慧华　徐凌寒

化学系团委(18)

翁聪聪　黄　海　王欢欢　潘小林　张　林　赵黄强
张　亮　陈飞洲　邱丽丽　杨　松　孙轶凡　徐嘉苏
王呈力　江美娟　赵东金　李怡欣　徐桑慧　曹　杨

生命科学学院团委(28)

丁驷跃　武　晴　王浩珏　李弘晔　王建礼　李昕骥
王　博　仇晓麟　王凌翔　王若珺　翁颖婕　侯子宁
石　晶　冯文熙　王昊飞　赵倩茹　王仲承　周安莉
汤霈霈　王君一　赵苏翔　刘尧倩　张　雪　田智超
陈莞尔　蒋　雯　张　超　杨文磊

管理学院团委(40)

吉祥熙　黄嘉懿　张天慈　胡梦蝶　吕　舒　沈　轶
咸　璐　陈　熠　王　琨　钟晓天　张伊达　葛　琳
曾馨弘　王　群　张玉良　付高航　顾　媛　李　丹
孙记国　董舟菡　蒋民军　顾水华　王奕放　王汉超
姚元卫　程吉倞　杨　春　蒋楚楚　陈　晨　朱　雯
胡会通　任泓霖　高晓光　张　曦　李殷皓　王　怡
倪舒杨　苏　畅　李　江　潘　羽

力学与工程科学系团委(8)

张立东　豆梦琳　任如意　倪辛辰　史　倩　韩　丁
刘　玮　沈周锋

材料科学系团委(15)

周秋峡　江晓坚　柳媛瑾　吴瑕玉　刘哲郡　廖垠鑫
潘　雨　王家明　杨　炯　宋　悦　李梦萍　鄢　琰
朱皓驵　李越敏　徐佳波

高分子科学系团委(6)

张　波　孟震煜　姜雪娇　赵　北　邓瀚林　吴　昊

上海医学院团委(30)

温　菁　杨文龙　祝　琳　李　燕　孙　佳　黄志斌
苏　珊　倪尔健　耿瑞璇　宋　黎　刘梦盈　施奕敏
吴泽翰　程　平　夏　雨　卜　石　王昱璐　胡　骏
李尚善　刘　侃　王彦熹　金济福　何佳凝　孙逸平
彭　博　宁流芳　林　莹　何俊逸　韦怡超
亚生江·麦麦提

公共卫生学院团委(16)

龚　鹏　徐碧瑶　廖中强　白　丹　薛　莹　张哲婷
黄　媛　钟阳春　张晓彤　郄文惠　黄绿斓　董　力
陈　迪　纪　颖　张梅如　王质蕙

药学院团委(9)

武士龙　匡宇阳　刘　畅　杨东晓　苏婧晗　朱　琳
王　维　门　鹏　曾莉娟

护理学院团委(28)

李文英　庄文君　施　维　范　柳　钱晓枫　车　磊
乔　悦　刘紫霏　黄　双　赵文彦　周　菲　何明黎
胡　婷　曾　怡　吴晨姬　王　慧　张　玮　张舒欣
戎　玥　黄漪婷　方　祎　方妲一　顾晓婷　唐佩丽
冯秋萍　胡佳红　罗碧珺　蔡晶晶

中山学生团总支(16)

苏子杰　周书怡　盛若凡　陈　颖　杨宇婧　陈颖颖
张林杉　凌倚峰　李绮雯　王蕴珺　王佳俐　陈　洁
郭　杏　史幼梧　谢冰莹　杨　珍

华山学生团总支(15)

王玉玮　周珉玮　陈　剑　臧怡雯　夏玲芳　朱家驷
蔡彦韬　李　鹤　许　华　宁俊杰　蔡　爽　马莹琰
晏红改　崔　晗　孜比热·甫拉提

复旦学院团委(166)

胡桢佳　李　垚　付天维　涂利明　马雅婷　董世祺
徐雨薇　黄泽彬　王舒琦　孙　峰　方志鑫　姜洪越
徐亦薇　陈　亮　赵婉竹　胡　杨　李金雪　余英豪
刘斐敏　张家瑞　顾敏娜　戴欣然　张雨桐　刘鼎乾
关　楠　黄梦玮　夏　鑫　陈　诚　阚　珊　麦　茜
朱思雨　顾陈琳　车　赛　施　璇　殷绯叶　房媛媛
段　珂　杨晓冬　卢逸飞　王子龙　李璇璇　王　喆
马　睿　蔡黎明　张　蒙　杨叶舒　洪嘉琪　桂一琪
张　晶　江　珊　杨慧敏　黄　硕　李远帆　沈颖婕
蒋彦青　衣　然　付　宇　杨　洁　秦佳俊　王　靓
陈辉耀　叶涵天　黄　玮　付　余　邢健杰　刘淑君
李振民　陈潇杨　章　超　孔翔飞　高　晴　凌殿舒

卢宇婷 任 佳 孙 洋 杨焱喆 王文心 蒋晓菲
杨弘扬 方中圆 王 祺 吴林萌 邓 欣 马嘉琪
韩 田 旷神怡 唐琼标 叶孜清 孙 波 蓝 阳
陈昭翰 徐 华 李思一 杨子洲 徐益民 江 磊
李怡达 沈 岑 李颀栋 朱思洁 储存然 罗青烜
邹 烁 陈 喆 应 乐 李雪吟 李润燮 周家熇
金 铖 刘思雨 林中行 陈曼曼 徐 涨 钱心臻
杨 伦 袁思琼 朱 卉 董盈秋 韩明赫 吕雯丽
郑子昂 陈冬阳 俞 家 潘笑鸥 彭 伟 沈哲懿
李沁园 高曼珊 孙吉超 吴加正 李晓磊 吕皑隽
马 翼 瞿家怡 赵玮成 卢 苑 杨 珖 曾智文
陈晓倩 刘 茹 郎 朗 居丹妮 刘章章 罗旭雯
郭昊林 许 昊 申梦怡 管云霞 杨 媛 汪洋洋
简兆圣 许梦思 邱 悦 李冰然 朱琳琳 范洵宜
郑雯睿 韩 薇 何舟驰 宁惠君 王若愚 马 丁
裴 璇 马雨峰 吴家栋 金思贤

核科学与技术系团委(2)

吕浩岩 何冠泽

中山医院团委(9)

苏海燕 徐竹静 徐晓莺 郑健敏 朱姜轶 罗 磊
仇霄宏 徐 磊 陈 喆

华山医院团委(10)

汪佳玲 陈 莹 邱智渊 张 弋 王渊恺 董 樑
唐 雯 周 隽 张沈煜 朱勇俊

复旦大学附属眼耳鼻喉科医院团委(3)

徐舒敏 罗似丰 黄 诚

复旦大学附属肿瘤医院团委(3)

郑世超 陈 钰 励 贞

复旦大学附属儿科医院团委(3)

李 寅 吴柳娟 于 玲

复旦大学附属妇产科医院团委(3)

富 洁 钱蓓蓓 达玉婷

研究生院团工委(145)

王 崟 马琳艺 庄 达 何雨翼 郝晓鹏 刘瑞明
李 明 冯荣国 漆正丽 王 瑾 石 松 吴其蔚
吉 祥 郑金川 何梦雪 肖 敏 张 琦 杨 凡
沈钰新 匡夏颖 吕 磊 王龙蓉 许 妮 张洪伟
孟 德 王明辉 田 丰 梁宏俊 徐梦辰 王 岩
刁怀杰 郝华杰 王鸿娜 王蓓娣 王 群 杨建萍
戴婧虹 梁永华 刘宁雯 李健雄 孙钰珺 孙 涛
彭 毅 曾丹宁 陈 健 张千卫 皇甫亿 柳 玲
庞 依 麻伶秀 唐潇骏 张 磊 周力陈 梅 恺
赵 琪 罗 久 王志刚 王 鑫 陈艳红 周小琳
陈 玲 丁长艳 翁士洪 周 丹 唐 黎 路平新
魏大龙 曹慧珍 葛贤通 李 越 李纬纲 董丽霞
姜惠敏 罗天纯 王凌云 潘荣海 兴 越 黄奇萃
杨 发 王达山 王昕懿 魏旭媛 方 舟 鲁 琦
张 赟 许建丽 戴镒璠 范秀秀 李英瑛 孙 腾
李 佳 连丽明 李 钊 吕 婧 董 磊 周丹丹
吴玉洁 张 鹏 王思浓 郭 娟 谢 楠 宋永慧
陈超洁 姜 松 董存霖 周小勇 王 彧 曾铁钢
蒋 锵 高 歌 张红俊 张连明 陈宇飞 姜钰超
胡晓波 王 超 苏琢磊 尚 蕾 余国华 向文钦
张 雯 王 睿 李星亮 金 怡 王 莹 曾庆超
李继涛 李 衡 顾善清 付 亮 崔晓通 韩 序
李 敏 史之峰 陈 熠 赵苇苇 邓水香 沈海星
刘春华 张聪聪 许 烨 王 瑞 商 颖 吴 峥
张艺婷

勤工助学团总支(15)

钱晓莉 章文立 顾明源 孙懿莹 陈 默 陈潇雨
吴颖知 蒋漪昀 李丹瑶 刘蓓蕾 罗修文 蒲廷松
周光燕 刘海宁 哈帕尔江·卡哈尔江

南(东)苑园区团工委(10)

邓 婷 陈涵蓉 方 橼 张 昭 叶孜清 王洪臣
俞昊晟 吴洁沛 李丹戈 马静雯

兴家团总支(1)

王 伟

复旦大学校机关总支(2)

朱晓超 李子凡

复旦剧社(2)

樊宁馨 朱逸骏

张江园区团工委(5)

陈 铎 胡玥申 李 弋 任 伟 沈 愔

2011年度复旦大学优秀毕业生(本科生)

郭丽芳 李旭晏 曹 宇 武 帅 陈飞珺 顾正莹
刘梦眉 李佳晨 亢丽佳 董艺璇 廖海清 徐 彰
王若楠 董 雪 黄玥修 江一帆 陈 昱 戴云汉
沈星源 冯 凯 张承志 于晶莹 张如靖 杨珺文
刘兴娣 陈莉莉 沈玮哲 沈恕慧 黄 埔 崔剑岚
陈思轶 汪依帆 梁莉丽 胡会通 汪新伊 王娜森
张学孔 欧阳沈祎 周 勇 徐文强 丁 玲
杨熠熙 冯 昊 陈铭扬 钱旷佢 王华杰 孙宵晨
胡可嘉 王佳文 陈 佩 蒋俊海 薛凯文 张珏融
唐文之 顾程遥 施 原 刘宇潮 陈 凡 周欣辰
高 臻 季 琴 李梦影 李明明 林晓昕 马怡菲
彭瑷莉 田元源 吴佳忆 吴 洁 徐诗妮 杨季超
尹 梦 袁文蔚 张雪娇 郭 佳 孔 羽 朱 珠
李 清 王丽娟 阿里木江·买买提江 张 萌
王靖璐 孙 钊 潘 路 马佳沁 钱 晨 李 杨
吴 斌 董晶明 徐天伦 程 陈 费 阳 郑慧华
顾 赟 郭慧珍 顾 嘉 刘 康 王 翔 厉浩昊
朱 珠 何柯君 周 丰 苏昕琦 李 恒 陈龙泽
陈思明 李雪菲 孟 夏 周程燕 魏宏琰 陈奋涛
袁 菁 刘海荣 唐卓菁 张 迎 刘文文 丁雅坤
刘潇潇 蔡子婕 陈之衡 虞 蓉 陆莹洁 徐茜如
陈 曦 陈玺羽 郑宇驰 边新杰 袁 盼 周天厦
王 亮 匡 蓓 顾皓卿 李一萌 胡良杰 王东东
吴雅冰 赖旦旦 高 亮 耿 枫 杨 超 陈思宇
唐 宇 何 璟 叶 昆 姚卓媛 朱 懿 王若谷
侯远思 胡 盈 陈 洋 聂希羽 季 馨 皮晓晴

林珊珊　徐　磊　尹　琼　卓　佳　李淑芬　盛媛媛
陈素贞　聂燕钗　翟慧敏　方　菲　周懿之　王静怡
沈一冰　沈漪沁　顾嗣鸣　周文成　陈萃琳　李丹峰
董熠婧　康以萌　徐驰炜　王　琦　徐博文　吴颖怡
王浩珏　壮雪倩　余波杰　袁　维　施　雨　周华俊
乐贝林　阮淑萍　王诗宇　冯慧凡　张　坤　武文俐
张玮婷　沈　冲　原　悦　俞泓珽　沈一宁　张　娱
黄逸舟　邢　奕　马梦柠　冯　艳　崔文超　陆丽莉
钱丽霞　吴艳苹　张顺菲　孙璧婧　叶雨薇　钱　理
刘俊杰　林　芸　火　炎　韩　楚　樊　秦　谷颖宏
陈雨璐　周宇辰　周晓颖　梁建辉　朱晨歌　胡晓倩
肖　淼　王欣佳　钟　怡　吕　爽　陈无梦　陈　乐
孙　璐　卢　杉　李欣朋　马卓媛　裴严娜　郭　恬
黄　莹　唐逸如　杨　帆　范　枫　黄　悦　葛　越
张　雪　杨捷琳　范恒彬　李慕媛　马辰斐　马耀辉
李济川　郭东博　王泮渠　谢　玉　李文海　秋钦夫
张　璋　沈嘉良　陶　森　孙慧盈　陈　冬　俞　政
顾竞人　丁　颖　朱非白　付凌智　陈　斌　颜为海
范从伟　方泽姣　陈　慰　摆　淼　钱龙君　王天珑
华　波　盛小夏　夏　辉　吴　煜　刘　婕　郑　龙
杨育周　刘　畅　匡宇阳　王　雯　柯　俊　张煜晨
杨　帆　杨　欢　盛　聪　孙今泾　许议元　杨　洋
郑马利　陆凯华　邹　琴　刘山林　贺　洋　徐功搏
徐　君　李辉喜　陈　颖　王　蓓　焦红丽　汪雨萌
胡　楠　王小雅　屈　懿　傅及斯　朱雨岸　郑　莹
朱　虹　唐海昕　束梦照　姚晨超　李春林　吴天晨
董小耘　代仕娅　朱　政　沙天予　韩　钦　李　鹰
郝　雨　高　嵩　张　睿　蒋轶杰　刘　炜　张宏伟
郑嘉旻　李兰婷　黄丹妮　张默涵　赵　朴　王欢欢
郭　榕　孙秋阳　董　煜　刘笑寒　史辰漪　张　林
李哲骅　张　弘　刘志鹏　殷婷婷　贺音卜　须敏敏
杨思琪　顾云帆　何岱洧　肖　钢　何智豪　吕　婷
匡晨晟　彭　渤　李迪心　李逸菲　田　韵　郑文丞
王　健　许　辰　符　敏　张颖奇　杨晓菁　吴　倩
龚　燕　顾方妍　夏威夷　李蜀琛　朱　虹　李沛琪
周伃婧　周　亚　胡敏悦　史琛吉　顾净静　薛　璐
瞿思宇　陈雯倩　朱雅雯　周　莉　黄　婷　金晓婕

2011 年度复旦大学优秀毕业生(研究生)

王魁星　朱梦雯　黄　昊　焦　旭　杜晓娜　王　静
葛慧敏　郑诗雨　王　睿　李德强　刘　铭　郑健健
孟　晖　林圆圆　谢澄澄　万　宇　于睿寅　王　园
王　鸣　张　倩　白红义　朱昭昭　杨　琪　冯　诚
郑博斐　阴　良　孙立云　翟　珺　张卫明　袁　哲
房　正　袁　森　臧胜男　富玉英　王宇雯　郭　杰
叶　军　郭　朋　仲锐敏　雷　磊　蒋国磊　黄邦锐
夏择民　张笑牧　王　席　王一斌　马琳艺　李杨琴
林晓君　吕一闻　李一凡　金小燕　朱春丰　焦若愚
高　熠　诸幼玲　刘　芳　王文臣　马碧霄　张晨晨
南亦秋　赵　琪　李锦峰　周云亨　李莹芳　许　妍
王　甲　姜　璐　熊桃蓉　张艳伟　游香梅　张静怡
杨少芬　李光莲　张见轩　顾旭旻　徐　伟　石　伟
聂天晓　卢　岩　赵晓雪　朱晓龙　徐　浩　胡春瑞
徐燕青　杨林红　彭　坤　柳　岸　邓寅晖　侯　涛
丁正虎　王　恩　田杰华　徐吉鹏　赖菊水　贺　赫
侯春宁　李晓城　刘　霄　陈　程　王一丹　蔡晓辉
廖　源　廖浩勤　刘志康　石泽文　沈　旭　王丽芳
顾晶晶　陈古源　胡文玉　英　彦　周　谨　李斯梦
周金元　刘春英　陈知远　郭晓洋　侯　磊　李琳琳
刘程程　吕晓明　李雯静　胡轶凡　苏　鸽　刘莎莎
魏　昊　孙　凡　石金磊　张明君　张　霖　王文章
韦雯倩　朱　青　关　钰　张晓博　英　昊　张文政
屈铭志　蔡音亭　李　杨　常　磊　唐　姗　吴海山
程礼明　陈　榕　高　明　赵思力　刘马金　刘作涛
廖珍梅　谭　奔　李晓东　朱志亮　陈小飞　王晓丹
汪竹蓉　卜道成　郭乃网　来心可　杨红涛　顾铁灵
高　歌　罗　璇　杨　波　黄　祥　庄光华　张文隽
王　斌　陈　楠　蔡　艳　潘　登　沈　飞　左晶晶
张兴瑞　傅联英　郑金川　梁乃斌　尧小星　高文阳
曹　伟　朱　业　陈　曦　冯宇飞　傅慧芳　张　强
赖亮洲　罗　劲　韩　薇　杨　娜　李　蕾　方思越
刘　震　王莉莎　蒋亚金　李海涛　陈蓓芬　姜　洋
章股洪　姚　瑶　张学力　吴冬梅　牟　莉　徐　峰
严　力　李　峻　隋天娇　杨　婵　陈　成　林亚清
姚林君　裴　璐　王　倩　李　雷　吴胜春　蔡　彦
刘　宇　韩雅如　庞宏波　宋金娜　高　粱　朱江燕
蔡耀杰　周立永　张永帅　曹　典　郭　婷　方　明
张　正　张衍楠　王梦吟　刘　佳　宋靓珺　王　瑾
孙常悦　孙宇飞　吴正霞　马庆伟　倪丹成　张　敏
周桂平　周　东　潘　艳　王成伟　王　慧　吴小怡
张　月　张翠玲　侯朝龙　刘光大　葛静怡　李洪岩
周　蕾　熊术道　李文灿　姜美燕　陈　聪　薛　红
毛山山　张宜民　朱秋丽　何明祯　王子文　孙　原
陈祥君　蒋　晔　郭良然　陈晓萍　李　瑾　宋凌燕
陶中华　王月波　李　泓　厉彦山　陈章炜　张　磊
孙　廓　赵一鸣　潘展砚　吕荣彬　唐　鸣　王　蓓
殷　莺　张安静　张庆国　王志新　胡锦辉　张　欣
魏礼成　李　慧　陈静贵　陈翱翔　杨　晨　詹鹤琴
时艳艳　张聪聪　王健理　傅窈窈　张毅博　郑大玉
吴志明　姚　坚　潘　燕　徐倩倩　吴沛霞　胡　华
刘　伟　陈桂香

·大 事 记·

复旦大学大事记

1月

1月4日

科技处在邯郸校区和枫林校区分别举办2011年复旦大学国家自然科学基金申请报告会，标志着学校2011年国家自然科学基金申请工作正式启动。

1月8日

学校爱心公益站组织各院系学生义工共315名参加"蓝天下的至爱"爱心全天大放送活动。该活动由上海市慈善基金会联合上海市红十字会等举办。

1月14日

学校党政领导班子在校举行年终述职测评会议。校党委书记秦绍德、校长杨玉良分别代表校党委、行政述职，并作个人述职报告。学校师生代表200余人出席会议，听取校领导干部述职，并参加民主测评。

美国三一大学校长詹姆斯·F.琼斯博士(Dr. James F. Jones)到校访问。

1月16日—2月8日

中华文化研习营260人到校访问。

1月17日

香港永新企业有限公司副董事长曹其镛向学校捐资2 000万人民币，用于建立"复旦大学中日青年交流中心"。

1月18日

纪念陈望道先生诞辰120周年祭扫仪式在上海福寿园举行。

生物医学研究院博士研究生徐薇和杨辉的研究成果作为封面文章在《癌细胞》杂志(*Cancer Cell*)上发表。研究发现一种名叫"2HG"的代谢物诱发神经胶质瘤和白血病的作用机制。该研究由分子细胞生物学研究室团队熊跃、管坤良和赵世民共同指导完成。

1月19日

复旦大学附属上海市第五人民医院通过上海市卫生局和上海市医院综合评价(评审)中心的评审，晋升为三级乙等综合医院。

1月20日

上海市公共卫生临床中心感染免疫与生物预防张晓燕，中山医院肿瘤外科钦伦秀、骨科董健，复旦大学附属华山医院中西医结合董竞成、胰腺外科傅德良，肿瘤医院泌尿外科叶定伟等6人入选上海市医学领军人才培养计划。

1月23日

数学学院谷超豪院士获评2010年中国教育年度新闻人物。

1月24—25日、28日

学校党政领导班子在校举行务虚会议，集中研讨学校改革发展中的若干重大问题。

1月27日

物理系应用表面物理国家重点实验室及先进材料实验室封东来课题组文章"Nodeless Superconducting Gap in AxFe2Se2 (A=K,Cs) Revealed by Angle-resolved Photoemission Spectroscopy"在《自然材料学》杂志(*Nature Materials*)发表。该研究发现，新型铁基高温超导体KxFe2Se2与众不同的奇异的电子结构。

2月

2月14日

复旦大学附属中山医院肝癌研究所教授樊嘉课题组论文"CD151 Amplifies Signaling by Integrin α6β1 to PI3K and Induces the Epithelial-mesenchymal Transition in HCC Cells"在《胃肠病学》杂志(*Gastroenterology*)在线刊登。研究发现人体内一种微小蛋白质——四跨膜蛋白CD151是肝癌侵袭转移的关键因素，四跨膜蛋白CD151与整合素α6β1高表达的肝癌细胞亚群在与肿瘤微环境的相互作用过程中可获得高侵袭和转移的能力。

学校1968届医学院校友、第7届杰出校友奖获得者，有着"草原曼巴"之称的王万青获得"感动中国年度人物"称号。

2月19日

生命科学学院院长马红被美国科学促进会(AAAS)吸收为会士。

2月23日

美国驻沪总领事康碧翠(Beatrice Camp)到校访问。

2月25日

为纪念谭其骧先生诞辰一百周年，中国历史地理研究所开设"谭其骧百年诞辰纪念专题网站"，并发起"谭其骧青年历史地理学者论坛"。

香港城市大学校长郭位一行8人到校访问。

2月25—27日

学校举办面向上海、浙江和江苏考生的自主选拔录取改革试验面试。考生共1 621人，其中上海考生1 171人，浙江考生227人，江苏考生223人。经过面试选拔，预录取上海学生500余名，江苏和浙江学生皆逾百名。

2月28日

国际关系与公共事务学院国际政治学系教授唐世平文章《安全困境和族群冲突：迈向一个动态和整合的族群冲突理论》("The Security Dilemma and Ethnic Conflict: Toward a Dynamic and Integrative Theory of Ethnic Conflict")在《国际研究评论》

杂志（*Review of International Studies*）发表。

2月26日

学校管理学院新院区建设战略合作协议签署仪式暨设计方案国际竞赛发布会在校举行。校党委书记秦绍德，上海世博局党委副书记、副局长、杨浦区人大常委会主任陈安杰，瑞安集团董事长、校董罗康瑞出席活动并讲话。

3月

3月1日

学校举行全校干部大会，传达中央和上海关于维护社会稳定的要求，通报校领导班子寒假务虚会相关内容，布置新学期学校行政和党务工作。

3月3日

上海医学院免疫学系储以微教授课题组的研究成果在《免疫学杂志》(*Journal of Immunology*)发表。该研究指出，“BLP”的细菌脂蛋白一旦与存在于T淋巴细胞表面的TLR-2受体“一对一配接”后，可以调动一群具有杀伤性T淋巴细胞明显增强其杀伤癌细胞的能力，同时，这种“一对一配接”还可以削弱和抑制另外一群调节性T淋巴细胞“保护癌细胞”的能力。

巴基斯坦驻华大使马苏德·汗(Masood Khan)到校访问。

3月4日

复旦大学杨玉良院士领衔的“聚烯烃的多重结构及其高性能化”基础研究团队获得“十一五”国家科技计划执行优秀团队，闻玉梅院士获得“国家科技计划执行突出贡献奖”。

3月11日

挪威大使馆教育、科技参赞卡黎·柯韦塞斯(Kari Kveseth)到校访问。

3月12—13日

举办“中美关系研究的新视野”中美学者双边研讨会。

3月15日

学校举行全校干部大会，传达全国两会精神。

3月16日

先进材料实验室和高分子科学系教授彭慧胜因为在碳纳米管/高分子复合材料的应用基础研究方面获得“2010年度中国化学会青年化学奖”。

科技处完成2011年度复旦大学国家自然科学基金项目申报工作。

复旦大学附属眼耳鼻喉科医院教授李华伟团队入选教育部“长江学者和创新团队发展计划”。

3月18日

学校特聘教授、中国原驻日大使和外交部副部长徐敦信在校作题为“日本政局的发展与中日关系的走向”学术报告。

复旦大学校务委员会第二十一次全体会议在校召开。校务委员会主任秦绍德，副主任杨玉良、彭裕文，校务委员王小林、江明、吴泉水、吴晓明、吴景平、张一华、陆昉、陈建民、郝模、曾璇、童兵、葛剑雄、谢遐龄和学生委员王法硕出席会议。会议由秦绍德主持。

3月20日

“革故鼎新 熔铸光华——纪念谢希德先生诞辰90周年”座谈会在校举行，校党委书记秦绍德、校长杨玉良出席。

3月22日

复旦大学人文基金成果交流会在校举行。校长杨玉良、副校长许征，台湾润泰集团总裁、光华教育基金会(台湾)会长尹衍樑出席会议。

复旦大学“廖凯原法学楼”揭牌仪式在江湾新校区举行。校长、校董事会主席杨玉良，廖凯原基金会创办人兼董事长、校董廖凯原，上海市人民政府侨务办公室副巡视员、国外处处长陶国丰，杨浦区副区长吴乾渝和部分兄弟院校的领导莅临观礼。学校部分领导出席揭牌仪式。法学院领导及师生代表500余人参加揭牌仪式。

中共杨浦区区委书记陈寅作“杨浦区国家创新型试点城区经济社会发展情况”的主题报告。报告会由学校党委书记秦绍德主持。

“上海论坛2011”专题学术活动在经济学院举行。法国著名经济学家、前世界银行首席经济学家、巴黎经济学院院长弗朗索瓦·布吉尼翁(Francois Bourguignon)到校访问，并作题为“全球收入分配新趋势”演讲。

3月25日

学校新增5个一级学科博士点和9个一级学科硕士点。

教育部党组成员、副部长杜占元到校调研。科学技术司司长王延觉，科技发展中心主任李志民，校党委书记秦绍德，副校长陈晓漫、金力等陪同调研。

3月30日

教育部在校召开直属高校医学教育改革座谈会。旨在全面实施《中共中央、国务院关于深化医药卫生体制改革的意见》和《国家中长期教育改革和发展规划纲要(2010—2020年)》，进一步推动高等医学教育改革，促进医学教育事业健康发展。

复旦大学五届教代会主席团召开扩大会议，审议并投票通过《985三期校内岗位津贴调整方案》。

3月31日

教育部党组副书记、副部长杜玉波到校考察调研，直属司副巡视员牛燕冰随同调研。

4月

4月7—28日

教育部巡视组到校巡视工作。

4月11日

复旦大学附属中山医院、附属儿科医院组建“国家医疗队”，赴内蒙古、新疆、云南、青海等18个省(区、市)的“老、少、边、穷”地区开展医疗救助。

4月12日

西班牙桑坦德银行集团董事长埃米利奥·博坦(Emilio Botin)到校访问。

4月13日

香港青年联会主席、香港万顺昌集团有限公司主席姚祖辉秘书杨启恩到校访问。

4月15日

新闻学院与东方新闻网站举行战略合作签约仪式并签署战略合作备忘。

4月18日

比利时布鲁塞尔自由大学校长迪迪埃·维维耶(Didier Viviers)到校访问。

4月20日

上海论坛理事会金在烈总长到校访问。

4月21日

第四届上海高校思想政治理论课教学论坛暨全国高校思想政治理论课教学研讨会在校举行。教育部副部长李卫红、上海市市委副书记殷一璀出席会议并讲话。

美国莱斯大学校长大卫·里布朗(David Leebron)及夫人到校访问。

4月26日

爱尔兰都柏林圣三一学院校长布莱恩·布罗德里克(Brian Broderick)到校访问。

法国巴黎高科集团巴黎综合理工学院校长格扎维埃·米歇尔(Xavier MICHEL)将军到校访问。

4月27日

学校12个项目获得2010年度上海市科学技术奖,包括4个一等奖,1个二等奖,7个三等奖。

4月28日

学校行政领导班子副职完成整体换届。陈晓漫任复旦大学常务副校长(正局级),蔡达峰、桂永浩、许征、金力、冯晓源、陆昉、林尚立为副校长。因年龄原因,免去张一华、王卫平的常务副校长职务。

4月29日

复旦大学国家保密学院、国家保密教育培训基地上海分基地正式揭牌成立。中共中央保密办主任、国家保密局局长夏勇担任保密学院名誉院长。

复旦大学附属中山医院获"全国五一劳动奖状"。

5月

5月3日

复旦大学杰出教授章培恒先生等主编的《中国文学史新著》日译本第一卷近日由日本关西大学出版社出版,这是建国以来大型中国文学史著作首次被译介到国外。

5月5日

国际关系与公共事务学院教授唐世平文章"Foundational Paradigms of Social Sciences"("社会科学的基础范式")在《社会科学哲学杂志》(*Philosophy of the Social Sciences*)发表。

香港特区政府公务员事务局主任霍彭淑贤一行2人到校访问。

5月7日

复旦大学第十二届世界校友联谊会在美国华盛顿开幕。这是复旦首次在海外举办世界校友联谊会。

5月10日

美国弗吉尼亚州州长罗伯特·F.麦克唐纳(Robert F. McDonnell)到校访问。

5月12日

北欧中心董事会、理事会到校访问。

5月16日

奥地利欧亚—太平洋学术联盟主席布里吉特·温克琳娜(Brigitte Winklehner)到校访问。

5月20日

丹麦驻华大使裴德胜到校访问。

5月24日

庆祝建校106周年第45届科学报告会暨学术文化周开幕式在校举行。

5月25日

美国圣路易斯华盛顿大学校长马克·瑞顿(Mark Wrighton)到校访问。

5月26日

举行纪念陈望道先生诞辰120周年座谈会。

英国东英吉利大学校长爱德华·阿克顿(Edward Acton)到校访问。

5月26—29日

举办"东方心脏病学"国际会议。

5月27日

复旦大学全球环境变化研究所成立仪式在校举行。由复旦大学和总部设在英国东英吉利大学(UEA)的英国丁铎尔中心(UK Tyndall Centre)全面合作建设的"复旦—丁铎尔中心"宣布成立,这是全球顶级学术机构首次在亚洲设立分中心。

5月28—29日

学校举行纪念谭其骧先生诞辰100周年大会暨历史地理国际学术研讨会。

5月28—30日

举办"上海论坛2011",论坛主题为"经济全球化与亚洲的选择:市场、政府和全球治理结构",诺贝尔经济学奖获得者詹姆斯·莫里斯(James A. Mirrlees)、中国经济体制改革研究基金会国民经济研究所所长樊纲、联合国贸易和发展会议秘书长素帕猜·帕尼帕迪(Supachai Panitchpakdi)、英国能源研究中心主任詹姆斯·弗格森·斯基(James Ferguson Skea)和学校中国社会主义市场经济研究中心主任张军出席并作演讲。上海市副市长赵雯,教育部党组成员、国家教育行政学院院长顾海良,校长杨玉良,韩国SK株式会社副会长兼首席执行官崔再源出席会议并致辞。

6月

6月3日

挪威前首相格罗·哈莱姆·布伦特兰(Gro Harlem Brundtland)女士到校访问。

6月7日

著名文史学家、教育部社会科学委员会副主任、教育部全国高校古籍整理研究工作委员会副主任委员、复旦大学古籍整理研究所所长、复旦大学杰出教授章培恒先生逝世,享年77岁。

6月14日

国家教育咨询委员会创新人才培养模式改革组副组长、中山大学原党委书记李延保,国家教育咨询委员会委员、中国高等教育学会会长、教育部原副部长周远清,国家教育咨询委员会委员、中国工程院原副院长、原邮电部副部长朱高峰院士率调研组一行14人到校调研"实施基础学科拔尖学生培养试验计划"情况。

学校五届教代会第六次会议在校举行。会议审议并通过《复旦大学教职工代表大会实施细则(试行)》、《复旦大学"校长奖"评选章程》和《"新人"住房补贴调整方案》和《"老人"住房补贴发放办法的四个补充规定》。

6月15日

成立微纳加工和器件公共实验室。

6 月 15—17 日

举办"全球化背景下的中国文化价值"国际学术研讨会。

6 月 20 日

美国俄克拉荷马州立大学校长贝恩斯·哈吉斯(Burns Hargis)到校访问。

6 月 24 日

全国政协副主席、香港特别行政区原行政长官董建华及夫人董赵洪娉一行到校访问。

上海市教育系统纪念建党 90 周年主题活动暨"百问先烈——穿越时空的对话"展演在校举行。

6 月 27 日

土耳其驻沪总领事丹尼兹·艾柯(Deniz Eke)到校访问。

6 月 30 日

纪念中国共产党成立九十周年大会在校举行。校党委常委秦绍德、杨玉良、刘建中、王小林、陈晓漫、桂永浩、许征、林尚立、秦莉萍等出席。

爱尔兰驻沪总领事欧傅仁(Conor O'Riordan)到校访问。

7 月

7 月 1 日

环境科学与工程系陈建民课题组文章《微小颗粒扩散与农业秸秆燃烧中的多环芳烃排放》("Particle Size Distribution and Polycyclic Aromatic Hydrocarbons Emissions from Agricultural Crop Residue Burning")在《环境科学与技术》杂志(*ES&T*)发表。文章揭示在农业秸秆燃烧形成大气污染的机理方面取得的实质性研究成果。

美国杜克大学校长布劳德海德(Brodhead)到校访问。

7 月 2 日

2011 届本专科生毕业典礼和 2011 届研究生毕业典礼在校举行。

香港大学哈佛清唱团 40 人在上海大剧院演出。

7 月 4—8 日

举办中法现代应用数学研讨会。

7 月 6 日

由罗崇敏厅长率领的云南省教育厅、云南省招生考试院一行来访。校党委书记秦绍德,在副校长陆昉会见。

7 月 7 日

中国语言文学系系教授骆玉明著《简明中国文学史》英文版(两卷本)由欧洲著名学术出版机构博睿学术出版社(Brill Academic Press)出版发行。

7 月 7—8 日

学校召开党政领导班子暑假务虚会。会议集中讨论:学校"十二五"规划的制定、提高本科生培养质量、完善内部管理体制、修订校党政会议议事规则等问题。

7 月 11—12 日

举办 2011 年亚太计算机系统会议。

7 月 12 日

"智华楼"揭牌仪式在校举行。校长杨玉良,复旦大学教育发展基金会董事、智华基金董事、香港恒基兆业副主席林高演等揭牌。副校长冯晓源、许征出席。

7 月 14—15 日

中共复旦大学第十三届委员会第十三次全体(扩大)会议在校举行。会议主题:学习贯彻胡锦涛总书记在庆祝中国共产党成立 90 周年大会上的重要讲话精神,贯彻落实《国家中长期教育改革和发展规划纲要》提出的各项任务,以提高人才培养质量和科学研究水平为主线,以建立有中国特色的社会主义现代大学制度为目标,深化改革,加快发展,使我校的综合实力在"十二五"期间迈上新台阶。

7 月 18 日

公共卫生安全教育部重点实验室副教授郑英杰课题组文章《乙肝妈妈可以母乳喂养吗?》在《生物医学中心·公共卫生》杂志发表。文章指出,乙肝妈妈,无论其传染性如何,均可对已常规接种过乙肝疫苗的婴儿进行母乳喂养。

7 月 20 日

香港新青年访问团 28 人到校访问。

7 月 29 日

社会发展与公共政策学院院长彭希哲文章《中国人口变动的过去与未来的挑战》("China's Demographic History and Future Challenges")在《科学》杂志(*Science*)发表。

8 月

8—11 月

复旦大学各单位先后完成上海市区县人大代表选举工作。

8 月 8 日

《韩国汉文燕行文献选编》新书发布会在学校举行。该书是复旦大学文史研究院与韩国成均馆大学东亚学术院合作编纂的大型史料文献丛书,由复旦大学出版社出版发行。

8 月 9—11 日

举办当代比较文学与方法论建构国际学术研讨会。

8 月 11 日

台湾新竹清华大学副校长叶铭泉一行 17 人到校访问。

8 月 16—24 日

海协会中华研习营中山团 83 人到校访问。

8 月 19 日

2010 级学生军训动员大会在校举行。

8 月 25 日

上海市心血管病研究所所长、中山医院心内科主任葛均波的文章"Tongxinluo Inhibits Oxidized Low-density Lipoprotein-induced Maturation of Human Dendritic Cells via Activating Peroxisome Proliferator-Activated Receptor Gamma Pathway"在《美国心血管药理学》杂志(*J Cardiovas Pharmacol*)发表。研究发现:通心络具有确切的内皮保护作用,其作用机制是抑制树突状细胞(DCs),直接促进血管内皮细胞的修复。

8 月 25 日—9 月 3 日

教育部重点对台交流江南行 86 人到校访问。

8 月 30 日

2011 年复旦大学加强党风廉政建设干部大会在校举行。会议以"以人为本,执政为民"为主题,结合创先争优活动的实际,进一步学习贯彻中央纪委十七届六次全会的精神,为推进学校事业科学发展提供政治保证。

8 月 31 日

2010 级学生军训汇报大会在校举行,校党委书记秦绍德、校长杨玉良，副书记刘建中、王小林，副校长许征、陆昉，73031部队师长韩志凯，及校内有关部处负责同志参加大会。

9月

9月2日

2010级本科生、研究生新生开学典礼在校举行。

9月5—6日

校长杨玉良、常务副校长陈晓漫、副校长金力率团访问中国工程物理研究院并签署合作备忘录。

9月6日

2011年秋季学生工作会议在校举行。校党委书记秦绍德，副书记陈立民，副校长许征、陆昉出席。

9月7日

计算机科学技术学院举行新院长聘任宣布会，王晓阳担任院长。

新加坡国立大学校长陈祝全、董事会会长王玉强到校访问。

9月8日

"安心教学、潜心育人"——本科教学恳谈会在校举行。校长杨玉良、副校长陆昉出席。

9月9日

"2011高教社杯全国大学生数学建模竞赛"正式开赛。比赛由教育部高等教育司和中国工业与应用数学学会共同主办。

9月13日

中共中央、国务院任命朱之文为复旦大学党委书记，秦绍德因年龄原因不再担任复旦大学党委书记职务。

9月14日

中国共产党党员、著名新闻教育家、新闻史学家、教育部社会科学委员会委员、国务院学位委员会第四届学科评议组成员、新闻学院前院长、首席教授、博士生导师丁淦林同志逝世，享年79周岁。

9月15日

第八届复旦大学"校长奖"颁奖大会在校举行。共有13位教师、2个教师团队、1名学生、1个学生团体和一位校友获奖。

9月19日

脑科学研究院教授马兰研究团队的"GRK5 Promotes F-Actin Bundling and Targets Bundles Tomembrane Structures to Control Neuronal Morphogenesis"文章在《细胞生物学》杂志发表。该研究揭示GRK5在神经系统中的功能，以及调节神经元形态和可塑性的新机制，也给神经元发育异常引起的孤独症和唐氏综合征等疾病的治疗和药物研发提供了新的思路。

9月19日

上海市区县人大代表换届选举动员大会在校举行。校党委副书记、选举工作组组长王小林作动员报告。

9月20日

诺贝尔化学奖得主马利奥·莫利纳(Mario Molina)到校访问。

9月22日

德国驻沪总领事芮悟峰，法国驻沪总领事卢力捷到校访问。

9月23日

复旦大学获得"国家生态文明教育基地"称号。

9月25—30日

在"中欧青年辩论赛"中，复旦大学学生张一鸣获总冠军、朱杨博获最佳辩手。指导教师何静在比赛中担任独立评委，晋级为优秀评委。

9月26日

德国哥廷根大学校长吴志学(Ulrike Beisiegel)到校访问。

10月

10月12日

由上海市人民政府新闻办公室和复旦大学新闻学院合作共建的"上海市公共传播培训中心"正式启动。国务院新闻办公室副主任王国庆、校党委书记朱之文出席仪式并讲话。

10月12日

匈牙利塞格德大学校长加伯(Gabor Szabo)到校访问。

匈牙利国会副议长伊什特万·乌伊海伊(Istvan Ujhelyi)携塞格德市长、匈牙利驻上海总领事一行到校访问。

10月13日

根据科技部《关于批准建设心血管疾病等49个国家重点实验室的通知》(国科发基[2011]517号)，正式批准依托复旦大学建设聚合物分子工程国家重点实验室。实验室主任为丁建东，学术委员会主任为江明院士。

10月15—16日

在香港举行的iGEM(International Genetically Engineered Machine competition)大赛亚洲区预选赛中，复旦大学生命科学学院学生获得亚洲区预选赛金奖。

10月16—21日

举办IUPAC第七届国际新型材料及制备会议暨第二十一届国际精细化学和功能高分子会议。

10月20日

国际关系与公共事务学院教授唐世平的综述性论文《和解与无政府状态的再造》在《世界政治》(*World Politics*)上发表。国际关系与公共事务学院教授唐世平的综述性论文《和解与无政府状态的再造》("Reconciliation and the Remaking of Anarchy")在《世界政治》(*World Politics*)上发表。

复旦发展论坛"未来十年发展的战略选择"在校开幕。

10月25日

世界贸易组织的争端解决机构通过决议(WT/DSB/W/464)，确认中国政府推荐的WTO争端解决专家组指示名单专家，其中包括复旦大学法学院教授张乃根、龚柏华。

10月25—28日

举办第九届国际专用集成电路会议。

10月27日

校党委中心组扩大学习会在校举行，军事装备专家、国防大学杰出教授乔松楼将军作"高科技发展与国防现代化建设"形势政策报告。

法国里昂第三大学校长法齐昂(Hugues Fulchiron)到校访问。

全国人大常委会香港基本法委员会调研团一行4人到校访问。

10月28—29日

复旦大学第52届田径运动会暨13届教工运动会在校举行。

举办"生产性老龄化：在亚洲创造出一个充满活力和积极参与的老龄社会"。

10月31日

第一届低碳城市发展国际论坛在校开幕。论坛由上海城市规划学会和复旦大学、英国东英吉利大学联合发起主办。旨在探讨应对全球气候变化背景下的城市化进程和城市发展，在保持经济高速增长的同时减少温室气体排放，实现低碳和可持续的发展。

11月

11月1日

丹麦奥胡斯大学校长劳利兹·B.霍尔姆尼尔森(Lauritz B. Holm-Nielsen)到校访问。

11月2日

学校召开干部大会，部署开展“深入基层大走访大调研”活动。校党委书记朱之文作动员讲话。校长杨玉良主持会议。校党委副书记王小林介绍校领导调研工作方案。

中国共产党党员，复旦大学正局级离休干部，原上海医科大学党委书记金乃坚逝世，享年89岁。

英国高等教育基金委员会首席执行官艾伦·朗兰兹(Alan Langlands)到校访问。

11月3日

瑞典乌普萨拉大学校长安德斯·霍伯格(Anders Hallberg)到校访问。

11月3—6日

举办第十六届亚太呼吸学会年会。

11月4日

中央电视台与学校“金伙伴计划”合作意向书签约仪式在校举行。中央电视台人力资源管理中心主任王晓真、校党委副书记陈立民出席签约仪式并代表央视与复旦在合作意向书上签字。

复旦大学第五届校董就职典礼暨2011复旦大学教育发展基金会年会在香港举行。

11月8日

复旦大学选区产生正式代表候选人。冯艾、许征、李秋明、蒋国兴、孙晓屏、陈思和、周鲁卫、郑明、朱旭峰、曾凡越、王昕、刘庆晓当选。

我国著名统计学家、管理教育家，第十一届全国政协常委，九三学社第十二届中央委员会常委、第十五届上海市委员会副主任委员，上海市人民政府参事室主任、上海市人民政府参事，复旦大学原副校长、复旦大学管理学院原院长、教授郑祖康逝世，享年65岁。

11月11日

韩国国际交流财团理事长金柄国到校访问。

11月12日

学校附属肿瘤医院八十周年的庆典活动在肿瘤医院举行。市人大常委会主任刘云耕、市委副书记殷一璀，市人大常委会副主任钟燕群、副市长沈晓明、市政协副主席王新奎，校党委书记朱之文等领导、院士以及全国各地医院的党政领导出席大会。

11月15日

环境科学与工程系教授庄国顺课题组的论文“The Ion Chemistry, Seasonal Cycle, and Sources of PM2.5 and TSP Aerosol in Shanghai”入选大气环境领域国际著名杂志《大气环境》(*Atmospheric Environment*)前五年引用率最高的10篇论文，是中国大陆唯一入选的一篇论文。该论文详细论证了我国特大城市——上海大气污染的来源和形成机制及其离子化学，揭示了机动车尾气和中长途传输的沙尘和生物质燃烧是我国沿海大城市大气污染的主要来源。

11月16日

第13届中国国际高新技术成果交易会开幕，复旦大学开发的“农业物联网和食品安全控制体系”模型在会上展出。

2011年上海人类学学会学术年会暨复旦大学首届人类学日在校举行。副校长、上海人类学学会会长金力在会上作学会年度工作报告。

11月18日

瑞典斯德哥尔摩大学校长卡瑞·布雷默(Kare Bremer)到校访问。

11月22日

复旦大学举行首届青年教师教学比赛。

11月23日

2011年“复旦管理学杰出贡献奖”颁奖典礼在北京中国工程院举行。九届、十届全国人大常委会副委员长蒋正华，九届、十届全国人大常委会副委员长、基金会副理事长成思危，十届全国政协副主席、复旦管理学奖励基金会理事长徐匡迪，中国工程院院长周济出席活动。清华大学公共管理学院院长、教授薛澜，西安交通大学人口与发展研究所所长、教授李树茁获奖。

11月28日

复旦大学正式授予声宝—乐生(香港)有限公司董事会顾问、新加坡卡尔顿酒店集团董事会主席、复旦大学校友、校董李达三名誉博士学位。

11月28日—12月4日

举办2011信息系统特别联合研讨会。

11月29日

党的十七届六中全会精神报告会在校举行，上海市宣讲团成员、市委宣传部副部长潘世伟应邀作专题报告。

12月

12月2日

第十届“雅言杯”语言文字知识竞赛在校举办。

12月4日

环境科学与工程系大一学生赵政作为中国青年环境友好使者代表参加在南非德班举行的2011联合国气候大会。

12月6日

2011年“一二·九”歌会决赛汇演在校闭幕。

12月8日

学校被授予2010年度上海市大型科学仪器设施共享服务先进集体荣誉称号；分析测试中心张人被评为2010年度上海市大型科学仪器设施共享服务技术类先进个人。

12月8日

应美国艺术与科学学院(American Academy of Arts and Sciences)邀请，校长杨玉良在该学院的人文和社会科学委员会会议上作演讲。

12月9日

信息工程学院教授金亚秋、附属中山医院教授葛均波当选中国工程院院士。

12月16日

由复旦大学附属公共卫生临床

中心、复旦大学医学分子病毒学教育部、卫生部重点实验室共同参与的“传染病诊治转化医学联合研究中心”在负担大足额附属公共卫生临床中心成立。

12 月 19 日

复旦大学与上海市公安局举行科技合作意向书签字仪式。

公共卫生学院环境卫生学教研室副主任阚海东获得“2011 年 CMB 杰出教授”称号。

12 月 20 日

复旦大学举行“扬帆起航——复旦大学 2010—2011 学年奖学金颁奖典礼”。校党委副书记陈立民、副校长冯晓源，各国驻沪总领事、设奖单位嘉宾应邀出席。来自全校各院系的 900 余名中外获奖学生参加典礼。

12 月 21 日

“上海市大学生科技创业基金复旦分基金纪念典礼(2005—2011)暨复旦创业企业联盟揭牌仪式”在校举行。活动由上海市大学生科技创业基金会复旦分基金会主办，复旦科技园创业中心、上海杨浦科技创业中心承办。

12 月 23 日

2011 年光华奖学金颁奖典礼在校举行。

·统 计 数 据·

2011 年复旦大学综合统计数据(1)

项　　目	数　量	单　位	项　　目	数　量	单　位
综合部分:			其中:邯郸校区	104.82	万平方米
1. 直属院(系)*	30	个	枫林校区	19.21	万平方米
2. 科研机构	414	个	江湾新校区	97.47	万平方米
其中:国家重点实验室	5	个	张江校区	22.82	万平方米
国家哲学社会科学创新基地	7	个	12. 建筑面积	198.55	万平方米
省部级设置的研究机构	47	个	其中:教学科研	59.30	万平方米
3. 普通本专科专业			教工单身宿舍	13.54	万平方米
本　科	69	个	财务部分:		
高　职	1	个	1. 固定资产	56.20	亿元
双学位	0	个	2. 财务收支情况		
4. 网络教育专业			本年总收入	41.92	亿元
专升本(非全日制)	13	个	本年总支出	38.87	亿元
第二本科	10	个	3. 资产状况		
高中起点专科	4	个	本年末资产	99.10	亿元
5. 继续教育专业			本年末负债	10.99	亿元
夜大学			本年末净资产	88.11	亿元
本　科	10	个	对外交流:		
专科升本科	27	个	1. 本年国际交流情况		
专　科	9	个	签订交流协议	9	个
自学考试			主办国际会议	51	次
本　科	6	个	2. 本年聘请专家情况		
专　科	5	个	名誉教授	2	人
6. 博士后流动站	29	个	顾问教授	6	人
7. 博士点			兼职教授	12	人
科学学位(含自设 30 个)	153	个	3. 本年来华专家情况		
专业学位	1	个	长期专家	103	人
8. 硕士点			短期专家	650	人
科学学位(含自设 51 个)	219	个	授课专家	33	人
专业学位	24	个	4. 来访团组		
9. 一级学科国家重点学科	11	个	来宾批次	303	批次
二级学科国家重点学科	19	个	来宾人次	2 636	人次
10. 藏书	509	万册	5. 本年出国人员情况	5 099	人次
11. 占地面积	244.32	万平方米	国际会议	2 347	人次

续　表

项　　目	数　量	单　位	项　　目	数　量	单　位
合作研究	526	人次	延长事宜	33	人次
访问考察	427	人次	留学进修	1 352	人次
长期任教	10	人次	其他	187	人次
讲学、培训实习	217	人次	其中:学生出国(境)	1 654	人次

* 不含继续教育学院、网络教育学院

（校长办公室整理）

2011 年复旦大学综合统计数据(2)

项　　目	数　量	单　位	项　　目	数　量	单　位
在校学生数:	47 022	人	副研究员	105	人
(一) 研究生	14 903	人	3. 职工	3 176	人
博士生	4 793	人	其中: 正高级	42	人
硕士生	10 110	人	副高级	268	人
(二) 本专科生	13 003	人	(二) 中国科学院院士	27	人
本科生	12 293	人	中国工程院院士	10	人
专科生	710	人	(三) 长江学者	92	人
(三) 留学生	3 718	人	(四) 在职博士生指导教师	1 132	人
其中:攻读学位生	2 579	人	(五) 复旦大学杰出教授	2	人
(四) 网络教育学生	3 316	人	(六) 离退休人数	4 579	人
其中:本科生	3 015	人	其中:正副高级职称	2 100	人
(五) 成人教育学生	12 082	人	**科学研究部分(理科、医科):**		
1. 业余	12 082	人	1. 鉴定成果	14	项
其中:本科生	12 092	人	2. 专利授予	251	项
2. 脱产	0	人	3. 科研获奖	32	项
其中:本科生	0	人	其中: 国家级	3	项
其他人员:			省部级	29	项
(一) 博士后在站人员	701	人	4. 发表论文	5 819	篇
博士后出站人员	231	人	其中: 国外学术刊物	3 543	篇
累计博士后出站人员	2 148	人	全国学术刊物	2 276	篇
(二) 自学考试毕业生	1 880	人	5. 科技专著	44	部
其中:本科生	844	人	**科学研究部分(文科):**		
(三) 进修生结业生	0	人	1. 提交有关部门报告数	94	篇
(四) 短训班学生结业生	12 328	人	其中:被采纳数	69	篇
师资部分:			2. 科研获奖	2	项
(一) 教职工总数(不含附属医院)	6 164	人	国家级	0	项
1. 专任教师	2 419	人	省部级	2	项
其中: 教　授	745	人	3. 发表论文	2 858	篇
副教授	795	人	国外学术刊物	208	篇
2. 专职科研人员	569	人	国内学术刊物	2 620	篇
其中: 研究员	73	人	港澳台刊物	30	篇

续 表

项 目	数 量	单 位	项 目	数 量	单 位
4. 发表译文	31	篇	7. 古籍整理	4	部
5. 专著	172	部	8. 电子出版物	6	件
6. 译著	37	部			

（校长办公室整理）

2011 年复旦大学普通本专科分专业学生数统计

单位：人

专业名称	专业代码	年制	毕业生数	授予学位数	招生数		在校生数						预计毕业生数
					计	应届生	合计	一年级	二年级	三年级	四年级	五年级及以上	
总 计			3 379	3 089	3 155	2 977	13 003	3 240	3 315	2 932	3 116	400	3 375
其中：女			1 815	1 602	1 674	1 580	6 817	1 718	1 789	1 548	1 545	217	1 769
普通本科生	42100		3 175	3 089	2 919	2 756	12 293	3 004	3 076	2 697	3 116	400	3 140
其中：女	421002		1 623	1 602	1 448	1 366	6 143	1 492	1 564	1 325	1 545	217	1 546
社会科学试验班	00150	4	0	0	200	188	200	200	0	0	0	0	0
经济管理试验班	00201	4	0	0	507	471	507	507	0	0	0	0	0
自然科学试验班	00701	4	0	0	343	331	343	343	0	0	0	0	0
医学试验班	00800	5	0	0	368	348	368	368	0	0	0	0	0
哲学类	010100	4	0	0	50	49	52	51	0	1	0	0	0
哲学	010101	4	44	43	0	0	103	0	34	31	38	0	38
哲学(国学方向)	010101	4	13	13	0	0	23	0	10	5	8	0	8
哲学(武警班)	010101	4	34	33	0	0	35	0	0	35	0	0	0
宗教学	010103	4	12	11	0	0	16	0	8	0	8	0	8
经济学	020101	4	91	88	0	0	211	0	72	71	68	0	68
经济学(数理经济方向)	020101	4	21	21	0	0	76	0	28	25	23	0	23
国际经济与贸易	020102	4	85	81	0	0	225	0	78	68	79	0	79
财政学	020103	4	40	39	0	0	117	0	39	42	36	0	36
金融学	020104	4	103	100	0	0	260	0	85	72	103	0	103
保险	020107	4	27	27	0	0	99	0	40	28	31	0	31
法学	030101	4	101	99	103	89	403	103	109	88	103	0	103
社会学	030301	4	47	46	0	0	167	2	74	33	58	0	58
社会工作	030302	4	23	23	0	0	90	1	32	31	26	0	26
政治学与行政学	030401	4	21	20	0	0	51	0	18	15	18	0	18
国际政治	030402	4	48	48	0	0	152	0	62	45	45	0	45
思想政治教育	030404	4	20	20	14	14	57	14	13	14	16	0	16
思想政治教育(武警班)	030404	4	0	0	0	0	30	0	30	0	0	0	0
中国语言文学类	050100	4	0	0	93	85	93	93	0	0	0	0	0
汉语言文学	050101	4	62	60	0	0	204	0	79	60	65	0	65
汉语言文学(武警班)	050101	4	0	0	0	0	25	0	0	0	25	0	25

续　表

专业名称	专业代码	年制	毕业生数	授予学位数	招生数		在校生数						预计毕业生数
					计	应届生	合计	一年级	二年级	三年级	四年级	五年级及以上	
汉语言	050102	4	19	18	0	0	55	0	19	12	24	0	24
英语	050201	4	61	60	0	0	143	8	45	42	48	0	48
英语类	050201	4	0	0	51	50	51	51	0	0	0	0	0
俄语	050202	4	12	12	16	13	54	16	15	9	14	0	14
德语	050203	4	21	20	14	14	69	15	20	18	16	0	16
法语	050204	4	17	17	14	13	68	16	18	18	16	0	16
日语	050207	4	23	23	17	16	66	18	22	10	16	0	16
朝鲜语	050209	4	19	18	16	13	48	16	13	1	18	0	18
翻译	050255	4	25	25	0	0	41	2	14	9	16	0	16
新闻传播学类	050300	4	0	0	125	112	125	125	0	0	0	0	0
新闻学	050301	4	62	61	0	0	213	0	87	73	53	0	53
新闻学(武警班)	050301	4	0	0	32	32	43	32	5	1	5	0	5
广播电视新闻学	050302	4	45	42	0	0	87	0	25	23	39	0	39
广告学	050303	4	48	48	0	0	127	0	51	39	37	0	37
传播学	050305	4	27	27	0	0	98	0	42	25	31	0	31
艺术设计	050408	4	25	25	0	0	51	0	0	23	28	0	28
历史学类	060100	4	0	0	71	68	71	71	0	0	0	0	0
历史学	060101	4	28	28	0	0	135	3	46	35	51	0	51
博物馆学	060104	4	30	29	0	0	74	0	21	24	29	0	29
数学类	070100	4	0	0	172	166	354	181	173	0	0	0	0
数学与应用数学	070101	4	106	104	0	0	244	0	0	118	126	0	126
信息与计算科学	070102	4	57	56	0	0	121	0	0	51	70	0	70
物理学	070201	4	97	92	0	0	292	0	98	97	97	0	97
化学	070301	4	72	70	0	0	206	1	66	64	75	0	75
应用化学	070302	4	21	20	0	0	60	0	16	12	32	0	32
生物科学类	070400	4	0	0	0	0	1	1	0	0	0	0	0
生物科学	070401	4	112	109	0	0	332	0	114	99	119	0	119
生物技术	070402	4	25	24	0	0	75	0	20	28	27	0	27
力学类	071100	4	0	0	43	42	45	45	0	0	0	0	0
理论与应用力学	071101	4	31	29	0	0	70	0	26	16	28	0	28
电子信息科学类	071200	4	0	0	294	280	301	301	0	0	0	0	0
电子信息科学与技术	071201	4	80	80	0	0	237	0	79	63	95	0	95
微电子学	071202	4	90	87	0	0	226	0	71	76	79	0	79
光信息科学与技术	071203	4	28	27	0	0	76	0	27	22	27	0	27
信息安全	071205	4	29	29	0	0	87	0	30	23	34	0	34
材料科学类	071300	4	0	0	63	61	63	63	0	0	0	0	0
材料物理	071301	4	28	28	0	0	71	0	21	22	28	0	28
材料化学	071302	4	12	12	0	0	58	0	30	16	12	0	12

续　表

专业名称	专业代码	年制	毕业生数	授予学位数	招生数 计	招生数 应届生	在校生数 合计	在校生数 一年级	在校生数 二年级	在校生数 三年级	在校生数 四年级	在校生数 五年级及以上	预计毕业生数
环境科学	071401	4	70	70	53	52	179	54	46	23	56	0	56
环境科学(环境工程方向)	071401	4	0	0	0	0	16	0	0	16	0	0	0
环境科学(环境管理方向)	071401	4	0	0	0	0	10	0	0	10	0	0	0
心理学	071501	4	25	25	18	18	90	18	29	20	23	0	23
统计学	071601	4	41	40	0	0	73	0	4	25	44	0	44
高分子材料与工程	080204	4	37	34	0	0	120	0	36	37	47	0	47
核技术	080508	4	0	0	27	27	74	27	25	22	0	0	0
电气工程及其自动化	080601	4	35	35	0	0	102	0	34	33	35	0	35
通信工程	080604	4	58	57	0	0	137	0	48	38	51	0	51
计算机科学与技术	080605	4	87	84	0	0	238	0	69	79	90	0	90
计算机科学与技术类	080605	4	0	0	108	102	110	110	0	0	0	0	0
电子科学与技术	080606	4	17	17	0	0	54	0	20	14	20	0	20
生物医学工程	080607	4	15	15	0	0	41	0	16	11	14	0	14
软件工程	080611	4	87	82	70	66	314	72	75	79	88	0	88
飞行器设计与工程	081501	4	13	13	0	0	50	0	16	17	17	0	17
基础医学	100101	5	25	24	0	0	72	0	3	20	24	25	25
预防医学	100201	5	65	64	0	0	180	0	39	40	44	57	57
临床医学(八年制)	100301	8	109	99	0	0	578	2	130	109	107	230	113
临床医学(五年制)	100301	5	76	71	0	0	171	0	1	24	74	72	72
临床医学类	100301	5	0	0	0	0	156	5	93	58	0	0	0
法医学	100601	5	14	14	10	10	45	10	2	7	10	16	16
护理学	100701	4	13	12	27	26	107	27	24	27	29	0	29
药学	100801	4	57	57	0	0	174	0	62	55	57	0	57
药学(临床药学方向)	100801	4	0	0	0	0	10	0	0	10	0	0	0
管理科学与工程类	110100	4	0	0	0	0	40	0	7	33	0	0	0
管理科学	110101	4	40	40	0	0	40	0	0	0	40	0	40
信息管理与信息系统	110102	4	21	20	0	0	15	0	0	0	15	0	15
工商管理类	110200	4	0	0	0	0	276	26	175	73	2	0	2
工商管理	110201	4	0	0	0	0	14	0	1	0	13	0	13
市场营销	110202	4	15	12	0	0	5	0	0	0	5	0	5
会计学	110203	4	42	42	0	0	41	0	0	0	41	0	41
财务管理	110204	4	63	63	0	0	30	0	0	0	30	0	30
旅游管理	110206	4	37	37	0	0	111	6	42	26	37	0	37
行政管理	110301	4	48	48	0	0	112	0	36	35	41	0	41
公共事业管理	110302	4	23	22	0	0	63	0	18	23	22	0	22
普通专科生	41100		204	0	236	221	710	236	239	235		0	235

续　表

专业名称	专业代码	年制	毕业生数	授予学位数	招生数		在校生数						预计毕业生数
					计	应届生	合计	一年级	二年级	三年级	四年级	五年级及以上	
其中：女	411002		192	0	226	214	674	226	225	223		0	223
高中起点专科	41101		204	0	236	221	710	236	239	235		0	235
护理(高职)	630201	3	204	0	236	221	710	236	239	235		0	235

（教务处供稿）

2011年复旦大学授予学生学士学位情况统计(1)

单位：人

毕业人数			结业人数		未授予学位数	授予学位数	
合计	本科	专科	本科	专科		授予数	授予学位比率(%)
3 379	3 175	204	48	0	86	3 089	97.29

注：未含网络教育学院和继续教育学院。

（教务处供稿）

2011年复旦大学授予学生学士学位情况统计(2)

单位：人

学科	文学	历史学	经济学	法学	哲学	理学	工学	医学	管理学	小计
人数	456	57	356	304	100	1 121	187	272	236	3 089

注：未含网络教育学院和继续教育学院数据。

（教务处供稿）

2011年复旦大学全国高考分省市录取分数统计

省市	文史			理工			省市	文史			理工		
	最高分	平均分	最低分	最高分	平均分	最低分		最高分	平均分	最低分	最高分	平均分	最低分
安徽	632	627	624	670	663	658	内蒙古	610	610	610	667	652	641
北京	657	642	634	686	659	644	宁夏	608	605	603	652	641	632
福建	651	644	641	689	685	681	青海	557	556	556	607	601	596
甘肃	589	583	579	641	633	630	山东	659	653	648	682	676	672
广东	657	653	650	666	659	656	山西	622	608	603	659	652	647
广西	623	613	609	657	643	637	陕西	645	644	644	689	684	679
贵州	614	608	601	641	625	620	上海	556	547	542	577	557	546
海南	859	847	834	862	847	832	四川	620	615	612	656	646	642
河北	634	631	630	690	684	682	天津	639	631	628	674	669	667
河南	640	635	634	679	673	670	西藏(汉)	580	566	552	—	—	—
黑龙江	646	637	626	692	679	675	西藏(民)	440	440	440	—	—	—
湖北	622	618	614	678	675	672	新疆	633	616	611	692	671	664
湖南	657	650	647	683	677	673	新疆预科	—	—	—	637	584	556
吉林	644	628	625	681	675	672	云南	620	613	608	653	645	637
江苏	399	390	388	407	401	400	浙江	670	665	662	696	694	691
江西	611	606	603	656	648	644	重庆	660	655	651	671	665	661
辽宁	639	624	620	695	673	666	港澳台	571	568	565	652	599	573

注：本统计仅供高考填报志愿参考，其中最低录取分数线按1∶1招生计划确定。

（教务处供稿）

2011 年复旦大学上海市高考分专业录取分数统计

编码	专业名称	文史类			编码	专业名称
		高分	平均分	低分		
001	德语(提前批)	556	556	556	053	朝鲜语(提前批)
002	法语(提前批)	563	563	563	054	护理学(提前批)
003	俄语(提前批)	545	545	545	055	思想政治教育(提前批)
004	朝鲜语(提前批)	544	544	544	51	新闻传播学类
005	护理学(提前批)	525	502	483	52	心理学
006	思想政治教育(提前批)	553	545	538	53	法学
01	中国语言文学类	546	544	542	54	经济管理试验班
02	新闻传播学类	547	546	545	55	数学类
03	历史学类	544	544	544	56	自然科学试验班
04	哲学类	542	542	542	57	核技术
05	社会科学试验班	548	548	547	58	电子信息科学类
06	法学	548	548	547	59	计算机科学与技术
07	经济管理试验班	556	551	549	60	材料科学类
08	英语	546	544	543	61	力学类
701	护理(高职)	343	312	303	62	环境科学
编码	专业名称	理工类			63	软件工程
		高分	平均分	低分	64	医学试验班
051	德语(提前批)	556	555	554	65	英语
052	法语(提前批)	558	552	547	751	护理(高职)

注：1. 本统计仅供高考填报志愿参考。
2. 由于招生专业计划限制，遇到同分时由计算机随机投档，因此存在同分未进相同专业情况。
3. 本统计包含 1∶1 以内生源，追加计划投档情况不作统计。
4. 含校内加分因素。

(教务处供稿)

2011 年复旦大学分办学形式研究生数统计

单位：人

	毕业生数	授予学位数	招生数		在校学生数				预计毕业生数
			总计	应届生	总计	一年级	二年级	三年级	
总　计	3 558	3 398	4 945	3 078	14 903	5 055	4 732	5 116	5 438
总计中：女	1 637	1 589	2 463	1 645	7 059	2 524	2 400	2 135	2 300
学术型学位博士	921	833	1 170	681	4 471	1 170	1 125	2 176	2 176
国家任务学术型学位博士	886	795	1 106	677	4 207	1 106	1 072	2 029	2 029
委托培养学术型学位博士	21	21	48		167	48	38	81	81
自筹经费学术型学位博士	14	17	16	4	97	16	15	66	66
学术型学位硕士	1 777	1 710	2 066	1 684	6 329	2 066	2 172	2 091	2 121
国家任务学术型学位硕士	1 606	1 534	1 906	1 619	5 630	1 906	1 975	1 749	1 779
委托培养学术型学位硕士	138	146	45		359	45	64	250	250
自筹经费学术型学位硕士	33	30	115	65	340	115	133	92	92
专业学位博士	40	41	29		322	139	135	48	48
专业学位硕士	820	814	1 680	713	3 781	1 680	1 300	801	1 093

注：另有研究生进修班学生 676 人和在职人员攻读学位学生(单证生)6 152 人。

(研究生院供稿)

2011 年复旦大学攻读博士学位研究生分学科、分专业学生数统计

单位：人

专业名称	专业代码	年制	毕业生数	授予学位数	招生数		在校生数				预计毕业生数
					总计	应届生	合计	一年级	二年级	三年级及以上	
总　计	43200		961	874	1 199	681	4 793	1 309	1 260	2 224	2 224
总计中：女	432002		367	313	485	270	1 974	546	517	911	911
学术型学位博士	43210		921	833	1 170	681	4 471	1 170	1 125	2 176	2 176
其中：女	432102		347	297	469	270	1 810	474	453	883	883
国家任务学术型学位博士	43211		886	795	1 106	677	4 207	1 106	1 072	2 029	2 029
马克思主义哲学	010101	3	11	11	10	6	33	10	9	14	14
中国哲学	010102	3	8	6	7	5	21	7	6	8	8
外国哲学	010103	3	13	11	10	5	47	10	11	26	26
伦理学	010105	3	0	1	2	2	5	2	1	2	2
宗教学	010107	3	3	3	2	1	14	2	3	9	9
科学技术哲学	010108	3	2	2	2	1	9	2	2	5	5
哲学新专业	010199	3	2	2	3	2	9	3	2	4	4
哲学新专业	010199	3	0	0	0	0	1	0	0	1	1
哲学新专业	010199	3	0	0	1	1	1	1	0	0	0
政治经济学	020101	3	5	6	6	2	22	6	7	9	9
经济思想史	020102	3	0	0	0	0	1	0	0	1	1
西方经济学	020104	3	6	6	7	5	24	7	6	11	11
世界经济	020105	3	5	5	3	1	16	3	5	8	8
人口、资源与环境经济学	020106	3	1	4	2	2	17	2	4	11	11
应用经济学	020200	3	0	0	4	4	4	4	0	0	0
国民经济学	020201	3	2	2	2	1	11	2	2	7	7
区域经济学	020202	3	0	0	1	1	1	1	0	0	0
金融学(含：保险学)	020204	3	13	13	9	5	29	9	10	10	10
产业经济学	020205	3	5	5	0	0	18	0	3	15	15
国际贸易学	020206	3	2	2	2	1	10	2	3	5	5
统计学	020208	3	0	0	0	0	2	0	1	1	1
数量经济学	020209	3	2	2	1	1	3	1	0	2	2
应用经济学新专业	020299	3	0	0	0	0	1	0	0	1	1
应用经济学新专业	020299	3	2	2	1	1	4	1	2	1	1
民商法学(含：劳动法学、社会保障法学)	030105	3	18	18	17	3	41	17	10	14	14
国际法学(含：国际公法、国际私法、国际经济法)	030109	3	7	6	7	2	26	7	8	11	11
政治学理论	030201	3	8	9	7	3	28	7	7	14	14
中外政治制度	030202	3	6	4	2	1	15	2	4	9	9
中共党史(含：党的学说与党的建设)	030204	3	5	4	3	0	10	3	3	4	4
国际政治	030206	3	7	7	6	1	36	6	10	20	20

续　表

专业名称	专业代码	年制	毕业生数	授予学位数	招生数		在校生数				预计毕业生数
					总计	应届生	合计	一年级	二年级	三年级及以上	
国际关系	030207	3	7	7	2	1	23	2	5	16	16
外交学	030208	3	3	3	1	1	11	1	3	7	7
社会学	030301	3	4	4	8	3	35	8	6	21	21
马克思主义基本原理	030501	3	3	3	6	2	14	6	4	4	4
马克思主义中国化研究	030503	3	1	1	2	2	7	2	2	3	3
思想政治教育	030505	3	3	3	12	2	31	12	7	12	12
文艺学	050101	3	2	2	4	2	22	4	3	15	15
语言学与应用语言学	050102	3	1	2	2	2	13	2	2	9	9
汉语言文字学	050103	3	9	9	9	4	35	9	11	15	15
中国古典文献学	050104	3	4	4	7	4	21	7	4	10	10
中国古代文学	050105	3	12	12	9	6	42	9	12	21	21
中国现当代文学	050106	3	9	9	4	3	19	4	6	9	9
比较文学与世界文学	050108	3	5	5	6	5	25	6	6	13	13
中国语言文学新专业	050199	3	5	5	4	3	12	4	4	4	4
中国语言文学新专业	050199	3	0	0	1	1	11	1	4	6	6
中国语言文学新专业	050199	3	1	1	3	0	7	3	1	3	3
中国语言文学新专业	050199	3	1	2	2	0	4	2	1	1	1
中国语言文学新专业	050199	3	0	0	2	0	6	2	2	2	2
英语语言文学	050201	3	3	3	6	0	30	6	6	18	18
外国语言学及应用语言学	050211	3	2	3	8	1	36	8	5	23	23
新闻学	050301	3	8	8	6	0	39	6	12	21	21
传播学	050302	3	2	2	7	1	29	7	7	15	15
新闻传播学新专业	050399	3	5	4	4	2	16	4	6	6	6
新闻传播学新专业	050399	3	1	1	1	0	6	1	2	3	3
史学理论及史学史	060101	3	0	0	1	1	12	1	2	9	9
考古学及博物馆学	060102	3	2	2	4	2	13	4	4	5	5
历史地理学	060103	3	9	7	12	8	43	12	10	21	21
历史文献学(含：敦煌学、古文字学)	060104	3	2	1	2	2	6	2	2	2	2
专门史	060105	3	5	5	4	3	26	4	3	19	19
中国古代史	060106	3	2	2	5	2	25	5	5	15	15
中国近现代史	060107	3	7	7	7	6	30	7	8	15	15
世界史	060108	3	3	3	5	3	24	5	3	16	16
历史学新专业	060199	3	1	1	4	2	16	4	2	10	10
历史学新专业	060199	3	2	2	2	2	6	2	3	1	1
历史学新专业	060199	3	0	0	1	1	3	1	1	1	1
基础数学	070101	3	9	10	17	17	60	17	18	25	25
计算数学	070102	3	2	2	5	5	23	5	5	13	13

续　表

专业名称	专业代码	年制	毕业生数	授予学位数	招生数		在校生数				预计毕业生数
					总计	应届生	合计	一年级	二年级	三年级及以上	
概率论与数理统计	070103	3	2	3	3	1	14	3	4	7	7
应用数学	070104	3	3	3	9	8	27	9	8	10	10
运筹学与控制论	070105	3	4	3	2	2	14	2	3	9	9
理论物理	070201	3	8	5	14	14	62	14	20	28	28
粒子物理与原子核物理	070202	3	2	0	2	2	5	2	1	2	2
原子与分子物理	070203	3	4	3	7	5	18	7	6	5	5
凝聚态物理	070205	3	19	18	28	24	88	28	20	40	40
光学	070207	3	15	10	15	12	52	15	15	22	22
无机化学	070301	3	17	15	18	14	57	18	15	24	24
分析化学	070302	3	8	9	7	4	33	7	8	18	18
有机化学	070303	3	9	10	9	9	42	9	9	24	24
物理化学(含：化学物理)	070304	3	15	11	15	14	65	15	18	32	32
高分子化学与物理	070305	3	21	18	29	27	116	29	29	58	58
化学新专业	070399	3	4	7	8	6	36	8	7	21	21
化学新专业	070399	3	1	1	3	3	7	3	3	1	1
植物学	071001	3	1	3	6	4	17	6	3	8	8
生理学	071003	3	6	2	4	3	14	4	6	4	4
微生物学	071005	3	10	6	6	5	18	6	5	7	7
神经生物学	071006	3	20	9	27	25	84	27	25	32	32
遗传学	071007	3	42	31	29	23	127	29	35	63	63
发育生物学	071008	3	3	2	2	1	21	2	3	16	16
生物化学与分子生物学	071010	3	27	21	42	35	139	42	38	59	59
生物物理学	071011	3	1	0	3	3	10	3	4	3	3
生态学	071012	3	1	1	11	9	31	11	6	14	14
生物学新专业	071099	3	8	5	4	3	14	4	3	7	7
生物学新专业	071099	3	0	1	0	0	3	0	2	1	1
流体力学	080103	3	7	7	7	5	42	7	10	25	25
材料物理与化学	080501	3	6	6	18	9	45	18	9	18	18
物理电子学	080901	3	9	8	7	5	35	7	11	17	17
电路与系统	080902	3	6	6	9	3	30	9	7	14	14
微电子学与固体电子学	080903	3	31	29	24	20	96	24	28	44	44
电磁场与微波技术	080904	3	0	0	5	4	13	5	3	5	5
计算机系统结构	081201	3	5	5	3	3	18	3	3	12	12
计算机软件与理论	081202	3	11	10	18	11	100	18	21	61	61
计算机应用技术	081203	3	7	6	8	3	44	8	5	31	31
环境科学	083001	3	10	9	19	14	54	19	15	20	20
生物医学工程	083100	3	1	1	1	0	8	1	1	6	6
生物医学工程新专业	083199	3	5	5	2	2	12	2	3	7	7

续 表

专业名称	专业代码	年制	毕业生数	授予学位数	招生数		在校生数				预计毕业生数
					总计	应届生	合计	一年级	二年级	三年级及以上	
生物医学工程新专业	083199	3	3	3	1	0	7	1	2	4	4
人体解剖与组织胚胎学	100101	3	5	6	6	3	14	6	1	7	7
免疫学	100102	3	1	3	7	2	15	7	5	3	3
病原生物学	100103	3	18	13	18	10	51	18	14	19	19
病理学与病理生理学	100104	3	8	6	12	7	33	12	10	11	11
法医学	100105	3	1	0	2	1	11	2	2	7	7
放射医学	100106	3	2	2	2	2	11	2	2	7	7
基础医学新专业	100199	3	4	3	2	0	9	2	2	5	5
基础医学新专业	100199	3	1	1	0	0	4	0	0	4	4
基础医学新专业	100199	3	2	3	19	13	56	19	11	26	26
内科学	100201	3	26	23	39	17	162	39	39	84	84
儿科学	100202	3	9	9	18	8	71	18	20	33	33
神经病学	100204	3	7	2	8	3	24	8	6	10	10
精神病与精神卫生学	100205	3	2	2	3	0	7	3	1	3	3
皮肤病与性病学	100206	3	3	1	4	1	12	4	3	5	5
影像医学与核医学	100207	3	12	9	13	7	45	13	12	20	20
临床检验诊断学	100208	3	1	1	3	2	3	3	0	0	0
外科学	100210	3	29	26	43	22	167	43	44	80	80
妇产科学	100211	3	7	7	9	7	32	9	10	13	13
眼科学	100212	3	10	10	9	7	30	9	10	11	11
耳鼻咽喉科学	100213	3	15	13	15	8	43	15	15	13	13
肿瘤学	100214	3	9	11	29	7	89	29	27	33	33
康复医学与理疗学	100215	3	2	2	1	0	7	1	2	4	4
运动医学	100216	3	0	0	1	1	4	1	1	2	2
麻醉学	100217	3	1	2	3	1	14	3	3	8	8
流行病与卫生统计学	100401	3	11	11	11	5	44	11	14	19	19
劳动卫生与环境卫生学	100402	3	4	5	8	2	20	8	5	7	7
营养与食品卫生学	100403	3	0	0	2	0	9	2	2	5	5
儿少卫生与妇幼保健学	100404	3	2	2	1	0	9	1	3	5	5
卫生毒理学	100405	3	2	1	1	0	6	1	1	4	4
中西医结合基础	100601	3	4	1	1	1	8	1	1	6	6
中西医结合临床	100602	3	7	7	8	5	17	8	3	6	6
药物化学	100701	3	5	5	6	3	17	6	5	6	6
药剂学	100702	3	8	7	10	7	41	10	11	20	20
生药学	100703	3	5	3	2	1	8	2	2	4	4
药理学	100706	3	4	6	12	8	37	12	11	14	14
管理科学与工程	120100	3	8	5	8	7	33	8	7	18	18
管理科学与工程新专业	120199	3	2	1	0	0	3	0	0	3	3

续　表

专业名称	专业代码	年制	毕业生数	授予学位数	招生数		在校生数				预计毕业生数
					总计	应届生	合计	一年级	二年级	三年级及以上	
工商管理	120200	3	0	0	18	14	18	18	0	0	0
会计学	120201	3	4	1	0	0	12	0	5	7	7
企业管理(含:财务管理、市场营销、人力资源管理)	120202	3	11	12	0	0	41	0	14	27	27
旅游管理	120203	3	2	2	2	0	6	2	1	3	3
工商管理新专业	120299	3	1	1	0	0	8	0	2	6	6
行政管理	120401	3	2	2	4	2	20	4	7	9	9
社会医学与卫生事业管理	120402	3	7	7	10	0	35	10	9	16	16
公共管理新专业	120499	3	1	2	5	1	36	5	6	25	25
公共管理新专业	120499	3	1	1	4	1	7	4	3	0	0
委托培养学术型学位博士	43212		21	21	48	0	167	48	38	81	81
马克思主义哲学	010101	3	0	0	0	0	2	0	1	1	1
中国哲学	010102	3	1	1	0	0	2	0	0	2	2
外国哲学	010103	3	0	0	0	0	1	0	0	1	1
宗教学	010107	3	0	0	1	0	2	1	0	1	1
科学技术哲学	010108	3	0	0	0	0	1	0	0	1	1
哲学新专业	010199	3	0	0	0	0	1	0	1	0	0
政治经济学	020101	3	1	1	1	0	8	1	2	5	5
经济思想史	020102	3	0	0	1	0	3	1	1	1	1
西方经济学	020104	3	0	0	2	0	6	2	2	2	2
世界经济	020105	3	5	5	5	0	12	5	4	3	3
人口、资源与环境经济学	020106	3	0	0	1	0	1	1	0	0	0
国民经济学	020201	3	0	0	0	0	1	0	1	0	0
金融学(含:保险学)	020204	3	2	1	1	0	10	1	1	8	8
产业经济学	020205	3	0	2	0	0	6	0	1	5	5
应用经济学新专业	020299	3	1	1	1	0	2	1	0	1	1
民商法学(含:劳动法学、社会保障法学)	030105	3	0	0	1	0	5	1	2	2	2
国际法学(含:国际公法、国际私法、国际经济法)	030109	3	0	0	1	0	2	1	0	1	1
政治学理论	030201	3	0	0	0	0	1	0	0	1	1
国际关系	030207	3	0	0	1	0	1	1	0	0	0
外交学	030208	3	0	0	1	0	1	1	0	0	0
中国古代文学	050105	3	0	0	0	0	1	0	0	1	1
中国现当代文学	050106	3	1	1	0	0	0	0	0	0	0
中国语言文学新专业	050199	3	0	0	0	0	2	0	0	2	2
英语语言文学	050201	3	0	0	0	0	1	0	0	1	1
新闻学	050301	3	1	1	1	0	3	1	1	1	1
传播学	050302	3	0	0	1	0	2	1	0	1	1

续 表

专业名称	专业代码	年制	毕业生数	授予学位数	招生数		在校生数				预计毕业生数
					总计	应届生	合计	一年级	二年级	三年级及以上	
新闻传播学新专业	050399	3	0	0	1	0	1	1	0	0	0
历史地理学	060103	3	0	0	0	0	3	0	1	2	2
专门史	060105	3	0	0	1	0	2	1	1	0	0
中国近现代史	060107	3	0	0	1	0	1	1	0	0	0
世界史	060108	3	0	0	1	0	2	1	1	0	0
运筹学与控制论	070105	3	1	1	0	0	0	0	0	0	0
有机化学	070303	3	0	0	1	0	1	1	0	0	0
物理化学(含：化学物理)	070304	3	0	0	2	0	3	2	0	1	1
高分子化学与物理	070305	3	0	0	0	0	3	0	0	3	3
化学新专业	070399	3	1	1	0	0	0	0	0	0	0
微生物学	071005	3	1	0	0	0	0	0	0	0	0
神经生物学	071006	3	0	0	0	0	1	0	0	1	1
遗传学	071007	3	1	1	0	0	2	0	0	2	2
生物化学与分子生物学	071010	3	0	0	0	0	2	0	1	1	1
生态学	071012	3	0	0	0	0	2	0	1	1	1
材料物理与化学	080501	3	1	1	0	0	1	0	1	0	0
物理电子学	080901	3	0	0	1	0	1	1	0	0	0
电路与系统	080902	3	0	0	0	0	1	0	1	0	0
微电子学与固体电子学	080903	3	1	1	5	0	13	5	5	3	3
计算机系统结构	081201	3	0	0	0	0	1	0	1	0	0
计算机软件与理论	081202	3	1	1	1	0	8	1	1	6	6
计算机应用技术	081203	3	0	0	1	0	4	1	2	1	1
环境科学	083001	3	0	0	2	0	6	2	0	4	4
生物医学工程新专业	083199	3	0	0	0	0	1	0	0	1	1
基础医学新专业	100199	3	0	0	1	0	1	1	0	0	0
内科学	100201	3	0	0	1	0	1	1	0	0	0
影像医学与核医学	100207	3	0	0	2	0	4	2	1	1	1
外科学	100210	3	0	0	1	0	2	1	0	1	1
妇产科学	100211	3	0	0	0	0	1	0	0	1	1
耳鼻咽喉科学	100213	3	0	0	1	0	1	1	0	0	0
肿瘤学	100214	3	0	0	0	0	1	0	0	1	1
康复医学与理疗学	100215	3	0	0	0	0	1	0	1	0	0
流行病与卫生统计学	100401	3	0	0	1	0	1	1	0	0	0
中西医结合基础	100601	3	0	0	0	0	1	0	1	0	0
药物化学	100701	3	0	0	1	0	2	1	1	0	0
药剂学	100702	3	0	0	0	0	1	0	0	1	1
药理学	100706	3	0	0	1	0	1	1	0	0	0
管理科学与工程	120100	3	2	0	0	0	3	0	0	3	3

续　表

专业名称	专业代码	年制	毕业生数	授予学位数	招生数		在校生数				预计毕业生数
					总计	应届生	合计	一年级	二年级	三年级及以上	
工商管理	120200	3	0	0	1	0	1	1	0	0	0
会计学	120201	3	0	0	0	0	1	0	0	1	1
企业管理(含：财务管理、市场营销、人力资源管理)	120202	3	0	2	0	0	3	0	0	3	3
工商管理新专业	120299	3	0	0	0	0	1	0	0	1	1
社会医学与卫生事业管理	120402	3	0	0	2	0	2	2	0	0	0
公共管理新专业	120499	3	0	0	0	0	2	0	1	1	1
自筹经费学术型学位博士	43213		14	17	16	4	97	16	15	66	66
中国哲学	010102	3	1	0	0	0	0	0	0	0	0
伦理学	010105	3	1	1	0	0	0	0	0	0	0
政治经济学	020101	3	1	1	0	0	0	0	0	0	0
世界经济	020105	3	0	0	0	0	3	0	1	2	2
人口、资源与环境经济学	020106	3	0	0	0	0	1	0	1	0	0
金融学(含：保险学)	020204	3	1	1	3	0	4	3	0	1	1
产业经济学	020205	3	1	0	0	0	4	0	0	4	4
民商法学(含：劳动法学、社会保障法学)	030105	3	0	0	0	0	1	0	0	1	1
国际法学(含：国际公法、国际私法、国际经济法)	030109	3	0	0	0	0	2	0	0	2	2
政治学理论	030201	3	0	0	0	0	2	0	0	2	2
国际政治	030206	3	0	0	0	0	3	0	0	3	3
国际关系	030207	3	0	0	0	0	3	0	0	3	3
社会学	030301	3	0	0	0	0	4	0	1	3	3
文艺学	050101	3	0	0	0	0	1	0	0	1	1
汉语言文字学	050103	3	0	0	0	0	2	0	0	2	2
中国古典文献学	050104	3	0	0	1	1	1	1	0	0	0
中国古代文学	050105	3	0	0	0	0	4	0	0	4	4
比较文学与世界文学	050108	3	0	0	1	0	2	1	0	1	1
新闻学	050301	3	1	1	1	0	4	1	0	3	3
传播学	050302	3	2	1	2	1	4	2	1	1	1
新闻传播学新专业	050399	3	0	0	1	1	2	1	0	1	1
新闻传播学新专业	050399	3	1	1	0	0	1	0	0	1	1
考古学及博物馆学	060102	3	1	1	2	1	4	2	0	2	2
专门史	060105	3	0	0	0	0	1	0	1	0	0
中国古代史	060106	3	0	0	0	0	1	0	0	1	1
中国近现代史	060107	3	0	0	0	0	3	0	1	2	2
历史学新专业	060199	3	0	1	0	0	2	0	2	0	0
化学新专业	070399	3	0	0	0	0	1	0	0	1	1
材料物理与化学	080501	3	0	0	0	0	2	0	2	0	0

续　表

专业名称	专业代码	年制	毕业生数	授予学位数	招生数		在校生数				预计毕业生数
					总计	应届生	合计	一年级	二年级	三年级及以上	
微电子学与固体电子学	080903	3	0	0	4	0	6	4	1	1	1
内科学	100201	3	0	0	0	0	1	0	0	1	1
外科学	100210	3	0	0	0	0	1	0	1	0	0
眼科学	100212	3	0	0	0	0	1	0	1	0	0
耳鼻咽喉科学	100213	3	0	0	0	0	1	0	1	0	0
管理科学与工程	120100	3	0	1	0	0	2	0	0	2	2
管理科学与工程新专业	120199	3	0	0	0	0	1	0	0	1	1
会计学	120201	3	0	0	0	0	1	0	0	1	1
企业管理(含:财务管理、市场营销、人力资源管理)	120202	3	2	4	0	0	10	0	0	10	10
旅游管理	120203	3	0	0	1	0	2	1	0	1	1
工商管理新专业	120299	3	2	4	0	0	6	0	0	6	6
社会医学与卫生事业管理	120402	3	0	0	0	0	2	0	1	1	1
公共管理新专业	120499	3	0	0	0	0	1	0	0	1	1
专业学位博士	43220		40	41	29	0	322	139	135	48	48
其中：女	432202		20	16	16	0	164	72	64	28	28
国家任务专业学位博士	43221		40	41	29	0	322	139	135	48	48
临床医学	105100	3	40	41	29	0	322	139	135	48	48
委托培养专业学位博士	43222		0	0	0	0	0	0	0	0	0
			0	0	0	0	0	0	0	0	0
自筹经费专业学位博士	43223		0	0	0	0	0	0	0	0	0
			0	0	0	0	0	0	0	0	0

（研究生院供稿）

2011年复旦大学攻读硕士学位研究生分学科、分专业学生数统计

单位：人

专业名称	专业代码	年制	毕业生数	授予学位数	招生数		在校生数				预计毕业生数
					合计	应届生	合计	一年级	二年级	三年级及以上	
总　计	43100		2 597	2 524	3 746	2 397	10 110	3 746	3 472	2 892	3 214
总计中：女	431002		1 270	1 276	1 978	1 375	5 085	1 978	1 883	1 224	1 389
学术型学位硕士	43110		1 777	1 710	2 066	1 684	6 329	2 066	2 172	2 091	2 121
其中：女	431102		907	908	1 091	929	3 220	1 091	1 127	1 002	1 017
国家任务学术型学位硕士	43111		1 606	1 534	1 906	1 619	5 630	1 906	1 975	1 749	1 779
马克思主义哲学	010101	3	10	10	11	8	26	11	8	7	7
中国哲学	010102	3	5	4	11	11	25	11	7	7	7
外国哲学	010103	3	9	9	12	12	33	12	10	11	11
逻辑学	010104	3	2	2	2	2	10	2	3	5	5
伦理学	010105	3	2	2	4	3	9	4	2	3	3

续　表

专业名称	专业代码	年制	毕业生数	授予学位数	招生数		在校生数				预计毕业生数
					合计	应届生	合计	一年级	二年级	三年级及以上	
宗教学	010107	3	3	3	4	2	11	4	3	4	4
科学技术哲学	010108	3	5	5	5	3	14	5	5	4	4
哲学新专业	010199	3	0	0	2	2	5	2	2	1	1
哲学新专业	010199	3	0	0	0	0	2	0	1	1	1
政治经济学	020101	3	11	11	11	7	34	11	12	11	11
经济思想史	020102	3	1	1	2	1	7	2	2	3	3
经济史	020103	3	1	1	1	1	3	1	1	1	1
西方经济学	020104	3	17	17	16	13	51	16	18	17	17
世界经济	020105	3	37	37	33	25	89	33	33	23	23
人口、资源与环境经济学	020106	3	9	9	8	6	26	8	10	8	8
理论经济学新专业	020199	3	0	0	0	0	2	0	0	2	2
理论经济学新专业	020199	3	1	1	0	0	1	0	0	1	1
应用经济学	020200	3	0	0	14	9	43	14	16	13	13
国民经济学	020201	3	8	8	5	5	18	5	7	6	6
区域经济学	020202	3	5	5	4	3	13	4	3	6	6
财政学(含：税收学)	020203	3	9	9	11	10	37	11	8	18	18
金融学(含：保险学)	020204	3	43	43	38	35	122	38	44	40	40
产业经济学	020205	3	10	10	0	0	0	0	0	0	0
国际贸易学	020206	3	9	9	10	7	31	10	10	11	11
劳动经济学	020207	3	3	3	3	2	8	3	3	2	2
统计学	020208	3	1	1	0	0	0	0	0	0	0
数量经济学	020209	3	3	3	3	2	9	3	3	3	3
法学理论	030101	3	7	7	6	5	18	6	5	7	7
法律史	030102	3	8	8	7	4	22	7	7	8	8
宪法学与行政法学	030103	3	9	9	5	5	22	5	8	9	9
刑法学	030104	3	6	6	3	2	10	3	4	3	3
民商法学(含：劳动法学、社会保障法学)	030105	3	12	12	14	10	47	14	17	16	16
诉讼法学	030106	3	7	7	9	7	26	9	8	9	9
经济法学	030107	3	3	3	6	5	14	6	3	5	5
环境与资源保护法学	030108	3	3	3	4	4	12	4	3	5	5
国际法学(含：国际公法、国际私法、国际经济法)	030109	3	20	20	16	15	49	16	16	17	17
政治学理论	030201	3	8	7	12	10	42	12	15	15	15
科学社会主义与国际共产主义运动	030203	3	4	4	3	3	7	3	2	2	2
中共党史(含：党的学说与党的建设)	030204	3	4	4	3	2	12	3	3	6	6
国际政治	030206	3	8	8	4	3	24	4	10	10	10

续 表

专业名称	专业代码	年制	毕业生数	授予学位数	招生数		在校生数				预计毕业生数
					合计	应届生	合计	一年级	二年级	三年级及以上	
国际关系	030207	3	13	13	18	16	61	18	18	25	25
外交学	030208	3	4	4	5	2	15	5	8	2	2
社会学	030301	3	16	16	21	17	61	21	19	21	21
人口学	030302	3	3	3	2	2	8	2	3	3	3
人类学	030303	3	4	4	3	3	9	3	3	3	3
民俗学(含:中国民间文学)	030304	3	1	1	1	1	4	1	1	2	2
马克思主义基本原理	030501	3	4	4	4	4	9	4	2	3	3
马克思主义中国化研究	030503	3	2	2	2	1	6	2	1	3	3
思想政治教育	030505	3	9	9	10	8	26	10	8	8	8
课程与教学论	040102	3	3	3	5	2	12	5	4	3	3
高等教育学	040106	3	4	4	5	2	16	5	7	4	4
教育学新专业	040199	3	0	0	5	2	10	5	5	0	0
文艺学	050101	3	9	9	9	8	25	9	8	8	8
语言学与应用语言学	050102	3	7	8	5	5	15	5	5	5	5
汉语言文字学	050103	3	11	11	14	10	34	14	8	12	12
中国古典文献学	050104	3	3	3	5	3	15	5	5	5	5
中国古代文学	050105	3	11	11	15	12	51	15	20	16	16
中国现当代文学	050106	3	8	8	11	9	30	11	8	11	11
比较文学与世界文学	050108	3	10	9	11	10	33	11	12	10	10
中国语言文学新专业	050199	3	3	3	3	3	9	3	3	3	3
中国语言文学新专业	050199	3	0	0	2	1	7	2	2	3	3
中国语言文学新专业	050199	3	1	1	2	2	8	2	3	3	3
中国语言文学新专业	050199	3	5	5	7	7	18	7	5	6	6
中国语言文学新专业	050199	3	1	1	2	1	3	2	0	1	1
中国语言文学新专业	050199	3	1	1	0	0	2	0	1	1	1
英语语言文学	050201	3	15	15	15	13	51	15	17	19	19
俄语语言文学	050202	3	3	3	1	1	7	1	3	3	3
法语语言文学	050203	3	3	3	4	3	11	4	4	3	3
德语语言文学	050204	3	0	0	2	1	7	2	2	3	3
日语语言文学	050205	3	3	3	3	2	9	3	2	4	4
亚非语言文学	050210	3	2	2	3	1	9	3	3	3	3
外国语言学及应用语言学	050211	3	0	0	3	3	6	3	2	1	1
新闻学	050301	3	19	19	24	23	64	24	20	20	20
传播学	050302	3	12	13	16	13	41	16	12	13	13
新闻传播学新专业	050399	3	6	6	9	8	21	9	7	5	5
新闻传播学新专业	050399	3	5	5	8	8	14	8	4	2	2
新闻传播学新专业	050399	3	1	1	0	0	1	0	0	1	1
新闻传播学新专业	050399	3	1	1	0	0	2	0	1	1	1

续　表

专业名称	专业代码	年制	毕业生数	授予学位数	招生数		在校生数				预计毕业生数
					合计	应届生	合计	一年级	二年级	三年级及以上	
新闻传播学新专业	050399	3	3	3	0	0	5	0	2	3	3
新闻传播学新专业	050399	2	21	20	0	0	30	0	30	0	30
电影学	050406	3	2	2	3	1	5	3	1	1	1
广播电视艺术学	050407	3	2	2	0	0	7	0	5	2	2
史学理论及史学史	060101	3	0	0	3	3	13	3	4	6	6
考古学及博物馆学	060102	3	9	9	5	3	17	5	7	5	5
历史地理学	060103	3	15	15	16	13	45	16	17	12	12
历史文献学(含：敦煌学、古文字学)	060104	3	0	0	2	2	2	2	0	0	0
专门史	060105	3	3	3	3	1	10	3	2	5	5
中国古代史	060106	3	5	5	8	7	22	8	4	10	10
中国近现代史	060107	3	8	6	8	8	31	8	13	10	10
世界史	060108	3	11	11	9	8	33	9	11	13	13
历史学新专业	060199	3	1	1	5	5	12	5	4	3	3
基础数学	070101	3	17	17	12	11	52	12	25	15	15
计算数学	070102	3	6	8	8	7	26	8	10	8	8
概率论与数理统计	070103	3	7	7	5	5	24	5	10	9	9
应用数学	070104	3	16	16	12	12	41	12	13	16	16
运筹学与控制论	070105	3	13	14	9	9	37	9	14	14	14
理论物理	070201	3	11	9	15	13	36	15	11	10	10
粒子物理与原子核物理	070202	3	2	2	1	1	6	1	2	3	3
原子与分子物理	070203	3	9	10	7	7	24	7	10	7	7
凝聚态物理	070205	3	23	22	27	24	83	27	35	21	21
光学	070207	3	17	15	14	10	50	14	19	17	17
无线电物理	070208	3	1	2	0	0	3	0	2	1	1
无机化学	070301	3	10	11	14	11	39	14	16	9	9
分析化学	070302	3	6	9	12	11	37	12	16	9	9
有机化学	070303	3	5	5	12	10	33	12	13	8	8
物理化学(含：化学物理)	070304	3	16	13	26	24	72	26	29	17	17
高分子化学与物理	070305	3	27	26	46	43	122	46	42	34	34
化学新专业	070399	3	10	9	11	9	25	11	3	11	11
化学新专业	070399	3	1	1	4	4	6	4	1	1	1
植物学	071001	3	1	1	4	2	13	4	6	3	3
动物学	071002	3	4	2	4	3	7	4	1	2	2
生理学	071003	3	5	3	5	4	13	5	5	3	3
微生物学	071005	3	10	7	11	6	34	11	11	12	12
神经生物学	071006	3	5	9	29	24	74	29	27	18	18
遗传学	071007	3	24	24	44	39	118	44	41	33	33

续　表

专业名称	专业代码	年制	毕业生数	授予学位数	招生数		在校生数				预计毕业生数
					合计	应届生	合计	一年级	二年级	三年级及以上	
发育生物学	071008	3	0	0	2	2	4	2	1	1	1
细胞生物学	071009	3	1	0	2	1	3	2	0	1	1
生物化学与分子生物学	071010	3	27	27	46	41	123	46	45	32	32
生物物理学	071011	3	5	2	9	7	22	9	7	6	6
生态学	071012	3	11	8	7	6	21	7	7	7	7
生物学新专业	071099	3	4	1	6	5	21	6	10	5	5
生物学新专业	071099	3	0	0	4	1	6	4	2	0	0
一般力学与力学基础	080101	3	2	2	0	0	4	0	1	3	3
固体力学	080102	3	4	4	3	3	9	3	4	2	2
流体力学	080103	3	4	4	7	6	15	7	6	2	2
工程力学	080104	3	4	4	6	5	10	6	2	2	2
光学工程	080300	3	5	2	6	5	19	6	7	6	6
材料物理与化学	080501	3	13	12	18	14	56	18	19	19	19
材料学	080502	3	6	6	6	5	18	6	6	6	6
物理电子学	080901	3	18	18	13	13	47	13	17	17	17
电路与系统	080902	3	23	23	25	23	78	25	24	29	29
微电子学与固体电子学	080903	3	100	102	87	81	279	87	88	104	104
电磁场与微波技术	080904	3	0	0	1	1	6	1	2	3	3
电子科学与技术新专业	080999	3	0	0	0	0	1	0	0	1	1
电子科学与技术新专业	080999	3	4	4	10	10	25	10	8	7	7
通信与信息系统	081001	3	18	18	19	18	57	19	18	20	20
计算机系统结构	081201	3	8	8	1	1	10	1	5	4	4
计算机软件与理论	081202	3	78	76	82	76	260	82	88	90	90
计算机应用技术	081203	3	34	31	31	25	103	31	32	40	40
飞行器设计	082501	3	4	3	9	7	17	9	4	4	4
环境科学	083001	3	16	15	20	17	55	20	18	17	17
环境工程	083002	3	5	5	8	8	24	8	8	8	8
生物医学工程	083100	3	3	2	3	2	9	3	3	3	3
生物医学工程新专业	083199	3	5	5	7	7	20	7	7	6	6
人体解剖与组织胚胎学	100101	3	5	2	2	2	7	2	2	3	3
免疫学	100102	3	3	7	5	3	17	5	8	4	4
病原生物学	100103	3	9	10	15	13	35	15	11	9	9
病理学与病理生理学	100104	3	10	3	13	12	31	13	10	8	8
法医学	100105	3	6	7	4	4	12	4	4	4	4
放射医学	100106	3	4	2	8	6	18	8	8	2	2
基础医学新专业	100199	3	2	2	4	3	10	4	4	2	2
基础医学新专业	100199	3	0	2	0	0	4	0	3	1	1
基础医学新专业	100199	3	1	0	14	11	25	14	7	4	4

续 表

专业名称	专业代码	年制	毕业生数	授予学位数	招生数		在校生数				预计毕业生数
					合计	应届生	合计	一年级	二年级	三年级及以上	
内科学	100201	3	28	21	29	27	77	29	26	22	22
儿科学	100202	3	12	7	20	18	50	20	19	11	11
神经病学	100204	3	1	2	4	2	6	4	1	1	1
皮肤病与性病学	100206	3	0	1	1	1	4	1	3	0	0
影像医学与核医学	100207	3	4	4	5	5	14	5	6	3	3
临床检验诊断学	100208	3	5	5	5	5	16	5	7	4	4
护理学	100209	3	13	9	9	7	27	9	7	11	11
外科学	100210	3	10	7	26	19	51	26	14	11	11
妇产科学	100211	3	11	9	13	13	31	13	12	6	6
眼科学	100212	3	7	5	11	10	26	11	10	5	5
耳鼻咽喉科学	100213	3	5	3	9	7	22	9	8	5	5
肿瘤学	100214	3	15	12	20	16	58	20	21	17	17
康复医学与理疗学	100215	3	3	2	2	2	6	2	3	1	1
运动医学	100216	3	1	1	0	0	1	0	0	1	1
麻醉学	100217	3	1	1	0	0	4	0	2	2	2
急诊医学	100218	3	1	0	0	0	2	0	2	0	0
临床医学新专业	100299	3	0	0	1	0	2	1	0	1	1
口腔临床医学	100302	3	2	2	0	0	1	0	1	0	0
流行病与卫生统计学	100401	3	16	16	17	17	47	17	13	17	17
劳动卫生与环境卫生学	100402	3	7	7	8	8	25	8	8	9	9
营养与食品卫生学	100403	3	5	5	4	4	13	4	5	4	4
儿少卫生与妇幼保健学	100404	3	4	4	5	5	14	5	5	4	4
卫生毒理学	100405	3	3	2	3	3	7	3	2	2	2
公共卫生与预防医学新专业	100499	3	2	2	4	4	10	4	4	2	2
中西医结合基础	100601	3	2	2	4	2	10	4	4	2	2
中西医结合临床	100602	3	4	4	4	4	9	4	3	2	2
药物化学	100701	3	8	10	12	9	38	12	13	13	13
药剂学	100702	3	12	11	20	16	57	20	17	20	20
生药学	100703	3	3	3	4	4	13	4	4	5	5
药物分析学	100704	3	6	6	5	5	16	5	5	6	6
药理学	100706	3	10	4	15	13	45	15	15	15	15
管理科学与工程	120100	3	24	23	16	14	59	16	21	22	22
管理科学与工程新专业	120199	3	0	0	0	0	1	0	0	1	1
工商管理	120200	3	0	0	38	34	105	38	33	34	34
会计学	120201	3	7	8	0	0	3	0	0	3	3
企业管理(含:财务管理、市场营销、人力资源管理)	120202	3	47	44	0	0	69	0	34	35	35

续　表

专业名称	专业代码	年制	毕业生数	授予学位数	招生数		在校生数				预计毕业生数
					合计	应届生	合计	一年级	二年级	三年级及以上	
旅游管理	120203	3	3	3	6	6	19	6	6	7	7
工商管理新专业	120299	3	0	0	0	0	2	0	0	2	2
工商管理新专业	120299	3	0	0	43	27	94	43	50	1	1
工商管理新专业	120299	3	1	1	41	32	83	41	41	1	1
行政管理	120401	3	12	11	13	12	44	13	16	15	15
社会医学与卫生事业管理	120402	3	17	17	20	20	54	20	17	17	17
教育经济与管理	120403	3	3	3	0	0	5	0	0	5	5
社会保障	120404	3	6	6	6	5	11	6	2	3	3
公共管理新专业	120499	3	8	7	6	6	18	6	6	6	6
公共管理新专业	120499	3	0	0	0	0	3	0	3	0	0
图书馆学	120501	3	3	3	3	2	6	3	0	3	3
委托培养学术型学位硕士	43112		138	146	45	0	359	45	64	250	250
外国哲学	010103	3	1	1	0	0	0	0	0	0	0
世界经济	020105	3	0	0	0	0	1	0	0	1	1
区域经济学	020202	3	20	20	0	0	3	0	0	3	3
金融学(含：保险学)	020204	3	57	63	28	0	178	28	31	119	119
国际关系	030207	3	0	0	0	0	1	0	0	1	1
外交学	030208	3	10	10	0	0	39	0	4	35	35
思想政治教育	030505	3	6	6	0	0	5	0	0	5	5
英语语言文学	050201	3	0	0	0	0	10	0	0	10	10
新闻学	050301	3	35	37	16	0	88	16	13	59	59
新闻传播学新专业	050399	3	0	0	1	0	1	1	0	0	0
药物化学	100701	3	0	0	0	0	1	0	1	0	0
旅游管理	120203	3	9	9	0	0	32	0	15	17	17
自筹经费学术型学位硕士	43113		33	30	115	65	340	115	133	92	92
中国哲学	010102	3	1	1	0	0	0	0	0	0	0
外国哲学	010103	3	0	0	0	0	1	0	1	0	0
西方经济学	020104	3	1	1	0	0	1	0	0	1	1
世界经济	020105	3	14	14	14	9	30	14	14	2	2
财政学(含：税收学)	020203	3	0	0	0	0	1	0	0	1	1
金融学(含：保险学)	020204	3	3	2	79	39	206	79	70	57	57
产业经济学	020205	3	0	0	0	0	2	0	0	2	2
国际贸易学	020206	3	0	0	0	0	1	0	1	0	0
法学理论	030101	3	0	0	0	0	1	0	0	1	1
诉讼法学	030106	3	1	1	0	0	0	0	0	0	0
经济法学	030107	3	0	0	0	0	2	0	0	2	2
国际法学(含：国际公法、国际私法、国际经济法)	030109	3	0	0	1	1	6	1	2	3	3

续 表

专业名称	专业代码	年制	毕业生数	授予学位数	招生数		在校生数				预计毕业生数
					合计	应届生	合计	一年级	二年级	三年级及以上	
政治学理论	030201	3	0	0	0	0	1	0	0	1	1
国际政治	030206	3	0	0	4	4	5	4	1	0	0
国际关系	030207	3	0	0	1	1	2	1	0	1	1
外交学	030208	3	0	0	0	0	1	0	0	1	1
语言学与应用语言学	050102	3	0	0	1	1	2	1	1	0	0
汉语言文字学	050103	3	0	0	1	1	1	1	0	0	0
中国古代文学	050105	3	0	0	2	2	5	2	2	1	1
中国现当代文学	050106	3	0	0	0	0	2	0	0	2	2
中国语言文学新专业	050199	3	0	0	0	0	2	0	2	0	0
中国语言文学新专业	050199	3	0	0	1	0	1	1	0	0	0
中国语言文学新专业	050199	3	0	0	0	0	2	0	1	1	1
日语语言文学	050205	3	1	1	0	0	0	0	0	0	0
新闻学	050301	3	0	0	1	1	3	1	1	1	1
传播学	050302	3	1	1	2	2	3	2	1	0	0
新闻传播学新专业	050399	3	1	1	3	1	8	3	4	1	1
新闻传播学新专业	050399	3	1	2	0	0	3	0	2	1	1
考古学及博物馆学	060102	3	0	0	1	1	2	1	0	1	1
专门史	060105	3	0	0	0	0	1	0	0	1	1
中国近现代史	060107	3	1	1	0	0	1	0	0	1	1
历史学新专业	060199	3	1	1	0	0	0	0	0	0	0
分析化学	070302	3	1	0	0	0	0	0	0	0	0
遗传学	071007	3	1	0	0	0	0	0	0	0	0
生物化学与分子生物学	071010	3	0	0	0	0	1	0	0	1	1
材料物理与化学	080501	3	0	0	1	1	1	1	0	0	0
计算机应用技术	081203	3	0	0	0	0	2	0	0	2	2
病理学与病理生理学	100104	3	0	0	0	0	1	0	0	1	1
皮肤病与性病学	100206	3	1	0	0	0	4	0	2	2	2
妇产科学	100211	3	1	0	0	0	0	0	0	0	0
临床医学新专业	100299	3	0	1	0	0	0	0	0	0	0
药物化学	100701	3	1	1	0	0	6	0	6	0	0
药剂学	100702	3	1	1	1	0	5	1	4	0	0
生药学	100703	3	0	0	0	0	2	0	2	0	0
药物分析学	100704	3	0	0	0	0	1	0	1	0	0
药理学	100706	3	0	0	1	1	14	1	13	0	0
企业管理(含:财务管理、市场营销、人力资源管理)	120202	3	0	0	0	0	3	0	0	3	3
旅游管理	120203	3	0	0	0	0	2	0	1	1	1
工商管理新专业	120299	3	1	1	0	0	0	0	0	0	0

续表

专业名称	专业代码	年制	毕业生数	授予学位数	招生数		在校生数				预计毕业生数
					合计	应届生	合计	一年级	二年级	三年级及以上	
工商管理新专业	120299	3	0	0	0	0	1	0	1	0	0
行政管理	120401	3	0	0	1	0	1	1	0	0	0
专业学位硕士	43120		820	814	1 680	713	3 781	1 680	1 300	801	1 093
其中：女	431202		363	368	887	446	1 865	887	756	222	372
国家任务专业学位硕士	43121		75	75	339	230	511	339	85	87	87
国际商务	025400	3	0	0	35	26	35	35	0	0	0
法律	035100	3	2	2	2	1	3	2	1	0	0
工程	085200	3	0	0	1	0	1	1	0	0	0
临床医学	105100	3	72	72	295	198	462	295	82	85	85
口腔医学	105200	3	1	1	6	5	10	6	2	2	2
委托培养专业学位硕士	43122		248	247	565	0	1 372	565	469	338	339
法律	035100	3	0	0	0	0	3	0	2	1	1
社会工作	035200	2	0	0	1	0	1	1	0	0	0
翻译	055100	2	0	0	0	0	1	0	1	0	1
新闻与传播	055200	2	0	0	2	0	2	2	0	0	0
艺术	059800	2	0	0	1	0	1	1	0	0	0
文物与博物馆	065100	2	0	0	1	0	1	1	0	0	0
工程	085200	2	1	1	0	0	0	0	0	0	0
工程	085200	3	0	0	5	0	11	5	6	0	0
临床医学	105100	3	0	0	0	0	1	0	0	1	1
公共卫生	105300	3	0	0	2	0	3	2	1	0	0
工商管理	125100	3	247	246	397	0	1 136	397	403	336	336
公共管理	125200	3	0	0	140	0	196	140	56	0	0
旅游管理	125400	3	0	0	16	0	16	16	0	0	0
自筹经费专业学位硕士	43123		497	492	776	483	1 898	776	746	376	667
金融	025100	2	0	0	82	49	82	82	0	0	0
法律	035100	3	202	202	197	134	557	197	200	160	160
社会工作	035200	2	0	0	49	41	97	49	48	0	48
汉语国际教育	045300	2	32	32	30	28	71	30	41	0	41
翻译	055100	2	31	31	33	20	66	33	33	0	33
新闻与传播	055200	2	0	0	30	23	30	30	0	0	0
艺术	059800	2	0	0	16	8	28	16	12	0	12
文物与博物馆	065100	2	0	0	9	4	9	9	0	0	0
工程	085200	3	1	1	1	0	1	1	0	0	0
工程	085200	2	4	4	5	5	13	5	8	0	8
工程	085200	2	6	6	6	6	12	6	6	0	6
工程	085200	3	34	33	55	40	126	55	68	3	3
工程	085200	3	0	0	48	33	141	48	54	39	39

续　表

专业名称	专业代码	年制	毕业生数	授予学位数	招生数		在校生数				预计毕业生数
					合计	应届生	合计	一年级	二年级	三年级及以上	
工程	085200	3	0	0	30	23	58	30	0	28	28
工程	085200	3	0	0	1	0	1	1	0	0	0
工程	085200	2	14	14	0	0	15	0	15	0	15
工程	085200	2	8	8	0	0	8	0	8	0	8
工程	085200	3	16	16	0	0	11	0	0	11	11
临床医学	105100	3	9	7	5	5	243	5	106	132	132
口腔医学	105200	3	0	0	0	0	4	0	1	3	3
公共卫生	105300	3	0	0	28	26	54	28	26	0	0
护理	105400	3	0	0	13	10	13	13	0	0	0
药学	105500	3	0	0	30	28	30	30	0	0	0
工商管理	125100	2	113	111	108	0	228	108	120	0	120
会计	125300	2	27	27	0	0	0	0	0	0	0

（研究生院供稿）

2011年复旦大学授予博士学位人员分学科门类统计

单位：人

学科	哲学	经济学	法学	文学	历史学	理学	工学	医学	管理学	临床医学	合计
合　计	38	64	72	85	32	320	16	182	47	46	902
其中：单证生		1				1		2		4	8
留学生		4	3	10		1		1	2	1	22

（研究生院供稿）

2011年复旦大学授予硕士学位人员分学科门类统计

单位：人

学科	哲学	经济学	法学	教育学	文学	历史学	理学	工学	医学	管理学	法律	工程	临床医学	工商管理	高级管理人员工商管理	公共管理	公共卫生	口腔医学	会计	汉语国际教育	翻译	合计
合　计	39	347	236	7	248	52	625	47	207	161	455	671	118	487	220	281	83	1	93	72	49	4 499
其中：单证生	2	31	43		7		11		38	2	251	588	35	122	220	281	83		66	35	18	1 833
留学生		48	22		31				1	23			4	8	3(3)					5		145(3)

（研究生院供稿）

2011年复旦大学外国留学生数统计

单位：人

	长期学生								短期学生	合计
	本科	硕士	博士	普进	高进	学者	语进	小计		
在校生数	1 818	603	158	377	97	0	665	3 718	1 401	5 119
招生数	283	219	27	354	95	0	634	1 612	1 401	3 013
毕结业生数	367	145	22	494	144	1	797	1 970	1 401	3 371

（留学生办公室供稿）

2011年复旦大学成人本专科分专业学生数统计

单位：人

专业名称	专业代码	年制	毕业生数	授予学位数	招生数	在校学生数							预计毕业生数
						合计	一年级	二年级	三年级	四年级	五年级	六年级及以上	
总　计	42200		2 960	780	3 982	12 082	3 730	3 457	3 391	817	687	0	3 006
总计中：女	422002		2 179	611	2 330	8 245	2 518	2 295	2 339	607	486	0	2 352
业余			2 844	730	2 982	12 082	3 730	3 457	3 391	817	0	0	3 357
本科	42220		2 582	730	3 721	11 092	3 469	3 165	3 029	742	687	0	3 006
其中：女	422202		1 886	580	2 330	7 503	2 330	2 092	2 054	541	486	0	2 076
高中起点本科	42221		418	70	825	3 713	825	749	710	742	687	0	687
国际经济与贸易	020102	5	75	20	92	485	92	96	110	91	96	0	96
金融学	020104	5	51	4	69	335	69	71	64	72	59	0	59
英语	050201	5	38	4	47	196	47	41	36	34	38	0	38
计算机科学与技术	080605	6	17	4	0	0	0	0	0	0	0	0	0
护理学	100701	5	0	0	164	673	164	147	101	144	117	0	117
药学	100801	5	60	6	113	558	113	94	101	136	114	0	114
工程管理	110104	5	54	3	69	244	69	52	44	35	44	0	44
人力资源管理	110205	5	42	12	97	404	97	82	70	76	79	0	79
工商管理类新专业	110299	5	33	10	69	369	69	65	91	51	93	0	93
行政管理	110301	5	48	7	70	281	70	61	53	50	47	0	47
会展经济与管理	110311	5	0	0	35	168	35	40	40	53	0	0	0
专科起点本科	42222		2 164	660	2 644	7 379	2 644	2 416	2 319	0	0	0	2 319
国际经济与贸易	020102	3	167	79	112	395	112	144	139	0	0	0	139
金融学	020104	3	76	37	107	346	107	102	137	0	0	0	137
金融工程	020109	3	36	10	29	139	29	58	52	0	0	0	52
法学	030101	3	81	12	59	212	59	86	67	0	0	0	67
社会学	030301	3	0	0	0	29	0	14	15	0	0	0	15
社会工作	030302	3	52	7	66	204	66	66	72	0	0	0	72
汉语言文学	050101	3	63	20	45	180	45	73	62	0	0	0	62
英语	050201	3	91	22	136	299	136	84	79	0	0	0	79
新闻学	050301	3	92	30	88	256	88	96	72	0	0	0	72
传播学	050305	3	33	10	78	200	78	73	49	0	0	0	49
心理学	071501	3	84	35	193	464	193	133	138	0	0	0	138
计算机科学与技术	080605	3	43	13	62	149	62	44	43	0	0	0	43
软件工程	080611	3	60	14	62	185	62	60	63	0	0	0	63
预防医学	100201	3	45	1	0	83	0	19	64	0	0	0	64
临床医学与医学技术类新专业	100399	3	65	5	0	65	0	35	30	0	0	0	30
护理学	100701	3	134	20	301	639	301	202	136	0	0	0	136
药学	100801	3	122	18	141	422	141	165	116	0	0	0	116
药事管理	100810	3	66	13	0	68	0	21	47	0	0	0	47

专业名称	专业代码	年制	毕业生数	授予学位数	招生数	在校学生数							预计毕业生数
						合计	一年级	二年级	三年级	四年级	五年级	六年级及以上	
工程管理	110104	3	53	8	66	171	66	58	47	0	0	0	47
工商管理	110201	3	140	55	166	418	166	116	136	0	0	0	136
会计学	110203	3	126	38	189	486	189	145	152	0	0	0	152
人力资源管理	110205	3	165	80	275	625	275	198	152	0	0	0	152
电子商务	110209	3	0	0	20	67	20	28	19	0	0	0	19
国际商务	110211	3	45	24	21	97	21	30	46	0	0	0	46
工商管理类新专业	110299	3	123	40	109	344	109	104	131	0	0	0	131
行政管理	110301	3	73	16	182	401	182	121	98	0	0	0	98
公共关系学	110305	3	68	21	91	282	91	95	96	0	0	0	96
会展经济与管理	110311	3	61	32	46	153	46	46	61	0	0	0	61
专科	41200		264	0	261	990	261	292	362	75	0	0	351
其中：女	412002		226	0	188	742	188	203	285	66	0	0	276
高中起点专科	41221		264	0	261	990	261	292	362	75	0	0	351
金融管理与实务	620103	3	13	0	27	92	27	36	29	0	0	0	29
财务管理	620201	3	29	0	0	89	0	48	41	0	0	0	41
国际经济与贸易	620303	3	40	0	58	164	58	52	54	0	0	0	54
国际商务	000000	0	15	0	0	23	0	0	23	0	0	0	23
护理	630201	4	27	0	0	68	0	0	40	28	0	0	28
药学	630301	4	39	0	54	192	54	45	46	47	0	0	47
行政管理	650203	3	51	0	99	243	99	68	76	0	0	0	76
应用英语	660102	3	24	0	23	76	23	22	31	0	0	0	31
应用韩语	660107	3	26	0	0	43	0	21	22	0	0	0	22
脱产	42230		116	50	0	0	0	0	0	0	0	0	0
本科			116	50	0	0	0	0	0	0	0	0	0
其中：女	422302		67	31	0	0	0	0	0	0	0	0	0
高中起点本科	42231		116	50	0	0	0	0	0	0	0	0	0
国际经济与贸易	020102	4	78	37	0	0	0	0	0	0	0	0	0
行政管理	110301	4	38	13	0	0	0	0	0	0	0	0	0

（继续教育学院供稿）

2011 年复旦大学高等教育自学考试毕业生数统计

单位：人

专业	护理学		机关管理及办公自动化	计算机软件	计算机网络	计算机信息管理		新闻学		行政管理	行政管理学	合计
类别	专科	本科	专科	本科	本科	专科	本科	专科	本科	专科	本科	
上半年	133	128	27	7	41	97	52	46	20	263	234	1 048
下半年	114	73	31	13	10	39	39	29	15	266	203	832
合计	247	201	58	20	51	136	91	75	35	529	437	1 880

（继续教育学院供稿）

2011年复旦大学继续教育学院各类学生数统计

单位：人

学历教育							非学历教育
夜大学			自学考试				结业证书
招生	毕业	授予学位	报考门次	报考人数	毕业	授予学位	
3 469	2 698	780	76 293	31 889	1880	362	15 040

（继续教育学院供稿）

2011年复旦大学网络教育学院本专科分专业学生数统计

单位：人

专业名称	专业代码	毕业生数	授予学位数	招生数			在校生数
				合计	其中		
					应届生	春季招生	
总　计		1 779	427	1 009	0	446	3 316
总计中：女		989	281	546	0	236	1 844
本科生	42300	1 255	427	817	0	383	3 015
其中：女	423002	749	281	445	0	205	1 674
高中起点本科	42301	0	132	0	0	0	187
经济学	020101	0	15	0	0	0	0
国际经济与贸易	020102	0	38	0	0	0	112
金融学	020104	0	17	0	0	0	0
法学	030101	0	20	0	0	0	0
英语	050201	0	18	0	0	0	0
日语	050207	0	7	0	0	0	0
新闻学	050301	0	13	0	0	0	0
计算机科学与技术	080605	0	4	0	0	0	0
行政管理	110301	0	0	0	0	0	75
专科起点本科	42302	1 255	295	817	0	383	2 828
经济学	020101	47	15	0	0	0	73
国际经济与贸易	020102	95	41	50	0	24	224
金融学	020104	159	56	82	0	35	418
法学	030101	83	10	59	0	21	154
英语	050201	37	19	0	0	0	95
日语	050207	14	9	0	0	0	17
新闻学	050301	70	36	68	0	36	181
广告学	050303	27	2	0	0	0	39
心理学	071501	17	3	0	0	0	16
计算机科学与技术	080605	11	8	32	0	0	39
计算机科学与技术	080605	58	5	12	0	12	100
计算机科学与技术	080605	44	2	18	0	18	85
工商管理	110201	0	0	65	0	29	144
会计学	110203	188	27	172	0	83	473

续　表

专业名称	专业代码	毕业生数	授予学位数	招生数 合计	其中 应届生	其中 春季招生	在校生数
人力资源管理	110205	0	0	89	0	0	89
旅游管理	110206	33	6	6	0	0	43
行政管理	110301	165	32	87	0	48	315
行政管理	110301	207	24	77	0	77	323
专科	41300	524	0	192	0	63	301
其中：女	413002	240	0	101	0	31	170
高中起点专科	41301	524	0	192	0	63	301
会计	620203	101	0	43	0	12	65
经济贸易类	620300	96	0	0	0	0	0
国际经济与贸易	620303	128	0	27	0	0	52
行政管理	650203	68	0	112	0	51	162
商务英语	660108	38	0	0	0	0	0
商务日语	660110	28	0	0	0	0	0
广播影视类	670300	65	0	10	0	0	22

（网络教育学院供稿）

2011年复旦大学科研经费与科技成果统计

类别		计量单位	数额
科研经费到款	小　计	万元	97 422.54
	国家自然科学基金委员会	万元	26 154.48
	国家“973 计划”	万元	16 353.21
	国家“863 计划”	万元	1 889.23
	国家科技支撑计划	万元	1 731.50
	国家科技重大专项	万元	15 354.28
	科技部其他	万元	4 408.90
	教育部	万元	1 233.00
	卫生部	万元	603.40
	上海市科学技术委员会	万元	10 074.70
	上海市教育委员会	万元	409.20
	上海市卫生局	万元	146.40
	上海市经济和信息化委员会	万元	42.00
	其他上海市项目	万元	223.80
	国际合作项目(外国基金会/非营利组织等)	万元	1 745.77
	企事业单位委托项目	万元	16 397.81
	其他国家部委项目	万元	654.86
出版科技专著		部	44

续　表

类别		计量单位	数额
学术论文	小　计	篇	5 819
	国外学术刊物	篇	3 543
	全国学术刊物	篇	2 276

类别			计量单位	小　计	最高奖	一等奖	二等奖	三等奖	国际合作
获奖情况	国家级	小　计	项	3	0	0	3	0	
		国家最高科学技术奖	项	0	0	0	0	0	
		自然科学奖	项	2	0	0	2	0	
		技术发明奖	项	1	0	0	1	0	
		科技进步奖	项	0	0	0	0	0	
	省部级	小　计	项	29	1	10	8	8	2
		上海市科学技术奖	项	16	1	5	3	6	1
		高等学校科学技术奖	项	10	0	5	5	0	
		中华医学科技奖	项	3	0	0	0	2	1

类别			计量单位	数额
专利	申请	小　　计	项	657
		发　　明	项	639
		国防专利	项	1
		实用新型	项	17
		外观设计	项	0
	获授权	小　　计	项	251
		发　　明	项	226
		实用新型	项	24
		外观设计	项	1
鉴定成果		小　　计	项	14
		国际领先	项	0
		国际先进	项	3
		国内领先	项	11
		国内先进	项	0

注：1. 仅计算直接到复旦财务的科研经费，直接拨付到附属医院的科研经费未计入。
2. 附属医院的出版科技专著和学术论文未纳入统计。
3. 以上获奖均为第一完成单位(或第一完成人)。其中“上海市科学技术奖”和“中华医学科技奖”设置了国际合作奖，其他奖无该类别。

（科技处供稿）

2011复旦大学文科科研成果统计(一)

学科门类	出版著作(部)					古籍整理(部)	译著(部)	发表译文(篇)	电子出版物(件)
	合　计	专著		编著教材	工具书参考书				
		合　计	被译成外文						
合　计	304	172	7	124	8	4	37	31	6
管理学	27	16	2	10	1	0	7	0	0
马克思主义	7	4	0	3	0	0	0	0	0

续 表

学科门类	出版著作（部）					古籍整理（部）	译著（部）	发表译文（篇）	电子出版物（件）
	合 计	专著 合计	专著 被译成外文	编著教材	工具书参考书				
哲 学	28	20	1	8	0	0	7	20	0
逻辑学	0	0	0	0	0	0	0	0	0
宗教学	2	0	0	2	0	0	0	1	0
语言学	39	8	0	26	5	0	0	0	0
中国文学	25	23	0	2	0	3	2	0	0
外国文学	2	1	0	0	0	0	1	1	0
艺术学	1	1	0	1	0	0	0	0	0
历史学	41	33	0	8	0	1	3	1	1
考古学	2	2	0	0	0	0	3	2	0
经济学	33	23	3	9	1	0	2	0	4
政治学	35	15	0	20	0	0	6	4	0
法 学	21	14	1	7	0	0	2	0	0
社会学	16	3	0	13	0	0	0	1	0
民族学	1	1	0	0	0	0	0	0	0
新闻学与传播学	13	1	0	12	0	0	3	1	1
图文，情报，文献学	2	1	0	0	1	0	0	0	0
教育学	4	4	0	0	0	0	0	0	0
统计学	1	1	0	0	0	0	0	0	0
心理学	4	1	0	3	0	0	1	0	0
体育学	0	0	0	0	0	0	0	0	0

（文科科研处供稿）

2011年复旦大学文科科研成果统计(二)

学科门类	发表论文(篇)				获奖成果数(项)				研究与咨询报告(篇)	
	合 计	国内学术刊物	国外学术刊物	港澳台刊物	合 计	国家级奖	部级奖	省级奖	合 计	其中：被采纳数
合 计	2 858	2 620	208	30	2	0	0	2	94	69
管理学	455	393	56	6	0	0	0	0	8	7
马克思主义	82	82	0	0	0	0	0	0	3	3
哲 学	276	266	10	0	0	0	0	0	1	0
逻辑学	3	3	0	0	0	0	0	0	0	0
宗教学	26	18	7	1	0	0	0	0	0	0
语言学	138	119	16	3	0	0	0	0	0	0
中国文学	275	267	5	3	0	0	0	0	0	0
外国文学	29	25	2	2	0	0	0	0	0	0
艺术学	6	6	0	0	0	0	0	0	0	0
历史学	307	285	15	7	0	0	0	0	0	0
考古学	25	21	4	0	0	0	0	0	0	0

续　表

学科门类	发表论文(篇)				获奖成果数(项)				研究与咨询报告(篇)	
	合　计	国内学术刊物	国外学术刊物	港澳台刊物	合　计	国家级奖	部级奖	省级奖	合　计	其中：被采纳数
经济学	458	428	30	0	0	0	0	0	46	28
政治学	198	183	15	0	0	0	0	0	7	7
法　学	88	84	3	1	0	0	0	0	2	1
社会学	147	138	9	0	0	0	0	0	6	5
民族学	7	7	0	0	0	0	0	0	0	0
新闻学与传播学	204	192	8	4	0	0	0	0	16	15
图书、情报、文献学	27	27	0	0	0	0	0	0	2	0
教育学	37	32	2	3	2	0	0	2	1	1
统计学	22	6	16	0	0	0	0	0	0	0
心理学	24	14	10	0	0	0	0	0	2	2
体育学	24	24	0	0	0	0	0	0	0	0

（文科科研处供稿）

2011年复旦大学教职工人员统计

单位：人

类　别	合　计	教学科研人员			思政	行政	教辅	后勤、企业、其他			
		小　计	专任教师	专职科研				合计	后勤	企业	其他
总　计	5 499	2 615	2 337	278	67	877	794	1 146	535	426	185
其中：女	2 221	864	794	70	50	490	405	412	154	132	126
正高级	860	817	745	72		23	8	12	1	8	3
副高级	1 168	877	782	95	6	122	98	65	11	39	15
中级	2 216	908	798	110	53	496	466	293	77	109	107
初级	459	13	12	1	8	167	163	108	39	41	28
无职称	796					69	59	668	407	229	32

（人事处供稿）

2011年复旦大学退休人员情况统计

单位：人

退休总人数	4 486	
其　中	男：2 052	女：2 434

50岁以下	0	50—59岁	1 000
60—69岁	1 419	70—79岁	1 524
80—89岁	508	90岁以上	35

教学人员		行政人员		工勤人员	
教　授	834	正副局级	23	技术工	634
副教授	985	处　级	57		
高　工	161	副处级	62	普通工	445
讲　师	759	干　部	272		
其　它	186	医护人员	64	征地农民	4
合　计	2 925	合　计	478	合　计	1 083

中共党员	1 481	民主党派	371

（退休教职工管理委员会供稿）

2011 年复旦大学附属医院人员情况统计

单位：人

	中山医院	华山医院	肿瘤医院	妇产科医院	儿科医院	眼耳鼻喉科医院	合计
正高级职称小计	131	124	42	15	33	33	378
教授(研究员)	63	46	19	3	11	14	156
主任医(药、护、技)师	68	78	23	12	22	19	222
副高级职称小计	274	284	111	65	67	87	888
副教授(副研究员)	41	45	8	5	4	16	119
副主任医(药、护、技)师	232	223	103	60	62	70	750
其他职称	1	16	0	0	1	1	19
中级职称小计	759	574	278	226	233	174	2 244
讲师(助理研究员)	47	15	25	10	18	7	122
主治医(药、护、技)师	673	511	244	208	204	150	1 990
其他职称	39	48	9	8	11	17	132
初级职称小计	1 510	1 499	914	557	703	452	5 635
助教(研究实习员)	25	3	36	17	13	10	104
医(药、护、技)师	1 429	959	470	502	408	301	4 069
其他职称	56	537	408	38	282	141	1 462
未评职称	251	92	85	325	196	69	1 018
工勤人员	164	125	57	65	39	38	488
合　计	3 089	2 698	1 487	1 253	1 271	853	10 651

注：中山医院未包括分部。

（人事处供稿）

2011 年复旦大学因公出国(境)情况统计

单位：人次

类别 / 出访地	参加会议	合作研究	访问考察	长期任教	短期讲学	培训实习	延长事宜	进修学习	其他事宜	合　计
美　国	651	189	93	2	2	51	24	523	41	1 576
香　港	172	42	111	2	7	20	1	84	36	475
日　本	216	84	38		5	1	3	62	10	419
台　湾	135	40	46	1	3	40		134	10	409
韩　国	158	11	10	1	3			32	4	219
英　国	69	20	11	3	1	7	1	90	2	204
德　国	73	31	8		2	9	1	41	25	190
新加坡	56	13	19		12	5		67		172
加拿大	78	20	9			5		39		151
法　国	69	12	14			5		45	1	146
澳大利亚	81	9	17	1		10		25		143
意大利	67	2	5			1		8	3	86
瑞　典	31	6	5			1	1	37	3	84
瑞　士	53	12	5		2	4		6		82
荷　兰	32	4	1			2	1	32	3	75

续　表

类别 出访地	参加会议	合作研究	访问考察	长期任教	短期讲学	培训实习	延长事宜	进修学习	其他事宜	合　计
奥地利	34	2	1			4	1	25	2	69
西班牙	40	2	2					6		50
墨西哥	10							31		41
澳　门	23	1	7			1		4	3	39
马来西亚	21		1						16	38
泰　国	28		2			1		5	2	38
比利时	19	2			1	2		10	1	35
芬　兰	8	5	3			2		11	1	30
葡萄牙	26	3							1	30
巴　西	14	2	1					3		20
希　腊	16							1	2	19
匈牙利	16							3		19
印　度	15								4	19
俄罗斯	16	1						1		18
挪　威	2	5						9	2	18
土耳其	16		1		1					18
丹　麦	4	2	3					7		16
捷　克	15		1							16
南　非	12	1	1						1	15
波　兰	6	1	3		1			3		14
菲律宾	11								1	12
越　南	9		1		1					11
爱尔兰	4		1					5		10
新西兰	5		3					2		10
阿联酋	8								1	9
以色列	7		1			1				9
摩洛哥									8	8
沙特阿拉伯	2	1							2	5
印　尼	3	1			1					5
冰　岛	1				1			1		3
克罗地亚		1							2	3
阿根廷	1	1								2
柬埔寨	2									2
尼泊尔			2							2
爱沙尼亚	1									1
巴基斯坦	1									1
厄瓜多尔	1									1
古　巴	1									1
哈萨克斯坦					1					1

续　表

类别 / 出访地	参加会议	合作研究	访问考察	长期任教	短期讲学	培训实习	延长事宜	进修学习	其他事宜	合　计
津巴布韦	1									1
拉脱维亚			1							1
卢森堡	1									1
秘　鲁	1									1
纳米比亚	1									1
塞浦路斯	1									1
塞舌尔					1					1
乌干达	1									1
乌兹别克斯坦	1									1
匈牙利	1									1
合计(共64个国家/地区)	2 347	526	427	10	45	172	33	1 352	187	5 099

(一) 按出国(境)时间统计

时　间	<1个月	1—3个月	3—6个月	>6个月	合　计
总批次	2 324	235	247	353	3 159
总人次	3 706	420	521	452	5 099

(二) 按出国(境)人员类别统计

类别 / 人次	学　生	教　师	博士后	附属医院
5 099	1 654	2 332	33	1 080

注：其中副局以上47人,副处以上591人次。

(三) 按出访类别统计

类别	参加会议	合作研究	访问考察	长期任教	短期讲学	培训实习	延长事宜	进修学习	其他	合计
批次	1 648	427	252	10	45	85	33	581	78	3 159
人次	2 347	526	427	10	45	172	33	1 352	187	5 099

(外事处供稿)

2011年复旦大学接受境内外各类捐赠收入统计

单位：万元

捐赠来源 / 接受单位	校友(含师生员工)	校　董	其他企业、团体及个人	合　计
复旦大学财务处	39.9	—	5 873.1[1]	5 913.0
上海复旦大学教育发展基金会	1 359.6	1 420.2	7 546.3[2]	10 326.1
复旦大学教育发展基金会(海外)	629.6	3 517.3	2 095.3	6 042.2[3]

注：[1] 财务处来自“其他企业团体”的捐赠收入中,包括来自上海复旦大学教育发展基金会的捐赠2 258.5万元和复旦大学教育发展基金会(海外)捐赠943.2万元。

[2] 上海复旦大学教育发展基金会来自“其他企业团体”的捐赠收入中,包括来自复旦大学教育发展基金会(海外)捐赠5 119.5万元。

[3] 复旦大学教育发展基金会(海外)捐赠收入为外汇,表中的人民币金额是根据年末汇率的折算值。

(对外联络与发展处供稿)

2011 年复旦大学占地面积统计

单位：平方米

校　区	占 地 面 积	权　属
邯郸校区	863 472	学校产权
邯郸校区新闻学院	58 825	非学校产权
邯郸校区北区学生公寓	113 882	租用
枫林校区	192 123	学校产权
张江校区	228 176	非学校产权
江湾校区一期	908 004	非学校产权
江湾校区二期	66 667	学校产权
网络教育学院	8 300	租用
继续教育学院	3 757	租用
总计	2 443 206	

注：1. 江湾学生宿舍竣工增加面积 50 321 平方米；
2. 江湾教师宿舍竣工增加面积 37 377 平方米；
3. 为了与财务数据保持一致，增加了财务还未调帐的已售教工住宅的面积。

（资产管理处、网络教育学院、继续教育学院供稿）

2011 年复旦大学校舍面积统计

单位：平方米

权　属	学校产权		非学校产权			租用			总　计
校　区	邯郸校区	枫林校区	张江校区	江湾校区	新闻学院	邯郸校区北区	网络教育学院	继续教育学院	
总计(平方米)	1 060 109	396 660	75 559	181 570	67 710	181 638	14 080	8 222	1 985 548
一、教学及辅助用房	315 945	104 890	50 309	51 334	44 148	7 357	10 840	8 222	593 045
教室	45 830	17 442	16 923	13 017	2 850	0	9 500	8 222	113 784
图书馆	23 535	10 513	8 805	19 213	2 850	0	0	0	64 916
院系用房、实验室、实习场所	136 851	14 290	2 000	0	0	0	1 340	0	154 481
科研用房	87 246	55 053	19 924	19 104	38 448	0	0	0	219 775
体育馆	19 006	4 792	2 657	0	0	7 357	0	0	33 812
会堂	3 477	2800	0	0	0	0	0	0	6 277
二、校机关办公用房、档案馆等	74 342	25 644	7 408	21 125	3500	0	3 240	0	135 259
三、生活用房	383 974	129 875	17 842	109 111	20 062	174 281	0	0	835 145
学生宿舍(公寓)	124 105	53 468	0	50 321	7 084	162 635	0	0	397 613
学生食堂	19 146	8 299	4 149	5 731	0	10 935	0	0	48 260
教工集体宿舍	72 112	21 605	4 299	37 377	0	0	0	0	135 393
教工食堂	6 961	0	0	0	0	0	0	0	6 961
生活福利及附属用房	48 478	20 271	9 394	2 643		711	0	0	81 497
其他用房	113 172	26 232		13 039	12 978	0	0	0	165 421
四、教工住宅(未售)	14 560	0	0	0	0	0	0	0	14 560
四、教工住宅(已售)	271 288	136 251	0	0	0	0	0	0	407 539

（资产管理处、网络教育学院、继续教育学院供稿）

2011 年复旦大学施工、竣工房屋情况统计

单位：平方米

类　别	施工房屋面积		竣工房屋面积	类　别	施工房屋面积		竣工房屋面积
	合计	其中：本年开工			合计	其中：本年开工	
总　计	47 345		89 858	校、系行政用房	6 751		
一、教学、行政用房	46 225		2 160	二、生活及福利附属用房	1 120		87 698
教室				学生宿舍			50 321
实验室				学生食堂			
科研用房	39 474		2 160	教工及家属住宅			37 377
图书馆				教工食堂			
体育馆				福利及附属用房	1 120		
工厂							

注：1. 列入教育部 2011 年计划的项目进入统计。
　　2. 未报教育部竣工的项目列入施工房屋面积。
　　3. 列入教育部 2011 年计划、但未开工的项目未进入统计。

（基建处供稿）

2011 年复旦大学图书馆情况统计

单位：册、件、种、个

	项　目	数　量	单　位		项　目	数　量	单　位
	一、文献资源收集情况			当年购置文献	d) 当年购置电子外文报刊	180	种
	1. 纸质图书累积量	4 279 742	册		3. 电子书、刊以外的数据库	3	个
	a) 中文纸质图书累积量	3 415 858	册		4. 当年购置其他类型文献	0	册/件
	b) 外文纸质图书累积量	863 884	册		5. 其他来源新增文献	21 624	册
	2. 纸质报刊累计量(合订本)	844 802	册		二、当年文献资料利用		
	3. 电子图书累积量	1 958 600	册		1. 外借图书	411 171	册
	a) 中文电子图书累积量	1 653 075	册		2. 馆际互借借入量	2 260	册
	b) 外文电子图书累积量	305 525	册		3. 馆际互借借出量	308	册
	4. 电子期刊累积量	46 043	册		4. 文献传递传入量	7 525	篇
	a) 中文电子期刊累计量	10 000	册		5. 文献传递传出量	13 507	篇
	b) 外文电子期刊累积量	36 043	册		6. 中文期刊全文下载量	6 223 659	篇次
	5. 电子书、刊以外的数据库	102	个		7. 英文期刊全文下载量	4 006 981	篇次
当年购置文献	1. 当年购置图书	423 493	册		8. 文摘数据库检索量	3 130 151	次
	a) 当年购置纸质中文图书	93 325	册		9. MetaLib/SFX 系统登录量	167 042	人次
	b) 当年购置纸质外文图书	11 073	册		10. 科技查新课题	209	个
	c) 当年购置电子中文图书	310 000	册		11. 查收查引服务	833	项
	d) 当年购置电子外文图书	9 095	册		三、其他		
	2. 当年购置报刊	6 671	种		1. 一般阅览室座位	2 808	座
	a) 当年购置纸质中文报刊	4 884	种		2. 电子阅览室座位	390	座
	b) 当年购置纸质外文报刊	1 607	种		3. 自习室座位	443	座
	c) 当年购置电子中文报刊	0	种		4. 周开放阅览室时间	105	小时

（复旦大学图书馆供稿）

2011年复旦大学档案馆基本情况统计

项　目			数　量	单　位
一、馆藏全部档案				
全　宗			11	个
案　卷			306 703	卷
案卷排架长度			9 200	米
录音、录像、影片档案			258	盘
照片档案			38 887	张
底　图			1 095	张
电子档案	磁　带		208	盘
	磁　盘		303	张
	光　盘		6 875	张
二、本年进馆档案				
1. 接收档案				
案　卷			22 718	卷
录音、录像、影片档案			4	盘
照片档案			4 669	张
底　图			0	张
电子档案	磁　带		0	盘
	磁　盘		0	张
	光　盘		1 120	张
2. 征集档案			582	件
三、本年移出档案			0	卷
四、本年销毁档案			3 965	卷
五、馆藏档案的历史分期				
1. 建国前档案			27 898	卷
明清以前档案			0	件
明清档案			6	卷
民国档案			27 892	卷
革命历史档案			0	卷
2. 建国后档案			278 805	卷
六、馆藏资料			4 975	册
七、档案编目情况				
手工目录	案卷目录		210	本
	全引目录		160	本
	专题目录	簿式	50	本
		卡片式	32 989	张
	重要文件目录	簿　式	19	本
		卡片式	0	张
机读目录	案卷级		118 807	条
	文件级		196 734	条
八、开放档案情况				
1. 建国前档案				
全　宗			7	个
案　卷			27 785	卷
2. 建国后档案				
全　宗			4	个
案　卷			191 716	卷
3. 开放档案目录				
案卷级			105 437	个
文件级			295 851	卷
九、本年利用档案人次			3 312	人次
1. 台港澳同胞			3	人次
2. 外国人			35	人次
十、本年利用档案			10 220	卷次
1. 利用档案所属时期				
建国前档案			510	卷次
建国后档案			9 710	卷次
2. 利用档案的目的				
编史修志			1 623	卷次
工作查考			3 313	卷次
学术研究			1 061	卷次
经济建设			784	卷次
宣传教育			2 307	卷次
其他			1 132	卷次
十一、本年举办档案展览			2	个
十二、本年接待参观展览人次			20 000	人次
十三、本年利用资料人次			23	人次
十四、本年利用资料			152	册次
十五、本年复制档案、资料			12 088	页
十六、本年编研档案资料				
其中：1. 公开出版			52	万字
2. 内部参考			0	万字
十七、档案馆总建筑面积			3 100	平方米
其中：1. 档案库房建筑面积			2 300	平方米
2. 档案技术用房建筑面积			80	平方米

（档案馆供稿）

复旦大学2011届毕业生就业统计统计

学生类别	毕业生数(人)	已就业人数								就业率(%)
		报到人数	升学人数	出国人数	合同就业人数	灵活就业人数	定向委培人数	国家项目人数	合计	
研究生	3 487	2 428	118	187	20	8	632	5	3 398	97.4
本　科	3 044	1 149	852	760	61	17	35	8	2 882	94.7
专科(高职)	204	191	4	0	2	0	0	0	197	96.6
合　计	6 735	3 768	974	947	83	25	667	13	6 477	96.2

注：1. 数据截止日期：2011 年 8 月 31 日；
2. 毕业生人数中延长学制、病缓、退学、休学的除外；
3. 就业人数中：报到人数指毕业生领取就业报到证到用人单位就业的；升学人数含考研、考双(学位)、专升本等；出国人数是指毕业生出国学习及出国工作的；合同就业人数指毕业生不通过学校办理手续，也不需要就业报到证，直接与用人单位签订劳动合同。

（学生服务联合体供稿）

2011 年复旦大学《国家学生体质健康标准》测试统计

年　级	总人数		优秀人数		良好人数		及格人数		不及格人数		合格率(%)
	男	女	男	女	男	女	男	女	男	女	
2011 级	1 454	1 440	40	26	598	750	632	591	184	73	91.12
2010 级	1 437	1 488	10	11	483	767	693	667	251	43	89.96
2009 级	1 296	1 275	4	8	347	548	727	689	218	30	90.36
2008 级	1 284	1 390	3	7	360	617	749	748	172	18	92.89
全　校	5 471	5 593	57	52	1 788	2 682	2 801	2 695	825	164	91.06

（体育教学部供稿）

2011 年各附属医院工作量情况统计

单位：人次

医　院	门急诊次数			住院手术人次	期内出院人数
	合　计	门　诊	急　诊		
中山医院	2 765 348	2 604 410	160 938	49 555	75 088
华山医院	3 210 979	3 052 072	158 907	31 482	57 476
妇产科医院	1 193 556	1 193 556	9 795	24 097	42 588
儿科医院	2 002 291	1 778 344	223 947	13 108	30 095
眼耳鼻喉科医院	1 520 491	1 520 491	28 307	27 409	27 892
肿瘤医院	799 673	799 673	0	20 993	34 467
华东医院	1 420 986	1 361 519	589 914	7 562	25 530
金山医院	1 024 883	876 301	148 582	9 777	20 705
第五人民医院	1 573 761	1 411 721	162 040	11 510	24 273
公共卫生临床中心	257 989	257 987	0	1 327	7 866
总　计	15 769 957	14 856 074	1 482 430	196 820	345 980

2011年各附属医院工作质量情况统计

医院	治愈率(%)	好转率(%)	病死率(%)	病床周转率(次/床)	床位使用率(%)	出院者平均住院日(天)	门诊与出院诊断符合率(%)	入院与出院诊断符合率(%)	入院三日确诊率(%)	手术并发症发生率(%)	手术前后诊断符合率(%)	无菌手术化脓率(%)
中山医院	31.64	65.16	0.83	46.24	100.95	8.14	99.94	99.94	96.38	0	99.94	0
华山医院	36.67	58.89	0.58	40.78	99.93	8.88	99.9	99.81	99.37	0	99.60	0.08
妇产科医院	93.26	5.65	0.05	53.83	93.49	6.23	2 2215	2 2191	99.66	0.14	99.91	0
儿科医院	40.81	49.26	0.56	46.55	101.90	7.92	99.85	99.90	99.79	0	99.97	0
眼耳鼻喉科医院	94.55	4.66	0.01	64.87	72.84	4.13	99.98	99.98	99.98	0	99.98	0
肿瘤医院	48.98	41.26	0.47	28.6	94.37	12.78	98.89	98.89	99.29	0	98.35	0.02
华东医院	26.37	70.55	1.91	22.62	102.20	15.56	99.81	99.82	89.60	0	99.57	0
金山医院	37.01	54.79	1.00	34.51	94.61	10	97.88	99.08	98.92	0.1	99.74	0.02
第五人民医院	45.49	48.74	1.67	32.36	98.36	11.18	98.68	99.10	97.05	0	99.33	0
公共卫生临床中心	14.58	80.96	1.5	21.43	95.69	16.61	98.60	99.84	99.81	0	100	0
总　计	44.76	44.97	0.70	39.13	97.21	9.21	99.49	2.45	99.67	0.013	99.59	0.006

（医院管理处供稿）

2011年复旦大学附属中学基本情况统计

单位：人

教　职　工　数					在校学生数
党政干部(教师)	教　师	职　员	工　人	合　计	
6	146	24	17	187	1 297（本部） 379(国际部、港台班)

（复旦大学附属中学供稿）

2011年复旦大学第二附属中学基本情况统计

单位：人

教　职　工　数					在校学生数*	毕业生数*	考取大学人数	考取重点中学人数	考取中专技校职校人数
党政干部(教师)	教　师	职　员	工　人	合　计					
6	49	1	2	58	560/120	114/40	40	72	7

（复旦大学第二附属中学供稿）

2011年复旦大学附属小学基本情况统计

单位：人

教　职　工　数					在校学生数	毕业生数
党政干部	教　师	职　员	工　人	合　计		
5	40	1	0	46	585	151

（复旦大学附属小学供稿）

·索 引·

(1) 本索引主体采取主题分析索引方法,按主题词首字汉语拼音字母顺序排列。辅助的附表索引按首字汉语拼音字母顺序排列。

(2) 索引名称后的数字表示内容所在的页码,数字后面的a、b、c表示栏别(即指该页码自左至右的版面区域)。表格标题和表格中的内容页码后另注有"表"字,图片页码后另注有"图"字。

(3) 在主题分析索引中,为便于读者检索,在复旦大学所属的二级单位和在复旦大学发生的事件名称前的"复旦大学"或"复旦"字样,除易产生歧义者外均予省略;内容有交叉的,将重复出现。

(4) 除"表彰与奖励"、"大事记"外,年鉴的各部分内容均列入索引范围,以供检索使用。

NUM

A

B

C

D

E

F

G

H

I

J

R

S

T

U

W

X

Y

·附表索引·

NUM

C

图书在版编目(CIP)数据

复旦大学年鉴.2012/复旦大学年鉴编纂委员会.—上海:复旦大学出版社,2013.8
ISBN 978-7-309-09770-2

Ⅰ.复… Ⅱ.复… Ⅲ.复旦大学-2012-年鉴 Ⅳ.G649.285.1-54

中国版本图书馆CIP数据核字(2013)第122608号

复旦大学年鉴.2012
复旦大学年鉴编纂委员会
责任编辑/胡春丽

复旦大学出版社有限公司出版发行
上海市国权路579号 邮编:200433
网址:fupnet@fudanpress.com http://www.fudanpress.com
门市零售:86-21-65642857 团体订购:86-21-65118853
外埠邮购:86-21-65109143
浙江新华数码印务有限公司

开本890×1240 1/16 印张30.25 字数1035千
2013年8月第1版第1次印刷

ISBN 978-7-309-09770-2/G·1204
定价:168.00元